Schriften des Hessischen Landesamtes für geschichtliche Landeskunde

39

BERTHOLD JÄGER

Das geistliche Fürstentum Fulda in der Frühen Neuzeit: Landesherrschaft, Landstände und fürstliche Verwaltung

Ein Beitrag zur Verfassungs- und Verwaltungsgeschichte
kleiner Territorien des Alten Reiches

Marburg 1986

N. G. ELWERT Verlag (Kommissionsverlag)

Das geistliche Fürstentum Fulda in der Frühen Neuzeit: Landesherrschaft, Landstände und fürstliche Verwaltung

Ein Beitrag zur Verfassungs- und Verwaltungsgeschichte kleiner Territorien des Alten Reiches

Von

BERTHOLD JÄGER

Marburg 1986

N. G. ELWERT Verlag (Kommissionsverlag)

CIP-Kurztitelaufnahme der Deutschen Bibliothek

Jäger, Berthold:
Das geistliche Fürstentum Fulda in der Frühen Neuzeit: Landesherrschaft, Landstände und fürstliche Verwaltung: e. Beitr. zur Verfassungs- u. Verwaltungsgeschichte kleiner Territorien d. Alten Reiches / von
Berthold Jäger. – Marburg: Elwert, 1986.
    (Schriften des Hessischen Landesamtes für geschicht-
liche Landeskunde; 39)
    ISBN 3-7708-0826-6
NE: Hessen / Landesamt für geschichtliche Landeskunde: Schriften des Hessischen...

D 26

Gedruckt aus Mitteln des Landes Hessen

ISBN 3-7708-0826-6

© by Hessisches Landesamt für geschichtliche Landeskunde, Marburg/Lahn

Gesamtherstellung: Jan Thorbecke Verlag GmbH & Co., Sigmaringen / M. Liehners
Hofbuchdruckerei GmbH & Co., Sigmaringen

MEINEN ELTERN
MEINER FRAU
UND
MEINEN KINDERN

7

Inhalt

Abkürzungen

ADB	Allgemeine Deutsche Biographie
AF	Alte Folge
AHVN	Annalen des Historischen Vereins für den Niederrhein
AHVUA	Archiv des Historischen Vereins für Unterfranken und Aschaffenburg
Akad.	Akademie
AKKR	Archiv für katholisches Kirchenrecht
AÖG	Archiv für Österreichische Geschichte
AÖR	Archiv des Öffentlichen Rechts
APW	Acta Pacis Westphalicae
Arch. mrh. KG	Archiv für mittelrheinische Kirchengeschichte
ARG	Archiv für Reformationsgeschichte
bhs.	Böhmisch
BHVB	Berichte des Historischen Vereins für die Pflege der Geschichte des ehemaligen Fürstbistums Bamberg
Bll.	Blätter
Bll. dt. LG	Blätter für deutsche Landesgeschichte
Bubll.	Buchenblätter. Beilage zur Fuldaer Zeitung
CEH	Central European History
Cpt.	Konzept
d.	Pfennig (Denar)
DA	Deutsches Archiv zur Erforschung des Mittelalters
Erg.heft	Ergänzungsheft
FBPG	Forschungen zur Brandenburgischen und Preußischen Geschichte
fl.	Gulden (Floren)
FuGbll.	Fuldaer Geschichtsblätter
FVZ	Fuldaer Volkszeitung
FZ	Fuldaer Zeitung
Gbll.	Geschichtsblätter
Gesch.	Geschichte
Gesellsch.	Gesellschaft
GG	Geschichte und Gesellschaft
GWU	Geschichte in Wissenschaft und Unterricht
HHStAW	Haus-, Hof- und Staatsarchiv Wien
HJb	Historisches Jahrbuch
HJL	Hessisches Jahrbuch für Landesgeschichte
HRG	Handwörterbuch zur deutschen Rechtsgeschichte
Hs./hs.	Handschrift/handschriftlich
HZ	Historische Zeitschrift
Inst.	Institut
IPO	Instrumenta Pacis Osnabrugensis
Jb./Jbb.	Jahrbuch/Jahrbücher
JbGMOD	Jahrbücher für die Geschichte Mittel- und Ostdeutschlands
Jb. GVV	Jahrbuch für Gesetzgebung, Verwaltung und Volkswirtschaft im Deutschen Reich
Jb. westdt. LG	Jahrbuch für westdeutsche Landesgeschichte
JffL	Jahrbuch für fränkische Landesforschung

kr.	Kreuzer
LBF	Hessische Landesbibliothek Fulda
LG	Landesgeschichte
Mainfr. Jb.	Mainfränkisches Jahrbuch für Geschichte und Kunst
MGH, LL, Const.	Monumenta Germaniae Historica, Leges, Constitutiones
MGM	Militärgeschichtliche Mitteilungen
MGSL	Mitteilungen der Gesellschaft für Salzburger Landeskunde
MIÖG	Mitteilungen des Instituts für Österreichische Geschichtsforschung
Mitt.	Mitteilungen
MÖStA	Mitteilungen des Österreichischen Staatsarchivs
Mskr.	Manuskript
NASG	Neues Archiv für Sächsische Geschichte
Nass. Ann.	Nassauische Annalen
NB	Nuntiaturberichte
NF	Neue Folge
PP	Past and Present
QAAF	Quellen und Abhandlungen zur Geschichte der Abtei und Diözese Fulda
Rhein. Vjbll.	Rheinische Vierteljahrsblätter
RQS	Römische Quartalschrift
SB	Sitzungsberichte
SDG	Sowjetsystem und demokratische Gesellschaft. Eine vergleichende Enzyklopädie
SFGWF	Schriften zur Förderung der Georg-Witzel-Forschung
StAD	Hessisches Staatsarchiv Darmstadt
StAF	Stadtarchiv Fulda
StAM	Hessisches Staatsarchiv Marburg
StMGBO	Studien und Mitteilungen zur Geschichte des Benediktinerordens und seiner Zweige
Veröff.	Veröffentlichung(en)
VFGV	Veröffentlichungen des Fuldaer Geschichtsvereins
VHKH	Veröffentlichungen der Historischen Kommission für Hessen und Waldeck
VHVO	Verhandlungen des Historischen Vereins für die Oberpfalz und Regensburg
VsprG	Vergangenheit spricht zur Gegenwart. Beilage der Fuldaer Volkszeitung
VSWG	Vierteljahrsschrift für Sozial- und Wirtschaftsgeschichte
VuF	Vorträge und Forschungen
WaG	Die Welt als Geschichte
WDGbll.	Würzburger Diözesangeschichtsblätter
Wiss.	Wissenschaft(en)
ZAA	Zeitschrift für Agrargeschichte und Agrarsoziologie
ZBLG	Zeitschrift für Bayerische Landesgeschichte
ZBrGV	Zeitschrift des Breisgau-Geschichtsvereins (»Schau-ins-Land«)
ZfG	Zeitschrift für Geschichtswissenschaft
ZGO	Zeitschrift für die Geschichte des Oberrheins
ZGSH	Zeitschrift der Gesellschaft für Schleswig-Holsteinische Geschichte
ZHF	Zeitschrift für Historische Forschung
ZHG	Zeitschrift des Vereins für Hessische Geschichte und Landeskunde
Zs.	Zeitschrift
ZSRG. GA/KA	Zeitschrift der Savigny-Stiftung für Rechtsgeschichte. Germanistische Abteilung/Kanonistische Abteilung
ZVG Thür.	Zeitschrift des Vereins für Thüringische Geschichte und Altertumskunde
ZWLG	Zeitschrift für Württembergische Landesgeschichte

Vorwort

Diese Arbeit lag im Sommersemester 1982 dem Fachbereich Geschichtswissenschaften der Justus-Liebig-Universität Gießen als Dissertation vor. Für die Drucklegung wurde sie geringfügig überarbeitet, vor allem im Anmerkungteil gestrafft. Dabei konnte nur in Ausnahmefällen noch auf das seit 1982 erschienene Schrifttum eingegangen oder verwiesen werden.

Gegenüber der ursprünglichen Konzeption einer Untersuchung der Behördenorganisation des (Hoch-)Stifts Fulda in der Frühen Neuzeit unter institutionen- und vor allem personengeschichtlichen Aspekten hat die Untersuchung eine Ausweitung und Verlagerung erfahren, da es mit fortschreitender Forschungsarbeit unumgänglich erschien, jene Herrschaftsverhältnisse genauer darzulegen, die für die Funktionalität der fuldischen Zentralregierung und -verwaltung bestimmend waren. Als Folge davon ergab sich die Notwendigkeit, die Arbeit in einen verfassungsgeschichtlichen und einen sozialgeschichtlichen Teil zu trennen.

Vorgelegt wird hier nur der erste Teil, der die Grundlagen und die Bemühungen um die Durchsetzung landesherrlicher Rechte, die Herrschaftspartizipation der Landstände und die Rolle und den inneren Aufbau der wesentlichen Herrschaftsorgane behandelt. Für den zweiten, umfangreicheren Teil mit der »kollektiven Biographie« des Regierungs- und Verwaltungsapparates und deren Auswertung steht die Zusammenstellung des Materials vor ihrem Abschluß.

Herr Professor Dr. Volker Press (damals Gießen, jetzt Tübingen) hat die Untersuchung angeregt und in ihren einzelnen Stadien mit großem Interesse und hilfreichen Ratschlägen begleitet. Ihm gilt mein besonderer Dank – für seine intensive Betreuung, seine große Liberalität und die uneigennützige Förderung, die er mir als seinem Wissenschaftlichen Mitarbeiter in Gießen zuteil werden ließ. Ganz herzlich danke ich auch dem zweiten Gutachter, Herrn Professor Dr. Peter Moraw, für seine Hilfe und für zahlreiche wertvolle Anregungen.

Für Hinweise und ermunternde Gespräche habe ich daneben meinen ehemaligen Kollegen am Historischen Institut der Universität Gießen besonderen Dank abzustatten: Frau Dr. Sigrid Jahns, Herrn Dr. Rainer C. Schwinges, Herrn Dr. Hans-Peter Ullmann; ebenso den Herren Professoren Dr. Helmut Berding, Dr. Norbert Conrads (jetzt Stuttgart) und Dr. Heinz Schilling. Außerordentlich hilfreich und ergiebig waren die Gespräche mit den seinerzeitigen Mitdoktoranden Dr. Heinzjürgen N. Reuschling, Manfred Rudersdorf, M. A., Wilhelm Bingsohn und Dr. Georg Schmidt.

Wertvoll waren für mich auch die Hinweise von Professor Dr. Josef Leinweber (Fulda) und Monsignore Professor DDr. Ludwig Pralle † (Fulda), die mich an ihren Erkenntnissen zur vorreformatorischen Epoche bzw. zur Reformation und Gegenreformation sowie zur Verwaltungsgeschichte im (Hoch-)Stift Fulda teilhaben ließen.

Herrn Professor Dr. Fred Schwind, Direktor des Hessischen Landesamtes für geschichtliche Landeskunde in Marburg, und Herrn Ministerialrat Helmut Bickelhaupt, Referent im Hessischen Ministerium für Wissenschaft und Kunst, gilt mein besonderer Dank für die Aufnahme der Arbeit in die Schriftenreihe des Landesamtes. Zu danken habe ich auch Frau Ursula Braasch-Schwersmann, die die Drucklegung des Bandes in vorbildlicher Weise betreute.

Für einen namhaften Druckkostenzuschuß bin ich dem Präsidenten des Hessischen Landtages zu besonderem Dank verpflichtet. Weitere finanzielle Unterstützung, für die hiermit herzlich gedankt sei, gewährten das Bischöfliche Generalvikariat Fulda, der Landkreis Fulda und die Justus-Liebig-Universität Gießen.

Der Großteil der vorgelegten Ergebnisse beruht auf handschriftlichen Quellen, bei deren Auswertung ich von den Leitern und Mitarbeitern der benutzten Archive und Bibliotheken mit größter Zuvorkommenheit unterstützt wurde. Ihnen allen möchte ich herzlich danken, auch wenn ich an dieser Stelle namentlich nur den früheren Direktor des Hessischen Staatsarchivs Marburg, Herrn Dr. Hans Philippi, und seinen Nachfolger, Herrn Dr. Wilhelm August Eckhardt, sowie die Leiterin des Stadtarchivs Fulda, Frau Dr. Rita Wehner, hervorheben kann. Die Arbeit in den Archiven wurde ermöglicht durch ein von der Justus-Liebig-Universität Gießen gewährtes Graduierten-Stipendium.

Meiner Schwester, Frau Ursula Demling, danke ich herzlich für die Erstellung des maschinenschriftlichen Manuskripts. Meine Frau hat die Arbeit über Jahre hinweg mit fördernder Anteilnahme begleitet. Ihr, unseren Kindern Thomas Constantin und Verena Constanze sowie meinen Eltern widme ich dieses Buch.

Fulda, im Oktober 1985   *Berthold Jäger*

Einleitung

Die Frühe Neuzeit (16.–18. Jahrhundert) ist vom Standpunkt der Verfassungsgeschichte aus das Zeitalter, in dem sich im Reichsgebiet der Aufstieg und Ausbau der Territorialstaaten vollzog. Gekennzeichnet ist diese Entwicklung neben äußerer Machtentfaltung (bei den größeren Territorien) durch das Streben nach Ausdehnung der landesherrlichen Gewalt über die Personen und auf die Gebiete, die ihrem Einfluß bisher ferngestanden hatten, durch den Aufbau einer kraftvollen innenpolitischen Organisation, aber auch durch die geglückten Versuche der Landstände zur Einschränkung der landesfürstlichen Machtbefugnisse.

Untersuchungen des frühneuzeitlichen Territorialstaates haben sich in der Regel entweder nur mit der Rolle und dem persönlichen Gewicht der Landesherren bei der Herausbildung des »institutionalisierten Flächenstaates«[1], mit dem Wirken der Landstände, als Dualismus im Staatsaufbau oder als Vorform des Parlamentarismus bewertet[2], oder in institutionengeschichtlicher Betrachtung mit den Behörden des Landes beschäftigt[3]. Erst in jüngster Zeit sind Versuche unternommen worden, diese drei Faktoren zusammen zu betrachten[4], um Über- bzw. Unterbewertungen des einen oder anderen Aspekts zu vermeiden – frühneuzeitliche Herrschaftsverhältnisse lassen sich eben nicht durch singuläre Betrachtung der Rolle der Landesherren, der Stände, des Hofes oder der Regierungsbehörden, sondern nur durch eine Gesamtschau angemessen erfassen.

Die vorliegende Arbeit bekennt sich zu diesem Forschungsansatz, indem sie versucht,
1. Grundlagen und Entwicklung der Landesherrschaft, ihren umfassenden Herrschaftsanspruch und ihre Grenzen,
2. die Teilhabe der führenden sozialen Schichten des Landes an der Herrschaft und
3. die Organisation der Landesherrschaft

im geistlichen Fürstentum Fulda vom 16. bis zum 18. Jahrhundert zu beleuchten.

---

1 Als Beispiele seien hier nur genannt: GLAGAU; HARTUNG, Territorialstaat; OESTREICH, Regiment. – Literaturhinweise werden generell in stark verkürzter Form gegeben: Autor und Kurztitel bzw. Titelstichwort, wenn mehrere Werke dieses Autors herangezogen wurden, sowie bei gleichlautenden Familiennamen; lediglich Autorenname, wenn nur eine Arbeit eines Autors benutzt wurde. Genaue bibliographische Angaben sind dem Literaturverzeichnis zu entnehmen.
2 Zum Dualismusmodell klassisch: v. GIERKE, Genossenschaftsrecht, II; NÄF, Frühformen; DERS., Epochen, I; BRUNNER, Land; HARTUNG, Herrschaftsverträge. Zu den parlamentarischen Traditionen des deutschen Ständetums: CARSTEN, Princes; GRUBE; BOSL, Geschichte; BOSL/ MÖCKL (Hg.), Moderner Parlamentarismus. Einen differenzierten Überblick über die Ständeforschung in Deutschland bietet: BIRTSCH. – Kritisch zum Dualismusbegriff und zur parlamentarischen Tradition: PRESS, Herrschaft. Für ein Festhalten am Ausdruck »Dualismus«, bezogen auf den »lokalen« Dualismus, welcher den Entscheidungsprozeß eines Herrschaftsverbandes ganz wesentlich prägte: LANGE, »Dualismus«.
3 S. von jüngeren Veröffentlichungen z. B. KÖNIG; HESS, Behördenorganisation; PFEIFER; HEYL; HEYDENREUTHER.
4 SCHLEIF; v. REDEN, Landständische Verfassung; SEIDEL; HAUPTMEYER; LANZINNER; HAHN, Struktur.

Moderne Verfassungsgeschichte[5] kann sich nicht allein als Rechtsgeschichte von Herrschaftsausübung verstehen. Historische Verfassungsnormen, statuiert oder gewohnheitsrechtlich tradiert, können ebensowenig wie die historische Verfassungswirklichkeit losgelöst von den sozioökonomischen Bedingungen ihrer jeweiligen Zeit und ihres jeweiligen Ortes begriffen werden. Analog zu den Ausführungen von Gerhard Theuerkauf über die Verfassung spätmittelalterlicher Territorien[6] sind m. E. sozialgeschichtliche, verwaltungsgeschichtliche und rechtsgeschichtliche Fragestellungen an die Verfassungsverhältnisse im frühneuzeitlichen Territorialstaat heranzutragen.

Zu fragen ist – unter sozial- und rechtsgeschichtlichen Prämissen – nach den Herrschaftsträgern im Territorium, den Grundlagen und dem Ausmaß wie überhaupt der Durchsetzung ihrer Herrschaft, auch ihrem Verhältnis zueinander; beschrieben werden soll mithin die Machtstruktur in einem Territorium. Da Herrschaftsträger zugleich Träger der Verwaltung sind und intensive Verwaltung eine Stütze der Herrschaft darstellt, hat die Verwaltungsgeschichte im engeren Sinn die Struktur des Verwaltungsstabes (d. h. der Personen und Gruppen, die im Auftrage des Herrschaftsträgers verwalten), der Verwaltungshandlungen und der Verwaltungszwecke zu untersuchen.

Zu verknüpfen sind diese Forschungsziele mit einer personengeschichtlichen Untersuchung[7], die es erlaubt, manche großen Linien wie die Details genauer herauszuarbeiten und auf dem Hintergrund persönlicher und Gruppeninteressen verständlich zu machen. Die Fruchtbarkeit dieses Ansatzes haben in jüngster Zeit besonders eindrucksvoll die Arbeiten von Volker Press und Christoph Weber sowie eine Reihe weiterer Untersuchungen bewiesen[8].

Die genannten Aspekte verfassungsgeschichtlicher Betrachtung sollen in dieser Untersuchung und in einer mit ihr verknüpften, ursprünglich als erste in Angriff genommenen und demnächst vorzulegenden Arbeit über die Sozialstruktur des landesfürstlichen Herrschaftsapparates angesprochen werden. Ziel des hier vorgelegten ersten Teiles ist es, die verfassungs- und verwaltungsgeschichtlichen Grundzüge des geistlichen Fürstentums Fulda in der Frühen Neuzeit herauszuarbeiten und so die Grundlagen zu schaffen, auf denen eine personengeschichtliche Untersuchung aufbauen und weiterführende Erkenntnisse gewinnen kann.

Verfassungsgeschichte im oben beschriebenen Verständnis verlangt in methodischer Hinsicht im Prinzip zweierlei: die Arbeit mit der hermeneutischen Methode der »klassischen« Geschichtswissenschaft und die Anwendung analytisch-erklärender Strukturmodelle; das mit Hilfe philologisch-historischer Quellenkritik erarbeitete und deskriptiv aufbereitete Material, für sich selbst genommen von begrenztem heuristischem Wert, ist Ausgangspunkt für weiterführende theoretische Aussagen. Da für allgemeingültige Theorien immer noch zu wenig Vorarbeiten vorliegen, hat das Schwergewicht nach wie vor auf monographischen Deskriptionen zu liegen. Nur ihre Erarbei-

---

5 BÖCKENFÖRDE (Hg.), Verfassungsgeschichte.
6 THEUERKAUF, Typologie, S. 39f.
7 Zur Methode der historischen Personenforschung s. PETERSOHN; MORAW, Personenforschung.
8 PRESS, Calvinismus; WEBER, Kardinäle; REINHARD, Freunde; SAMSE; v. D. OHE; HESS, Geheimmer Rat; LAMPE; QUARTHAL/WIELAND/DÜRR, Behördenorganisation; REUSCHLING; MÜNCH; LANZINNER; HEYDENREUTER.

tung »vermag das Material zu liefern für die ständig neu zu leistenden Problematisierungen vorgeblicher Axiome der Historiographie«[9].

Die vorliegende Arbeit will dem Rechnung tragen, indem sie eine Deskription der Herrschaftsverhältnisse im Stift Fulda versucht und dabei auf Generalisierungen und Typisierungen zurückgreift, die allein historische Faktenfülle durchsichtig machen und zur Verifizierung bzw. Falsifizierung mit Hilfe der historischen Fakten anregen[10].

Die Beschäftigung mit dem Stift Fulda bedarf keiner Rechtfertigung. Zum einen fehlt es für dieses kleine Fürstentum für die Frühe Neuzeit an einer wissenschaftlichen Untersuchung jedes der drei oben genannten Faktoren. Auf der anderen Seite läßt sich gerade an den kleinräumigen Territorialstaaten manches verfassungsgeschichtliche Detail in nuce erkennen und dann auf größere Territorien übertragen; in vielem wirkten auch geistliche Fürstentümer als Vorläufer der Entwicklung in weltlichen Territorien. Jene politisch weitgehend ohnmächtigen, zum Teil – in weiser Erkenntnis – sich selbst beschränkenden Reichsstände, zu denen das Stift Fulda gehört, stehen zu Unrecht im Abseits der Forschung. Noch immer gilt Armgard von Redens Beobachtung eines enormen Defizits auf diesem Gebiet[11].

Die zeitliche Eingrenzung des Themas ergibt sich von der Sache her: Seit Beginn des 16. Jahrhunderts wurden wesentliche Schritte zur Intensivierung der Landesherrschaft der Fürstäbte unternommen, die nicht nur einen Ausbau der Zentalverwaltung erforderten, sondern auch die Reaktion der Landstände provozierten. Bis zur Mitte des 17. Jahrhunderts wahrten die Stände als Gesamtheit, danach in Form der Alleinvertretung des Stiftskapitels eine – beschränkte – Teilhabe an der Territorialherrschaft der fuldischen Äbte. Mit dem 1656 erfolgten Ausscheiden der eingesessenen sogenannten Buchischen Ritterschaft aus dem Territorialverband und der Anerkennung ihrer Reichsunmittelbarkeit wurde die landständische Bewegung entscheidend geschwächt, die Landesherrschaft der Äbte konnte, trotz des Verlustes der Herrschaftsrechte über den Adel, in der Folgezeit immer umfassender, die praktische Herrschaftsausübung immer umfangreicher werden. Freilich ist es bei allen Untersuchungsbereichen unumgänglich, auch die Zeit vor 1500 zu beleuchten, um Grundlagen, Anknüpfungspunkte oder Entwicklungsbrüche genauer zu erkennen. Der Endpunkt der Untersuchung ist durch die 1802 erfolgte Säkularisierung der 1752 zum Fürstbistum erhobenen Reichsabtei markiert.

Zur Geschichte Fuldas im Untersuchungszeitraum gibt es nur wenige umfassende Darstellungen, die jedoch heutigen Ansprüchen nicht mehr genügen; hingegen liegen einige fruchtbare Einzelstudien vor, die allerdings die hier zu verfolgenden Aspekte meist nur ausschnittweise berühren.

Den Beginn wissenschaftlicher Beschäftigung mit der Geschichte des Stiftes Fulda in der Frühen Neuzeit markieren die Arbeiten von Christoph Brower S.J. (1559–1617)[12]

---

9 KLUETING, Landstände, S. 68f.
10 Vgl. FABER, S. 89–108.
11 v. REDEN, Landständische Verfassung, S. 11, ebd., S. 259: »Diese der Macht entbehrenden, kleinen Territorien verdienen mehr Beachtung als bisher, weil sie für die Typologie des frühneuzeitlichen Staates unentbehrlich sind.«
12 Zu seiner Person und Arbeit: ZENZ, S. 59–61.

und Johann Friedrich Schannat (1683–1739)[13]. Brower, einer der bedeutendsten Historiker unter den Jesuiten, war zu Beginn des 17. Jahrhunderts kurzzeitig Rektor des Jesuitenkollegs in Fulda und verfaßte 1612 aus der Sicht der Ordensmitglieder, die die umstrittenen, aber weitgehend erfolgreichen Rekatholisierungsmaßnahmen einzelner Fürstäbte mitgetragen hatten, »Fuldensium antiquitatum libri IV«. Schannat erarbeitete im Auftrage der Fürstäbte Konstantin von Buttlar und Adolf von Dalberg mehrere offiziöse Darstellungen zur fuldischen Geschichte, so die »Historia Fuldensis« (1729), die »Dioecesis et Hierarchia Fuldensis« (1727) oder die »Clientela Fuldensis« (1726), die vor allem durch die umfangreichen, allerdings häufig unkorrekten Quellenabdrucke noch immer wertvoll sind[14].

In gleicher Weise verdienstlich sind die Arbeiten zur Rechts- und Verfassungsgeschichte, die der fuldische Hofrat Eugen Thomas[15] ausgangs des 18. Jahrhunderts zum Druck brachte, wie die »Fuldische Gerichtsverfassung« (1784) und das »Sistem aller fuldischen Privatrechte« in drei Bänden (1788–1790), in denen allerdings die historische Dimension etwas zu kurz kommt, was nachfolgende Historiker vielfach zu unreflektierten Übertragungen der von Thomas geschilderten Verfassungsverhältnisse seiner Gegenwart auf frühere Zeiten verführt hat. Dessen zahlreiche unveröffentlichte Manuskripte wertete Hans Adolf Simon 1912 in der Dissertation »Die Verfassung des geistlichen Fürstentums Fulda« aus. Zur Verfassungsentwicklung hat auch der um die Erforschung der fuldischen Geschichte so sehr bemühte Gregor Richter[16] wertvolle Veröffentlichungen beigesteuert, die in den »Statuta maioris ecclesiae Fuldensis« (1904) gipfeln.

Die Entwicklung des fuldischen Territoriums in Mittelalter und Frühneuzeit, verbunden mit einer kurzen Darstellung der landständischen Bewegung vom 15. Jahrhundert bis 1656, hat Anneliese Hofemann in einer bemerkenswerten, 1958 posthum erschienenen Studie nachgezeichnet. Ihre Ausführungen über die Stände schließen an die 1914 veröffentlichte Dissertation von Karl Grossart über die Landstände bis zum Jahre 1410 an. Für das Spätmittelalter und die Zeit bis zur Reformation ist die Untersuchung von Josef Leinweber über die religiösen Verhältnisse im Stift durch ihren übergreifenden methodischen Ansatz besonders wertvoll[17].

Von den fuldischen Fürstäbten der Frühen Neuzeit haben nur wenige eine Würdigung ihres Wirkens erfahren. Im Mittelpunkt des Interesses stand dabei von Anfang an Balthasar von Dernbach (Fürstabt 1570–1576, 1602–1606), dessen Religionspolitik, vor allem aber seine Absetzung durch die Stände 1576, im ganzen Reich Beachtung gefunden haben. Nachdem der protestantische Kirchenhistoriker Heinrich Heppe 1850 und 1862 scharfe, zum Teil wenig sachliche Angriffe gegen die Person Balthasars vorgetragen hatte[18], erschien 1865 in den »Historisch-politischen Blättern für das katholische

---

13 Zu seinem Leben und Wirken: FUCHS, Schannat; RUPPEL, Schannats Berufung; ENGEL; GOETZE; WILL.
14 Daneben ist noch SCHANNATS Erstlingsarbeit zu nennen: Corpus traditionum Fuldensium (1724).
15 Zu Leben und Werk von Eugen Thomas s. RICHTER, Thomas; SIMON, S. 1–12; LOEHR.
16 Vgl. HILPISCH, Richter, mit einer Liste der selbständig erschienenen Veröffentlichungen; Zusammenstellung der in den Fuldaer Geschichtsblättern publizierten Aufsätze: FuGbll. 21/1928, S. 118–122; 34/1958, S. 131.
17 LEINWEBER, Hochstift.
18 HEPPE, Restauration; DERS., Entstehung.

Deutschland« eine Gegendarstellung des nachmaligen Bischofs Georg Ignaz Komp, einem Verfechter ultramontaner Ideen, der dem Staat im »Kulturkampf« energischen Widerstand leistete[19]; dieser Aufsatz wurde 1911 in den Fuldaer Geschichtsblättern nachgedruckt und 1915 mit Urkundenbeilagen von Gregor Richter, dem verdienstvollsten Erforscher der frühneuzeitlichen Geschichte Fuldas, als selbständige Schrift herausgegeben[20]. Hermann von Egloffstein widmete sich ausgangs des 19. Jahrhunderts diesem Kapitel fuldischer Geschichte in objektivierender Weise, und 1967 legte Otto Schaffrath in vieler Hinsicht gelungene Studien über »Fürstabt Balthasar von Dermbach (!) und seine Zeit« vor, die auf der Teilauswertung des umfangreichen Prozeßmaterials aus dem Rechtsstreit Balthasars mit seinen Gegnern fußen[21].

Nach Balthasar von Dernbach war Fürstabt Johann Bernhard Schenck zu Schweinsberg (1623–1632) die zweite heftig umstrittene Gestalt auf dem Fuldaer Abtsstuhl, wie Balthasar sowohl um gewaltsame Zurückdrängung des Protestantismus wie um innere kirchliche Reformen bemüht. Wie bei Balthasar apologetisierend, hat Komp auch diesem Abt eine Darstellung gewidmet[22]. Im gleichen Geiste verfaßte Augustin Rübsam zu Beginn dieses Jahrhunderts eine Biographie des einzigen Kardinals unter den fuldischen Äbten, Markgraf Bernhard Gustavs von Baden-Durlach (1671–1677). Eine modernere, freilich nicht alles Quellenmaterial ausschöpfende Untersuchung hat das Wirken des Fürstabts Placidus von Droste (1678–1700) 1963 durch Klaus Wittstadt erfahren. Die Wirtschaftspolitik Fürstbischof Heinrichs VIII. von Bibra, des exponierten Vertreters eines »Aufgeklärten Absolutismus« unter den fuldischen Herrschern, vielleicht der bedeutendsten Herrschergestalt des 18. Jahrhunderts in Fulda, war Gegenstand einer 1914 von Ursula Ried vorgelegten Dissertation[23]; sein politisches Wirken blieb bis heute weitgehend ungewürdigt[24]. Umfassender dargestellt ist die Regierungszeit Adalberts von Harstall (1788–1802), des letzten Fürstbischofs von Fulda, durch die 1935 erschienene Untersuchung von P. Nikephorus Enneking[25].

19 Zur Person Komps s. HILPISCH, Bischöfe, S. 35 f.; JESTAEDT, Kulturkampf, S. 69–71. In Jestaedts Darstellung wird Komps Rolle im Kulturkampf eingehend beleuchtet.
20 KOMP/RICHTER, Balthasar.
21 Zahlreiche kleinere Aufsätze (s. Literaturverzeichnis) weisen daneben SCHAFFRATH als einen der besten Kenner der fuldischen Geschichte des 16. und 17. Jahrhunderts aus.
22 KOMP, Johann Bernhard; RICHTER, Reform.
23 RIED, Wirtschaftspolitik.
24 Sieht man von kleineren Skizzen ab, wie z. B. von ZWENGER, Heinrich von Bibra; WITTSTADT, Bibliotheksgründer; v. BIBRA, Beiträge, III, S. 230–255; v. BIBRA, Heinrich VIII.; HUTH; JESTAEDT, Zeugnis. Als Würdigung eines Zeitgenossen und Mitarbeiters erschien schon 1785: KAYSER, Regierungsgeschichte.
25 Des Vergleiches wegen seien die fuldischen Fürstäbte bzw. -bischöfe des Untersuchungszeitraumes aufgeführt, für die eingehendere wissenschaftliche Untersuchungen fehlen: Johann (II.) von Henneberg (1472–1507/13), Hartmann Burggraf von Kirchberg (1507/13–1521/29), Johann (III.) von Henneberg (1521/29–1540), Philipp Schenck zu Schweinsberg (1541–1550), Wolfgang von Ussigheim (1550–1558), Wolfgang Schutzpar gen. Milchling (1558–1567), Philipp Georg Schenck zu Schweinsberg (1567/68), Wilhelm Hartmann Klaur von Wohra (1568–1570), Johann Friedrich von Schwalbach (1606–1622), Johann Adolf von Hoheneck (1633–1635), Hermann Georg von Neuhoff (1635–1644), Joachim von Gravenegg (1644–1670), Adalbert von Schleiffras (1700–1714), Konstantin von Buttlar (1714–1726), Adolf von Dalberg (1726–1737), Amand von Buseck (1738–1756), Adalbert von Walderdorff (1757–1759). Kurzcharakterisierungen bei SCHANNAT, Historia; HILPISCH, Fuldaer Fürstäbte; DERS., Bischöfe; LEINWEBER, Hochstift, S. 20–29 (Jo

Als einziger aus dem Kreis der fuldischen Räte hat der Kanzler Dr. Johann von Otthera, dessen Rolle in der Stadt Mühlhausen während des Aufstandes von 1525 sehr umstritten ist, eine biographische Darstellung erhalten[26].

Über die Geschichte der Buchischen Ritterschaft informiert zuverlässig, aber leider ohne wissenschaftlichen Apparat, ein Aufsatz von Hans Körner aus dem Jahre 1976[27]. Die Dissertation Rüdiger Teuners »Die fuldische Ritterschaft 1510 bis 1656« von 1982, die sich in mehreren Punkten mit meinen eigenen Ausführungen über die Auseinandersetzungen zwischen Äbten und Adel um den Geltungsbereich und den Umfang landesherrlicher Rechte der Fürstäbte berührt und zum Teil auf dem gleichen Quellenmaterial fußt, weist dagegen doch einige Mängel auf[28]. Auf die Rolle des Stifts-, später Domkapitels gehen nur einige kleinere Aufsätze Gregor Richters ein[29].

Von städtegeschichtlichen Untersuchungen sind die »Rats- und Bürgerlisten der Stadt Fulda« von Joseph Kartels (1904) hervorzuheben, die die innerstädtische Verfassung beleuchten, ferner auch Aloys Jestaedts dreibändiges »Kataster der Stadt Fulda im XVIII. und XIX. Jahrhundert« (1937–1948) und die Studie von Hans Mauersberg über die »Wirtschaft und Gesellschaft Fuldas in neuerer Zeit« (1969). »Die kulturlandschaftliche Entwicklung des Fuldaer Landes seit der Frühneuzeit« (1966) untersucht Werner Röll.

Zu den Bemühungen um die Erhebung Fuldas zum Bistum, die vor allem zu Konflikten mit den geistlichen Jurisdiktionsherren Würzburg und Mainz führten, ist aufschlußreich die Untersuchung von Hubert Hack über den Rechtsstreit mit Würzburg an der Römischen Kurie 1688 bis 1777 (1956). Die »Aufklärung an der Universität Fulda 1734 bis 1805« ist Gegenstand einer Dissertation von Werner August Mühl (1961).

Insgesamt bieten aber die meisten dieser Arbeiten ebenso wie zahlreiche kleinere Aufsätze nur wenig mehr als Hinweise für die hier gewählte Fragestellung. Deswegen stützt sich die Arbeit im wesentlichen auf den in der fuldischen Zentralverwaltung erwachsenen Archivbestand, der – allerdings nur noch zu etwa ⅕ erhalten – heute im Hessischen Staatsarchiv in Marburg lagert, nachdem 1872 das damalige fuldische Landesarchiv aufgelöst wurde[30].

Im einzelnen handelt es sich um folgende Bestände:

90 (a, b) Reichsabtei Fulda. Fürstäbte, Landeshoheit, Reichs- und Kreissachen, Auswärtige Angelegenheiten, 16. Jahrhundert bis 1802 (mit Akten zur Hof- und

---

hann II., Hartmann); HILPISCH, Fürstabt Wolfgang II.; PESSENLEHNER, Konstantin von Buttlar; SCHNEIDER, Zwei Regenten, S. 180–187 (Adolf); RAU, Adolf von Dalberg; v. WALDERDORFF, Geschichte (Abschnitt »Philipp Wilhelm [1697–1759], als Adalbert II. Fürstabt und Bischof von Fulda«, unpag.).

26 DREIHELLER; s. auch v. BAUMER; SCHMERBACH.
27 KÖRNER, Kanton.
28 Die Dissertationen von Rüdiger TEUNER und mir sind ohne Kenntnis der jeweils anderen Arbeit völlig unabhängig voneinander verfaßt worden. In der vorliegenden Fassung habe ich an den Stellen, an denen sich Teuners Ausführungen mit den meinen eng berühren, Kürzungen vorgenommen; dagegen habe ich die ursprüngliche Form an den Stellen beibehalten, wo ich auf der Grundlage einer breiteren Quellenbasis zu anderen Ergebnissen gekommen bin; Teuners auf der Auswertung von Reichshofrats- und Reichskammergerichtsakten basierenden Darstellung der Auseinandersetzung zwischen Fürstabt und Ritterschaft 1648–1656 bin ich weitgehend gefolgt.
29 RICHTER, Adelige Kapitulare; DERS., Säkularisation.
30 S. dazu PHILIPPI, Schicksal.

Landesverwaltung, zu den Landtagen und zu den Auseinandersetzungen der Landesfürsten mit der Ritterschaft)
91 Weltliche Regierung (Hoheitssachen und Verwaltung incl. Rechtspflege und Finanzwesen, Handel und Gewerbe, Landwirtschaft, Forst, Jagd, Fischerei, Verkehrswege
   und Bauten)
92 Geistliche Regierung, 16. Jahrhundert bis 1802 (Geistliche Gerichtsbarkeit, Konfes-
   sionsverhältnisse, Propsteien und Kollegiatstifter, Pfarrer und Pfarreien, Orden,
   Schulwesen, Hospitäler und Stiftungen)
93 Militaria, 1700 bis 1802 (Militär- und Kriegswesen)
94 Ämterrepositur (Schriftwechsel zwischen Zentral- und Lokalverwaltung)
95 Adel und Lehnhof (Hoheitsrechte zwischen Stift und Ritterschaft, Prozesse, Steuern, Lehen)
96 Stiftskapitel (Kapitel, Verhältnis zu den Fürstäbten bzw. -bischöfen, kapitularische
   Verwaltung)[31]
Für die Zeit der kaiserlichen Administration (1577–1602) kommen hinzu die ebenfalls
in Marburg als Bestand 106e lagernden Akten der Regierung des Deutschordensmeisters
in Mergentheim. Aus der Zeit vor 1802 stammende Schriftstücke befinden sich daneben
im Bestand 97, der die Akten der oranischen Regierung in Fulda (1802–1806) enthält.
   Die für diese Arbeit herangezogenen Fuldaer Urkunden umfassen folgende Bestände:
R I a Reichsabtei (751 bis Mitte des 19. Jahrhunderts)
R I b Belehnungen
R II Klöster, Propsteien, Stifter
R IX Ritterschaft
Urkundenabschriften aus der Frühen Neuzeit finden sich in der Reihe der »Fuldaer
Kopiare«.
   Die Verhandlungen und Maßnahmen der fuldischen Behörden (vornehmlich des
18. Jahrhunderts) sind im Amtsbuchbestand »Protokolle II–III« enthalten. Die
Rechnungen der Finanzbehörden und anderer Stellen finden sich in dem nach den Sitzen
der entsprechenden Stellen geordneten Bestand »Rechnungen II–III«. Die Güterver-
zeichnisse sind in den Beständen »4 S Salbücher« und »Kataster I« überliefert, erstere
durch Repertorienbände erschlossen, letztere leider nicht.
   Ergänzendes Material zu den verschiedensten Bereichen hält schließlich die Abteilung
»H (Handschriften)« mit Notizen und Sammlungen von Zeitgenossen und von Histori-
kern bereit.
   Zur Darstellung der ritterschaftlichen Politik wurde neben Unterlagen aus dem
fuldischen Archiv in starkem Maße das Archiv des Ritterkantons Rhön-Werra, ebenfalls
im Staatsarchiv Marburg aufbewahrt (Bestand 109), herangezogen. Für die Zeit der
Besetzung des Stiftes durch Hessen-Kassel (1631–1634) wurde wesentliches Material aus
dem Archiv der hessischen Landgrafen, wiederum im Staatsarchiv Marburg (Bestand 4 f.
Fulda), benutzt.
   An vielen Punkten ergänzende bzw. Lücken füllende Quellen fanden sich im
Stadtarchiv Fulda (Bestände I: Entstehung, Recht, Verfassung, XXI: Beziehungen zur
jeweiligen Landesregierung) sowie in der Handschriften-Abteilung der Landesbiblio-

---

31 Verzeichnet wurden diese Bestände von Dr. Hans Philippi in den Jahren 1968–1972. Dieser
verzeichnete auch den Bestand 109.

thek Fulda (Bestände B und D). In Einzelfällen fand Material aus dem Haus-, Hof- und
Staatsarchiv in Wien (Bestände: Reichshofkanzlei, Kleinere Reichsstände) und aus dem
Urkundenarchiv der Familie von Schlitz gen. von Görtz, aufbewahrt im Hessischen
Staatsarchiv Darmstadt, Berücksichtigung.

Die Wiedergabe von ungedruckten Quellen orientiert sich an den von Johannes
Schultze 1962 aufgestellten »Richtlinien für die äußere Textgestaltung bei Herausgabe
von Quellen zur neueren deutschen Geschichte« und den jüngst von der »Arbeitsge-
meinschaft außeruniversitärer historischer Forschungseinrichtungen« vorgelegten
»Empfehlungen zur Edition frühneuzeitlicher Texte«. Namentlich wurden Konsonan-
tenhäufungen vereinfacht, einheitliche Groß- und Kleinschreibung durchgeführt und die
Zeichensetzung modernisiert. Belassen wurden Eigentümlichkeiten der Vorlagen bei
Eigen- und Ortsnamen, bei Datumsangaben sowie bei spezifischen Bezeichnungen. Die
Datierung nach der Kalenderreform 1582 folgt dem Gregorianischen Kalender.
Verzichtet wird in der Regel darauf, personengeschichtliche Angaben zu belegen –
hierfür ist auf die mit dieser Arbeit eng zusammenhängende Untersuchung der Sozial-
struktur des fuldischen Behördenapparates zu verweisen.

Erstes Kapitel
Die Landesherrschaft des fuldischen Abtes

I. Die Landesherrschaft

A. GRUNDLAGEN UND ENTWICKLUNG
DER LANDESHERRLICHEN GEWALT DES ABTES

Die Landesherrschaft des Fuldaer Abtes in der Frühen Neuzeit war das Ergebnis eines jahrhundertelangen Prozesses und beruhte auf der »Verbindung grund- und gerichts-herrlicher Funktionen mit den amts- und lehnrechtlichen Formen staatlicher Gewalt«[1] in einem relativ geschlossenen territorialen Komplex. Die aus diesem Recht fließende Gewalt war keineswegs einheitlich, die Einheit wurde allein in der Person des Landes-herrn verkörpert. Nach außen stellte sich die Landesherrschaft dar als eine gewisse Unabhängigkeit gegenüber der Reichsspitze und als Gleichstellung mit den benachbar-ten Reichsfürsten; nach innen war sie gekennzeichnet durch ein bestimmtes Maß an Unabhängigkeit in der Handhabung der Regierung.

Die Entwicklung zur Landesherrschaft war weder folgerichtig noch geradlinig und erst recht nicht ohne Widerstände verlaufen. Sie vollzog sich im Kräftedreieck Königtum – Abtei – eingesessener Adel, unter Ausnutzung der rechtlichen und machtpolitischen Gegebenheiten durch den späteren Landesherrn[2]. Im folgenden sollen die wesentlichen Komponenten der Landesherrschaft in Fulda beschrieben und die grundlegenden Entwicklungsstränge kurz nachgezeichnet werden.

Dem Klostervorsteher war bei der Gründung und Ausstattung des Klosters Fulda (744)[3] die spätere Fürstenstellung noch nicht zugedacht worden, aber die kurz darauf erfolgte Einbeziehung des Klosters in den besonderen Schutz des Königs (765), die ihm den Rang, zugleich aber auch die Abhängigkeit einer Reichsabtei brachte[4], und die Immunitätsprivilegien[5], mit denen Karl der Große (774) und seine Nachfolger das Reichskloster und seinen durch Schenkungen, vor allem nach dem Tod des Gründers Bonifatius[6], immer mehr angewachsenen ausgedehnten, weit verstreuten Grundbe-

---

1 Bader, Territorialbildung, S. 129.
2 Zum Problem der Entstehung und Entwicklung der Landesherrschaft: Brunner, Land; Schlesinger, Entstehung; Ders., Landesherrschaft; Gasser; Bader, Deutscher Südwesten, S. 88–148; Ders., Territorialbildung; Ders., Volk; Mayer, Fürsten; Ders., Analekten; Patze, Entstehung; Henning, Entwicklung; Kraus. Zusammenfassend jetzt: Willoweit, Entwicklung, S. 66–81. Für Fulda sind grundlegend: Stengel, Reichsabtei, S. 1–18; Hofemann. Die Ausführun-gen von Rübsam, Kirchen- und staatsrechtliche Stellung, und Lübeck (dessen zahlreiche Aufsätze zur mittelalterlichen Geschichte Fuldas s. im Literaturverzeichnis) sind in zentralen Punkten von Stengel, begründet, zurückgewiesen. S. zuletzt auch Höfling.
3 S. dazu jetzt Heinemeyer, Gründung.
4 Das Reich erlangte dadurch Obereigentum am Kloster und am Klostergut. Ficker, Eigenthum; Semmler, Anfänge; abzulehnen: Lübeck, Abtei Fulda; Ders., König Pippin.
5 Zur Immunität allgemein: Stengel, Diplomatik.
6 Zu seiner Person grundlegend: Schieffer.

sitz[7] bedachten, bildeten die Stufen auf dem Wege dahin: Der Königsschutz[8] hatte eine enge politische Bindung an das Königtum zur Folge – unbeschadet des päpstlichen Exemtionsprivilegs von 751[9]; er brachte wohl erhebliche Belastungen durch Dienste für den König[10], aber auch die Möglichkeit der Einflußnahme auf das Reichsoberhaupt mit sich und ließ die fuldischen Äbte schon früh zu einem tragenden Element im Rahmen der Reichsverfassung werden – die Erhebung in den Reichsfürstenstand war dadurch vorgezeichnet. Die Immunitätsprivilegien dagegen sicherten die Befreiung vom unmittelbaren Eingriff königlicher Richter (Grafen) in die Besitzungen des Klosters selbst; sie schufen dadurch die Voraussetzung zum Ausbau einer eigenen Gerichtsbarkeit[11].

Diese Gerichtsbarkeit wurde, da Geistlichen die Ausübung von Rechtsgeschäften kirchenrechtlich wie reichsrechtlich untersagt war, von Vögten aus dem Laienstand wahrgenommen. Deren Befugnisse bezogen sich neben der Gerichtsvogtei auch auf die Schutz- und Schirmvogtei – den Kern jeglicher Herrschaft[12]. Die letztgenannte Form des Vogteiwesens erhielt im Laufe der Zeit ein immer stärkeres Gewicht und wurde schließlich seit der Mitte des 10. Jahrhunderts zum eigentlichen Inhalt der hohen Vogtei. Gleichzeitig entwickelte sich die Immunitätsgerichtsbarkeit zur Hochgerichtsbarkeit[13].

Weitere Hoheitsbefugnisse im Bereich des späteren Territoriums erlangten die Äbte (und indirekt die Klostervögte) durch die Bannforst-Schenkungen von 980 und 1012 und den Wildbann von 1059[14]; dazu kamen noch verschiedene Grafschafts- und Wildbannübertragungen für entferntere Gebiete (Grafschaft Stockstadt, 1024; Grafschaft Netra, 1025; Grafschaft Malstatt, 1043; Bannforst Echzell, 951; Bannforst in der Mark Lupnitz, 1074; Wildbann im Bereich der Mark Umstadt, 1024[15]), in denen Fulda seine Hoheitsrechte gegenüber anderen Konkurrenten auf Dauer nicht durchzusetzen vermochte. Das dabei vom König abgetretene Jagdrecht bildete vielerorts den Ausgangspunkt zur Erwerbung weiterer Rechte, insbesondere der niederen Gerichtsbarkeit[16]. Die Bannforst-Schenkungen erstreckten sich im großen und ganzen über Gebiete klösterlichen Eigentums[17], trugen also den tatsächlichen Besitzverhältnissen Rechnung; der Wildbann

---

7 Fulda wurde dadurch »zu einer der gewaltigsten mittelalterlichen Großgrundherrschaften...,
die es gegeben hat«. In ihrer räumlichen Ausdehnung und Spannweite übertraf diese, »ausgenommen nur das Reich selber, alle Herrschaftsbildungen..., die das frühe Mittelalter hervorgebracht hat« (STENGEL, Reichsabtei, S. 15). Zu den Besitzverhältnissen des Klosters: WERNER-HASSEL-BACH; HAAS, Fuldaer Markbeschreibungen; LÜBECK, Besitzverhältnisse; METZ, Bemerkungen; HÖFLING, S. 8–14; STAAB; GIESEL; Soisdorf 781–1981, S. 28–45.
8 S. dazu SEMMLER, Anfänge, S. 190f.
9 S. dazu STENGEL, Reichsabtei, S. 10–13; JÖRG, S. 27f.; SEMMLER, Episcopi potestas, S. 362f.,
Anm. 117; ANTON, S. 87 mit Anm. 108.
10 S. dazu LÜBECK, Reichskriegsdienst; STENGEL, Reichsabtei, S. 8f.; HÖFLING, S. 26–30.
11 Vgl. HOFEMANN, S. 1; HÖFLING, S. 17–19.
12 BRUNNER, Land, v. a. S. 254–257, 337, 360–484.
13 Vgl. HOFEMANN, S. 3–10; STENGEL, Grundherrschaft, S. 305. Zur Vogtei materialreich, aber
unzulänglich: LÜBECK, Vogteiwesen. Allgemein: WAAS, Vogtei.
14 Der Bannforst umfaßte neben der Jagd auch das Recht der Fischerei. Zu den einzelnen
Schenkungen: KNAUS, Forstprivilegien; METZ, Fuldaer Bramforsturkunden; HOFEMANN, S. 23–45;
LÜBECK, Fischerei; LÖBEL, S. 94–96. Zur Bannleihe: SCHEYHING, S. 199–302.
15 S. dazu LÜBECK, Mark Lupnitz; DERS., Grafschaften; DERS., Klostergut; DERS., Kaiser
Heinrich II.; HAAS, Markbeschreibungen (1912), S. 49–64, 69–90; KNAUS, Fuldische Mark.
16 Zur Bedeutung der Wildbannberechtigungen für Herrschaftsentwicklung vgl. auch CRAMER;
KIESS; BOSL, Forsthoheit.
17 S. dazu im einzelnen HOFEMANN, S. 28–37.

dagegen dehnte sich auch auf fremden Grundbesitz aus[18], wurde aber in der Folgezeit bedeutungslos, weil sich in Fulda Hoheitsrechte nur in Verbindung mit starker grundherrlicher Position zur Landesherrschaft steigern ließen[19] – es gilt also auch hier die (ursprünglich auf Franken bezogene) Feststellung, daß die Grundherrschaft »Urzelle alles Staatlichen« gewesen ist[20].

Auf dem Wege zum Territorialstaat wurden für die Fuldaer Äbte dann die Reichsgesetze Kaiser Friedrichs II. von 1220 (Confoederatio cum principibus ecclesiasticis) und 1231/32 (Statutum in favorem principum) bedeutungvoll[21], obwohl sie in wesentlichen Teilen nur die Bestätigung bereits ausgeübter Rechte bedeuteten, während der König in diesen Gesetzen – entgegen einer lange vorherrschenden Beurteilung – keine grundsätzlich neuen Verzichtleistungen erbringen mußte[22]. Der Abt erlangte damit die offizielle Bestätigung als Reichsfürst – der Titel war ihm spätestens 1170 beigelegt worden[23] –, die Anerkennung der Hochgerichtsbarkeit (ius gladii) mit dem Recht der Blutbannleihe (vindicta sanguinis) und der Umwandlung niederer Gerichte (Landgerichte, centae) zu landesherrlichen. Dazu trat das Befestigungsrecht, das bisher ebenfalls vom König als Regal beansprucht, in der Praxis aber als solches weitgehend unbeachtet geblieben war. Diese und andere Rechte (Herrschaft über Straßen und damit über Geleit, Zoll und Münze, Marktrecht, Zuständigkeiten über Wald und Bergschätze u.a.m.) sollten allerdings nur unter der unverzichtbaren Voraussetzung der Belehnung und des Regalienempfangs durch das Reichsoberhaupt ausgeübt werden dürfen[24] – der Reichsfürstenstand[25] fußte im wesentlichen auf dieser lehnrechtlichen Grundlage. Die Regalität, d.h. die lehnrechtlich gedeutete Abhängigkeit eines Rechtes von der kaiserlichen Gewalt, wurde damit zu einem unverzichtbaren Bestandteil der Landesherrschaft des Fuldaer Abtes – jeder neu gewählte Abt bedurfte bis zum Ende des Alten Reiches zur Anerkennung seiner landesherrlichen Rechte der Regalienverleihung durch das Reichsoberhaupt[26].

In der Folgezeit brachten die Äbte die angesprochenen Rechte unter Ausnutzung machtpolitischer Gegebenheiten zur Geltung; die im Früh- und Hochmittelalter in Fulda starke Tradition einer Politik im Dienste des Königs[27] wich einer ausgeprägten Territorialpolitik, was u.a. auch mit einem Rückgang der Stellung der Fürstäbte im Gefüge des Reiches korrespondierte. Wichtig für die Stellung des Abtes wurde vor allem

18 Vgl. ebd., S. 39–41.
19 Ebd., S. 43.
20 HOFMANN, Adelige Herrschaft, S. 22. Die Bedeutung der Grundherrschaft für die Entstehung und Entwicklung der Landesherrschaft verdeutlichen zuletzt RÖSENER; LUTZ, Herrschaftsverhältnisse, S. 48–56.
21 ZEUMER (Hg.), Quellensammlung, Nr. 39, S. 42–44; Nr. 53, S. 55–58.
22 Zur Beurteilung der Fürstenprivilegien Friedrichs II. vgl. KLINGELHÖFER; für Fulda: HÖFLING, S. 32 f.
23 GUDENUS, III, Nr. 624, S. 1068.
24 Explizit ausgesprochen u.a. im Reichsweistum König Rudolfs von Habsburg vom 19. Februar 1274: MGH, Constitutiones, III, Nr. 27, S. 28.
25 Die lange Zeit gültige Annahme, daß der Reichsfürstenstand seit 1180 geschlossen war, wird durch neuere Untersuchungen in Frage gestellt: KRIEGER; RÖDEL.
26 Zur Bedeutung der königlichen Lehnshoheit im Mittelalter: MITTEIS, Lehnrecht; DERS., Staat; KRIEGER.
27 Zur Bedeutung einzelner Äbte für die Politik des Reiches: LÜBECK, Äbte von Fulda als Politiker; RÜBSAM, Heinrich V., S. 66–90; MOHR, S. 65–83.

die Bekräftigung der Hochgerichtsbarkeit durch das Königtum – ihr kam beim Aufbau des Territorialstaates unter den herrschaftsbegründenden Faktoren eine ausschlaggebende Rolle zu, wenn auch ihre Effektivität in der Praxis von der Verknüpfung mit anderen Befugnissen (Vogtei, Zent und Grundherrschaft) abhing. Für den Abt galt es allerdings zunächst, seinen Anspruch auf Hochgerichtsbarkeit und die Wirklichkeit zur Deckung zu bringen. Im besonderen war der Einfluß der Klostervögte einzudämmen, um die Vogteirechte selbst auszuüben. Das gelang gegenüber den Grafen von Ziegenhain, die die Gesamtvogtei erblich innehatten und diese Stellung in ihren vorwiegend territorialpolitisch begründeten Auseinandersetzungen mit dem Abt auszunutzen gedachten[28], noch im 13. Jahrhundert, wenn es auch erst 1344 durch den Verkauf der inzwischen für die Ziegenhainer wertlos gewordenen Vogteirechte an den Abt endgültig besiegelt wurde[29]. In der Nachfolge der gräflichen Vögte übten die Äbte nun durch eigene Beauftragte die zur Blutgerichtsbarkeit gesteigerte Hochgerichtsbarkeit[30] aus, saßen dem obersten Landgericht (»Paradiesgericht«) vor, das gleichzeitig Standesgericht des Adels war, während es für die Untertanen als Berufungsinstanz fungierte[31]; durch Papst Bonifaz VIII. wurde 1298 die Wahrnehmung der Blutgerichtsbarkeit auch kirchenrechtlich sanktioniert[32].

Immunität und Vogtei sicherten aber nur die Gerichtsbarkeit über die unmittelbaren Untertanen (eigenen Leute) des Klosters. Trotz des in der Belehnung mit der Hochgerichtsbarkeit implizierten weiterreichenden Anspruchs, der durch kaiserliche Diplome von 1289 und 1417 bestätigt wurde, die dem Abt die ausschließliche Gerichtsbarkeit über alle in seinem Herrschaftsgebiet wohnenden Untertanen zuwiesen[33], bedurfte es zur Ausübung der hohen Gerichtsbarkeit über die Zentuntertanen, d. h. die nicht zur Grundherrschaft des Klosters gehörenden Grafschaftsfreien, des Erwerbes der Zent[34].

Daher spielten auch in Fulda die Zenten für die Ausgestaltung der Herrschaft über ein geschlossenes Territorium eine herausragende Rolle – der Erwerb von Zentrechten durch die Äbte ist ein beherrschendes Merkmal der verfassungsgeschichtlichen Entwicklung seit der Erhebung in den Reichsfürstenstand. Im einzelnen war dies ein vielschichtiger Prozeß, den Anneliese Hofemann für einige der fuldischen Ämter nachgezeichnet hat: Grundlage für den Zenterwerb war dabei meist ausgedehnter grundherrschaftlicher Besitz, Kauf, Erbschaft oder Verpfändung, die Form, in der der Erwerb vollzogen wurde. Notwendig zur Behauptung der Erwerbungen aber war eine politische Macht-

28 Vgl. WITZEL, S. 20, 35.
29 SCHANNAT, Historia, II (= Codex Probationum), Nr. 166, S. 261; Original: StAM RIa, 1344, Mai 5. Zur Entwicklung der Vogtei in den Händen der Grafen von Ziegenhain und zu ihren Auseinandersetzungen mit den fuldischen Äbten im 12. und 13. Jahrhundert: WITZEL; vgl. auch HOFEMANN, S. 5–9; MOHR, S. 6–30.
30 Die ältere Hochgerichtsbarkeit ist vorrangig Sühnegerichtsbarkeit gewesen.
31 Ausführlicher dazu S. 18 f.
32 Aufhebung des Verbots der Blutbannübung durch Geistliche.
33 SCHANNAT, Historia, II, Nr. 201, 283, S. 292 f., 445–458.
34 Zur Zent s. jetzt SCHAAB, mit der grundlegenden, z. T. kontroversen Literatur. Die Bedeutung der lokalen Hochgerichtsrechte für den Ausbau der Landesherrschaft und die Unterwerfung des Adels unter den Landesfürsten unterstreichen viele Untersuchungen. Sehr dezidiert: KNETSCH, S. 158–163.

fülle, die ausreichte, Ansprüche Dritter abzuwehren und einen wirksamen Schutz auszuüben[35].

Fundament der Zentherrschaft war häufig der Besitz einer Burg in der Nähe des Zenthegungsortes; dies ließ später die Zent oft sogar als Pertinenz von Burgen erscheinen. Sobald sich der Abt einer Zent bemächtigt hatte, erfolgte eine weitgehende Vermischung von grundherrlichem Dingwerksgericht und Zentgericht, sowohl in bezug auf den Gerichtsort als auch die Gerichtspersonen. Der Obervogt wurde nun zugleich Richter im Dingwerk- und im Zentgericht, vereinigte Vogtei und Zent, niedere und Hochgerichtsbarkeit, in seiner Hand. Die gemeinsame Gerichtsstätte erschien schließlich »als die dem Kloster zugeordnete Dingstätte schlechthin«[36]. Von diesen ländlichen Hochgerichten konnten sich die Adligen für ihre Burgen und Eigenhöfe, nicht aber ihre Hintersassen eximieren.

Die alten Zentbezirke wurden größtenteils auch Leitbild für die Ämterverfassung, deren Einrichtung um 1300[37] die erste Phase der Territorialisierung abschloß und die innere Durchdringung des Herrschaftsgebietes einleitete[38]. Jedenfalls ist die geographische Identität in den meisten Fällen gegeben. In den Ämtern wurden Gerichtsbarkeit und Wirtschaftsverwaltung zusammengefaßt, die Funktion des Zentenars (Zentgrafen) – in erster Linie Wahrnehmung der Blutgerichtsbarkeit, anfangs wohl auch Zivilgerichtsbarkeit – ging an den Amtmann über[39].

Starke Bedeutung für die Aufrichtung der Landesherrschaft kam daneben auch in Fulda einer ausgeprägten Burgenpolitik zu, deren rechtliche Grundlage in den Fürstenprivilegien Friedrichs II. festgeschrieben war. Das Recht des Burgenbaues eröffnete den Landesherren allgemein, zusammen mit den anderen Rechtsansprüchen, »eine unvergleichliche Möglichkeit, bisherige Herrschaft über Personen in Herrschaft über Land umzuwandeln. ... Die Burg bot eine unschätzbare Hilfe, um Rechtsanspruch am Land zu markieren«[40]. So nutzten auch die fuldischen Äbte die im alleinigen Befestigungsrecht gegebenen Möglichkeiten – durch Burgenbau in eigener Regie wie durch Druck auf den eingesessenen Adel. Gegenüber diesem machten sie die Errichtung von neuen Burgen von einer Lehnsauftragung und der Zusicherung des Öffnungsrechtes abhängig; ebenso verfuhren sie in bezug auf früher erbaute Burgen – durch Auftragung und Belehnung unter Vorbehalt des Öffnungsrechtes brachten sie ihren Anspruch auf Landesherrschaft

---

35 Vgl. Hofemann, S. 14. Zur Entwicklung der Ämter aus den gerichtlichen Kompetenzen lokaler Herrschaft in Oberhessen s. Weiss.
36 Hofemann, S. 16.
37 Die Ersterwähnungen der insgesamt 29 Ämter konzentrieren sich auf den Zeitraum von 1293 bis 1320. Hofemann, passim.
38 Diese Beobachtung deckt sich mit den Verhältnissen in vielen anderen Territorien. Vgl. zuletzt für das Gebiet der Ostschweiz Sablonier.
39 »Der Territorialstaat strebte danach, das Zentgrafenamt mit anderen Aufgaben der lokalen Verwaltung... zu verbinden. Die Zent wurde so Untergliederung der regionalen Verwaltung und noch einmal Instrument zur Durchsetzung der Landesherrschaft gegenüber dem niederen Adel« (Schaab, S. 361). Vgl. auch Hofemann, S. 18.
40 Patze, Burgen, S. 430. Zur Bedeutung der Burgen für den Territorialstaat s. auch andere Beiträge in dem von Patze herausgegebenen Sammelband über die Burgen im deutschen Sprachraum; als jüngste Monographien: Berns sowie Sänger.

zur Geltung[41]. In den – nicht wenigen – Fällen der Verweigerung durch den Adel schritten sie gar zum äußersten Mittel: Zerstörung der Burgen[42]. So ließ sich mittels des Befestigungsrechtes nicht nur der abhängige Dienstadel, sondern auch der nicht sehr zahlreiche Altadel kontrollieren, wenngleich zwischen Möglichkeit und Realität in dieser Hinsicht oft große Lücken klafften und der Adel einzeln wie in seiner Gesamtheit sich zahlreiche Eigenständigkeiten erhalten bzw. erringen konnte.

Daneben dienten die Burgen der fortifikatorischen Absicherung des Herrschaftsgebietes. »Das letzte Stadium der Bildung einer Flächenherrschaft war erreicht, wenn eine Kette von Grenzburgen planmäßig errichtet werden konnte«[43]. Außerhalb des engeren Herrschaftsgebietes bildeten Lehnsburgen und Öffnungsrecht die Basis außenpolitischer Aktivitäten. Besonders wichtig waren sie aber im Innern für die organisatorische Durchdringung des Landes, indem sich Gerichts- und Ämterverfassung in enger Anlehnung an sie ausbildeten. An der grundsätzlichen Bedeutung der Burgen für den Landesherrn änderten auch Verpfändungen nichts; die Äbte behielten sich durchwegs das Öffnungsrecht vor[44] und damit die Möglichkeit zum Eingreifen bei gefährlichen Entwicklungen.

Wiewohl für die Landesherrschaft nicht unmittelbar konstitutiv, war die Lehnshoheit ein wesentliches Instrument zur Durchsetzung landesherrlicher Ansprüche[45]. Schon im 11. Jahrhundert sind in Fulda neben der gezielten Ausgabe von Lehen an adlige Gefolgsleute und – persönlich unfreie – Ministerialen Auftragungen von Eigengut durch edelfreie Geschlechter, die gleichzeitig mit der Auftragung aus ökonomischen und politischen Gründen den Schritt in die Ministerialität vollzogen[46], zu beobachten. Die Ministerialen dienten dem Abt als Verwalter der Fronhofsverbände, als Burgmannen und als Kriegsmannschaft und wurden ein entscheidendes Werkzeug beim Aufbau seiner Landesherrschaft[47].

---

41 Ein Beispiel hierfür bietet die Auftragung der Burg zu Ürzell durch die Familie von Mörle gen. Böhm im Jahre 1357: SCHANNAT, Clientela, I, S. 133 f., II (= Probatio Clientelae), Nr. 404, S. 321.
42 Als ein Beispiel: Zerstörung der Stammburg der Familie von Eberstein auf dem Tannenfels bei Brand. Vgl. dazu zuletzt v. EBERSTEIN, Bau.
43 PATZE, Burgen, S. 432. Die fuldischen Äbte schützten die Grenze gegenüber Thüringen durch zwei Burgenreihen: Gerstungen, Vacha, Lengsfeld, Salzungen, Frankenstein und Lichtenberg sowie Fischberg, Tann, Geisa, Rockenstuhl und Haselstein (SCHANNAT, Clientela, I, S. 45).
44 S. HOFEMANN, passim.
45 Die Rolle des Lehnswesens für die Ausbildung der Territorialstaaten wurde von der Forschung lange Zeit nicht einheitlich beurteilt. Entgegengesetzte Auffassungen vertraten v. a. BRUNNER (Land), der die Bedeutung gering veranschlagte, und MITTEIS (Lehnrecht), der dem Lehnsrecht die führende Rolle im Prozeß der Staatswerdung zuwies. Neuere Untersuchungen belegen die Ausdehnung landesherrlicher Sphären und die Festigung des Herrschaftsanspruches mit Hilfe des Lehnsrechtes: THEUERKAUF, Land; DIESTELKAMP, Lehnrecht der Grafschaft Katzenelnbogen; SPIESS, Lehnsrecht; MARTINI. S. auch KLEBEL; DIESTELKAMP, Lehnrecht und spätmittelalterliche Territorien; MORAW, Landesgeschichte, S. 179 f.
46 Das bekannteste Beispiel hierfür bieten die Herren von Schlitz. Vgl. SIPPEL.
47 Zur Rolle der Ministerialität für Herrschaftsaufbau und Herrschaftssicherung im Dienste des Reiches grundlegend: BOSL, Reichsministerialität; für das Spätmittelalter u. a. RÖDEL. Die Bedeutung der Ministerialität für Auf- und Ausbau der Territorialherrschaft zeigen u. a.: REIMANN; WAGNER (Hg.), Ministerialität; Ministerialität im Mittelrheinraum; SCHMALE; sowie verschiedene Beiträge in: FLECKENSTEIN (Hg.), Herrschaft. Zur Ministerialität in Fulda: LÜBECK, Ministerialen; HACK, S. 39–46; WEBER, Kreis Hünfeld, S. 17–24.

B. INHALT UND GRENZEN DER LANDESHERRSCHAFT IM ÜBERGANG VOM SPÄTMITTELALTER ZUR FRÜHEN NEUZEIT

Auf der Zusammenfassung verschiedener Herrschaftsrechte in seiner Hand beruhte die Landesherrschaft des fuldischen Abtes. Sie war anfangs gegründet auf die persönlichen Bindungen zwischen Herrscher und Beherrschten, hergestellt und abgesichert durch ein dingliches Substrat – eine Form der Staatlichkeit, die in der deutschen Verfassungsgeschichte als »Personenverbandsstaat« bezeichnet wird[48]. Die Umwandlung dieses »Personenverbandsstaates« in einen »institutionellen Flächenstaat« mit der Ausschaltung aller feudalen Gegenkräfte, der Übergang von einer »Verdinglichung« und »Verpersönlichung« der Herrschaft, die das Mittelalter kennzeichnet, zu einer »Versachlichung« und »Rationalisierung« des Herrschaftsbetriebes, die das Wesen des »frühmodernen Staates« ausmachten[49], hatten die Fürstäbte seit dem 13. Jahrhundert in Angriff genommen[50].

Für die Ausbildung der Landesherrschaft war die Verbindung von Hochgerichtsbarkeit mit grund- und niedergerichtlichen Befugnissen ausschlaggebend gewesen. Auch in der Folgezeit blieb die Hochgerichtsbarkeit – von der Staatsrechtswissenschaft und der praktischen Rechtsprechung lange Zeit als Synonym für Territorialherrschaft bewertet[51] – eines der wesentlichen Mittel des Landesfürsten zum Ausbau seiner herrschaftlichen Stellung, u. a. durch Einrichtung eines territorialen Obergerichts.

Gleiche Bedeutung wie der Hochgerichtsbarkeit kam dem mit ihr in unmittelbarem Zusammenhang stehenden Gesetzgebungsrecht zu, dessen Geltungsbereich ebenfalls erweitert wurde, wenn auch die Zahl der gesetzlichen Verordnungen noch gering blieb[52].

Aus dem für mittelalterliches Rechtsdenken und Rechtswirklichkeit zentralen Schutzgedanken[53] erwuchs dem Landesherrn (wie dem Grundherrn, doch mit anderem Gewicht) die Pflicht, die Untertanen mit Rechts- und Waffenhilfe zu schützen und zu schirmen. Dies bezog sich auf einen allgemeinen Schutz, in erster Linie auf die Wahrung des Landfriedens, für alle im Lande Eingesessenen und auf einen besonderen Schutz für die unmittelbar dem Landesherrn unterstehenden (im Mittelalter nicht fehdefähigen)

---

48 Der Begriff wurde geprägt und wissenschaftlich fundiert von Mayer, Ausbildung.
49 Kennzeichnung dieser aus der Verbindung soziologischer und historischer Forschungsansätze von Otto Hintze und Max Weber gewonnenen Begriffe sowie ihre Übertragung auf die geschichtliche Realität bei Fried, »Modernstaatliche« Entwicklungstendenzen.
50 Vergleichende Untersuchungen über die Entwicklung im 14. Jahrhundert, in dem diese Tendenzen zum Durchbruch kamen, in: Patze (Hg.), Territorialstaat.
51 Dagegen wurden grundherrliche und niedergerichtliche Befugnisse von der Staatsrechtswissenschaft im späten Mittelalter tendenziell als privat qualifiziert; erst im 16. Jahrhundert, im Zusammenhang der Auseinandersetzungen um die Einziehung der Reichssteuern wurde ihre herrschaftsbildende Funktion erkannt. Denn hier wurde offenkundig, daß das Kollationsrecht auch den Inhabern niedergerichtlicher und grundherrlicher Herrschaftsbezirke zukam, die selbst niemandem unterstellt waren und daraus eine unabhängige Territorialgewalt ableiten konnten. S. dazu Willoweit, Rechtsgrundlagen, S. 88–98. Willoweits Untersuchung ist grundlegend für die Territorialstaatsrechtslehre der Frühen Neuzeit. In diesem Zusammenhang sind noch immer wichtig die Schriften von Moser: Landeshoheit im Weltlichen; Landeshoheit der Teutschen Reichsstände.
52 S. Thomas, Sistem, I, §5, S. 11, 13.
53 S. dazu Brunner, Land, S. 263–269, 310–314, 363–385; Willoweit, Rechtsgrundlagen, S. 63–66.

Personen und Institutionen, die zu seinem »Haus« gehörten[54]. Hierunter sind zu verstehen das Kammergut im weiteren Sinne (Klöster und Kirchen, Städte und ihre Bürger) wie im engeren Sinne (bäuerliche Grund- und Vogtholden des Landesfürsten, im Hause = am Hofe des Landesherrn beschäftigte bzw. wohnende Leute incl. der Räte und Diener, Juden sowie Menschen, die vorübergehend auf den Straßen des Landes zogen: Pilger, Kaufleute, fahrende Spielleute)[55]. Auf der anderen Seite hatten der Landesherr wie der Grundherr begründeten Anspruch auf Treue allgemein, auf Rat und Hilfe im Falle der Not: konkret auf Steuerleistungen in Form von Naturalien oder auf Geld, Robot und Rais (Wehrpflicht)[56]. Diese grundsätzlich nicht unbeschränkten, sondern durch Herkommen und Zumutbarkeit begrenzten Ansprüche bezogen sich allerdings nur auf die dem besonderen Schutz des Landesherrn unterstehenden Personen; an die anderen konnte der Landesherr aufgrund der eingeschränkten Schutzbefugnisse auch nur begrenzte Forderungen stellen[57]. Hintersassen von Ritterschaft und Stiftskapitel sowie diese selbst, also die Kreise, über die der Abt nur eine mittelbare Landesherrschaft geltend machen konnte, blieben von seinen Forderungen weitgehend ausgenommen.

Die Ritterschaft war in ihrem personellen Kern hervorgegangen aus der (unfreien) Ministerialität. Im Verlauf des 13. und 14. Jahrhunderts war ihr der Übergang in den freien Lehnsadel und die Verschmelzung mit den wenigen freiadligen Geschlechtern zur fortan so genannten niederadligen »Ritterschaft« gelungen. Ihre dienstrechtlichen Bindungen an den Abt waren dadurch entscheidend gelockert worden. Sie konnte sogar in Konkurrenz zu diesem eigene Herrschaftsbereiche ausbilden. Durch die an ihren Besitzungen (Lehns- wie Eigengut) hängenden grundherrlichen und niedergerichtlichen Rechte, die dem Landesherrn praktisch den rechtlichen und finanziellen Zugriff auf ihre Untertanen verwehrten, und durch ihre wirtschaftliche Potenz, die Ausfluß einer gezielten Landerwerbspolitik und des Ausnutzens der günstigen Konjunkturverläufe bis zur Mitte des 14. Jahrhunderts war, ehe Agrarkrisen auch den wirtschaftlichen Rückhalt des Adels zerstörten, besaß sie eine eigenständige Position gegenüber dem Fürstabt, die das Entstehen eines starken durchorganisierten Territorialstaates erschwerte[58].

Aufgrund ihrer ritterlichen Dienste genossen die Niederadligen Steuerfreiheit; diese galt allerdings nur für ihre Rittergüter, nicht etwa für zusätzlich erworbene Grundstücke

54 Die Herrschaft des Abtes über diese beiden Gruppen läßt sich als mittelbare bzw. unmittelbare Landesherrschaft kennzeichnen.
55 S. dazu BRUNNER, Land, S. 363–367, 372–385. Das »Eigentumsrecht« an den Juden, ursprünglich ganz in königlicher Hand, erwarben die fuldischen Äbte zu Beginn des 14. Jahrhunderts: 1301 wurden ihnen von Albrecht I. die in Fulda lebenden Juden verpfändet, 1309 von Heinrich VII. ganz überlassen. Mit dem Judenschutz erwarben die Äbte das alleinige Besteuerungsrecht über diese Gruppe. S. dazu THOMAS, Sistem, I, § 221, S. 376–378; HORN/SONN, S. 23–25.
56 BRUNNER, Land, S. 273–303, 426–430.
57 Ebd., S. 384.
58 Niedergerichtsbarkeit und grundherrliche Rechte gaben dem Adel die entscheidende Verfügungsgewalt über seine Hintersassen – sie vermittelten Gebot und Verbot. Auf die Untertanen des Adels konnte der Landesherr nur mit Hilfe dieser Adligen selbst einwirken. Zu dieser intermediären, mittelbaren Gewalt und dem Spannungsverhältnis zwischen dem umfassenden Gesetzgebungs- und Judizierungsanspruch des Landesherrn und dem Gebotsrecht des Adels im Spätmittelalter und Frühneuzeit s. WILLOWEIT, Struktur; DERS., Gebot. Zur Entwicklung der fuldischen Ritterschaft im Spätmittelalter: GROSSART, S. 31–34; HOFEMANN, S. 176, 187f.; für den Hünfelder Raum: WEBER, Kreis Hünfeld, S. 17–22.

und Gebäude, die vorher der Besteuerung unterlegen hatten[59]. Auch von Zollabgaben waren sie befreit[60]. So lag die Last bei den ohnehin zu Abgaben verpflichteten Bauern und Bürgern, die auf landesherrlichem Grundbesitz siedelten. Von diesen, namentlich den Stadtbewohnern, erhoben die Äbte zu ihrem eigenen Unterhalt eine Vielzahl von indirekten Steuern: Marktzoll, Ungeld, Wegegeld, Abgaben für Geleit, von der Waage, von der Münze und von der Walkmühle sowie als direkte Steuer die Bede[61]. Diese Abgaben wurden meist aufgrund königlicher Privilegien und der Regalienverleihung an den Landesherrn erhoben, während die Bede ihre Entstehung außerordentlichen Notfällen verdankte und der Zustimmung der Betroffenen bedurfte: Alle direkten Steuern gründeten auf dem Verhältnis von Schutz und Schirm des Herrn und Rat und Hilfe der Untertanen und mußten vom Herrn erbeten werden (Bede, *petitio, precaria*). Die Berechtigung dazu kam sowohl dem Landesherrn als auch Vogt- und Grundherren zu[62]. Eine allgemeine Steuerpflicht bestand nicht, doch waren die Schutzverwandten innerhalb des sittlich Zumutbaren zu Hilfeleistungen verpflichtet. Aus außerordentlichen Leistungen wurden allerdings bald regelmäßige, »ordentliche« Steuern[63]. Solange dies nur die direkten Untertanen des Klosters betraf, geistliche und weltliche Grundherren (Stiftskapitel und Adel) davon ausgeschlossen blieben, war das relativ unproblematisch. Eine Ausweitung des Kreises der Steuerpflichtigen, die zur Finanzierung steigender Anforderungen, zur Aufrechterhaltung der Landesherrschaft nach innen wie nach außen und zur organisatorischen Durchdringung des Territoriums, auch zur Deckung des persönlichen Bedarfs des Abtes und seiner Umgebung am Hof, unerläßlich war, aber mußte Reaktionen der Betroffenen herausfordern. Diese im Lande Herrschaft übenden und über grundherrlichen Besitz verfügenden sowie kapitalerwirtschaftenden Kräfte (Stiftskapitel, Adel, Städte) konnten sehr wohl am »Prinzip der jedesmal neu zu bewilligenden außerordentlichen Steuer«[64] festhalten und für ihre finanziellen Opfer Gegenleistungen in Form von Mitsprache in wichtigen Landesangelegenheiten verlangen. Vom Wunsch des Abtes nach allgemeiner Steuerveranlagung bis zur Herausbildung einer landständischen Organisation mit eigener Steuerverwaltung war es nur ein kleiner Schritt, der allerdings zur Festigung noch weiterer Anstöße bedurfte[65].

Auch bei der Wahrnehmung des Gesetzgebungsrechtes war der Landesherr an die Mitwirkung seiner Stände *(meliores et maiores terrae)* gebunden – die Gesetze von 1231/32, die die Reichsfürsten beim Aufbau von Territorialstaaten begünstigten, schränkten ihre Machtfülle auch wieder ein.

Ebenso war die Frage der Gerichtsbarkeit durch die Übertragung der Hochgerichtsbarkeit an die jeweiligen Äbte keineswegs entschieden. Aus den grundherrlichen Rechten des Adels und des Kapitels erwuchsen für den Landesherrn konkurrierende Ansprüche auf der Ebene der Niedergerichtsbarkeit; auch machten einige Adelsfamilien

---

59 GROSSART, S. 39.
60 Ebd.
61 Zu den einzelnen Abgaben: GROSSART, S. 19–24; SIMON, S. 82–85.
62 Dies macht auch die exemplarische Untersuchung des Steuerwesens in Bayern durch FRIED (Geschichte der Steuern) deutlich.
63 Zur Entwicklung der Steuern ist grundlegend: BRUNNER, Land, S. 273–298. Zusammenfassung der vor dem Erscheinen von Brunners Buch sehr kontroversen Forschungsdiskussion bei QUARTHAL, Landstände, S. 1–9.
64 BRUNNER, Land, S. 296.
65 S. dazu unten S. 164–182.

Anspruch auf die Ausübung der Blutgerichtsbarkeit geltend. Daneben entzogen sie sich dem Gericht des Abtes durch eine ausgeprägte Schiedsgerichtsbarkeit. Die Ritterschaft hatte im ausgehenden Mittelalter in Lehns- und Dienstmannenfragen einen eigenen Gerichtsstand in dem sogenannten »Paradiesgericht«[66], das in dieser Funktion im 15. Jahrhundert auch als »Manngericht« bezeichnet wurde[67]. Dieses unmittelbar dem kaiserlichen Hofgericht unterstellte und unter dem Vorsitz des Abtes zusammentretende Gericht war gleichzeitig oberstes Gericht für das fuldische Stiftsgebiet[68]. Seine Zuständigkeit erstreckte sich auf sämtliche Rechtssachen der fuldischen Untertanen, unabhängig von ihrem Stand[69], beinhaltete also auch die Hochgerichtsbarkeit über den stiftsgesessenen Adel[70]. Der Adel genoß das Privileg, von den Instanzen der unteren Gerichte befreit zu sein; er konnte sich gleich an das oberste Landesgericht wenden bzw. wurde vor dieses zitiert. Trotz der kaiserlichen Privilegien vermochten es aber die Fürstäbte nicht, eine uneingeschränkte Gerichtshoheit über den Adel durchzusetzen. Mehrfach versuchte der Adel, sich ihrer Gerichtsbarkeit zu entziehen[71]. Allerdings zeigten viele Adlige auch Bereitschaft, ihr Recht am Paradiesgericht zu suchen. Denn auf der Grundlage des altständischen Prinzips des »Richtens unter Gleichen« wirkten in Entscheidungen über Lehnsfragen Ritter und Vasallen als *pares Curiae* mit[72].

---

66 Die Bezeichnung leitet sich her vom ursprünglichen Ort der Gerichtshegung, dem Paradies an der fuldischen Stiftskirche (THOMAS, Sistem, III, § 591, S. 187). Im 15. Jahrhundert tagte man offensichtlich an verschiedenen Orten, 1454 z. B. in der Burg (HOFEMANN, S. 88).
67 Vgl. BATTENBERG, Schlitzer Urkunden, I, Nr. 129, S. 32.
68 Wie es selbst anläßlich eines Prozesses zwischen dem Kloster Neuenberg und Petzen von Bienbach 1355 feststellt: *unsers gn. herren apt Heinrich von Fulde oberste Gerichte, daz da heisset, das Paradis* (GRIMM, III, S. 389).
69 Vgl. das um die Mitte des 13. Jahrhunderts auf den Namen Kaiser Ottos I. gefälschte, 1289 von König Rudolf I. und in der Folgezeit immer wieder bekräftigte Immunitätsprivileg, welches festlegt, *ut nullus iudex publicus, dux, marchio, comes vel vicecomes ministeriales, vasallos et alios ipsius monasterii homines tam ingenuos quam servos ad aliqua omnino trahant iudicia, sed coram abbate, qui tunc fuerit, causas suas agant* (DRONKE, Codex, Nr. 843; Auszug bei HOFEMANN, S. 8). Im deutschsprachigen Diplom Kaiser Sigismunds von 1417 lautet dieser Passus: *das kein offen Richter, Hertzog, Margrave, Greve oder Grevenstatt-halter ire Dienstmanne, Manne oder Lute, als wol die under ihn gesessen, als die ir eygen sind, an keynerley Gerichten tzichen sullen, sunder das ein iglicher Clager vor dem Abbt, der zu den Tzyten ist, sine Sach suchen und triben solle.* (SCHANNAT, Historia, II, Nr. 201, S. 292 transsumiert in Nr. 283, S. 448, vom Jahre 1726).
70 Vgl. HOFEMANN, S. 10; GROSSART, S. 38; WETH, S. 132.
71 So mußte sich 1356 Abt Heinrich VII. an Kaiser Karl IV. wenden, der in einem förmlichen Mandat Adel und Untertanen die Achtung des Abtsgerichtes auferlegte: *daz du... die egenante Dinstmann, Edlen Lute und Undertanen von unsirm und des Reichs wegen manest, heizzest und vesteclichen unterrichtest by unsern Hulden, daz si von seiner, und unsirs Stiftes wegen zu Fulde, nach rechter und guter Gewohnheit als daz von seinen Vorfarn bizher uf in kumen und bracht ist, lazzen volgen daz zeitlich ist, und daz si seines vorgeschriben Gerichtes achten, und im gehorsam sein, als si billig sullen, und daz er keiner zu dem andern greiffe, man thue danne vor demselben unserm Fürsten und vor dem obgenanten seinem Gerichte vor ervodert mit dem Rechten,* heißt es in dem Auftrag an den kaiserlichen Landvogt in der Wetterau, Ulrich von Hanau, zur Vollstreckung dieses Mandats (SCHANNAT, Historia, II, Nr. 175, S. 268; THOMAS, Sistem, III, § 590, S. 184 f.). Für alle Untertanen, auch den Adel, mußte Abt Johann II. am 23. März 1481 das Verbot erneuern, daß *nymant von den seinen den andern an frembte gerichte fordern, keynerley sachen halber, die an seine gnaden gericht gehandelt oder geurteilt ist, anders dan durch eynen ordenlichen beruf an frembde gerichte zihen, dazu radt, hilf oder fürderung thun solle* (StAF XXI, B 1, Nr. 150 [Kop.]).
72 Vgl. THOMAS, Sistem, III, § 589, S. 182. Urkunden des Paradiesgerichtes wurden in der Regel im Namen des Abtes ausgefertigt. War allerdings der Abt als Kläger resp. Beklagter selbst in den

Neben der Rechtsprechung durch das Paradiesgericht gab es im 14. und verstärkt im 15. Jahrhundert Beilegungen von Streitfällen durch Schiedsgerichte, u. a. wohl, weil sie schneller und wirkungsvoller arbeiteten. Als Schiedsrichter fungierten adlige *Teidingsmänner*, gelegentlich auch auswärtige Geistliche und weltliche Fürsten[73]. Diese Schiedsgerichte arbeiteten einerseits der Gerichtshoheit des fuldischen Abtes entgegen, indem sie abseits des geregelten Gerichtsverfahrens agierten. Sie boten aber auch dem Abt die Chance der Einflußnahme auf seinen Adel, der sich mit dem Rückgang der Dienstverpflichtungen gegenüber dem Stift von diesem immer mehr gelöst hatte. Denn zum einen waren adlige Teidingsmänner, die Streitigkeiten zwischen dem Stift und einzelnen Adligen beizulegen suchten, nicht nur als Vertreter ihrer Standesgenossen tätig, sondern auch als Beauftragte des Abtes[74]. Zum anderen stellten schiedsgerichtliche Verfahren zwar ein Mittel außergerichtlicher Lösung von Streitfällen dar, konnten aber in den Prozeßgang integriert werden[75]. Drittens wurde ganz allgemein das Schiedswesen und seine Ausbreitung durch kirchliche Rechtsauffassungen begünstigt. »Bischöfe, Äbte und andere Kleriker zogen das Schiedsverfahren dem ordentlichen Prozeß selbst dann vor, wenn in diesem ein günstiger Ausgang der Sache zu erwarten war«[76]. Die Schiedsverfahren selbst waren mit Elementen des gelehrten kanonischen Prozesses durchsetzt und bereiteten dadurch den Boden für die Rezeption des Römischen Rechtes vor[77]. Trifft diese in anderen Gebieten des Reiches beobachtete Förderung des Schiedsverfahrens durch geistliche Herrschaftsträger auch für Fulda zu, so dürfte es schwer sein, in der Verbreitung des Schiedsgerichtswesens im Stift Fulda eine gegen den Abt gerichtete Maßnahme des Adels zu erblicken. Im Gegenteil: da die Fürstäbte in Fulda über kein Privilegium de non appellando oder de non evocando verfügten, konnten sie sogar die Schiedsgerichte zum Ausbau ihrer eigenständigen landesherrlichen Gerichtsgewalt in Anspruch nehmen. Die Austräge der Äbte mit Kapitel und Ritterschaft im 16. Jahrhundert, die die Schiedsgerichtsbarkeit im einzelnen regelten[78], spiegeln auch den Zustand früherer Zeiten wider – sie zeigen, daß Schiedssprüche verbindlich sein sollten, um das Gericht des Königs (Kammergericht) zu umgehen, also die Wirkung von Privilegia de non appellando zu erreichen[79]. In der Verbreitung römisch-rechtlicher Prinzipien

---

betreffenden Rechtsstreit verwickelt, so amtierte ein anderer als Richter. So ist beispielsweise die älteste erhaltene Urkunde des Paradiesgerichtes vom 13. November 1340 von Heinrich von der Tann ausgestellt und mit dem Siegel des Gerichtes wie mit seinem eigenen Siegel beglaubigt. Das Siegel des Paradiesgerichtes zeigt den hl. Simplicius mit Schwert und drei Lilienstengel in einem Schild; wie WETH (S. 133 f., 250–253) schlüssig nachgewiesen hat, symbolisieren die Lilienstengel die Gerichtshoheit des Abtes. (Zur Bedeutung der hl. Simplicius, Faustinus und Beatrix für Abtei und Territorium: ebd. S. 237–250). Später amtierte v. a. der Hofmarschall als Vorsitzender des Mannen-/Lehengerichts (Beispiele aus den Jahren 1474 und 1479: LUCKHARD, Regesten, Nr. 638, S. 175; BATTENBERG, Schlitzer Urkunden, I, Nr. 129, S. 32). Zur Besetzung von Lehengerichten im Spätmittelalter exemplarisch: LIEBERICH, Hofgerichtsprotokolle, S. 16 f.
73 Vgl. die – in beschränkter Auswahl – bei HOFEMANN, S. 188, Anm. 2 angeführten Fälle.
74 Dies belegen, entgegen HOFEMANNS Auffassung, gerade die von ihr aufgeführten Schiedsgerichte.
75 S. dazu KRAUSE, Entwicklung; BADER, Entwicklung; TRUSEN, Anfänge, S. 148–161.
76 KROESCHELL, Rechtsgeschichte, II, S. 33.
77 Bilanz der Rezeption: WIEACKER, Privatrechtsgeschichte, S. 225–248; KROESCHELL, Rezeption.
78 S. dazu S. 122–124.
79 Zur Bedeutung dieser Privilegien für die Entwicklung der Territorialstaaten s. die Einleitung von EISENHARDT, Kaiserliche Privilegia.

mittels Schiedsgerichten steckte aber auch eine große Gefahr für den Adel, denn das
Römische Recht wurde vom Abt und von seinen an diesem Recht geschulten Beratern
zur Vereinheitlichung des Untertanenverbandes, zur Einbeziehung des Adels in seinen
unmittelbaren Herrschaftsbereich angewandt.

Die Beschränkung des Landesfürsten in der Ausübung seiner Herrschaft durch die
Rechte der adligen Vasallen wurde auch in den Lehnsbeziehungen sichtbar. Ganz
abgesehen davon, daß die Adelsfamilien zum Teil über erheblichen Eigenbesitz verfüg-
ten, trotz der ihnen in starkem Maße aufgezwungenen Auftragungen von Gütern an den
Fürstabt, war der Lehnsdienst der Ritter von der Untertänigkeit der unselbständigen
Bauern und Bürger stark abgehoben. Die aus den Ritterlehen erwachsenden persönli-
chen Dienstpflichten bedeuteten wenig im Vergleich zur unbeschränkten Herrschaft des
Landesherrn über die Untertanen[80]. Die Lehnsherrlichkeit bildete »lediglich
Rechtsgrundlage für die Forderung einzelner Dienste«[81]. Dennoch stellte der Lehnshof[82] einen Kristallisationspunkt für den Adel dar; über ihn konnte der Fürstabt seinen
Einfluß auf die Adligen geltend machen, hier fand ein Interessenausgleich zwischen
beiden Kräften statt, wurde der Einbindung des Adels in den Territorialstaat des Abtes
vorgearbeitet, wenn auch die Lehnshoheit noch keine Landesherrschaft über den Adel,
die Lehnsabhängigkeit des Adels noch keine Landsässigkeit bedeuteten.

Zur organisatorischen Durchdringung seines Territoriums war der Abt auf Mitarbeit
der führenden Schichten in seinem Herrschaftsbereich angewiesen, ja davon ganz
abhängig. Die Mitarbeiter fand er zunächst einmal in der einheimischen Ritterschaft.
Diese Familien waren dem Abt auch aus handfesten Interessen verpflichtet. Zum einen
gewährleistete das adlige Stiftskapitel[83] die Versorgung nachgeborener Söhne, und
verschiedene dem Abt unterstellte Damenstifte im fuldischen Territorium sicherten auch
die der Töchter; daneben lockten der soziale Aufstieg und die materiellen Vorteile, die
eine Familie erreichen konnte, wenn sie den Abt stellte. Dazu bot sich im Stiftsdienst
nicht nur die Chance politischer Einflußnahme (die jedem Adligen als potentiellem
»geborenen Rat von Haus aus« grundsätzlich offenstand, obwohl sie in der Realität nur
ein kleinerer Kreis wahrnehmen konnte), sowie zu administrativer und militärischer
Betätigung, sondern vor allem die Möglichkeit wirtschaftlichen und rechtlichen Zuge-
winns. Die Dienstleistungen, die anfangs durch die Vergabe von Lehen abgegolten
wurden – die viele Lehensträger auf dem Wege der Erblichkeit in ihren Dauerbesitz zu
bringen vermochten, ohne daß man hieraus einen völligen Bedeutungsverlust des
Lehenswesens ableiten darf[84] –, wurden im 14. und 15. Jahrhundert von den Äbten fast
ausschließlich durch die (grundsätzlich befristete) Verpfändung von Amtsbezirken mit
deren Einnahmen bzw. durch Rentenanweisungen entschädigt. Diese Praxis bot den

---

80 Das Verhältnis zwischen Landsassen und Untertanen läßt sich auf folgende knappe Formel
bringen: »Jeder Landsasse ist Untertan, aber nicht jeder Untertan ist Landsasse. ... Der Landsasse
ist im Besitz eigener Jurisdiktion, die übrigen Untertanen sind dagegen einem Landsassen oder dem
Landesherrn direkt unterworfen.« (WILLOWEIT, Rechtsgrundlagen, S. 297, Anm. 673).
81 Ebd., S. 101.
82 Den Umfang des fuldischen Lehnshofes verdeutlicht SCHANNAT, Clientela. Als Lehensträger
werden hier aufgeführt 8 Herzogs- und Fürsten-, 5 Markgrafen-, 31 Grafen- und über 500 Ritterfamilien.
83 Ausführlicher dazu S. 186–194.
84 Seine politische Bedeutung ging wohl zurück, doch nicht verloren; auch blieb es ein
bedeutsamer Faktor für Verwaltung und wirtschaftliche Entwicklung. Literatur wie oben Anm. 45.

Pfandnehmern nicht nur günstige Einnahmemöglichkeiten, die Verpfändung bezog sich gleichzeitig auf Herrschaftsrechte und war von daher besonders attraktiv. Denn auch bei den Verpfändungen der fuldischen Fürstäbte ist eine Unterscheidung zu beachten, die Hans-Georg Krause[85] in Anlehnung an andere Untersuchungen[86] herausgearbeitet hat: Rentenverpfändungen und Herrschaftsverpfändungen. Bei Rentenverpfändungen weist der Pfandgeber zur Deckung von Schulden (Darlehen, Darlehenszinsen) dem Pfandnehmer bestimmte Einkünfte und Abgaben, vornehmlich aus Städten, an. Herrschaftsverpfändungen dagegen liegen vor, wenn dem Pfandnehmer – sei es zur Begleichung von Schulden, sei es im Vorgriff auf zu erbringende Leistungen – ein Verwaltungs- oder Gerichtsbezirk verpfändet wird. Wesentlich bei letzterem sind nicht etwa die aus der Pfandschaft zufließenden Einkünfte, sondern die Herrschaft über Land und Leute, denn der Pfandherr übernimmt, sofern nicht im Einzelfall besondere Abmachungen getroffen werden, »prinzipiell alle Rechte und Pflichten, die der Pfandgeber gegenüber dem Pfandobjekt hatte«[87]. Insofern sind Verpfändungen »durchaus der Herrschaftsvergabung zu Lehen vergleichbar«[88]. Es handelt sich also um eine politische Maßnahme. Der Pfandgeber verfolgt damit das Ziel, den Pfandnehmer für sich zu gewinnen oder ihn noch fester an sich zu binden. Letzterer sieht eine Möglichkeit, seine politische Stellung zu festigen und/oder seine Herrschaftsbasis zu erweitern; sein Bestreben richtet sich entsprechend darauf, möglichst lange im Besitz des Pfandes zu bleiben und es dem eigentlichen Besitzer zu entfremden – dazu dienen zum Beispiel Erhöhungen der Pfandsumme, Kumulierung von Pfändern sowie besondere Abmachungen, daß Einlösungen nur zu Lebzeiten des Pfandinhabers (bzw. in einer späteren Generation) oder nur mit eigenen Geldern des Landesherrn erlaubt seien. Der Pfandgeber wiederum hat ein bedeutendes Instrument der Pfandpolitik in der Möglichkeit, das Pfand jederzeit wieder einlösen und es neu verpfänden oder auch einem anderen Interessenten eine Einlösungsermächtigung erteilen zu können, durch die das Pfand mit allen daranhängenden Rechten in dessen Nutzung übergeht. Der Pfandnehmer dagegen hat keine Macht, gegen Rückgabe des Pfandes eine Auszahlung der Pfandsumme zu erreichen. In den fuldischen Verträgen wird ihm allerdings für den Fall einer Nichteinlösung des Pfandes durch den Fürstabt das Recht zur Weiterverpfändung eingeräumt, aber nur den Stiftsmannen[89] – eine Verpflichtung, die eine Mobilisierung der Pfandnehmer für den Territorialstaat erkennen läßt.

Beide Arten der Verpfändung haben auch im Stift Fulda eine große Rolle gespielt, obwohl sie im Einzelfall nicht immer streng auseinanderzuhalten sind. Die Herrschaftsverpfändungen lassen sich seit der ersten Hälfte, verstärkt in der zweiten Hälfte des 14. Jahrhunderts beobachten[90], sind aber auch im 15. und noch zu Beginn des 16. Jahrhunderts von großer Bedeutung[91]. Angelpunkt des Verpfändungswesens waren wie

---

85 KRAUSE, Pfandherrschaften.
86 V. a. LANDWEHR, Verpfändung; DERS., Bedeutung; BITSCH; PETERS.
87 KRAUSE, Pfandschaften, S. 391.
88 ISENMANN, S. 12.
89 Vgl. GROSSART, S. 44.
90 Vgl. ebd. S. 44, 47–50, 52–56. Dies deckt sich mit den Beobachtungen auf Reichsebene, wo die Entwicklung im ausgehenden 14. Jahrhundert ihren Höhepunkt erreicht, »zu einer Zeit, wo die land- und lehenrechtlichen Bindungen locker wurden und fast vollständig versagten« (KRAUSE, S. 392).
91 Vgl. HOFEMANN, S. 50–167.

überall die Burgen als »militärische Zentren und rechtliche Bezugspunkte der Herr-schaft«[92]. Ihnen waren als Pertinenzien Gerichts- und Verwaltungsbezirke zuge-ordnet[93].

Die Tatsache, daß die Ämter in Fulda meist nur kurzfristig verpfändet waren[94] und die Äbte sich die Erbhuldigung vorbehielten[95], zeigt, daß die Fürstäbte die Gefahr der Abhängigkeit und Entfremdung gesehen und eine voll kalkulierte Politik betrieben haben. Dennoch konnten sie den endgültigen Verlust von Herrschafts- und Gerichts-rechten, vor allem an Pfandnehmer aus fürstlichen Häusern, die ihr politisches Überge-wicht in die Waagschale zu werfen vermochten, nicht völlig verhindern[96]. Andererseits gelang im Zuge der Herrschaftsverpfändung die Einbindung eines Teils des einheimi-schen Adels in den Territorialstaat. Für den Adel war diese Intention des Landesherrn nicht so offenkundig: Er sah in den Verpfändungen ein Mittel zur Bewahrung oder zum Ausbau der Unabhängigkeit; daß die von den Fürstäbten teilweise virtuos gehandhabte Verpfändungspolitik für ihn gegenteilige Folgen haben würde, war zunächst nicht abzusehen – fast unmerklich beschritt der Adel den Weg des Arrangements mit dem Territorialstaat. Im Zuge des Aufbaues der Zentralverwaltung wurde dann seine Pfandherrschaft in dem Sinne umgestaltet, daß sie den »Charakter einer Amtsausübung unter landesherrlicher Hoheit erhielt«[97]. Die Verpfändungen verloren ihre »verfassungs-geschichtliche Funktion als Herrschaftsvergabung«[98]; der Aspekt der Geldschöpfung und der Besoldung von Dienstleuten – der immer auch in der Vergangenheit häufig genug bestimmend gewesen war – trat eindeutig in den Vordergrund. Verpfändungen von Stiftsgerechtigkeiten wurden eine gängige Form der Dienstvergütung[99]. Die Politik der Herrschaftsverpfändungen erwies sich also in Fulda als äußerst praktikabler Weg zur Bindung des durchaus nicht in den Kategorien eines einheitlichen Territorialstaates denkenden Adels an den Landesherrn.

92 KRAUSE, Pfandschaften, S. 519.
93 Entsprechend lauten die Pfandverschreibungen auf Burg/Schloß, Amt/Stadt und Gericht...
94 Vgl. HOFEMANN, S. 50–167.
95 Beispiele: Salmünster und Lauterbach. S. die Erbhuldigungsakten in: StAM 91/1369 (Salmün-ster 1523), 94/2124 (Salmünster 1513–1728), 91/947 (Lauterbach 1541), sowie BECKER, Riedesel, III, S. 296 (Lauterbach 1541); ZSCHAECK, Riedesel, IV, S. 299–301; RÜBSAM, Bernhard Gustav, S. 90–93 (Lauterbach 1671).
96 So behauptete sich Sachsen im Besitz der verpfändeten Ämter Salzungen, Lichtenberg, Gerstungen, während das Amt Fischberg – ursprünglich den Grafen von Henneberg verpfändet – von Fulda im 18. Jahrhundert zurückerworben werden konnte. Hessen-Kassel sicherte sich das Amt Vacha auf dem Pfandwege, und das Amt Salmünster konnte von Kurmainz erst 1734 eingelöst werden, wobei erhebliche Schwierigkeiten zu überwinden waren. S. dazu HOFEMANN, S. 94f., 72–74, 158–160, 147–149, daneben: BINDER; HANNAPPEL; KÜHN; ZICKGRAF, S. 107f., 125f.; BÜFF, Fuldische Ämter, 232f.; GRAU/ECKHARDT, S. 29, 48, 63. Vgl. auch die umfangreichen Archivalien, besonders zu den Einlösungsbemühungen um die Ämter Salzungen, Lichtenberg, Gerstungen, im StAM, Best. 90b; in diesem Zusammenhang seien nur hervorgehoben 90b/1561 und 90b/1562: »Historische Entwicklung die Fuldaischen im Sächsischen Pfandbesitze befindenden Aemter Salzungen, Lichtenberg und Gerstungen betr.«, verfaßt vom fuldischen Hofrat und Staatsrechtslehrer Eugen THOMAS im Jahre 1805; »Historica relatio« über das versetzte Amt Gerstungen, aus dem 18. Jahrhundert.
97 KRAUSE, Pfandschaften, S. 516.
98 ISENMANN, S. 14 – hier auf das Reich bezogen.
99 Dies läßt sich in mehreren Territorien beobachten. Vgl. z. B. für das Erzstift Bremen SCHLEIF, S. 186.

Durch die Tätigkeit im landesherrlichen Dienst und durch die Pfandpolitik der Äbte wurden zentrifugale Tendenzen des Adels in starkem Maße gebunden, doch ließen sie sich nicht ganz ausschalten und blieben immer lebendig.

Ebenso latent angelegt war auch die Oppositionshaltung der zweiten »Mitarbeiter-gruppe« des Abtes, des Stiftskapitels. Zum einen konnten hier Positionen der einheimi-schen Ritterschaft, der viele Kapitulare entstammten, vertreten werden, zum anderen ergaben sich immer wieder sachliche Differenzen, die in der Stellung des Kapitels als Beratungs- und Kontrollorgan des Abtes auf kirchlichem wie auf weltlichem Gebiet und in seinen ständischen Rechten begründet waren [100]. Doch darf über weite Strecken gutes Einvernehmen oder zumindest Kompromißbereitschaft zwischen Abt und Kapitel angenommen werden.

Von der dritten Gruppe seiner »Mitarbeiter« hatte der Abt dagegen keine größeren Schwierigkeiten zu gewärtigen. Die anfangs in bescheidenem Maße anfallenden schriftli-chen Arbeiten wurden von einer kleinen Zahl bürgerlicher Geistlicher zuverlässig und ohne weitergehende eigene Ansprüche erledigt. Ende des 15. Jahrhunderts wurde diese Gruppe von Bürgerlichen weltlichen Standes, meist studierten Juristen, abgelöst. Mit dieser Ablösung verband sich gleichzeitig eine Ausweitung und Differenzierung des Verwaltungsapparates, der seine Aufgaben weitgehend nun nicht mehr wie zuvor im Rahmen der Hofverwaltung wahrnahm.

So läßt sich konstatieren, daß die Fürstäbte im Spätmittelalter zwar die Umgestaltung ihres Herrschaftsgebietes vom »Personenverbandsstaat« zum »institutionellen Flächen-staat« mittels rechtlicher Nivellierung und Unterwerfung aller im Stiftsgebiet Wohnen-den unter die landesherrliche Gewalt mit einigem Erfolg vorangetrieben, aber noch keineswegs zum Abschluß gebracht hatten.

C. DIE POLITISCH-RECHTLICHEN AUSEINANDERSETZUNGEN UM DIE LANDESHERRSCHAFT DES ABTES ÜBER DIE RITTERSCHAFT IM 16. UND 17. JAHRHUNDERT

Den wachsenden finanziellen und materiellen Ansprüchen des Landesherrn und den Anforderungen, die das Reich verstärkt seit dem 15. Jahrhundert an die Territorialfür-sten stellte, genügte die im Spätmittelalter erreichte Stufe der Staatlichkeit in Fulda schon bald nicht mehr. Ein Prozeß der Herrschaftsausdehnung über alle Stiftseingesessenen mit dem Ziel, die soziale Basis zur Finanzierung des sich ausbildenden frühmodernen Territorialstaates zu verbreitern [101], mit Behördenbildung, aber auch mit der (begrenz-ten) Einbeziehung der führenden Gesellschaftsschichten in den Ablauf geregelter Herrschaftsausübung wurde daraufhin in Gang gesetzt. Dieser Prozeß erfuhr seine volle Ausprägung im 16. und 17. Jahrhundert. Zentralisierung, Fiskalisierung, Juridifizierung als Ausfluß einer beanspruchten uneingeschränkten Landesherrschaft sind dabei ent-scheidende Stichworte. Die zu ihrer Durchsetzung getroffenen Maßnahmen konnten

---

100 S. dazu S. 142–145, 160–164, 186–188.
101 Sichtbarer Ausdruck dessen war die genaue Aufzeichnung der landesfürstlichen Gerechtsame und der Besitz- und Einkommensverhältnisse der Untertanen im Küchenmeistereiregister (1482–1500) und in der Viehbedeliste (1510). S. dazu HOFEMANN, S. 49 f.; WEBER, Bestandsbände.

natürlich nicht ohne Reaktionen, ja Widerstand der Betroffenen bleiben. Betroffen waren alle Bevölkerungsschichten durch den gesteigerten Herrschaftsanspruch des Abtes – besonders aber die Ritterschaft, von der die Aufgabe vieler Vorrechte verlangt wurde und die fest in den Territorialstaat integriert und zur uneingeschränkten Anerkennung der Landsässigkeit und damit zur Leistung neuer Pflichten gezwungen werden sollte. Diese Landsässigkeit war zwar keineswegs mit der Rechtsstellung der gewöhnlichen Untertanen vergleichbar[102] – denn die Ritter behielten ihre Jurisdiktionsrechte über ihre Hintersassen –, wurde von vielen Rittern aber subjektiv so empfunden. Ihr Widerstand war dadurch in besonderem Maße herausgefordert. Die Folge waren intensive Auseinandersetzungen um die Anerkennung der uneingeschränkten Landesherrschaft des Abtes von der Mitte des 16. bis zur Mitte des 17. Jahrhunderts, obwohl sich die Ritter in der davorliegenden Zeit, aber vielfach auch während der Streitigkeiten durch ihre Taten als Landsassen des Stiftes auswiesen.

In diesen Auseinandersetzungen werden die politischen Zielsetzungen der Beteiligten wie auch die Rechtspositionen der Landesherrschaft, deren Möglichkeiten und Grenzen greifbar; die Aufarbeitung und Analyse der Auseinandersetzungen wird dabei durch den Rückgriff auf die Lehren der zeitgenössischen Staatsrechtswissenschaft erleichtert.

Die Staatsrechtswissenschaft des 16. bis 18. Jahrhunderts hat, unter Betonung der Elemente Hochgerichtsbarkeit, Regalität und Untertänigkeit und unter weitgehender Sinnentleerung des Schutzgedankens, eine Systematik des Territorialstaatsrechts zu erarbeiten gesucht[103]. Dies ist ihr zunächst nicht, auch im 17. und 18. Jahrhundert nur mittels Kunstgriffen gelungen, weil die genannten tragenden Elemente des Lehrgebäudes verschiedenen Rechtsstoffkreisen entnommen waren und leicht zueinander in Widerspruch geraten konnten, aber auch, weil keines der Grundelemente ein eigenes, in sich geschlossenes System territorialer Herrschaft auszubilden vermochte[104]. Dem Römischen Recht, dessen Rezeption erst die Durchsetzung der landesherrlichen Ansprüche in allen Teilen eines Territoriums ermöglichte, weil es eine »egalisierende Rechtsanwendung« verlangte, gelang keine juristische Grundlegung dieser territorialen Herrschaft, es blieb vielmehr auf die Verknüpfung der Jurisdiktionslehre mit der lehensrechtlichen Regalienlehre angewiesen[105]. Das Wesen der Landesherrschaft ließ sich daher nur durch die Beschreibung der Einzelrechte erfassen – die Staatsrechtstheorie spiegelte eben die politische Wirklichkeit wider, in der sich unterschiedliche Rechtstitel zur Erringung, Behauptung oder Abwehr landesherrlicher Ansprüche einsetzen ließen.

Seit Beginn des 17. Jahrhunderts wurden die landesherrlichen Einzelrechte von der deutschen Staatsrechtswissenschaft in ein geschlossenes System gebracht. Andreas Knichen, dem eine Pionier-Funktion zukommt, und nach ihm Theodor Reinkingk, Johannes Limnaeus u. a. formulierten Herrschaftsbegriffe, die alle Formen territorialer

102 Vgl. Willoweit, Rechtsgrundlagen, S. 297.
103 Ebd., S. 121–347.
104 Ebd., S. 111: »Während die Hochgerichtsbarkeit als das entscheidende Herrschaftsrecht galt, vermittelte doch erst der Besitz eines feudum regale die Befugnis zur Ausübung der meisten landesherrlichen Hoheitsrechte. Andererseits vermochte die Regalienlehre das Phänomen der Jurisdiktionsgewalt weder zu integrieren noch hinreichend zu erklären, da zu den Hochgerichtsherren auch viele landsässige Ritter zählten. Vollends war die Definition der Untertänigkeit viel zu eng, als daß sie zum Verständnis der einzelnen Herrschaftsrechte beitragen konnte.«
105 Ebd., S. 111 f.

Gewalt in sich vereinigen sollten; die als *superioritas principibus,* »Landes-Obrigkeit, Hohe Landes- Obrig- Botmässig- und Herrlichkeit« (Knichen), *superioritas et iurisdictio territorialis* (Reinkingk) u. a. beschriebene landesfürstliche Territorialgewalt wurde von einigen Juristen sogar als ein eigenes Recht *(ius proprium)* verstanden. Sie korrelierte mit den Begriffen der Untertänigkeit, die schon von der Rechtswissenschaft des 16. Jahrhunderts den landesherrlichen Einzelrechten gegenübergestellt worden waren, ohne daß die unterschiedliche Qualität der Herrschaftsrechte eine unterschiedliche Qualität der Untertänigkeit nach sich gezogen hätte, die in der Folgezeit aber in immer intensiverer Weise auf alle im Herrschaftsbereich eines Landesherrn Ansässigen angewendet werden sollten: *subiectio, subditio,* »Landsässigkeit« – und zwar der Untertänigkeit aller Bewohner eines Territoriums unabhängig von ihrem besonderen Rechtsstatus (etwa als Ritter und geistliche Kommunitäten)[106].

Doch selbst nachdem die *superioritas territorialis* im 18. Jahrhundert zur Landeshoheit aufgebaut worden war[107], überwog die an der rechtlichen Realität ausgerichtete Auffassung, daß sich Territorialgewalt jeweils konkret in einer nach den regionalen Gegebenheiten unterschiedlichen, möglichst umfassenden Kumulation von Herrschaftsrechten manifestiert. Die neuen Herrschaftsbegriffe waren Schöpfungen der Rechtswissenschaft; den Strukturen der deutschen Territorien und den abgestuften Befugnissen des Landesfürsten entsprachen sie nicht[108].

Das neue Territorialstaatsrecht, d. h. die Lehre von der *superioritas territorialis* und die mit dieser korrelierende Lehre von der Untertänigkeit, wurde auch von den streitenden Parteien in Fulda aufgegriffen, zumal die von der Wissenschaft im 17. und 18. Jahrhundert vollzogene Ausweitung der Lehre von der Untertänigkeit auf alle Bewohner eines Territoriums gerade durch die Praxis im Stift Fulda vorweggenommen und eine Quelle der Auseinandersetzungen gewesen ist. Das Bemühen von Abt und Adel mußte sich darauf richten, die Voraussetzungen und Rechtsfolgen von territorialer *superioritas* und *subiectio,* d. h. einzelne Rechte, aus denen sie sich zusammensetzten, nachzuweisen bzw. zu bestreiten[109]. Dies gilt nicht nur für die Zeit, in der das qualitativ neue Territorialstaatsrecht des 17. Jahrhunderts von den Kontrahenten in Fulda rezipiert wird – noch viel mehr gilt es für das 16. Jahrhundert, in dem sich die Landesherrschaft auch in der

---

106 Dazu ausführlich und grundlegend: Ebd., S. 123–137, 295–307.

107 S. dazu S. 139–141.

108 Daß die Landesherrschaft als die Summe einzelner Rechte gewertet werden muß, hat Anton Wilhelm ERTEL 1701 am nachhaltigsten verdeutlicht: Zu seiner Zusammenstellung landesfürstlicher Einzelrechte (24 Actus) bemerkte er, »daß, obgleich ein oder ander Actus, absonderlich und in particulari betrachtet, nicht allzeit die Lands-Superiorität nach sich führt, jedoch wann derer mehr zusammen geschlagen werden, der Lands-Obrigkeitlich-Effect sich alsdann zeige.« (ERTEL, Neueröffneter Schau-Platz der Lands-Fürstl. Ober-Bottmäßigkeit und so genannten Territorial-Superiorität, Nürnberg 1701, S. 178, zitiert nach WILLOWEIT, Rechtsgrundlagen, S. 178f.). Die »Actus« Ertels sind genannt ebd., S. 178f., Anm. 234. Ähnliche Kataloge landesherrlicher Rechtspositionen von Andreas Knichen, Christoph Mingius und Theodor Reinkingk sind wiedergegeben ebd., S. 174f., 178. Die einzelnen Herrschaftselemente bleiben selbst »hinter der Fassade des absolutistischen Verwaltungsapparates... sichtbar.« (ebd., S. 185).

109 Denn »die landesherrlichen Befugnisse werden nicht aus dem Begriff der Territorialgewalt deduziert, sondern diese wird aus den verschiedenartigsten herrschaftlichen Betätigungen summarisch ermittelt. Das Prinzip dieser Herrschaft ist nicht die Idee des Staates, sondern noch immer die Person des Fürsten, der die einzelnen Rechte in seiner Hand vereinigt.« (WILLOWEIT, Rechtsgrundlagen, S. 176).

Rechtswissenschaft nur in ihren jeweiligen herrschaftsbegründenden Einzelrechten konkretisiert.

Der Nachweis des Besitzes und der Ausübung bzw. des Freiseins von bestimmten Herrschaftsrechten stand noch mehr im Vordergrund bei den Prozessen vor den Reichsgerichten, insbesondere den Mandatsprozessen vor dem Reichskammergericht[110], obwohl ja auch die Territorialstaatslehre Kriterien für die Rechtsprechung zu liefern hatte. Die Behauptung oder Bestreitung von Herrschaftsrechten war für die Beteiligten eine politische, ökonomische und rechtliche Frage, die sie oft rein politisch zu lösen versuchten. Doch war die Tragfähigkeit dieser politischen Lösungen häufig recht gering, und auch rechtliche Vereinbarungen und Vergleiche untereinander waren oft nur von kurzer Dauer. Das Verlangen nach einer durch Entscheidungen der Reichsgerichte vermittelten Rechtssicherheit kam deshalb immer wieder auf.

Im folgenden soll zunächst ein Überblick über die ritterschaftliche Opposition gegen die Landesherrschaft gegeben und anschließend die Argumentationen der handelnden Parteien systematisch dargelegt werden[111], in denen die wesentlichen Kriterien von Landesherrschaft und Untertänigkeit sichtbar werden. Über den behaupteten bzw. bestrittenen Geltungsbereich für die Ritterschaft hinaus können diese Elemente der Landesherrschaft für das Rechtsverhältnis des Fürstabts zu den übrigen Untertanen des Stifts Gültigkeit beanspruchen.

---

110 Zum Verfahren vor dem Reichskammergericht vgl. DANZ; LAUFS (Hg.), Reichskammergerichtsordnung; DICK. Zur Zuständigkeit des Reichskammergerichts: SELLERT, Zuständigkeitsabgrenzung; zur Geschichte und Verfassung: SMEND. – Der Mandatsprozeß zeichnete sich dadurch aus, daß er auf Ansuchen der klagenden Partei, ohne vorheriges Anhören der Gegenseite, durch ein Mandat eröffnet wurde, welches behauptete Rechtsbeeinträchtigungen und -anmaßungen des Beklagten untersagte. Dieser konnte dem Mandat mit Einreden begegnen und dadurch das gewöhnliche Verfahren einleiten. War das Mandat gegen die Ausübung von territorialen Herrschaftsrechten oder gegen die Verweigerung von Untertanenpflichten ergangen, wurde zur Verteidigung meist vorgebracht, das beanstandete Verhalten gründe sich auf den alten, überkommenen Rechts- und Besitzstand. Daher war es von großer Bedeutung, welche *actus iurisdictionis, superioritatis vel possessionis* diese Behauptungen zu stützen vermochten. Der Nachweis der Ausübung einzelner Herrschaftsrechte wurde zum sicheren Indiz für die Wahrnehmung der vollen Territorialgewalt; entsprechendes galt für die Gegenbeweise.
111 Es kann sich, auch auf der Basis bisher unerschlossenen Quellenmaterials, nur darum handeln, einen Überblick über die grundlegenden Entwicklungslinien zu geben; eine erschöpfende, alle Aspekte berücksichtigende Darstellung ist nicht beabsichtigt. Als beste Überblicke über die Geschichte der fuldischen oder – wie sie sich selbst nannte – Buchischen Ritterschaft vgl. HOFEMANN, S. 187–205; KÖRNER, Kanton; jetzt – allerdings mit Mängeln – TEUNER. S. daneben auch (STUMPF), Ritterschaft; GRAUEL, Hoheitsansprüche; THOMAS, Sistem, I, §§ 12–25, S. 31–56; GOESSMANN, S. 251–261; SIMON, Verfassung, S. 45–47; v. WILMOWSKY, S. 21–31; SCHLITZER, Säkularisation, S. 101. Knappe Abrisse aus der Sicht der Ritterschaft durch ihren Konsulenten A. SIMON aus dem Jahre 1804, handschriftlich in: StAM 109/422: »Bemerkungen über vorgebliche Fuldische Land-Tage und des Buchischen Adels Mitwirkung an denselben«; »Grundriß des Verhältnisses zwischen Fürst und Adel in Buchen«. Gegenbericht ebd.: »Darstellung der ritterschaftlichen Verhältnisse in dem Fürstenthume Fulda«.

1. Ritterschaftliche Ablehnungen und Akzeptierung der Landsässigkeit

Der im 15. Jahrhundert eingeleitete Prozeß der Zentralisierung, Fiskalisierung und Juridifizierung des stift-fuldischen Territoriums traf die Ritterschaft existentiell: Die Zentralisierung, verbunden mit der Schaffung von Behörden und der Anstellung gelehrter, römisch-rechtlich geschulter Juristen, machte die Adligen in der Lokalverwaltung wie am Hofe des Fürstabts entbehrlicher, wenn sie auch aufgrund ihrer gesellschaftlichen Beziehungen als Räte und Gesandte nicht ganz ersetzbar waren. Die Fiskalisierung erforderte auch von ihren Leuten bzw. ihnen selbst den Beitrag zur Unterhaltung des Territoriums wie zur Unterhaltung des Reiches. Die Juridifizierung, initiiert und durchgeführt von den gelehrten Juristen bürgerlicher Abkunft im Interesse einer Vereinheitlichung des Rechts durch ausschließliche Anwendung des Römischen Rechtes und Ausschaltung deutschrechtlicher, gewohnheitsrechtlicher Vorstellungen, nahm dem Adel – in Ausführung des Ewigen Landfriedens von 1495[112] – das Fehderecht, versuchte seine Eigen- und auch die Schiedsgerichtsbarkeit einzuschränken, seine Rechtshändel immer mehr vor das Gericht des Abtes zu ziehen und machte ihn als Beisitzer am Abtsgericht entbehrlich, da ihm die Kenntnisse des Römischen Rechtes fehlten. Dennoch war dem Abt weitgehend die Anerkennung seiner Hoheitsrechte gelungen.

Alle drei Entwicklungen zielten auf die Einbindung des Adels in den Herrschaftsverband des Fürstabts, auf die Unterwerfung der Ritter unter die landesherrliche Gewalt. Die Ritterschaft fügte sich nicht widerstandslos in dieses Schicksal; neben stillschweigender Hinnahme von Herrschaftsansprüchen des Fürstabtes kam es daher um die Wende vom 15. zum 16. Jahrhundert auch zu Manifestationen des – passiven – Widerstandes.

1495 gab es – zumindest partiell – Verweigerungen der Buchischen Ritter gegen die Einziehung des vom Reichstag bewilligten Gemeinen Pfennigs[113] durch den Fuldaer Fürstabt[114]. Denn die Ablieferung dieser Steuer konnte von jenem als Beweis für die Rechtmäßigkeit obrigkeitlicher, d. h. landesherrlicher, Rechte in Anspruch genommen werden – wie dies auch 1542 der Fall sein sollte[115]. »Der tendenziell egalisierend wirkende und die Beziehungen zwischen Kaiser und Reichsunmittelbaren intensivierende Gemeine Pfennig (wurde) in der Realität der Erhebung den obrigkeitlich-territorialstaatlichen Interessen der Reichsstände angepaßt«[116], nachdem sich diese – entgegen der ursprünglichen Intention, die Steuererhebung durch Pfarrer in den als

---

112 Der Ewige Landfrieden ist eingebettet in Reichsreformbestrebungen des ausgehenden 15. und beginnenden 16. Jahrhunderts. S. dazu ANGERMEIER, Begriff. Zum Reichstag 1495 s. jetzt: Deutsche Reichstagsakten unter Maximilian I., Bd. 5. Zum Fehderecht grundlegend: BRUNNER, Land, S. 1–110; s. auch ORTH.
113 ZEUMER, Nr. 176, S. 294–296; s. dazu: GOTHEIN, Gemeiner Pfennig; SEILER; BLICKLE, Gemeiner Pfennig; SCHULER, Reichssteuer.
114 BLICKLE (Gemeiner Pfennig, S. 186 f.) konstatiert »Erhebungsschwierigkeiten im Stift Fulda«, und daß sich »gegenüber der Ritterschaft... die Kollektation nicht durchsetzen ließ«. A. SIMON (Bemerkungen über vorgebliche Fuldische Land-Tage und des Buchischen Adels Mitwirkung an denselben, Handschriftl. Manuskript, S. 12 f., in: StAM 109/422) hebt hervor, daß die Buchischen Ritter zum Gemeine Pfennig das Ihrige beigetragen hätten – unklar bleibt, ob die Gemeine Pfennig von 1495 oder von 1542 oder ob beide gemeint sind.
115 S. dazu S. 30–32, 180–182.
116 BLICKLE, Gemeiner Pfennig, S. 183.

Steuerbezirken fungierenden Pfarreien durchzuführen – entscheidenden Einfluß auf die Kollektation und Erhebung der Steuern gesichert hatten[117]. Daher sahen viele Ritter ihre eigenen obrigkeitlichen, grundherrschaftlichen und niedergerichtlichen Befugnisse gefährdet, wenn sie einer konkurrierenden, ihnen zweifellos überlegenen Herrschaft das Kollektationsrecht zubilligten und damit ein Präjudiz für obrigkeitlich-landesherrliche Ansprüche zuließen. Auch den fuldischen Rittern konnten diese Konsequenzen nicht verborgen bleiben!

Daß aber eine Abwehrhaltung des Buchischen Adels gegenüber der Landesherrschaft schon bei der Gründung des Simplicius-Ordens am 9. Januar 1492[118] zum Ausdruck gekommen sein soll[119], ist nicht zutreffend. Diese religiöse Bruderschaft, von Fürstabt Johann II. von Henneberg auf Ansuchen der Ritterschaft ins Leben gerufen und von ihm auch weitgehend kontrolliert, hat in erster Linie die Einbeziehung des Adels in das Stift Fulda symbolisiert[120]; mit der Bestimmung, *Irrung und Gebrechen in solicher Gesellschafft* jährlich am Bonifatiustag (5. Juni) von der Versammlung der Ordensmitglieder behandeln zu lassen, war allerdings die Möglichkeit zur Entziehung ritterschaftsinterner Streitigkeiten von der fürstlichen Rechtsprechung angelegt[121].

Einen Schritt weiter in diese Richtung ging die Ritterschaft erst in ihrer Einung vom 12. August 1510[122], die sie zum Zwecke der Aufrechterhaltung der eigenen Gerichtsbarkeit bzw. Schiedsgerichtsbarkeit und des gegenseitigen Schutzes schloß. Partiell trachtete sie dadurch die Landesherrschaft des Fürstabtes zu unterlaufen, denn nur Lehens- und Burgfriedenssachen sollten nicht der eigenen Gerichtsbarkeit unterliegen. So wollte man den Herrschaftsintensivierungsbestrebungen des Fürsten»staates« in Form von Gerichtszwängen und Landfriedensgebot begegnen. Von Fürstabt Johann II. wurde dies allerdings nicht widerspruchslos hingenommen. Bemühungen seines Neffen, Graf Wilhelms IV. von Henneberg, um einen Vergleich zwischen Abt und Adel hatten vornehmlich die Anerkennung der uneingeschränkten Landes- und Lehnsherrschaft Johanns durch die Ritter zum Ziel[123].

Die Integration des Adels in den Territorial»staat« läßt sich in der Folgezeit beobachten in dem Aufleben der landständischen Bewegung und in den Aktionen von Kapitel und Ritterschaft in den Jahren 1516 bis 1521 gegen den ihrer Ansicht nach *ubel*

---

117 Vgl. GOTHEIN, S. 29–31.
118 SCHANNAT, Historia, II, Nr. 235, S. 326–328; LÜNIG, XII, II. Abs., Nr. 148, S. 317–319; Originalurkunde: StAM R Ia, 1492 Jan. 9; Abschrift: StAM K 436 (Fuldaer Kopiar XII), Nr. 309, S. 723–728. Die Überlegungen von TEUNER (S. 45, Anm. 2), ob der Orden 1403 oder 1492 gestiftet worden ist, sind gegenstandslos – nicht nur daß Schannat, in Übereinstimmung mit den Angaben der Originalurkunde wie der Abschrift, den genauen Gründungstermin angibt, auch die Namen der vier Vorstandsmitglieder des Ordens, vor allem der des Marschalls Simon von Schlitz gen. von Görtz, weisen eindeutig in das ausgehende, nicht in das beginnende 15. Jahrhundert!
119 Vgl. TEUNER, S. 47–49.
120 LEINWEBER, Hochstift, S. 261–263; HAAS, Ritterorden.
121 Auf diesen Aspekt hat vor allem TEUNER aufmerksam gemacht. Er irrt aber, wenn er das Gründungsziel *Erhaltung gemeiner Landschafft* als »Beibehaltung des landständischen Systems« und als Garantie der »Rolle der Ritterschaft als Landstand« (S. 47) interpretiert. »Landschaft« ist hier als geographischer und nicht als politischer Begriff zu verstehen!
122 Druck: MADER, III, S. 105–109; archivalische Überlieferung: StAM 109/440 (Kop.). S. dazu auch TEUNER, S. 49–52, sowie S. 167f.
123 StAM R Ia, 1511 Juni 11 (Orig.).

regierenden Fürstabt Hartmann Burggraf von Kirchberg, die mit dessen »freiwilliger« Herrschaftsaufgabe endeten[124]. Ritterschaft wie Kapitel ging es nicht um eine Negierung der Landesherrschaft des Abtes, sondern um die rechte Ausübung dieser Landesherrschaft. Das Arrangement der Ritter mit dem Fürstenstaat kam schließlich auch im Austrag vom 9. Oktober 1525 zum Ausdruck[125], der eine Reihe von Vereinbarungen über die Regelung von Streitigkeiten zwischen Fürstabt und Adel einleitete[126].

Eine Bewährungsprobe anderer Art hatte die Landesherrschaft im Bauernkrieg 1525 zu bestehen. Doch galt der Angriff der Bauern und Bürger weniger der Person des Landesherrn, des jugendlichen, unfähigen Koadjutors Johann III. von Henneberg, als vielmehr seiner Stellung als geistlicher Herr. In dieser Eigenschaft nur wollte man ihn abgesetzt wissen[127], als Landesherrn versagte man ihm, nach einigen Verhandlungen, die Anerkennung nicht *(Fürst in Buchen)*. Infolge der raschen gewaltsamen Niederwerfung des Aufstandes durch Landgraf Philipp von Hessen aber blieb dies eine Episode[128].

Während des Bauern- und Bürgeraufstandes 1525 und in der Folgezeit, als es um die Abdeckung der durch Landgraf Philipps Intervention angefallenen Kosten ging, stand die Ritterschaft zum Koadjutor und anerkannte dessen Landesherrschaft durch Landsteuerbewilligungen (seit 1527) von den Gütern ihrer Untertanen. Dies war ein bemerkenswerter Vorgang, der an ihren Privilegien (Steuerfreiheit!) rüttelte und die expansive Tendenz der Landesherrschaft anzeigt, trotz des von der Ritterschaft bei der Landsteuerbewilligung bewirkten Reverses, daß diese Steuerabgaben die Befugnisse der Ritter nicht beeinträchtigen sollten.

Als am 2. April 1527 Koadjutor Johann bei der erstmaligen Bewilligung allgemeiner Landsteuern jenen Revers ausstellte, daß die Rechte und Freiheiten der Ritter durch die Landsteuerzahlungen nicht geschmälert werden sollten[129], verstand er unter diesen Rechten die Niedergerichtsbarkeit und die Grundherrlichkeit der Ritter, aufgrund deren sie Abgaben von ihren Hintersassen fordern konnten[130]; seine landesherrlichen Rechte sollten dadurch nicht etwa geschmälert, sondern im Gegenteil auch von den Rittern anerkannt werden. Dem Adel hingegen ging es um die Garantie der Freiwilligkeit seiner Steuerleistungen – später schloß er daraus auf seine Reichsunmittelbarkeit. Auch 1538 erwirkte er diesen Revers[131], verzichtete aber 1541 ausdrücklich darauf[132] – in der Zuversicht, daß Fürstabt Philipp Schenck zu Schweinsberg ihn ohnedies bei seiner *hergebrachten freyheit, gerechtigkeit und alten herkommen* belassen werde. 1544

124 Ausführlicher dazu S. 168–177.
125 StAM R IA, 1525 Okt. 9 (Orig.); StAM R II, Kapitel, 1525 Okt. 9 (Orig.); StAM 109/401 (Kop.); LBF Hs. D 40, f. 20v–24r (Kop.); StAM 90a/761 (Kop., Auszug).
126 S. S. 123f.
127 Man verspottete ihn, seinen Titel verballhornend, als *Kuhhäuter*.
128 Auf den Bauernkrieg in Fulda ist im Zusammenhang mit der Herausbildung der Landständischen Organisation ausführlicher zurückzukommen; dort ist auch die einschlägige Literatur aufgeführt. S. S. 177–179.
129 Kopie des Reverses in: StAM 109/389, Inhaltswiedergabe in: StAM 95/158.
130 Vgl. die Interpretation des Reverses durch die fuldische Regierung Mitte des 17. Jahrhunderts in: StAM 95/158.
131 S. Landtagsabschied vom 6. Februar 1538: StAM 90a/741, 742; StAM 109/381 (Kopien).
132 S. Antwort der Ritterschaft auf die Proposition des Fürstabts auf dem Landtag vom 4. November 1541, in: StAM 90a/743; abgedruckt (mit Lesefehlern) bei SCHANNAT, Historia, II, Nr. 271, S. 419–421. Vgl. auch StAM 95/158, hier fälschlicherweise auf das Jahr 1549 datiert.

(23. Juli) wurde dann wieder ein solches Zugeständnis gemacht, ebenso 1600 (5. Juli), 1609 (4. November) und 1614 (13. November)[133].

Noch 1510, bei der Anlegung der Viehbede-Liste in allen fuldischen Ämtern[134], waren die ritterschaftlichen Untertanen von der Erfassung und dadurch dem direkten Zugriff des Abtes, auf die Gegenwehr der Ritter hin, ausgenommen worden. Nach der einschneidenden Erfahrung und der finanziellen Belastung durch die Niederwerfung des Bauern- und Bürgeraufstandes von 1525 aber war die Landesherrschaft dem Ziel einer Besteuerung aller Stiftseingesessenen einen entscheidenden Schritt näher gekommen. Das Zugeständnis, das sie dafür zu machen bereit war, bestand in der Verfestigung der ständischen Mitwirkung an der Herrschaft, die durch die Herrschaftskrise im zweiten und dritten Jahrzehnt des 16. Jahrhunderts in Gang gesetzt worden war[135]. Doch wurden seit Beginn der 1540er Jahre in den ritterschaftlichen Kreisen Stimmen laut, die die Ablehnung der Landesherrschaft des Abtes und die eigene Reichsunmittelbarkeit propagierten.

2. Verstärkte Ablehnungen der aus der Landsässigkeit resultierenden Verpflichtungen durch den Adel

Verantwortlich für diese Einstellung der Ritterschaft war die Praxis der Reichssteuer-Erhebungen seit 1542. Zwei für die landsässige, auch die fuldische, Ritterschaft nachteilige Entwicklungslinien trafen hier zusammen: Die auf dem lehnsrechtlichen Ursprung der Reichssteuer beruhende Verpflichtung der Reichsfürsten, diese Steuern aus den laufenden Einkünften der Reichslehen zu entrichten, wurde durch die Beschlüsse der Reichstage seit dem Anfang des 16. Jahrhunderts, die Steuern auf die Untertanen der Territorien umzulegen, immer mehr in ihr Gegenteil verkehrt. Die Reichsstände wurden von ihren eigenen Leistungen an das Reich entbunden, und »die bislang gültige Zuordnung von Kaiser und fürstlichem Lehnsträger (wurde) durch die Zuordnung von Reich und Territorium« ersetzt[136]. Nachdem er noch den 1541 vom Reichstag bewilligten Steueranteil des Stifts Fulda aus der fürstlichen Kasse – mit Geldern, die eigentlich zur Ablösung des verpfändeten Gerichts Werberg bestimmt waren – bezahlt[137] und zuvor die Reichssteuern durch Geldanleihen aufgebracht hatte[138], versuchte der Abt seit 1542, diese Steuern auf die Landstände abzuwälzen.

Zum anderen wurde im Reichsabschied von 1542 die Besteuerung nach dem Gemeinen Pfennig wiederbelebt, der die umfassende Heranziehung aller Reichsuntertanen zur Türkenhilfe vorsah und keine Steuerbefreiung kannte[139]. Und im Reichsabschied 1543

---

133 Kopien in: StAM 109/389.
134 S. dazu Weber, Bestandsbände, S. 124f.
135 S. dazu S. 168–180.
136 Zu diesem Vorgang, der bereits im 15. Jahrhundert einsetzt, zusammenfassend: Schulze, Reich, S. 244–251, Zitat: S. 249. S. auch Isenmann, S. 205–211.
137 Vgl. die Proposition auf dem Landtag vom 13. November 1544: StAM 90a/744.
138 Vgl. die Proposition auf dem Rittertag vom 1. April 1527: StAM 90a/740.
139 S. Neue Sammlung der Reichs-Abschiede, II, S. 454–456.

wurden Römermonat (die gebräuchliche Form der Besteuerung[140]) und Gemeiner
Pfennig in der Form kombiniert, daß jeder Reichsstand nach seinem Matrikular-Eintrag
veranschlagt wurde, diese Summe aber nach Art des Gemeinen Pfennigs auf seine
Untertanen aufteilen konnte[141]. Die Berechtigung zum Einzug und zur Weiterleitung
dieser Steuern an die Reichskasse wurde neben den Territorialherren auch den Ritter-
schaften in Schwaben, Franken und am Rhein zugestanden. Grundgedanke des Steuer-
einziehungsverfahrens war, daß die in der Reichsmatrikel angeschlagenen Stände die
Steuern von jenen Personen einziehen sollten, die ihnen gegenüber auch sonst zu
Abgaben verpflichtet waren. Wo den Landesherren schon früher die Durchsetzung einer
allgemeinen Landsteuer gelungen war, mußten daher die Grundherren aus Ritterschaft
und Geistlichkeit die Reichssteuern an die fürstliche Kammer zur Weiterleitung an den
Kaiser entrichten. Auch auf das Stift Fulda traf diese Regelung zu, seit es dem Abt in den
Jahren nach dem Bauernkrieg gelungen war, Adel, Kapitel und Städte zur Bewilligung
und Einziehung von Landsteuern zu bewegen. In anderen Territorien, welche die
Rechtswissenschaft später als »ungeschlossen« *(non clausum)* bezeichnete, wie z. B. in
Franken, war die Durchsetzung solcher Landsteuern nicht gelungen; hier bildeten die
dem Grundherrn zu erbringenden Leistungen »die einzige Abgabepflicht, die der
Erhebung von Reichssteuern zugrundegelegt werden konnte«[142]. Obwohl grundherrliche Rechte für sich genommen in der Regel keine unabhängige Territorialgewalt
begründen konnten[143], fiel ihnen im Rahmen des Besteuerungsrechtes eine Schlüsselrolle
zu, auf der weiterzielende territorialstaatliche Bestrebungen der Ritter aufbauen
konnten.
Der Zahlungsweg der Reichssteuern wurde so zu einem Kriterium der Reichsunmittelbarkeit und führte in Schwaben, Franken und am Rhein zur endgültigen Formierung
der Reichsritterschaft, mit dem Aufbau einer Steuerorganisation, in den übrigen
Gebieten aber zur Anerkennung der Landsässigkeit der Ritter. »Steuerte ein Ritter nicht
zur Ritterschaft, so war er zweifellos landsässig. Einen Mittelweg gab es nicht. Unter der
Hand war somit eine einschneidende Neuerung eingeführt«[144].
So war die fuldische Ritterschaft durch diese Entwicklung aufgefordert, von neuem
Stellung zu beziehen, obwohl sie sich in den vergangenen 30 Jahren eindeutig in Wort
und Tat zur Landsässigkeit bekannt hatte, auch bei früherer Erhebung des Gemeinen
Pfennigs (1495) diesen z. T. an das Stift abgeführt hatte[145]. Auch jetzt ließen ihre Taten an
dem Eingeständnis der Landsässigkeit häufig nicht zweifeln; doch setzten einige
Mitglieder schon bald auf die Karte der Reichsunmittelbarkeit – es sollte sich noch

---

140 Ein Römermonat umfaßte ursprünglich die Kosten, die für die einmonatige Unterhaltung
eines Heeres von 4000 Reitern (à 12 fl.) und 20 000 Fußsoldaten (à 4 fl.) anfielen. Dieses Heer war
Kaiser Karl V. für seinen Romzug 1521 bereitgestellt worden und wurde dann als Einheit des
Reichsheeres übernommen.
141 Vgl. Neue Sammlung, II, S. 487. S. dazu SCHULZE, Reich, S. 249 f. Zu den Reichssteuer-
Modellen s. auch MÜLLER, Steuer- und Finanzwesen; SCHULZE, Reichstage; PRESS, Steuern,
S. 61–63; DERS., Karl V., S. 40–42; ISENMANN, S. 137–208.
142 Vgl. WILLOWEIT, Rechtsgrundlagen, S. 80 f., Zitat: S. 81.
143 Vgl. ebd. S. 79–89.
144 Vgl. dazu PRESS, Karl V., S. 42–51, Zitat: S. 45.
145 Vgl. Anm. 114.

erweisen, daß die Einbindung der Ritterschaft in den Territorialstaat des fuldischen Abtes nicht so weit fortgeschritten war, daß sie nicht mehr hätte aufgelöst werden können. Die Mehrheit der Ritter wurde allerdings erst geraume Zeit später anderen Sinnes, und selbst da war die Meinungsbildung keineswegs immer einheitlich, was den Kampf um die Reichsunmittelbarkeit nachdrücklich behindern sollte. Für diesen Kampf kam dem Beispiel der mit den fuldischen Rittern auf vielfältige Weise verbundenen fränkischen Ritter ausschlaggebende Bedeutung zu. Diese erreichten im Laufe der zweiten Hälfte des 16. Jahrhunderts die volle Ausbildung ihrer Reichsfreiheit[146].

Von dem im Anschluß an den Reichstag am 4. Mai 1542 in Fulda gehaltenen Landtag liegt leider nur ein Verzeichnis der zum Landtag beschriebenen Ständemitglieder vor[147]; dennoch wird man nach dem Vorgang von 1543 davon ausgehen können, daß auch 1542 über die Frage der Reichssteuern verhandelt wurde, und aus dem März/April 1543 sind Unterlagen über die Erhebung der bewilligten Steuer von Rittern überliefert[148]. Gegen die Aufbringung der 1543 vom Reichstag beschlossenen Steuer wehrten sich die Mitglieder des Oberrheinischen Kreises, zu dem auch Fulda gehörte, von Anfang an mit dem Argument, daß sie die Anlagen nicht aufzubringen wüßten. Auch König Ferdinand erhielt eine Absage auf seine Vorhaltungen an die kreisausschreibenden Fürsten, doch die Voraussetzungen für die Aufbringung der Steuern zu schaffen. Bald aber scherten einige Mitglieder des Kreises, namentlich Speyer und Fulda, aus Angst vor königlicher Ungnade aus der einheitlichen Front aus und verständigten sich auf die Zahlung der Reichssteuern. Auf dem Landtag vom 13. November 1543 verlangte daher Abt Philipp, daß Kapitel, Ritterschaft und Landschaft von ihren freien eigenen Leuten, die nicht der Obrigkeit des Stifts unterstanden, ebenso wie die anderen Stiftsverwandten zur Türkensteuer beitrügen (ohne daß dadurch ihren Rechten und Freiheiten ein Abbruch geschehen sollte)[149]. Obwohl sich die Landstände dem nicht verschließen konnten und eine Anlage bewilligten, versuchten einige Ritter, sich der Zahlungsverpflichtung zu entziehen. Der Abt sah sich deshalb gezwungen, ein Mandat Kaiser Karls V. (vom 10. März 1544) zu erwirken, in dem alle Lehnsleute bei Strafe von 20 Mark lötigen Goldes aufgefordert wurden, gemäß den Privilegien des Stifts die Reichssteuer von ihren Hintersassen bzw. Zinsverwandten an das Stift zu liefern[150].

Von diesem Zeitpunkt an erfolgten regelmäßig Weigerungen einzelner Ritter, zu den Reichssteuern wie auch zu den Landsteuern beizutragen, die doch von den Landständen, mithin auch von den Ritterschaftsvertretern, auf den Land- bzw. Rittertagen bewilligt wurden. Eine rund 100 Jahre lang zu beobachtende Ambivalenz ritterschaftlicher Politik nahm hier ihren Anfang: einerseits die z. T. vehemente Bestreitung der Verpflichtung,

---

146 Seit 1560 bzw. 1566 erschienen diese nicht mehr auf den Landtagen in Bamberg und Würzburg. BACHMANN, S. 104; SCHUBERT, Landstände, S. 140–142.
147 StAM 90a/738.
148 StAM 95/120. Sie betreffen die Familien Forstmeister und von Ebersberg gen. von Weyhers.
149 Vgl. Proposition auf dem Landtag (vom 11. November 1543 datiert): StAM 90a/744; Revers vom 23. Juli 1544: StAM 109/389 (Kop.).
150 Original des in Speyer ausgestellten Mandats: StAM R Ia, 1544 März 10; Abschriften u. a. in: StAM K 430 (Fuldaer Kopiar VI), Nr. 97, S. 262–264; StAM K 443 (Fuldaer Kopiar XIX), Nr. 387, S. 1286–1288.

Reichs-, Kreis- und Landsteuern an das Stift Fulda zu entrichten, schon unter dem Hinweis auf Reichsunmittelbarkeit[151], andererseits auf den Landtagen durch die Zustimmung zu Steueranlagen immer wieder das Eingeständnis dieser Verpflichtung[152].

3. Die generelle Ablehnung der Landsässigkeit und der Kampf um die Erlangung der Reichsunmittelbarkeit

a. Qualitativer Umschlag der Opposition gegen die landesherrlichen Ansprüche unter Fürstabt Balthasar von Dernbach (1570–1576)

Verstärkt in Angriff genommen wurde das Ziel der Reichsunmittelbarkeit seit den siebziger Jahren des 16. Jahrhunderts im Gefolge der Opposition gegen Abt Balthasar, die anfangs die Landesherrschaft des Fürstabtes über die Ritter noch nicht einmal grundsätzlich bestritt – erst im Verlaufe dieser Auseinandersetzungen gewann die Möglichkeit des Ausbruchs in die Reichsunmittelbarkeit feste Gestalt, erst jetzt wurde die Abwehr landesherrlicher Ansprüche verknüpft mit einem konkreten Gegenkonzept. Ausgangspunkt für diese Bewegung waren einmal die vom Abt unter Berufung auf seine landesherrlichen Rechte und Pflichten ergriffenen, mit Hilfe der Jesuiten in die Tat umgesetzten kirchenpolitischen Maßnahmen, die sich sehr stark auch gegen die mittlerweile fast ausschließlich der Lehre Luthers anhängende Ritterschaft richteten.

Im Stift Fulda hatte es angesichts offenkundiger Mißstände im Säkular- wie im Regularklerus, vor allem im adligen Stiftskapitel[153], unter dem Einfluß engagierter Reformprediger, in den Städten und auf dem Land schon früh Hinwendungen zur Lehre Luthers gegeben[154], die sich 1525 mit einem allgemeinen politisch-sozialen Protest

151 So verweigerten die von Thüngen mit der Begründung der Zugehörigkeit zur Reichsritterschaft in Franken 1548 die Ablieferung der Landsteuer, 1558 die der Reichssteuer (vgl. StAM 95/1824; StAM 90a/738). Die Brüder Valentin Dietrich und Ludwig von Hutten zum Stolzenberg bestritten am 9. Februar 1538 die Verpflichtung zur Steuerzahlung an das Stift (vgl. StAM 90a/738). Auch die Ritter von der Tann u. a. opponierten gegen die Steuerlieferungen nach Fulda (vgl. KÖRNER, Kanton, S. 64). Und schon 1560 mußte das Stift gegen Hans von Bibra vor dem Reichskammergericht auf Erlegung der 1557 bewilligten Reichssteuern klagen (vgl. die Prozeßakten: StAM 109/390). Die genannten Familien waren z. T. sehr stark im Fränkischen begütert und dadurch Mitglieder der Reichsritterschaft in Franken.
152 S. dazu S. 214–222.
153 Das kritischste Urteil über diese Verhältnisse bei LÜBECK, Fuldaer Äbte, S. 268–271. Eingehende Erforschung der Zustände durch LEINWEBER, Hochstift, S. 135–181, 266–310; s. auch DERS., Stiftskustos. Leinwebers Untersuchung belegt neben den vielen offenkundigen Mißständen auch den vorbildlichen Lebenswandel und die Reformtätigkeiten bürgerlicher Kleriker und relativiert dadurch die Pauschalkritik. Beziehungen zwischen Reformkräften in Fulda und im Kloster Schlüchtern weist KATHREIN nach. Modellhaft für die Untersuchung des vorreformatorischen Kirchenwesens – am Fall der Diözese Straßburg –: RAPP.
154 Hervorgehoben sei hier nur das Wirken des gebürtigen Fuldaers Adam Krafft, der später auch die Reformation in der Landgrafschaft Hessen entscheidend prägte, und Balthasar Raids an der Fuldaer Stadtpfarrkirche sowie des »Dipperzer Christus«, eines offenkundig unter dem Einfluß Thomas Müntzers stehenden Schwärmers. Zu Krafft s. SCHÄFER, Adam Krafft, der Reformator; SCHÄFER, Adam Krafft. Landgräfliche Ordnung; SAUER, Adam Krafft; SIEBERT; zu Raid s. FRANZ, Gutachten; LEINWEBER, Hochstift, S. 162 f., Anm. 188; SAUER, Streitschrift. – Über das Eindringen der Reformation und über ihre soziale Trägerschaft im Stift Fulda, speziell in der Residenzstadt, fehlen eingehende moderne Untersuchungen, ebenso über ihre Unterdrückung. Vgl. daher: BÜFF,

verbanden[155] und in der Folgezeit immer weiter fortpflanzten[156]. Auch unter den Rittern fanden Luthers Reformvorstellungen schnell Anklang – hier spielte der sächsische Rat und Lutherfreund Eberhard von der Tann eine wichtige Rolle, der 1534 die Reformation in seiner Grundherrschaft einführte[157]. Neben den Tannern vollzogen die von Ebersberg gen. von Weyhers und die von Steinau gen. Steinrück schon früh den Übergang zur Reformation[158]. Für den Übertritt zum Luthertum waren neben religiöser Überzeu-

Verbreitung; GEGENBAUR; HEPPE, Entstehung; HATTENDORF; HENKEL, Reformation im Amte Dermbach; DERS., Reformation im Gau Tullifeld; HAAS, Religiöse Wirren; SAUER, Fuldaer Severikirche, S. 10f.; PRALLE, Reformation; SCHAFFRATH, Reformation, S. 211–214; KATHREIN, S. 132–137. Zum Problemkreis Stadt und Reformation allgemein die Beiträge in: MOELLER (Hg.), Stadt und Kirche; MOMMSEN (Hg.), Stadtbürgertum, darin vor allem: PRESS, Adel, und SCHILLING, Politische Elite; PETRI (Hg.), Kirche, darin: PRESS, Stadt; BÁTORI (Hg.), Städtische Gesellschaft. Wichtige Monographien: MOELLER, Reichsstadt, JAHNS, Frankfurt; OZMENT; BRADY; V. GREY-ERZ. S. daneben auch BRECHT, Gemeinsame Politik; DERS., Luthertum; SCRIBNER; SCHILLING, Dortmund; DERS., Wandlungs- und Differenzierungsprozesse; PRESS, Soziale Fragen; zuletzt, mit einer Neubewertung der Reformation in den Freien und Reichsstädten: SCHMIDT, Städtetag, S. 476–525. – Gescheiterte Reformationen in geistlichen Residenzen behandelt RUBLACK in seiner gleichnamigen Untersuchung. Eine Untersuchung des Scheiterns der Reformationsbewegung in Fulda wird zu beachten haben, daß die protestantischen bürgerlichen Beamten in dieser Stadt, die es in nicht geringer Zahl gegeben hat, keine geschlossenen Familienverbände auszubilden vermochten – in anderen Territorien ging die Konsolidierung dieser Familienverbände mit der Reformation Hand in Hand. S. dazu PRESS, Stadt. – Auch die Wiedertäufer, deren Bewegungen im Stift Fulda nach 1525 und ausgangs des 16. Jahrhunderts gewaltsam unterdrückt wurden, verdienen eine eingehende Untersuchung, zumal wesentliches Quellenmaterial bereits publiziert wurde. Vgl. FRANZ (Bearb.), Wiedertäuferakten; KARTELS, Wiedertäuferbewegung. Zum neueren Stand der Täuferforschung: GOERTZ (Hg.), Umstrittenes Täufertum.
155 Zum Bauernkrieg in Fulda s. S. 177–179.
156 Schon die Verhandlungen mit den Städten und der Ritterschaft im Jahre 1527 über die Beschlüsse des Speyerer Reichstags von 1526 zeigten das trotz des gescheiterten Aufstands von 1525 ungebrochene Fortwirken reformatorischer Vorstellungen in diesen Kreisen. Bürgermeister und Rat der Stadt Fulda bestanden auf der Beibehaltung der neu eingeführten Zeremonien und baten um Belassung des Pfarrers und Predigers im Amt. Vgl. Instruktion der Abgeordneten des Koadjutors Johann für den Rittertag am 2. April 1527 in Brückenau, in: StAM 90a/740. Zum Reichstag 1526: WOHLFEIL, Speyerer Reichstag; VOGLER.
157 LEINWEBER, Pfarrei Tann, S. 26. Zu Eberhard von der Tann s. SCHMIDT, Eberhard von der Tann; KÖRNER, Eberhard von der Tann.
158 Seit 1537 wirkte in ihren Gebieten der Prediger Markus Sebander aus Steinau. Vgl. HELLER, Pfarreien, IV, S. 514–516. – Mit gewissen Modifizierungen läßt sich das Drei-Phasen-Modell von PRESS über die Haltung des Adels zur Reformation auch auf die Buchische Ritterschaft anwenden: 1. Spontane Einzelaktionen und Einführungen der Reformation bis etwa 1530 – in Fulda bis etwa 1540.
2. »Orientierung im territorialen und im reichspolitischen Rahmen, wo die reformatorische Bewegung zunehmend strukturiert wurde« – diese Phase umschließt in Fulda die durch die Kirchenordnung Witzels geprägte Periode des »Reformkatholizismus«, die durch die entschieden gegenreformatorischen Maßnahmen des Fürstabts Balthasar von Dernbach seit 1570 abgelöst wurde.
3. »Von 1555 an die adelige Konfessionsbildung unter den Bedingungen des Religionsfriedens« – diese Phase beginnt in Fulda nach 1570: die den Landesherren im Augsburger Religionsfrieden zuerkannte konfessionelle Entscheidungsbefugnis wurde konsequent eingesetzt und forderte den Adel zum Gegenschlag heraus.
Vgl. PRESS, Adel, S. 343–382, Zitate S. 343. Zu den angesprochenen Phasen 2 und 3 in Fulda s. die nachfolgenden Ausführungen.

gung[159] für den Adel auch wirtschaftliche und politische Erwägungen maßgebend (Verfügungsgewalt über Kirchengut, Machtzuwachs gegenüber dem Abt)[160]. Auf der Grundlage des Eigenkirchenrechts und dem daraus abgeleiteten *ius praesentandi* der Geistlichen[161] und ihrer Vogteirechte[162] setzten sie die Reformation auch in ihren Dörfern zu einem großen Teil durch; schon auf dem Landtag am 3. November 1541 hatten protestantische Ritter den neu gewählten Abt Philipp Schenck zu Schweinsberg, dem offenkundig nicht nur Landgraf Philipp von Hessen protestantische Neigungen unterstellte[163], um Belassung der von ihnen angestellten Prediger im Amt gebeten[164]. Die fuldischen Äbte, die die geistliche Obrigkeit nur im Hauptkloster und in den Nebenklöstern ausübten, während diese ansonsten dem Erzbischof von Mainz und dem Bischof von Würzburg zustand, und die aufgrund des von Würzburg überlassenen Archidiakonats der Stadt Fulda[165] auch die Berufung des Stadtpfarrers in Fulda vornehmen konnten, hatten die Ausbreitung der evangelischen Lehre im Stift zunächst hingenommen[166].

Auch waren die Fronten zwischen den Anhängern der Alten Kirche und denen Luthers noch nicht klar gezogen – die konfessionelle Differenzierung und Polarisierung[167] sollte erst eine Frucht der religionspolitischen Maßnahmen Abt Balthasars werden. Für das Stift Fulda bestimmend wurde kurzzeitig sogar ein dritter Weg. Der humanistische Reformkatholizismus, in Fulda beispielhaft verkörpert durch Georg Witzel, den theologischen Berater des Fürstabts Philipp Schenck zu Schweinsberg, und durch Philipp selbst, suchte durch die Kirchenordnung des Jahres 1542 den Ausgleich zwischen alter und neuer Lehre. Wesentliche Neuerungen dieser von Witzel entworfenen Kirchenordnung gegenüber dem Traditions-Katholizismus waren der Gebrauch der Muttersprache im Gottesdienst, die Kommunion in beiderlei Gestalt (nach altchristlichem Ritus) und die Priesterehe[168]. Die Kirchenordnung war nicht nur die aus den

159 Dies war trotz der religiös vermittelnden oder indifferenten Einstellung vieler fuldischer Äbte und Kapitulare für einige Familien mit dem Verzicht auf die Versorgung nachgeborener Söhne mit kirchlichen Pfründen verbunden.
160 Die hier generalisierend genannten Gründe sind im Einzelfall jeweils neu zu analysieren. Zum Problemkreis Ritterschaft und Reformation neben PRESS, Adel, auch DERS., Führungsschichten, S. 75–77, daneben verschiedene Beiträge in den von RÖSSLER herausgegebenen Bänden: Deutscher Adel 1430–1555, und Deutscher Adel 1555–1740, in letzterem v. a. RIEDENAUER, Reichsritterschaft; DOMARUS, Reichsadel, und die anregende Diskussion über beide Vorträge; BRECHT, Ritterschaft; NEUMAIER, S. 87–175.
161 Vgl. hierzu für Fulda: SCHAFFRATH, Fliedener Pfarrer, S. 53; DERS., Kampf, S. 17, 23. Die Bedeutung des Patronatsrechtes für die konfessionelle Entwicklung des 16. Jahrhundert verdeutlicht für Niederösterreich FEIGL.
162 Diesen Weg beschritt auch die Ritterschaft im Bauland. Vgl. NEUMAIER, passim, v. a. S. 24, 304.
163 Vgl. KÜCH, Politisches Archiv, II, Nr. 1870, S. 516f.
164 S. Ritterschaftliche Antwort auf die Proposition am 3. November 1541: StAM 90a/743.
165 Vgl. dazu PRALLE/RICHTER, Fuldaer Stadtpfarrei.
166 Vgl. die in Anm. 154 genannte Literatur zur Reformation im Stift Fulda.
167 Dazu allgemein: ZEEDEN, Grundlagen; DERS., Entstehung; LANG, Konfessionsbildung; DERS., Ausformung; REINHARD, Konfession; MARON. Fallstudien zur Konfessionsbildung und -änderung und ihrem Zusammenhang mit der Entwicklung des Territorialstaates: SCHILLING, Konfessionskonflikt; KÖHLER; s. auch BLASCHKE, Wechselwirkungen. Zum Neben- und Miteinander der Konfessionen in einzelnen (Reichs-)Städten: WARMBRUNN.
168 Die Kirchenordnung vom 21. August 1542 war die teilweise wörtliche Übersetzung eines Witzel'schen Gutachtens. Dessen Wortlaut bei RICHTER, Schriften, S. 137–152; Druck der Ordnung: SCHANNAT, Dioecesis, Nr. 152, S. 343–347; Abschrift: StAF I A 1 (Ratsprotokolle, I), f.

persönlichen Erfahrungen ihrer Protagonisten geprägte Antwort auf die theologischen Probleme ihrer Zeit, sondern auch die schnelle Reaktion auf den Reichsabschied von 1541, der den Prälaten eine Neuordnung und Reformation zur besseren Verwaltung des Kirchenwesens in ihren Bereichen aufgetragen hatte[169].

Dieser Reichstagsbeschluß, erlassen mit Zustimmung des päpstlichen Legaten, leistete einem landesherrlichen Kirchenregiment des Abtes Vorschub. Bestrebungen hierzu hatte es seit dem frühen 15. Jahrhundert gegeben; diese waren verstärkt worden mit der Erlangung des Archidiakonats in Fulda durch Fürstabt Johann II. von Henneberg 1476[170]. Der Anspruch des Abtes auf Kirchenhoheit – als Landesherr, nicht als geistlicher Ordinarius – war 1510 beispielsweise offen ausgesprochen worden: In der Errichtungsurkunde der Fuldaer Rosenkranzbruderschaft bezeichnete sich Abt Johann als *hac in parte tanquam dominus tam ecclesiasticae quam temporalis iurisdictionis*[171]. Und schon Ende des 15. Jahrhunderts hatte man fuldischerseits an der Kurie in Rom die Loslösung von der Diözesanzugehörigkeit zu Würzburg betrieben[172]. Dies war zunächst ebenso gescheitert wie die Bemühungen des Fürstabtes Johann III. von Henneberg von 1531 bis 1533 um ein selbständiges Bistum Fulda[173]. Mit dem Erlaß der Kirchenordnung aber gewannen die landeskirchlichen Bestrebungen eine neue Dimension – die Ordnung war »ein typischer Akt des vollendeten Landeskirchentums«[174]. Offenkundig hat Georg Witzel Fürstabt Philipp davon überzeugen können, daß er als Landesfürst zugleich oberster Kirchenherr in seinem Territorium sei und demzufolge bischöfliche Rechte ausüben dürfe. Denn mit Witzels Anstellung in Fulda 1540 endeten zunächst auch die Bemühungen, die Bistumserhebung auf dem Verhandlungswege zu erreichen[175].

Die Kirchenordnung dürfte, wie für die Stadt- und Landbevölkerung, auch für viele Ritter Verbindlichkeit erlangt und zunächst die Hinwendung zum reinen Luthertum gestoppt haben, wenn auch den meisten Zeitgenossen die theologischen Unterschiede zwischen Reformkatholizismus und Luthertum kaum bewußt gewesen sein dürften. Witzels Ordnung aber wurde durch die Beschlüsse des Trienter Konzils[176] obsolet. Von der katholischen Restaurationspartei in die Nähe des Luthertums gerückt, war das endgültige Ende dieser Kirchenreform mit dem Regierungsantritt Balthasars von Dernbach gekommen, der dem Auftrag des Konzils zu einer Reform des Katholizismus

173[r]–180[r]. Zu Leben und Werk Witzels u. a.: Richter, Verwandtschaft; Pralle, Georg Witzel; Ders., Handschriftliche Quellen; Ders., Volksliturgische Bestrebungen; Trusen, Reform; Ders., Georg Witzel; Sauer, Dialog; Ders., Witzels Leben; Dolan, Georg Witzel; Ders., Influence; Pleuger; Smolinsky, S. 387–393; Kathrein, passim (Auswirkungen auf die Reform des Klosters Schlüchtern). Zusammenfassende Beurteilung von Witzels Wirken in Fulda: Pralle, Geistiges Zentrum; Ders., Fulda.
169 Neue Sammlung, II, S. 428–442.
170 Vgl. Pralle/Richter, Stadtpfarrei, II, S. 61–67; Leinweber, Hochstift, S. 132 f.
171 Pralle/Richter Stadtpfarrei, II, S. 103.
172 Ebd., I, S. 54–56; Leinweber, Hochstift, S. 134.
173 Die Anstrengungen waren v. a. am Widerstand Bischof Konrads II. (von Thüngen) von Würzburg gescheitert. Vgl. Richter, Schleichert, S. XXX f.; Pralle/Richter, Stadtpfarrei, I, S. 54; Hack, Rechtsstreit, S. 26; Leinweber, Hochstift, S. 134; Wendehorst, S. 79.
174 Leinweber, Hochstift, S. 134.
175 Ebd., S. 134 f.
176 S. dazu Jedin, Geschichte; Bäumer (Hg.), Tridentinum.

und zum Einhalt des Protestantismus nachzufolgen entschlossen war[177]. Der Widerstand gegen seine Religionspolitik sollte das letzte Glied in der Kette der Hinwendung zum Luthertum unter der Ritterschaft bilden[178].

Balthasar versuchte, seine Reformvorstellungen durch die Beanspruchung und Erlangung bischöflicher Rechte[179], in Fortsetzung der Bemühungen Johanns III., und mit Hilfe der Jesuiten zu verwirklichen. Deren Berufung nach Fulda im Jahre 1571[180], die Eröffnung eines Jesuitenkollegs am 20. Oktober 1572[181] und dessen konsequenter Ausbau, die Resonanz, die die neu gegründete Schule sofort auch unter dem Adel der näheren wie der weiteren Umgebung erfuhr[182] (welche die in Rom an die Gründung des Kollegs gestellte Erwartung, daß es einen Brückenkopf für die Rekatholisierung Hessens und Sachsens bilden könne[183], einzulösen versprach) – das alles mußte die Ritterschaft in einem besonderen Maße herausfordern, weil sie selbst vom Abt die Einrichtung einer protestantischen Schule im ehemaligen Franziskanerkloster gefordert hatte[184], letzteres aber durch Entscheidung der Congregatio Germanica vom 12. Juni 1573[185] den Jesuiten als bleibendes Besitztum überwiesen wurde.

177 Balthasar hatte u. a. den Laienkelch, die Spendung der Sakramente in deutscher Sprache und den Verkauf nicht-katholischer Schriften im Fürstentum unter Strafe gestellt. HANSEN, Rheinische Akten, Nr. 493, S. 651.
178 S. PRALLE, Geistiges Zentrum, S. 40.
179 S. dazu HACK, Rechtsstreit, S. 28 f., 32 f.; SCHAFFRATH, Balthasar, S. 31–34.
180 Zur Berufung der Jesuiten nach Fulda und ihrem Wirken fehlt eine zusammenfassende Darstellung. KOMP, Zweite Schule Fuldas, ist eine Übersetzung bzw. freie Wiedergabe des Jahresberichte des Fuldaer Jesuitenkollegs. Die verstreuten Nachrichten in der älteren Literatur und in den Quellenpublikationen sind zusammengestellt von WEBER, Jesuiten. Regesten; eine kurze Auswertung dieses Materials hat DERS. vorgelegt: Jesuiten. Zusätzlich: SCHAFFRATH, Balthasar, S. 81 f., 87–94; DERS., Gründung; DERS., Empfehlungsschreiben; DERS., Vita; SAUER, Mathias Flacius; KRASENBRINK, S. 222–225; SCHUBERT, Typologie. S. auch LEINWEBER, Päpstliches Seminar. Die Berufung nach Fulda erfolgte auf Empfehlung des Rates Dr. Friedrich Landau und des Hofkaplans Mag. Adam Mangolt, in anfänglicher Übereinstimmung mit den Kapitularen Hermann von Windhausen und Johann Wolfgang Schott von Memelsdorf, die an der Universität Trier Schüler der Jesuiten gewesen waren. Vgl. KOMP, Zweite Schule, S. 7 f.
181 Der Stiftungsbrief des Fürstabtes wurde allerdings erst am 25. August 1573 ausgestellt (KOMP, Zweite Schule, S. 13. Text: SCHANNAT, Diocesis, S. 353–356). Das Stiftskapitel hatte seine anfängliche Zustimmung zur Berufung der Jesuiten vom Herbst 1570 inzwischen zurückgezogen und eine Wiederbelebung der Schule im Benediktinerkloster verlangt (vgl. GEGENBAUR, S. 17; KOMP, Zweite Schule, S. 11; WEBER, Jesuiten. Regesten, S. 30, Anm. 12). Der Dechant Hermann von Windhausen und die Kapitulare Philipp Schad von Ostheim und Heinrich Rau von Holzhausen, die maßgeblichen Kräfte im damals nur sechsköpfigen Stiftskapitel, hatten dann jedoch am 5. Januar 1573 Abt Balthasar zugestanden, daß er auch ohne Konsens des Kapitels das Kolleg gründen und dotieren dürfe (KOMP/RICHTER, Balthasar, S. 6).
182 Zur Frequentierung der Jesuitenschule und ihrer Ausstrahlung in das Reich s. KOMP, Zweite Schule, S. 15–17, 23 f. Zum Unterrichtswesen der Jesuiten allgemein jetzt: HENGST, Jesuiten.
183 KRASENBRINK, S. 222; auch KOMP, Zweite Schule, S. 13. SCHUBERT, Typologie, S. 97: »Die Jesuitenkollegien waren in ihrer missionarischen Tätigkeit, die der Kommunionslehre ebenso umfaßte wie die propagandistische Tätigkeit, regionale Zentren der Gegenreformation. ... Fulda hatte die Aufgabe, ins hessische und sächsische Umland zu wirken.«
184 Am entschiedensten auf ihrer Zusammenkunft am 8. März 1571 in Hünfeld. Sie beriefen sich dabei auf ein angebliches Versprechen des ehemaligen Fürstabtes Wolfgang Schutzpar gen. Milchling (1558–1567). Vgl. HEPPE, Restauration, S. 26; KOMP, Zweite Schule, S. 8; KOMP/RICHTER, Balthasar, S. 5.
185 Protokoll der Sitzung der Kardinäle: SCHWARZ (Hg.), Zehn Gutachten, S. 75 f. Druck des entsprechenden Breves von Papst Gregor XIII. vom 18. Juni 1573: SCHANNAT, Diocesis, Nr. 158, S. 352 f.

Neben der Religionsfrage spielten für die Opposition der Ritterschaft gegen den Abt auch dessen Bestrebungen zur Einlösung verpfändeter stiftischer Güter von der Ritterschaft zum alten Pfandschilling, der dem tatsächlichen Wert nicht mehr entsprach[186], und im Einzelfall womöglich auch die Verärgerung adliger Räte und Diener über ihre Entlassung und Ersetzung durch bürgerliche Beamte eine weitere Rolle. Abt Balthasar trachtete als erster geistlicher Fürst des Reiches danach, das im Augsburger Religionsfrieden enthaltene konfessionelle Prinzip des *cuius regio, eius religio* zu verwirklichen. Seine auf Verdrängung des Protestantismus und des Reformkatholizismus zielenden Maßnahmen forderten ebenso wie die angestrebte Erneuerung des Katholizismus[187] Gegner heraus. Hierbei handelte es sich neben den Rittern auch um die zum großen Teil protestantische bzw. dem Reformkatholizismus angehörende Bevölkerung der Städte, namentlich Fuldas und Hammelburgs, und das seine geistlichen Aufgaben stark vernachlässigende Stiftskapitel, dessen Reform im Geist der Benediktinerregel vor allem auch die Jesuiten als unerläßlich ansahen[188]. Verschiedene Protestationen aber blieben ohne Erfolg[189]. Sie provozierten vielmehr den Abt und die Jesuiten, über die Nuntiatur in Köln sich des Beistandes der Kurie und der katholischen Nachbarfürsten zu versichern[190].

186 S. dazu HEPPE, Restauration, S. 134; v. EGLOFFSTEIN, S. 32; SCHAFFRATH, Balthasar, S. 113–115.
187 Verdrängung des Protestantismus und katholische Erneuerung, seit den Anfängen wissenschaftlicher Beschäftigung mit diesem Gegenstand unter dem Begriff »Gegenreformation« subsumiert, werden in der jüngeren Forschung – einem Vorschlag JEDINS folgend – mit dem Doppelbegriff »katholische Reform und Gegenreformation« gekennzeichnet (vgl. JEDIN, Katholische Reformation). Die »Bemühungen der Forschung, die Gegenreformation als solche zu erfassen, sie begrifflich zu umschreiben und ihrem Sachverhalt nach zu explizieren«, werden repräsentiert in dem von ZEEDEN herausgegebenen Sammelband »Gegenreformation«. Der Band verdeutlicht, daß die Frage der Terminologie noch keineswegs geklärt ist, legt es aber nahe, am Begriff »Gegenreformation« festzuhalten und in diesen sowohl die »innere kirchliche Erneuerung« (katholische Reform) als auch die militante Rekatholisierung (Gegenreformation) einzuschließen. An diesem Begriff wird jetzt auch von der Modernisierungstheorie ausgehend Kritik angemeldet (vgl. REINHARD, Gegenreformation). – Wenn im folgenden der Terminus Gegenreformation zur Kennzeichnung der Religionspolitik der Fuldaer Fürstäbte Balthasar von Dernbach (1570–1576, 1602–1606) und Johann Bernhard Schenck zu Schweinsberg (1623–1632) gebraucht wird, so sind darunter immer beide Seiten (militante Rekatholisierung und kirchliche Erneuerung) verstanden – diese waren in der Politik beider Äbte untrennbar verzahnt. – Zum Augsburger Religionsfrieden, der die Grundlage für die religionspolitischen Maßnahmen der Fuldaer Äbte, v. a. für ihre militante Seite, abgegeben hat, s. HECKEL, Autonomia; DERS., Staat, S. 209–216; zur Vorgeschichte v. a. LUTZ, Christianitas afflicta. DECOT arbeitet den bedeutenden Anteil des Mainzer Erzbischofs Sebastian von Heusenstamm an der Übereinkunft heraus. – Zur kirchlichen Erneuerung im Gefolge des Tridentinums s. für Fulda: SCHAFFRATH, Balthasar, S. 76–81; für andere Territorien: SPECKER, Reformtätigkeit; REITER, Martin von Schaumberg; MOLITOR; ZEEDEN/MOLITOR (Hg.), Visitation; HENGST, Kirchliche Reformen; SEIFERT.
188 Balthasars Maßnahmen gegen Ritter und Bürger sind beschrieben bei SCHAFFRATH, Balthasar, S. 118–141, sein Vorgehen gegen die Kapitulare ebd., S. 101–106. Die Reformvorschläge der Jesuiten finden sich bei HANSEN, Rheinische Akten, Nr. 501, S. 664; vgl. auch KRASENBRINK, S. 224.
189 Städtische Eingaben an den Abt und an den Kaiser und deren Stellungnahmen sind gedruckt bei BÜFF, Merkwürdige Actenstücke, S. 77–99; HEPPE, Restauration, S. 241–250; das Edikt Balthasars zur Wiederherstellung der katholischen Religion vom 26. August 1573 bei SCHANNAT, Dioecesis, S. 356–363. S. auch Anm. 177.
190 Entscheidende Unterstützung erfuhren Abt und Jesuiten durch den Vertreter des außerordentlichen päpstlichen Gesandten in Deutschland Kaspar Gropper, den bedeutenden Theologen

Es verwundert deshalb nicht, daß sich Ritterschaft, Kapitel und Städte zu einer förmlichen Koalition gegen Balthasar von Dernbach zusammenschlossen[191]. Ihre gemeinsamen Beschwerden wurden von diesem jedoch ebenso wie vorher ihre Einzelaktionen zurückgewiesen. Er unterbreitete seinerseits den Vorschlag, über das Verlangen der Stände nach Freistellung der Augsburgischen Konfession und nach Entfernung der Jesuiten Kaiser und Reichskammergericht entscheiden zu lassen, und fand die Zustimmung aller Stände dazu. Ein vom Kapitel erlassenes – allerdings nicht ausgeführtes – Ausweisungsmandat gegen die Jesuiten vom 6. November 1573[192] aber verschärfte die Situation sogleich wieder; das am 13. November 1573 ergangene *Mandatum de non offendendo* des Reichskammergerichts gegen Stiftskapitel und Ritterschaft[193], die Stellungnahme Papst Gregors XIII. vom 13. Februar 1574, welche dem Kapitel das Recht untersagte, über die Regierungsweise und die Berater des Abtes zu bestimmen[194], sowie ein Mandat des Reichshofrates vom 1. März 1574, das die Bürgerschaft aufforderte, dem Abt den schuldigen Gehorsam zu erweisen und auf die Ausübung des protestantischen Bekenntnisses gemäß den Bestimmungen des Augsburger Religionsfriedens zu verzichten[195], taten ein übriges. Kapitel, Ritterschaft und Städte rückten daraufhin kurzzeitig noch einmal enger zusammen: Die Ritter versprachen den beiden anderen Ständen auf einer Versammlung in Geisa am 19. April 1574 ihre rückhaltlose Unterstützung; sie bildeten zur Wahrnehmung ihrer Interessen zunächst einen vierköpfigen Ausschuß[196], später konstituierten sie einen als *Größeren* oder *Weiteren* bezeichneten Ausschuß aus 13 Personen und einen fünfköpfigen *Engeren (Special-)*Ausschuß[197].

und nachmaligen (1576–1587) Erfurter Weihbischof Nikolaus Elgard, der sich stark mit Balthasars Reformzielen identifizierte und ihn anderen Kirchenfürsten als nachahmenswertes Vorbild hinstellte (vgl. GREBNER, S. 336, 538, 564). Elgard intervenierte persönlich in Fulda und engagierte sich für Balthasar und die Jesuiten bei der Congregatio Germanica, beim Mainzer Kurfürsten Daniel Brendel von Homburg und beim neuen Würzburger Fürstbischof Julius Echter von Mespelbrunn. S. dazu jetzt ausführlich GREBNER – der in seiner Untersuchung auch die Bedeutung Elgards gegenüber dem lange Zeit von der Forschung überschätzten Gropper herausarbeitet –, S. 518–539 (die Aktivitäten 1573/74: S. 519–524, die Bemühungen um eine Reform des Kapitels 1575: S. 525–533). Zu Elgards Tätigkeit nach 1576: DREHMANN.

191 Vereinigung des Kapitels mit der Ritterschaft am 5. November 1573, Text: HEPPE, Restauration, S. 226–230; Abschrift: StAM 109/401; StAM 4f Fulda/88.
192 Text: SCHANNAT, Dioecesis, Nr. 161, S. 363 f.; HEPPE, Restauration, S. 231–234; Abschrift in: StAM 4f Fulda/88. S. auch HANSEN, Rheinische Akten, Nr. 499, S. 660 (Bericht von P. Petrus Loppers).
193 Text: SCHANNAT, Dioecesis, Nr. 162, S. 364–366.
194 Schreiben des Papstes vom 13. Februar 1574: SCHWARZ (Hg.), Nuntiatur-Korrespondenz, Nr. 105, S. 121; Breve abgedruckt und übersetzt von SCHAFFRATH, Ungedruckte Aktenstücke.
195 S. SCHANNAT, Historia, II, Nr. 275, S. 430 f. (Mandat an die Stadt Fulda); HEPPE, Restauration, S. 235–237 (Mandat an die Ritter, dieses auch in: StAM 90a/334). Vgl. KOMP/RICHTER, Balthasar, S. 13 f. Zur religiösen Einstellung Kaiser Maximilians II. s. BIBL, Frage; DERS., Maximilian II.; MECENSEFFY.
196 Eberhard von der Tann, Karl von Mansbach, Eberhard von Buchenau und Georg von Haun d. Ä. – alles erfahrene Männer, die sich in den Diensten verschiedener Fürsten (Kursachsen, Kurpfalz, Fulda) bewährt hatten (Abschied des Rittertages in Geisa, 19. April 1574: StAM 109/383; 4f Fulda/90. Vgl. HEPPE, Restauration, S. 62 f.; v. EGLOFFSTEIN, S. 21). An sie war auch die Lossagung des Kapitels von dem Bunde mit der Ritterschaft und der Stadt Fulda vom 18. Juni 1574 gerichtet (Abschrift in: StAM 4f Fulda/91, ebenso in: 4f Fulda/93).
197 Am 17. August 1574 bzw. 26. Juli 1576. Der Weitere Ausschuß bestand 1574 aus Christoph und Friedrich von der Tann, Curt Till von Berlepsch, Hans von Schlitz gen. von Görtz d. Ä., Karl

Schon vorher hatten sie ihre Bemühungen um Verbündete außerhalb des Stiftes intensiviert. Partner fanden sich in benachbarten protestantischen Reichsfürsten, die bereitwillig die Aufforderung zum Eingreifen annahmen, z. T. dieser Aufforderung bereits vorgearbeitet hatten. Kurfürst August von Sachsen, Markgraf Georg Friedrich von Brandenburg-Ansbach, Landgraf Wilhelm IV. von Hessen-Kassel, dessen diplomatische Bemühungen[198] auf das alte Ziel der Einbeziehung Fuldas in den hessischen Einflußbereich hinwirkten[199], und Wilhelms Bruder, Landgraf Ludwig IV. von Hessen-Marburg[200], schickten Gesandte nach Fulda und intervenierten 1573/74 verschiedentlich zugunsten der Religionsfreiheit der fuldischen Stände beim Abt wie bei Kaiser Maximilian II.[201] – unter Berufung auf den Nebenabschied des Augsburger Religionsfriedens, die sogenannte *Declaratio Ferdinandea*, die dem protestantischen landsässigen Adel, Städten und Gemeinden in geistlichen Territorien die Ausübung ihres Bekenntnisses zugestand, wenn diese schon längere Zeit der *Confessio Augustana* anhingen[202].

Die Diskussion im Reich um die Geltung der Declaratio wurde dadurch neu belebt; im gleichen Jahr erst waren Nachdrucke der Declaratio im Dresdener Archiv gefunden und von Kurfürst August Landgraf Wilhelm überlassen worden. Dieser fand danach auch in seinem Archiv eine Abschrift der Erklärung vor[203] und begann einen Kampf um ihre uneingeschränkte Anerkennung, der seinen Höhepunkt auf den Reichstagen 1575 und 1576 hatte[204]. Die Initiative zu den Nachforschungen im Dresdener Archiv war übrigens vom fuldischen Ritter Eberhard von der Tann ausgegangen[205], der als kursächsischer Rat an den Verhandlungen 1555 in Augsburg teilgenommen hatte. Abt Balthasar hingegen erfuhr verbale Unterstützung vor allem von Herzog Albrecht V. von Bayern[206].

---

von Mansbach, Georg d. Ä. und Wilhelm Rudolf von Haun, Fritz von Romrod, Eberhard von Buchenau, Velten von Gelnhausen, Christian von Völkershausen, Velten von Trümbach, Wolf Dietrich von Mörle gen. Böhm (StAM 109/383), wobei Berlepsch und Mörle die unbestrittenen Wortführer waren. Im Engeren Ausschuß waren 1576 Curt Till von Berlepsch, Eberhard von Buchenau, Melchior Anarck von der Tann, Wilhelm Rudolf von Haun und Wolf Dietrich von Mörle gen. Böhm vertreten, im Weiteren Ausschuß standen ihnen zur Seite Hans Georg von Boyneburg zu Lengsfeld, Hans von Schlitz gen. von Görtz, Karl von Mansbach, Georg von Haun zu Diedorf, Eitel Fritz von Romrod zu Buttlar, Velten von Gelnhausen zu Dipperz, Velten von Trümbach zu Wehrda und Christian von Völkershausen (StAM 109/383). Zum Ausschußwesen s. die Ausführungen S. 198 f.
198 Vgl. die Charakterisierung dieses Fürsten durch SCHAFFRATH, Balthasar, S. 26 f.
199 Vgl. SCHULZ, S. 135 f. Zur hessischen Expansionspolitik gegenüber Fulda im Mittelalter: WEBER, Vordringen.
200 Zu ihm s. demnächst die Dissertation von Manfred Rudersdorf (Tübingen).
201 Zum Eingreifen dieser Reichsfürsten in die innerfuldischen Auseinandersetzungen s. HEPPE, Restauration, S. 38–73, 199–230; KOMP/RICHTER, Balthasar, S. 8–13, Beilagen 3–5, S. 66–92; v. EGLOFFSTEIN, S. 8–30, Beilage 1, S. 84; SCHULZ, S. 136–145; SCHAFFRATH, Balthasar, S. 19–29; WESTPHAL, S. 181–183. Ein Schreiben der Fürsten an Kaiser Maximilian II. vom 1. Mai 1574 wurde ediert von WISS. Unveröffentlichtes Aktenmaterial: StAM 4f Fulda/88, 90, 91, 93, 101.
202 S. dazu die in Anm. 187 genannte Literatur zum Augsburger Religionsfrieden.
203 Vgl. MORITZ, S. 21 f.; WESTPHAL, S. 182 f. mit Anm. 3; s. auch v. EGLOFFSTEIN, S. 23, Anm. 2; SCHULZ, S. 118 f., 144.
204 Vgl. SCHULZ, S. 144.
205 Vgl. WESTPHAL, S. 182, Anm. 1; Brief von der Tanns an den hessischen Abgesandten Johann Meckbach vom 22. April 1574, in: StAM 4f Fulda/90.
206 S. v. EGLOFFSTEIN, S. 25.

Die Ritterschaft und die Städte des Stifts griffen den Hinweis auf die Declaratio in ihrer Supplikation an den Kaiser vom 30. April 1574[207] sofort auf – die Berufung auf dieses Dokument aber macht deutlich, daß damit von der Ritterschaft keine Reichsunmittelbarkeit beansprucht wurde, denn die Reichsritter waren durch den Religionsfrieden in der Wahl ihres Bekenntnisses den Reichsständen gleichgestellt. Man erhält hier einen eindeutigen Hinweis auf die Bewertung des rechtlichen Verhältnisses zwischen Abt und Ritterschaft zu Beginn der 1570er Jahre – eine Bewertung, die allerdings nur noch kurze Zeit Gültigkeit haben sollte.

Neben den diplomatischen Schritten zur Behauptung des Protestantismus in Fulda behielt Landgraf Wilhelm das Ziel der Neubesetzung des Abtsstuhles mit einer ihm genehmen oder gar von ihm abhängigen Person im Auge[208]. Dabei agierte er auf zwei Ebenen. Einmal versuchte er, die Stände aufzustacheln, dem Abt gegenüber ihre Mitwirkungsrechte an der Ausübung der Landesherrschaft wahrzunehmen[209] – in der Erwartung, daß sich dadurch der Konflikt zwischen dem Abt und seinen Ständen weiter zuspitzen und die Stände zu immer kompromißloserer Haltung gegenüber dem Landesherrn führen würde. Zum anderen legte er dem Kapitel die Entsetzung Balthasars nahe, um an dessen Stelle den Dechant Hermann von Windhausen oder den jungen protestantischen Pfalzgrafen Friedrich von Zweibrücken, Wilhelms Neffen, zu wählen[210]. Doch im Verein mit der vom Abt erwirkten Stellungnahme des Kaisers Maximilian II. gegenüber Kapitel, Ritterschaft und Stadt Fulda vom 1. März 1574, die verknüpft war mit der Ermahnung an den Abt, den Religionsfrieden unter keinen Umständen zu gefährden[211], dem Mahnschreiben Papst Gregors XIII. vom 13. Februar 1574[212], den eindringlichen Vorstellungen des würzburgischen Kanzlers Dr. Balthasar Hellu[213] und dem *Mandatum de non offendendo* des Reichskammergerichts vom 13. November 1574[214] führten die Aktivitäten Wilhelms zum Rückzug des Kapitels aus der Koalition der Abtsgegner[215].

---

207 Heppe, Restauration, S. 63 f., Beilage 8. S. auch v. Egloffstein, S. 21 f.; Komp/Richter, Balthasar, S. 14 f.
208 Schon sein Vater Philipp hatte versucht, Einfluß auf Abtswahlen zu nehmen. Der von ihm 1541 favorisierte und auch gewählte Philipp Schenck zu Schweinsberg verhielt sich dann allerdings ganz und gar nicht im Sinne Philipps, der von ihm eine Säkularisierung des Stifts erhofft hatte. Zur Einflußnahme Philipps auf die Wahl s. Küch, Politisches Archiv, II, Nr. 1870, S. 516 f.
209 Vgl. die Werbung des hessischen Rates Johann Meckbach bei den Kapitularen, Instruktion vom 6. Januar 1574: Komp/Richter, Balthasar, Beilage 4, S. 81–87, hier S. 83 f.; s. auch Heppe, Restauration, S. 54 f.; v. Egloffstein, Balthasar, S. 12 f., Schulz, S. 40 f.
210 Heppe, Restauration, S. 55, 202; v. Egloffstein, Balthasar, S. 13 f., Schulz, S. 138. Windhausen lehnte dieses Ansinnen unter Hinweis auf seine eidlichen Verpflichtungen gegenüber dem Abt ab.
211 S. Anm. 195.
212 S. Anm. 194.
213 Hellu unterstützte im Namen des Bischofs Julius Echter von Mespelbrunn Abt Balthasar in dieser Sache sehr stark, wobei er sich offensichtlich Kompensationen territorialer Art für Würzburg versprach. Er lieferte sogar einen Entwurf für das Absagungsschreiben des Kapitels an die Ritterschaft. Vgl. Schaffrath, Balthasar, S. 49–55; Hansen, Rheinische Akten, Nr. 501, S. 644, Nr. 506 f., S. 672–674, Nr. 509, S. 676; v. Egloffstein, Balthasar, S. 35 f. Zur Person Hellus s. Mogge.
214 S. Anm. 193.
215 Rücktritt des Kapitels vom Bündnis mit der Ritterschaft am 18. Juni 1574, gedruckt: Komp/Richter, Balthasar, Beilage 6, S. 92–101; Abschriften: StAM 90b/874; StAM 4 f Fuld/91, 93. S. dazu Schaffrath, Balthasar, S. 52 f.

Die vom Landgrafen veranlaßte Verbreitung der *Declaratio Ferdinandea* bewog das Kapitel auch zu einer eindeutigen Stellungnahme für den katholischen Glauben[216], außerdem zur Anfechtung des Wahrheitsgehaltes der Declaratio[217]. Die zuvor verdeckten unterschiedlichen Motive für die Bekämpfung des Abtes wurden jetzt deutlich sichtbar und verhinderten eine Zeitlang ein gemeinsames Vorgehen der Stände.

Auch die Aktivitäten der Verbündeten ließen nach. Zwar unterstützten Kurfürst August und Landgraf Wilhelm ein Gesuch der Ritterschaft vom 5. September 1575 an den Kaiser um Anerkennung der *Declaratio Ferdinandea*; aber bei der Wahl Rudolfs zum Römischen König auf dem Kurfürstentag im Oktober 1575, die sich für Zugeständnisse des Kaisers in der Religionsfrage so sehr anbot, opferte August von Sachsen die Interessen der Protestanten im Reich, darunter auch der fuldischen Ritter und Bürger, dem Ausgleich mit dem Kaiser und ließ sich von diesem dazu überreden, die Frage der Rechtsgültigkeit der Declaratio auf den Reichstag des nächsten Jahres zu vertagen[218].

Die fuldische Ritterschaft änderte daraufhin ihre Vorgehensweise – ein neues Ziel wurde in Angriff genommen: die Anerkennung der Reichsunmittelbarkeit, aus der alle jetzt umstrittenen Rechte leicht abgeleitet werden konnten, durch die Reichsgerichte; neue Verbündete, die Fränkischen Reichsritter, deren Autonomie sich mit Beginn der zweiten Hälfte des 16. Jahrhunderts zunehmend konsolidiert hatte[219], sollten dieses Ziel befördern helfen. Die Auseinandersetzung zwischen Abt und Ritterschaft gewann eine neue Qualität.

Hauptmann und Räte der Fränkischen Ritterschaft erwirkten am 23. Dezember 1575 ein Mandat des Reichskammergerichts in Speyer, in dem rund 80 Angehörige aus 50 Familien, darunter auch ein Teil der fuldischen Ritterschaft, aufgefordert wurden, ihren Pflichten als Reichsritter nachzukommen, nämlich die Rittertage zu besuchen, Steuern zu zahlen und militärischen Dienst zu leisten[220]. Das Kammergericht knüpfte hierbei offenbar an ein Mandat Kaiser Ferdinands an, erlassen auf dem Augsburger Reichstag 1559, gerichtet gegen diejenigen Mitglieder der Fränkischen Ritterschaft, die den Rittertagen fernblieben und Zahlungen verweigerten[221], – ein Mandat, das die fuldischen Ritter wie selbstverständlich nunmehr auch auf sich bezogen. Das Kammergericht hatte allerdings nicht den Wahrheitsgehalt, sondern lediglich die Schlüssigkeit des ritterschaftlichen Antrages geprüft und demzufolge keine unumstößliche Entscheidung gefällt.

---

216 Ausfluß dessen war das mit Abt Balthasar »freiwillig« geschlossene *Statut* vom 30. Dezember 1575, in dem die *profession und bekandtnuß des rechten catholischen glaubens und wahrer religion* festgeschrieben wurde, und demzufolge Abweichungen vom rechten Glauben dem Abt unverzüglich gemeldet werden sollten. Unterzeichner des Statuts waren Dechant Hermann von Windhausen, Philipp Schad von Ostheim, Johann Wolfgang Schott von Memelsdorf und Heinrich Rau von Holzhausen. Vgl. StAM R II, Kapitel, 1575, Dez. 30.
217 SCHULZ, S. 144.
218 Vgl. MORITZ, S. 154–172; v. EGLOFFSTEIN, S. 28–30. Zum Kurfürstentag s. MORITZ, S. 42–184.
219 Zur Entwicklung der Fränkischen Ritterschaft in der Frühen Neuzeit s. FRHR. ROTH v. SCHRECKENSTEIN, II; FELLNER; PFEIFFER, Studien; RIEDENAUER, Fränkische Reichsritterschaft; DERS., Probleme; DERS., Barocker Reichsadel; DERS., Kontinuität; HOFMANN, Adel; SCHUBERT, Landstände, S. 123–141; FRHR. v. MAUCHENHEIM GEN. BECHTOLSHEIM, Heiliges Römisches Reich; KÖRNER, Kanton; LEGATES.
220 Kopien des Mandats: StAM 109/201, 109/439; Auszüge, d. h. Namensnennungen, bei v. ESCHWEGE, Reichsritterschaft, S. 1 f.
221 LÜNIG, XII, 2. Abs., Nr. 9, S. 40–42. Kopie des Mandats: StAM 90a/201.

Kaiserliches und Kammergerichtsmandat wurden vom fuldischen Adel aber als Beweis seiner Reichsunmittelbarkeit gewertet – eine Schlußfolgerung, der Abt Balthasar energisch widersprach. Auf seine angedrohten Gegenmaßnahmen hin – Behandlung der im Kammergerichtsurteil genannten fuldischen Ritter als Landfriedensbrecher, Klage am Reichskammergericht gegen die Exemtion der Ritter – entschloß sich die Ritterschaft, im Verein mit dem wieder an ihre Seite getretenen Stiftskapitel und einem Teil der Städte, und nach Schutzzusicherung der Fränkischen Ritterschaft[222], zu einem ungewöhnlichen Schritt, der eines der einschneidendsten Ereignisse in der frühneuzeitlichen Geschichte Fuldas darstellt: Balthasar von Dernbach wurde am 23. Juni 1576 bei einem mehrtägigen Aufenthalt in Hammelburg abgesetzt; unter dem Schein des freiwilligen Rücktritts und gegen Zahlung einer Abfindung für den Abt[223] wurde die Herrschaft dem seit 1573 in Würzburg als Bischof amtierenden Julius Echter von Mespelbrunn als Administrator übertragen[224] und diese Handlung mit der Tradition des Widerstandsrechtes, ja der Widerstandspflicht gegen einen seine herrscherlichen Pflichten mißachtenden Regenten und Lehnsherrn begründet[225]. Julius Echter hatte in den vorausgegangenen geheimen Verhandlungen der Ritterschaft die Reichsunmittelbarkeit, ihr und den anderen Ständen die Religionsfreiheit zugestanden und lediglich die Lehenshoheit Fuldas aufrechterhalten[226], was in auffallendem Gegensatz zu seiner späteren Politik gegenüber dem würzburgischen Adel steht! Schon am 25. Februar 1576 hatte er mit dem fuldischen Stiftskapitel einen detaillierten Vertrag über eine wechselseitige Koadjutorie bzw. eine

---

222 Die fuldische Ritterschaft erklärte am 1. April 1576, dem Mandat des Reichskammergerichts Folge leisten zu wollen, und beauftragte ihre Abgesandten zum Schweinfurter Rittertag am 5. April 1576, dies gegenüber Hauptmann und Räten der Ritterschaft in Franken zum Ausdruck zu bringen, – sofern diese ihnen Unterstützung in ihrem Vorgehen gegen Abt Balthasar zusagten, wobei unverhüllt von der Erfordernis *thatlicher handlungen* gesprochen wurde (s. StAM 95/153). In der Tat sicherten die Fränkischen Reichsritter den Buchischen am 7. März, 6. April und 15. Mai 1576 Rückendeckung zu (vgl. StAM 109/383; StAM 95/153; s. auch Hofemann, S. 193 f.).
223 9000 fl. Einkünfte der Propstei Petersberg und des Amtes Steinau an der Haune (zu deren Sicherheit die Ämter Bieberstein und Mackenzell verschrieben wurden), jährliche Kompetenz von 4000 fl.
224 Zur »Hammelburger Handlung« s. die einschlägigen Untersuchungen von Komp/Richter, Balthasar, S. 22–39; v. Egloffstein, S. 37–42; Schaffrath, Balthasar, S. 56–66; daneben Heppe, Restauration, S. 139–145; Ders., Entstehung, S. 151 ff.; Gegenbaur, S. 26–31; v. Pölnitz, Julius Echter, S. 138–182. – Die förmliche Wahl Echters zum Administrator erfolgte am 27. Juni 1576 in Fulda. Anschließend unternahm er mit Balthasar die Huldigungsreise. S. dazu Schaffrath, Küchenmeistereiregister, S. 139–141. – Zur Person Echters s. aus der reichhaltigen Literatur Buchinger; v. Pölnitz; Merzbacher (Hg.), Julius Echter; Ders., Julius Echter. Einen grundlegenden Überblick über Quellenlage und wissenschaftlichen Forschungsstand vermittelt Wendehorst, S. 162–238 (»Fuldaer Händel«: S. 182–189).
225 Vgl. u. a. das Unterstützungsgesuch der Buchischen an die Fränkische Reichsritterschaft vom 12. Juli 1576, fol. 3, in: StAM 95/9: Es sei *kein new und ungewonliches exempel, sondern uf andern stieften sowohl als diesem loblichen stieft Fulda nicht ohne unrechtmessigen fuegk ublich und herkommen, das von wegen ubel haltens ein bischof oder abt seines regiments... entsetzt werden magk.* Rechtfertigungsschreiben der Buchischen Ritterschaft an die Landgrafen Wilhelm IV. und Ludwig IV. von Hessen vom 6. März 1577, S. 18, in: StAM 4 f Fulda/116: Gegen den übel regierenden Abt und seinen Anhang waren Kapitel und Ritterschaft nach Pflicht und Herkommen, mit der sie *in solchen fällen dem stift Fulda zu erhaltung desselbigen verwandt und zugethan* sind, zum Einschreiten und zur Abhilfe aufgerufen.
226 S. v. Egloffstein, Beilage 3, S. 85–90, v. a. S. 87.

Union zwischen Würzburg und Fulda abgeschlossen[227] – die Kapitulare, durch materielle Zugeständnisse für den Unionsplan gewonnen, hatten sich darin verpflichtet, die Ritterschaft auf die Seite des Bischofs zu ziehen.

Praktisch parallel zu den Absetzungsvereinbarungen wurden die Bemühungen um Aktivierung der auf dem Reichstag zu Regensburg im Juni und Juli 1576 versammelten Reichsstände für die protestantische Sache in Fulda, getragen vor allem von den Städten Fulda, Geisa und Hammelburg, weniger stark von der Ritterschaft[228], und um Einflußnahme auf den Kaiser fortgesetzt – allerdings ohne großen Erfolg. Während also die Städte noch auf eine vom Kaiser oder vom Reichstag vermittelte Lösung drängten, wie ihre Aktivitäten in Regensburg bezeugen, hatte sich die Ritterschaft schon längst zur »Radikalkur« der Entfernung Balthasars entschlossen und betrieb die Unterstützung durch Kaiser und Reichsstände nur am Rande und der Form halber. Peinlichst vermied man es aber, die natürlichen Verbündeten im Lager der protestantischen Reichsstände über die wahren Absichten aufzuklären, weil man durch eine Verbindung mit dem Würzburger Bischof in deren Augen desavouiert werden mußte.

Das Zusammengehen der fuldischen Stände mit dem Bischof von Würzburg wurde von maßgebenden Kräften innerhalb wie außerhalb des Stiftes als Auftakt einer ständigen Union Fuldas mit dem Fürstbistum Würzburg – unter würzburgischer Führung – betrachtet. Entsprechende Gedanken waren vorher vor allem von dem würzburgischen Kanzler Dr. Balthasar Hellu[229] und dem Domdechanten Neidhard von Thüngen[230], den Sprachrohren des ehrgeizigen Bischofs Julius Echter, propagiert worden. Julius und seine Vertrauten hatten die Unionsprojekte auf der Basis wechselseitiger Koadjutorie als Voraussetzung zur Rettung des bedrohten Katholizismus in Fulda dargestellt, waren bei Balthasar aber auf energische Ablehnung gestoßen[231].

In dessen Umgebung beschäftigte man sich mit ganz anderen, ehrgeizigeren, gerade entgegengesetzten Plänen – der Bistumserhebung Fuldas, d. h. der kirchlichen Verselbständigung von den Ordinarien Würzburg und Mainz[232]. Doch auch im fuldischen Stiftskapitel hatte der Gedanke der Union mit Würzburg Befürworter gefunden, wie oben bereits dargelegt wurde. Der Vertreter des außerordentlichen päpstlichen Nuntius in Deutschland, Nikolaus Elgard, der sich stark mit Balthasars Reformzielen identifi-

---

227 Druck: STUMPF, Denkwürdigkeiten, III, S. 104–116; Inhaltswiedergabe: BUCHINGER, S. 96–100.
228 Zwei unter dem Datum des 16. Mai 1576 verfertigte Bittschriften an den Kaiser und alle Reichsstände sowie an die evangelischen Stände gesondert stammten allein von der Stadt Fulda (Druck: DRONKE, Beiträge, S. 27–30). Zu den Bemühungen der städtischen Abgesandten, Bürgermeister Johann Silchmöller und Prokurator Eckhard Glitsch, um Unterstützung ihrer Angelegenheit durch die protestantischen Reichsstände s. MORITZ, S. 265; zur Abweisung durch die kaiserliche Seite s. ebd., S. 318. Für die Ritterschaft agierte in Regensburg Georg von Haun (s. HEPPE, Restauration, S. 111).
229 Vgl. SCHAFFRATH, Balthasar, S. 55–60.
230 Zu ihm, der später Bischof von Bamberg wurde, s. v. THÜNGEN, Geschlecht, I, S. 366–397; s. auch die kurze biographische Skizze von SCHAFFRATH, Bamberger Fürstbischof.
231 Vgl. v. PÖLNITZ, S. 136; SCHAFFRATH, Balthasar, S. 55f. Schaffrath beurteilt die würzburgischen Bemühungen um eine Union der Stifter im Jahre 1575 als unmittelbaren Vorläufer der »Hammelburger Handlung« vom Juni 1576. Die ablehnende Haltung Balthasars zu den Unionsprojekten habe Würzburg auf den Weg der Gewaltanwendung verwiesen. S. ebd., S. 56–61.
232 Vgl. RICHTER, Schleichert, S. XXXIf.; HACK, Rechtsstreit, S. 28f., 32f.; SCHAFFRATH, Balthasar, S. 31–34.

zierte[233], hatte zunächst im Februar 1575 bei seinem von der Congregatio Germanica veranlaßten Aufenthalt in Fulda sowohl die Umwandlung der Abtei in ein Bistum als auch die Inkorporation in ein benachbartes Bistum abgelehnt und stattdessen – in Übereinstimmung mit den Jesuiten – auf einer Reform von Hauptkloster und Propsteien im Geist der Benediktinerregel bestanden[234]. Damals und im Oktober des gleichen Jahres hatte er allerdings auch dafür plädiert, Abt Balthasar in einigen mit Würzburg umstrittenen Gebieten die (auf Visitations- und Reformationsrecht einzuschränkende) geistliche Jurisdiktion zu übertragen, um weltliche und geistliche Macht in einer Hand zu vereinen, und so eine begrenzte kirchliche Verselbständigung Fuldas für wünschenswert angesehen. Die hier dem Abte zugestandenen Rechte aber wurden von diesem auch in seiner Eigenschaft als weltlicher Landesherr, als Manifestation eines Landeskirchentums, beansprucht. Elgards Vorschläge waren so auf eine Absicherung der staatlichen Kirchenhoheit hinausgelaufen; andererseits aber hatte Elgard verhindern wollen, daß mit einer Stärkung der Position des Abtes auch eine Aufwertung der Konventualen zu Domherren einherging, was bei einer Bistumserhebung unumgänglich gewesen wäre[235].

Stärkste Befürchtungen wegen einer dauerhaften Inkorporation des Stifts Fulda in das Bistum Würzburg hegten gerade die ehedem den fuldischen Ständen so eng verbundenen protestantischen Reichsfürsten. Landgraf Wilhelm IV. und seine Räte sahen in dieser Verbindung einen taktischen Schachzug der Papisten, um den Anfall des Stifts an die protestantische Partei, namentlich natürlich an Hessen, zu verhindern[236]. Auch der calvinistische Kurfürst Friedrich III. von der Pfalz glaubte, daß die Übernahme der Administration durch Würzburg mit dem Kaiser und dem Kurfürsten von Mainz, Daniel Brendel von Homburg, der zur gleichen Zeit die Gegenreformation auf dem Eichsfeld betrieb[237], abgestimmt worden sei[238].

Gleichzeitig verurteilten diese Kräfte die gewaltsame Aktion gegen den rechtmäßigen Landesherrn aufs schärfste. Landgraf Wilhelm betrachtete die Verbindung des fuldischen Adels mit den Fränkischen Rittern als Aufruhr und befürchtete Auswirkungen auf die Haltung des Adels in seinem eigenen Territorium, ja eine umfassende Aktion des

233 S. Grebner, S. 336, 564.
234 Elgard hatte seine Anschauungen auf Wunsch Balthasars, welcher zuvor diese drei Reformmöglichkeiten dem Stiftskapitel unterbreitet hatte, in zwei Denkschriften niedergelegt. Das erste Memorandum ist referiert bei Grebner, S. 525–528, das zweite ebd., S. 528 f.; die lateinische Fassung von letzterem ist gedruckt bei Schwarz, Nuntiatur-Korrespondenz, Nr. 214, S. 258–262. Vgl. auch Komp/Richter, Balthasar, S. 19 f., Anm. 1; Krasenbrink, S. 226 f. Auf die Reformvorstellungen Elgards wird auf S. 190 nochmals eingegangen.
235 Vgl. die in Anm. 234 genannten Memoranden sowie den Bericht Elgards an Kardinal Galli vom 19. Oktober 1575; letzterer im Auszug bei Schwarz, Nuntiatur-Korrespondenz, Nr. 267, S. 326; s. auch Grebner, S. 531–533. In seinem Schreiben an Kardinal Galli unterschied Elgard zwischen der *jurisdictio in pontificalibus* (Weihegewalt und Sakramentenspendung) und der eigentlichen *potestas in iudicialibus* (Visitations- und Reformationsrecht). Letztere sollte der Abt durch bevollmächtigte Richter ausüben können. Rom sollte ihm daher auf sechs oder sieben Jahre die Vollmacht verleihen, sein Stift zu visitieren und reformieren – ohne Präjudiz für Mainz und Würzburg. Diese Erwägungen fanden Anklang bei der Deutschen Kongregation in Rom. S. Schwarz, Gutachten, S. 111; Krasenbrink, S. 227.
236 Vgl. die Relation der hessischen Räte vom 14. Juli 1576: StAM 4 e Reichssachen/1378; Schulz, S. 146.
237 Vgl. Heppe, Restauration; Knieb; Krause, Politik.
238 Kluckhohn, Briefe, II, Nr. 880, S. 958.

niederen Adels verschiedener Territorien gegen die Fürstenherrschaft[239]. Kurfürst August von Sachsen bezeichnete es als *fast Grumbachisch*, daß Untertanen ihren Herrn absetzten, vor allem, wenn es ohne Wissen des Kaisers geschehe[240] – die Furcht vor einem allgemeinen Ritteraufstand war rund zehn Jahre nach dem Tod des fränkischen Ritters Wilhelm von Grumbach noch genauso lebendig wie zu seinen Lebzeiten[241].

Für die schließliche Behauptung der fuldischen Selbständigkeit wurde das rasche Eingreifen des von Balthasar angerufenen Reichsoberhauptes und auch der in Regensburg versammelten Reichsstände wichtig. Bereits fünf Tage nach der Entsetzung des Abtes verurteilte Maximilian II. vom Regensburger Reichstag aus, auf dem neben der Religionsfrage vor allem die dem Kaiser zu bewilligende Türkenhilfe im Vordergrund der Beratungen stand[242], diese Tat als den Reichsrechten, dem Religions- und Landfrieden zuwider und ordnete die Restitution des Abtes an. Die Ritterschaft forderte er zum Gehorsam gegen den rechtmäßigen Herrn auf und verwies sie für Beschwerden gegen diesen auf den Rechtsweg; zusätzlich zitierte er die Anführer der Ritterschaft, Curt Till von Berlepsch, Hans von Schlitz gen. von Görtz, Wolf Dietrich von Mörle gen. Böhm d. Ä. und Melchior Anarck von der Tann, zur Rechenschaftslegung an seinen Hof[243].

Angesichts der Gehorsamsverweigerung von Kapitel und Ritterschaft von Fulda und der entschiedenen Äußerung der Fränkischen Ritterschaft, eine Wiedereinsetzung Abt Balthasars unter keinen Umständen dulden zu wollen[244], brachte der Kaiser dann selbst die Angelegenheit vor die Reichsstände, um seine Entscheidung abzusichern. Die versammelten Reichsfürsten und ihre Berater waren in ihrem Urteil – in Anbetracht wenig gesicherter Kenntnisse und der einseitigen Informierung sowohl durch den selbst nach Regensburg geeilten Abt Balthasar als auch durch die würzburgische Seite – unsicher; sie standen gleichwohl mit überwiegender Mehrheit auf der Seite Balthasars. Bischof Julius hatte seinen einzigen entschiedenen Fürsprecher zunächst in Herzog Albrecht von Bayern, der sich aber auch bald von ihm abwandte. Der Fürstenrat empfahl

---

239   Wilhelm IV. fühlte sich, wie er am 22. Juli 1576 an Friedrich von der Pfalz schrieb, *nicht allein der Religion halber, sondern auch propter politicam administrationem* beunruhigt und fürchtete, daß sich die fuldische Ritterschaft *als dextram manum principum der fürstlichen Subjection entziehen und sich also freimachen* wollte (Kluckhohn, II, S. 976). Das vermutete gemeinsame Vorgehen der Katholiken und die guten Verbindungen zwischen den fuldischen und hessischen Rittern erschienen ihm auch für seine eigene Landesherrschaft gefährlich – es galt für ihn, sich auf zwei unterschiedliche Stoßrichtungen einzustellen (vgl. Schulz, S. 147; s. auch v. Egloffstein, Balthasar, S. 52f.).
240   Vgl. Westphal, S. 230, Anm. 4.
241   Zu Grumbach zuletzt: Press, Grumbach. Hier werden die Grumbachschen Händel der Jahre 1562–1567 in überzeugender Weise in den allgemeinen Zusammenhang der Abwehr des Niederadels gegen den Territorialstaat und in das Verfassungssystem des Reiches gestellt.
242   Vgl. Moritz, S. 261–433.
243   Mandat des Kaisers an die Ritterschaft. Regensburg, 28. Juni 1576: StAM 95/145 (Kop.). Entsprechende Mandate ergingen an Bischof Julius von Würzburg, das fuldische Stiftskapitel und die Städte. Vgl. v. Egloffstein, S. 48; Komp/Richter, Balthasar, S. 40; Hofemann, S. 192f. Die erste Reaktion der Ritterschaft war die Bildung eines fünfköpfigen Ausschusses (Curt Till von Berlepsch, Eberhard von Buchenau, Melchior Anarck von der Tann, Wilhelm Rudolf von Haun, Wolf Dietrich von Mörle gen. Böhm), der – unter Zuziehung des Dreizehner-Ausschusses und anderer Ritter – geeignete Gegenmaßnahmen einleiten sollte. Beschluß des Rittertages vom 26. Juli 1576 in Fulda: StAM 109/383.
244   Vgl. Nuntiaturberichte, 3. Abt., II, bearb. von Hansen, S. 114; Kluckhohn, Briefe, II, S. 975, Anm. 1.

gütliche Unterhandlungen durch kaiserliche Kommissare, der Kurfürstenrat sprach sich, gegen das Votum Sachsens, für eine Restitution Balthasars und eine Bestrafung seiner Gegner, vor allem des Stiftskapitels, aus. Schließlich stimmten beide Kurien am 17. Juli 1576 für eine kaiserliche Sequestration des Stifts Fulda bis zu einem endgültigen Ausgleich[245]. Am 5. Oktober 1576 verkündete daraufhin der Kaiser die Absetzung von Julius Echter, setzte einen kaiserlichen Administrator in der Gestalt des Deutschmeisters Heinrich von Bobenhausen ein und lud die Parteien zur Entscheidung der Angelegenheit in der Güte oder durch seinen Rechtsspruch an den kaiserlichen Hof[246]. Infolge des Todes von Maximilian II. (12. Oktober 1576) und der Regierungsübernahme durch Rudolf II.[247], auch wegen der Proteste Würzburgs und der fuldischen Stände verzögerte sich die Übernahme der Administration bis Mitte März 1577[248]. Für Abt Balthasar aber sollte es eines 26jährigen unermüdlichen Kampfes bedürfen, ehe er nach dem Scheitern aller gütlichen Ausgleichsbemühungen und nach Einleitung eines förmlichen Prozesses (seit 1578) vor dem kaiserlichen Gericht, dem Reichshofrat, durch dessen Urteil seine Restitution erlangte[249].

245 Ausführlich über die Verhandlungen und die Einstellung der einzelnen Reichsfürsten informiert MORITZ, Wahl Rudolfs II., S. 412–418 – unter Auswertung der von ihm in Einzelheiten korrigierten Arbeiten von KOMP, v. EGLOFFSTEIN und HEPPE.
246 Vgl. KOMP/RICHTER, Balthasar, S. 42; v. EGLOFFSTEIN, S. 56.
247 Zu Kaiser Rudolf II. s. EVANS; BIBL, Einführung. Rudolf erneuerte die von seinem Bruder Maximilian ausgesprochene Sequestration am 17. November 1576 (v. EGLOFFSTEIN, S. 57).
248 Vgl. das Protokoll der Verhandlungen über die Ledigzählung der Untertanen, 13.–15. März 1577, mit der Stellungnahme Würzburgs: StAM 4 f Fulda/116. Vgl. auch die prägnante Wiedergabe der ritterschaftlichen Haltung in ihrer Rechtfertigungsschrift an Landgraf Wilhelm IV. von Hessen-Kassel vom 6. März 1577, ebd. Kurze Darstellung der Vorgänge bei KOMP/RICHTER, Balthasar, S. 43f.; v. EGLOFFSTEIN, S. 67–69; GEGENBAUR, S. 32; HEPPE, Entstehung, S. 166f.; DERS., Restauration, S. 146. Das Kapitel setzte bei den Verhandlungen durch, daß der Huldigungsformel für die Untertanen – mit Vorbehalt der kaiserlichen Bestätigung – folgende Klausel hinzugefügt wurde: *im Falle sich sonsten inmittels durch Todesfall oder andere Gelegenheit zutragen sollt, daß der Stift Fulda in seinen vorigen stand geraten oder erledigt würde, alsdann niemand anders, denn dem Dechant und dem ganzen Kapitel zu Fulda als eurem väterlichen Erbherrn gewärtig zu sein, alles getreulich und ungefährlich.* Der Kaiser verweigerte allerdings dieser eindeutig gegen Balthasar gerichteten Formulierung die Zustimmung. Ritterschaft und Städte forderten die Gewährung der Religionsfreiheit und protestierten gegen jede Beschränkung derselben. Unter Berufung auf mangelnde Kompetenz versagte sich der Administrator und überließ die Entscheidung wiederum dem Kaiser, der sich im Januar 1578 negativ dazu äußerte. S. unten S. 49f. mit Anm. 260.
249 Zu den Restitutionsbemühungen Balthasars s. SCHANNAT, Historia, S. 271–275; KOMP/RICHTER, Balthasar, S. 39–54; v. EGLOFFSTEIN, S. 47–63; v. PÖLNITZ, S. 152–200, 523, 566–568. Die Haltung der Kurie im Streit der beiden Protagonisten der Gegenreformation, Julius (der allerdings erst seit 1585 systematische Anstrengungen in seinem Herrschaftsgebiet unternahm) und Balthasar, wird für die Jahre 1576–1585 nachgezeichnet von KRASENBRINK, S. 228–237; für 1576 s. neuerdings auch GREBNER, S. 535f. Gedrängter Überblick bis zum Jahre 1602 bei WENDEHORST, S. 185–189; vgl. auch KOMP/RICHTER, Balthasar, S. 46–48; HACK, Rechtsstreit, S. 30–34. S. daneben die verstreuten Nachrichten in den Nuntiaturberichten, Abt. 3, II (Bearb. HANSEN), III–V (Bearb. SCHELLHASS); Kölner Nuntiatur, I (Bearb. EHSES/MEISTER), II/1 (Bearb. EHSES), II/2, II/3 (Bearb. ROBERG), IV/1 (Bearb. WITTSTADT); Nuntiatur am Kaiserhof, I (Bearb. REICHENBERGER), II, III (Bearb. SCHWEIZER). Zu den Aktivitäten der Ritterschaft 1601 vor dem Reichshofrat in Wien angesichts der sich abzeichnenden Wiedereinsetzung Balthasars s. TEUNER, S. 73 f. (hier wird Wolf Dietrich von Mörle gen. Böhm fälschlicherweise als Wolf Dietrich von Merlau bezeichnet).

b. Die Behauptung der landesherrlichen Ansprüche durch die kaiserliche Administration des Stifts (1576–1602)

Gleichzeitig mit den Restitutionsbestrebungen Abt Balthasars erlebten auch die fuldischen Ritter in ihren Bemühungen um die Anerkennung der Reichsunmittelbarkeit und das Ausscheiden aus dem Stiftsverband einige Rückschläge, die sowohl aus der Haltung des Kaisers, des Reichskammergerichts und der Administration des Stifts als auch aus der Unentschlossenheit der Ritterschaft resultierten, den einmal beschrittenen Weg konsequent und mit allen Mitteln zu verfolgen. Nur wenige Taten entsprachen den vielen Erklärungen, von denen die auf dem Rittertag in Hünfeld am 20. Dezember 1576 abgegebene die dezidierteste ist. Es hieß hierin, man wolle sich *hinfuro zu der gefreiten Reichsritterschaft in Francken, sonderlich aber zu dem ort Rhön und Wehrn erkennen, bekennen und halten, deren kaiserlichen wie königlichen privilegien, freiheiten, immunitäten und gerechtigkeiten teilhaftig werden* und *viel lieber in adelicher freiheit ... sterben als ohne dieselbige in beschwerlicher dienstbarkeit leben*[250].

Theobald Julius von Thüngen, der Ritterhauptmann des Kantons Rhön-Werra, sah sich daher veranlaßt, der fuldischen Ritterschaft mit einem rechtlichen Verfahren vor dem Reichskammergericht zu drohen, falls dessen Mandat vom 23. Dezember 1575 nicht Folge geleistet würde[251]. Die von Bischof Julius von Würzburg in den geheimen Verhandlungen über die Übernahme der Administration des Stifts Fulda der Ritterschaft in Aussicht gestellte Reichsunmittelbarkeit[252] konnte so trotz der durch den gemeinsamen Kampf gegen den abgesetzten Abt Balthasar und die kaiserlichen Kommissare bedingten guten Zusammenarbeit zwischen dem Bischof (zu dessen Mitarbeitern und Beratern in der fuldischen Angelegenheit namentlich Theobald Julius von Thüngen gehörte) und der fuldischen Ritterschaft[253] nicht verwirklicht werden.

Wagten sich die Ritter doch einmal vor, so wurden ihnen sogleich Grenzen gesteckt, die sie immer auch akzeptierten, so z. B. in der Frage der Steuererhebung. Die Absicht, bei der Erlegung der 1576 bewilligten Reichssteuer (Türkenhilfe) unter sich einen Anschlag zu machen, die Einnahme in eigener Regie durchzuführen und über den Ritterkanton Rhön-Werra an den Kaiser abzuführen, das Stift auf diese Art zu umgehen[254], wurde von Rudolf II. in einem Reskript vom 1. März 1578 zurückgewiesen,

---

250 StAM 109/439 (Orig.). Die Erklärung war gekoppelt an die Unterstützung der Ansprüche des Buchischen Adels durch den Ritterkanton Rhön-Werra. Sie war unterzeichnet von 29 Rittern aus 16 Familien – fünf dieser Adeligen hatten zuvor in Diensten des Stifts gestanden: Hans Georg von Boyneburg zu Lengsfeld, Wilhelm Rudolf von Haun, Karl von Mansbach, Eustachius von Schlitz gen. von Görtz, Curt Till von Berlepsch. Es fehlten allerdings Angehörige so einflußreicher Familien wie die von der Tann, von Hutten, von Thüngen.
251 Ebd.
252 S. oben S. 43 mit Anm. 226.
253 Darüber geben die auf dem Landtag am 11. Januar 1577 gewechselten Erklärungen näheren Aufschluß. S. StAF I A2, fol. 88ᵛ–92ʳ.
254 Vgl. den Protest der Ritterschaft gegen die von den kaiserlichen Kommissaren ausgeschriebene Türkensteuer vom 18. Februar 1578, vorgetragen in der fuldischen Kanzlei von Melchior Anarck von der Tann, Eberhard von Buchenau, Wilhelm Rudolf von Haun, Johann von Merlau, Eitel Fritz von Romrod und Valentin von Trümbach: StAM R Ia, 1578 Febr. 18. – SCHAFFRATH (Balthasar, S. 112) und, ihm folgend, TEUNER (S. 62f.) geben an, daß die fuldischen Ritter während der Regierungszeit Julius Echters (Juni 1576–März 1577) ihre Schatzungen in die fränkische Rittertruhe

weil sie gegen das Herkommen und die Rechte des Stiftes verstoße; die Entscheidung über Exemtion und Freiheit der Ritterschaft vom Stift sei dem Kammergericht vorbehalten, und bis zur Entscheidung dieses Gerichtes sei die Steuer (von ihnen selbst und von ihren Hintersassen und Zinsleuten) an die kaiserlichen Kommissare anstelle des Kaisers und des Stifts Fulda abzuführen[255].

Allerdings war die Tatsache, daß es die Kommissare vorgezogen hatten, keinen Landtag zur Bewilligung der Reichssteuern einzuberufen, sondern mit den einzelnen Ständen gesondert zu verhandeln, den Absichten der Ritterschaft entgegengekommen. Das Angebot der Ritter vom Juni 1579, die Türkenhilfe der Gebühr nach zu erlegen, aber bis zur rechtlichen Entscheidung des Reichskammergerichtes auszusetzen – um für ihre am Kammergericht anhängige, allerdings nur schleppend betriebene Auseinandersetzung mit dem Stift kein Präjudiz zu schaffen –, wurde vom Kaiser am 21. Oktober 1579 ebenfalls abgelehnt: Er befahl seinen Kommissaren, auf der Abführung der Steuer an sie zu bestehen[256].

Die ritterschaftliche Antwort auf dieses kaiserliche Reskript, das ihnen am 16. Dezember 1579 unterbreitet wurde, bestand im Verlangen nach der Ausstellung eines Reverses durch die kaiserlichen Kommissare, daß durch eine Steuerzahlung keine Subjektion oder Landsasserei gegeben sei. Das wurde von jenen rundweg abgelehnt: Die Entscheidung über Landsässigkeit oder Exemtion habe allein das Kammergericht zu fällen. Sie, die Kommissare, könnten weder dem Stift an seiner *possessio recipiendi collectas* noch der Ritterschaft an ihren Rechten etwas präjudizieren. Sie erklärten sich aber zur Entgegennahme einer Protestation bereit, in der die ritterschaftlichen Vorbehalte niedergelegt waren[257].

Im folgenden Jahr verstanden sich die Ritter in einem Abschied vom 29. März zur Steuerlieferung an das Stift – mit der Erklärung, daß dies ihren *praetendirten exemption und freyheiten wie auch hinwiederrumb berurter exemption halben dem stiefft Fulda ahn seinen dagegen eingewandten rechten und gerechtigkeiten mitnichten präjudicirlich oder nachtheilig sein* solle[258]. Diese Formel ließ beiden Seiten genügend Spielraum, vornehmlich dem Stift, dessen Rechte von der Ritterschaft nicht mehr grundsätzlich negiert wurden. Zusammen mit der normativen Kraft des Faktischen mußte dies letztlich den Absichten der Ritterschaft entgegenwirken – was sich auch bald zeigen sollte.

Noch im gleichen Jahr verlagerte sich die ritterschaftliche Argumentation gegen die Landsässigkeit auf die Frage der Religionsausübung. Das Recht der freien Religionsausübung hatte die Ritterschaft im Verein mit den Städten dem Deutschmeister Heinrich von Bobenhausen bei den Huldigungsverhandlungen abzuringen versucht[259]. Dieser hatte die Sache aufgrund fehlender Zuständigkeit an den Kaiser gewiesen. Der mit den Zielen der Gegenreformation sympathisierende Rudolf II. hatte am 28. Januar 1578 verfügt, daß es in Fulda bei der Religion, *dazu sich die Obrigkeit bekennt*, verbleiben

entrichteten. Quelle für diese Darstellung sind entsprechende ritterschaftliche Äußerungen, die im Verlaufe der rechtlichen Auseinandersetzungen zwischen Abt Balthasar und Bischof Julius vor einer Kommission 1591/92 gemacht wurden (StAM 90b/865, fol. 228, 584).
255 Vgl. StAM 95/158, Nr. 28.
256 Vgl. ebd., Nr. 29.
257 Vgl. StAM 90a/738; StAM 95/158, Nr. 30.
258 StAM K 443 (Fuldaer Kopiar XIX), Nr. 369, S. 1114f.
259 S. oben Anm. 248.

müsse[260]. Konsequenterweise wirkte der Kaiser auch auf den Deutschmeister ein, daß er seine anfangs vermittelnde Haltung in Konfessionsfragen[261] aufgebe und für die katholische Sache Partei ergreife – was nicht ohne Resonanz blieb[262]. Nun machte Wolf Dietrich von Mörle gen. Böhm, einer der aktivsten Ritterführer (schon bei der Absetzung Abt Balthasars), eine Eingabe, in der der Nachweis zu bringen gesucht wurde, daß die Ritterschaft reichsunmittelbar sei und die Bestimmungen des Augsburger Religionsfriedens – der den Reichsständen die freie Religionsausübung zusicherte und die Reichsritterschaft den Reichsständen gleichsetzte – auf sie Anwendung finden müßten; die *Declaratio Ferdinandea* wurde nicht mehr erwähnt. Versuche zur gewaltsamen Abschaffung der von den Rittern seit Jahren in ihren Gebieten eingeführten Augsburgischen Konfession seien deshalb unzulässig. Konkrete Beschwerde wurde erhoben gegen die vom Administrator Heinrich von Bobenhausen in der Tradition Abt Balthasars – offenbar auf kaiserlichen Druck hin – angeordneten Versuche zur Wiedereinsetzung katholischer Geistlicher in Eckweisbach und in Niederkalbach, wo die Ebersteinischen Erben bzw. die Mörle gen. Böhm begütert und ansässig waren[263].

Im Zuge der Verlagerung des Argumentationsschwerpunktes auf die Religionsfreiheit gelang es den fuldischen Rittern sogar, die auf dem Reichstag 1582 versammelten protestantischen Stände zu einer gemeinsamen Intervention zugunsten ihrer unter katholischer Herrschaft lebenden Glaubengenossen, speziell der Ritterschaft in Fulda, zu bewegen[264]. Allerdings wurde dieser Vorstoß durch das Einlenken des Kurfürsten von Sachsen auf die Linie des Kaisers faktisch konterkariert[265].

Der 1580 sichtbar gewordene Rückzug der Ritterschaft in der Steuerfrage zeigte sich auf den Land- und Rittertagen des Jahres 1583 (9. Januar bzw. 17. Juli) bei den

---

260 DRONKE, Beiträge, S. 32; vgl. dazu HEPPE, Entstehung, S. 168; GEGENBAUR, S. 32 f.; v. EGLOFFSTEIN, S. 68–70.

261 Bobenhausen hatte die von Würzburg installierten evangelischen »Beamten« ebenso wie anfangs den Stadtprädikanten im Amt belassen (KOMP/RICHTER, Balthasar, S. 43; v. EGLOFFSTEIN, S. 68; SCHAFFRATH, Balthasar, S. 143; HEPPE, Restauration, S. 146–153) und dem Jesuitenkolleg 1578 eine erbetene Geldhilfe versagt (WEBER, Jesuiten. Regesten, S. 55). Als Statthalter dienten ihm zwei evangelische Ritter des Deutschen Ordens, Johann von Gleichen und Johann Georg von Dachenhausen (NOFLATSCHER, S. 234 f.). Nach der anfänglichen Reserve allerdings gewährte Bobenhausen, gleich seinem späteren Statthalter (1583–1586) Johann Eustachius von Westernach, dem Jesuitenkolleg wie auch dem 1584 durch Papst Gregor XIII. gegründeten, unter jesuitischer Leitung stehenden Päpstlichen Seminar seine Unterstützung (KOMP, Zweite Schule, S. 26–28; WEBER, Jesuiten, S. 18–21, 57 f. Zur Förderung dieses mit dem Ziel der Heranziehung eines gebildeten katholischen Nachwuchses aus dem Adel wie aus dem Bürgertum im weitgehend protestantischen mittel- und norddeutschen Raum errichteten Seminars und der Jesuiten allgemein durch Bobenhausens Nachfolger Erzherzog Maximilian s. NOFLATSCHER, S. 238–242. Abriß der Geschichte des Seminars: LEINWEBER, Päpstliches Seminar).

262 Vgl. v. EGLOFFSTEIN, S. 70–72.

263 Vgl. StAM 95/146: *Gegründete ausführung, daß die Fuldische Ritterschaft in den Buchen, als freye zu dem orth Rön und Werrn in Francken gehörige vom adel, gut, fug und macht hat, vermög religionsfridens in ihren dörfern die religion zu bestellen;* Druck: BURGERMEISTER, Codex, I, S. 1061–1068; inhaltliche Zusammenfassung: TEUNER, S. 63 f.; vgl. auch HEPPE, Restauration, S. 153; v. EGLOFFSTEIN, S. 71. Zu den Protestantisierungsmaßnahmen der von Mörle gen. Böhm in Niederkalbach s. SCHAFFRATH, Balthasar, S. 122; DERS., Fliedener Pfarrer; DERS., Kampf.

264 LEHENMANN, S. 188. Schon im Jahre zuvor hatten sich die Buchischen Ritter an die drei weltlichen Kurfürsten mit der Bitte um Unterstützung gerade in der Religionsfrage gewandt. S. Abschied der Ritterschaft vom 17. März 1581, in: StAM 109/410.

265 v. EGLOFFSTEIN, Balthasar, S. 72.

Verhandlungen über die vom Reichstag des vergangenen Jahres bewilligte Türkenhilfe: Hier wurde der Weg der Steuereinziehung über das Stift nicht mehr bestritten, sondern als gegeben hingenommen. Allerdings ist zu bedenken, daß zumindest auf dem Landtag vom 9. Januar die Ritterschaft keineswegs vollständig erschienen war und gewichtige Protagonisten der Reichsunmittelbarkeit fehlten[266]. Auf der anderen Seite verdeutlicht dies einmal mehr, daß die Ritterschaft keineswegs homogen war und gerade in der Frage der Reichsunmittelbarkeit die Vorstellungen auseinanderklafften.

Im Vordergrund der Verhandlungen standen von den Ständen einhellig vorgebrachte Forderungen, die auf eine ihrer Meinung nach gerechtere Aufteilung der zu erbringenden Steuerlast zielten: Besteuerung der von den Jesuiten erworbenen, ehedem schatzbaren Güter; Kürzung des adligen Steueranschlags um die Güter, die von den Äbten bzw. dem Administrator erworben wurden; Steuererhebung auch vom abgesetzten Abt Balthasar, der eine jährliche Abfindung bezog; Schatzung der Juden nicht nur nach Vermögen, sondern auch nach Häuptern. Dazu beanspruchten die Ritter, auch weiterhin keine Register über die von ihren Untertanen im einzelnen erhobene Schatzung abliefern zu müssen – um ihre Vermögensverhältnisse nicht offenzulegen. Zusätzlich forderten sie die Rechnungslegung der 1576 bewilligten Türkensteuer, zu der allerdings nicht alle Ritter ihren Beitrag erbracht hatten. Die auf dem Landtag anwesenden Ritter waren ihrerseits nach erfolgter Rechnungslegung durchaus zur Steuerleistung bereit.

Mit der Stiftsregierung konnte man sich aber nur über die Steuerhöhe der Juden (nämlich das Doppelte der Christen) und über die Rechnungslegung der anstehenden Schatzung verständigen, nicht jedoch über die Besteuerung der Jesuiten-Güter und über die Rechnungslegung der 1576 bewilligten Reichssteuer, bei der es offensichtlich zu Unregelmäßigkeiten gekommen war. Deshalb drohten die Stände, unter maßgeblicher Federführung der beteiligten Ritter, in einem Schreiben vom 6. August 1583 an den Administrator, daß sie trotz grundsätzlicher Bereitschaft zur Steuerzahlung diese verweigern wollten, wenn über beide Punkte keine Einigung erzielt werden könnte.

Unbeeindruckt von den Vorbehalten der Stände, unter Hinweis auf die Dringlichkeit der Reichskontribution für den Kaiser, bestellte daraufhin der Deutschmeister die auf der Landtagsversammlung im Juli bestellten vier Kollektoren (je einen aus der Regierung, dem Kapitel, der Ritterschaft und den Städten – nach dem Vorbild des Reichstages von 1542) für den 9. Januar 1584 nach Fulda zur Einsammlung des ersten von drei Zielen der Anlage. Am 16. Januar dann sollten die Adligen von ihren Rittergütern, wie seit langem üblich, in die Rittertruhe werfen und die von ihren Untertanen erhobene Steuer nebst einem Register abliefern[267].

Neigte so schon ein Teil der Ritterschaft, wenn auch mit Vorbehalten, zum Einlenken gegenüber dem Stift in der Steuerfrage, so drängten nun weitere, und zwar führende Kräfte innerhalb des Adels auf einen Ausgleich mit dem Stift Fulda und – zumindest indirekt – auf den Verzicht auf die Bestrebungen nach Reichsunmittelbarkeit. Sie standen

266 Erschienen waren elf Ritter aus neun verschiedenen Familien: von Mansbach, von der Tann, von Haun, von Schlitz gen. von Görtz, von Schachten, von Boyneburg, von Merlau, von Wildungen, von Trümbach. Teilnehmerverzeichnis in: StAM 90a/749.
267 S. dazu das Protokoll über den fuldischen Landtag vom 9. Januar 1583 in: StAM 90a/749; die Landtagsverhandlungen vom 17. Juli 1583 und der daran anschließende Briefwechsel sind referiert in: StAM 95/158, Nr. 31.

offensichtlich unter dem Eindruck eines vom Administrator des Stifts erlangten *Mandatum cum clausula* des Reichskammergerichtes vom 21. August 1584, das die ab 1578 von einigen Rittern bestrittene[268], aber seit langem übliche und unter die landesfürstlichen Obrigkeitsrechte gezählte Vormundbestätigung für den Adel auf der fuldischen Kanzlei und somit die Anerkennung der Landsässigkeit vorschrieb[269]. Auch waren sie offensichtlich beeindruckt von der Tatsache, daß der neue Administrator des Stifts, Erzherzog Maximilian[270], ein jüngerer Bruder Kaiser Rudolfs II., nach seinem Amtsantritt 1586 der Buchischen Ritterschaft die freie Religionsausübung zugesichert hatte[271].

Zwar ergriff man sogleich alle erforderlichen Maßnahmen, um das Mandat nicht wirksam werden zu lassen: Man bestellte Advokaten und Prokuratoren in Speyer, die – für alle Rittergeschlechter einzeln – die stiftische Position widerlegen sollten und von den Rittern dafür mit Argumentationsmaterial zu versorgen waren[272]. Gleichzeitig aber beschloß man, dem Administrator des Stifts eine Interims-Regelung der Vormundbestellung bis zum endgültigen Entscheid des Kammergerichts vorzuschlagen, nach der die Vormünder in Fulda (auf der Kanzlei) bestätigt werden sollten, ohne daß dies eine Partei an ihren Rechten beeinträchtigen sollte[273]. In der Theorie war dies ein Festhalten an der alten Position, die sie am Kammergericht mit vielen gewagten, häufig unzutreffenden Argumenten durch ihren Anwalt Dr. Leonhard Wolff hartnäckig aufrechterhielten[274], de facto aber ein Abrücken davon und ein Zugeständnis an das Stift.

Unmittelbare Folge davon war die Vergleichung mit dem Statthalter des kaiserlichen Kommissars Erzherzog Maximilian, Johann Eustachius von Westernach[275], am 7. Juli 1588, die einen ersten Schritt zu der von Kapitel und Ritterschaft angestrebten Erneuerung der Austräge von 1525, 1542 und 1566[276] darstellte. Die Bedeutung dieser Vergleichung ist von der Forschung bisher nicht genügend gewürdigt worden. Die Ritterschaft, für die die ehemaligen fuldischen Räte Eustachius von Schlitz gen. von Görtz und Hans Jörg von Boyneburg zu Lengsfeld den Vergleich unterzeichneten,

268 S. die ritterschaftliche Antwort auf das stiftische Libell am Reichskammergericht vom 8. Januar 1588, S. 14, in: StAM 109/355.
269 Kopien des Mandats in: StAM 109/355, 109/401, 109/410 – mit den Namen der Beklagten. Der sich über die Frage der Vormundbestätigung entzündende und über 60 Jahre – mit wechselnder Intensivität – erstreckende Prozeß zwischen Stift und Ritterschaft vor dem Reichskammergericht ist, besonders für die ersten Jahre, gut dokumentiert in: StAM 109/355 und 109/348. Hier finden sich neben einer Protokollabschrift des Reichskammergerichts, die die Jahre 1585–1649 umfaßt, auch die verschiedenen, umfangreichen Eingaben der Prozeßparteien, v. a. das stiftische Libell vom 8. Januar 1588 und die Gegenberichte der fuldischen Ritter.
270 Zu ihm s. HIRN; HOFMANN, Staat, S. 237–244; NOFLATSCHER.
271 Abschriften in: StAM 109/400, 109/401.
272 Vgl. dazu die alle Einzelheiten festlegenden Beschlüsse der Ritterversammlung vom 11. September 1585, in: StAM 109/355, sowie das Schreiben der Buchischen Ritter an die Fränkischen vom 17. April 1585: ebd. S. auch StAM 95/100.
273 Abschied der Ritterversammlung vom 11. September 1585: StAM 109/355. Verhandlungsführer für die Ritterschaft mit der Stiftsregierung bzw. dem Deutschmeister selbst sollte der würzburgische Hofmeister und ehemalige fuldische Hofmarschall und Rat Eustachius von Schlitz gen. von Görtz sein. Den Abschied des Rittertages unterzeichneten Karl von Mansbach, Curt Till von Berlepsch, Ludwig von Schlitz gen. von Görtz, Wilhelm Rudolf von Haun, Christian von Völkershausen, Melchior, Martin, Hans Heinrich und Alexander von der Tann.
274 Vgl. die verschiedenen Eingaben des Advokaten, abschriftlich überliefert in: StAM 109/355.
275 Zu ihm s. HOFMANN, Staat, S. 240, 242–244, 246–252; NOFLATSCHER, passim.
276 Diese sind abschriftlich überliefert in: StAM 109/401 und 109/400.

verpflichtete sich darin, gegen Aufgabe der vom Stift am Reichskammergericht wegen der Vormundschaft angefangenen Rechtfertigung, einen Abt zu Fulda als ihren Herrn zu respektieren und ihm *mit aller schuldigen unterthenigen gebühr undt gehorsam gewärtig (zu) stehen.* Dieser sollte sie dafür *bey Ihren wohlherbrachten frey- und gerechtigkeiten bleiben lassen undt gnediglich schützen und schirmen.* Reichssteuern sollte die Ritterschaft der Vergleichung gemäß *onweigerlich von ihren gütern undt leuthen, darauf sie es herbracht, neben ihren registern einliefern, auch vor sich selbsten trewlich einwerfen.* Die adligen Vormünder sollten auf der fuldischen Kanzlei den Vormundschaftseid ablegen, in welchem ihnen die Vertretung der Waisen vor Gericht, gute Verwaltung von deren Erbschaft und das Handeln *in dapfern desselben sachen mit rath und wissen des landesfürsten und anderen des kindts nechsten freunde(n)* auferlegt wird. Die Verbindung eines Teils des fuldischen Adels mit der reichsfreien Fränkischen Ritterschaft des Ortes Rhön-Werra, ihre Aufnahme in diesen Kanton, war rückgängig zu machen. Wenn der Ritterkanton aber dagegen am Reichskammergericht oder an anderen Orten klagen und einen Beschluß in seinem Sinne herbeiführen sollte, sollte diese Vergleichung keinem Teil präjudizierlich oder nachteilig sein; überhaupt sollte der Vergleich an den hergebrachten Rechten des Stifts und der Ritterschaft nichts ändern[277].

Der Text dieses Vergleiches ist eindeutig – und so wurde er auch von den Fränkischen Reichsrittern interpretiert: als Anerkennung bzw. Rückfall der fuldischen Ritterschaft in die Landsasserei[278]. Zwar war die Landsässigkeit der Ritter an keiner Stelle ausdrücklich festgeschrieben und die endgültige Klärung dieser Frage den Reichsgerichten vorbehalten worden, doch die Regelung der Steuerlieferung und Vormundschaftsbestellung ebenso wie die Verpflichtung der Buchischen Ritterschaft, ihre Verbindung mit den Fränkischen Reichsrittern aufzulösen, waren in der Praxis gleichbedeutend mit einer Anerkennung der Landsässigkeit. Zugeständnisse gegenüber den Rittern lagen allenfalls in der Sprachregelung. Im Grunde hatten die alten stiftischen Räte, im Verein mit Statthalter Westernach und der Deutschordens-Regierung in Mergentheim (die sich mehr oder weniger als Platzhalter für den Fürstabt verstanden), die Landesherrschaft des Abtes über die Ritterschaft aufrechterhalten – ungeachtet der Tatsache, daß der rechtmäßig gewählte Abt zu dieser Zeit seine landesherrlichen Rechte nicht ausüben konnte. Mit den persönlichen Vorstellungen des Administrators, Erzherzog-Hochmeister Maximilians, über die staatsrechtliche Stellung der fuldischen Ritterschaft, auf die noch zurückzukommen ist[279], deckte sich der Vertragsinhalt nicht. Maximilian aber

---

277 Vergleichstext, mit Einfügungen eines ritterschaftlichen Vertreters, der den Vergleich mit den Ansprüchen auf Reichsunmittelbarkeit in Einklang zu bringen versucht, in: StAM 95/1; Auszug bei GRAUEL, Hoheitsansprüche, S. 13f. Die hervorstechendsten Änderungen gegenüber dem originalen Text sind: 1.) Das Stift Fulda begehre allein, in Posseß der Kontribution und Vormundbestätigung zu bleiben, ohne die Absicht, die Ritterschaft in die Landsasserei zu ziehen. 2.) Die Ritterschaft wolle den Abt als Lehnsherrn und dieser wiederum sie als Vasallen anerkennen; sie wolle ihm gewärtig sein nach der Maßgabe der Verhältnisse in anderen geistlichen Fürstentümern. 3.) Steuern wollte die Ritterschaft allein von den Gütern und Leuten, *darauf der stieft solches herbracht und in possession ist,* nicht von den eigenen Gütern, leisten. 4.) Die adligen Vormünder sollten mit Rat und Wissen des regierenden Abts oder Fürsten (nicht: Landesfürsten) handeln.
278 S. Abschied der Fränkischen Ritterschaft aller sechs Orte zu Hammelburg vom 18. Oktober 1588: StAM 95/154, fol. 7ʳ–12ʳ; Hammelburger Abschied der Fränkischen Ritterschaft aller sechs Orte vom 16. November 1588: StAM 95/1 (beide im Orig.).
279 S. unten S. 70f.

befand sich zu diesem Zeitpunkt in polnischer Gefangenschaft[280]. Daß die Ritter gemeinsam mit dem Kapitel auf dem Landtag am 21. Januar 1588 dem Statthalter Westernach eine Reiterhilfe für Maximilian in Polen bewilligt, ja sich sogar zu weiteren Leistungen erboten hatten, wenn sie von den durch Fürstabt Balthasar eingeführten Beschwerungen befreit werden würden[281], konnte sich so nicht auszahlen.

Das Memorandum eines fuldischen Rates über die Verhandlungsziele hatte kurz zuvor die im Vergleich verwirklichten Vorstellungen der stiftischen Seite klar herausgestellt: Ihr ging es zum einen um den Aufbau einer Vertrauensbasis mit den Rittern, wie sie ehedem bestanden hatte, und dafür war sie zu letztlich wenig verbindlichen Zugeständnissen bereit. Zum anderen aber wollte sie die klare Zusage der Ablieferung der Reichssteuern einschließlich der bei der Erhebung zu verfertigenden Register an das Stift, die Leistung des Vormundschaftseides auf der fuldischen Kanzlei und vor allem die Lösung der Buchischen Ritterschaft von der Fränkischen, die man als unverzichtbar für alle anderen Regelungen betrachtete. Dabei vertraute man auf die Einsicht der Ritter, daß die Verbindung mit dem Stift für sie nützlicher sei als die Assoziation mit der Fränkischen Ritterschaft[282] – wie sich zeigen sollte, nicht zu Unrecht.

Die Unterzeichner der Vergleichung forderten nicht nur alsbald die anderen Buchischen Ritter auf, ihrem Schritt zu folgen[283]; ihre Wiederannäherung an das Stift hatten sie schon zuvor durch die Annahme des neuen Gregorianischen Kalenders bekräftigt. Die war ihnen von Administrator Erzherzog Maximilian anläßlich seines »Antrittsbesuches« in Fulda im September 1586 mit dem Argument der Einheitlichkeit nahegelegt worden – Maximilian wollte den neuen Kalender im ganzen Stiftsgebiet einführen. Gegen die bekannte Zusicherung, daß dies ihren Freiheiten unpräjudizierlich sei, erklärten sich viele Ritter dazu bereit[284]. Von den Fränkischen Rittern wurde die Annahme des neuen Kalenders als weiterer Ausdruck der Landsässigkeit gewertet[285], ebenso das Fernbleiben

---

280 Folge seines mißglückten Griffes nach der polnischen Königskrone; die Gefangenschaft währte vom 24. Januar bis zum 8. November 1588. Zum polnischen Königsprojekt s. jetzt NOFLATSCHER, S. 145–189.
281 Vgl. NOFLATSCHER, S. 237 mit Anm. 178.
282 Memorandum in: StAM 95/9.
283 Vgl. Instruktion für die Abgesandten der Fränkischen Ritterschaft zur Versammlung der Buchischen Ritter am 12. Dezember 1588 in Brückenau: StAM 95/1.
284 Relation der fränkischen Deputierten vom Brückenauer Rittertag, 13. Dezember 1588: StAM 95/1. Zur Einführung des Gregorianischen Kalenders durch Maximilian s. auch HEPPE, Entstehung, S. 172f.; GEGENBAUR, S. 34; v. EGLOFFSTEIN, S. 72f. – Widerstrebende Ritter wurden in Einzelgesprächen auf der fuldischen Kanzlei zu überzeugen versucht. So erging für den die Annahme des Neuen Kalenders verweigernden Otto Heinrich von Ebersberg gen. von Weyhers eine Einladung zum 16. Dezember 1588. Nach dem Rat der fränkischen Deputierten auf dem Rittertag am 13. Dezember 1588 sollte er entweder sein Erscheinen in der Kanzlei hinauszögern oder sich aber bei Befolgung der Vorladung zu nichts erklären und sich nur die Ausführung der stiftischen Seite anhören. S. Bericht der Deputierten, in: StAM 95/1. – Nach KÖRNER (Kanton, S. 82) hat die Buchische Ritterschaft den Gregorianischen Kalender erst 1633 – gegen den Willen Landgraf Wilhelms V. von Hessen-Kassel als damaligem Landesherrn in Fulda – offiziell wieder abgeschafft. Nicht nur im privaten Bereich, auch bei offiziellen Schriftwechseln haben die meisten Ritter aber schon bald nach 1586 wieder nach dem Julianischen Kalender datiert bzw. beide Datierungen parallel aufgeführt.
285 S. Abschied zu Fulda, 30. Dezember 1588: StAM 95/1; 95/154; 109/401 (Kop.).

von den Rittertagen des Ortes Rhön-Werra[286]. Dagegen enthielt der projektierte Rezeß zwischen Stift und Ritterschaft vom 24. Mai 1590 keine weiteren Zugeständnisse gegenüber der Vergleichung vom 7. Juli 1588[287].

Nur eine Minderheit der Buchischen Ritterschaft verharrte in konsequenter Opposition zum Stift und betrieb, wenn auch teilweise halbherzig, die Aufnahme in den Kanton Rhön-Werra[288], während dieser seinerseits alle Anstrengungen unternahm, sämtliche Buchischen Ritter in seinen Verband zu ziehen. Bitten um Stellungnahmen und Aufforderungen an die Buchischen zum Besuch der Ritterversammlungen aller sechs fränkischen Orte am 8. Oktober und 6. November 1588 in Hammelburg blieben jedoch ohne Resonanz – sogar die Gegner des Ausgleichs mit dem Stift waren zunächst offensichtlich nicht bereit, sich der Fränkischen Ritterschaft zur Aussprache zu stellen, und wichen dieser aus[289].

Eine Bereitschaft zum Meinungsaustausch zeigte sich erst, als die Franken ausdrücklich nur diejenigen Buchischen Ritter zu einer Zusammenkunft am 13. Dezember 1588 in Brückenau einluden, von denen sie annahmen bzw. Gewißheit hatten, daß diese den Vergleich mit dem Stift Fulda ablehnten. Bei den eingeladenen Rittern handelte es sich um sämtliche Mitglieder der Familie von der Tann, Philipp, Albrecht, Werner, Karl und Hans Konrad von Thüngen, Hans Wilhelm von Heßberg[290], Otto Heinrich von Ebersberg gen. von Weyhers, die von Mansbach, Curt Till von Berlepsch und Wolf Dietrich von Mörle gen. Böhm, den kurpfälzischen Obermarschall[291].

Es erschienen aber nur Melchior Anarck von der Tann, Otto Heinrich von Ebersberg gen. von Weyhers, Georg Friedrich von der Tann und Werner von Thüngen. Philipp von Thüngen hatte sich entschuldigt, ließ jedoch in seinem Entschuldigungsschreiben keinen Zweifel an seiner entschiedenen Ablehnung des Vertrags vom 7. Juli; Wolf Dietrich von Mörle gen. Böhm und Curt Till von Berlepsch, die tatkräftigsten unter der Ritterschaft, waren offensichtlich aufgrund auswärtiger Dienstverpflichtungen verhindert – ihre Meinung sollte alsbald eingeholt werden[292]. Den Erschienenen wurde durch drei Deputierte der Fränkischen Ritterschaft (Theobald Julius von Thüngen, Philipp von

286 So am 18. Oktober 1588 (s. Abschied: StAM 95/154) und am 16. November 1588, jeweils in Hammelburg (s. Instruktion für die Deputierten der Fränkischen Ritterschaft zu den Ritterversammlungen am 13. Dezember 1588 in Brückenau und am 29. Dezember 1588 in Fulda, beide in: StAM 95/1).
287 Rezeß in: StAM 95/108 (Kop.).
288 Versammlung in Fulda am 29. Dezember 1588 (Abschied vom 30. Dezember: StAM 95/1; 109/383 [Kop.]; 95/154 [Cpt.]) sowie Versammlungen in Fulda am 28. Juni und 29. November 1592 (s. StAM 109/441).
289 Das nicht mehr vorhandene, durch ein Register des Jahres 1604 aber in seinem Umfang verdeutlichte Archiv der Ritterfamilie von Merlau zu Steinau an der Haune enthielt neben einem Missiv, in welchem Johann und Ebert von Merlau von der Fränkischen Ritterschaft zu einer »notwendigen« Handlung nach Fulda beschrieben wurden, auch das Abmahnungsschreiben der Buchischen Ritterschaft an die beiden, den Rittertag nicht zu besuchen (vgl. LUCKHARD, Archiv, S. 170, Nr. 67, 69). Zwar ist keine Datierung angegeben, doch dürften sich beide Briefe mit ziemlicher Sicherheit in die Situation des ausgehenden Jahres 1588 einreihen lassen.
290 Diese Familie war im Stiftsgebiet nur wenig begütert, hatte lediglich Anteile an der Burg in Buttlar (vgl. SCHANNAT, Clientela, S. 65).
291 PRESS, Calvinismus, S. 342 f.
292 S. Relation der Fränkischen Abgeordneten: StAM 95/1.

Romrod und den Syndikus Dr. Georg Ruprecht) noch einmal die Nachteile einer Vergleichung mit dem Stift, die automatisch Landsässigkeit bedeute, verdeutlicht.

Daneben unternahmen die Fränkischen Reichsritter alle Anstrengungen, um das Stift zur Preisgabe der Abmachungen zu drängen; so wurde Hans Landschad zu Neckarsteinach[293], der aufgrund der gemeinsamen Tätigkeit in kurpfälzischen Diensten enge Verbindungen zu Wolf Dietrich von Mörle gen. Böhm hatte[294], in ihrem Namen bei Johann Eustachius von Westernach, dem eigentlichen Haupt der kaiserlichen Administration[295], vorstellig, erlangte aber von diesem keinerlei Zugeständnisse. Unter Berufung auf das alte Herkommen bei der Reichssteuerlieferung, der Vormundbestätigung und der Austräge, d. h. der jurisdiktionellen Befugnisse des Stiftsoberhauptes, beharrte Westernach auf der Berechtigung und Verbindlichkeit der Vergleichung. In gleicher Weise, und ebenfalls ohne Erfolg, wurde Landschad zusammen mit Konrad von Berlichingen anläßlich des Rittertages in Mergentheim (am 19. Dezember 1588) beim Deutschmeister vorstellig. Auch eine Gesandtschaft an den Kaiserhof brachte diese Angelegenheit zur Sprache[296].

Bei der Zusammenkunft in Brückenau äußerten sich die Abgesandten der Fränkischen Ritterschaft enttäuscht über die Passivität der Buchischen Ritter, die weder gegen das vom Stift am 8. Januar 1588 dem Reichskammergericht überreichte Libell[297], in dem sie als Landsassen bezeichnet wurden, noch gegen das vom Reichskammergericht erlassene Mandatum cum clausula über die Vormundbestätigung, das die Landsässigkeit gleichfalls voraussetzte, interveniert hätten. Im Vertrag vom 7. Juli 1588 hätten sie sich dann ganz in die Landsässigkeit begeben und vom Ort Rhön-Werra abgesondert. Obwohl in diesem Vergleich die Landsasserei nicht festgelegt werde, gehe sie doch aus der ganzen Handlung hervor. Die Buchischen Ritter seien wohl der Meinung, daß der Vergleich nichts präjudiziere und andere nicht beeinträchtige, sondern einen jeden in seinem Recht belasse – doch dies sei Selbsttäuschung. Die Buchischen begäben sich leichtfertig der durch die Constitutiones Imperii gesicherten Vorteile der Reichsunmittelbarkeit und verbauten ihren Nachkommen auf ewig den Zugang dazu.

Eindringlich warben die fränkischen Abgesandten für die Vorteile der Reichsunmittelbarkeit: Der Religionsfriede von 1555 komme den Landsassen nicht zugute, sondern erstrecke sich allein auf die Reichsstände und andere reichsunmittelbare Personen. Ein Landsasse müsse der Religion seines Landesherrn angehören oder außer Landes gehen; kein Landsasse oder Untertan sei frei in der Ausübung der Religion. Obwohl nicht alle fuldischen Ritter der Augsburgischen Konfession anhingen, sondern zu einem geringen

---

293 Landschad war kurpfälzischer Rat und tat sich später v. a. bei der Unterstützung der Kraichgauischen Ritterschaft gegenüber Friedrich IV. von der Pfalz hervor, der die Ritter in die Landsässigkeit zwingen wollte. Vgl. dazu PRESS, Ritterschaft im Kraichgau, S. 69 f.; zum weiteren Wirken Landschads in kurpfälzischen Diensten: DERS., Calvinismus, S. 146, 382 f. 393, 395, 398, 412 f., 472.
294 S. dazu Anm. 302.
295 Zu Westernachs bestimmender Rolle im Deutschmeister-Staat s. HOFMANN, Staat, S. 240, 242–244, 248–252; NOFLATSCHER, passim.
296 Vgl. Hammelburger Abschied vom 16. November 1588 und Bericht der Deputierten der Fränkischen Ritterschaft vom Brückenauer Rittertag vom 13. Dezember 1588, beide in: StAM 95/1. Die Stellungnahme der den Vergleich ablehnenden Buchischen Ritter, vorgetragen durch Melchior Anarck von der Tann, geht ebenfalls aus dem Bericht der Deputierten hervor.
297 S. StAM 109/355 (Kop.).

Teil noch katholisch waren, so seien doch alle bedroht: Die Protestanten durch den jetzigen katholischen Landesherrn und durch die Möglichkeit, daß das Stift eines Tages an einen reformierten Fürsten fallen könne[298], die Katholiken ebenfalls durch eine mögliche Calvinisierung des Stifts. Als Angehörige der Reichsritterschaft aber hätten sie in einem solchen Falle nichts zu befürchten und könnten bei ihrer Religion verbleiben. Der Einwand, daß die Buchische Ritterschaft im Moment in der Religionsausübung unbedrängt, ihnen vielmehr durch den Administrator zugesagt sei, sie bei ihrer Freiheit zu belassen, könne nicht gelten. Da die Religion nicht in specie reserviert worden sei und der generelle Begriff der Freiheit nicht unbedingt auch auf die Religion bezogen werden müsse, so folge daraus nicht, daß ein Landesfürst seinen Untertanen – selbst wenn er sie über Jahrzehnte hinweg bei einer anderen Religion als der seinen belasse – keinen Religionswechsel mehr aufzwingen könnte; er oder seine Nachfolger könnten die Religion ihrer Untertanen jederzeit ändern, wenn sie wollten.

Die gleichen Gefahren und Nachteile drohten nach Ansicht der Fränkischen Ritter auch im weltlichen Bereich. Die tägliche Erfahrung zeige, daß bei Streit zwischen Fürsten und Adligen der Schwächere durch Pfändung, Arrest und dergleichen seinen Besitz einbüßen könne. Die Reichsverfassung sehe zwar Mechanismen vor, um diesen Maßnahmen entgegenzuwirken; diese aber seien allein den Reichsunmittelbaren vorbehalten. Die Buchische Ritterschaft in ihrer jetzigen Verfassung könne davon nicht profitieren. Zwar sei der Einwand, daß die Fürsten den von reichsunmittelbaren Adligen erwirkten Mandaten nicht Folge leisteten bzw. zwar hinnähmen, aber durch ihre nachfolgenden Maßnahmen konterkarierten, nicht ganz von der Hand zu weisen; doch würden Fürsten und Herren in solchen Fällen mit hohen Geldstrafen belegt, was letztlich die Schwächeren schütze und die Stärkeren von allzu unüberlegten Handlungen abhalte.

Kritisch ist hier freilich die Überzeichnung durch die Fränkischen Reichsritter anzumerken: Der angesprochene Schutz der Schwächeren erstreckte sich auf Reichsunmittelbare wie Landsässige gleichermaßen. Der Vorteil der Reichsunmittelbaren lag darin, daß hinter jedem einzelnen Ritter die organisierte Gemeinschaft, und zwar nicht nur des Kantons oder eines Kreises, sondern die aller drei Kreise stand[299]. Bei den Landsassen kann man eine Unterstützung in dieser Größenordnung nicht voraussetzen. Man muß aber die Möglichkeiten sehen, die ihnen im Verein mit den übrigen Landständen offenstanden, und die ihnen gegenüber dem Landesherrn einen nicht unbeträchtlichen Spielraum verschaffen konnten. Angriffe auswärtiger Fürsten hingegen konnten sie in gemeinsamer Aktion mit dem Landesherrn begegnen.

Der vierköpfige Ausschuß der Buchischen hatte sich bisher noch nicht an die Fränkischen Reichsritter gewandt – offenbar waren gerade Ausschuß-Mitglieder die Verfechter des Ausgleichs mit dem Stift. Die Fränkischen Ritter stellten daher geradezu ein Ultimatum: Die in Brückenau erschienenen Mitglieder der Buchischen Ritterschaft sollten den übrigen das Werben der Fränkischen Ritter vortragen; darauf sollten sie sich alle gemeinsam oder einzeln erklären, ob sie einen regierenden Abt als ihren Landesfür-

298 Dies war eine Anspielung auf die Begehrlichkeiten Hessen-Kassels, wo sich Landgraf Wilhelm IV. dem Calvinismus zugewandt hatte.
299 Dies stellen die Fränkischen Reichsritter in einer späteren Werbung vom 29. November 1592 besonders heraus. S. StAM 109/441.

sten anerkennen, in den Vertrag vom 7. Juli 1588 einwilligen und ihn ratifizieren und sich von der Fränkischen Ritterschaft trennen wollten oder nicht[300].

Neben den oben bereits genannten Überzeichnungen in der Argumentation für die Reichsunmittelbarkeit fällt auf, daß finanzielle Fragen überhaupt nicht angesprochen werden – und doch waren möglicherweise gerade sie ein wesentlicher Grund für die Buchischen Ritter, auf dem eingeschlagenen Weg in die Reichsunmittelbarkeit stehenzubleiben oder ihn gar zu verlassen. Gleichgültig konnte es ihnen womöglich sein, an wen sie die Reichssteuern ablieferten; auch die Reichsritterschaft zahlte sie in Form von Charitativsubsidien an den Kaiser. Allenfalls fiel hier die Möglichkeit leichter, sie ausschließlich von den eigenen Untertanen und nicht auch von den Eigengütern aufzubringen. Der Ritterkanton benötigte aber zudem zur Aufrechterhaltung seiner Organisation laufende Beiträge der Mitglieder; diese konnten die Höhe der Landsteuern, die ja keineswegs jährlich anfielen, womöglich übersteigen. Nicht umsonst mußten die Fränkischen Ritter bei anderen Gelegenheiten immer wieder versichern, daß sich die Höhe der Beiträge in Grenzen hielte. Dies ist möglicherweise ein Indiz für die Taktik des Stiftes, die Steuerforderungen des Ritterortes Rhön-Werra zu unterbieten[301], damit die Ritter auf ihre Seite zu ziehen und ihre Untertänigkeit zu zementieren. Denn für das Stift – und die stiftischen Untertanen – war es von entscheidender Bedeutung und praktisch unverzichtbar, daß die Adligen einen, wie knapp auch immer bemessenen Anteil zu den Reichssteuern erbrachten – der Matrikularansatz des Stifts war unabhängig davon, ob die Ritter ihre Abgaben leisteten oder nicht; die im Anschlag festgelegte Summe mußte auch bei Nichtbeteiligung der Ritterschaft aufgebracht und abgeführt werden. Freiwillig konnte und würde deshalb das Stift niemals auf die ritterschaftlichen Abgaben verzichten!

Wie bereits angesprochen, erschienen aber nur vier Buchische Ritter zu dieser Zusammenkunft mit den Deputierten des Kantons Rhön-Werra am 13. Dezember 1588 in Brückenau. Es fehlten ausgerechnet die von den fränkischen Vertretern am meisten geschätzten Wolf Dietrich von Mörle gen. Böhm und Curt Till von Berlepsch. In ihrer Abwesenheit war Melchior Anarck von der Tann der Wortführer der entschiedenen Gegner jedes wie auch immer gearteten Ausgleichs mit dem Stift Fulda[302].

---

300 Vgl. Instruktion für die Abgesandten der Fränkischen Ritterschaft zur Ritterversammlung in Brückenau am 13. Dezember 1588, S. 4–13: StAM 95/1.

301 Dieses Mittel wandten auch die Bayreuther Markgrafen an. Vgl. Pfeiffer, Fürst, S. 12; Holle, S. 56 f.

302 Berlepsch und Mörle genossen eine besondere Wertschätzung, weil sie in fürstlichen Diensten außerhalb Fuldas in bedeutende Stellungen gelangt waren. Berlepsch, ehemaliger fuldischer Rat und im Streit mit Abt Balthasar aus dem Amt geschieden, war zunächst isenburgischer Oberhauptmann zu Büdingen, dann Rat und Oberamtmann zu Hanau, seit 1586 kursächsischer Oberaufseher der Grafschaft Mansfeld. Mörle war gerade nach einjähriger Amtszeit als kurpfälzischer Marschall ausgeschieden – 1592 kehrte er in pfälzische Dienste, 1594 in das Marschallamt zurück (zu seiner Position im pfälzischen Oberrat s. Press, Calvinismus, S. 343, 351, 383, 399, 403, 422, 425). – Wie sie gehörte Melchior Anarck von der Tann, aus Rockenstuhl in fuldischen Diensten, später würzburgischer Amtmann zu Bischofsheim und Hofrat (seit 1584), seit Beginn der Auseinandersetzungen mit Abt Balthasar zum Führungskern der Ritterschaft. Die drei Genannten bildeten zusammen mit Eberhard von Buchenau und Wilhelm Rudolf von Haun, die beide ebenfalls in stiftischen Diensten gestanden hatten, jahrelang auch den Engeren Ausschuß der Ritterschaft.

Auch er wertete den Vertrag vom 7. Juli als Eingeständnis der Landsässigkeit und hob hervor, dieser sei gegen sein Wissen und Gutheißen geschlossen worden. Ausführlich ging er auf die Argumentation des Statthalters von Westernach gegenüber Hans Landschad ein, mit der dieser den Vergleich gerechtfertigt hatte. Das von Westernach angezogene Herkommen in bezug auf Anlagen (Landsteuer) und Türkensteuer, Vormundbestätigung und Austräge wurde von ihm nicht bestritten, er wandte sich nur gegen die seit der Regierung Abt Balthasars (!) daraus abgeleitete Landsässigkeit der Ritter. Er akzeptierte sogar die Fortführung der Vormundbestätigung auf der fuldischen Kanzlei, wenn dadurch nicht die Landsasserei impliziert werde. Die von Westernach herausgestellten (Land-)Steuerleistungen der Ritter, die angeblich die Unterwerfung unter das Stift bewiesen, seien von ihnen freiwillig und gegen Herausgabe eines Reverses, der ihnen ihre alten Rechte bestätigte, erbracht worden. Zudem hätten bei Reichsanlagen auch die Äbte von ihren Kammergütern eingeworfen – ohne daß daraus auch für diese Landsasserei gefolgert worden wäre. Dies war ein deutlicher Hinweis auf die ursprüngliche Form der Aufbringung der Reichssteuern allein durch die Reichsfürsten. Bei den Austrägen mit dem Stift über die Regelung der Jurisdiktion sei den Rittern die Möglichkeit der Appellation an Reichsgerichte jederzeit vorbehalten worden und keineswegs die Entscheidung des obersten Gerichtes des Abtes unumstößlich.

Hier werden altbekannte Argumente wiederholt, z. T. mit etwas veränderter Akzentsetzung, es wird aber auch eine Bewertung der Vergleichung vom 7. Juli 1588 vorgenommen, die realistisch ist und die seitens des Stiftes damit verfolgten Intentionen richtig einschätzt, auf der anderen Seite die späteren Einschränkungen vieler Unterzeichner des Vertrages, daß dieser den beanspruchten eigenen Rechten nicht abträglich sei, als nachträgliche Rechtfertigung enthüllt. Konsequent ist deshalb von der Tanns Bitte an die fränkischen Deputierten um einen Ratschlag für die bevorstehende Versammlung Buchischer Ritter am 19. Dezember 1588 in Fulda, wie aus dieser Vergleichung *mit gutem glimpf und fugn widerumb zu kommen* sei. Große Hoffnungen knüpften dabei er wie die Deputierten an Wolf Dietrich von Mörle gen. Böhm, den Georg Friedrich von der Tann noch am gleichen Tag aufzusuchen und zu informieren versprach. Er und auch Curt Till von Berlepsch sollten, so die Forderung der fränkischen Deputierten, am 19. Dezember unbedingt anwesend sein. Einen guten Ansatzpunkt für ihre Bestrebungen, die Vergleichung rückgängig zu machen, sahen sie in den von verschiedenen Unterzeichnern offensichtlich bereits angemeldeten Korrekturwünschen[303]. Die Hoffnung, daß diese zum Rittertag erscheinen und sich von den Vertragsgegnern in den eigenen Reihen und Abgeordneten der Fränkischen Ritterschaft beeinflussen lassen würden, war offenkundig groß, aber – wie sich herausstellen sollte – zu optimistisch.

Die eindringlichen Vorhaltungen der Fränkischen Ritter hatten nur einen teilweisen Erfolg. Die Zusammenkunft der Buchischen Ritter am 19. Dezember 1588 in Fulda war zum einen schlecht besucht, zum anderen war die am 13. Dezember abgesprochene Beteiligung fränkischer Ritterschaftsvertreter offensichtlich nicht sehr erwünscht; eine Einladung war nicht ergangen, die Deputierten waren allerdings doch erschienen[304]. Die

---

303 Vgl. den Bericht der Deputierten der Fränkischen Ritterschaft vom Rittertag in Brückenau vom 13. Dezember 1588, in: StAM 95/1.
304 Bei den Deputierten handelte es sich um Hans Landschad zu Steinach, Georg Siegmund von Adelsheim, Theobald Julius von Thüngen und Dr. Georg Ruprecht.

schwache Resonanz unter dem buchischen Adel relativiert daher sehr die von Teilnehmern des Rittertages abgegebene Versicherung, daß sie sich als reichsfreie Adlige dem Ort Rhön-Werra zugehörig fühlten, und das Ersuchen an die Fränkischen Reichsritter um Unterstützung in ihren Prozessen mit dem Stift wegen der Reichsunmittelbarkeit und mit Abt Balthasar wegen dessen Absetzung sowie um erneute Intervention in Mergentheim bei dem kaiserlichen Kommissar. Gleiches gilt für das Versprechen der anwesenden Buchischen Adligen – es handelte sich um Melchior Anarck von der Tann, Curt Till von Berlepsch, Wolf Dietrich von Mörle gen. Böhm, Otto Heinrich von Ebersberg gen. von Weyhers, Melchior, Georg Friedrich und Alexander von der Tann –, die Rittertage des Orts Rhön-Werra zu besuchen und vor allen weiteren Vereinbarungen den Rat der Fränkischen Ritter einzuholen[305].

Was sich im Text des Abschieds als eindeutige Stellungnahme gegen den Vergleich vom 7. Juli ausnimmt, erweist sich zudem bei der Betrachtung der Verhandlungen auf dem Rittertag als weniger bestimmt. Hier wurde von den Buchischen sowohl die Annahme des Gregorianischen Kalenders als vor allem auch die Abschließung des Vergleichs gerechtfertigt und lediglich die aus beiden Maßnahmen gezogenen Schlüsse durch das Stift und durch die Fränkische Ritterschaft abgelehnt. Deutlich wird dabei, daß selbst einige der entschiedensten Verfechter der Reichsunmittelbarkeit und der hartnäckigsten Kontrahenten der Stiftsführung diesen Ausgleich befürwortet haben müssen, daß sie sich dabei wohl von falschen Voraussetzungen leiten ließen, die konsequente Fortführung der bisherigen Politik der Äbte – vor allem Balthasars – gegenüber den Rittern durch die kaiserliche Administration verkannten und die Tragweite der geschaffenen Fakten nicht überblickten.

Bei der Ritterschaft sei es vor dem Abschluß der Vergleichung *übel zugangen*, die armen Waisen seien ohne anerkannte Vormünder geblieben – vom Stift nicht bestätigte Vormünder hatten in rechtlichen Auseinandersetzungen offenbar wenig Handhabe, für ihre Schützlinge verantwortlich tätig zu werden. Die *vertrawlichkeit* mit dem Stift habe deswegen wiederum hergestellt werden müssen. Man sei nicht der Meinung gewesen, daß man sich dadurch in die Landsässigkeit begäbe und fühle sich nach wie vor reichsunmittelbar. Der Vertrag werde vielmehr über ihre Zuversicht und Meinung extendiert und als Mittel eingesetzt, die Landsasserei zu erzwingen. Dieser Auslegung müsse man allerdings begegnen.

Auch die Annahme des neuen Kalenders wußten die versammelten Ritter zu begründen. Der Administrator Erzherzog Maximilian habe bei seinem Antrittsbesuch im Stift den Rittern gegenüber seine Absicht erklärt, alles im vorgefundenen Stande zu belassen, sodann aber bei vielen Rittern um die Annahme des Gregorianischen Kalenders geworben, damit Einheitlichkeit erreicht und Mißverständnisse in den Kanzleien vermieden werden könnten. Auch habe sich der jetzige Kommissar von Westernach

---

305 Abschied zu Fulda vom 30. Dezember 1588 (Orig.): StAM 95/1; Cpt.: StAM 95/154; Kop.: StAM 109/383. (Falsche Datierung – auf den 20. November a. St. – beim Abdruck des Rezesses durch MADER, VIII, S. 367–370; diesen folgt unkritisch TEUNER, S. 66–68. Die handschriftlich überlieferten Abschiede tragen übereinstimmend das Datum *Freitags den zwanzigsten Decembris* 1588 – nach dem alten Kalender!). Die Instruktion für die Abgeordneten der Ritterschaft in Franken vom 29. Dezember 1588 und deren Relation vom gleichen Tag in: StAM 95/1. Die Instruktion wiederholt die Argumente derjenigen vom 13. Dezember 1588.

damals erboten, von Maximilian eine schriftliche Zusicherung zu erlangen, daß eine Annahme des Kalenders der Ritterschaft unpräjudizierlich sein sollte. Zudem war mit Drohungen gearbeitet worden: Wenn die Einführung nicht in der Güte zu erreichen sei, so würde sie durch die Tätigkeit der Jesuiten bewirkt werden. Da eine große Zahl der Ritter mit dem Stift Fulda *dermassen vermengt* war, daß sie *füglich nicht furuberkhomen* konnten, wurden etwaige Bedenken hintangestellt. Gegen die Zusicherung, daß die Einführung des neuen Kalenders ihren Freiheiten unnachteilig sei, hätten sie sich dann zur Annahme des Kalenders verstanden[306]. Die stiftische Seite allerdings wollte von diesem Zugeständnis nichts wissen[307].

An einen Rücktritt von der Vergleichung und an eine Widerrufung der Annahme des Kalenders war unter diesen Umständen nicht zu denken. Es galt daher, die stiftische Seite auf eine Interpretation festzulegen, die die Zustimmung zur Vergleichung wie zum Gregorianischen Kalender nicht als Ausdruck der Landsässigkeit wertete – angesichts der Einstellung der Administration und der Regierungsorgane in Mergentheim wie in Fulda ein aussichtsloses Unterfangen. Dennoch konnte durch entsprechende eigene Stellungnahmen in Erwartung günstigerer Zeitumstände und Meinungsverschiebungen in den eigenen Reihen die Tradition der (behaupteten) Reichsunmittelbarkeit aufrechterhalten werden.

Mit Unterstützung durch die fränkischen Deputierten wurde daher ein Schreiben an den kaiserlichen Kommissar von Westernach formuliert und unter dem 31. Dezember 1588 abgeschickt, in dem die Vorbehalte der Ritterschaft gegen die Ableitung ihrer Landsässigkeit aus den angezogenen Vereinbarungen wiederholt wurden; gleichzeitig wurde Westernach um verbindliche Aussagen gebeten, daß durch den Vertrag vom Juli die freie Religionsausübung der Ritter nicht berührt werde, daß keine Abtrennung von der Fränkischen Ritterschaft des Orts Rhön-Werra erfolgt sei, und daß die Rechte dieser Fränkischen Ritter nicht beeinträchtigt würden[308].

Der kaiserliche Kommissar gab am 7. Januar 1589 auf die Vorhaltungen der Vergleichsgegner jene schon als klassisch anzusehende Antwort, die die bestehenden grundlegenden Widersprüche verdeckte und jeden Teil aus dem Vergleich das ihm Genehme zu ersehen erlaubte (»dissimulierende Einigkeit«[309]), die gleichwohl aber den Status quo bestätigte, dadurch die Position der Landesherrschaft stärkte und nur vordergründig den Wünschen der Ritter Rechnung trug: Er erklärte, daß der Vertrag der Ritterschaft und ihren Nachkommen wie auch dem Stift die Einigkeit erhalten und die alten Rechte, Herkommen und Statuten nicht aufheben sollte, sondern daß *dasjenige, was ein theil dem andern von rechts wegen und dem herkommen nach zu leisten schuldig, observirt* werden sollte[310]. Im Gegensatz zu den Rittern bezogen der kaiserliche Administrator und die Stiftsregierung die angesprochenen Freiheiten, Rechte

---

306 Vgl. Relation der Fränkischen Deputierten vom Rittertag am 29. Dezember 1588: StAM 95/1.
307 Vgl. Schreiben der Ritterschaft an Johann Eustachius von Westernach vom 31. Dezember 1588 (Cpt.): StAM 95/1.
308 Ebd.
309 Mit diesem Begriff umschreibt HECKEL die Politik zwischen Katholiken und Protestanten im Reich seit dem Reichstag von 1526 und den Augsburger Religionsfrieden von 1555 (HECKEL, Autonomia, S. 187). Er läßt sich m. E. gut auch zur Charakterisierung des Verhaltens zwischen Stiftsregierung und Ritterschaft verwenden.
310 StAM 95/158, Nr. 33.

und Herkommen keineswegs auf die Reichsunmittelbarkeit der Ritter, sondern auf deren grundherrlich-niedergerichtlichen Befugnisse. Ihre eigenen, unaufgebbaren Rechte hingegen gaben ihnen mit bestimmten Grenzen die Verfügung über den landsässigen Adel, dessen Interpretation der Vergleichung von 1588 mit deren tatsächlichen Auswirkungen nicht in Einklang zu bringen war.

Die Unhaltbarkeit der ritterschaftlichen Vorstellung, die Vergleichung vom 7. Juli 1588 sei mit ihren Ansprüchen vereinbar, wird am prägnantesten zum Ausdruck gebracht in einem Gutachten von Dr. Johannes Dauth[311] aus Nordhausen vom 4. Februar 1589, das er im Auftrage des Curt Till von Berlepsch verfaßte[312]. Er erweist das Festhalten der Buchischen Ritter an ihrer Position als reine Gutgläubigkeit und Zweckoptimismus.

Die Frage, ob man über die Regelung der Reichssteuerlieferungen und der Vormundbestätigungen einen gleichsam befristeten Vertrag (»Interim«) schließen und sich an diesen ohne Schaden für die an den Reichsgerichten anhängige Sache bis zu deren Austrag halten könne, wird von Dauth in Ansehung der Vergleichung vom Juli 1588 eindeutig ablehnend beantwortet. Der Vergleich mache vielmehr die Prozesse überflüssig, weil in ihm dem Stift vertragsweise eingeräumt werde, was es auf dem Prozeßwege zu erlangen suchte. Aus dem Vertrag sei eindeutig die Landsässigkeit der Ritter zu folgern[313]; durch die Verpflichtung der Unterzeichner, ihre Verbindung mit der Fränkischen Ritterschaft zu lösen, werde sie sogar eindeutig festgeschrieben – bei Absonderung von den Fränkischen seien die Buchischen *ohne alle mittel ... rechte landtsassen und ohnmittelbare unterthanen, dem stift ... unterwürfig und aller privilegien, frey- und gerechtigkeiten, so ein loblich frey ritterlich collegium sonsten hat, auf einmal verlustig.* Die stiftische Klage am Reichskammergericht wegen der Vormundschaft sei possessorie erhoben worden (bezog sich also nur auf die Frage des Besitzes an sich, nicht wie beim Petitorium auf die Rechtmäßigkeit des fraglichen Besitzes). Räume man nun, wie geschehen, durch Vertrag dem Stift die Posseß ein, so akzeptiere man nicht nur den Besitzstand, sondern auch dessen Rechtmäßigkeit.

311   Dauth (1544–1621), Dr. iur. utr. Leipzig 1577, Syndikus in Braunschweig, dann in Nordhausen, 1588–1592 Professor in Leipzig, wurde durch seine Kontroverse mit Andreas Knichen über die Rechtsstellung der Stadt Braunschweig bekannt, in der er für die Reichsunmittelbarkeit der Stadt optierte, sowie als Vertreter einer Calvinisierung Kursachsens. S. WILLOWEIT, Rechtsgrundlagen, S. 196, Anm. 300; KLEIN, Recht, S. 494–496 (hier auch eine Auswertung von Dauths Abhandlung »De testamentis tractatus methodicus«); DERS., Kampf, S. 146.
312   Enthalten in: StAM 109/410 (Orig.). Vgl. auch die *Bedenken* des Syndikus' der Reichsstadt Schweinfurt, Dr. Georg Ruprecht, vom 22. Februar 1589 – verfaßt auf Bitten des Wolf Dietrich von Mörle gen. Böhm: StAM 109/1804, fol. 60ʳ–62ᵛ (Orig.).
313   Kraft des Rechtssatzes *quod collecta indicetur personae subiectae propter res* bedeute die vertragliche Regelung zur Entrichtung der Reichssteuern an das Stift, unter Berufung auf das Herkommen, die Anerkennung des Anspruchs der Äbte und Administratoren, als Landesfürsten von den Rittern, ihren Untertanen und Landsassen, die Reichssteuern erhoben zu haben und weiterhin zu erheben. Die *datio tutoris* gehöre zwar nicht direkt zum Kanon der landesfürstlichen Hoheitsrechte, sei aber mittelbar aus dieser Hoheit ableitbar, wer dem Kaiser und dem Reich unmittelbar zugetan und keinem anderen als ein Landsasse *jure domicilii et incolatus* unterworfen sei, der könne auch von keinem Geringeren als dem Kaiser zu Vormundschaften genötigt werden. Für die Buchische Ritterschaft lasse die durch Vergleichung bestätigte Regelung der Vormundbestellung nur den Schluß auf die Landsässigkeit zu.

Dauth verstand nicht, warum sich die Ritterschaft zu dieser Vergleichung bereitgefunden hatte, wo doch ihre Vorteile vielmehr in der *litispendentz*, im (bisher) unentschiedenen Rechtsstreit, lägen. Die Ansprüche des Stifts seien noch nicht durch Rechtsspruch bekräftigt, wiewohl an diesem nicht gezweifelt werden dürfte. Da jetzt nur der Besitzstand *(possessorium)*, nicht das Besitzrecht *(petitorium)* zur rechtlichen Entscheidung anstände, könne die Buchische Ritterschaft im äußersten Fall nur in possessorio der Reichssteuerlieferungen und der Vormundbestätigungen verlieren, das Petitorium stünde ihr weiterhin offen: *Possessio* bedeute nicht *proprietas* – Besitzung ist nicht mit Besitzrecht gleichzusetzen. Wenn überhaupt ein Vertrag eingegangen werden könne, der für die anstehenden Prozesse keine Präjudizien schaffe bzw. sie nicht überflüssig mache, dürfte sich sein Inhalt nur auf die beiden Vertragspunkte und sonst nichts beziehen und die Verwahrungen, wie sie von seiten einzelner Ritter gemacht werden, müßten zugelassen werden. Außerdem müßte er so abgefaßt werden, daß die Ritterschaft in ihrer Exemtion, Freiheiten, Recht und Gerechtigkeiten ohne jede Einschränkungen belassen und ihre Zugehörigkeit zur freien Ritterschaft in Franken anerkannt werde und daß die Vergleichung allein *ad nudum et merum possessorium*, und entsprechend dem Herkommen, unbeschadet des Besitzrechtes und der Rechte Dritter, erfolge. Dauths Gutachten aber blieb ohne größeren Einfluß auf die ritterschaftliche Politik.

Im Gegenteil: Die Entwicklung der nächsten Jahre sollte die stiftische Position stärken. Zwei Faktoren waren hierfür verantwortlich, wirkten auch unmittelbar zusammen: Die am Reichskammergericht anhängigen Prozesse wurden nur schleppend weitergeführt[314]. Die fuldischen Ritter bekannten sich in ihrer großen Mehrheit zwar weniger mit Worten, jedoch durch ihre Taten, zu den aus der Landsässigkeit herrührenden Verpflichtungen. Die Verweise Kaiser Rudolfs, auch der Stiftsregierung, schließlich der Ritter selbst auf eine endgültige Entscheidung der Frage: Reichsunmittelbarkeit oder Landsässigkeit blieben dadurch unverbindlich; die tatsächlichen Handlungen, gegründet auf die kaiserliche Anweisung, es bis zum Kammergerichtsurteil bei der Steuerlieferung der Ritter an das Stift zu belassen, und auf den Vertrag von 1588 mußten demgegenüber ein stärkeres Gewicht gewinnen.

Der gegenüber der Landesherrschaft resistente Kreis der fuldischen Ritterschaft verringerte sich immer mehr. Zu den Rittertagen der Fränkischen Ritterschaft wurden seit 1589 nur noch die von der Tann, die Riedesel und Otto Heinrich von Ebersberg gen. von Weyhers beschrieben, weil nur sie sich jederzeit zu der freien Reichsritterschaft bekannt hätten[315]. Die Mehrheit war *von gemeinem corpore loeblicher ritterschaft getrennet zur subiection der landsesserei getrieben* worden[316] und legte wenig Wert auf die Werbungen der Fränkischen Ritter, obwohl diese seit 1590 mit einer vom Kaiser konfirmierten und approbierten Ritterordnung aufwarten konnten[317]. Bezeichnend dafür ist das Verhalten im Jahre 1592.

314 S. Protokollabschrift des Reichskammergerichts über die Behandlung der fuldischen Angelegenheit 1584–1649, in: StAM 109/383.
315 Vgl. KÖRNER, Kanton, S. 66.
316 So Direktor und Räte des Fränkischen Kreises in einem Schreiben vom 28. Januar 1592 an die Buchischen Ritter: StAM 109/442 (Orig.).
317 LÜNIG, XII, 2. Abs., Nr. 6, S. 15–30; Inhaltswiedergabe: KÖRNER, Kanton, S. 66; TEUNER, S. 14, 21–25, 69f. S. auch KERNER, II, S. 41; MOSER, Neues Teutsches Staatsrecht, IV, S. 1306.

Auf einer Versammlung der Ritterschaft in Fulda am 28. Juni 1592 erklärten die Anwesenden zwar fest, bei der Fränkischen Ritterschaft *verharren* zu wollen, machten aber die Verbindlichkeit ihrer Entschließung, da nur wenige Ritter zugegen waren, von einer breiten Zustimmung auf einer neu einzuberufenden Versammlung abhängig. Die vereinbarte neuerliche Zusammenkunft wurde jedoch immer wieder hinausgezögert – nach fünf Monaten Wartezeit mußten Hauptmann und Räte des Orts Rhön-Werra die versprochene Beitrittserklärung ebenso anmahnen wie eine Stellungnahme zur Ritterordnung[318]. Ihre besondere Brisanz erhielten die geforderten Stellungnahmen in Anbetracht eines kaiserlichen Befehls an die Kommissare des Stifts zu einer genauen Aufstellung der sich der Landesherrschaft unterwerfenden bzw. der sich der Reichsritterschaft zugehörig fühlenden Buchischen Ritter[319]. Angesichts dessen zögerten viele Adlige wohl mit der Entscheidung oder entschieden sich durch ihr Zögern für die stiftische Seite. Ganz offenkundig versagten ihnen zu diesem Zeitpunkt sowohl der Kaiserhof als auch Erzherzog Maximilian als Administrator des Stifts Unterstützung beim Kampf um die Reichsunmittelbarkeit, obwohl es doch gerade das Bestreben der kaiserlichen Seite seit Beginn des 16. Jahrhunderts war, sich im niederen Adel eine feste Stütze zu schaffen und ihm die Reichsunmittelbarkeit in weiten Teilen Süddeutschlands zu ermöglichen[320]. Erst einige Jahre später – gegen Ende seiner Administration und nach der Wiedereinsetzung Abt Balthasars – sollte sich Maximilian der ritterschaftlichen Position annehmen, allerdings mit wenig Erfolg[321].

So bleiben vorläufig alle Bemühungen der Fränkischen Reichsritter, durch Herausstellen weiterer Vorteile einer Mitgliedschaft in ihrer Korporation die Mehrheit der Buchischen Ritterschaft auf ihre Seite zu ziehen, vergebens. Die neue Argumentation der Reichsritter speiste sich aus der 1590 beschlossenen neuen (ersten allgemeinen) Ritterordnung für den Fränkischen Kreis, die an seit 1517 gebräuchliche Regeln anknüpfte[322].

Diese Verfassung des Fränkischen Kreises garantierte nach Auffassung seiner Mitglieder die Wahrung ihrer Freiheit, Dignitäten und Privilegien und gab Rechtssicherheit, da sie vom Kaiser approbiert und konfirmiert worden war. Außerdem ermöglichte sie dadurch, daß sie die überkommenen Organisationsformen ausbaute und neben dem Hauptmann und den verordneten Räten auch die Annahme eines verpflichteten Rates festlegte, die die Ritterschaft auf Reichs-, Deputations-, Kreis- und Visitationstagen vertreten bzw. beraten sollten, eine effektivere Interessenwahrnehmung. Finanziert werden sollten diese Aktivitäten aus Beiträgen der Mitglieder, denen dafür reiche Zinsen in Aussicht gestellt wurden, vor allem den Buchischen Rittern in ihrem Rechtfertigungskampf gegen Abt Balthasar am Kaiserhof wie in ihren vom Reichskammergericht zu entscheidenden Exemtionsbestrebungen[323]. Wie bereits erwähnt, waren es aber womöglich gerade diese Beitragszahlungen, die die Buchischen Ritter vor dem Anschluß an die Reichsritterschaft in Franken zurückschrecken und sich dem Stift annähern ließen.

318 S. StAM 109/441: Schreiben von Hauptmann und Räten des Orts Rhön-Werra an den Buchischen Adel, 9. Dezember 1592 (Orig.).
319 Ebd.
320 Dazu v. a.: Press, Karl V.
321 S. unten S. 70 f.
322 S. Anm. 317. Die Verbreitung dieser Ritterordnung mittels Kopien unter dem buchischen Adel war Wilhelm Rudolf von Haun und Wilhelm von Boyneburg, letzterer Oberschultheiß zu Fulda, übertragen worden.
323 S. Anm. 316.

Es kann deshalb nicht überraschen, daß sich die Ritterschaft ohne größere Widerstände zur Lieferung der 1594 vom Reichstag in Regensburg beschlossenen Steuer an das Stift Fulda bereitfand. Die Einwilligung zur Steuerleistung erfolgte dabei offensichtlich nicht, wie üblich, auf einem Landtag, sondern in gesonderten Verhandlungen der Stiftsregierung mit den einzelnen Ständen; die Steuerleistung selbst wurde in drei Zielen erbracht[324]. Vor der Erlegung des dritten Zieles gaben die Ritter auf einer Versammlung in Hünfeld am 26. August 1597 eine Erklärung ab, die ihre Option auf die Reichsunmittelbarkeit aufrechterhielt und die Abführung der Steuern an folgende Bedingungen knüpfte: daß Rechnung gelegt werde, daß von den Kammergütern in die Steuertruhe eingeworfen werde, daß die Juden höher besteuert würden und daß auch die Jesuiten von ihren zahlreich erworbenen, ehedem schatzbaren Gütern steuerten. Ebenso hielt man daran fest, daß die eigene Steuerleistung den Prozessen am Reichskammergericht und den Ansprüchen der Fränkischen Ritterschaft auf die Mitgliedschaft der Buchischen Ritter unpräjudizierlich sein sollte[325]. Statthalter und Räte akzeptierten wohl das Angebot der Steuerzahlung, beharrten aber darauf, daß die Ritterschaft nicht über Maß und Höhe der Steuern von den Kammergütern zu entscheiden habe, sondern daß sie dem Stift Fulda an dessen landesfürstlichen Rechten keinen Abbruch tun dürfte. Die Vorbehalte der Ritter wurden nicht angenommen[326], ihre Steuerleistung erbrachten diese in ihrer Mehrheit, nach einigen Verzögerungsbeschlüssen[327], gleichwohl.

Drei Jahre später fand sich die Ritterschaft auch zur Zahlung von Landsteuern an das Stift bereit. Vorausgegangen waren allerdings zweijährige intensive Verhandlungen, in deren Verlauf beide Seiten ihre Positionen mehrfach ausführlich darlegten[328], dazu drei Landtage am 16. oder 18. November 1599[329], am 16. Dezember 1599[330] und am 19. April 1600[331].

Ausgangspunkt für das Begehren der stiftischen Regierung um Landsteuer von der Ritterschaft waren Durchzüge und Einlagerungen verschiedener Kriegsvölker (vor allem Wallonen und Hessen) in den Jahren 1598 und 1599, die große Belastungen für das Stift gebracht hatten[332]. Während die Ritter aber ihre Verpflichtungen zur Zahlung von Reichssteuern zugestanden, wollten sie sich zu Landsteuern nur auf der Basis einmaliger

---

324 Bewilligung der beiden ersten Ziele auf Weihnachten 1596 und Petri 1597 am 13. November 1596: StAM 109/383.
325 Konzept der Erklärung: StAM 109/359; vgl. auch StAM 95/158, Nr. 34. Getragen wurde diese Erklärung von einer großen Zahl fuldischer Ritter, darunter auch so erklärten Gegnern der Landsässigkeit wie Melchior Anarck von der Tann und Otto Heinrich von Ebersberg gen. von Weyhers, sowie den Befürwortern des Ausgleichs mit dem Stift wie Johann Eustachius und Wilhelm Balthasar von Schlitz gen. von Görtz. Es fehlten allerdings weitere Mitglieder der Familien von der Tann, von Mörle gen. Böhm und von Thüngen. S. die Liste der Unterzeichner: StAM 109/359.
326 Vgl. die Beschwerde darüber im Schreiben der Ritter an den Statthalter vom 10. März 1600: StAM 109/359.
327 So auf dem Rittertag am 13. Januar 1598 in Hünfeld, als man wegen zu geringer Zahl der Anwesenden die Frage der Abführung der Reichssteuer an das Stift und ihrer Modalitäten vertagte und die Erlegung der Landsteuer von den eigenen Untertanen aussetzte. S. StAM 109/383.
328 S. StAM 109/359, 109/401; vgl. auch StAM 95/158, Nr. 35.
329 StAM 90a/752; StAF I A 2 (Ratsprotokolle, II), f. 95ʳ–101ᵛ.
330 StAF I A 2, f. 102ʳ–104ᵛ; StAM 90a/752.
331 StAM 90a/753.
332 Zur siebenwöchigen Einlagerung hessischer Kriegsvölker im Januar/Februar 1599 s. die reiche Überlieferung in: StAM 90b/1256.

Freiwilligkeit verstehen. Grundsätzlich seien sie, da keine Landsassen, nicht schuldig, Landsteuern von ihren Untertanen zu entrichten, doch wollten sie angesichts der Not des Stifts eine Ausnahme machen – allerdings gegen einen Revers des Administrators, daß dies ihren Freiheiten nicht nachteilig sein sollte, und gegen die Zusage, daß bei etwaigen zukünftigen gleichgelagerten Beschwerungen ritterschaftlichen Untertanen vom Stift in gleicher Weise Unterstützung gewährt werde. Gleichzeitig verlangten die Ritter, daß Überschüsse aus der Kontribution nicht mißbraucht, sondern rückerstattet bzw. den Obereinnehmern geliefert und in strenge Verwahrung genommen würden. Beiträge zur Kreishilfe dagegen wurden von ihnen rundweg abgelehnt; diese seien immer aus den Kammergütern des Stifts erlegt worden und noch zu erlegen. Erzherzog Maximilian stellte den Revers, der sich im Wortlaut an die Abmachungen von 1527 und 1544 anlehnte, am 5. Juli 1600 aus[333].

Dieser Revers war keineswegs ein besonderes Zugeständnis des Administrators an die Rechte der Ritter, aus denen Reichsunmittelbarkeit abgeleitet werden konnte; er entsprach der üblichen Praxis fürstlich-ständischen Zusammenwirkens. Jede neue Ausstellung eines solchen Schadlosbriefes bestätigte nur den originalen Vertragscharakter der zwischen Fürst und Landständen getroffenen Vereinbarungen. Die von den Rittern gemachten Vorbehalte wurden aber durch die Tatsache der Steuerleistungen entkräftet. Der Ritterschaft kann diese Konsequenz nicht verborgen geblieben sein. Die von ihr im Anschluß an die Ausstellung des Reverses forcierten Erklärungen und Begründungen gegenüber Administrator, Statthalter und Räten in Mergentheim, daß sie kein Landstand des Stifts Fulda sei, daher auf den Landtagen zu erscheinen nicht verpflichtet und im Falle einer freiwilligen Anwesenheit an die Beschlüsse der Landtage gar nicht gebunden sei[334], hatten deshalb die Funktion, von den Implikationen der Landsteuerbewilligung abzulenken; gleiches gilt für die Forderungen nach Besteuerung der Jesuiten und des abgesetzten Abtes Balthasar sowie einer Steuererhöhung für die Juden[335].

Administrator und Regierung in Mergentheim aber lehnten ihrerseits die ritterschaftlichen Vorstellungen entschieden ab: Durch Landtagsausschreiben, Entschuldigungen und Vollmachten würden die Behauptungen der Ritterschaft eindeutig widerlegt. Bei der Erlegung der Reichssteuern und Anlagen habe sie sich keineswegs wie die gefreite Ritterschaft verhalten, indem sie jedesmal von ihren und ihrer Untertanen Güter die Steuer dem Stift unmittelbar entrichteten wie andere Stände auch. Bei dem so geschaffenen Herkommen müßte es bleiben, bis die Ritter durch entsprechende Akten das Gegenteil beweisen und ihre beanspruchte Freiheit auch reichsrechtlich erlangen könnten[336].

333 StAM 90a/533; StAM 109/383 (Kop.).
334 Das Erscheinen der Ritter auf den Landtagen begründete ihr Ausschuß in seinem Schreiben an die Regierung in Mergentheim am 29. September 1600 mit dem Interesse, das Beste für sich und für ihre Untertanen zu erreichen und Eingriffe in ihre Freiheiten abzuwenden: StAM 109/359.
335 Diese Forderungen wurden in dem Schreiben des ritterschaftlichen Ausschusses vom 10. März 1600 mit der Rücknahme des Verlangens nach einer Besteuerung der Kammergüter verknüpft, um so leichter eine positive Resonanz zu finden. Eine derartige Verzichtleistung aber war schon 1583 für die Dauer der kaiserlichen Administration ausgesprochen worden, für Kompensationsgeschäfte zu diesem Zeitpunkt daher wenig geeignet.
336 Vgl. den Schriftwechsel zwischen Stiftsregierung und ritterschaftlichem Ausschuß, v. a. vom 26. August und 29. September 1600: StAM 109/359; s. auch StAM 95/158, Nr. 36.

Deutlich ausgesprochen wird hier, was bisher meist nur mittelbar zu erschließen war: Die Stiftsregierung wertete die Steuerlieferungen des Adels als Aufweichung seiner Position. Allen gegenteiligen Vereinbarungen zum Trotz sollten diese Zahlungen beweiskräftigen Charakter haben. Daß sich die Ritterschaft in einer Situation, die durch materielle Nöte der stiftischen, nicht ihrer eigenen Untertanen gekennzeichnet war, auf für ihre eigenen Rechtsansprüche so gefährliche Abmachungen einließ, verdeutlicht, wie begrenzt zu diesem Zeitpunkt ihr politischer Spielraum gegenüber dem Stift und wie groß ihre Zurückhaltung vor einem tatsächlichen Anschluß an die Fränkische Ritterschaft war – mit Gutgläubigkeit oder mangelndem Vertrauen in die Überzeugungskraft ihrer eigenen Argumente und einer dadurch bewirkten Annäherung an das Stift ist dieses Verhalten keineswegs hinreichend erklärt.

Ein Schlaglicht auf die mißliche Position der Ritter wirft auch ihre Argumentation gegenüber den Vorbehaltungen der Fränkischen Ritter auf dem Ortstag des Kantons Rhön-Werra am 16. Januar 1600 in Bischofsheim, die fuldischen Adligen konterkarierten die unmittelbare Stellung von Reichsrittern durch Abgabenleistung an den Reichsfürsten in Fulda, und gegenüber der Forderung, Türkenhilfe- und Reichssteuerlieferungen an das Stift zu verweigern: Es sei letztlich gleichgültig, ob sie die Türkenhilfe in Form der Reichssteuern an das Stift oder als Charitativsubsidien an den Kaiser entrichteten, da es auf den Zweck dieser Erhebung ankomme; die entrichteten Reichssteuern würden an den Oberrheinischen Kreis weitergeleitet und kämen dadurch dem Stift nicht zugute[337]. Daß sich durch ritterschaftliche Leistungen die Anforderungen an die stift-fuldischen Untertanen verminderten und daß man stiftischerseits deshalb unter allen Umständen an ritterschaftlichen Steuerzahlungen festhalten würde, wurde nicht erwähnt!

Dem widerspricht nicht, daß die Ritterschaft, besser: einzelne Ritter, sich auf dem Ortstag am 16. Januar 1600 einmal mehr der prinzipiellen Unterstützung der Fränkischen Ritter versichert hatte und als »Buchisches Quartier« des Ritterorts Rhön-Werra bezeichnet worden war; auch nicht, daß sie sich infolgedessen bei ihrer Zusammenkunft am 29. Februar 1600 auf energische Maßnahmen zur Wahrung ihrer Interessen verständigt und auf eine einheitliche »Marschroute« bei Landsteuerforderungen, nämlich Steuerverweigerungen, geeinigt hatte. Im letzteren Fall erwartete man, daß das Stift mit Arresten, Pfändungen oder anderen tätlichen Handlungen gegen die Ritter vorgehen würde. Es wurde zwar theoretisch für wünschenswert erachtet, daß die Ritter ihrerseits durch Gegenpfändungen und Arrestierungen antworteten *oder auch in andere wege mit der that wiederstand* leisteten und rechtliche Austragungen dadurch überflüssig würden; in der Praxis aber, sollten tätliche Übergriffe durch die stiftische Seite *de facto defensive* abgewendet werden, war man in erster Linie auf den Rechtsweg verwiesen.

Bei allen Beschwerungen durch das Stift sollte deswegen bedacht werden, wie die Bedrängten am Reichskammergericht, mit dem Rat eines Sachverständigen, *gepürende schleunige Prozeß ausbringe(n)* könnten. Rechtfertigungen des Stiftes sollten mit den Argumenten der von der ganzen Ritterschaft seit längerem am Reichskammergericht gegen das Stift eingereichten Verteidigungsschrift begegnet werden. Dem Hofgericht in Fulda wollte man sich unter allen Umständen entziehen. Prozesse, die nicht in erster Instanz an das Reichskammergericht gebracht werden könnten (weil sie z.B. nicht Fragen der Konstitution, Pfändungen oder Arreste beträfen), sollten, soweit sie nicht

---

337 StAM 109/850 (Protokoll der Zusammenkunft).

Lehnssachen betrafen und vor das stiftische Gericht gehörten, möglichst an anderen Orten anhängig gemacht werden. Vorladungen der fuldischen Regierung sollte nur in Lehensangelegenheiten Folge geleistet werden; für unumgängliche Ausnahmefälle wurde empfohlen, daß die Ritter ein vorgefertigtes Protestschreiben mit sich führten, auch einen Notar und Zeugen bei sich hätten, um darüber ein Instrument zu verfertigen. In Religionsfragen, speziell bei Entsetzungen protestantischer Pfarrer in ritterschaftlichen Gebieten, sollte allein das Reichskammergericht angerufen werden; dort seien von dem betroffenen Adligen, unterstützt durch den Ausschuß, *Mandata cum clausula justificatoria* anzustrengen[338].

Die Hinnahme von Maßnahmen, die den Anspruch auf Reichsunmittelbarkeit unterhöhlen mußten, fand ihre Entsprechung in der Passivität vieler Ritter bei der Finanzierung des von dem abgesetzten Abt Balthasar am Kaiserhof (Reichshofrat) angestrengten Prozesses gegen Ritterschaft, Stiftskapitel und Bischof Julius von Würzburg um die Unrechtmäßigkeit der Destitution des Abtes und dessen angestrebter Restitution – der zweiten Ebene der Auseinandersetzung zwischen Stift und Ritterschaft, die vom Kampf um Reichsunmittelbarkeit zwar weitgehend, aber doch nicht völlig zu trennen ist.

Ein eindrucksvolles Beispiel hierfür liefert der Brief des Engeren (Spezial-) und Großen (General-)Ausschusses an alle Mitglieder der Ritterschaft vom 13. November 1593[339]. In bitteren Worten wurde hier Klage geführt, daß sich viele Ritter trotz der von ihnen zur Prozeßführung und zur Advokaten- und Prokuratorenbesoldung bewilligten Anlagen[340] in der Erlegung dieser Gelder säumig zeigten[341] und daß die Ausschußmitglieder, denen in dieser Angelegenheit alle Arbeit zufiel, für ihre Mühen statt Dank *allerhandt beschwerliche und verkleinerliche reden* hören mußten. Beim Kaiser, bei den Reichsständen, in der Öffentlichkeit überhaupt aber wollten die Ausschußmitglieder nicht den Eindruck entstehen lassen, die Ritter seien in sich gespalten und stünden nicht zu den Vorgängen des Jahres 1576, ja diese Händel seien überhaupt – wie auch der Abt vorgab – nur von einigen wenigen angezettelt worden. Im Gegenteil: *dieses werckh gegen undt wider den abgestandenen abt Balthasar* sollte von allen Rittern einmütig weiterbetrieben werden, sowohl von denen, die dafür am Kaiserhof die Prozeßführung verantworteten, und denen, die durch ihre entrichteten Anlagen die Prozeßführung ermöglichten, als auch von denjenigen, die bislang die schuldige Kontribution verweigerten und dem Eindruck der Absonderung Vorschub leisteten. Die Mitglieder des Ausschusses forderten daher alle Ritter auf, sich durch ihre Unterschrift unter dieses Schreiben, das einem jeden zugestellt werden sollte, nochmals zu allen ehedem eingegangenen Verpflichtungen zu bekennen und zu versichern, sich von diesem *ehrenwerckh* nicht absondern zu wollen. Rückständige Anlagen sollten bis zu Cathedra Petri (22. Februar) 1594 beim Syndikus der Ritterschaft, Philipp Berck, in Fulda ohne fernere Anmahnung hinterlegt werden. Diejenigen Ritter aber, die entweder die Unterschrift oder die

---

338 Abschied des Rittertages vom 29. Februar 1600: StAM 109/401, 109/863 (Kop.).
339 StAM 109/383 (Kop.).
340 Eine derartige Anlage war zuletzt am 14. Juni 1591 bewilligt worden. S. Abschiede der Rittertage vom 13. November 1596 und 26. August 1597 (Kop.): StAM 109/383.
341 Die Säumigkeit in der Entrichtung der für die Prozeßführung bewilligten Gelder hatte eine lange Tradition. Schon auf dem Rittertag vom 7. März 1581 mußte man darüber Klage führen. S. den Abschied (Kop.) in: StAM 109/410.

Zahlung der Anlage verweigerten, sollten dem Kaiser namentlich genannt werden, damit dieser sie nochmals zur Schuldigkeit mahne und es den übrigen Rittern nicht als Präjudiz und Nachteil anlaste.

Dieser eindringliche Appell verfehlte seine Wirkung nicht ganz[342], allerdings wurde dadurch die Zahlungsfreudigkeit einzelner Ritter in den folgenden Jahren auch nicht gesteigert. Am 13. November 1596 mußte nicht nur an die bevorstehende Erlegung einer *jüngsthin* bewilligten doppelten Anlage (an Weihnachten 1596 und Cathedra Petri 1597), sondern auch an die Rückstände der 1591 bewilligten und 1593 so eindringlich angemahnten Anlage erinnert werden[343]. Am 26. August 1597 wurden erneut Klagen über ausstehende Lieferungen dieser genannten Anlagen geführt, die nun bis zum 29. September des Jahres nachgeholt werden sollten[344]. Der Rittertags-Abschied vom 13. Januar 1598 hielt lapidar fest, daß auch zu diesem Zeitpunkt *noch gar ein geringes an der alten einfachen und newen doppelten zu volnführung gemeiner Ritterschaft sachen bewilligten anlage erlegt* sei – nunmehr wurde Cathedra Petri 1598 als Frist zur Ablieferung festgesetzt[345]. Auf der Ritterversammlung am 29. Februar 1600 verpflichteten sich die Anwesenden *bei ihren wahren worten, adelichen ehren undt trewen an eines rechten wahren leiblichen aydes statt* abermals, daß sie die Rückstände *ehrlich und aufrichtig* begleichen wollten[346] – die Zahl ähnlicher Absichtserklärungen ließe sich mühelos erweitern.

Allen Erklärungen der Ausschüsse zum Trotz glaubte ein Großteil der fuldischen Ritterschaft ganz offensichtlich, daß für sie in dem Prozeß am Reichshofrat keine großen Hoffnungen auf einen positiven Ausgang bestünden und deshalb keine besonderen finanziellen Anstrengungen erforderlich seien, oder leugnete gar die Mitverantwortlichkeit für den Prozeß. Auf die Bestrebungen um die Reichsunmittelbarkeit mußte dies natürlich Rückwirkungen haben.

Man wird letztlich die Zeit der Administration des Stifts Fulda (1577–1602) durch die Deutschmeister Heinrich von Bobenhausen und Erzherzog Maximilian als für die ritterschaftlichen Exemtionsbestrebungen, entgegen den bisherigen Urteilen[347], wenig förderlich, ja sogar rückläufig zu bewerten haben. Die eher außenpolitischen Faktoren, die sich für die Buchische Ritterschaft hätten günstig auswirken können, kamen nicht zum Tragen – aufgefangen durch den Behördenapparat in Fulda, der die Interessen der alten Landesherrn zu wahren wußte und sich seine Politik im wesentlichen durch die in

---

342 Außer den Ausschuß-Mitgliedern Melchior Anarck von der Tann, Eberhard von Buchenau, Wilhelm Rudolf von Haun, Wolf Dietrich von Mörle gen. Böhm, Wilhelm von Boyneburg zu Lengsfeld (Engerer Ausschuß), Karl von Mansbach (für den sein Sohn Georg Daniel unterzeichnete), Karl von Dörnberg, Eitel Fritz von Romrod zu Buttlar, Christian von Völkershausen, Georg von Trümbach zu Wehrda, Melchior Neidhard von Lautter und Georg Friedrich von der Tann (Weiterer Ausschuß) bezeugten auch Stachius von Schlitz gen. von Görtz, Hans Heinrich von der Tann, Eitel von Boyneburg zu Lengsfeld, Georg Christoph von Mansbach, Melchior Christoph von Wildungen, Ludwig von Boyneburg zu Lengsfeld, Wilhelm von Boyneburg zu Borsch, Lucas Wilhelm von Romrod, Hans von Boyneburg zu Lengsfeld, Ludwig von Haun, Otto Heinrich von Ebersberg gen. von Weyhers und Alexander von der Tann durch ihre Unterschrift den Willen zur Aufrechterhaltung des Prozesses.
343 Abschied vom 13. November 1596 (Kop.): StAM 109/383.
344 Abschied vom 26. August 1597 (Kop.): StAM 109/383.
345 Abschied vom 13. Januar 1598 (Kop.): StAM 109/383.
346 Abschied vom 29. Februar 1600 (Kop.): StAM 109/401.
347 Besonders dezidiert: v. EGLOFFSTEIN, S. 70–73.

Mergentheim residierenden Administratoren bzw. deren nachgeordnete Regierung bestätigen ließ.

So konnten die fuldischen Ritter kein Kapital schlagen aus der Tatsache, daß der Deutsche Orden als ein »exklusives Versorgungsinstitut des deutschen Adels im Rahmen der Kirche des Reiches«[348] auch von Fränkischen Reichsrittern getragen wurde. Sie profitierten nicht von der besonderen Zuordnung des Ordens zum Kaiser, die durch die Bestellung des Erzherzogs Maximilian zum Koadjutor Heinrichs von Bobenhausen 1585 und gleichzeitig zum Administrator des Stifts Fulda, das von beiden seit 1589 gemeinsam wahrgenommene Deutschmeisteramt und die Alleinherrschaft des Erzherzogs ab 1595 unterstrichen wurde[349]. Die traditionell ritterschaftsfreundliche habsburgische Politik[350] wurde von Kaiser Rudolf II. nicht weiterverfolgt und von Erzherzog Maximilian nicht energisch genug betrieben. In Prag sah man die Administration des Stifts durch einen Bruder des Kaisers vornehmlich unter dem Gesichtspunkt eines möglichen Reservoirs für außerordentliche Türkenhilfe. Maximilian kam diesbezüglichen Wünschen der kaiserlichen Regierung entgegen: 1597 z. B. bewilligte er 14 000 fl.[351]. Es überrascht, daß man in Prag diese zusätzliche Einnahmequelle nur über einen einheitlichen Territorialverband – mit integrierter Ritterschaft – erschließen zu können glaubte und nicht versuchte, durch Beförderung der Reichsunmittelbarkeitsbestrebungen des Buchischen Adels und dessen Eingliederung in die Fränkische Reichsritterschaft die ritterschaftlichen Charitativsubsidien zu erhöhen. Die persönlichen Sympathien Kaiser Rudolfs II. in der Exemptions- wie in der Restitutionsfrage lagen aber eindeutig beim abgesetzten Abt Balthasar und verhinderten eine Allianz mit der Buchischen Ritterschaft.

Bei der Beurteilung der Haltung der Deutschordens-Administration des Stifts gegenüber der Ritterschaft ist scharf zu unterscheiden zwischen der persönlichen Auffassung Maximilians, die in der politischen Praxis kaum zum Tragen kam, und der tatsächlichen Politik der Statthalter und der Mergentheimischen Deutschordens-Kanzlei, die sich in Übereinstimmung mit der Auffassung des der Mergentheimischen Regierung untergeordneten ehemaligen stift-fuldischen Regierungsapparates und mit der Umgebung des exilierten Abtes Balthasar befand.

Maximilian hatte sich zwar zweimal – anläßlich seines Besuches in Fulda am 9. Oktober 1599 sowie am 19. Oktober 1601 – dazu verstanden, sich in der Restitutionsfrage für Balthasar bei seinem kaiserlichen Bruder zu verwenden[352]; seine Sympathien lagen allerdings keineswegs beim Abt. Besonders deutlich sollte seine Einstellung aber erst nach der Immission Balthasars, die ihm kaiserlicherseits übertragen worden war[353], und des Abtes erneuter Konfrontation mit der Ritterschaft[354] werden. Im Zusammenhang mit der von Balthasar vom Adel an Stelle der Lehnshuldigung verlangten Erbhuldigung hatten zwei von Maximilians Gesandten, der bisherige Statthalter Ulrich von Stotzingen und der Ordenssekretär Johann Stör, entgegen der eindeutigen Anwei-

---

348 HOFMANN, Staat, S. 230.
349 Vgl. VOIGT, II, S. 254–304; HOFMANN, Staat, S. 237–247.
350 S. Anm. 320.
351 Vgl. NOFLATSCHER, S. 233.
352 Ebd., S. 242f. mit Anm. 222.
353 Druck des kaiserlichen Immissionsbefehles: SCHANNAT, Historia, II, Nr. 278, S. 433 f.; s. auch NOFLATSCHER, S. 243.
354 Ausführlicher dazu unten S. 72 f. mit Anm. 360.

sungen des Deutschordensmeisters zugunsten Balthasars Partei ergriffen und mit Drohungen und Pressionen auf die Ritterschaft einzuwirken versucht – teilweise sogar mit Erfolg. Maximilian selbst wurde daraufhin von der Buchischen und von der Fränkischen Ritterschaft ersucht, beim Kaiser und beim Reichshofrat zugunsten einer einfachen Lehnshuldigung der Ritter zu intervenieren. Maximilian kam der Bitte am 22. Mai und am 8. September 1603 nach – und machte sich dabei die ritterschaftliche Argumentation zu eigen: Niemals zuvor hätten die Ritter eine Land- oder Erbhuldigung geleistet; und an der Reichsunmittelbarkeit des Buchischen Adels gäbe es keinen Zweifel.

In seiner Stellungnahme zugunsten der fuldischen Ritterschaft ließ er sich nicht nur von einer (schon bei Kaiser Karl V. zu findenden) Konzeption, den niederen Adel aus den fürstlichen Territorien zu lösen und unmittelbar an den Kaiser zu binden[355], sondern auch von praktischen Erwägungen leiten: Zu starres Festhalten an der Erbhuldigung in Fulda konnte zum einen die Gesamtheit der mit den Buchischen verbündeten Reichsritter zur Zurückhaltung in ihren Diensten und Abgabenleistungen für den Kaiser bewegen, zum anderen aber den fuldischen Adel auch in die Arme des calvinistischen Landgrafen Moritz (des Gelehrten) von Hessen-Kassel treiben. Dazu trat die einfache Überlegung, daß das Stift Fulda nach der Reichsmatrikel ohnehin eine fixe Anlage zu entrichten hatte; durch Herauslösen der Ritterschaft aus dem Stift aber könnte der Kaiser eine zusätzliche Einnahme in Gestalt einer Erhöhung der ritterschaftlichen Charitativsubsidien erreichen.

Ein weiteres Mal ergriff Maximilian am 2. April 1604 gegenüber Rudolf II. Partei für die fuldische Ritterschaft; er scheute sich aber, seiner Auffassung in einer ihm vom Kaiser angetragenen Vermittlungskommission öffentlich Ausdruck und Durchsetzung zu verleihen[356]. Wie schon während der Administration kam seine persönliche Einstellung nicht zum Tragen – in der ritterschaftlichen Exemtionsfrage lief die kaiserliche Politik weiterhin an ihm vorbei wie zuvor auch die seiner Statthalter und der Regierung in Fulda.

Reserviert gegenüber dem fuldischen Adel blieben der in Abwesenheit Maximilians als Statthalter des Deutschmeisters fungierende und später (1625–1627) selbst in das Deutschmeisteramt aufrückende Johann Eustach von Westernach – der gegenüber den Vorbehalten Bobenhausens der habsburgischen Prädominanz im Orden entschieden zum Durchbruch verholfen hatte[357] – und der kaiserliche Kommissar Johann Achilles Ilsung, der enge Vertraute des für seine Neffen Rudolf II. und Maximilian als Interessenwalter auftretenden Erzherzogs Ferdinand von Tirol. Und die internen Auseinandersetzungen zwischen Bobenhausen und Maximilian[358] wirkten sich ebenfalls nicht vorteilhaft für die fuldischen Ritter aus, die unter kaiserlicher Administration einen Rückschritt ihrer Reichsunmittelbarkeits-Ambitionen und die Festigung der landesherrlichen Position erleben mußten. In dieses Fazit fügt sich schließlich auch die Beobachtung ein, daß die Administration die ritterschaftliche Stellung zusätzlich dadurch zu schwächen suchte, daß sie systematisch adlige Güter aufkaufte bzw. einlöste. 1586 bis 1596 wurden von ihnen allein 53 798 fl. für Vorkauf und Ablösungsgeld ausgegeben[359].

355 S. Anm. 320.
356 Dazu ausführlicher Noflatscher, S. 243–249. Kopie des Schreibens vom 2. April 1604 in: StAM 109/1804, fol. 58ʳ–59ᵛ.
357 S. Anm. 295.
358 S. dazu Hofmann, Staat, S. 237–244.
359 Noflatscher, S. 533, Anm. 222 (Schreiben des Statthalters Ulrich von Stotzingen an Maximilian, 12. Dezember 1602).

c. Neue Zusammenstöße in Abt Balthasars zweiter Regierungsperiode und unter Abt Johann Friedrich von Schwalbach (1602–1622)

Mit der Restitution Abt Balthasars durch Urteil des Reichshofrates vom 7. August 1602[360] und der damit verbundenen neuerlichen Huldigung für diesen[361] prallten die gegensätzlichen Auffassungen über Landsässigkeit bzw. Reichsunmittelbarkeit der Ritterschaft sofort wieder in aller Schärfe aufeinander. Die Ritter betrachteten die von Balthasar geforderte Erb- und Landhuldigung, in Übereinstimmung mit der zeitgenössischen Staatsrechtswissenschaft[362], als eindeutiges Merkmal der Landsasserei und Untertänigkeit und behaupteten, niemals eine solche Huldigung, sondern nur den einfachen Lehnseid geleistet zu haben, während der Abt geltend machte und Belege beizubringen suchte, daß die im Stift Fulda gesessenen Adligen nicht bloße Vasallen, sondern zugleich *subditi* des Stifts seien. Unter Vermittlung hessischer Adliger einigte man sich schließlich auf eine *unvorgreifliche* Eidesformel, die von einem Teil der Ritterschaft am 24. Dezember 1602 und einigen Nachzüglern – nach erheblichem Druck durch Mitglieder der vom

---

360 Der Urteilsspruch legte Bischof Julius von Würzburg die Rückerstattung aller in der Zeit seiner Administration genossenen Einkünfte, den Ersatz aller Schäden und die Zahlung der Unkosten auf; Kapitel, Ritterschaft und Städte des Stifts Fulda sollten ihren Treuebruch mit der Zahlung von 120000 fl. vergelten. Strafe an die kaiserliche Hofkammer vergelten – Kapitel und Städte sollten davon je 10000 fl., die Ritter als Hauptschuldige aber 100000 fl. aufbringen. Recht kurzsichtig glaubte man am Kaiserhof, die Strafgelder für eine neue Türkenkontribution verwenden zu können (Druck des Urteils bei SCHANNAT, Historia, II, Nr. 276, S. 431 f., Abschrift in: StAM 109/396). In der Folgezeit sollte es den Verurteilten gelingen, das Maß ihrer Strafe erheblich zu reduzieren. In einem Dekret vom 10. März 1604 erließ der Kaiser den fuldischen Ständen den vierten Teil ihres Strafgeldes, also 30000 fl., davon den Rittern 20000 fl., Kapitel und Städten je 5000 fl. (s. v. EGLOFFSTEIN, S. 60, Anm. 1; vgl. auch TEUNER, S. 78). Schließlich erreichte die Ritterschaft, v. a. aufgrund der ausgezeichneten Beziehungen des Cuntz von der Tann, der sich im Türkenfeldzug 1595 besonders hervorgetan hatte, und durch Fürsprache des Erzherzogs Maximilian, die Herabsetzung der Strafe auf 10000 fl. (Vgl. KÖRNER, Archiv, S. 53; DERS., Kanton, S. 68–70; NOFLATSCHER, S. 245–247. Die Bemühungen der Ritterschaft um Milderung der Strafe sind gut dokumentiert in: StAM 109/343, 109/360, 109/382 – vgl. v. a. die Supplikation an den Kaiser vom 24. April 1603. Verzeichnisse der Beitragspflichtigen zur Aufbringung der Strafsumme [64 Namensnennungen], der Höhe des Beitrages jedes einzelnen Ritters sowie der die Zahlung verweigernden Ritter finden sich in: StAM 109/395, 109/343.) Die Vollziehung des Urteils gegen Bischof Julius dagegen wurde von Kaiser Rudolf II. am 2. November 1609 ausgesetzt – verbunden mit einem Verweis für den Reichshofrat, der einen so verdienten Reichsfürsten übereilt (!) bestraft habe (v. EGLOFFSTEIN, S. 60, Anm. 1. Zur Besetzung und zur Rechtsprechungspraxis des Reichshofrates: v. GSCHLIESSER; HERTZ; BADER, Rechtsprechung). Die Auseinandersetzungen zwischen Fulda und Würzburg wegen der Erstattung der durch die würzburgische Administration entstandenen Kosten kamen erst am 23. Mai 1613 durch den für Würzburg im ganzen vorteilhaften Vergleich, in dem auch Grenzregelungen getroffen und die geistliche Obrigkeit Würzburgs bekräftigt wurde, zu einem Abschluß (Text: v. EGLOFFSTEIN, Urkundenbeilage 4, S. 90–94).
361 Am 4. September 1602 ergingen kaiserliche Erlasse, die die stiftischen Untertanen von ihren Pflichten gegenüber der kaiserlichen Administration entbanden und sie wieder an Abt Balthasar wiesen, sowie Erzherzog Maximilian aufforderten, die Ledigzählung der Untertanen vorzunehmen und die Huldigung für den Abt zu veranlassen (SCHANNAT, Historia, II, Nr. 277, 278, S. 432–434). Die feierliche Wiedereinführung Balthasars von Dernbach erfolgte am 19. Dezember 1602 (beschrieben bei KOMP/RICHTER, Balthasar, S. 55 f.).
362 S. dazu WILLOWEIT, Rechtsgrundlagen, S. 298 f.

Deutschen Orden gestellten Einsetzungskommission[363] – am 17. Februar 1603 beschworen, von einem gewichtigen Teil aber abgelehnt wurde; unter Hinweis auf die Zugehörigkeit zu den Kantonen Rhön-Werra bzw. Mittelrhein der Reichsritterschaft und die Einverleibung ihrer Namen in die Reichsmatrikel verweigerten letztere jede Form der Eidesleistung. Durch den Eid erkannten die Ritter den Abt als *von Gott vorgesetzten rechten und regierenden Fürsten* an, die Bezeichnung *rechter Herr und regierender Landesfürst* war zurückgenommen worden[364].

Der erreichte Kompromiß gestattete einmal mehr beiden Seiten, an ihren grundsätzlichen Vorstellungen festzuhalten und ihn in Zukunft gleichergestalt für ihre gegensätzlichen Auffassungen in Anspruch zu nehmen. Der Adel wertete ihn als Beleg für eine Reichsunmittelbarkeit und stützte darauf seine Behauptung, daß er nie eine die Landsässigkeit implizierende Erb- und Landhuldigung geleistet habe; von den Äbten wurde er als Beweis eben dafür gewertet. Den Kräften in der Ritterschaft, die die Situation offenhalten wollten, um später aus einer stärkeren Position heraus ihre Vorstellungen verwirklichen zu können, mußte das Erreichte angesichts der Machtverhältnisse und der Unterstützung, die Abt Balthasar durch den Kaiser erfuhr, als das momentane Optimum erscheinen, die Maximalisten hingegen gaben sich damit nicht zufrieden. Auch die Fränkische Ritterschaft des Orts Rhön-Werra hieß die vereinbarte Regelung nicht gut[365]. Doch hatten Abt Balthasar und die Stiftsregierung ihre Vorstellungen ebenfalls nicht uneingeschränkt verwirklichen können.

Terrain konnte Balthasar im Vertrag vom 20. März 1604 zurückgewinnen, den er mit dem Kapitel und der Ritterschaft schloß[366]. Zwar konnte er den Adel nicht dazu bringen, einen regierenden Abt als Landesfürsten anzuerkennen, sondern nur als *rechten Fürsten und Herrn*, dem bei Amtsantritt für seine Person und in Übergangszeiten (d.h. bei Ableben oder Gefangenschaft des Abtes) dem Dechanten anstelle des Kapitels Treue- und Lehnspflichten zu leisten waren. Doch gegen die Zusicherung freier Religionsausübung und der Pfarrbestellung – in Anbetracht der bekannten Einstellung Abt Balthasars und den seit seiner Restitution wieder energisch forcierten und durch die von Papst Clemens VIII. am 23. Dezember 1604 für das Stift konzedierte *iurisdictio quasi episcopa-*

---

363 Es handelte sich um den bisherigen Statthalter in Fulda, Ulrich von Stotzingen, der sich sehr exponierte, und den Ordenssekretär Johann Stör. Beide handelten dem ausdrücklichen Wunsch Erzherzog Maximilians zuwider (vgl. Noflatscher, S. 244f.).
364 Die Verhandlungen über die Huldigungsformel, mit den Namen der Eidleistenden und der Eidverweigerer vom 24. Dezember 1602, sind – anhand des Huldigungsbuches von 1603 – knapp dargestellt bei Hofemann, S. 194f. Ausführliche Instrumente vom 24. und 30. Dezember 1602 sowie das Komissionsprotokoll vom 23./24. Dezember 1602 befinden sich, in Abschriften, in: StAM 109/396 und 109/360. Die Verhandlungen, mit ausführlicher Darlegung der ritterschaftlichen Argumentation und mit den verschiedenen Eidesformeln, sind eingehend dokumentiert in: StAM 90a/368, fol. 1–186; 90b/922; 90b/923; 91/382, fol. 1–87; 95/9; HHStAW 124. Kleine Reichsstände, Fulda, I, fol. 9ʳ–13ᵛ. Ein Verzeichnis der nachträglich, am 17. Februar 1603, den Huldigungseid leistenden Ritter befindet sich in: StAM 90a/368, fol. 186. Vgl. auch Teuner, S. 74–76; Noflatscher, S. 245f.
365 Vgl. StAM 95/158, Nr. 37.
366 StAM R Ia, 1604, März 20 (Orig.); Konzept vom 19. März 1604 in: StAM 95/9. Dieses Konzept, ausgehandelt zwischen dem Kapitel und der Ritterschaft, entspricht im wesentlichen dem Vertragstext vom 20. März und belegt, daß die Initiative für die Vereinbarung in starkem Maße von diesen beiden Gruppen ausgegangen ist. Zur Bedeutung des Vertragsinhalts s. auch Hofemann, S. 195f.; Körner, Kanton, S. 70.

lis[367] gestützten gegenreformatorischen Maßnahmen ein bemerkenswertes Zugeständnis[368] – und gegen das Versprechen der stärkeren Berücksichtigung des einheimischen Adels bei der Besetzung von Rats- und Dienerstellen erreichte er schwerwiegende Zugeständnisse: Die Ritter verpflichteten sich, in persönlichen und dinglichen Klagen vor dem Gericht des Abtes ihr Recht zu suchen, den Vormundschaftseid auf der fuldischen Kanzlei zu leisten und die Rittersteuer an das Stift zu zahlen.

Die Erhebung von Landsteuern von den ritterschaftlichen Untertanen sollte von einer besonderen Bewilligung der Ritter und der Herausgabe eines Reverses durch den Abt abhängig sein; die Steuern sollten, wie bisher schon üblich und auch vom Kapitel praktiziert, in eine gesondert aufgestellte Truhe eingeworfen, nicht direkt an die Landesobereinnahme abgeführt werden. Neben Vertretern des Stifts, des Kapitels und der Städte sollte auch – wie ebenfalls bereits üblich – ein Ritter zu Einnahme, Ausgabe und Berechnung der Steuern hinzugezogen, die Ritterschaft also an der Steuerverwaltung direkt beteiligt[369] werden. Überschüsse aus den Steuern waren von den Obereinnehmern bis zu neuer Steuerbewilligung zu verwahren.

Die Einzelbestimmungen des Vertrages implizierten also mehrheitlich die Landsässigkeit der Ritter; nur die Rechte der Religionsausübung und der Pfarrbestellung ließen sich als Elemente der Argumentation für die Reichsunmittelbarkeitsbestrebungen nutzen. Die Bestätigung dieses Vertragswerkes durch jeden neuen Fürstabt und durch die Kapitulare sollte die Voraussetzung für die Huldigung der Adligen sein, der Vertrag einen Zusatz zu den »Alten Statuten« (von 1395) darstellen.

Doch ergaben sich bei der Umsetzung des Vertragstextes in die Wirklichkeit Schwierigkeiten und Streitigkeiten. Viele Ritter liebäugelten nach wie vor mit der Reichsunmittelbarkeit und zeigten sich in der Erstattung der 1594, 1598 und 1603 bewilligten Reichssteuern so säumig, daß Balthasar ein *Mandatum sine clausula ad solvendum poenam dupli* des Reichskammergerichts vom 5. Dezember 1604 gegen diese erwirkte[370]. Auf der anderen Seite boten die extensive Auslegung des kaiserlichen Restitutionsurteils vom 7. August 1602 durch Balthasar, aus dem er auf die Landsässigkeit der Ritter schloß,

---

367 SCHANNAT, Dioecesis, Nr. 174, S. 375.

368 Zur Religionspolitik Balthasars in seiner zweiten, ebenfalls kurzfristigen Regierungsperiode, getragen wiederum in erster Linie von den Jesuiten, s. KOMP/RICHTER, Balthasar, S. 56 f.; v. EGLOFFSTEIN, S. 77–79; HEPPE, Entstehung, S. 176–181; DERS., Restauration, S. 154 ff.; SCHAFFRATH, Balthasar, S. 147–150; DERS., Baltzer Schmaltz; SAUER, »Gehorsame Fuldaer Unterthanen«. An bisher nicht augewerteten Archivalien sind zu nennen: StAM 92/659, f. 2ʳ–3ʳ (Ritterschaftliche Beschwerde *puncto exercitii religionis* in ihren Burgsitzen vom 20. September 1603); 92/398 (Berichte des Schultheißen zu Hünfeld Andreas Fischer über die Aufrichtung des katholischen Bekenntnisses in dieser Stadt, mit umfangreichen Namenslisten; Verzeichnisse fuldischer Diener, *die ihre religion noch nicht manifestiert und erklärt haben, die nicht willens, sich zu der catholischen religion zu begeben* und *die der catholischen religion zugethan und verwandt sind*); 92/658, fol. 1–14 (Auswanderungen aus dem Stift in ritterschaftliche Gebiete nach Erlaß von Reformationsmandaten durch Fürstabt Balthasar, 1604); 95/714 (Klage der Ebersteinschen Erben wegen der vom fuldischen Abt gegen ihren Vogt verhängten Strafe, aus Anlaß der Nichtbekennung zur katholischen Religion, 1604; Klage der von Mansbach wegen der Bestrafung ihres Försters zu Eckweisbach aus dem gleichen Grund, 1605). Wichtig für die Reform-/Rekatholisierungsmaßnahmen war die 1604 durchgeführte Visitation der Pfarreien. Zur Bedeutung der Visitationen allgemein s. ZEEDEN/MOLITOR (Hg.), Visitation.

369 Die Bedeutung dieser Mitwirkung der Ritter an der Steuerverwaltung wird von TEUNER (S. 68) völlig verkannt.

370 Gedrucktes Mandat, mit den Namen der Säumigen, in: StAM 95/158.

und seine gleichgelagerten Bewertungen der Huldigungsformel von 1602 wie des Vertrages von 1604 ein ums andere Mal Anlaß zu Beschwerden und Gegenmaßnahmen der Ritter, vor allem in Form von Steuerverweigerungen – die wiederum den Abt auf den Plan riefen. Eingaben und Gegenvorstellungen der beiden Parteien an die Adresse des Kaisers wechselten einander ab – ohne in der Sache weitere Klärungen zu bringen[371]. In einer kaiserlichen Resolution vom 5. Januar 1605[372] wurde darauf hingewiesen, daß der am Kammergericht anhängige Exemtionsstreit von der am kaiserlichen Hof zu entscheidenden Zessionssache völlig separiert, mithin der Kaiser für die Beurteilung der Loslösungsversuche des fuldischen Adels nicht zuständig sei, und daß die Entscheidung in der einen Angelegenheit ohne Bedeutung für die andere sein sollte. Die Reichsanlage aber sollte von der Ritterschaft weiterhin bis zur Entscheidung des Kammergerichts in die Kasse zu Fulda geliefert und nicht etwa an den Ritterkanton Rhön-Werra abgeführt werden. Einen Teilerfolg erzielten die Ritter durch die Festlegung des Kaisers, daß die Äbte von der Zahlung der Steuern nicht befreit seien, sondern ihren Teil ebenfalls erlegen sollten.

Zusätzliche Beschwerden des Adels erwuchsen aus der Religionspolitik des Abtes, die sich von der Religionspolitik der kaiserlichen Administratoren deutlich abhob, obwohl auch von diesen vereinzelt Rekatholisierungsmaßnahmen ergriffen worden waren. Zwar hütete sich Balthasar, gegen die protestantischen Ritter selbst vorzugehen und beachtete in dieser einen Hinsicht den Vertrag vom 20. März 1604, doch entsetzte er in Ausübung landesherrlicher Rechte über die Ritter – und in klarer Mißachtung des 1604 dem Adel zugestandenen Pfarrbestellungsrechts (!) – die protestantischen Pfarrer in den ritterschaftlichen Gemeinden; auch drängte er Diener und Untertanen des Adels zur Konversion zum Katholizismus und beanspruchte (quasi-episkopal) die geistliche Jurisdiktion in Ehesachen über die Ritter[373]. Zudem wandte er sich gegen die Aufnahme religiöser Emigranten durch die Ritterschaft und gegen die Judenschutzpolitik des Adels auf seinen Gütern[374].

Mit Balthasars Tod 1606 erbte also sein Nachfolger Johann Friedrich von Schwalbach ein Bündel von Streitfällen. Auch wenn unter diesem Abt die spektakulären Zusammenstöße mit dem Adel ausblieben, auch wenn er zurückhaltend von der ritterschaftlichen Kritik behandelt wurde, die den Kern allen Übels in der Person Abt Balthasars sah[375] und

---

371 Genannt seien das Ersuchen Abt Balthasars um ein kaiserliches Mandat gegen die Ritterschaft vom 7. März 1604, seine Klage vom 3. November 1604 (dazu TEUNER, S. 76 f.) und die als Gegenbericht zu letzterer Eingabe formulierte ritterschaftliche Beschwerdeschrift (Cpt.), in: StAM 95/204.

372 StAM 109/1804, fol. 50ʳ–53ᵛ (Kop.); 95/158, Nr. 38. Vgl. auch TEUNER, S. 77 f.

373 Vgl. die in Anm. 371 genannte ritterschaftliche Eingabe an den Kaiser sowie das summarische *Verzeichnus der neuerlichen attentata und thatlichen beschwernussen, so abt Balthasar ... seit ihrer restitution denen von der ritterschaft zugefuget*: StAM 95/138. S. auch die in Anm. 368 genannte Literatur.

374 Vgl. die ritterschaftliche Beschwerdeschrift an den Kaiser (s. Anm. 371). Rudolf II. behielt sich eine Entscheidung bis zur Stellungnahme des Abtes dazu vor. Diese erfolgte in einem umfangreichen Schriftsatz unter dem Datum des 4. Juli 1605 (Abschrift in: StAM 109/355), blieb aber vor Balthasars Tod am 16. März 1606 ohne Resonanz.

375 Vielfach wird in ritterschaftlichen Stellungnahmen der Eindruck erweckt, als ob es sich im Verhältnis zwischen Äbten und Rittern geradezu um eine Idylle gehandelt hätte, die erst durch Balthasars Eingreifen zerstört wurde.

diesem wenige Zeit später Abt Johann Bernhard Schenck zu Schweinsberg gleichwertig
zur Seite stellte, so wahrte Johann Friedrich doch energisch seine landesherrlichen
Ansprüche – ebenso wie der Adel die seinigen auf Reichsunmittelbarkeit. Immer wieder
aber wird bei beiden Seiten auch der Wille sichtbar, einen modus vivendi zu finden.

Die Meinungsverschiedenheiten zwischen Stift und Ritterschaft zu kanalisieren, war
das Ziel des von Johann Friedrich am 15. Dezember 1607 mit dem Ausschuß der
Ritterschaft geschlossenen Vergleichs[376], der sich inhaltlich mit dem Vertrag vom
20. März 1604 deckte und eine Bekräftigung der damals getroffenen Vereinbarungen
darstellte. Als eine gute Voraussetzung für die Einhaltung des Vertrages konnte es
betrachtet werden, daß von den vier unterzeichnenden Ausschuß-Mitgliedern der
Ritterschaft drei auch in stiftischen Diensten standen bzw. gestanden hatten[377]. Am
gleichen Tag errichteten Abt, Kapitel und Ritterschaft nach dem Vorbild älterer
Abmachungen auch einen Austrag über das Verfahren in Streitfragen[378].

In der Tat war die erste Zeit nach dem Vertrag durch eine Annäherung der Parteien
gekennzeichnet. Johann Friedrich, der zu Lebzeiten Balthasars von Dernbach mit dessen
Gegnern sympathisiert hatte[379], verwandte sich durch eine Gesandtschaft[380] am Kaiserhof für die Ritterschaft, um eine Milderung von deren Strafe für die Absetzung Balthasars
zu erreichen[381]. Als ein Zeichen des guten Einvernehmens ist weiterhin zu werten, daß
der Abt im Mai 1611 neben dem Kapitel auch den Ausschuß der Ritterschaft um eine
Stellungnahme bat, ob er den Beitritt zu dem 1609 unter Führung Bayerns gegründeten
Bündnis der katholischen Reichsstände, der Liga[382], in dem auch Bischof Julius Echter
eine bestimmende Rolle spielte[383], vollziehen solle[384]. Als auf der anderen Seite Johann

---

376 Druck der ersten vier Vertragspunkte (!): GRAUEL, Hoheitsansprüche, S. 14–17; Orig.: StAM
R Ia, 1607, Dez. 15; StAD B 8, Nr. 8/56 (BATTENBERG, Schlitzer Urkunden, Nr. 801, S. 187);
Abschriften u. a. in: StAM 90a/766; 95/97; 96/610; 109/343. Ausführliche Inhaltswiedergabe und
Erläuterungen bei TEUNER, S. 79–86. – Teuner ist der Vertrag von 1604 unbekannt geblieben!
377 Es handelt sich hierbei um Cuntz von der Tann, Rat seit 1598, Amtmann zu Brückenau und
Schildeck, Georg Christoph von Buchenau, 1595–1608 Amtmann zu Burghaun, danach zu
Fürsteneck, Wilhelm Balthasar von Schlitz gen. von Görtz, Rat und Reiterhauptmann seit 1597,
Amtmann zu Steinau an der Haune, 1607 zum kurmainzischen Rat und Amtmann zu Amöneburg
bestellt. Dagegen war Georg Friedrich von der Tann dem Stift durch keinerlei Dienste verbunden.
378 StAM R Ia, 1607 Dez. 15 (Orig.).
379 S. v. EGLOFFSTEIN, S. 77, Anm. 1, 81.
380 Angeführt von dem Rat Cuntz von der Tann, der gleichzeitig Mitglied des ritterschaftlichen
Ausschusses war.
381 Die Finanzierung dieser Gesandtschaft oblag allerdings ausschließlich der Ritterschaft, die
dafür am 16. November 1608 6000 fl. bewilligte, auch die Ersetzung zusätzlicher Kosten versprach.
Vgl. *Assecuratio der Ritterschaft gegen den Fürstabt wegen der Strafe* vom 16. November 1608
(Orig., eine Abschrift datiert vom 20. November 1608) und den Schriftwechsel des Abts mit den
Abgesandten in: StAM 109/343.
382 Zu diesem Bündnis s. NEUER-LANDFRIED; ALTMANN, Reichspolitik, S. 1–127. Zur Gründung
der protestantischen Union 1608: RITTER, Deutsche Union; KOSSOL, S. 196–211.
383 Vgl. HEFELE; BAUMGART, Reichs- und Ligapolitik. Echter hatte es abgelehnt, mit Johann
Friedrich Verhandlungen über den Beitritt Fuldas zur Liga zu führen, weil der Abt von seinem
Sekretär, einem abgefallenen Jesuiten (Jost von Calenberg) abhängig sei (HEFELE, S. 27). Die
Werbung, die am 22. April 1613 zum Beitritt des Stifts Fulda zur Liga führte, wurde daraufhin von
Kurmainz durchgeführt (vgl. NEUER-LANDFRIED, S. 92, 232).
384 Im Antwortschreiben vom 24. Mai 1611 (Kop. in: StAM 109/347) machte der ritterschaftliche
Ausschuß Bedenken gegen den Beitritt geltend, u. a. wegen der damit verbundenen Kosten, die von
den Untertanen schwer aufzubringen seien, und wegen des sich verstärkenden Gegensatzes zu den

Friedrich zur Abwendung gefährlicher Situationen, besonders angesichts der Gefahr des Umschlagens der Jülichschen Wirren in einem allgemeinen Krieg[385], einen Vorrat an Geld schaffen wollte, erbot sich die Ritterschaft, für diesen Zweck auch ihre Untertanen und Leute, die ihnen *mit obrigkeit, vogtey oder einige botmessigkeit zuegethan*, mit Abgaben zu belegen – gegen Ausstellung jenes Reverses, nach dem eine solche Leistung ihren und ihrer Untertanen Freiheiten unnachteilig, konkret: keine dauerhafte Verpflichtung zur Landsteuer und kein Präjudiz für ihre Exemtionsklage, sein sollte[386].

Das Ziel der Exemtion wurde denn auch bei allem Entgegenkommen gegenüber dem Abt nicht aus den Augen verloren. Einen Beleg dafür bietet die Erstellung einer Matrikel im Jahre 1610. Die Fränkische Reichsritterschaft des Orts Rhön-Werra hatte am 7. Dezember 1608 die Anlage der seit 1591 vom Kaiser[387] geforderten Matrikel beschlossen[388]. Die Buchischen Ritter, die zwar gelegentlich auf den Ortstagen des Kantons erschienen waren, die Zahlung der Reichs- und Türkensteuer in dessen Rittertruhe aber – allen nachfolgenden Beteuerungen zum Trotz – abgelehnt hatten, folgten diesem Beispiel[389]. In der Capitulatio vom 19. Januar 1610[390] gaben sie sich eine Ordnung und vereinbarten die Aufstellung einer Matrikel, die eine *durchgehende, wohlproportionirte gleichmessigkeit* bei der Aufbringung der Subsidien garantieren und dadurch ein tatkräftigeres Vorgehen des Adels bei der Wahrung seiner Eigeninteressen ermöglichen sollte. Jeder Ritter hatte seine im Stift Fulda gelegenen adligen Güter mit allen Zugehörungen, Lehen wie Eigengüter, mit eigener Hand einzutragen; für des Schreibens Unkundige hatten dies die nächsten Agnaten als Bevollmächtigte zu erledigen. Angegeben werden sollte der ungefähre halbe Wert an Geld. Außerdem sollte der Matrikel ein Register der ritterschaftlichen Untertanen beigefügt werden.

Die Matrikel sollte alsbald der *ganzen freyen ritterlichen commun* inkorporiert, keinesfalls als ein Schritt der Abkapselung von den Fränkischen Reichsrittern verstanden werden. Allerdings erweckte die Aufstellung einer eigenen Matrikel bei jenen ganz offensichtlich gerade diesen Eindruck. Auf einer Versammlung am 2. Juni 1612 in Fulda mußte der Ausschuß der Buchischen Ritterschaft dieser Interpretation entgegentreten und versichern, daß man *einen corpus* mit dem Ort Rhön-Werra bilden und diesem die Matrikel einverleiben wolle, um dessen Privilegien teilhaftig zu werden. Die *insertio matriculae* sollte allerdings im Stillen vorgenommen werden, damit nicht Dritte, in erster

---

benachbarten *protestirenden* Reichsständen. Weil der Kaiser der Reichsritterschaft den Beitritt zu konfessionellen Bündnissen, der protestantischen Union wie der katholischen Liga, untersagt habe, könnten sie selbst in keinerlei Verbindung einwilligen. Auch für den Abt sei es besser, nicht auf Partikular-Unionen, sondern auf das durch den Kaiser verkörperte Reichsganze zu setzen.

385 Zum Jülich-Klevischen Erbfolgestreit zuletzt: ROGGENDORF; KOSSOL, S. 212–226; ALTMANN, Reichspolitik, S. 227–342; ROBERG, Päpstliche Politik; DERS., Quellenlage.

386 Revers des Abtes vom 4. November 1609 (Kop.): StAM 90a/778, 90a/533, 109/389. Anläßlich einer erneuten Abgabenbewilligung wurde diesem Revers am 13. November 1614 hinzugefügt, daß die Steuerlieferungen keine Subjektion und kein Präjudiz für die *verwandtnus* der fuldischen Ritterschaft mit der freien Reichsritterschaft bedeuten sollten (StAM 90a/778).

387 KERNER, II, S. 228 f.

388 Ebd., S. 232.

389 KÖRNER, Kanton, S. 70.

390 StAM R Ia, 1610 Jan. 19 (Orig.); StAM 109/454; 109/863, fol. 8ʳ–15ʳ (Kopien). Kurzcharakterisierung bei HOFEMANN, S. 188; KÖRNER, Kanton, S. 70; ausführlicher: TEUNER, S. 86–90. Die *Capitulatio* stellt neben der Anknüpfung an die Matrikel des Orts Rhön-Werra auch eine Weiterführung der Vereinbarungen der Buchischen Ritter vom 29. Februar 1600 dar.

Linie der Abt von Fulda, glauben könnten, daß *man mit einer neuen confoederation schwanger gienge*[391]. Von den immatrikulierten Gütern sollten bei jeder ritterschaftlichen Anlage sechs Kreuzer von 100 Gulden erhoben werden; Steuern oder Anlagen der Untertanen waren zusammen mit einem ordentlichen Register abzuliefern.

Einen breiten Raum nahmen in der Capitulatio die Vorkehrungen zur Wahrung des ritterschaftlichen Besitzstandes und zur Erhaltung der Steuerkraft ein, was angesichts der vom Stift in den letzten Jahren praktizierten Politik des Aufkaufs adliger Besitzungen allerdings nicht verwunderlich ist: Immatrikulierte Güter sollten auch im Falle ihrer Veräußerung, ungeachtet von Stand und Würden des Käufers, mit allen Leuten und Nutzungen, Rechten und Gerechtsamen, dem ritterschaftlichen Corpus, zur Erhaltung des *boni publici*, einverleibt bleiben. Die ganze Ritterschaft sollte ein beständiges *ius quaesitum* darauf haben und eine *stillschweigende hypotheck vor allen gläubigern* besitzen. Bei Veräußerungen von Teilen der Güter oder Abtrennungen sollten sich die Inhaber der adligen Haupt- und Stammhäuser von den neuen Besitzern, gleich ob Auswärtigen oder Mitgliedern der Buchischen Ritter, die Höhe der Anlagen erstatten lassen. Veräußerungen aber wurden durch vielfältige Auflagen und Abgaben erschwert[392]. Mitglieder der Buchischen Ritterschaft besaßen ein Vorkaufsrecht, das sie innerhalb eines Monats nach erlangter Kenntnis von der Verkaufsabsicht zur Geltung bringen konnten.

Über die Inanspruchnahme des vom Kaiser der Fränkischen Ritterschaft am 11. Mai 1609 erteilten *Privilegium de retrahendo bona equestria in alienos translata* hinaus vereinbarten die Buchischen Ritter, daß Lehnsheimfälle wie alle anderen Fälle, in denen das *utile dominium* (Nutzungsrecht) wieder an den Lehnsherrn zurückgehe, gleich ob sie nun von diesem selbst verwaltet oder an Dritte ausgegeben würden, der Capitulatio unterworfen sein und der Matrikel einverleibt bleiben sollten. Die Vorkehrungsmaßnahmen der Ritterschaft gegen Entfemdung ihrer Lehen und Eigengüter waren keineswegs unbegründet, im Einzelfall aber nicht immer von Erfolg gekrönt[393].

Die Ausschußmitglieder wie auch die von der Ritterschaft bestellten Advokaten hatten bei ihrer Annahme einen leiblichen Eid auf die Capitulatio zu leisten, und zwar vor den Geschlechtsältesten. Sie mußten sich verpflichten, keine Abschriften der Matrikel zu machen oder Auszüge daraus zu verfertigen und nicht zuzulassen, daß bei den Eintragungen in die Matrikel die Ritter gegenseitig Einblick in die Angaben nehmen konnten.

---

391 Vgl. den Beschluß des Ausschusses (Cuntz von der Tann als Hauptmann, Wilhelm Balthasar von Schlitz gen. von Görtz, Georg Friedrich von der Tann) vom 2. Juli 1612: StAM 109/454; 109/863, fol. 16ʳ–17ʳ, 176 (Kopien).
392 Jeder, der immatrikulierte Güter und Stücke verkaufen, vertauschen, verpfänden oder auf andere Weise seinen Erben nicht zukommen lassen wollte, hatte vor der Übergabe den Ausschuß zu informieren, den Verhandlungspartner anzugeben und den evtl. bereits aufgerichteten Vertrag vorzulegen; bei Nichtbeachten dieser Vorschrift drohten ihm 300 fl. Strafe. Von jedem Hundert des Wertes verkaufter Güter oder Stücke sollten der Verkäufer 1 fl. und der Käufer 2 fl. als Rittergeld entrichten. Ebenso hatten die Verkäufer den 10. Pfennig des Erlöses an die Ritterschaftskasse abzuführen.
393 1618 zog Fürstabt Johann Friedrich nach dem Tode des Jobst von Merlau zu Steinau dessen Lehnsgüter an sich und verweigerte die Belehnung des nächsten, kognatischen, Verwandten Georg Friedrich von der Tann mit der Begründung, daß es sich bei den Merlauischen Lehen um Mannlehen handle – obwohl im Stift Fulda auch die weibliche Erbfolge möglich war. Vgl. StAM 95/42, mit Eingaben von der Tanns und des Ritterkantons Rhön-Werra an den Abt.

Erstaunen muß es allerdings, daß Widerstand gegen die Sicherungsmaßnahmen dem Kaiser bzw. dem Abt von Fulda als den Lehnsherren, die die Ritterschaft bei ihren Freiheiten zu schützen hätten, zur Meldung gebracht werden sollte – damit gab man dem Abt doch wieder ein Instrument zur Beeinflussung in die Hand! Säumigkeiten bei den Anlagen oder bei der Umsetzung anderer Beschlüsse aber wollte man intern begegnen[394].

Die Unterzeichner der Capitulatio versprachen, die Ordnung in Zukunft nicht anzuzweifeln oder anzugreifen. Sie behielten sich vor, die Capitulatio zu verbessern, wollten aber keine Verminderungen zulassen. Mitte Februar 1610 trugen sich etwa 50 Mitglieder der Ritterschaft in diese Matrikel ein[395].

Aus der Aufstellung der Matrikel wie aus den Regelungen für die Schlichtung von Auseinandersetzungen innerhalb des ritterschaftlichen Verbandes wird die Anlehnung des Buchischen Adels an die Fränkischen Reichsritter also nur allzu deutlich. Andererseits vermieden die Buchischen Ritter aber auch jetzt den direkten Anschluß an den Ritterkanton Rhön-Werra. In Beachtung der Verträge von 1604 und 1607 mit dem Stift Fulda wurde die Jurisdiktion nicht generell, sondern nur in internen Belangen ritterschaftlichen Eigenorganen übertragen.

In der Folgezeit sah sich die Ritterschaft wieder mehr in der Defensive, fand Anlaß, sich auf der Grundlage ihrer behaupteten Reichsunmittelbarkeit gegen Forderungen des Abtes zu sperren wie Maßnahmen des Abtes als ungerechtfertigte Übergriffe zu brandmarken und sich organisatorisch dem Ritterkanton Rhön-Werra noch enger anzuschließen. Johann Friedrich lenkte im Verlaufe seiner Regierung einerseits immer mehr in die religionspolitischen Bahnen seines Vorgängers ein, auch in der quasi-bischöflichen Praxis[396], und zeigte sich als entschiedener, kampfbereiter Katholik[397], obwohl er lange Zeit in kirchlichen Kreisen argwöhnisch betrachtet wurde[398] und noch 1613 das Gerücht von seiner bevorstehenden Apostasie umlief[399]. Auch im weltlichen Bereich ergriff er immer öfter Maßnahmen, die dem Anspruch des Stifts auf die Landsässigkeit des Adels Ausdruck verliehen. Er wurde auf der anderen Seite aber auch

394 Zunächst sollte der Ausschuß Verwarnungen aussprechen. Blieben diese innerhalb Monatsfrist fruchtlos, so sollte nach 14 Tagen eine Versammlung der Ältesten des Orts Rhön-Werra eine erneute Mahnung beschließen. Erfolgte auch hierauf keine positive Reaktion, waren nach Ablauf von weiteren 14 Tagen die Advokaten und Prokuratoren der Fränkischen Ritterschaft einzuschalten, um mit Rechtsmitteln gegen die Widerspenstigen vorgehen zu können.
395 Körner, Kanton, S. 70.
396 S. dazu Hack, Rechtsstreit, S. 40–44.
397 Vgl. v. Egloffstein, S. 81; Komp, Johann Bernhard, S. 23–28.
398 Vgl. dazu Wittstadt, Kuriale Bemühungen; Ders., Bemühungen des Kölner Nuntius. Beide Aufsätze gehen, über weite Strecken wörtlich, auf das Kap. 9 seiner theologischen Dissertation über Atilio Amalteo (»Bemühungen des Nuntius und der Kurie zur Rettung des Hochstifts Fulda. Ein Beispiel für ›Katholische Reform‹«) zurück.
399 Im Februar 1613 beauftragte Kaiser Matthias den Mainzer Kurfürsten Johann Schweikhard von Cronberg und Bischof Julius Echter mit der Prüfung dieses Gerüchtes (s. HHStAW Reichskanzlei. Religionsakten 31, fol. 302). Auch der Deutschordensmeister, Erzherzog Maximilian, wurde von Kaiser Matthias um die Erstellung eines Gutachtens über den Abt ersucht (s. Noflatscher, S. 537, Anm. 258). Anläßlich der Gründung der katholischen Liga 1609 hatte Echter die Führung von Beitrittsverhandlungen mit Johann Friedrich abgelehnt, weil dieser unter dem Einfluß seines Sekretärs, des abgefallenen Jesuitenzöglings Jost von Calenberg, stehe (s. Hefele, S. 27), so daß von ihm keine positive Meinungsäußerung über den Fuldaer Abt zu erwarten war.

durch die Zeitläufte gezwungen, der Ritterschaft immer wieder Ansatzpunkte für die Darlegung ihrer Position zu bieten.

Letztere lagen vor allem in den Vorbeugungsmaßnahmen gegen die drohende Kriegsgefahr, die die Jahre seit 1609 bis zum Ausbruch des Dreißigjährigen Krieges kennzeichnen[400], wie in dem Kriegsgeschehen seit 1618 selbst, das auch das Stift Fulda unmittelbar berührte[401]. Hier konnte die Ritterschaft, auch wenn sie sich mehrfach zur Bewilligung von Geldleistungen bereitfand, geltend machen, daß sie nicht zur Land-steuer verpflichtet sei (nur zu Reichssteuern) und daß ihr Entgegenkommen nur das Wohl der stiftischen wie ihrer eigenen Untertanen im Auge habe. Ihr Eigeninteresse an Sicherungsmaßnahmen konnte sie dadurch herunterspielen. Stark im Zeichen dieser ritterschaftlichen Haltung standen die Landtage 1613, 1617, 1619 und 1621, auf die im nächsten Kapitel näher einzugehen ist[402].

Durch zahlreiche Protestationen und Klageschriften, in denen die Argumentation gegen die Landsässigkeit der Ritterschaft breit ausgeführt und ihre Existenz als Land-stand des Stifts geleugnet wurde, suchten die Ritter Maßnahmen entgegenzuwirken, die auf die Anerkennung ihrer Unterwerfung unter das Stift zielten[403]. Zugleich wurden die Beziehungen zum Fränkischen Ritterkreis aktiviert – einmal mehr allerdings nur temporär: Der Zusammenlegung der Matrikeln 1613 (nach dem Zugeständnis der vorläufigen Entrichtung von Reichs- und Türkensteuern der Buchischen Ritter an das Stift![404]), der Anerkennung des Buchischen Quartiers als viertem Quartier des Ritter-kantons Rhön-Werra und der Wahl des Buchischen Ritters Wilhelm Friedrich von Völkershausen (des entschiedensten Verfechters eines Beitritts zur Fränkischen Ritter-schaft) zum Ritterrat auf dem Ortstag des Kantons Rhön-Werra in Schweinfurt am 5. April 1613[405] folgten keine weiteren Taten, sondern im Gegenteil die faktische Rücknahme dieser Maßnahmen. Auf den Ortskonventen 1617 und 1620 war demzufolge

---

400   Abt Johann Friedrich schätzte die sich zwischen den Konfessionsparteien im Reich abzeich-nenden gewaltsamen Auseinandersetzungen frühzeitig richtig ein und ergriff schon in den Jahren 1609/10 Sicherungsmaßnahmen für sein Stiftsgebiet. U. a. wurden die Bürgerwehren in den Städten inspiziert, um einen Überblick über die Verteidigungsfähigkeit des Territoriums zu erhalten (vgl. HOHMANN/WENZEL, Inventar; SCHAFFRATH, Hünfelder Bürgerwehr; DERS., Wehrbereitschaft). Zur Wehrorganisation im Stift s. WORINGER, Beiträge.

401   Einen Einblick in die Belastungen des Stifts, vor allem der Residenzstadt, durch Einquartie-rungen und Truppendurchzüge während der gesamten Kriegszeit gewähren die »chronikalischen Aufzeichnungen des Fuldaer Bürgers Gangolf Hartung (1607–1666)«, hg. v. HAAS. Besonders drückend war 1622 der Einfall der Truppen des »tollen Herzogs« Christian von Braunschweig, der dem Stift eine Brandschatzung von 40000 Reichstalern auferlegte. Vgl. dazu HAAS, Der »tolle Christian«; Landtagsproposition vom 29. August 1622 und Erkärung der fürstlichen Räte auf die schriftliche Stellungnahme von Kapitel und Städten zur Proposition vom 15. September 1622: StAM 90a/759 (Orig.). Zu den wirtschaftlichen Belastungen und Folgen des Krieges allgemein s. FRANZ, Dreißigjähriger Krieg; LANGER, Kulturgeschichte.

402   S. S. 229–233.

403   Eine besonders ausführliche Klageschrift datiert vom 15. Mai 1614. Die Argumente gegen die Landsässigkeit sind dezidiert aufgeführt in einer ritterschaftlichen Grundsatzerklärung, die als *Vertrag von Vacha 1621* bezeichnet wird, vermutlich aber auf dem Landtag 1622 abgegeben wurde: StAM 109/347 (Kop.). S. auch das Ausschreiben des Ritterschafts-Ausschusses vom 25. Mai 1621 als Antwort auf die fürstliche Landtags-Proposition vom 18. März 621: StAM 109/347 (Kop.).

404   Vgl. MADER, VIII, S. 386–388.

405   Vgl. StAM 109/850, fol. 59ʳ–62ᵛ (Kop.); TEUNER, S. 92f.

von einer Eingliederung der Buchischen Ritterschaft in den Kanton Rhön-Werra keine Rede mehr[406]. Die innere Organisation der Buchischen Ritter dagegen blieb intakt und wurde auf dem Rittertag am 10. Juli 1619 in Fulda durch die Bestellung von zwei Ausschüssen, des großen und des engeren, bekräftigt[407].

d. Die Offensive der Landesherrschaft unter Fürstabt Johann Bernhard Schenck zu Schweinsberg (1623–1631)

Nach dem Tode Johann Friedrichs (1621) führte sein Nachfolger Fürstabt Johann Bernhard, neben Balthasar von Dernbach der zweite und diesem durchaus ebenbürtige Verfechter eines militanten Katholizismus unter den fuldischen Äbten im Konfessionellen Zeitalter[408], die Auseinandersetzung mit der Ritterschaft sogleich energisch fort. Unter Ausnutzung der für die katholische Partei zunächst günstigen Kriegsentwicklung, im Sog der Erfolge des Liga-Generals Tilly, dessen Truppen erstmals 1623 in Fulda einzogen und der sich 1624 dreimal selbst hier aufhielt[409], sollte der Abt die Ritterschaft fast bis an den Rand der völligen Unterwerfung unter den Landesherrn bringen, ehe er durch das militärische Eingreifen Schwedens unter Gustav Adolf um den Erfolg seiner Bemühungen gebracht und den Rittern eine Atempause gegeben wurde.

Johann Bernhard wollte die Finanzierung seines im Vergleich zu seinem Vorgänger beträchtlich vermehrten Engagements für Kaiser und Liga[410] nicht nur durch Steuerleistungen seiner unmittelbaren Untertanen, sondern auch durch solche der Ritterschaft und ihrer Hintersassen sichergestellt wissen. Deshalb erwirkte er von Kaiser Ferdi-

---

406 Vgl. MADER, X, S. 55–63; StAM 109/850, fol. 101ʳ–120ᵛ (mehrere Kopien des Rezesses 1617); StAM 109/851, fol. 2ʳ–8ʳ (2 Kopien des Rezesses 1620); TEUNER, S. 93 f., 97 f.

407 Vgl. StAM 109/863, fol. 24ᵛ–26ʳ (Kop. des Rittertags-Abschiedes); TEUNER, S. 94–97.

408 S. dazu KOMP, Johann Bernhard, passim.

409 Vgl. HAAS (Hg.), Chronikalische Aufzeichnungen, S. 12–14.

410 Einen Einblick in die Verpflichtungen des Stifts Fulda gegenüber dem Katholischen Bund und der dadurch entstandenen wirtschaftlichen Notlage bietet das Schreiben Johann Bernhards an Erzbischof Johann Schweikhard von Mainz vom 6. April 1626. Demnach betrug der Beitrag zur Bundeskasse in den letzten drei Monaten allein 36 000 fl. Außerdem stellte man 1625 zehn Wagen mit 40 Pferden und 50 Wagen mit allem Zubehör für die kaiserliche Armee (Cpt.: StAM 90b/1411). In den Jahren 1627–1629 führte das Stift 44 933 fl. an die Bundeskasse ab und blieb damit deutlich unter dem gesteckten Ziel, in den beiden Jahren 1627 und 1628 52 381 fl. 12 kr. aufzubringen – auf der Bundesversammlung in Würzburg 1627 waren insgesamt 70 000 fl. zugesagt worden (s. StAM 90b/214). – Insgesamt wurden von der Landesobereinnahme an Beiträgen zur Bundeskasse wie an Unterhaltszahlungen für durchziehende bzw. einquartierte Truppen aufgebracht:

1625/26	54 519½ fl.
1627	34 586¾ fl.
1628	36 782 fl.
1629	46 381 fl.

---

172 269¼ fl. (StAM 90b/192)

Zur Aufbringung dieser Gelder war man immer wieder gezwungen, Anleihen zu machen, weil das Land selbst nicht in der Lage war, den enormen Finanzbedarf zu erbringen. Kapitalgeber waren u. a. der Mainzer Vizedom in Aschaffenburg Johann Philipp von Hoheneck (ein Bruder des Fuldaer Propsts zu Petersberg und nachmaligen Abts Johann Adolf von Hoheneck), der 1627 7000 Reichstaler für des stifts notturft vorstreckte (StAM 90b/1404), und der würzburgische Rat Dietrich Coher, dem der Abt am 22. Februar 1627 für 12 000 Reichstaler geliehenen Geldes 600 Reichstaler jährlich aus der Küchenmeisterei, insbesondere aus Nutzungen und Gefällen des Amtes Hammelburg, verschrieb (StAM R Ia, 1627 Febr. 22).

nand II. am 24. März 1623 ein Dekret, das die Ritter zur Abführung von Kontributionen an das Stift anwies – den Rittern im Original allerdings erst im Januar des folgenden Jahres vorgelegt wurde. Die Ritterschaft hatte sich in der Vergangenheit immer entschieden gegen den Beitritt des Stifts zur Liga ausgesprochen; eine Neutralitätspolitik erschien ihr ratsamer. Die Politik der Liga finanziell abzustützen, lag den fast ausnahmslos protestantischen fuldischen Adligen sehr fern; mehrfach wurden entsprechende Aufforderungen des Abtes abgelehnt. Im Verständnis der Ritter trug der Beitritt zur Liga den Interessen des Stifts nicht Rechnung – nur die Not und der Gedanke an die Interessen und die Wohlfahrt des Stifts aber konnten sie zu freiwilligen Leistungen an den Abt bewegen[411].

Der Fürstabt wollte und konnte diese Einstellung nicht akzeptieren, widersprach sie doch der prätendierten Landsässigkeit des Adels, belastete zudem die eigenen Untertanen über Gebühr. Auch im Interesse von Kapitel und Städten lag es daher, daß die Ritterschaft zu den Kontributionen beitrug. Der vom Abt einberufene Rittertag am 5. Dezember 1623 war der Versuch, die Ritterschaft mit Hilfe offener und versteckter Drohungen umzustimmen[412], blieb aber erfolglos und bildete für Johann Bernhard den Anlaß zu einer erneuten Bitte an den Kaiser um Intervention und die Androhung von Strafmaßnahmen[413].

In ausführlichen Stellungnahmen gegenüber dem Abt wie gegenüber dem Kaiser vom 30. Mai 1624 verteidigten die Ritter ihre Position[414]: Sie bestritten, daß aus dem kaiserlichen Reskript vom 24. März 1623 eine Verpflichtung, dem Bündnis der Liga zu kontribuieren, abgeleitet werden könne. Es beziehe sich auf die dem Stift durch Brandschatzungen und Einquartierungen zugefügten Schäden. Diese mit abtragen zu helfen, hatten die Ritter am 22. Juni 1622 eingewilligt; daß Dechant und Kapitel später die Herausgabe des vereinbarten Reverses verweigerten, dadurch die Abmachungen zu Fall brachten und ihren eigenen Untertanen ein Mehr an Abgabenbelastungen aufbürdeten, könne ihnen angelastet werden. Das kaiserliche Reskript könne vor allem deshalb nicht im Sinne des Abtes zur Anwendung gebracht werden, weil zum einen die Buchischen Ritter von allen Kontributionen, außer den auf allgemeinen Reichstagen zur Bekämpfung der Türken bewilligten, befreit seien und weil es zum anderen einen Eingriff in einen schwebenden Rechtsstreit – die am Reichskammergericht anhängige Exemtionssache – bedeuten würde.

Einen ähnlichen Eingriff Abt Balthasars, gestützt auf extensive Auslegung des Restitutionsurteils von 1602, habe Kaiser Rudolf II. 1605 bereits abwehren müssen. Was aber Abt Balthasar damals direkt untersagt worden sei, könne auch Johann Bernhard jetzt nicht *per obliquum* einzuführen erlaubt sein. Daneben widerspreche die Interpretation des kaiserlichen Reskripts durch den Abt dem von diesem selbst bei Amtsantritt beschworenen Inhalt des Vertrages von 1607 und verschiedenen Rezessen zwischen Äbten und Rittern. Schließlich würden die Buchischen Ritter auch durch die strikten Anweisungen der Kaiser Rudolf II. und Matthias an die Reichsritterschaft, der sie

411 Vgl. die in Anm. 414 genannten Stellungnahmen der Ritter.
412 Vgl. Proposition des Rittertages: StAM 109/347 (Kop.).
413 Schreiben an den Kaiser vom 23. Dezember 1624: StAM 90a/533 (Kop.).
414 Abschriften der beiden Schreiben: StAM 109/359, 95/114. Das Schreiben des Abtes geht auf das Konzept einer Stellungnahme vom März 1624 zurück (enthalten in: StAM 109/359).

angehörten, *in ruhen zu bleiben* und für keine der Konfessionsparteien zu optieren, von Beiträgen zur Liga salviert.

Doch nicht lange konnte die Ritterschaft der zweifachen Bedrängung, durch den Abt und durch die Einquartierungen kaiserlich-ligistischer Kriegsvölker auf ritterschaftlichen Gütern – in ungleich stärkerem Maße als auf stiftischem Gebiet –, widerstehen. Die Jahre 1625 und 1626 sind angefüllt mit Gesuchen fuldischer Vasallen an den Abt, Maßnahmen zum Abmarsch der Kriegsvölker zu ergreifen[415], und dazu u. a. bei General Tilly selbst vorstellig zu werden, der im Jahre 1625 der hessischen Ritterschaft einen Schutzbrief ausgestellt hatte. Der Abt seinerseits lockte mit dem Versprechen, sich für die Ritter zu verwenden, wenn diese die verlangten Kontributionen an das Stift entrichteten. Für die Ritter blieb unter dem äußeren Druck bald keine Entscheidungsmöglichkeit mehr. Der harte Kern um Wilhelm Friedrich von Völkershausen, der nach wie vor den Anschluß an die – allerdings ebenfalls starken Pressionen ausgesetzte – Fränkische Ritterschaft suchte, blieb zwar resistent, eine einflußreiche Kompromiß-Fraktion um Wilhelm Balthasar von Schlitz gen. von Görtz aber zeigte sich zu Verhandlungen und schließlich auch zu Zugeständnissen an den Abt bereit[416]. Als sich für den Abt abzeichnete, daß sich die Ritter *ihrer vorältern exempel und ihrer schuldigkeit nach uns allerdings wiederumb unterwerfen* und zu den künftigen Anlagen für den katholischen Bund ihre Quote entrichten würden, versuchte er tatsächlich seinen Einfluß auf Tilly geltend zu machen und ihn zur Transferierung der auf den ritterschaftlichen Gütern vorgenommenen Einquartierungen zu bewegen[417].

Unter diesen Vorzeichen, die man mit dem Begriff Nötigung wohl zutreffend charakterisiert, wurde am 29. Juni 1627 ein Vertrag zwischen Johann Bernhard und ritterschaftlichen Vertretern geschlossen, der die Abmachungen von 1607 ablösen sollte[418]. Ausgehandelt war er mit vier Rittern, von denen drei dem Stift durch Dienste verbunden gewesen waren bzw. noch werden sollten: dem würzburgischen Geheimen Rat, Großhofmeister und Amtmann zu Arnstein Kaspar von der Tann (der im Gegensatz zu seiner sonstigen Familie dem katholischen Bekenntnis anhing[419]), dem fuldischen Erbmarschall und ehemaligen Rat, Reiterhauptmann und Amtmann zu Steinau Wilhelm Balthasar von Schlitz gen. von Görtz, dem ehemaligen fuldischen Rat und Amtmann zu Fürsteneck Georg Christoph von Buchenau und Otto Sebastian von Herda, würzburgischem Amtmann zu Neustadt an der Saale und Münnerstadt (und späterem fuldischem Hofmarschall). Unterzeichner des Vertrages waren daneben Volpert Daniel von Schenck zu Schweinsberg, ein Verwandter des Abtes, und Dietrich von Schachten, ein Verwandter Wilhelm Balthasars von Schlitz gen. Görtz.

Der Vertragstext stellt die Nötigung der Ritter durch den Abt nochmals klar heraus, begründet seine Aufrichtung aber vornehmlich mit der Nichtbeachtung der Vereinbarungen von 1607 durch beide Seiten. Die Ritter hätten deswegen zugesagt, die damaligen Vereinbarungen *zu ihrem vortheil nimmermehr (zu) allegiren*, auch ihre Standesgenos-

---

415 Vgl. u. a. StAM 95/209, 90a/533.
416 Vgl. auch TEUNER, S. 100–102.
417 Schreiben des Abtes an Tilly vom 28. Juli 1626 (Cpt.): StAM 95/100. S. auch die Konferenzen des Abtes mit der Ritterschaft, Neuhof 24. Juni 1626, Fulda 23. Juli 1626: StAM 109/347 (Kop.).
418 Abschriften des Vergleichs in: StAM 90a/768, 109/400, 109/401, Konzept in: StAM 95/98; s. auch TEUNER, S. 102–104.
419 Angaben zur Person Caspars von der Tann nach REUSCHLING, S. 314 f.

sen zu gleicher Einstellung zu bewegen. Belehrt durch die Erfahrungen mit der Verweigerung der Kontribution zum Katholischen Bund, wollten sie, neben den anderen Untertanen (!) des Abtes, zur Bundeskasse kontribuieren, so oft im Stift eine Anlage oder Kollekte erhoben werde, und diese Kontribution in den gemeinen Kasten (also nicht in die eigene Rittertruhe) einwerfen. Aus Steuerakten geht hervor, daß die Ritterschaft den fünften Teil zu diesen Beiträgen erlegte bzw. erlegen sollte [420].

Der Abt sicherte dafür die Abordnung einer gemeinsamen Gesandtschaft von fürstlichen Räten und ritterschaftlichen Vertretern an den kaiserlichen Kriegskommissar Johann Metzger zu, die diesem den neuen Sachverhalt mitteilen und um den Abzug der gegenwärtig einquartierten Soldaten von den ritterschaftlichen Besitzungen und die Verschonung mit künftigen Einquartierungen bitten sollte; die Gesandtschaft sollte aber allein von der Ritterschaft unterhalten werden. Blieben wider alle Hoffnungen diese Abordnung und auch weitere Anstrengungen des Abtes erfolglos, sollte Johann Bernhard den Rittern keineswegs die aufgewendeten Gelder erstatten oder von der Landesobereinnahme bezahlen lassen, sondern mit der Ritterschaft eine neue Vereinbarung über Kontributionen aushandeln.

Der Vertrag war als Übergangslösung gedacht, wie schon das Junktim zwischen Delogierung und Kontributionsleistung anklingen läßt. Ein endgültiger Vergleich sollte erst nach Approbation der jetzigen Vereinbarung durch die Gesamtheit der Ritter geschlossen werden; eine solche Vereinbarung hatte vor allem zwei Punkte zu berücksichtigen: die Anerkennung des Abtes als Landesfürsten durch die Ritter – bei Wahrung der hergebrachten ritterschaftlichen Rechte (über die beide Seiten völlig konträrer Meinung waren) – und die Kostenaufteilung bei weiteren Durchzügen und Einquartierungen. Ritter, welche den vorliegenden Vergleich nicht unterschreiben und besiegeln wollten, wurden unverhohlen mit der Weiterführung der Einquartierungen bedroht. Die Einschüchterungspolitik des Abtes war erfolgreich. Der größte Teil der Ritterschaft schloß sich, wie Johann Bernhard nicht ohne Stolz an den Kaiser berichtete, *ohne zweifel aus betrachtung ihrer baufälligkeit*, dem Vertrag an [421]; nur wenige, wie z. B. die Mehrzahl der Angehörigen des Hauses von der Tann, verweigerten sich [422].

Die endgültige Fassung des Vertrages war von einem stiftischerseits vorbereiteten Konzept [423] in mehreren Punkten abgewichen. Die einschneidendste Veränderung hatte es durch den Wegfall eines Passus erfahren, demzufolge die anwesenden Ritter den Abt *für ihren herrn ehren und halten* wollten, während ihnen andererseits durch den Abt zugesichert wurde, sie bei ihren hergebrachten Freiheiten zu belassen. Stattdessen waren nun die Verhandlungsgegenstände für den künftigen Vergleichungstag spezifiziert worden. Die Frage des reichsrechtlichen Verhältnisses zwischen Abt und Ritterschaft war von einer bereits entschiedenen zu einer noch zu verhandelnden gemacht worden, was zweifellos als Erfolg der vier Ritter und als Wahrung der Interessen der Gesamtheit des Adels zu werten ist. Unter diesem Aspekt ist die gängige Interpretation, daß die

420 Vgl. StAM 90b/364.
421 Liste bei TEUNER, Anhang 21, S. 247 f.
422 KÖRNER, Kanton, S. 74. Die von KÖRNER ebenfalls genannten von Boyneburg zu Lengsfeld bekannten sich nach Ausweis eines Schreibens vom 23. Dezember 1627, in dem sie sich über Einquartierungen kaiserlicher Soldaten in ihrem Dorf Gehaus beschwerten, zu dem Vertrag. S. StAM 95/79.
423 StAM 95/98.

Ritter mit dem Vergleich vom 29. Juni 1627 die Landesherrschaft des Abtes wieder in vollem Umfang akzeptiert hätten[424], zu weitgehend. Selbst in dem ursprünglichen Konzept ist vom Abt nicht als Landesherrn oder Landesfürsten die Rede, sondern als Herrn, was in den ritterschaftlichen Schreiben aus dieser Zeit immer mit Lehnsherr gleichgesetzt wird.

Daß der Abt allerdings weitergehende Implikationen mit dem Vertrag verband, wie natürlich auch mit der anvisierten endlichen Vergleichung, ist nicht zu bestreiten. Das belegt allein schon das der Ritterschaft abgerungene Versprechen, auf die Vorteile der Vereinbarungen von 1607, richtiger noch: von 1604, zu verzichten. Hier war den Adligen u. a. die Religionsfreiheit und die Pfarrbestellung zugestanden worden. Daß dies nun fortfiel, war dem katholischen Restaurator Johann Bernhard[425] vielleicht ein wichtigeres Zugeständnis als die formale Anerkennung seiner Landesherrschaft über den Adel, die er im übrigen ja im Umkehrschluß aus der Aufhebung der Religionsfreiheit der Ritter ableiten konnte. Auf der Verbindung der landesherrlichen Befugnisse zur Herstellung der Religionseinheit innerhalb eines Territoriums mit dem Anspruch und der Wahrnehmung quasi-bischöflicher Rechte, die vor ihm auch Johann Friedrich von Schwalbach und vor allem Balthasar von Dernbach praktiziert hatten, beruhten schon Johann Bernhards erste zaghafte Rekatholisierungsmaßnahmen im Jahre 1624[426]; sie sollten auch die Grundlage für das Vorgehen gegen die protestantischen Geistlichen in ritterschaftlichen Gebieten in den Jahren 1627 und 1628 bilden.

Zunächst aber interessierte die Ritterschaft mehr die Frage nach der Wirksamkeit des Vertrages auf dem Gebiet, das den eigentlichen Anlaß für seinen Abschluß geboten hatte. Doch sollten sich gerade hier die Erwartungen für die Unterzeichner des Vertrages nicht erfüllen. Zwar bemühte sich Abt Johann Bernhard mehrfach, Reichskontributions-Forderungen des kaiserlichen Kriegskommissars Johann Metzger in Frankfurt an einzelne Ritter abzuwenden, unter Hinweis auf die von diesen in Ausführung des Rezesses erbrachten Leistungen zur katholischen Bundeskasse[427], und um die Delogierung einquartierter Gruppen[428], doch letztlich ohne größeren Erfolg.

Die Enttäuschung der Ritter über diese Wirkungslosigkeit des Vertrages verband sich, wie bereits angedeutet, mit der Betroffenheit über die Auswirkungen der Vergleichung

424 So z. B. Körner, Kanton, S. 74.
425 Zu seinen Reformmaßnahmen innerhalb des Benediktinerordens und des weltlichen Klerus im Stift Fulda, zu der von ihm initiierten und die »Reformation« absichernden Visitation des Stifts durch den päpstlichen Nuntius Petrus Aloysius Carafa und den Widerständen gegen diese Reformen s. Komp, Johann Bernhard, S. 33–101; Richter, Reform; Ders., Einführung; Hil-pisch, Fürstabtei. Die von Carafa erlassenen Dekrete, die eines der wesentlichen Elemente für die Verfassungsentwicklung im Stift Fulda in der Frühen Neuzeit bilden, sind ediert von Richter, Statuta, S. 13–56 (einleitende Bemerkungen S. XXV–XXXII). Zur Visitation Carafas vgl. jetzt auch Nuntiaturberichte. Kölner Nuntiatur, VII/1 (Wijnhoven, Bearb.), S. 612f., 624f., 637, 640f., 648, 652–654, 660–662, 667, 670–673, 680f., 688. Zu den Auswirkungen der Reformpolitik Johann Bernhards s. auch S. 88, 192.
426 S. dazu Komp, Johann Bernhard, S. 40f.
427 Vgl. z. B. das Schreiben des Abtes vom 5. August 1627 an Wilhelm Balthasar von Schlitz gen. von Görtz, der eine Zitation Metzgers erhalten hatte: StAM 90a/533 (Cpt.).
428 So mußten z. B. die von Boyneburg hinnehmen, daß sich Ende 1627 eine halbe Kompanie kaiserlicher Reiter ihres Dorfes Gehaus bemächtigte und sich darin einquartierte – ungeachtet des vom Abt erteilten Testats, *das wir uns zu der catholischen Liga accomodiret, willig und gern zu derselben contribuiren wolten.* Der Fürstabt sah sich daraufhin veranlaßt, eine Kommission für gütliche Unterredungen mit den Militärs zu bilden, der Erhard Friedrich von Mansbach, Johann

auf religionspolitischem Gebiet. In seinen eigenen Anschauungen bestärkt durch die
Mahnungen des Nuntius Carafa, die Restauration der katholischen Kirche im Stift Fulda
endgültig und vollständig herbeizuführen, d. h. Kirchendirektion, geistliche Gerichtsbarkeit über die ritterschaftlichen Untertanen und auch Kirchenbesitz in der Hand des
Fürstabtes zu vereinigen, setzte Johann Bernhard im März 1628 16 katholische Priester
sowie katholische Schulmeister in evangelisch gewordenen ritterschaftlichen Orten
ein[429], z. T. im Einvernehmen mit dem geistlichen Ordinarius, dem Bischof von
Würzburg, der später in gleicher Weise gegen die Fränkischen Reichsritter und deren
protestantische Untertanen vorging[430]. Das Vorgehen des Abtes fügt sich nahtlos ein in
die Restaurationsmaßnahmen weiterer katholischer Reichsfürsten, die ihren entschiedensten Ausdruck im Restitutionsedikt Kaiser Ferdinands II. vom 6. März 1629 fanden,
welches die Rekatholisierung aller seit 1552 protestantisch gewordenen geistlichen Güter
gestattete[431]. Betroffen von den Maßnahmen des Abtes waren vor allem die Familien von
Buchenau, von Mansbach, von Schlitz gen. von Görtz, von der Tann, Riedesel, von
Trümbach, von Völkershausen und von Thüngen[432].

Friedrich von Buchenau, Johann Adolf von Hoheneck, Kapitular und Propst auf dem Petersberg,
und Bernhard Reinhard von Buchenau, Amtmann zu Fürsteneck, angehörten. Wilhelm Balthasar
von Schlitz gen. von Görtz und Dietrich von Schachten bemühten sich dagegen zu Anfang des
Jahres 1628 selbständig um eine Delogierung der bei ihnen einquartierten Soldaten und ließen sich
mit diesen auf folgenden Akkord ein: Zahlung einer dreiwöchentlichen Kontribution von 1320 fl.,
von denen 555 fl. sofort, die restlichen 765 fl. innerhalb von acht Tagen zu erlegen waren. Zur
Aufbringung dieser Summe sollten die gleichfalls betroffenen Familien von Buchenau, von
Mansbach, von Romrod zu Müs und von Trümbach zu Wehrda beitragen. Darüber kam es zu
Meinungsverschiedenheiten, die wiederum das Einschalten des Abtes zur Folge hatten. Diese und
andere Beispiele in: StAM 95/79; zu weiteren Einquartierungen s. auch Körner, Kanton, S. 73 f.
429 S. Anm. 432.
430 Ein Religionsmandat des Bischofs Philipp Adolf von Ehrenberg vom Juni 1628 befahl den
Protestanten im Bereich seiner landesfürstlichen und geistlichen Obrigkeit die Konversion binnen
Monatsfrist oder die Auswanderung; anschließend suchte er die ritterschaftlichen Pfarreien mit
Waffengewalt zu rekatholisieren. Hierbei handelte es sich, wie in Fulda, um den Versuch,
landesherrliche Rechte gegenüber den Rittern zur Geltung zu bringen – mit dem Unterschied
allerdings, daß die Reichsunmittelbarkeit der fränkischen Ritter kaiserlicherseits anerkannt war und
von diesem in der Folgezeit auch geschützt wurde. Bischof Philipp Adolf von Ehrenberg bestritt der
Ritterschaft die behauptete eigene Landesherrschaft und das Ius reformandi, welches er für sich
selbst aus der geistlichen Jurisdiktion und aus der Zentgerichtsbarkeit ableitete, die er über die
Reichsritter ausübte; dem von der Ritterschaft als Grundlage für die Ausübung des Ius reformandi
angeführten Ius patronatus und der Vogteiherrschaft maß er, ebenso wie Abt Johann Bernhard,
keine Bedeutung zu. Zu dem Vorgehen Ehrenbergs zusammenfassend: Deinert, S. 33–35;
umfassender jetzt: Soder v. Güldenstubbe; Schubert, Gegenreformationen. Zur gleichgearteten
Politik in Kurmainz und Kurtrier: Sender; Menk.
431 Das Edikt setzte den »geistlichen Vorbehalt«, jenen umstrittensten Artikel des Augsburger
Religionsfriedens, generell in Kraft und ordnete die Rückführung aller entfremdeten Bistümer und
Stifte zum Katholizismus an – was die Entwicklung im norddeutschen Raum rückgängig machen
sollte. Gestützt darauf suchte Abt Johann Bernhard 1630 auch die Erwerbung von zwei Dritteln der
Stadt, des Amtes und des Gerichts Vacha durch Hessen-Kassel im Vertrag von 1611 rückgängig zu
machen, und strengte einen Prozeß am kaiserlichen Hofe an (vgl. v. Rommel, VII, S. 155 f., VIII,
S. 67). Zum Restitutionsedikt s. Ritter, Ursprung; Tupetz. Zur Rolle Herzog Maximilians von
Bayern und seines Beichtvaters Adam Contzen SJ bei der Formulierung und Aufrechterhaltung des
Edikts s. Bireley, Maximilian, S. 73–145, zur Einflußnahme eines weiteren jesuitischen Beichtvaters, William Lamormaini, auf Kaiser Ferdinand II. in dieser Frage: Ders., Religion.
432 Vgl. Haas (Hg.), Chronikalische Aufzeichnungen, S. 37. Die Ereignisse in Völkershausen
sind dargestellt in der Notariatsurkunde vom 10. März 1628 über die Einführung der katholischen

Die Ritter waren natürlich nicht gewillt, das Vorgehen des Abtes hinzunehmen. Unter Berufung auf den Augsburger Religionsfrieden, der auf sie als Mitglieder der reichsfreien Ritterschaft Anwendung finden müsse, und auf den Vertrag von 1607 verlangten sie die Abberufung der katholischen Geistlichen. Es blieb nicht nur bei Erklärungen und beim einzeln geführten Widerstand der betroffenen Familien, auch wenn die von der Tann auf diese Weise die Entfernung des katholischen Pfarrers durch Entscheid des Reichshofrates vom 19. Oktober 1629 erreichten[433] – die ganze Ritterschaft rückte wieder enger zusammen; selbst die entschiedensten Befürworter eines Ausgleichs mit dem Stift, mit Wilhelm Balthasar von Schlitz gen. von Görtz an der Spitze, wandten sich nun gegen den Abt.

Zunächst beschlossen die Vertreter der betroffenen Familien am 27. März 1628 in Schlitz die Erhebung einer Anlage[434] sowie die Annahme eines Prokurators zu Speyer und zweier Advokaten[435], in der Absicht, ein *Mandatum sine vel cum clausula* des Reichskammergerichts auf die Gültigkeit des Religionsfriedens zu erlangen. Doch war hierzu der Nachweis der Reichsunmittelbarkeit der Ritterschaft zu führen. Deshalb wohl verfocht man schon bald das Ziel, das von der Gesamtheit der Ritterschaft angestrengte, aber seit Jahren ruhende Verfahren zur Erlangung der Exemtion vor dem Reichskammergericht wieder in Gang zu bringen, und versuchte, auch die anderen Mitglieder der Ritterschaft für dieses Vorhaben zu gewinnen[436]. Entscheidende Unter-

Konfession in der Parochie Völkershausen: (BÜFF,) Merkwürdige Actenstücke, Nr. 5, S. 99–106; Zusammenfassung bei DEMS., Verbreitung, S. 481 f.; Auszüge daraus bei KOMP, Johann Bernhard, S. 92–94. Zu den Vorgängen in Tann, wo die Einführung des katholischen Geistlichen erst im dritten Anlauf durchgesetzt werden konnte, s. die umfangreiche, von Cuntz von der Tann erarbeitete und zum Druck gegebene Dokumentation »Acta, In Sachen die Gewaltmässige Reformirung in dem Städtlen und Gericht Thann betreffendt«, Schmalkalden 1630 (gedruckt bei Wolfgang Ketzel), sowie die knappen Bemerkungen bei KOMP, Johann Bernhard, S. 94; KÖRNER, Kanton, S. 74; Akten in: StAM 95/1752, 95/1628. Zum Vorgehen gegenüber den Familien von Schlitz gen. von Görtz und Riedesel resp. den von ihnen berufenen Geistlichen s. HOTZ; SCHMIDT, Reformation; ZINN, S. 102–112; v. SCHLITZ GEN. v. GÖRTZ, S. 60 f.; ZSCHAECK, Riedesel, IV, S. 118–120. Zu den Vorgängen an anderen Orten s. auch StAM 95/1885; 109/402, 109/432; 109/863. Noch am 13. September 1631 ergingen Befehle des Abtes an die Ritter, daß sich ihre Diener binnen 14 Tagen zur katholischen Religion bekennen sollten. Vgl. StAM 92/660.
433 Zur Vorgehensweise einzelner Ritterfamilien s. KOMP, Johann Bernhard, S. 94 (von der Tann, von Völkershausen); KÖRNER, Kanton, S. 74 f. (von der Tann); BÜFF, Verbreitung, S. 483–485 (von Völkershausen); GOESSMANN, Beiträge, S. 380 f. (von Buchenau); v. SCHLITZ GEN. v. GÖRTZ, S. 60 f. S. daneben StAM 95/1752, 95/1628 (von der Tann); 95/103 (von Buchenau).
434 Kopien des Rezesses in: StAM 109/402; 109/863, fol. 26ʳ–28ʳ, 28ᵛ–30ᵛ; Extrakt des Rezesses in: StAM 109/454. Wilhelm Balthasar von Schlitz gen. von Görtz und Friedrich Wilhelm von Völkershausen wurden als Direktoren mit der Rechnungslegung beauftragt. Teilnehmerliste des Konvents bei TEUNER, Anhang, Nr. 22, S. 248.
435 Es handelte sich um Dr. Sigismund Haffner, um den Syndikus der Ritterschaft des Orts Rhön-Werra, Daniel Röder, und um den Syndikus der Reichsstadt Friedberg, Dr. Philipp Fabricius. Den beiden Letztgenannten wurde ein jährliche Bestallung 50 Rt., Kopiergeld nach der Reichskammergerichts-Ordnung und Reisegeld nach Bedarf bewilligt. S. Rezeß vom 20. Mai 1628 in Buchenau: StAM 109/402; 109/863, fol. 31ʳ–33ʳ (Kopien); Extrakt des Rezesses: StAM 109/454.
436 Am 21. Mai 1628, einen Tag nach der Versammlung in Buchenau, auf der der Beschluß zur Intensivierung des Exemtions-Prozesses gefaßt worden war, wurden u. a. Volpert Daniel von Schenck zu Schweinsberg, ein Verwandter des Fürstabts, fuldischer Hofkämmerer und Amtmann zu Bieberstein, und Bernhard Reinhard von Buchenau, fuldischer Amtmann zu Fürsteneck, um unverzügliche Stellungnahme zu diesem Vorhaben gebeten. S. StAM 95/107.

stützung versprach man sich daneben von den Fränkischen Reichsrittern[437], die tatsächlich beim Abt vorstellig wurden, aber eine Zurückweisung ihrer Argumente erhielten[438]. Im Gegenzug wurden die Buchischen Ritter natürlich wieder mehr auf die Unumgänglichkeit eines endgültigen Beitritts zum Ritterkanton Rhön-Werra, und nicht nur dessen bloße Proklamation, verwiesen.

Weitere Verbündete suchte man innerhalb wie außerhalb des Stiftes. Im Innern bot sich das Stiftskapitel an, dessen Kampf gegen die Reformatio Johann Bernhards, vor allem die Auflockerung des Versorgungsmonopols für Adlige durch die Aufnahme bürgerlicher Benediktinermönche aus St. Gallen in das Kapitel und durch angestrebte Gleichheit *inter nobiles et ingenuos seu plebeios*, auch nach der Visitation des Nuntius Carafa 1627 anhielt[439], und das seinerseits ebenfalls um Unterstützung warb. Johann Bernhards Reformmaßnahmen für Säkular- und Regularklerus[440], sein Infragestellen jahrhundertealter adliger Vorrechte, hatte sich mit seiner Ritterschafts-Politik und ihrer Implikation uneingeschränkter Landesherrschaft auch über diesen Stand nahtlos zusammengefügt. Ebenso nahtlos hätte sich der Widerstand dagegen zusammenschließen müssen, um erfolgverheißend zu sein; doch gab es hier sehr starke Vorbehalte. Kapitel und Ritterschaft verziehen einander nicht, daß die jeweils andere Seite geschwiegen und stillgehalten hatte, als sie der Abt einzeln überspielte. So wurden die gegenseitigen Unterstützungsgesuche sehr zurückhaltend behandelt. Die Ritter hatten von vornherein nur eine begrenzte Zusammenarbeit mit dem Kapitel vor Augen: Johann Bernhard sollte keineswegs seines Amtes enthoben werden, um den kaiserlichen Kommissaren keinen Ansatzpunkt zu einem noch schärferen Vorgehen gegen den Buchischen Adel zu ermöglichen[441]. Ein Indiz für die halbherzige Bereitschaft zu einem gemeinsamen Vorgehen war, daß die Ritter auf ein Schreiben des Kapitels vom 9. März 1630 erst am 17. Juni 1630 antworteten, obgleich das Konzept des Antwortschreibens schon im April erstellt worden war[442].

Auch wenn sich beide Seiten über die Sicherung des Adelsmonopols im Kapitel einig waren[443] und dank der Unterstützung durch Kaiser und Kurfürsten[444] eine Gleichstellung von adligen und bürgerlichen Kapitularen verhindern konnten, in der Sache der Ritterschaft hielt sich die Gemeinsamkeit in Grenzen. Als eine katholisch geprägte

437 Vgl. z. B. Abschied der Ritterversammlung in Buchenau vom 20. Mai 1628: StAM 109/402; 109/863, fol. 31ʳ–33ʳ.
438 Einzelheiten bei Teuner, S. 106–108.
439 Vgl. Komp, Johann Bernhard, S. 90; Richter, Reform.
440 S. Anm. 425.
441 Vgl. Teuner, S. 110.
442 Beide in: StAM 109/342.
443 Wie das Kapitel beriefen sich die Ritter in ihrer Ablehnung der Reformmaßnahmen des Abtes auf die Ablösung des anfänglichen *rigor* des benediktinischen Klosterlebens durch die Erhebung der Abtei zum Reichsfürstentum und die Ausübung weltlicher Hoheitsrechte durch den Abt, auf die Rolle von Dechant und Kapitel bei Vakanzen und als Abtswähler, auch auf ihr passives Wahlrecht, sowie auf die seit Jahrhunderten gültigen Statuten, die es alle nicht erlaubten, daß die Bestellungen von Kapitularen *sine respectu sanguinis* vorgenommen werden dürften. Unterstützung fand das Kapitel daher bei allen Reichsrittern – so richtete z. B. die Rheinische Ritterschaft am 26. Februar 1630 ein entsprechendes Gesuch an den Kaiser (Kop.: StAM 109/342). Die Reichsritter versuchten im übrigen, ein Exklusivrecht ihres Standes an den deutschen Domstiften durchzusetzen (s. dazu Veit, Stiftsfähigkeit).
444 Vgl. die bei Richter, Reform, S. 77–94, abgedruckten Urkunden.

Körperschaft hatten die Kapitulare die Restaurationspolitik gegen die protestantischen Ritter geduldet, als Landstand mußte ihnen sogar daran gelegen sein, daß die Ritter und ihre Untertanen einen Teil zum Unterhalt des Stifts, gerade in Krisenzeiten, beitrugen. So konnten beide Seiten keine gemeinsame Durchschlagskraft im Kampf gegen Johann Bernhard gewinnen. Entscheidendes Durchsetzungsvermögen vermochten auch die anderen Unterstützer der Buchischen Ritter nicht zu entwickeln[445].

So waren es dann die militärischen Ereignisse der Jahre 1630/31 – das Eingreifen der Schweden in den Krieg und ihr siegreiches Vordringen bis nach Franken –, die die Ritterschafts-Politik Johann Bernhards zum Scheitern brachten.

e. *Vergebliche Reichsunmittelbarkeitsbestrebungen der Ritterschaft während der Besetzung des Stifts durch Hessen-Kassel (1631–1634)*

Die Chance für die Ritterschaft, die Trennung vom Stift zu erreichen, besserte sich mit den kriegerischen Ereignissen der Jahre 1631/32: der Besetzung des Stifts durch Hessen-Kassel im Namen König Gustav Adolfs von Schweden, der nach seinem Sieg über das kaiserliche Heer in der Schlacht bei Breitenfeld (17. September 1631) in das Herz Deutschlands vordrang und dabei seinen Verbündeten geistliche Fürstentümer für ihre geleistete Waffenhilfe anwies[446], und der anschließenden aktiven Teilnahme Abt Johann Bernhards am Kriegsgeschehen, die ihn zum Verlassen des Stiftsgebietes zwang[447]. Wie

445 So z.B. die Abgesandten der gesamten Reichsritterschaft in Franken auf den Konferenzen kurfürstlicher Delegierter in Regensburg im August 1630. Ihr Memoriale ist abschriftlich überliefert in: StAM 109/342; Zusammenfassung und Interpretation dieses Dokuments bei Teuner, S. 112–116. Zum Kurfürstentag s. Altmann, Regensburger Kurfürstentag.
446 Zur Besetzung des Stifts und der zweijährigen hessen-kasselischen Herrschaft unter schwedischer Oberhoheit s. Komp, Johann Bernhard, S. 104–110, 121–132; Scherer; Brunner, Kirchliche Verwaltung; sowie die bereits mehrfach erwähnten chronikalischen Aufzeichnungen des Gangolf Hartung. Zur Einsetzung der hessischen Regierung in Fulda und der Huldigungseinnahme vgl. die Aktenüberlieferung in: StAM 4f Fulda/354; 4f Fulda/294 – s. hier besonders die ausführlichen Berichte des hessen-kasselischen Kommissars Dr. Johann Antrecht an Landgraf Wilhelm V. vom 1. und 2. März 1632: StAM 4f Fulda/294, fol. 1ʳ–4ʳ, 6ʳ–10ʳ, sowie die Erklärungen der Kapitulare auf das Ansuchen der hessischen Regierung vom 2. März 1632: ebd., fol. 26ʳ–28ʳ, auch in: HHStAW 124 kl. Reichsstände. Fulda, I, fol. 26aʳ–26bʳ (Kop.) sowie StAM R II, Kapitulare, 1632 Febr. 25/15 (Orig.). Nach eingehenden Verhandlungen leisteten das *iuramentum subiectionis* am 27. Februar 1632 die Angehörigen der Kanzlei, die Amtleute und Amtsvögte, am 1. März 1632 Unterschultheiß, Rat, Bürgermeister und Bürger der Stadt Fulda. Die Kapitulare verweigerten die Ablegung des *iuramentum subiectionis*, leisteten aber am 2. März 1632 das Handgelöbnis. Dagegen wurde von den Rittern zu diesem Zeitpunkt offenkundig keine Huldigung verlangt. – Zur Person Gustav Adolfs von Schweden s. v. a. die zweibändige Biographie von Roberts, Gustavus Adolphus; Ders., Political Objectives; sowie jetzt Barudio. Zur Person und Politik seines wichtigsten Beraters und politischen Erbhalters Axel Oxenstierna s. Rommel, VIII, S. 133f., 183–186, 257–262, 452f.; Keim; v. Geyso, Schwedenfreundliche Politik; Altmann, Landgraf Wilhelm V. Landgraf Wilhelm V. war einer der ersten und wichtigsten, da zuverlässigen Bündnispartner Gustav Adolfs. Zum Abschluß der schwedisch-hessischen Allianz am 12. August 1631, bei der die Motive der beiden Partner für ein Vorgehen gegen den Kaiser deutlich ausgesprochen wurden – Schutz der Protestanten, Wiederherstellung des alten Zustands und der Rechtsverhältnisse im Reich – und Gustav Adolf vom Landgrafen als oberster Schutz- und Kriegsherr, als *dominus directus* anstelle des Kaisers, anerkannt wurde, s. v. Geyso, Schwedenfreundliche Politik, S. 482–489; Barudio, S. 497–501.
447 Fürstabt Johann Bernhard, der im Heer seines Freundes Tilly kämpfte, fiel – ebenso wie Gustav Adolf – in der Schlacht bei Lützen am 16. November 1632. S. dazu Richter, Augenzeugenberichte.

die durch die gegenreformatorischen Maßnahmen der Bischöfe von Würzburg und
Bamberg im Gefolge des Restitutionsediktes bedrohten Fränkischen Reichsritter[448]
hatten die Buchischen ihre Hoffnungen auf den Schwedenkönig gerichtet. Gustav Adolf
von Schweden hatte auch am 16. Oktober 1631 allen Mitgliedern der Reichsritterschaft in
Franken *specialschutz, schirm, protection und salvaguardia* zugesichert, sie als unmittelbaren Stand und Mitglied des Reiches anerkannt und ihre Religionsfreiheit bestätigt[449].
Darin und in die vom schwedischen König am 30. Oktober 1631 mit der Fränkischen
Reichsritterschaft ausgehandelte Beihilfe[450] fühlte sich die fuldische Ritterschaft einbezogen – auch wenn sie ihren Zahlungsverpflichtungen erst nach mehrfacher Aufforde-
rung nachkam[451]. Gustav Adolf selbst trug den Ansprüchen des fuldischen Adels
Rechnung, indem er in einem Spezialvertrag die Buchischen Ritter der Fränkischen
Reichsritterschaft zuwies und ihnen Abgabenfreiheit gegenüber dem Stift zugestand[452].
    Daher stieß die Absicht Landgraf Wilhelms V., dem Gustav Adolf später, am 8. März
1632, das Stift Fulda schenkte, die Ritter in die wöchentliche Kriegskontribution des
Landes (4000 fl.) einzuziehen, sofort auf entschiedenen Widerstand, der von der
gesamten Reichsritterschaft in Franken unterstützt wurde[453]. Auch die schwedische
Regierung stellte sich auf die Seite der Ritter und nahm somit im Streit zweier ihrer
Bündnispartner Partei für den Schwächeren. Ein Schreiben von Statthalter und Kanzler
an den Landgrafen vom 14. November 1631[454] zeigt, daß die Schweden sich die
Argumentation des Buchischen Adels über seine verfassungsrechtliche Stellung zum Stift
und seine Zugehörigkeit zur Reichsritterschaft zu eigen gemacht hatten[455]. Unter

---

448 Die Gegenreformation »hatte gerade gegenüber den Reichsrittern ihre größten Erfolge
errungen« (WEBER, Würzburg, S. 80).
449 Kopie: StAM 4f Fulda/353. Zur Politik Schwedens gegenüber den Reichsrittern s. DEINERT,
S. 63–66; WEBER, Würzburg, S. 59–63.
450 In dem Akkord vom 30. Oktober 1631 verpflichteten sich die Reichsritter in Franken u. a.,
monatlich 4000 Rt. zu zahlen und 1100 Musketiere anzuwerben und zu unterhalten. S. LOOSHORN,
VI, S. 164; DEINERT, S. 64f. Vgl. auch das Schreiben von Hauptmann, Räten und Ausschuß des
Kantons Baunach an die Buchischen Ritter, Würzburg, 30. Oktober 1631, in dem diese und weitere
(kleinere) Zahlungen aufgelistet werden (Kopie in: StAM 109/513, fol. 14).
451 Die monatlichen Abgaben der Buchischen Ritterschaft wurden nach einem (z. T. mehrfach
modifizierten) Schlüssel auf die einzelnen Rittergeschlechter umgelegt. Die erste Zahlung an den
Ritterkreis erfolgte nach einem Konventsbeschluß vom 20. November 1631; für die vorher, ab dem
22. Oktober, entstandenen Kosten wurde eine einmalige Leistung von 800 Rt. – ebenfalls anteilig
auf die einzelnen Rittergeschlechter umgelegt – bewilligt. S. StAM 109/863, fol. 52ᵛ–55ʳ, 56ᵛ–58ᵛ
(Kopien des Abschieds); TEUNER, S. 119 mit Anlage Nr. 25, S. 249f.
452 Vgl. das Schreiben von Statthalter und Kanzler der Schweden an Landgraf Wilhelm V. von
Hessen-Kassel, Münnerstadt 14. November 1631, in: StAM 109/513, fol. 15ʳ–20ᵛ (3 Kopien).
453 Dem Landgrafen gegenüber verwies diese auf die *uralte* Reichsunmittelbarkeit der Buchischen
Ritter und ihre Zugehörigkeit zum Ritterkanton Rhön-Werra, die erst in den letzten Jahren von den
fuldischen Äbten in Landsässigkeit umzuwandeln versucht worden sei, wobei die Ritter jedoch an
der beanspruchten Reichsunmittelbarkeit festgehalten hätten. Vgl. Brief der Ritterschaft in Franken
an Landgraf Wilhelm V., Münnerstadt 14. November 1631 (Orig.): StAM 4f Fulda/353.
454 S. Anm. 452.
455 Die *uralte* Reichsunmittelbarkeit des Buchischen Adels und seine Zugehörigkeit zum Kanton
Rhön-Werra der Fränkischen Ritterschaft sei erst seit den *neulichsten jahren hero mit einer
anmaßentlichen superioritet und landtsfürstlichen hoheit dem Heiligen Reich zu unleidlichem
abbruch understanden und mit lauteren eigenmechtigen gewalt eine zeithero durchtrungen.*

Hinweis auf die von der Fränkischen Ritterschaft dem schwedischen König bewilligte Abgabe, in die der Buchische Adel einbezogen sei, welcher nicht doppelt belastet werden könne, und auf den Spezialvertrag zwischen König und Buchischer Ritterschaft, nach welchem die Ritter von Abgaben an das Stift *sonderbar exceptuirt, eximirt und gefreyet* seien, wurde Landgraf Wilhelm V. angehalten, dem fuldischen Adel die Kontributionsanlage zu erlassen. Die von der hessischen Regierung am 19. November 1631 erneut geforderte Anlage wurde von der fuldischen Ritterschaft vier Tage später mit den auch von den Schweden vorgetragenen Begründungen wiederum abgelehnt[456]. Mit den gleichen Argumenten sperrte man sich auch in den folgenden Jahren gegen die Kontributionsforderungen[457].

Die vom Landgrafen schon vor der Donation eingesetzte hessische Regierung in Fulda allerdings fühlte sich weniger an die Zusagen Gustav Adolfs an die Ritter gebunden, sondern aufgrund der vom schwedischen König *ohne einige exemption oder exception* erlangten Überlassung des Stifts Fulda *mit aller hoheidt, regalien und gerechtigkeiten* als Rechtsnachfolger der fuldischen Äbte. Nach den allgemeinen Rechtsregeln und nach der Reichsverfassung müsse *ein jeder in dem landt er gesessen, daß seine versteuern.* Die Buchischen Ritter hätten diesem Grundsatz in den vergangenen Jahren immer Rechnung getragen – dabei solle es bleiben[458].

Der Landgraf, der nach der endgültigen erblichen Übertragung Fuldas am 12. Juni 1633 den Titel eines Fürsten in Buchen annahm, und die von ihm nach Fulda abgeordneten Statthalter, Kanzler und Räte gaben sich gegenüber den Vorstellungen der Ritterschaft nach außen hin zwar immer verständnisvoll und entgegenkommend, blieben in der Sache aber entschieden ablehnend. Die Regierung erklärte z. B. auf mündliche Vorhaltungen einer Gruppe von Rittern[459] am 11. September 1632 und deren Bittschrift vom 23. September 1632, ihre Freiheiten nicht ebenso zu beschneiden wie früher die Fürstäbte, sie hoffe, keinen Anlaß zu Beschwerden zu geben, und verwies auf ihre Bereitschaft, bei berechtigten Klagen Änderungen vorzunehmen[460]. Der Landgraf selbst versicherte, unter Bezug auf die genannte Eingabe der Ritterschaft und eine weitere vom 22. Oktober 1632 (wegen der von ihren Hintersassen geforderten Landkontribution), daß er die Rechte der Ritter keinesfalls beeinträchtigen wolle; er erwartete von diesen aber auch, daß sie ihm an seiner landesfürstlichen Obrigkeit nichts zu entziehen versuchten[461]. Das bedeutete konkret, daß er an der Landsässigkeit der fuldischen

---

456 Vgl. Schreiben vom 23. November 1631 an die hessischen Räte: StAM 95/78 (Orig.); StAM 109/513, fol. 22 (Kop.).
457 Vgl. z. B. Protest des Kaspar Adolf von der Tann vom 26. Oktober 1632: StAM 4f Fulda/361 (Orig.).
458 Schreiben des Kanzlers Dr. Wilhelm Burkhard Sixtinus an Kaspar Adolf von der Tann vom 18. September 1632: StAM 109/513, fol. 56ʳ–57ᵛ (Kop.); StAM 4f Fulda/361 (Cpt.).
459 Namentlich genannt werden Wilhelm Friedrich von Völkershausen, Dietrich von Schachten, Johann Friedrich von Buchenau (Amtmann zu Fürsteneck), Kaspar Adolf von der Tann, Lukas von Ebersberg gen. von Weyhers.
460 *Allgemeine erinnerungspuncten* der Regierung vom 12. Oktober 1632, Nr. 8 (Orig. mit Randbemerkungen des Landgrafen): StAM 4f Fulda/365, fol. 23ᵛ–24ʳ.
461 Vgl. sein Schreiben an die Ritter und ihren Ausschuß, Kassel, 8. November 1632 (Cpt.): StAM 4f Fulda/338. Auch gegenüber dem Statthalter Urban von Boyneburg beschrieb er am 17. November 1632 in Spangenberg die gegen die Ritterschaft einzuschlagende Linie mit: Festhalten am Herkommen, gleichwohl zurückhaltendes Vorgehen. Vgl. StAM 4f Fulda/376.

Ritterschaft festhielt und die Lieferung der Steuern an die Obereinnahme in Fulda als unerläßliche Konsequenz seiner Herrschaft betrachtete. Da die hessische Ritterschaft landsässig war und nur einzelne Mitglieder mit ihren außerhalb der Landgrafschaft gelegenen Gütern dem Corpus der Reichsritterschaft zugehörig waren, überraschen seine Stellungnahme und seine Politik keineswegs.

Die Buchischen Ritter andererseits wurden immer stärker in den Fränkischen Ritterkanton Rhön-Werra eingebunden. Die 1613 proklamierte Einverleibung der Buchischen Matrikel in die des Kantons wurde durch die seit November 1631 auf ihrer Grundlage geleisteten Beistandszahlungen verbindlich; die Bereitschaft des Buchischen Adels, die Rittertage des Kantons zu besuchen, nahm zu. Schließlich wurde der Direktor der Buchischen Ritterschaft, Friedrich Wilhelm von Völkershausen, 1632 gar zum Ritterhauptmann des Orts gewählt[462] – an seiner Stelle übernahmen Wilhelm Balthasar von Schlitz gen. von Görtz und Dietrich von Schachten als Ritterräte der Buchischen Ritterschaft (in diese neugeschaffenen Ämter wurden sie durch den Ritterkonvent vom 11. September 1632 gewählt) die Vertretung des fuldischen Adels nach außen[463]. Die Buchischen trugen den achten Teil zu den Kriegskosten des Kantons bei und stellten einen noch größeren Anteil an Rekruten und Soldaten, die für das schwedische Heer aufzustellen waren. Ihre endgültige Aufnahme in den Kanton schien sich auf dem Ortstag am 14. Januar 1633 zu Ostheim v. d. Rhön zu verwirklichen. Hier wurde das Buchische Quartier innerhalb des Kantons (neben dem Hennebergischen, dem Saale- und dem Main-Quartier) zum ersten Male seit 1613 wieder aufgeführt und (im Zusammenhang damit) bei der Institutionalisierung je eines Ritterrates für die einzelnen Quartiere – die als Verbindungsglied zwischen der kantonalen Führung, dem Ritterhauptmann, und den Quartiersmitgliedern agieren und die auf Quartiersebene anfallenden Probleme selbständig entscheiden sollten – mitbedacht; als Ritterrat für das Buchische Quartier wurde Wilhelm Balthasar von Schlitz gen. von Görtz anerkannt[464]. Das abschließende Zirkular aber unterschrieben die Buchischen nicht[465]. Dennoch trug der fuldische Adel uneingeschränkt die Politik des Ritterkantons mit, bekräftigte vor allem das Bündnis mit den Schweden[466].

---

462 MADER, II, S. 539; StAM 109/863; 109/851; 109/92.

463 StAM 109/863, fol. 58ʳ-60ᵛ.

464 Vgl. StAM 109/92; TEUNER, S. 121–123.

465 KÖRNER, Kanton, S. 78.

466 Als die Reichsritterschaft am 25. April 1633 dem vom schwedischen Kanzler Oxenstierna mit den protestantischen Verbündeten Schwedens in Oberdeutschland aufgerichteten Heilbronner Bund beitrat und sich dabei zu umfangreicher finanzieller und personeller Hilfeleistung – gegen Zusicherung der Immedietät – verpflichtete, befand sich unter den neun Rittervertretern auch der Hauptmann von Rhön-Werra und ehemalige Direktor der Buchischen Ritterschaft Wilhelm Friedrich von Völkershausen (zum Heilbronner Bund, der schwedische Hegemonie und Kriegsführung mit Elementen der Reichsverfassung in Einklang zu bringen versuchte, s. KRETZSCHMAR; GOETZE, Politik, S. 91–146). Der Beitritt wurde vom Konvent der Buchischen Adligen am 25. Mai 1633 in Geisa ausdrücklich gebilligt (StAM 109/863, fol. 65ʳ–67ʳ [Kop. des Abschieds]). S. dazu, zu den Bedingungen der Heilbronner Verträge für die Ritter und zu den Schwierigkeiten des Kantons Rhön-Werra, die versprochenen Beiträge aufzubringen, die im Versuch mündeten, eine neue Matrikel aufzustellen, TEUNER, S. 123–127. – Ebenso stützten die Buchischen Ritter den Versuch des Herzogs Ernst von Sachsen-Weimar, Statthalter seines Bruders Bernhard, einen einheitlichen Herrschaftsverband in Franken durch Zusammenfassung der Hochstifter Würzburg und Bamberg und der ritterschaftlichen Gebiete aufzurichten (zu den Bestrebungen der Brüder s. DEINERT, S. 163–189; WEBER, Würzburg, S. 82–95).

In mannigfaltiger Weise sahen sich die Ritter in dieser Zeit mit dem Anspruch Landgraf Wilhelms V. konfrontiert, als Rechtsnachfolger der Fürstäbte, kraft Kriegsrecht[467] und Donation durch Gustav Adolf, die volle Souveränität[468] und uneingeschränkte Landesherrschaft *(ius superioritatis)* zu besitzen und diese auch gegenüber der Ritterschaft mit aller Konsequenz zur Anwendung zu bringen. Die Zugehörigkeit der Buchischen zum Ort Rhön-Werra der Reichsritterschaft in Franken wurde rundweg bestritten – in genauer Kenntnis der stiftischerseits überlieferten Akten. Überdies amtierte in Fulda nun mit Wilhelm Burkard Sixtinus ein Kanzler, der als ehemaliger Syndikus der Ritterschaft in Franken die Verhältnisse und die Argumentation, vornehmlich ihre Schwächen, genau kannte[469]. Auch Gustav Adolf habe den Buchischen Rittern die beanspruchten Rechte nicht erteilt; und selbst wenn er dies vor der Donation getan hätte, so wären seine Zusicherungen durch die nachfolgende Schenkung des Stifts und Fürstentums mit dem *ius superioritatis, tam in saecularibus quam in spiritualibus* an Landgraf Wilhelm überholt[470].

Die unterschiedlichen Auffassungen von Landesherr und Ritterschaft zeigten sich vor allem in folgenden Fragen: Rechtmäßigkeit der geforderten Kriegsanlagen und Einquartierungen; Umfang der Jurisdiktionsbefugnisse und Herrschaftsrechte der Ritterschaft in weltlichen und geistlichen Angelegenheiten; Lehensverbündnis. Sie sollen im folgenden kurz beleuchtet werden.

Die Frage der Kontributionen und Einquartierungen war dabei für die Buchische Ritterschaft, wie für die übrigen Einwohner des Stifts[471], die bedrückendste.

---

467 Dieses hatte der Niederländer Hugo Grotius in seiner Schrift »De jure belli ac pacis libri tres« (Paris 1625) systematisiert. Auf ihn berief sich neben Gustav Adolf von Schweden, der den Gedanken des Grotius allgemeine Anerkennung verschaffen wollte, auch Landgraf Wilhelm V., denn Grotius gestattete in eroberten Gebieten die Ausübung der höchsten Macht. Allerdings galt Grotius – wie übrigens auch Gustav Adolf – der Krieg als letztes Mittel zur Durchsetzung des wichtigsten politischen Zieles: Frieden in vertraglicher Sicherheit; »der Feind wird hier nicht zu einem Vernichtungsobjekt, sondern zu einem Vertragsobjekt.« (BARUDIO, S. 333; s. auch S. 493). Zur Lehre des Grotius s. VAN VOLLENHOVEN; zur Bedeutung der Grotius-Schrift für Gustav Adolf s. DEINERT, S. 132–135.
468 Die Inanspruchnahme der Souveränität war Ausdruck der Ablehnung der Oberhoheit des Kaisers. Das gleiche läßt sich später auch in den Streitschriften über das Recht der Kurfürsten von Brandenburg, den preußischen Königstitel anzunehmen, beobachten. S. die Zusammenstellung bei WILLOWEIT, Rechtsgrundlagen, S. 168, Anm. 186.
469 Vgl. StAM 109/937.
470 Antwort von Statthalter, Kanzler und Räten zu Fulda vom 28. Oktober 1633 auf das Schreiben von Direktor, Hauptleuten und Räten der Ritterschaft in Franken vom 2. September 1633 (Cpt.): StAM 4f Fulda/637, fol. 86ᵛ–87ᵛ. Auch Gustav Adolf beanspruchte für die von ihm eroberten und besetzten Gebiete das *ius superioritatis* – bei ihm verband sich der Begriff aber nicht mit dem Territorium, wie bei dem Landgrafen, sondern mit dem Majestäts-, also dem kaiserlichen Gedanken. S. dazu EGELHAAF, S. 103f.; DEINERT, S. 142–150.
471 Daß sich die Lasten ins Unerträgliche steigern konnten, macht der Bauernaufstand im Juni/Juli 1632 in den Ämtern Rockenstuhl, Hünfeld, Mackenzell deutlich. Dieser wurde durch die Zusammenschlagung eines Bauernhaufens am 5. Juli 1632 bei Hünfeld beendet – dabei wurden von 800 Bauern 500 *niedergemacht* (s. Bericht des Johann Friedrich von Buchenau an den hessischen Rat Reinhard Scheffer, Buchenau 6. Juli 1632: StAM 4f Fulda/312, fol. 9 [Orig.]; weitere Nachrichten ebd. Vgl. auch KOMP, Zweite Schule. S. 46; PRALLE, Fuldas Geschicke, S. 102). Angesichts der Höhe der Kontributionsforderungen in den Ämtern auch nach dieser Erhebung blieb die Aufstandsgefahr virulent; vgl. *Allgemeine erinnerungspuncten* der Regierung vom 12. Oktober 1632, Nr. 7: StAM 4f Fulda/365, fol. 23r. – Zur Beschwerung der Stadt Fulda wegen hoher

Um diese Belastungen abzuwenden, brachten die Ritter vor, daß sie dem Heilbronner Bund zwischen Schweden und den oberdeutschen Reichsständen, auch der Reichsritterschaft, beigetreten seien und die Kontributionen für das schwedische Heer in die Fränkische Kreiskasse nach Nürnberg zahlten. Auch die Zusicherung der ritterschaftlichen Rechte durch Gustav Adolf und den Reichskanzler Axel Oxenstierna sprächen gegen eine Lieferung von Kontributionen an die hessische Regierung in Fulda[472].

Letztere argumentierte dagegen auf mehreren Ebenen: Die Unterstützung der evangelischen Sache und die Entlastung der übrigen Untertanen des Stifts erfordere ritterschaftliche Steuerleistungen. Das Stift und Fürstentum Fulda sei mit allen seinen eingesessenen Personen aus Adel, Bürgertum und Bauernstand vom schwedischen König nach der Okkupierung zu Kontribution und Einquartierung angewiesen worden, was nach der Donation an Hessen erst recht verbindlich sei[473]. Der Landgraf habe sich von Anfang an mit dem König von Schweden zum Besten der evangelischen Sache verbunden, auf seine Kosten eine Armee aufgestellt, diese auch noch verstärkt und deswegen größere Anlagen und Kontributionen von seinen Fürstentümern und Ländern nötig. Selbst seine Erblande habe er nicht davon verschonen können. Die Hoffnung indessen, daß die Buchischen Ritter mit ihren Hintersassen dem Landgrafen unter die Arme greifen und damit für dessen Untertanen die Last der Abgaben etwas erleichtern würden, hätte sich bisher nicht erfüllt; dennoch führe für die Ritter als Landsassen kein Weg aus dieser Verpflichtung[474]. In Verbindung damit wurde die Tradition hervorgehoben, nach der die Buchischen Ritter vor der kriegerischen Unterwerfung bei Reichs-, Kreis- und Landsteuern ihre Quote in die gemeine Rittertruhe zu Fulda eingeworfen hätten, auch an der Einnahme der Gelder durch Vertreter beteiligt gewesen seien; niemals hätten sie offiziell als Gesamtheit, allenfalls einige heimlich, in die Rittertruhe des Orts Rhön-Werra eingeworfen[475].

Die Regierung bestritt auch nicht, daß die Buchischen Ritter dem Heilbronner Bund einverleibt und ihre Soldaten der Armee Bernhards von Weimar unterstellt seien, und daß sie ihre Kontributionen in die Fränkische Kreiskasse nach Nürnberg geliefert hätten. Doch hätten die Ritter in diesem Falle *die rechnung gahr hinter dem wirt gemacht.* Wunschvorstellungen könnten die wahren Pflichten nicht ersetzen: Eroberung und Überlassung des Stifts Fulda mit allen Einwohnern, auch der adligen Ritterschaft, seien vor dem Abschluß des Heilbronner Bundes erfolgt. Alle Hoheit, Regalien und Gerechtigkeiten, die Kaiser und Reich sowie die Äbte über die Ritterschaft hatten, gebrauche

---

Kriegslasten und soldatischer Ausschweifungen im April 1632 s. StAM 4f Fulda/297. Weitere Klagen der Untertanen vom Januar 1634 in: StAM 4f Fulda/638. Eine Befreiung von Einquartierungen erreichte man fuldischerseits (d. h. Kapitulare, fürstliche Beamte und Städte) durch einen Vergleich mit dem schwedischen Gesandten Hermann Wolff am 6. August 1632 – auf Kosten weiterer wöchentlicher Kontributionen und Fruchtlieferungen (Kopie des Vergleichs in: StAM 4f Fulda/320).

472 Schreiben der Reichsritterschaft in Franken an die hessische Regierung in Fulda vom 2. September 1632 (Orig.): StAM 4f Fulda/637, fol. 80ʳ-83ʳ, hier: 82.

473 Antwort der Regierung vom 18. Oktober 1633 (Kop.): StAM 4f Fulda/637, fol. 86ʳ-97ʳ, hier: 88.

474 Aufforderung der Regierung in Fulda an die Buchische Ritterschaft zum Lehnsempfang und zum Beitrag zu den Kriegskontributionen vom 19. März 1633 (Cpt.): StAM 4f Fulda/479, fol. 2ᵛ-3ᵛ.

475 S. Anm. 473.

nun der Landgraf *souverainement* und könne sich ihrer überhaupt nicht begeben. Die Ritterschaft könne sich nicht eximieren – der König von Schweden (in seiner quasikaiserlichen Rolle) habe sie an diesen Ort gewiesen. Und nach der Vereinbarung mit Gustav Adolf habe der Landgraf das Recht, zum Unterhalt seiner Armee Land und Leute nach seinem Gefallen mit Steuern zu belegen.

Im übrigen laufe es für Schweden zwar auf eines hinaus, ob die Ritterschaft ihre Kontributionen nun nach Fulda und damit zum Oberrheinischen Kreis oder in die Kasse des Fränkischen Kreises nach Nürnberg entrichte, dem Landgrafen aber gingen diese Beiträge ab, da nur ein Teil der Kontributionen an die Schweden weitergeleitet wurde. Auch würde sich Herzog Bernhard mit den Kontributionen der Fränkischen Ritter bescheiden; schon einmal habe er auf den Landgrafen Rücksicht genommen und auf diesem zugedachte Abgaben verzichtet, als Stadt und Amt Hammelburg in die Anlage des Fränkischen Kreises einbezogen werden sollten. Er könne auch jetzt *der adligen Ritterschaft in Buchen wenig aufbringende contribution gern fahren* lassen[476] – eine überraschende Aussage über die Höhe der Kontributionen, die, wäre sie korrekt, die Bemühungen des Landgrafen und der hessischen Regierung in Fulda nicht zu erklären vermöchte.

Als Eingriff in ihre Jurisdiktionsbefugnisse betrachtete die Ritterschaft die Erteilung von Schutzbriefen an *verbrechende untertanen* im Gericht Schlitz durch die hessische Regierung in Fulda, während die Regierung diese Maßnahme mit dem Schutz der Bürger vor unrechtmäßiger Gewalt des Schlitzer Gerichtsjunkers rechtfertigte. Die landesfürstliche *superioritas* diente als Rechtsgrundlage: Vor den Landesherrn gehörten alle Appellationen; die niedere Gerichtsbarkeit, als die eigentliche Befugnis der Gerichtsjunker würde dadurch nicht beeinträchtigt[477]. Infolge der Superiorität erwarteten Landgraf und Räte auch, daß die Ritterschaft, wie zu Zeiten der Äbte, auf der Kanzlei in Fulda Recht suchen und erhalten wolle[478].

Die Herrschaftsrechte über ihre Hintersassen fühlten die Ritter durch die Zitierung dieser ihrer erbgehuldigten Untertanen zur Huldigung für Landgraf Wilhelm verletzt. Als Beispiel wurden hier die Untertanen des Philipp Kaspar von Thüngen zu Windheim, Eckardsbrunn und Völkersleier genannt, die niemand anderem als dem von Thüngen zu Huldigung oder Landespflichten verbunden seien. Die Regierung wies demgegenüber darauf hin, daß nicht nur der Landgraf seinen Räten, sondern auch der schwedische Reichskanzler Oxenstierna dem Gesandten Wolff Kommission erteilt habe, in beider Namen die Erb- und Landhuldigung im gesamten Stiftsgebiet einzunehmen. Daß Philipp Caspar von Thüngen seine dazu beschriebenen Leute am Erscheinen gehindert habe, beruhe auf keinerlei Rechtsgrundlage, seine Untertanen könnten sich der Huldigung von Rechts wegen nicht entziehen. Es können *einerley unterthanen zweien herren wohl huldigungspflichten, zu eines jeden rechten, leisten, also das beiden ihre jura conserviret werden*[479].

Aus der Landsässigkeit der Ritter und ihren Lehensbindungen an das Stift Fulda erwuchsen nach Auffassung der hessischen Seite konkrete Herrschaftsrechte des Landes-

---

476 StAM 4f Fulda/637, fol. 92^r–94^v.
477 Ebd., fol. 88^v–89^r.
478 Vgl. *Specialpuncten, so beim h. reichscantzlar Ochsenstern zu negociiren*, Nr. 4 (Orig.): StAM 4f Fulda/474.
479 StAM 4f Fulda/637, fol. 89.

fürsten über die ritterschaftlichen Untertanen. Diese Rechte waren zwar nicht von gleicher Qualität wie die über die eigenen Untertanen – die grundherrlichen und niedergerichtlichen Rechte der Ritterschaft wurden nicht negiert –, aber sie verpflichteten doch die Hintersassen und *subditi* als Erbuntertanen des Stiftes zu Erb- und Landhuldigung sowie zu Folge und Schatzung[480]. Die Übereinstimmung dieser landesherrlichen Position mit der der Fürstäbte seit Balthasar von Dernbach ist auffallend!

Die Ritter selbst wurden bemerkenswerterweise nicht eigens zur Huldigung beschrieben – im Gegensatz zu allen anderen Bevölkerungsgruppen, sogar den adligen Stiftskapitularen[481] –, wohl weil sie ihre Pflichten gegenüber der Landesherrschaft anläßlich der Belehnung ablegen sollten. Dagegen leisteten einige Ritter in ihrer Eigenschaft als Amtleute des Stifts das *iuramentum subiectionis*[482].

Ihre hergebrachten Rechte in R e l i g i o n s f r a g e n sahen die mehrheitlich dem orthodoxen Luthertum anhängenden Ritter, die sich noch vor der Einnahme des Stifts durch Schweden und Hessen-Kassel auf dem Ritterkonvent vom 20. November 1631 auf die Ausübung des *ius reformandi* und die Einsetzung evangelischer Prediger verständigt hatten[483], durch die auf die Einführung des Calvinismus im besetzten Stiftsgebiet zielenden Maßnahmen der hessischen Regierung[484] beeinträchtigt. So waren z. B. den beiden Pfarrern der Haunischen Erben[485] zu Burghaun und Rothenkirchen zwei Reverse zur Unterschrift vorgelegt worden, nach denen sie sich dem Konsistorium in Kassel in allen Fragen unterwerfen sollten und den niederhessischen Kirchenagenden zugewiesen wurden[486]. Dies geschah nach Darstellung der Regierung aufgrund des Kollationsrechtes, das der Landgraf gemeinsam mit den Haunischen Erben ausübe, und darüberhinaus auf der Grundlage des landesfürstlichen *ius episcopale*. Die Verpflichtung auf die angeblich schon vorgefundene (!) hessische Kirchenordnung erfolgte schließlich auch im Interesse der Religionseinheit, denn es würde *zu unversöhnlichen zweispalt und trennung in religionssachen, aufwickelung und rebellion auflaufen, wenn man einem jeden nach seinem gefallen uff der cantzel zu lästern, zu toben und fulminiren undt einem jeden ein besonders consistorium undt kirchenordnung in seinem distructu zu halten undt einzuführen* zugestehen wolle[487].

480 Ebd., fol. 95ʳ–96ʳ.
481 Vgl. Anm. 446.
482 Namentlich genannt wird Hartmann Wolff von Karsbach, Amtmann auf Saaleck: StAM 4f Fulda/294, fol. 2ᵛ.
483 StAM 109/863, fol. 52ᵛ–58ʳ (2 Kopien des Abschiedes).
484 Vgl. KARTELS, Einrichtung; BRUNNER, Kirchliche Verwaltung; SCHERER, S. 104 f., 107 f.; SAUER, Severikirche, S. 16. S. auch StAM 4f Fulda/386; 387; 389. Die Ausführungen ROMMELS, VIII, S. 258 f. sind demnach nicht haltbar. – Die Buchischen Ritter brachten im allgemeinen dem reformierten Bekenntnis nur wenig Sympathien entgegen. Es lassen sich nur wenige Anhänger der Lehre Calvins nachweisen, z. Zt. der Besetzung des Stiftes etwa Johann Friedrich von Buchenau, ein Außenseiter in seiner Familie, der sich auch in hessische Dienste begab. Generell aber schien wohl den Rittern die reformierte Kirchenverfassung mit ihren Tendenzen zum Presbyterianismus unannehmbar. Ebensoviel Gewicht kam wahrscheinlich auch der Tatsache zu, daß der Calvinismus reichsrechtlich vor 1648 nicht anerkannt war. Zum Verhältnis Ritterschaft – reformiertes Bekenntnis s. PRESS, Adel, S. 368–371 und die dort genannte Literatur.
485 Es waren dies die Familien von Schenck zu Schweinsberg, von Boyneburg und von Buchenau.
486 StAM 4f Fulda/637, fol. 81.
487 Ebd., fol. 90v. Zeitweilig unterstellte die Regierung den Rittern, eine eigene Kirchenordnung aufrichten zu wollen, um Pfarrerbestellung, -annahme und -entlassung selbständig vornehmen zu können. Vgl. *Erinnerungspuncte*, Nr. 8: StAM 4f Fulda/365, fol. 23v.

Weiter suchte man auch auf die Besetzung der Pfarrämter Einfluß zu nehmen. Landgraf und Regierung in Fulda wollten den Rittern wohl das *exercitium liberum Augustanae confessionis* zugestehen, auch ihnen ihre im Amt befindlichen lutherischen Prediger belassen, doch des aus dem *ius superioritatis* abgeleiteten Rechts der Bestätigung präsentierter Priester wollten sie sich nicht begeben. Keinesfalls sollte es den Rittern freistehen können, Pfarrer nach Gefallen ein- oder abzusetzen. Gegenüber der grundsätzlich pro-lutherisch eingestellten, aber auch den Ausgleich zwischen den Konfessionen suchenden und von daher zu Zugeständnissen an die Ritter neigenden schwedischen Regierung unter Axel Oxenstierna glaubten die hessischen Räte denn auch die Gefahr hervorheben zu müssen, daß das *ius introducendi et confirmandi praesentatos pastores* in den Händen des Adels Wirren und Aufstände hervorrufen und den Boden für Häresien und Sektenbildungen bereiten würde[488]. Entsprechend wiesen sie die Ritterschaft an, sich mit der wiedererlangten Religionsfreiheit für ihre Personen und Familien zu begnügen[489].

Sowohl aus politischen als auch aus konfessionellen Erwägungen brachte der Landgraf seine Herrschaftsbefugnisse in religiösen Fragen zur Anwendung, die diejenigen der fuldischen Äbte, aufgrund der in Luthertum und Calvinismus gegebenen Stellung des Landesfürsten als oberster geistlicher Jurisdiktionsherr, überstiegen. Einmal konnte dadurch dem Selbständigkeitsstreben des Adels, das sich hier ebenso wie auf anderen Gebieten zeigte, Grenzen gesetzt werden; zum anderen konnte dem reformierten Bekenntnis, dem der Landgraf und seine Räte anhingen, leichter Zulauf verschafft werden. Trotz z. T. anderslautender Bekundungen sollte in Religionsangelegenheiten ein rigider Vereinheitlichungskurs eingeschlagen werden.

In Ausübung des als Teil der landesfürstlichen Obrigkeit gewerteten *ius episcopale* erfolgten zur gleichen Zeit auch Anweisungen an die Familie von Boyneburg in Lengsfeld, in ihren Kirchen wegen des Sieges der protestantischen Seite bei Hameln ein Gebet verlesen und eine Danksagung abhalten zu lassen. Daneben sollten Patente zur Abschaffung des Gregorianischen Kalenders und zur Avokation derjenigen, die in der Armee der Liga gedient hatten, ausgehängt werden[490]. Als die von Boyneburg die Einbeziehung ihrer Besitzungen in Lengsfeld und Gehaus in das fuldische Territorium leugneten, wiesen die hessischen Räte in Fulda darauf hin, daß Lengsfeld vom Stift verpfändet worden sei, und daß die Vorfahren der heutigen Boyneburger die Äbte zu Fulda stets als Oberherren und Landesfürsten anerkannt hätten[491].

Der Übergang des Stifts an den Landgrafen erforderte zur Herrschaftssicherung aus der Sicht der neuen Regierung eine N e u b e l e h n u n g der Ritter mit ihren vom Stift zu Lehen gehenden Gütern. Obwohl man durch militärische Okkupation und Schenkung des Stifts durch den schwedischen König bereits seit Ende 1631 dazu berechtigt zu sein glaubte, erfolgte die erste Aufforderung an die Ritterschaft zum Lehensempfang erst am 19. März 1633, also eine geraume Zeit nach dem Tod des Fürstabtes Johann Bernhard Schenck zu Schweinsberg in der Schlacht bei Lützen – allerdings auch rund drei Monate

---

488 Vgl. *Specialpuncten, so beim h. reichscantzlar Ochsenstern zu negociiren*, Nr. 5 (Orig.): StAM 4f Fulda/474. Zu der unter Gustav Adolf angelegten schwedischen Religionspolitik, die in der Anerkennung der Religionsfreiheit in der Initiative von Arnstadt gipfelte, s. BARUDIO, S. 594 f.
489 StAM 4f Fulda/637, fol. 90ᵛ.
490 Ebd., fol. 81ᵛ.
491 Ebd., fol. 91.

vor der förmlichen Übergabe des Stifts Fulda durch den schwedischen Reichskanzler
Oxenstierna an Landgraf Wilhelm V.!

Mit dem Argument, nun seien die Ritter *aller ihme* [d. h. Johann Bernhard] *zuvor etwa
geleisteter schuldigen pflichten undt hulden ipso iure et facto erlaßen*, und angeblich
enttäuscht darüber, daß diese Ritter *als getrewe mitstände, glieder undt vasallen des Stifts*
nicht selbst den Landgrafen oder seine Räte um die Leistung der *hergebrachte(n) lehens-
undt andere(n) pflichten* gebeten hatten, wurden die Ritter aufgefordert, sich umgehend
in der Kanzlei in Fulda einzustellen, die vom Stift rekognoszierten Lehen unter
Vorweisung der alten Lehensbriefe und gegen Erhalt neuer, allerdings gleichlautender zu
empfangen und dabei die *gewohnliche lehens- und andere pflichten* zu leisten [492], wobei
das Schwergewicht sicherlich auf den *anderen* Pflichten lag. Nicht als bloße Vasallen,
sondern als Landsassen, mit allen Implikationen, sollten die Ritter huldigen.

Der Aufruf fruchtete allerdings nichts, im Gegenteil: Auf dem Ritterkonvent am
25. Mai 1633 verpflichteten sich die Buchischen Adligen, keine Verträge mit dem
Landgrafen abzuschließen, um die behauptete Rechtsstellung nicht zu gefährden;
lediglich zur Leistung von Lehnspflichten in begrenztem Umfange wollte man sich
verstehen [493]. So sahen sich der schwedische Gesandte Hermann Wolff und die nach
Fulda verordneten hessischen Statthalter, Kanzler und Räte veranlaßt, in einem gedruckten Ausschreiben vom 11. Juli 1633 an alle Lehnsleute des Fürstentums Fulda, vornehmlich an die Buchischen Ritter, einen Lehensempfang *ohne ferneren uffschub und
ausflucht* innerhalb von drei Monaten zu verlangen [494] (wobei zunächst der 8. August,
später dann der 22. August als Termin bestimmt wurde [495]). Doch blieb diese Aufforderung wiederum ohne positive Resonanz [496].

Die Regierung wertete die neuerliche Verweigerung als vorsätzliche Widersetzlichkeit
und Ungehorsam gegen den Landgrafen und drohte mit dem Eingreifen der Schweden.
Reichskanzler Oxenstierna hatte in der Kommissionsübertragung an den Gesandten
Wolff vorgeschrieben, daß Verweigerungen der Huldigung und des Lehensempfanges
mit *bedrawung* geahndet werden sollten, wie es im Völker- und Naturrecht und im
Lehenrecht begründet sei – nämlich mit Lehensverlust und Behandlung als Feinden [497].
Durch formale Abwälzung der Verantwortung für etwaiges gewaltsames Vorgehen
gegen die Ritterschaft brachte man klar zum Ausdruck, daß man auch hier keine
Beeinträchtigung der landesfürstlichen Obrigkeit hinzunehmen bereit war.

---

492 StAM 4f Fulda/479, fol. 1–2ᵛ (Cpt.). Die Darstellungen ROMMELS, VIII, S. 257 f., und
TEUNERS, S. 129 f., wonach die Aufforderung zum Lehensempfang erst nach der endgültigen
erblichen Übergabe und der Zession Schwedens am 5. (ROMMEL) bzw. 11. Juli 1633 (TEUNER)
erfolgte, sind somit zu korrigieren.
493 StAM 109/863, fol. 65ʳ–67ʳ, 69ʳ–73ʳ (Kopien des Abschieds).
494 StAM 4f Fulda/538; Kopie: StAM 109/513, fol. 76ʳ–78ᵛ.
495 Vgl. das Schreiben des schwedischen Gesandten und der Regierung in Fulda an den
Erbmarschall und sämtliche Mitglieder der Ritterschaft in Buchen, Fulda, 23. Juli 1633 (Kop.), in:
StAM 109/513, fol. 88.
496 Die Buchische Ritterschaft blieb einmal mehr nicht bei der bloßen Verweigerung, sondern
suchte – und fand – die Unterstützung des Fränkischen Ritterkreises auf dem Sechsertag am
8. August 1633 in Würzburg. S. StAM 109/863, fol. 75ʳ–76ʳ (Schreiben der Buchischen Ritter vom
29. Juli 1633 an das Kreisdirektorium); TEUNER, S. 131 mit Anhang Nr. 28, S. 251.
497 StAM 4f Fulda/637, fol. 91ᵛ–92ʳ.

Nachdem Statthalter, Kanzler und Räte am 8. Oktober 1633 den Ritterhauptmann des Kantons Rhön-Werra, Wilhelm Friedrich von Völkershausen, und die ihm beigeordneten Ritterräte aufgefordert hatten, die Buchischen Adligen zur Lehensmutung am 17. Oktober 1633 anzuhalten[498], setzten sie selbst – im Verein mit dem schwedischen Gesandten Hermann Wolff – den fuldischen Rittern am 12. und 18. Oktober 1633, wegen äußerer Bedrohung durch kaiserliche Truppen, den 14. November 1633 als letzten Termin zum Lehensempfang[499]. Tatsächlich waren einige Ritter angesichts des Ultimatums und der von Regierungsseite angedeuteten Bereitschaft, Gewalt zur Durchsetzung ihrer Auffassung einzusetzen, bereit, sich den Wünschen der hessischen Regierung zu beugen und sich auf Verträge einzulassen, die sie verfassungsrechtlich eng an den Landgrafen banden und ihre Landsässigkeit wenn nicht implizierten, so doch nahelegten.

Die Mehrheit des Buchischen Adels aber lehnte derartige Verträge als Ausdruck einer Unterordnung unter die Landesfürsten ab und war grundsätzlich nur bereit, den Landgrafen als Fürsten in Buchen und als Lehensherrn anzuerkennen, was auf einer Ritterversammlung am 11. Dezember 1633 – nach dem Scheitern weiterer nachfolgend beschriebener Verhandlungen – deutlich zum Ausdruck gebracht wurde[500].

Obwohl also die Vorstellungen von Regierung und Mehrheit der Ritterschaft so weit auseinandergingen, daß eine beide Seiten befriedigende Einigung ausgeschlossen war, suchte man weiterhin den Weg eines gütlichen Vergleichs – jetzt unter schwedischer Federführung. Doch wird man die Bereitschaft zu einschneidenden Zugeständnissen auf beiden Seiten nicht allzu hoch veranschlagen dürfen.

Die Einschaltung Schwedens hatte der Landgraf lange zu vermeiden gesucht. So sehr er prinzipiell den Vergleichsweg befürwortete[501], so sehr fürchtete er die Unterstützung der Ritterschaft durch Schweden. Als die Regierung in Fulda in ihren *allgemeinen erinnerungspuncten* vom 12. Oktober 1632 für den Fall des Scheiterns der direkten Vergleichsverhandlungen zwischen ihr und den Rittern die Möglichkeiten zukünftigen Vorgehens folgendermaßen skizzierte: *so mechte der process in camera* [= Reichskammergericht] *getrieben oder mit beyderseits belieben die acta daselbsten abgefordert und à rege deputatis commissariis vel ab utraque parte electis compromissariis in handen gegeben werden, bey welcher ausspruch man eß bewenden zu lasssen,* vermerkte Wilhelm V. zu dem Begriff *rege* am Rande *cavete vobis*[502]!

Erst als er Gewißheit haben konnte, daß eine schwedische Kommission sich nicht gegen seine Interessen richten würde, stellte der Landgraf seine Bedenken zurück. Die Sicherheit für ihn lag in der Person des Kommissars – Hermann Wolff war sein Verbindungsmann zu den Schweden, ihm verbunden und verpflichtet[503]. Dieser versi-

---

498 StAM 109/513, fol. 95ʳ–96ᵛ (Kop.).
499 Ebd., fol. 99, 104ʳ–105ᵛ.
500 Vgl. StAM 109/863, fol. 79ʳ–80ʳ (1 Bl. unpaginiert!); Teuner, S. 132f. mit Anhang Nr. 29, S. 251f.
501 Vgl. seine Randbemerkungen zu den *allgemeinen erinnerungspuncten* der Regierung vom 12. Oktober 1632, Nr. 8 (StAM 4f Fulda/365, fol. 24ᵛ): *die guete ist das beste mittel; so hoffe ich, es seien friedfertige leute zu finden. Undt erindere ich mich, daß der vorige apt viel unnötiges gezengs mitt dem adel ahngefangen, sich großen haß aufgeladen undt doch wenig oder gahr nichts richten können; wollen wier nuhn mitt bestandt besitzen, so müssen wier unbilligen wegen nicht folgen...*
502 StAM 4f Fulda/365, fol. 24ᵛ.
503 S. Altmann, Landgraf Wilhelm V., S. 56f.

cherte denn auch, daß diese gütliche Interposition als Freundschaftsdienst an Wilhelm gedacht sei. Entsprechend verdeutlichte er, daß von schwedischer Seite keinesfalls an ein Einlenken gegenüber den Rittern gedacht war: Verhandlungsziel sollte der Stand *zu lebzeiten dero friedliebender herrn äbte* sein, also die Regelung unter Johann Friedrich; Wolff wollte vor allem dem Landgrafen zur Anerkennung seiner beanspruchten Rechte durch die Ritter verhelfen[504]. Eine unparteiisch-überparteiliche Verhandlungsführung war von ihm also nicht zu erwarten.

Seine Ziele trachtete Wolff u. a. dadurch zu erreichen, daß er den traditionellen Wortführer der Buchischen Ritterschaft, den Erbmarschall des Stifts, aus der Familie von Schlitz gen. von Görtz (Otto Hartmann) dazu bewegen wollte, sich wieder an die Spitze der Ritter zu stellen und den neuen Hauptmann von Völkershausen zu übergehen[505]. Die Familie von Schlitz gen. von Görtz war dem Stift seit alters verbunden, in langen Dienstjahren hatten ihre Mitglieder, so dachte Wolff offensichtlich, ein Verständnis für die Position der Landesherrschaft entwickelt – wirklich hatten sie sich bisher immer auf die Seite, häufig sogar an die Spitze der Ausgleichspartei gestellt. Wolffs Kalkulation war von daher nicht realitätsfremd, auch wenn die Schlitzer mit der Landesherrschaft unlängst wegen der Gerichtsbarkeit besonders hart zusammengestoßen waren.

Tatsächlich zeigte sich in den Vergleichsverhandlungen, daß die hessische Seite zu keiner Aufweichung ihrer Position bereit war. Landgraf Wilhelm versprach durch seine Gesandten[506] zwar, die Ritterschaft in ihren hergebrachten Rechten belassen zu wollen, aber er beanspruchte sogar mehr als landesfürstliche Rechte über die Ritterschaft, indem er sich auf die Stufe des von ihm nicht mehr anerkannten Kaisers stellte, dabei allerdings geflissentlich seine eigene politische wie rechtliche Abhängigkeit von Schweden unterschlug: Er habe nunmehr die vom Kaiser über das Stift und Fürstentum Fulda und dessen eingesessene Nobilität ausgeübte Hoheit erlangt und erkenne niemanden *pro superiore* an. Gleichwohl beharre er nicht auf den von den Äbten Balthasar und vor allem Johann Bernhard gegenüber der Ritterschaft aufgestellten Maximalforderungen, sondern wolle die Rückkehr zum Zustand unter Abt Johann Friedrich und den Kompaktaten des Jahres 1607[507]. Wichtig war dem Landgrafen vor allem, daß die Ritter ihre stiftischen Lehen von ihm empfingen und ihm huldigten. An die Lehnshuldigung knüpfte er ja weitergehende Verpflichtungen der Ritterschaft: nicht als bloße Vasallen, sondern als Landsassen sollten sie ihm verbunden sein und seine uneingeschränkte Landesherrschaft anerkennen. Aus dieser Anerkennung würden sich, so hoffte er wohl, alle weiteren Schritte von alleine ergeben.

Natürlich konnte es bei dieser Einstellung der Landesherrschaft vorerst zu keinem Ausgleich der Parteien kommen. Dennoch blieb der Vergleichsweg auch nach dem Scheitern der schwedischen Kommission für beide Seiten nach wie vor erstrebenswert. In

---

504 S. das Schreiben Wolffs an Landgraf Wilhelm V. vom 20. November 1633 (Orig.): StAM 4f Fulda/413.
505 Ebd.
506 Johann Bernhard von Dalwigk, Ludwig von Dörnberg, Hartmann Wolff von Karsbach – sie alle Mitglieder von Familien, deren Lehns- und Sozialbeziehungen auch, wenngleich nicht in erster Linie, in das Stift Fulda wiesen; Hartmann Wolff von Karsbach hatte sogar selbst als Amtmann zu Saaleck in fuldischen Diensten gestanden.
507 Instruktion der hessen-kasselischen Deputierten für die Verhandlungen mit der fuldischen Ritterschaft, undatiert (November 1633): StAM 4f Fulda/411, fol. 6–8 (Cpt.).

der Folgezeit bemühte sich vor allem die Ritterschaft darum, die wegen der von der Landesregierung geschaffenen Fakten um Rechtssicherheit besorgt sein mußte[508]. Wirklich kam es zum Abschluß eines Austrages, in dem sich die Buchischen Adligen als *des Stifts Fulda Ritterschaft* bezeichneten und der demzufolge von der Fränkischen Ritterschaft stark kritisiert wurde[509].

Weitergehende Verträge wurden von der hessischen Regierung geplant, denn der Landgraf sah den Zeitpunkt gekommen, nicht mehr nur – taktierend – auf die Kompaktaten, Austräge, Rezesse und Reverse zwischen den Äbten und der Ritterschaft von 1511, 1525, 1527, 1542, 1549, 1566, 1588, 1600, 1607 und 1609 als Anknüpfungspunkte zu verweisen, sondern auch – seinen Intentionen in Wahrheit entsprechend – den Vertrag von 1627 *nicht allerdings aus der acht zu laßen.* In summa sollten es seine Statthalter, Kanzler und Räte in Fulda zu keinerlei Einbußen an den landesfürstlichen Rechten kommen lassen, der Ritterschaft andererseits von ihren hergebrachten bzw. beanspruchten Rechten allein das der freien Religionsausübung und der Präsentation der Geistlichen belassen.

Der seit 1575 am Reichskammergericht anhängige und seit 1628 verstärkt betriebene Exemtionsprozeß der Ritterschaft sollte gemäß der schon 1632 von der Regierung ins Auge gefaßten Möglichkeit beendet werden, indem man die Rückforderung der am Kammergericht entstandenen Akten und die Aushandlung eines Kompromisses durch Vertrauensleute beider Parteien vorschlug. Allerdings wollte der Landgraf den Besitzstand in folgenden Punkten gewahrt und damit seine Landesherrschaft endgültig gefestigt sehen: Die Ritter sollten Wilhelm V. und seine Nachfolger als regierende Fürsten und Herren des Stifts Fulda und des Fürstentums Buchen anerkennen, ferner nicht nur ihre Lehnspflichten als Vasallen erfüllen, sondern auch alles zur Erhaltung der Landeswohlfahrt tun, mit anderen Worten: Steuern für sich und ihre Hintersassen entrichten. Persönlicher Gerichtsstand der Ritter bei Klagen untereinander wie bei Klagen durch oder gegen Fremde, *tam in personalibus quam realibus causis et actionibus,* sollte die Regierung in Fulda sein; hier hätten sie *ohne einige ausflüchtige exception* Recht zu nehmen und Recht zu suchen, auch die Appellationen von ihren eigenen Niedergerichten dahin zu gestatten. Ebenso hätte der Adel das Recht der Vormundschaftsbestätigung durch die Regierung in Fulda zu akzeptieren und vor ihr den Vormundschaftseid in der Fassung von 1607 abzulegen. Der Pflicht, dem Landgrafen Kontribution und Schatzung für sich und ihre Leute zu liefern, dürften sich die Ritter nicht mehr entziehen. Als Gegenleistung für die ihnen gewährte freie Religionsausübung und das *ius patronatus et collationis ... ahn orten und enden, da sie es herbracht,* sollte von den Rittern das *ius*

---

508 Einen daraufhin für Ende März 1634 angesetzten Tag (in Kassel) konnten die Ausschuß-Mitglieder Wilhelm Friedrich von Völkershausen, Otto Hartmann von Schlitz gen. von Görtz, Sittich von Berlepsch, Melchior Reinhard von Boyneburg (von denen keiner in stift-fuldischen oder landgräflich-hessischen Diensten gestanden hatte oder stand, also für die Position der Landesherrschaft nicht hatte gewonnen werden können) nicht wahrnehmen; deshalb kamen sie im Juli 1634 mit der hessischen Regierung in Fulda in der Stadt Fulda zusammen.

509 Schwerste Vorwürfe wurden vor allem auf dem Direktorialkonvent der Fränkischen Ritterschaft am 18. Juni 1634 in Bischofsheim erhoben; die Buchische Ritterschaft wurde unter Androhung einer Geldstrafe zur Lösung der geschlossenen Verträge aufgefordert. Die fuldischen Adligen rechtfertigten ihr Verhalten in einer Stellungnahme vom 14. Juli 1634. S. StAM 109/513, fol. 137ʳ–142ᵛ (Kop.); Teuner, S. 134–136.

episcopale des Landesherrn nicht angetastet, auch keine *calumnianten und lästermäuler* als Pfarrer zur Bestätigung präsentiert werden. Vielmehr sollten sie nur solche Personen als Pfarrer vorschlagen, *welche sich in ihrem lebenswandel und lehr friedfertig und erbahr* betragen haben, *zu keinem weiteren zanck und streit, als albereits leider in religionssachen viel zu viel ist, ursach geben* und sich gegen die Regierung reversieren und sich der hessischen Kirchen-Agende unterwerfen – *außerhalb daß wir ihnen ihre glaubensbekäntnuß, lehr und ceremonien beym gebrauch des heil. abendmahls, so lang bis sie selbst die warheit erkennen, freylassen* [510].

Dieser Katalog landgräflicher Vorstellungen über den Inhalt eines endgültigen Vergleichs enthielt in nuce die Vorrechte, deren Summe die Landesherrschaft umfassend begründete und deren Anerkennung durch die Ritter ihre völlige Unterwerfung unter den Landesfürsten bedeutet hätte. Die durch die Lasten des Krieges wirtschaftlich schon sehr geschwächten Ritter sollten auch politisch in die Knie gezwungen werden. Gegenüber früheren Positionen der landesherrlichen Seite konnten sich die Adligen allenfalls in bezug auf das Pfarrbesetzungsrecht Vorteile aus einem nach den Vorstellungen Landgraf Wilhelms V. verwirklichten Vertrag versprechen.

Für die Ritterschaft waren diese Forderungen alles andere als annehmbar, aber sie hätte sich auf die Dauer gegenüber dem Landgrafen sicherlich nicht behaupten können. Hier kam ihr wiederum das wechselnde Kriegsgeschick im Dreißigjährigen Krieg zu Hilfe. Der von den kaiserlichen Truppen erzwungene Abzug der Hessen aus Fulda [511] verschaffte ihr zunächst eine Atempause. Die aufgrund einer Doppelwahl geschwächte Position des neuen Landesherrn Fürstabt Johann Adolfs von Hoheneck [512] und die mangelnde Durchsetzungskraft seines Nachfolgers Hermann Georg von Neuhoff gestatteten den Rittern, ihre alten Forderungen wieder mit mehr Nachdruck zu vertreten – auch wenn die neue Stiftsführung von den bisherigen landesherrlichen Vorstellungen nicht grundsätzlich abzurücken bereit war. Doch traten die verfassungsrechtlichen Auseinandersetzungen zwischen Landesherrschaft und Adel offensichtlich für einige Jahre hinter den Kriegsereignissen (mit wechselnden Besetzungen des Stiftsgebietes) zurück.

f. Letzte Auseinandersetzungen und Vergleich über das Ausscheiden der Ritter aus dem Territorialstaat (1642–1656) [513]

Zu Beginn der vierziger Jahre des 17. Jahrhunderts beschritten beide Seiten wieder den Weg der Verhandlungen. Ein von Abt Hermann Georg von Neuhoff dem Johann Volpert von Schlitz gen. von Görtz im Jahre 1642 unterbreitetes Angebot einer gütlichen Konferenz wurde von jenem, nach Rücksprache mit dem damaligen Ritterhauptmann

---

510 Instruktion Landgraf Wilhelms V. für Statthalter, Kanzler und Räte in Fulda für die Verhandlungen mit dem Ausschuß der Ritterschaft in Buchen. Kassel, 25. Juli 1634 (Orig.): StAM 4f Fulda/663, fol. 8–11.
511 S. ROMMEL, VIII, S. 452f.
512 Die Doppelwahl war eine Folge der Aufnahme bürgerlicher Benediktiner unter Fürstabt Johann Bernhard in das Kapitel. Zur Doppelwahl 1633 s. RICHTER, Schleichert, Anhang S. 162–166 (Korrektur der Darlegungen von KOMP, Johann Bernhard, S. 131f.).
513 Die zahlreichen Verästelungen im letzten Stadium der Auseinandersetzungen nachzuzeichnen, bedürfte einer eigenen Untersuchung. Hier sollen nur einige Grundlinien herausgearbeitet werden, auf denen Spezialforschungen aufbauen könnten. Auch die Arbeit TEUNERS leistet in diesem Punkt zu wenig.

des Kantons, Wilhelm Friedrich von Völkershausen, und anderen Rittern angenommen und befördert. Die Bereitschaft zumindest eines großen Teiles der Ritterschaft zu diesen Verhandlungen korrespondiert bemerkenswerterweise mit der Teilnahme führender Ritterschaftsvertreter[514] am Landtag vom 5. September 1642, auf dem die Stände dem Abt eine Landsteuer bewilligten, die zum Unterhalt einer Gesandtschaft nach Wien, mit dem Ziel der Abwendung bevorstehender kaiserlicher Einquartierungen, verwendet werden sollte[515]. Diese Einquartierungen waren nach wie vor ein existentielles Problem für das Stift wie für die Ritterschaft, das die Teilnahme von Adligen am Landtag verständlich macht. Zudem wußte auch Abt Hermann Georg geschickt anzubringen, daß er in der Lage sei, wie für seine Stiftsuntertanen, so auch für die Ritter und deren Hintersassen, Erleichterungen zu erwirken – vorausgesetzt, die Ritterschaft käme ihm in der Frage der Landsässigkeit entgegen.

Doch glaubte sich der Abt – in der Tradition seiner Vorgänger – infolge der Teilnahme der Ritterschaft am Landtag und ihrer Steuerbewilligung zu weitergehenden Ansprüchen berechtigt. Die Ritter aber sahen darin, zu Recht, nur ein weiteres Mittel, *dem stieft eine landtsfürstliche obrigkeit über die freye ritterglieder zu erzwingen und hingegen der ritterschaft das joch der dienstbaren landtsasserei ubern hals zu ziehen*[516]. Sie waren daher keineswegs bereit, die von ihnen *gleich E. F. G. rechten untherthanen* geforderte Anlage, die über ihren Anteil an den Gesandtschaftsgeldern hinausgehen sollten[517], aufzubringen. Die Forderung des Abtes, zusammen mit seiner schriftlichen Antwort vom 6. Oktober 1642 auf die Vorhaltungen der Ritterschaft, in der er dieser alle beanspruchten Rechte absprach[518], verdeutlicht, wie er sich eine Einigung mit der Ritterschaft vorstellte – nämlich als freiwillige Unterwerfung. Auch die Ritter konnten sich eine gütliche Vereinbarung nur als Nachgeben der anderen Seite vorstellen und gaben ihr realistischerweise nur wenig Chancen. Sie kalkulierten die Notwendigkeit, den Rechtsweg zu beschreiten bzw. wieder aufzugreifen, bereits mit ein, als sie Johann Volpert von Schlitz gen. von Görtz beauftragten, unter Darlegung der ritterschaftlichen Rechtsvorstellungen die Verhandlungsbereitschaft des Abtes zu erkunden[519].

Beide Seiten aber waren zu schwach, um aus eigener Kraft die Sache in ihrem Sinn entscheiden zu können, und auf das Eingreifen auswärtiger Kräfte angewiesen. Der Ritterschaft blieb einstweilen nur die Proklamation ihrer Ansprüche sowie die Beteuerung, eine für beide Teile dienliche *compositio* einer *reassumptio der processe* vorzuziehen – und die Drohung, bei Fortsetzung der stiftischen Politik andernorts Schutz zu

514 Johann Volpert von Schlitz gen. von Görtz, Georg Reinhard von Trümbach, Adam Albrecht von Erthal, für Lukas von Ebersberg gen. von Weyhers dessen Diener Johann Philipp Breidung. Wegen der Kriegsgefahren entschuldigt hatten sich die von Boyneburg zu Lengsfeld und Erhard Friedrich von Mansbach.
515 S. StAM 90a/764.
516 So die Formulierung im Abschied der Ritterversammlung am 15. Oktober 1642: StAM 109/401; 109/863, fol. 87^r (Kopien).
517 Für die Gesandtschaftskosten hatten die Stände 1000 fl. bewilligt, die Regierung jedoch mindestens 4000 fl. in Reichstalern verlangt.
518 StAM 109/401 (Kop.).
519 Gleichzeitig wurde für den Fall der rechtlichen Auseinandersetzung die Bestellung eines Prokurators am Reichskammergericht in Speyer und eines in der Nähe ansässigen Advokaten beschlossen. Abschied der Ritterversammlung vom 15. Oktober 1642: StAM 109/401, 109/863, fol. 87^v–88^r (Kopien); MADER, VIII, S. 395.

suchen[520]. Gleichzeitig bemühten sie sich wieder einmal um die Unterstützung der Fränkischen Reichsritter, zu denen die Verbindungen trotz der Hauptmannschaft Wilhelm Friedrichs von Völkershausen in den letzten Jahren stark abgeklungen waren – eine Folge des Zusammenbruchs der ritterschaftlichen Organisation. Man glaubte, ausdrücklich versichern zu müssen, es bestünden keinerlei Bestrebungen zur Separation von diesen. Auch fühlte man sich zu dem Versprechen verpflichtet, die rückständigen Quoten an Beiträgen und Kriegsanlagen zu erlegen[521].

Entscheidend verbessert wurden die Beziehungen aber erst durch die Wahl Johann Volperts von Schlitz gen. von Görtz zum Ritterhauptmann des Kantons am 14. Februar 1645[522] (nachdem Wilhelm Friedrich von Völkershausen dieses Amt aus Altersgründen zur Verfügung gestellt hatte). Hiermit verbunden waren die Verlegung der Kanzlei nach Schlitz (bis 1662) sowie die Benennung von zwei Buchischen Rittern (Lukas von Ebersberg gen. von Weyhers und Friedrich von der Tann) zu Ritterräten des Kantons am 17. Februar 1645[523]. Auf diese Weise demonstrierte der Ritterkreis, daß er sich hinter die Ansprüche der Buchischen Ritter stellte und sich mit diesen identifizierte. Ebenfalls forciert wurden in der Folgezeit die Beziehungen zu den Schweden, an denen man seit ihrem Eingreifen in den Dreißigjährigen Krieg einen Rückhalt hatte. Größere Vorteile gegenüber dem Abt verschafften sich die Buchischen Ritter dadurch zunächst nicht – die Forderung, zu den Kriegslasten des Stifts einen Beitrag zu leisten, wiederholte sich mit jeder neuen Einquartierung, und die Ritter konnten oft nicht umhin, ihr zu entsprechen[524].

Die wechselnden Einfälle und Einquartierungen kaiserlicher, bayerischer, hessischer und schwedischer Truppen auch in der Folgezeit, ungehindert der seit 1644 in Münster und Osnabrück geführten Verhandlungen zur Beendigung des Krieges[525], brachten Fürstabt Joachim von Gravenegg (1644–1670) und die Ritterschaft nicht nur in schwere finanzielle und wirtschaftliche Bedrängnis[526]; mittels dieser Truppen konnten sie teilweise auch ihre Ansprüche mit mehr Nachdruck vertreten bzw. Rechte der anderen

520 S. StAM 90a/770: Kopie eines namens der Ritterschaft von Johann Volpert von Schlitz gen. von Görtz verfaßten, zwar undatierten, aber noch in den Monat Oktober des Jahres 1642 zu setzenden Schreibens an Fürstabt Hermann Georg von Neuhoff über das Verhältnis zwischen Ritterschaft und Stift. Johann Volpert von Schlitz gen. von Görtz ist als Autor nicht genannt, aus dem Zusammenhang ist aber seine Verfasserschaft eindeutig zu erschließen.
521 S. Abschied vom 15. Oktober 1642: StAM 109/401; 109/863, fol. 88ᵛ–89ʳ; MADER, VIII, S. 395f. Zu den Beiträgen der Ritter zu den Kriegskosten seit 1642 s. StAM 109/340.
522 S. dazu StAM 109/829; 109/851, fol. 71ʳ; 109/1713; TEUNER, S. 139f. mit Anhang Nr. 31, S. 252–254.
523 StAM 109/851, fol. 71ʳ; MADER, II, S. 541.
524 Vgl. dazu als Beispiel in StAM 4f Fulda/743: Gesonderte Erhebung der ritterschaftlichen Kontribution sowie die Ausführungen Fürstabt Joachims in seinem Gegenbericht auf eine Eingabe der Ritterschaft bei den Friedensverhandlungen in Münster vom Jahre 1648: SCHANNAT, Historia, II, Nr. 279, S. 438. Vgl. auch die Aufforderung des kaiserlichen Kriegsobercommissarius im Rheinischen Kreis, Christoph Speck, an die Ritterschaft, die Kontributionsrückstände abzuliefern, vom 1. Dezember 1645: StAM 109/1804, fol. 43ʳ (Orig.).
525 Klassische Darstellung der Friedensverhandlungen: DICKMANN, Westfälischer Frieden. Dazu die großangelegte Edition: Acta Pacis Westphalicae, mit 3 Serien: Instruktionen; Korrespondenzen; Protokolle, Diarien, Varia (APW).
526 Vgl. z. B. das Schreiben Fürstabt Joachims an Kaiser Ferdinand III., Fulda, 4. Dezember 1646 (Orig.): HHStAW 124 Kl. Reichsstände. Fulda, I, fol. 27, 31.

Seite unterlaufen. So versuchten 1647/48 einige Ritter mit Unterstützung schwedischer Soldaten, von unmittelbaren Untertanen des Abtes Kontributionen einzutreiben, und unterbanden Abgaben ihrer eigenen Hintersassen an stiftische Beamte; diese Abgaben wurden stattdessen zur Unterhaltung schwedischer Truppen, in Sonderheit einer Garnison in Schweinfurt, verwendet[527]. Der Abt seinerseits setzte auf die kaiserliche und bayerische Soldateska, für deren Unterhalt im Winter 1647/48 30 000 Reichstaler und 300 Malter Mehl aufzubringen waren. *Bey diser occasion* wollte er die Ritterschaft *wieder zu schuldiger concurrentz pringen* und zur Erlegung ihres Beitrages zwingen[528]. Die Ritter verstanden es aber, die Generalität des kaiserlichen Heeres für sich einzunehmen und die Lasten der Einquartierungen von sich abzuwenden. Wegen der wechselseitigen Übergriffe und der konträren Beurteilung des Besteuerungsrechtes ergingen Klagen und Gegenklagen, Berichte und Gegenberichte an den Reichshofrat und an das Reichskammergericht wie an die Versammlungen zu Münster und Osnabrück, in denen die Positionen zum wiederholten Male dargelegt wurden[529].

In der Zwischenzeit war durch eine von den Rittern erwirkte *citatio ad reassumendum* vom 26. Januar 1646 der 1575 begonnene Rechtsstreit über Exemtion oder Subjektion der fuldischen Ritterschaft vor dem Reichskammergericht wieder in Gang gekommen. Der Prozeß hatte sich nicht nur in den Kriegsjahren zäh hingeschleppt, er war zeitweise ganz zum Erliegen gekommen – wofür neben äußeren Umständen auch der *stilus* des Reichskammergerichts und mangelnder Einsatz der beiden Prozeßparteien resp. ihrer Rechtsvertreter verantwortlich waren.

Die Ritterschaft hatte zwar schon 1642 die Möglichkeit des Rechtswegs wieder stärker ins Kalkül gezogen, sich jedoch erst nach der Wahl Johann Volperts von Schlitz gen. von Görtz zum Hauptmann des Kantons Rhön-Werra und nachfolgend zum Direktor des Fränkischen Ritterkreises endgültig dafür entschieden. Offiziell traten Direktor, Hauptleute und Ausschuß der Ritterschaft in Franken als Kläger auf, so wie schon 1575 der Kanton. Die Möglichkeit eines Prozesses vor dem Reichshofrat, welcher weitaus zügiger entschied als das Reichskammergericht, war für die Ritter, nicht nur wegen des bereits am Kammergericht anhängigen Prozesses, ausgeschieden: Im Reichshofrat waren weniger Vertreter der Reichsritterschaft präsent als am Reichskammergericht[530], die

---

527 Vgl. StAM 95/73; 95/74; 95/116; Kaiserliches Mandat vom 8. Juli 1648: SCHANNAT, Historia, II, Nr. 280, S. 441.

528 Vgl. Schreiben des Abtes Joachim an den Agenten in Wien, Lucas Stupan, Fulda, 6. Dezember 1647 (Cpt.): StAM 95/76.

529 Nur ein Beispiel dafür ist die bei SCHANNAT, Historia, II, Nr. 279, S. 434–440, abgedruckte Deduktionsschrift des Fürstabts Joachim aus dem Jahre 1648, welche 16 Punkte umfaßt. Sie war die Antwort auf eine ebenfalls in 16 Punkte gegliederte Schrift der Ritterschaft. (Von TEUNER, der das Schreiben Joachims ausführlich wiedergibt und kommentiert [S. 149–157], werden beide Schriftstücke zeitlich nach dem Erlaß des kaiserlichen Mandats vom 8. Juli 1648 [s. Anm. 534] angesetzt. Hiergegen spricht allerdings entschieden, daß Fürstabt Joachim in seiner Deduktion an keiner Stelle auf dieses Mandat Bezug nimmt.) Weitere Schriftstücke der Parteien finden sich in: StAM 109/371; 109/378; 109/379; 95/143.

530 v. GSCHLIESSER, S. 51, 65. Zum Verhältnis des Reichskammergerichts zur Reichsritterschaft s. DUCHHARDT, Reichsritterschaft. Zur personellen Besetzung des Kammergerichts für die Zeit zwischen 1648 und 1806 s. demnächst die großangelegte prosopographische Untersuchung von Sigrid JAHNS; s. einstweilen DIES., Juristen. Zur Urteilspraxis des Reichshofrates s. HERTZ; HUGHES.

Reichshofräte gehörten größtenteils der katholischen Konfession an[531], und die Kosten für Reichshofrats-Prozesse überstiegen die für Reichskammergerichts-Prozesse erheblich[532].

Bis auf letzteren waren dies Gesichtspunkte, die auf der anderen Seite Fürstabt Joachim von Gravenegg zur Klage gegen die Buchische Ritterschaft vor dem Reichshofrat bewegten[533]. Um nicht infolge des Konkurrenzprinzips zwischen den beiden Reichsgerichten – nach welchem nur ein Gericht über ein- und denselben Rechtsstreit zu entscheiden hatte – vor dem Reichshofrat abgewiesen zu werden, klagte Fürstabt Joachim auf Schadensersatzleistung und Steuernachzahlung.

Er erwirkte bereits am 8. Juli 1648 ein Strafmandat des Reichshofrates gegen die Buchische Ritterschaft, speziell ihre *Rädleinsführer*, den Hauptmann Johann Volpert von Schlitz gen. von Görtz und den Ritterrat Friedrich von der Tann, in dem die Absonderung der Ritterschaft vom Stift Fulda *vermittels Beyhülff der schwedischen Gewalt* und die Steuerverweigerungen ihrer Untertanen verurteilt wurden. Da infolgedessen die stiftischen Untertanen die Kriegslasten alleine getragen hätten, sollte die Ritterschaft ihren Anteil nachliefern, auch künftig ihre *Reichs- und andern Steuern* der Obereinnahme des Stiftes entrichten – bis zur endgültigen Entscheidung des Reichskammergerichts in dem Rechtsstreit über Exemtion oder Subjektion[534].

Das Kalkül des Abtes bezüglich einer schnellen, wenn auch in Gestalt eines *Mandatum sine clausula* zunächst nur vorläufigen Entscheidung des Gerichts[535], die aber die Ritterschaft in Zug- und Beweiszwang bringen würde, war aufgegangen. Die Ritter lenkten in diesem Prozeß daher auch schnell ein – ihr juristischer Bevollmächtigter am Reichshofrat übermittelte am 6. Dezember 1648 die Bereitschaft des fuldischen Adels, dem Mandat Folge zu leisten, und bat um einen Zahlungsaufschub von drei Monaten für die verlangten Steuern[536]. Jedoch war damit noch keine Entscheidung in der Immedietätsfrage gefallen.

Das Mandat blieb auch ohne praktische Auswirkungen. Im Gegenteil, unter dem Schutz der Schweden setzte die Ritterschaft ihre Politik der Absonderung vom Stift und die Kontribuierung stiftischer Untertanen, über die *keiner vom adel einig jus collectandi gehabt* fort. Lockungen der Ritter, daß die Untertanen ihnen dann bloß mit Zins und Lehnschaft verwandt seien[537], wechselten sich dabei ab mit Gewaltmaßnahmen und Exekutionen der Kontributionsforderungen durch schwedische Soldaten. Dazu kamen Verweigerungen von Reichssteuern, unter Hinweis auf die an die Schweden vertragsmäßig zu leistenden Abgaben.

Abt Joachim befürchtete durch diese Maßnahmen eine starke Sogwirkung auf seine übrigen Untertanen. Wenn den Rittern nicht die Hände gebunden würden und die schwedischen Soldaten ihre Exekutionen fortsetzten, dürften sie über die Hälfte der

531 v. GSCHLIESSER, S. 65.
532 MOSER, Einleitung, I, S. 40.
533 Vgl. StAM 95/76.
534 Mandat Kaiser Ferdinands III., Linz, 8. Juli 1648: SCHANNAT, Historia, II, Nr. 280, S. 440–443; GRAUEL, Hoheitsansprüche, S. 17–21; Zusammenfassung und Bewertung bei TEUNER, S. 145 f.
535 Zum Rechtsgehalt eines Mandatum sine clausula s. zusammenfassend TEUNER, S. 147 f.
536 S. ebd., S. 148 f.
537 Z. B. von Kaspar Adolf von der Tann gegenüber stiftischen Untertanen zu Dietges im Amt Bieberstein.

stiftischen Untertanen an sich ziehen, schrieb er am 4. September 1648 der Landgräfin Amalie Elisabeth von Hessen-Kassel, deren Truppen sich zum Teil ebenfalls im Stiftsgebiet aufhielten und Kontributionen verlangten. Diese Kontributionsforderungen aber waren ungleich höher als die von den Schweden verlangten monatlichen Abgaben und erklärten zum Teil die Resonanz der Ritter unter den fuldischen Untertanen. In seiner Zwangslage – das Stift Fulda müsse sich die auf die schwedische Kriegsmacht gegründeten Gewaltmaßnahmen ohne Möglichkeit der Gegenwehr gefallen lassen – ersuchte der Abt die Landgräfin, die ihn durch ihre Ansprüche auf Teile des fuldischen Territoriums in größte Schwierigkeiten gebracht hatte und sich ihren schließlichen Verzicht im Westfälischen Frieden durch stattliche Geldzahlungen entgelten ließ[538], um Fürsprache bei den Schweden[539]. Es war ein gefährliches Unterfangen, zwei miteinander verbündete Mächte wie Schweden und Hessen-Kassel gegeneinander auszuspielen und auf die traditionell ritterschaftsfeindliche hessische Politik zu setzen. Doch mußte Amalie Elisabeth natürlich daran gelegen sein, daß ihre eigenen Kontributionsforderungen reibungslos erfüllt wurden; das war leichter, wenn alle Untertanen des Stifts dazu beitrugen, d. h. auch die Adligen und ihre Hintersassen einen Anteil leisteten. Viel Erfolg war allerdings der Landgräfin und somit auch dem Abt nicht beschieden.

Bei den Friedensverhandlungen zu Münster und Osnabrück hingegen standen, soweit die Verhältnisse im Stift Fulda berührt wurden, diese Fragen zurück hinter dem Problem der Sicherung bzw. Annullierung der Erfolge der Gegenreformation, obwohl man stiftischerseits an der Einschätzung der Rechtsstellung der Ritterschaft keinen Zweifel ließ[540] und sich deswegen eingehend mit einer Eingabe der Ritterschaft (die ihren Streit mit dem Fürstabt vor ein möglichst großes Forum zu bringen versuchte) auseinandersetzte[541]. Fürstabt Joachim, der die fuldischen Interessen durch den bambergischen Gesandten Cornelius Göbel[542] mitvertreten ließ, verfolgte für sein Territorium in der Religionsfrage keine Maximalposition wie Kurköln, das den Ausgleich mit den Protestanten aufs schärfste bekämpfte, sondern schloß sich jener mittleren vermittelnden Linie an, die durch Johann Philipp von Schönborn, Erzbischof von Mainz und Fürstbischof

---

538 Amalie Elisabeth hatte von Fulda die Ämter Geisa/Rockenstuhl und Fürsteneck und das dem Stift nach der Verpfändung 1406 und dem Vertrag vom 31. Oktober 1611 noch verbliebene Drittel an Stadt, Amt und Gericht Vacha gefordert (vgl. ROMMEL, VIII, S. 762f.; zur Geschichte Vachas im Spannungsfeld zwischen Fulda und Hessen s. BÜFF, Ämter; GRAU/ECKARDT; HOFEMANN, S. 157–160; Vertrag von 1611: StAM R Ia, 1611, Okt. 31 [Orig.]; StAM 90b/1194 [Kop.]; StAM 4f Fulda/241 [Kop.]). Nach dem Text des Friedensvertrages mußte Fulda gemeinsam mit den ebenfalls von territorialen Ansprüchen Hessen-Kassels bedrohten Erz- und Hochstiften Köln, Paderborn und Münster eine Entschädigung in Höhe von 600000 Reichstalern aufbringen (vgl. IPO, Art. XV, § 4: MÜLLER (Hg.), Instrumenta Pacis Westphalicae, S. 146). Seinen Anteil von 11700 Reichstalern brachte Abt Joachim durch Überlassung des restlichen Drittels von Vacha auf (vgl. ROMMEL, VIII, S. 764, sowie StAM 90b/1151: Verkaufsunterhandlungen; StAM 90a/775, f. 2–5: Landtagsverhandlungen 1651). Bezüglich der Kontributionen s. auch StAM 4f Fulda/776: Sendungen des fuldischen Kammerschreibers Marcus Stendorff nach Kassel, u.a. wegen der Erlassung der rückständigen Kontribution und Abführung hessischer Truppen aus dem Stift Fulda, Juli-September 1650.
539 Schreiben des Abtes (Orig.): StAM 4f Fulda/754.
540 Vgl. APW, Ser. III, Abt. A, IV/1 (Bearb. WOLFF), S. 329, 351, 474, 488.
541 S. Anm. 529.
542 Zu seinem Wirken auf dem Friedenskongreß s. DIETZ passim. Fuldischerseits war ihm zeitweise adjungiert der Kanzler Johann Georg Schallhart (vgl. WOLFF, Corpus, S. 211).

von Würzburg, und durch den kaiserlichen Gesandten Graf Trautmannsdorff repräsentiert wurde [543]. Diese kam den protestantischen Vorstellungen insoweit entgegen, als sie nicht auf einer Festschreibung des konfessionellen Besitzstandes auf dem Gipfel katholischer Machtentfaltung 1629/30 bestand, sondern als Normaljahr 1624 akzeptierte [544], das im Friedensvertrag sodann verbindlich werden sollte [545]. Das schloß die Anerkennung des protestantischen Bekenntnisses der Buchischen Ritterschaft, selbst bei Aufrechterhaltung der Landesherrschaft über sie, ein. Es wurde teilweise kompensiert durch das für eingelöste Pfandschaften vorbehaltene *ius reformandi* ohne Rücksicht auf das Normaljahr, an dem Joachim wegen der Gerichte Neukirchen und Michelsrombach interessiert war [546].

Für die Buchischen Ritter mußte es aufgrund der Friedensvertragsregelungen noch attraktiver sein, die Fesseln des Stiftes endgültig abzustreifen: Die Reichsritterschaft war in den Frieden korporativ eingeschlossen und damit reichsrechtlich anerkannt – nicht mehr nur vom Kaiser, sondern von allen Ständen. Ihre Mitglieder und deren Güter waren frei und reichsunmittelbar und keiner landesherrlichen Obrigkeit unterworfen. Sie erhielten das *ius reformandi*, und auch für ihre Besitzungen galt der Bekenntnisstand vom 1. Januar 1624 [547].

Es kann daher nicht verwundern, daß die Ritter nach dem Friedensschluß ihre Aktionen gegen das Stift fortsetzten, den Beitrag zu den vom Stift aufzubringenden Satisfaktionsgeldern für Schweden verweigerten [548] und das Kollektationsrecht des Abtes

---

543   Zur Interessenkonstellation der Verhandlungspartner s. allgemein DICKMANN, Westfälischer Frieden; kurze, treffende Charakterisierung bei SCHINDLING, Westfälischer Frieden und Landesgeschichte, S. 243. Zu Kurköln s. FOERSTER, Kurfürst Ferdinand; zu Schönborn: MENTZ; JÜRGENSMEIER, Johann Philipp und die Römische Kurie; DERS., Johann Philipp; zu der von Maximilian Graf von Trautmannsdorff als leitendem Gesandten verkörperten Politik des Kaiserhofes s. RUPPERT, Kaiserliche Politik.
544   Zur Unterstützung dieser Richtung durch Fulda s. DICKMANN, Westfälischer Frieden, S. 405, 462. Unzureichend: ADLER.
545   IPO, Art. V: MÜLLER (Hg.), Instrumenta, S. 113–131.
546   Vgl. APW, Ser. III, Abt. A, IV/1, S. 351. Das Gericht Neukirchen und die Burg Wehrda waren 1597 an Cuntz von der Tann versetzt worden; nachdem dieser die Annahme des Pfandschillings im Jahre 1629 verweigert hatte, hatte sich Fürstabt Johann Bernhard gewaltsam in den Besitz von Gericht und Burg gesetzt. Erst 1652 erreichten die von der Tann ein Patent der Westfälischen Friedens-Exekutionskommission, das sie remittierte. 1687 und 1711 schließlich verglichen sich beide Seiten (s. StAM 94/3290). Michelsrombach war 1592 für 1500 fl. den von Schlitz gen. von Görtz verpfändet worden; diese versuchten, das Gericht ihrer eigenen Herrschaft einzuverleiben (s. StAM 94/316; 95/886; HHStA Kl. Reichsstände. Fulda 126, fol. 422–468). Bestrebungen der Familie von der Tann, sich in den Besitz des Gerichtes zu bringen, konnten trotz der 1602 von dem kaiserlichen Administrator Erzherzog Maximilian dem Cuntz von der Tann gewährten *expectativa infeudatio* auf die Pfandschaft (s. StAM 95/1697) abgewehrt werden (bereits 1599 hatten die von der Tann Beschwerde gegen die von Schlitz gen. von Görtz wegen Ablösung der Pfandschaft erhoben. StAM 95/1696). 1632 hatte dann Landgraf Wilhelm V. von Hessen-Kassel seinem Statthalter in Fulda Urban von Boyneburg gestattet, die abgelaufene Pfandschaft solange einzubehalten, bis das Stift Fulda sie einlösen könne (StAM 94/317; 94/316). Diese Einlösung wurde allerdings erst 1655 zwischen Urbans Sohn Johann von Boyneburg und Fürstabt Joachim vereinbart (StAM R Ia, 1655 Aug. 30).
547   IPO, Art. V, § 28: MÜLLER (Hg.), Instrumenta, S. 121 f.
548   S. StAM 109/174; 95/72, 90b/397. Danach beliefen sich die Auslagen für die Einquartierung der Kompanien des schwedischen Obersten Joachim von Görtz auf 63 961 Reichstaler, 1 Batzen, 7 Heller. Nach StAM 90b/462 betrugen die von Fulda an Schweden entrichteten Satisfaktionsgelder 1648 bis 1650 23 674 Reichstaler.

in Dörfern ihres Einflußbereiches bestritten. Ebenso stellten sie ihr Erscheinen auf den Landtagen endgültig ein – auf dem Landtag vom 18. Januar 1651, dem ersten seit 1642, war kein Ritter mehr anwesend[549].

Daneben beschritt man aber auch wieder den Verhandlungsweg, um in der Güte die Zustimmung zur Separation vom Stift zu erlangen. Verhandlungen zwischen Abt und Ritterschaft im Mai und Juni 1649 aber blieben erfolglos[550], mündeten vielmehr in Versuchen der Ritter, den Prozeß vor dem Reichskammergericht zu forcieren (entsprechend einem vom schwedischen Reichskanzler Oxenstierna während der Friedensverhandlungen in Münster und Osnabrück erteilten Rat[551]) und in der Klage gegen Joachim vor dem Friedensexekutions-Kongreß in Nürnberg.

Wirklich erließ das Reichskammergericht am 23. August 1649 ein Poenalmandat gegen Fürstabt und Kapitel, in dem diesen untersagt wurde, (weitere) tätliche Eingriffe in die (behauptete) Rechtsposition der Buchischen Ritterschaft – vor allem in der Besteuerungsfrage – vorzunehmen und sich auf das am Reichshofrat erlangte Mandat zu berufen; in letzterem Fall hätten sie gegen den Grundsatz der Konkurrenz der beiden höchsten Reichsgerichte verstoßen. Wie das von Fürstabt Joachim erwirkte Mandat des Reichshofrats besaß auch das des Reichskammergerichts nur vorläufigen Charakter und beruhte allein auf Aussagen der klagenden Partei, ohne über die Stichhaltigkeit der vorgebrachten Argumentation Aufschluß zu geben[552].

Der Fürstabt betrieb daher seinen Prozeß wegen der Steuerverweigerungen der Ritterschaft am Reichshofrat weiter und bestritt seinerseits die Gültigkeit des Reichskammergerichts-Mandats, weil dieses von der Fränkischen und nicht von der Buchischen Ritterschaft erstritten worden war[553]. Der ritterschaftliche Prozeßvertreter am Reichshofrat verlangte dagegen natürlich die Aufhebung des Reichshofrats-Mandats vom 8. Juli 1648 und die ausschließliche Prozeßführung am Reichskammergericht[554].

Allerdings erfuhr der Prozeß am Reichshofrat schon bald eine entscheidende Wende, als Fürstabt Joachim Ende Januar 1650 Bereitschaft zum Vergleich signalisierte und die Einsetzung einer kaiserlichen Kommission zur Schlichtung des Streites vorschlug. Er benannte auch gleich die von ihm gewünschten Kommissare: den ihm durch die Konfession verbundenen Erzbischof-Kurfürsten von Mainz und die Landgräfin Amalie Elisabeth von Hessen-Kassel, mit der er sich in der Beurteilung der verfassungsmäßigen Stellung des niederen Adels einig wußte – so wenig wie diese in ihrem Territorium Reichsunmittelbarkeitsbestrebungen der landsässigen Ritter duldete, so wenig konnte ihr an einer eventuellen Auswirkung eines die Immedietät erlangenden benachbarten fuldischen Adels auf ihre Lehnsleute gelegen sein[555]. Die Erwartung allerdings, daß sich auch Johann Philipp von Schönborn, seit 1642 Bischof von Würzburg, seit 1647 Erzbischof von Mainz und Erzkanzler, selbst einer reichsritterschaftlichen Familie entstammend, auf die Seite des Fürstabts schlagen würde, war keineswegs realistisch.

---

549 Vgl. StAM 90a/775.
550 Vgl. StAM 90b/399.
551 Teuner, S. 138.
552 Vgl. ebd., S. 159–162.
553 In einer Eingabe des fürstlichen Prozeßvertreters am Reichshofrat, Lucas Stupan, vom 8. Oktober 1649. Vgl. Teuner, S. 164.
554 In einer *Gegennothurft* der Ritterschaft vom 5. Januar 1650. Vgl. Teuner, S. 164.
555 Zur Adelspolitik der Landgräfin s. Rommel, IX, S. 172f.; Demandt, Hessische Landstände im Frühabsolutismus, S. 47.

Von der Nürnberger Friedensexekution, die von der Buchischen Ritterschaft angeru-
fen worden war[556], und vom Reichshofrat wurde Mitte 1650 neben Johann Philipp von
Schönborn allerdings Herzog Ernst von Sachsen-Gotha (anstelle der Landgräfin von
Hessen-Kassel) die Kommission aufgetragen[557]. Vergeblich kämpfte der Abt gegen die
Kommissionserteilung an Sachsen-Gotha, ebenso vergebens waren seine Versuche,
Kommission und Reichshofrat gegeneinander auszuspielen und dem Reichshofrat eine
der Kommission überlegene Befugnis zuzuweisen. Erfolglos verliefen auch Abt
Joachims Bemühungen – z. B. in Eingaben vom 12. Januar und vom 3. September 1652 –
um Mandate des Reichshofrates, die die Ritterschaft zur Ablieferung ihres Anteiles an
den Reichssteuern des Fürstentums an die stiftische Obereinnahme zwingen sollten[558].

Die Arbeit der Kommission blieb von diesen taktischen Maßnahmen des Abtes
unberührt. Zunächst setzten die Kommissare eine Subdelegation, mit Sitz in Frankfurt
am Main, ein. An diese wurden die verschiedenen Gravamina und Stellungnahmen der
streitenden Parteien gerichtet, welche in der Sache allerdings wenig Neues brachten.
Allein bezüglich der Bewertung der von der Ritterschaft nach der Aufrichtung des
Westfälischen Friedens verweigerten Beiträge zu den Reichssteuern und der stattdessen
erfolgten Zahlungen an Schweden wurden seitens der Ritter neue, wenn auch wenig
stichhaltige Gesichtspunkte vorgetragen: Demnach waren entsprechende Verträge mit
Schweden schon vor dem Friedensschluß abgeschlossen und nach dem Friedensvertrag
rechtmäßig erneuert worden. Die Ritter übersahen jedoch, daß das Friedensinstrument
die Fürsten wieder in die verfassungsrechtliche Position vor dem Ausbruch des langen
Krieges eingesetzt hatte[559] – und zum damaligen Zeitpunkt hatte die Buchische
Ritterschaft ohne allen Zweifel Reichssteuern an das Stift entrichtet[560]. Daneben wurden
vor der Subdelegation auch mündliche Verhandlungen geführt[561].

Ein Ergebnis der Arbeit der Subdelegation war die Aufhebung der vom Reichshofrat
am 8. Juli 1648 ausgesprochenen Bestimmung, daß die Ritter die Reichssteuern nach
Fulda zu erlegen hätten, am 16. Januar 1652[562]. Die erste Frucht dieser Neuregelung der
Steuerentrichtung war die gesonderte Erlegung einer Reichsanlage von Ritterschaft und
Abt (auf Anweisung des Reichspfennigmeisters) an Herzog Philipp Ludwig zu Holstein.
Dieser quittierte am 19. Februar 1652 den Empfang von 21 209 fl. 9 Batzen vom Fürstabt
und von 5312 fl. 6 Batzen von der Ritterschaft, *welche von alters hero dergleichen*

556 Der Kongreß tagte vom Frühjahr 1649 bis zum Juli 1651. Eine angemessene Darstellung seiner
Tätigkeit fehlt – ERNSTBERGER beleuchtet nur den repräsentativen Aufwand der Kongreßteilneh-
mer. – Zur Klage der Buchischen Ritterschaft vgl. den Abschied des Rittertages zu Ostheim vom
15. Mai 1650 und *Gegenanzeig* des Abtes: StAM 95/46; die Vereinigung des Engeren Ritter-
Ausschusses, d. h. der Geschlechtsältesten, vom 14. Januar 1651, welche zur Fortführung und
Beschleunigung der Prozeßführung drei volle monatliche Anlagen von ihren Untertanen beschloß:
StAM 109/454; *Diarium commissionis*, 14. April–13. Juni 1651: StAM 95/46. Die Interessen des
Abtes wurden vor dem Kongreß von dem bekannten Friedberger Syndikus Dr. Johann Conrad
Causenius vertreten (zu diesem s. SCHMIDT, Johann Conrad Causenius; GENSICKE).
557 StAM 109/372.
558 S. dazu TEUNER, S. 168–172.
559 IPO, Art. III: MÜLLER (Hg.), Instrumenta, S. 13 f.
560 Vgl. auch TEUNER, S. 173 f.
561 Diese sind dokumentiert in: StAM 109/372; 109/379; 95/93; 95/103; 95/128; 95/143; 95/160.
Diese umfangreiche Überlieferung bedürfte einer systematischen Auswertung.
562 *Copia kaiserlich sententia cassatione mandati restitutorii et inhibitorii in sachen Fulda contra
des stiftes eingesessene vom adel.* S. HOFEMANN, S. 197.

reichsanlagen mit und neben den ubrigen underthanen des stifts zu bezahlen hatte, jetzt aber diese Summe *zu ihrer quote abzutragen pflichtig und verbunden an- und eingewiesen war*[563].

Zum Abschluß ihrer Tätigkeit am 8. Juli 1653 in Regensburg aber verneinte die Subdelegation überraschenderweise ihre Zuständigkeit in der Steuerfrage, welche doch der Hauptgegenstand der Verhandlungen und der Eingaben gewesen war, und verwies die streitenden Parteien auf die endgültige Klärung der Exemtionsfrage durch das Reichskammergericht[564].

In der verfassungsrechtlich somit weiterhin offenen Situation versuchte Fürstabt Joachim – wie sich bald erweisen sollte, sehr zu seinem Nachteil – mit Gewalt landesfürstliche Hoheitsrechte durchzusetzen: Nachdem ihm das beanspruchte Musterungsrecht in der Herrschaft Tann bestritten worden war, ließ er tannisches Gebiet besetzen und ritterschaftliche Untertanen aus Römershag und Geroda verschleppen und in Fulda inhaftieren[565].

Die Buchische Ritterschaft, die auf ihrem Konvent am 13. September 1653 zur Abwehr befürchteter stiftischer Übergriffe die Aufstellung einer bewaffneten Mannschaft beschlossen hatte[566], verzichtete auf gewaltsame Gegenmaßnahmen. Sie erwirkte stattdessen ein *Mandatum avocatorum sine clausula* des Reichshofrates, welches dem Fürstabt die Räumung des ritterschaftlichen Gebietes durch seine Soldaten und die Freilassung der Gefangenen auferlegte – bei Androhung einer Strafe von 20 Mark lötigen Goldes für den Verweigerungsfall; diese Summe wurde auf Antrag der Ritterschaft später auf 100 Mark erhöht. Kurmainz und Sachsen-Gotha wurde Kommission erteilt, für die Einhaltung des Landfriedens durch den Abt zu sorgen, und am 17. April 1654 erging ein Poenalmandat des Reichshofrates, das zusätzlich zu den oben genannten Auflagen an den Abt auch die Aufforderung enthielt, statt Gewaltmaßnahmen zu ergreifen, den vorgegebenen Rechtsweg vor dem Reichskammergericht einzuhalten[567].

Da Fürstabt Joachim die gefangenen ritterschaftlichen Untertanen aber nicht freiließ, antwortete die Ritterschaft nun ihrerseits mit Gefangennahme stiftischer Untertanen – und provozierte damit einen Antrag des Fürsten auf ein *Mandatum inhibitorium* des Reichshofrates gegen den Adel: Die Gefangenen sollten unverzüglich freigelassen und die Ritter – bis zu einem endgültigen Austrag – zur Zahlung der Steuern an das Stift angehalten werden. Falls letzterem nicht stattgegeben werden könne, sollte der Anschlag des Stifts in der Reichsmatrikel gekürzt werden. Deutlich wird hier bereits eine defensive Position des Abtes: das Ausscheiden der Ritterschaft aus dem Stiftsverband wird durchaus einkalkuliert. Der Reichshofrat aber zog es jetzt vor, Nichteinmischung zu üben und den Fall an die Kommission bzw. an das Reichskammergericht zu verweisen[568].

Ebenso wie der Reichshofrat und die kaiserliche Kommission vermochte es aber auch das nun wieder verstärkt in Anspruch genommene Reichskammergericht nicht, eine den

---

563 StAM 90b/1474.
564 StAM 109/372; vgl. auch Teuner, S. 175.
565 Teuner, S. 177.
566 Ebd., S. 176.
567 Ebd., S. 177–179.
568 Ebd., S. 180 f.

Ansprüchen beider Parteien gerecht werdende, rechtlich fundierte Lösung zu finden[569]. Die in solchen Fällen beim Reichskammergericht übliche Taktik des Verzögerns einer Entscheidung – im Falle der Exemtionsklage der Ritterschaft nunmehr seit fast 80 Jahren vorexerziert – wurde daher auch jetzt weiterverfolgt.

Da Fürstabt Joachim durch sein gewaltsames Vorgehen gegen die ritterschaftlichen Untertanen 1655 bei beiden Reichsgerichten wie bei der kaiserlichen Kommission Sympathien eingebüßt hatte, favorisierte er seit Anfang 1656 wieder den direkten Vergleich, der von Kurmainz vermittelt werden sollte. Trotz erheblicher Bedenken stimmte die Ritterschaft auf ihrem Konvent am 9. März 1656 in Tann diesem Weg zu[570]. Unter der sehr viel stärker die Ritterschaft als den Abt schützenden Hand Kurfürst Johann Philipps von Schönborn und seines Beraters, des Hofmarschalls Johann Christian von Boyneburg, kam nach weiteren eingehenden Verhandlungen[571] am 15. Mai 1656 ein sechs Punkte umfassender Vertrag in Würzburg zustande, der die Ritter aus der Landesherrschaft des Abtes entließ und ihnen – bei Fortbestehen enger Verbindungen zum Stift – die Reichsunmittelbarkeit zugestand[572].

Im zweiten Paragraphen des Vergleichs sagten Abt Joachim für sich und seine Nachfolger, Dechant und Kapitel zu, *von nun an mehr wolbesagten Adel in Buchen vor des Reichs ohnmittelbare Freye Ritterschaft in Franken des Orths Röhn und Werra*

---

569 Zu den von den streitenden Parteien vorgebrachten Argumenten s. TEUNER, S. 183–190.
570 StAM 109/863, fol. 123ʳ–125ʳ; TEUNER, S. 191.
571 Sie sind dokumentiert in: StAM 95/129; 95/122; 109/379; 109/354. In der entscheidenden letzten Phase wurden die Verhandlungen im April und Mai 1656 in Würzburg von folgenden Bevollmächtigten geführt: auf Seiten von Kurmainz die Räte Wilderich von Walderdorff, Dompropst zu Speyer und Domkapitular zu Mainz, später Reichsvizekanzler, der Syndikus des Domkapitels Dr. Franz Schild und Dr. Tobias Reibelt; für das Stift Fulda der Dechant und Propst zu Neuenberg Matthias Benedikt von Rindtorff und die Räte Dr. Wilhelm Ignatius Schütz und Dr. Johann Breler, letzterer auch kapitularischer Syndikus; für die Ritterschaft Johann Volpert von Schlitz gen. von Görtz, Direktor des Kantons Rhön-Werra, und der Ritterrat und Obristleutnant Friedrich von der Tann (Vollmacht für Rindorff und Breler, ausgestellt vom Stiftskapitel am 22. April 1656, in: StAM 90a/765; Vollmacht der Ritterschaft für ihre Vertreter, in: StAM 95/129). – Entscheidendes Gewicht kam bei diesen Verhandlungen aber dem Kurfürst-Erzbischof von Mainz und Bischof von Würzburg Johann Philipp von Schönborn und dem kurmainzischen Hofmarschall Johann Christian von Boyneburg, seinem wichtigsten Berater, zu. Beide machten sich die ritterschaftliche Position zu eigen und setzten sich gegenüber den fuldischen Bevollmächtigten durch, deren Gegenwehr allerdings nicht sehr stark war. Boyneburg, selbst aus einer der Buchischen Ritterschaft zugehörigen Familie, war nach eigenem Bekunden in dieser Angelegenheit Partei und machte seinen ganzen Einfluß geltend. S. dazu v. a. den Schriftwechsel der fuldischen Abgesandten mit Fürstabt Joachim: StAM 95/129 – besonders anschaulich werden die Einstellungen Schönborns und Boyneburgs, auch die Resignation der fuldischen Deputierten angesichts dieser starken Unterstützung für die Ritterschaft, im Bericht des Rates Dr. Schütz über seine Audienz bei Boyneburg am 5. Mai 1656: Sowohl in der Frage der Immedietät, die Abt Joachim den Rittern keineswegs zugestehen wollte, und der Reichssteuern, zu denen nach seiner Vorstellung die Ritter ein Sechstel beisteuern sollten, als auch der Jurisdiktion empfahlen die fuldischen Deputierten nach diesem Gespräch dem Fürstabt das Nachgeben! Der Verlauf der Verhandlungen verdiente im übrigen eine ausführliche Untersuchung, die an dieser Stelle nicht geleistet werden kann.
572 Druck des Rezesses: LÜNIG, XII, 2. Abs., Nr. 23, S. 63–66; mit geringen Auslassungen und Textabweichungen: RÜBSAM, Bernhard Gustav, S. 259–262; Original des Rezesses: StAM 95/25; Abschriften in: StAM 90a/765; StAD B 8, Nr. 6/194 (BATTENBERG, Schlitzer Urkunden, Nr. 1083, S. 254); Bewertungen des Vergleichs: THOMAS, Sistem, I, S. 42–49; HOFEMANN, S. 197–204; KÖRNER, Kanton, S. 84–86; TEUNER, S. 192–197.

zugethane Mitglieder gleich andern des Fränkischen Krayß incorporierte ohnzweiffelich Freye Adeliche Ritterglieder beständig zu erkennen, zu achten und zu halten, und wider dieselbe und Ihre Freyheit und Immedietät in keinerley Weis, under was gesuchten schein und nahmen es immer sein möge, einigen Anspruch mediatae subiectionis nit zu führen, allermassen dieselben bei allen Rechten und Gerechtigkeiten, Freyheiten undt Begnadungen, absonderlich denen Reichsconstitutionen, dem Münster- und Osnabrückischen, der Freyen Reichsritterschafft zustatten kommenden Friedensschluss, dem darin bestettigten Religion- und Prophanfriden und was deme anhengig, vor sich, dero Familien, Underthanen undt Bedienten je und allweg frey, sicher und unbehindert zu lassen. Hierdurch war das *ius reformandi* der Buchischen Ritterschaft anerkannt, im Zusammenhang damit auch die Kirchendirektion und Jurisdiktionsgewalt in Religionssachen.

Die Ritter waren nur verpflichtet, Abt Joachim und dessen Nachfolger, auch Dechant und Kapitel, für ihre stiftischen Lehen als Lehnsherren anzuerkennen und den Lehnspflichten nachzukommen (§ 1). Die Reichssteuerzahlungen nach Fulda entfielen. (Unausgesprochen) anknüpfend an die 1652 getroffene Vereinbarung wurde in § 3 des Vertrages dem Buchischen Adel das *ius collectandi* über seine Untertanen zugestanden, mit dem Recht, die erhobenen Gelder an die Ritterkasse des Kantons Rhön-Werra abzuführen. Bei jeder Reichssteuerbewilligung hatten die Ritter 2000 fl. zum fuldischen Anschlag beizutragen; das Geld sollte aber nicht an die stiftische Obereinnahme gezahlt, sondern an die Legstatt Frankfurt geleitet werden. Dieser sogenannte *beyschuß* bezog sich in erster Linie auf Reichssteuern, sollte aber auch geleistet werden, wenn vom Kaiser Einquartierungen anstatt der Steuern *assigniret* würden. Das Einquartierungsrecht in den ritterschaftlichen Territorien sollte allein dem Kaiser zukommen.

Der Abt verzichtete auf die Gerichtshoheit über die Buchische Ritterschaft. Klagen der Ritter oder ihrer Untertanen gegen Stiftsangehörige wie Klagen im umgekehrten Fall sollten *nach der bekannten allgemeinen Rechtsregul (vor) des Beklagten ordentlich Forum* gebracht und entschieden werden, d. h. im ersten Fall vor einen Amtmann/ Amtsvogt und von da vor die fuldische Kanzlei, im zweiten Fall vor die adlige Herrschaft. Zur Vereinfachung des Verfahrens sollte der Abt die Gerichtshoheit wie auch die anderen obrigkeitlichen Befugnisse über die ritterschaftlichen Lehn- und Zinsleute ausüben, die im Stiftsgebiet wohnten. Die Ritter hingegen konnten diese Gerichtsbarkeit über stiftische Untertanen, die in ihrem Herrschaftsbereich wohnten, wahrnehmen. Diese Regelung sollte für die Zukunft ständigen Anlaß zu Reibereien bieten.

Streitigkeiten des Adels mit einem Abt bzw. dem Kapitel sollten, wenn sie sich nicht gütlich beilegen ließen, vor dem Kaiser, d. h. vor dem Reichshofrat bzw. dem Reichskammergericht *denen Reichsconstitutionen gemes fürgenommen, ausgetragen und entschieden werden* (§§ 4, 5).

Im Vertrag nicht erwähnt war die Zentgerichtsbarkeit. Diese, identisch mit den vier hohen Rügen (Mord, Notzucht, schwerer Diebstahl, Brandstiftung), verblieb dem Abt weiterhin in einem Teil der ritterschaftlichen Gebiete. Schließlich verzichtete der Abt noch auf die Vormundschaftsbestellung des Adels durch seine Kanzlei und stellte es den Rittern frei, die *Bestallung entweder in camera, aula Caesarea oder bey Ihrer Fürstlichen Gnaden in Fulda zu suchen, vorzuschlagen oder zu begehren* (§ 6).

Vereinbarungen zwischen Äbten und Adligen aus der Vergangenheit, wie z. B. Burgfrieden, blieben durch den Vertrag unbeeinträchtigt. Dagegen sollten alle in der

Exemtionsfrage an den Reichsgerichten anhängigen Verfahren aufgehoben sein. Schließlich sollte der Kaiser durch eine Bestätigung des Vertrages dessen Einhaltung garantieren. Mit dem Vertrag vom 15. Mai 1656, der durch Kaiser Leopold I. am 8. April 1659 konfirmiert wurde[573], war ein mehr als 80jähriger politischer und rechtlicher Kampf durch eine politische Lösung zum Abschluß gekommen. In diesem Kampf waren die fuldischen Landesherren über weite Strecken im Vorteil gewesen und hatten diesen Vorteil auch in Verträgen und Ausgleichen zum Ausdruck gebracht. Die Verträge, die die Oberhoheit des Stiftes zementieren sollten, waren aber zu stark vom Geist dissimulierender Einigkeit geprägt – die Ritterschaft sah in ihnen auch die Bewahrung ihres Anspruches auf Reichsunmittelbarkeit. So konnte sie sich am Ende trotz der in vielen Handlungen und Äußerungen zum Ausdruck gekommenen Landsässigkeit und der Anerkennung der landesfürstlichen Rechte der Äbte deren Herrschaftsbereich entziehen.

Die Äbte hatten ihre landesherrlichen Rechte nur über den Kreis ihrer unmittelbaren Untertanen und über die Hintersassen des Kapitels, als einem Teil ihrer mittelbaren Untertanen, aufrechterhalten können. Obwohl sie die Ausübung vieler einzelner, in der Summe die Landesherrschaft ausmachenden Rechte über die Ritter hatten geltend machen können, hatten sie die Herrschaft über diesen Personenkreis verloren, weil sie nie eine vollständige, umfassende und unumstrittene gewesen war. Der im Spätmittelalter eingeleitete Prozeß der Versachlichung der Herrschaft, die Schaffung eines einheitlichen Untertanenverbandes durch Unterwerfung der feudalen Gegenkräfte, war nicht völlig erfolgreich abgeschlossen worden, der Aufbau eines Territorialstaates nur unvollkommen gelungen; aus einem zeitweise bestehenden *territorium clausum* war ein *territorium inclausum* geworden. Dem Buchischen Adel aber war als vorletzter Adelskorporation im Reich der Aufstieg aus der Landsässigkeit in die Reichsunmittelbarkeit geglückt – nach ihm sollte das nur noch dem trierischen Adel gelingen[574].

573 LÜNIG, XII, 2. Abs., Nr. 24, S. 67f.; StAM 109/400 (Kop.). Zustimmung der Buchischen Ritter zum Vertrag auf dem Konvent am 13. Juni 1656: StAM 109/863, fol. 125ᵛ–128ʳ (Kop.). Die anderen Quartiere des Kantons Rhön-Werra standen dem Vergleich reserviert gegenüber und beanstandeten (auf dem Ortstag am 16. Juni 1656) v. a. die Steuerzahlung der Buchischen Ritter an das Stift, aus der leicht Präjudizien abgeleitet werden könnten. S. StAM 109/851, fol. 154ᵛ–155ʳ (Extrakt des Protokolls); TEUNER, S. 198.
574 Vgl. KNETSCH, S. 104–184.

D. BEZIEHUNGEN ZWISCHEN DEN FULDISCHEN LANDESFÜRSTEN UND DER REICHSUNMITTELBAREN BUCHISCHEN RITTERSCHAFT NACH 1656

Als Buchisches Quartier wurde der ehemals landsässige fuldische Adel in den Kanton Rhön-Werra der Fränkischen Reichsritterschaft integriert[575] und konnte eine eigene – eingeschränkte – Landesherrschaft wahrnehmen. Das *ius superioritatis* über seine Mitglieder wurde vom Ritterkanton beansprucht und in der Exekution der Steuer durch die Behörden des Kantons[576] wie durch die teilweise Wahrnehmung der Hochgerichtsbarkeit zum Ausdruck gebracht. Dazu fungierte der Kanton als Austrägalinstanz; Einzelheiten des Verfahrens waren in der 1652 erneuerten Austragsordnung des Kantons Rhön-Werra festgelegt[577]. Die rechtliche Qualität der Superiorität war allerdings äußerst umstritten[578]. Die Leitung des Kantons lag in den Händen eines Ritterhauptmanns, dessen Amtsführung durch beigeordnete Ritterräte unterstützt, durch die Ritterversammlung auf den Ortstagen aber sowohl vorstrukturiert als auch kontrolliert wurde – die Kompetenzen waren in der Verfassung und Ordnung des Kantons Rhön-Werra aus dem Jahre 1661 niedergelegt[579].

Das Ausscheiden der Buchischen Ritter aus dem Territorialverband des Stifts Fulda führte neben relativ geschlossenen ritterschaftlichen Bezirken an der Peripherie des

575 Im Rahmen des Ritterkantons Rhön-Werra gab sich das Buchische Quartier eine eigenständige Organisation. An seiner Spitze standen ein Ritterrat und drei Ausschüsse; der Ritterrat und ein Ausschuß gehörten auch dem Kantonsvorstand an. Weiterhin besaß das Buchische Quartier oder »Viertel« eine eigene Kanzlei, Kasse, Archiv und Matrikel – die Anfänge hierfür waren zu Beginn des 17. Jahrhunderts gelegt worden (s. unten S. 77 f., 92, 199). Zu den Rittersteuern des Kantons trug das Buchische Quartier ein Viertel bei, nichts hingegen zunächst zu den dem Kaiser anstelle von Reichssteuern zu entrichtenden Charitativsubsidien – angesichts ihrer Lieferung von 2000 fl. zur Reichs- und Türkensteuer des Stifts Fulda. Nachdem dieses in den Verträgen von 1687 und 1700 auf die 2000 fl. verzichtet hatte, erbrachten die Buchischen auch ein Viertel der Charitativsubsidien des Kantons. Nach einem Beschluß des Ritterkonvents vom 11. Mai 1657 in Tann (StAM 109/863, fol. 128ᵛ–132ʳ [Kop.]) führte die Buchische Ritterschaft weiterhin eine eigene Matrikel, nach welcher die 2000 fl. Beischuß zur Reichssteuer sowie die laufenden Unterhaltungs-, Gerichts- und Anwaltskosten des Quartiers erhoben wurden. Zur Organisation des Buchischen Quartiers im Rahmen des Kantons Rhön-Werra und zur Kantonsverfassung des 17. und 18. Jahrhunderts s. Körner, Kanton, S. 86–88, 90, 94, 102 f.; Riedenauer, Fränkische Reichsritterschaft, S. 16 f.; Teuner, S. 23–34, 198–206.
576 Pfeiffer, Studien, S. 192.
577 StAM 109/1488; s. dazu Teuner, S. 199–204. Text der Austragsordnung von 1700: Lünig, XII, 2. Abs., Nr. 40, S. 99–109.
578 Die *superioritas territorialis* wurde den Reichsrittern zwar von einigen Staatsrechtslehrern des 17. und 18. Jahrhunderts eingeräumt, von anderen aber (Lampadius, Ludolf Hugo, Caspar Heinrich Horn) entschieden bestritten – weil die Reichsritter nicht über die Reichsstandschaft verfügten, wegen der Kleinheit ihrer Besitzungen keine gerechte Regierung ihres »Staates« gewährleisten konnten und einen Rechtsstatus nicht einer umfassenden Herrschaftsgewalt, sondern speziellen Privilegierungen verdankten (vgl. Willoweit, Rechtsgrundlagen, S. 311–314). Auch die Beantwortung der Frage, ob die verstreuten Güter der einzelnen Reichsritter ein gemeinsames Territorium bildeten, war uneinheitlich. Einige Staatsrechtslehrer ordneten die Territorialhoheit der Korporation zu; andere beschränkten die Landesherrschaft auf die von der Genossenschaft erworbenen und verwalteten Güter. Auf den Eigengütern sollte jeder Reichsritter die nur durch Abmachungen mit der Korporation beschränkte Territorialgewalt besitzen (vgl. Willoweit, Rechtsgrundlagen, S. 318–320).
579 Lünig, XII, 2. Abs., Nr. 25, S. 68–71.

Stifts, wie denen der Riedesel (Lauterbach), von Schlitz gen. von Görtz, von der Tann, von Ebersberg gen. von Weyhers (Gersfeld), von Thüngen, von Hutten, von Boyneburg, deren Inhaber neben der Niedergerichtsbarkeit häufig auch über die Hochgerichtsbarkeit verfügten, zu Exklaven im fuldischen Territorium in Form der ritterschaftlichen Patrimonialgerichte Schackau (Ebersteinische Erben: von Rosenbach), Buchenau, Mansbach, Langenschwarz (von Buchenau, von Langenschwarz) und Wehrda (von Trümbach), in denen die Niedergerichtsbarkeit bei den Adelsfamilien, die Hochgerichtsbarkeit aber bei dem Stift lag[580]. Kondominate – mit adeliger Teilhabe an der Zentgerichtsbarkeit – waren bis zum Aufkauf der adeligen Rechte 1692/96 bzw. 1777 das Amt Burghaun und das Gericht Lütter vor der Hart[581]; daneben gab es vielerorts im Stiftsgebiet exemte Adelsgüter – nur die Buttlarischen Besitzungen zu Buttlar waren schriftsässig[582].

Berührungspunkte zwischen Stift und Ritterschaft blieben damit über die Lehensbeziehungen hinaus gegeben – Streitigkeiten über die konkreten Rechtsverhältnisse, besonders im Gerichts-, Jagd- und Forstwesen, Präzisierungen und Modifizierungen der Vereinbarungen von 1656 in verschiedenen Verträgen zwischen der Gesamtheit der Ritterschaft oder einzelnen Ritterfamilien und dem Stift bildeten die eine, die politisch-rechtliche Seite, Dienste in der Landesverwaltung und am Hof der Fürstäbte/-bischöfe die andere, personal bestimmte Seite. Auf den erstgenannten Aspekt ist hier noch in aller Kürze einzugehen, die Analyse des zweitgenannten soll einer anderen Arbeit vorbehalten bleiben.

Die Auseinandersetzungen zwischen den nun reichsunmittelbaren Rittern und dem Stift konzentrierten sich auf drei Bereiche: Steuern, Gerichtsbarkeit, Huldigung. Eng verknüpft damit, vor allem mit der Steuerzahlung, waren die Bestrebungen der fuldischen Äbte, ritterschaftlichen Besitz mit den daran hängenden Rechten aufzukaufen, um die eigene Herrschaftsbasis zu erweitern. Die ökonomische wie die demographische Entwicklung unter den Rittern kam ihnen dabei sehr entgegen[583]. Die Fürstäbte betrieben diese Aufkaufspolitik, vor allem seit dem Regierungsantritt des Placidus von Droste (1678), in großem Stil[584].

---

580 Zur Entstehungsgeschichte und zum Umfang dieser Gerichte s. HOFEMANN, S. 175–185.
581 S. dazu ebd., S. 68–70, 161–163.
582 S. dazu THOMAS, Sistem, I, § 36, S. 71 f.
583 Der Schrumpfungsprozeß der Buchischen Ritterschaft seit dem späten 17. Jahrhundert spiegelt sich im Mitgliederbestand des Kantons Rhön-Werra deutlich wider (vgl. RIEDENAUER, Kontinuität, S. 143 f.). Finanzielle Schwierigkeiten resultierten aus den Belastungen des Dreißigjährigen Krieges und im 18. Jahrhundert v. a. aus dem repräsentativen Aufwand, den die Ritterfamilien sowohl auf ihren angestammten Herrschaftssitzen wie in den Residenzstädten ihrer Dienst- oder/und Lehnsherren trieben – hier mußten sie den gleichfalls gesteigerten Aufwand dieser Herren nachvollziehen (zur Bautätigkeit von Mitgliedern des Kantons Rhön-Werra auf ihren Gütern s. zusammenfassend KÖRNER, Kanton, S. 94–97; zur Bautätigkeit in der Stadt Fulda, ebenfalls zusammenfassend, s. KRAMER, Fulda, S. 29, 41 f.; DERS., Kavaliershäuser; STURM, Bau- und Kunstdenkmale, III, passim). Zur wirtschaftlichen Lage des niederen Adels allgemein s. ENDRES, Wirtschaftliche Grundlagen; KOLLMER.
584 Die Käufe dieses Abtes sind, unvollkommen und z. T. mit störenden Lesefehlern, zusammengestellt bei WITTSTADT, Placidus, Anhang S. X (nach: StAM 94/457). Placidus erwarb nach dieser Liste Güter und Gefälle für insgesamt 346 768 fl. Mindestens weitere 60 000 fl. verwandte er für zusätzliche Erwerbungen (s. StAM R Ia, 1680 Nov. 13 und Nov. 15; StAM R Ia, 1684 Febr. 8; StAM R Ia, 1684 Juni 2; StAM R Ia, 1691 März 11; StAM R Ia, 1692 Juli 28; StAM R Ia, 1697 Jan. 5;

Die 1656 eingegangene Verpflichtung der Ritter, bei Reichssteuerbewilligungen dem Stift Fulda 2000 fl. zu liefern, war Gegenstand verschiedener Prozesse vor dem Reichskammergericht, weil die Ritterschaft diese Zahlungen abzuschütteln suchte[585]. In Rezessen vom 24. März 1687 (§ 4)[586] und vom 5. Oktober 1700 (§ 3)[587] verzichtete das Stift auf diese Beiträge. Dafür wurde in der Frage, wem die ehemals adligen, nunmehr durch Kauferwerb stiftischen oder auch die von der Ritterschaft vom Stift wiedererworbenen Güter steuerbar sein sollten, in beiden Verträgen 1687 als das Entscheidungsjahr festgesetzt. Alle davor erworbenen Güter sollten dem neuen Besitzer steuern; was nach 1687 von ritterschaftlichen Gütern durch Kauf oder Tausch an das Stift gekommen war oder noch kommen sollte, blieb in bezug auf Steuern und Einquartierungen der ritterschaftlichen Matrikel einverleibt. Dagegen sollten die nach Lehnrecht an das Stift heimfallenden Rittergüter gegen eine Abtragszahlung zum Stift steuern[588]. Mit diesen Vereinbarungen schloß die Ritterschaft an die Beschlüsse von 1610 anläßlich der Erstaufstellung der Matrikel an. Die Besteuerung auch veräußerter Rittergüter durch die ritterschaftliche Korporation brachte daneben den alten Rechtsgrundsatz zum Ausdruck, daß die Steuerzahlung ein *signum superioritatis* sei[589]. Zum Schutz ihrer Mitglieder hatte der Ausschuß der Ritterschaft ein kaiserliches Mandat vom 24. Januar 1681 erwirkt, in dem Abt Placidus Zurückhaltung bei Güterkäufen und Lehnsheimfällen auferlegt wurde[590].

Der Vertrag von 1687 aber schien den Buchischen Rittern zum Schutz ihrer Güter und zur Erhaltung ihrer Steuerkraft nicht ausreichend. Deshalb gab es Bestrebungen, das von Kaiser Rudolf II. der Fränkischen Reichsritterschaft am 11. Mai 1609 erteilte *Privilegium de retrahendo bona equestria in alienos translata* auch auf die Buchische Ritterschaft auszudehnen. Die Frage, ob dieses Privileg dem Buchischen Quartier gegen den Fürstabt von Fulda zustünde, wenn dieser adlige, zum größten Teil vom Stift Fulda zu Lehen gehende Güter kaufen und dadurch seine Herrschaft konsolidieren wolle, wurde stiftischerseits natürlich verneint – obwohl die Umschreibung der reichsritterschaftlichen Gebiete in Franken in der Urkunde Kaiser Rudolfs II. die Einbeziehung des Adels im Stift Fulda nahelegte[591].

StAM 94/3080; StAM K 479). Die Acquisitionen, einschließlich nichtadliger Güter, des Fürstabts Adalbert von Schleiffras zwischen 1700 und 1714 erforderten 375 340 fl. (s. StAM 90/528). Einen Überblick über die Güterkäufe zwischen 1582 und 1788, wiederum nicht vollständig, bieten ein Verzeichnis in StAM 91/1159 und RICHTER, Ehemalige Besitzungen; ein Teil der Erwerbungen wird auch aufgeführt bei HACK, Rittertum, sowie bei HOFEMANN, passim. Zur Erwerbungspolitik Fürstabt Balthasars s. SCHAFFRATH, Balthasar, S. 113–115; für die Zeit der Deutschordens-Administration s. auch oben S. 71 mit Anm. 359. Einen vollständigen Überblick über die fürstliche Ankaufspolitik gewähren die Urkunden in StAM R Ia und R IX.
585 Vgl. als ein Beispiel die bei RÜBSAM, Bernhard Gustav, S. 280–283, beschriebenen Auseinandersetzungen der Jahre 1670–1675.
586 Abschriften in: StAM 95/23, 95/102.
587 Original in: StAM 95/26; Abschrift: StAM 90a/769; Auszüge bei THOMAS, Sistem, I, 42–49; Konferenzprotokoll: StAM 109/397. Der Rezeß wurde ratifiziert am 24. September 1701 (s. StAM 95/96, 95/101).
588 1687: § 3; 1700: §§ 4, 5.
589 S. dazu WILLOWEIT, Rechtsgrundlagen, S. 323.
590 Kopie: StAM 90a/338.
591 Das Gebiet der sechs fränkischen Ritterorte war folgendermaßen umschrieben: *Anfang zu Francfort am Mayn, hinuber auf dem Vogelberg, nach dem Knol, zu dem Schillingswaldt an die Werra; dan diesseits solches flusses an den Thüringer undt Böhmerwaldt, herumb hinder dem*

Die Räte des Fürstabts fanden, daß die Buchischen Ritter nicht in den Genuß des Privilegs kommen dürften, weil sie zum Zeitpunkt der Erteilung noch gar nicht zur Reichsritterschaft gehörten und weil sich die Voraussetzungen für die Privilegierung seither verschoben hätten: 1609 sollten die Dienste Fränkischer Reichsritter in den Türkenkriegen belohnt werden; 1687 aber habe sich der Fürstabt von Fulda gegenüber der Buchischen Ritterschaft vertraglich erboten, von allen in Zukunft durch das Stift erworbenen Rittergütern die Matrikularlast nach Proportion abzutragen. Außerdem sei das Privileg von 1609 gegen Auswärtige gerichtet; keine Rede sei darin von einem Lehnsherrn, dem das *dominium directum cum utile* zu konsolidieren unbenommen sei. Daher könne das *ius retractum* gegen den Lehnsherrn *(dominus directus)* keine Anwendung finden. Ganz im Gegensatz dazu stehe vielmehr dem *dominus directus* das *ius retractum* gegenüber Vasallen zu, die ihre Güter an auswärtige Personen abtreten wollten[592]. Letztlich aber ließen sich die Aufkäufe von Rittergütern durch die fuldischen Landesfürsten weder durch die Bestimmungen des Vertrages von 1687, die 1700 bekräftigt wurden, noch durch die Diskussion um das Retraktsrecht einschränken.

Die Steuerfrage wurde ein letztes Mal vertraglich im Jahre 1788 berührt. Ein Rezeß vom Januar dieses Jahres legte fest, daß die Rittersteuern von den in fuldischen Verwaltungsbezirken gelegenen Rittergütern durch stiftische Beamte eingenommen werden sollten; die Aufstellung der Register und die Rechnungsprüfung blieben aber der Ritterschaft vorbehalten[593].

Die Frage der Gerichtsbarkeit wurde in den oben angeführten Rezessen nur unvollkommen geregelt. Diese legten meist nur fest, daß Streitigkeiten zwischen Fürstäbten/-bischöfen und Rittern vor den Reichsgerichten ausgetragen werden sollten – eine lange Liste von Prozessen zeugt von der Umsetzung dieser Bestimmung in die Praxis[594]. Eine Quelle zahlreicher Streitigkeiten und der Regelung durch Einzelverträge vorbehalten war hingegen die Abgrenzung der hoch- und niedergerichtlichen Zuständigkeit in den ritterschaftlichen wie auch in den von Rittern an das Stift und umgekehrt verpfändeten Gebieten, vor allem weil die fuldischen Landesfürsten die ihnen an den meisten Orten zustehende Hochgerichtsbarkeit zur Ausdehnung landesherrlicher Macht heranziehen wollten. Auf der gleichen Ebene lagen die immer wieder erneuerten Versuche, von ritterschaftlichen Untertanen die Huldigung einzunehmen[595].

Morgau her bis an das Hertfeldt und herwarts des Kahers die Jast hinab den Neckar zu gegen Wimpfen, von dannen nacher Aschaffenburg und also den Main hinunter bis wiederumb uf Francfort (zitiert nach dem in Anm. 592 genannten Parere der fuldischen Räte. Druck: Lünig, XII, 2. Abs., Nr. 9, S. 39–42).

592 Vgl. Parere über das durch Kaiser Rudolf II. der Fränkischen Ritterschaft am 11. Mai 1609 erteilte *Privilegium de retrahendo bona equestria in alienos translata*, in: StAM 95/32.

593 S. § 5 des Rezesses. Inhaltswiedergabe der Vergleichung bei Thomas, Sistem, I, S. 49–54, hier: S. 53.

594 Einen kleinen Einblick vermitteln das Verzeichnis der am Reichshofrat in Wien anhängigen Prozesse (StAM 90b/464) und die Zusammenstellungen der am Reichskammergericht behandelten Angelegenheiten (StAM 90b/268; 90a/531), die allerdings fast ausschließlich das 18. Jahrhundert betreffen und daher unvollständig sind.

595 Bekannteste Beispiele für diese Politik der Fürstäbte sind die Auseinandersetzungen mit den Riedesel zu Eisenbach. Zuerst zu nennen ist das Gericht Freiensteinau, das, kurpfälzisches Lehen der Riedesel, von ihnen 1462 bzw. 1523 an Fulda verpfändet worden war. Hier beanspruchten die

E. LANDESHERRLICHE RECHTE IM LICHTE DER AUSEINANDERSETZUNGEN ZWISCHEN STIFT UND RITTERSCHAFT UND IM URTEIL DER ZEITGENÖSSISCHEN STAATSRECHTSLEHRE

Die politisch-rechtlichen Auseinandersetzungen zwischen den Landesfürsten in Fulda und der Ritterschaft in Buchen im 16. und 17. Jahrhundert zeigen zum einen, daß die Landesherrschaft die zweite Phase der Territorialisierung des Stiftes nicht erfolgreich abschließen konnte: Die konsequente organisatorische Durchdringung des Herrschaftsgebietes, vor allem aber die Schaffung eines einheitlichen Untertanenverbandes wurden nicht erreicht. In einem derartigen Untertanenverband hätte der Adel seine grundherrschaftlichen und niedergerichtlichen Befugnisse über seine Hintersassen zwar uneingeschränkt behalten, aber auch seine Unterwerfung unter die Landesherrschaft, bei Wahrung der ständischen Interessen, akzeptieren müssen. Die Auseinandersetzungen verdeutlichen darüber hinaus die Qualität der einzelnen Hoheitsrechte, die in ihrer Summe zur Landesherrschaft geführt hatten, seit dem beginnenden 17. Jahrhundert in der Staatsrechtslehre im Begriff der »landesfürstlichen Superiorität« aufgingen, aber dennoch weiterhin zur Beschreibung des Umfanges und Geltungsbereiches der Landesherrschaft unentbehrlich waren und sind, – nicht allein im Hinblick auf die zwischen Stift und Ritterschaft umstrittene Gültigkeit der Rechte über den Adel, sondern auch im Blick auf die unmittelbaren Untertanen des Landesfürsten, über die diese Herrschaftsbefugnisse uneingeschränkt zur Anwendung gebracht werden konnten.

Äbte die vollständige Gerichtsbarkeit und die Huldigung, während die Riedesel nur das Abtsgericht (also die Hochgerichtsbarkeit) anerkennen wollten. Der Streit, jahrzehntelang auch am Reichskammergericht anhängig, wurde 1684 schließlich von diesem zugunsten der Riedesel entschieden und im gleichen Jahr durch einen Vergleich der Kontrahenten bereinigt. Unter ähnlichen Vorzeichen standen die Auseinandersetzungen um Lauterbach und Salzschlirf: Lauterbach war vom Stift an die Ritter verpfändet worden, während in Salzschlirf die Riedesel lange Zeit neben dem Stift eine Mitobrigkeit wahrnahmen. Im o. a. Vertrag von 1684 wurden auch die Verhältnisse in diesen beiden Orten geregelt – Lauterbach wurde riedeselisch, Salzschlirf ausschließlich fuldisch. (Zu den Auseinandersetzungen zwischen dem Stift und den Rittern in allen drei Orten s. BECKER, Riedesel, III, S. 122–124, 153–173, 282–316, 451–453, 478–492; ZSCHAECK, Riedesel, IV, S. 87 f., 108–124, 295–317, Vertragstext: S. 312–317; Original des Vertrags: StAM R Ia, 1684 Aug. 30; Kopie: StAM 95/1337; s. ferner RÜBSAM, Bernhard Gustav, S. 266–271. Zur Entwicklung in Freiensteinau s. auch die Bemerkungen bei KNOTT, Beiträge; GÖRLICH, Gericht Freiensteinau. Zur Entwicklung in Salzschlirf s. DENS., Amt Salzschlirf. ROTHE, S. 10, 14 f.). Ähnlich gelagerte Auseinandersetzungen fanden auch mit den Familien von der Tann, von Schlitz gen. von Görtz, von Ebersberg gen. von Weyhers u. a. statt (s. RÜBSAM, Bernhard Gustav, S. 262–264, 271–280). Besonders viele Verträge, vorwiegend über Gerichtshoheit und Jagdrechte, wurden zwischen dem Stift und der Familie von Rosenbach als Inhaber des Gerichts Schackau abgeschlossen, und zwar in den Jahren 1659, 1661, 1667, 1708, 1739, 1799 und 1802 (s. dazu v. EBERSTEIN, Geschichte, I, Nr. 181–184, S. 352–361; HOFEMANN, S. 180). Weitere Versuche der Fürstäbte/-bischöfe, die Zentgerichtsbarkeit als Rechtstitel für Landeshoheitsbestrebungen über ritterschaftliche Untertanen auszudehnen, gehen aus den Huldigungsakten des ausgehenden 17. und 18. Jahrhunderts hervor (ausgewertet von HOFEMANN, passim; s. dazu auch StAM 109/338, 109/350, 109/392: Gravamina der Familien von Rosenbach, von Buchenau, von Hutten). Von der Ritterschaft wurde die Zentgerichtsbarkeit aber durchgängig nicht als Hoheitsrecht, sondern nur noch als Grundlast (*servitus in alieno territorio*) angesehen (vgl. HOFEMANN, S. 205).

Im folgenden sollen daher diese in den vorstehenden Ausführungen wiederholt angesprochenen Herrschaftsrechte, unter Bezugnahme auf die zeitgenössische Staatsrechtswissenschaft, noch einmal systematisch dargestellt und analysiert werden[596].

1. Herrschaftsbegründende Rechte

a. Regalität

Nach der Argumentation der fuldischen Äbte bedeutete die Belehnung durch das Reichsoberhaupt mit Regalien, Herrlichkeit, Obrigkeit, Gebot und Verbot, also mit Nutzungsrechten, herrschaftlichen und rechtsgestaltenden Befugnissen, den Ursprung ihrer Landesherrschaft. Sie verbanden die Regalität als herrschaftsbegründendes Recht allerdings mit dem Nachweis der tatsächlichen Ausübung einzelner Rechte, vor allem der Jurisdiktion – in der Gewißheit, daß die kaiserliche Investitur allein nicht zur Behauptung ihres Herrschaftsanspruches genügen würde[597].

Die Buchische Ritterschaft und das zeitgenössische Territorialstaatsrecht dagegen werteten die Regalität nur gering. Die Ritter bestritten den Äbten die aus der kaiserlichen Belehnung erwachsenen Rechte nicht an sich, wohl aber die Berechtigung der Anwendung auf ihre Personen[598].

b. Allgemeine Jurisdiktionsgewalt und höchste Gerichtsbarkeit des Landesherrn

Die Jurisdiktionsgewalt wurde, wie in der zeitgenössischen Staatsrechtslehre, auch von den fuldischen Landesherren in der Frühen Neuzeit nicht mehr auf spezifische Formen der Gerichtsbarkeit beschränkt. Vielmehr wurden landesherrliche Jurisdiktion und Hochgericht voneinander getrennt. Der Jurisdiktionsbegriff erfaßte dabei mehr den Bereich der allgemeinen Verwaltungsorganisation als den der Rechtspflege, bezeichnete aber auch die höchste Gerichtsherrlichkeit des Landesherrn.

Die allgemeine Jurisdiktionsgewalt des Landesherrn ist scharf zu scheiden von den lokalen Jurisdiktionsrechten Hoch- und Niedergericht[599]. Erstere konnte der Abt aufgrund kaiserlicher Übertragung in seinem ganzen Territorium beanspruchen, während die lokalen Jurisdiktionsbefugnisse nur teilweise in seinen Händen waren; der Adel verfügte auf seinen Gütern über die Niedergerichtsbarkeit, einigen Adelsfamilien war sogar die Hochgerichtsbarkeit (Peinliche Gerichtsbarkeit) zugestanden worden.

Die regierenden Äbte waren von den römischen Kaisern und Königen privilegiert, daß alle im Stift Eingesessenen, Adlige wie Nichtadlige, vor ihnen und nirgendwo sonst

---

596 Die Zusammenstellung stützt sich auf die Auswertung offizieller Schriftstücke beider Parteien, die z. T. schon den obigen Ausführungen zugrundegelegen haben. Sie werden im folgenden nur noch in besonders markanten Fällen angeführt.
597 Vgl. *Etzliche argumenta subiectionis der fuldischen ritterschaft* (Cpt.), Nr. 8, in: StAM 95/45; *Kurtzer auszug der argumenten, welcher sich vorige regirende herrn zu Fulda gebraucht, daß die im stift oder fürstenthumb Fulda und Buchen wohnende vom adel nicht immediate dem hl. Reich, sondern mediate ihnen den äbten und dem stift Fulda unterworfen seindt*, ca. 1633, Nr. 2, fol. 3ᵛ–4ʳ (Orig.): StAM 4f Fulda/421 (Kop. in: StAM 90a/758, im folgenden wird nach dem Original zitiert).
598 S. Ritterschaftliche Antwort auf das stiftischerseits am 8. Januar 1588 am Reichskammergericht eingereichte Libell, in: StAM 109/355 (Kop.).
599 Vgl. WILLOWEIT, Rechtsgrundlagen, S. 188f.

Recht suchen mußten: Appellationen oder – *in casu denegatae justitiae* – Klagen sollten am kaiserlichen Hof bzw. vor dem Reichskammergericht angebracht werden. Insbesondere legten das die Immunitätsprivilegien fest, die, um die Mitte des 13. Jahrhunderts auf den Namen Ottos des Großen gefälscht, 1289 von Kaiser Rudolf und in der Folgezeit immer wieder bestätigt worden waren, so z. B. von König Sigismund 1417 und von König Maximilian I. 1513[600]: *Dienstmänner, Mannen, Untersassen und Leute* der Äbte sollten nicht vor das kaiserliche Gericht in Rottweil und andere Gerichte gezogen werden können; Klagen gegen sie sollten vor dem Gericht, in dessen Geltungsbereich die Kläger ansässig waren oder die Güter lagen, oder vor dem Gericht des Abtes vorgebracht werden. Diese Jurisdiktionsgewalt der Äbte, verstanden als unbegrenzte und allumfassende Gerichtsherrlichkeit im Territorium, schnürte nach Auffassung der Landesherren des 17. Jahrhunderts alle im Territorium Wohnenden zusammen und die aus ihr abgeleitete Superiorität erstreckte sich generaliter auf alle Sachen und Personen in diesem Gebiet[601].

Entsprechend bestanden die Äbte darauf, daß die Ritter wegen ihrer im Stift Fulda gelegenen Güter in Realia wie in Personalia an den fuldischen Gerichten ihr Recht zu suchen hätten[602]. Von den unteren Instanzen waren sie allerdings befreit. Auch hatten sie Appellationen der ihnen mit Vogtei unterworfenen, d. h. der ihrer niederen, erstinstanzlichen Gerichtsbarkeit unterstehenden Untertanen an den Fürstabt oder die Kanzlei (Hofgericht, Kanzleigericht) zuzulassen. Die fuldische Staatsrechtslehre des ausgehenden 18. Jahrhunderts, verkörpert in dem damaligen Hofrat Eugen Thomas, der in den Jahren 1788 bis 1790 in drei Bänden ein »Sistem aller fuldischen Privatrechte« entwarf, hat die Beurteilung der landesherrlichen Seite übernommen und die Buchischen Ritter als »stiftische Unterthanen im breitesten Verstande« bezeichnet, da ihre Güter Teile des Territoriums gewesen seien. Die Untertänigkeit wurde vor allem aus der Unterwerfung unter die Gerichtsbarkeit des Abtes, auch in Privatsachen, abgeleitet[603].

Die Ritter bestritten nicht generell, daß einzelne ihrer Mitglieder ihr Recht vor dem landesherrlichen Gericht gesucht hatten – die von der fuldischen Kanzlei zusammengestellten Beispiele ritterschaftlicher Anerkennung und Beanspruchung des Hofgerichts ließen dafür auch keinen Raum[604]. Doch dies habe entweder Lehenssachen betroffen oder man habe nach altem Brauche und aus Kostengründen die Sachen vor den nächsten Herrn gelangen lassen. Eine Anerkennung landesfürstlicher Superiorität und Obrigkeit sei damit nicht verbunden gewesen. In vielen Fällen aber hätten sie ihr *forum in camera* auch an anderen Orten gesucht. Daß Reichsunmittelbare ihr Recht an landesfürstlichen Höfen, d. h. Land- und Hofgerichten, suchten, sei durchaus nicht unüblich. Aber weder

---

600 S. dazu oben S. 12 und 19.
601 Vgl. *Auszug der argumenten*, Nr. 3: StAM 4f Fulda/421, fol. 4.
602 *Argumenta subiectionis*, Nr. 13, in: StAM 95/45; *Auszug der argumenten*, Nr. 5: StAM 4f Fulda/421, fol. 4ᵛ–5ʳ.
603 Vgl. THOMAS, Sistem, I, S. 32f., Zitat: S. 32.
604 Vgl. z. B. *Ausfürlicher bericht undt information, aus den alten undt newen documenten und brieflichen woraus clerlich zu sehen, in was verwandtnus die adeliche ritterschaft des fürstenthumbs Fulda undt in Buchen mit zu jederzeit regierenden epten oder fürsten undt herrn des stifts Fuldt gestanden undt wozu sie noch verbunden seindt*, in: StAM 95/158; identisch in: StAM 90a/758; eine knappere Zusammenstellung findet sich in: StAM 95/45.

in Würzburg, Bamberg oder Württemberg würde daraus ihre Landsässigkeit gefolgert[605].

Die Ritter übersahen dabei aber geflissentlich, daß sie die Gerichtshoheit der Äbte zwar oft umgangen hatten, u. a. durch Schiedsgerichtsbarkeit, daß sie sich aber weitaus häufiger doch zu ihrer Anerkennung verstanden hatten – und zwar sowohl in praxi als auch durch Verträge: So war beispielsweise in den Vergleichen von 1588, 1604 und 1607 der rechtliche Austrag von Streitigkeiten unter Rittern vor dem Gericht des Abtes vereinbart worden. Im Verlauf des Dreißigjährigen Krieges haben die Ritter allerdings nicht nur für ihre Personen dem Gericht des Abtes die Kompetenz bestritten, sondern auch Appellationen ihrer Untertanen an dieses Gericht gewaltsam unterbunden[606].

Divergierte so über lange Zeit die Beurteilung der herrschaftsbildenden Kraft des landesherrlichen Hochgerichts durch die beiden Kontrahenten, indem die Äbte daraus auf die Landsässigkeit der Ritter schlossen und diese eine derartige Konsequenz entschieden bestritten, so zeigt die spätere Verhaltensweise der Adligen doch eine Annäherung an die von den Äbten vertretene Rechtsauffassung, die durch die Staatsrechtswissenschaft des 17. und 18. Jahrhunderts gestützt wurde, die in ihrer Mehrheit die Hochgerichtsbarkeit »als das wichtigste territoriale Herrschaftsrecht« betrachtete[607]. Die Lösung der Auseinandersetzungen in Fulda gab dieser Einschätzung allerdings Unrecht.

Eine Quelle der unterschiedlichen Einschätzung der Gerichtshoheit der Fürstäbte waren auch die mit dem Kapitel und der Ritterschaft geschlossenen Austräge. Diese Verträge, in denen sich die Parteien verpflichteten, alle zukünftigen Streitfälle einem Schiedsgericht aus zwei adligen weltlichen Räten des Abtes und zwei Freunden des Streitgegners, in besonders strittigen Fällen auch einem Obmann, anzuvertrauen, waren zum einen ein Mittel, das Gericht des Königs (Kammergericht) zu umgehen. Die Fürstäbte besaßen kein *Privilegium de non appellando* oder *de non evocando* – der König konnte alle schwebenden Rechtsstreitigkeiten jederzeit an seine Gerichte ziehen; jeder, der sich durch ein Urteil des landesherrlichen Gerichts beschwert fühlte, konnte sich, ausgenommen in peinlichen Sachen, an die Reichsgerichte wenden[608].

Durch die Verbindlichkeit der Schiedssprüche, die in den Austrägen ausdrücklich festgelegt wurde, sollte dem ein Riegel vorgeschoben werden. Die Schiedsgerichtsbarkeit

---

605 Ritterschaftliche »Grundsatzerklärung«, als *Vertrag zu Vacha, 1621* registriert, möglicherweise auch auf dem Landtag des Jahres 1622 vorgetragen, fol. 4, in: StAM 109/347; *Species facti, darüber die ritterschaft von etlichen rechtsgelehrten ihre consilis und bedenken anforderte*, fol. 8ᵛ–9ʳ, in: StAM 95/45.
606 Vgl. *Specification derjenigen gewaltthetigen anmassungen und attentaten, deren sich die ritterschaft des stifts Fulda new uffgeworfene directorn jegen besagt stift und dessen uff dem adel wohlherbrachte gerechtsame zeit und occasione dises bisherigen, numehr Gott lob zu end gebrachten krigs de facto underfangen*, ca. 1649, in: StAM 95/116.
607 Willoweit, Rechtsgrundlagen, S. 189.
608 Zur Bedeutung dieser Privilegien für die Territorialstaaten in Deutschland s. die Einleitung von Eisenhardt, Privilegia, sowie Weitzel. Auch die Privilegia de non appellando garantierten allerdings keine völlige Unabhängigkeit der Privilegierten von den Reichsgerichten. In Fällen der sog. verweigerten oder verzögerten Justiz konnte an diese Reichsgerichte appelliert werden; ebenso waren Nichtigkeitsbeschwerden (Nullitätsklagen) gegen das Urteil eines landesherrlichen Gerichts zulässig. Schließlich wurde durch die Privilegien das Recht auf Klagen gegen den Landesherrn vor den Reichsgerichten nicht berührt.

trug so angesichts des Fehlens eines *Privilegium de non appellando* zur Territorialisierung des Gerichtswesens, zum Ausbau einer eigenständigen landesherrlichen Gerichtsgewalt mit bei. Schon die Schiedsgerichte des 14. und 15. Jahrhunderts waren ein Instrument der Äbte gewesen, auf die Ritterschaft Einfluß zu nehmen[609], obwohl nicht übersehen werden darf, daß die Ritter mit der Schiedsgerichtsbarkeit auch genau entgegengesetzte Ziele verfolgten und das Abtsgericht ausschalten wollten. Die Austräge tasteten die Zuständigkeit des Abtes für das Hochgericht nicht an, sicherten allerdings wesentliche Mitwirkungsrechte des Adels in der Rechtspflege, garantierten zudem eine schnellere Erledigung der Streitfälle als auf dem ordentlichen Prozeßwege.

Aus dem Untersuchungszeitraum sind als wichtigste Austräge die vom 9. Oktober 1525[610], 2. Juni 1542[611] und vom 7. Januar 1566[612] überliefert. Die Fürstäbte, bis hin zu Balthasar, versprachen in ihren Wahlkapitulationen, d. h. in den Zusatzabkommen zu den sogenannten Alten Statuten des Jahres 1395[613], diese Austräge mit der Ritterschaft entweder baldmöglichst aufzurichten, oder sagten die Verbindlichkeit der alten Austräge zu[614]. Das Kapitel, welches die Wahlkapitulationen aushandelte, fungierte also auch als

609 S. dazu S. 19 f.
610 StAM R Ia, 1525 Okt. 9; R II Kapitulare, 1525 Okt. 9 (Originale); StAM 109/401; LBF Hs. D 40, fol. 20ᵛ-24ʳ (Kopien); StAM 90a/761 (Auszüge). S. dazu auch TEUNER, S. 54–56.
611 StAM R Ia, 1542 Juni 2 (Orig.); StAM 109/401 (Kop.). S. auch TEUNER, S. 56. Dieser Austrag war auf dem Landtag vom 4. November 1541 verabredet worden; die Ritterschaft hatte das Kapitel um Mitunterzeichnung ersucht. StAM 90a/743; SCHANNAT, Historia, II, Nr. 271, S. 419.
612 StAM R Ia, 1566 Jan. 7 (Orig.); StAM 109/400, 109/401 (Kopien). S. dazu auch TEUNER, S. 56 f. – Nach dem Wortlaut der Austräge sollten alle gegenwärtigen und zukünftigen *speen und gebrechen, wie die nahmen haben mögen* – 1566 wurden darunter auch Kriminalfälle gezählt –, zwischen Äbten und Kapitularen bzw. zwischen Äbten und Rittern mit Klage/Forderung, Rechtfertigung, Austrag und Entscheidung folgendermaßen verbindlich geregelt: Jeder Kapitular oder Ritter, der Forderungen an einen Abt hatte, sollte diese schriftlich und in zweifacher Ausfertigung vor zwei dazu verordneten adligen weltlichen Räten des Stifts und zweien seiner Freunde vorbringen. Innerhalb eines Monates (1566: innerhalb zweier Monate) hatte der Beschuldigte dazu Stellung zu nehmen. Gegen diese Stellungnahme konnte der Kläger wiederum seine Auffassung bekräftigen, und auch dem Beklagten blieb dazu die Gelegenheit eines erneuten Gegenberichts; jede Stellungnahme sollte binnen Monatsfrist (1566: binnen zweier Monate) erfolgen. Doch sollten von keiner Partei mehr als zwei Schriftsätze eingereicht werden. Aufgrund dieser Schriftsätze wurde geurteilt und zu Recht erkannt. Wurde einer Partei aber durch die Schiedsrichter Beweislast auferlegt, so konnten die Fristen verlängert werden, um die Einziehung von Erkundigungen und die Vorlage von Urkunden zu ermöglichen. Einwände der Gegenpartei gegen Personen und Behauptungen/Urkunden sollten dann wieder in einer Schrift zusammengefaßt und innerhalb eines Monats/zweier Monate vorgelegt werden, auf die die andere Seite nochmals eingehen konnte. Das anschließende Urteil sollte nicht reduziert noch dagegen appelliert werden können – *durch kein versehung gerichtlicher und rechtlicher übung, sitt und gewonheit, auch keinerley begnadigung oder befreyung, von wem die herrurende und wir als ein fürst des Heyligen Reichs in der gemeinen und sonsten hetten, ja auch künftiglich erlangen, erwerben oder durch aus eigner bewegnus Kayserlicher Majestät oder des Bapsts uns gegeben würden,* sollte diesem *nit gestanden noch zuwidergelebt werden, sonder(n) in alle wege in seinen würden und kräften bestendig und unwidersetzlich bleiben.* Wenn aber die Schiedsrichter in ihrer Erkenntnis *spaltig* waren und *kein mehr machen* konnten, bestand für sie die Möglichkeit, innerhalb eines Monats einen unparteiischen Obmann zu benennen, der *ein zufall und mehrers, auch ein bessers machen* sollte; dieses Urteil hatte wiederum innerhalb eines Monates/zweier Monate zu erfolgen und sollte endgültig sein. Neu entstehende Gebrechen zwischen den Parteien sollten in gleicher Weise geregelt werden.
613 S. dazu S. 160–164.
614 Zu den Wahlkapitulationen ausführlicher: S. 142 f.

Sachwalter ritterschaftlicher Interessen. Denn für die Äbte hatten die Schiedsgerichte im Zuge der Intensivierung landesherrlicher Gerichtstätigkeit ihre Bedeutung verloren, ja sie konnten sogar in das Gegenteil ihrer ursprünglichen Funktion verkehrt werden; das erklärt das Zögern der Fürstäbte bei der Ausstellung[615].

Austräge, seit dem beginnenden 14. Jahrhundert für Streitsachen unter Reichsfürsten in Gebrauch, blieben im Reich auch nach den Reichskammergerichtsordnungen von 1495 und 1555[616] der Gruppe der Reichsunmittelbaren bis hinunter zu den Reichsrittern vorbehalten, und zwar galten sie als untere (erste) Instanz, gegen deren Entscheidungen Appellationen an das Reichskammergericht möglich waren. Alle anderen Stände konnten nur territoriale Austräge beanspruchen. Die Buchische Ritterschaft suchte sich die Exklusivität der Austrägalinstanzen für Reichsunmittelbare zunutze zu machen, indem sie die von den Äbten mit ihr vereinbarten Austräge, auch die Austräge mit anderen Landesfürsten und der Reichsritterschaft in Franken als Beweis ihrer eigenen Reichsfreiheit wertete. Diese Austräge seien *sonsten under landtherrn und deren underthanen nicht gepräuchlich*; auch würden in ihnen weder die Adligen als Landsassen oder Untertanen des Abtes noch dieser als Landesfürst bezeichnet[617].

In der Argumentation der Äbte für ihre Landesherrschaft über den Adel spielten die Austräge dagegen verständlicherweise keine große Rolle. Daß die mit der Ritterschaft getroffenen Austräge den unter Reichsunmittelbaren verordneten Austrägen gleichzustellen seien, wurde von ihnen nachdrücklich bestritten; auch daß die Ritter mit anderen Reichsunmittelbaren Austräge gegen die Äbte als Landesherren geschlossen hätten, sei nicht erweislich[618]. Für die Äbte hatte die Schiedsgerichtsbarkeit ihre begrenzte Brauchbarkeit zum Aufbau landesherrlicher Unabhängigkeit vom Reich, auch zur Kontrolle des Adels, in der Vergangenheit bewiesen – in der Folgezeit konnte sie die Territorialisierung, die Herrschaftsintensivierung im Innern nicht mehr fördern, sondern eher behindern.

c. Lokale Gerichtsrechte (Hochgerichte, Niedergerichte)

Weder die Ritterschaft noch die Äbte bezogen in ihrer Argumentation für Reichsunmittelbarkeit bzw. Landsässigkeit die lokale Gerichtsbarkeit ein, doch erschließt sich aus den Maßnahmen der Beteiligten die Bedeutung vor allem der niedergerichtlichen und grundherrlichen, mit Kollektationsrechten verbundenen Befugnisse – die für die Heraus-

---

615 Besonders auffällig ist dies bei Koadjutor Johann von Henneberg, der die Aufrichtung des Austrages mit der Ritterschaft in den Vereinbarungen bei Antritt der Koadjutorie 1521 zugesagt hatte, sich aber erst im Herbst 1525 dazu bereitfand. Seine langjährige Abwesenheit vom Stift bietet dafür wohl eine mögliche Erklärung; diese dürfte aber kaum ausreichen, denn er hätte seine Statthalter dazu bevollmächtigen können, den Austrag zu schließen. Auffallend ist, daß der Austrag dann zu einem Zeitpunkt vereinbart wurde, als der Koadjutor nach erfolgter Abwehr des Bauern- und Bürgeraufstandes im Mai des Jahres 1525 durch Landgraf Philipp von Hessen zur Abtragung der diesem gegenüber eingegangenen finanziellen Verpflichtungen auf die Beihilfe des Adels besonders angewiesen war – was sich auch in der Verfestigung der Landständischen Organisation niederschlug (s. dazu S. 179 f.). Fürstabt Balthasar hingegen zögerte den Revers über die Wahlvereinbarungen an das Kapitel, in dem die Verbindlichkeit der früheren Austräge zugesagt wurde, lange hinaus, – zu dem Austrag selbst fand er sich nicht bereit (s. SCHAFFRATH, Balthasar, S. 7f.).
616 S. dazu BROSS; LAUFS (Hg.), Reichskammergerichtsordnung.
617 *Species facti*, fol. 6ᵛ, 3, in: StAM 95/45; s. auch Ritterschaftliche Antwort auf das stiftische Libell, 1588, in: StAM 109/355.
618 Vgl. *Argumenta subiectionis*, Nr. 8, in: StAM 95/45.

bildung der Reichsritterschaft in Franken und im Rheinland, in als ungeschlossen charakterisierten Territorien, so entscheidend gewesen sind. So bemühten sich die kaiserlichen Administratoren und die Fürstäbte Balthasar und Johann Friedrich um den Aufkauf adliger Güter und der daran hängenden Rechte, um die eigene Herrschaftsbasis zu erweitern[619], während die Ritter in ihrer Capitulatio von 1610 gerade diesem Vorgehen einen Riegel vorzuschieben suchten, indem sie den Verkauf adliger Güter an Nichtstandesgenossen erschwerten[620].

Über die Zuständigkeit lokaler Hochgerichte kam es öfters zu Meinungsverschiedenheiten und Auseinandersetzungen[621], doch gestand das Stift die Wahrnehmung dieses Rechtes einigen einflußreichen Adelsfamilien zu[622]. Die Zentgerichtsbarkeit hatte ihre Bedeutung zur Herrschaftsbegründung und Herrschaftsbehauptung eingebüßt; dies fand seine Entsprechung im Vertrag von 1656, der dem Stift die Zentgerichtsbarkeit über ritterschaftliche Untertanen beließ.

In der zeitgenössischen Rechtswissenschaft wurde die Konkurrenz hoch- und niedergerichtlicher Rechte unterschiedlich beurteilt. Vielfach erfuhren im ausgehenden 16. und 17. Jahrhundert die vogteilichen und grundherrlichen Gerechtsame eine Aufwertung zu territorialen Herrschaftsrechten, womit der Entwicklung in den »ungeschlossenen« Territorien Rechnung getragen wurde[623]. Auf der anderen Seite wurde die Hochgerichtsbarkeit »noch immer als das wichtigste territoriale Herrschaftsrecht angesehen und zur Behauptung der Territorialhoheit herangezogen«[624]. Allgemein verbindliche Regeln wurden jedenfalls nicht entwickelt. Die »Antinomien im System des Territorialstaatsrechts«[625] erlaubten es den streitenden Parteien, sich der ihnen jeweils genehmen Theorien zu bedienen.

d. Lehnsherrlichkeit

Die aus der Lehnshoheit erwachsenden Rechte und Pflichten waren zwischen dem Landesherrn und der fuldischen Ritterschaft besonders umstritten.

Die Äbte leiteten aus der Lehnshoheit die Landsässigkeit des Adels ab. Kennzeichnend hierfür ist ihre Bewertung der Lehnshuldigung; diese schließe durch die dabei gebrauchte Eidesformel die Landeshuldigung und damit die Landsässigkeit ein. Besondere Bedeu-

619 S. Anm. 584.
620 S. dazu oben S. 78.
621 Aus der Vielzahl der überlieferten Fälle seien hier nur wenige herausgegriffen: Die Ermordung eines Juden auf fuldischem Territorium durch einen schlitzischen Untertanen im Oktober 1579 führte zur Bestreitung der Zuständigkeit des Stifts durch die von Schlitz gen. von Görtz, wogegen sich wieder die Stiftsregierung verwahrte (s. BATTENBERG, Schlitzer Urkunden, Nr. 493, S. 117). Die 1546 von Hans Kircher zu Rodt [tannisches Dorf] auf offener Straße an Heinz Hain aus Schleid [im fuldischen Amt Rockenstuhl] verübte Mordtat hatte Auseinandersetzungen zwischen der fuldischen Regierung und den von der Tann über die peinliche Obrigkeit in der Herrschaft Tann zur Folge (s. StAM 95/1702). Am 25. Juli 1523 stellte Koadjutor Johann eine Urkunde aus, daß das durch seinen Zentgrafen und die Schöffen unter Vorsitz des Marschalls und Amtmanns zu Rockenstuhl Daniel von Fischborn zu Mansbach gehaltene peinliche Gericht denen von Mansbach nicht nachteilig sein sollte, wenn sich herausstellen würde, daß ihnen auch das Halsgericht zukäme (s. StAM K 440 [Fuldaer Kopiar XVI], Nr. 40, S. 218).
622 Vgl. *Ausfürlicher bericht*, Nr. 26, in: StAM 95/158.
623 Vgl. WILLOWEIT, Rechtsgrundlagen, S. 78–98, 198–213.
624 Vgl. ebd., S. 186–198, Zitat: S. 189.
625 Ebd., S. 212.

tung kam dabei dem Versprechen der Vasallen zu, ihrem Herrn gehorsam zu sein, was auch die Untertanen bei der Landhuldigung beschworen. Dieser Eid sollte die Unterwerfung ausdrücken. Die Vorstellung, daß das Wort »gehorsam« sich nur auf die Lehnspflichten beziehe, wurde abgelehnt. Man nahm jedoch eine Differenzierung unter den Vasallen vor: Nicht alle Lehnsträger, sondern nur die im Lande gesessenen Adligen sollten auf diese Eidesformel festgelegt sein; für fremde Fürsten und Grafen, auch Niederadlige, die Lehnsgüter außerhalb des fuldischen Territoriums vom Stift besaßen[626], genügten einfache Lehnspflichten[627].

Die Ritter dagegen beharrten darauf, daß Vasallität und Untertänigkeit durchaus unterschiedlichen Rechtscharakter besäßen, und daß Lehnsherrschaft nicht mit *superioritas territorialis* gleichzusetzen sei, aus ihren bloßen Lehnspflichten wegen Gütern, die sie selbst dem Stift zu Lehen aufgetragen hätten[628], mithin keine Subjektion abgeleitet werden könne[629]. Unter den Lehnspflichten verstanden die Ritter in erster Linie Ehrendienste am Hof, Begleitung des Lehnsherrn bei größeren Reisen, Geleit auswärtiger Fürsten bei Besuchen; die militärische Hilfe wurde dagegen geringer veranschlagt. Dieser Einschätzung der Lehnspflichten kam entgegen, daß die fuldischen Lehen keine Ligischen Lehen waren[630].

Die Positionen der streitenden Parteien in Fulda kehren auch in den Aussagen der Rechtswissenschaft wieder. Auf der einen Seite wurden Vasallität und Untertänigkeit, Lehnsherrschaft und Landesherrschaft, Lehnshuldigung und Erbhuldigung scharf voneinander geschieden[631]. Während die Herrschaft über die Untertanen grundsätzlich als unbeschränkt galt *(subiectio plena)*, sollte die Lehnsherrlichkeit nur Rechtsgrundlage für die Forderung einzelner, vornehmlich kriegerischer, Dienste bieten; ein Kollektationsrecht des Lehnsherrn, d. h. die Verpflichtung des Inhabers eines ritterlichen Lehens, seinem Herrn im Falle der Not mit finanziellen Mitteln zu helfen, wurde abgelehnt. »Wer die Territorialgewalt des Lehnsherrn nicht anerkannte, konnte aus lehnsrechtlichen Gründen auch nicht zur Zahlung der Kollekten angehalten werden«[632]. Ebenso sollte es keinen Gerichtsstand vor dem Lehnsherrn außer in Lehnssachen geben. Die

---

626   Vgl. die Zusammenstellung der fuldischen Lehnsträger bei SCHANNAT, Clientela.

627   Vgl. *Auszug der argumenten*, Nr. 10: StAM 4f Fulda/421, fol. 6; *Argumenta subiectionis*, Nr. 12, in: StAM 95/45. Weiteres s. S. 128–130. Zur äußeren Form der Belehnung s. HOFMANN, Schannat.

628   Die Lehen des fuldischen Adels waren tatsächlich zu einem großen Teil *feuda oblata*, wie HOFEMANN (S. 183) am Beispiel der Familie von Mansbach verdeutlicht hat. Als weitere Beispiele seien nur Lehen der von Buchenau (s. v. WILMOWSKI, S. 10–12) und der von Schlitz gen. von Görtz (s. SIPPEL) genannt.

629   So in der Darlegung des Johann Volpert von Schlitz gen. von Görtz über das Rechtsverhältnis zwischen Stift und Ritterschaft: StAM 90a/770. An anderer Stelle findet sich eine ausgesprochen vordergründige Erklärung für die ausschließlich auf Lehnspflichten basierende Beziehung zwischen Äbten und Rittern: In den geistlichen Fürstentümern Würzburg und Fulda gäbe es wohl Stände und Untertanen, doch die Ritter zählten nicht darunter; vielmehr seien beide Stifte mit vielen adligen, im Stiftsgebiet wohnenden Lehnsleuten versehen, deren Dienste oftmals von Kaisern und Königen in Anspruch genommen wurden, – daher seien sie immediate dem Reich, dem Landesfürsten *aber ferners nicht, als man ihrem herrn* [= Lehnsherrn] *verwant*. S. *Vertrag zu Vacha, 1621*, fol. 2ᵛ: StAM 109/347.

630   Zum Begriff und zum Inhalt s. PÖHLMANN; WILLOWEIT, Rechtsgrundlagen, S. 103–105.

631   Zum folgenden s. WILLOWEIT, Rechtsgrundlagen, S. 99–103, 249–253.

632   Ebd., S. 103.

Möglichkeit, Vasallität generell in Untertänigkeit umzudeuten, war nach dieser Lehre also nicht gegeben, die besonderen Beziehungen zwischen Lehnsherrn und Lehnsleuten konnten aber – im Zusammenwirken mit anderen herrschaftsbegründenden Rechten – für die Landesherrschaft nutzbar gemacht werden.

Denn auf der anderen Seite anerkannte die Rechtswissenschaft des 17. und 18. Jahrhunderts neben reinen Lehnsbeziehungen, wie sie eben beschrieben wurden, auch solche Formen der Vasallität, die der Untertänigkeit gleichzustellen sind, und unterschied zwischen freien und landsässigen Lehen. Besondere Bedeutung kam hierbei dem alten Grundsatz zu: »Wer sich mit einem im Territorium des Landesherrn gelegenen Gut belehnen lasse und dort seinen Wohnsitz nehme, sei als Untertan anzusehen«[633]. Dieser Satz, der auch zur Begründung der Theorie vom *territorium clausum* herangezogen wurde[634], konnte allerdings nur auf die Territorien Anwendung finden, in denen der Lehnsherr mit dem Landesherrn identisch war. Das war im Stift Fulda bis zum Ausscheiden der Ritterschaft aus dem Territorialstaat des Abtes, wenn auch nur unvollkommen, gegeben. Die *extra curtem*, d. h. außerhalb eines Territoriums gelegenen Güter, und die damit belehnten Vasallen waren, trotz der Versuche sächsischer Rechtslehrer, sie ebenfalls als Untertanen zu reklamieren[635], von der Untertänigkeit ausgenommen[636].

e. Schutzrechte

Auch den landesfürstlichen Schutzrechten wurde die von den Äbten behauptete herrschaftsbegründende bzw. -bewahrende Funktion durch die Ritterschaft bestritten. Die Ritter beanspruchten das Recht, sich in den Schutz anderer Fürsten (namentlich Sachsen, Hessen und Henneberg) begeben, mit diesen besondere *pacta, verträge und confoederationes* schließen und auswärtigen Fürsten und Herren ihre Häuser und Burgsitze öffnen zu können[637].

Sie befanden sich hier in Übereinstimmung mit der herrschenden Auffassung in der Rechtswissenschaft ihrer Zeit, die der *protectio* für sich, im Gegensatz zur mittelalterlichen Praxis, keine territoriale Gewalt, sondern lediglich ein Hilfs- und Beistandsrecht bzw. -pflicht gegenüber den Schutzverwandten zumaß. Allerdings bedeutete dies umgekehrt, daß Schutzversprechen eines Dritten die Rechte des Territorialherrn nicht berührten. Wenn auch nicht mehr als herrschaftsbegründendes Recht, so doch als Rechtsfolge der Territorialgewalt, hatte das Schutz- und Schirmrecht – von militärischer sogar auf rechtliche Hilfe ausgeweitet, als umfassender Landesschutz verstanden – allerdings seine Bedeutung.

---

633 Ebd., S. 253.
634 S. dazu S. 133–135.
635 Vgl. WILLOWEIT, Rechtsgrundlagen, S. 257–263. Zur kursächsischen Juristen-Schule s. auch HAMMERSTEIN, Jus; KLEIN, Recht, S. 476–512. Zu den *feuda extra curtem* vgl. bes. PRAUSNITZ. Bemerkenswert ist, daß sich die sächsischen Juristen zur Begründung der beanspruchten Unterwerfung der außerhalb des sächsischen Territoriums ansässigen sächsischen Lehnsleute unter die Landesherrschaft des Kurfürsten auf den Begriff »gehorsam« im Huldigungseid beriefen – den auch die fuldischen Fürstäbte als Beweis der Landsässigkeit der Buchischen Ritterschaft werteten.
636 Vgl. WILLOWEIT, Rechtsgrundlagen, S. 103–108, 253–263.
637 Vgl. Ritterschaftliche Antwort auf das stiftische Libell, 1588, in: StAM 109/355; *Vertrag zu Vacha, 1621,* fol. 3ᵛ, in: StAM 109/347; *Species facti,* fol. 5ᵛ–6ʳ, in: StAM 95/45.

In der politischen Praxis, so z. B. von den Äbten in Fulda, wurde das Schutzrecht als Herrschaftsmittel betrachtet, um Territorialgewalt über Schutzuntertanen zu rechtfertigen. Nur als *nuda protectio*, als vertraglich begründete Schutz- und Schirmgerechtigkeit, die mit jedem Herrn innerhalb wie außerhalb eines Territoriums vereinbart werden konnte, wie sie von den Buchischen Rittern verstanden wurde, maß ihr die Rechtswissenschaft keine große Bedeutung für die Ausbildung von Herrschaft über die Schutzbefohlenen zu. Im Verein mit anderen Herrschaftsrechten aber mußte auch das Schutzrecht die Territorialherrschaft ermöglichen[638].

2. Kriterien der personalen und realen Zugehörigkeit zum Territorialstaat

a. Huldigung

Rechtsfolge der Territorialgewalt war die Untertänigkeit *(subiectio)*[639]. Ihren wirksamsten Ausdruck fand sie durch die persönlichen Leistungspflichten des *subditus* gegenüber dem Inhaber der landesherrlichen Gewalt – Landhuldigung und Landsteuer.

Als *das einige fundament, unfelbare uhrkundt undt zeugnis einer rechten wahren landtsasserei* galt nicht nur den Rittern der Erb- und Landhuldigungseid[640]. Unmittelbare Untertanen wie auch die Hintersassen der Landsassen als mittelbare Untertanen wurden durch ihn an den jeweiligen Fürstabt, und für den Fall der Vakanz, auch an Dechant und Kapitel gebunden, indem sie sich eidlich verpflichteten, diesen *treu, hold, gehorsam und gewärtig* zu sein, wogegen der Abt die Erfüllung seiner Schutzpflicht, die Wahrung des Rechtes und die Achtung der Privilegien der einzelnen Stände zusagte[641] – Ausdruck des Vertragsverhältnisses zwischen Landesherr und Untertanen.

---

638 Vgl. WILLOWEIT, Rechtsgrundlagen, S. 63–69, 213–223; GRAWERT, S. 53–56. Die Herrschaftsqualität des Schutzrechtes zeigte sich in den Fällen, in denen die Vogtei über geistliche Kommunitäten (Kirchenvogtei) zur Legitimation von Säkularisierungen und Mediatisierungen herangezogen und durch politische Macht abgestützt wurde (vgl. WILLOWEIT, Rechtsgrundlagen, S. 69–78, 223–248).

639 Dazu eingehend: GRAWERT.

640 Ritterschaftliche Antwort auf das stiftische Libell, 1588, in: StAM 109/355. Ähnliche Formulierungen finden sich mehrfach in ritterschaftlichen Stellungnahmen, so in *Species facti*, fol. 3ᵛ (in: StAM 95/45): *Die erb- undt landthuldigung (ist) ein gewiß undt unfelbar fundament, urkundt undt anzug einer rechten wahren landtsasserei; und dagegen (ist) vor eine gewisse anzeig einer libertet wider die landtsasserei zu halten..., wenn solche huldigung nicht geleistet wirdt.* Im Vertrag zu Vacha, 1621, fol. 3ᵛ (in: StAM 109/347) wird die Landhuldigung bezeichnet als *ipsissima quasi substantia, ohn welche keine obrigkeit bestehen mag; dieses ist das bandt, welches dem fürsten die underthanen bindet und zaiget.* Zur Auffassung der Staatsrechtswissenschaft vgl. WILLOWEIT, Rechtsgrundlagen, S. 100f., 249f., 298f. u. ö.; GRAWERT, S. 40, 104f. Zur Huldigung allgemein s. MÜLLER, Formen; für das Mittelalter: SCHEYHING, S. 70–89, 127–146.

641 Zum Ablauf der Huldigungen vgl. die Huldigungsakten: StAM 91/1369 (Salmünster 1522, 1523), 91/947 (Lauterbach, 1541), 94/2124 (Salmünster, 1513–1728), 4f Fulda/119 (1577), 90b/923 (1603), 90a/368 (1602/03, 1606, 1618, 1623, 1626, 1671, 1674, 1678), 91/382 (1603, 1671), 96/276 (Großenlüder, 1603), 91/952 (Freiensteinau, 1603, 1606), 91/930 (1621), 96/288 (1621), 91/932 (1623), 4f Fulda/294 (1632), 4f Fulda/354 (1632), 4f Fulda/396 (1633), 90a/704 (1635), 91/1370 (Uttrichshausen, 1635), 96/277 (1644), 91/953 (1650), 90a/552 (1671), 96/275 (Großenlüder, 1671), 91/1351 (1671), 90a/347 (1678), 91/968 (1678), 90b/1463 (1678), 90a/348 (1701), 90a/349 (1715), 90a/350 (1726), 91/956 (Salmünster, 1727/28), 91/1352 (Weyersfeld, 1728), 91/1345, 1346 (Salmünster, 1735), 90a/343 (1738), 91/392 (1738), 91/955 (Herbstein, 1738), 90a/344 (1763), 91/389 (1789). Für Großenlüder s. auch RICHTER, Letzte Huldigung; SCHLITZER, Huldigungen.

In einer den Untertanen vergleichbaren äußeren Form haben die Ritter den Huldigungseid erst seit 1602 geleistet, in der Sache sich aber sehr wohl dem Abt, auch dem Dechant und dem Kapitel verpflichtet. Die Ritter behaupteten allerdings, den Äbten immer nur mit bloßen Lehnspflichten verbunden gewesen zu sein; ihre eigenen Untertanen seien des Stifts Obrigkeit ebenfalls nicht unterworfen und hätten demzufolge auch keinen Erb- und Landhuldigungseid zu leisten[642].

Auch die Fürstäbte erkannten den Unterschied zwischen den auf bestimmte Leistungen beschränkten Lehnspflichten und den grundsätzlich unbeschränkten Erbpflichten, waren doch »Vasallität und Untertänigkeit wesensverschiedene Rechtsverhältnisse«[643]: *Aliud est vasallum, aliud subditum esse*[644] war ein nie bestrittener Grundsatz der Rechtswissenschaft. Die Äbte beharrten aber darauf, daß die Ritter keine bloßen Lehnspflichten, sondern auch Erbpflichten geleistet hätten, wiewohl nicht wie Bürger und Bauern *iurato*, sondern mit Handgelöbnis, d. h. ohne Aufheben der Schwurhand, allein durch Handschlag.

Diese privilegierte Form der Eidleistung wurde dem Adel auch in anderen Territorien des Reiches zugestanden[645]. Seit der Formierung der Reichsritterschaft wurde sie als Ausdruck rechtlicher und protokollarischer Gleichstellung landsässiger Adliger mit den Reichsrittern betrachtet[646]. Das Handgelöbnis, mit dem die Ritter sich verpflichteten, einem regierenden Abt *treu, hold, gehorsam und gewärtig* zu sein, aber war nach Auffassung der fuldischen Regierung vom einfachen Lehnseid *(treu, hold und gewärtig)* durchaus zu unterscheiden und weitaus umfassender[647]. Die Ritterschaft hatte zu ihrer Behauptung nur kommen können, weil sie nicht jederzeit bei Regierungsantritt eines Abtes[648], wie die Untertanen, zusammengerufen worden war[648] und die Erb- und Landhuldigung gemeinsam mit jenen geleistet hatte, sondern beim Lehensempfang den Fürstäbten gegenüber eine der Land- und Erbhuldigung gleichzusetzende Verpflichtung eingegangen war[649].

Nach der Absetzung Abt Balthasars aber leisteten die Ritter am 27. Juni 1576 dem Bischof Julius von Würzburg Lehns- und Huldigungspflichten, ebenso 1577 und am 18. September 1586 den kaiserlichen Administratoren des Stifts[650]. Abt Balthasar bestand dann bei seiner Restitution 1602 angesichts seiner Erfahrungen bei der Absetzung 1576 ebenfalls auf einem eigenen Erb- und Landhuldigungsakt der Ritter[651]. Der

642 Vgl. Ritterschaftliche Antwort auf das stiftische Libell, 1588, in: StAM 109/355.
643 WILLOWEIT, Rechtsgrundlagen, S. 100.
644 FINCKELTHAUS, Feudales controversiae illustres, Leipzig 1630, Disp. II, Nr. 11, S. 44, zitiert nach WILLOWEIT, Rechtsgrundlagen, S. 100.
645 Z. B. im österreichischen Oberelsaß (vgl. SEIDEL, S. 64 f.).
646 So z. B. von der landsässigen Breisgauer Ritterschaft (vgl. v. KAGENECK, S. 172).
647 *Auszug der argumenten*, Nr. 10: StAM 4f Fulda/421, fol. 6ʳ.
648 Beamte, Diener und Untertanen leisteten die Huldigung in der Kanzlei bzw. an öffentlichen Plätzen der Städte und Amtshauptorte, und zwar entweder dem Abt persönlich oder von ihm bestellten Vertretern; darunter waren natürlich auch Mitglieder des Kapitels. Andernorts wurde die Landhuldigung von den ständischen Vertretern auf den Landtagen geleistet, so z. B. im habsburgischen Oberelsaß (s. SEIDEL, S. 134 f.).
649 S. Dekution Fürstabt Joachims vom Jahre 1648, Nr. 6: SCHANNAT, Historia, II, Nr. 279, S. 434–440, hier: S. 437.
650 Vgl. KOMP/RICHTER, Balthasar, S. 38, 43; v. EGLOFFSTEIN, S. 67 f.
651 S. dazu oben S. 72 f.

damals nur von einem Teil der Ritterschaft geleistete Eid, gegenüber der ursprünglich beanspruchten Formel durch die Ersetzung des Wortes *Landesfürst* mit *Fürst* gemildert, wurde in der Folgezeit von den Äbten als Beweis der Landsässigkeit der Ritter, von diesen aber als Zeugnis ihrer Reichsunmittelbarkeit gewertet. Die Auseinandersetzung darüber verdeutlicht die unbestrittene Qualität der Huldigung als Korrelat der Landesherrschaft.

b. Reichssteuerlieferung an das Stift Fulda

Die Frage der Reichssteuerentrichtung war der Ausgangspunkt für die Bestrebungen der Buchischen Ritterschaft nach Reichsunmittelbarkeit gewesen[652]. Der Einwand der Ritter gegen die Ablieferung der Reichssteuer an das Stift wurzelte in der Bewertung eines solchen Schrittes durch alle Inhaber der Landesherrschaft in Fulda (Äbte, kaiserliche Administratoren, Landgraf Wilhelm V. von Hessen-Kassel) bzw. deren gelehrte Ratgeber und durch die Rechtswissenschaft als *notam et signum subiectionis*[653]. Die Pflicht zur Reichssteuererlegung selbst wurde nicht bestritten.

Doch zeigte sich gerade in der Steuerfrage, sowohl bei Reichs- wie auch bei Landsteuern, eine Ambivalenz der ritterschaftlichen Politik und eine tiefe Kluft zwischen Anspruch und Wirklichkeit. Denn das, was man nicht zu sein behauptete, nämlich landsässig, bestätigte man im Grunde durch die Einwilligung in die Steuerforderungen der Kaiser und der Äbte – auch wenn man dabei Vorbehalte machte und an behaupteten Rechten, wie dem Kollektationsrecht und der Reichsunmittelbarkeit, festhielt.

So konnten sich die Landesherren mit sehr viel Recht auf die Praxis berufen, daß die Ritter die von ihnen, vor allem aber von ihren Untertanen zu erbringenden Reichssteuern, wie auch die Landsteuern, Kontributionen und Schatzungen, gleich anderen Landsassen und Untertanen an das Stift abgeführt hatten. Diese Ablieferungen waren zudem durch die Verträge der Landesfürsten mit dem Adel und durch kaiserliche Befehle festgeschrieben worden. Erst in der Endphase der Auseinandersetzungen mit dem Stift hatten die Ritter die Ablieferung der Reichssteuern an die Ritterkasse des Kantons Rhön-Werra vorgenommen bzw. – von ihnen als Äquivalent zur Reichssteuer betrachtet – Abgaben an die Schweden geleistet[654].

Die Äbte übersahen die Vorbehalte der Ritter bei der Steuerentrichtung daher mit einer gewissen Berechtigung. Wären diese reichsunmittelbar gewesen, würde sie nach ihrer Auffassung eine Einwilligung der Reichsstände in das Steuerersuchen des Kaisers und die Umlegung der Steuern auf die Untertanen der einzelnen Reichsstände nicht gebunden haben; der Kaiser hätte vielmehr mit ihnen gesondert verhandeln müssen, wie dies bei allen Anlagen, die nicht auf den Gemeinen Pfennig zurückgingen, zu geschehen pflegte[655].

Die Ritterschaft bestritt die von den Landesherren aus ihren Steuerlieferungen gefolgerte Landsässigkeit und Untertänigkeit entschieden. In der ersten Phase der Auseinandersetzungen wurde vor allem vorgebracht, daß die Ritter den Äbten in der Frage der Reichssteuererlegung gleichgestellt seien, da diese verpflichtet sein sollten, von

---

652   S. oben S. 30–33.
653   Zur Position der Staatsrechtslehre vgl. WILLOWEIT, Rechtsgrundlagen, S. 78–98.
654   Vgl. S. 130.
655   Vgl. *Argumenta subiectionis*, Nr. 1, in: StAM 95/45.

ihren Kammergütern ebenso einzuwerfen wie die Adligen von ihren freien Rittersitzen[656]. Später argumentierte man vor allem mit der Zugehörigkeit zum Ritterkanton Rhön-Werra: Die Reichssteuerlieferung an den Abt von Fulda beweise, obwohl vergleichbar der der Landsassen in anderen Fürstentümern, nicht, daß sie des Stifts Landsassen und Untertanen seien. Es könne durchaus nebeneinander bestehen, sei auch im Reich gang und gäbe, daß jemand Untertan eines Reichsstandes, doch ansonsten reichsunmittelbar sei und bliebe. Daß sie zu keiner festen Summe verordnet seien und der Abt, im Gegensatz zu anderen Kurfürsten und Fürsten, von seinen Kammergütern mit einwerfe, beweise schon ihren besonderen, einfachen Landsassen nicht vergleichbaren Status.

Das Argument der Äbte, kaiserlicherseits verhandele man mit den Buchischen Rittern nicht über ihren Beitrag zu den Reichssteuern (den sogenannten Charitativsubsidien), wurde zurückgewiesen: Die Kaiser verhandelten mit der Gesamtheit der Reichsritter; jeder Ort willigte dann in die Abmachungen ein. Die Buchischen Ritter seien Mitglieder des Orts Rhön-Werra; selbst wenn mit ihnen nicht persönlich verhandelt worden sei, seien diese Vereinbarungen für sie verbindlich. Die Steuerlieferungen an das Stift geschähen nicht aus der Schuldigkeit der Landsassen, auch wenn die Reichsabschiede den Obrigkeiten die Befugnis erteilten, ihre Untertanen mit Steuern zu belegen. Sie erfolgten freiwillig und in Fortführung des Herkommens. Einer anderen Interpretation könnten sie nicht zustimmen[657].

c. Landsteuern, Kreishilfe und Kontributionen

Die Erhebung von Landsteuern, Kreishilfen und Kontributionen war ein weiterer wichtiger Punkt, in dem die Untertänigkeit gegenüber einem Landesherrn zum Ausdruck kam – und dementsprechend heftig, ja vielleicht am heftigsten, zwischen Stift und Ritterschaft umstritten.

Die Berechtigung zum Einzug von Landsteuern von seinen Untertanen war für den Landesfürsten im Falle außerordentlicher Not gegeben; die Untertanen konnten sich dem nicht entziehen, ihre Vertreter hatten aber das Recht, mit dem Landesfürsten über die Höhe der von ihnen abzuführenden Steuern zu verhandeln[658]. Die Berechtigung zum Einzug der Landsteuern auch von Landsassen und deren Hintersassen aber konnte erst gegeben sein, wenn es gelang, die Verpflichtungen der Landsassen gegenüber dem Landesherrn grundsätzlich denen der unmittelbaren Untertanen anzugleichen. Die Politik der Äbte lief darauf hinaus. Die Rechtswissenschaft hat, in Nachvollziehung der in vielen Territorien bestehenden Verhältnisse, das Landsassiat in bezug auf die Verpflichtungen gegenüber dem Landesherrn der reinen Untertänigkeit gleichgestellt; der Hoheit des Landesherrn unterstanden demzufolge nicht nur seine unmittelbaren Untertanen, sondern auch die Hintersassen der Landsassen als mittelbare Untertanen[659]. Die Buchische Ritterschaft leugnete jegliche Verpflichtung zur Entrichtung von Landsteuern für sich und ihre Untertanen und brachte dies in direkten Zusammenhang

---

656 Vgl. als ein Beispiel die ritterschaftliche Antwort auf das stiftische Libell, in: StAM 109/355.
657 Vgl. u. a. die Stellungnahme der Ritterschaft zum Reskript Kaiser Rudolfs II. vom 21. Oktober 1579 auf der Ritterversammlung vom 16. Dezember 1579: StAM 90a/738; Schreiben der Ritterschaft an die Stiftsregierung vom 29. September 1600, in: StAM 109/359.
658 Vgl. BRUNNER, Land, S. 426–437.
659 So z. B. MOSER, Von der Teutschen Reichsstände Landen, S. 932.

mit der behaupteten Befreiung von der Landhuldigung. Aus eigener landesfürstlicher Machtvollkommenheit habe kein Abt einen Adligen oder dessen Untertanen mit einer Landsteuer belegen können. Nur in Zeiten höchster Not des Stiftes hätten sich die Ritter bereitgefunden, Landsteuern von ihren Untertanen zu bewilligen, wogegen die Äbte dann meistens reversieren mußten, daß diese Steuerbewilligung der grundsätzlichen Steuerfreiheit des Adels nicht präjudizierlich sein sollte, was von den Rittern als Beweis der Reichsunmittelbarkeit angesehen wurde[660].

In der Tat haben ja die Äbte Landsteuern nicht ohne vorherige Bewilligung der Betroffenen oder ihrer Vertreter einziehen können *(quid omnes tangit, ab omnibus approbetur)*, und der Landtag hat meistens das Forum für entsprechende Verhandlungen abgegeben. Die Ritterschaft aber hat sich auf diesen Landtagen den Wünschen nach Landsteuern nicht entziehen können; auf der Mehrzahl der Landtage des 16. und der ersten Hälfte des 17. Jahrhunderts war sie vertreten, trug Steuerbewilligungen meist mit und bekannte sich dadurch zur Landsässigkeit. Auch außerhalb der Landtage fand sie sich zu Steuerbewilligungen bereit. Die Reverse der Äbte haben diesen Sachverhalt nicht wesentlich beeinflußt.

Die Argumentation der Äbte und ihrer Rechtsberater hob dagegen auf die trotz aller verbalen Vorbehalte von den Rittern immer wieder geleisteten Steuerbeiträge (an die Landesobereinnahme direkt bzw. in einen besonderen ritterschaftlichen Steuerkasten) ab, die eindeutig ihre Unterwerfung unter die Landesherrschaft bewiesen – *iure subiectionis* hätten die Ritter Landsteuern für sich und ihre Untertanen dem Abt erlegt. Kaiserliche Mandate hatten sie immer wieder dazu angewiesen. Besonderes Gewicht maßen die Fürstäbte auch der Tatsache zu, daß die Ritterschaft als Ausfluß ihrer Landsässigkeit, bei den Steuererhebungen immer auch einen der Kollektoren gestellt und auch auf die Rechnungslegung Einfluß genommen hatte[661].

Was für die Landsteuern zu konstatieren ist, gilt auch für Kontributionen, die durchziehenden Kriegsvölkern erlegt wurden. Trotz ihrer Behauptung, diese entweder verweigert oder aber an den Kanton Rhön-Werra der Reichsritterschaft in Franken abgeführt zu haben, verstanden sich die Ritter weitaus häufiger dazu, sie, wie die Landsteuern, an die Landesobereinnahme abzuführen – und dadurch wiederum ihrer Landsässigkeit Vorschub zu leisten. Dagegen haben sie sich Kreissteuern meistens erfolgreich entziehen können.

d. Landtage und Landtagsversammlungsrecht

Mit der Frage der Reichs- und Landsteuern korreliert aufs engste die des Besuchs von Landtagen. Die Ritter konnten die Tatsache, daß sie auf den Landtagen fast immer vertreten waren, zuletzt 1642, schlechterdings nicht leugnen. Doch behaupteten sie, daß dies auf ihren eigenen freien Willen hin und nicht aus Pflichtschuldigkeit geschehen sei: Sie wollten durch ihr Erscheinen ihre und ihrer Untertanen Rechte bewahren und Eingriffe in ihre Freiheiten abwenden[662].

---

660 Die Buchische Ritterschaft habe für sich und von ihren Untertanen, so wurde sogar behauptet, *zue einiger landsteuer niemal etwas gegeben, sondern allezeit in dene actus libertatis exercirt. Species facti*, fol. 4ʳ, in: StAM 95/45.
661 Vgl. *Auszug der argumenten*, Nr. 8: StAM 4f Fulda/ 421, fol. 5ʳ.
662 Vgl. das Schreiben des ritterschaftlichen Ausschusses vom 29. September 1600 an die Regierung, in: 109/359.

Die Äbte aber hatten allen Grund, das Erscheinen der Ritter auf den Landtagen anders zu bewerten, denn schließlich waren alle Landtage von ihnen angesetzt und die Ritter dazu erfordert worden. Die Ritter sind in eigener Person erschienen oder haben sich durch Bevollmächtigte vertreten lassen, sie haben die landesfürstlichen Propositionen zur Kenntnis genommen, Ausschüsse gebildet und die Vorschläge und Forderungen der Äbte unter sich wie mit den übrigen Landständen beraten und schließlich einen Abschied aufrichten helfen. Die Macht aber, derartige Versammlungen einberufen zu können, kennzeichnet die *superioritas territorialis;* ihr entspricht die *subiectio* der Versammlungsteilnehmer[663].

Die behauptete Unverbindlichkeit der Landtagsversammlungen für ihre Rechtsstellung gegenüber dem Abt unterstrich die Ritterschaft noch durch Hervorheben ihres Eigenversammlungsrechtes. So oft und sobald es ihnen erforderlich schien und gelegen kam, hatten sie Rittertage innerhalb wie außerhalb des Stiftsgebietes abgehalten. Ein Ausschuß aus vier oder fünf Rittern, der im Bedarfsfall auf dreizehn Mitglieder erweitert werden konnte, nahm neben Beschlußfunktionen in Normalfällen auch exekutive Befugnisse wahr; in allen wichtigen Angelegenheiten hatte er den gesamten Buchischen Adel zusammenzurufen. Diese Zusammenkünfte wurden vor den Äbten meist sorgfältig geheimgehalten und fanden häufig an Orten statt, an denen sie dem unmittelbaren Zugriff des Landesherrn entzogen waren. Daß die Äbte solche Zusammenkünfte mehrmals *durch statliche schickung vornehmer räthe* und die von diesen vorgebrachte Werbung *ipso facto approbirt und gutgeheißen* hätten[664], entsprach allerdings nicht der Wirklichkeit. Was hier vom Adel angesprochen wird, waren Zusammenkünfte (Rittertage), auf denen über s t i f t i s c h e A n s u c h e n verhandelt wurde – in Ersetzung bzw. in Vorbereitung eines Landtages oder in Ausführung eines Landtagsbeschlusses.

e. Lage der ritterschaftlichen Güter im Territorium des Stifts

Im Zuge der Formulierung einer neuen, umfassenden Territorialherrschaftslehre durch Verknüpfung der *superioritas* mit dem Territorium hatte die Frage nach den Kriterien der Zugehörigkeit zu einem Territorium in der Staatsrechtswissenschaft des 17. Jahrhunderts besondere Beachtung gefunden. Schwierigkeiten bereitete dabei vor allem die Tatsache, daß es in vielen Territorien Exklaven gab, über die andere Territorialfürsten die landesherrliche Obrigkeit innehatten bzw. beanspruchten. Diese Rechte wurden von einem Teil der Rechtslehrer zunächst als *iura in territorio alieno* qualifiziert und gerechtfertigt. Eine andere Richtung hingegen machte eine Rechtsvermutung zugunsten der einheimischen Territorialherren, namentlich in größeren Territorien geltend – die Bestrebungen der Territorialherren zur Schaffung eines einheitlichen Untertanenverbandes aufgreifend und stützend.

Schließlich wurde zur Rechtfertigung der Exklaven für fast ein Jahrhundert die Unterscheidung zwischen Besitzungen *in territorio* und *de territorio* maßgebend. *In territorio* sollten demnach alle Güter, Ortschaften und kleine Herrschaften sein, die, obwohl in einer natürlichen Landschaft gelegen, nicht notwendig dem Landesherrn dieses Gebietes unterworfen waren; *de territorio* waren die dem Landesherrn unterwor-

---

663 *Auszug der argumenten,* Nr. 9: StAM 4f Fulda/421, fol. 5ᵛ–6ʳ.
664 Vgl. *Species facti,* fol. 6, in: StAM 95/45; s. auch die ritterschaftliche Antwort auf das stiftische Libell, 1588, in: StAM 109/355.

fenen Güter. Die Tragfähigkeit dieser Konzeption wurde zu Beginn des 18. Jahrhunderts von Christian Thomasius überzeugend bestritten [665].
Mehr Verbindlichkeit erlangte dafür seit der zweiten Hälfte des 17. Jahrhunderts die Unterscheidung zwischen geschlossenen und ungeschlossenen Territorien, *territoria clausa* und *non clausa (inclausa)*, die sich am Rechtsstatus der Ritterschaft orientierte: In den *territoria clausa* erkannten die Ritter die Landesherrschaft der Fürsten an, in den anderen waren sie nur der kaiserlichen Gewalt unterworfen, also reichsunmittelbar [666]. Auch diese Lehre wurde der Verfassungswirklichkeit keineswegs immer gerecht, deshalb von einigen Rechtslehrern energisch bestritten, aber das 18. Jahrhundert hindurch nicht aufgegeben [667].

In den Auseinandersetzungen der Landesfürsten in Fulda mit der Ritterschaft über die Landesherrschaft taucht die oben beschriebene Argumentation zu Beginn des 17. Jahrhunderts auf. Daß *domicilium in territorio* die Subjektion gegenüber dem Inhaber des Territoriums nach sich ziehe, behaupteten die Äbte und auch die kurzzeitigen hessischen Okkupanten des Stifts. Die im Stift Fulda begüterten Ritter wie ihre freien Leute und Untertanen wohnten größtenteils innerhalb des Territoriums und hätten sich demzufolge dem Landesfürsten zu unterwerfen. Das Fürstentum Fulda habe seinen eigenen Bezirk und seine Grenzen; *was sie (die Grenzen) in ihrem begriff einschliessen, (hat) desselben furstenthumbs regierender herr alles unter seiner landtsfürstlichen obrigkeit undt jurisdiction* [668].

Die Buchischen Adligen dagegen unterschieden zwischen *freye(n) rittergüter(n) in eines fürsten und landesherrn district (in territorio)* – wie es die ihrigen seien – und Gütern in der Botmäßigkeit des Landesherrn *(de territorio)*, deren Besitzer Untertanen des Landesfürsten seien, mit den schwerwiegenden Konsequenzen der Untertänigkeit: Steuerzahlungen und Land-/Erbhuldigungen. Recht und Erfahrung zeigten nach ihrem Dafürhalten, daß auch in fürstlichen Territorien exemte Güter und freie Personen sich befinden könnten [669] – eine deutliche Bezugnahme auf die Verhältnisse in Franken. Eine Immedietät über diese reichsfreien Personen aber könne nicht erzwungen werden.

Ihre Ausführungen stützte die Ritterschaft mit einem Zitat aus Martin Magers von Schoenberg 1625 in Frankfurt am Main erschienenen Werk »De advocatia armata« ab: *cum paria sint extra territoria esse et exemptum esse.* So wenig wie demnach den Rittern

---

665 In seiner »Dissertatio de inutilitate brocardici vulgaris: Quae sunt in territorio, praesumuntur etiam esse de territorio«, Halle 1709. Vgl. dazu WILLOWEIT, Rechtsgrundlagen, S. 285.
666 Gegenüberstellung beider Begriffe erstmals in der Dissertatio »De Landsassiis, itemque Schriftsassiis et Ambtsassiis« von Wilhelm LEYSER, Wittenberg 1664. Vgl. dazu WILLOWEIT, Rechtsgrundlagen, S. 287f.
667 Die obigen Ausführungen nach WILLOWEIT, Rechtsgrundlagen, S. 274–295. Zur Problematik der *territoria inclausa* s. HOFMANN, Adelige Herrschaft, S. 54–62.
668 *Argumenta subiectionis*, Nr. 10, 11, in: StAM 95/45; s. auch *Auszug der argumenten*, Nr. 1: StAM 4f Fulda/421, fol. 3.
669 Wenn man die stiftische Argumentation, daß Haus- und Güterbesitz von Adligen im Territorium eines Landesfürsten die Landsässigkeit der Adligen nach sich ziehe, auf das ganze Reichsgebiet übertrüge, so bedeute dies, daß keine (Nieder-)Adligen und nur wenige Grafen reichsunmittelbar seien, weil alle reichsfreien Ritter und viele Grafen Güter in kurfürstlichen und fürstlichen Territorien besäßen und von diesen Territorien umgeben seien. *Species facti*, fol. 7, in: StAM 95/45.

eine Landsässigkeit aufgezwungen werden könne, so wenig seien auch ihre Untertanen als *subditi Fuldenses* zu betrachten. Ein Untertan eines Vasallen sei nicht automatisch auch Untertan des Landesherrn[670].

Die ausführlichste Gegenvorstellung dazu stammt von der hessischen Regierung in Fulda. Diese gestand wohl zu, daß es Unterschiede zwischen *in territorio* und *de territorio* gebe und daß in einem fürstlichen Territorium exemte Güter und freie Personen sich befinden könnten. Für das Stiftsgebiet aber wollten sie an den dortigen Tatsachen festgehalten wissen – *a posse ad esse non valeat consequentia*. In der am Reichskammergericht anhängigen Exemtionssache der Ritterschaft war ein Urteil zu ihren Gunsten nicht ergangen. Und einige Deklarationen des Reichshofrates deuteten weniger auf Exemtion als vielmehr auf Landsässigkeit hin. Der König von Schweden und der Landgraf von Hessen-Kassel, die das *ius territoriale* anstelle der fuldischen Äbte und das *ius Caesareum sive Imperiale*, also die Souveränität, *iure belli* erlangt hatten, stünden ganz in dieser Tradition. Die Buchischen Ritter könnten daher nicht als bloße Vasallen angesehen werden, weil sie zugleich auch ihr *domicilium* im fuldischen Territorium hätten – die vorher zugestandene Möglichkeit des Unterschiedes zwischen *in* und *de territorio* wird damit wieder zurückgenommen: Wer im Territorium wohnt, ist, unabhängig von seinen sonstigen Bindungen, zunächst einmal dem Territorialfürsten verbunden. Der gewöhnliche Lehnseid der Ritter, der den Erb- und Landhuldigungspflichten der Untertanen entspricht, verlangt, dem Herrn des Stifts Fulda nicht nur *getrew, holt und gewertig, sondern auch gehorsamb zu sein*[671].

An anderer Stelle griff die hessische Regierung auf ein weiteres, auch von der fuldischen Regierung des öfteren vorgebrachtes Argument zurück: Wer exemt ist, hat ein eigenes, separates Territorium. Die Adligen des Stifts Fulda könnten sich dessen in der Mehrzahl nicht rühmen. So verblieben dem Landesfürsten und Herrn, *ratione universalis iuris territorialis*, seine *iura superioritatis tam ecclesiastica quam politica sarta tecta*[672].

f. Vormundbestellung und -verpflichtung

Das Recht, Tutoren und Kuratoren adliger *pupillen* zu bestellen, stand nach Auffassung der fuldischen Landesherren nur ihnen zu[673]. Zur Anerkennung dieses Rechts hatten sie sogar einen Prozeß am Reichskammergericht angestrengt und dann diesen sich hinziehenden Prozeß durch gesonderte Vereinbarungen mit der Ritterschaft, in der sich diese zur Leistung des Vormundschaftseides auf der fuldischen Kanzlei verpflichtete, unterlaufen[674].

---

670 S. Beschwerde der Reichsritterschaft in Franken im Interesse der Buchischen Ritter bei der hessischen Regierung in Fulda, Schreiben vom 3. September 1633 (Orig.), in: StAM 4f Fulda/637, fol. 82^v; s. auch das Schreiben des Johann Volpert von Schlitz gen. von Görtz im Auftrage der Buchischen Ritterschaft an Fürstabt Hermann Georg von Neuhoff über das Verhältnis von Ritterschaft und Stift vom Oktober 1642: StAM 90a/770.
671 Antwort von Statthalter, Kanzler und Räten zu Fulda auf das Schreiben der Reichsritterschaft in Franken vom 3. September 1633, Fulda, 28. Oktober 1633 (Kop.), in: StAM 4f Fulda/637, fol. 95^v–96^r.
672 Vgl. *Auszug der argumenten*, Nr. 1: StAM 4f Fulda/ 421, fol. 3^v.
673 Vgl. ebd., Nr. 6, fol. 5^r.
674 S. oben S. 52 f.

Auch die Ritter bestritten danach nicht mehr, daß das Stift *in possessione* der Vormundbestätigung sei, wohl aber, daß dies eine Rechtsfolge der Landesherrlichkeit über den Adel sei und die Vormundschaftspflicht *in notam et signum subiectionis* geleistet würde. Allerdings hätten sie um Vormundbestätigung und -verpflichtung durch die fuldische Kanzlei nicht nachgesucht, um sich zu submittieren, sondern im Vertrauen auf die Achtung ihrer Rechte und auch weil manche Orte, an denen die Konfirmationen eigentlich hätten erfolgen sollen, zu weit entlegen gewesen waren; Unkosten und die durch Verzögerungen für die unmündigen Kinder entstehenden Gefahren hatten begrenzt werden sollen[675].

Daneben behaupteten die Ritter, daß nicht alle Buchischen Adligen, die von der fuldischen Kanzlei zu Vormündern verordnet wurden, dort auch den Vormundschaftseid abgelegt hätten. Viele seien von den *freunden* (Verwandten) der Waisen bestellt worden bzw. hätten sich am kaiserlichen Kammergericht zu Vormündern verordnen lassen und dort auch *recht genommen und gegeben*. Selbst aus den auf der Kanzlei abgelegten Vormundschaftseiden aber ließe sich *mit bestandt auf andere iurisdictionales actus nicht inferire(n) noch generaliter eine landtsässerei daraus erzwingen.* Gestützt würden ihre Behauptungen durch die Praxis in Würzburg, Bamberg und Württemberg. Obwohl auch dort die Vormundbestätigung durch den Landesfürsten erfolgte, waren die Adligen unbestreitbar reichsunmittelbar[676].

g. Bestimmung des Landesherrn über die Religionszugehörigkeit der Untertanen

Als Reichs- und Landesfürsten beanspruchten die fuldischen Äbte, nicht erst in Ausführung des Augsburger Religionsfriedens und auch nicht erst seit dem Amtsantritt Balthasar von Dernbachs, die Bestimmung über die Religionszugehörigkeit ihrer Untertanen und Landsassen, obwohl ihnen die geistliche Jurisdiktionsgewalt nur in einem kleinen Teil ihres Territoriums zustand[677]. Zu dem von ihnen intendierten, dem Vorbild protestantischer Fürsten vergleichbaren landesherrlichen Kirchenregiment[678] ergaben sich durch ihre kirchliche, quasi-bischöfliche Stellung besondere Anknüpfungspunkte; Vorschub geleistet hatten auch jene Reichstagsbestimmungen von 1541, die den Prälaten die Verbesserung des Kirchenwesens in ihren Bereichen aufgetragen hatten. Ihren augenfälligsten Ausdruck fanden die landeskirchlichen Ansprüche der Fürstäbte in der Kirchenordnung Philipp Schencks zu Schweinsberg 1542[679].

Einer Verwirklichung des obrigkeitlichen Kirchenregiments aber standen die tatsächlichen Machtverhältnisse entgegen. Mittels des Patronatsrechtes und der Vogteiherrschaft hatten viele Buchische Ritter dem protestantischen Bekenntnis in ihren Dörfern zum Durchbruch verholfen. Als unter dem Eindruck der Beschlüsse des Konzils von Trient und unter tatkräftiger Hilfe der Jesuiten von Abt Balthasar und seinen Nachfol-

---

675 Vgl. *Vertrag zu Vacha, 1621,* fol. 4ᵛ–5ʳ, in: StAM 109/347.
676 Vgl. *Species facti,* fol. 9, in: StAM 95/45 (Zitat: fol. 9ᵛ).
677 S. dazu oben S. 36f., 44f.
678 Dazu zusammenfassend jetzt: WILLOWEIT, Landesherrliches Kirchenregiment. Daß die Reformation nichts Neues geschaffen, sondern nur die bereits offenkundigen Tendenzen des Spätmittelalters bis zur letzten Konsequenz weiterführte, verdeutlicht erneut FRANK.
679 S. dazu oben S. 36.

gern Maßnahmen zur Rekatholisierung getroffen wurden, berief sich die Ritterschaft ihrerseits auf den Wortlaut des Augsburger Religionsfriedens: zunächst auf die von den Katholiken immer bestrittene Declaratio Ferdinandea, die dem protestantischen landsässigen Adel, Städten und Gemeinden in geistlichen Herrschaften die Ausübung ihres Bekenntnisses zugestand, wenn sie schon längere Zeit der Confessio Augustana anhingen; seit 1575 auf den Religionsfrieden selbst, der allen Reichsunmittelbaren die Religion ihrer Wahl und das *ius reformandi* garantierte. Vermöge des Einschlusses in den Religionsfrieden beanspruchten die Ritter nicht nur die Ausübung des *exercitium liberum Augustanae confessionis*, sondern auch das Recht zur Protestantisierung ihrer unmittelbaren, eigenen Herrschaftsbereiche. Gerade letzteres Recht bestritt die landesherrliche Seite entschieden, indem sie an der Landsässigkeit der Ritter festhielt und das *ius patronatus* oder die Vogteiherrschaft keineswegs als Grundlage für ein ritterschaftliches *ius reformandi* anerkannte[680].

Sie konnte sich als äußerstem Zugeständnis nur zur Anerkennung der persönlichen Religionsfreiheit der Ritter verstehen, was eine (in der Form nie ausgesprochene) Bestätigung der Declaratio Ferdinandea darstellte. Sogar Abt Balthasar tat dies 1570, 1602 und 1604. Doch das *ius reformandi* konnten die Landesherren dem Adel nicht zubilligen. Die Rekatholisierungsmaßnahmen in ritterschaftlichen Herrschaftsbereichen, vor allem unter Abt Johann Bernhard, waren deswegen nur konsequent.

Aber auch wenn sich die Äbte zur Akzeptierung des *ius reformandi* der Ritterschaft verstanden hätten, wäre dessen Geltungsbereich noch nicht eindeutig bestimmt gewesen. Es herrschte nämlich allgemein beträchtliche Unklarheit darüber, ob das *ius reformandi* der Reichsritter nur für die Allodien oder auch für die Lehen gelten sollte und ob nicht in jedem Fall der Lehnsherr zu konsultieren sei[681].

Einen Höhepunkt erlebte das obrigkeitliche Kirchenregiment gegenüber der Buchischen Ritterschaft unter der hessischen Fremdherrschaft von 1632 bis 1634. Landgraf Wilhelm V. von Hessen-Kassel und seine Räte waren, wie in anderen Fragen, auch in Glaubenssachen nicht gewillt, Einschränkungen der landesfürstlichen Gewalt hinzunehmen: Aus ihrem landesherrlichen *ius superioritatis* leiteten sie ein unumschränktes *ius episcopale* und die Berechtigung zur Einführung des Calvinismus ab; den Rittern gestanden sie nur die freie Religionsausübung und das Präsentationsrecht von Pastoren zu[682].

---

680 Zur Argumentation der ritterschaftlichen Seite vgl. v. a. *Gegründete außführung, daß die fuldische ritterschaft in den Buchen als freye, zu dem ort Rön und Werren gehörige vom adel, gut fug und macht hat, vermög religionsfridens in ihren dörfern die religion zu bestellen, und daß derhalben die Ebersteinische erben und Wolff Dietrich von Mörle genant Beheim darwider unbillich beschwert werden*, 1580, in: StAM 95/146; *Species facti*, fol. 4ᵛ, in: StAM 95/45.
681 Vgl. den Diskussionsbeitrag von v. Kageneck, in: Rössler (Hg.), Deutscher Adel 1555–1740, S. 92f.
682 S. oben S. 96f.

3. Der Geltungsbereich der landesherrlichen Rechte des fuldischen Abtes nach dem Ausscheiden der Ritterschaft

Obwohl die Äbte die zwar nicht unbestrittene, aber dennoch lange Zeit praktizierte Anwendung von landesherrlichen Befugnissen über die Ritterschaft nachweisen konnten, hatte dies nicht genügt, um die Landesherrschaft über diesen Personenkreis und seine Hintersassen erfolgreich auszubauen und zu behaupten. An der Allgemeinverbindlichkeit dieser Herrschaftsrechte, an ihrer Bedeutung für eine landesherrliche Superiorität, änderte das allerdings nichts; dies wurde auch von den Rittern anerkannt. Keine rechtliche, sondern eine politische Lösung hatte zum Ausscheiden der Buchischen Ritterschaft aus dem Stift geführt, und die landesherrlichen Rechte, zu denen noch weitere, in den Auseinandersetzungen mit der Ritterschaft nicht berührte Befugnisse, wie z. B. das Gesetzgebungsrecht, traten, bewahrten ihre Gültigkeit über die übrigen Untertanen und Landsassen des Stiftes. Dieser Untertanenverband umfaßte das adlige Stifts-, seit 1752 Domkapitel, die Geistlichkeit und die Städte, die weltliche Staatsdienerschaft, den Universitätsverband seit 1734, das Militär, Bauern und Juden. Von diesen Personengruppen konnten die ersteren aufgrund ihres Geburts- oder Berufsstandes in Einzelfällen allerdings Sonderrechte geltend machen, während sich die Herrschaftsrechte völlig uneingeschränkt über Bauern und Juden erstreckten[683].

Eine Abstufung, eine Bewertung und Gegeneinanderstellung der einzelnen landesherrlichen Befugnisse verbietet sich. Dennoch wird man herausstellen dürfen, daß bei der Erlangung der Reichsunmittelbarkeit durch den fuldischen Adel den von den Fürsten beanspruchten Rechten der Regalität, der hochgerichtlichen Gewalt, der Lehnsherrlichkeit und der Schutz- und Schirmgerechtigkeit weniger Bedeutung zugekommen ist[684] als der niederen Vogtei und dem grundherrlichen Kollektationsrecht. Letztere haben sich als institutionelle Begründung kleinräumiger, auch in manchem eingeschränkter, ritterschaftlicher Herrschaften durchgesetzt[685]. Damit zeigt die Entwicklung in Fulda auffallende Parallelen zu der in Franken mit seinen zahlreichen ritterschaftlichen Herrschaftsbezirken[686].

---

683   Zur Rechtsstellung der verschiedenen Personengruppen s. Thomas, Sistem, I, §§ 38–279, S. 76–464; Simon, Verfassung, S. 47–51. Zur Rechtsstellung der Bauern s. daneben: Jestaedt, Agrargeschichte; Agricola, Weg; Sieburg, Kampf. Zur Rechtsstellung der Juden s. auch Horn/Sonn, S. 23–25, 29–35, 39–45; Kartels, Bestrafung, S. 170–175. Zum Vergleich: Battenberg, Rechtsstellung. Zur Lehre der frühneuzeitlichen deutschen Rechtswissenschaft: Güde. Die Herrschaftsrechte der Äbte über ihre Untertanen schlugen sich in einer Vielzahl von Verordnungen nieder, die das Leben der Untertanen teilweise bis ins einzelne regelten. Die Ausarbeitung dieser Gesetze und Verordnungen war das Werk des fürstlichen Behördenapparates, der im Dritten Kapitel näher untersucht wird.
684   Die geringe territorialbildende Kraft dieser Rechte hat auch die Staatsrechtswissenschaft des 17. und 18. Jahrhunderts herausgestellt. Vgl. Willoweit, Rechtsgrundlagen, S. 186–198, 213–273.
685   Zur herrschaftsbegründenden Funktion der Niedergerichtsbarkeit in der rechtswissenschaftlichen Literatur der Frühen Neuzeit s. Willoweit, Rechtsgrundlagen, S. 89–98, 198–213, in bezug auf reichsritterschaftliche Gebiete: S. 307–338.
686   Zur Entwicklung in Franken s. v. a. die Arbeiten von Hofmann: Adelige Herrschaft; Ders., Adel; Ders., Territorienbildung; Pfeiffer, Fürst.

F. DIE LANDESHOHEIT DES 18. JAHRHUNDERTS

Die Landesherrschaft der fuldischen Äbte kann, trotz ihrer Nichtbehauptung über die einheimische Ritterschaft, gerade nach dem Ausscheiden des Adels aus dem Stift, als eine umfassende charakterisiert werden, die sich von der anderer weltlicher und geistlicher Fürsten des Reiches nicht grundsätzlich unterschied[687]. Vereinzelt seit der zweiten Hälfte des 17. Jahrhunderts, vor allem aber im 18. Jahrhundert, erfuhr die *superioritas territorialis* durch die Einführung des Begriffs der Landeshoheit[688] eine graduelle Steigerung, die sie sogar in die Nähe der Majestäts- und Souveränitätsgedanken rückte[689]. Auch wurde die Landeshoheit als die »höchste, sachlich umfassende und das Territorium in gleicher Weise unterwerfende Gewalt«[690] von vielen Juristen als ursprünglich, nicht vom Reich abgeleitet gesehen[691]; für die meisten Staatsrechtslehrer allerdings bildete die Landeshoheit ein Lehnsobjekt des Reiches[692].

Die fuldischen Landesfürsten haben nur die Bewertung ihrer Herrschaftsrechte als eine lehnsrechtlich an den Kaiser gebundene Landeshoheit aufgegriffen. Bemerkenswert aber ist, daß schon die hessische Regierung in Fulda zur Zeit der Besetzung des Stiftes 1632/33 ihre Herschaft in Fulda mit dem Souveränitätsbegriff verband[693], der erst durch Gottfried Wilhelm Leibniz in das deutsche Territorialstaatsrecht eingeführt worden ist[694]. Für die hessischen Räte implizierte der Begriff der Souveränität die Leugnung der

---

687 Die formalistische, aber die wesentlichen Charakteristika herausstellende Definition Johann Jakob Mosers läßt sich daher auch auf das geistliche Fürstentum Fulda anwenden. Moser sprach den Landesfürsten das Recht zu, »in ihren Landen und Gebieten alles dasjenige zu gebieten, zu verbieten, anzuordnen, zu thun und zu lassen, was einem jeden Regenten nach denen Göttlichen, Natur- und Völker-Rechten zukommt, in so ferne ihnen nicht durch die Reichs-Gesetze, das Reichs-Herkommen, die Verträge mit ihren Landständen und Unterthanen dieser alt- und wohl hergebrachte Freyheiten und Herkommen und dergleichen die Hände gebunden seynd«. (MOSER, Landeshoheit überhaupt, S. 9).
688 Der Begriff ist seit der ersten Hälfte des 18. Jahrhunderts geläufig – es findet sich schon 1737 in Zedlers Universal-Lexicon, Band 16 ein Artikel »Landes-Hoheit« –, setzt sich aber erst durch die Arbeiten Johann Jacob Mosers in der zweiten Jahrhunderthälfte durch. QUARITSCH, S. 404, Anm. 37. Zu Moser s. SCHÖMBS.
689 Vgl. WILLOWEIT, Rechtsgrundlagen, S. 138–72; auch: v. SCHÖNBERG, S. 48–71; KÜRSCHNER, S. 4–23. Zu dem auf Jean Bodin zurückgehenden Souveränitätsbegriff s. u. a. SCUPIN, Begriff; IMBODEN; QUARITSCH, S. 243–512. Zur Rezeption in Deutschland s. SCUPIN, Souveränität; HENKEL; s. auch MOMMSEN, Staatssouveränität, S. 98–188; zur fast einhelligen Ablehnung der Souveränitätslehre Bodins durch mitteldeutsche Juristen in der zweiten Hälfte des 16. Jahrhunderts s. KLEIN, Recht. Daß *superioritas territorialis* und »Landeshoheit« im 17. und 18. Jahrhundert keine »Souveränität« oder *majestas* bedeuteten, verdeutlicht auch die Untersuchung von QUINT, v. a. S. 53–80.
690 WILLOWEIT, Rechtsgrundlagen, S. 172.
691 Z. B. von MOSER, Landeshoheit überhaupt, S. 13; SCHMAUSS, S. 293 f.
692 S. dazu v. SCHÖNBERG, S. 97–103; vgl. auch KORMANN.
693 S. die Antwort von Statthalter, Kanzler und Räten in Fulda am 28. Oktober 1633 auf ein Schreiben von Direktor, Hauptleuten und Räten der Reichsritterschaft in Franken vom 2. September 1633, in: StAM 4f Fulda/637, fol. 86–97ʳ, hier: fol. 93ʳ, 96ʳ.
694 In seiner 1678 unter dem Pseudonym Caesarius Fürstner veröffentlichten Schrift »De jure suprematus ac legationis principum Germaniae«. S. dazu WILLOWEIT, Rechtsgrundlagen, S. 154–159; QUARITSCH, S. 402 f.

kaiserlichen Oberhoheit; sie unterschlugen dabei aber geflissentlich die Abhängigkeit Hessen-Kassels von der Krone Schweden[695].

Volle Souveränität haben weder der hessische Landgraf noch die sonst in Fulda regierenden geistlichen Fürsten, trotz des im Westfälischen Frieden verbrieften *ius territorii et superioritatis*[696], trotz des dort zugestandenen *ius armorum* und des Rechts, untereinander oder mit ausländischen Mächten Bündnisse zu schließen[697], erreicht – gleich den übrigen Reichsständen. Dazu waren die Bindungen an das Reich zu stark, deutlich sichtbar vor allem in den kaiserlichen Belehnungen der fuldischen Landesherren[698]; dazu war die Landeshoheit durch eine Reihe von Verpflichtungen gegenüber dem Reichsoberhaupt und, auf der anderen Seite, durch – nun allerdings noch mehr als vorher begrenzte – ständische Mitwirkungsrechte eingeschränkt[699].

Die landesfürstliche Obrigkeit der fuldischen Fürstäbte, seit 1752 Fürstbischöfe[700], wurde in verschiedenen Streitigkeiten zwischen Fürst und Kapitel um die Verwaltungs- und Gerichtsbefugnisse in den propsteilichen Bezirken berührt, aber nicht grundsätzlich in Frage gestellt; diese setzten seit der Mitte des 17. Jahrhunderts ein und wurden in verschiedenen Verträgen (1656, 1681, 1701, 1726, 1781, 1786) beizulegen versucht[701]. Hierbei ging es vor allem um die von den Äbten intendierte vollständige Herabdrängung der kapitularischen Gewalt zu einer mittelbaren, subordinierten Gewalt, während die Pröpste über die Gebiete ihrer Klöster unumschränkte Vogtei beanspruchten (d. h. alle Verwaltungs- und Gerichtsbefugnisse mit Ausnahme der Zent, Huldigung für Kapitel bzw. Pröpste, Einsetzung der Verwaltungsbeamten in den Propsteiämtern durch die Pröpste, *ius subcollectandi*[702]) bzw. Lehnsvogtei. Dem Fürstabt stand in allen propsteilichen Bezirken, zu denen das kapitularische Gericht Großenlüder nicht zu zählen ist, die Landhuldigung ebenso zu wie die peinliche Gerichtsbarkeit – seine Landeshoheit wurde nicht angetastet[703].

---

695 Die Äußerungen der hessischen Räte über die Souveränität der Landesfürsten sind natürlich im Zusammenhang zu sehen mit dem Wirken der stark antikaiserlich eingestellten Rechtslehrer Hermann und Johannes Vultejus am Kasseler Hof (vgl. SCUPIN, Souveränität, S. 194, 196; zu Hermann Vultejus, der 1597 auch als Prokurator am fuldischen Hofgericht auftrat, s. STINTZING/ LANDSBERG, I, 452–465). Später wurde dieser Souveränitätsbegriff auch von den Kurfürsten von Brandenburg bei der Annahme des preußischen Königstitels herangezogen. Vgl. die Nachweise bei WILLOWEIT, Rechtsgrundlagen, S. 168, Anm. 186.
696 IPO, Art. V, § 30: MÜLLER (Hg.), Instrumenta, S. 123 f.
697 IPO, Art. VIII, § 2: MÜLLER (Hg.), Instrumenta, S. 134. S. dazu BÖCKENFÖRDE, Westfälischer Friede; RANDELZHOFER, S. 56–62.
698 Zur Weiterwirkung der lehnsrechtlichen Bindungen zwischen Kaiser und Reichsständen bis zum Ende des Alten Reiches s. v. SCHÖNBERG.
699 S. dazu S. 257–268.
700 S. dazu S. 143, Anm. 719.
701 S. StAM 96/243 (Rezesse von 1656 und 1681 [Orig. + Kop.]; 96/423 (1656, Kop.); 96/417, StAM K 445 (Fuldaer Kopiar XXI), fol. 145ᵛ–150ᵛ [1681, Kop.]; 96/106 (1681, Kop.); 96/270 (1701, Cpt.); R Ia, 1726, April 8 (Orig.); R II Kapitulare, 1726 April 8 (Orig.); 96/546, 96/548 (1726, Orig., Kop., gedruckte Exemplare); 96/542 (1741 = Überarbeitung des Rezesses von 1726, gedruckt); 96/298 (1781, Kop.); StAF XXI, B 7 (1781, gedruckt) u. ö.
702 Erhebung der Steuern durch die propsteilichen Verwaltungsbeamten, umittelbare Ablieferung bei der Landesobereinnahme.
703 Vgl. auch HOFEMANN, S. 169–171.

Bevor die geistlichen Staaten in Deutschland den politischen Umwälzungen von 1802/03 zum Opfer fielen, wurde aus ihrem Kreis selbst die Frage nach ihrer Berechtigung und nach der Möglichkeit der Behebung der offenkundigen Mängel gestellt. Es war der Fuldaer Domkapitular und Regierungspräsident Sigismund Freiherr von Bibra, der in dem von ihm betreuten »Journal von und für Deutschland« 1785 als Preisfrage formulierte: »Da die Staaten der geistlichen Reichsfürsten Wahlstaaten und über dieses größtenteils die gesegnetsten Provinzen von ganz Deutschland sind, so sollen sie von Rechtswegen auch der weisesten und glücklichsten Regierung genießen; sind sie nun nicht so glücklich, als sie seyn sollten, so liegt die Schuld nicht sowohl an den Regenten als an der inneren Grundverfassung. Welches sind also die eigentlichen Mängel? und wie sind solche zu beheben?«[704].

Bibras Frage und die darauf eingegangenen Lösungsvorschläge trugen nicht nur dem unverhohlenen Verlangen vieler weltlicher Fürsten, sondern auch einer seit der Wende vom 17. zum 18. Jahrhundert immer mehr vordringenden Meinung in der Staatsrechtslehre Rechnung, nach der alle geistliche Herrschaft einem weltlichen Herrn unterworfen, also mediat sei. Die Überlegenheit der weltlichen über die geistliche Herrschaft wurde dabei aus den Vogteirechten hergeleitet[705]. Diese Vogteirechte waren im Falle Fuldas seit dem Hochmittelalter in die Hände des Abtes gelangt. Mediatisierungsbestrebungen, denen andere geistliche Kommunitäten, sogar Bistümer, seit der Reformation anheimfielen, war dadurch im Falle Fuldas zunächst der Ansatzpunkt entzogen[706]; Bestrebungen Hessens, eine Schutzherrschaft zu erlangen und diese zur Säkularisierung und Mediatisierung des Stiftes einzusetzen, waren erfolglos gewesen[707]. Im Gefolge der Siege des revolutionären Frankreich unter Napoleon über die reichstreuen deutschen Fürsten aber wurde die Säkularisierung des (seit 1752 in den Rang eines Hochstifts aufgestiegenen) Fürstentums Fulda unvermeidlich, und die Fürstbischöfe verloren ihr weltliches Amt, ihre landeshoheitlichen Befugnisse[708].

704 Zur Bedeutung des Journals wie zu der Preisfrage und den darauf eingegangenen Antworten s. BRAUBACH, Kirchliche Aufklärung; BREUNIG; WENDE, S. 9–47; VIERHAUS, Wahlkapitulationen, S. 214–217.
705 V. a. von dem Gießener Ordinarius Johann Nikolaus Hertius. Vgl. WILLOWEIT, Rechtsgrundlagen, S. 226–234.
706 Zur rechtlichen Begründung bzw. Abwehr von Mediatisierungs- und Säkularisierungsmaßnahmen s. WILLOWEIT, Rechtsgrundlagen, S. 234–248.
707 S. dazu S. 145 mit Anm. 729, 148.
708 Zur Säkularisierung des Hochstifts Fulda 1802 und zum (kurzlebigen) Übergang an das Haus Oranien s. ENNEKING, S. 225–248; BORNEWASSER. Für die Jahre der französischen Herrschaft unter Napoleon (1806–1813) und die Inbesitznahme durch den Kaiser sowie die Aufteilung des Landes durch den Wiener Kongreß s. die Münchener Diss. von LANGER, Geschichte.

II. Der Landesherr

A. DER FÜRSTABT (FÜRSTBISCHOF)

Die Entwicklung zur Landesherrschaft und Landeshoheit war in ihren wesentlichen Zügen in Fulda ebenso wie in den umliegenden weltlichen Territorien verlaufen[709]. Ein grundlegender Unterschied bestand allerdings darin, daß die Herrschaft nicht erblich, in den Händen einer Dynastie war, sondern durch Wahl eines Klostervorstehers, seit 1752 auch Bischofs, übertragen wurde.

Das hatte gegenüber den weltlichen Herrschaften den Vorteil, daß Erbteilungen und Erbstreitigkeiten entfielen und das Territorium von daher ungeschmälert blieb. Auf der anderen Seite bedeutete es aber, daß den Wählenden, also dem Stiftskapitel, ein großer Einfluß zukam – mittels Wahlkapitulationen konnten sie den Landesherren auf eine Amtsführung festlegen, die ihren Interessen Rechnung trug, die zu einem großen Teil mit denen der Landstände allgemein identisch waren. Diese überall in den geistlichen Fürstentümern des Reiches seit Beginn des 13. Jahrhunderts zu beobachtende Tendenz[710] zeigt sich auch in Fulda. Sie erfuhr in der Wahlkapitulation des Jahres 1395, den sogenannten Alten Statuten, die allerdings nicht die erste derartige Vereinbarung darstellten, ihren Höhepunkt[711]. Die Statuten, die die weitere Entwicklung des Stiftes in vielerlei Hinsicht bestimmten, blieben für die nachfolgenden Abtswahlen immer Richtschnur[712] und wurden dabei durch jeweils aktuelle Forderungen ergänzt[713]. Selbst die allgemeinen Verbote von Wahlkapitulationen durch Papst Innozenz XII. am 22. Sep-

---

709 S. Demandt, Geschichte, passim; Hess, Geheimer Rat, S. 3–11.
710 Dies belegen zahlreiche Untersuchungen. Vgl. z. B. Stimming; Weigel; Fuchs; Duggan. Zu den Wahlkapitulationen der deutschen Herrscher s. Hartung, Wahlkapitulationen; Kleinheyer. Einen Überblick über den neueren Forschungsstand vermitteln die Beiträge in: Vierhaus (Hg.), Herrschaftsverträge.
711 Vgl. Richter, Statuta, S. XIV–XXIII, 1–12. Ausführlicher dazu: S. 160–164.
712 Anfangs des 17. Jahrhunderts wurde ihre Gültigkeit nochmals bestätigt (Richter, Statuta, S. XVIIf.).
713 Für die Frühe Neuzeit sind folgende Wahlkapitulationen überliefert: Koadjutor Hartmann Burggraf von Kirchberg, 4. April 1507 (StAM R II, Kapitel, 1507 April 4 [Orig.]; LBF Hs. D 40, fol. 18ʳ–20ʳ [Kop.]); Koadjutor Johann von Henneberg, 4. September 1521 (StAM R II, Kapitel, 1521 Sept. 4 [Orig.]; StAM 96/239 [Kop.]); ders. als Abt, 27. Februar 1531 (StAM R II, Kapitel, 1531 Febr. 27 [Orig.]); Abt Philipp Schenck zu Schweinsberg, 12. Mai 1541 (StAM R II, Kapitel, 1541 Mai 12 [Orig.]; LBF Hs. D 40, fol. 14ᵛ–17ᵛ [Kop.]); Abt Wolfgang von Ussigheim, 30. Januar 1550 (StAD B 8, Nr. 8/38 [Orig., vgl. Battenberg, Schlitzer Urkunden, I, Nr. 336, S. 81]); Abt Wolfgang Schutzpar gen. Milchling, 3. April 1562 (StAM R II, Kapitel, 1562 April 3 [Orig.]); Abt Balthasar von Dernbach, 27. Juli 1570 (StAM R II, Kapitel, 1570 Juli 27 [Orig.]; LBF Hs. D 40, fol. 12ʳ–14ʳ [Kop.]; Druck: Komp/Richter, Balthasar, S. 59–62); Abt Johann Friedrich von Schwalbach, 21. März 1600 (StAM 96/242 [Orig.]; StAM 96/570 [Kop.]); Abt Joachim von Gravenegg, 28. Januar 1644 (StAM 96/242, 96/425 [Orig.]; StAM 96/118, 96/570 [Kop.]); Abt Placidus von Droste, 3. Januar 1678 (StAM 90a/573 [Orig.]); Druck: Wittstadt, Placidus, Anhang S. XII–XIX); Abt Adalbert von Schleiffras, 30. Juni 1700 (StAM 96/263 [Orig.]; StAM 96/249, 96/269 [Kop.]); Abt Konstantin von Buttlar, 16. Oktober 1714 (StAM 96/224 [Orig. + Kop.]; StAM 96/249 [Kop.]). In den Zusammenhang der Wahlkapitulationen gehört auch die Vereinbarung des abgesetzten Abt Balthasars mit dem Kapitel 1585, die die Grundlage für das Verhältnis nach Balthasars Restitution 1602 bildete (Auszug in: StAM 96/184).

tember 1695 und Kaiser Leopold I. 1698 konnten die Praxis in Fulda nicht unterbinden[714].

Allerdings wird man sich davor hüten müssen, die Bedeutung der Wahlkapitulationen zu überschätzen. Ein rigoroser Dualismus zwischen Fürstabt und Kapitel ergab sich daraus in der Regel nicht, vielmehr wußten beide Seiten ihre unterschiedlichen Ausgangs- und Standpunkte zu vereinbaren. Der Abt blieb in seiner Landesherrschaft weitgehend unangefochten durch das Kapitel und vermochte es in einigen Fällen, sich von den in den Wahlkapitulationen eingegangenen Verpflichtungen zu lösen; das Kapitel hingegen erlangte eine beschränkte Teilhabe an der Herrschaft durch das in der Ordensregel verankerte Beratungsrecht und die Zustimmungspflicht bei Veräußerungen[715], die in den Wahlkapitulationen gemachten Zusagen sowie durch seine ständischen Aktivitäten[716]. Zeitweilige Bestrebungen des Kapitels nach Mitregentschaft kamen nicht zum Tragen[717]; es begnügte sich mit der (unten zu erörternden) Regentschaft bei Vakanzen. Die Stellung des Abtes gegenüber seinem Kapitel dagegen wurde durch Visitationsdekrete der Nuntien Petrus Aloysius Carafa (30. Juli 1627), Johannes Antonius Davia (30. Oktober 1693) und Johannes Baptista Bussi (16. Juli 1710) gefestigt[718]. Neben den Alten Statuten sind so vor allem die Dekrete Carafas zur Grundlage der Verfassung des Stifts und Hochstifts geworden. Die Bistumserhebung des Jahres 1752 hat hier keine neuen Akzente gesetzt. Verändert wurden durch sie lediglich die Beziehungen zu den bisherigen Diözesanherren Mainz und Würzburg[719].

Der Klostervorsteher und Landesherr, seit 1752 auch Bischof von Fulda, gelangte, nach der in allen Stiften und Hochstiften geltenden Praxis, durch eine kanonische Wahl

714 1700 und 1714 wurden noch Wahlkapitulationen ausgehandelt. S. Anm. 713.
715 Das 3. Kapitel der Benediktinerregel schreibt die Beiziehung der Brüder zum Rate in allen wichtigen Angelegenheiten vor, ohne daß der Abt dann an ihre Meinung gebunden ist (vgl. HERWEGEN, S. 81–88; STEIDLE, S. 94–109). Reichsrechtlich verankert war die Zustimmungspflicht des Kapitels bei Veräußerungen, um der Zersplitterung von Reichskirchengut entgegenzuwirken – durch Reichsrechtsspruch vom 12. Juli 1255 (MGH, Leges, II, S. 373). Schon 1340 hatte Kaiser Ludwig IV. ein Privileg über die Nichtveräußerung von Kirchengut ohne Zustimmung des Kapitels ausgestellt (StAM 96/527 [Kop.]).
716 S. dazu das Dritte Kapitel.
717 Im Zuge der Absetzung Fürstabt Balthasars 1576 wurde vom Kapitel, parallel zu den Exemtionsbestrebungen der Ritterschaft, der Anspruch auf Mitregentschaft erhoben, aber bald wieder fallengelassen, nachdem ein kaiserlicher Spruch vom 27. Juni 1577 die Mitregierung untersagt hatte (vgl. GEGENBAUR, S. 22; KOMP/RICHTER, Balthasar, S. 43 f.; v. EGLOFFSTEIN, S. 43, 67 f.). Auf den Landtagen 1548 und 1557 dagegen trat das Kapitel nicht als Landstand, sondern als »Anhang« des Abtes, quasi als Mitregent, auf. S. unten S. 186.
718 S. RICHTER, Statuta, S. XXV–XL, 13–87.
719 Zur Bistumserhebung und ihrer Vorgeschichte s. RICHTER, Schleichert, S. XVII–XLVI sowie S. 105–161 (= Urkunden zur Entstehung des Bistums Fulda); SIMON, Verfassung, S. 52–60; HACK, Rechtsstreit; DERS., Authentische Rechtsauslegung; WILLOWEIT, Entstehung, S. 238–241; zusammenfassend: LEINWEBER/WOSTRATZKY, Bistum, S. 14–23. Den mit der Erhebung zum Bistum verbundenen Feierlichkeiten beschreibt RICHTER, Feierlichkeiten. Zur Reaktion auf die Bistumserhebungen in Mainz und Würzburg s. KALLFELZ. Reichhaltiges, nur z. T. ausgewertetes Material zur Bistumserhebung befindet sich im StAM: 96/375; 96/336; 96/405; 96/407; 96/403; 96/469; 90b/ 1370; 90a/415. – Das Bistum Fulda war für wenige Jahre exemt, die Exemtion wurde aber durch Dekret Papst Benedikts XIV. vom 31. Dezember 1765 und den auf der Grundlage des päpstlichen Entscheidung getroffenen Vertrag vom 18. Februar 1757 zwischen Mainz und Fulda auf das Kloster Fulda mit seinen Mönchen, Gütern und inkorporierten Kirchen beschränkt, während das Bistum der Jurisdiktion des Mainzer Metropoliten unterworfen wurde.

aus der Mitte des Stifts- bzw. Domkapitels in seine Ämter. Von den drei möglichen Wahlformen: *per acclamationem, per compromissum* und *per scrutinium* war letztere die in Fulda geläufige. Wahlberechtigt waren ursprünglich alle Geistlichen des Hauptklosters und die Vorsteher der Nebenklöster; sogar Stiftsministeriale haben sich anfangs an der Wahl beteiligt, während der niedere Klerus und das Kirchenvolk auf die Zustimmung beschränkt blieben. Parallel zur Durchsetzung der Exklusivität des Adels im Stiftskapitel wurde im Hochmittelalter auch der Kreis der Abtswähler auf diese Schicht beschränkt[720]. Der Versuch Abt Johann Bernhards Schenck zu Schweinsberg (1623–1632), auch Bürgerlichen den Zugang zum Kapitel und das Wahlrecht zu verschaffen, blieb letztlich erfolglos. Das nach seinem Tod von den bürgerlichen Benediktinern beanspruchte Wahlrecht führte 1633 zu einer Doppelwahl; der Kandidat der bürgerlichen Partei konnte sich jedoch nicht behaupten[721] – Macht und Rückhalt der Adelspartei waren stärker. In der Folgezeit blieb deren Stellung dann unangetastet, eine ausdrückliche Bestätigung erhielt sie in der Erektionsbulle für das Bistum[722].

In seiner Wahlentscheidung war das Kapitel in der Frühen Neuzeit relativ autonom. Direkte Eingriffe von päpstlicher oder kaiserlicher Seite, wie dies – namentlich durch letztere – im Mittelalter gang und gäbe war, gab es kaum. Die Wahlen wurden auch häufig so schnell durchgeführt, daß dafür kein Raum blieb; mehr als einmal kamen kaiserliche Gesandte, die der Wahl beiwohnen und sie möglicherweise auch beeinflussen sollten, zu spät[723]. Und nur in wenigen Fällen war durch die Bestellung eines Koadjutors die Voraussetzung dafür geschaffen worden, daß ein Kandidat des Kaisers zum Abt und Landesherrn aufstieg. Herausragendstes Beispiel hierfür bildet Bernhard Gustav, Markgraf von Baden, Konvertit, kaiserlicher Parteigänger und als solcher sogar zum Kardinal aufgestiegen, für dessen Ehrgeiz das kleine Stift Fulda allerdings keine ausreichende Plattform bieten sollte; gegen seine Koadjutorie hatten sich die Kapitulare lange, doch vergeblich gewehrt[724]. Knapp 30 Jahre zuvor war es ihnen zwar nicht gelungen, die Koadjutorie des ebenfalls von kaiserlicher Seite unterstützten Johann Salentin von Sintzig zu verhindern, doch hatten sie anschließend den Fürstabt Hermann Georg von Neuhoff dazu bewegen können, die Postulation des von ihm ursprünglich ins Auge gefaßten Nachfolgers wieder rückgängig zu machen. Bei der Wahl 1644 hatten sie Sintzig dann auch tatsächlich übergangen und sich für Joachim von Gravenegg entschieden[725].

---

720 Zum Wahlrecht im Kloster Fulda s. Simon, Verfassung, S. 25–27, im Anschluß an: Thomas, Domkapitel des Hochstifts Fulda, hs. Mskr. 1792, S. 148–159; Ders., Geistliches und weltliches Territorialstaatsrecht, hs. Mskr. 1796, S. 31–37; weiter: Lübeck, Abtswahlprivilegien; Ders., Rechte, S. 100–104; Höfling, S. 19–24.
721 Zu den Streitigkeiten s. Richter, Schleichert, S. 162–166; überholt: Komp, Johann Bernhard, S. 131 f.
722 Zusammenstellung der einschlägigen Stellen aus den Dekreten der Nuntien und der Bistumserhebungsurkunde bei Simon, Verfassung, S. 27.
723 So z. B. bei den Wahlen 1570 (Schaffrath, Balthasar, S. 7) und 1678 (Wittstadt, Placidus, S. 23), die jeweils nur wenige Tage nach dem Tod der Äbte Wilhelm Hartmann Klaur von Wohra und Joachim von Gravenegg erfolgten. Zur Beeinflussung von Abtswahlen in Fulda im Mittelalter durch die Kaiser s. Wehlt, mit einer Aufstellung der aufgezwungenen Äbte, S. 375 f. Zu den kaiserlichen Wahlgesandtschaften der Frühen Neuzeit s. Christ, Praesentia regis; Ders., Gesandtenzeremoniell.
724 Vgl. Rübsam, Bernhard Gustav, S. 22 f., sowie: StAM 96/140, 96/141, 96/743, 96/744.
725 S. dazu Philippi, Sintzig.

Von diesen Fällen abgesehen, sind kaiserliche Einflußnahmen auf die Wahlentscheidungen der Kapitulare nicht belegbar. Auch die Kurie in Rom hat auf die Wahlentscheidung im einzelnen wenig Einfluß ausüben können und blieb weitgehend auf Informativprozesse[726] und Wahlbestätigungen beschränkt. Stärker fallen da schon die Interessen benachbarter Fürsten ins Gewicht, so z. B. des Grafen Wilhelm von Henneberg bei der Koadjutorwahl 1516[727] und des Landgrafen Philipp von Hessen bei der Abtswahl 1541[728], der sich allerdings in seinem Kandidaten ziemlich getäuscht hatte[729].

In diesen und in anderen Fällen aber trafen sich die Interessen auswärtiger Fürsten mit den Überlegungen weiter Teile des Kapitels, das seiner Entscheidung ja immer auch politische Gesichtspunkte zugrundelegte. Neben Anciennität, Verwandtschaftsbeziehungen und Zugeständnissen der Bewerber bildete gerade der politische Rückhalt der Kandidaten ein entscheidendes Kriterium.

Natürlich versuchte auch die einheimische Ritterschaft, auf die Wahlentscheidung Einfluß zu nehmen. Solange das Kapitel – als Vehikel sozialen Aufstiegs und als wirtschaftliche Versorgungsinstanz – von den Angehörigen seiner eigenen ritterschaftlichen Familien dominiert wurde, ließ sich dies problemlos bewerkstelligen. Eine personengeschichtliche Analyse des Kapitels aber zeigt, daß die stiftsgesessenen Adelsgeschlechter über lange Zeiträume hinweg nur schwach vertreten waren und daher auswärtigen Adligen die Wahlentscheidungen in starkem Maße überlassen mußten. Im 16. Jahrhundert waren dies vor allem hessische, Ende des 17. Jahrhunderts westfälische und im 18. Jahrhundert rheinische und fränkische Adelsgeschlechter – unter letzteren waren die Nachfahren ehemals landsässiger Buchischer Adliger wieder stark vertreten[730]. Doch ganz abgesehen von der persönlichen Zusammensetzung des Kapitels bot

---

726 S. dazu die Einzeluntersuchungen von WITTSTADT: Wahl und Informativprozeß; Adalbert von Schleifras; Konstantin von Buttlar. Die teilweise Inkompetenz der zu Rate gezogenen Informanten der Kurie wird besonders deutlich im Informativprozeß des Johann Friedrich von Schwalbach; dieser wirft ein bezeichnendes Licht auf die Qualität des Informationssystems der Nuntiaturen. Vgl. WITTSTADT, Kuriale Bemühungen.
727 S. dazu S. 171, 173.
728 S. KÜCH, Politisches Archiv, II, Nr. 1870, S. 516 f.
729 Statt, wie erhofft, die Reformation im Stift Fulda einzuführen, die in weiten Kreisen der Bevölkerung, v. a. in den Städten Fulda und Hammelburg, bereits Fuß gefaßt hatte, und das Stift zu säkularisieren, steuerte Philipp Schenck zu Schweinsberg einen vermittelnden Kurs zwischen den Konfessionsparteien, die sich langsam auszuformen begannen; dieser auf eine Vereinigung der alt- und neukirchlichen Kräfte zielende Kurs wurde von Georg Witzel theologisch begründet und fand seinen Ausdruck in der Kirchenordnung von 1542. S. dazu oben S. 35 f.
730 Vgl. die Kapitularslisten: SCHANNAT, Dioecesis; RICHTER, Adelige Kapitulare; STURM, Pröpste von Neuenberg; DERS., Pröpste von Holzkirchen; DERS., Pröpste von Thulba; DERS., Pröpste auf dem Michaelsberg. S. daneben die umfangreichen, vorwiegend aus genealogischem Interesse angelegten Aufstellungen des ersten Fuldaer Fürstbischofs Amand von Buseck aus der Mitte des 18. Jahrhunderts, v. a.: StAM 90a/269 (Notitiae de capitularibus ecclesiae Fuldensis 1546–1746); 90a/247 (Jahrweise Übersicht über die Kapitulare 1263–1766, mit Zusätzen von späterer Hand); 90a/249 (Nachrichten und Notizen über Kapitulars-Familien); 90a/230, 90a/231 (Kapitulare 918–1745); 90a/260 (Series abbatum 744–1744). Auf die Sammlung Amands von Buseck geht auch der Catalogus abbatum et capitularium ecclesiae Fuldensis 1260–1753 zurück, den der Kapitular Ermenold von Piesport 1770 zusammenstellte und der auch spätere Zusätze enthält (StAM H 128). S. auch die Aufschwörungslisten: StAM 96/919 (umfaßt die Jahre 1608–1800); 96/920 (Aufschwörungen aus den Jahren 1635–1736) u. a. Eine Analyse der Zusammensetzung des fuldischen Stiftskapitels in der Frühen Neuzeit beabsichtige ich demnächst vorzulegen.

die räumliche Nähe dem einheimischen Adel immer wieder informelle Einwirkungs-
möglichkeiten, die allerdings häufig nicht in dem Maße zum Tragen kamen, wie es von
den Rittern selbst hingestellt wurde[731].

Wichtigste Voraussetzung für die Wahl eines Kandidaten war dessen Zugehörigkeit
zum Kapitel, mit der der Empfang zumindest der niederen Weihen verbunden war. Die
nach Bischofsrecht maßgeblichen Kriterien für passives Wahlrecht: eheliche Geburt, ein
Alter von mindestens 30 Jahren, ein wenigstens sechsmonatiges Subdiakonat, akademi-
sche Ausbildung, kein Simonieverdacht, keinem anderen Erzbistum oder Bistum
vorzustehen und persönliche Würdigkeit[732], wurden dagegen nicht immer beachtet[733].

Entsprechend der Bedeutung des Amtes gestalteten sich Vorbereitung und Ablauf der
Wahl sehr repräsentativ[734]. Die Wahl bedurfte zunächst der Bestätigung durch den Papst
innerhalb von sechs Monaten. Damit war eine Zahlung an die päpstliche Kammer
verbunden, die sich in der ersten Hälfte des 16. Jahrhunderts auf 500 fl. belief. Dazu
kamen noch Zahlungen an die Prokuratoren, die die Wahlbestätigung befördern sollten;
diese lagen oft über den eben genannten 500 fl.[735].

Die Kurie bediente sich zur Meinungsbildung über den Gewählten eines Informativprozesses, d. h. sie befragte einen kleinen Kreis von päpstlichen Vertrauensleuten, die
mit den Vorgängen am Ort und der Person des Abtskandidaten allerdings nicht immer
sehr vertraut waren[736]. Ihren kirchenrechtlichen Abschluß fand die Neubestellung eines
Abtes/Bischofs in der Abts-/Bischofsweihe, die vom Mainzer Erzbischof als Metropoliten oder seinem Weihbischof vorgenommen wurde[737].

Erst im Anschluß an die päpstliche Konfirmation konnte die kaiserliche Bestätigung
erfolgen. Der Papst selbst teilte dem Kaiser seine positive Entscheidung mit und bat

---

731 Z. B. im Falle der Wahl Balthasars von Dernbach 1570. Hier, wie auch von anderen Wahlen,
behauptete die Ritterschaft, für die schließliche Entscheidung den Ausschlag gegeben zu haben.
Vgl. für 1570: SCHAFFRATH, Balthasar, S. 6 f. Zur generellen Behauptung der Ritterschaft vgl. ihre
diversen Stellungnahmen während der Auseinandersetzungen über ihre Landsässigkeit bzw.
Reichsunmittelbarkeit, z. B. die Antwort auf das vom stiftischen Anwalt am 8. Januar 1588 am
Reichskammergericht eingereichte Libell, aus dem gleichen Jahr, in: StAM 109/355 (Kop.).
732 S. SIMON, Verfassung, S. 27.
733 S. Anm. 730.
734 Vgl. z. B. die ausführliche und anschauliche Schilderung des äußeren Wahlablaufes 1788 bei
THOMAS, Domkapitel, S. 159–162, abgedruckt von SIMON, Verfassung, S. 29–31. S. auch die
diversen Wahlinstrumente, z. B. von 1757 und 1759, in: StAM 90b/450. Nach der Wahl wurden die
Äbte im 16. und beginnenden 17. Jahrhundert vor dem versammelten Volk auf den Hochaltar
gesetzt und nahmen die Huldigung von Kapitularen und Dienstleuten entgegen (s. dazu LEINWE-
BER, Hochstift, S. 26 f. mit Anm. 107; SCHAFFRATH, Balthasar, S. 7). Dieser Huldigungsvorgang ist
von der Land- und Erbhuldigung der Untertanen zu unterscheiden – letztere erfolgte erst im
Anschluß an die kaiserliche und päpstliche Bestätigung der Wahl.
735 So überwies Abt Philipp Schenck zu Schweinsberg 1541 dem Prokurator Jodocus Hüttfeller
1000 Goldgulden, von denen nur 100 als Besoldung des Anwalts gedacht waren; Abt Wolfgang von
Ussigheim zahlte dem Prokurator Ambrosius Gumpenberger gar 1500 fl. (s. StAM 90a/609: Von
der Bestätigung eines Abts zu Fulda. Zusammenstellung aus der Mitte des 16. Jahrhunderts).
736 S. dazu Anm. 726.
737 Zur Abtsweihe s. allgemein: HILPISCH, Entwicklung. Zur fuldischen Praxis im Mittelalter:
LÜBECK, Weihe. SCHAFFRATH, Balthasar, S. 45, führt Benedizierende und Benedizierte des 16. und
beginnenden 17. Jahrhunderts auf; s. daneben die Angaben bei RICHTER, Adelige Kapitulare,
passim.

darum, den Abt unter die Reichsfürsten aufzunehmen und ihm die Regalien zu verleihen. Kaiserliche Bestätigung und Regalieninvestitur waren wiederum mit nicht unerheblichen Ausgaben verbunden. Zwar wurden dem Abt in seiner Eigenschaft als Erzkanzler der Kaiserin[738] die von den Reichsfürsten ansonsten zu zahlenden offiziellen Abgaben erlassen, doch kam auch er nicht ohne »Handsalbungen« zu seinem Ziel[739]. Die Regalieninvestitur wurde meist nicht in Anwesenheit des Abtes vollzogen, vielmehr ordnete dieser – in Ansehung des Unterwürfigkeits-Charakters einer Belehnung – dazu Vertreter ab[740].

B. KOADJUTORIEN

Koadjutoren, d. h. Regierungsgehilfen des Abtes zu seinen Lebzeiten mit oder ohne Nachfolgerecht sowie zu seiner Nachfolge Bestimmte mit oder ohne Regierungsrechten, hat es in Fulda, entsprechend den kanonischen Vorschriften, d. h. den Reformstatuten des Konzils von Trient[741] – im Gegensatz zu anderen geistlichen Fürstentümern – nur in Ausnahmefällen und bei augenscheinlichem Nutzen für das Stift gegeben. Lediglich fünf Koadjutoren wurden vom 16. bis 18. Jahrhundert bestellt: Hartmann Burggraf von Kirchberg (1507, Abt 1513)[742], Johann III. Graf von Henneberg (1516, Antritt der

---

738 Zur Entstehung und Entwicklung dieses Ehrenvorrechtes vgl. THOMAS, Erzkanzleramt bei der Kaiserin, hs. Mskr. 1792; RÜBSAM, Abt von Fulda; STENGEL, Primat.
739 Vgl. die Angaben in: StAM 90b/609.
740 So 1550 die fuldischen Räte Jobst von Baumbach und Christoph von Ussigheim (StAM R Ia, 1550, Dez. 22), 1559 Dr. Christoph Welsingen und den fuldischen Rat Conrad Greulich (StAM R Ia, 1559 Juli 4; StAM 90b/444), 1566 Heinrich Hermann Schutzpar gen. Milchling und den fuldischen Rat Mag. Laurentius Lommesheim (StAM R Ia, 1566 April 22), 1570 die Räte Johann Klaur von Wohra und Georg Kornmann (StAM R Ia, 1570 Nov. 1), 1643 den Reichshofratsagenten Lucas Stupan (StAM 90a/331), 1649 die Wiener Agenten Hugo von Hallwig und Stupan (StAM 90b/447, 90b/452), 1659 Johann Heinrich Graf Nothafft und den Agenten Franz Meyer (StAM 90b/331, 90b/452), 1706 Johann Rudolf Frhr. von Ow, einen ehemaligen fuldischen Rat (StAM 90b/122), 1715 und 1726 den Agenten Hugo Edler von Heunisch (StAM 90b/122, 90b/405, 90b/404), 1739 Heunisch zusammen mit dem Komitialgesandten Georg Karl Frhr. von Karg zu Bebenburg (StAM 90b/405, 90b/443, 90b/445), 1747 den kaiserlichen Kammerherrn Theodor Frhr. von Hanxleden und den Agenten von Brée (StAM 90b/405), 1757 den kurmainzischen Kammerherrn Philipp von Knebel zu Katzenelnbogen und den Wiener Agenten Gottfried von Wallau (StAM 90b/448), 1764 Wallau und den kurmainzischen Kammerherrn sowie bambergischen und würzburgischen Geheimen Rat Johann Philipp Frhr. von Bibra (StAM 90b/450), 1767 Wallau und den würzburgischen Domherrn Franz Ludwig Frhr. von Erthal (StAM 90b/449, 90b/405) und 1791 den Reichshofratsagenten Georg Eugen (von) Stubenrauch (StAM 90b/446, 90b/405). Von diesen Abgeordneten waren Christoph von Ussigheim, Heinrich Hermann Schutzpar gen. Milchling, Johann Klaur von Wohra und Johann Philipp von Bibra Verwandte der jeweils regierenden und um Belehnung nachsuchenden Fürsten (Wolfgang von Ussigheim, Wolfgang Schutzpar gen. Milchling, Balthasar von Dernbach und Heinrich von Bibra). Belehnungen durch das Reich fanden häufig bei Reichstagen statt. Zum Zeremoniell, v. a. bei der letzten öffentlichen Belehnung 1566, s. STEINBERG.
741 In erster Linie hatten die Konzilsväter die Koadjutorie mit dem Recht der Nachfolge einschränken wollen; an eine völlige Beseitigung dieser Institution war nicht gedacht. Koadjutorien mit Nachfolgerecht sollten nur an Domkirchen und in Abteien erlaubt sein – und zwar lediglich dann, wenn eine *urgens necessitas* oder *evidens utilitas* bestand. Ausnahmen vom Gesetz unterlagen der Zustimmung durch den Papst. Vgl. REINHARDT, S. 115.
742 S. LEINWEBER, Hochstift, S. 24–26.

Koadjutorie 1521, Abt 1529)[743], Wolfgang Schutzpar gen. Milchling (1557, Abt 1558)[744] – alle drei übten während ihrer Koadjutorie volle Regierungsgewalt aus –, Johann Salentin Freiherr von Sintzig (1641, bei der Wahl am 28. Januar 1644 übergangen, Verzicht am 2. April 1644)[745] und Bernhard Gustav Markgraf von Baden-Durlach (1668, Abt 1671)[746], beide während ihrer Koadjutorie ohne Regierungsgewalt. Ernsthafte Pläne für eine Koadjutorie bestanden daneben in der zweiten Regierungsphase Abt Balthasars von Dernbach (1602–1606)[747]. Pläne zur Bestellung eines Koadjutors existierten auch 1549; sie verbanden sich mit der Person eines hessischen Prinzen, der das Stift auf »kaltem Wege« säkularisieren sollte[748].

Die Erhebung von Koadjutoren beruhte zum einen auf dem Wunsch regierender Äbte, ihre Nachfolger zu bestimmen[749], zum anderen aber auch auf politischen Erwägungen der Kapitulare, im Verein mit den übrigen Landständen, die einen starken Rückhalt in ihren Auseinandersetzungen mit dem regierenden Abt suchten[750], sowie auf dem Wunsch des Kaisers, Parteigänger auszuzeichnen und zu versorgen[751]. Für die Familien der Koadjutoren bzw. manche Koadjutoren selbst stand natürlich der Versorgungs- und Karrieregesichtspunkt an erster Stelle. Es handelte sich generell also mehr um politische Regelungen; kirchliche Aspekte blieben weitgehend ausgeklammert[752].

Die Koadjutor-Bestellungen waren in ihrem Verfahren der Bestellung eines regierenden Abtes angeglichen: das Kapitel fungierte als Wahlkörperschaft, die Wahl war von einer päpstlichen wie von der kaiserlichen Zustimmung abhängig. Sie unterschieden sich von den Abtswahlen dadurch, daß der Adjuvandus die Koadjutorie selbst betrieb oder um sein Einverständnis gebeten werden mußte. Die Zahl der Kandidaten hielt sich meist in Grenzen; die große Ausnahme bildet die Entscheidung von 1667/68[753].

---

743 S. S. 171–176.
744 HILPISCH, Fürstabt Wolfgang II.; HELMER, Wolfgang Schutzpar; RAMACKERS.
745 S. PHILIPPI, Sintzig; JÜRGENSMEIER, Schönborn und die Kurie, S. 48–50; StAM 90a/764.
746 RÜBSAM, Bernhard Gustav, S. 19–68.
747 S. dazu StAM 109/407. Auf Bitten des Kapitels und der Ritterschaft (!) interzedierte Erzherzog Maximilian, der Deutschordensmeister und ehemalige kaiserliche Administrator des Stifts Fulda, 1604 bei seinem kaiserlichen Bruder Rudolf II. gegen die geplante Koadjutorie (NOFLATSCHER, S. 248).
748 S. SCHULZ, Wilhelm IV., S. 135.
749 Im Falle Hartmanns von Kirchberg und Johann Salentins von Sintzig.
750 So im Falle Johanns III. von Henneberg, auf dessen Vater, Graf Wilhelm von Henneberg, sich viele Hoffnungen richteten. S. dazu S. 173.
751 Besonders auffällig bei Bernhard Gustav von Baden, weniger intensiv im Falle Hartmanns von Kirchberg und Johann Salentins von Sintzig.
752 Die Allgemeingültigkeit dieser Feststellung für die Bischofskirchen des Reiches sowie für einige der bedeutenderen nichtbischöflichen Kirchen hat kürzlich REINHARDT (Kontinuität) nachgewiesen.
753 Neben dem auf kaiserliche Intervention hin, gegen anfänglich stärkste Bedenken des Stiftskapitels, nominierten Bernhard-Gustav von Baden (zu den Widerständen im Kapitel vgl. neben RÜBSAM, Bernhard Gustav, S. 19–30, v. a. StAM 96/140, 96/141, 96/743, 96/744) hatten sich der fuldische Kapitular und Propst zu Petersberg, Odo von Riedheim, die Graue Eminenz im Kapitel – der, um seine Chancen zu verbessern, angeblich die Zügel der Ordensdisziplin schleifen ließ (vgl. JÜRGENSMEIER, Johann Philipp und die Kurie, S. 192; RÜBSAMS, auf dem Tagebuch Riedheims basierende Feststellung, daß dieser sich für die Koadjutorie Bernhard Gustavs einsetzte [Bernhard Gustav, S. 24], bedarf daher der Revision) –, ein Neffe des Fürstabts Joachim von Gravenegg, ein weiterer, namentlich nicht bekannter Kandidat und Johann Philipp von Schönborn, Erzbischof von Mainz, Bischof von Würzburg und Worms (vgl. MENTZ, II, S. 226f.; JÜRGENS-MEIER, Johann Philipp und die Kurie, S. 192f.), um die Koadjutorie bemüht.

Voraussetzungen für den Antritt der Koadjutorie waren im Falle Bernhard Gustavs von Baden-Durlach die Zugehörigkeit zum Benediktinerorden und zum Kloster Fulda sowie die Aufnahme in das Stiftskapitel[754]. Bei den anderen Koadjutoren wurden diese eigentlich verbindlichen und selbstverständlichen Maßstäbe nicht so streng angelegt, waren aber gleichwohl als Forderungen erhoben worden[755].

C. ADMINISTRATIONEN

Administrationen waren erforderlich, wenn Todesfälle oder besondere Umstände die Ausübung der Regierung durch den gewählten Abt (Bischof) nicht zuließen. Zwei Arten sind zu unterscheiden: Die sozusagen normale Administration war die zwischen Todesfall eines Abtes (Bischofs) und Wahl seines Nachfolgers liegende kapitularische Zwischenregierung, die vom Kapitel genutzt werden konnte, um Maßnahmen des ehemaligen Landesherrn zurückzunehmen oder abzuschwächen, besonders auch im personellen Bereich, bzw. um den künftigen Abt (Bischof) vor vollendete Tatsachen zu stellen – beide Möglichkeiten wurden vom Kapitel meist in bedeutendem Umfange

754 Bernhard Gustav wurde am 5. Oktober 1667, nachdem die Koadjutorfrage grundsätzlich entschieden war, eingekleidet und absolvierte das einjährige Noviziat im Kloster Petersberg bei Fulda. Er wurde schon vor Beendigung seines Noviziats Ende März 1668 zum Diakon und Priester geweiht, die Primizfeier war am 1. November 1668. Nur vier Wochen zuvor, am 7. Oktober 1668, hatte er das Ordensgelübde abgelegt, war in das Kapitel aufgenommen und zum Propst von Holzkirchen ernannt worden. Danach erst trat er offiziell die Koadjutorie an – der Papst hatte schon am 20. August 1668 die Übertragung dieses Amtes an ihn bestätigt. Vgl. Rübsam, Bernhard Gustav, S. 34–47.
755 Hartmann von Kirchberg, der gleichzeitig Domherr in Mainz war, legte die Mönchsprofeß erst drei Jahre nach seiner Annahme zum Koadjutor ab (26. März 1507 Koadjutor, 17. Februar 1510 Profeß); gleichzeitig mit der Profeß vollzog sein Eintritt in das Kapitel und die Übernahme der Propstei St. Michael in unmittelbarer Nähe des Hauptklosters (vgl. Leinweber, Hochstift, S. 25 f.). Johann III. von Henneberg, der in seiner Jugend immer wieder seine Abneigung gegen eine Ordenslaufbahn äußerte (vgl. Liederwald, S. 45), hat nie die Profeß abgelegt – auch nicht nach seinem Aufstieg zum Abt (Hilpisch, Fuldaer Fürstäbte. Johann III.). Am 20. Januar 1531 verpflichtete er sich zwar gegenüber dem Dechanten Philipp Schenck zu Schweinsberg, auf Freitag nach Aschermittwoch 1531 (= 20. Februar) Profeß zu tun, widrigenfalls das Kapitel berechtigt sein sollte, einen anderen Abt zu wählen (StAM R II Kapitel, 1531, Jan. 20), hielt aber dieses Versprechen offenkundig nicht ein. Wolfgang Schutzpar gen. Milchling gehörte dem Deutschen Orden an und hat »nie die Regel St. Benedikts geübt« (Hilpisch, Wolfgang Schutzpar, S. 102), er vollzog aber – päpstlicherseits am 13. Oktober 1557 gestattet (StAM R II Kapitel, 1557, Okt. 13) – den Übertritt in den Benediktinerorden. Johann Salentin von Sintzig, der auch Domdechant in Magdeburg, Dompropst in Speyer, Kapitular in Worms und Halberstadt war, versprach zwar, in den Benediktinerorden einzutreten, und er wurde auch erst nach Aufschwörung, Annahme des Habits und angetretenem Noviziat zum Koadjutor postuliert (der Postulationsakt wurde am 17. Januar 1641 in absentia vollzogen); er brach jedoch das Noviziat nach kurzer Zeit ab und wurde kein Ordensgeistlicher (Philippi, Sintzig, S. 2–8). Dies war u. a. ein Grund dafür, daß er bei der Abtswahl am 28. Januar 1644 – entgegen den ursprünglichen Absprachen – nicht berücksichtigt wurde. Entsprechend konnte ihm bei seiner Abfindung im Vertrag vom 2. April 1644 auch nicht die Propstei Holzkirchen als Propst, sondern nur als Administrator übertragen werden (Philippi, Sintzig, S. 20–22).

genutzt[756]. Die zweite Form der Administration war die sozusagen außerordentliche, die die Reaktion auf Krisen darstellte. Die Administratoren wurden für den weltlichen Bereich vom Reichsoberhaupt, für den geistlichen Bereich durch den Papst eingesetzt.

In den Frühen Neuzeit sind zwei derartige Fälle zu vermerken. Der bedeutsamste, der weit über die Grenzen des Territoriums hinaus Beachtung fand, Kaiser und Reich sowie die päpstliche Kurie in Anspruch nahm, war die Administration des Stiftes nach der Absetzung Fürstabt Balthasars von Dernbach durch den Würzburger Bischof Julius Echter von Mespelbrunn im Zusammenwirken mit der ständischen Opposition in Fulda (1576/77) und die danach folgende kaiserliche Administration (1577–1602). Letztere war von Kaiser Rudolf II. bis zur endgültigen Entscheidung über die Rechtmäßigkeit oder Unrechtmäßigkeit der Destitution Balthasars eingesetzt und dem Deutschordensmeister anvertraut worden[757]. Die zweite außerordentliche Administration entwickelte sich aus der strittigen Abtswahl des Jahres 1633 und wurde vom Nuntius Carafa angeordnet, bis eine Entscheidung der Kurie über den rechtmäßigen neuen Abt gefällt war[758].

Daneben ist auf das im Stadium der Überlegungen verbliebene Projekt einer dauernden Administration des Stifts Fulda durch einen Angehörigen des Hauses Habsburg zu verweisen. Dieses war von dem fuldischen Kanzler Dr. Wilhelm Ignatius Schütz, offenbar im Einvernehmen mit Fürstabt Joachim von Gravenegg, im Jahre 1660 propagiert worden, allem Anschein nach, ohne vorher das Terrain in Wien eingehend sondiert zu haben[759]. Die Motive des Paares waren dabei durchaus verschieden: Abt Joachim besaß in die Mitglieder des Kapitels kein Zutrauen und sah keinen unter ihnen, der ihm ein würdiger Nachfolger sein könnte. Schütz, der sich in Fulda zu diesem Zeitpunkt sehr stark isoliert hatte, erblickte eine Möglichkeit, das Ziel, seinen gesellschaftlichen Aufstieg neben der Nobilitierung durch den Erwerb des Schlosses Steinau abzustützen, auf diesem Wege doch noch verwirklichen zu können, nachdem der Fürstabt, und mit ihm wohl auch das Kapitel, dem Kauf dieses Schlosses nicht zugestimmt hatten.

Doch scheiterte das Ganze schon im Projektstadium. Obwohl Schütz bei vielen Kapitularen eingehend geworben hatte, sprachen sich diese in ihrer Mehrheit entschieden gegen das Vorhaben aus. Die damit verbundene Beschneidung ihres Abtswahlrechtes wollten sie ebensowenig hinnehmen wie die Verhinderung der Möglichkeit des eigenen politischen und sozialen Aufstiegs durch die Wahl zum Fürstabt und die durch das Amt gegebenen Versorgungsmöglichkeiten für die Familie. Dagegen wog es wenig, daß Schütz den jeweiligen Dechanten die Statthalterschaft in Aussicht stellte. Wenn man, so argumentierten die Kapitulare nicht zu Unrecht und gestützt durch das Gutachten

---

756 S. dazu die für das ausgehende 17. und das 18. Jahrhundert vorliegenden Akten der kapitularischen Zwischenregierungen: StAM 96/861 (26. Dezember 1677 bis 4. Januar 1678), 96/383 (22. Juni bis 1. Juli 1700), 96/384 (4. bis 19. Oktober 1714), 96/385 (13. März bis 8. April 1726), 96/386 (3. November bis 12. Dezember 1737), 96/389 (3. Dezember 1756 bis 17. Januar 1757), 96/390 (desgl.), 96/388 (16. September bis 22. Oktober 1759), 96/387 (25. September bis 18. November 1788); StAM Protokolle II Fulda, A 4, 3 Bände (1714, 1737, 1759).
757 Vgl. S. 47.
758 SCHANNAT, Historia, S. 281; RICHTER (Hg.), Schleichert, S. 1.
759 Vgl. StAM 96/741.

eines Unbekannten (möglicherweise des damaligen Syndikus des Kapitels), einen Statthalter aus dem Kapitel nehme und diesem die Regierungsverantwortung überlasse, warum sollte er diese nicht auch unter dem Titel eines Abtes ausüben können. Außerdem, wie stünde es um den Rückhalt durch das Haus Habsburg, wenn es einmal nicht mehr im Besitz der Kaiserkrone sei, und was würde bei einem Sturz der Habsburger mit dem Anhängsel Fulda geschehen?

Da das Projekt auch in Kreisen der weltlichen Regierung auf weitaus mehr Widerstand als auf Zustimmung stieß, war seine Weiterführung aussichtslos geworden. Unter dem allseitigen Druck sah sich Abt Joachim sogar veranlaßt, die Verantwortung dafür allein Schütz zu überlassen, der sie seinerseits leugnete und sich noch sechs Jahre später zu rechtfertigen suchte, dies allerdings mit derart schwachen Argumenten tat, daß an seiner verantwortlichen Rolle nicht zu zweifeln ist[760].

D. STATTHALTERSCHAFTEN

In Fällen längerer Abwesenheit des Landesherrn wurde die Regierungsverantwortung in die Hände von Statthaltern gelegt. Beispiele dafür finden sich vor allem im 16. Jahrhundert, als sowohl Fürstäbte als auch Administratoren zu diesem Instrument der Herrschaftsdelegation griffen. 1518 mußte die Statthalterschaft dem Abt Hartmann von Kirchberg von Kapitel und Ritterschaft allerdings abgerungen werden; in der Theorie war der am 23. April 1518 abgeschlossene Vergleich, der alle Einzelheiten der Statthalterschaft regelte, eine Herrschaftsdelegation, in der Praxis jedoch eine Herrschaftsentsetzung des Abtes[761]. In späteren Zeiten war der Regierungsapparat offenbar so eingespielt und auch verselbständigt, daß diese Maßnahmen überflüssig erschienen.

Unter den Statthaltern der Fürstäbte treten besonders Mitglieder des Stiftskapitels hervor[762], während die würzburgische Regierung in Fulda 1576/77 auf würzburgische Domherren zurückgriff[763]. Die kaiserlichen Administratoren aus dem Deutschen Orden, die sich in den Jahren 1577 bis 1602 durchgängig durch Statthalter vertreten ließen, bevorzugten für dieses Amt Angehörige ihres Ordens[764], berücksichtigten aber auch Mitglieder des Buchischen Adels, die als stiftische Räte tätig gewesen waren[765]. Im ganzen läßt sich sagen, daß die Statthalter besonders durch ihre Nähe zum jeweiligen Herrscher ausgezeichnet waren.

760 Vgl. seinen Brief an Fürstabt Joachim von Gravenegg vom 26. März 1666 (Orig.): StAM 96/742.
761 Ausführlich dazu S. 174.
762 So 1516–1522 Philipp Schenck zu Schweinsberg und Eberhard von Buches.
763 Neidhard von Thüngen und Wilhelm Schutzpar gen. Milchling (SCHANNAT, Historia, S. 271).
764 Es handelte sich im einzelnen um Johann von Gleichen (1577–1578), Johann von Hörde (1579), Johann Georg von Dachenhausen (1580), Adam von Klingelbach (1581), Johann Michael von Obentraut (1582), Johann Eustachius von Westernach (1583–1585), Ernst von Buseck gen. Münch (1597–1600), Ulrich von Stotzingen (1600–1602). S. NOFLATSCHER, S. 524, Anm. 132.
765 Johann Eustachius von Schlitz gen. von Görtz (1586–1597), Wilhelm Katzmann von Englis (1579–1602, Vizestatthalter).

Zweites Kapitel
Die Landstände des Stifts Fulda

Herrschaft im Territorium wurde nicht allein durch den Landesfürsten ausgeübt, Herrschaft über ein Territorium mußte sich, angesichts der Rechte privilegierter Personen oder Körperschaften, die das »politische Ständetum« darstellten[1], vielmehr im Zusammenwirken des Landesherrn mit den privilegierten Gruppen verwirklichen. Diese verfügten über Herrschaftsrechte im lokalen Bereich und konnten den Landesherrn an ihre Mitwirkung in bestimmten Landesangelegenheiten binden, sie ermöglichten auf der anderen Seite dem Landesherrn erst die vollständige Durchdringung seines Territoriums, den Aufbau des Territorialstaates, in dem sie dann selbst zurückgedrängt wurden.

Wenn die Landesherrschaft und Landeshoheit der fuldischen Äbte deutlichere Konturen, als die in der Auseinandersetzung mit dem Adel über den Geltungsbereich landesherrlicher Rechte sichtbar gewordenen, erfahren soll, so muß in der Folge die Bedeutung der Stände, danach auch die Funktion der fürstlichen Behörden herausgearbeitet und ihr Verhältnis zueinander bestimmt werden. Die ständische Partizipation[2], das Prinzip der anteiligen Herrschaftsausübung, bildete eine zweite Ebene der Herrschaftsverhältnisse im Territorialstaat. Sie soll verfolgt werden bis zu ihrer Überwindung durch die landesherrliche Seite, bis zur weitgehenden Monopolisierung der politischen Macht in der Hand der Landesherren.

Auch die fuldischen Stände – eingebettet in das Korporationswesen, das »ein grundlegendes Strukturelement in der Sozialordnung Alteuropas« darstellt[3] – grenzten einerseits die Macht der Landesherrn ein und banden sie an ihre eigenen Vorstellungen (durch Aktionen einzelner Stände wie im gemeinsamen Vorgehen), andererseits arbeiteten sie mit diesen immer wieder auch zusammen. Der letztgenannte Aspekt, den es bei aller Würdigung des Interessengegensatzes zwischen Landesherrn und Ständen in der nachfolgenden Untersuchung im Auge zu behalten gilt, ist von der bisherigen Ständeforschung[4] erst in jüngster Zeit gebührend beachtet worden. Die Fixierung auf

1 Der Begriff Stände umfaßt zweierlei: zum einen den Zusammenschluß von Personen, die ähnliche soziale, rechtliche, wirtschaftliche und kulturelle Interessen verbanden – »die Stände« allgemein –, zum anderen die politische Aktivität bestimmter Personen oder Gruppen, die zwar ebenfalls gleiche oder ähnlich gelagerte Interessen vertraten, die aber mit der ersten Gruppe nicht identisch sein mußten – das »politische Ständetum«, welches allein Gegenstand der nachfolgenden Ausführungen ist.
2 Zum Begriff und Inhalt von Partizipation als Kennzeichnung des Wirkens politischen Ständetums, in dem »nicht nur landständische, sondern auch andere Formen und Versuche der politischen Mitbestimmung sozialer Gruppen oder Schichten an der territorialen Herrschaft zu erfassen sind«, s. die Literaturdiskussion bei HAUPTMEYER, S. 7–36. Im folgenden wird unter Partizipation überwiegend die Mitwirkung der Landstände an der Herrschaftsausübung verstanden, sie dient aber auch zur Charakterisierung der mit landständischen Kriterien nur unvollkommen zu erfassenden Rolle des Stiftskapitels.
3 SCHINDLING, Reichstagsakten, S. 431.
4 Die Ständeforschung in Deutschland ist vor allem gekennzeichnet durch die Diskussion um den »dualistischen« Charakter des »Ständestaates« sowie um die Fragen der Vertretung des »Landes« durch die Stände und die »Leistungen« der Stände für den Auf- und Ausbau des Territorialstaates, namentlich durch die Werke von v. GIERKE, Deutsches Genossenschaftsrecht; v. BELOW, System;

einen Dualismus zwischen Fürst und Ständen hat den Blick darauf allzu häufig verstellt[5].

Gefragt wird im folgenden nach den Entstehungsgründen für die Landstände, nach ihrer Zusammensetzung, ihren Organisationsformen und ihren Beratungs- und Beschlußkompetenzen, auch nach ihrem inneren Gefüge, ihrem Zusammenwirken mit anderen Institutionen und den Einflußmöglichkeiten außerhalb ihres wichtigsten Organes, des Landtages.

I. Grundlagen landständischer Vertretungen

Wie in den meisten anderen Territorien des Reiches handelte es sich auch in Fulda bei der landständischen Organisation[6] um »ein zum Teil nur informelles, zunehmend geregeltes, in bestimmten Institutionen sich verfestigendes Zusammenwirken des Landesherrn mit den im Land gesessenen lokalen Herrschaftsträgern«[7]. Die Landstände dürfen nicht – aufgrund unzulässiger Übertragung von Verhältnissen des 19. und 20. Jahrhunderts auf frühere Epochen, unter der Folie des Staats- und Verfassungsbegriffs des 19. Jahrhunderts[8] und bei Beschränkung des Repräsentationbegriffes auf gewählte Parlamente, auf modern-demokratische oder auf konstitutionelle Verhältnisse

DERS., Landständische Verfassung; RACHFAHL, Dualistischer Ständestaat; DERS., Alte und neue Landesvertretung; DERS., Waren die Landstände eine Landesvertretung?; SPANGENBERG, Landesherrliche Verwaltung; DERS., Vom Lehenstaat; DERS., Typologie; DERS., Weltgeschichtliche Bedingungen (s. dazu OESTREICH, Ständestaat); BRUNNER, Land; NÄF, Epochen; DERS., Frühformen; HARTUNG, Herrschaftsverträge; CARSTEN, Princes; DERS., Deutsche Landstände; DERS., Ursachen; HELBIG, Wettinischer Ständestaat; DERS., Fürsten; GRUBE; zuletzt besonders durch die Arbeiten von OESTREICH, Ständetum; DERS. (gemeinsam mit AUERBACH), Ständische Verfassung; DERS., Vom Herrschaftsvertrag; DERS., Zur Vorgeschichte; GERHARD, Regionalismus; DERS., Probleme; DERS., Ständische Vertretungen; BOSL, Geschichte der Repräsentation; VIERHAUS, Land; DERS., Ständewesen; BLICKLE, Landschaften; DERS., Strukturprobleme; u. v. a. PRESS, Herrschaft; DERS., Steuern; DERS., Landschaft; DERS., Landtage; DERS., Landstände des 18. Jahrhunderts; DERS., Fürst und Stände; DERS., Landstände zwischen Rhein und Rhön; DERS., Formen; DERS., Vom »Ständestaat«. Einen Überblick über die Entwicklung der Forschung bis zur Mitte der siebziger Jahre vermitteln auch die Sammelbände: GERHARD (Hg.), Ständische Vertretung; RAUSCH (Hg.), Grundlagen der modernen Volksvertretung, Bd. 2; BOSL/MÖCKL (Hg.), Moderner Parlamentarismus. Skizzierungen der Forschungsentwicklung bei BIRTSCH; SCHINDLING, Reichstagsakten; PRESS, Herrschaft, S. 170–176. Versuch einer wissenschaftstheoretischen Modellbildung: PFREUNDSCHUH. Monographien über die Rolle der Landstände in den einzelnen Territorien werden in großer Vollständigkeit aufgeführt bei PRESS, Formen (Anmerkungsteil, S. 302–318); sowie in: Deutsche Verwaltungsgeschichte, Bd. 1 (einleitende Literaturzusammenstellungen zu den Einzelbeiträgen; s. auch S. 271, Anm. 6). Von neueren Arbeiten seien an dieser Stelle hervorgehoben: FRHR. V. ARETIN, Bayerns Weg; QUARTHAL, Landstände; PUTSCHÖGL; SEIDEL; V. REDEN, Landständische Verfassung; KLUETING, Landstände; DERS., Ständewesen; HAUPTMEYER; LANGE, Politische Privilegien; KAPPELHOFF, Absolutistisches Regiment; WALZ; HAHN, Struktur. Von der Ständeversammlung zum demokratischen Parlament.
5 Zu der Kritik an der bisherigen Forschung s. PRESS, Herrschaft, S. 170–176; vgl. auch SCHINDLING, Reichstagsakten, S. 428–432.
6 Der Terminus Landständische Organisation wird dem Begriff Landständische Verfassung vorgezogen, weil die Landstände nur einen Teil der gesamten Staatsverfassung bildeten. So argumentiert für Würzburg auch SCHUBERT, Landstände, S. 15.
7 V. REDEN-DOHNA, Landständische Verfassungen, Sp. 1578.
8 Der Staats- und Verfassungsbegriff des 19. Jahrhunderts setzte Staat und Gesellschaft einander gegenüber. Die Übertragung dieses Begriffs auf Mittelalter und Frühe Neuzeit ließ dort nach

– unter dem Aspekt der Repräsentation des ganzen Volkes betrachtet und an einem etwaigen Wirken als echte Volksvertretungen gemessen werden – letzteres konnten und wollten sie nicht leisten.

Doch kann der Begriff »Repräsentation« im Sinne der alteuropäischen, streng nach Geburt und Privilegien aufgebauten Gesellschaft, in der jedem Stand ein eigener Rechtskreis, jedem Angehörigen eines Standes – dem Adligen wie dem Bürger und Bauern oder dem Geistlichen – der innerhalb dieses Standes zum Leben notwendige Grad an Rechtsfähigkeit zugestanden war, durchaus gebraucht werden[9]. Man muß sich dabei vor allem die für die Gesellschaft Alteuropas grundlegende Zweiteilung in *societas civilis* und *societas domestica* vor Augen halten – und die Tatsache, daß nur die zur *societas civilis* gehörenden, mit einem zur Herrschaft über Personen berechtigenden Hause in einem Lande Ansässigen – die Besitzer adliger Güter, geistliche Körperschaften kraft ihrer Verfügungsgewalt über weltliche Besitzungen, die Inhaber des Bürgerrechts in den Städten – die Voraussetzung zur Teilhabe an der Herrschaft im Lande erfüllten und zur Landstandschaft berechtigt waren, während die Belange der *societas domestica* – der Untertanen des Landesherrn, der Hintersassen des Adels und der Nichtinhaber des Bürgerrechtes in den Städten – von den politischen Ständen allenfalls indirekt und nur so weit gewahrt wurden, wie sie sich mit deren eigenen Interessen deckten. Es läßt sich daher für die *societas civilis* durchaus von ständischer Repräsentation sprechen[10].

Mit der politischen Ordnung untrennbar verbunden war die wirtschaftliche und soziale Stellung der privilegierten Schichten – »die wirtschaftliche und soziale Ungleichheit (war) die tatsächliche Grundlage« des Ständewesens[11], Herrschaft über Personen der Ausgangspunkt allen politischen Ständetums.

Oben[12] wurden bereits einige allgemeine Grundlagen für die Ausbildung von Landständen kurz angesprochen; im Zusammenhang mit anderen Grundbedingungen sind sie hier kurz zu rekapitulieren.

Schon im Hochmittelalter war sichtbar geworden, daß ein »Land als Ganzes nicht nur durch die Person seines Landesherrn verkörpert wurde«[13]. Ein Reichsspruch vom 1. Mai 1231, der bereits bestehende Verhältnisse sanktionierte, band die Landesherrn in wichtigen Bereichen an Mitwirkung und Kontrolle führender Gruppen, indem er ihnen auferlegte, *constitutiones vel nova iura* nur mit Zustimmung *meliorum et maiorum terrae* zu erlassen[14]. Damit waren noch keine Landstände geschaffen, ihrer Entstehung aber vorgearbeitet[15].

Herrschern suchen, deren Souveränität im Sinne des Konstitutionalismus durch geschriebene Verfassungen und Parlamente eingeschränkt waren. Eine strukturelle Erfassung der mittelalterlichen und frühneuzeitlichen Gesellschaft war dadurch verhindert. Vgl. Böckenförde, Verfassungsgeschichtliche Forschung.

9 Hofmann, Repräsentation; Rausch, Repräsentation.
10 Zu diesem Begriff, zur außerordentlichen Vielschichtigkeit des Repräsentationsbegriffes überhaupt, s. die für die Ständegeschichte bedeutsamen Überlegungen von Griffiths.
11 Hintze, Typologie, S. 51.
12 S. S. 17–20.
13 Kroeschell, Deutsche Rechtsgeschichte, II, S. 183.
14 MGH, Constitutiones, II, Nr. 305, S. 420.
15 Die landständische Entwicklung unmittelbar und allein von diesem Reichsweistum abzuleiten, ist nicht zulässig. Wie richtig konstatiert worden ist, handelt es sich hier um ein »Problem der Territorialentwicklung, das nicht durch Berufung auf einen vereinzelt dastehenden Reichsspruch erklärt werden kann« (Schubert, Landstände, S. 13).

Von den Landtagen späterer Jahrhunderte sind diese Versammlungen der *meliores et maiores terrae* durchaus zu unterscheiden. Es handelte sich hier um Hoftage[16], Zusammenkünfte der Lehnsleute, in erster Linie im Herrschaftsgebiet eines Fürsten ansässige Mitglieder des niederen Adels, und der vornehmen geistlichen Würdenträger. Landtage wurden daraus erst, als auch die übrige Geistlichkeit und die Städte in dieses System eingebunden wurden, das damit den Rahmen des feudalen und aristokratischen Hofes verließ. Die Vasallen waren zur Hoffahrt, zur Unterstützung und auch Beratung ihres Herrn verpflichtet: Aus dem Lehensverhältnis erwuchs eine wechselseitige Beziehung zwischen dem Landesherrn und seinen adeligen Vasallen, derzufolge der Fürst Schutz und Schirm gewährte und die Adligen ihm dafür mit Rat und Hilfe, also durch Erbringung von militärischen und Steuerleistungen beistanden – die Politik des Landesherrn und seine Hofhaltung somit absicherten und finanziell unterstützten. Später leiteten die Adligen aus dieser Verpflichtung zur Hilfe ein Recht auf Landstandschaft ab. Die Hofversammlungen stellen somit eine Wurzel der späteren landständischen Organisation dar – der Hof war Ausgangspunkt für die Landstände wie für die fürstlichen Behörden.

Eine andere Wurzel liegt in den, reichsrechtlich zeitweise untersagten, Einungsbewegungen des späten Mittelalters[17]. Mit Hilfe dieser Bündnisse versuchten die privilegierten Korporationen, ihre hergebrachten Rechte und Freiheiten zu behaupten und, wenn möglich, sich neue Rechte anzueignen. Ihre Mitspracheforderungen blieben nun nicht mehr bei den Finanzierungsfragen stehen.

In geistlichen Wahlfürstentümern wie Fulda trat als vielleicht wichtigste Wurzel der landständischen Organisation zu den eben genannten Faktoren die Mitwirkung des Kapitels an verschiedenen Herrschaftsgeschäften. Das Recht der freien Wahl des Fürstabts, die in Fulda anfangs häufig nur Norm, nicht Realität war[18], die in der Benediktinerregel vorgeschriebene Anhörung bei wichtigen Fragen[19] und die in einem königlichen Rechtsspruch vom 12. Juli 1255 festgelegte Zustimmungspflicht zu Veräußerungen, um der Zersplitterung von Reichskirchengut entgegenzuwirken[20], ermöglichten dem Kapitel eine große Chance der Einflußnahme, die sich am deutlichsten in den Wahlkapitulationen niederschlug. Die Befugnisse des geistlichen Landesherrn waren von daher im Vergleich zu den weltlichen Fürsten stark beschränkt, er war mehr ein Verwalter, kontrollierbar und kontrolliert durch die Korporation des Kapitels, die Anteil am Besitz des Landes hatte[21].

Das Kapitel besaß somit eine ganz andere Qualität als die übrigen Landstände. In mancher Beziehung war es sogar der Landesherrschaft zuzurechnen, es hat sich in Fulda

---

16 Zur Parallelentwicklung auf Reichsebene – Hoftage als Vorläufer der Reichstage – s. Moraw, Versuch.
17 Art. 15 der Goldenen Bulle verbot den genossenschaftlichen Zusammenschluß des Adels (Zeumer, Quellensammlung, S. 205). Kaiser Sigismund gab dagegen 1422 der *Ritterschaft, überall in Teutschen Landen das Recht, dass sie sich miteinander verbinden und vereinigen sollen und mögen, wie sie das am besten zu seyn beduncken wird* (Burgermeister, Codex, I, S. 30f.). Zum Einungswesen s. Kulenkampff, Einungen Mindermächtiger Stände; Dies., Einungen und Reichsstandschaft.
18 S. dazu Grossart, S. 5f.
19 S. Erstes Kapitel Anm. 715.
20 MGH, Leges, II, S. 373.
21 S. dazu Grossart, S. 5f., 12f.

aber selbst meist als Vertreter des »Landes« gegenüber dem Fürstabt verstanden und die auf stärkere Beteiligung an der Herrschaft und auf vermehrte Kontrolle des Landesherrn abzielende ständische Bewegung getragen. Allerdings hat es auch ständische Funktionen in den Wahlkapitulationen absorbiert und dadurch die Ausbildung einer gesamtständischen Organisation behindert[22].

Letztlich aber ist das Entstehen einer landständischen Organisation nicht denkbar ohne den Territorialisierungsprozeß am Ausgang des Mittelalters, die vermehrten Forderungen des Landesherrn vor allem in finanzieller Hinsicht und die Notwendigkeit, sich beim Zugriff auf das grundsätzlich unantastbare Eigentum und Vermögen der dem Landesherrn nur mittelbar unterstehenden Untertanen durch Besteuerung der Zustimmung der Betroffenen resp. ihrer Vertreter zu versichern, aber auch nicht ohne die Reichssteuererhebungen des 16. Jahrhunderts – hier liegen die entscheidenden Antriebskräfte für die endgültige Ausformung einer organisierten Ständevertretung.

II. Die Vorläufer der landständischen Organisation im Stift Fulda

A. HOFTAGE

Entsprechend der Rolle des landesfürstlichen Hofes[23] als ursprüngliches Zentrum des Regierens und Herrschens im Territorialstaat[24] und der Tatsache, daß hier alle Beziehungsstränge eines Territoriums zusammenliefen, bot dieser auch im Stift Fulda einen ersten Ansatzpunkt für die Ausbildung ständischen Bewußtseins.

Da der fuldische Fürstabt als weltlicher Landesherr über eine beträchtliche Anzahl von Lehnsleuten verfügte, von denen nur wenige Mehrfachlehen besaßen, bildete sein Hof einen entscheidenden Bezugs-, ja Mittelpunkt für die adligen Vasallen – und Hoftage waren auch hier das Mittel der Kommunikation und des Interessenausgleiches zwischen dem Schutz und Schirm gewährenden Lehnsherrn und den zu Rat und Hilfe verpflichteten Lehnsleuten, zwischen dem Landesfürsten und den im Lande eingesessenen Herrschaftträgern, in der Terminologie Otto Brunners: zwischen »Herrschaft« und »Land«.

Während sich der fürstliche Hof des Mittelalters als Haushaltungssystem rekonstruieren läßt[25], sind aber die Hoftage mit ihren Belehnungen, mit dem Meinungsaustausch zwischen den verschiedenen Herrschaftträgern und mit ihren Entscheidungen über strittige Lehensangelegenheiten betreffenden Fragen schlecht dokumentiert[26].

---

22 Gleiches gilt für Würzburg. S. Schubert, Landstände, S. 185.
23 Mit dem Begriff »Fürstlicher Hof« verbindet sich zweierlei: einmal die Vorstellung vom Hof als Mittelpunkt des Lehnswesens mit seiner Herrschaft legitimierenden und Herrschaft absichernden Funktion, zum anderen die Rolle des Hofes als Versorgungssystem zur Befriedigung der materiellen Ansprüche der im Machtzentrum stehenden oder diesen zuarbeitenden Personen. Wenn im folgenden vom Hof die Rede ist, so wird darunter immer die erstgenannte Funktion verstanden.
24 Dies gegen Elias und v. Kruedener, die den Hof v. a. als Produkt des Absolutismus ansehen.
25 Vgl. Lübeck, Hofämter.
26 Beispiele nennt Schannat, Clientela (in der Übersetzung von G. Hofmann, S. 85f.).

B. EINUNGEN

Auch im Stift Fulda trat die landständische Bewegung nach außen deutlich sichtbar erst in Form von Einungen hervor – Einungen in unterschiedlichen Kombinationen, wie nachfolgende Übersicht verdeutlicht:

1380 (19. November): Ritter und drei Städte (Fulda, Vacha, Hammelburg)[27];

1382 (25. Januar): Ritter, Städte, Stiftskapitel und die übrigen Mitglieder klösterlicher Gemeinschaften[28];

1384 (10. August): Abt, fuldische Ritter, Ritterschaft des Stifts Hersfeld[29];

1386 (21. März): Geistlichkeit untereinander: Dechant, Amtsherrn und Konvent zu Fulda, Pröpste, Konvente und Dechanten der Klöster Frauenberg, Petersberg, Neuenberg, Johannesberg und Michaelsberg[30];

1387 (vor 22. Februar, erneuert 16. März): Abt, Mitglieder der Einung von 1386, Stadt Fulda[31];

1387 (12. März): Mitglieder der obigen Einung und würzburgische Städte und Bischof[32]; später Beitritt hessischer Städte[33].

Diesen Einungen lagen verschiedene Ursachen zugrunde. Zuerst genannt werden muß hier, daß der Fürstabt seine Aufgaben als Landesherr nach Meinung der Bündnispartner nur unzureichend erfüllte und das Interesse des Landes Gegenmaßnahmen erforderte. Das betraf zum einen die schlechte Verwaltung des Landes, die sich in einer Unzahl von Verpfändungen niederschlug[34] – bezeichnenderweise wurde im Gefolge der Einungen 1382 das schon in früheren Jahren (1334, 1339, 1370)[35] als probates Mittel zur Hilfe betrachtete Institut der Pflegschaft wiederbelebt (17. Januar 1382)[36]. Auch die Sorge für Friede und Recht gehört in diesen Zusammenhang, wie vor allem die Einungen mit Auswärtigen beweisen, die dem Schutz und der Aufrechterhaltung der Sicherheit dienten (1384, 1387) – aber das Landfriedensbedürfnis war meist nur ein untergeordnetes Antriebsmoment, vor allem für die ritterschaftliche Seite[37]. Wichtiger war den Einungsmitgliedern die Wahrung ihrer Rechte und Freiheiten – d. h. bevorrechteter Gerichtsstand und Abgabenfreiheit von Ungeld, Zoll, Bede, außerordentlichen Steuern[38] – vor Übergriffen des Fürstabts; so haben z. B. bei der Einung 1380 Eingriffe in die Zollfreiheit

---

27 Abdruck bei GROSSART, S. 91–93.
28 Abgedruckt bei GROSSART, S. 93–97. Zur Bewertung s. ebd., S. 71 f. (die Klassifizierung von Dechanten und Konventen der Nebenklöster als »übrige Geistlichkeit« ist unkorrekt, denn ausgenommen blieben die Mitglieder der Kollegiatstifter und andere Weltgeistliche).
29 SCHANNAT, Clientela, II (= Probatio Clientelae), Nr. 600, S. 366; GROSSART, S. 76.
30 Abdruck bei GROSSART, S. 98–101.
31 Abgedruckt bei GROSSART, S. 102–106.
32 KÜCH, Beiträge, S. 228; GROSSART, S. 79 mit Anm. 78.
33 GROSSART, S. 80.
34 Vgl. dazu GROSSART, S. 47–57.
35 S. dazu SCHANNAT, Historia, II, Nr. 185, S. 276–278; GROSSART, S. 51 f., 57.
36 SCHANNAT, Historia, II, Nr. 185, S. 276–278; GROSSART, S. 69–71.
37 S. die Räubereien des Einungsmitglieds Giso von Bienbach 1380 und 1381 (GROSSART, S. 68).
38 Zu diesen Formen der Abgaben s. GROSSART, S. 19–24.

der Ritterschaft und in deren Gerichtsbarkeit über ihre Hintersassen[39] sowie Aneignungen von Bürgergut durch den Fürstabt[40] eine entscheidende Rolle gespielt. Deutlich wird hier vor allem das Bestreben der Ritterschaft, eine uneingeschränkte Ausübung der Gerichtshoheit durch den Abt abzuwehren[41].

Die Einungen gaben jeweils vor, im Interesse des ganzen Territoriums geschlossen worden zu sein, sie waren aber reine Zweckbündnisse bevorzugter Korporationen. Die Teilnehmer verbanden sich zu gegenseitiger Freundschaft und Eintracht mit dem Ziel, Streitigkeiten untereinander und mit dritten Personen – unverhohlen wurde in den Fällen, in denen er nicht selbst an den Einungen beteiligt war, auf den Fürstabt angespielt – zu regeln. Der Einsatz von Waffen zur Konfliktbehebung war dabei nur in Ausnahmefällen vorgesehen, so in der Einung von 1387, die sich gegen Bedrohungen von außen richtete. Streitfragen, die vor dem Gericht des Fürstabts nicht in befriedigender Weise gelöst werden konnten, wurden zur Klärung einem ständischen Ausschuß anvertraut, der paritätisch besetzt war und dem ein Obmann präsidierte. Doch sollten sich die Zuständigkeiten dieses Ausschusses nicht nur auf die Austragsgerichtsbarkeit, sondern auf alle die Stände interessierenden Fragen beziehen, entsprechend dem 1380 von Rittern und Städten formulierten Grundsatz: *waz die zwelffe[42] erkentin oder der merteil, daz lande und lutin und was erlich nuecze und gut sie, darczu sullen sie unser mechtig sin[43]*. Behandelt werden sollten alle Fragen auf Einungstagen – Vorläufern der Landtage des 16. und 17. Jahrhunderts.

Wichtigste der ständischen Einungen im Stift Fulda war die von 1382, die im Anschluß an den Sturz des Fürstabts Konrad IV. und die Einsetzung einer Pflegschaft abgeschlossen wurde. Hier wurde zum einzigen Male eine vollständige Vertretung der bevorrechteten Gruppen des ganzen Territoriums erreicht – verständlich angesichts der Tragweite einer Abtsabsetzung! Ritter und (nunmehr) 4 Städte verbanden sich mit dem Stiftskapitel und der übrigen Geistlichkeit; ausgeschlossen blieb der Bauernstand, dem es in Fulda zu keinem Zeitpunkt gelang, seine Interessen im Rahmen des politischen Ständetums zu vertreten. Bedeutsam ist ferner, daß dem Ausschuß weitergehende Befugnisse als sonst zugebilligt wurden. Während 1380 für die Regelung von Streitigkeiten unter Einungsmitgliedern zunächst der Gerichtsweg und erst dann ein Einungstag mit der Bildung eines Schiedsgerichts oder ständischen Ausschusses vorgesehen war, wurde jetzt dieser

---

39 Vgl. den Sühnebrief nach Abschluß der Fehde zwischen Fürstabt Konrad IV. (1372–1383) und Landgraf Hermann II. von Hessen – letzterem hatte sich die fuldische Ritterschaft angeschlossen – vom 26. Juli 1380: in Auszügen abgedruckt bei SCHANNAT, Historia, II, Nr. 184, S. 275; ausgewertet von GROSSART, S. 63 f.

40 S. das schiedsrichterliche Urteil im Streit des Fürstabts mit den Städten vom 13. August 1381: StAM R Ia, 1381 Aug. 13; dazu: KÜCH, Beiträge, S. 223; GROSSART, S. 66. Die von GROSSART an erster Stelle genannte mögliche Überlegung, daß die Parteinahme des Abtes für das städtische Patriziat in dessen Kampf gegen die Zünfte die Städte zum Widerstand gegen den Abt bewogen haben könnte, verkennt die Tatsache, daß die handelnden Vertreter der Städte im Jahre 1380 eben Angehörige jener vom Abt gestützten städtischen Führungsschicht waren. Der patrizischem Einfluß unterliegende ständige, geschlossene Rat wurde erst 1384 aufgehoben; die Zünfte stellten in dem dann jährlich neu zu wählenden Rat die Mehrheit (vgl. HOHMANN, Zunftwesen, S. 17).

41 S. dazu auch oben S. 17–20.

42 D. h. der damals institutionalisierte Ausschuß, dessen Zusammensetzung und Zahl sich bei den folgenden Einungen jeweils veränderte.

43 GROSSART, S. 92.

Ausschuß gleich eingesetzt[44]. Dieses Gremium war als ständiger Ausschuß konzipiert. Seine Funktion als Schiedsgericht für die Einungsmitglieder sollte zurücktreten hinter die Aufgabe, sich auch mit anderen *gebrechen* zu befassen, die zu der Einung in irgendeiner Beziehung standen. Die Initiative für die Festlegung der weitreichenden Befugnisse des Ausschusses ging wohl hauptsächlich von der Ritterschaft aus, die sich so weit als möglich dem Einfluß der fürstlichen Gerichtsbarkeit zu entziehen trachtete[45]. Ihr späterer Rückzug aus der durch den Beitritt des Fürstabts im Kern veränderten Einungsbewegung weist ebenfalls in diese Richtung.

Das Einungswesen im Stift Fulda aber geriet sehr bald in eine Krise bzw. wurde für die Vertretung ständischer Interessen unzureichend und von daher überflüssig. Einmal gelang es Fürstabt Friedrich I. (1383–1395), die Einungen seinen Interessen dienstbar zu machen, indem er selbst mit den Ständen derartige Bündnisse einging – die Bedeutung von Austrägen für die Entwicklung der Gerichtshoheit des Abtes wurde ja oben bereits hervorgehoben[46]. Zum anderen wurden die Einungsbewegungen geschwächt durch die bald darauf einsetzende Abstinenz der Ritterschaft, die sich 1384 letztmals an einer Einung beteiligte. Dieser Rückzug der Ritterschaft hatte seinen Grund in dem Bedürfnis, sich der Gerichtsbarkeit des Abtes zu entziehen. Wenn nun der Abt selbst an den Einungen beteiligt war, dann war diese Eigenständigkeit gefährdet, dann geriet man in hohem Maße unter den Einfluß der fürstlichen Gerichtsbarkeit. Nur Geistlichkeit und Städte zeigten noch Interesse an Einungen. So verflachten die ständischen Aktivitäten immer mehr zu vom Fürstabt gesteuerten und kontrollierten Landfriedensbünden interterritorialen Charakters und endeten schließlich im vereinten Anschluß von Landesherr und Ständen an den kaiserlichen Landfrieden 1389[47].

Damit fand eine erste Phase in der ständischen Entwicklung ihren Abschluß, die durch das Institut der Einungen geprägt wurde. Diese waren die Form, in der die politischen Stände des Stifts Fulda ihre Rechte verteidigten und erstmals ihren Machtanspruch ausdrückten. Einmal traten sie dabei sogar geschlossen auf – was sich erst nach mehr als 100 Jahren wiederholen sollte. Sie gaben sich auch, ansatzweise und in beschränkter Form, eine Organisation: unabhängig vom Landesherrn zusammentretende Einungstage und Ausschüsse.

Von einer andauernden Wirkung der Einungen kann nicht gesprochen werden; dazu waren ihre Ziele in der Mehrzahl zu kurzfristig[48]. Doch muß man in ihnen ganz klar einen Ausgangspunkt der sich im 16. Jahrhundert ausbildenden landständischen Organisation sehen. Das Selbstgefühl der Stände, an der Regierung des Landes beteiligt werden zu müssen, bei Gefahr für das Land und die eigenen Privilegien einzuschreiten, brach sich in den Einungen Bahn. »Diese institutionalisierte Verbindung, die auch durch die Tradition der Hoftage gestärkt wurde, erwies sich als eine wichtige Voraussetzung für die politische Wirksamkeit der Landstände«[49]. Auch daß der Fürstabt sich an die Spitze

---

44 Er bestand aus den vier Mitgliedern der Ritterschaft und des Stiftskapitels, die bereits in der Pflegschaft vertreten waren, und drei städtischen Deputierten, die wiederum mit den Beratern der Pflegschaft identisch waren.
45 Vgl. KÖRNER, Kanton, S. 62; auch HOFEMANN, S. 187f.
46 S. S. 122–124.
47 Deutsche Reichstagsakten unter König Wenzel, hg. v. WEIZSÄCKER, II, S. 191.
48 Vgl. GROSSART, S. 80.
49 v. REDEN-DOHNA, Landständische Verfassungen, Sp. 1579.

der Einungen setzte, fand später eine Entsprechung: Er mußte, zur Deckung seines
Finanzbedarfes und zur Legitimation seiner Herrschaft, das Gespräch mit den Landständen suchen; er lud diese Stände zu den Landtagen.

C. DIE STATUTEN VON 1395 UND 1410

An die Stelle der ständischen Einungen traten bald wieder die auch schon früher vom
Stiftskapitel mit dem jeweils zur Wahl anstehenden Kandidaten für die Stellung eines
Fürstabts ausgehandelten Wahlkapitulationen, wobei es durchaus berechtigt ist, einen
Zusammenhang zwischen dem Rückgang der Einungsbewegung und der überragenden
Stellung des Stiftskapitels, die in den Wahlverträgen dokumentiert wird, zu sehen.
Diesem gelang es, sozusagen eine Alleinvertretung innerhalb der ständischen Gruppen
durchzusetzen – gestützt auf seine unzweifelhafte Legitimationsgrundlage als Abtswäh-
ler-Gremium und (nach Maßgabe der Benediktinerregel) Beratungsorgan des Abtes in
seiner Eigenschaft als geistliches Oberhaupt.
     Mittels dieser Vorrechte vermochte es die anderen Stände in ihrem Gewicht zurückzu-
drängen, verband aber gleichzeitig damit den Anspruch, im Namen des ganzen Landes
zu handeln. Diesem Anspruch muß es auch so entsprochen haben, daß sich die übrigen
Stände nicht zum Eingreifen veranlaßt sahen. Deren Passivität dürfte im übrigen auch
mit einem wirtschaftlichen Rückgang der Städte und damit verbundener Verschuldung
zusammenhängen[50]. Ebenso behinderten die ständigen Verpfändungen von Städten und
Ämtern korporative Zusammenschlüsse und gemeinsames politisches Vorgehen[51]. Die
Ritterschaft dagegen richtete ihr Hauptinteresse auf Unabhängigkeit vom Stift und
wahrte ihre Interessen auf dem Wege verwandtschaftlicher Beziehungen zum Stiftskapitel sowie über die Hoftage der Lehensträger. In den Wahlkapitulationen darf man
jedenfalls mit Recht neben Hoftagen und Einungen die dritte wichtige Voraussetzung für
die politische Wirksamkeit der Landstände in Fulda sehen.
     Das Fundament für den tiefgehenden Einfluß des Kapitels auf die Stiftsregierung, für
seine beanspruchte Funktion als »die maßgebende Instanz für alle Regierungsangelegenheiten«[52] bildeten die bis zum Ende des Fürstentums gültigen und von jedem Abt zu
beschwörenden »Alten Statuten«, die vom 1. September 1395 datieren[53] – eine Einung
des Stiftskapitels, die vor einer Neuwahl des Abtes geschlossen wurde. Sie stellten zwar
nicht die erste derartige Vereinbarung dar, wohl aber ihre ausgeprägteste Form. Schon
1353 hatten Dechant, Pröpste und andere Kapitulare nach dem Tod Heinrichs VI.
untereinander eine Einung geschlossen, in der sie *quasdam constitutiones, ordinationes
sive statuta* aufgerichtet hatten, zu deren Einhaltung sich der nachfolgende Abt
(Heinrich VII., 1353–1372) eidlich verpflichten mußte. Dieser aber ließ sich 1357 durch
den Mainzer Weihbischof und Generalvikar Albert von Buchelingen von seinem Eid
entbinden[54]. Ermöglicht wurden die weitreichenden Bestimmungen von 1395 durch die

---

50 Vgl. GROSSART, S. 82, Anm. 87.
51 LEINWEBER, Hochstift, S. 32.
52 GROSSART, S. 83.
53 Druck: RICHTER, Statuta, S. 1–12.
54 Teilabdruck: RICHTER, Statuta, S. XIV; s. auch GROSSART, S. 83.

Tatsache, daß sich damals zwei gleichermaßen aussichtsreiche Kandidaten den Abtsstuhl streitig machten: der spätere Abt Johann von Merlau (1395–1440) und der Stiftsdechant Karl von Bibra, ein einflußreicher, profilierter Mann[55].

Obwohl ein kirchlicher Vertrag, betreffen diese Statuten mehrheitlich den weltlichen Bereich[56]. Und – obwohl die Regelungen der rechtlichen Verhältnisse zwischen Abt und Kapitel einen Hauptinhalt bildeten, enthielten sie auch verbindliche Festlegungen für das Verhältnis zwischen dem Fürstabt und den übrigen Ständen. Das Kapitel handelte als Vertreter des ganzen Landes resp. der Landstände, wenn es festlegte: *Und wer herr würd und ist, der soll ritter, knecht und alle burger und stete, die zu dem stifte gehoren, getreulich schauren, schirmen und verantworten und bei guter gewonheit bleiben lassen, als das herkomen ist, on geverde*[57] – ebenso wie die Geistlichkeit, um deren Rechte es dem Kapitel ja vordringlich ging[58]. Die Stände erhielten in der Folgezeit denn auch von jedem neuen Landesherrn die Versicherung, ihre Rechte und Privilegien respektieren zu wollen. Diese Zusage wurde durch die Bestimmung abgesichert, daß andernfalls die Stände nicht zur Huldigung verpflichtet seien[59].

Das Kapitel beanspruchte – und sicherte sich – zugleich Mitwirkung an allen wichtigen Angelegenheiten des Landes. Zusätzlich zu dem in der Benediktinerregel festgelegten Rat des Kapitels in wichtigen Angelegenheiten (dem keine Verpflichtung des Abtes zur Befolgung entsprach), verlangte es die verbindliche Teilhabe an allen außen- und innenpolitischen Entscheidungen in folgender Gestalt: 1. Veräußerungen oder Verlehnungen von einzelnen Gütern wie ganzen Verwaltungsbezirken sollten an die Zustimmung des Kapitels gebunden sein. 2. *Wan ein abt ... zu reden oder zu thun hat umb sachen, dorinnen gelegen were der land, der stete, der burgen, der vesten frides, kriges oder fede, so soll er nehmen dorumb zu rath den dechant des grossen stifts und die probste der closter unser Frauenberges, S. Petersberg, S. Johannesberg und des Neuenberges, die fünf mit einander oder mehrer teil aus ihnen*[60], *und darnach iren rath halten on geverde*[61]. Vertreter des Kapitels sollten also ein Ratsgremium bilden, bei dem der Schwerpunkt der Regierungsverantwortung liegen sollte, das vor allem bei Entscheidungen über Krieg und Frieden zu Rate gezogen werden mußte. 3. In bezug auf Steuerleistungen wurden – wohl nicht ohne aktuelle Befürchtungen – als allgemeingültige Bestimmungen niedergelegt, daß der Abt Untertanen von Dechant und Kapitel nur mit Zustimmung ihrer Herren mit außerordentlichen Steuern (*viehebete, sture* oder andere *bete*) belasten durfte und daß die Verwendung dieser Gelder an Rat und Zustimmung der Kapitulare gebunden war[62] – Grundlagen landständischen Steuerbewilligungsrechtes. Gerade hier erlangte das Kapitel Zugeständnisse für seine Korporation, die – blieben sie

---

55 S. dazu GROSSART, S. 85f.; vgl. auch RICHTER, Statuta, S. XVI; LEINWEBER, Hochstift, S. 14.
56 Sie befinden sich damit in Übereinstimmung mit z. B. den bambergischen Wahlkapitulationen von 1328, 1398, 1422, 1457, 1475 (BACHMANN, S. 38f.).
57 § 7: RICHTER, Statuta, S. 4.
58 Vgl. §§ 5, 6, 15: RICHTER, Statuta, S. 4, 7.
59 § 25: RICHTER, Statuta, S. 12.
60 Es fällt auf, daß nur die in Fulda oder in unmittelbarer Nähe gesessenen Pröpste hinzugezogen werden sollen; die Pröpste von Blankenau, Thulba, Holzkirchen, Rohr, Allendorf, Höchst und Solnhofen bleiben ausgeschlossen. Allem Anschein nach bildeten »die Fünf« eine Art Ausschuß des Kapitels.
61 § 12: RICHTER, Statuta, S. 6.
62 § 16: RICHTER, Statuta, S. 7.

darauf beschränkt – auf Kosten der anderen Stände gehen mußten, in erster Linie der Städte, die unter den politischen Ständen die Hauptgeldquelle der Äbte bildeten. Wie andernorts auch, war ja die Städtepolitik der Fürstäbte Finanzpolitik; Ungeld, Zölle, Bede und viele andere außerordentliche Steuern bildeten ihre finanzielle Basis.

Die Verbindlichkeit aller Bestimmungen der Statuten wurde dadurch bekräftigt, daß sich der Abt im Schlußabschnitt verpflichtete, auf keinen Fall um Dispens von seinem Eid auf die Statuten durch den Papst oder andere kirchliche Würdenträger nachzusuchen – eine Vorbeugungsmaßnahme gegen eine Wiederholung der Vorgänge von 1357. Zusätzlich versicherte man sich gegen Verletzung der Abmachungen durch Pfänder[63].

Eine Ergänzung der »ständigen Wahlkapitulation« von 1395 bildeten die Statuten vom 25. Juli 1410[64]. Sie beschäftigten sich zum einen mit der Regelung der Besitzverhältnisse zwischen Abt und Kapitel und hoben die Trennungen in Abtsgut und Konventsgut und diejenigen innerhalb des Konventsgutes wieder auf, mit Ausnahme der Güter der Propstei Frauenberg und der drei Dörfer Horas, Niesig und Künzell, die dem Abtstisch zugeordnet wurden – eine Regelung der Besitzverhältnisse, die später wieder rückgängig gemacht wurde.

Daneben wurde aber das Verhältnis Fürstabt – Kapitel auch im politischen Bereich auf eine neue Ebene gehoben. Mehr noch als 1395 sicherte sich das Kapitel ein entscheidendes Mitspracherecht bei der Regierung und Verwaltung der Fürstabtei, indem es festlegte, daß alle politischen, rechtlichen und verfassungsmäßigen Angelegenheiten des Stiftes, einschließlich etwaiger Änderungen der Statuten, in der Kapitelsversammlung behandelt werden müßten: *Wir sint ouch überkumen, abe sich sache mechten, dy unsers stiftes herschaft, eptie, convent, probstie, closter, ampte, slosse, stete, dorfer, gerichte, rechte, friheide, gewonheit, land, lude, gute, ader waz sache daz weren, geistlich ader werntlich, ader ab wir zu rade wurden, dyse schrift zu meren und dy articel zu bessern unserm orden, stifte, lande und luten zu gute, daz doch mit rechte besteen solde, darumb sollten wir uns capitelich versamen und eyntrechtlich und gutlich uberkumen dem stifte zum besten*[65]. Von einer Einschränkung dieses Kreises auf bestimmte, in Fulda ständig oder überwiegend ansässige Kapitulare (sozusagen ein Ausschuß) wie 1395 ist nicht mehr die Rede. Aus der angeführten Textstelle aber kann man insgesamt schließen, daß die Kapitelsversammlung ebenso wie die Einungstage und die Hoftage das Vorbild für die späteren Landtage abgegeben hat[66]. Bemerkenswerterweise gingen im späten 17. und 18. Jahrhundert die Landtage in eben diesen, turnusmäßig viermal im Jahr abgehaltenen, Kapitelsitzungen wieder auf, nachdem diese Einrichtungen zuvor lange Zeit nebeneinander bestanden hatten. Die Kapitelsversammlung entschied über die anstehenden Fragen nicht nach dem reinen Mehrheitsprinzip, sondern nach dem der *sanior pars*; in besonders strittigen Fällen wurden noch zwei Geistliche und ein Obmann hinzugezogen[67].

Die Macht des Kapitels zeigt sich auch in den nachfolgenden Präzisierungen, daß alle Veränderungen von Stiftsbesitz der Genehmigung des Kapitels bedurften, daß die

63 Die ohnehin an das Kapitel verpfändeten Ämter Rockenstuhl/Geisa und Schildeck/Brückenau sollten bei Vertragsbruch an das Kapitel fallen: §§ 21–23: RICHTER, Statuta, S. 9 f.

64 Druck: GROSSART, S. 106–113 (deutsch), S. 113–119 (latein.); der Abdruck bei SCHANNAT, Historia, II, Nr. 197, S. 288 f. ist völlig ungenügend (s. dazu GROSSART, S. 87, Anm. 100).

65 GROSSART, S. 109.

66 Vgl. auch HOFEMANN, S. 214 f.

67 Vgl. GROSSART, S. 109.

Öffnung von Stiftsburgen dem Abt nur in Gemeinsamkeit mit Vertretern des Kapitels zustand, daß bei Sedisvakanz die gesamte Herrschaft beim Kapitel lag, daß Abtswahlen nach Herkommen und Recht durchgeführt werden sollten und bei strittigen Wahlen der *würdigste und meiste Teil* des Konvents den Ausschlag geben sollte[68].

Das Kapitel zementierte seine 1395 angemeldeten politischen Ansprüche – darin liegt vor allem die Bedeutung der Statuten von 1410, ungeachtet der Streitfrage, ob nun Kapitel oder Abt sich damals in einer stärkeren Stellung als 1395 befunden haben. Selbst wenn die Statuten in Einzelheiten hinter die Vereinbarungen von 1395 zurückgehen[69], so zeigt sich doch eine Anerkennung der ständischen Position, wird eine Stellung dokumentiert, hinter die in der Folgezeit nicht leicht zurückgegangen werden konnte. 1410 zeigte sich erstmals, daß 1395 eine Tradition begründet worden war, die auf Jahrhunderte für das politische Leben des Stifts Fulda prägend wirken sollte. Die Statuten sollten auch in Zukunft verbindlich sein, und zwar nicht nur für die Äbte und die Mitglieder des Kapitels, sondern auch für die Amtleute und Bürger, die alle darauf vereidigt wurden[70]. Diese Anerkennung und Fixierung der Machtverhältnisse um die Wende vom 14. zum 15. Jahrhundert brachte der ständischen Entwicklung in Fulda einen Vorsprung vor vielen weltlichen Territorien des Reiches ein, »in denen man sich häufig mit der Bestätigung von einzelnen Privilegien und Landtagsabschieden begnügte«[71].

In den Statuten von 1395 und 1410 wurden also sowohl die Rechtsbeziehungen zwischen Abt und Kapitel als geistlichen Herren als auch das Verhältnis des Landesherrn zu seinen Ständen geregelt. Von einer gesamtständischen Vertretung kann zwar noch keine Rede sein; dies verhinderte die machtpolitische und organisatorische Überlegenheit des Kapitels gegenüber den anderen Ständen. Dazu bedurfte es auch veränderter innenpolitischer Umstände, d. h. der Intensivierung des Territorialisierungsprozesses, eines Wandels der Staatlichkeit[72], sowie äußerer Anstöße seitens des Reiches, dessen Verfassungsentwicklung auch den Rahmen für die Verhältnisse im Stift Fulda abgab. Aber eine verfassungsmäßige Anerkennung und Festschreibung ständischer Rechte war doch gegeben und Ausgangspunkt für eine Entwicklung in Richtung auf eine landständische Organisation, eines sich in mehr oder weniger geregelten Formen abspielenden

---

68 Ebd., S. 110f.
69 Im Gegensatz zu GROSSART (S. 89), der in den Statuten von 1410 einen Ausbau der Position des Kapitels gegenüber 1395 sieht, erblicke ich – mit HOFEMANN (S. 210) und LEINWEBER (Hochstift, S. 15f.) – positive Veränderungen für Abt Johann darin, daß die Verleihung der geistlichen wie weltlichen Lehen ihm vorbehalten blieb, wobei die Hoflehen nach seinem Willen allein, die übrigen weltlichen Lehen nur mit Rat und Wissen, nicht mehr mit Zustimmung des Kapitels vergeben werden sollten. Die geistlichen Lehen dagegen sollten nach monatlich wechselndem Turnus einmal dem Willen des Abtes, sodann den Vorstellungen des Kapitels entsprechend ausgegeben werden. Die Erklärungsmöglichkeiten, die LEINWEBER (S. 16) für das Einlenken des Kapitels in diesen Fragen anbietet, überzeugen allerdings nicht restlos: die wachsenden hessischen Einflußnahmebestrebungen (s. dazu WEBER, Vordringen, S. 76) mußten nicht notwendig zu einer Stärkung der Macht des Abtes führen, ebensowenig wie die geglückten Versuche des Würzburger Bischofs 1402 und 1406, seine Lehenshoheit über Gersfeld durchzusetzen (vgl. dazu HOFEMANN, S. 165f.; LUCKHARD, Herren von Schneeberg, S. 63–67; DERS., »Oberes Schloß«, S. 115). Wesentlicher scheint in diesem Zusammenhang, daß es Fürstabt Johann durch die Gründung der Rittergesellschaft vom Luchse 1409 gelungen war, außenpolitische Sicherungen zu erlangen, u. a. durch den Beitritt des Erzbischofs von Mainz 1410 (s. dazu LANDAU, Rittergesellschaften, S. 94).
70 GROSSART, S. 112.
71 HOFEMANN, S. 215.
72 Vgl. auch die Entwicklung in Würzburg. SCHUBERT, Landstände, S. 14.

gemeinsamen Handelns von Fürstabt und politischen Ständen in den wichtigen Fragen des Landes. Das 1395 und 1410 begründete Verhältnis zwischen Fürstabt und Kapitel zielte jedenfalls weniger auf einen Dualismus als vielmehr auf Zusammenarbeit aller durch Herrschaftsrechte – unterschiedlichen Gewichtes – ausgezeichneten Personen und Personengruppen. Diese Tradition wurde, trotz einiger Rückschläge, im Laufe der nächsten Jahrhunderte fortgesetzt.

III. Die Entstehung der landständischen Organisation

A. DIE ENTWICKLUNG IM 15. JAHRHUNDERT

Das 16. Jahrhundert ist in Fulda die Zeit, in der die Stände in vereintem Vorgehen ihre größte Aktivität entfalteten, in der die gesamtständische Organisation ihre Ausformung erhielt; aus dem 15. Jahrhundert hingegen gibt es keine Hinweise darauf, daß die Stände in ihrer Gesamtheit oder einzeln, mit Ausnahme des Kapitels, ähnlich stark in das politische Leben des Stiftes eingegriffen hätten – allerdings wurden wichtige Grundlagen für die Herausbildung der landständischen Organisation im 16. Jahrhundert gerade in diesem 15. Jahrhundert gelegt.

Über lange Strecken genügte dem Kapitel wohl die durch die Statuten verbürgte Einflußnahme auf die Politik des Stiftes, die sich, trotz unleugbarer Negativentwicklungen, besonders in den Jahren 1419, 1426/27, 1465 bis 1471[73], nicht allzuweit von den Absichten des Kapitels entfernt haben dürfte. Andererseits dürften äußere Faktoren in vielen Fällen ein selbständiges Wirken des Kapitels verhindert haben. Letzteres könnte bei der Bestellung Hermanns von Buchenau zum Koadjutor 1419 und bei der Wahl desselben zum Fürstabt 1440 der Fall gewesen sein; beide Male wird massiver Einfluß des Erzbischofs von Mainz sichtbar, der in seiner territorialpolitischen Auseinandersetzung mit der Landgrafschaft Hessen in Fulda einen Bundesgenossen suchte – und fand[74]. In diese Richtung deutet auch, daß ein Teil der fuldischen Untertanen dem Koadjutor bis zum Vertrag vom 1. November 1426, der Abt und Koadjutor die gleichen Rechte und den gleichen Besitz einräumte, nicht gehuldigt hatte[75]. Dies war offensichtlich die Form passiven Widerstandes, den ein Teil des Kapitels und vielleicht auch der Ritterschaft einschlug – angesichts der Übermacht der anderen Seite.

Dagegen zeigte sich das Kapitel mit der Übertragung der Stiftshauptmannsstelle an Graf Johann von Henneberg 1469, dessen Koadjutorbestellung 1471/72 und der Koadjutorie Hartmanns von Kirchberg 1507 einverstanden[76], auch wenn es an der Richtigkeit seiner Entscheidungen schnell Zweifel bekam. 1471 z. B. besannen sich die Kapitulare wieder eines anderen und fochten die Koadjutorie Johanns von Henneberg an, weil dieser sich gegen Verkaufsgeschäfte des Kapitels sperrte und größeres Gewicht

---

73 S. dazu die nachfolgenden Ausführungen.
74 Vgl. LEINWEBER, Hochstift, S. 16, 18; zur Auseinandersetzung zwischen Mainz und Hessen, die das Stift Fulda schwer belastete, s. AUENER.
75 Vgl. AUENER, S. 131 f.; LEINWEBER, Hochstift, S. 17.
76 S. dazu SCHANNAT, Historia, II, Nr. 226, 227, 229, S. 316–320; RÜBSAM (Hg.), Chronik, S. 221; LEINWEBER, Hochstift, S. 20 f., 24.

auf mönchische Disziplin legen wollte[77]. Dies lief eindeutig auf eine Beschneidung der Macht des Kapitels hinaus – die Verweisung auf die geistlichen Aufgaben hatte die Einschränkung seiner politischen Rechte zum Ziel. In den nachfolgenden Verhandlungen vor dem päpstlichen Legaten Kardinal Francesco Todescini-Piccolomini im November 1471 in Würzburg mußte das Kapitel einlenken[78]. Aus der Argumentation des Koadjutors Johann erhellt, daß seine Wahl eine eminent politische war, für die man hennebergischerseits durch militärische Unterstützung des Stifts in dessen Fehde mit den Riedesel zu Eisenbach und deren erfolgreiche Beendigung eine hohe Vorleistung erbracht hatte. Ein Herrscher seines Zuschnitts, mit dem Gewicht seines Hauses im Rücken, war in der Lage, den Einfluß des Kapitels zurückzudrängen.

Obwohl Johanns Regierungszeit eine ausgesprochen friedliche war und finanzielle Anspannungen ausblieben, die zu Zerwürfnissen mit dem Kapitel hätten führen können, der Abt sogar daran gehen konnte, einige der so zahlreichen verpfändeten Güter oder zumindest Pfandteile von der Ritterschaft wieder einzulösen[79], zeigen sich doch auch ganz deutlich die schon unter seinen Vorgängern Hermann von Buchenau (1440–1449) und Reinhard von Weilnau (1449–1472) angebahnten Entwicklungen – die Intensivierung, ja der qualitative Umschlag der Landesherrschaft mit dem Ziel der Heranziehung aller im Stift Gesessenen zu umfassenden finanziellen Leistungen und der damit verbundene Auf- und Ausbau einer Behördenorganisation. Dieser Prozeß, der auch und gerade die Ritterschaft tangierte, konnte allerdings auf Dauer nicht ohne Reaktion bleiben.

Die Ritter hatten lange auf die Karte der Unabhängigkeit vom Fürstabt gesetzt. An einer ständischen Vertretung gegenüber der Landesherrschaft war ihnen – ähnlich wie der Ritterschaft im Erzstift Mainz[80] – wenig gelegen, weil sie Steuerfreiheiten und einen bevorzugten Gerichtsstand im sogenannten Paradiesgericht[81] hatten. Ihre Fehden und Auseinandersetzungen mit dem Stift auch noch nach der Mitte des 15. Jahrhunderts[82] sind deshalb ebenso wie die partielle Verweigerung des Gemeinen Pfennigs 1495[83] noch nicht im Sinne ständischer Mitsprachebestrebungen zu deuten, sondern als Versuche, sich der offensiven Landesherrschaft zu entziehen und eine weitgehende Selbständigkeit und Unabhängigkeit – ablesbar vor allem an der Frage der Gerichtsbarkeit und der Besteuerung – zu bewahren[84]. Von Erfolg gekrönt waren diese Bestrebungen allerdings nur in wenigen Fällen. Deutlich sichtbar wird das Einlenken großer Teile des Adels u. a. in der Praxis der Schiedsgerichtsbarkeit[85].

Erst als große Teile der Ritterschaft in den Auseinandersetzungen mit dem Stift zum Einlenken gezwungen und in den werdenden Territorialstaat eingebunden worden waren, der Abt ihre lokalen Herrschaftsrechte zu übergehen suchte, beanspruchten sie politische Mitspracherechte – erst zu diesem Zeitpunkt wurde für sie die Frage einer gemeinsamen Interessenvertretung aller Stände wieder akut. Jetzt, da sie nicht mehr in

77 Vgl. Leinweber, Hochstift, S. 20.
78 S. dazu Hausmann, S. 91–95; Leinweber, Hochstift, S. 21.
79 S. dazu Leinweber, Hochstift, S. 22 f.
80 Vgl. Helbig, Fürsten, (in: Rausch [Hg.], Grundlagen), S. 143.
81 S. oben S. 16–19 sowie Grossart, S. 39.
82 Beispiele bei Leinweber, Hochstift, S. 18 f.
83 S. dazu ausführlicher S. 27 f.
84 Gleiches läßt sich auch im Hochstift Würzburg beobachten. S. Tausendpfund.
85 S. oben S. 19 f.

weiten Bereichen neben dem Fürstabt, sondern nach dessen Willen eindeutig unter ihm stehen sollten, mußten sie sich um eine angemessene Teilhabe und Kontrolle seiner Herrschaft bemühen. Besonders schmerzlich war für die Ritterschaft die Einschränkung der Fehde, die als legitimes Mittel der Rechtswahrung betrachtet wurde[86].

Die dritte ständische Gruppierung, die Städte, deren Handlungsspielraum ohnehin durch starke Abhängigkeit vom Fürstabt geprägt war, war im 15. Jahrhundert durch dauernde Verpfändungen[87] an der Entfaltung eigenständiger politischer Aktivitäten gehindert und gewann erst zu Beginn des 16. Jahrhunderts mehr Handlungsfreiheit.

Die Ausführungen über die Entwicklung im 15. Jahrhundert verdeutlichen, daß erst der qualitative Umschlag in der Landesherrschaft den Aufbau einer landständischen Organisation in die Wege leitete. Hoftage, Einungen, Wahlkapitulationen und Kapitelsversammlungen – sie bildeten die Anknüpfungspunkte für die landständische Organisation, Initiatoren sind sie nicht gewesen. Zur Herausbildung der landständischen Organisation trugen neben den finanziellen Anforderungen der Landesherrschaft die Reichssteuerforderungen des 16. Jahrhunderts und die in den Reichsabschieden festgeschriebene Möglichkeit der Abwälzung dieser Steuern auf die Untertanen einen erheblichen Teil bei. Auch das politische Ständetum erfuhr dadurch einen qualitativen Umschlag: von den früheren Erscheinungsformen, die sich als »Herrschaftsverträge« umschreiben lassen[88], kam es zur (begrenzten) ständischen Mitwirkung an der Herrschaftsausübung.

B. STATIONEN DES AUFSTIEGS DER LANDSTÄNDE

Gegen ihre Einbindung in den werdenden Territorialstaat hatten sich die Ritter im Laufe des 15. Jahrhunderts weniger als Korporation, vielmehr in erster Linie als Einzelpersonen bzw. -familien gewehrt. Aus ihrem Widerstand leiteten sie keine politischen Mitspracherechte bei der Ausübung der Landes»herrschaft« ab. Zu Beginn des 16. Jahrhunderts wurde dies anders. Am Anfang stand noch die traditionelle Form einer Einung im Jahre 1510, doch nur wenige Jahre später sollte die Ritterschaft, in Reaktion auf zwei schwere Herrschaftskrisen – ausgelöst durch die expansive Außenpolitik des Koadjutors bzw. Fürstabts Hartmann von Kirchberg sowie durch die Bauernerhebung 1525 –, im gemeinsamen Handeln mit Stiftskapitel und Städten die landständische Bewegung vorantreiben, und erst durch ihre Mitwirkung sollten sich die Ansätze ständischer Vertretung aus dem 14. und 15. Jahrhundert zur Ausformung einer landständischen Organisation verdichten.

86 S. dazu Brunner, Land, S. 41–110. Bezeichnenderweise wird in der Einung der fuldischen Ritterschaft von 1510 das Fehderecht nach wie vor vorausgesetzt (s. S. 167). Ob daneben die oft behauptete These vom wirtschaftlichen Niedergang des niederen Adels auch für die fuldische Ritterschaft zutrifft, darf bezweifelt werden. Die vielen Verpfändungen stiftischer Ämter an einheimische Adelsfamilien bis in das 16. Jahrhundert hinein (s. Hofemann, passim) legen eigentlich das Gegenteil nahe. Zweifel an der Richtigkeit der These auch bei Press, Karl V., S. 9. Zur wirtschaftlichen Situation des niederen Adels s. Endres, Wirtschaftliche Grundlagen.
87 Fulda, Hünfeld, Geisa, Lauterbach und Brückenau waren an Mainz und Hessen verpfändet und wurden z. T. erst zu Beginn des 16. Jahrhunderts wieder eingelöst. S. dazu Hofemann, S. 206 f.
88 Näf, Herrschaftsverträge, S. 40.

1. Ritterschaftliche Einung 1510

Die Einung vom 12. August 1510[89] richtete sich zwar auch gegen den Landesherrn, war aber in ihrem Kern defensiv – ein korporativer Zusammenschluß zur Regelung innerer Angelegenheiten, zur Abwehr äußerer Gefahren und zur Behauptung von Sonderinteressen; eine Mitwirkung an der Herrschaftsausübung oder gar eine Änderung der Herrschaftsspitze war nicht beabsichtigt. Man versicherte sich des gegenseitigen Schutzes (*getreulich rat, hülfe und beistand*), vor allem bei Befehdung durch Mächtige – dies konnte auch der Fürstabt sein – und bei rechtmäßigen Fehden mit kleineren Herren oder Standesgenossen, nicht jedoch bei unrechtmäßigen Fehden. Diese Bestimmung lief zwar dem allgemeinen Landfriedensgebot von 1495[90] zuwider; man muß sich aber vor Augen halten, daß die Ritter seit alters in der Fehde ein rechtmäßiges Instrument gegen Übergriffe durch andere sahen.

Unter Umgehung des zuständigen obersten Landesgerichts (Hofgericht) in Fulda beharrte man auch auf der in den beiden vorangegangenen Jahrhunderten erreichten weitgehenden Unabhängigkeit von der Gerichtshoheit des Fürstabts, indem die Regelung von Streitfällen einem Schiedsgericht, besetzt mit einem Obmann und vier *gekorenen*, anvertraut wurde. Aus deren Zuständigkeitsbereich ausgeklammert blieben allein Lehens- und Burgfriedenssachen (§ 3)[91].

In der Bestellung eines Obmannes[92] und vier beigeordneter Ritterräte, die vornehmlich als Richter in den Schiedsgerichtsverfahren zu fungieren hatten[93], im Aufbau einer ritterschaftlichen Organisation also – unter der Leitung besonders angesehener Personen, welche die Einhaltung und Durchführung der Vertragsbestimmungen und den Zusammenhalt der Mitglieder garantieren sollten – liegt eine wesentliche Bedeutung dieser Einung[94]. Mit der Bestellung eines Vierer-Gremiums knüpfte man dabei an die Regelung des Simplicius-Ordens von 1492 an, die dem Vorsitzenden jener Gesellschaft, dem Oberkustos, ein Kollegium von vier Rittern als Beratungs- und Kontrollorgan zur Seite gestellt hatte[95]. Die Auswahl der führenden Personen 1510 und deren Dienstverbindungen mit dem Stift Fulda[96] dokumentieren eindeutig, daß die Brücken zum Stift keineswegs abgebrochen wurden.

89 Druck: MADER, III, S. 105–109. StAM 109/440 (Kop.). S. dazu auch TEUNER, S. 49–52, 239–241 (hier sind die Einungsmitglieder – in nicht immer korrekter bzw. unmißverständlicher Form – aufgeführt), sowie oben S. 28.
90 ZEUMER (Hg.), Quellensammlung, Nr. 173, S. 281–284.
91 Der Ablauf des Schiedsverfahrens war folgendermaßen geregelt: Nachdem eine der streitenden Parteien oder auch beide den Obmann über Gründe und Ausmaß ihrer Auseinandersetzung informiert hatten, bestimmte dieser einen Verhandlungstag, an dem beide Seiten teilnehmen und zur Sache aussagen mußten. Obmann und Gekorene sollten versuchen, einen gütlichen Vergleich herbeizuführen. War dies nicht möglich, so hatten sie zwei weitere unparteiische Ritter hinzuzuziehen, die bei den folgenden Verhandlungsterminen beratend zur Seite stehen sollten. Gekorene und Unparteiische fällten schließlich durch Mehrheitsbeschluß eine endgültige Entscheidung, an die die streitenden Parteien gebunden waren (§ 3).
92 Ritter Konrad von Mansbach, 1481–1486 fuldischer Hofmarschall und Rat, dann hessischer Rat, Hofmarschall und Hofmeister, zu dieser Zeit Mitglied der hessischen Zentralregierung.
93 Hans von (Ebersberg gen. von) Weyhers d. Ä.; Hans von der Tann, 1511–1514 fuldischer Hofmarschall und Rat; Ulrich von Hutten, seit 1494 fuldischer Amtmann des Gerichts Herolz, auch Rat von Haus aus; Simon von Schlitz gen. von Görtz.
94 TEUNER, S. 50.
95 S. oben S. 28.
96 S. Anm. 92, 93.

Die Leitung an der Spitze der Einung wechselte jährlich: Bei der Jahresversammlung am Bonifatiustag (5. Juni) hatte der Obmann sein Amt zur Verfügung zu stellen; aus dem Kreis der vier Ritterräte wurde einer zum neuen Obmann gewählt. Für ihn rückte ein anderes Einungsmitglied in die freigewordene Ratsstelle ein. Die Wahl war verpflichtend und konnte nicht abgelehnt werden.

Zur Bestreitung der anfallenden Unkosten überantwortete jedes Mitglied dem Obmann einen Gulden; bei Erfordernis konnte dieser im Verein mit den vier Gekorenen »Zuschläge« festsetzen. Über die Verwendung der Gelder mußte er am Ende seiner Amtszeit Rechenschaft ablegen (§ 2). In der Regel wollten die Ritter, die diese Einung auf fünf Jahre befristeten (§ 10), einmal jährlich – am Bonifatiustag – zusammentreten; es gab allerdings auch die Möglichkeit außerordentlicher Zusammenkünfte (§ 2).

Von einer Abwehr gegen Steueransprüche der Herrschaft ist in der Einung keine Rede. Die Ritterschaft selbst hatte erst sieben Wochen vorher, am 28. Juni 1510, in einer durch Graf Wilhelm von Henneberg vermittelten Abrede mit Fürstabt Johann demonstriert, daß sie sich gegen herkömmliche, geringfügige Abgaben nicht zu sperren gedachte. Man hatte dem Koadjutor Hartmann nämlich eine Viehbede der ritterschaftlichen Untertanen von allen Orten, von denen sie auch Abt Johann bei seiner ersten Ankunft im Stift erhalten hatte, zur Ausbringung der päpstlichen Konfirmation bewilligt. Allerdings sollte Hartmann bei Antritt der alleinigen Regierung nach Johanns Tod keine neue Viehbede zugestanden werden[97].

2. Herrschaftskrisen 1516 bis 1521 und 1525

Wie bereits mehrfach angedeutet, führte eine schwere Herrschaftskrise dann die Ritterschaft gemeinsam mit den anderen Ständen in die Offensive. Der Koadjutor, seit 1513 Fürstabt Hartmann Burggraf von Kirchberg, ein Mann mit großen Fähigkeiten und von hohem Ansehen, aber auch mit einem die Substanz des kleinen Stifts Fulda überfordernden Ehrgeiz, hatte – das Anerbieten des der Stadt Hersfeld in einem Streit vor dem Reichskammergericht unterlegenen hersfeldischen Abtes Volpert Riedesel von Bellersheim geschickt aufgreifend[98] – die Inkorporation dieser Abtei in das Stift Fulda betrieben. Nach zwei Jahren trugen – dank ausgezeichneter Verbindungen zum päpstlichen wie zum kaiserlichen Hofe[99], verbunden mit finanzieller Freigiebigkeit[100] – seine intensiven Bemühungen Früchte: Am 6. Mai 1513 stellte Papst Leo X. die Inkorporationsbulle aus[101], und am 15. Dezember des gleichen Jahres wurde Hartmann von Kaiser Maximilian I. in Augsburg mit der Abtei Hersfeld belehnt[102]. Die beiden Kapitel wurden

97 Vgl. StAM K 438 (Fuldaer Kopiar XIV), Nr. 311, S. 902 f.; s. auch StAM 90b/1178.
98 S. StAM R Ia, 1511 März 9.
99 In Rom machte sich besonders der aus Fulda stammende Sollizitator der apostolischen Briefe und päpstliche Familiare Johann Fabri (zu seiner Person s. RICHTER, Fabri) – der auch ein berüchtigter Pfründenjäger war (s. die Nachweise bei LEINWEBER, Hochstift, S. 157, Anm. 143) – um die Belange Hartmanns verdient (vgl. KALKOFF, Reichsabtei, 222 f., Anm. 2). Auch mit dem Kreis der Räte Kaiser Maximilians I. stand Hartmann als ehemaliger Assessor am kaiserlichen Kammergericht in Nürnberg (AVEMANN, S. 237) in guten Beziehungen, die ihm noch nach seiner Absetzung als Abt von Nutzen sein sollten (KALKOFF, S. 254).
100 KALKOFF, S. 222.
101 SCHANNAT, Historia, II, Nr. 248, S. 347.
102 KALKOFF, S. 223.

vereinigt, der ehemalige Hersfelder Abt und mehrere Pröpste wurden mit Fuldaer Propsteien entschädigt[103]. Doch hatte sich Hartmann in mehreren Punkten verrechnet. Daß die Hersfelder Bürger Widerstand leisteten, wog dabei weniger schwer, als daß die Landgrafschaft Hessen – seit 1432 im Besitz der Vogtei über das Stift Hersfeld und diese Vogtei als Ansatzpunkt für eine allmähliche Einverleibung des Stifts in das hessische Territorium betrachtend[104] – sich durch diesen Schritt herausgefordert sehen und reagieren mußte[105].

Noch kritischer für Hartmanns Stellung in seinem Territorium wurde aber die Haltung des Kapitels und der Ritterschaft, die ihre anfangs uneingeschränkte Unterstützung und Absicherung seines Vorgehens schon bald aufgaben. Dem Kapitel mißfiel vor allem, daß der Abt nicht nur Steuergelder[106], sondern auch die von seinem Vorgänger Johann von Henneberg zur Einlösung verpfändeter Besitzungen bestimmten Ersparnisse in Höhe von 9000 fl.[107] für seine Unternehmungen[108] sowie für eine extensive Hofhaltung[109] benutzte. Auch die Ritterschaft fürchtete das finanzielle und politische Risiko; der Versicherung Abt Hartmanns, daß die Inkorporation vor allem die Erhaltung der Vorherrschaft und die Versorgung des heimischen Adels zum Ziel gehabt habe[110], wollte sie keinen rechten Glauben schenken.

Trotz seines erneuten Eintritts in das Mainzer Domkapitel (er erlangte zum dritten Male ein Kanonikat) und des dadurch gesicherten Rückhaltes, den er durch Übernahme von diplomatischen Missionen zu verstärken suchte[111], trotz der Verknüpfung der mainzischen Interessen, die eine Stärkung des hessischen Einflusses im Grenzgebiet zu ihren thüringischen Besitzungen nicht erlaubten, mit seiner Sache, konnte sich Abt Hartmann dem Druck von Adel und Kapitel nicht entziehen. Nach seinem eigenen Bericht[112] hat er daher, nachdem Landgräfin Anna von Hessen die fuldische Ritterschaft und die Städte eingeladen und den Abt wegen seines Übergriffes angeklagt hatte, durch seinen Statthalter in Fulda Ritterschaft und Städte seinerseits zu einer Zusammenkunft

103 Rübsam, Chronik, S. 225; Kalkoff, S. 224.
104 Vgl. Ziegler, Territorium, S. 34.
105 Dies tat Landgräfin Anna, die Mutter Philipps des Großmütigen denn auch, nachdem sie im März und April 1514 die Anerkennung ihrer vormundschaftlichen Regierung für den jungen Philipp erlangt, die alte Regentengruppe um den Landhofmeister Ludwig von Boyneburg gestürzt und die Obervormundschaft des Kurfürsten Friedrich des Weisen von Sachsen und des Herzogs Georg des Bärtigen von Sachsen aufgekündigt hatte (s. dazu Glagau, S. 119–142). Die vorher – wohl infolge der guten Beziehungen Boyneburgs zur stiftfuldischen Ritterschaft (s. Glagau, S. 125; Kalkoff, S. 245) – betriebene Politik der Tolerierung bzw. des Abwartens wich einer tatkräftigen hessischen Intervention (Einzelheiten bei Rübsam, Chronik, S. 224f.; Kalkoff, S. 70, 72).
106 Amrhein, Reformationsgeschichtliche Mitteilungen, S. 111.
107 Schannat, Historia, II, Nr. 247, S. 346.
108 Rübsam, Chronik, S. 227.
109 Amrhein, Mitteilungen, S. 110.
110 Schannat, Historia, II, Nr. 249, S. 351; Kalkoff, S. 227f.
111 So unternahm er u. a. im Dezember 1514 an der Spitze einer Gesandtschaft, zu der auch der fuldische Rat von Haus aus Ulrich von Hutten, der Vater des gleichnamigen Dichters, gehörte, eine Reise nach Erfurt, um dort die mainzischen Hoheitsrechte gegenüber dem sächsischen Kurfürsten zu festigen. Sein fast halbjähriger Aufenthalt zeitigte allerdings keine größeren Erfolge. Vgl. seinen Bericht, abgedruckt bei Richter, Gesandtschaftsbericht, S. 29–32; ausgewertet von Kalkoff, S. 230f.
112 Avemann, S. 242: Brief an seinen Vetter Georg von Kirchberg, Mittwoch nach Reminiscere 1515.

Anfang März 1515 beschreiben lassen, die schon Kalkoff als »Landtag« klassifizierte[113]. An dieser Zusammenkunft nahmen auch mainzische Räte teil, die die Sache des abwesenden Abtes vertreten sollten.

Leider liegen über den Verlauf dieser Tagung keine näheren Informationen vor; so viel aber ist sicher, daß dem Versuch des Abtes, sich seiner Stände zu versichern, kein Erfolg beschieden war. Kapitel und weltliche Stände rangen ihm in der Folgezeit nicht nur die Zustimmung zu einem (ergebnislos verlaufenden) Vergleichstag mit der Landgräfin Anna in Vacha unter dem Vorsitz des Grafen Wilhelm von Henneberg ab[114], sondern zwangen ihn auch, sich im März 1516[115] einem Landtag zu stellen, auf dem er Rechenschaft über seine Herrschaftsführung und -verwaltung und über sein Finanzgebaren ablegen sollte.

Bei dieser Zusammenkunft waren Kapitel, Ritterschaft und Städte vertreten[116]. Es war dies der erste bekannte Landtag mit einer Beteiligung der drei Stände, die das Erscheinungsbild der Landtage in der Folgezeit prägen sollten – und die Initiative zu dieser Versammlung war, dies ist singulär, von ihnen ausgegangen. Der Ablauf des Landtages hat, obwohl die Quellen gedruckt vorliegen, bisher kaum Beachtung gefunden. Er soll im folgenden zur Verdeutlichung der ständischen Anliegen und der ständischen Kontrolle und Mitwirkung an der Herrschaftsausübung kurz dargestellt werden.

Nach der Darstellung der Stände waren sie verunsichert durch die gefährlichen Verwicklungen Hartmanns mit Hessen[117] und mit Graf Wilhelm von Henneberg, auch durch seine Passivität in der Fehde des Ritters Hektor von Mörle gen. Böhm, eines Bruders des fuldischen Kapitulars Franco von Mörle, mit den sächsischen Ernestinern[118], den zu unterstützen der Abt den Rittern und den Kapitularen untersagt hatte –

113 KALKOFF, S. 233.
114 Ebd.
115 TEUNER, S. 52 f., verlegt diesen Landtag fälschlicherweise in das Jahr 1517, weil er das angebliche Abfassungsjahr der Rechtfertigungsschrift Abt Hartmanns von SCHANNAT (Historia, II, S. 352; s. dazu Anm. 116) als Jahr der Ereignisse annimmt – KALKOFFS und AMRHEINS Darlegungen, aus denen er seinen Irrtum hätte erkennen können, hat er nicht zur Kenntnis genommen.
116 Aus der Verwendung des Ausdrucks Mönche durch Abt Hartmann – von dem im Rahmen seiner Rechtfertigungsschrift an Kaiser Karl V. aus dem Jahre 1520 (abgedruckt bei SCHANNAT, Historia, II, Nr. 251, S. 352–355; Schannats Datierung in das Jahr 1517 ist unrichtig, vgl. KALKOFF, S. 236, Anm. 1) ein ausführlicher, natürlich subjektiver Bericht stammt – kann nicht geschlossen werden, daß neben Kapitularen auch Vertreter der übrigen Geistlichkeit anwesend waren, daß also schon hier, wie im 17. Jahrhundert zeitweilig der Fall, die Geistlichkeit in zwei Kurien auftrat; vielmehr läßt sich aus dem übrigen Sprachgebrauch des Abtes eindeutig erkennen, daß er mit dieser Bezeichnung nur die ausschließlich adligen Mitglieder des Stiftskapitels meinte. Auch läßt die einmal benutzte Wendung mein Ritterschaft, Stete und Landschaft keinen Rückschluß darauf zu, daß bäuerliche Vertreter am Landtag teilgenommen hätten, weil ansonsten immer nur Kapitel, Ritterschaft und Städte erwähnt werden. In der übrigen Überlieferung zu diesem Landtag – einem aussagekräftigen Protokoll einer Werbung von Abgesandten der fuldischen Stände (Melchior Küchenmeister zu Gamberg, Propst zu Johannesberg, und Ulrich von Hutten, Rat von Haus aus, der der Begleiter Hartmanns von Kirchberg bei der Erfurter Mission gewesen war) vor dem würzburgischen Domkapitel am 2. April 1516 (abgedruckt bei AMRHEIN, Mitteilungen, S. 109–112) sowie einer gedrängten Darstellung der Vorgänge in der Chronik des Apollo von Vilbel (RÜBSAM, Chronik, S. 227 f.) – fehlen auch Hinweise auf die Beteiligung bürgerlicher Geistlicher und bäuerlicher Vertreter ebenfalls gänzlich.
117 Dann was er mit Hersfeld getan: Dadurch werden sie, Gemeinden, brennt, gefangen und verderbt: zwang sie die not dessen dauon zu handeln (AMRHEIN, Mitteilungen, S. 110).
118 Zu dieser Fehde s. KALKOFF, S. 236–238.

was nach Hartmanns eigenen Darlegungen ausschlaggebend für die Opposition der Stände gewesen ist[119]. Dazu kamen Probleme mit dem *gemeinen mann*, die leider in der Quelle nicht ausgeführt werden[120]. Zur Klärung dieser Fragen hätten sie den Abt durch den Erzbischof von Mainz um die Ausschreibung eines Landtages gebeten. Der aber lehnte ab; daher waren sie gezwungen, die Ausschreibung selbst vorzunehmen. Vergeblich versuchte der Abt, unter Hinweis auf das nur ihm zukommende Einberufungsrecht[121], die ständische Zusammenkunft zu unterbinden. Mit Ausnahme von Hammelburg mißachteten alle Städte sein Verbot, den Landtag zu besuchen; und auch das Kapitel ließ sich von seiner Weisung, in keine Verhandlungen einzutreten, nicht beeindrucken. Nachdem er sich lange Zeit verweigert hatte, gab sich der Abt, dem mainzische und würzburgische Räte ihren Beistand versichert hatten, nach eigenen Worten mit der Zusage zufrieden, daß *zu dem Tage wider mein Person nichts, sondern was allein dem Stift zu Ehren, Nutzen und Wolfahrt reiche, gehandelt werden* solle[122]. Gerade diese Formulierung erlaubte den Ständen aber, die sie drängenden Probleme, welche mit der Person Hartmanns untrennbar verbunden waren, anzuschneiden – die Unterstützung, besser: Kontrolle des Abtes durch einen Koadjutor und die Finanzlage des Stiftes.

Während sich in Hartmanns Selbstdarstellung kein Wort von Verhandlungen über einen Koadjutor findet, bildet diese Frage in der Schilderung der anderen Seite den Kernpunkt: Der Abt habe, in Anwesenheit der Stände, den mainzischen und würzburgischen Räten eröffnet, er könne dem Stift nicht vorstehen, er benötige dazu einen Beistand. Den hinzukommenden Kapitularen habe er das gleiche gestanden und hinzugefügt, daß er sich deswegen an den Kaiser wenden wolle. Die Kapitulare befürworteten dies im Interesse des Stiftes natürlich sofort, präsentierten gleichzeitig auch einen Kandidaten für die Koadjutorie, Johann von Henneberg, den damals dreizehnjährigen Sohn des Grafen Wilhelm[123]. Letzterer war, so geht aus dem Zusammenhang hervor, persönlich anwesend und führte die Verhandlungen für seinen Sohn. Diese Gespräche müssen, folgt man der Darstellung der Stände, sehr weit gediehen sein. Abt Hartmann habe dem Kapitel eine Verschreibung ausgestellt – wohl des Inhalts, daß er sich unter gewissen Bedingungen zugunsten eines Koadjutors zurückziehen wolle. Seine Wohnung sollte er in Mainz nehmen, gleichzeitig den Fürstentitel behalten. Als Entschädigung wurden ihm Geld und die Einkünfte der Kellerei zu Hammelburg in Aussicht gestellt; jedoch ergaben sich dabei Differenzen zwischen dem Abt, der 800 fl. jährlich verlangte, und dem Henneberger, die eine Einigung vorerst verhinderten[124].

Natürlich konnte auch in der Beurteilung der Ausgabenpolitik des Fürstabts keine Übereinstimmung erzielt werden. Die Stände waren ungehalten über die aufwendige Hof- und Lebenshaltung, personifiziert in einem allzu großen Anhang, einer Geliebten[125] und einem landfremden Hofmarschall aus Schwaben[126], der im Stift seßhaft

119 In einem Brief an seinen Vetter Georg Burggraf von Kirchberg am 10. Mai 1516: Avemann, S. 242.
120 S. Amrhein, Mitteilungen, S. 109.
121 Schannat, Historia, II, Nr. 251, S. 353.
122 Ebd. (Zeichensetzung von mir modernisiert).
123 Zu ihm s. Stück; Meyer, Haltung; zuletzt: Henning, Gefürstete Grafschaft, passim. Zur Person Johanns zusammenfassend: Henning, S. 22–26.
124 Amrhein, Mitteilungen, S. 110.
125 *Hab auch ein Frauenzimmer gehabt, das ungehört* (ebd.).
126 Es handelte sich um Rudolf von Weiblingen.

werden wolle[127]. Die letztere Klage verrät deutlich auch die Furcht vor einer Überfremdung und einem damit verbundenen Verlust an eigenem Einfluß. In die gleiche Richtung weist der Vorwurf, der Fürstabt habe bei der Wahl seines Kanzlers[128] keine glückliche Hand bewiesen[129]. Nicht nur der leichtfertige Umgang des Fürstabts mit den Finanzen erregte also Anstoß, sondern auch seine Personalpolitik. Sicherlich wäre es verfehlt, der Sorge über mangelnde Präsenz am Hof und in der Regierung, um Aufrechterhaltung des Indigenats, die gleiche Bedeutung wie der Sorge um geregelte Finanzverhältnisse zuzumessen, aber von der Hand zu weisen ist sie nicht. Nicht von ungefähr stand der ehemalige Hofmarschall Hans von der Tann in der vordersten Reihe der Abtsgegner[130].

Die Befürchtungen vor einer Überfremdung zielten dabei vor allem auf Hessen, denn die Angegriffenen hatten zuvor in hesssischen Diensten gestanden, verfügten nach wie vor über gute Beziehungen dahin und kehrten nicht zufällig später wieder in hessische Dienste zurück[131]. Die Tatsache, daß der Fürstabt die Ausgaben für seinen Hofstaat nicht aus eigenen Mitteln abdecken konnte, verdeutlicht andererseits auch die Bedeutung des Hofes als Verwaltungsorgan sowie seine Belebung als Repräsentationsinstrument – einem neuen territorialfürstlichen Selbstverständnis wurde durch gesteigerten höfischen Aufwand Ausdruck verliehen.

Obwohl die Stände bestritten, eine Rechnungslegung des Fürstabts verlangt zu haben[132], ist an einer solchen Forderung nicht zu zweifeln; das erhellt nicht nur aus Abt Hartmanns Darlegungen, sondern auch aus den ständischen Ausführungen über den weiteren Verlauf des Landtages. Demnach verlangten die Stände genaue Auskunft über den Barbestand und die Vorräte bei Kellereien und Ämtern, vor allem über die von Abt Johann II. hinterlassenen und zweckgebundenen Ersparnisse. Hartmann versuchte, dieser Forderung durch den Hinweis zu begegnen, er sei weder durch kaiserliche noch durch päpstliche Bestimmungen dazu verpflichtet, und habe auch durch seine Amtsführung keinen Anlaß zu einem solchen Ansinnen gegeben, da er seit seinem Regierungsantritt für das Stift nur Verbesserungen erreicht und nichts davon versetzt oder veräußert habe[133]. Er mußte aber eingestehen, daß er die Ersparnisse seines Vorgängers angegriffen hatte. Da ihm das Kapitel kurz nach seinem Regierungsantritt 350 fl. zugeschossen und wenig später 2000 fl. Steuern bewilligt hatte, war es darüber besonders empört[134].

In die Enge getrieben entzog sich Hartmann in der Nacht zum 9. März 1516 der Verantwortung durch die Flucht nach Hammelburg[135]. Von dort und später von Mainz aus eröffnete er eine diplomatische Offensive gegen die ungehorsamen Stände: Verständigung mit der Landgräfin Anna durch Auslieferung der päpstlichen Inkorporationsbulle und Verzicht auf die Hersfelder Abtei zugunsten Ludwigs von Hanstein[136],

---

127 Amrhein, Mitteilungen, S. 110.
128 Es handelte sich um Antonius Alberti.
129 Amrhein, Mitteilungen, S. 111.
130 Zu seinen Aktivitäten nach der Flucht Hartmanns s. Kalkoff, S. 242, 251.
131 S. Gundlach, III, S. 4f., 290. Demandt, Personenstaat, Nr. 16, S. 6f., Nr. 3189, S. 906–908.
132 Amrhein, Mitteilungen, S. 110.
133 Vgl. Schannat, Historia, II, Nr. 251, S. 353.
134 Amrhein, Mitteilungen, S. 111.
135 Die Umstände seiner Flucht werden von beiden Parteien relativ ausführlich geschildert: s. Schannat, Historia, II, Nr. 251, S. 354; Amrhein, Mitteilungen, S. 111.
136 StAM R Ia, 1516 März 25.

Einschaltung des Mainzer Erzbischofs und vor allem des dortigen Domkapitels, in dem er sich Gehör zu verschaffen wußte. Zeitweilig wurde es ihm sogar möglich, Hessen und Mainz bei ihren Vermittlungsversuchen zwischen dem Abt und seinen Ständen gegeneinander auszuspielen. Beide Herrscher waren auf seiner Seite, da für sie einmal die Sicherung von Herrschaftsrechten über der Berechtigung der Sache stand, wohl auch weil man sich bei dem Ansehen Hartmanns im Reich einen Erfolg der Stände kaum vorstellen konnte, und weil man daher drittens das Ziel der Wahrung bzw. Ausweitung des eigenen Einflusses in Fulda in seiner Person am ehesten gewährleistet sah[137]. Das bewog auch das mainzische Domkapitel dazu, einen Abt, über dessen Fehler bei der Herrschaftausübung man nicht im unklaren sein konnte, zu unterstützen. Doch weder diese Rückendeckung noch die Einschaltung des Kaisers und der Reichsbehörden halfen Hartmann, die Auseinandersetzung mit seinen Ständen siegreich zu gestalten.

Die Stände waren auch ihrerseits in die Offensive gegangen. Nachdem ein von Mainz vermittelter Vergleichstag zu Aschaffenburg ergebnislos verlaufen war[138], einigte sich das Kapitel am 16. August 1516 mit dem Grafen Wilhelm von Henneberg dahingehend, daß es für den Fall des Rücktritts oder des Todes von Abt Hartmann Wilhelms Sohn Johann zum Nachfolger wählen wolle[139]. Dabei handelte das Kapitel keineswegs allein aus eigenem Antrieb, sondern, wie der Vertragstext eindeutig ausweist, mit Rat und Wissen der Ritterschaft und der Städte; auch bestätigte Graf Wilhelm die Abmachung nicht etwa dem Kapitel, sondern den *stenden*. Deutlicher läßt sich deren Zusammenhalt in dieser Sache nicht dokumentieren. Angesichts der oben geschilderten Unterstützung für Abt Hartmann durch Mainz und Hessen, zu der sich auch der Bischof von Würzburg bereitfand[140], lag in der Verbindung der fuldischen Stände mit dem Henneberger eine logische Konsequenz, die die fuldische Geschichtsschreibung – fixiert auf die geistliche Qualifikation des jugendlichen Johann von Henneberg – lange Zeit nicht gesehen hat[141]. Graf Wilhelm seinerseits, das war für die Stände wesentlich, versprach ihnen Unterstützung in ihrer Auseinandersetzung mit Abt Hartmann, und er verfügte über die Mittel, sein Versprechen einzuhalten.

Durch diesen Schritt war eine Rückkehr Abt Hartmanns in die Regierungsverantwortung in weite Ferne gerückt, ein entscheidender Sieg über die Stände nicht mehr möglich. Seit diesem Zeitpunkt führten er und seine diplomatischen Verbündeten im wesentlichen nur noch Rückzugsgefechte, mit dem Ziel, Titel und Würde eines Abtes und erhebliche Einkünfte für sich zu reservieren. Größere Zugeständnisse waren angesichts der Entschlossenheit der fuldischen Stände und auch in Anbetracht der immer halbherziger werdenden Unterstützung des Abts durch Mainz und Hessen, die nun einen Kompromiß favorisierten, nicht zu erlangen.

137 Landgräfin Anna war besonders mißtrauisch gegenüber der Buchischen Ritterschaft und deren Angehörigen im Kapitel, weil diese enge Beziehungen zu der von ihr gestürzten adligen Regentschaft pflegten. Eine Unterstützung der fuldischen Stände hätte somit zugleich eine Stärkung der Opposition im eigenen Lande bedeutet. Vgl. KALKOFF, S. 245 f.
138 Zu den Verhandlungen s. KALKOFF, S. 242 f.
139 SCHANNAT, Historia, II, Nr. 250, S. 351 f.
140 Vgl. KALKOFF, S. 243.
141 Eindrucksvolles Beispiel: LÜBECK, Fuldaer Äbte, S. 259. Dagegen beurteilt LEINWEBER (Hochstift, S. 29, Anm. 119) die Situation richtig, setzt allerdings von vornherein die Interessen der Stände mit denen des Stifts gleich.

Ein erster Schritt in diese Richtung war der nach zähen Verhandlungen und unter maßgeblicher Beteiligung hessischer Räte[142] am 23. April 1518 in Mainz errichtete Vergleich zwischen Hartmann und *Dechant und Kapitel, auch Ritterschaft und Landschaft* des Stifts Fulda[143]. Hierin erklärte sich der Abt mit der Übernahme der weltlichen und geistlichen Regierung durch zwei Statthalter, Dechant Philipp Schenck zu Schweinsberg und Propst Eberhard von Buches, einverstanden. Ihm selbst wurde nur die formale Oberhoheit belassen: Siegel und Sekret der Statthalter enthielten sein Wappen und seinen Titel; die von den Statthaltern im Einvernehmen mit dem Kapitel angenommenen Räte und Diener wurden auf ihn vereidigt, auch an der Verleihung von weltlichen und geistlichen Lehen[144] und an der Behandlung von Appellationen an die Stiftsführung war er beteiligt. Um ein Anwachsen der Schulden des Stifts zu verhindern, verzichtete er auf eine reichsfürstliche Hofhaltung und behielt sich nur die Einkünfte von Stadt und Kellerei Hammelburg sowie das – von ihm und dem Kapitel mit je 1000 fl. vorher aus der Pfandschaft zu lösende – Schloß Saaleck vor. Dazu kamen die Einkünfte der (nach dem Tode des Propstes Reinhard von der Tann vakanten) Propstei Holzkirchen und die Nutznießung von Fischteichen im Gericht Flieden und Neuhof. Die übrigen Einkünfte des Stiftes sollten von den Statthaltern verwaltet und zur Deckung der laufenden Ausgaben bzw. zur Abtragung der Schulden verwandt werden – doch mit der Verpflichtung, darüber jährlich gegenüber dem Abt oder seinen Beauftragten Rechenschaft zu leisten.

Hartmann behauptete sich durch diesen Vertrag zwar im Besitz der Abtswürde und im Genuß erheblicher Einkünfte, doch die eigentliche Regierung des Stiftes mußte er den Statthaltern überlassen. Unter seinen ständischen Gegenspielern scheint dem Kapitel die führende Rolle zugekommen zu sein. Allerdings schlägt sich in den Vertragsbestimmungen in erster Linie die verfassungsmäßige Stellung des Kapitels als regierendes Organ bei Vakanzen nieder, an die hier am leichtesten angeknüpft werden konnte. Ritterschaft und Städte hatten in den Verhandlungen durchaus ein gewichtiges Wort mitgesprochen[145]. In den Abmachungen mit dem Koadjutor Johann 1521 sollte zumindest die Ritterschaft dieses Gewicht auch in direkte Beteiligung an der Regierungstätigkeit umsetzen können.

Doch bewährte sich dieser so mühsam ausgehandelte Vertrag in der Praxis nicht. Im gleichen Jahr noch (16. August 1518) beschwerte sich Hartmann, daß die Statthalter sich nicht *locumtenentes abbatis*, sondern *locumtenentes ecclesiae Fuldensis* nannten; offensichtlich verfolgten sie das Ziel, ihn von jedem auch nur formalen Einfluß auf die Regierung auszuschließen. Dazu kamen Reibungen wegen des Klosters Holzkirchen[146].

---

142 Vgl. KALKOFF, S. 249–251.
143 StAM R Ia, 1518 April 23; Extrakt: StAM 90a/762.
144 Die Lehensvergabe war folgendermaßen geregelt: Alle weltlichen Lehen innerhalb des Stiftsgebietes sollten die Statthalter verleihen; bei Lehen *außerhalb der Buchen* sollten die Lehensträger selbst entscheiden können, ob sie ihre Lehen vom Abt oder den Statthaltern empfangen wollten. Die Lehnsbücher sollten zweifach geführt werden. Bei geistlichen Lehen sollten Abt und Statthalter in der Verleihung monatlich abwechseln; für die Besetzung der Propsteien und geistlicher Ämter stand den Statthaltern ein verbindliches Vorschlagsrecht zu. StAM R Ia, 1518 April 23, fol. 6ʳ.
145 Vor allem die Ritterschaft durch ihren Sprecher Hans von der Tann, den Ex-Marschall (vgl. KALKOFF, S. 251). Städtischerseits war es gelungen, die Kosten für die Zitation des kaiserlichen Fiskals, die Abt Hartmann durch seine Klage beim Hofgericht gegen Fulda, Hünfeld, Geisa, Lauterbach und Herbstein erreicht hatte, abzuwälzen (StAM R Ia, 1518 April 23, fol. 6ᵛ).
146 Vgl. KALKOFF, S. 252f.

Die Fronten verhärteten sich schnell wieder, Verhandlungen und Vermittlungsgespräche – wie im Vergleich von 1518 vorgesehen, unter mainzischer Federführung – liefen sich fest; die Statthalter allerdings vermochten sich in der Regierungsausübung ungehindert zu behaupten.

Erst auf dem Reichstag zu Worms 1521, auf dem Hartmann von Kirchberg als Mitglied des Supplikationsausschusses tätig war[147], kam im Namen des Kaisers am 26. April eine endgültige Einigung zustande, die Hartmann wiederum das Gesicht wahren ließ[148]. Seine Ablösung wurde in die Form eines freiwilligen Rücktrittes aus Alters- und Gesundheitsgründen gekleidet. Von einem Anspruch oder gar Recht des Kapitels, den Abt wegen Verstoßes gegen die Statuten absetzen und an seiner Stelle einen anderen wählen zu können, war keine Rede. Eine so weitgehende verfassungsrechtliche Regelung war nicht das Ziel der Kapitulare gewesen, konnte es wegen der machtpolitischen Situation und der einflußreichen Unterstützung, die Abt Hartmann erfuhr, nicht sein. Sie mußten sich damit zufrieden geben, daß das, was sie de facto betrieben und erreichten, die Absetzung des Abtes, rechtlich nur in der Form eines freiwilligen Rücktrittes und einer Koadjutorie vollzogen werden konnte. Dazu kam eine zweite Überlegung. Niemand im Kapitel hätte bei einer Erwählung zum Abt die erforderliche auswärtige Unterstützung erhalten können; selbst die einflußreiche hessische Adelsfamilie Schenck zu Schweinsberg hätte sich wahrscheinlich schwer getan, die Unterstützung der Landgräfin Anna zu finden. Und der einzige Kandidat mit ausreichendem außenpolitischen Rückhalt, Johann von Henneberg, war in seinem Alter nur als Koadjutor, nicht aber als Abt tragbar. Ein Koadjutor, der leicht zu lenken war oder der infolge Abwesenheit die eigentliche Regierung in den Händen von Statthaltern beließ – das war von Anfang an das Ziel des Kapitels und allem Anschein nach auch der übrigen Stände.

Hartmann von Kirchberg verzichtete auf alle *Regirung, Oberkeyt, Gebott, Verbott, Heyßen, und Gutheusen, setzen und zu entsetzen, alle Verwaltung, Appelirung und Ansuchens, … offenlich und unwiderruflich*[149]. Stände und Untertanen forderte er auf, seinem Koadjutor unverzüglich zu huldigen; für die Zwischenzeit bis zur Huldigung aber sollten sie ihm selbst mit allen Pflichten verbunden sein. Ebenso übertrug der Abt dem Koadjutor die geistliche Disziplinargewalt, wobei er ihm besonders die Visitation der Klöster ans Herz legte. Auf die ihm im Vertrag von 1518 zugestandene Propstei Holzkirchen leistete er Verzicht. Weltliche Lehen sollte der Koadjutor, jedoch unter dem Titel des Abtes Hartmann, vergeben. Bei geistlichen Lehen sollten sich Abt und Koadjutor monatlich abwechseln, der Koadjutor jedoch das Vorschlagsrecht besitzen. Für die Neubesetzung von Propsteien sollte der Koadjutor ebenfalls verbindliche Benennungen vornehmen, die der Abt zu bestätigen hatte. Für den Fall, daß der Koadjutor vor dem Abt sterben würde, sollten Abt und Kapitel sich innerhalb von zwei Monaten auf einen anderen Koadjutor einigen.

147 Zum Supplikationsausschuß des Reichstages s. NEUHAUS, Reichstag; zur Mitgliedschaft Hartmanns 1521 s. ebd., S. 171, und KALKOFF, S. 255.
148 SCHANNAT, Historia, II, Nr. 254, S. 360–366. Dieser Vertrag stellte die Erweiterung einer Übereinkunft vom 8. April 1521 dar und wurde in den darauffolgenden Wochen noch in mehreren Haupt- und Nebenpunkten ergänzt. S. SCHANNAT, Nr. 252, 253, 255, 256, 258, S. 355–360, 367–370, 372; s. auch RÜBSAM, Chronik, S. 233f.; KALKOFF, S. 256–259.
149 SCHANNAT, Historia, II, Nr. 254, S. 362.

Alle diese Bestimmungen zeigen, daß es Hartmann gelungen war, sich Möglichkeiten der Einflußnahme offenzuhalten; die formale Oberhoheit und die Repräsentation des Stiftes nach außen, vor allem dem Reich gegenüber, behielt er sich ebenfalls vor, wohingegen der Koadjutor und das Stift die dabei anfallenden Kosten übernehmen sollten. In einem Zusatzvertrag vom 4. Mai 1521 wurde festgelegt, daß alle Briefe und Urkunden unter dem Titel des Abtes und des Koadjutors ausgefertigt werden sollten; das Siegel sollte unter dem Schild des Stifts das Kirchberger wie das Henneberger Wappen zeigen[150]. Allerdings war die Einflußnahme Hartmanns in der Folgezeit mehr theoretischer als praktischer Natur.

Für seine Verzichtleistungen wurde dem Abt eine einmalige Abfindung von 1900 fl. und eine jährliche Pension von 600 fl., daneben noch einige kleinere Vergünstigungen zugestanden. Die Abmachungen wurden durch Hartmann und den Dechant Philipp Schenck zu Schweinsberg als Vertreter des Kapitels eidlich bekräftigt. Der Koadjutor bestätigte die Abmachungen in seiner Wahlkapitulation vom 4. September 1521[151], während weitere ständische Vertreter[152] den Vertrag bereits am 20. Juni 1521 beschworen hatten[153]. Die Vereidigung und die Huldigung für den Koadjutor wurden am 1. und 2. September 1521 vorgenommen; dabei war auch Abt Hartmann zugegen.

Die Regierung des Stiftes aber lag bis zum endgültigen Regierungsantritt Johanns von Henneberg (1522) bei den Statthaltern, die in den Verträgen gar nicht erwähnt worden waren – nunmehr fungierten sie als Vertreter und im Namen des jugendlichen Koadjutors. Neben den Statthaltern Philipp Schenck zu Schweinsberg und Eberhard von Buches gewannen auch die Kapitulare Melchior Küchenmeister und Apollo von Vilbel bestimmenden Einfluß[154]. Der führende Ritterschaftsvertreter jener Zeit war ohne Zweifel Hans von der Tann.

Am Ende der fünfjährigen Auseinandersetzungen hatten sich die Stände als Sieger erwiesen – und zwar als Gesamtheit, auch wenn in den Vertragstexten meist nur die Kapitulare angesprochen werden. In der Wahlkapitulation Koadjutor Johanns findet sich der eindeutige Beweis und die Anerkennung der hervorragenden Rolle der Ritterschaft, wenn es heißt, daß in wichtigen Angelegenheiten des Stiftes neben zwei Kapitularen auch *etzlich von der ritterschaft* zur Beratung hinzugezogen werden sollen[155] – übrigens in allen erhaltenen Wahlkapitulationen die einzige Bestimmung dieser Art. Gleichzeitig verpflichtete sich der Koadjutor, die ständischen Rechte, so wie er sie vorgefunden hatte, nicht zu beeinträchtigen, was später noch von Bedeutung werden sollte[156]. Außerdem war in dem Revers festgelegt, daß innerhalb des nächsten Jahres Koadjutor, Dechant und Kapitel, Ritterschaft und Städte einen Austrag über eine schnelle Regelung von Streitigkeiten vereinbaren sollten[157].

150 Ebd., Nr. 256, S. 369 f.
151 StAM R II Kapitel, 1521 Sept. 4 (Orig.).
152 Dietrich von Mörle gen. Böhm für die Ritterschaft, Reinhard Reck (bei SCHANNAT fälschlich: Reichart Unk) für die Städte Fulda, Herbstein, Lauterbach, Hünfeld und Geisa, Konrad Dotscheler für Hammelburg.
153 SCHANNAT, Historia, II, Nr. 255, S. 368.
154 Vgl. auch LEINWEBER, Ulrich von Hutten, S. 555 f.
155 StAM R II Kapitel, 1521 Sept. 4; s. auch KOMP/RICHTER, Balthasar, S. 60, Anm. 2.
156 Auf diese Zusage berief sich das Kapitel 1525 bei der Ablehnung des Vertrages mit Philipp von Hessen. SCHANNAT, Historia, II, Nr. 262, S. 389.
157 StAM R II Kapitel, 1521 Sept. 4; KOMP/RICHTER, Balthasar, S. 61, Anm. 1.

Die Stände hatten ihren Anspruch auf Mitwirkung an der Regierung des Stiftes aus den politischen und wirtschaftlichen Mißgriffen des Fürstabtes Hartmann von Kirchberg abgeleitet, zur Abwendung kriegerischen Unheils und weiterer finanzieller Belastung waren sie eingeschritten. Eine Lösung hatten sie vor allem in einem Wechsel an der Regierungsspitze gesehen, der zum einen die Ausgaben auffangen, zum anderen außenpolitischen Rückhalt verschaffen und schließlich, das war von entscheidender Bedeutung, dem Kapitel und der Ritterschaft weitgehende Handlungsfreiheit gewähren sollte. Die Erreichung dieser Ziele führte zu einem Höhepunkt ständischen Wirkens in der frühneuzeitlichen Geschichte Fuldas, faktisch zu einem »Ständeregiment«, in dem die Statthalter aus den Reihen des Kapitels zusammen mit den führenden Ritterschaftsvertretern eine zwar abgeleitete, aber dennoch umfassende Herrschaft wahrnehmen konnten. Daneben boten die Auseinandersetzungen der Jahre 1516 bis 1521 Ansätze zur Ausprägung einer landständischen Organisation. Deren Festigung wurde dann aber noch mehr begünstigt durch die Auswirkungen der nächsten Herrschaftskrise im Stift, die nicht lange auf sich warten ließ.

Ausgelöst wurde die Herrschaftskrise durch die Erhebung der Bürger und Bauern in Fulda und Umgebung im April 1525, die sich selbst als Teil jener umfassenden Aufstandsbewegung auf dem Boden des Reiches sah, die als »Bauernkrieg«, »Erhebung des Gemeinen Mannes« oder gar als »Revolution« in der Geschichtswissenschaft periodisch starke Beachtung gefunden hat[158]. Die Aufstandsbewegung in Fulda war nach Ausweis der von ihren Führern formulierten Beschwerdeartikel[159] wirtschaftlich, politisch und religiös motiviert, verbunden mit einem starken Antiklerikalismus, wie er für die Reformationsgeschichte vieler Bischofsstädte typisch ist[160]. Sie zielte auf Säkularisation von Klostergut, auf die Bestellung von reformatorisch gesinnten Geistlichen und auf die Wahrung von Selbstverwaltungsbefugnissen.

Obwohl der jugendliche Koadjutor Johann von Henneberg die Erhebung von Anfang an geradezu fahrlässig unterschätzte, hatte er schon am 15. April 1525, drei Tage vor dem Ausbruch des Aufstandes in Fulda, auf das Eintreffen von Nachrichten über bäuerliche Aktivitäten im Hochstift Würzburg und über die Gefahr ihres Übergreifens auf fuldisches Gebiet hin das Gespräch mit dem Kapitel gesucht und dabei auch die Abhaltung eines Landtages ins Auge gefaßt. Auf den 24. April 1525 sollten die Kapitulare ihre Verwandtschaft und der Koadjutor die Ritterschaft nach Fulda beschreiben, um

---

158 Zur Historiographie des Bauernkrieges s. Press, Bauernkrieg als Problem; Foschepoth; Winterhager. Gesamtdarstellungen: Zimmermann, Allgemeine Geschichte; Franz, Bauernkrieg; Waas, Bauern; Blickle, Revolution; Laube/Steinmetz/Vogler. Kurze Überblicksdarstellungen: Press, Bauernkrieg als Systemkrise; Moeller, Deutschland, S. 90–101. Einordnungen des Bauernkrieges 1525 in den größeren Zusammenhang von bäuerlichen Aufstandsbewegungen in der Frühen Neuzeit: Press, Französische Volkserhebungen; Schulze, Veränderte Bedeutung; Ders., Bäuerlicher Widerstand; Blickle/Bierbrauer/Blickle/Ulbrich; Reinhard, Theorie. Zum Verlauf der Aufstandsbewegung im Fuldischen: Goessmann, Beiträge, S. 90–129; Büff, Bauernaufstand; Falckenheiner; Zwenger, Episoden; Antoni, Fulda im Bauernkrieg; Merx, Bauerkrieg; Richter, Zur Geschichte des Bauernkrieges; Görlich, Hochstift Fulda; Struck, Bauernkrieg, S. 20–22; Abel, S. 117–121; Haas, Bauernaufruhr; Görlich, Abtei Hersfeld. Die einschlägigen Quellen sind publiziert bei: Falckenheiner; Akten zur Geschichte des Bauernkrieges in Mitteldeutschland, 2 Bände in 3 Teilen, hg. v. Merx bzw. Fuchs und Franz; Franz (Hg.), Quellen. S. auch Stück, S. 18–26; Meyer, Haltung.
159 Druck: Akten zur Geschichte des Bauernkrieges, I, Nr. 170, 171, S. 122 f.
160 Vgl. Schilling, Politische Elite, S. 277.

deren Rat zu hören und Schutzmaßnahmen vor eventuellen Gewalttätigkeiten zu beschließen[161]; die Städte, vor allem die wirtschaftlich und politisch tonangebende Residenzstadt, sollten in diese Beratungen nicht einbezogen werden – sicherlich ein Indiz dafür, daß man die Gärung hier sehr stark spürte.

Doch blieb Koadjutor und Kapitel keine Zeit zu eigenständigem Handeln. Als am 18. April 1525 die Aufstandsbewegung losbrach, zogen sie es bald vor, die Stadt zu verlassen. Die Gewalt lag jetzt bei Bürgermeister, Rat und Gemeinde der Stadt Fulda sowie bei den Hauptleuten, Fähnrichen und gemeinen Ausschüssen der dort versammelten Bauernschaft. Um sich im Besitz seiner weltlichen Herrschaft zu behaupten, kehrte Johann bald wieder nach Fulda zurück und schloß am 22. April 1525 mit den Aufständischen einen Vertrag, in dem er sowohl die 12 Artikel des »Schwarzen Haufens« aus Oberdeutschland wie die 13 Artikel der stiftfuldischen Bürger und Bauern billigte und dafür *die tröstliche unweigerliche Zusage und Verheißung* erhielt, daß sie ihn unter dem Titel »Fürst in Buchen« als regierenden Landesfürsten und Herrn anerkennen wollten[162]. Johann hat anscheinend keinen Versuch unternommen, auch seine geistliche Herrschaft zu behaupten; er hat wohl angesichts der Entschlossenheit der Aufständischen keine Chance zu ihrer Bewahrung gesehen und sich in das, zumindest vorläufig, Unvermeidliche gefügt.

Insgeheim allerdings betrieb Johann ein Doppelspiel. Nachdem er anfangs, gemeinsam mit den Aufständischen, ein Vermittlungsangebot Landgraf Philipps von Hessen[163] abgelehnt hatte, suchte er, beeindruckt durch dessen schnelle Niederwerfung der Erhebung in Hersfeld, das Gespräch mit ihm und deutete wohl auch die Notwendigkeit von Hilfe an, hielt aber gleichzeitig seine guten Beziehungen zum Rat der Stadt Fulda und den Bauernführern aufrecht; er forderte sogar die Ritterschaft zur Annahme der Artikel auf.

Auch der Rat der Stadt Fulda knüpfte Verhandlungen mit Philipp an. Wie den Koadjutor, so bewegte den Rat vor allem der Gedanke, den Landgrafen von einem direkten Eingreifen in Fulda ab- und durch Verhandlungen hinzuhalten und die eigenen Angelegenheiten allein bzw. im Zusammenwirken mit anderen, weniger gefährlichen Verbündeten[164] zu regeln[165]. Denn zu verlockend mußte einerseits die Chance für Philipp sein, ein Eingreifen im Stift mit territorialer und machtpolitischer Ausweitung zu verbinden, zu gefürchtet war andererseits sein kompromißloses Beharren auf den Rechten der Obrigkeit, als daß man sich dazu bereitgefunden hätte, ihm den Weg zu ebnen.

Philipp allerdings ließ sich bei seinem Vorgehen auch von militärischen Erwägungen leiten. Für ihn, den einzigen Fürsten, der von Anfang an entschlossen gegen die bäuerlichen und bürgerlichen Erhebungen im mitteldeutschen Raum vorging und dem in

---

161 Vgl. Akten zur Geschichte des Bauernkrieges, I, Nr. 86, S. 58 (Brief des Koadjutors an seinen Vater vom 15. April 1525).

162 Druck: FALCKENHEINER, S. 82.

163 Zu Philipp von Hessen, seiner Kirchen- und Reichspolitik s. KNÖPP; HEINEMEYER, Philipps Weg; PRESS, Landgraf Philipp; SCHMIDT, Landgraf Philipp.

164 Das waren einerseits Graf Wilhelm von Henneberg, der Vater des Koadjutors, andererseits verschiedene Bauernhaufen im Fränkischen und die Stadt Hammelburg. Vgl. MERX, Bauernkrieg, S. 318.

165 Ebd., S. 317.

erster Linie das »Verdienst« an ihrer Niederwerfung zukommt, mußte es zusätzlich darum gehen, fuldische Unterstützungsaktionen für Bauernheere im hessisch-thüringischen Grenzgebiet auszuschließen. Nachdem er Johanns Doppelspiel erkannt hatte, konnte ihn weder eine gemeinsame Gesandtschaft fürstlicher Räte (Daniel von Fischborn, Marschall Ludwig Schwertzel) und fuldischer Bürger noch der Koadjutor selbst von einem Eingreifen in Fulda abhalten[166].

Am 3. Mai 1525 schlug er das zahlenmäßig überlegene Bauernheer vernichtend und schloß, nachdem er sich den Besiegten gegenüber relativ maßvoll verhalten hatte, am 5. Mai einen Vertrag mit Koadjutor Johann, der diesen wieder in seine Herrschaft einsetzte[167]. Als Gegenleistung versprach Johann, 15 000 fl. Entschädigung und 4000 fl. für die Erlassung einer Brandschatzung zu entrichten. Bis zur völligen Bezahlung wurde dem Landgrafen die halbe Stadt Fulda (mit einigen Einschränkungen) verpfändet; die Stadtverwaltung sollte einem von beiden Seiten gemeinsam zu bestimmenden Schultheißen unterstehen. Dem Landgrafen wurde daneben gestattet, Salmünster mit der Burg Stolzenberg einzulösen, während Johann das von den Bauern entwendete Kirchengut wieder zurückgestellt werden sollte. Der Koadjutor und seine Nachfolger, auch die Ritterschaft, die Städte und die Landschaft (die stiftischen Untertanen in den Ämtern) sollten den hessischen Landgrafen zu ewigem Beistand gegen jedermann, mit Ausnahme des Kaisers, verpflichtet sein. Von den abwesenden Kapitularen sollte keiner ohne vorherige Einwilligung zu den Abmachungen nach Fulda zurückkehren dürfen.

Doch wurde das Fehlen der Siegel des Kapitels unter diesem Vertrag von den Kapitularen und auch von der Ritterschaft, mit Unterstützung des exilierten Abtes Hartmann, zum Anlaß genommen, die Ausführung des Vertrages zu verhindern[168]. Die beiden wichtigsten ständischen Gruppierungen versuchten dadurch die Interessen des Landes zu wahren, ein Korrektiv zu ihrem ebenso unerfahrenen wie unentschiedenen Landesherrn darzustellen. Ihr Widerstand gegen den Vertrag stürzte das Stift zunächst in weiteres Ungemach, führte aber letztlich zu einer Milderung der Bedingungen. Philipp fiel mit seinen Truppen im Januar 1526 zum zweiten Male im Stiftsgebiet ein, um die Kapitulare und die Ritterschaft zur Nachgiebigkeit zu zwingen. Dagegen reichte der Koadjutor Klagen beim Schwäbischen Bund und mehreren Reichsfürsten ein. Auch auf dem Reichstag zu Speyer wurde die Angelegenheit zur Sprache gebracht; Vermittlungsgespräche verliefen allerdings ergebnislos. In der Folgezeit wurden umfangreiche

---

166 Gegenüber den ersteren verlangte er einen praktisch unannehmbaren Preis für eine Passivität seinerseits – Aufgabe der Empörung, Abschaffung aller Neuerungen, also auch die Wiederherstellung der geistlichen Herrschaft des Koadjutors, und Garantien für den Verzicht auf weitere Auflehnungen; letzterer vermochte durch seine Weigerung, sich an einer Aktion gegen seine Untertanen zu beteiligen, lediglich zu erreichen, daß Philipp die Unterwerfung der Aufständischen zunächst auf dem Verhandlungswege erreichen wollte – von dem er aber angesichts der Kampfbereitschaft, mit der er vor den Toren Fuldas empfangen wurde, Abstand nahm.
167 Druck: FALCKENHEINER, S. 93–99.
168 Sie alle wandten sich gegen die verlangte *ewige* Beistandsverpflichtung – das Kapitel unter Hinweis auf die Verbindungen des Stifts mit Mainz und die von Johann bei Antritt der Koadjutorie den Ständen gegebene Zusage, sie in ihren Rechten nicht zu schmälern; die Ritterschaft mit der Begründung, daß sie auch anderen Fürsten mit Lehnspflichten verbunden sei; Abt Hartmann schließlich unter Hervorhebung der Tatsache, daß er dem Reich gegenüber das Stift Fulda repräsentiere, vom Kaiser die Regalien empfangen habe und auch trage, daß der Koadjutor zu einem solchen Vertragsabschluß also praktisch nicht berechtigt sei. Abt und Ritterschaft verboten dem Kapitel förmlich die Siegelung des Vertrages. Vgl. SCHANNAT, Historia, II, Nr. 262, S. 385–391.

Rechtfertigungsschriften verfaßt[169], die Bemühungen um einen Ausgleich rissen aber nicht ab. Durch Vermittlung des Herzogs Erich von Braunschweig-Lüneburg kam schließlich am 28. Oktober 1526 ein neuer Vertrag zustande[170], in dem sich der Koadjutor zur Zahlung von 18000 fl. in drei Raten verpflichtete; Landgraf Philipp sollte das Stift solange im Besitz halten, bis diese Summe vollständig abgetragen war. Dieser Vertrag wurde im Einverständnis mit den fuldischen Ständen, d. h. Kapitel und Ritterschaft, geschlossen, deren Rat der Koadjutor noch auf einem kurz zuvor, am 17. Oktober 1526, in Brückenau abgehaltenen Landtag begehrt hatte[171].

Der Vergleich des Jahres 1526 wurde zum zweiten entscheidenden Ausgangspunkt für die Herausbildung einer landständischen Organisation im Stift Fulda. Die aufzubringende Entschädigungssumme, in Verbindung mit dem Abtrag der im Streit zwischen Fürstabt Hartmann und den Ständen angefallenen Unkosten, gab den Ständen endgültig jenen Hebel der Finanzbewilligung in die Hand, der in den meisten Territorien des Reiches ihre starke Stellung ermöglicht hat. Die von Landgraf Philipp geforderte Summe und die übrigen Verbindlichkeiten waren so hoch und von früheren außerordentlichen Steuerzahlungen so deutlich abgehoben[172], daß sie auf längere Zeit hin die ständische Einflußnahme garantierten – die Aufbringung dieser Gelder war das beherrschende Thema der nachfolgenden Land- und Rittertage bis zum Jahre 1541, ehe es in den folgenden Jahren von der Türkensteuer abgelöst wurde. Johann von Henneberg und seine Räte unternahmen zwar alle Anstrengungen, die Ausbildung einer gesamtständischen Organisation zu verhindern, indem sie mit den einzelnen Ständen getrennt verhandelten, so 1527, 1529, 1538 und 1541[173]. An der Qualität der ständischen Einflußnahme änderte sich dadurch nichts. Die Verfestigung in Form einer gesamtständischen Organisation ließ sich nicht aufhalten – sie erhielt ihren letzten Anstoß von außen, vom Reich.

3. Reichssteuerforderungen seit 1542

Die dritte Komponente im Prozeß der Verfestigung der landständischen Organisation im Stift Fulda nach politischer Herrschaftskrise und finanzieller Anspannung des Stiftes bildeten die wegen des Vorrückens der Türken in Ungarn (gipfelnd in der Einnahme Budas 1541) seit dem Jahre 1542 forcierten Reichssteuern[174], die vornehmlich zum Zwecke einer Gegenoffensive ausgeschrieben wurden. Auf die Bedeutung der

169 Abdruck dieser Rechtfertigungsschreiben bei SCHANNAT, Historia, II, Nr. 262, S. 378–403; FALCKENHEINER, Nr. 21, S. 107–122.
170 Druck: SCHANNAT, Historia, II, Nr. 263, S. 403–406.
171 StAM 90a/739. Leider ist von diesem Landtag nur die Instruktion für die fürstlichen Räte, nicht die Stellungnahme der Stände, überliefert. In der Instruktion gibt Johann einen subjektiv gefärbten Überblick über die Entwicklung seit Beginn des Jahres 1526 und den aktuellen Stand der Dinge; die Schuld an der Misere schiebt er ausschließlich dem Kapitel zu.
172 Man denke hierbei etwa an die den Äbten bei Herrschaftsantritten 1472 und 1510 bewilligte Viehbede oder die Zahlung von 2000 fl. durch das Kapitel an Hartmann von Kirchberg.
173 S. unten S. 183, 213, 223f.
174 Die Versuche zur Einziehung einer Reichssteuer waren 1422 und 1427 am Widerstand der hohen Geistlichkeit gescheitert; erst gegen Ende des 15. Jahrhunderts wurden Reichssteuern als Matrikularanschläge bzw. in der Form des Gemeinen Pfennigs (einer allgemeinen Einkommens-, Vermögens- und Kopfsteuer) bewilligt und in den folgenden Jahren – als Matrikularumlage –

Reichssteuern für die Territorialherrschaft des Abtes und den Ansatzpunkt für Reichsunmittelbarkeitsbestrebungen der Buchischen Ritterschaft wurde oben bereits eingegangen[175]; an dieser Stelle ist ihre Bedeutung für die Verfestigung der landständischen Organisation zu betonen.

Die Reichssteuern wurden, mit Ausnahme der Jahre 1495, 1500, 1512 und 1542[176], auf der Grundlage der 1521 aufgestellten und bis zum Ende des Reiches fast unveränderten Reichsmatrikel erhoben, die jedem Reichsstand ein Fixum zuwies. Für Fulda betrug das einfache Fixum nach der Matrikel von 1521 352 fl. (für 14 Reiter und 46 Mann zu Fuß)[177], seit 1551 404 fl. (17 Mann zu Pferde und 50 zu Fuß), seit 1691 250 fl. und seit 1737 252 fl.[178]. Dieser Betrag war mit der Zahl der bewilligten Römermonate zu multiplizieren. Die Reichssteuern, ursprünglich von den Reichsständen aus ihren Reichslehen aufzubringen, wurden durch Reichstagsbeschlüsse auf die Landsassen und Untertanen abgewälzt, wobei die fuldischen Landesherrn meistens nicht in eigener Person, sondern durch Abgesandte an der Entscheidung der Reichstage beteiligt waren[179].

durchgesetzt. Die Matrikularanschläge erwiesen sich nämlich als wirkungsvoller als die direkte Besteuerung. Die Einziehung der Gelder gestaltete sich bei letzterer, aufgrund komplizierter Berechnungsgrundlagen und wegen der hohen Zahl der Steuerpflichtigen, weitaus schwieriger als bei festen Veranlagungen: die Ermittlung aller zu Steuern heranzuziehenden Personen, die Bestimmung von Einkünften und Vermögen schufen erhebliche administrative Probleme. Dazu kam, daß die Reichsstände in der direkten Besteuerung einen Zugriff des Reiches auf ihre Untertanen bzw. Bürger sehen mußten, der ihre eigene Steuerhoheit gefährdete. Schließlich konnte die Vermögenssteuer nur in der Theorie die Gewähr für eine gleichmäßige Besteuerung aller Bewohner des Reiches bieten; in der Praxis wurde die theoretische Steuergleichheit zugunsten der höheren Stände aufgehoben. Von der Steuerpflicht der Untertanen blieb die sich formierende Reichsritterschaft ausgenommen; diese zahlte dem Kaiser sogenannte Charitativsubsidien. (Zur Entwicklung der Reichssteuern vgl. WERMINGHOFF; MÜLLER, Steuer- und Finanzwesen; SCHULZE, Reichstage; PRESS, Steuern, S. 61–63; ISENMANN; aus der Sicht der Freien und Reichsstädte: SCHMIDT, Städtetag, S. 331–423; zur Finanzierung der Türkenkriege: STEGLICH; SCHULZE, Reich, S. 81–370.) – Die Tatsache, daß die Reichssteuern erst im 16. Jahrhundert zu einer wirklichen Belastung für die Landstände, d. h. für deren Untertanen, wurde – auf sie wälzten die Reichsstände die Reichssteuern im Laufe der Zeit ab –, hat ihre Entsprechung in fehlenden ständischen Aktionen im Stift Fulda während des 15. Jahrhunderts, war aber nicht deren einzige Ursache.

175 S. S. 30–33.
176 1495, 1512 und 1542 wurde ein Gemeiner Pfennig bewilligt, 1500 eine direkte Reichsumlage (jeweils 400 Einwohner eines Pfarrbezirks sollten einen Fußsoldaten unterhalten). Zur Bedeutung und Auswirkung der Bewilligung von 1542 für die Entstehung einer reichsritterschaftlichen Organisation s. PRESS, Karl V., S. 40–51.
177 SIMON, Verfassung, S. 74.
178 WORINGER, S. 2f.
179 S. SCHAFFRATH, Fulda und seine Nachbarn. Nach AULINGER, S. 363, waren auf den Reichstagen zwischen 1521 und 1582 die fuldischen Landesherren sechsmal persönlich anwesend, während sie in vierzehn Fällen Vertreter abgeordnet hatten; auf vier Reichstagen (1524, 1526, 1543, 1555) war man nicht vertreten. AULINGERS Zusammenstellung ist dahingehend zu korrigieren, daß 1526 in Speyer Koadjutor Johann persönlich anwesend war und hier – ergebnislose – Verhandlungen mit Landgraf Philipp von Hessen führte (vgl. Instruktion für den Landtag am 17. Oktober 1526 in Brückenau: StAM 90a/739). – Fulda wird in AULINGERS »Liste der Reichsstände« unter den Prälaten aufgeführt – gemäß der Reichsmatrikel von 1521, den von fuldischen Abt als ersten, den von Hersfeld als zweiten der Prälaten nannte. In der Praxis saßen die fuldischen Äbte bzw. ihre Vertreter im Fürstenrat, wie aus AULINGERS Aufstellung ebenfalls hervorgeht. Zur Funktion und Arbeitsweise der Reichstage vgl. u. a.: SCHUBERT, Deutsche Reichstage; OESTREICH, Parlamentarische Arbeitsweise; SCHULZE, Reich, S. 67–222.

Über Einziehung und Aufteilung der Steuern hatten sich die Landesherrn mit den bevorrechteten Gruppen ihrer Territorien, den politischen Ständen, immer wieder neu zu vergleichen. Das Forum dafür bot, auch in Fulda, der Landtag. Seit 1542 sind hier die Bewilligung, die Aufteilung und die Modalitäten des Einzugs der Reichssteuern ein beherrschendes Thema – diese Steuern haben der landständischen Organisation endgültig ihren festen Platz in der »Verfassung« des Stifts Fulda gesichert[180], u. a. weil die fuldischen Landesherrn wie die anderen geistlichen Reichsstände den dem Reichsoberhaupt gegenüber eingegangenen Verpflichtungen im Gegensatz zu den Kurfürsten und weltlichen Ständen getreulich nachkamen[181].

Bemerkenswerterweise waren in früheren Jahren – mit Ausnahme des Jahres 1495 – Reichssteuerforderungen der Äbte offensichtlich unterblieben, obwohl doch z. B. der Beschluß des ersten Nürnberger Reichstages des Jahres 1522 den Reichsfürsten die Verhandlungen mit den Landständen über deren Beitrag zur Reichshilfe nahegelegt, also die Besteuerung nicht der Reichsstände, sondern der Personenverbände, über die sie geboten, intendiert hatte[182], was in anderen Territorien zu ständischen Steuerbewilligungen, im Falle Würzburgs sogar zur Entstehung der landständischen Organisation geführt hat[183]. Diese Wirkung war in Fulda schon dem Reichsabschied von 1512 nicht beschieden gewesen, der ebenso wie der Entwurf des Esslinger Reichsregiments von 1526 auf der Grundlage des »Gemeinen Pfennigs«, der 1495 bewilligt worden war, eine Beteiligung der Untertanen an der Steuererhebung vorsah; neben landesherrlichen sollten auch ständische Obereinnehmer (aus Klerus, Adel und Städten) tätig sein. Erst die Neubelebung dieser Vorstellungen 1542 bis 1544 führte in Fulda zu einer entsprechenden Beteiligung der Stände an der Reichssteuererhebung[184]. Die Proposition zum Rittertag am 2. April 1527 sprach aus, wie die Türkenhilfe zunächst, ebenso wie die Anlage zur Erhaltung des Reichsregiments und des Reichskammergerichts, aufgebracht worden war: durch Aufnahme von Geldern, für die der Landesherr haftete, oder durch Verpfändungen[185].

Durch die Reichssteuerforderungen wurde nun endgültig aus einem Anspruch der Stände auf Mitbestimmung über die Geschicke des Stiftes eine mehr als 100 Jahre lang gültige institutionalisierte, sich in festen Formen organisierende ständische Mitwirkung, denn um die Ausweitung ihres Herrschaftsanspruches auf alle Landsassen und deren Untertanen abzusichern, sah sich die Landesherrschaft gezwungen, den betroffenen Landsassen Mitsprache- und Mitwirkungsrechte zu konzedieren.

180 Der Einfluß der Reichssteuern auf die territoriale Ständegeschichte kommt in einer Reihe wichtiger Einzelstudien zum Ausdruck: SCHUBERT, Landstände; BACHMANN; KÖHLE; BLICKLE, Landschaften; SAPPER; QUARTHAL, Landstände; v. REDEN, Landständische Verfassung; SCHULER; zusammenfassend: SCHULZE, Reich, S. 238–251; DERS., Reichstage, S. 50–56.
181 Zur Zahlungsmoral der einzelnen Reichsstände s. SCHULZE, Erträge.
182 Deutsche Reichstagsakten. Jüngere Reihe, III, S. 195.
183 Für Würzburg vgl. SCHUBERT, Landstände, S. 107f.; für Bayern: SCHULZE, Reich, S. 251f.; für Trier: KNETSCH, S. 80.
184 Gemeiner Pfennig von 1495: Neue Sammlung der Reichsabschiede, II, S. 14–18; ZEUMER (Hg.), Quellensammlung, Nr. 176; S. 294–296; dazu: BLICKLE, Gemeiner Pfennig; Schuler. Reichsabschied 1512: Neue Sammlung, II, S. 136–146; Esslinger Reichsregiment: ebd., S. 281–284; Reichsabschiede 1542: ebd., S. 444–481; Reichsabschied 1544: ebd., S. 495–517. S. dazu PRESS, Steuern, S. 61f.; SCHULZE, Reich, S. 247–250; ISENMANN, S. 195–198.
185 Vgl. die Proposition vom 1. April 1527, in: StAM 90a/740.

IV. Gestalt und Funktion der landständischen Organisation

A. LANDTAGE UND GESONDERTE VERHANDLUNGEN MIT DEN EINZELNEN STÄNDEN

Kernstück der landständischen Organisation war der Landtag, auf dem die Stände in ihrer Gesamtheit oder doch in ihrer Mehrzahl dem Landesherrn als Verhandlungspartner gegenüberstanden. Allerdings konnte der Landtag nicht immer die Organisationseinheit der Stände darstellen, weil es die Landesherren zeitweise vorzogen, mit den einzelnen Ständen getrennt zu verhandeln, vor allem im zweiten und im letzten Viertel des 16. Jahrhunderts. Überliefert sind zwar in erster Linie die Verhandlungen mit den Rittern, weniger mit den anderen Ständen. In den Verhandlungen der Rittertage wird aber häufig Bezug genommen auf vorhergehende Versammlungen mit den Städten oder mit dem Kapitel.

Ein Grund für die getrennten Verhandlungen mit den Ständen war sicherlich, deren Verhandlungsspielraum einzuengen, indem man sie voneinander abtrennte und gegeneinander ausspielte. Daneben kam in der Anfangsphase auch dem Bestreben, eine Verfestigung der landständischen Organisation zu verhindern, eine entscheidende Rolle zu. Finanzielle Erwägungen, d. h. Einschränkung des mit Landtagen verbundenen Aufwandes, waren gewiß nicht mit im Spiel; vielmehr nahm man durch die getrennten Verhandlungen sogar einen Mehraufwand in Kauf. Dabei sind die von den Landesherrn einberufenen Versammlungen mit den Rittern, die Rittertage, streng zu trennen von den ebenso genannten Selbstversammlungen der Ritter, die häufig der Vorbereitung auf Landtage dienten, oft aber darüber hinausgingen.

Schon aus diesen Darlegungen erhellt, daß Landtage oder andere Formen ständischer Zusammenkünfte in der Frühen Neuzeit keine fest institutionalisierten Gebilde, sondern von Fall zu Fall abrufbar waren. Auch vollzog sich ständisches Wirken gegen den Landesherrn, z. B. im Kampf um die Erhaltung von Privilegien, genauso wie das Zusammenwirken mit diesem, z. B. im Rahmen der Steuerverwaltung, teilweise außerhalb von ständischen Zusammenkünften; hierbei ist besonders an die vierteljährlichen Versammlungen des Kapitels mit dem Abt zu denken, die gesamtständische Aktionen teilweise absorbierten. Dennoch steckten Landtage und andere Zusammenkünfte zwischen Landesherrn und Landständen für gewisse Bereiche einen Rahmen ab, über den hinaus sich beide Seiten nicht allzu weit bewegen konnten. Auf den Land- und anderen Ständetagen dokumentierte sich am auffälligsten landständisches Wirken. Sie sollen daher auf ihre Verbreitung, ihre Zusammensetzung, ihr Verfahren und ihre Kompetenzen hin untersucht werden; auf die außerhalb dieser Zusammenkünfte sich niederschlagende Aktivität der Stände kann nur von Fall zu Fall verwiesen werden.

Über den Grad ständischer Einflußnahme auf die Geschicke des Territoriums gibt die Anzahl ständischer Zusammenkünfte einen ersten Anhaltspunkt. Die auf den nächsten Seiten folgende Tabelle verdeutlicht, daß im Stift Fulda ein jährlicher Landtag bzw. getrennte Verhandlungen mit den einzelnen Ständen nicht die Regel, sondern eher die Ausnahme waren – im Gegensatz beispielsweise zu mehreren Territorien im nordwestdeutschen Raum[186], in Übereinstimmung aber mit vielen anderen Territorien, vor allem

---

186 S. KLUETING, Ständewesen, S. 163f.

im süddeutschen Raum[187]; nur gelegentlich trat der Landtag zweimal jährlich zusammen. Die sich in Landtagen und auch in Rittertagen niederschlagenden Höhepunkte

Landtage (L) oder Rittertage (R)[188]

Datum	Tagungsort	Überlieferung	Ausschuß Adel	Fürst	Räte	Kapitel	Adel	Ausschuß Städte	Fulda	Hammelburg	Geisa	Hünfeld	Brückenau	Herbstein	Vacha	Salmünster	Lauterbach	Kollegiatstifter
				Anwesende														
März 1515 (L)	Fulda			x			x	x										
8. März 1516 (L)	Fulda	Ständ. Erklärung, Fürstl. Erklärung		x			x	x										
17. Okt. 1526 (L)	Brückenau	Instruktion des Fürsten			x	x	x											
1. April 1527 (R)	Bieberstein	Instruktion des Fürsten, Abschied	x		x	x	x											
7. Juni 1529 (R)	Fulda	Abschied, Teilnehmerliste			x	x	x	x	x	x	x	x	x	x	x	x	x	
6. Febr. 1538 (R)	Fulda	Abschied, Teilnehmerliste			x	x	x	x	x	x	x	x	x	x	x	x	x	
3. Mai 1541 (L)	Fulda				x	x	x											
29. Aug. 1541 (R)	Fulda	Teilnehmerliste			x	x	x	x	x	x								
4. Nov. 1541 (L)	Fulda	Ständ. Erklärung			x	x	x	x	x									
4. Mai 1542 (L)	Fulda	Einladungen			x	x	x	x	x									
13. Nov. 1543 (L)	Lüntzliede	Proposition	x		x	x	x											
5. Dez. 1547 (L)	Fulda	Abschied, Teilnehmerliste	x		x	x	x	x	x									
11. Jan. 1548 (L)	Fulda	Abschied	x		x	x	x	x	x									
29. März 1557 (L)	Fulda	Abschied	x		x	x	x	x	x									
29. Juli 1566 (L)	Fulda	Abschied			x	x	x	x	x	x	x	x		x				
11. Jan. 1577 (L)	Fulda	Proposition, Ständ. Erklärung	Ausschuß aller Stände	Statth.		x												
16. Dez. 1579 (L)	Fulda	Ständ. Erklärung an den Kaiser	Ausschuß aller Stände	Statth.														
9. Jan. 1583 (L)	Fulda	Protokoll, Teilnehmerliste		Statth.	x	x	x	x	x			x		x	x		x	x
21. Jan. 1588 (L)	Fulda	Einladungen		Statth.	x	x	x	x										
26. Aug. 1597 (R)	Hünfeld	Späterer Bericht			x	x	x					x						
22. Juni 1598 (L)	Fulda	Proposition, Ständ. Erklärung, Teilnehmerliste			x	x	x		x	x	x	x	x	x	x			
16. Nov. 1599 (L)	Fulda	Proposition, Protokoll			x	x	x	x	x	x	x	x	x	x	x			
16. Dez. 1599 (L)	Fulda	Proposition, Protokoll, Teilnehmerliste			x	x	x	x	x	x	x	x	x	x	x			

187 Z. B. Würzburg: vgl. SCHUBERT, Landstände, S. 190–192.
188 Quellen: AVEMANN, S. 242 (für 1515); SCHANNAT, Historia, II, Nr. 254, S. 352–355 (1516), Nr. 271, S. 419–421 (1541), Nr. 273, S. 427–429 (1566); AMRHEIN, Mitteilungen, S. 109–112 (1516); StAM 90a/39 (1526), 90a/740 (1527), 90a/741 (1529, 1538), 90a/742 (1538), 90a/743 (1541), 90a/745 (1541, 1547), 90a/738 (1542, 1579), 90a/744 (1543), 90a/746 (1548), 90a/747 (1557), 90a/748 (1566), 90a/749 (1583), 90a/750 (1588), 90a/752 (1598, 1599), 90a/532 (1598, 1619), 90a/753 (1600), 90a/533

ständischen Wirkens in Fulda waren demnach die Jahre zwischen 1541 und 1548, 1597 und 1632.

Datum	Ort	Überlieferung
19. April 1600 (L)	Fulda	Abschied, Teilnehmerliste
28. Febr. 1602 (L)	Fulda	Einladungen
26. Aug. 1603 (L)	Fulda	Proposition, Abschied
12. Juli 1605 (L)	Fulda	Einladungen
12. Nov. 1609 (L)	Fulda	
8. Mai 1613 (L)	Fulda	Einladungen, Städt. Bericht
3. Juni 1613 (L)	Fulda	
14. Jan. 1614 (L)	Neuhof	Proposition, Protokoll, Teilnehmerliste
4. April 1617 (L)	Fulda	Abschied
30./31. Juli 1619 (L)	Fulda	Einladungen, Proposition, Ständ. Erklärung
18. März 1621 (L)	Fulda	Einladungen, Proposition, Protokoll
29. Aug. 1622 (L)	Fulda	Einladungen, Proposition, Ständ. Resolution
5. Dez. 1623 (R)	Fulda	Ständ. Erklärung
27. April 1626 (L)	Fulda	Entschuldigungsschreiben
11. Aug. 1629 (L)	Fulda	Ständ. Erklärung
2. Mai 1631 (L)	Fulda	Einladungen
26. Juli 1632 (L)	Fulda	Einladungen
12. Mai 1639 (L)	Fulda	Einladungen, Proposition, Ständ. Erklärung
5. Sept. 1642 (L)	Fulda	Protokoll, Ständ. Erklärung, Teilnehmerliste
18. Jan. 1651 (L)	Fulda	Ständ. Erklärung
4./5. Aug. 1654 (L)	Fulda	Rechnung
Anf. Nov. 1655 (L)	Fulda	
9. März 1662 (L)	Fulda	Proposition
7. Nov. 1662 (L)	Fulda	Einladungen
30. Juni 1702 (L)	Fulda	Proposition, Ständ. Erklärung, Fürstl. Erklärung
25. Juni 1716 (Deputationstag)	Fulda	Protokoll

(1602, 1603, 1605, 1609, 1626, 1629, 1631, 1632), 90a/754 (1609), 90a/755 (1613), 90a/756 (1614), 90a/757 (1617), 90a/758 (1619), 90a/759 (1621, 1622), 90a/776 (1639), 90a/764 (1642), 90a/775 (1651, 1662), 90b/1406 (1655), 90a/777 (1662), 90a/780 (1702), 90a/763 (1716); StAM 109/381 (1538); StAM 95/158 (1579, 1583, 1597); StAF I A 2, fol. 88v–92r, 95r–104v, 304r–306r (1577, 1599, 1613, 1617); StAM 90b/416 (1603); StAM 109/347 (1619, 1621, 1623); StAM Rechnungen II, Fulda, Nr. 159, S. 34–41, 86 (1654).

B. DIE STÄNDISCHEN GRUPPIERUNGEN

Aus den Ausführungen über die Entstehung der landständischen Organisation ist deutlich geworden, daß Stiftskapitel und Ritterschaft die dominierenden Stände darstellten. Entsprechend seiner Bedeutung für die geistliche und damit auch die weltliche Verfassung des Stiftes soll das Kapitel hier zunächst behandelt werden.

1. Stiftskapitel

Lange Zeit war das Stiftskapitel der ausschließliche Vertreter der Geistlichkeit unter den politischen Ständen, dem erst seit dem Ende des 16. Jahrhunderts die Kollegiatstifter zur Seite traten, ohne dadurch die Bedeutung des Kapitels innerhalb der Stände zu verändern[189].

Die überragende Stellung des Kapitels erwuchs aus seinem Recht, den Fürstabt zu wählen, ihn in allen wichtigen Fragen zu beraten, durch Wahlkapitulationen zu binden und während Sedisvakanzen die Regierungsführung zu übernehmen[190]. In allen geistlichen Fürstentümern des Reiches hoben sich die Kapitel auf der Grundlage dieser Vorrechte aus den übrigen Ständen heraus[191]. Diese Vorrechte führten in Fulda sogar zeitweilig dazu, daß das Kapitel auf Landtagen nicht als Landstand, sondern gemeinsam mit der Stiftsregierung auftrat (1548, 1557). In eine Mitregentenrolle vermochte es allerdings nicht hineinzuwachsen.

Das Gewicht des Kapitels beruhte aber nicht nur auf den genannten Funktionen, sondern auch auf der Ausübung von Herrschaftsrechten in den propsteilichen Bezirken, gepaart mit finanzieller Unabhängigkeit. Dazu trat die Tatsache, daß sich viele Kapitulare in Fulda, also in unmittelbarer Nähe des Fürstabts, aufhielten und so einen Informationsvorsprung gegenüber den anderen ständischen Vertretern besaßen.

Die Ausübung lokaler Herrschaftsrechte durch Mitglieder des Stiftskapitels war Ausdruck einer Besonderheit der Entwicklung des fuldischen Territorialstaates: der Ausbildung weitgehend unabhängiger, doch der Landeshoheit des Fürstabts unterstellter propsteilicher Verwaltungsbezirke neben fürstlichen Ämtern und ritterschaftlichen Patrimonialgerichten[192]. An den lokalen Herrschaftsrechten hing die Landstandschaft des Kapitels ebenso wie an seiner Stellung in der kirchlichen Hierarchie. Die Ursprünge der grundherrlichen und niedergerichtlichen Herrschaftsbefugnisse des Kapitels lagen in der Einrichtung von Nebenklöstern des Hauptklosters St. Salvator schon in der Frühzeit Fuldas und in der Trennung des gesamten klösterlichen Besitzes in Abtsgut, Konvents-

---

189 S. unten S. 205–207.
190 S. S. 142–145, 149f., 160–164. Beispiele für eingehende Untersuchungen der Rolle und Zusammensetzung von Domkapiteln: KEINEMANN; RAUCH. Zur Verfassung und Geschichte des fuldischen Stifts- bzw. Domkapitels: THOMAS, Das Domkapitel des fürstlichen Hochstifts Fulda (Hs.); DERS., Sistem, I, §§ 26–34, S. 56–68; SIMON, Verfassung, S. 35–44; RICHTER, Adelige Kapitulare; DERS., Säkularisation.
191 Vgl. HELBIG, Fürsten, S. 127.
192 Die Herausarbeitung dieses Sachverhalts ist das Verdienst von HOFEMANN.

gut und Propsteigut seit dem 12. Jahrhundert. Die Funktion der Nebenklöster, an deren Spitze ein vom Abt ernannter *praepositus* (Propst) stand, war eine doppelte.

Waren sie in der Nähe des Hauptklosters errichtet, wie St. Michael, St. Peter, St. Johannes und St. Andreas in Fulda, so dienten sie – nach dem Vorbild Roms – der Ausdehnung des Klosterbereiches zu einem sakralen Bezirk; waren sie in weiter Entfernung vom Hauptkloster angelegt, wie z. B. Holzkirchen und Solnhofen (im würzburgischen bzw. im eichstättischen Herrschaftsbereich), so war das Ziel die Überwachung des ebenso ausgedehnten wie verstreuten Besitzes, die Beaufsichtigung der Pächter und Hörigen, deren landwirtschaftliche Erzeugnisse die Versorgung des Hauptklosters sicherstellten. Geistliche Anliegen bei den einen, wirtschaftliche Überlegungen bei den anderen standen also im Vordergrund. Beide Typen von Nebenklöstern verfügten über einen festen Stamm von Mönchen[193].

Rechtlich waren sie zunächst ganz vom Hauptkloster und vom Abt abhängig. Im Zuge der Aufteilung des klösterlichen Gesamtbesitzes seit der Mitte des 12. Jahrhunderts, die sich trotz mehrfacher zwischenzeitlicher Zusammenlegungen von Amts- und Konventsgut schließlich durchsetzte, errangen die Vorsteher der Nebenklöster eine größere Bedeutung und Selbständigkeit. Sie verwalteten nun den Propsteibesitz, trotz bestimmter Abgaben an das Hauptkloster und an den Abt, auch trotz der in diesen Nebenklöstern durchgeführten Trennung des Besitzes unter den jeweiligen Propst und den Konvent der Mönche, immer mehr in Eigenverantwortlichkeit und immer mehr auch zum eigenen Nutzen[194] – aus den Nebenklöstern wurden sehr einträgliche Pfründen, die selbst nach dem Untergang einiger Klöster durch Reformation und Bauernkrieg ungeschmälert im Besitz der Pröpste blieben[195]. In den Dekreten der päpstlichen Nuntien Carafa (1627), Davia (1693) und Bussi (1710) wurde diesen im Gegensatz zu kirchlichen Gesetzen stehenden besonderen Verhältnissen Rechnung getragen und die Existenz der Propsteien, die eigentlich Klöster sein sollten, sanktioniert, allerdings auch die Zweckgebundenheit der propsteilichen Einkünfte hervorgehoben und ihre Verwendung für private Zwecke untersagt[196]. Letztere Bestimmung aber stieß wie schon vorher so auch nach ihrem Erlaß auf wenig Gegenliebe seitens der Pröpste[197]. Auf Kosten der Äbte errangen die Pröpste auch lehensrechtliche und richterliche Befugnisse; die Äbte behielten aber die Hochgerichtsbarkeit.

Die alten Nebenklöster wandelten sich so zu Herrschafts- und Verwaltungsmittelpunkten im lokalen Bereich; neue Propsteien, hervorgegangen aus ehemaligen Frauenklöstern, die mit der Reformation ebenfalls ihre Anziehungskraft verloren hatten, wie Blankenau, Thulba und Zella, erhielten von Anfang an diese Funktion. An ihrer

---

193 Wenigstens sechs Mönche waren kirchenrechtlich vorgeschrieben, in den fuldischen Nebenklöstern waren es im Früh- und Hochmittelalter oft weit mehr. Vgl. HILPISCH, Propsteien, S. 110.
194 Vgl. ebd., S. 109f.
195 Die jährlichen Einkünfte lagen am Ende des Alten Reiches zwischen 18 000 fl. und 3500 fl. (RICHTER, Adelige Kapitulare, S. 40).
196 RICHTER, Statuta, S. 13–87.
197 Auf diesem Gebiet kam es ebenso häufig zu Übergriffen wie in Fragen der geistlichen Disziplin, v. a. des Zölibats. S. dazu nur die Beispiele bei LEINWEBER, Hochstift, S. 291–299; SCHAFFRATH, Balthasar, S. 103 f.

Spitze hatten ebenfalls Pröpste, wenn auch mit anderen Aufgabenbereichen (nämlich Schirmherrschaft über die Klöster in Vertretung der Äbte, Beratung der Äbtissinnen, Verwaltung des Besitzes und Vertretung der Klöster nach außen) gestanden[198], so daß ein einfacher Anknüpfungspunkt gegeben war.

Zugriffe der Äbte auf die Propsteien konnten die Pröpste schon in den Anfängen erfolgreich abwehren – die Wahlkapitulation des Jahres 1395 ist auch unter diesem Gesichtspunkt ein aufschlußreiches Dokument. Ihr zufolge durfte der Abt keinen Propst ohne schwerwiegende Gründe und vor allem nicht ohne Zustimmung des Kapitels aus seiner Stellung entfernen. Im Falle einer eigenmächtigen, nicht gebilligten Absetzung sollte keine Neuverleihung der Propstei des Abgesetzten erlaubt sein[199]. Dem Abt selbst war die Einziehung einer Propstei zu seinen eigenen Gunsten ebenso untersagt wie die Vergabe an einen Stiftsfremden, vor allem an Weltgeistliche[200]. Starb ein Propst, so fiel sein Nachlaß nicht an den Abt, sondern an die Propstei bzw. an seinen Nachfolger[201].

Mit diesen Bestimmungen glaubten die Pröpste ihre Unabhängigkeit, ihren Einflußbereich und ihre Einkünfte weitgehend gesichert; mit ihrer Hilfe behaupteten sie ihre lokale Herrschaft – die Territorialisierungsbestrebungen der Äbte, der finanzielle Zugriff des Territorialstaates ließen sie allerdings nicht unverschont. Dem Kapitel gelang es jedoch, seinen Besitzstand und seine Herrschaftsrechte um das ehemals fürstliche Gericht Großenlüder zu erweitern. Dieses Gericht, das sich nach seiner Entstehungsgeschichte und Struktur eindeutig von den propsteilichen Amtsbezirken unterschied, blieb nach seiner Verpfändung im Jahre 1439 bis zum Ende des geistlichen Fürstentums in den Händen des Kapitels, wurde im Gegensatz zu einigen anderen ebenfalls verpfändeten Ämtern (Bieberstein, Giesel) von den Fürstäbten nicht wieder eingelöst. Wesentliche Herrschaftsbefugnisse wurden daher in dieser Zeit vom Kapitel ausgeübt[202] – neben den ritterschaftlichen Patrimonialgerichten bildete so auch das kapitularische Gericht Großenlüder gewissermaßen einen Staat im Staate. Die im Spätmittelalter über die Propsteibezirke erworbenen Befugnisse konnte das Kapitel in den Auseinandersetzungen mit den Fürsten des 17. und 18. Jahrhunderts weitgehend behaupten – von dem Erfolg zeugen die Jurisdiktionsrezesse der Jahre 1656, der 1681 kaiserliche Bestätigung erhielt, und 1726 bzw. 1741[203].

Die Zahl der Propsteien schwankte im Untersuchungszeitraum ebenso wie die Zahl der Kapitulare. Nach den Statuten von 1395 gehörten zum Stift Fulda die Klöster

198 Vgl. HILPISCH, Propsteien, S. 111.
199 »Alte Statuten«, § 4: RICHTER, Statuta, S. 3f.
200 §§ 9, 10: RICHTER, Statuta, S. 5.
201 § 17: RICHTER, Statuta, S. 7.
202 Zur Geschichte des Gerichts Großenlüder s. die grundlegenden Ausführungen bei HOFE-
MANN, S. 97–102; 1150 Jahre Großenlüder, S. 29–35.
203 Die Verträge sind überliefert in: StAM 96/243 (1656, 1681 – Orig. und Kop.), 96/423 (1656 –
Kop.), 96/417, 96/106 (1681 – Orig. und Kop.), StAM R Ia, 1726 April 8, R II Kapitel, 1726 April 8
(Orig.), StAM 96/546, 96/548 (1726 – Orig. und gedruckt), StAM 96/542, StAF XXI, B 2 (1741 –
gedruckt). S. dazu HOFEMANN, S. 169–171. Zu den Befugnissen des Kapitels s. im einzelnen
THOMAS, Gerichtsverfassung, §§ 16–47, S. 25–86; DERS., Sistem, I, § 33, S. 65f.; DERS., Domkapitel (Hs.), S. 168–175; HILPISCH, Propsteien, S. 115f. – Neben den o. g. Rezessen wurde auch 1676
(9. April) eine Jurisdiktionsvereinbarung getroffen: StAM 96/419, 96/420. Für das Jahr 1701 liegt
das Konzept eines Rezesses vor: StAM 96/270.

Allendorf[204], Blankenau[205], Höchst (Odenwald)[206], Holzkirchen[207], Johannesberg[208], Michaelsberg[209], Neuenberg (Andreasberg)[210], Petersberg[211], Rohr[212], Solnhofen[213], Thulba[214] und zeitweilig Frauenberg[215], das 1410 dem Abtstisch einverleibt wurde[216], dessen Propst aber noch 1521 unter den handelnden Kapitularen aufgeführt wird[217] und erst seit 1525 nicht mehr genannt wird. Dazu kam das 1395 und 1410 nicht erwähnte Zella[218]. Im 16. Jahrhundert schieden infolge territorialer Veränderungen in der Reformationszeit und der Regelungen des Augsburger Religionsfriedens 1555 die Klöster/ Propsteien Allendorf, Höchst, Rohr und Solnhofen aus dem Stiftsverband aus[219], obwohl fuldischerseits noch lange Zeit Rechtsansprüche geltend gemacht und formell auch Pröpste ernannt wurden[220]. 1735 kam als Neugründung noch die Propstei Sannerz hinzu, die vom Fürstabt Adolf von Dalberg als Entschädigung des Kapitels für diesem entzogene Güter fundiert wurde[221].

Die Zahl der Kapitulare war nach der Erektionsbulle für das Bistum Fulda 1752 auf 15 begrenzt; der Dechant und die acht ältesten Kapitulare hatten Propsteien inne, die jüngeren Kapitulare bekleideten Ehrenämter als Präsidenten nachgeordneter Regierungsbehörden und waren den Pröpsten als Domizellare und Kommensalen beigeord-

204 SCHANNAT, Dioecesis, S. 151–155; HEIM, II, S. 281–304; LEINWEBER, Hochstift, S. 289 f., 292, 294, 296–300.
205 DERSCH, S. 11 f.; LEINWEBER, Hochstift, passim.
206 SCHANNAT, Dioecesis, S. 177–183; SIMON, S. 210–222; SCHAFFRATH, Propsteikloster Höchst; LEINWEBER, Hochstift, S. 294, 300.
207 SCHANNAT, Dioecesis, S. 95–108; AMRHEIN, Geschichte; DERS., Propsteikloster Holzkirchen; LÜBECK, Fuldaer Nebenklöster, S. 21–33; 1200 Jahre Kloster Holzkirchen, S. 20–38; STURM, Bau- und Kunstdenkmale in der Propstei Holzkirchen; DERS., Pröpste von Holzkirchen.
208 DERSCH, S. 91 f.; LEINWEBER, Hochstift, passim.
209 DERSCH, S. 52 f.; LEINWEBER, Hochstift, passim; STURM, Grabdenkmäler der Propsteikirche Michaelsberg; DERS., Pröpste auf dem Michaelsberg.
210 DERSCH, S. 123 f.; LEINWEBER, Hochstift, passim; STURM, Grabdenkmäler in der Propsteikirche Neuenberg; DERS., Pröpste von Neuenberg.
211 DERSCH, S. 131 f.; RÜBSAM, Liobabüchlein, S. 43–63; HACK, Pröpste; JESTAEDT, Besitz; LEINWEBER, Hochstift, passim; SCHWARZ, S. 18–28.
212 PUSCH; LEINWEBER, Hochstift, passim.
213 HEMMERLE, S. 292–294; LEINWEBER, Hochstift, S. 282, 287 f., 290.
214 SCHANNAT, Dioecesis, S. 190–196; LÜBECK, Fuldaer Nebenklöster, S. 44–51; STURM, Bau- und Kunstdenkmale der Propstei Thulba; DERS., Pröpste von Thulba; LEINWEBER, Hochstift, S. 293 f., 296, 300.
215 DERSCH, S. 26 f.; BIHL, S. 1 f.; LEINWEBER, Hochstift, passim; LÜBECK, Vom Frauenberge.
216 Vgl. RICHTER, Statuta, S. 11 (für 1395), GROSSART, S. 107 (für 1410).
217 Vgl. SCHANNAT, Historia, II, Nr. 259, S. 374.
218 S. dazu SCHANNAT, Dioecesis, S. 170–176; REIN; ZICKGRAF, S. 142–144; LEINWEBER, Hochstift, passim.
219 Vgl. SCHANNAT, Dioecesis, S. 145, 151 f., 178; SCHAFFRATH, Höchst, S. 134 f.; PUSCH, S. 17, 41 f., 157 f.; HEMMERLE, S. 293; ZICKGRAF, S. 145 f., sowie HOFEMANN, S. 168.
220 Als letzter Propst von Rohr beispielsweise wird der nachmalige Fürstabt Hermann Georg von Neuhoff bis zum Jahre 1625 genannt (PUSCH, S. 22, 162), letzter Propst des Klosters Höchst war Philipp Christoph von Rosenbach, 1642 (SCHAFFRATH, Höchst, S. 145). Wegen Höchst führte das Stift Fulda einen hartnäckigen Rechtsstreit mit den Grafen von Königstein und Erbach (s. SCHAFFRATH, Höchst, S. 135–145).
221 S. dazu HOFEMANN, S. 120 f.; HILPISCH, Propsteien, S. 117; AGRICOLA, Propstei Sannerz.

net[222]. Vor 1752 hatte man auf die Festlegung einer Höchstzahl von Kapitularen verzichtet; diese sollte sich in der Praxis an den zur Verfügung stehenden Propsteien und den teilweise bis in das 17. Jahrhundert hinein besetzten Klosterämtern (*Camerarius, Cellarius, Operarius* oder *Praefectus Fabricae, Testamentarius, Hospitalarius/Siechmeister, Portarius, Custos, Cantor, Infirmarius*[223]) orientieren. Nuntius Carafa hatte in seinen Dekreten 1627 vor allem dafür Sorge tragen wollen, daß immer eine ausreichende Zahl von adligen Novizen – nämlich 24 – zur Verfügung stand, aus denen die geeignetesten als Kapitulare und dann als Pröpste genommen werden könnten[224]. Mehr als 50 Jahre zuvor, 1575, hatte der päpstliche Beauftragte Nikolaus Elgard die Zahl der Präbenden für Adlige und damit auch der adligen Kapitulare auf 16 beschränken (und die Machtstellung der Nobilität durch die Präbendierung von 24 bürgerlichen Mönchen beschneiden) wollen[225].

Die durch die Erektionsbulle festgelegte Zahl von Kapitularen wurde im 18. Jahrhundert voll ausgeschöpft. In den vorhergehenden Jahrhunderten war dies längst nicht immer der Fall. Einige Zahlen mögen dies verdeutlichen – 1472: 11, 1500: 10, 1520: 15, 1530: 11, 1540: 12, 1550: 6, 1551: 5, 1552: 4, 1553–1555: 3, 1556/57, 1561/62: 2, 1566: 7, in der Folgezeit: konstant 5–7, im 18. Jahrhundert dann konsequent ansteigend auf die Normzahl 15[226]. Der teilweise extrem niedrige Personalstand zog natürlich manche Mängel nach sich. Vor allem in der zweiten Hälfte des 16. Jahrhunderts und zu Beginn des 17. Jahrhunderts wurden mehrere Propsteien, ganz im Gegensatz zu den kirchenrechtlichen Vorschriften, zeitweilig von einem einzigen Kapitular verwaltet[227].

---

222 THOMAS, Domkapitel (Hs.), S. 111; RICHTER, Adelige Kapitulare, S. 33; SIMON, Verfassung, S. 36 f. Satzungen für die Kapitulare ohne Propsteien erließen – in Fortführung der Dekrete Carafas (hier: § 35: RICHTER, Statuta, S. 24 f.) – 1736 Fürstabt Adolf von Dalberg sowie 1762 und 1774 Fürstbischof Heinrich von Bibra (Druck: RICHTER, Statuta, S. 108–112).
223 Diese Ämter wurden durch Nuntius Carafa 1627 aufgehoben, die bisher zur Erhöhung des Einkommens der einzelnen Kapitulare dienenden besonderen Einkünfte den vor kurzem in das Hauptkloster aufgenommenen reformierten Benediktinern zum Unterhalt zugewiesen. Decreta, §§ 31, 32, 41: RICHTER, Statuta, S. 21 f., 31 f.; s. auch DERS., Adelige Kapitulare, S. 5.
224 Decreta, § 35: RICHTER, Statuten, S. 24–27.
225 S. dazu GREBNER, S. 527–529.
226 Zusammenstellung nach der »Jahrweise(n) Übersicht über die Kapitulare des Stifts Fulda 1263–1766« von der Hand Amands von Buseck (StAM 90a/247), die in Einzelheiten allerdings ebensowenig zuverlässig ist wie die von RICHTER (Adelige Kapitulare) benutzten Kapitularslisten – die teilweise von der erstgenannten abstammen (vgl. SCHAFFRATH, Höchst, S. 133, Anm. 54) –, aber dennoch aufschlußreich ist.
227 Als besonders krasses Beispiel sei hier nur genannt der Fall des Reinhard Ludwig von Dalwigk, Kapitular 1583–1613, der nach und nach fast alle fuldischen Propsteien erlangte: Johannesberg, Petersberg, Michaelsberg, Thulba, Holzkirchen, Blankenau und nahezu folgerichtig 1606 auch Dechant und Propst von Neuenberg wurde. Diese Pfründenhäufung und die damit verbundene Machtstellung stießen nicht nur auf den Widerstand seiner Mitkapitulare, sondern auch des Fürstabts Johann Friedrich von Schwalbach, der ihm kurz nach seinem Amtsantritt 1606 die Einkünfte der Propsteien Johannesberg, Petersberg, Thulba und Blankenau entzog und ihm neben der dem Dechant zugehörigen Propstei Neuenberg nur Holzkirchen beließ. Diese Maßnahme führte zu einer langanhaltenden Auseinandersetzung, in der sich beide Seiten vor der Kurie in Rom zu rechtfertigen suchten. Vgl. dazu die Ausführungen bei WITTSTADT, Bemühungen, S. 187, 190–192; eine von Wittstadt angekündigte ausführliche Arbeit über »Hintergründe und Verlauf dieses Streites« ist bisher leider noch nicht erschienen.

Die Kapitulare des Stifts Fulda gehörten dem Adelsstande an. Diese Praxis wurde bereits im 14. Jahrhundert von Kaiser Karl IV. ausdrücklich bestätigt[228]. Fulda lag mit seiner Beschränkung auf den Adel zeitlich früher als viele Domkapitel, in denen dies erst Ende des 15. Jahrhunderts zur Regel wurde[229]. Zwar war Bürgerlichen der Eintritt in die dem Hauptkloster angegliederten Nebenklöster, seit Beginn des 17. Jahrhunderts auch in das Hauptkloster selbst möglich, doch blieben die einflußreichen Ämter allein dem Adel vorbehalten, der die zahlenmäßig begrenzten Einkommens- und Machtchancen zu monopolisieren verstand. Daß Graduierte bürgerlicher Herkunft den Adligen gleichgestellt waren[230], läßt sich nicht nachweisen[231].

Voraussetzung für die Aufnahme ins Kapitel war der Nachweis einer bestimmten Anzahl adliger Ahnen durch die beim Eintritt ins Stift erfolgte sogenannte Ahnenprobe. Sicherlich war dies schon die Praxis des Spätmittelalters, festgehalten wurde sie erst in den Wahlkapitulationen des 16. und 17. Jahrhunderts. In der Wahlkapitulation des Koadjutors Hartmann Burggraf von Kirchberg vom 27. März 1507 ist die Zahl der adligen Ahnen noch nicht vorgeschrieben, nur die Verpflichtung, Propsteien und Ämter ausschließlich an adelige Personen zu verleihen[232]. 1511 jedoch wurde Bonifatius von Heideck *uf beweysung seiner vier Anherrn* aufgeschworen[233]. Und am 4. September 1521 verpflichtete sich Koadjutor Johann von Henneberg, niemanden in das Stift aufzunehmen, der nicht zuvor *vier anchen, die vom adel und stifftsgnoss sein*, nachgewiesen hatte und von vier Angehörigen des stiftsfähigen Adels aufgeschworen worden war[234].

In den Reformationsdekreten des Kölner Nuntius Petrus Aloysius Carafa[235] vom 31. Juli 1627, dem zweiten »Grundgesetz« der fuldischen Verfassungsgeschichte[236], wurde festgelegt, daß bei der Ahnenprobe *quatuor solummodo ex utroque latere nobilitatis gradus* [also 16 Ahnen] *probarunt*[237]; die Zahl der in das Stift aufzunehmenden

228 Durch die Erteilung des Rechts zur Burgmannschaft in der Burg Friedberg 1357 (Druck: Schannat, Clientela, II, Nr. 550, S. 351; vgl. Thomas, Domkapitel, S. 104; Ders., Sistem, I, § 29, S. 60–62) und der Auflage an Erzbischof Gerlach von Mainz 1365, das Stift dem Adel zu erhalten (Thomas, Domkapitel, S. 104).
229 Vgl. Hartmann, S. 155.
230 Dies war z. B. in Speyer und Eichstätt bis Ende des 14. Jahrhunderts und in Worms gar bis 1545 der Fall. Vgl. Hartmann, S. 154 f.
231 Einzelne adlige Kapitulare hatten jedoch im Laufe des 15. Jahrhunderts studiert. Nachweise bei Leinweber, Hochstift, S. 291, Anm. 190.
232 Vgl. Richter, Statuta, S. 28, Anm.; LBF Hs. D 40, fol. 19ʳ.
233 StAM K 438 (Fuldaer Kopiar XIV), Nr. 340, S. 993 f.; s. auch Leinweber, Hochstift, S. 271, Anm. 66; Ders., Hutten, S. 545.
234 Vgl. Richter, Statuta, S. 28, Anm. Gleichlautend bzw. in etwas verkürzten Wendungen reversierten die Fürstäbte Philipp Schenck zu Schweinsberg am 12. Mai 1541 (LBF, Hs. D 40, fol. 16ᵛ), Wolfgang von Ussigheim am 30. Januar 1550 (StAD B 8, Nr. 8/38), Wolfgang Schutzpar gen. Milchling am 3. April 1562 (Richter, Statuta, S. 28, Anm.), Balthasar von Dernbach am 27. Juli 1570 (Komp/Richter, Balthasar, S. 59–62; LBF Hs. D 40, fol. 13ʳ), Johann Friedrich von Schwalbach am 27. November 1610 (Richter, Statuta, S. 28, Anm.).
235 Zu ihm s. die Einleitung von Wijnhoven zu: Nuntiaturberichte aus Deutschland. Kölner Nuntiatur, VII/1.
236 Zum Begriff »Grundgesetz« s. die Ausführungen von Dickmann (Westfälischer Frieden und Reichsverfassung, S. 8–13), bezogen auf die Reichsverfassung.
237 Richter, Statuta, S. 28 (§ 36).

Adligen wurde auf 24 begrenzt[238]. Auch im 18. Jahrhundert wurden 16 adelige Ahnen gefordert[239]. Mit der Ahnenprobe stand man in Fulda, wie bereits angedeutet, nicht allein; es handelte sich hierbei um eine »Eigenart des katholischen Adels der geistlichen Wahlstaaten und derjenigen Adelsgruppen, die an den vor allem kirchlichen Ämtern und Pfründen solcher Staaten interessiert waren«[240].

Zeitweilige Bestrebungen, vor allem Fürstabt Johann Bernhards Schenck zu Schweinsberg (1623–1632), das Adelsmonopol zu brechen und den Bürgerlichen gleiche Rechte zu verschaffen[241], die dann in der Beanspruchung des Abtswahlrechts durch Bürgerliche 1633 gipfelten[242], blieben infolge des entschlossenen Widerstandes der in ihren Versorgungsmöglichkeiten bedrohten Adelskreise und der negativen Stellungnahmen von Papst, Kaiser und geistlichen Fürsten in dieser Frage[243] ohne bleibenden Erfolg[244]. Bis zum Untergang des Klosters blieb das Kapitel adlig, bestätigt zuletzt päpstlicherseits in der Erektionsbulle für das Bistum Fulda vom 5. Oktober 1752[245].

Mit der Aufschwörung, der Ablegung der Ahnenprobe, die in Fulda in der Regel im Knabenalter durchgeführt wurde[246], erlangte man bereits die Anwartschaft auf eine Pfründe. Schulbesuch[247], Noviziat[248], Profeß[249] und Theologie- oder Philosophiestu-

---

238 Vgl. ebd., S. 24 (§ 35).
239 THOMAS, Sistem, I, § 28, S. 58. Bezüglich der Qualität des Adels gab es keine Auflagen: ein Kapitular konnte ebenso einer reichsritterschaftlichen wie einer landsässigen oder gar hochadligen Familie entstammen.
240 REIF, S. 35. Nachweise über die Praxis in einzelnen Kapiteln: VEIT, Geschichte; DERS., Stiftsmäßiger Adel; PÖLNITZ, Stiftsfähigkeit, S. 352 f.; DUCHHARDT, Aufschwörungsurkunde; REIF, S. 494 f.
241 S. dazu KOMP, Johann Bernhard, S. 48–104; RICHTER, Reform; DERS., Einführung.
242 S. dazu RICHTER, Schleicherts Chronik. Anhang: Die Wahlstreitigkeiten nach dem Tode des Fürstabts Johann Bernhard Schenck zu Schweinsberg, S. 162–166.
243 Vgl. dazu die Proposition Fürstabt Hermann Georgs von Neuhoff auf dem Landtag 1639 (StAM 90a/776), in der die päpstliche Entscheidung wiedergegeben und auf die damit verbundenen Kosten hingewiesen wird. S. auch RICHTER, Schleichert, S. 166.
244 Unter Hinweis auf die *alte und wolherbrachte Ordnung* hatten die adligen Kapitulare schon im Februar 1575 Vorschläge des päpstlichen Beauftragten Nikolaus Elgard zur Aufnahme bürgerlicher Mönche entschieden abgelehnt. Elgard wollte von 40 Präbenden 16 mit Adligen und 24 mit Bürgerlichen besetzen; der Nobilität sollte das passive Wahlrecht und die Verwaltung der Propsteien aber allein zustehen. S. GREBNER, S. 527–530.
245 RICHTER, Schleicherts Chronik. Urkunden, S. 138–144. Nur einmal wurde einem Bürgerlichen die Würde eines Propstes zuteil. Sturmius Helcker, der Anführer der bürgerlichen Opposition bei den Abtswahlen 1633 und 1635, erhielt 1643 die Propstei Johannesberg (vgl. RICHTER, Bürgerliche Benediktiner, S. 87). Johann Loher, der am Anfang des 16. Jahrhunderts im Auftrag des damaligen Fürstabtes Johann II. von Henneberg mehrere Propsteien reformierte, war wohl – im Gegensatz zur Auffassung SCHAFFRATHS (Höchst, S. 34) und PUSCHS (Rohr, S. 22) – nicht deren Propst, sondern nur ihr Administrator (s. auch LEINWEBER, Hochstift, S. 292–301).
246 LEINWEBER, Hutten, S. 545. Ulrich von Hutten kam nach eigenen Angaben bereits mit 11 Jahren in das Stift (BÖCKING [Hg.], Ulrici Hutteni opera omnia, II, S. 145 f.).
247 Im Spätmittelalter und zu Beginn der Frühen Neuzeit war dies ein etwa dreijähriger Besuch der Stiftsschule (oder auch einer anderen Schule), dessen Abschluß die sog. Emanzipation bildete (LEINWEBER, Hutten, S. 545 f.). An die Stelle der Stiftsschule trat später die Jesuitenschule bzw. das päpstliche Seminar.
248 Das Noviziat war ein Probejahr vor dem endgültigen Eintritt (Profeß) in den Benediktinerorden. Es war anfangs häufig gekoppelt mit dem letzten Schuljahr (LEINWEBER, Hutten, S. 546 f.).
249 Die Ablegung der Profeß erfolgte unmittelbar auf die Emanzipation, d. h. bis ins 16. Jahrhundert hinein also im Alter von 14 oder 15 Jahren (s. die Einzelnachweise bei LEINWEBER, Hutten,

dium[250] bildeten die weiteren Stationen auf dem Weg in das Kapitel; die Aufnahme in diesen Kreis war an die Vakanz einer Kapitularsstelle gebunden und erfolgte unter Ablegung des Kapitularseides[251]. Carafas Dekrete schrieben vor der Aufnahme ins Kapitel den Nachweis von Tugenden und Fähigkeiten vor, damit nicht Sechzehnjährige über die Geschicke des Stiftes mitentscheiden konnten[252]. Doch schon in der zweiten Hälfte des 16. Jahrhunderts lag zwischen Profeß und Kapitelsaufnahme ein längerer Zeitraum, der mit Studium und Priesterweihe ausgefüllt war[253]. Nach der Aufnahme in das Kapitel verging bis zur Erlangung einer Propstei im 16. und 17. Jahrhundert meist nur kurze, im 18. Jahrhundert allerdings in der Regel längere Zeit[254].

An der Spitze des Kapitels stand der Dechant; seine Stellung war nach Ausweis der Erektionsbulle für das Bistum Fulda 1752 *prima et unica... dignitas regularis*[255] und folgte im Range unmittelbar dem Fürstabt bzw. Fürstbischof. Der Dechant wurde im Gegensatz zu den anderen Kapitularen nicht vom Abt ernannt, sondern von den Mitgliedern des Kapitels und dem über zwei Stimmen verfügenden Abt mit absoluter

S. 547 f.), später gemäß den Vorschriften des Tridentinums (Conciliorum Oecomenicorum Decreta, hg. v. ALBERIGO u. JOANNOU, S. 757) nach Vollendung des 16. Lebensjahrs und entsprechender Anhebung des Eintrittsalters. Vgl. die aus dem Beginn des 17. Jahrhunderts stammenden Vorschriften über die Aufnahme junger Adliger in das Stift Fulda: StAM 96/773 (Abschrift aus dem 18. Jahrhundert: StAM 96/508; Druck: RICHTER, Statuta, S. XXIII–XXV, in Auszügen: RICHTER Adelige Kapitulare, S. 32). Eine Profeßformel aus dem Jahre 1607 findet sich bei RICHTER, Statuta, S. XVIII; die seit 1627 vorgeschriebene Profeßformel ebd., S. 54.
250 Das Universitätsstudium war keineswegs zwingend vorgeschrieben, also zunächst auch keine Vorbedingung für die Aufnahme in das Kapitel; zweijährige Studienaufenthalte wurden aber seit Beginn des 16. Jahrhunderts üblich (s. dazu LEINWEBER, Hutten, S. 551, 555 f.). S. auch Anm. 253.
251 Eine Fassung dieses Eides aus dem Jahre 1607 bei RICHTER, Statuta, S. XVIII–XX, deutscher Text: StAM 96/361. Diese Eidesformel löste allerdings den Widerspruch Fürstabt Johann Friedrichs von Schwalbach aus, dessen Rechte zugunsten des Dechants geschmälert erschienen (vgl. StAM 96/ 801, 96/365; RICHTER, Statuta, S. XX). Der von Carafa 1627 vorgeschriebene Eidestext sicherte dann wieder die Rechte des Abtes (vgl. den Druck bei RICHTER, Statuta, S. 55 f., ein späterer Zusatz dazu: ebd., S. XXVIII).
252 RICHTER, Statuta, S. 24 f., 29 (§§ 35, 37).
253 Vgl. die Kapitularsliste in StAM 90a/269. Die Beobachtung LEINWEBERS (Hutten, S. 548), daß im frühen 16. Jahrhundert die jungen Adligen sogleich nach Ablegung der Profeß in das Kapitel aufgenommen wurden, erweist sich somit als nicht generalisierbar. Dies läßt sich auch aus den von einigen Angehörigen des Fuldaer Stifts Ende des 15. und Anfang des 16. Jahrhunderts nachgewiesenen Universitätsbesuchen und deren Ersterwähnung als Kapitularen schließen (vgl. die Angaben bei LEINWEBER, Hochstift, S. 24 Anm. 77, 25, 291 Anm. 190; DERS., Hutten, S. 547). Die Erlaubnis zum Universitätsbesuch war in der Kapitulation von 1507 verankert: *Item so ye zu zyten personen aus dem stifft umb studierens willen zu hohen schulen ziehen wullten, das wir ine das vergünstigen und das nicht verhindern wulln, es hette dan redeliche notsache.* (LBF Hs. D 40, fol. 19ᵛ; RICHTER, Statuta, S. 29, Anm. Die Orthographie der Handschrift weicht etwas ab, u. a. *rediche* statt *rechliche.*) In dieser Bestimmung dürfte wohl nicht, wie LEINWEBER (Hutten, S. 551) meint, die erstmalige Zusicherung zum Ausdruck gekommen, sondern eine bereits bestehende Übung festgehalten worden sein – um sich vor eventuellen Übergriffen abzusichern. Die Übernahme der Kosten des Studiums durch das Stift geschah in einigen Fällen – ebenso wie bei »Beamten« – mittels Übertragung eines Benefiziums (vgl. LEINWEBER, Hochstift, S. 141, 243 bzw. 38, 138, 157 f.).
254 Als besonders krasses Beispiel sei die Laufbahn des Karl von Piesport angeführt: Dieser mußte nach seiner Profeß 22 Jahre bis zum Eintritt in das Kapitel warten, bis zur Erlangung einer Propstei vergingen dann weitere 18 Jahre (vgl. RICHTER, Adelige Kapitulare, S. 22).
255 RICHTER, Schleicherts Chronik. Urkunden, S. 141.

Mehrheit gewählt[256]. Er führte bei den Versammlungen des Kapitels das Präsidium[257]. Bis zum 16. Jahrhundert war das Amt an keine bestimmte Propstei gebunden; seit dieser Zeit erhielt ein gewählter Dechant die einträglichste der fuldischen Propsteien, Andreasberg (Neuenberg). Hier hatte er seinen ständigen Sitz, daneben standen ihm noch die Dechaneigebäude in der Nähe der Stiftskirche zur Verfügung[258].

Auf den Landtagen waren die Kapitulare in der Regel in eigener Person, nicht durch Bevollmächtigte vertreten. Das erleichterte die Meinungsbildung, stärkte auch ihre Position im ständischen Gefüge nicht unerheblich. Besonderes Gewicht fiel im Rahmen der Landstände natürlich dem Haupt des Kapitels, dem Dechant, zu. Die Vertretung der Auffassungen der Kapitulare nach außen wurde allerdings häufig dem kapitularischen Syndikus, dem Rechtsbeistand des Kapitels, überlassen. Dieser wiederum bekleidete neben dem Syndikat in der Regel auch einflußreiche Positionen in der fürstlichen Verwaltung und entschärfte damit potentielle Gegensätze zwischen Landesherr und Stiftskapitel!

2. Ritterschaft

Neben dem Kapitel war die Ritterschaft die wichtigste ständische Gruppierung, die stärker noch als jenes einen Konfrontationskurs mit dem Landesherrn steuerte und häufig als Wortführer der Stände auftrat. Die Grundlagen ihrer Position gegenüber den Landesherren sind bereits im ersten Kapitel dargelegt worden. Im folgenden interessieren mehr ihre Zusammensetzung, ihre innere Verfassung und ihre Organisation.

Die Berechtigung einzelner Adelsfamilien, auf Landtagen vertreten zu sein, beruhte im wesentlichen auf zwei miteinander kombinierten Faktoren, dem Lehensverhältnis zum Fürstabt und den im Fuldaer Territorium gelegenen, um einen Adelssitz gruppierten Gütern, auf denen keine Dienste und Abgaben lasteten (»freiadlige Güter«). Das Lehensverhältnis war kein ausschließliches Kriterium; denn fuldische Lehensleute waren auch Fürsten, Grafen und freie Herren außerhalb des Stiftsgebietes, die nicht der Landesherrschaft unterworfen waren[259]. Entscheidend waren die Verfügung über einen im Stiftsgebiet gelegenen und vom Stift zu Lehen gehenden Rittersitz und die daraus ableitbaren Herrschaftsrechte über Land und Leute; das Votum auf dem Landtag kann als unmittelbares Annexum des Rittergutes gewertet werden[260].

---

256 Vgl. THOMAS, Domkapitel, S. 116; SIMON, Verfassung, S. 37; RICHTER, Adelige Kapitulare, S. 39.

257 THOMAS, Domkapitel, S. 118f. Dokumentiert wurde seine überragende Stellung auch äußerlich: durch den Empfang der Chor- und Klosterschlüssel gleich nach der Wahl aus der Hand des Fürstabts, durch das Treuegelöbnis von sämtlichen Klostergeistlichen und der Dienerschaft des Kapitels und des Konvents, durch die feierliche Huldigung der Untertanen des kapitularischen Gerichts Großenlüder, der Kellerei Hinterburg und aller zur kapitularischen Audienz – der Gerichtsstelle des Kapitels – gehörigen Orte (vgl. THOMAS, Domkapitel, S. 119; DERS., Sistem, I, § 28, S. 59f. Anm. a; RICHTER, Huldigung; SCHLITZER, Huldigungen).

258 Vgl. THOMAS, Domkapitel, S. 119f. Unter dem Dechanten Bonifatius von Buseck wurde 1702–1704 durch den Frankziskanerbaumeister Antonius Peyer ein repräsentativer Bau errichtet, der eines der Schmuckstücke des barocken Fulda darstellt (FRECKMANN, Erbauer).

259 Vgl. dazu die Liste der Lehensträger bei SCHANNAT, Clientela, sowie das »Verzeichnis aller Lehensleute des Stifts Fulda«, aufgestellt von der hessischen Kanzlei in Fulda um 1634, in: StAM 4f Fulda/655, fol. 2ʳ–5ʳ.

260 Vgl. u. a. auch DE VRIES, S. 48–52; MERKER, S. 119; LÜCKE, S. 39; HAUPTMEYER, S. 103.

Mit dem Begriff »Rittersitz« werden umfaßt: 1.) »Feste Häuser«, in den Quellen oft als »steinerne Kemenaten« bezeichnet, 2.) wehrhafte Burgen und 3.) repräsentative Schloß-bauten ohne aktive Wehranlagen[261]. Gemeinsam ist allen diesen Bauten ihre Funktion als Mittelpunkt mehr oder weniger umfangreicher, oft weit verstreuter Besitzungen und damit verbundener Herrschaft über Land und Leute. Lage – sofern innerhalb des stiftischen Territoriums – und Größe der Rittersitze waren für die Landstandschaft ohne Bedeutung. Wesentlich waren nur die adlige Freiheit ihrer Inhaber und die daraus abgeleiteten Herrschaftsrechte. Die Landtagsfähigen mußten auch nicht unbedingt im fuldischen Territorium eingesessen sein, sondern konnten ihren Hauptsitz außerhalb des Stiftsgebietes haben[262].

Neben den meist von Adligen selbst errichteten und dem Stift Fulda zu Lehen aufgetragenen Adelssitzen als Quelle landständischer Partizipationsrechte gab es landes-fürstliche Burgen, ursprünglich zur Grenzsicherung oder zur Herrschaftssicherung nach innen erbaut und mit Burgmannen adligen Geschlechts, aber ministerialischer Her-kunft[263], besetzt, die für ihre Dienste mit Teilen der Burgen und dazugehörigen Gütern belehnt wurden und auf diese Weise Landstandschaft erreichten. Eine dritte Form von Burgenbesitz und Herrschaftsrechten mit der daraus ableitbaren Landtagsfähigkeit waren Pfandschaften landesfürstlicher Burgen, die in der spätmittelalterlichen Geschichte Fuldas und noch bis in die landständische Zeit hinein eine Rolle spielten. Soweit die Burgen, die zusammen mit Verwaltungsbezirken (Ämtern, Gerichten und Städten) verpfändet wurden, nicht als Rentenpfänder, sondern als Herrschaftspfänder ausgegeben waren, war damit auch das Anrecht auf Landstandschaft verbunden[264].

Die genannten Kriterien der Landtagsfähigkeit lassen sich erschließen, wenn man die Teilnehmerlisten bzw. Ausschreiben fuldischer Land- oder Rittertage in Verbindung setzt zur Besitzgeschichte adliger Herrensitze und landesfürstlicher Burgen. Dieses methodische Vorgehen ermöglicht es auch, den Kreis der landtagsberechtigten Adligen zu bestimmen, der erheblichen Schwankungen unterworfen war. Ursachen dafür waren natürliches Aussterben einzelner Familien, die Lehnsfolgepraxis im Stift Fulda, derzu-folge es sowohl Mann- als auch Weiber- oder Kunkellehen gab[265], die Erbfolgeregelung innerhalb der Adelsfamilien, die häufig keine Beschränkungen auf Erstgeburtsrecht und lineare Erbfolge, sondern weibliche Erbfolge und Ausstattung der Töchter und ihrer

261 S. dazu die Typologisierung der Adelssitze bei Spiegel, S. 17–41.
262 Dies trifft auch für viele andere Territorien des Reiches zu, z. B. Pfalz-Neuburg. Vgl. Eikam, S. 74–77.
263 Dies gilt wohl für alle Territorien des Reiches. Vgl. als Beispiel: Merker, S. 30–32.
264 Vgl. dazu auch v. Reden, Landständische Verfassung, S. 174.
265 Die Regelung der Lehensfolge im Stift Fulda war nicht einheitlich. Es gab Mannlehen, aber auch Weiber- oder Kunkellehen, d. h. alle Angehörigen einer Familie waren ohne Ansehen ihres Geschlechts erbberechtigt. Nach einem Bericht Fürstabt Wolfgangs II. von Ussigheim vom 18. August 1551 an Kaiser Karl V. über die Lehensfolge-Regelung in Fulda (auszugsweise wiederge-geben bei Müller, Rhön, I, S. 62) waren dies alles Lehen, die nicht ausdrücklich – als Burggüter und Burglehen, durch Burgfrieden oder sonstige Familienverträge – als Mannlehen bezeichnet waren, und das war die Mehrzahl der Lehen (zur weiblichen Erbfolge in einer Familie, den von Ebersberg gen. von Weyhers, s. Müller, Rhön, S. 63). Als Folge davon wurden Anteile an den Adelssitzen wie an den sonstigen Besitzungen den Töchtern als Heiratsgut zugestanden und der durch Teilungen unter den erbberechtigten Söhnen meist ohnehin schon zersplitterte Besitz noch weiter geteilt – somit auch der Kreis der Landtagsfähigen ausgeweitet. Auf der anderen Seite stuften die Fürstäbte die Lehen oft als Gesamtlehen ein und belehnten nicht einzelne Adlige (die

Ehemänner mit Anteilen am Rittersitz als Heiratsgut vorsahen[266], und die Bildung von Ganerbenverbänden.

Ein Überblick über die Adelsfamilien im Stift Fulda läßt sich anhand der überlieferten Ausschreiben bzw. Teilnehmerlisten von Land- oder Rittertagen[267], unter Einbeziehung von gedruckt bzw. archivalisch vorliegenden Verzeichnissen des buchischen Adels, die aber immer nur einen Ausschnitt bieten, zum Teil auch auf Landtagsausschreiben zurückgreifen[268], und von Steuerzahlerlisten[269] gewinnen. Vervollständigt werden müssen diese durch die – im Einzelfall schwierig zu rekonstruierende – Besitzgeschichte der adligen Häuser, Burgen oder Schlösser im 16. und 17. Jahrhundert.

Leider fehlt es an Untersuchungen über die Besitzverhältnisse[270] des einheimischen Adels. Die im Anhang gebotene Zusammenstellung der landtagsfähigen Adelssitze und ihrer Inhaber, der neben den von Schannat in seiner »Clientela Fuldensis« benutzten Lehensakten und einigen wenigen Familiengeschichten ungedrucktes Material zugrundeliegt, kann diesem Mangel natürlich nur bedingt abhelfen. Sie verdeutlicht aber umfassender als die nur partiell überlieferten Landtagsausschreiben und Teilnehmerlisten den Kreis der Landtagsberechtigten und die rechtlichen Grundlagen ihrer Partizipation an der Regierung des Stiftes. Wünschenswert wäre auch eine Untersuchung der mit den Besitzungen verbundenen wirtschaftlichen Kraft der einzelnen Adelsfamilien gewesen, um ihr Gewicht innerhalb der Buchischen Ritterschaft noch näher bestimmen zu können, als dies die weiter unten folgende Aufstellung der Ausschußmitglieder vermag. Doch sind für die Durchführung eines solchen Vergleiches die Grundlagen erst noch zu legen.

Familienältesten in der Regel), sondern ihre ganze Familie – wodurch sie ihre Einnahmen nicht unerheblich steigern konnten, wurden doch bei jedem Wechsel unter den Mitbelehnten Neubelehnungen und damit Lehnsgelder fällig. Zum Lehnswesen im Stift Fulda s. GRAUEL, Abweichungen; BEUDER.

266 Erst allmählich verstanden sich einzelne Familien zu Maßnahmen der Sicherung und Wahrung des Familienbesitzes, indem sie das Prinzip der Erbteilungen und der Aussteuern in Form von Anteilen am Adelssitz aufgaben und in Burgfrieden und Familienverträgen Geldabfindungen der Töchter, z. T. auch der nachgeborenen Söhne, festlegten. Ein Beispiel dafür bietet die Familie von Erthal, die 1552 Geldzahlungen als Mitgift für heiratende Töchter festlegte und im Burgfrieden 1555 die Majoratsherrschaft einführte – mit dem Recht der Erstgeburt und linearer Erbfolge; weibliche Erbfolge sollte nur bei Aussterben des Mannesstammes fällig werden (vgl. KITTEL, S. 118, 120). Aber längst nicht alle Familien waren zu einer solchen Regelung bereit oder finanziell in der Lage.

267 Teilnehmerlisten bzw. Einladungen für Land- bzw. Rittertage gehen aus der Zusammenstellung S. 184f. mit Anm. 188 sowie aus dem Anhang 1 hervor.

268 S. GOESSMANN, S. 252; StAM 95/139, StAM 4f Fulda/545 (Verzeichnisse aus dem frühen 17. Jahrhundert), StAM 90a/259 (Notitiae des Fürstabts Amand von Buseck aus der Mitte des 18. Jahrhunderts über Vasallen und Castrenses des Stifts Fulda, darin fol. 32^r–33^v: Verzeichnis des Buchischen Adels).

269 S. StAM Rechnungen II Fulda, 313 (Ständeanlagen 1557) – ausgewertet von KRAMER, Familiennamen; StAM 90b/407 (Verzeichnis der zu Reichssteuern herangezogenen Verwaltungseinheiten und ritterschaftlichen Familien: 1594, 1596, 1598, 1599, 1600, 1603, 1604, 1609, 1610, 1614, 1615, 1630, 1631); StAM Rechnungen II Fulda, 309 (Reichssteuer-Rechnungen 1594, 1598, 1603); StAM Rechnungen II Fulda, 314 (Ständesteuer-Rechnung 1609); StAM Rechnungen II Fulda, 315 (Ständische Steuerrechnung 1614); StAM Rechnungen II Fulda, 310 (Schatzungsrechnung der Ritterschaft 1628–1630); StAM Rechnungen II Fulda, 312 (Rechnung der Ständeanlagen 1629).

270 Wie sie etwa MIELKE in vorbildlicher Weise für die Familie von Hattstein im Taunus, deren letzte Mitglieder in der ersten Hälfte des 18. Jahrhunderts wichtige Positionen in der fuldischen Verwaltung und im Hofstaat eingenommen haben, vorgelegt hat.

Unter Verweisung auf den Anhang seien an dieser Stelle nur die landtagsfähigen Adelsgüter und die landtagsberechtigten Adelsfamilien des Stiftes, in alphabetischer Reihenfolge, genannt. Adlige Burgen befanden sich in: Borsch, Buchenau, Burghaun, Buttlar, Diedorf, Dipperz, Eichenzell, Großenlüder, Großentaft, Ketten, Langenschwarz, Leibolz, Lengsfeld, Mansbach, Mittelkalbach, Motzlar, Müs, Niederbieber, Niederkalbach, Oberbimbach, Obererthal, Poppenhausen, Römershag, Schackau, Schlitz, Sodenberg, Steinau, Stolzenberg, Tann, Ürzell, Uttrichshausen, Völkershausen, Wehrda, Wenigentaft, Weyhers und Windheim. Landesfürstliche Burglehen und verpfändete Burgen waren in: Brückenau, Geisa, Herbstein, Lauterbach, Salmünster, Schildeck, Soden, Vacha und Werberg. Die im Zusammenhang damit zu nennenden wichtigsten Adelsfamilien des Stiftes waren: von Berlepsch, von Boyneburg zu Lengsfeld, von Buchenau, von Buttlar, von Ebersberg gen. von Weyhers, von Eberstein, von Erthal, von Fischborn, von Gelnhausen, von Haun, von Hutten, von Lautter, von Lüder, von Mansbach, von Merlau, von Mörle gen. Böhm, Riedesel zu Eisenbach, von Romrod, Schad zu Leibolz, von Schlitz gen. von Görtz, von der Tann, von Thüngen, von Trübenbach, von Völkershausen, von Wildungen. Viele dieser Familien waren außer im Stift Fulda in fränkischen Territorien begütert (und mit diesen Besitzungen Mitglieder der Reichsritterschaft) oder in der Landgrafschaft Hessen (und als solche landsässig).

Auf die Kriterien der Besitz- und Herrschaftsrechte auf dem Grund und Boden des Stifts Fulda, gleich ob Lehen-, Allod- oder auch Pfandbesitz, stützte sich auch der in anderem Zusammenhang bereits angesprochene Versuch der Buchischen Ritterschaft, 1610 eine Rittermatrikel aufzustellen[271]. Man wollte damals alle im Stift Fulda gelegenen adligen Güter mit ihren *zugehörigen Stätten, Markflecken, Dörfern, Hoefen, Weylern undt Wüstungen, Lehen undt aigen* erfassen und mit einer Rittersteuer belegen: Ziel war ein tatkräftigeres Vorgehen des Adels – in Richtung auf den Ausbruch aus dem Stiftsverband und die Anerkennung der Reichsunmittelbarkeit[272].

Damals und in der Folgezeit wurde das Kriterium des Adelssitzes verbunden mit dem der Abstammung. Die Buchische Ritterschaft achtete bis weit ins 17. Jahrhundert hinein streng darauf, daß kein Bürgerlicher ein adliges Gut erwarb und in ihre Kreise einheiratete. Erst nach dem Ausscheiden aus dem Stiftsverband öffnete man sich für kapitalkräftige Mitglieder der fuldischen Regierung, die auf diese Weise den mit der Nobilitierung durch den Kaiser eingeleiteten sozialen Aufstieg abzusichern vermochten[273]. Mit diesen lange Zeit praktizierten sozialen Abschließungstendenzen befand man sich in Übereinstimmung mit den ritterlichen Korporationen vieler anderer geistlicher wie weltlicher Territorien[274], auch wenn die Ablegung einer Ahnenprobe zunächst nicht vorgeschrieben war.

---

271 S. S. 77–79.
272 Vgl. R Ia, 1610 Jan. 19, teilweise abgedruckt bei HOFEMANN, S. 188.
273 Johann Ludwig Joannis bzw. sein Sohn wurden als »von Langenschwarz«, Gerhard Georg Vogelius als »von Schildeck« nobilitiert. Dem Vorgänger von Joannis und Vogelius im fuldischen Kanzleramt, Dr. Wilhelm Ignatius Schütz, gelang der Erwerb eines Rittergutes (wie Langenschwarz oder Schildeck) allerdings nicht – zwei Anläufe scheiterten.
274 Z. B. Paderborn, Bremen, Osnabrück, Hildesheim, Essen, Kursachsen, Bamberg: JACOBS, S. 60 f.; DÜRING, S. 58; v. BRUCH, S. 6 f.; LÜCKE, S. 40; DE VRIES, S. 50 f.; GÖSSEL, S. 15 f.; BACHMANN, S. 102.

Im Laufe der landständischen Periode verfestigte sich die innere Organisation der Buchischen Ritterschaft. Zentrum der ritterschaftlichen Politik und oberstes Gremium waren seit den ersten korporativen Zusammenschlüssen die »Vollversammlungen« der Ritter, die Rittertage. Sie hatten beratende, beschließende und exekutive Funktion; diese konnten sie an einzelne Mitglieder, in der Regel den Ausschuß, delegieren.

Schon vor und während der ersten Landtage hatten die Ritter Ausschüsse gebildet. Anknüpfungspunkte waren die alten Einungen und der hauptsächlich geistlichen Zwecken dienende Simplicius-Orden von 1492, an dessen Spitze ein Oberkustos und ein Vierer-Gremium als Beratungs- und Aufsichtsorgan standen. 1510 wurden ein Obmann und vier beigeordnete Räte gewählt. Die Austräge zwischen Graf Wilhelm von Henneberg und der Ritterschaft 1521 sowie zwischen Koadjutor Johann und den Rittern 1525 wurden mit acht- bzw. vierköpfigen Ausschüssen ausgehandelt[275]. Deswegen verwundert es nicht, daß die Ritter auch auf den Landtagen schon bald zur Bildung von Ausschüssen schritten, die die Interessen des gesamten Corpus gegenüber der Landesherrschaft wie gegenüber den Mitständen vertreten sollten; die Mitgliederzahl schwankte zunächst zwischen vier und neun Rittern.

Das Ausschußwesen erleichterte die Arbeit der Landtagsversammlungen nicht unwesentlich, indem es das Willensbildungsverfahren der Landstände abkürzte. Da die Ausschußmitglieder jedoch an das Mandat der Gesamtheit der Ritter gebunden waren und auf die Positionen ihrer Verhandlungspartner nicht immer flexibel reagieren konnten, bestand andererseits die Gefahr der Verzögerung – häufig verlangten die Ausschüsse Rücksprache mit den übrigen Rittern, um sich mit ihnen über ihre Haltung zu verständigen; manchmal nahmen sie dies auch zum Vorwand, um unangenehme Entscheidungen möglichst lange hinauszuzögern. Grundsätzlich aber überwogen die Vorteile des Ausschußwesens die Nachteile. Erstmals trat auf dem Landtag von 1538 ein ritterschaftlicher Ausschuß in Erscheinung, der aus neun Vertretern bestand. Diesem Beispiel, das von fürstlicher Seite gefördert wurde, folgte man auf den Landtagen 1548, 1557, 1566, 1613, 1614 und 1619[276]. Auf dem Landtag 1577 waren sämtliche Stände nur durch einen gemeinsamen Ausschuß vertreten[277].

Ihr besonderes Gewicht erfuhren die ritterschaftlichen Ausschüsse aber außerhalb der landständischen Versammlungen, vor allem seit dem Ausbruch der Auseinandersetzungen mit Abt Balthasar und dem energischen Kampf der Ritter um die Reichsunmittelbarkeit. In diesen Auseinandersetzungen konstituierten sich ein »Engerer Ausschuß« (vier

---

275   1492: Vierer-Gremium: Simon von Schlitz gen. von Görtz, Marschall, Hans von Ebersberg gen. von Weyhers, Walter von Mörle gen. Böhm, Kaspar von Buchenau (SCHANNAT, Historia, II, Nr. 235, S. 327; LÜNIG, XII, 2. Abt., S. 318; StAM R Ia, 1492 Jan. 9; StAM K 436 [Fuldaer Kopiar XII], Nr. 309, S. 726). – 1510: Obmann: Konrad von Mansbach, Beigeordnete: Hans von Ebersberg gen. von Weyhers d. Ä., Hans von der Tann, Ulrich von Hutten, Stam von Schlitz gen. von Görtz (MADER, III, S. 106; StAM 109/440). – 1521: Ausschuß: Balthasar von Ebersberg gen. von Weyhers, Hans von der Tann, Daniel von Fischborn, Werner von Schlitz gen. von Görtz, Boss von Buchenau, Dietrich von Mörle gen. Böhm, Karl von Trübenbach, Ludiger von Mansbach (StAM K 440 [Fuldaer Kopiar XVI], Nr. 98, S. 401–404; StAM 90a/767 [Kop.]). – 1525: Ausschuß: Ludwig von Boyneburg, Hans von der Tann, Werner von Schlitz gen. von Görtz, Karl von Trübenbach (StAM R Ia, 1525 Okt. 9; R II Kapitel, 1525 Okt. 9; StAM 90a/ 761 [Auszug, Kop.]; LBF Hs. D 40, fol. 20ʳ–24ʳ [Kop.]; StAM 109/401 [Kop.]).
276   S. S. 184 f.
277   S. StAF I A2, fol. 88ᵛ–92ʳ.

oder fünf Mitglieder) und ein »Weiterer Ausschuß« *(Weiterer Special-Ausschuß, Größerer Ausschuß, General-Ausschuß)* aus 13 Mitgliedern, unter denen die fünf des Engeren Ausschusses waren[278]. Diese Ausschüsse wurden zwar an die Zustimmung der übrigen Ritter zu beabsichtigten Handlungen gebunden, ihre einmütig gefaßten Beschlüsse aber sollten für die Meinungsbildung der übrigen Ritter von großer Bedeutung sein: Was der Ausschuß einmütig für ratsam erachtete, sollte ein jedes Ausschußmitglied seinen Nachbarn und Freunden vortragen; wenn von diesen keine Änderungsvorschläge kamen, hatte der Ausschuß Gewalt, nach seinen Vorstellungen zu handeln[279].

Sanktioniert wurde die Stellung des Ausschusses als oberstes Organ der ritterschaftlichen Vereinigung in der Capitulatio von 1610, die auch die Anlage der Rittermatrikel beschlossen hatte. Dem Ausschuß oblag die politisch-rechtliche Vertretung der Körperschaft nach außen wie die Verwaltung im Innern. Seine Machtbefugnisse umfaßten beispielsweise die Ergreifung der erforderlichen Maßnahmen zur Abwehr äußerer Gefahren, die Interessenvertretung bei rechtlichen Austrägen, die Exekution getroffener Entscheidungen, die Bewilligung von Anlagen und die Erweiterung der Ordnung. Ausdrücklich ans Herz gelegt wurde ihm der gewissenhafte Umgang mit den Finanzen – als Kontrollorgan fungierte hierfür die Versammlung der Geschlechtsältesten, denen jährlich auf Michaelis (29. September) die Rechnung über Einnahmen und Ausgaben vorgelegt werden mußte. Besondere Sorgfalt sollte auch auf die Archivierung der anfallenden Schriftstücke gelegt werden.

Die Anfänge eines geordneten Archivwesens waren bereits im Abschied der Ritterversammlung vom 29. Februar 1600 greifbar geworden, in welchem dem Ausschuß die Aufsicht darüber aufgetragen wurde, daß Akten und Briefe zusammengebracht und an einem sicheren Ort verwahrt wurden, daß von den wichtigen Schriftstücken Kopien angefertigt wurden, auf die jederzeit zurückgegriffen werden konnte, wenn der Gebrauch der Originale nicht notwendig war, und die bei Bedarf den Advokaten zugestellt werden konnten[280].

Bei Entscheidungen des Ausschusses sollte die einfache Stimmenmehrheit den Ausschlag geben. Abwesenheit oder Ausscheiden eines Mitgliedes beeinträchtigte die Entscheidungsvollmacht der übrigen Mitglieder nicht; die abwesenden Ausschußmitglieder hatten wie alle anderen Ritter auch die Beschlüsse zu *accomodiren*. Für Missionen und Verrichtungen im Interesse der Ritterschaft standen den Ausschußmitgliedern Entschädigungsgelder in Höhe von 3 fl. täglich zu (wovon die Mahlzeiten für sie selbst und ihre Diener sowie das Futter für die Pferde zu bestreiten waren). Die Kopplung offizieller Verrichtungen mit Privatangelegenheiten war dabei strikt untersagt.

Die Ausschußmitglieder wurden auf den Rittertagen von den Anwesenden gewählt und blieben bis zum nächsten Rittertag im Amt; hier wurden sie entweder bestätigt oder abgewählt und durch andere Ritter ersetzt.

In den Ausschüssen dominierten die Angehörigen der führenden Familien innerhalb der Buchischen Ritterschaft, so die von der Tann, von Schlitz gen. von Görtz, von Mansbach, von Buchenau, von Ebersberg gen. von Weyhers, von Boyneburg zu Lengsfeld, von Haun, von Trübenbach, von Mörle gen. Böhm und von Völkershausen.

---

278 S. S. 39 f., 201.
279 S. Abschied vom 17. August 1574: Vollmacht auf den Ausschuß der 13, in: StAM 109/383.
280 S. Abschied vom 29. Februar 1600, in: StAM 109/401.

Dies geht aus der nachfolgenden Aufstellung der Ausschüsse auf den Landtagen wie aus der Zusammenstellung der Ausschußmitglieder, die außerhalb von Landtagen für die ritterschaftliche Politik verantwortlich zeichneten, deutlich hervor. Dem Erbmarschall aus der Familie von Schlitz gen. von Görtz, noch weniger dem Hofmarschall, der nur in Ausnahmefällen mit dem Erbmarschall identisch war[281], kam ex officio keine führende Stellung zu, wie dies in einigen Territorien des Reiches der Fall war[282]. Seine leitende Position beschränkte sich auf die Verrichtung der Hofdienste und die zeitweise daran geknüpfte Tätigkeit im Rahmen der Landeszentralverwaltung[283].

Adelsausschüsse auf Landtagen[284]

Familien	Jahr (Anzahl der Ausschuß-Mitglieder)				
	1538 (9)	1548 (6)	1557 (4)	1566 (5)	1600 (5)
von Mansbach	Ludiger	Ludiger		Karl	
von der Tann	Cuntz		Eberhard, Christoph	Melchior Anarck	Melchior Anarck
von Ebersberg gen. von Weyhers	Balthasar	Balthasar			Otto Heinrich
von Trübenbach	Karl	Karl		Lukas	
von Haun	Martin	Martin			
von Boyneburg zu Lengsfeld	Jörg, Dr.	Hartmann			
von Mörle gen. Böhm	Dietrich				
von Eberstein	Philipp				
von Fischborn	Daniel				
von Schlitz gen. von Görtz		Friedrich		Eustachius	Johann Eustachius
von Merlau			Valentin	Heinz	Johann
Riedesel			Adolf Hermann		
von Wildungen					Melchior Christoph

281 So Eustachius von Schlitz gen. von Görtz, 1560–1575.
282 Z. B. in Paderborn (JACOBS, S. 68). Auch in Hildesheim nahm der Erbmarschall keine leitende Position in den Ausschüssen ein (LÜCKE, S. 45).
283 S. dazu S. 277–279.
284 Quellen: StAM 90a/741 (1538), 90a/746 (1548), 90a/747 (1557), 90a/748 (1566), 90a/753 (1600).

Ausschüsse der Buchischen Ritterschaft außerhalb von Landtagen[285]

1574 (19. April)
(4 Mitgl.)
Eberhard von der Tann, Karl von Mansbach, Eberhard von Buchenau, Georg von Haun d. Ä.

1574 (17. Aug.)
(13 Mitgl.)
Christoph und Friedrich von der Tann, Curt Till von Berlepsch, Hans von Schlitz gen. von Görtz d. Ä., Karl von Mansbach, Georg d. Ä. und (Wilhelm) Rudolf von Haun, (Eitel) Fritz von Romrod, Eberhard von Buchenau, Valentin von Gelnhausen, Christian von Völkershausen, Valentin von Trümbach, Wolf Dietrich von Mörle gen. Böhm

1576 (23. Juli)
Engerer (Spezial-) Ausschuß (5 Mitgl.):
Curt Till von Berlepsch, Eberhard von Buchenau, Melchior Anarck von der Tann, Wilhelm Rudolf von Haun, Wolf Dietrich von Mörle gen. Böhm
Weiterer (General-) Ausschuß (8 Mitgl.):
Hans Georg von Boyneburg zu Lengsfeld, Hans von Schlitz gen. von Görtz, Karl von Mansbach, Georg von Haun d. Ä. zu Diedorf, Eitel Fritz von Romrod zu Buttlar, Valentin von Gelnhausen zu Dipperz, Valentin von Trümbach zu Wehrda, Christian von Völkershausen

1593 (13. Nov.)
Engerer Ausschuß (5 Mitgl.):
Melchior Anarck von der Tann, Eberhard von Buchenau, Wilhelm Rudolf von Haun, Wolf Dietrich von Mörle gen. Böhm, Wilhelm von Boyneburg zu Lengsfeld
Weiterer Ausschuß (7 Mitgl.):
Karl von Mansbach, Karl von Dörnberg, Eitel Fritz von Romrod, Christian von Völkershausen, Georg von Trümbach, Georg Friedrich von der Tann, Melchior Neidhard von Lautter zu Mittelkalbach

1596 (13. Nov.)
Engerer Ausschuß (5 Mitgl.):
Melchior Anarck von der Tann, Eberhard von Buchenau, Karl von Dörnberg, Georg Friedrich von der Tann und ein namentlich nicht genanntes Mitglied
Weiterer Ausschuß (8 Mitgl.):
Karl von Mansbach, Christian von Völkershausen, Wilhelm von Boyneburg zu Borsch, Ludwig von Boyneburg zu Lengsfeld, Friedrich Geuß von Mansbach, Friedrich von Haun, Wilhelm Balthasar von Schlitz gen. von Görtz und ein namentlich nicht genanntes Mitglied

1603
(5 Mitgl.)
Wolf Dietrich von Mörle gen. Böhm, Karl von Dörnberg, Christian von Völkershausen, Friedrich Geuß von Mansbach, Georg Friedrich von der Tann

1619
Engerer Ausschuß (4 Mitgl.):
Kaspar von der Tann, Wilhelm Friedrich von Völkershausen, Dietrich von Schachten, Daniel von Hutten
Weiterer Ausschuß (14 Mitgl.):
Wilhelm Balthasar von Schlitz gen. von Görtz, Alexander von der Tann, Georg Daniel von Mansbach, Georg Christoph von Buchenau, Melchior Neidhard von Lautter, Kraft Christoph von Boyneburg, Wolf Hermann von Boyneburg, Georg Eberhard von Boyneburg, Georg Melchior von Buchenau, Johann Reinhard von Lütter, Lukas Wilhelm von Romrod, Balthasar Philipp von Mörle gen. Böhm, Heinrich Karl von der Tann.

---

285 Quelle: StAM 109/383: *Abcopirte volmachten der ritterschaft in Buchau contra abbt Balthasarn von Dernbach* (1574–1598); für 1613 ff.: MADER, X, S. 631–636.

Nach dem Vorbild der reichsritterschaftlichen Kantonsverfassung und im Zuge ihres propagierten, de facto aber nur sehr bedingt vollzogenen Beitritts zum Kanton Rhön-Werra stellte die Buchische Ritterschaft Ende des 16. Jahrhunderts ein Mitglied des Ausschusses als Direktor an ihre Spitze. Namentlich bekannt ist als erster Wilhelm von Boyneburg zu Borsch, dem nach seinem Tod Georg Friedrich von der Tann folgte (Wahl am 13. November 1596)[286]. In den zwanziger Jahren des 17. Jahrhunderts wurde der Ausschuß als Spitzengremium durch das Direktoriat abgelöst, das zwei Ritter gemeinsam wahrnahmen. So wurden 1628 Wilhelm Balthasar von Schlitz gen. von Görtz und Wilhelm Friedrich von Völkershausen in dieser Funktion mit der Rechnungslegung der bewilligten Anlage (zur Abwehr der Rekatholisierungsmaßnahmen Abt Johann Bernhards) beauftragt[287]. In der Zeit der Besetzung des Stifts Fulda durch Hessen legte man Wilhelm Friedrich von Völkershausen – der gleichzeitig Ritterhauptmann des Kantons Rhön-Werra war – dann den Titel eines »Hauptmannes in Buchen« bei, gegen den die hessische Regierung sogleich entschieden protestierte[288]. Auch nachfolgenden Protesten der Fürstäbte zum Trotz[289] wurde an dieser Bezeichnung in der Folgezeit festgehalten. Völkershausen blieb bis 1645 in diesem Amt; sein Nachfolger wurde Johann Volpert von Schlitz gen. von Görtz.

Als Rechtsberater wie zur Erledigung des anfallenden Schriftverkehrs bediente sich die Buchische Ritterschaft der Dienste eines Syndikus. 1593 wird erstmals in dieser Funktion Dr. Philipp Berck genannt[290]. Ein eigener Konsulent wurde 1628 im Gefolge der Abwehr der Rekatholisierungsmaßnahmen Abt Johann Bernhards angestellt[291]. Vorher hatte man sich des Rates der Rhön-Werraischen Ortskonsulenten bedient, unter denen Dr. Regnerus Sixtinus, sein Sohn, der spätere hessische Kanzler in Fulda, Wilhelm Burkhard Sixtinus (1613 angestellt), und David Röder (1618 angestellt) herausragten[292]. Daneben betraute man von Fall zu Fall Advokaten und Notare mit der Wahrnehmung der ritterschaftlichen Interessen. Die Advokaten waren nicht hauptamtlich bestellt, sondern auch für andere Herren tätig, und gaben daher häufig Anlaß zu Klagen[293]. Nach der Capitulatio von 1610 sollten sie bei auswärtigen Verrichtungen 2 fl. täglich als Aufwandsentschädigung erhalten, Notare für die gleiche Tätigkeit 1½ fl. [294].

---

286 StAM 109/383.
287 S. Rezeß vom 27. März 1628: Kopie in: StAM 109/402, Extrakt in: StAM 109/454.
288 Vgl. Schreiben von Statthalter, Kanzler und Räten zu Fulda an Direktor, Hauptleute und Räte der Ritterschaft in Franken von 28. Oktober 1633. Kopie in: StAM 4f Fulda/637, fol. 94ʳ.
289 Vgl. z. B. die Spezifikation der Beschwerden des Stifts gegen die Ritterschaft, 1649. Konzept in: StAM 95/116.
290 StAM 109/383.
291 StAM 109/989.
292 Bestallungen der Letztgenannten: StAM 109/937.
293 Das geht u. a. daraus hervor, daß sich der Ausschuß auf seiner Zusammenkunft am 2. Juli 1612 darüber beklagte, daß Dr. Johann Eylich (Eglein), der bisherige Advokat, wegen seiner vielen anderen Beschäftigungen die Aufgaben für die Ritterschaft vernachlässigt habe. Er sollte deshalb ersucht werden, *sich in der ritterschaft beständige dienste einzulassen;* zuvor wollte man allerdings die Stellungnahme von Dr. Regnerus Sixtinus, dem ehemaligen Syndikus des Kantons Rhön-Werra, einholen. Vgl. Abschied, in: StAM 109/454.
294 StAM 109/454, 109/863.

3. Städte

Grundlagen der Landstandschaft der Städte waren ihre rechtliche Hervorhebung gegenüber dem Umland und ihre – im Vergleich zu Rittern und Kapitel allerdings wesentlich begrenzteren und im Gegensatz zu diesen kollektiv wahrgenommenen – herrschaftlichen Befugnisse, ihre zwischenobrigkeitliche Stellung, die sich vor allem in der Steuerautonomie für ihre Bürger und in ihrer niederen Gerichtsbarkeit ausdrückte, und ihr unmittelbares Verhältnis zum Fürstabt. Die Berechtigung zur Vertretung der städtischen Interessen stand der Stadtgemeinde als juristischer Person zu und wurde daher von ihren Organen, von Bürgermeister und Rat, wahrgenommen. Diese ernannten und instruierten die städtischen Deputierten, die in der Regel ihrem Kreis entstammten.

Die Stellung der Städte innerhalb der landständischen Organisation des Stifts Fulda war im wesentlichen bestimmt durch zwei Faktoren: ihre, aus den Stadterhebungen durch den Fürstabt herrührende Abhängigkeit von diesem und ihre wirtschaftliche Kraft. Dabei wirkte der erstgenannte Faktor als starkes Hemmnis für ständische Bestrebungen der Städte. Denn sie vermochten es nicht, trotz zum Teil gewaltsamer Versuche[295], sich von dem bestimmenden Einfluß des Landes- und Stadtherrn zu befreien. Nach 1525 sind jegliche Bestrebungen in dieser Richtung unterblieben – die Residenzstadt wie die Landstädte stellten die fürstliche Oberherrschaft nicht mehr in Frage. Die Kraft des sich nach innen wie nach außen verfestigenden Flächenstaates und seines zunehmend zentralistischen Verwaltungsausbaues wird auch hier spürbar. Auf Einzelheiten über die Abhängigkeit der Städte vom Landesherrn, auf ihre begrenzte Selbstverwaltung kann hier nicht eingegangen werden; sie sind bekannt[296].

Der zweite Faktor dagegen wirkte in genau entgegengesetzter Richtung. Die wirtschaftliche Kraft der Städte, in erster Linie natürlich der Residenzstadt, beruhend auf einer leistungsfähigen, exportintensiven und bis zum 30jährigen Krieg in hoher Blüte stehenden Leinweberei, Wollweberei und Tuchherstellung[297], machte sie für die Regelung der finanziellen Anforderungen an das Stift unentbehrlich. Dieser Tatsache ist es zuzuschreiben, wenn städtische Vertreter auf nahezu allen Landtagen nachzuweisen sind. Außerdem wurde mit ihnen, wie mit den anderen Ständen, zeitweise auch gesondert verhandelt, um ein gemeinsames Vorgehen der Stände auszuschalten. Ihr Fehlen auf dem Landtag 1526 ist dagegen eine Folge der Erhebung von 1525, als die in exponierter Weise am Aufstand beteiligte Stadt Fulda dem Landgrafen Philipp von Hessen verpfändet wurde.

Finanzielle Erwägungen der Fürstäbte hatten die Stadtgründungen bewirkt, finanzielle Belastungen die ständischen Bestrebungen der Städte herausgefordert, finanzielle

---

295 So im Fuldaer Bürgeraufstand 1330/31 (s. dazu RUPPEL, Bürgeraufstände; LÜBECK, Bürgeraufstände; KRATZ) und während des Bauernkrieges 1525 (s. dazu oben S. 177–180).

296 Das Ausmaß der Beschränkungen wird ganz richtig gesehen und beurteilt von MAUERSBERG, S. 50–55. Zur Stellung der städtischen Magistrate, den Rechten der Bürger und zur Geschichte der Städte im Stift Fulda s. THOMAS, Sistem, I, §§ 64–112, S. 105–186. Vgl. auch SIMON, Verfassung, S. 48 f.; KARTELS, Rats- und Bürgerlisten, S. 6–9; HENDUS, Fuldaische Städte. Zur Integration von Städten in die Territorialstaaten der Frühen Neuzeit exemplarisch: WIESE-SCHORN; EILER.

297 Dazu ausführlich: MAUERSBERG, S. 41–50. Die Gründe für die rückläufige Konjunktur des bürgerlichen Handwerks und Gewerbes in der Stadt Fulda sieht MAUERSBERG neben den verheerenden Auswirkungen des Dreißigjährigen Krieges in einem Strukturwandel der Wirtschaft. Ebd., S. 50.

Anforderungen und die Tatsache, daß sie vor allem zu ihrer Erfüllung in der Lage waren, sicherten ihnen den Rang unter den Ständen. Den größten Teil der Steuern brachten allerdings die Ämter (d. h. die Landbevölkerung) auf. Die Städte stellten nur unter den Ständen die zahlungskräftigste Gruppe dar[298].

Im Gebiet des Stifts Fulda lagen folgende Städte: Fulda[299], Hammelburg[300], Geisa[301], Hünfeld[302], Brückenau[303], Herbstein[304], Salmünster[305] und bis 1648 Vacha[306]. Daneben erhob Fulda im 16. und 17. Jahrhundert noch Anspruch auf die im Besitz der Riedesel befindliche Stadt Lauterbach[307], und lauterbachische Deputierte nahmen in der Tat an den Landtagen 1547, 1599 und 1600 teil[308]. Doch letztlich konnte Fulda seinen Anspruch nicht aufrechterhalten und verzichtete 1684 auf seine Rechte in Lauterbach mit Ausnahme der Lehenshoheit[309]. Das zeitweilig Stadtrechte beanspruchende Burghaun[310] hingegen war zu keinem Zeitpunkt auf Landtagen vertreten.

Als Deputierte der Städte auf den Landtagen erscheinen Bürgermeister, Ratsmitglieder und Syndici (Stadtschreiber). Innerhalb der landständischen Organisation traten von ihnen nur die fuldischen Vertreter hervor. Der Einfluß der Residenzstadt war so dominierend, daß die anderen Städte ihre Interessenvertretung häufig von vornherein an

---

298 Im April 1631 etwa brachten sie fast so viel auf wie die Geistlichkeit und die Ritterschaft zusammen – 2410 fl. : 1400 fl. : 1428 fl. Die Untertanen in den Ämtern gaben hingegen 12 212 fl. ab, mithin mehr als das Doppelte der drei Landstände zusammen (vgl. StAM 90b/407, für 1631). S. auch die Steuerverzeichnisse für die Jahre 1594, 1596, 1598, 1599, 1600, 1603, 1604, 1609, 1610, 1614, 1615, 1630: ebd. sowie StAM Rechnungen II Fulda, 309 (1594, 1598, 1603), Rechnungen II Fulda, 314 (1609), Rechnungen II Fulda, 315 (1614), Rechnungen II Fulda, 311 (Schatzungen 1625, 1626), Rechnungen II Fulda, 310, 312 (1628–1630), Rechnungen II Fulda, 313 (1557).
299 MAURER, 1200 Jahre Fulda; HAHN, Fuldaer Chronik; MAUERSBERG; KARTELS, Rats- und Bürgerlisten; STURM, Bau- und Kunstdenkmale, III.
300 DOELL; ULLRICH; BRANDLER, MEYER, Hammelburg.
301 SCHROETER, passim; SCHAFFRATH, »Hessenvogt«.
302 FINK; WEBER, Stadt Hünfeld; 650 Jahre Stadt Hünfeld; Hünfeld – 1200 Jahre.
303 GARTENHOF/LISIECKI; Geschichte; GARTENHOF, Brückenau; DERS., Studien; DERS., Studienreihe Alt-Brückenau.
304 700 Jahre Stadtrecht Herbstein; NARZ/RUNGE, Herbsteiner Heft; NARZ, Beiträge; DERS., Neue Erkenntnisse.
305 FUCHS, Beiträge; DERS., Geschichte der Stadt Salmünster; Salmünster. Aus der Vergangenheit. – Salmünster wurde im 14. Jahrhundert an die von Hutten verpfändet, von diesen später zum größten Teil an den Erzbischof von Mainz weiterverpfändet und 1734/1742 vom Stift wieder eingelöst. Während der Verpfändung hatte Fulda seinen Anspruch auf Landesherrschaft niemals aufgegeben. Vgl. HOFEMANN, S. 148f. S. auch die fuldischerseits angeordneten und entgegengenommenen Erbhuldigungen 1523 (StAM 91/1369), 1568, 1570, 1576, 1606, 1624, 1645, 1671, 1687, 1702, 1717 (StAM 90a/552).
306 GRAU/ECKARDT.
307 Vgl. Einladungsschreiben zum Landtag 1542 (StAM 90a/738); Einnahme der Erbhuldigung 1541 (StAM 91/947) und 1671 (StAM 91/1351, StAM 90a/552). Auf letztere Erbhuldigung antworteten die Riedesel mit einer Pfandhuldigung (StAM 91/1351). Lauterbach war auf dem Wege der Verpfändung über Mainz und Hessen an die Riedesel gekommen (BECKER, Riedesel, III; ZSCHAECK, Riedesel, IV).
308 S. StAM 90a/745, 90a/752, 90a/753. Widerspruch der Riedesel gegen die Beschreibung der Stadt Lauterbach zum Landtag 1609: StAM 95/1315.
309 Vgl. ZSCHAECK, Riedesel, IV, S. 312–317.
310 Burghaun im Wandel der Zeiten.

sie delegierten[311]; allerdings dürften bei den Bevollmächtigungen auch finanzielle und praktische Erwägungen eine Rolle gespielt haben, obgleich die Landtage in der Regel nur kurz andauerten und der Kostenaufwand für die Beteiligten sich demnach in Grenzen hielt, auch der Anreiseweg zu den meist in der Residenzstadt abgehaltenen Landtagen nicht übermäßig anstrengend und zeitraubend war.

4. Kollegiatstifter

Die Kollegiatstifter, für Weltgeistliche errichtet, die nach einer ordensähnlichen Regel zusammenlebten und seelsorgerliche Tätigkeiten innerhalb eines bestimmten Bezirkes ausübten[312], tauchen als vierte Gruppe innerhalb der fuldischen Stände, entgegen anderslautender Ausführungen in der bisherigen Forschungsliteratur[313], erst seit der Wende des 16. zum 17. Jahrhundert auf: 1599 werden sie erstmals[314], 1639 ein zweites Mal zum Landtag beschrieben[315], auf dem nachfolgenden Landtag 1642 sind sie nicht vertreten[316], ebensowenig 1651[317]; dagegen treten sie auf den Landtagen der Jahre 1654, 1655 und 1662[318] sowie auf dem letzten Landtag 1702[319] in Erscheinung und sind an dem 1716 zur Rechnungslegung der ständischen Kasse angesetzten Deputationstag beteiligt[320]. Ihrer ständischen Qualität wird in einer Urkunde vom 24. März 1671[321] Rechnung getragen. Darin versprechen die Stände – Kapitel, Kollegiatstifter (an zweiter Stelle genannt!) und Städte – Fürstabt Bernhard Gustav finanzielle Unterstützung zur Wiedereinlösung der verpfändeten Verwaltungsbezirke Fischberg, Salmünster und Lauterbach[322] als Gegenleistung für die Ausweisung der Juden aus dem Stiftsgebiet[323]. Der ständische Charakter der Kollegiatstifter kam auch dadurch zum Ausdruck, daß sie zeitweilig über einen der vier Schlüssel für die Landesobereinnahme verfügten[324].

Mit der späten Beschreibung der Kollegiatstifter zum Landtag war keine Wiederbelebung alter ständischer Rechte verbunden; die Mitwirkung von Dechanten und Konven-

---

311 Nachzuweisen 1605 von Salmünster (StAM 90a/533), 1614 von Vacha (StAM 90a/756), 1617 von Hammelburg, Geisa, Hünfeld, Brückenau und Herbstein (StAM 90a/757; StAF A I 2, fol. 306ʳ) 1642 von Hammelburg (StAM 90a/764).
312 Gegründet wurden die Kollegiatstifter von Bischöfen, Klöstern, Königen, Territorialherrn und Privatleuten, wobei die Benediktinerklöster – u. a. also auch Fulda – vielfach zeitlich vorangingen (vgl. MORAW, Stift St. Philipp, S. 97). Die Geschichte vieler einzelner Kollegiatstifter ist erforscht, eine Gesamtschau aber nach wie vor ein Desiderat. Als Beispiel einer besonders gelungenen Darstellung der Geschichte eines einzelnen Kollegiatstiftes s. die oben zitierte Arbeit von MORAW. S. jetzt auch verschiedene Beiträge in dem Sammelband des Max-Planck-Instituts für Geschichte: Untersuchungen zu Kloster und Stift.
313 Z. B. SIMON, Verfassung, S. 34.
314 StAM 90a/752.
315 StAM 90a/776.
316 Vgl. StAM 90a/764.
317 Vgl. StAM 90a/775.
318 S. StAM Rechnungen II Fulda, Nr. 189, S. 86, 34; StAM 90b/1406; StAM 90a/777.
319 S. StAM 90a/780.
320 Vgl. StAM 90a/763.
321 StAM R Ia, 1671 März 24.
322 Allerdings wird diese Urkunde nur von Fürstabt, Kapitel und der Stadt Fulda besiegelt. S. auch HOFEMANN, S. 208.
323 S. unten S. 253.
324 THOMAS, Sistem, I, § 27, S. 58, Anm. a; SIMON, Verfassung, S. 34.

ten der fuldischen Nebenklöster an den Einungen der achtziger Jahre des 14. Jahrhunderts[325] darf nicht als traditionsstiftend in diesem Sinne angesehen werden – jene vertraten nur die mönchische Geistlichkeit, Weltgeistliche blieben ausgeschlossen. Daß zwischen dem Rückzug der Ritterschaft vom Landtag und der Beschreibung der Kollegiatstifter ein unmittelbarer Zusammenhang besteht, ist abzulehnen. Einen Ausgleich für das Steueraufkommen der Ritter konnten die Kollegiatstifter ebenfalls nicht bringen, weil sie bereits schon früher zu Steuerabgaben im Rahmen der kapitelischen Leistungen herangezogen worden waren[326]. Die Tatsache, daß die fuldische Geistlichkeit in den Ständeversammlungen lange Zeit allein durch das Stiftskapitel vertreten wurde und erst spät andere geistliche Korporationen zu den Landtagen hinzugezogen wurden, steht in auffallendem Gegensatz zur Entwicklung im benachbarten geistlichen Fürstentum Würzburg, in dem von Anfang an bis zur Entmachtung der Prälaten als Herrschaftsstände 1583 alle geistlichen Korporationen, allerdings mit Ausnahme des Domkapitels, zu den Landtagen beschrieben wurden[327].

Zum Zeitpunkt des Aufrückens unter die Landstände gab es im Stiftsgebiet nur noch drei Kollegiatstifter: Hünfeld[328], Rasdorf[329] und Großenburschla[330], das 1650 an die Marktkirche St. Blasius in Fulda transferiert wurde. Diese waren ebenso wie die später wieder in Benediktinerklöster umgewandelten Kollegiatstifter Frauenberg[331] und Petersberg[332] sowie das im 13. Jahrhundert vom Abt an den Bischof von Minden verkaufte Hameln[333] als Eigenkirchen des Klosters Fulda im frühen 9. und im 10. Jahrhundert errichtet worden, wobei an vorherige Klostergründungen angeknüpft werden konnte. Dazu kam das im 14. Jahrhundert gegründete Kollegiatstift in Salmünster, das in den Wirren der Reformation seine Funktion eingebüßt hatte[334], allerdings im 16. und 17. Jahrhundert immer noch zur Besteuerung herangezogen wurde[335]. Durch ihre Entstehung als Eigenkirchen[336] des Hauptklosters und die damit verbundene vielfältige Abhängigkeit von dem Abt – auch nach der Zurückdrängung des Eigenkirchenwesens in der ersten Hälfte des 13. Jahrhunderts –, die vor allem in dem Ernennungsrecht des Propstes oder Dekans (des Vorstehers eines Kollegiatstiftes) und in Eingriffen in das

---

325 S. oben S. 157.
326 Z. B. lieferte 1542 und 1548 ein Stiftskapitular und Propst die Steuern der Kollegiatstifter ab (s. HOFEMANN, S. 208). Auch in den übrigen Rechnungen erscheinen die Kollegiatstifter gemeinsam mit den Propsteien und den Inhabern von Stiftsämtern (vgl. z. B. die Reichssteuer-Rechnungen 1594–1631: StAM 90b/407).
327 Vgl. SCHUBERT, Landstände, S. 110, 142–151.
328 Zu den fuldischen Kollegiatstiftern insgesamt: LÜBECK, Kloster Fulda und seine Kollegiatstifter. Zum Kollegiatstift in Hünfeld: DERSCH, S. 87; WEBER, Stadt Hünfeld, passim; DERS., Kondominium.
329 DERSCH, S. 133; STURM, Rasdorf – Geschichte und Kunst, S. 9–12; DERS., Rasdorf – ein Geschenk des Bonifatius, S. 209–211; LÜBECK, Alte Ortschaften, I, S. 191 f.; 195; WEBER, Kreis Hünfeld, S. 107–110; RICHTER, Säkularisation des Kollegiatstifts Rasdorf.
330 VÖLKER; KOHLSTEDT.
331 DERSCH, S. 26 f.; LÜBECK, Vom Frauenberge.
332 DERSCH, S. 131 f.; HACK (Hg.), Petersberg; SCHWARZ, S. 18 f.
333 LÜBECK, Eigenkloster Hameln.
334 FUCHS, Geschichte.
335 Vgl. Steuerrechnungen 1594–1631: StAM 90b/407.
336 Zum Eigenkirchen- und Eigenklosterwesen s. STUTZ.

stiftische Gut in der Vergangenheit sichtbar geworden war[337] und ihren sinnfälligsten Ausdruck im Untersuchungszeitraum noch einmal in der Transferierung des Stiftes Großenburschla nach Fulda (1650) finden sollte, war das Gewicht der Kollegiatstifter unter den Ständen natürlich von vornherein begrenzt. Einen starken Einfluß übte auch das Stiftskapitel auf die Kollegiatstifter aus – in Übereinstimmung mit der Praxis in vielen anderen geistlichen Fürstentümern[338]. Im 18. Jahrhundert gelang es den Kapitularen, die wirtschaftliche Schwäche der Kollegiatstifter, die im Verlust von Besitzungen gipfelte[339], auszunutzen und sie in eine völlige Abhängigkeit zu zwingen[340]. Insgesamt blieben die auf den Landtagen durch ihre Dechanten vertretenen Kollegiatstifter innerhalb der landständischen Organisation Fulda ohne größeres Gewicht.

C. DIE PRÄSENZ DES LANDESHERRN UND IHR REPRÄSENTATIONSCHARAKTER

Die Interessen des ganzen Landes wurden nicht nur durch die privilegierten Körperschaften der Landstände in Konfrontation zum Landesherrn vertreten; dieser selbst bzw. die von ihm abgeordneten Räte vertraten auf den Landtagen das landesfürstliche Kammergut (hier: Abtsgut), jenen »innersten Kern der landesfürstlichen Gewalt«[341], und die unmittelbaren Untertanen des Abtes, näherhin also die Einwohner der landesfürstlichen Ämter. Die unmittelbaren Untertanen des Abtes wirkten allerdings an der Willensbildung ebensowenig mit wie die der Stände. Abt und Stände suchten sie jedoch im wohlverstandenen Eigeninteresse so gering wie möglich zu belasten, um ihre Leistungskraft nicht zuungunsten anderer Abgabenforderungen zu beschneiden. Von einer Mitwirkung der bäuerlichen Untertanen auf den Landtagen durch Vertreter ihrer Gemeinden ist zu keinem Zeitpunkt die Rede[342]; nur beschränkt läßt sich die von der hessischen Besatzung des Stiftes ausgesprochene Einladung der Lokalbeamten auf den Landtag 1632, um die Basis für die Zustimmung zu ihren Kontributionsforderungen zu erweitern[343], als eine solche Untertanenvertretung deuten.

---

337 S. Lübeck, Kloster Fulda und seine Kollegiatstifter, S. 304–306.
338 Etwa in Bamberg, wo dem Domkapitel »die völlige Entmachtung des übrigen Diözesanklerus« gelang (Bachmann, S. 39 f.).
339 Vgl. die Visitationsdekrete des Nuntius Davia vom 30. Oktober 1693, § 11: Richter, Statuta, S. 61 f.
340 Vgl. Hofemann, S. 208. Eine genaue Untersuchung der wirtschaftlichen Grundlagen der fuldischen Kollegiatstifter in ein dringliches Desiderat. Beispielhaft: Moraw, Stift St. Philipp, S. 182–229, 257–261.
341 Brunner, Land, S. 378.
342 Bäuerliche Landstandschaft gab es nur in wenigen Gebieten des Reiches, etwa in Kurtrier und in den habsburgischen Vorlanden, in den Hochstiften Salzburg und Basel, in den Grafschaften Tirol und Friesland oder im Stift Kempten. S. dazu: Knetsch; Laufner; Quarthal, Landstände; Mitterauer (Hg.), Herrschaftsstruktur, III; Wiemann, Probleme; Ders., Materialien; Witt; vor allem aber: Blickle, Landschaften; dazu: Press, Herrschaft; Ders., Landschaft; Schulze, Politische Bedeutung. Zusammenfassend, aber nicht frei von Überbewertungen: Blickle, Deutsche Untertanen, S. 64–91.
343 S. unten S. 234.

Die fürstlichen Abgesandten auf den Land- oder anderen Ständetagen entstammten zu einem immer noch beachtlichen Teil der einheimischen Ritterschaft[344]. Ihr Einsatz als direkte Vertreter des Landesherrn bedeutete einerseits die Schwächung einer eigenständigen ritterschaftlichen Position, verdeutlicht andererseits aber den Grad des Zusammenwirkens von Fürst und Ständen, das mit dem Dualismus-Modell nicht zu erfassen ist.

D. TYPOLOGISCHE EINORDNUNG

Nach der bekannten Einteilung Otto Hintzes gibt es zwei Idealtypen des frühneuzeitlichen Ständestaates: das ältere Zweikammersystem (u. a. in England, Skandinavien, Polen und im Reich) und das jüngere Dreikuriensystem (u. a. in Frankreich und in vielen deutschen Territorien)[345].
Der zweite Typus ist auch in Fulda zu beobachten. Es handelt sich hier über weite Strecken des 16. und 17. Jahrhunderts um ein ausgeprägtes Dreikuriensystem, das zeitweise durch Einbeziehung der Kollegiatstifter zu einem Vierkammersystem erweitert wurde; durch das Ausscheiden der Ritterschaft wurde das Dreikuriensystem jedoch bald wieder hergestellt.
Allerdings ist diese Typologie insofern nicht ganz ausreichend, weil sie von einer formalen Trennung der politischen Stände auf der Grundlage der Verfahrensweise auf den Landtagen ausgeht, die unterschiedliche politische Macht der einzelnen landständischen Gruppen aber nicht berücksichtigt. Einzuwenden ist erstens, daß Landtage zwar eine wichtige Form der Manifestation des politischen Ständetums, aber nicht die einzige Möglichkeit ständischer Einflußnahme bildeten, und zweitens, daß für eine Ständetypologie – einer Anregung Michael Mitterauers entsprechend – die personelle Zusammensetzung der Stände[346], das impliziert auch: ihre politische, soziale und wirtschaftliche Stellung, maßgeblich sein muß[347].
Insofern läßt sich Ständebildung mit und ohne Adel, mit und ohne Geistlichkeit, mit und ohne Städte, mit und ohne bäuerliche Untertanen unterscheiden. Auf die Phase blühenden politischen Ständetums im geistlichen Fürstentum Fulda übertragen bedeutet dies: Die Landstände wurden getragen von einem (anfangs) wirtschaftlich potenten, daneben aber um seine Reichsunmittelbarkeit kämpfenden niederen Adel und einem

---

344 Das zahlenmäßige Verhältnis adliger und bürgerlicher Räte auf den Landtagen stellte sich beispielsweise für die Jahre 1598 bis 1600 folgendermaßen dar:
1598: 4 : 3
1599: 2 : 3
1600: 5 : 3
Dazu kamen jeweils noch die Statthalter, Ernst von Buseck gen. Münch (1598–1600) und Adam von Klingelbach (1600). – Die adligen Räte waren: Karl von Dörnberg, Amtmann zu Fürsteneck (1598), Melchior von Dernbach, Amtmann auf Rockenstuhl (1598–1600), Philipp Schutzpar gen. Milchling, Oberschultheiß zu Fulda (1598–1600), Georg Christoph von Buchenau, Amtmann zu Burghaun (1598), Wilhelm Katzmann von Englis, Vizestatthalter (1600), Cuntz von der Tann, Amtmann zu Brückenau (1600), Wilhelm Balthasar von Schlitz gen. von Görtz, Amtmann zu Steinau an der Haune (1600) [vgl. StAM 90a/532, 90a/752, 90a/753] – sämtliche im Stift Fulda begütert und landtagsfähig, wenn auch z. T. aus der hessischen Ritterschaft hervorgegangen.
345 HINTZE, Typologie.
346 MITTERAUER, Grundlagen, S. 16.
347 So auch HAUPTMEYER, S. 14 f.

aufgrund seiner Stellung als Wahlkörperschaft und natürliches Beratergremium des Fürstabts und Landesherrn sehr einflußreichen Kapitel, als dessen »Anhang« auch die Kollegiatstifter zu betrachten sind; die Städte, unter denen die Residenzstadt Fulda als einzige eine wirtschaftliche Bedeutung über das Territorium hinaus erlangte, brachten zwar unter den Landständen die höchste Steuerleistung auf und besaßen daher durchaus Eigengewicht, waren aber doch zu stark vom Landesherrn abhängig. Eine bäuerliche Repräsentation hingegen hat es in Fulda nicht, höchstens nur indirekt, gegeben. Gleichwohl bleibt das Mehrkuriensystem der Landtage in Fulda, wie überhaupt in Mitteleuropa, ein typisches Merkmal der Organisationsform politischen Ständetums.

E. ORGANISATION UND VERLAUF DER STÄNDISCHEN VERSAMMLUNGEN

Der Landtag war das wichtigste Kommunikationsforum für den Landesherrn bzw. seine Vertreter und die Gesamtheit der Stände, für das sich neben den mündlichen Verhandlungen wohl schon von Anfang an die Schriftlichkeit als Sicherheit für beide Seiten durchsetzte – Folge der späten Institutionalisierung. Die Landesherren ließen ihre Forderungen in Form von Propositionen durch Räte vortragen und übergaben den Ständen Abschriften dieser Propositionen; die Stände wollten ihre Bewilligungen im Landtagsabschied festgehalten wissen, um nicht über das Zugesagte hinaus verpflichtet zu werden.

Bevorzugter Tagungsort für Landtagsversammlungen war Fulda – die Fürsten luden die Stände zunächst in ihr Schloß[348], seit der Mitte des 17. Jahrhunderts tagte man auch im städtischen Rathaus[349]. Dies gewährleistete eine reibungslose Kommunikation zwischen den meist nicht persönlich anwesenden Fürsten und ihren abgeordneten Räten, Rücksprache über die Verhandlungsführung im einzelnen und über Reaktionen auf ständische Forderungen. Nur besondere Umstände konnten die Landesherren dazu veranlassen, einen Tagungsort außerhalb der Residenzstadt zu wählen. 1526 fand der Landtag in Brückenau statt[350] – die Residenzstadt Fulda war halb in hessischer Hand. 1543 tagte man auf der Lüntzliede, einem Berghang bei Rasdorf (in Richtung Geisa), also auf freiem Felde[351]; jedoch läßt sich der genaue Anlaß für diese einzigartige Maßnahme nicht bestimmen. 1614 erzwang dagegen die in Fulda grassierende Pest die Abhaltung des Landtages in Neuhof, wohin sich der Fürstabt mit einem Teil seiner Regierung, aber auch die Stadtverwaltung von Fulda zurückgezogen hatten[352].

Wie aus den bisherigen Ausführungen hinreichend ersichtlich, lag das Recht zur Einberufung von Landtagen allein beim Landesherrn; ein ständisches Selbstversammlungsrecht, wie etwa in Jülich-Berg[353], in der Grafschaft Mark[354] oder in Mecklenburg[355]

---

348 Nachzuweisen 1588, 1599, 1603, 1617: StAM 90a/750, 752, 533, 757; StAF IA 2, fol. 304ʳ.
349 So 1651: StAM 90a/775.
350 StAM 90a/739.
351 StAM 90a/744.
352 Vgl. KARTELS, Rats- und Bürgerlisten, S. 109–112.
353 CROON, Stände und Steuern, S. 2.
354 SCHULZE, Landstände, S. 98.
355 KRAUSE, System, S. 21 f.

hat es in Fulda – mit einer, gleich zu behandelnden Ausnahme – nicht gegeben. Dies erklärt sich nach Otto Brunner aus der Pflicht der Landleute, dem Herrn im Falle der Not zu helfen, und mit ihm nur über »das Maß dieser Not und Maß und Art der Hilfe, die zu gewähren ist«, verhandeln zu können – »daher wird der Landtag vom Landesherrn berufen«[356]. Nur 1516 kam es zu einer Selbstberufung der Landstände, nachdem alle Versuche, Abt Hartmann von Kirchberg zu einer Einladung der Stände zu bewegen, um über seine Regierungsführung zu richten, gescheitert waren[357]. Als am 7. November 1662 hingegen Dechant und Kapitel, zusammen mit dem Kanzler Dr. Wilhelm Ignatius Schütz, einen Landtag einberiefen, der für den auf dem Reichstag in Regensburg weilenden Fürstabt Joachim von Gravenegg Reise- und Zehrgelder bewilligen sollte[358], handelten sie in Vertretung des Abtes.

Festgelegte Einberufungsfristen für die ständischen Versammlungen gab es nicht. Die Zeiten zwischen Einladung und Abhaltung der Land- oder Rittertage schwankten zwischen vier Tagen[359] und drei Wochen[360]. Die kurzfristigen Ansetzungen waren möglich aufgrund der geringen Ausdehnung des Territoriums, die die Zustellung der Einladungen innerhalb eines Tages gewährleistete. Auch waren die Termine meist mit den einzelnen Ständen vorher abgesprochen worden[361].

Formell bestand für die Stände die Pflicht, auf den Landtagen zu erscheinen. Mit einem Fernbleiben waren allerdings keine Strafen oder Strafandrohungen verbunden; begründete Entschuldigungen, wie Krankheit und Alter, Todesfälle in der Familie, Erledigung wichtiger, auswärtiger Geschäfte, wurden jedoch erwartet. Die theoretische Anwesenheitspflicht wurde durch die Zulassung der Stellvertretung gemildert. Viele Ritter, aber auch manche Städte[362], machten davon Gebrauch. Die Vollmachten wurden entweder schriftlich, so durch die Städte, oder auch nur mündlich, so häufig bei den Rittern[363], erteilt und waren offenkundig nicht mit genauen Instruktionen verbunden, sondern zielten auf das Mittragen von Mehrheitsentscheidungen; sie dienten in seltenen Fällen aber auch als Vorwand für Verweigerungen[364]. Bevollmächtigt wurden fast ausschließlich Standesgenossen[365].

Die Nichtbeachtung der Teilnahmepflicht erwies sich für den Ablauf von Landtagen dann als unschädlich, wenn der Kreis der Fehlenden klein war, denn Durchführung und Beschlußfähigkeit der Landtage waren nicht an die Anwesenheit einer bestimmten Zahl

356 BRUNNER, Land, S. 433.
357 S. oben S. 170.
358 S. StAM 90b/529; 90a/775; fol. 8–11. Näheres dazu unten S. 220f.
359 1631: Einladungen am 29. April, Landtag am 2. Mai: StAM 90a/533.
360 1605: Einladungen am 20. Juni, Landtag am 12. Juli: StAM 90a/533.
361 Vgl. als Beispiel StAM 96/963: Fürstliches Schreiben an Dechant und Kapitulare um Bestimmung eines Termins zur Beratung der vom Reichstag angeordneten Türkenhilfe, vom 29. Juli 1603. Der daraufhin vereinbarte Landtag fand am 26. August statt.
362 S. oben Anm. 311.
363 Diese Folgerung ergibt sich aus dem Überlieferungsbefund, der nur wenige ritterschaftliche Bevollmächtigungen aufweist. Daß Vollmachten in weit größerem Umfange erteilt wurden, weisen die Unterzeichnerlisten der Landtagsabschiede, Teilnehmerlisten und z. T. auch Stellungnahmen von Bevollmächtigten aus.
364 So erklärte Georg von Boyneburg auf dem Rittertag 1538, ohne Vorwissen seines Bruders Kurt, den er mitvertrat, keine Steuerbewilligung aussprechen zu können. S. StAM 90a/741, 742.
365 Nur 1642 erschien für Lukas von Ebersberg gen. von Weyhers sein Diener Johann Philipp Breidung. StAM 90a/764.

von Landtagsmitgliedern gebunden. War jedoch die Zahl der anwesenden Landtagsfähigen (aus einer Kurie oder in der Gesamtheit) sehr gering, so weigerten sich die Anwesenden häufig, Beschlüsse zu fassen, und verwiesen auf die Notwendigkeit der Rücksprache mit ihren Standesgenossen – von der Ritterschaft wurde dies mehr als einmal praktiziert[366]. Die Regierung akzeptierte diese Entscheidungen, weil sie eine breitere Zustimmungsbasis brauchte, um die gefaßten Beschlüsse im Land, d. h. gegen die abwesenden Landtagsmitglieder, durchsetzen zu können.

Die Landtagsverhandlungen selbst spielten sich in festen Formen ab. Eröffnet wurden die Landtage vom Kanzler oder einem adligen Rat als landesfürstlichem Beauftragten, in der Zeit der kaiserlichen Administration durch einen Statthalter, die meist auch selbst die Proposition verlasen. Nur 1516 und 1617 war der Fürstabt selbst anwesend, um die Eröffnung vorzunehmen[367]. Die Propositionen waren von den Räten des Landesherrn verfaßt worden, wobei auch besonderes Gewicht auf die Meinung der nicht ständig am Hofe, sondern auf den Ämtern Weilenden gelegt wurde, die die Stimmung unter den außerhalb der Residenzstadt wohnenden Ständevertretern möglicherweise am besten einzuschätzen vermochten[368]. 1619 und 1622 wurde statt eines mündlichen Vortrages auf dem Landtag den einzelnen Ständen die Proposition gleich in schriftlicher Form zugestellt[369].

Die Propositionen ermöglichten eine weitgehende Vorwegnahme der Tagesordnung und legten die Zuständigkeitsbereiche der Landstände fest. Auch konnte der Landesherr die zu erwartenden ständischen Forderungen leichter dadurch abblocken, daß er die Nöte des Stiftes und die zu ihrer Behebung erforderlichen Steuern an die erste Stelle der Proposition setzte. Folgten die Stände dieser Reihung der Beratungsgegenstände, so war es ihnen erschwert, ihre Zustimmung zu Steuern von der vorherigen Zustimmung des Landesherrn zu ihren Forderungen abhängig zu machen. Diese wurden so oft auf nachträgliche Erklärungen reduziert[370].

Im Anschluß an die Verlesung der Proposition ersuchte, nach einer Bekundung der Ehrerbietung gegenüber dem Landesherrn, der Sprecher der Stände – meist der Syndikus des Kapitels[371], zeitweilig auch der Stadtschreiber von Fulda[372] – um eine Abschrift der Proposition und um eine Beratungspause. Nun begannen die eigentlichen Verhandlungen.

Getrennt berieten die Stände außerhalb des gemeinsamen Versammlungsraumes über die Proposition, wobei über jeden Punkt der Vorlage abgestimmt wurde. Bei diesen Abstimmungen in den einzelnen Kurien galt wie überall das Majoritätsprinzip[373]. Das

---

366 Einzelheiten: S. 220, 230, 232.
367 S. S. 170 f., 230.
368 So beschrieben z. B. Statthalter, Kanzler und Räte in Fulda am 18. Juni 1598 den Rat und Amtmann zu Fürsteneck Karl von Dörnberg nach Fulda, um mit ihnen *von der proposition und handlung (zu) rathschlagen, des stiffts notturft auch zum besten bedencken (zu) helffen.* (StAM 90a/ 751).
369 StAM 90a/758; StAM 109/347: Fürstliche Proposition an die Städte, Erklärung der Ritter auf die fürstliche Proposition. 30. Juli 1619; StAM 90a/759: Proposition an die Ritterschaft. 29. August 1622.
370 Vgl. das gleichgelagerte Urteil von SCHULZE (Reich, S. 83) über die Reichstagspropositionen.
371 Auf beiden Landtagen 1599 z. B. Friedrich Hagen (StAM 90a/752; StAF I A 2, fol. 95ʳ–104ᵛ).
372 1642 z. B. Christoph Ziegler (StAM 90a/764).
373 v. GIERKE, Majoritätsprinzip, S. 13.

Kapitel stimmte entsprechend seiner hierarchischen Gliederung, an erster Stelle also der Stiftsdechant, ab; bei der Ritterschaft ist keine bestimmte Rangfolge feststellbar. Für die Koordination der Auffassungen der einzelnen Stände, die sich zum Teil schon vor Beginn der Landtage abgestimmt hatten[374], sorgte ihr gemeinsamer Sprecher. Nach Abschluß der ersten Beratungen und Rückkehr in den Verhandlungssaal formulierte der Sprecher auch die Haltung der gesamten Stände gegenüber den Vertretern des Landesherrn. Konnten sich die Stände auf keine gemeinsame Haltung einigen, so bildeten getrennte ständische Resolutionen die Grundlage für die weiteren Verhandlungen mit der Regierung. Die Regierung ihrerseits zog sich nach Entgegennahme der ständischen Stellungnahme zur Beratung zurück, im Anschluß daran erteilte ihr Sprecher den Ständen Antwort.

Danach oder nach weiteren Verhandlungen, die sich in der eben beschriebenen äußeren Form und zum Teil auch unter Austausch von vorbereiteten schriftlichen Stellungnahmen vollzogen, konnte ein gemeinsamer Beschluß von Regierungs- und Ständevertretern ausgearbeitet und als Landtagsabschied genehmigt werden. Wurde keine Einigung erzielt, war entweder ein erneuter Landtag einzuberufen, oder es wurde mit den einzelnen Ständen auf besonderen Zusammenkünften nochmals getrennt verhandelt. Unter bestimmten Umständen gab man sich mit einer ständischen Erklärung zufrieden, die ständische Leistungen zwar von gewissen Zugeständnissen abhängig machte, grundsätzlich aber die Bereitschaft zur Erfüllung der Forderungen des Landesherrn aussprach.

In diesen Forderungen bzw. Zugeständnissen kehren die Gravamina der Landstände, Beschwerden, die sie vor den Landtagen gemeinsam oder getrennt aufgestellt und schriftlich verfaßt hatten, wieder. Die Diskussion dieser Gravamina war die Gegenleistung für ständische Bewilligungen; die Verbindlichkeit ihrer Abstellung durch Koppelung an die Landtagsabschiede gelang den Ständen aber nur selten. Junktims dieser Art vermochte die Regierungsseite meistens zu verhindern; sie ging auf die Beschwerden aber ein, wenngleich häufig in der Form der Zurückweisung oder mit dem Versprechen, sie später zu behandeln und den Ständen eine Antwort dann zukommen zu lassen. Der Landtagsabschied selbst als förmlicher Abschluß des Landtages war seinem Wesen nach ein Vertrag zwischen Landesherrschaft und Ständen[375]. In ihm wurden das Beratungsergebnis und die daraus resultierenden Rechte und Pflichten der Vertragspartner rechtsverbindlich festgelegt.

Konnten sich die Stände aber nicht auf eine einheitliche Linie gegenüber dem Landesherrn verständigen und entschied sich ein Teil für Zustimmung, der andere für Ablehnung des Landtagsabschiedes, so wurde durch das jeweilige Votum nur die betreffende Kurie verpflichtet; eine Majorisierung der anderen Seite gab es nicht[376].

---

374 Als Beispiele genannt seien hier nur die Landtage von 1613 und 1614, vor denen sich das Stiftskapitel und der Rat der Stadt Fulda jeweils auf ein gemeinschaftliches Vorgehen verständigten. S. StAF I A 2, fol. 268^{v}, 277^{v}.
375 S. z. B. v. BELOW, System, S. 120; BRUNNER, Land, S. 427.
376 Die Anwendung des Majoratsprinzips zwischen den Landständen war äußerst selten, so in Essen (DE VRIES, S. 84) und in Hildesheim (LÜCKE, S. 74 f.).

Die Verhandlungen auf den Landtagen wurden in der Regel von Kanzleisekretären protokolliert[377]. Die Abfassung des Landtagsabschiedes gehörte ebenfalls in den Aufgaben- und damit auch Einflußbereich der landesfürstlichen Regierung. Ihre Erstentwürfe wurden sowohl dem Landesherrn als auch den einzelnen Ständen zur Billigung vorgelegt. Änderungswünsche in bezug auf Form und Inhalt machten dann vielfach neue Entwürfe erforderlich. Hatten diese allgemeine Zustimmung gefunden, so wurden eine Reinschrift und drei oder vier Abschriften ausgefertigt, die vom Landesherrn und den führenden Ständevertretern gesiegelt und unterzeichnet wurden. Das Original verblieb bei der Regierung, die Stände erhielten die Abschriften. Leider haben sich trotz dieser mehrfachen Ausfertigungen nur allzu selten die Abschiede erhalten – die mißliche Überlieferungssituation für die Geschichte des Stifts Fulda[378] wirkt sich gerade hier besonders schmerzhaft aus.

Die Landtagsverhandlungen einschließlich der Beschlußfassung nahmen meist einen oder zwei Tage in Anspruch. Ausgedehntere Sitzungen hat es nicht gegeben, höchstens Vertagungen. Der Aufwand für die Stände hielt sich also in Grenzen[379].

Der äußere Ablauf der mit den einzelnen Ständen geführten besonderen Verhandlungen vollzog sich in einer den Landtagen ähnlichen Form. Fürstliche Räte trugen z. B. auch bei Rittertagen den versammelten Rittern die Proposition des Landesherrn vor, in der seine Forderungen, mehr oder weniger geschickt verpackt, begründet waren. Die Ritter berieten darüber im Plenum, meist nachdem ein Ausschuß die Fragen vorgeklärt und den übrigen Rittern Vorschläge zur Annahme, Änderung oder Ablehnung der fürstlichen Wünsche unterbreitet hatte. Alle Ritter waren aufgefordert, dazu Stellung zu beziehen, und taten dies auch in zum Teil dezidierter Form[380]. Konnte eine Einigung herbeigeführt werden, so stand auch am Ende eines Rittertages ein Abschied; war dies nicht der Fall, mußten eine neue Tagung einberufen oder gesonderte Erklärungen abgegeben werden.

Die Verhandlungsgegenstände entsprachen natürlich denen der Landtage – auf sie wird unten im Zusammenhang eingegangen werden. Die Rittertage fanden meist in Fulda, je einmal auch in Brückenau (1527) und in Hünfeld (1597) statt[381]. Ebenso wurden getrennte Verhandlungen mit dem Kapitel oder den Städten in Fulda abgehalten.

377 Ausführliche Berichte sind vor allem von den Landtagen 1583, 1599, 1614, 1621, 1642 und dem Deputationstag 1716 erhalten (StAM 90a/749, 90a/752; StAF I A 2, fol. 95^r–104^v; StAM 90a/756, 90a/759; StAM 109/347; StAM 90a/764, 90a/763).
378 S. S. 292 Anm. 90.
379 Nach der Obereinnahmsrechnung 1650–1655 haben die Landtagsteilnehmer am 4. und 5. August 1654 insgesamt 9 fl. verzehrt (StAM Rechnungen II Fulda, 189, S. 86).
380 Bestes Beispiel hierfür ist der Rittertag vom 6. Febr. 1538 (s. StAM 90a/741, 742; StAM 109/381).
381 Die nicht mit den Landesherren vereinbarten, selbständig einberufenen und veranstalteten Rittertage hielten die Buchischen Ritter dagegen mit Vorliebe außerhalb der Residenzstadt ab, da man sich in Fulda nicht unbeobachtet und vor allem nicht ungestört fühlen konnte; bevorzugte Tagungsorte waren Hünfeld, Geisa, Brückenau und Hammelburg.

F. FUNKTION UND INHALT DER VERHANDLUNGEN ZWISCHEN LANDESHERRN UND LANDSTÄNDEN

Die Verhandlungen zwischen Landesherrn und Landständen gestalteten sich im einzelnen recht abwechslungsreich. Sie geben Aufschluß über die zu unterschiedlichen Zeiten unterschiedlich starke Verhandlungsposition der Parteien, über die grundsätzliche Entwicklung ihres gegenseitigen Verhältnisses, das durch verschiedene Interessenlage in bezug auf die Bewahrung bzw. den Abbau lokaler Herrschaftsbefugnisse, aber auch die ihnen gemeinsamen Bestrebungen zur Aufrechterhaltung des sozialen Status quo ebenso geprägt war wie durch die Bereitschaft zur Zusammenarbeit, schließlich aber doch mit einer Zurückdrängung des ständischen Einflusses, mit dem Übergang zu absolutistischen Herrschaftsformen endete. Verhandlungsgegenstände und Verhandlungen zwischen Landesherrn und Landständen sollen deshalb nachfolgend chronologisch behandelt werden.

1. Steuern

Entsprechend den Bedürfnissen des frühneuzeitlichen Territorialstaates des 16. und 17. Jahrhunderts, der als »Finanzstaat« bzw. als »Steuerstaat« gekennzeichnet worden ist[382], und der Bedeutung der Finanzen für die Entwicklung der Landstände selbst waren Steuerbewilligungen und Steuerverwaltung das zentrale Thema ständischer Versammlungen; hier verhielt es sich im Stift Fulda nicht anders als in den übrigen geistlichen wie weltlichen Fürstentümern des Reiches[383]. »Das Hauptmotiv der ständischen Tagung war fast stets die Neubewilligung von Steuern – Landtag ist Geldtag«[384].

Bei den geforderten Steuern – für die in den Quellen die Begriffe *steuer, schatzung* und *contribution* meist synonym gebraucht werden – handelte es sich um Reichs-, Kreis- und Landsteuern, deren Behandlung durch die Landstände durchaus unterschiedlich war. Auch lassen sich zeitliche Schwerpunkte für die einzelnen Steuern ausmachen.

Die Landsteuern standen in der Frühphase der landständischen Organisation in Fulda eindeutig im Vordergrund. Seit 1542 bis zum Ausgang des 16. Jahrhunderts bestimmten Reichssteuern die Diskussion auf den Landtagen; sie wurden nur unterbrochen durch Landsteuerforderungen 1547 und 1548, nachdem Truppen des Kurfürsten Johann Friedrich von Sachsen dem Stift 30 000 fl. als »Darlehen« abgepreßt hatten. In den rasch aufeinanderfolgenden Landtagen, zum Teil auch gesonderten Verhandlungen, mit den einzelnen Ständen seit 1597 und zu Beginn des 17. Jahrhunderts gewannen die Landsteuererforderungen als Folge von Durchzügen und Einquartierungen fremder Truppen und zur Aufbringung der von jenen geforderten Kontributionen wieder große Bedeutung, ebenso die Forderungen der Reichskreise nach Kreisbeihilfe. Auch in der Folgezeit

---

382 Vgl. Oestreich, Ständetum, S. 279–285; Ders., Vorgeschichte, S. 78 (dazu: Krüger, Gerhard Oestreich); Schumpeter, S. 17. Als Beispiel einer vorbildlichen Untersuchung eines Territoriums unter diesem Aspekt s. Krüger, Finanzstaat Hessen.
383 Untersuchungen, die die besondere Bedeutung der Landstände und Landschaften für das Steuerwesen verdeutlichen: Loebl; W. Hitzlberger; H. Hitzlberger; Engelhardt; Quarthal, Landstände; v. a. aber: Press, Steuern; Ders., Landschaft.
384 Oestreich, Verfassungsgeschichte, S. 346.

überwogen die Landsteuerbewilligungen die von Reichssteuern, die – da kaum Reichstage abgehalten wurden – nur 1614, 1642 und 1662 Gegenstand von Verhandlungen waren.

Die Stände konnten sich den Reichssteuern nicht entziehen, besaßen hier kaum Entscheidungsspielraum. Anders war dies bei den Land- und Kreissteuern. Die Landsteuern verlagerten sich zwar auch von der als materielle Hilfeleistung für den Vogteiherrn bei echter Not nur von Fall zu Fall bewilligten Bede immer mehr zu einer Dauereinrichtung; ihr Ursprung aber blieb lebendig, und die Stände sahen hier ihren wichtigsten Ansatzpunkt zu Verhandlungen und Gegenforderungen an den Landesherrn.

a. Reichssteuern

Die Bedeutung der Reichssteuern für die Entstehung der fuldischen Stände ist oben herausgestellt worden[385], ebenso das Gewicht, das der Tatsache der allgemeinen, umfassenden Besteuerung aller Reichsangehörigen 1542 für die Frage der Landsässigkeit bzw. Reichsunmittelbarkeit der Ritterschaft zukam[386]. Die Behandlung der Reichssteuern auf den fuldischen Ständeversammlungen verdeutlicht dagegen ihr besonderes Gewicht auch für die Verfestigung der ständischen Partizipation an der Landesherrschaft wie für deren schließliche Überwindung.

Die Reichssteuerforderungen bewegten sich in beträchtlicher Höhe, wie eine Aufstellung der in ihrer Höhe bekannten Reichssteuerbewilligungen der fuldischen Stände zeigt[387]:

1543:	8 080 fl.	1594:	32 320 fl.
1557:	6 868 fl.	1598:	28 280 fl.
1566:	9 000 fl.	1603:	35 148 fl.
1576:	24 240 fl.	1614:	12 120 fl.
1583:	16 100 fl.	1662:	4 848 fl.

Die Einnahmen dieser Steuern lagen in der Regel über den genannten Beiträgen und flossen zum Teil in die fürstliche Kasse, blieben nicht in der von landesherrlichen und ständischen Vertretern gemeinsam gebildeten Landesobereinnahme[388]; sie wurden nur selten im Zusammenhang mit neuen Steuern verrechnet, häufiger für andere Zwecke ausgegeben, mit denen die Stände nicht einverstanden sein konnten, im nachhinein aber meist nur wenig zu ändern vermochten.

Über Reichssteuern wurde auf ständischen Versammlungen zwar schon 1527, 1541 und vermutlich auch 1542 verhandelt, eine Steuerbewilligung hingegen ist erstmals aus dem Jahre 1543 bekannt.

Auf dem Rittertag am 2. April 1527, der ansonsten im Zeichen der von Landgraf Philipp von Hessen verlangten 18 000 fl. Entschädigung für sein Eingreifen im Bauernkrieg stand, kam zwar auch die vom Esslinger Reichsregiment bewilligte Türkenhilfe zur Sprache; es wird aber nicht ersichtlich, in welcher Höhe der Koadjutor Johann von

---

385 S. S. 180–182.
386 S. S. 30–33.
387 Vgl. auch die Übersicht über die von den Reichstagen zwischen 1556 und 1603 bewilligten Steuern bei SCHULZE, Reich, S. 79 f.
388 Näheres dazu S. 252–256.

Henneberg einen ständischen Beitrag dazu verlangte. Ihm ging es sonderlich um jenen Artikel im Esslinger Regiments-Abschied, der die Ausklammerung der Kirchenkleinode von der Besteuerung zum Gegenstand hatte, was nahelegt, daß er die Reichssteuern vor allem auf die Stände abzuwälzen gedachte. Im Abschied des Rittertages vom 2. April 1527 verlautet aber nichts über eine Bewilligung von Reichssteuern, sondern nur über die an Landgraf Philipp zu erlegenden 18 000 fl.[389]. Über die Verhandlungen der Landtage am 3. Mai 1541 und am 4. Mai 1542 ist leider nichts bekannt, lediglich die Einladung und ein Verzeichnis der Geladenen zum letztgenannten Landtag sind überliefert[390].

Der Landtag vom 13. November 1543 dagegen verstand sich zur Bewilligung der vom Kaiser *abgetrungenen* und vom Reichstag dieses Jahres bewilligten Türkensteuer, deren Ertrag im Stift Fulda sich letztlich auf 8 407 fl. belief[391]. Alle Bemühungen des Fürstabts, im Verein mit den übrigen Mitgliedern des Oberrheinischen Kreises, die Forderungen des Kaisers abzuwehren, waren vergebens gewesen. Schließlich fügte sich der, wie stets, kaisertreue Abt. Die Reichssteuer sollten neben den Stiftsuntertanen auch die freien eigenen Leute des Kapitels, der Ritter- und Landschaft aufbringen. Die Einnahmen waren streng zweckgebunden und sollten keinesfalls der freien Verwendung des Fürstabts bzw. der Regierung überlassen bleiben. Für den Fall, daß der Kaiser die Reichshilfe doch noch erlassen würde, sollten die aufgebrachten Gelder zur Rückzahlung von aufgenommenen Geldern – es handelte sich hierbei um die von Philipp von Hessen geforderten 18 000 fl. – verwendet werden[392]. Nachdem der Reichstag von 1545 beschlossen hatte, daß die Steuer von den Reichsständen in Vorrat gehalten werden sollte[393], standen diese Gelder bis Jahresende 1546 auf dem Rathaus zu Fulda. Als Brandschatzung wurden sie am 18. Dezember 1546, zusammen mit geliehenen 21 593 fl. an Kurfürst Johann Friedrich von Sachsen und Landgraf Philipp von Hessen, die beiden führenden Vertreter des mit Kaiser Karl V. im Krieg befindlichen Schmalkaldischen Bundes, ausgeliefert[394]. Der Landtag von 1547 legte wiederum fest, daß das Geld im Falle der Rückerstattung durch Sachsen und der Nichtbeanspruchung durch den Kaiser nur mit Wissen und mit Willen der Stände anderweitig verwendet werden sollte[395].

Die vom Reichstag 1556 bewilligte Türkenhilfe von 16 Römermonaten[396] war auf dem Landtag vom 29. März 1557 Gegenstand der Verhandlungen. Auf das fürstliche Ansuchen nach einer Anlage von rd. 7000 fl. erklärte der ritterschaftliche Ausschuß, daß diese den Untertanen im Moment nicht zugemutet werden könne, da sie durch vielfältige Abgaben in der Vergangenheit – hierunter waren vor allem die Belastungen durch die

---

389 Proposition und Abschied vom 1. bzw. 2. April 1527: StAM 90a/740.
390 StAM 90a/738. Daß am 3. Mai 1541 ein Landtag stattgefunden haben muß, der sich mit Reichssteuern befaßte, geht lediglich aus der fürstlichen Proposition auf dem Landtag am 13. November 1543 hervor. S. StAM 90a/744.
391 Vom Landtag 1543 ist nur die Proposition überliefert, die Höhe der bewilligten oder richtiger: eingenommenen Steuer ergibt sich aus dem Abschied des Jahres 1547. S. StAM 90a/744, 745.
392 Vgl. die Proposition vom 13. November 1543: StAM 90a/744.
393 Neue Sammlung, II, S. 519 (§ 12 des Reichsabschieds).
394 S. dazu SCHAFFRATH, Kriegswirren, S. 204. Die Aufbringung der – vorerst geliehenen – 21 593 fl. war Verhandlungsgegenstand weiterer Landtage (s. unten S. 224–226).
395 Vgl. den Abschied vom 5. Dezember 1547: StAM 90a/745.
396 Zum Reichstag s. ausführlich WOLF, Geschichte.

Auswirkungen des »Fürstenkrieges« zu verstehen[397] – zu stark beansprucht worden seien. Die 7000 fl. sollten vielmehr für ein Jahr geliehen und dann durch eine Anlage aufgebracht werden. Für die Zwischenzeit wollten ritterschaftlicher Ausschuß und übrige Landstände – in diesem Fall nur die Städte, da das Kapitel bei diesem Landtag wie schon 1548 in einer Mitregenten-ähnlichen Stellung auftaucht – 750 fl. entrichten, auch für die aufzunehmenden 7000 fl. neben Fürstabt und Kapitel bürgen. Dies darf als Hinweis für die große Kreditwürdigkeit der Stände gewertet werden[398]. Fürstabt Wolfgang von Ussigheim nahm die ständischen Vorschläge an und stimmte ihnen für sich und das Kapitel zu[399].

Auch die 1566 vom Augsburger Reichstag bewilligte Türkenhilfe[400] wurde zunächst durch eine Anleihe aufgebracht. Mit Einwilligung des Kapitels und der Ritterschaft hatte der Fürstabt (Wolfgang Schutzpar gen. Milchling) auf der Grundlage der veranschlagten acht Römermonate, von denen jeder dreifach gerechnet wurde, 9000 fl. auf ein Jahr geliehen. Auf dem Landtag am 29. Juli 1566 bewilligten die Stände daraufhin für 1567 eine Schatzung von ½ Taler auf 100 fl. Vermögenswerte, während über die vom Reichstag ebenfalls geforderte Bereitstellung von Pferden der ritterschaftliche Ausschuß noch eine gesonderte Beratung mit dem Fürstabt beanspruchte[401].

Verhandlungen und Bewilligungen über die vom Reichstag 1570 genehmigte Türkenhilfe in Höhe von 12 Römermonaten[402] sind nicht überliefert. 1576 dagegen bewilligten entweder ein Landtag oder die Stände in getrennten Verhandlungen mit der Landesherrschaft – von denen ebenfalls nichts Näheres bekannt ist – die als Türkensteuer vom Reichstag geforderten 60 Römermonate[403] (= 24 280 fl.): 1 fl. auf 100 fl. Vermögen[404].

1579 trug die Ritterschaft ihren Kampf um die Reichsunmittelbarkeit erstmals auf einer landständischen Versammlung vor. Zwar wurde nicht die Zahlung der Reichssteuer an sich verweigert, sondern der ihr von der Landesherrschaft beigelegte Charakter als *notam et signum subiectionis*. Diese Bewertung sei vorher nicht üblich gewesen – eine Behauptung, die der Einschätzung des staatsrechtlichen Verhältnisses zwischen Landesherrschaft und Ritterschaft aus der Sicht der jeweiligen Landesherrn nicht entspricht. Vom Kaiser selbst verlangten die Buchischen Ritter eine Bestätigung ihrer Libertät und die Anerkennung, daß sie keine Landsassen seien[405]. Doch ist die kaiserliche Antwort hierauf negativ gewesen, wie in anderem Zusammenhang ausführlich dargestellt wurde[406], und die Ritterschaft fand sich zur Zahlung der Reichssteuern bereit, ohne ihre Ansprüche durchgesetzt zu haben.

397 S. dazu SCHAFFRATH, Kriegswirren, S. 206–214.
398 Zur Kreditfähigkeit der Landstände und Landschaften s. vor allem die Forschungen von PRESS: Steuern; DERS., Landschaft; im Zusammenhang mit kaiserlicher Stabilisierungspolitik – die in Fulda nicht erforderlich wurde: PRESS, Entstehung; DERS., Aufgeschobene Mediatisierung. Zu diesem Komplex noch immer wertvoll: MOSER, Von dem Reichs-Ständischen Schuldenwesen. Nähere Ausführungen zu den Verhältnissen in Fulda S. 255f.
399 Vgl. Landtagsabschied vom 29. März 1557: StAM 90a/747.
400 Zum Verlauf des Reichstages s. HOLLWEG.
401 Abschied vom 29. Juli 1566: StAM 90a/748; SCHANNAT, Historia, II, Nr. 273, S. 427–429.
402 Zum Reichstagsverlauf s. BECKER, Speyerer Reichstag.
403 Zum Reichstag 1576 s. MORITZ; KOSSOL, S. 8–13.
404 S. Protokoll des Landtages vom 9. Januar 1583: StAM 90a/749.
405 S. Ritterschaftliche Erklärung auf dem Landtag vom 16. Dezember 1579, in: StAM 90a/738, wiedergegeben auch in: StAM 95/158, Nr. 30.
406 S. oben S. 49.

Auch auf nachfolgenden Landtagen verhielt sich dies nicht anders: Selbst wenn die
Ritterschaft ihren Anspruch auf Reichsunmittelbarkeit entschieden hervorhob und die
Landsässigkeit ablehnte, ihre Pflicht, die Reichssteuern an das Stift Fulda abzuliefern,
bestritt sie selten; eben dadurch und durch ihre tatsächlichen Steuerbewilligungen wies
sie sich aus der Sicht der Landesherrschaft doch immer wieder als landsässig aus. Und
auch für Außenstehende mußte die Tatsache, daß die Ritter ausdrücklich ihre Steuern an
das Stift und nicht etwa in Gestalt von Charitativsubsidien für den Kaiser an den
zuständigen Ritterkanton abführen wollten, unvereinbar mit dem Status der Reichsunmittelbarkeit sein. Auf lange Sicht sollte sich allerdings die Doppelstrategie der
Ritterschaft, zu der es wohl angesichts der damaligen Machtverhältnisse keine Alterna-
tive gab[407], auszahlen.

Die vom Reichstag 1582 bewilligte Reichssteuer[408] war Gegenstand der Landtagsverhandlungen am 9. Januar und 17. Juli 1583[409]. Die in Augsburg zugesagten 40 Römermonate ergaben für das Stift Fulda über 16 000 fl. Deswegen hielt die Regierung eigentlich
einen Anschlag von vier Schreckenbergern (= ⅔ fl.) für erforderlich; *der schwind(en)
thewerung halben* wollte sie ihn in drei Terminen erheben. Die Stände aber verlangten
zuvor Einsicht in die Rechnung der vorigen Anlage. Sie begehrten außerdem, daß die
Regierung, der exilierte Abt Balthasar, die Jesuiten und die Juden zur Besteuerung
angehalten würden. Diese Forderungen sollten nicht nur die Landtage des Jahres 1583,
sondern auch die der nachfolgenden Jahre beherrschen – auf sie wird noch zurückzukommen sein[410]. Anfangs 1584 jedoch ordnete der kaiserliche Administrator, ohne auf
die ständischen Forderungen einzugehen, die Einziehung der Reichssteuern an[411].

Über die 1594 auf dem Reichstag in Regensburg bewilligte Türkenhilfe von 80
Römermonaten[412] verständigte sich die Stiftsregierung mit den Ständen entweder auf
einem Landtag oder in gesonderten Verhandlungen mit den einzelnen Korporationen.
Von den 80 Römermonaten (= 32 320 fl.) waren 1594 noch 24 Monate Rückstand zu
verzeichnen. Auf einem Rittertag zu Hünfeld am 26. August 1597 erklärte die Ritterschaft, weil bereits zwei Ziele dieser Reichssteuer erlegt waren und die restlichen Gelder
umgehend bei der Legstätte in Frankfurt abgeliefert werden sollten, ihre Bereitschaft
auch zur Erlegung des dritten Zieles von ihren Leuten und ihren eigenbewirtschafteten
Gütern – ein Zeichen für ihre Verankerung im Territorialstaat, allen Versicherungen der
Zugehörigkeit zur Reichsritterschaft zum Trotz und obwohl sie weiterhin bemängeln
mußte, daß von den Kammergütern nicht eingeworfen wurde, daß die Jesuiten von ihren
erworbenen Gütern keine Steuern zahlten, und daß einmal mehr keine ordnungsgemäße
Rechnung vorgelegt worden war. Daß sie auf Abstellung dieser Mängel als einer
Vorbedingung bestanden, hatte kaum noch Bedeutung[413], da die Ritter ihr Versprechen
der Steuerlieferung einhielten, ihre Forderungen aber unerfüllt blieben.

---

407 Vgl. S. 48, 67.
408 Zum Reichstag s. REUTER, Kampf; MÜLLER, Konflikt.
409 Protokoll des Landtags vom 9. Januar 1583: StAM 90a/749; die Landtagsverhandlungen vom
17. Juli 1583 und der daran anschließende Briefwechsel sind – aus landesfürstlicher Sicht – referiert
in: StAM 95/158, Nr. 31.
410 S. S. 246–251.
411 StAM 95/158, Nr. 31.
412 Zum Reichstag s. zuletzt KOSSOL, S. 39–72; SCHULZE, Reich, S. 94–99.
413 Zum Rittertag s. StAM 95/158, Nr. 34.

Angesichts der Rückstände aus der Reichssteuer 1594 und der Belastungen des Stiftes durch zwei Truppendurchzüge mußten die erneuten Reichssteuerbewilligungen des Reichstages von 1597/98 in Höhe von insgesamt 73 Römermonaten[414] besonders gravierend wirken – der Landtag vom 22. Juni 1598 sollte 97½ Römermonate (= 39 380 fl.) bewilligen. Statthalter und Räte beharrten auf dieser Veranlagung, obwohl ihnen die Erschöpfung des Stiftes nicht verborgen geblieben war, weil das Reichsinteresse sie erforderte – natürlich mußte sich das unter kaiserlicher Administration stehende Stift in der vordersten Front der Kaisertreuen befinden[415]. Den Vorschlag der Regierung, die Gelder in drei Zielen (erstes Ziel 1598: 48½ Monate, d. h. 19 594 fl. = 10 Batzen von 100 fl.; 2. Ziel 1599: 34 Monate, d. h. 13 730 fl. = ½ fl. von 100 fl.; 3. Ziel 1600: 15 Monate, d. h. 6060 fl. = 5 Batzen von 100 fl.) nahmen die Stände an, beharrten jedoch auf der vorherigen Erfüllung ihrer bekannten Forderungen: Rechnungslegung, Einwerfen der Regierung von den Kammergütern und des exilierten Abtes von seiner jährlichen Kompetenz, Besteuerung der Jesuiten und Höherveranlagung der Juden. Die Regierung erklärte sich aber nur zur Abstellung des ersten Beschwerdepunktes bereit, leugnete die Berechtigung der anderen bzw. behielt sie der Entscheidung des Administrators Erzherzog Maximilian vor[416].

Diese Vorbehalte, verstärkt um den Vorwurf, Restanten nicht angemahnt zu haben – was sich in erster Linie auf einen Teil der Ritter bezog, dessen Säumigkeiten als indirekte Steuerverweigerungen von den anderen Ständen mit Mißtrauen beobachtet wurden – wiederholten sich auf dem Landtag am 26. August 1603[417]. Der Reichstag in Regensburg hatte im gleichen Jahr 86 Römermonate gegen die Türken, in den Jahren 1603 bis 1606 zu erlegen, dazu insgesamt sieben Monate im Zusammenhang mit den spanisch-niederländischen Auseinandersetzungen um die Unabhängigkeit der Niederlande bewilligt[418]. Außerdem fiel auch noch die 1601 dem Kaiser bewilligte eilende Hilfe von 20 Monaten (= 8080 fl.) an. Die fuldischen Stände fanden sich zur Bewilligung der erstgenannten Reichssteuern in Höhe von 93 Römermonaten bereit – Kapitel und Städte *pure et simpliciter*, die Ritterschaft aber *cum protestatione*. Von den 20 Monaten eilender Hilfe für den Kaiser war nach Angabe der Stände die Hälfte bereits aus der Ständekasse bezahlt, der andere Teil von den Städten aufgenommen und verwendet worden. Dieser Teil sollte von den Städten wieder zurückerstattet werden. Darin willigten nicht nur Kapitel und Städte, sondern auch die Ritterschaft *sonder beschwernuß* ein, *weil es notorie ein reichsanlage*.

Das anschließende Verhalten der Ritterschaft entsprach diesem Eingeständnis allerdings nicht. Vom 3. November 1604 datiert eine Eingabe Fürstabt Balthasars an den Kaiser, daß die Ritterschaft jegliche Steuerzahlung verweigere. Die kaiserliche Resolution vom 5. Januar 1605 wies die Ritter jedoch unmißverständlich auf ihre Pflicht hin, die

---

414 Dazu: KOSSOL, S. 95–119; SCHULZE, Reich, S. 99–101.
415 So waren 1597 – ohne vorherige ständische Zustimmung und gegen den Protest des abgesetzten Fürstabts Balthasar – außerordentliche Türkenhilfen aus den Überschüssen der stiftischen Kassen, auch der landständischen, an den Kaiser abgeführt worden (NOFLATSCHER, S. 233).
416 Vgl. Proposition und ständische Erklärung: in: StAM 90a/752.
417 S. StAM 90a/533: Proposition und Abschied; StAM 90b/416: nur Abschied.
418 Zum Reichstag s. MAYR, Türkenpolitik, S. 273–281.

Reichssteuer und insbesondere die Türkenhilfe bis zu einer Entscheidung der seit 1575 am Reichskammergericht anhängigen Exemtionsklage an die Obereinnahme in Fulda zu liefern[419].

1613 hatte der Reichstag in Regensburg 30 Römermonate, in vier Zielen zu erlegen, bewilligt. In der Proposition des Landtags am 14. Januar 1614[420] vergaß Fürstabt Johann Friedrich von Schwalbach nicht darauf hinzuweisen, daß jeder Reichsstand befugt sei, *bey seinen angehörigen solche eingewilligte 30 monate durch anlegung einer reichssteuer einzubringen.* Kapitel und Städte anerkannten denn auch ohne Umschweife ihre Verpflichtung zur Steuerzahlung. Sie pochten aber darauf, daß *billichmeßige gleicheit* gehalten werde und die Juden nach Köpfen wie nach Gütern besteuert würden. Von 100 fl. Vermögen sollten 10 Batzen Steuern erlegt werden. *In erwegung des gemeinen manns itziger erschöpfung und enge der zeit* – das Stift wurde gerade von einer verlustreichen Pestepidemie heimgesucht – schlugen sie vor, das erste Viertel durch Anleihe aufzubringen und dann zusammen mit dem zweiten Viertel zu erlegen. Auch die beiden anderen Ziele sollten auf einmal eingezogen werden, um Unkosten zu sparen. Der Ausschuß der Ritterschaft dagegen verhielt sich abwartender, obwohl auch sein Sprecher Melchior Neidhard von Lautter an der Verpflichtung, den Landtag zu besuchen, keinen Zweifel ließ (was als ein untrügliches Zeichen der Landsässigkeit gewertet werden muß, obwohl sich die Ritterschaft gegen eine solche Schlußfolgerung ausdrücklich sperrte). Ehe sich die anwesenden Ausschußmitglieder in der Sache festlegten, wollten sie erst die Meinung der abwesenden Ritter hören. Man ließ aber keine Bedenken über eine allgemeine Zustimmung zu Steuerbewilligungen aufkommen. Die Taktik der Verzögerung von Steuererlegungen jedoch wurde in der Folgezeit unvermindert angewandt.

Nach 1614 kam erst auf dem Landtag vom 4. und 5. August 1654 eine Reichssteuerforderung zur Sprache. Ohne die Ritterschaft, die sich endgültig von den Landtagen zurückgezogen hatte, formell aber noch nicht vom Stift in die Reichsunmittelbarkeit entlassen worden war, bewilligten die übrigen Stände (Kapitel, Kollegiatstifter, Städte) 6000 Reichstaler in drei Terminen 1654 und 1655[421].

Ein letztes Mal standen Reichssteuern auf dem vorletzten bekannten Landtag des 17. Jahrhunderts, am 9. März 1662, zur Bewilligung an[422]. Wie auch früher lag der Grund dafür in der Bedrohung des Reiches durch die Türken. Nur ersuchte Fürstabt Joachim von Gravenegg die Stände nicht, wie üblich, in Ausführung eines Reichstagsbeschlusses, sondern im Vorgriff darauf, um Reichssteuerleistungen. Abzusehen war, daß die vom Kaiser für den 8. Juni 1662 einberufene Reichsversammlung, die das Vorspiel des Immerwährenden Reichstags bilden sollte[423], um Steuerbewilligungen nicht umhin kommen würde. Über das dem Kaiser zur Verfügung zu stellende *subsidium* aber sollten die Stände entscheiden können, auch wenn der Fürstabt als Richtschnur 12 Römermo-

---

419 S. StAM 109/1804, fol. 50ʳ–53ᵛ (Kop.); oben S. 75.
420 Von diesem Landtag sind Proposition, Protokoll und Teilnehmerverzeichnis überliefert in: StAM 90a/756; Abschrift der Proposition auch in: StAM 109/359.
421 Vgl. StAM Rechnungen II Fulda, 189, S. 34. Die Einnahmeverzeichnisse dieser Reichssteuer weisen einen Überschuß von 478½ Rt. 37 bhs. 11 d. oder 718 fl. 27 bhs. 8 d. aus. Ebd., S. 34–41.
422 Vgl. StAM 90a/777.
423 Zum Immerwährenden Reichstag s. FÜRNROHR. FÜRNROHRs Ausführungen sind nicht frei von Überschätzungen des Reichstages. S. aber demnächst die Habilitationsschrift von Anton SCHINDLING (Würzburg) über den Immerwährenden Reichstag.

nate (= 4848 fl.), ohne das im Würzburger Vertrag von 1656 festgesetzte Fixum der inzwischen reichsunmittelbaren Buchischen Ritterschaft in Höhe von 2000 fl., setzte.

Mehr als um die Türkenhilfe aber ging es Abt Joachim um die Abdeckung seines persönlichen Aufwandes anläßlich der Teilnahme an diesem Reichstag. Dem Willen des Kaisers, daß sich die Kurfürsten und Stände des Reiches persönlich in Regensburg einfinden sollten, wollte der Abt – als einer der wenigen Reichsfürsten – auf alle Fälle entsprechen. Weil es bei allen Reichsständen *ohndisputirlich herkomme* sei, *daß dergleichen allgemeine reichstäg auf jedes land und desselben underthanen kosten geschehen solle*, sollten auch die fuldischen Stände die erforderlichen Reise- und Unterhaltsgelder für Joachim bewilligen. Um die Untertanen nicht allzu sehr zu belasten, wollte sich der Fürstabt mit der Summe von 15000 fl. zufriedengeben. Die krasse Diskrepanz zwischen veranschlagter Reichssteuer und Unterhaltskosten, in die – wie dies reichsweit die Regel war – manche *nebenanschlagung undt verehrungen* einbegriffen waren, wirft ein bezeichnendes Licht auf die Bedeutung, die der Repräsentation beigemessen wurde.

Die Modalitäten der Steueraufbringung überließ der Abt den Ständen. Da bis zum Beginn des Reichstages allerdings nur noch wenig Zeit blieb, andererseits zur Überwindung der Folgen des Dreißigjährigen Krieges *bißhero ein undt andere anlag erhoben undt zu des stifts besten verwendet worden*, schlug er vor, die Reise- und Zehrgelder *anderstwohe* aufzunehmen. Diese Gelder sollten solange verzinst werden, bis das Kapital *nach undt nach undter der handt auf erträgliche termin erhoben undt gehöriger orthen wieder bezahlt sein wurde*. Um ständischem Widerstand gegen die begehrten Steuern zu begegnen, sollte die sinnvolle Verwendung der in letzter Zeit erhobenen Kollekten und vor allem der finanzielle Beitrag des Fürsten (aus der Rentkammer) zu den Käufen adliger Güter hervorgehoben werden[424].

Über das Ergebnis dieses Landtages verlautet nichts. Doch sind die von den Ständen bewilligten Gelder nicht ausreichend gewesen, um den langfristigen Aufenthalt Abt Joachims in Regensburg finanziell abzudecken. Am 8. Oktober 1662 sah er sich zur Bitte an seinen Kanzler Dr. Wilhelm Ignatius Schütz gezwungen, die Übersendung weiterer 2000 fl. durch Dechant und Kapitel zu veranlassen. Diese aber versagten sich dem Anliegen zunächst mit dem Hinweis, daß sie einen solchen Schritt ohne Einwilligung der anderen Stände nicht verantworten könnten, und beriefen für den 7. November 1662 einen Landtag ein – in Abwesenheit des Fürstabts als seine Vertreter und gemeinsam mit dem Kanzler. Ohne größere Widerstände verstanden sich dann die ständischen Deputierten zur Bewilligung der gewünschten Summe[425].

424 Bei den angesprochenen Gütererwerbungen handelte es sich um Anteile an Wehrda und Burghaun von den von der Tann bzw. dem Obristen von Ilten als Haunischem Erben. Hierzu hatte der Abt 8300 bzw. 8500 fl. aus der Rentkammer beigesteuert (zu den Käufen s. Anhang 2, sub Burghaun und Wehrda). Deutlich wird hier die wenig ausgeprägte Trennung zwischen landesfürstlichem und ständischem Finanzwesen, aber auch, daß Gelder aus der ständischen Steuerkasse legitimerweise für Güterkäufe des Fürsten – die doch in starkem Maße dessen Kammer zugute kamen (zumindest langfristig) – verwendet werden konnten, weil dadurch für die Zukunft auch die Möglichkeit einer geringeren Belastung der ständischen Untertanen gegeben war.

425 Vgl. StAM 90b/529: Schreiben des Kanzlers Dr. Schütz an den Fürstabt nach Regensburg vom 27. Oktober 1662 (Cpt.), des Dechants und des Kapitels an den Abt vom 7. November 1662 (Cpt.) und das Dankschreiben des Abtes an letztere vom 20. November 1662 (Orig.); StAM 90a/775, fol. 8–11: Einladungen und kurzer Bericht des Kanzlers über den Verlauf des Landtages vom 10. November 1662.

Bedingt den Reichssteuern zuordnen lassen sich die kaiserlicherseits geforderten Beiträge zum Katholischen Bund, also der Liga, die die Land- und Rittertage in der Regierungzeit Fürstabt Johann Bernhards Schenck zu Schweinsberg (1623–1632) bestimmten. Diese Anlagen wollte der Abt natürlich auch auf die Stände, namentlich die Ritter und ihre Hintersassen, abwälzen; während aber Kapitel und Städte diese Anlagen fast bereitwillig aufbrachten, zeigte sich die Ritterschaft sperrig, so daß der Abt gezwungen war, mit ihr besonders intensive Verhandlungen außerhalb der Landtage zu führen.

Die Ritterschaft hatte von Anfang an sehr starke Bedenken getragen, sich der Liga, der nach Aussage Johann Bernhards *von vielen Ihrer Maytt. devovirten gehorsamen stenden nothtrunglich angestellten verfassung*, anzuschließen, sondern es für rätlicher gehalten, neutral zu bleiben, und dieses Verhalten auch dem Abt anempfohlen. Eine solche Position beizuhalten, war ihr aber auf die Dauer unmöglich. Fürstabt Johann Friedrich von Schwalbach hatte schon 1613, entgegen den ritterschaftlichen Wünschen, den Beitritt zur Liga vollzogen; die Liga aber suchte im Verein mit Kaiser Ferdinand II. den Weg der Offensive gegen den politischen Calvinismus und Protestantismus, der dem Kaisertum in Böhmen entgegengetreten war. Ihre Aktivitäten erforderten hohe Beiträge der Mitglieder. Doch blieben mehrmalige Aufforderungen des fuldischen Abtes an die Ritterschaft, auch einen Beitrag zur Anlage zu leisten, zunächst ohne Resonanz. Der Abt konterte mit entschiedenen Drohungen. Er gab *wohlmeinendtlich* den Rat, sich nicht von der Sache des Kaisers und der katholischen Reichsstände zu eximieren, sondern *die gemeine onera ebenmessig (zu) agnosciren* und ihre Ausstände zu begleichen, damit die Stiftsverwandten nicht über Gebühr bedacht würden – so die Ausführungen in der fürstlichen Proposition zum Rittertag am 5. Dezember 1623 [426].

Schon bald sah sich die Ritterschaft zur Aufgabe ihres Widerstandes gezwungen. Nicht zuletzt im Gefolge des 1627 mit dem Abt geschlossenen Vertrages [427] fand sie sich zu erheblichen Zahlungen bereit. Die überlieferten ständischen Verhandlungen dieser Zeit zeigen nur einen Ausschnitt der finanziellen Belastungen aller Stände durch die Liga-Beiträge: So bewilligten die Stände auf dem Landtag am 11. August 1629 zur Abstattung der rückständigen Bundesquoten des Stiftes und zur Anlage eines Vorrates für die Landesobereinnahme zur Frankfurter Herbstmesse dieses Jahres zwei Anlagen mit jeweils ¼ Reichstaler von 100 fl. Vermögen (= etwa 20 000 Reichstaler, d. h. 30 000 fl.) [428].

Insgesamt bleibt festzuhalten, daß sich die Stände Reichssteuerforderungen kaum widersetzen konnten noch wollten – selbst wenn die vom Fürstab verlangten Summen die ursprünglich von den Reichstagen bewilligten Gelder zum Teil beträchtlich überstiegen.

b. Landsteuern und Kontributionen

Landsteuern waren der bevorzugte Gegenstand von landständischen Verhandlungen, denn sie ließen, da grundsätzlich weniger verpflichtend und verbindlich vorstrukturiert als die von den Reichsfürsten den Landständen durch Reichstagsbeschlüsse aufgebürde-

426 Kopie in: StAM 109/347.
427 S. dazu S. 83–85.
428 Vgl. den Beschluß der Landstände: StAM 90a/533.

ten Reichssteuern, den Landständen einigen Verhandlungsspielraum. Die von den Landesherrn gestellten Forderungen und die ständischen Bewilligungen in Fulda bewegten sich in ähnlicher Höhe wie die Reichssteuern, waren allerdings zahlreicher.

Die vom Landesherrn einberufenen Rittertage 1527, 1529 und 1538, auch die entsprechenden Verhandlungen mit den übrigen Ständen, sowie der Landtag 1541 standen ganz im Zeichen der Aufbringung der von Landgraf Philipp von Hessen dem Stift für seine Niederwerfung des Bauern- und Bürgeraufstandes 1525 abverlangten 18 000 fl., die bereits als wesentlicher Faktor für die Herausbildung einer landständischen Organisation im Stift Fulda gewürdigt worden sind[429].

Die erste Rate der Zahlung an Philipp von Hessen in Höhe von 6000 fl. hatte der Koadjutor Johann von Henneberg durch Anleihe aufgebracht, weil er dem Landgrafen nicht infolge Säumigkeit, die ein Verhandeln mit den Ständen eventuell heraufbeschworen hätte, *die pforten in stift Fulda einreumen und also desselbigen stifts entlich verderben erleben* wollte. 5000 fl. auf zwei Jahre unverzinst, *doch gegen gnugsamer verschreibung*, hatte dem Koadjutor der Kurfürst Johann von Sachsen angeboten; Koadjutor, Stiftsdechant und Kapitel hatten darin eingewilligt und dem Kurfürsten das Gericht Gerstungen verschrieben, das zu Lebzeiten des Kurfürsten und seiner Söhne nicht ablösbar war. Weil aber auch die Ritterschaft in die Verschreibung einbezogen werden sollte, wollte der Koadjutor ohne deren Stellungnahme sich nicht endgültig festlegen[430]. Gegen Ausstellung des Reverses, daß Steuerzahlungen ihren Rechten nicht nachteilig sein sollten[431], verstanden sich die Ritter, wie schon zuvor Dechant und Kapitel, zur Bewilligung von Steuern bereit. Zwei Ritter sollten neben den Beauftragten des Kapitels die Steuer einnehmen, die Steuerleistungen oder -verweigerungen genau registrieren und die Abgaben *zue gutem geldt und muntz, wie der guldt gilt, machen und wechseln*. Die Steuern waren streng zweckgebunden; sie durften nur zur Befriedigung der Forderungen Landgraf Philipps und zur Rückzahlung der aus gleichem Anlaß bereits aufgenommenen Gelder verwendet werden. Jährlich sollten die Einnehmer dem Koadjutor oder den von ihnen selbst dazu Verordneten Rechnung ablegen und Rechenschaft geben[432].

Schon nach den ersten ständischen Steuerbewilligungen trat das Problem auf, mit dem stiftische Regierung wie auch die Stände selbst in der Folgezeit immer wieder zu kämpfen hatten: Säumigkeiten, bald auch Verweigerungen sowie Nichterfassungen bei der Steueraufbringung. Auf dem Rittertag am 7. Juni 1529[433], dem Verhandlungen mit den anderen Ständen gefolgt sein dürften, monierten z. B. die Ritter, daß *etliche menner, so under des stifts Fulda obrigkait seßhaft und gehorig, bis noch ire angepurnden tail nicht entrichtet haben, dergleichen etzliche bis noch nit angeschlahen noch besetzt sein sollen*. Die Ritter drängten daher auf eine breitere Streuung bei der Veranlagung der genuin stiftischen Untertanen und auf eine schnelle Eintreibung der Rückstände. Für ihre *aigne und freye leut, die in des stifts Fulda obrigkait nit gehorig, sie seien aigen oder des stifts Fulda lehen*, nicht aber für sich selbst bewilligten die Adligen neue Steuern nach Maßgabe der Steuerleistungen der stiftischen und kapitelischen Untertanen; doch sollte niemand

429 S. S. 179f.
430 Vgl. die Instruktion für die fürstlichen Räte zum Rittertag vom 1. April 1527, in: StAM 90a/ 740.
431 Kopie in: StAM 109/389.
432 Kopie des Abschieds vom 2. April 1527, in: StAM 90a/740.
433 Abschied: StAM 90a/741.

mehr als 3 fl. zahlen müssen. Die Ritterschaft war, im Interesse einer raschen Abwicklung der Steuereintreibung, angeblich sogar bereit, Listen ihrer Hintersassen mit Namen und Wohnsitz zu erstellen. Die Verwendung eventueller Überschüsse bei der Steuereinnahme, nach Abzug der Zinsgelder sowie der Entschädigungen der Einnehmer, sollte an die Mitwirkung der Stände gebunden werden.

Doch wieder wurden die Beschlüsse nur unvollkommen in die Tat umgesetzt. Noch neun Jahre danach mußte ein Rittertag einberufen werden (6. Februar 1538), der über die Verwirklichung der 1529 getroffenen Vereinbarung beriet[434]. Ein hier konstituierter ritterschaftlicher Ausschuß schlug damals den anderen Rittern vor, daß die Bewilligungen von 1529 erfüllt werden sollten, *das der buchstab mit sich pringt, dem selbigen nochmals nachkommen undt gelebt werde.* Dieser Vorschlag wurde akzeptiert und dem Fürsten neuerlich eine Landsteuer von den ritterschaftlichen Untersassen bewilligt. Doch sollte der Fürstabt *zuvor der bißher eingenomen und aufgehabenen landtstewer ein grundtlich clare rechnung thun lassen, darauß man aigentlich und clarlich sich berichten, wyssen, sehen und abnemen mag, was davon bezalt, was derselbigen bißher entricht, einpracht, wo ein iedes hinkommen und außgeben, auch weß noch zu bezalen ausstendig oder uber maß vorhanden sei und who.* Ein gehöriges, wohl nicht unbegründetes Mißtrauen gegenüber dem Landesherrn wird hier greifbar – nicht alle Steuergelder wurden offensichtlich ihrer Bestimmung gemäß verwendet. Die überlieferten Stellungnahmen einzelner Ritter zu diesem Beschluß – quellenmäßig ein besonderer Glücksfall[435] – zeigen, daß die Mehrheit hinter dieser Entscheidung stand, daß es aber auch einige Abweichungen gab, die sich sogar bis zu grundsätzlicher Ablehnung der Landsteuer steigerten und die Reichsunmittelbarkeitsbestrebungen vorwegnahmen.

Auch 1541 war die 1529 bewilligte Steuer von 18000 fl. erst zum Teil entrichtet worden. Die Ritter versprachen in ihrer Antwort auf die Proposition des Fürstabts Philipp Schenck zu Schweinsberg auf dem Landtag am 4. November 1541[436] einmal mehr, sich den Restzahlungen nicht entziehen zu wollen. Innerhalb der nächsten drei Jahre, jeweils auf Michaelis (29. September) wollten sie die rückständige Summe begleichen. Weil zur Bezahlung der 18000 fl. angesichts der seit langem rückständigen Steuern weitere Gelder aufgenommen worden waren, sollten der Dechant und die Kollektoren sowie der fünfköpfige Ausschuß der Ritterschaft mit den Gläubigern über Frist und Aufschub der Rückzahlung des vorgestreckten Geldes verhandeln – ein Indiz für die überlegene Kreditfähigkeit der Stände im Vergleich zum Landesfürsten, denn dieser, nicht die Stände, hatte das Geld aufgenommen[437].

Nachdem die Landtage 1542 und 1543 im Zeichen der Türkenhilfe für das Reich gestanden hatten, wurden die Landtage 1547 und 1548 ganz von Landsteuerforderungen des Fürstabts beherrscht. Im Zuge des Krieges 1546/47 zwischen Kaiser Karl V. und den im Schmalkaldischen Bund zusammengeschlossenen protestantischen Reichsfürsten, an der Spitze Landgraf Philipp von Hessen und Kurfürst Johann Friedrich von Sachsen,

---

434 Abschied des Rittertages: StAM 90a/741, 742; StAM 109/347 (Kop.).
435 Denn allzu häufig sind nur die Beschlüsse, nicht aber die vorhergehenden Diskussionen oder die anschließenden Stellungnahmen erhalten.
436 Nur die ritterschaftliche Stellungnahme ist von diesem Landtag überliefert. S. StAM 90a/743 (Orig. und Kop.) sowie SCHANNAT, Historia, II, Nr. 271, S. 419–421 (mit Lesefehlern).
437 S. z. B. die Proposition auf dem Rittertag 1527: StAM 90a/740. Zur Kreditfähigkeit der Stände s. auch S. 255 f.

waren die beiden Letztgenannten im Dezember 1546 in Fulda einmarschiert und hatten eine Brandschatzung von 30 000 fl. verlangt, die durch die Übergabe der noch nicht abgeführten Türkensteuer des Jahres 1543 in Höhe von 8407 fl. sowie durch Anleihen von 11 593 fl. für Sachsen und 10 000 fl. für Hessen aufgebracht wurden – zu einer Zeit, in der man in Fulda selbst durch Hungersnot und Teuerung ohnehin schon betroffen war[438]. Diese Gelder konnten von Landgraf Philipp und Kurfürst Johann Friedrich, die wenig später in kaiserliche Gefangenschaft gerieten, nicht zurückgefordert werden; das Land selbst mußte sie aufbringen.

Dem Landtag am 5. Dezember 1547 war ein Rittertag unmittelbar vorausgegangen, der durch die Hinzuziehung von Dechant und Kapitel und den Abgeordneten der Städte zum Landtag erweitert wurde. Um die Gläubiger auszahlen zu können, beschlossen die Stände, daß alle Angehörigen hohen und niederen, geistlichen und weltlichen Standes, Christen und Juden, nach Maßgabe der in den vergangenen Jahren erhobenen Türkensteuern belegt werden sollten. Es sollte also eine Besteuerung nach dem Gemeinen Pfennig sein, in die auch die sonst persönlich nicht mitsteuernden Gruppen einbezogen wurden. Vom Steueraufkommen waren die kurzfristig geliehenen Gelder zurückzuzahlen, auch die vom Fürstabt aus der Kammer zur Verfügung gestellten 6803 fl. zu begleichen, eventuelle Überschüsse unter die restlichen Gläubiger aufzuteilen. Den Gläubigern, die noch nicht befriedigt werden konnten, sollte angeboten werden, ihr ausstehendes Geld vom 22. Februar des folgenden Jahres an ein Jahr lang zu verzinsen und dann zurückzuzahlen. Damit diese Gläubiger befriedigt werden könnten, wurde eine weitere Anlage ausgeschrieben, die bis Weihnachten 1548 einzunehmen war. Falls im Reich Frieden einkehren und der Kurfürst von Sachsen die geliehene Summe Geldes innerhalb Jahresfrist zurückgeben würde, war dieses Geld zur Rückerstattung an die Gläubiger zu verwenden. Die erhobene Anlage sollte dann hinterlegt werden und unter der Kontrolle der Landstände verbleiben[439].

Doch kam eine Rückzahlung der von Sachsen geliehenen Gelder nicht zustande. Auch ließ die Zahlungsmoral der fuldischen Stände zu wünschen übrig. Zu Beginn des Jahres 1548 begehrte daher Fürstabt Philipp auf einem Landtag eine neuerliche Anlage zur Begleichung der Anleihen. Über diese Anlage konnten sich die Versammelten allerdings nicht gleich einigen, die Ritterschaft meldete grundsätzliche Bedenken gegen die Vorstellungen des Abtes an und erzwang eine Neueinberufung des Landtages am 11. Januar 1548, an dem ihrerseits die Mitglieder des *gevollmechtigten* fünfköpfigen Ausschusses und einige zusätzlich vom Abt eingeladene Ritter teilnahmen. In diesem Kreis besaßen die dem Fürstabt als Räte und Amtleute verpflichteten Adligen ein leichtes Übergewicht[440]. Dies dürfte erklären, daß man sich beim zweiten Anlauf *einmutiglich* verglich und die geforderte Anlage bewilligte. Alle Bewohner des Stiftes, ausgenommen

---

438 S. dazu SCHAFFRATH, Kriegswirren, S. 196–206. Zum Schmalkaldischen Bund und zum Schmalkaldischen Krieg und seiner Vorgeschichte: FABIAN; HARTUNG, Karl V.; BRANDENBURG.
439 S. Landtagsabschied vom 5. Dezember 1547: StAM 90a/745.
440 Von den Ausschuß-Mitgliedern waren Balthasar von Ebersberg gen. von Weyhers, Karl von Trübenbach, Martin von Haun und Hartmann von Boyneburg in stiftischen Diensten, Ludiger von Mansbach und Friedrich von Schlitz gen. von Görtz dagegen nicht. Bei den hinzugezogenen Rittern traf ersteres auf Christoph von Ussigheim, Heinrich von Merlau, Georg von Romrod und Georg Schade von Leibolz, letzteres auf Kaspar von Gelnhausen, Georg von Ebersberg gen. von Weyhers, Christoph und Hans Wolf von der Tann sowie Gottschalk von Buchenau zu.

der Fürstabt wegen der Herrschaft, sollten von ihrem Grundbesitz und Vermögen 4 Gnacken oder Böhm (der sog. Prager Groschen, der ½ fl. betrug) pro 100 fl. geben, von 50 fl. entsprechend 2 Gnacken, von 25 fl. und weniger 1 Gnacken. Die Juden hatten pro Haupt 6 Gnacken und von 100 fl. ebenfalls 6 Gnacken zu entrichten. Bis Cathedra Petri 1549 war die Anlage zu erlegen[441]. Die Zahlungsmoral war dabei offenkundig zufriedenstellend.

Auf den nächsten Landtagen traten die Landsteuern völlig in den Hintergrund. Erst nach langer Dominanz der Reichssteuern auf den ständischen Versammlungen der zweiten Hälfte des 16. Jahrhunderts kam mit dem Ende des 16. Jahrhunderts eine Welle von Landsteuerforderungen auf die Stände zu.

In diese Kategorie der Landsteuern gehört auch die von Ritterschaft und Kapitel auf dem Landtag vom 21. Januar 1588 dem Administrator, Erzherzog Maximilian, für seinen Versuch, die polnische Königskrone zu erlangen, bewilligte Reiterhilfe. Dabei erboten sich die Stände sogar zu weiteren Leistungen, wenn sie nur von den durch Fürstabt Balthasar *eingefiehrten Beschwerungen* befreit würden[442].

Auslösende Faktoren für das heftige Ringen um Landsteuern um die Jahrhundertwende waren Truppendurchzüge 1598[443] und Einquartierungen hessischer Soldaten in den stiftischen Ämtern Fürsteneck, Haselstein, Mackenzell und Burghaun, in den Gerichten Neukirchen und Michelsrombach, im geringeren Maße auch in den Gebieten der Ritterfamilien von Schlitz gen. von Görtz, von Haun, von Buchenau und von Mansbach im Jahre 1599[444]. Sie hatten Kosten in Höhe von 3987 fl. bzw. 21000 fl. verursacht. Etwaige Hoffnungen, daß die Kosten zurückerstattet werden könnten, gingen natürlich nicht in Erfüllung. Im Gegenteil, das Stift war von weiteren Durchzügen und Einquartierungen bedroht, wenn es die Unkosten nicht selbst tragen wollte. Diesem und weiterem Ungemach durch Erhebung einer Landsteuer abzuhelfen bzw. vorzubeugen, auch um die Zustimmung zu der auf dem Kreistag 1599 bewilligten Kreissteuer von 5000 fl. zu erlangen, berief die kaiserliche Administration des Stiftes einen Landtag auf den 16. November 1599 im Schloß zu Fulda ein[445].

---

441 S. Anm. 439.
442 Vgl. NOFLATSCHER, S. 237 mit Anm. 178.
443 »Wallonisches« Kriegsvolk, das im spanisch-niederländischen Krieg engagiert war. Zu dieser Auseinandersetzung s. jetzt: PARKER.
444 Es handelte sich bei den Einquartierten um einen Teil des von Landgraf Moritz von Hessen-Kassel zum Zweck des Eingreifens in die spanisch-niederländischen Auseinandersetzungen geworbenen Heeres, das er weder in seinem Territorium noch in dem unter starkem hessischem Einfluß stehenden Stift Hersfeld unterbringen konnte. Bei den Einquartierungen kam es z. T. zu erheblichen Übergriffen der Soldaten, von denen die Berichte der Lokalbeamten an die Regierungszentrale in Fulda beredtes Zeugnis abgeben. Besonders *ubel* verhielten sich nach einem Brief des Mackenzeller Amtsvogts Balthasar Happel vom 26. Februar 1599 die in Roßbach einquartierten 33 Reiter: Sie zwangen die Bauern, Wein und Lebensmittel für sie in Hünfeld zu kaufen, gaben sich aber damit nicht zufrieden, weil der Wein ihren Ansprüchen nicht entsprach – *wollen nun den wein, den sie zu Heunfeldt holen, nicht trinken, sondern sollen nach Fuldt gehen und den besten kaufen, sagen auch, sie seyen kein schwein, das sie sich mit kraut und rüben solte abweisen und sethigen lassen.* Würden sie keine fleischliche Kost erhalten, so müßten sie den Bauern die Köpfe *entzweyschlagen* – sie vergaßen nicht, ihre Bereitschaft dazu an einem Mann augenfällig zu demonstrieren. Auch zwangen die Reiter ihre Wirte, für ihre Zechkosten aufzukommen – so hatten einige nach ihrer Rückkehr von Hünfeld *ihren wirt, do bey sie ligen, Viehe Jost genandt, zu boden geworffen, den bardt ausgerauft und ihn mit gewalt gezwungen, das er ihnen einen halben thaler, den sie zu Heunfeldt in wein verzecht, wider geben müssen. – Handeln in summa, das die arme leuth nicht wissen wo auß oder in.*

Von den Ständen waren das Stiftskapitel und die Städte zur Gewährung einer Landsteuer bereit, allerdings nur zur Abdeckung der Unkosten für den Durchzug 1598 (3987 fl.). Für die Zehrung des hessischen Kriegsvolkes sollten die aufkommen, *so solche uncosten undt schaden gethan.* Nach dem Willen des Kapitels sollte das vor einiger Zeit als einziges von einem Truppendurchzug betroffene, dem Kapitel unmittelbar unterstehende Amt Großenlüder von der Anlage ausgenommen sein, was allerdings bei den Städten auf wenig Gegenliebe stieß. Die Kreisexpeditionshilfe jedoch sei immer aus der Küchenmeisterei, der fürstlichen Kasse, und von den Kammergütern bezahlt worden; deshalb sollte auch diesmal so verfahren werden.

Die wenigen anwesenden Ritter aber bestritten generell die Verpflichtung, zu einer solchen Landsteuer beizutragen. Unter Berufung auf den 1527 von Koadjutor Johann von Henneberg erteilten Revers erboten sie sich jedoch, einen Beitrag zu leisten, wenn diese Hilfe nicht *expresse* als Landsteuer bezeichnet und als ein *signum subiectionis* gewertet würde. Die Gelegenheit, im Zusammenhang mit Landsteuerforderungen den Anspruch auf Reichsunmittelbarkeit zur Sprache bringen zu können, nutzten die Ritter also aus. Gerade in der Landsteuerfrage hofften sie, die Berechtigung ihres Anspruches dartun zu können, indem sie immer wieder auf die »Freiwilligkeit« ihrer in der Vergangenheit geleisteten Landsteuern hinwiesen.

Der ritterschaftliche Widerstand gegen eine Landsteuer war 1599 so stark, daß sich ihm am Ende auch Kapitel und Städte anschlossen; diese wollten sich nur in gemeinsamem Vorgehen mit den Rittern zu einer Besteuerung verstehen. Der erste Landtag ging ergebnislos auseinander, nachdem die Stände ihren grundsätzlichen Vorbehalten gegen eine Steuerbewilligung auch noch ihren bekannten Katalog von Beschwerden angefügt hatten. Die Regierung schlug zur Behandlung und eventuellen Abstellung dieser Beschwerungspunkte einen neuen Termin vor.

Vor Beginn des zweiten Landtages am 16. Dezember 1599 hatte die Regierung in Fulda Instruktionen von den kaiserlichen Administratoren des Stiftes in Mergentheim eingeholt. In ihnen wurden die Forderungen der Stände nach Steuerbeteiligung der Regierung, des Abtes Balthasar und der Jesuiten und nach Erhöhung der Judenanlage auf ein Vierfaches entschieden abgelehnt. Die Stände akzeptierten auf dem Landtag aber nur die Steuerfreiheit der Regierung, weil zu Beginn der kommissarischen Verwaltung des Stifts die Befreiung der Regierung von Reichs- und anderen Kontributionen für die Dauer der Administration beschlossen worden war. Die Exemtion der Regierung, d. h. des Kammergutes, war zu Zeiten regierender Fürstäbte faktisch unbestritten, für die Zeit der kaiserlichen Sequester hatte man diese Praxis eigens bekräftigt. Jeder Stand sollte sich daher nochmals einzeln an den Administrator in Mergentheim wenden und um Abstellung auch der übrigen Beschwerdepunkte ersuchen[446]. So ging dieser Landtag wieder ohne Ergebnis auseinander.

Angesichts dieses und ähnlichen Treibens sah sich die fuldische Regierung zu höchster Alarmbereitschaft und zu Schutzvorkehrungen veranlaßt – dabei kam den militärisch erfahrenen adligen Räten (von Haus aus) wie Cuntz von der Tann und Erbmarschall und Reiterhauptmann Wilhelm Balthasar von Schlitz gen. von Görtz besondere Bedeutung zu. S. dazu die ausführliche Überlieferung in: StAM 90b/1256. Zur militärischen Bedeutung von Einquartierungen s. SCHMIDT, Einfluß.
445 Von diesem Landtag sind glücklicherweise ausführliche Protokolle erhalten. Langfassung: StAF I A 2, fol. 95ʳ–101ʳ (Kop.), eine kürzere Fassung in: StAM 90a/752.
446 Protokoll: StAF I A 2, fol. 102ʳ–104ʳ, Ergänzungen in: StAM 90a/752.

Von den ständischen Supplikationen ist diejenige der Städte vom 21. März 1600 besonders aufschlußreich[447]. In ihr kommt ein grundsätzliches Motiv für die Ablehnung einer Landsteuerbewilligung in dieser Situation deutlich zum Ausdruck: die nicht verwirklichte gleichmäßige Besteuerung aller Stände. Ritterschaft und Geistlichkeit samt Städten und Dörfern im Stift hätten in Notfällen landesfürstliche Steuerwünsche zu befriedigen. Im aktuellen Fall sollten Dechant und Kapitel sowie die Ritter nicht allein von ihren Untertanen und Lehnsleuten, sondern auch von ihrem eigenen Vermögen kontribuieren. Die Städte waren daher besonders interessiert, daß die allgemeinen Beschwerden abgestellt würden, *damit hinfuro under allen des stifts stenden... zu mehrer fortpflanzung künftiger ruhe undt vertrawlichkeit eine billiche gleicheit gehalten werde und die last nicht uf einen oder den andern standt allein, wie fast albereit besorglich, erwachsen* möge. Wenn Dechant, Kapitel und Ritterschaft zu dieser Kontribution gleichmäßig beitrügen, wollten auch die Städte ihrerseits nicht die Erlegung verweigern. Sehr deutlich kommt hier die Furcht vor einem Ausscheiden der Ritter aus dem Stift zum Ausdruck, das für die anderen Stände eine Erhöhung ihrer Aufwendungen bedeuten mußte, und die deshalb auch vom Kapitel geteilt wurde. Zusätzlich aber störte die Städte die persönliche Steuerfreiheit der Adligen und der Kapitulare, was sie naturgemäß in einen Gegensatz zu diesen bringen mußte, der Regierung aber die Chance bot, die Meinungsgegensätze unter den Ständen für ihre Ziele auszunutzen.

Auf dem Landtag am 19. April 1600 in Fulda, also fünf Monate nach dem zweiten Landtag des Jahres 1599, konnte die Regierung die ersten Früchte der Heterogenität unter den Ständen in Form einer Steuerbewilligung ernten[448]. Diesmal ging es in erster Linie um die Landsteuern für die Abdeckung der durch die Einquartierungen der vergangenen Jahre verursachten Kosten, die die Stände auf den beiden vorangegangenen Landtagen gar nicht in Betracht gezogen hatten. Dechant und Kapitel wie die Abgesandten der Städte bewilligten einmütig *aus christmitleidenlichens gemüt und damit die arme leut ihres erlittenen schadens ergetzlichkeit empfinden,* daß in drei Zielen jeweils 5 Batzen von 100 fl. Vermögen kontribuiert und daß *alle und jede im stift, niemandt hiervon außgeschieden, also belegt, hierin durchgehende gleicheit gehalten und dechan und capitul vor der ritterschaft nit beschwert werden sollen.*

Von der Ritterschaft waren auf der ständischen Seite nur fünf Mitglieder vertreten, darunter einige entschiedene Befürworter der Reichsunmittelbarkeit[449], während gewichtige Fürsprecher einer vermittelnden Linie und eines Ausgleichs mit dem Stift auf der Regierungsseite saßen[450] – die entschiedenen Verfechter eines Konfrontationskurses mit dem Stift waren auf diese Weise keineswegs zufällig paralysiert. Die Rittervertreter bewilligten zur Kostendeckung der Durchzüge von ihren Untertanen die gleiche Anlage wie Kapitel und Städte, allerdings gegen Herausgabe jenes so oft bemühten Reverses, der ihnen ihre Privilegien und Freiheiten garantieren sollte.

---

447   StAF I A 2, fol. 104ʳ–111ʳ (Abschr.).
448   Kopie des Landtagsrezesses und Anwesenheitsliste in: StAM 90a/753.
449   Es handelte sich um Melchior Anarck von der Tann, Johann von Merlau, Otto Heinrich von Ebersberg gen. von Weyhers, Melchior Christoph von Wildungen, Johann Eustachius von Schlitz gen. von Görtz. Von ihnen zählten Tann und Ebersberg zu den Häuptern der Exemtionsbewegung.
450   Wilhelm Balthasar von Schlitz gen. von Görtz, Wilhelm Katzmann von Englis, Melchior von Dernbach, Philipp Schutzpar gen. Milchling, Cuntz von der Tann. Von ihnen waren der erst- und der letztgenannte besonders einflußreich (s. auch Anm. 444).

Doch war mit der ritterschaftlichen Steuereinwilligung des Jahres 1600 keine grundsätzliche Verbesserung der Zahlungsmoral der Adligen verbunden. Am 28. Februar 1602 wurden die Stände erneut auf einen Landtag zur Klärung der Schadensregulierung für die von Truppendurchzügen betroffenen Untertanen, die immer *noch in schaden undt armuth stecken*, beschrieben[451]. Doch auch auf dem Landtag vom 26. August 1603[452], der sich in erster Linie mit Reichssteuerforderungen befaßte, mußte das Problem einer Landsteuer für die vor Jahren von Truppendurchzügen heimgesuchten Ortschaften behandelt werden, weil die Betroffenen für ihren erlittenen Schaden gar keine oder nur geringe Entschädigung erhalten hatten[453]. Wieder erklärten sich die Stände zur Hilfe bereit, die Ritterschaft allerdings nur gegen Wiederholung des von Erzherzog Maximilian am 5. Juli 1600 ausgestellten Reverses[454]. Außerdem wollten die Stände die Zusicherung, daß bei etwaigen Beschwerungen ihrer eigenen Leute ebenso verfahren würde. Nachdem die Regierung dies zugesagt hatte, wurde neben der Reichssteuer auch eine Landsteuer bewilligt.

Dagegen fanden sich alle Stände auf dem Landtag am 12. November 1609 offensichtlich ohne weitere Einwände zur Bewilligung einer Landsteuer bereit. Um für die *vorstehenden sehr schwürigen zeiten* einen Geldvorrat zu schaffen, sollten auf drei Terminen im Jahre 1610 insgesamt 12 Batzen Steuern von 100 fl. Vermögen erhoben werden[455]. Schon vor dem Landtag hatte Fürstabt Johann Friedrich von Schwalbach in einem Revers für die Ritterschaft vom 4. November 1609 hervorgehoben, daß die Ritter freiwillig und aus Einsicht in die Notwendigkeit, einen Geldvorrat anzusammeln, sich erboten hatten, daß neben den stiftischen Untertanen auch ihre eigenen, *so ihnen mit obrigkeit, vogtey oder einigen bottmessigkeit zugethan,* besteuert werden sollten[456]. Anlaß für diese Steuer waren die sich immer mehr zuspitzende Lage zwischen den Konfessionsparteien im Reich und die allgemeine Entwicklung in Westeuropa, die auf eine bewaffnete Auseinandersetzung zusteuerten – der soeben ausgebrochene Jülich-Klevische Erbfolgestreit lieferte bereits das Vorspiel zum Dreißigjährigen Krieg. Ganz klar sah man in Fulda die sich abzeichnenden allgemeinen Gefahren und die möglichen Auswirkungen auf das Stift, das in den Sog der Auseinandersetzungen geraten mußte,

---

451 Von diesem Landtag ist leider nur das Einladungsschreiben des Statthalters überliefert: StAM 90a/533.

452 Proposition und Abschied in: StAM 90a/533, Kopie des Abschiedes in: StAM 90b/416.

453 S. dazu z. B. die in Ansehung des Landtages abgefaßte Supplik der Dorfbewohner des Amtes Mackenzell, auch von Michelsrombach, Johannisrombach (= Oberrombach) und Oberfeld an Fürstabt Balthasar vom 23. August 1603, in: StAM 90a/533.

454 StAM 90a/533; StAM 109/389 (Kop.).

455 Auf Cathedra Petri 1610 5 Batzen von 100 fl., Pfingsten 1610 4 Batzen von 100 fl. und Weihnachten 1610 3 Batzen von 100 fl. Vom Landtag selbst sind keine Einzelheiten überliefert. Aus dem Vorfeld liegen die Nominierung der Deputierten der Stadt Fulda am 7. November 1609 (StAF I A 2, fol. 200ʳ), der Einspruch der Riedesel gegen die Ladung der Stadt Lauterbach vom 11. November 1609 (StAM 95/1315) und vor allem der Revers des Fürstabts Johann Friedrich für die Ritterschaft vom 4. November 1609 (StAM 90a/533, 90a/778; StAM 109/389 [Kop.]) vor, auf den gleich noch näher eingegangen wird. Die Ergebnisse des Landtags werden sichtbar im Konzept einer Anweisung des Fürstabts bzw. seiner Regierung an Dechant und Kapitel, Ritterschaft und alle Beamten vom 18. Dezember 1609, das erste Ziel der bewilligten Landsteuer einzunehmen (StAM 90a/754).

456 StAM 90a/533, 90a/778; StAM 109/389 (Kop.).

sobald diese nicht mehr lokalisiert werden konnten. Erst zehn Jahre zuvor hatte der spanisch-niederländische Krieg mit Truppendurchzügen ja auch das Stift berührt[457].

Die Einhelligkeit unter den Ständen in bezug auf Landsteuerleistungen war auf dem nächsten Landtag am 8. Mai 1613 nicht mehr gegeben[458]. Ein Anlaß für die Steuerforderung des Abtes war die seit 1611 im Stift, u. a. in der Residenzstadt Fulda, grassierende Pest. Auf dem Landtag erklärten sich die Kapitulare bereit, den Städten mit Hilfe, Rat und Tat beizustehen – über die konkreten Maßnahmen wollten sie sich mit den städtischen Deputierten beraten. Der adlige Ausschuß hingegen protestierte gegen eine Besteuerung und bat schließlich um Aufschub, um das Meinungsbild innerhalb der gesamten Korporation zu erkunden. Ohne Entscheidung trat der Landtag wieder auseinander. Erst der am 3. Juni 1613 zum zweiten Male zusammentretende Landtag hat dann eine Steuerbewilligung ausgesprochen – Einzelheiten, vor allem über die Haltung der Ritterschaft, sind allerdings nicht bekannt[459]. Die Steuer war jedoch zunächst nur durch eine Anleihe aufzubringen, wie der Rat der Stadt Fulda in einer Erklärung am 22. Mai 1613 klargemacht hatte[460].

Ihre Verweigerungshaltung bei der Bewilligung von Landsteuern setzte die Ritterschaft auf dem Landtag am 4. April 1617 fort[461]. Die Ritter leisteten zwar der Einladung des Fürstabts Folge, sie weigerten sich aber, sich den beiden anderen Ständen zuzugesellen, weil eine Teilnahme an Landtagen, auf denen nicht Reichs-, sondern allein Stiftsangelegenheiten behandelt würden, mit ihrer (beanspruchten) Reichsunmittelbarkeit unvereinbar sei. Dies ging über ihre bisherige Haltung insofern hinaus, als nun nicht nur die Verpflichtung zu Landsteuerbewilligungen, sondern auch zur Teilnahme an Landtagen, die sich mit Landesangelegenheiten befaßten, überhaupt bestritten wurde. Das mußte aber andererseits, konsequent durchgeführt, den freiwilligen Verzicht auf Einflußnahme mit sich bringen. Die Argumentation wurde daher in der Folgezeit auch nicht mehr in vollem Umfange aufrechterhalten. Fürstabt, Dechant und Kapitel, auch die Abgesandten der Städte widersprachen den ritterschaftlichen Ausführungen zwar entschieden, hielten es aber nicht für ratsam, darüber mit den Rittern eingehend zu diskutieren. Der Abt behielt sich allerdings ausdrücklich Gegenmaßnahmen zur Aufrechterhaltung seiner landesfürstlichen Rechte vor.

In der anschließend den Ständen zugestellten schriftlichen Proposition wurde auf die schwierige finanzielle Situation des Stifts und die völlige Erschöpfung der fürstlichen Kasse, der Küchenmeisterei, abgehoben. Die Stände wurden zur Stellungnahme aufgefordert, *durch was bequeme erspießliche mittel solche langwierige beschwerden, wo nicht allerdings, jedoch eines theils abzuwenden oder ie geringer und erträglicher zu machen.* Der Abt und seine Regierung sahen dieses Mittel zur Besserung der finanziellen

---

457 S. oben S. 226 f.
458 Die Überlieferung zu diesem Landtag ist wiederum ausgesprochen dürftig: Ausschreiben an Dechant und Kapitel, Ritterschafts-Ausschuß und Städte finden sich in: StAM 90a/775 (Cpt.), die Bestimmung der Deputierten der Stadt Fulda am 3. Mai 1613 und ein Bericht des Prokurators Heinrich Hitzing an den Rat der Stadt Fulda vom 22. Mai 1613 sind enthalten in den Ratsprotokollen: StAF I A 2, fol. 267ᵛ–268ᵛ.
459 Vgl. StAM 90a/755.
460 Ebd.
461 S. dazu den Landtagsrezeß vom 1. Juli 1617, in: StAM 90a/757 (Kop.); StAF I A 2, fol. 304ʳ–306ʳ (Kop.).

Situation allein in der Bewilligung einer mehrjährigen Anlage, die – so wurde versprochen – nur zur Erleichterung der Nöte des Stifts verwendet werden sollte.

Die Kapitulare und Städtevertreter bewilligten daraufhin, unter Protest gegen die Absonderung der Ritter, auf 15 Jahre einen Schreckenberger von 100 fl. Vermögen. Auch trugen sie dem Abt ihre Vorstellungen über die Veranlagung der Juden und eine Getränke-Akzise mit dem Ziel einer Erhöhung der Einnahmen vor, wobei sie an eine Art Tauschgeschäft dachten. Gegen die Zusage des Fürstabtes, daß die schutzverwandte Judenschaft 15 Jahre lang die doppelte Anlage entrichten sollte, wurde von den Ständen eine Getränke-Akzise in folgender Form zugestanden: auf den Liter Wein 20 Böhm, auf das fremde Bier 80 Pfennig, auf das inländische *stadt doppelbier* und auf das *gemeine bier uffm landt, es werde gleich verzapft oder mit faßen verkauft,* von jedem Eimer 40 Heller. Diese Akzise sollte von den Schankstätten und Wirten durch die Beamten der jeweiligen Orte 15 Jahre lang erhoben werden. Damit Beamte, denen der Weinschank in ihrer Bestallung zugestanden oder aus anderen Ursachen ganz überlassen worden war, bei der Einziehung der Gelder nicht der Versuchung von Unregelmäßigkeiten ausgesetzt wären, sollten in ihren Fällen andere, unparteiische, Personen die Einziehung übernehmen. Die eingenommenen Gelder waren vierteljährlich an die verordneten Kollektoren abzuführen und zu verrechnen. Zu den zwei Pfennigen, die die Schankstätten in der Residenzstadt über den anderen lagen, sollte ein dritter Pfennig geschlagen und diese drei Pfennige zusätzlich in die gemeine Kasse, die Landesobereinnahme, geliefert werden.

Diese langfristigen Bewilligungen waren für die Stände natürlich nicht unproblematisch. Dem Übergang von terminierten zu regelmäßigen, an keine ständische Zustimmung mehr gebundenen Steuererhebungen wurde dadurch Vorschub geleistet. Auf der anderen Seite erklärt das Entgegenkommen der Stände die Aufweichung der vorher, allen ständischen Forderungen zum Trotz, von den Äbten praktizierten Judenschutzpolitik; diese maßvolle Politik gegenüber den Juden, der keineswegs humanitäre, sondern wirtschafts- und finanzpolitische Erwägungen zugrundelagen, wurde aus Überlegungen ebensolcher Art nun von Johann Friedrich aufgegeben, obwohl er damit den Boden der reichsrechtlichen Bestimmungen noch keineswegs verließ, denn in verschiedenen Reichsabschieden war das Hauptgeld von 1 fl. und die doppelte Anlage für die Juden vorgesehen[462].

Nach Ausbruch des Dreißigjährigen Krieges erschien Fürstabt Johann Friedrich die 1617 bewilligte fünfzehnjährige Anlage keinesfalls ausreichend, um den Kriegsanforderungen genügen zu können, die auf das Stift Fulda aufgrund der Verkehrsdurchgangslage des Landes, auch weil es in den Auseinandersetzungen als Mitglied der katholischen Liga selbst Partei war, zukommen mußten. Schon zum 30. Juli 1619 berief er erneut einen Landtag ein, der ihm weitere Steuern zur Schaffung eines Vorrates bewilligen sollte[463]:

---

462 So in den Reichsabschieden 1542 bis 1544. Vgl. auch die Argumentation der fürstlichen Regierung nach dem Landtag 1622 in einer Stellungnahme zu einer Resolution der Kapitulare und der Städte vom 15. September 1622 (StAM 90a/759), auch den Landtagsrezeß vom 19. April 1600 (StAM 90a/757).
463 Von diesem Landtag ist die fürstliche Proposition in der an die Städte gerichteten Fassung vom 30. Juli 1619 überliefert (StAM 90a/758). Vom gleichen und vom folgenden Tag datieren Antworten der Ritterschaft auf die an sie gerichtete Proposition (StAM 90a/758; StAM 109/347 [Kop.]). Eine Liste der eingeladenen Ritter findet sich in: StAM 90a/532.

*Bey itzigen sorgsamen schwierigen leuften und fast aller örter im heiligen reich
vorgangenen kriegs praeparationen und verfassungen* sei der friedliche Zustand im Stift
wohl kaum aufrechtzuerhalten, und es bestehe zumindest die Gefahr von Truppendurchzügen. Ein erster Durchzug berittener Truppen hatte *albereits merckliche costen*
verursacht, obwohl die Reiter zu besonderen Klagen keinen Anlaß geboten hatten.

In einer ersten Stellungnahme erklärten sich die auf dem Landtag anwesenden Ritter
(neben dem Ausschuß auch weitere Mitglieder) grundsätzlich zum Beistand bereit,
bestanden aber auf der Erfüllung von Vorbedingungen. In ihrer zweiten Erklärung einen
Tag später nahmen die Ritter vor allem zu der vom Abt angesprochenen Kriegsgefahr
Stellung. Sie rieten zur Kontaktaufnahme mit den benachbarten Kurfürsten und
Reichsständen, besonders mit dem – nach der Reichsverfassung zuständigen – Kreisobristen. Auch warnten sie eindringlich vor Aktivitäten im Rahmen der Liga, um das
Stiftsgebiet nicht besonderen Gefahren auszusetzen. Bei Truppendurchzügen sahen sie
grundsätzlich zwei Verhaltensmöglichkeiten: die Grenzen des Stiftes zu bewachen oder
das Kriegsvolk passieren zu lassen und es zuvorkommend zu behandeln und zu
versorgen, damit es das Stiftsgebiet schnell wieder verlasse. Die für die zweite, als einzig
gangbar angesehene Möglichkeit erforderlichen Mittel sollten durch eine *leidliche* Anlage
von 5 Batzen pro 100 fl. Vermögen aufgebracht werden, und zwar nicht nur von den
unmittelbar von den Durchzügen Betroffenen, sondern von allen stiftischen und
ritterschaftlichen Untertanen. Gleichzeitig hielten es die Ritter für ratsam, daß in den
Grenzgebieten sorgsam Wacht gehalten, Schranken und Schlagbäume ausgebessert,
selbst Landgräben ausgehoben würden, *damit uff allen fall das von den fahnen undt
ihren compagnien abstreichende gesindlein in zaum gehalten und verfolgt werden
möchte, darzu man dann verhofftentlich keiner frembden hülfe bedürftig, sondern unter
uns soviel wohl mächtig ist*[464]. Obwohl sich die Ausstellung des von den Rittern als
Vorbedingung geforderten Reverses über die Freiwilligkeit und Unverbindlichkeit der
Steuerleistungen verzögerte[465], hat sich die Ritterschaft an ihr Versprechen der Steuerlieferung gehalten[466].

Auch auf den nachfolgenden Landtagen 1621 und 1622 standen die mit Truppendurchzügen verbundenen Probleme im Vordergrund – neben dem Schutz vor Durchzügen und
der Verpflegung von Kriegsvölkern auch die Abwehr von Überfällen und Raubzügen.
Auf dem Landtag am 18. März 1621[467] wurde die Ritterschaft für ihr bisheriges Verhalten
in den Kriegszeiten ausdrücklich belobigt. Aus diesem Verhalten glaubte Fürstabt
Johann Friedrich auf weitere Mitarbeit und Steuerleistungen schließen zu können. Dazu
waren die auf dem Landtag nur in geringer Zahl und ohne ein Mitglied ihres Ausschusses
erschienenen Ritter nicht ohne weiteres bereit; *in dieser das gantze corpus betreffender
sach* wollten sie ohne Einwilligung der übrigen Ritter keine Verantwortung übernehmen.
So ging der Landtag ohne Beschlußfassung, nur mit der Zusage einer Stellungnahme der
gesamten Ritterschaft, auseinander.

---

464 StAM 90a/758; StAM 109/347.
465 S. das Schreiben des Fürstabts an Dechant und Kapitel vom 26. August 1619: StAM 90a/758
(Kop.).
466 S. StAM 90b/415 (Rechnungslegungen).
467 Einladung, Proposition und kurzes Protokoll in: StAM 90a/759, Proposition auch in: StAM
109/347.

Diese verbindliche Erklärung der Ritterschaft wurde von deren Ausschuß am 4. Juni 1621 abgegeben[468]. Darin erklärten sich die Adligen zur Hilfeleistung bereit und wiederholten mit leichten Ergänzungen ihre schon 1619 geäußerten Auffassungen über die Behandlung durchziehender Truppen und die Abwehr von räuberischen Überfällen. Die Bewilligung der Steuern aber war diesmal an mehr Bedingungen geknüpft als 1619, vor allem an die Abstellung der Maßnahmen des Abtes Johann Friedrich zur Aufrechterhaltung seiner landesfürstlichen Obrigkeit über die Ritter, auf die im einzelnen schon bei der Darstellung der Auseinandersetzungen um die Anerkennung der Landesherrschaft eingegangen wurde[469].

Die 1621 zutagegetretene Zurückhaltung der Ritterschaft steigerte sich auf dem Landtag vom 29. August 1622, wieder einmal, zu völliger Verweigerung[470]. Anlaß für den Landtag war der Durchzug der Truppen Christians von Braunschweig, des »tollen Christian«, vor drei Monaten und der mit diesem geschlossene Vertrag über die Zahlung von 40 000 Reichstalern Brandschatzung[471]. Bei Vertragsabschluß hatte man sich der trügerischen Zuversicht hingegeben, daß sich der braunschweigische Herzog mit der Zahlung der halben Summe zufriedengeben würde. Wegen der ausstehenden Hälfte jedoch meldeten sich gleich drei Sollizitanten. Einer von ihnen, der Obrist von Eschwege, wurde schließlich ermächtigt, die ganze Restsumme einzufordern. Die Angelegenheit berührte nach Auffassung des Fürstabts Johann Friedrich und seiner Regierung alle Stände, nicht nur Fürstabt, Kapitel und Städte, die bereits zwei Drittel der Restsumme aufgebracht hatten; die Ritter sollten das letzte Drittel beisteuern. Deren Antwort aber war entschieden negativ und führte zur Auflösung der Landtagsversammlung.

Kapitel und Städte regten in einer späteren Stellungnahme zur Proposition eine Gesandtschaft an den Obristen von Eschwege mit dem Ziel einer Senkung der Kontribution an. Dieser Gedanke wurde von fürstlicher Seite aufgegriffen und befördert. Vor allem aber waren Kapitel und Städte bereit, eine weitere Anlage *auf etliche jahrlang* zu zwei Terminen zu bewilligen, und zwar von 100 fl. Hauptgut 18 Batzen – *wiewohl nicht allerdings pure, sondern mit etlichen darbey angedeuten conditionen oder underthenig bittlichen erinnerungen.* Darunter war natürlich die Höherveranlagung der Juden (1 fl. pro Kopf, doppelte Anlage von 36 Batzen), auf die der Fürstabt ebenso bereitwillig einging, wie er in Fragen der Empfah- oder Fallgelder, der Frohnden und Jagddienste entgegenzukommen versprach[472]. Für die Stände verstärkte sich durch diese zweite längerfristige Anlagebewilligung die Gefahr der Regelmäßigkeit von Steuern, die schließlich von ihrer Zustimmung völlig unabhängig werden konnten.

Auch die nachfolgenden Landtage standen im Zeichen des *bekandten betrübten und schwierigen zustandts* des Stifts und seiner Untertanen, ohne daß Einzelheiten von

468 Kopie des Schreibens in: StAM 109/347.

469 S. oben S. 75–80.

470 Von diesem Landtag sind Einladung und Proposition an die Ritterschaft überliefert sowie eine Stellungnahme der Regierung vom 15. September 1622 auf die von Dechant und Kapitel und den Deputierten der Städte eingegangene schriftliche Erklärung zur Landtagsproposition (StAM 90a/759). Eine undatierte Grundsatzerklärung, von ritterschaftlichen Archivaren des 18. Jahrhunderts als »Vertrag zu Vacha« eingestuft, dürfte mit einiger Sicherheit ebenfalls von diesem Landtag stammen (Abschrift in: StAM 109/347).

471 S. dazu oben S. 80 Anm. 401.

472 S. Anm. 470.

Steuerforderungen und Steuerbewilligungen bekannt sind. Während der Landtag vom 27. April 1626 zumindest von Teilen der Ritter boykottiert wurde[473], sind zum Landtag am 2. Mai 1631 möglicherweise nicht einmal Ausschreiben an die Ritter ergangen[474].

Die Absicht, mit den Ständen eine beständige Kontribution, ebenfalls eine Form der Landsteuer, und deren Absicherung festzulegen, stand hinter der Einberufung des Landtages durch die *iure belli* das Stift regierenden Gustav Adolf von Schweden und Wilhelm V. von Hessen-Kassel am 26. Juli 1632[475]. Dieser Landtag brachte – völlig untypisch für das Stift Fulda – eine Ausweitung des Teilnehmerkreises auf die Beamtenschaft des Stiftes, die die Ämter vertrat. Dadurch wurde die Legitimationsbasis erweitert. Auch von diesem Landtag verlautet nichts über die endgültige Beschlußfassung – gegen Kontributionslieferungen aber konnten sich in der Folgezeit die Stände nicht mit Erfolg sperren[476].

Nachdem das Stift 1634 durch kaiserlich-ligistische Truppen von den Hessen zurückerobert worden war, wurde erst am 12. Mai 1639 wieder ein Landtag durch Fürstabt Hermann Georg von Neuhoff einberufen, an dem die Ritterschaft nicht teilnahm[477]. Wie die vorhergehenden Landtage und der nachfolgende von 1642 stand der von 1639 vornehmlich im Zeichen der durch Einquartierungen und Durchzüge geschaffenen finanziellen Belastungen für das Stift. Hinzu kamen aber als eine Besonderheit Ausgaben, die die zwiespältigen Abtswahlen von 1633 und 1635 heraufbeschworen hatten. Denn diese Wahlen erforderten kostspielige Rechtfertigungskampagnen seitens der von den adligen Kapitularen gewählten Johann Adolf von Hoheneck (1633–1635) und Hermann Georg von Neuhoff (1635–1644) gegen die von den bürgerlichen Benediktinern erkorenen Äbte von Siegburg bzw. Huisberg. *Alles, waß nur in einige weg an geld uffzubringen möglich gewesen*, war von den beiden Erstgenannten nach Rom geleitet und dort, letztlich erfolgreich, eingesetzt worden. Unter Berufung auf die von ihm erkämpfte Wahrung des Adelsmonopols im Stiftskapitel und auf die damit verbundenen Vorteile für die übrigen Stände und Untertanen – Doppelwahlen würden nun praktisch ausgeschlossen – beanspruchte Fürstabt Hermann Georg eine außerordentliche Beihilfe von 2500 Reichstalern. Angesichts der Erschöpfung des Stiftes in den vergangenen Jahren und solange die Gelder für den Prozeß in Rom durch Anleihen aufgebracht werden konnten, hatte er dieses den Untertanen nicht zumuten wollen – obwohl es nach

---

473 S. das Entschuldigungsschreiben der Gebrüder von Völkershausen vom 26. April 1626, in: StAM 90a/533. Als Begründung für ihr Nichterscheinen führen sie an, *daß dieser tag anderer wichtigen sachen halben seinen fortgangk nicht erreichen, auch andere unsere mitglieder dießmal nicht erscheinen* würden. Die von Völkershausen selbst gehörten zu den entschiedensten Verfechtern der Reichsunmittelbarkeit der fuldischen Ritterschaft. Wilhelm Friedrich von Völkershausen erreichte 1632 im Zuge des proklamierten endgültigen Anschlusses an den Ritterkanton Rhön-Werra die Hauptmann-Stelle dieses Kantons (s. dazu auch oben S. 92).
474 Überliefert sind Einladungen vom 29. April 1631 an das Kapitel, an Bürgermeister und Räte von Hammelburg, Geisa, Brückenau, Hünfeld und Herbstein (s. StAM 90a/533). Die Tatsache, daß hier die Einladung an die Stadt Fulda fehlt, die sicherlich ergangen ist, läßt die Möglichkeit einer Überlieferungslücke auch bezüglich der Ritterschaft offen.
475 Einladung vom 17. Juli 1632 an alle Beamten in der Lokalverwaltung des Stiftes (in: StAM 90a/533).
476 S. dazu oben S. 93–95.
477 Ausschreiben, Proposition und ständische Resolution in: StAM 90a/776.

seiner Auffassung dem Herkommen entsprach, wenn nach einem Regierungswechsel die Untertanen eine *erkleckliche contribution* zur Erlangung päpstlicher Bestätigung und kaiserlicher Investitur beitrugen. Im vorliegenden Fall erschien ihm dies unumgänglich, weil zur Einlösung der päpstlichen Konfirmation und zur Erlangung der kaiserlichen Belehnung noch Gelder aufgenommen werden müßten, zu deren Rückerstattung die Küchenmeisterei, die fürstliche Kasse, nicht in der Lage war.

Kapitel, Kanonikerstifte und Städte aber zeigten sich angesichts der allgemeinen Notsituation hierzu nicht bereit. 2500 Reichstaler aufzubringen, sei völlig unmöglich. Einer Besteuerung könne allenfalls zugestimmt werden, wenn die Ritterschaft und ihre Untertanen *ihre schuldigkeith und zuelage auch thun, gestalt selbige mehrertheils ihre feldtgüter gebawet, in guter nahrung sizen undt es vor den fuldischen wohl thun und praestiren können.* Die übrigen Stände des Stiftes wollten also einmal mehr die Ritter in die Zahlung einbezogen wissen, um die Kosten für die eigenen Leute erträglicher zu halten. Ihrem Argument, daß die ritterschaftlichen Untertanen weitgehend vom Kriegsgeschehen verschont worden seien, darf allerdings keine große Bedeutung beigemessen werden[478].

Außerdem fragten die versammelten Ständevertreter an, ob nicht Klostereinkünfte zur Aufbringung der *spesa* herangezogen und von verschiedenen Beamten leihweise Gelder vorgeschossen werden könnten. Auch eine Erhöhung des außerordentlichen Zolles wurde vorgeschlagen. Daneben sollte das von den Kriegsbeschwerungen weitgehend verschont gebliebene Amt Neuhof nunmehr stärker zur Besteuerung herangezogen werden. Vor allem aber erkor man sich wieder die Juden als »Zielscheibe« – wie immer in Notzeiten, und gerade in Fulda mit langer Tradition, richtete sich der Zorn auf die jüdische Bevölkerung und ihre wirtschaftliche Potenz. Alte Vorurteile bezüglich ihrer Einkommensverhältnisse wurden wiederholt, die Nachteile für die angeblich unter ihrem Diktat leidende christliche Bevölkerung übertrieben dargestellt. Die wirtschaftliche Notlage, für die doch weitgehend der Krieg verantwortlich zu machen war, wurde allein den Juden zur Last gelegt. Sie sollten daher neben einer außerordentlichen Anlage auch den dritten Pfennig zu erlegen haben. Erst wenn die angeführten Gelderwerbsquellen zur Deckung der Unkosten nicht ausreichen würden, wollten sich die Stände zu eigenen Leistungen verstehen.

Ebenso forderten die Stände Maßnahmen gegen eine zunehmende Proletarisierung in den Städten infolge des Zuzugs vom Lande, wo selbst Arbeitskräfte benötigt wurden: *Die schuppkarcher undt alles anderes in der statt wohnendes bawrenvolck kann billig auß der statt uf die dorfschaften zum feldtbaw angewiesen werden, weilen sie bey solchem müssiggangk alle bawe zerreißen, verbrennen, des faulenzens gewöhnen undt niemandten bedient sein wollen.* Ein vom hessischen Obristen von Geyso gestelltes Ersuchen um eine wöchentliche Kontribution sollte, im Vertrauen auf einen baldigen Friedensschluß, unbeachtet bleiben. Dies war ein gefährliches Spiel mit dem Feuer, war doch das Stift unmittelbar vom Einfall hessen-kasselischer Truppen bedroht. Jedoch ist einmal mehr kein Landtagsabschied überliefert, der auszudrücken vermöchte, inwieweit sich die fürstliche oder die ständische Seite bei diesem Landtag durchsetzte.

Der Landtag vom 5. September 1642[479], der letzte mit ritterschaftlicher Beteili-

---

478 Zu den Belastungen der Ritterschaft durch den Krieg s. KÖRNER, Kanton, S. 78–81.
479 Protokoll und Relation der Stände (Cpt.): StAM 90a/764.

gung[480], beriet die Finanzierung von Vorbeugungsmaßnahmen gegen kaiserliche Einquartierungen im Winter 1642/43. Unabhängig davon, daß es sich bei den Einquartierten um Verbündete des Stifts handelte, war ihre Anwesenheit generell ebenso unerwünscht wie die von feindlichen, z. B. hessischen Truppen, die gerade die Stiftsbevölkerung durch ihre Kontributionsforderungen bedrängten. Das Land wurde durch beide Parteien gleichermaßen in Mitleidenschaft gezogen. Um den kaiserlichen Einquartierungen vorzubeugen, wollte der Abt eine Gesandtschaft an den Kaiserhof senden, die von den Ständen finanziert werden sollte. Als Gesandter war der Koadjutor Johann Salentin von Sintzig ausersehen, der über gute Beziehungen in Wien verfügte und die Erfahrung mehrerer Kommissionen mitbrachte[481]. An Spesen waren für ihn nicht weniger als 4000 Reichstaler veranschlagt.

Auch die Stände sahen in einer Mission Sintzigs an den Kaiserhof das einzige Mittel zur Abwehr der Einquartierung. Allerdings waren ihnen die vorausberechneten Kosten entschieden zu hoch, ein solcher, in ihren Augen übertriebener, Aufwand auch für die Sache selbst gefährlich: Einerseits konnte am Kaiserhof der Eindruck entstehen, daß das Stift sehr wohl in der Lage sei, die Einquartierungslasten zu tragen; zum andern konnten die im Stift lagernden hessischen Truppen ihre Kontributionsforderungen erhöhen. Die Stände hielten es deshalb für besser, einen Kapitular – vorgeschlagen wurde der damalige Propst von Holzkirchen und spätere Fürstabt Joachim von Gravenegg – und einen fürstlichen Rat – ins Auge gefaßt hatte man den Kanzler Johann Georg Schallhart – für diese Mission heranzuziehen.

Die Regierungsseite[482] beharrte jedoch auf der Person Sintzigs und auf ihrem Kostenvoranschlag. Kanzler Schallhart als ihr Sprecher bedeutete den Ständen, daß er aus gesundheitlichen Gründen keine derartige Reise mehr auf sich nehmen könne, daß es ihm aber auch an Autorität fehle, um die Angelegenheit in Wien zu einem erfolgreichen Ende führen zu können.

Die Stände akzeptierten nur die Vorbehalte Schallharts wegen seiner eigenen Person und wollten an seiner Stelle den kapitularischen Syndikus Dr. Johann Breler nominiert sehen; die grundsätzlichen Erwägungen teilten sie nicht. Im Rahmen dieser ständischen Vorstellungen waren die anwesenden Ritter bereit, ihren Beitrag zu den Reisekosten zu erbringen, und erboten sich, auch die abwesenden Standesgenossen dafür zu gewinnen, während sie an den personellen Fragen keinerlei Interesse zeigten. Die Städte waren ebenfalls zu limitierten Geldleistungen bereit, wollten aber zum Ausgleich für die von ihnen in der Vergangenheit erbrachten Kontributionslieferungen an Hessen eine geringere Steuerlast tragen. Insgesamt erklärten sich die Stände zur Aufbringung von 1000 fl. innerhalb von 10 bis 14 Tagen bereit; darüber hinaus sei von den armen Leuten *nichts herauszupringen*. Selbst die heftigsten Vorhaltungen, daß dieses Geld auf keinen

---

480 Erschienen waren allerdings nur drei Ritter: Johann Volpert von Schlitz gen. von Görtz, Georg Reinhard von Trümbach und Adam Albrecht von Erthal, in Vertretung des Lukas von Ebersberg gen. von Weyhers war dessen Diener Johann Philipp Breidung anwesend. Die von Boyneburg zu Lengsfeld und Erhard Friedrich von Mansbach hatten sich wegen der Kriegsgefahren entschuldigt.
481 Vgl. PHILIPPI, Sintzig, S. 2f., 9.
482 Als Abgesandte des Fürstabts fungierten Dechant Matthias Benedikt von Rindtorff, der fürstliche Rat und Oberschultheiß zu Fulda Johann Georg von Mauchenheim gen. von Bechtolsheim und Kanzler Johann Georg Schallhart.

Fall zur Durchführung der Gesandtschaft ausreichen werde, weil *man eins oder andern orts durch schenckungen werde favor suchen und gewinnen müssen,* konnten sie zu keinen weiteren Zugeständnissen bewegen. Die schriftliche Resolution der gesamten Stände vom 6. September 1642 brachte nur insofern eine Erweiterung, als die Stände im Falle des Erfolges der Mission nochmals zwischen 100 und 300 Reichstalern sozusagen als Prämie bewilligen wollten. Allen Vorhaltungen von Regierungsseite zeigten sie sich unzugänglich, weil die Untertanen, belastet durch die hessischen Kontributionsforderungen, einfach nicht mehr zu erbringen vermöchten[483].

Der nächste Landtag am 18. Januar 1651 beschäftigte sich mit einem ganzen Bündel finanzieller Probleme, vor allem mit der Rückzahlung und Verzinsung zum Teil schon vor Jahren, zum Teil kurzfristig aufgenommener Gelder[484]. Die zuletzt getätigten Anleihen waren bestimmt gewesen zur Erfüllung der im Westfälischen Friedensschluß festgelegten Satisfaktionen an Hessen-Kassel (600000 Reichstaler, von Mainz, Köln, Paderborn, Münster und Fulda gemeinsam zu entrichten), die zum Teil durch die Überlassung des letzten noch in fuldischem Besitz verbliebenen Drittels an Stadt, Amt und Gericht Vacha für 11700 Reichstaler am 28. Dezember 1648 abgegolten worden waren[485]. Diese Summe wollte der Abt von seinen Ständen zurückerhalten, zum Teil um die hessische Garnison in Marburg gemeinsam mit dem Hochstift Paderborn zu unterhalten, aber auch zur Finanzierung einer Kommission zum Friedensexekutions-Kongreß in Nürnberg, vor dem die Auseinandersetzung zwischen Stiftsregierung und Ritterschaft um Exemtion der letzteren nunmehr behandelt wurde[486].

Geldgeber waren in der Vergangenheit vor allem ein Jude Doterus in Frankfurt, dem noch 1500 Reichstaler Kapital zurückzuzahlen waren, das Jesuitenkolleg zu Würzburg, dem man von 1000 Dukaten und 1000 spanischen Talern Kapital bereits 21 Jahre lang die Zinsen schuldig geblieben war, und der Konvent St. Bonifatius in Fulda gewesen, dem jährlich 112½ fl. Zinsen geliefert wurden. Insgesamt erforderten die Zinszahlungen 2610 fl., die Rückzahlungen von geliehenem Kapital 2250 fl., die Unterhaltungszahlungen für die hessische Garnison in Marburg 1187½ fl. und die Aufwandsentschädigung für die Kommission in der Ritterschaftsfrage (1000 Reichstaler) sowie rückständige Kreissteuern (606 fl.) 8153½ fl. Diese Summe versprachen die Stände in zwei Terminen der Obereinnahme zu erlegen. Das Interesse an einer Einbeziehung aller Untertanen, auch der ritterschaftlichen, war offenkundig das Motiv der Stände, die Kommission für die Verhandlungen in der Exemtionsfrage der Ritterschaft finanziell abzusichern. Daneben wollten die Stände für die Stadt Fulda die Rückzahlung der 1635 bei dem fuldischen Rat Dr. Werll geliehenen 600 fl. übernehmen und zu einer von der Stadt aufgebrachten dreiwöchigen Speisung für ein hessen-kasselisches Regiment zu Pferd, die auf 1400 Reichstaler angesetzt worden war, 300 fl. beisteuern.

Die Summe der aufzubringenden Zinsen von 2610 fl. (bei Zinssätzen von 5 bis 6%) deutet das Ausmaß der für die kommenden Jahre anstehenden Zahlungsverpflichtungen an; dieses erhellt auch aus der von den Ständen begehrten Stellungnahme zu den

---

483 S. Anm. 479.
484 Vom Landtag ist nur die ständische Antwort auf die fürstliche Proposition überliefert. S. StAM 90a/775, fol. 2–5.
485 S. dazu ROMMEL, VIII, S. 764. Die Vertragsverhandlungen sind überliefert in: StAM 90b/1151.
486 S. dazu oben S. 110f.

Abtragungsmöglichkeiten der Gelder. Nach ständischer Auffassung sollten die 9000 fl., die von ursprünglich 18 000 fl. noch an die Lovischen Erben zu Würzburg zurückzuzahlen waren, vorerst nicht erstattet werden. Über die vom würzburgischen Weihbischof geliehenen 1500 fl. und die in Köln aufgenommenen 11 750 fl. wollten die Stände vor einer Stellungnahme erst genauere Informationen erhalten. Wegen der 2000 fl., für die die Ämter Fürsteneck und Haselstein an Hessen-Kassel verpfändet worden waren, hofften sie auf eine Aussetzung. Dagegen wollten sie vom Vachischen Pfandschilling in Höhe von 11 700 Reichstalern (17 550 fl.) anitzo 4000 Reichstaler an die fürstliche Kasse abstatten; hierzu sollten vom Generalvikar Andreas Koch 3000 Reichstaler geliehen, die anderen 1000 Taler aber aus dem Vorrat im Schatzungskasten genommen werden[487]. Deutlich wird bei diesen Vereinbarungen das komplizierte Finanzgebaren, das die äußeren Umstände Fürstabt und Ständen auferlegt hatten.

Insgesamt ist bei den Verhandlungen über Landsteuerersuchen ein breiterer Verhandlungsspielraum der Stände als bei Reichssteuerforderungen erkennbar, der sich in Gegenforderungen und partiellen Steuerverweigerungen niederschlug. Landsteuerbewilligungen entsprachen auch eher einem Vertragsverhältnis gleichberechtigter Parteien als Zustimmungen zu Reichssteuern, die fast der Erfüllung von Diktaten gleichkamen.

c. Kreissteuern

Eng verwandt mit den Reichssteuern waren die Kreissteuern, da den Kreisen die Führung der Reichskriege überantwortet war. Das Stift Fulda hatte die Kreissteuern als Mitglied des Oberrheinischen Kreises an diesen abzuführen[488]. Wie die Reichssteuern waren auch die Kreissteuern durch Reichstags- oder Kreistagsbeschlüsse vorgegeben und sollten dann von den Landständen aufgebracht werden. Anders aber als bei den Reichssteuern waren die fuldischen Stände sehr häufig nicht bereit, die Kreishilfe zu übernehmen, und wollten sie aus der fürstlichen Kammer bezahlt wissen. Auf den Landtagen sind Kreissteuern nur einmal ausschließlicher Verhandlungsgegenstand gewesen (1605), ansonsten wurden sie immer in Verbindung mit Reichs- oder auch Landsteuern zur Sprache gebracht.

Zum ersten Male war dies auf dem Landtag am 16. November 1599 der Fall[489]. Der Kreistag dieses Jahres hatte eine Exekutionshilfe beschlossen, die für das Stift ungefähr 5000 fl. betrug. Die fuldischen Stände waren zu dieser Kreishilfe nicht bereit; sie sollte nach ihrer Auffassung aus der Küchenmeisterei des Landesherrn, von seinen Kammergütern, bezahlt werden. Die Regierung erklärte dagegen, daß das Stift mit so vielen anderen Ausgaben belastet sei, daß sie nicht umhin könne, diese Kreishilfe von den Untertanen zu erheben. Dazu befugt glaubte sie sich u. a. durch den Reichsabschied von 1558, der klerlich ausweise, daß jeder Landesfürst die Kreissteuern von seinen Untertanen einziehen sollte. Trotz dieses Hinweises bedeutete die besondere Hervorhebung der momentanen finanziellen Schwierigkeiten des Stiftes aber doch eine grundsätzliche Anerkennung und Bereitschaft der Regierung, zu den Kreissteuern beizutragen.

---

487 S. Anm. 484.
488 Zum Oberrheinischen Kreis s. Süss. Eine Gesamtdarstellung steht leider noch aus. Zur verfassungsmäßigen Stellung der Reichskreise s. FRHR. V. ARETIN (Hg.), Kurfürst. Zur Wehrverfassung eines Kreises: STORM.
489 S. StAM 90a/752; StAF I A 2, fol. 95ʳ–101ʳ.

Diese zwölfmonatige, 1599 von den Ständen nicht übernommene Kreishilfe war auch Verhandlungsgegenstand auf dem Landtag am 19. April 1600[490], weil sie vom Kreisobristen in der Zwischenzeit angefordert worden war. Wieder verweigerten die Stände, allen voran die Ritterschaft, ihren Beitrag und verwiesen auf die Zahlungsverpflichtung der landesherrlichen Seite.

Von den Beratungen des Landtages am 12. Juli 1605 über die auf dem Kreistag zu Worms beschlossene außerordentliche Kreishilfe von acht Monaten, die in zwei Terminen erlegt werden sollte, verlautet leider nichts – überliefert sind von diesem Landtag nur Einladungs-, Bevollmächtigungs- und Entschuldigungsschreiben[491]. Daß sich an der ständischen Einstellung aber etwas geändert hätte, ist nicht zu bemerken. Rechnungen der Landesobereinnahme, die über eine evtl. Steuerbewilligung und -erhebung Aufschluß geben könnten, haben sich für diesen Zeitraum, wie für lange Perioden der frühneuzeitlichen Geschichte Fuldas, nicht erhalten[492].

Kreisbeiträge als Gegenstand landständischer Verhandlungen tauchen dann erst wieder auf dem Landtag am 12. Mai 1639 auf[493]. Hier ersuchten die Stände den Fürstabt, den Kaiser, die Generalität oder den Bischof von Worms als kreisausschreibenden Fürsten des Oberrheinischen Kreises um Zahlungsaufschub für die rückständigen 120 Monate Sold zu bitten – mit welchem Erfolg, ist unbekannt.

Auf dem Landtag am 18. Januar 1651[494], auf dem es in erster Linie um Landsteuern ging, bewilligten die ohne die Ritter zusammengetretenen Stände eine Anlage von 8153½ fl., die auch 606 fl. Kreishilfe, u. a. zum Unterhalt der frankenthalischen und heilbronnischen Garnisonen, umfaßten. Ausdrücklich bekannten sie sich nun schuldig, wie die Landstände anderer Territorien, *pro quota das ihrige auch beyzutragen*.

Der erhebliche finanzielle Aufwand für Kreistruppen, in die seit der Mitte des 17. Jahrhunderts auch das Militär des Stifts Fulda integriert war, wird in den erwähnten Landtagsverhandlungen allerdings nur ansatzweise greifbar. Die Ausgaben gingen bis zur Mitte des 17. Jahrhunderts noch stark zu Lasten der fürstlichen Kasse, nach dem Niedergang der landständischen Organisation[495] wurden sie aus den in der Landesobereinnahme eingehenden »ordentlichen«, also regelmäßigen und von ständischen Bewilligungen unabhängig erhobenen Steuern bestritten.

2. Weitere Verhandlungsgegenstände auf den ständischen Versammlungen

Während die Steuerbewilligung und dadurch auch die Mitwirkung an der Steuereinziehung und -verwaltung, auf die unten noch näher einzugehen ist[496], seit Beginn der landständischen Organisation in die Zuständigkeit der Stände fielen, war ihre Mitarbeit auf anderen Gebieten sehr viel beschränkter. Angelegenheiten, die mit der Aufbringung

490 S. StAM 90a/753.
491 S. StAM 90a/533.
492 Auch eine Küchenmeisterei-Rechnung dieses oder des folgenden Jahres, aus der Zahlungen des Abtes an den Kreis hervorgehen könnten, hat sich nicht erhalten. S. StAM Rechnungen II Fulda, 395 (Küchenmeister-Rechnungen); 309; 310; 311; 312; 313; 314; 315 (Steuerrechnungen 1557, 1594, 1598, 1603, 1609, 1615, 1626, 1628–1630).
493 S. StAM 90a/776.
494 S. StAM 90a/775, fol. 2ʳ–5ᵛ.
495 S. S. 257–264.
496 S. S. 252–256.

und Verwendung der Steuern eng zusammenhingen, wurden natürlich auf den Landtagen angesprochen; darüber hinaus aber gab es kaum Gegenstände, die die Landesherren auf dem ständischen Forum behandelt sehen wollten. Die Stände selbst machten nur wenige Versuche, Maßnahmen und Verfügungen, die das Wohl und die Rechte der Untertanen im allgemeinen wie die besonderen Belange des Stiftes betrafen, von ihrem Beirat und ihrer Zustimmung abhängig zu machen – obwohl solche Schritte am Anfang der landständischen Organisation im Stift Fulda gestanden hatten [497]. Ihre Gravamina [498] standen vor allem im Zusammenhang mit den Steuererlegungen. Für weitergehende Mitwirkungsrechte konnten die Stände das Steuerbewilligungsrecht nicht als Hebel benutzen.

Lediglich das Kapitel wahrte sich als »geborenes« Berater- und Wahlgremium des Fürstabts in den Kapitelsitzungen mit dem Abt und durch die Wahlkapitulationen eine Mitwirkung an Angelegenheiten, die über den von den Landesherrn den Ständen gesteckten Zuständigkeitsbereich hinausgingen. Diese starke Stellung des Kapitels außerhalb der Landtage war andererseits eine grundlegende Schwäche der Ständevertretung, die vor allem auf Kosten der Städte ging. Indem die Trennung der Korporationen institutionalisiert wurde, erleichterte sie es den Fürsten, die einzelnen Stände gegeneinander auszuspielen und die Kompetenzen der ständischen Gesamtvertretung zu begrenzen.

Nachdem auf den – atypischen – Landtagen 1515 und 1516 die Stände dem Abt Hartmann Burggraf von Kirchberg die Verhandlungsgegenstände aufgezwungen hatten, wobei sich die Problematik vor allem an der Person des Landesherrn entzündete und letztlich zur Bestellung eines Koadjutors führte, bezogen sich die die Landtage vorstrukturierenden Propositionen der Landesherrn in der Folgezeit neben der im Zentrum stehenden Steuerbewilligungsfrage nur ganz vereinzelt auf andere Gegenstände: 1526 auf den Abschluß des Vertrages mit Landgraf Philipp von Hessen, 1527 und 1541 auf die Religionsproblematik, 1577 auf die Verständigung über ein gemeinsames Vorgehen von Bischof Julius Echter, dem Administrator des Stifts, und den fuldischen Ständen in ihrem Kampf gegen den abgesetzten Abt Balthasar und die kaiserliche Kommission, 1603 auf die Schiffbarmachung der Fulda, 1619, 1621 und 1642 auf Schutzmaßnahmen gegen Kriegsbeschwerden, d. h. Einquartierungen und Truppendurchzüge, sowie die Anstellung und Bestallung von Militärs. Bis auf die Religionsfrage und die Behauptung der würzburgischen Administration waren alle Themen mit den Finanzen aufs engste verknüpft.

Auf dem Landtag am 17. Oktober 1526 zu Brückenau [499] wollte Koadjutor Johann von Henneberg die Absicherung seiner Politik gegenüber Landgraf Philipp und die Zustimmung der Stände zu den von Kommissaren unter der Federführung des Herzogs Erich von Braunschweig-Lüneburg ausgehandelten Vertragsbestimmungen. Dieser Unterstützung wollte sich der Koadjutor versichern, weil das Kapitel eine erste Vereinbarung mit dem Landgrafen im Jahre zuvor zu Fall gebracht hatte [500]. Zum andern sollte die

---

497 S. S. 168–177.
498 S. S. 246–252.
499 S. StAM 90a/739.
500 S. dazu S. 179f.

Einschaltung der Stände deren Bereitschaft zur Aufbringung der Entschädigungssumme für den Landgrafen nach sich ziehen.

Neben den Ereignissen des Bauernkrieges und ihren Folgewirkungen stand in der ersten Hälfte des 16. Jahrhunderts auch in Fulda die Glaubensfrage im Mittelpunkt des Geschehens. Der Speyerer Reichstag von 1526, an dem der Koadjutor persönlich teilgenommen hatte, hatte in dem Streit zwischen altgläubiger und reformatorischer Bewegung keine Stellung bezogen und eine alles offenlassende Formel gefunden: Bis zu einem Konzil oder einer Nationalversammlung sollten sich die Reichsstände in bezug auf das Wormser Edikt, das die Verurteilung Martin Luthers ausgesprochen hatte[501], so verhalten, *wie ein jeder solches gegen Gott und kaiserliche Majestät hofft und vertraut zu erhalten*[502].

Im Stift Fulda hatten, wie bereits verschiedentlich angesprochen, die reformatorischen Gedanken Luthers früh Anklang gefunden. Koadjutor Johann fand daher die Untertanen in *grosser enderung, verstorung und misbrauch aller von lang anher glaubter und wolherprachten ceremonien und gotesdienst.* Er wollte diesen Zustand nicht widerspruchslos hinnehmen, sondern die kaiserliche Verurteilung Luthers auch in seinem Herrschaftsgebiet als Maßstab der Religionsverhältnisse nehmen. So erklärte er Bürgermeister und Rat der Stadt Fulda auf einem eigens angesetzten Tag, daß *kein enderung oder determination* der alten Verhältnisse vorgenommen werden sollte. Die städtischen Vertreter bestanden darauf, daß die neuen Zeremonien dem Evangelium gemäß seien; eine Wiedereinführung der alten Zustände hingegen würde der Hl. Schrift wie dem eigenen Gewissen widersprechen. Da sie Gott mehr Gehorsam schuldig seien als den Menschen, baten sie um Belassung ihrer alten Pfarrer und Prediger im Amt. Ein Nichteingehen auf ihre Wünsche könnte wieder zum Aufstand des gemeinen Mannes führen. Trotz aller Vorhaltungen des Koadjutors ließen sie sich von ihrer Meinung nicht abbringen.

Johann bat dann Ritterschaft und Kapitel auf dem Rittertag vom 2. April 1527[503], neben anderem, um eine Stellungnahme zur religiösen Situation im Stift. Der Abschied des Rittertags vom gleichen Tag[504] nahm darauf allerdings keinen Bezug, sondern hatte die Steuerbewilligung dieses Jahres zum Gegenstand. Die Anhänger Luthers, in den Städten und unter der Ritterschaft vor allem, konnten sich zunächst fast ungehindert behaupten.

Denn auf dem Landtag vom 4. November 1541[505] bat die Ritterschaft in ihrer unmittelbaren Antwort auf die fürstliche Proposition darum, bei der Ausübung reformatorischer Seelsorge und christlicher Kinderzucht belassen zu werden. Die Kirchenordnung des Fürstabts Philipp Schenck zu Schweinsberg vom folgenden Jahre[506], erarbeitet von Georg Witzel, konnte diese Tendenz zeitweilig auffangen, letztlich aber nicht aufhalten. Dennoch – auf den Landtagen bildete die Religionsfrage keinen Gegenstand mehr, während sie in den Auseinandersetzungen um Anerkennung

501 Zum Wormser Reichstag s. REUTER (Hg.), Reichstag.
502 Zum Speyerer Reichstag s. FRIEDENSBURG, Reichstag; WOHLFEIL.
503 Proposition: StAM 90a/740.
504 StAM 90a/743 (Kop.).
505 StAM 90a/743; SCHANNAT, Historia, II, Nr. 271, S. 419–421.
506 S. oben S. 35f.

bzw. Ablehnung der Reichsunmittelbarkeit der Ritter zeitweise eine dominierende Rolle spielte[507].

Auf dem gleichen Landtag 1541 wurde von Abt und Ritterschaft, vermutlich auch Abt und Kapitel, die Erneuerung des 1525 zwischen Koadjutor Johann und dem Adel resp. Kapitel vereinbarten Austrages verabredet. Die Ritter kamen bereitwillig einem entsprechenden Begehren Fürstabt Philipps nach; ein Ausschuß wurde gebildet, der den Revers unterzeichnen sollte. Außerdem sollte das Kapitel (das ja in den Wahlkapitulationen die Äbte auf Austräge festlegte) um Mitunterzeichnung gebeten werden[508]. Der Austrag kam allerdings erst ein halbes Jahr später, am 2. Juni 1542, zustande[509].

Um die Behauptung der zumindest von einem Teil der Stände 1576 dem Bischof Julius von Würzburg angetragenen Administration des Stifts Fulda[509a] gegen die Ansprüche des abgesetzten Abts Balthasar und die Tätigkeit der von Kaiser Rudolf II. bis zur rechtlichen Klärung der Angelegenheiten verordneten Kommission ging es auf dem Landtag am 11. Januar 1577[509b]; dieser Landtag fiel im übrigen dadurch aus dem Rahmen, daß die Vertreter des Bischofs[509c] mit einem Ausschuß aller Stände des Stifts konferierten. Beide Seiten versicherten sich dabei der gegenseitigen Informierung über alle Schritte ihrer Konkurrenten, der gemeinsamen Beratung und des gemeinsamen Vorgehens. Auf Vorschlag des Bischofs wollten sich die Stände – als deren Sprecher Georg von Haun fungierte – auch zur Anstellung von Advokaten verstehen.

Die Schiffbarmachung des Fulda-Flusses stand auf dem Verhandlungsprogramm des Landtages vom 26. August 1603[509d]. Landgraf Moritz von Hessen-Kassel[510] hatte, überzeugt von der Bedeutung von Wasserstraßen für den Warentransport und damit für die wirtschaftliche Erschließung seines Landes, Ende des 16. Jahrhunderts die Fulda von Münden bis Hersfeld schiffbar gemacht und erstrebte einen Ausbau über Hersfeld hinaus bis nach Fulda. Schon 1592 und 1597 hatte er sich bei der fuldischen Regierung vergeblich um Beförderung seines Planes bemüht. 1603 trat er erneut an Abt Balthasar heran; dieser wollte die Angelegenheit wegen der damit verbundenen Kosten und ihrer weitreichenden Konsequenzen für die Handels- und politischen Beziehungen zwischen Hessen-Kassel und Fulda von den Landständen erörtert wissen. Kapitel, Ritterschaft und Städte aber waren zu keiner Stellungnahme bereit, *dieweil eß ein weitaussehens werck undt derwegen sich zu reifem bedacht und seiner zeit gepürenden underthenigen resolution die sachen verschoben* werden müßten, entschieden sich also faktisch für eine Ablehnung des

---

507 Daß sich die »Landtagshandlungen« nur am Rande oder gar nicht mit der religiösen Frage beschäftigten, ist eine verbreitete Erscheinung in den Territorien des Reiches. S. z. B. für Niederösterreich: STANGLER.
508 S. StAM 90a/743; SCHANNAT, Historia, II, Nr. 271, S. 419.
509 StAM R Ia, 1542 Juni 2 (Orig.). S. oben S. 123.
509a S. dazu oben S. 43–47.
509b StAF I A 2, fol. 88ᵛ–92ʳ.
509c Es handelte sich um den Hauptmann des Fränkischen Ritterkreises Theobald Julius von Thüngen und die Statthalter Wilhelm Schutzpar gen. Milchling, Adolf Hermann Riedesel zu Eisenbach und Johann Georg von Erthal. Riedesel und Erthal waren ehedem fürstlich fuldische Räte gewesen, letzterer begegnet später als würzburgischer Amtmann zu Bischofsheim und danach als hanauischer Oberamtmann in Hanau. Wilhelm Schutzpar gen. Milchling war ein Bruder des ehemaligen fuldischen Amtmannes zu Fürsteneck Georg Schutzpar gen. Milchling.
509d S. StAm 90a/533; 90b/416.
510 Zu ihm s. LENZ.

hessischen Planes. Erst während des Siebenjährigen Krieges (1756–1763) sollte dieses Projekt wieder aufgegriffen werden, aber erneut – trotz der Beförderung durch den wirtschaftspolitisch aktiven Fürstbischof Heinrich von Bibra[511] – aus finanziellen Gründen (das Land war durch die Kriegseinwirkungen zum äußersten erschöpft) scheitern[512].

In den Bereich der ständischen Mitwirkung, soweit sie sich auf den Landtagen greifen läßt, fiel auch die Besetzung militärischer Stellen. Im Rahmen des Oberrheinischen Kreises unterhielt das Stift Fulda im 17. und 18. Jahrhundert ein eigenes Kontingent. Im Lande selbst gab es im 16. Jahrhundert, wahrscheinlich auch schon früher, eine Miliz (Ausschuß, Landausschuß), in der im Bedarfsfalle – so im Schmalkaldischen Krieg 1546/47 und im Fürstenaufstand 1551/52[513] sowie im Dreißigjährigen Krieg[514] – alle Waffenfähigen des Stifts zusammengezogen werden konnten. In der Regel wurden mit diesen gemeinde- oder ämterweise kurzfristige Exerzierübungen abgehalten, sie übernahmen zeitweise die Aufrechterhaltung der Ordnung bei Festlichkeiten oder Hinrichtungen sowie die Bewachung und den Transport von Verbrechern und Landstreichern; militärische Einsätze waren Ausnahmeerscheinungen. Die Offiziere an der Spitze dieser Milizen waren keine »Berufssoldaten«. Sie sollten vor allem für die Durchführung der militärischen Übungen sorgen und die anderen Aufgaben der Landmiliz überwachen[515]. Im 16. und 17. Jahrhundert war ihre Zahl gering; im 18. Jahrhundert erfuhr das Offizierskorps, im Zuge der gesteigerten Repräsentationsansprüche und der Bindung des fränkischen und rheinischen Reichsadels an den fuldischen Hof, dessen Verankerung in Kapitel und Beamtenschaft, eine zahlenmäßige Stärkung. An der Einstellung von Offizieren wirkten die Stände mit, seit diese Tätigkeit – als im Interesse des Landes liegend – aus der ständischen Kasse besoldet wurde.

1610 beispielsweise bestellten Fürstabt, Kapitel und Ausschuß der Ritterschaft gemeinsam den Johann von Schwalbach, einen Verwandten des Fürstabts Johann Friedrich, zum Leutnant[516]. Nachdem der Rittmeister Bernhard Heinrich Schenck zu Schweinsberg 1619 verstorben war, beriet Fürstabt Johann Friedrich am 26. August dieses Jahres mit dem Kapitel über die Beförderung Johanns von Schwalbach zum Rittmeister, dem auch eine Bestallungszulage aus der neu bewilligten Landsteuer gewährt werden sollte – zum Ausgleich dafür, daß man die Leutnants-Stelle zu streichen gedachte. Ebenso berieten Fürstabt und Kapitulare über eine Neubesetzung der Landhauptmanns-Stelle, die der bisherige Inhaber von Plattern resigniert hatte. Ihnen war sehr viel an einer qualifizierten Person gelegen, weil sonst die unter erheblichen

---

511 S. dazu Ried, Wirtschaftspolitik.
512 Zu den Plänen der Schiffbarmachung der Fulda s. auch Antoni, Vorschlag; Ried, Wirtschaftspolitik, S. 118–120; Löbel, S. 92f.
513 S. dazu Schaffrath, Kriegswirren, S. 206, 210.
514 Nachweise bei Woringer, S. 22f.
515 Im 18. Jahrhundert verlor die Landmiliz ihre militärischen Funktionen völlig. An ihrer Stelle gewannen das reguläre Kontingent im Rahmen des Oberrheinischen Kreises, welches in Fulda stationiert war, sowie die Husarenleibgarde der Fürsten erhöhte Bedeutung; gleichwohl hat das reguläre Militär in Fulda nicht die gleiche kostenintensive Förderung wie in den umliegenden weltlichen Fürstentümern erhalten. Zum Militärwesen in Fulda s. Woringer; Schlitzer, Landmiliz. Zum Landesdefensionswesen vgl. Schulze, Landesdefension; Thies. Zum regulären Militär: Oestreich, Heeresverfassung; Schmidt, Militärverwaltung.
516 Kopie der Bestallung in: StAM 109/381.

Kosten zusammengestellte Wehr mit ihren Waffen ohne eine ausreichende Unterweisung und damit ineffektiv bliebe. Angesichts des zu dieser Zeit das Stift bereits tangierenden Kriegsgeschehens war dies ein Problem von höchster Dringlichkeit[517].

Allerdings war der Einfluß der Stände auf die Besetzung militärischer Stellen nicht immer gegeben, wie die Auseinandersetzung mit Fürstabt Hermann Georg von Neuhoff um die Bestallung des Obristen Johann von Sporck als Landhauptmann des Stifts auf dem Landtag am 12. Mai 1639 zeigt[518]. Über die Anstellung Sporcks, der auch das Amt Rockenstuhl pfandweise innehatte, weil er dem Fürstabt Geld vorgeschossen hatte, waren die Stände ebensowenig informiert worden wie über die Höhe der Bestallung (500 fl.). Kapitel, Kollegiatstifter und Städte fanden, daß die Anstellung dem Stift mehr Nachteile als Vorteile gebracht hatte, weil die dem Obristen unterstellten Reiter wöchentlich Gelder von den Untertanen erpreßten und die Straßen verunsicherten, statt sie zu sichern. Allerdings sprachen sich die Stände – wohl angesichts der Umstände, die zu Sporcks Anstellung geführt hatten – nicht für dessen Ablösung aus, sondern gaben nur zu bedenken, daß bei Fortführung der von Sporck initiierten Maßnahmen gegen die Untertanen die Aufbringung der Bestallung immer schwieriger würde. Dies war eine vorsichtige Stellungnahme, die den geringen Spielraum der Stände gegenüber dem Landesherrn in dieser Frage anzeigt. Johann von Sporck blieb unangefochten in seinem Amt; im Gegenteil, durch die Verpfändung der Stadt Geisa an ihn begab sich der Fürstabt 1642 in eine noch größere Abhängigkeit – erst 1650 wurden die Pfänder wieder eingelöst.

Ein letztes Licht auf die Mitsprachemöglichkeit der Stände in militärischen Fragen wirft ihre Anregung zur Anstellung eines Kriegskommissars auf dem letzten Landtag im Stift Fulda am 30. Juni 1702[519]. Dieser Kommissar sollte für Transport-, Logierungs- und Unterhaltungsfragen zuständig sein und das Bindeglied zwischen den Militärs und der Landesobereinnahme darstellen. Der Vorschlag der Stände fand auf fürstlicher Seite rasch Widerhall; der Kriegskommissar wurde im Laufe des 18. Jahrhunderts, in nachständischer Zeit, zu einer festen Größe[520].

Sich des Rückhalts der ihm noch treu ergebenen Landstände, nämlich des Kapitels, der Städte und der Kollegiatstifter, in seiner Auseinandersetzung mit der Ritterschaft um die Reichsunmittelbarkeit in der letzten Phase zu versichern – als gewichtige äußere Faktoren für eine Beilegung des Konflikts durch Verzicht des Landesherrn auf die Eingliederung des Adels in den Territorialstaat sprachen und die Stellung des Fürstabts (Joachim von Gravenegg) vor der zur Klärung der jeweiligen Rechtsansprüche eingesetzten kaiserlichen Kommission resp. deren Subdelegation immer schwächer wurde[521] –, war das Ziel Joachims von Gravenegg auf dem Landtag 1655[522].

Im Ganzen aber muß man konstatieren: Von den Militaria abgesehen, stand den fuldischen Landständen in der inneren Verwaltung kein Mitwirkungsrecht zu. Eine

---

517 Vgl. das Ausschreiben des Fürstabts an das Kapitel für die Zusammenkunft am 26. August 1619, in: StAM 90a/758.
518 S. die Resolution der Stände: StAM 90a/776.
519 Relation der Stände: StAM 90a/780.
520 Unter dem Titel eines Marsch- und Verpflegungskommissars.
521 S. S. 109–112.
522 Vgl. StAM 90b/1406.

Beteiligung an der Gesetzgebung oder an den die gesamten Belange der inneren Ordnung umfassenden und der Wahrung des gemeinen Nutzens[523] verpflichteten Polizeiordnungen[524], in manchen Territorien des Reiches eines der vornehmsten Rechte der Stände[525], ist in Fulda nicht nachzuweisen. Zwar hat das Stift in der Frühen Neuzeit weder ein geschriebenes Landrecht noch eine Landesordnung erhalten, doch haben die fuldischen Landesherren eine große Anzahl von Einzelverordnungen erlassen. An deren Ausarbeitung waren die Stände nicht beteiligt. Sie mußten dies vielmehr allein den Landesherren und ihren Regierungsgremien überlassen; dies beweisen z. B. die von den Äbten allein erlassenen Judenordnungen[526], an denen die Stände doch ein sehr großes Interesse hatten, auch die Kindbett- und Hochzeitsverordnungen[527]. Auf diesem Felde waren sie oft initiierend, aber weniger gestaltend tätig; allerdings ist gerade hier ihr informeller Einfluß, über die von ihnen besetzten Regierungsämter, nicht zu unterschätzen. Institutionalisierten Einfluß auf die Gesetzgebung übten allenfalls die Kapitulare aus – auf ihren vierteljährlichen Versammlungen mit dem Abt bzw. als Administratoren des Stiftes bei Sedisvakanzen.

523 Dazu allgemein MERK.
524 Das Wort Polizei hat im 18. und 19. Jahrhundert eine Bedeutungseinengung von einer allgemeinen Kennzeichnung der inneren Ordnung des Staates über die Gleichsetzung mit Staatsadministration hin zur Bezeichnung für die mit Zwangsgewalt ausgestatteten staatlichen Organe erfahren. Zur Begriffsgeschichte s. ZOBEL; MAIER, S. 116–130. Zur Polizeilehre der Frühen Neuzeit s. MAIER; SCHULZE, Policey; v. UNRUH. Zum Gehalt von Polizeiordnungen s. u. a. SCHMELZEISEN (Hg.), Polizei- und Landesordnungen; SCHULZE, Polizeigesetzgebung; BRAUNEDER; PLODECK, Sozialgeschichtliche Bedeutung.
525 Allerdings muß man sich davor hüten, den ständischen Einfluß auf diesem Gebiet zu überschätzen. Im großen und ganzen haben die Landesherren in der Gesetzgebung »eine von den mediaten Sondergewalten weitgehend autonome Stellung ausbauen« können (KLUETING, Entstehung, S. 240; hier auch Beispiele für fehlende oder nur geringe ständische Einflußnahme aus nordwestdeutschen Territorien).
526 Folgende Judenordnungen sind bekannt:
- 1514   (StAM K 437 [Fuldaer Kopiar XIII], Nr. 235, fol. 121^r-123^v)
- 1560, Nov. 5 (HORN/SONN, Geschichte, S. 29f., 34 Anm. 67; StAM K 443 [Fuldaer Kopiar XIX], Nr. 386, S. 1281–1285)
- 1586, Okt. 31 (HORN/SONN, S. 34 Anm. 67; StAM K 443, Nr. 385, S. 1247–1254)
- 1600, Dez. 18 (HORN/SONN, S. 34 Anm. 67)
- 1607, Juli 30 (Ebd.)
- 1615, Dez. 22 (Ebd.; DRONKE, Beiträge, S. 17–20; StAM 91/30; StAF I A 2, fol. 288^r-294^v)
- 1623/1630 (HORN/SONN, S. 34f.)
- 1632 (StAM 4f Fulda/340)
- 1633 (1635?) Kleiderordnung: Juden berührt! (HORN/SONN, S. 35 mit Anm. 70)
- 1655 (HENKEL, Geschichte, S. 103)
- 1671 nicht überliefert! (HORN/SONN, S. 41)
- 1751, Febr. 1 (Ebd., S. 41, 43 f.; StAF XXI, B 2)
527 Die Blütezeit dieser in die Kategorie »Luxusgesetze« fallenden Verordnungen liegt in Fulda eindeutig im 18. Jahrhundert (vgl. HOHMANN, Fuldaer Luxusgesetze) – eine institutionalisierte ständische Mitwirkung war daher nicht möglich. Aus dem 16. und 17. Jahrhundert sind bekannt:
- Kindbettordnung, 1585 Dez. 5 (StAM K 444 [Fuldaer Kopiar XX], Nr. 65, fol. 188^r-192^r)
- Eheordnung, 1586 (StAF XXI, B 1 [1350–1586])
- Kindbettordnung, 1602 Dez. 24 (StAM K 444, Nr. 56, fol. 151^r-154^v)
- Hochzeitsordnung, 1649 Febr. 13 (StAF XXI, B 1 [1510–1674])

3. Landständische Gravamina

Getreulich zeichnen Abfolge und Verhandlungsgegenstände der Fuldaer Landtage die Gefährdungen und Nöte des Stiftes nach. Zu ihrer Überwindung waren ständische Leistungen erwünscht und gefordert. Landständische Steuerbewilligungen als eine materialisierte Form von Rat und Hilfe standen eindeutig im Vordergrund – weit weniger entsprachen ihnen fürstliche Gegenleistungen in Gestalt von Privilegienbestätigungen und Abstellung der ständischerseits vorgebrachten Gravamina.

Das Recht, Beschwerden (Gravamina) vorbringen zu können, war das Korrelat zur ständischen Steuerbewilligung. Als Gegenleistung für die gewährte materielle Unterstützung konnten die Stände auf die Abstellung von Mängeln und Ungerechtigkeiten dringen[528]. Die Liste der Gravamina der fuldischen Stände umfaßt nur wenige Gegenstände; diese wurden allerdings auf den Ständeversammlungen hartnäckig wiederholt – sicherlich ein Beweis der mangelnden Resonanz, die sie fanden. Die Beschwerden und Forderungen zielten in erster Linie auf eine Beteiligung bzw. Höherbesteuerung bestimmter Personengruppen oder auch Einzelpersonen (Juden, Jesuiten, Regierung während der kaiserlichen Administration des Stiftes, Abt Balthasar), um die eigene Steuerlast zu mindern. Daneben ging es immer wieder um Kontrolle der Rechnungen, um Mißbräuche bei der Ausgabe der Steuergelder aufzudecken und auszuschalten.

In den Gravamina wurde sehr häufig und besonders engagiert die Forderung nach einer Höherbesteuerung der Juden vorgebracht; auf den Landtagen 1583–1639 sah sich die Regierungsseite fast ständig damit konfrontiert – Spiegelbild der antijüdischen Einstellung vor allem in den Städten Fulda und Hammelburg, die sich auf vielfache Weise Bahn brach und ihre Höhepunkte in der Frühen Neuzeit in der Gefangensetzung der fuldischen Juden 1507[529], in der Anstiftung von durchziehenden Soldaten, die Christian von Anhalt für Heinrich IV. von Frankreich geworben hatte, durch die Bevölkerung der Stadt Fulda zur Plünderung der Juden 1591[530] sowie in der Ausweisung der Juden aus dem Stift 1671 hatte[531]. Die Landesherren betrieben gleichwohl lange Zeit eine gewisse

---

528 Vgl. WITTMÜTZ, Gravamina, S. 3–7; s. auch DERS., Stände; NEUHAUS, Supplikation.
529 S. dazu HORN/SONN, S. 28 f. Zur Geschichte der Juden in Fulda zusammenfassend: SONN, Wesen; DRONKE, Beiträge, S. 14–20.
530 Zur Plünderung 1591 und der kaiserlichen Bestrafung, weil die Bürger die Plünderung entgegen einer ausdrücklichen Anordnung des Statthalters veranlaßt hatten, s. KARTELS, Bestrafung; HORN/SONN, S. 33; SCHAFFRATH, Judenpogrom. Die Gewaltaktion steht im auffallenden Gegensatz zur offiziellen, ausgesprochen judenfreundlichen Politik des Administrators Erzherzog-Deutschmeister Maximilian, wie sie sich in Privilegien von 1586 und 1599 niederschlug. S. dazu NOFLATSCHER, S. 233 f.
531 Anläßlich des Regierungsantritts von Fürstabt Bernhard Gustav von Baden-Durlach ersuchten ihn die Städte des Stifts, voran Fulda und Hammelburg, um eine Ausweisung der Juden aus dem Territorium. In einer daraufhin vom Fürsten eigens einberufenen außerordentlichen Kapitelssitzung – diese Institution ersetzte ja in gewisser Weise die Landtage –, zu der auch Vertreter der Städte hinzugezogen wurden, bekundete der Vertraute und Sprecher des Abtes, Regierungspräsident Johann Werner von Plittersdorff, Verständnis für die Forderung der Städte; die Stände sollten allerdings durch Kontributionen die ausfallenden Judenschutzgelder aufbringen. Er teilte mit, daß die Juden für eine Verlängerung der Ausreisefrist um drei Jahre die zur Wiedereinlösung der verpfändeten Ämter Fischberg, Lauterbach und Salmünster erforderlichen Gelder aufbringen wollten, und erzwang dadurch von den Ständen als Gegenleistung für die Ausweisung der Juden die Zusage, die zur Rückgewinnung der Ämter benötigte Summe von 100000 fl. aufzubringen, wobei die Obereinnahme einen Teil der Gelder vorschießen wollte. Am 24. März, dem Tag der

Judenschutzpolitik, weniger aus humanitären Gesichtspunkten, sondern mehr aus finanzpolitischen Erwägungen, denn auch für das Stift Fulda traten Juden als Kreditgeber auf, ohne daß der volle Umfang der Finanzgeschäfte bestimmt werden kann. In den erhaltenen Rechnungsbüchern jedenfalls tauchen immer wieder auch die Namen jüdischer Geldgeber, u. a. aus Frankfurt am Main, auf[532].

Auf dem Landtag am 9. Januar 1583 forderten die Stände erstmals eine höhere Veranlagung der Juden, die in der Vergangenheit bereits deutlich höher besteuert worden waren als die christliche Bevölkerung[533]. In Verhandlungen mit der Regierung über die von ihnen begehrten Reichssteuern wollten sie erst nach Erfüllung ihrer Vorstellungen, die vor allem auf ein Hauptgeld für die Juden hinausliefen, eintreten. Die Regierung wehrte sich unter Berufung auf den kaiserlichen Administrator, Deutschordensmeister Heinrich von Bobenhausen, der das Hauptgeld ablehnte, aber eine etwa um ein Drittel oder ein Viertel höhere Besteuerung der Juden im Vergleich zu den Christen zugestehen wollte. Die Stände blieben jedoch hartnäckig bei ihrer Forderung einer Pro-Kopf-Besteuerung der Juden, verbunden mit einer erhöhten Anlage auf das Vermögen. Ihre Forderung untermauerten sie durch Rückgriff auf den Reichstagsbeschluß 1547, der die *heubtersteuer* der Juden vorsah; auf die eigene Steuerbewilligung des Jahres 1548, die dies rezipiert hatte, beriefen sie sich nicht! Der Landtag trat beschlußlos auseinander; ob die Stände auf dem zweiten Landtag des Jahres ihre Vorstellungen gegenüber der Regierung durchzusetzen vermochten, ist leider nicht bekannt.

Die Proposition auf dem Landtag am 22. Juni 1598[534] sah vor, daß die Juden drei Ziele für die vom Reichstag bewilligte Türken- und Kreishilfe von je 20 Batzen auf 100 fl. Vermögen aufbringen sollten, die übrigen Untertanen 10 Batzen beim ersten, ½ fl. beim zweiten und 5 Batzen beim dritten Termin. Die Stände verlangten zusätzlich eine Besteuerung der Juden nach Häuptern oder eine Verdoppelung ihrer Schatzung. Auf den Landtagsversammlungen am 16. November 1599[535] und am 16. Dezember 1599[536] for-

---

Kapitelssitzung, noch erging das Ausweisungsmandat für die Juden: Innerhalb von drei Monaten sollten sie, mit Ausnahme nur weniger Familien (!), *auf ewig* das Fürstentum verlassen. Viele Bürger kamen dadurch in den Genuß, jüdische Besitzungen weit unter Normalwert käuflich erwerben zu können. (Zum Beschluß über die Ausweisung der Juden und die Durchführung des Mandates s. THOMAS, Sistem, I, S. 381 f.; KARTELS, Bestrafung, Beilage C: Mandat betr. Ausweisung = S. 175 f.; RÜBSAM, Bernhard Gustav, S. 82–85 [mit folgendem Urteil über die Verfügung des Abtes: »Von diesem Tage an hatte er sich schon den Ehrennamen verdient, den die betroffenen Städte bei ihrem Dankschreiben ihm beilegten, ›Vater des Vaterlandes‹.« S. 83]; JESTAEDT, Ausweisung [1939 im Geist der Zeit verfaßt]; HORN/SONN, S. 40–42. Der Vorschlag der Ausweisung vom 24. März 1671 findet sich in: StAM 91/406, ein weiteres Conclusum Capitulare über die Ausweisung der Juden vom 14. Juli 1671 in: StAM 91/413.) In späteren Jahren erscheint allerdings wieder eine jüdische Gemeinde in Fulda. Die Vorteile, die man sich aus der Anwesenheit der Juden für den Handel und für Finanzierungsgeschäfte versprach, wogen offensichtlich stärker als die alten Vorurteile und Neid auf die wirtschaftlichen Verhältnisse der Juden. Zudem war auch die Einlösung der Ämter Fischberg, Lauterbach und Salmünster keineswegs erreicht worden – die Stände hatten ihr gegebenes Versprechen nicht erfüllen können; die aufgebrachten Gelder aber waren vom Fürstabt für andere Zwecke verwendet worden.

532 Zur Frankfurter Judenschaft s. KRACAUER.
533 S. Landtagsabschied vom 11. Januar 1548: StAM 90a/746.
534 S. StAM 90a/752.
535 Ebd.; StAF I A 2, fol. 95ʳ–101ᵛ.
536 StAM 90a/752; StAF I A 2, fol. 102ʳ–104ᵛ.

derten die Stände wegen des angeblichen vierfachen Wuchers der Juden auch eine vierfache Kontribution. Sie stießen aber auf entschiedenen Widerstand der Regierung, die – nachdem sie Instruktionen beim Administrator bzw. seiner Regierung in Mergentheim eingeholt hatte – eine Erhöhung der Judenanlage ablehnte, weil diese schon mit vielen Ausgaben belastet seien. Von dem erst kurz zuvor – am 18. Oktober 1599 – den Juden erteilten Privileg des Erzherzogs Maximilian, demzufolge diese u. a. in Reichs-, Land- und anderen Steuern nicht höher als die übrigen Untertanen veranschlagt werden sollten (!)[537], war in diesem Zusammenhang allerdings erstaunlicherweise keine Rede.

Unbeirrt davon drangen die Stände auf dem Landtag am 19. April 1600[538] erneut auf eine Steigerung der Juden-Kontribution. Ein jeder Jude sollte nach dem Inhalt des Speyerer Reichsabschiedes von 1542 1 fl. pro Haupt und die doppelte Schatzung erlegen. Nach eingehenden Verhandlungen verzichteten sie wegen der jüdischen Leistungen bei den Truppendurchzügen und Einquartierungen der Jahre 1598 und 1599 auf die Besteuerung nach Häuptern, beharrten aber auf der doppelten Schatzung. Diese wurde von der Regierung des Stiftes, vorbehaltlich der Ratifikation durch den Administrator Erzherzog Maximilian zugesagt.

Auf dem Landtag am 26. August 1603[539] dagegen drangen die Stände mit ihren Vorstellungen nicht durch. Abt Balthasar hatte den Juden kurz zuvor den *unmäßigen* Wucher untersagt, ihnen dafür aber zugestanden, daß sie im Falle von Steuererhebungen bei einfacher Kontribution belassen werden sollten. Deshalb hielten seine Deputierten auf dem Landtag daran fest, daß die Juden nicht höher als die Christen veranlagt würden – eine bemerkenswerte Haltung, deren Hintergrund wiederum in den Finanzaktionen des Fürstabtes mit Juden zu suchen sein dürfte.

Einige Jahre später hatte sich die Situation für die Juden allerdings wieder verändert. Nachdem Kapitel und Städte – die Ritterschaft hatte sich abgesondert – im Landtagsrezeß vom 1. Juli 1617[540] eine fünfzehnjährige Anlage von 1 Schreckenberger pro 100 fl. Vermögen bewilligt hatten, beharrten sie auf einer doppelten Anlage der schutzverwandten Judenschaft, die Abt Johann Friedrich von Schwalbach auch zugestand. Damit verließ er den Boden der von Abt Balthasar vorgezeichneten Judenpolitik, befand sich aber im Einklang mit reichsrechtlichen Bestimmungen. Die Bewilligung der langjährigen Anlage durch die Stände war sicherlich der Anlaß für das Entgegenkommen des Abtes.

Gleiches kann von der abermaligen Bewilligung einer längerfristigen Anlage durch den Landtag vom 29. August 1622[541] vermutet werden. Unter ausdrücklicher Berufung auf die Reichsabschiede von 1542 bis 1544 ging der Abt auf die Vorschläge von Kapitel und Städtevertretern ein, von jedem Juden 1 fl. pro Kopf und die doppelte Anlage eines Christen, nämlich 36 Batzen von 100 fl. Vermögen, einzufordern: *Ohne abbruch oder dimminution dero Fürstlichen regalien, reputation und hochheit* könne er dem zustimmen.

Ein letztes Mal kam die Höherveranlagung der Juden auf dem Landtag am 12. Mai 1639[542] zur Sprache, wobei sich die Stände – Kapitel, Kollegiatstifter, Städte –

537 S. dazu Noflatscher, S. 234.
538 StAM 90a/753.
539 StAM 90a/533, 90b/416.
540 StAM 90a/757; StAF I A 2, fol. 304ʳ–306ʳ.
541 StAM 90a/759.
542 StAM 90a/776.

einer besonders aggressiven und übertreibenden Argumentation bedienten und alle mißlichen Kriegsumstände auf die Juden schoben: *Es überhäufen sich die juden in der statt Fulda von tag zue tagen in grosser anzahl, entziehen alle commertien denen christen und benehmen ihnen alle mittel undt nahrung, in massen sie dann bey denen nechstvorgangenen contributiones ihnen fast alle mobilien umb den 10 pfennigswerth verkaufen müssen, wormit sie centner- undt stuckweiß ihre schacherey treiben undt sich bereichern, heriegen die bürgerschaft in geringer anzahl undt ganz verarmen.* Deswegen sollten die Juden neben einer außerordentlichen Anlage künftig auch jederzeit den 3. Pfennig erlegen. Inwieweit Fürstabt Hermann Georg von Neuhoff auf diesen Vorschlag einging, ist nicht bekannt. Auch er dürfte den Ständen – betrachtet man die in den nachfolgenden Jahren sich häufenden Gesuche der Judenschaft um Rücknahme unverhältnismäßig hoher Besteuerungen[543] – entgegengekommen sein.

Neben einer Höherbesteuerung der Juden pochten die Stände vor allem auf die Einbeziehung der Jesuiten in die Anlagen. Gegenüber dieser 1583 erstmals vorgetragenen ständischen Forderung erklärten die Jesuiten allerdings, aufgrund ihrer Privilegien bei allen geistlichen Kurfürsten und Fürsten von Steuern befreit zu sein. Die Stände, unter ihnen vor allem die Städtevertreter, beklagten, daß die Jesuiten die besten Güter an sich zögen und zu diesem Zeitpunkt – zwölf Jahre nach ihrem Einzug in Fulda – bereits 14 oder 15 ehedem steuerbare Bürgergüter besäßen. Deswegen sei *ihrer pillich nicht zu schonen;* der Anspruch der Geistlichkeit auf Steuerfreiheit könne bei diesen Besitzverhältnissen nicht Richtschnur sein. Die Regierung nahm auf dem Landtag dazu keine Stellung, sondern behielt die Entscheidung darüber dem Administrator des Stifts, Heinrich von Bobenhausen, selbst vor[544]. Dessen Bescheid aber war für die Stände negativ.

1598 griffen diese daher ihr Anliegen erneut auf. Die Jesuiten erboten sich jetzt, für nachgewiesen steuerbare Güter die Anlage der Gebühr nach erlegen zu wollen[545]. Doch steckte hinter dieser Absichtserklärung wohl ein Gutteil Beschwichtigung. Jedenfalls mußten die Stände auch auf dem nächsten Landtag am 16. November 1599 eine Besteuerung der Jesuiten anmahnen. Wegen dieser und anderer Forderungen, deren Erfüllung die Vorbedingung einer Landsteuerbewilligung bildete, berief die Regierung den Landtag ein zweites Mal, auf den 16. Dezember 1599, ein[546], um in der Zwischenzeit Instruktionen von der Administration in Mergentheim einzuholen. Dort war man der Ansicht, daß die Jesuiten wegen ihres Seminars, das eine Einrichtung zum Wohle des ganzen Landes sei, von Steuerabgaben befreit bleiben müßten. Für andere, erkaufte, Güter aber sollte die Befreiung nicht gelten.

Hiermit wiederum waren die Stände nicht einverstanden. Getrennt schrieben sie an den Administrator, um eine größere Resonanz ihrer Auffassung zu erhalten[547]. Die Städte beriefen sich in ihrer Supplikation in erster Linie auf die Reichsgesetze und Reichstagsabschiede, die keine Steuerbefreiung der Jesuiten vorsähen, sondern alle

543 S. dazu HORN/SONN, S. 39.
544 Vgl. Protokoll des Landtages in: StAM 90a/749.
545 Vgl. die ständische Stellungnahme zur fürstlichen Proposition: StAM 90a/752.
546 Vgl. das Protokoll der Verhandlungen des ersten Landtages 1599: StAF I A 2, fol. 95ʳ–101ʳ; StAm 90a/752.
547 Vgl. die ständische Erklärung auf dem Landtag am 16. Dezember 1598: StAF I A 2, fol. 102ʳ–104ᵛ; StAM 90a/752.

Geistlichen in gleicher Weise wie weltliche Personen zur Kontribution in Fällen der allgemeinen Not und des öffentlichen Wohles anhielten[548]. Dies war ein deutlicher Rückgriff auf das Prinzip des Gemeinen Pfennigs, der in der Vergangenheit allerdings – auch in Fulda – nur temporär zur Anwendung gebracht worden war. Allein, dieser städtischen Supplikation war ebensowenig Erfolg beschieden wie der des Kapitels und der Ritter.

So trugen die Stände ihre Forderung auf dem Landtag am 26. August 1603 erneut vor[549]. Abt Balthasar, der große Förderer der Jesuiten[550], vertröstete sie einmal mehr, daß die Jesuiten sich der *angepürenden contribution* auf Anforderung sicherlich nicht verschließen würden. Er dachte aber keineswegs daran, auf die ständischen Wünsche einzugehen und die Societas Jesu zu verärgern. Auf späteren Landtagen kam das ständische Verlangen nach einer Veranlagung der Jesuiten nicht mehr zur Sprache (bzw. läßt sich anhand der Überlieferung nicht mehr nachweisen). Es verlor zudem seine Brisanz völlig, als sich die Jesuiten bei der Eroberung Fuldas durch hessische Truppen aus dem Stift zurückzogen und erst nach Ende des Dreißigjährigen Krieges zurückkehrten[551].

Die dritte Kategorie innerhalb der ständischen Gravamina bezog sich auf den Steuerbeitrag des Landesherrn. Der noch um die Mitte des 16. Jahrhunderts bei einem Gemeinen Pfennig gefaßte Reichstagsbeschluß, »auch das fürstliche Kammergut für die Reichstürkensteuern heranzuziehen, war in der 2. Jahrhunderthälfte bereits obsolet geworden. Jetzt ging es nur noch um eine möglichst intensive Ausnutzung der reichsrechtlich sanktionierten Steuerüberwälzung auf die Untertanen«[552].

Diese für das ganze Reichsgebiet Gültigkeit beanspruchende Feststellung schließt auch das Stift Fulda ein. Allerdings wollten sich hier die Stände mit dieser Entwicklung nicht ohne weiteres abfinden. Wieder sind die Landtage des ausgehenden 16. und frühen 17. Jahrhunderts das Forum ihrer Beschwerden. Auf dem Landtag am 9. Januar 1583 begehrten vor allem die Ritter entschieden, daß auch die Regierung (in Vertretung des Landesherrn) zu Reichssteuern beitragen sollte. Diese führte dagegen an, daß sie schon den stiftischen Anteil zur Unterhaltung des Kammergerichts und die Kreishilfe aufbringen müßte[553]. Auf diesem Landtag oder einem aus dem Jahre 1582, über den sonst nichts verlautet, muß in der Frage der Besteuerung der Kammergüter eine Vereinbarung getroffen worden sein, derzufolge die Regierung für die Zeit der Administration des Stiftes von einer Beteiligung an Reichs- und Landsteuern verschont werden sollte[554]. Mit der Berufung auf diese Abmachung konnte die Regierungsseite die Versuche der Stände, auf den Landtagen 1598[555] und 1599[556] einen Beitrag des Landesherrn zum Steueraufkommen zu erreichen, erfolgreich abblocken. Abt Balthasar dagegen bezog sich in seiner

---

548 S. StAF I A 2, fol. 104ᵛ–111ʳ.
549 S. Abschied des Landtages: StAM 90a/533, 90b/416.
550 S. S. 37.
551 Vgl. HAAS (Hg.), Chronikalische Aufzeichnungen, S. 52 f.; KOMP, Zweite Schule, S. 41–49; DERS., Johann Bernhard, S. 121–127; WEBER, Jesuiten, S. 19.
552 SCHULZE, Reich, S. 251.
553 Vgl. das Protokoll des Landtages 1583: StAM 90a/749.
554 Vgl. das Protokoll des Landtages vom 22. Juni 1598: StAM 90a/752.
555 Ebd.
556 StAF I A 2, fol. 95ʳ–104ᵛ; StAM 90a/752.

ablehnenden Stellungnahme 1603 auf den *buchstablichen claren inhalt* der Reichsabschiede, die die Möglichkeit der vollständigen Abwälzung der Steuern auf die Untertanen sicherstellten[557]. Die Stände drangen nicht durch mit ihrem Einwand, daß die fuldischen Äbte vor der Zeit der Administration des Stiftes aus ihrer Kammer zu den Reichsanlagen beigetragen hätten. Dies war unbestreitbar richtig für die Zeit vor 1542, doch die Entwicklung war über diesen Zustand hinweggegangen – zu Lasten der Stände, zu Lasten ihrer Untertanen.

In engem Zusammenhang mit der ständischen Forderung nach einem Beitrag des Landesherrn von den Kammergütern zu Reichs- und Landsteuern stand das Begehren, daß der exilierte Abt Balthasar von der ihm jährlich ausgezahlten *competentz*, d. h. der ihm vom Stift zu leistenden Entschädigung für seinen Verzicht auf die Landesherrschaft 1576, in Höhe von 400 fl. in bar und den ihm angewiesenen Einkünften aus dem Kloster Petersberg und dem Amt Steinau an der Haune in Höhe von 9000 fl. kontribuieren sollte. Balthasar hatte auf Schloß Bieberstein eine kleine »Nebenregierung« aus seinen wichtigsten Räten und Dienern gebildet sowie eine Hofhaltung eingerichtet[558]. In Verbindung mit den zum wiederholten Male vorgetragenen Beschwerden über die Besteuerungspraxis in bezug auf Juden, Jesuiten und Regierung brachten die Stände 1598 die Forderung nach Abgaben Balthasars vor[559]. Die Stiftsregierung ging mit den Ständen in der Beurteilung überein, daß der abgesetzte Abt von den Einkünften des Klosters Petersberg Steuern zu leisten hätte, was er auch getan hatte. Über eine Veranlagung seiner jährlichen Abfindung und der von ihm im Amt Bieberstein erkauften Güter aber wollte sie keine Entscheidung treffen.

Diese verkündete sie nach Einholung von Instruktionen aus Mergentheim auf dem Landtag am 16. Dezember 1599[560]: Wie die Regierung selbst sei Balthasar von der Steuerabgabe für seine Unterhalts- und Entschädigungszahlungen befreit, denn er sei ein Reichsfürst, und er erhalte seine Gelder aus der Küchenmeisterei, also aus den Einkünften des Stifts, nicht der Stände. Mit der Restitution Balthasars im Jahre 1602 erledigte sich dieses schon zugunsten des Abtes entschiedene Problem allerdings schnell wieder.

Die letzte Kategorie ständischer Gravamina stellte – auf dem Landtag vom 29. August 1622[561] – die Senkung der Empfah- oder Fallgelder, der Frohnden und der Jagddienste der Untertanen[562] dar. Die Regierung verschob diese Frage zur ausführlicheren Behandlung auf eine weitere Zusammenkunft mit den Ständen, auf der auch eine geplante Judenordnung (die 1623 dann erging[563]) behandelt werden sollte; den Ständen wurde dabei Entgegenkommen zugesichert. Leider ist das Ergebnis der Beratungen nicht bekannt.

557 StAM 90a/533, 90b/416.
558 Der ihn umgebende engere Kreis umfaßte etwa zehn Personen. Vgl. die Gewandrechnungen seiner Küchenmeister Melchior Keul und Michael Breler, 1587–1590, 1600: StAM Rechnungen II Fulda, 130.
559 S. die ständische Stellungnahme auf dem Landtag 1598: StAM 90a/752.
560 Stellungnahme der Regierung auf die ständische Erklärung am 16. November 1599: StAF I A 2, fol. 102^r–104^v; StAM 90a/752.
561 Vgl. die spätere Erklärung der Regierung vom 15. September 1622 auf eine gemeinsame Resolution des Kapitels und der Städte: StAM 90a/759.
562 S. dazu THOMAS, Sistem, I, §§ 158–161, 180–212.
563 Vgl. HORN/SONN, S. 34 f.

Die ständischen Gravamina zeigen sich insgesamt inhaltlich also ebenso begrenzt wie die von den Landesfürsten den Ständen zugedachten Beratungsgegenstände. Zwischen Landesherrschaft und Landständen, vor allem der Ritterschaft, so umstrittene Fragen wie beispielsweise das Jagdrecht, der adlige Gerichtsstand und das Indigenatsrecht blieben außerhalb der Landtagsverhandlungen. Daß diese Fragen aber nicht von den Ständen in ihrer Gesamtheit vertreten und an Steuerbewilligungen gekoppelt wurden, verweist wieder auf deren grundsätzliche Schwäche: die mangelnde innere Geschlossenheit. Die Landstände mußten daher auch auf diesen Gebieten Einschränkungen hinnehmen. Das Indigenatsrecht, also die Besetzung der einflußreichsten Verwaltungsstellen, verloren sie faktisch schon im 16. Jahrhundert, auch wenn in den Verträgen vom 20. März 1604 und 15. Dezember 1607 von den Fürstäbten Balthasar und Johann Friedrich eine stärkere Berücksichtigung des Adels bei der Vergabe von Rats- und Dienerstellen zugesagt wurde [564]. Wegen mangelnder Bildungsbereitschaft mußten die Ritter zu einem großen Teil bürgerlichen Juristen, die von außerhalb des Stiftes kamen, weichen, was unmittelbare Auswirkungen auf ihre eigenen Gerichtsrechte hatte [565]. Im Jagd- und Forstwesen konnten die Adligen ihre (zum Teil usurpierten) Privilegien gegenüber der Landesherrschaft ebenfalls nur bedingt behaupten [566]. Auf allen diesen Gebieten zeigte sich die Intensivierung der Herrschaft durch die Fürstäbte und die Administratoren ebenso wie in der Besteuerungsfrage [567].

G. STÄNDISCHE MITWIRKUNG AN DER STEUERERHEBUNG UND -VERWALTUNG

Aus dem Steuerbewilligungsrecht ergab sich für die Stände die Befugnis, bei der Erhebung und Verwaltung der Steuern mitzuwirken und ihre sachgerechte Verwendung zu überprüfen. Allerdings gelang es den Ständen nicht, eine völlig eigenständige Steuerverwaltung aufzubauen. Auch lag die Steuererhebung nicht ausschließlich in ihren Händen.

Zur Einnahme der Steuern bestellten die einzelnen Stände und die Landesherrschaft Oberkollektoren. Diese waren neben der Einziehung der Gelder für deren Ablieferung an die Landeskasse, für die sich bald die Bezeichnung »Landesobereinnahme« oder *cassa publica* einbürgerte, und für die Rechnungsführung verantwortlich. Die Eintreibung der Steuern auf unterer Ebene lag in den Händen der landesfürstlichen Amtsvögte, ritterschaftlicher und kapitelischer Vögte sowie der städtischen Räte, auf Dorfebene bei

---

564 S. dazu S. 74, 76.
565 S. dazu auch S. 293–296.
566 S. dazu HOFEMANN, S. 179 f.
567 Der Abbau ständischer Privilegien auf den genannten Gebieten kann hier im einzelnen nicht nachgezeichnet werden – dies bedürfte eingehender Nachforschungen. Für Schleswig-Holstein ist das vorbildhaft geschehen durch LANGE, Politische Privilegien; vgl. auch DERS., Politische Lage. Zu den Jagdprivilegien des Adels und der Kritik daran von bürgerlicher Seite s. ECKARDT, Herrschaftliche Jagd.

den Schultheißen[568]. Die Zahl der Obereinnehmer schwankte zunächst: 1527 wurden je zwei Vertreter von Ritterschaft und Kapitel nominiert, über die restlichen ist nichts bekannt. Im Jahre 1538 wurden von der Ritterschaft wiederum zwei Vertreter bestimmt, während 1547 von insgesamt vier verordneten Einnehmern die Rede ist, die jeweils vom Fürstabt, vom Kapitel, von der Ritterschaft und den Städten abgeordnet wurden. 1557 dagegen stellte die Ritterschaft allein schon fünf Einnehmer. Spätestens seit 1566 aber setzte sich das Prinzip, daß jeder Landstand und die Landesherrschaft jeweils einen Kollektor zu stellen hatten – also das »Modell« des Reichstages von 1542 – endgültig durch[569].

Die Landesobereinnahme wurde von der fürstlichen Finanzkammer, der Küchenmeisterei, abgesondert. In ihr wurden die eingenommenen Steuergelder bzw., nach deren Ablieferung an den Abt, die Überschüsse sowie alle Quittungen und Register über die Schatzungen aufbewahrt, später auch die Steuerkataster. Die vier Obereinnehmer besaßen für die Kasse jeweils einen Schlüssel. 1538 ist hiervon erstmals die Rede, als Eitel von Ebersberg gen. von Weyhers zu Ketten wegen Altersschwäche seinen Schlüssel an Balthasar von Ebersberg gen. von Weyhers zu Gersfeld übergab[570]; diese Gepflogenheit muß damals schon eine Zeitlang bestanden haben. Der *gemeine Kasten* stand 1547 im Rathaus[571], später war in der Herberge »Zum Affen« eine besondere Rittertruhe aufgestellt[572], aus der die Gelder dann an die Landesobereinnahme weitergeleitet wurden. Auch die Kapitulare warfen ihre Steuergelder in eine eigene Truhe, nicht unmittelbar in die Landeskasse. Ritterschaft und Kapitel wollten dadurch ihrer sozialen Sonderstellung Ausdruck verleihen, die Ritterschaft zusätzlich ihren beanspruchten Rechten auf Reichsunmittelbarkeit. Im Vertrag zwischen Stift und Ritterschaft vom 20. März 1604 wurde diese Praxis ausdrücklich bestätigt[573], ebenso in verschiedenen kaiserlichen Resolutionen[574].

Den Landesherren stand der eigenmächtige Zugriff auf die Landeskasse nicht offen[575]; dennoch behielten sie und ihre Mitarbeiter einen entscheidenden Einfluß auf die Verwaltung, d. h. die Ausgabe der im *gemeinen Kasten* zusammenfließenden Gelder, auch wenn die Stände hin und wieder die Verwaltung der Steuergelder für sich allein reklamierten und z. B. 1594 die Weiterleitung der Reichssteuern an die Legstätte in Frankfurt am Main beanspruchten[576]. Die Trennung von fürstlicher Kasse (Kammer, Küchenmeisterei) und Landeskasse war zwar für den Einnahmebereich vollständig

568 S. als ein Beispiel die Steuerrechnung von 1557: StAM Rechnungen II Fulda, 313; generell alle Steuerrechnungen; für 1557 vgl. auch KRAMER, Familiennamen. Die Bezahlung dieser Kollektoren war offenkundig nicht gut. 1614 schlugen Kapitel und Städte vor, daß den Einnehmern ein Kostgeld verordnet werden sollte (s. Protokoll des Landtags: StAM 90a/756).
569 S. StAM 90a/740 (1527); StAM 90a/741, 742; StAM 109/381 (1538); StAM 90a/745 (1547); StAM 90a/757 (1557); StAM 90a/748; SCHANNAT, Historia, II, Nr. 273, S. 427–429 (1566).
570 S. StAM 90a/742.
571 StAM 90a/745.
572 StAM 90b/865, fol. 544; SCHAFFRATH, Balthasar, S. 112. Auch 1583/84 ist von der besonderen Rittertruhe die Rede (s. S. 51).
573 S. dazu S. 74.
574 Z. B. am 5. Januar 1605 (StAM 109/1804, fol. 50^r–53^r; s. oben S. 75).
575 Vgl. die Erklärung der Ritterschaft auf dem Rittertag am 26. August 1597 in Hünfeld (StAM 95/158, Nr. 34 = Zusammenfassung und Interpretation durch die fuldische Regierung).
576 Ebd.

ausgeprägt; waren die Gelder aber erst einmal an den Landesherrn abgeführt, konnte dieser darüber frei verfügen und war nicht unbedingt an die genaue Beachtung des festgelegten Verwendungszweckes gebunden[577].

Im Vergleich zu den Verhältnissen in der Landgrafschaft Hessen, wo die Stände auf die Steuereinziehung beschränkt waren[578], und im Hochstift Würzburg, wo die verschiedenen Obereinnahmen den Einfluß des Bischofs auf die Steuerverwaltung bis zum Jahre 1583 zeitweise völlig zurückdrängen konnten[579], nahmen die ständischen Befugnisse im Stift Fulda etwa eine Mittelposition ein: Die Landstände erhoben die Steuern von ihren eigenen Untertanen, was für den Landesherrn eine bequeme Angelegenheit war, denn ohne Reibungen gingen Steuereinziehungen in der Regel nicht vonstatten. Eine völlig eigenständige Steuerverwaltung blieb den Ständen zwar versagt, da die landesherrliche Seite in der Obereinnahme präsent war; allerdings war diese ihrerseits auf die Zusammenarbeit mit den Ständen angewiesen.

Hier liegt ein gewichtiger Beitrag der Landstände zur Ausbildung des »frühmodernen« Staates in Fulda – ein Beweis dafür, daß sich diese Entwicklung im Zusammenwirken von Landesherrschaft und Landständen vollzog. Die ständische Partizipation an der Herrschaft, die nirgends so ausgeprägt war wie im Steuerwesen, wurde eben nicht durch eine vollständige Trennung in landesherrliche und landständische Organe dokumentiert, sondern durch gemeinsames Handeln von Landesherrschaft und Landständen. Der Zwang zur Administration der Finanzen hat auch in Fulda zur institutionellen Verfestigung der Landstände beigetragen, die Landesherrn aber haben die Ausprägung einer selbständigen ständischen Steuerverwaltung von Anfang an verhindert und eine Verklammerung von Landesherrschaft und Landständen in Gestalt der Landesobereinnahme erreicht.

Angesichts der landesherrlichen Präsenz in der Landesobereinnahme wird die durchgängig zu beobachtende Forderung der Stände nach Rechnungslegung über Steuereinnahmen und -ausgaben verständlich. Diese Prüfungen hatte der Landesherr zu veranlassen: *Sein f. g. solten zuvor* (d. h. vor neuer Steuereinnahme bzw. Steuerbewilligung) *der bißher eingenomen und aufgehabenen landtstewer ein grundtlich, clare rechnung thun lassen, darauß man aigentlich und clarlich sich berichten, wyssen, sehen und abnemen mag, who ein iedes hinkommen und ausgeben, auch waß noch zu bezalen ausstendig oder ubermaß vorhanden sei und who,* legt der Rittertagsabschied vom 6. Februar 1538 fest[580], der hier für viele ähnliche Formulierungen auf Ständeversammlungen stehen mag. Das Mißtrauen aller Stände, das in derartigen Forderungen zum Ausdruck kommt, war, wie bereits mehrfach angedeutet, nicht unberechtigt – die Steuergelder wurden nicht immer zweckbestimmt verwendet. Auf den Landtagen 1543 und 1548 mußte Fürstabt Philipp Schenck zu Schweinsberg ausdrücklich versichern, daß die begehrten Anlagen für das Reich bzw. das Stift aus Not, nicht zu eigener Verwendung des Abtes ausgeschrieben würden[581].

---

577 Dies zeigen die immer wiederkehrenden Forderungen der Stände an den Landesfürsten und seine Regierung, die Zweckgebundenheit der Gelder zu beachten, bzw. die Versicherungen der anderen Seite, die Steuergelder für keine anderen als die angegebenen Zwecke zu verwenden.
578 Vgl. DEMANDT, Hessische Landstände im Frühabsolutismus, S. 55.
579 Vgl. SCHUBERT, Landstände, S. 160–163.
580 StAM 90a/741, 742; StAM 109/381.
581 StAM 90a/744, 746.

Die Zahl der von den Ständen jeweils verordneten Rechnungsprüfer war schwankend. 1527, als die Ritterschaft eine jährliche Rechnungslegung forderte, sollten vier fürstliche Räte, zwei Kapitulare und fünf Ritter als Prüfer fungieren; 1538 nominierte der Adel drei Vertreter. Insgesamt bewegte sich in der Folgezeit die Zahl der Rechnungsprüfer pro Landstand zwischen einer und vier Personen, wobei es immer mehr zur Regel wurde, daß jeder Stand ein Mitglied in der Rechnungsprüfungs-Kommission stellte[582].

Im Rahmen ihrer Mitwirkung an der Steuerverwaltung kam den Ständen auch die wichtige Funktion der Sicherung des Kredites zu. Für fast alle Landesfürsten, besonders die der weltlichen Territorien, war die Beschaffung von Krediten und die Stellung von Bürgschaften ein vordringliches Problem, das sie über die Frage der ständischen Steuerbewilligung hinaus in Anspruch nahm[583].

Auch die Fürstäbte in Fulda bzw. die Administratoren des Stiftes waren mit Finanzierungsproblemen, mit der häufig erforderlichen Vorfinanzierung durch Anleihen und den dafür zu erbringenden Sicherheiten[584], nur allzu vertraut; auch in Fulda waren die Stände eine feste Größe im Rahmen der Sicherung ihres eigenen, sozusagen Landeskredites und des herrschaftlichen Kredites[585]. Allerdings erreichte dieser nicht die Ausmaße anderer Territorien. Verantwortlich dafür war, daß die herrschaftlichen Schulden – dank einer defensiv ausgerichteten äußeren Politik, die sich aller eigenmächtigen kriegerischen Aktionen enthielt, wegen der fehlenden dynastischen Komponente und der damit auch zusammenhängenden Beschränkung des repräsentativen Aufwandes im 16. und 17. Jahrhundert sowie infolge der Einnahmen aus der patrimonialen Erwerbswirtschaft des Abtes und den Erträgen der Finanzregalien[586] – überschaubar blieben. Die Sicherung des herrschaftlichen Kredites wurde häufig nicht durch alle Stände des Landes gemeinsam vorgenommen, sondern durch den vornehmsten Stand, der zugleich außerhalb der landständischen Versammlung über regelmäßige Einwir-

---

582 S. StAM 90a/740 (1527); StAM 90a/741, 742; StAM 109/381 (1538); StAM 90b/415 (Rechnungslegungen 1617–1622); StAM 91/94 (Rechnungslegung 1621); StAM Rechnungen II Fulda, 311 (Schatzungsrechnung 1625, 1626). Die Rechnungslegung erfolgte immer auf Geheiß des Landesherrn, den sie darum um diesen Schritt ersuchen mußten.
583 S. dazu die in Anm. 398 genannte Literatur.
584 Vgl. z. B. die Regelungen der Landtage 1557, 1566 und 1650 (StAM 90a/747, 748, 775; für 1566 auch SCHANNAT, Historia, II, Nr. 273, S. 427–429). – Über die in den Landtagsverhandlungen 1651 genannten Kreditgeber hinaus (s. oben S. 237f.) lassen sich in den Landesobereinnahme-Rechnungen 1650–1655 folgende Kreditoren ausmachen (StAM Rechnungen II Fulda, 189): Stift Großenburschla: 7500 fl. (S. 49), 150 fl. Zinsen (S. 97); Dechant und Propst zu Neuenberg Matthias Benedikt von Rindtorff: 1500 fl., 75 fl. Zinsen (S. 49); 304 fl., 18 fl. Zinsen (S. 49); Kammerschreiber Markus Stendorff: 600 fl., 150 fl. rückständige Zinsen (S. 66); Volpert Daniel Schenck zu Schweinsberg: 7409 fl., 1652 374½ fl. als Pension an seine Erben (S. 68); Beamte des Stiftes: Niklaus Romeis, Vogt zu Steinau erhält 1654 7½ fl., die er gleich anderen Beamten am 26. Februar 1649 vorgestreckt hatte, zurück (S. 85); Rentkammer in Würzburg: 3000 fl. + 3000 fl. (S. 78, 80, 100) + 17000 fl., von letzteren werden 4900 fl. als erster Termin abgetragen (d. h. von der Landesobereinnahme dem Fürstabt zur Weiterleitung nach Würzburg übergeben) (S. 103).
585 Ein weiterer Schritt war es von hier dann zur Entstehung des öffentlichen Kredits. S. dazu ULLMANN.
586 Für das Jahr 1575 s. dazu als Beispiel: SCHAFFRATH, Extrakt, S. 148f. Zum Wirtschaftshof des Fürstabtes, dem »Altenhof«, einem Komplex von zwölf Höfen, s. ANTONI, Der fürstlich-fuldische Altenhof. In diesem Zusammenhang spielten auch die im 17. und 18. Jahrhundert von den Fürsten erworbenen adligen Güter (s. dazu Anhang 2; RICHTER, Ehemalige Besitzungen; WITTSTADT, Placidus, Anhang S. X) eine wichtige Rolle. Weitere Ausführungen auch S. 340, 346f.

kungsmöglichkeiten auf den Abt in Gestalt vierteljährlicher Zusammenkünfte mit diesem verfügte: das Kapitel. Dieses besaß aufgrund der »Alten Statuten« und der Wahlkapitulationen ein Zustimmungsrecht bei Veräußerungen und in allen wichtigen Landesangelegenheiten, also auch bei Krediten[587]. Es absorbierte dadurch auch hier wieder in hohem Maße gesamtständische Funktionen.

Gegenüber den komplizierten Verhältnissen in vielen anderen Territorien war auch die Steuerverfassung in Fulda relativ einfach. Bis auf den Gemeinen Pfennig und die einmal bewilligte Akzise war die von den Ständen zugestandene außerordentliche Steuer eine Vermögenssteuer. Aller beweglicher und unbeweglicher Besitz, alle Einkünfte und Renten wurden kapitalisiert; das errechnete »Hauptgut« wurde dann nach einer bestimmten, von Fall zu Fall unterschiedlichen Quote besteuert. Die Einschätzung des jeweiligen Vermögens blieb den Besteuerten vorbehalten; doch waren hier keine größeren Abweichungen von den tatsächlichen Vermögensverhältnissen möglich, da diese den Untereinnehmern ziemlich genau bekannt waren. Beim Gemeinen Pfennig sollten auch die sonst von Steuerzahlungen befreiten Schichten zur Abgabe herangezogen werden. Die 1617 auf 15 Jahre bewilligte Getränke-Akzise war die einzige Verbrauchssteuer, die unter landständischer Mitwirkung erhoben wurde, und bezog sich auf Wein und Bier[588].

Innerständische Konflikte über die beste und gerechteste Steuerart, direkte oder indirekte Steuern, wie sie z. B. in Schlesien bestimmend waren[589], blieben in Fulda aus. Die direkte Steuer stand bei ständischen Steuerbewilligungen im Vordergrund, während die unabhängig von landständischer Zustimmung von den Fürsten und ihren Dienern erhobenen Abgaben (Zoll, Ungeld, Bannwein u. a.), die neben Lehen- und Erbzinsgeldern die Einnahmequellen des Landesherrn zur Befriedigung seiner persönlichen Bedürfnisse und zur Aufrechterhaltung der Hof- und Landesverwaltung bildeten, Steuern indirekter Art waren.

Die Zahlungsmoral der fuldischen Stände, vor allem der Ritterschaft, war nach Ausweis der erhaltenen Steuerlisten[590] häufig nicht zufriedenstellend; entsprechend zogen sich Klagen über Restanten durch alle Landtagsverhandlungen. Bei den Rittern spielte sicherlich das Motiv der passiven Verweigerung gegenüber den landesherrlichen Rechtsansprüchen eine Rolle – Steuerbewilligungen, die auf den Land- oder Rittertagen ausgesprochen worden waren, konnten so nachträglich abgeschwächt werden. Die Säumigkeiten führten umgekehrt zu einer verstärkten Inanspruchnahme von Krediten, auf die man häufig ohnehin schon angewiesen war.

---

587 Aus der großen Zahl von Zustimmungen des Kapitels zu Kreditaufnahmen und der damit verbundenen Kreditsicherung seien hier nur einige Beispiele genannt: Ende August des Jahres 1624 begehrte Fürstabt Johann Bernhard Schenck zu Schweinsberg die Absicherung von zwei Krediten: einer sollte der Einlösung des an die Familie von Hutten verpfändeten Teiles des Amtes Salmünster (für 5200 Goldgulden) dienen, der andere eine Reise des Fürstabtes an den Kaiserhof ermöglichen, wo Johann Bernhard u. a. wegen der Klagen der Juden über ihre Belastungen durch die Landtagsbeschlüsse 1617 und die Judenordnung 1623 vorstellig werden und zugleich die Regalieninvestitur vornehmen lassen wollte. Vgl. die Instruktion des Abtes, der krankheitshalber an der Zusammenkunft mit dem Kapitel verhindert war, an seine Räte Kanzler Mag. Lukas Hopf und Dr. Johann Götz vom 16. August: StAM 96/823, fol. 1–3.
588 S. Landtagsrezeß 1617: StAM 90a/757; StAF I A 2, fol. 304ʳ–306ʳ.
589 S. die Untersuchung von Wolf, Steuerpolitik.
590 Nachweise s. Anm. 298 und 492.

V. Der Niedergang der landständischen Organisation

Nach der Mitte des 17. Jahrhunderts setzte ein Niedergang der landständischen Organisation im Stift Fulda ein – in der Form, daß die Stände als Gesamtheit zunächst ihr Steuerbewilligungsrecht weitgehend einbüßten, während sie ihre Aufgaben im Rahmen der Steuereinnahme und Steuerverwaltung noch wahrnahmen. Erfolgreich war das Bemühen der Fürstäbte, regelmäßige Steuerlieferungen von ständischer Zustimmung unabhängig zu machen. Aus formal »außerordentlichen«, allerdings schon fast regelmäßigen Steuerbelastungen wurden nun wirklich »ordentliche«, regelmäßige Abgaben. Wie andernorts auch entwickelte sich die echte Steuer vom Stadium der Unüblichkeit über das der Außergewöhnlichkeit zur Regelmäßigkeit – im 19. Jahrhundert sollte sie zur Selbstverständlichkeit werden[591]. Sie verlor ihren subsidiären Charakter und wurde »zum konstitutiven Element der Staatseinnahmen«[592].

Dabei wirkten mehrere Faktoren zusammen: Zum einen kamen den Äbten sicherlich die starken, dauerhaften Belastungen durch den Dreißigjährigen Krieg und dessen Folgelasten zugute. Abgaben an die Liga und Landsteuern zur Aufbringung der vielfältigen Kontributionen hatten einander abgewechselt und für einen gewissen Automatismus gesorgt, der das landständische Steuerbewilligungsrecht unterhöhlte, vor allem hatten längerfristige Anlagebewilligungen eines Teiles der Stände (Kapitel, Städte) in diesem Sinne gewirkt. Daß die Reichssteuern reichsweit im Sinne einer Entmachtung der Landstände gewirkt haben, wie dies Winfried Schulze ausgeführt hat[593], ist auch für Fulda nicht von der Hand zu weisen, wird der geschichtlichen Realität aber nur in Verbindung mit den regelmäßigen Landsteuerforderungen gerecht[594]. Der Reichstags-

591 Vgl. JENETZKY, S. 73.
592 QUARTHAL, Landstände, S. 395.
593 SCHULZE, Reich, S. 251: Die Türkensteuer »zerstörte das Fundament der prinzipiellen landständischen Steuerfreiheit, beseitigte den extraordinären Charakter jeder landesfürstlichen Forderung und erwies sich so als Wegbereiter einer stetig fortschreitenden Dauerbesteuerung.«
594 Wie sich aus den erhaltenen Rechnungen der Landesobereinnahme für die Jahre 1650 bis 1655 erschließen läßt (StAM Rechnungen II Fulda, 189), wurden zahlreiche Anlagen (Reichs-, Kreis- und Landsteuern, Kontributionen) ohne auf Landtagen eigens eingeholte Zustimmung der Stände erhoben. Von den in diesen Jahren eingenommenen 124687 fl. 19 bhs. ½ d. hatten die Landstände auf den Landtagen 1650 8153½ fl. und 1654 9000 fl., insgesamt also 17153½ fl., bewilligt. Im einzelnen handelte es sich um folgende Steuerarten und Summen:
Schwedische Satisfaktionsgelder:
– 28. März 1650:   12964 fl. 13 batz. ½ d.
– 21. Juli u. 4. Aug. 1650:   13463¼ fl.
Kontribution für hessische Truppen:
– 21. Juni 1650:   625½ fl. als Überschuß an die Landesobereinnahme!
Zu des stifts notwendigkeit:
– 30. Sept. u. 2. Nov. 1650:   6323¼ fl.
– 22. Febr. u. 27. März 1651:   6533¼ fl.
Für die Landesobereinnahme:
– 28. Dez. 1651, 5. Febr. 1652:   9450 fl.
Bezahlung unterschiedlicher Ziele und Pensionen:
– 18. März u. 21. April 1653:   5900¼ fl.
Zwei Anlagen:
– 15. Okt. u. 15. Nov. 1653:   4407¾ fl.

abschied vom 17. Mai 1654, der den Landständen die Unterhaltpflicht für Garnisonen und Festungen auferlegte[595], hat für die Stellung der fuldischen Landstände wohl zusätzlich im einschränkenden Sinne gewirkt[596], auch wenn er andererseits durch die 1670 von Kaiser Leopold I. verhinderte Ausdehnung der Einschränkung landständischer Rechte[597] den Charakter einer Bestätigung des landständischen Steuerbewilligungsrechtes erhielt und »zum Garanten eines ständischen Freiraumes wurde, da er die Zahlungsverpflichtungen an die Fürsten eingrenzte«[598]. Diese Garantie eingeschränkter ständischer Rechte aber sollte in Fulda, wie gleich zu zeigen sein wird, nur noch 1702 wirksam werden.

Daneben hat sich die allgemeine Agrardepression nach 1648 mit ihrer Schwächung der ständischen Finanzkraft auch in Fulda ausgewirkt. Ein weiterer wesentlicher, ebenfalls die Finanzkraft der Stände vermindernder Faktor war das Ausscheiden der Ritter und ihrer Untertanen aus dem Stifsverband. Die »zentrale Bedeutung des Adels für die Stabilität jeder Ständebildung«[599] wird so auch im Stift Fulda klar erkennbar. Zwar blieb der Adel nach 1656 zum Teil noch am Hof und in der Landesverwaltung präsent, und im 18. Jahrhundert verstärkte sich sein Einfluß sogar wieder; doch vermochte er es hier nicht mehr, das »landständische Interesse zu flankieren, da er zwar dem Hof, aber nicht mehr dem Land angehörte.« So fehlte den Landständen »ein wichtiges ergänzendes Instrument politischer Kontrolle«[600].

Für die anderen Stände bedeutete das Ausscheiden der Ritter zwar eine Höherbelastung ihrer Untertanen – und hätte eigentlich erst recht ständische Aktivitäten herausfordern müssen. Doch das Kapitel, das nun eine uneingeschränkte Führungsrolle unter den

---

Drei Termine, von den Ständen bewilligt:
- 15. Sept. u. 28. Dez. 1654:　　　　　9 718 fl. 28 bhs. 4 d.
Anlage:
- 17. Aug. 1655:　　　　　　　　　　3 334½ fl. 17 bhs. 3 d.
Bezahlung der Lindtwischen Gelder (= geliehen):
- 11. Nov. 1655:　　　　　　　　　　3 050½ fl. 10 bhs. 3 d.
Frankenthalische Evakuation (an Reichspfennigmeister abgeführt):
- 30. Juni 1651:　　　　　　　　　　7 257 fl.
Lothringische Satisfaktion und Vechtische Evakuation:
- 1. Dez. 1653:　　　　　　　　　　2 592 fl.
Reisegelder für den Regensburger Reichstag:
- 11. Juli u. 17. Aug. u. 16. Sept. 1652:　15 509¼ fl.
Deckung der Unkosten für den Reichstag:
- 7. Juli 1653:　　　　　　　　　　2 982 fl.
Reichskontribution:
- 1. März u. 9. April u. 3. Juni 1652:　20 574¾ fl.

---

124 687 fl. 19 bhs. ½ d.

595　S. dazu Lohmann; Feller.
596　Wie z. B. auch in Bamberg (vgl. Bachmann, S. 159 f.) und in den fränkischen Territorien (s. Hofmann, Ständische Vertretungen, S. 115 f.).
597　Neue Sammlung, IV, S. 80 f.
598　Vgl. Press, Landtage, S. 102 f., Zitat: S. 103; Ders., Steuern, S. 91 f. Als Bestätigung des landständischen Steuerbewilligungsrechts interpretierte schon Moser den Reichsabschied (Von der Landeshoheit im Weltlichen, IV: In Steuer-Sachen, S. 434; Abhandlung von den Land-Steuern, S. 3 f.); zuletzt in diesem Sinne: Quarthal, Landstände, S. 8.
599　Press, Steuern, S. 91.
600　Ebd., S. 89.

Ständen einnahm, sah wohl als bestes Forum zur Wahrung seiner Interessen die vierteljährlichen Versammlungen mit dem Fürstabt an, auf denen alle wichtigeren Angelegenheiten des Landes zur Sprache kamen – weit mehr als vorher auf den Landtagen. Die anderen Landstände hingegen verfügten über zu wenig Eigengewicht, um allein eine effektive ständische Vertretung aufrechterhalten zu können. Die Städte waren durch wirtschaftlichen Niedergang geschwächt und verfassungsrechtlich zu stark vom Landesherrn abhängig, konnten aber wenigstens auf dem Weg über fürstliche Dienste einen gewissen Einfluß geltend machen; die Kollegiatstifter hingegen waren nur Anhängsel des Kapitels und fast völlig ohne Bedeutung. Der Prozeß der Machtkonzentration beim Landesherrn und der Übergang zu absolutistischen Herrschaftspraktiken wurde so durch das endgültige Zerbrechen der, zumindest zeitweise, gegebenen politischen Einheit der Stände ermöglicht und befördert. Zur Bewahrung der politischen Teilhabe an der Landesherrschaft wäre ein geschlossenes Auftreten der Stände gegenüber dem Landesherrn erforderlich gewesen.

Der Prozeß des Rückganges ständischer Einflußnahme wird anhand der letzten Landtagsverhandlungen 1662 und 1702 sichtbar. Die beiden Landtage des Jahres 1662[601] weisen bereits deutliche Züge des Überganges auf. Die Entmachtung der Stände auf dem Gebiet der Steuerbewilligung deutet sich an, trotz des Ersuchens des Fürstabtes um Reichssteuern und um Unterhaltszahlungen für seine Reise zum Reichstag nach Regensburg. Da das entscheidende Motiv Abt Joachims zur Einberufung dieses Landtages die Finanzierung seines Aufenthaltes in Regensburg war, den er sicherlich mit der Erledigung privater Angelegenheiten in seiner schwäbischen Heimat verband, ist sogar nicht auszuschließen, daß die Einberufung des Landtages unterblieben wäre, wenn allein die Erhebung von Reichssteuern angestanden hätte. Daß im Vorgriff auf den Reichstag eine Reichssteuer von 4848 fl. aufgebracht werden sollte, während die Einziehung der vom Reichstag bewilligten Steuer unmittelbar darauf ohne landständische Zustimmung durchgeführt wurde, deutet jedenfalls in diese Richtung. Ein weiterer Hinweis auf den Übergangscharakter der Landtage 1662 ist die versuchte Rechtfertigung des Abtes über die Verwendung jüngst erhobener Anlagen, die – angesichts der letzten bekannten Landsteuerbewilligung von 1654 – wahrscheinlich schon ohne besondere Zustimmung der Stände erhoben worden waren und ein Indiz für das fortgeschrittene Stadium ihrer Entmachtung darstellen.

Doch waren Steuerbewilligungen nur eine Seite ständischer Partizipation an der Landesherrschaft, die andere blieben Steuereinnahme und -verwaltung. Auch nachdem sich die Stände ihres Steuerbewilligungsrechtes weitgehend begeben hatten und eine jährliche, feststehende Anlage – auf der Grundlage eines nunmehr aufgestellten Steuerkatasters – als ordentliche Steuer erhoben wurde, verloren sie ihren Einfluß auf Steuereinnahme und Steuerverwaltung nicht ganz. Ihre Mitwirkung wurde allerdings schon rein personell reduziert. 1702 ist nur noch von einem Ständevertreter im Obereinnahms-Kollegium, das unabhängig von den nicht mehr einberufenen Landtagen fortbestanden hatte[602], die Rede, der dem Fürstabt *ad confirmandum* präsentiert werden sollte[603]. Weiterhin fanden die vorgesehenen Zusammenkünfte zur Aufstellung und Abhörung

---

601 S. oben S. 220f.
602 So war es auch im Fürstbistum Bamberg. Vgl. BACHMANN, S. 148–163.
603 Proposition auf dem Landtag am 30. Juni 1702: StAM 90a/780.

der Rechnung häufig nicht statt – 1702 waren sie *viele jahr hinterblieben*[604], am
25. Juni 1716 wurde letztmalig ein Deputationstag der Ständevertreter zur Abhörung der
Landesobereinnahms-Rechnungen der Jahre 1711–1714 abgehalten[605].
Doch kamen die Stände bei beabsichtigten Erhöhungen der Anlagen – gemäß der
Schutzbestimmung Kaiser Leopolds I. von 1670 – wieder verstärkt ins Spiel. Zwar liegen
aus den Jahren 1689 und 1697, als die Anlage, zur Abwehr äußerer Gefahren, verdoppelt
bzw. verdreifacht wurde, keine Nachrichten über den Umfang ständischer Mitwirkung
an dieser Erhöhung vor. Als aber Fürstabt Adalbert von Schleiffras 1702 eine Verdreifa-
chung des Steuersatzes anstrebte, reaktivierte er (gezwungenermaßen) das Institut des
Landtages[606]. Sein Ersuchen um *deliberationes super collectis et bono patriae* verband er
mit dem Angebot der Rechnungslegung für die nahe Zukunft. Dem Abt ging es darum,
das *aerarium publicum* in der Landesobereinnahme aufzustocken, um es *gegen unvorge-
sehene fälle efficient* zu machen und den bestehenden geringen Vorrat zu vermehren. Als
Begründung für die fällige Steuererhöhung wurden gesteigerte Militärausgaben (für den
Oberrheinischen Kreis) und Aufwendungen für *ordinaire und extraordinaire zivilposten*
genannt; insgesamt errechnete der Abt eine jährliche Belastung von etwa 80 000 fl. für die
Landesobereinnahme[607] – die aus dem 16. und 17. Jahrhundert bekannten Dimensionen
landständischer Steuerbewilligungen verblassen dagegen geradezu. Für die veranschlagten Summen erwies sich natürlich *eine monatliche doppelte ordonnantz kaum sufficient;*
die Anlagen mußten *etwas höher accordirt werden*. Die Nützlichkeit der Aufhäufung
eines Vorrats bewiesen die negativen Erfahrungen von 1689 und 1697[608], deren

---

604 Ebd. Dies entspricht der Entwicklung in Hessen-Kassel, wo zwischen 1650 und 1700 nur
zweimal die Rechnungen überprüft wurden, 1692 gar für insgesamt 24 Jahre (s. DEMANDT,
Hessische Landstände im Frühabsolutismus, S. 70).
605 Protokoll des Deputationstages: StAM 90a/763.
606 Zum folgenden s. die Landtagsproposition vom 30. Juni 1702 (Kop.): StAM 90a/780.
607 In der Kreismatrikel war das Stift Fulda mit einem Römermonat von 250 fl. verzeichnet. Auf
dem Kreiskonvent 1698 aber waren für den *casum belli* 200 Römermonate (50 000 fl.) bewilligt
worden. Hiervon wurden 500 Mann zu Fuß und 50 zu Pferd unterhalten, die allerdings nach
Angaben des Abtes weit mehr als die veranschlagten 50 000 fl. kosteten, da die Rekrutierungsgelder
nicht einbezogen waren und da die Verpflegungskosten augenblicklich höher als vorausberechnet
seien – statt der Mundportion von 1 fl. und der Pferdeportion von 4½ fl. monatlich ergäben sich, *da
die libe frucht in noch zimlich bedencklichem preis* sei, 1¼ bzw. 5½ fl.; im Vergleich dazu fielen
sogar die neuen Gewehre wenig ins Gewicht. Alles in allem wollte der Abt für Militäraufwendungen
60 000 fl. jährlich veranschlagt wissen, *den gewis ist es, wie die vorige exempla mehrmahlen
ausgeben, das mehrere römermonath wegen denen bey den kriegszeiten und besonders würcklichen
operationen, in welchen die creystruppen begriffen, erforderlichen grösseren ausgaben werden
müssen erlegt werden*. Für Zivilangelegenheiten kalkulierte Adalbert noch einmal Ausgaben in
Höhe von 20 000 fl. ein.
608 1689 hatten braunschweig-lüneburgische Truppen dem Stift *harth zugesetzt*. Zur Unterhaltung von zwei Kompanien zu Fuß und vier Kompanien zu Pferd hatte man fünf Monate doppelte
und sieben Monate dreifache Anlage erhoben und 95 067½ fl. 5 bhs. 1 d. eingenommen. Die
Ausgaben beliefen sich aber auf 116 759½ fl. 6 bhs. 9 d. *Wan damahlen kein bahre pfennig were in
casse gewesen, würde von denen frembden gästen das stieft in eussersten ruin gesetzt worden sein* –
dem hatte nur die rigorose Sparsamkeitspolitik von Fürstabt Placidus und der von ihm angelegte
Geldvorrat entgegenwirken können (zu Placidus' Geldvorräten, die zu 600 000 Taler bei seinem
Tode 1700 geschätzt wurden, s. PESSENLEHNER, Schatz, S. 105–108; WITTSTADT, Placidus,
S. 71–76). Ebenso verhielt es sich 1697. Diesmal hatte man das ganze Jahr hindurch eine doppelte
Anlage erhoben, die 73 623 fl. 38 bhs. erbrachte. Die Ausgaben beliefen sich aber auf 101 400 fl.
16 bhs. und übertrafen damit die Einnahmen um 27 776 fl. 20 bhs.

Wiederholung man tunlichst vermeiden wollte: *Man weiß nicht, was man vor kostsplit-ternde casus zu erleben hat, also mus man ein ansehnliches aerarium zur zeit, da der unterthan noch imstandt ist, zusammen bringen, damit im fall der noth, da derselbe ausser standt, viel zu contribuiren, sich befindet, die jura dennoch aufrecht erhalten werden können.*

Die Stände ergriffen die durch die finanziellen Forderungen des Fürstabts gebotene Chance der Einflußnahme sofort. Zunächst bewilligten sie eine doppelte monatliche Kontribution, weil sie die Notwendigkeit akzeptierten, einen Vorrat für Notzeiten anzulegen. Doch verbanden sie mit ihrer Zustimmung zur Steuererhöhung Vorschläge und Bedingungen, die nach Auffassung des Abtes zum Teil außerhalb ihres Kompetenz-bereiches lagen und ihn zu der unverhüllten Drohung veranlaßten, im Wiederholungs-falle auf *einen anderen modum* zu dringen, d. h. die Stände zu übergehen[609].

Unter den ständischen Notamina stand die Zweckgebundenheit der bewilligten Anlage – im Interesse der *salus publici* – an erster Stelle. Der Abt versicherte ihnen daraufhin, daß ihn keine andere Sorge als die um das Wohl des Landes zu seinen Forderungen bewogen habe. Gleichwohl erachtete er eine doppelte Anlage nicht für ausreichend; allenfalls zur Bestreitung der laufenden Ausgaben, nicht jedoch zur Anlegung eines Vorrates würde sie genügen.

Von den zahlreichen ständischen Vorschlägen und Forderungen, die vor allem auf Verbesserung der Steuerverwaltung – die nun weitgehend von landesherrlichen Bediensteten ausgeübt wurde –, und auf strengere Scheidung zwischen den von der fürstlichen Kasse und den von der Landesobereinnahme zu leistenden Zahlungen zielten, fanden nur wenige Adalberts Zustimmung.

Vorbehaltlos akzeptierte er die Forderung der Landstände, keine Besitzer bürgerlicher und damit steuerbarer Güter in Zukunft mit der Kontribution zu verschonen. Gemeint waren fürstliche Räte, die persönliche Steuerfreiheit genossen und diese auch auf ihre Besitzungen ausdehnten. Zu dem weitergehenden Vorschlag, den Übergang steuerbarer Güter an persönlich Steuerfreie überhaupt zu unterbinden, äußerte er sich hingegen nicht, lehnte ihn damit ab.

Seinen Beifall fand die Anregung, Gelder von der Landesobereinnahme nicht auf bloße mündliche Anforderung, sondern jedesmal nur auf schriftliche Anweisung auszahlen zu lassen, um so eine bessere Kontrolle zu gewährleisten. Der Ausschaltung von Mißbräu-chen, der Vorbeugung vor verführerischen Situationen galt daneben die ständische Forderung, daß niemals eine Person allein die – jetzt nur noch – drei Schlüssel zur Landesobereinnahme innehaben sollte; vielmehr sollten immer wenigstens zwei Perso-nen bei Einnahme und Ausgabe von Geldern anwesend sein. Auch dies fand die volle Billigung des Abtes. Die offenkundigen Mängel, die vor allem vom Landesherrn ausgenutzt wurden, werfen ein bezeichnendes Licht auf die Praktiken in der Finanzver-waltung. Daß unter diesen Umständen eine reinliche Scheidung zwischen landesfürstli-cher Kasse und Landeskasse nicht möglich war, ist einleuchtend. Ständische Kontrolle eines solchen Finanzgebarens war dadurch entscheidend erschwert.

---

609 Vgl. zum folgenden: Erklärung der Stände auf die Proposition vom 30. Juni 1702 (Kop.), Antwort des Fürstabts auf die ständischen Vorhaltungen vom 11. August 1702 (Cpt.): StAM 90a/ 780.

Entgegenkommen zeigte der Abt auch in bezug auf den Wunsch der Stände, in spätestens drei Jahren die Obereinnahms-Rechnung ablegen zu lassen, wandte sich dabei jedoch gegen eine geforderte Aufwandsentschädigung für die städtischen Deputierten; die von der Residenzstadt weiter entfernt liegenden Städte sollten Vertreter aus Fulda bevollmächtigen. Ebenfalls lehnte er Spesen für die fürstlichen Kommissarien ab. Sie alle stünden in fürstlichen Pflichten und Bestallungen: *ihre schuldigkeit erfordert, das ihnen anbefohlene zu verrichten,* und zwar ohne besondere Entschädigung. Gegen eine *discretion* durch die Stände wollte der Abt allerdings nichts einwenden.

Auf weitere ständische Anregungen hin verfügte der Abt den jährlichen Abschluß der Obereinnahms-Rechnung (auch wenn diese nur alle drei Jahre zur Rechnungsprüfung vorgelegt werden sollte), die monatliche Eintreibung der ausgeschriebenen Kontributionen und die Mäßigung der Landesobereinnehmer in bezug auf das Trinken. Ebenso ging er auf den ständischen Vorschlag ein, Sold und *service* für die stiftischen Soldaten (Miliz) aus der Landesobereinnahme, nicht durch die Bauern und Bürger, die bereits die Quartiere zur Verfügung stellen mußten, bezahlen zu lassen.

Alle anderen ständischen Vorstellungen lehnte er dagegen ab. Seinen schärfsten Widerspruch löste dabei die Forderung der Landstände aus, das *aerarium publicum* in Zukunft mit kostspieligen, nur die Herrschaft und nicht das gemeine Land berührenden Prozessen und mit der Unterhaltung auswärtiger Gesandter, deren Verrichtungen *eben zu des landts interesse nicht abziehlen,* zu verschonen. Fürstabt Adalbert bestritt, daß die Prozesse und die Aktivitäten der Gesandten das *bonum patriae* nicht berührten, und hob gleichzeitig hervor, daß sowohl der Prozeß in Rom mit Würzburg um die geistliche Jurisdiktion[610] als auch die Entlohnung vieler Gesandter und Agenten aus der Rentkammer finanziert worden seien. Doch sollte aus diesen Zahlungen durch die fürstliche Kammer keine dauernde Verpflichtung des Abtes abgeleitet werden können, er wollte im Gegenteil freie Hand hierin behalten und *damit nach blossem gefallen, proportion der zeiten, auch erkentnus der stenden undt landtsunterthanen... continuiren.* Die empfindliche Reaktion Adalberts und das Herausstreichen seiner Ausgaben für das Land lassen die ständische Kritik als nicht unbegründet erscheinen; das Beharren des Abtes aber, nach eigenem Gutdünken Steuergelder oder fürstliche Einnahmen zur Finanzierung bestimmter Ausgaben zu verwenden, verdeutlicht seine Bewertung der Zuständigkeiten von Landesherrschaft und Landständen, signalisiert den inzwischen doch gegenüber dem 16. Jahrhundert und der ersten Hälfte des 17. Jahrhunderts eingetretenen Niedergang der Stände. Die Landesobereinnahme stand fast ungehindert dem fürstlichen Zugriff offen, die ständische Mitwirkung an der Steuerverwaltung war auf ein Minimum beschränkt.

Die Ausgabentrennung zwischen fürstlicher Kammer und Landesobereinnahme wollten die Stände auch auf einem anderen Gebiet durchgeführt wissen: Sie forderten, daß zum Ankauf adliger Güter durch das Stift, *worbey eben dem gemeinen landt keine besondere utilitet zuwechset,* Gelder aus der Landesobereinnahme nur mit ständischer Zustimmung verwendet werden dürften. Die mangelnde Trennung zwischen den beiden Finanzinstitutionen brachte im Falle dieser Güterkäufe, die die Beseitigung adliger Rechte im Stiftsgebiet und eine Vereinheitlichung des Territoriums zum Ziele hatten,

---

610 S. dazu Hack, Rechtsstreit, S. 74–182; Richter, Schleichert, S. XXXVII–XLII.

eine besonders starke Belastung der Landesobereinnahme mit sich. Natürlich mußten die Stände gerade hier versuchen, ihre Finanzkontrollrechte wieder zu beleben und die weitreichende Verfügung der Äbte über die Steuereinnahmen einzugrenzen – auch wenn sie vielleicht schon absehen konnten, daß ihnen dabei wenig Erfolg beschieden sein würde. Fürstabt Adalbert konterte mit dem Hinweis, daß die Stände, mit Ausnahme der Stadt Fulda, dem Zuschuß aus der Landesobereinnahme zum Ankauf des Tannischen Gutes Römershag im Jahre 1692 (für 105000 fl.) zugestimmt hätten. Viel spricht allerdings dafür, daß es sich 1692 nicht um ein völlig freiwilliges Einverständnis der Stände handelte, sondern daß das Kapitel, das in seinen Rechten von Fürstabt Placidus von Droste ohnehin stark eingeschränkt wurde[611], und die Kollegiatstifter vom Abt gezwungen bzw. überrumpelt wurden.

Des weiteren richtete sich die Kritik der Stände auf das alte Obereinnahms-Kataster, das – nach der Mitte des 17. Jahrhunderts erstellt – die vielen Veränderungen der letzten Jahre in Städten und Ämtern nicht berücksichtigte. Hier machte der Fürstabt darauf aufmerksam, daß bereits an einer Verbesserung des Steuerfußes gearbeitet werde, die Vorarbeiten aber so wenig fortgeschritten seien, daß es noch einige Zeit bis zum endgültigen Abschluß bedürfe. 1708 sollte dies der Fall sein. Ebenso wie der fast ungehemmte Zugriff des Abtes auf die Landesobereinnahme verdeutlicht die Tatsache, daß die Regulierung des Steuerkatasters allein von landesherrlichen Finanzbeamten durchgeführt wurde, die verfassungspolitische Ohnmacht der Stände. Auf informellem Wege wußten sie sich allerdings noch einen Teil ihres Einflusses zu erhalten.

Im personellen Bereich regten die Stände noch die Anstellung eines Kriegskommissars an, der die Beschaffung von Wagen und Pferden, auch die Logierung regeln und gegenüber der Landesobereinnahme für die Ausgaben verantwortlich zeichnen sollte, stießen dabei aber auf den Widerstand des Fürstabts. Einige Jahre später sollte das Amt zu einer selbstverständlichen Einrichtung werden.

Insgesamt war dies ein Spektrum ständischer Verbesserungsvorschläge und Forderungen, das über die Praxis des 16. und frühen 17. Jahrhunderts sogar noch hinausging. An konkreten Einflußmöglichkeiten für die Stände aber unterschied sich die Situation doch grundlegend. Insofern lag in der Durchsetzung einiger ihrer Vorstellungen zweifellos ein Erfolg – aber auch eine Gefahr: Angesichts ihres Verhaltens 1702 suchte der Abt in der Folgezeit die Stände erst recht zu umgehen – und die auf dem Landtag bewilligte doppelte Anlage setzte ihn dazu in die Lage. Die erheblichen regelmäßigen Steuerleistungen verschafften ihm die finanzielle Unabhängigkeit, die das wirksamste Mittel gegen ständische Partizipation darstellte. Nicht einmal die erheblichen Belastungen beim Neubau der Stiftskirche (des späteren Domes), des 1712 vollendeten Lebenswerks Adalberts[612], führten zu einer Aktivierung des politischen Ständetums, da die Finanzierung der Kirche u. a. durch die Erhöhung der Steueranlage erleichtert wurde. Nur noch einmal, 1716, ist von einer Versammlung ständischer Deputierter die Rede, als die Landesobereinnahms-Rechnungen der Jahre 1711–1714 überprüft wurden[613].

611 S. dazu WITTSTADT, Placidus, S. 35–59.
612 Gleiches gilt für den von Adalbert begonnenen, von seinen Nachfolgern beendeten Bau des barocken Residenzschlosses (s. dazu KRAMER, Fürstäbtliches Schloß; STASCH, Residenzschloß; DERS., Schloß und Orangerie; KIRCHHOFF, Residenzschloß; zu den Vorgängerbauten: HAHN, Abtsburg).
613 S. StAM 90a/763.

In der Folgezeit wurde die Obereinnahme immer mehr zu einem landesfürstlichen Organ – die Stände verloren ihre Bedeutung für die Steuerverwaltung, so wie sie sie zuvor schon für die Steuerbewilligung eingebüßt hatten. Das Erbe der landständischen Organisation ging – in eingeschränktem Sinne – in den vierteljährlichen Versammlungen des Kapitels mit dem Abt, die schon in der Zeit der Ständetage ein wichtiges Organ darstellten, bzw. in der landesfürstlichen Finanzverwaltung auf.

Daß die Stände als Gesamtheit ihre politischen Mitspracherechte weitgehend verloren, entsprach im übrigen ihrem Anteil am tatsächlichen Steueraufkommen. Die Steuern wurden in erster Linie von den Amtsuntertanen des Landesherrn aufgebracht, daneben von den Untertanen der Stände, am wenigsten aber von diesen selbst – die Grundlage ihrer Bedeutung wurzelte nicht in finanziellen Opfern, sondern in geburtsständischen Vorrechten[614].

VI. Das Erbe der landständischen Organisation

Überblickt man die Geschichte des politischen Ständetums in Fulda, so kann man wohl für das 16. und 17., ja noch für das beginnende 18. Jahrhundert einen nicht zu gering zu veranschlagenden Einfluß der fuldischen Stände auf die Landesherrschaft konstatieren. Allerdings muß man sich auch davor hüten, die ständische Partizipation zu überschätzen – trotz Steuerbewilligungsrecht, Mitwirkung an der Steuereinziehung und Steuerverwaltung sowie der Möglichkeit, Gravamina zu formulieren und auf Abstellung dieser Beschwerden zu drängen. Von der Landesherrschaft konnten sie sich nicht emanzipieren, und das Zusammenwirken mit ihr beschränkte sich auf wenige Gegenstände. Die Stände kamen aber dennoch über den Status eines auf herrschaftliches Geheiß zusammentretenden Steuerbewilligungskonventes hinaus. Denn die historische Leistung der Stände ist nicht in einem prinzipiellen Gegensatz zum Landesherrn, sondern im Zusammenwirken mit diesem zu sehen, was eine personelle Analyse noch verdeutlichen wird – in den Personen hebt sich der »Dualismus« auf. Die Bedeutung der Stände liegt ebensosehr wie in ihrem Recht auf Steuerbewilligung, das sie natürlich immer wieder im Gegensatz zu landesherrlichen Vorstellungen geraten ließ, bei den Reichssteuern aber geradezu zu einer Steuerbewilligungspflicht wurde, auch in der Rolle beim Aufbau einer geregelten Steuerverwaltung, für die Fürst und Stände zunächst gemeinsam verantwortlich waren, die dann allerdings vom »Fürstenstaat« durch den Übergang zu absolutistischen Praktiken allein übernommen wurde und die vollständige Ausprägung dieses Staates ermöglichte.

Mit der Überwindung des ständischen Steuerbewilligungsrechtes und der ständischen Mitwirkung an der Steuereinziehung und -verwaltung, der die Zurückdrängung ständischer Privilegien auf anderen Gebieten, wie z. B. im Jagdrecht oder im Indigenat, vorangegangen war, gelang den fuldischen Landesherren endgültig die Transponierung

---

614 Dies betont auch HAUPTMEYER, S. 131 f., der den schaumburg-lippischen Ständen für das 15. und 16. Jahrhundert gewissermaßen einen Bedeutungsüberschuß attestiert und die Entwicklung im 18. Jahrhundert so kommentiert: »Die Beseitigung landständischer Steuermitsprache stand also im Einklang mit dem tatsächlichen Steueraufkommen« (S. 132).

des von ständischer Teilhabe geprägten »Finanzstaates« in einen »Verwaltungsstaat«[615].
Die Landesobereinnahme entwickelte sich jetzt zu einer landesfürstlichen, an die
Hofkammer angegliederte und von dieser weitgehend getragenen Einrichtung, an deren
Spitze seit 1715 formal ein Kapitular und Propst als Präsident stand[616]. Dies war, wie in
Würzburg, das sichtbare äußere Zeichen, daß »die Institution endgültig als Behörde
Bestandteil des bürokratischen Staates geworden« war[617]. Nachdem 1702 dem Fürstabt
nur noch ein Ständevertreter als Mitglied der Obereinnahme präsentiert worden war[618],
und 1716 der kapitelische Obereinnehmer nicht mehr unter die Ständevertreter gerechnet
wurde[619], führten auch bald landesfürstliche Beamte alleinige Regie über die Steuereinziehung – anhand eines 1708 neu erstellten und 1740 revidierten Katasters[620], 1761
schließlich wurde die mit der Rentkammer organisatorisch vereinigte Obereinnahme
wieder verselbständigt. Beide Behörden bewahrten ihre Eigenständigkeit; während aber
die Kompetenzen bei den Einnahmen klar abgegrenzt waren, gab es auf der Ausgabenseite, wie in den Jahren zuvor, mannigfaltige Überschneidungen. Im einzelnen wird auf
die landesfürstliche Finanzverwaltung noch zurückzukommen sein[621].
    Die von den Fürstäbten und Fürstbischöfen des ausgehenden 17. und des 18. Jahrhun-
derts zweifellos intendierte Entwicklung hin zu einer absoluten, von anderen Personen
oder Institutionen nicht kontrollierten und durch kein Gesetz in ihrem Handeln
beschränkten, jedoch an den göttlichen Geboten orientierten Ausübung landesherrlicher
Gewalt wurde nach der Zurückdrängung der Landstände keineswegs vollständig
verwirklicht, wenn sie auch in ihrer aufgeklärten Form unter Fürstbischof Heinrich von
Bibra (1759–1788) eine Blütezeit erlebte[622]. Zwar gelang es einzelnen Landesfürsten, in

615 Zur Begriffsbildung s. OESTREICH, Ständetum, S. 279–285; DERS., Vorgeschichte, S. 78.
616 Erster Präsident war Stephan von Clodh, Propst auf dem Michaelsberg. S. RICHTER, Adelige
      Kapitulare, S. 14 f.
617 SCHUBERT, Landstände, S. 165.
618 S. StAM 90a/780.
619 S. die Unterzeichner des Protokolls über den Deputationstag 1716: StAM 90a/763.
620 Vgl. THOMAS, Sistem, I, §§ 149, 150, S. 262–265; RIED, Wirtschaftspolitik, S. 28 f.; JESTAEDT,
      Agrargeschichte, S. 1–10. Näheres dazu unten S. 349–351.
621 S. 339–357.
622 Am Terminus »Aufgeklärter Absolutismus« soll hier zur Kennzeichnung der Politik Hein-
      richs von Bibra festgehalten werden, auch wenn der Begriff umstritten ist, da er die theoretische
      Begründung von Herrschaft an sich erhebt (a legibus solutus, allein von Gott abgeleitet) zum wichtigsten Attribut
      der Herrschaftsform an sich erhebt, Aufklärung und Absolutismus in ihrem Verhältnis zueinander
      und in ihrer unterschiedlichen Gewichtung nicht bestimmt (aufgeklärt absolutistische Herrscher
      »gingen in der Anwendung ihrer ›absoluten‹ Gewalt, mit dem selbstgewissen und staatspädagogi-
      schen Ziel, ihre Untertanen zu beglücken, eher noch weiter als ihre Vorgänger«, so VIERHAUS,
      Absolutismus, S. 35). Heinrich von Bibra verstand sich sowohl als Aufklärer als auch als Absolutist,
      wobei durchaus ein Überwiegen der ersten Komponente konstatiert werden kann. Unter seiner
      Herrschaft kam es zur Förderung neuer Wirtschaftsformen, zur wirtschaftlichen Zentralisierung
      beim Landesherrn und seinen Behörden, zum Ausbau des Systems des absolutistischen Hofes sowie
      zur Verdichtung der administrativen Strukturen. Auch fehlt es in seiner Regierungszeit nicht an den
      typischen Begleiterscheinungen aufgeklärt-absolutistischer Herrschaft: Verbreitung aufkläreri-
      schen Gedankengutes in Wort und Schrift, vor allem an der 1734 gegründeten Universität, sowie
      Freimaurertum. Zur Diskussion um das Wesen und die Rolle des Absolutismus und sein Verhältnis
      zur Aufklärung s. die die wichtigsten Beiträge der Forschung enthaltenden Sammelbände von
      HUBATSCH (Hg.), Absolutismus; FRHR. V. ARETIN (Hg.), Aufgeklärter Absolutismus; KOPITZSCH
      (Hg.), Aufklärung; zusammenfassend: VIERHAUS, Absolutismus; PRESS, Reich; WEIS. Zur Regie-
      rung Fürstbischof Heinrichs von Bibra, vor allem ihren wirtschaftspolitischen Aspekten, s. RIED,

der Tradition des Placidus von Droste (1678–1700) vor allem Konstantin von Buttlar
(1714–1726), den Einfluß des Kapitels auf die Regierungsführung weitgehend auszuschalten[623], dennoch brach sich der absolute Herrscherwille an der Praxis der Kapitelssitzungen, durch die die Tradition ständischen Mitwirkens, wenn auch eingeschränkt auf
einen einzelnen Stand, gewahrt blieb. In diesen Sitzungen kamen die wichtigsten
Angelegenheiten des Landes zur Sprache, wurden außenpolitische wie innenpolitische
Fragen behandelt[624], z. B. auch außerordentliche Steuern oder Steuererhöhungen. Diese
mußte das Kapitel bewilligen, hier konnte es den Fürsten beschränken – und tat dies
auch[625].

Wenngleich der Abt in vielen Dingen letztlich nicht an den Willen und die Entscheidung seines Kapitels gebunden und nur zur Einholung des Rates verpflichtet war, so
bedeuteten diese Kapitelssitzungen doch eine Einengung seiner Befugnisse und die
institutionalisierte Chance der Einflußnahme des Kapitels auf die Landesherrschaft.
Natürlich wurde die Beteiligung des Kapitels an der Herrschaftsausübung beschränkt
durch die Tatsache, daß die Versammlungen nur vierteljährlich stattfanden und zwischenzeitlich immer wieder Entscheidungen getroffen wurden, die das Kapitel nicht
unmittelbar beeinflussen, auf die es nur reagieren konnte. Dennoch blieb vor allem unter
entscheidungsschwachen Äbten und in Krisenzeiten, wie im Siebenjährigen Krieg oder
in den Kriegen des Reiches mit dem revolutionären Frankreich, dem Kapitel auch eine
inhaltlich weitreichende Mitwirkungsbefugnis, die sich nicht nur in einer »Krisenverwal-

Wirtschaftspolitik; auch die zeitgenössische offizielle Darstellung von Heinrichs Kanzler KAYSER.
Den Gesichtspunkt der Aufklärung betont WITTSTADT, Bibliotheksgründer; s. daneben: JESTAEDT,
Zeugnis; HUTH; RENNER. Zur Verbreitung aufklärerischen Gedankengutes durch die Universität:
MÜHL; MOTSCH; in größerem Zusammenhang: HAMMERSTEIN, Aufklärung; VAN DÜLMEN,
Antijesuitismus. Ein wichtiges Glied in der Reihe der von der Aufklärung initiierten Projekte
bildeten kirchliche Unionsbestrebungen, s. hierzu: RICHTER, »Fuldaer Plan«; MÜHL, S. 65–74.
Den weniger kirchlich gebundenen, ja von der offiziellen Kirche überhaupt nicht geduldeten Pol der
Aufklärung bildete das Freimaurertum; zu den Bemühungen, vor allem des Illuminatenordens, in
Fulda: REITH; bekanntester Anhänger der Freimaurerei in Fulda war der fürstliche Leibarzt
Melchior Adam Weikard, der bis zum Hof- und Kammerarzt der Zarin Katharina aufstieg – zu ihm
s. die Biographie von SCHMITT; zum Illuminatenorden: VAN DÜLMEN, Geheimbund; AGETHEN.
623 Zur Ausschaltung des Kapitels durch Placidus s. WITTSTADT, Placidus, S. 35–59; zum
Verhältnis Konstantins zu dem Kapitel, das durch zahllose Auseinandersetzungen geprägt war, s.
vor allem: StAM 96/549 (Union zwischen sämtlichen Kapitularen gegen die fürstlichen Eingriffe
und *Bemutwilligungen*, zur wechselseitigen Unterstützung errichtet, vom 5. Januar 1720); StAM
96/266 (Gravamina resp. Erinnerungspunkte des Kapitels contra Fürstabt Konstantin aus dem Jahre
1722); StAM 96/265 (*Punctationes* des Fürstabts Konstantin zur Vereinbarung des Jurisdiktionswe-
sens zwischen Fürstabt und Kapitel, vom 19. Juni 1724; Antwort des Kapitels vom 9. Juli 1724) –
eine eingehende Untersuchung der Regierung Konstantins von Buttlar ist ein dringendes Desiderat!
624 Einen genauen Einblick in die Mitwirkung des Kapitels vermitteln die erhaltenen Beschlußprotokolle der Kapitelssitzungen: StAM Protokolle II Fulda, A 1 (21 Bände: 1624/25, 1657–1677,
1680–1801 = Konzeptexemplare), A 2 (12 Bände: 1711–1801 = Reinexemplare), A 2 B (9 Bände
Beilagen: 1792–1801), A 3 (8 Bände: 1721–1799 = Pro- und Reproposita – nur Vorlagen des Fürsten
und darauf gefaßte Beschlüsse). Vgl. auch StAM 90a/535, 536: Kurzer Inhalt der Pro- und
Reproposita unter Adolf von Dalberg, Amand von Buseck und Adalbert von Walderdorff,
1726–1759; StAM 90a/378: *Proponenda in capitulo*, 1730–1802; StAM 96/487 (1624); 96/778
(1638–1641); 96/101 (1646).
625 Vgl. RIED, Wirtschaftspolitik, S. 64, 120; ENNEKING, S. 76–82.

tung« erschöpfte – selbst unter Heinrich von Bibra, vor allem aber unter Adalbert von Harstall ist die kapitelische Einflußnahme nicht zu gering zu veranschlagen[626].

Daneben bildete das Kapitel ein Korrektiv von landesfürstlichen Entscheidungen bei Vakanzen durch die von ihm wahrgenommene Interimsregierung und die Bindung neuer Äbte an, offiziell so nicht mehr bezeichnete, Wahlkapitulationen. Außerdem zeigen die zahlreichen Verträge zwischen Landesherrn und Kapitel über Jurisdiktionsbefugnisse[627] die selbstbewußte Haltung der Kapitulare, die ihre Verankerung in den lokalen Herrschaftsbefugnissen hatte, auch wenn die kapitularischen Herrschaftsbereiche als intermediäre Gewalten immer mehr in den Territorialstaat eingebunden wurden.

Neben dem Kapitel vermochten sich die anderen Stände nicht mehr zu profilieren. An der allgemeinen Renaissance der Stände im Reich seit der Mitte des 18. Jahrhunderts und ihrer Weiterwirkung ins 19. Jahrhundert[628] hatten die Landstände in Fulda keinen Anteil. Weder naturrechtliche Kritik und Aufklärung noch die Anforderungen des Siebenjährigen Krieges, die in anderen Territorien ein neues Selbst- und Verantwortungsbewußtsein der Stände brachten, konnten hier in dieser Form wirksam werden, obwohl gerade die Anfangsphase der Regierung des »aufgeklärten« Fürstbischofs Heinrich von Bibra von den Belastungen des Krieges sehr stark geprägt war[629]. Ebensowenig wurden die fuldischen Stände durch die revolutionären Ereignisse in Frankreich und ihre Auswirkungen auf das Reich zu neuer politischer Wirksamkeit angeregt[630].

Neben der eingeschränkten, aber auch einschränkenden Mitwirkung des Kapitels an der Herrschaft des Abtes/Bischofs war es der Behördenapparat, der auch ein Eigengewicht entwickeln konnte, welches absolutistischen Tendenzen des Herrschers entgegenzuwirken vermochte. Im Kampf um die Durchsetzung und Ausbreitung der landesfürstlichen Herrschaftsrechte, auch und gerade gegenüber den Ständen, in der Effektivierung der Herrschaft über die Untertanen mit dem Ziel der vollständigen Abdeckung der immer stärker wachsenden finanziellen Anforderungen, in der Ausweitung des landesherrlichen Reglementierungsanspruches auf alle Lebensbereiche waren die landesfürstlichen Räte und Diener die wichtigsten Instrumente der Landesherren gewesen und blieben es weiterhin; zwar deren Werkzeuge, doch auch in vielem selbständig handelnd, hatten sie die Möglichkeit, den potentiellen Allmachtsanspruch des Landesherrn ein wenig einzuschränken. Dies konnte auch das alte Herrschaftsorgan des Hofes, das seit dem Ende des 17. Jahrhunderts, parallel zur Entmachtung der Reichsstände, im Zuge eines gesteigerten Repräsentationsbedürfnisses der fuldischen Herrscher eine Renais-

626 Ebd.
627 Nachweise in Anm. 203.
628 S. dazu Vierhaus, Land; Ders., Ständewesen; Press, Landtage; Ders., Landstände.
629 Vgl. Kartels, Fulda; Ried, Wirtschaftspolitik, S. 5–12; Dies., Bemühungen; Pessenlehner, Kriegsschädenanmeldung; Hain; Jestaedt, Prozeß; Sieburg, Fuldaer Land.
630 Zu den Auswirkungen der allgemeinen Hungerkrise der Jahre 1770/71 s. Hendus, Hungerjahre 1769–71; Honegger, Mißernte. Zu den Einflüssen der Französischen Revolution auf Untertanenvertretungen im Alten Reich s. Press, Hohenzollern-hechingischer Landesvergleich; zu den Einwirkungen der Französischen Revolution auf Fulda s. Schlitzer, Hochstift. Zum Wiedererstarken korporativ-ständischen Denkens als einer allgemein-europäischen und nordamerikanischen Bewegung s. Palmer.

sance als Kristallisationspunkt für den ehemals landsässigen buchischen Adel erlebte, dazu auch in hohem Maße fränkische und rheinische Reichsritter, die zum Teil mit den Buchischen Rittern in engen verwandtschaftlichen Beziehungen standen, und kurzfristig sogar den westfälischen Adel anzog. Vielleicht aber noch mehr als die Behörden war der Hof ein Werkzeug[631] und daher weniger selbständig gegenüber dem Landesfürsten.

Die Behörden des Stifts Fulda, z.T. im Rahmen des Hofes verblieben, z.T. zu eigenständiger Organisationsform fortgeschritten, sind daher im nächsten Abschnitt als dritter Faktor im innerstaatlichen Herrschaftsgefüge, als Organe landesfürstlicher Herrschaft, zu untersuchen.

---

631 S. dazu die Arbeiten von ELIAS; v. KRUEDENER; PLODECK, Hofstruktur; DIES., Sozialge-schichtliche Bedeutung; EHALT; BAUMGART, Deutscher Hof. Über den fuldischen Hof plane ich eine eigene Studie.

Drittes Kapitel
Landesregierung und Landesverwaltung

Im Rahmen einer Untersuchung der Herrschaftsverhältnisse im Territorialstaat ist als dritte Ebene die Herrschaftspraxis des sich gegenüber anderen Herrschaftsträgern durchsetzenden Landesfürstentums, mit der Institutionalisierung von Herrschaftsorganen, zu betrachten – denn »jede Herrschaft äußert sich und funktioniert als Verwaltung«, Herrschaft im Alltag ist primär identisch mit Verwaltung, und jede Herrschaftsform ist auf ein Minimum von »Bürokratie« angewiesen[1].

Die Ausformung dieser Herrschaftsorgane kann nicht losgelöst von der Entwicklung der Landesherrschaft und der Landstände gesehen werden, worauf erst jüngst wieder Volker Press hingewiesen hat[2]. Drei Stränge liefen hier zusammen: Das Streben der Landesherrschaft nach umfassender Durchsetzung ihres Herrschaftsanspruchs, mit vor allem finanziellen und gerichtsherrlichen Implikationen; die Ablösung des alten Herrschaftssystems, des Hofes, einerseits durch die landständische Organisation und die institutionalisierte Herrschaftsteilhabe der privilegierten Schichten des Landes, andererseits durch die Ausbildung von Zentralbehörden, in denen das feudale Element, das den Hof des Mittelalters geprägt hat, immer mehr zurücktrat, ohne jemals völlig an Bedeutung zu verlieren, sie im Gegenteil durch die Renaissance des Hofes im ausgehenden 17. und im 18. Jahrhundert wieder zurückgewinnend.

Auch für das Stift Fulda ist dabei zu beachten, daß die Ablösung des Hofes durch Zentralbehörden nur unvollkommen durchgeführt wurde, daß einzelne Bereiche sich nicht wie die politische Verwaltung und die Justiz (im Hofrat) verselbständigen konnten, sondern lange Zeit oder immer im Rahmen des Hofes weiterbestanden, wie die Finanz- oder die Forstverwaltung.

Aus arbeitsökonomischen Gründen sollen im folgenden nur die Regierungs- und Finanzverwaltungsorgane in exemplarischer Weise behandelt werden. Sie allein aber vermögen es schon, die Tendenzen in der obersten Zentralverwaltungssphäre, den Wandel von einer wenig ausgeprägten Herrschaftsorganisation zu einem immer ausgreifenderen, zahlreiche Lebensbereiche erfassenden und reglementierenden »Apparat« zu veranschaulichen.

1 WEBER, Wirtschaft, S. 545, 126. Eine verbindliche Definition des Begriffs »Bürokratie« fehlt bisher trotz aller Bemühungen der von Max Webers Herrschaftssoziologie und seinem Bürokratie-Typus ausgehenden Sozialwissenschaften. Von den zahlreichen Definitionsansätzen sind im hier angesprochenen Zusammenhang die von Bürokratie im Sinne von 1) öffentlicher Verwaltung, 2) Verwaltung durch Beamte in einer Organisation von Büros und 3) Beamtenherrschaft maßgebend. Zur Diskussion um die Bürokratie im Anschluß an Max Weber, der seinerseits auf den grundlegenden Forschungen von Gustav SCHMOLLER aufbaute (Über Behördenorganisation, Amtswesen und Beamtentum; Der deutsche Beamtenstaat) – die wiederum von Otto HINTZE weitergeführt wurden (Der österreichische und preußische Beamtenstaat; Hof- und Landesverwaltung; Der Beamtenstand) – s. WINCKELMANN; ZINGERLE, S. 112–129; KOCKA, Otto Hintze, Max Weber. Zu Otto Hintze s. neben dem eben genannten Aufsatz von KOCKA auch OESTREICH, Otto Hintze; VAN DÜLMEN, Soziologie. Einen eher summarischen Überblick über die verschiedenen Formen von Bürokratie im Laufe der Weltgeschichte bietet JACOBY. Den Stand der Forschung vermitteln die Beiträge in: PARAVICINI/WERNER (Hg.), Histoire comparée.
2 PRESS, Formen des Ständewesens.

I. Übergang von der mittelalterlichen Hofverwaltung zur Landeszentralverwaltung

Den mittelalterlichen Landesherrschaften waren anstaltsstaatliche Züge noch weitgehend fremd. Den unscharfen räumlichen Grenzen der Territorien, dem noch nicht gesicherten Geltungsbereich landesherrlicher Befugnisse und auch dem noch wenig ausgeprägten politischen Ständetum entsprach eine gering entwickelte landesherrliche Verwaltungstätigkeit[3].

Zentrum des alteuropäischen Regierens und Verwaltens[4] war der Hof. Die wichtigsten Regierungs- und Verwaltungsaufgaben einschließlich der obersten Rechtsprechung im Territorium und der Lehensgerichtsbarkeit wurden vom Fürsten mit Unterstützung der Hofdiener sowie einiger weiterer *familiares,* später *consiliarii* aus dem Kreis der adligen Lehensleute, in wechselnder Gestalt und Zahl, ad hoc zusammengerufen, wahrgenommen. Unter diesen »Räten«, die eine vermittelnde Instanz zwischen Landesherrschaft und politischem Ständetum bildeten, herrschte eine fortwährende Fluktuation. Dauernd in der Umgebung des Fürsten befanden sich nur die Hofleute unter ihnen, die einen »engeren Rat« bildeten. Die übrigen Räte erschienen auf Erfordern zu bestimmten Dienstleistungen am Hof; sie genügten damit ihrer Pflicht zu Rat und Hilfe gegenüber dem Lehensherrn und erfüllten ihre Aufgaben als »geborene Räte«.

Unterstützt wurde diese Regierungs- und Verwaltungstätigkeit von einer kleinen Schreibstube (Kanzlei) – getragen von Geistlichen, deren Stand noch über das Monopol des Lesen- und Schreibenkönnens verfügte. Die Kanzleiangehörigen hielten die Beschlüsse fest und bereiteten ihre Verbreitung vor.

Der Schwerpunkt der Verwaltungstätigkeit, die Umsetzung der Herrscherentscheidungen lag noch in den Händen der Lokalbeamten, der (meist) adligen Amtleute oder Amtsvögte, die unterste Finanzverwaltungs- und Gerichtsinstanz zugleich waren. Eine organisierte Landeszentralverwaltung steckte in den Anfängen; auch das Prinzip von Arbeitsteilung und dadurch ermöglichter Sonderstellung von Gerichtsbarkeit und Finanzverwaltung war nur in der Lokal-, nicht in der Zentralverwaltung durchgesetzt. In letzterer war eine Gliederung der Verwaltungshandlungen nach Sachbereichen noch nicht erforderlich.

Im Zuge des Territorialisierungsprozesses, dem Streben nach Arrondierung des »Staats«gebiets und Schaffung eines einheitlichen, in straffer Organisation zusammenge-

---

3 S. dazu Patze, Herrschaftspraxis; Theuerkauf, Typologie; Schmoller, Über Behördenorganisation, S. 15–55; bezogen auf das Königtum und das Reich: Moraw, Wesenszüge; Ders., Verwaltung des Königtums; Ders., Königliche Verwaltung. Zur Finanzverwaltung: Bamberger; Droege, Ausbildung. Untersuchungen der Verwaltungsstrukturen in einzelnen Territorien: Spangenberg, Hof- und Zentralverwaltung; Aubin; Zimmermann, Zentralverwaltung Oberhessens; zusammenfassend für die Territorien des Reiches jetzt: Willoweit, Entwicklung und Verwaltung.

4 »Regierung und Verwaltung« werden im Spätmittelalter und in der Frühen Neuzeit allgemein zu einem Begriffspaar tautologisch gekoppelt. Regierung, Verwaltung, Rechtsprechung und Gesetzgebung gingen, wie auch die nachfolgenden Ausführungen zeigen werden, mehr oder weniger ineinander über. Eine Trennung der Begriffe erfolgt erst mit der »Trennung der Gewalten« im Zeitalter des Konstitutionalismus. Vgl. Meisner, Verfassung, S. 35 f.; Ders., Staats- und Regierungsformen, S. 226; Oestreich, Otto Hintze, S. 13.

haltenen und verstärkt zu Abgabeleistungen herangezogenen Untertanenverbandes, aber auch mit dem steigenden Bedürfnis des Landesherrn nach Ausdehnung seiner Rechtspflege im Zeichen einer Rechtsvereinheitlichung – für die sich, zumal in geistlichen Territorien, das systematische Römische Recht empfahl – wuchsen die Aufgaben, die durch die alte Form der Herrschaftsausübung nicht mehr zu bewältigen waren. Die Steigerung der landesherrlichen Aktivitäten erforderte neben einer größeren Regelmäßigkeit ihrer Behandlung eine Vergrößerung des bisherigen »Regierungs- und Verwaltungsapparates« sowie eine schärfere Arbeitsteilung. Besonders dringlich wurden Neuerungen auf dem Gebiet der Rechtsprechung, die bisher vom Fürsten und adligen Beisitzern in der obersten Instanz bzw. von fürstlichen Amtsträgern und Schöffen aus Bürgerschaft oder Dorfbevölkerung in der ersten Instanz nach dem Gewohnheitsrecht ausgeübt wurde, sowie in der allgemeinen Verwaltung, besonders im Finanzwesen.

Die neuen Anforderungen waren eine entscheidende Voraussetzung für die Ausbildung des neuzeitlichen fürstlichen Rates (Hofrates) in einer einigermaßen festen Organisationsform, auch eine Rahmenbedingung für den Ausbau der Kanzlei mit dem Kanzler an der Spitze, die in Beratung und Ausführung wesentlich weiter gesteckte Vollmachten als zuvor erhielten – allerdings, die letzte Entscheidung lag immer beim Fürsten. Beide Institutionen wuchsen aus dem Hof heraus, blieben aber an diesen angegliedert[5]. Schon die Titel »Hofrat« und »Hofkanzler« sind beredter Ausdruck dafür, daß Räte und Kanzlei im System des Hofes verblieben. Den veränderten Anforderungen an die Finanzverwaltung war im gleichen Maße Rechnung zu tragen.

Diese Entwicklung[6] ist auch in der Fürstabtei Fulda zu beobachten. Der Fürstabt erfüllte seine Regierungs-, Verwaltungs- und gerichtlichen Aufgaben zunächst mit Hilfe von Angehörigen des Hofes und Ratgebern aus dem Kreis der adligen Lehensleute. Daneben gab es, in einem geistlichen Fürstentum ganz selbstverständlich, Mitglieder des Stiftskapitels, die zu den Beratungen hinzugezogen wurden – allein schon aufgrund der

5 »An den Hof – und keineswegs von ihm geschieden – kristallisierten sich modernere Instrumente des Regierens an: die Kanzlei und die anderen Behörden. Der fürstliche Rat, aber auch das Hofgericht verklammerten die ältere Institution des Hofes mit den ›moderneren‹ Behörden.« (PRESS, Grafen von Erbach, S. 654 f.)
6 Die Ausbildung von Rats- und Kammerkollegien sowie von Kanzleien als wichtigsten Behörden ist für eine Reihe von Territorien des Reiches – allerdings längst nicht für alle – untersucht. Die Summe der Forschung wird jetzt – vornehmlich für die größeren Territorien – gezogen in: Deutsche Verwaltungsgeschichte, I (in den Beiträgen von WILLOWEIT, LINK, PRESS, WUNDER, PHILIPPI, DROEGE, SCHEEL, KRÜGER, KLEIN, VOGEL, HUBATSCH, alle mit umfassenden Literaturangaben); zu den hierin unverständlicherweise nicht berücksichtigten geistlichen Fürstentümern in Franken, Würzburg und Bamberg, s. die Arbeiten von REUSCHLING; FLURSCHÜTZ; SPECKER, Kanzleiordnung; SCHMITT; OTT. An wichtigen Einzeluntersuchungen zur Behördenentwicklung sind hervorzuheben: HINTZE, Hof- und Landesverwaltung; DERS., Ratsstube; KLINKENBORG, Ratsstube; DERS., Kurfürstliche Kammer; OESTREICH, Geheimer Rat; DÜLFER, Fürst und Verwaltung; SAMSE; V.D.OHE; KÖNIG; SCHLEIF; V.REDEN, Landständische Verfassung; OHNESORGE, Geheime Kammerkanzlei; DERS., Verwaltungsreform; HESS, Geheimer Rat; HEYL, Zentralbehörden; SCHMITZ-ECKERT; EISENHARDT, Aufgabenbereich; PENNING; PRESS, Calvinismus; AMMERICH; PFEIFER; KOTHE; BERNHARDT; SEIDEL; LANZINNER. Zu burgundisch-niederländischen Einflüssen auf die Behördenorganisation in Österreich und dann deren Vorbildwirkung für die Territorien des Reiches (eine häufig diskutierte, aber kaum abschließend zu beantwortende Frage) s. WALTHER; RACHFAHL, Niederländische Verwaltung; HARTUNG, Französisch-burgundischer Einfluß; ROSENTHAL, Behördenorganisation; MAYER, Verwaltungsorganisation.

den Fürstabt dazu verpflichtenden benediktinischen Ordensregel, ganz zu schweigen von den Festlegungen der Wahlkapitulationen[7]. Die Mitglieder der größtenteils aus der Ministerialität hervorgegangenen einheimischen Ritterschaft waren ihrem Landesherrn in der Lokalverwaltung unentbehrlich geworden – obwohl einige von ihnen schon früh Bündnisse mit auswärtigen Gegnern des Fürstabts eingegangen waren und auch im Innern immer wieder für Unruhen sorgten[8]. Bei wichtigen Entscheidungen konnten sie nicht übergangen werden, zumal ihnen in der Hofverwaltung einflußreiche Positionen zukamen[9].

Im Spätmittelalter und in der Frühen Neuzeit vollzog sich dann der Prozeß der Herrschaftsintensivierung[10] mit den oben geschilderten Auswirkungen für die Landesverwaltung. Auf der anderen Seite traten die Ansätze zu landständischen Bestrebungen – Ausgang des 14. und noch zu Beginn des 15. Jahrhunderts ein wichtiges Kennzeichen fuldischer Verfassungsentwicklung – im Verlauf des 15. Jahrhunderts zwar zurück, sie wurden aber zu Beginn des 16. Jahrhunderts wieder aufgenommen und mündeten in einer landständischen Organisation, in der die Ritterschaft zusammen mit dem Stiftskapitel eine dominierende Rolle spielte[11]. Das Engagement der Ritter ist auf dem Hintergrund des Territorialisierungsprozesses und der Zentralisierungsbestrebungen in der Verwaltung zu sehen, die den Adel in seinen ureigensten Interessen und in seinem engsten Bereich berührten – der Wille zur Mitbestimmung im Territorium war eine Reaktion darauf; er mußte sich in der landständischen Bewegung ein Ventil suchen.

Der Prozeß der Herrschaftsverdichtung machte sich zunächst in der Lokalverwaltung bemerkbar. Diese bestand auch in Fulda lange vor einer eigenständigen Landeszentralverwaltung. Amtmänner und Vögte bzw. Keller vertraten die Rechte des Fürstabtes gegenüber den Untertanen; durch sie war der Landesherr überall in seinem Territorium mittelbar präsent. Meist in den landesfürstlichen Burgen wohnend, um die herum sich der jeweilige Amtsbezirk (Amt, Gericht) ausgebildet hatte[12], erhoben sie die Abgaben bei den bäuerlichen Hintersassen, zogen Steuern und Zehnten ein, fungierten als militärische Führer und wirkten als Vertreter des Gerichtsherrn, des Abtes, an der Rechtsprechung mit. Ihre jurisdiktionellen Befugnisse waren zunächst noch auf den Vorsitz der nach »Altem« Recht urteilenden Schöffengerichte beschränkt; erst im Verlauf des 16. Jahrhunderts, mit dem Übergang zu römisch-rechtlich bestimmten und in schriftlicher Form sich vollziehenden Prozessen sollten sie selbst am Rechtsprechen bzw. Urteilen teilhaben. Schon im Spätmittelalter hatten sie Burgen und Gerichtsbarkeit, Rechte und Gefälle nicht mehr als Lehen inne, sondern durch widerruflichen Auftrag[13].

Die einzelnen Ämter hatten innerhalb des fuldischen Territoriums lange Zeit eine relativ eigenständige Stellung besessen. Doch sind schon im 15. Jahrhundert »Ansätze zu

---

7 S. dazu S. 142–145, 160–164, 186.
8 Vgl. Grossart, S. 36, 38.
9 Zur Hofverwaltung: Lübeck, Hofämter; Ders., Ministerialen.
10 Vgl. dazu Erstes und Zweites Kapitel.
11 S. Zweites Kapitel.
12 S. dazu Hofemann, S. 46f.
13 Vgl. z. B. die Bestellung des Andreas Voit von Rieneck gen. von Gemünden zum Amtmann von Saaleck: StAM K 438 (Fuldaer Kopiar XIV), Nr. 73, S. 181f.

einer besseren Zentralisation und zu einer intensiveren Erfassung der einzelnen Bezirke«
zu beobachten[14]. Um 1500 ist die Verdichtung dann unübersehbar. Jetzt wurde die
Tätigkeit der Amtsinhaber in der Lokalverwaltung einer Kontrolle unterworfen, indem
ihnen eine genaue Registerführung aufgetragen wurde; jetzt legte man Wert auf
umfassende Verzeichnisse der Untertanen, einmal für Besteuerungszwecke, zum anderen, um die territoriale Zugehörigkeit der registrierten Einwohner festzuhalten, und
drittens wegen der organisatorischen Vereinheitlichung der verschiedenen Amtsbezirke[15].

Dieser organisatorische Konzentrationsprozeß wirkte sich natürlich auch in der
Umgebung des Fürstabts aus; die alten Formen des Regierens waren den neuen Aufgaben
nicht mehr adäquat – Änderungen drängten sich auf. Sie lagen in der Erweiterung und
teilweisen Verselbständigung der vorhandenen beratenden und ausführenden Organe. In
der zweiten Hälfte des 15. Jahrhunderts bildeten sich, ohne daß der genaue Zeitpunkt
bestimmt werden kann, Hofrat und Kanzlei in neuer Form als feste Regierungseinrichtungen heraus. In größerem Umfang greifbar werden ihre Funktionen und die personellen Träger dieser Zentralverwaltung in der Regierungszeit Fürstabt Johanns II. von
Henneberg (1472-1507/13). Das Fuldaer Kopiar IX[16], eine Art Register der fuldischen
Kanzlei, alphabetisch-chronologisch angelegt, hält in seinen Eintragungen seit dem Jahre
1487 ein- und ausgegangene Schreiben, Anweisungen an »Beamte«, Vergleichsverhandlungen, rechtliche Entscheidungen, Lehensgesuche und -bescheide u. v. a. m., oft auch
die Namen der an den Entscheidungen beteiligten Räte, Kanzler, Sekretäre und
Schreiber fest. Es bietet den Ausgangspunkt für die Darlegung der Entwicklung und
Funktion dieser Stellen, mit der sich die folgenden Ausführungen beschäftigen werden.

II. Die Regierungsorgane

Die Spitze der zentralen Sphäre markierte neben dem Fürstabt ein Kollegium von
Räten. Im Laufe der hier zu behandelnden drei Jahrhunderte wurde diese Spitze
mehrfach institutionellen Wechseln unterworfen. Zunächst lag sie bei den Hofräten;
geheime Angelegenheiten zog der Fürstabt in seine Kammer, sein Privatgemach, d. h. er
behielt sie sich selbst zur Entscheidung vor. Nach 1674 wurden die wichtigsten
Angelegenheiten zeitweise dem Geheimen Rat übertragen, ab 1721 temporär sogar eine
Geheime Konferenz ausgegliedert – beide Institutionen kamen aber über Ansätze nicht
hinaus und vermochten die ihnen zugedachte Rolle auf Dauer nicht wahrzunehmen. Seit
der Mitte des 18. Jahrhunderts wurde die Weltliche Landesregierung als oberstes
Regierungsgremium verstanden; in ihr waren Hofräte und Geheime Räte zusammengefaßt, wobei das Schwergewicht bei den Hofräten lag.

14 HOFEMANN, S. 47.
15 Vgl. ebd., S. 48.
16 StAM K 433.

A. DER HOFRAT IM 16. UND 17. JAHRHUNDERT
(BIS ZUR EINRICHTUNG DES GEHEIMEN RATES 1674)

1. Institutionalisierung des Hofrates

Im ausgehenden 15. Jahrhundert verfestigten sich sowohl der Kreis der Berater des Fürstabts wie der Umfang ihrer Tätigkeit – es verbietet sich allerdings, hier bereits von einer Behörde, einem *consilium formatum,* zu sprechen. Deren vier Kriterien – ständiges Tagen, feste Geschäftsordnung, fester Aufgabenkreis, zahlenmäßig bestimmter Kreis von Räten[17] – wurden noch keineswegs erfüllt. Man sollte diese formalisierten Maßstäbe allerdings auch nicht zu streng anlegen.

In einer Urkunde vom 26. Juni 1478[18] erteilte Fürstabt Johann II. der »Gemeinde« in Fulda, einer nichtzünftischen, gewerblich-kaufmännischen Organisation derjenigen Handwerker, die keine eigene Korporation auszubilden vermocht hatten (Kürschner, Sattler u. a.)[19], das Recht, Handel mit Gewändern, Fischwerk, Wildwaren und Fellen zu betreiben – gegen bestimmte Abgaben an den fürstlichen Küchenmeister. Diese Privilegierung, in den Augen der »Gemeinde« nur eine Bestätigung alter Rechte, durch den Fürstabt erfolgte mit *rath etzlicher unser reth und ritterschaft.* Deutlich wird hier, daß neben einem Kreis von Rittern, die aufgrund ihrer Lehensbindung als »geborene« Räte zu agieren hatten, auch Personen herangezogen wurden, deren Beziehungen zu Fürstabt und Stift nicht allein durch den Lehensnexus bestimmt waren. Die Formulierung »Räte und Ritterschaft« impliziert dabei keineswegs, daß es sich um zwei strikt getrennte Personenverbände handelte; vielmehr gehörten die Räte zum großen Teil der Ritterschaft an, waren aber in ein Dienstverhältnis getreten, das neben der Lehensbeziehung zu einem zweiten Strang der Verbindung mit Abt und Stift geworden war. Leider sind für die zahlreichen namentlich faßbaren Räte gerade aus diesen Jahren keine Bestallungen erhalten, die über ihre Aufgaben und die Einrichtung eines festen, regelmäßig zusammentretenden Hofratskollegiums Aufschluß geben könnten.

Dieses eigenständige Hofratskollegium wird jedoch in der Justiz-, Kanzlei- und Advokatenverordnung vom 5. September 1524[20] vorausgesetzt. Ausdrücklich erklärt hierin der damals häufig vom Stift abwesende und in Regierungsgeschäften noch unerfahrene Koadjutor Johann III. von Henneberg, daß er *Unseren statthalter undt verordneten hoffräthen Unseren gantz vollkommen gewalt ob dieser Unserer ordnung mit allem fleiß und ernst zu halten, die händel erster instanz, auch appellation und andere sachen, so an und vor Uns und Unsere cantzeley gehören, anstatt und von wegen Unserer anzunehmen, zu hören, darinnen zu erklähren, zu gebiethen, zu verschaffen alles, was Wir selbst aus ordentlicher macht thun solten und mögten, gegeben habe*[21]. Die nach dieser Verordnung auf der Kanzlei, in der sich neben der Schreibstube auch eine

---

17 Vgl. SCHMITZ-ECKERT, S. 34.
18 StAF Urkunde 82 (Orig. + Kop.), StAF XXI, B 1 (Kop.), zusammengefaßt und kommentiert bei HOHMANN, Zunftwesen, S. 8.
19 Vgl. HOHMANN, Zunftwesen, S. 7.
20 StAM 97c/941, auch StAF XXI, B 1 (Kopien).
21 Vorrede der Verordnung.

Ratsstube ausgebildet hatte, täglich abzuhaltenden Audienzen[22] erforderten »tägliche Räte«.

Daß dieses eigenständige Hofratskollegium keine Neuerung des Jahres 1524 darstellt, wird deutlich, wenn Johann III. in bezug auf die abzuhaltenden Audienzen in Rechtsangelegenheiten von einer *alten ordnung dieses stücks* spricht. Da diese Audienzen in die Zeiten bedenklicher Herrschaftskrisen, verbunden mit längerer Abwesenheit der Landesherren, fielen[23], darf hier die Einrichtung eines ständigen (wie auch weitgehend selbständigen) Hofrates vorausgesetzt werden. Gut möglich, ja wahrscheinlich ist es, daß dieser gerade in jener Zeit seine Umprägung erfuhr. Die Krise des Stifts erweist sich so nicht nur als Katalysator der landständischen Bewegung, sondern auch der behördengeschichtlichen Entwicklung. Dem weitgehend unabhängig agierenden Hofrat darf man folglich nicht nur die Behandlung rechtlicher Auseinandersetzungen zuschreiben, sondern auch die Erledigung der Landesverwaltung, die Wahrnehmung der Regierungsbefugnis nach innen wie (teilweise) nach außen.

Bei der Ausübung gerichtlicher Befugnisse wurden zwei Aufgabenbereiche vereinigt: die des obersten landesherrlichen Gerichts und die des Lehengerichts; beide Gerichtsfunktionen waren zuvor schon im »Paradiesgericht« zutage getreten, das in der Frühen Neuzeit nicht mehr genannt wird. Die adligen Vasallen des Fürstabts, auch Kapitulare, hatten in ihrer Eigenschaft als geborene Räte auf Erfordern das oberste Landesgericht gebildet, welches Berufungsinstanz für die Bürgerlichen, erste Instanz aber für den Adel war, und nach Gewohnheitsrecht geurteilt, während sie als Lehensleute im Lehen- oder Dienstmannen-/Manngericht über alle Lehensangelegenheiten betreffende Fragen urteilten, nach dem Prinzip des »Richtens unter Gleichen«[24].

Mit der Institutionalisierung des Hofrates bildete dieser das nunmehr an römisch-rechtlichen Grundsätzen orientierte und entsprechend mit juristisch geschulten Personen zu besetzende oberste Landesgericht, für das sich die Bezeichnung »Hofgericht« einbürgerte, welches man nach seinem Tagungsort auch »Kanzleigericht« nennen kann. Mit seinem adligen Kern bildete der Hofrat auch einen Bestandteil des Lehengerichts, das allerdings mit dem Rückgang der aus dem Lehensbesitz erwachsenden Verpflichtungen

---

22 S. Tit. I der Verordnung.
23 Fürstabt Hartmann Burggraf von Kirchberg (1507/1513–1521/1529) war seit 1516, als sich Kapitel und Ritterschaft wegen seiner für das Stift auf die Dauer ruinösen Politik gegen ihn zusammengeschlossen und die landständische Bewegung zu neuem Leben erweckt hatten, praktisch ohne Einfluß auf die Regierungsführung. 1518 erklärte er sich mit der Ausübung der Regierungsgewalt durch zwei Statthalter aus den Reihen des Kapitels einverstanden; 1521 wurde seine Entmachtung auf dem Wormser Reichstag von Kaiser Karl V. offiziell sanktioniert und dem jugendlichen Koadjutor Johann von Henneberg die Regierung übertragen. Diesen hatte das Kapitel bereits 1516 als Dreizehnjährigen dazu bestimmt, um dem Stift den Schutz des Grafen Wilhelm von Henneberg, Johanns Vater, zu verschaffen. Hartmann durfte nur noch den Titel eines Abtes führen und hielt sich bis zu seinem Tode im selbstgewählten Exil in Mainz auf. Der zeitweise noch dem Studium nachgehende Johann überließ die Regierungsgeschäfte meist zwei zu Statthaltern bestimmten Stiftskapitularen – und dem Hofrat. Ausführlicher zur Herrschaftskrise S. 168–177.
24 S. dazu S. 18f., 121. Zur Entwicklung der weltlichen Rechtsprechung geistlicher Fürsten bzw. ihrer Organe s. auch OTTE; OTT; LIEBERICH, Gelehrte Räte; DERS., Bayerische Hofgerichtsprotokolle; DIETRICH.

immer mehr an Bedeutung einbüßte und dessen Funktionen sich das Hofgericht einzuverleiben suchte bzw. sich auf die schiedsrichterliche Ebene verlagerten[25].

Für alle Regierungsaufgaben und Rechtsangelegenheiten, die der Fürstabt nicht sich selbst und seinem Kammersekretariat zur Bearbeitung vorbehalten hatte[26], stellte der im Laufe der Jahrzehnte in seiner personellen Zusammensetzung ständig erweiterte und sich differenzierende Hofrat, der während der kaiserlichen Administration des Stifts (1576–1602) einen zweiten Verselbständigungsschub erhielt, die höchste Instanz dar – bis ihm im Jahre 1674 durch die Einrichtung des Geheimen Rates Teile seiner Kompetenzen beschnitten wurden. Namentlich seine Bedeutung für die Konsolidierung der territorialen Landesherrschaft, für die Auseinandersetzung des Fürsten mit den im Lande Herrschaft übenden Personen, aber auch die Vermittlerfunktion einzelner Räte zwischen Landesherren und Landständen sind an dieser Stelle hervorzuheben. Kurz: der Hofrat bildete die »Regierung«.

Diese Bezeichnung war allerdings im 16. und 17. Jahrhundert weitgehend unüblich, erst im 18. Jahrhundert sollte sie sich für die Gesamtheit der Räte mit Ausnahme der für die Finanzangelegenheiten zuständigen Kammerräte, also für Geheime, Hof- und Regierungsräte, einbürgern. Zu Beginn des 16. Jahrhunderts war für die Regierung nur die Anrede bzw. Eigenbezeichnung »(verordnete) Hofräte« gebräuchlich[27]. Seit der Mitte des 16. Jahrhunderts erscheint auch die Titulatur »Weltliche Hofräte« bzw. »Weltliche Räte«[28] – wobei der neue Zusatz die Abhebung von den für geistliche Angelegenheiten zuständigen Ratspersonen (»Geistliche Räte«) anzeigt, die meist auch dem geistlichen Stande angehörten, zum Teil aber mit den Weltlichen Hofräten identisch waren.

Im Hofrat, in dem anfangs das adlige Element bestimmend gewesen war, gewannen die bürgerlichen Kräfte mit dem Kanzler an der Spitze immer mehr Einfluß, ohne aber den Adel ganz verdrängen zu können, der im Gegenteil – durch Anlehnung an die Ausbildungsgewohnheiten des Bürgertums – bald wieder seine Position verstärken konnte[29]. Um die historische Abfolge zu wahren, soll in den folgenden Ausführungen über die Funktionen der Räte mit den adligen Vertretern begonnen werden.

25 S. dazu S. 18–20, 121–124. Die gleiche Entwicklung beobachtet SCHLEIF, S. 99–101, für das Erzstift Bremen.
26 S. dazu S. 297–301.
27 Vgl. z. B. StAM 90b/1168 (Ersuchungsschreiben an die hessischen Räte um Auslieferung entwichener Gefangener, 1527); StAM 90a/205 (Befehlsschreiben des Koadjutors Johann an Räte und Amtleute, 7. August 1525); 90b/1163 (Bericht der fuldischen Räte an Fürstabt Johann in verschiedenen Angelegenheiten, 1532).
28 S. z. B. StAM 95/1702 (1546); StAM 90b/1170 (1554–1560).
29 S. dazu demnächst meine personengeschichtliche Analyse der fuldischen Regierung. Die Entwicklung in Fulda ähnelt damit derjenigen in vielen anderen Territorien des Reiches; vgl. GUNDLACH, Hessische Zentralbehörden, III; KOTHE; Eindringen; V. D. OHE; LIEBERICH, Gelehrte Räte; SCHLEIF; BERNHARDT; REUSCHLING; LANZINNER.

2. Der Hofmarschall als Mitglied des Hofrates

Im Amt des Hofmarschalls wird die unverminderte Bedeutung des Hofes für die Regierung auch in der Frühen Neuzeit deutlich sichtbar. Dieses alte Hofamt errang in Fulda nicht nur die Oberaufsicht über das ganze Hofwesen, wobei es im 18. Jahrhundert im Zuge des Anwachsens des höfischen Lebens sogar in mehrere Ämter aufgeteilt wurde[30], sondern beanspruchte zunächst auch für die Regierungsangelegenheiten einen Vorrang. Bis ins 17. Jahrhundert hinein wird der Hofmarschall bei Amtshandlungen in vielen Fällen vor dem Kanzler und den übrigen Hofräten genannt.

Vom Hofmarschall zu unterscheiden ist der Erbmarschall. Im Spätmittelalter vollzog sich eine Trennung in Hofmarschall- und Erbmarschallamt, in Amtsführung und Repräsentanz. Das Erbmarschallamt wurde der Familie von Schlitz gen. von Görtz, und zwar jeweils dem Senior, übertragen[31]. Für die meisten Inhaber dieser Würde verband sich damit keine Mitwirkung am politischen Leben des Stifts Fulda. Nur in Ausnahmefällen engagierten sich die Amtsinhaber in Fulda, fielen sogar Erb- und Hofmarschallamt zusammen[32].

Leider liegt für das 16. Jahrhundert weder eine Kanzlei- noch eine Hofordnung vor, in der die bedeutende Rolle des Hofmarschalls festgeschrieben wäre. Aus anderem Quellenmaterial läßt sich jedoch einiges über Funktion und Bedeutung dieses Amtes erschließen.

Um die Wende vom 15. zum 16. Jahrhundert hatte der Hofmarschall – in Vertretung des Fürstabts – das Recht, die Hofräte zusammenzurufen, sie in *schlos oder cantzlei zu Fuld zu rath (zu) fordern*[33]. Er war an den gerichtlichen Entscheidungen des Hofrates in hervorragender Weise beteiligt – seine Rechtsprechungsbefugnisse waren keineswegs nur auf das Hofgesinde beschränkt. Faktisch fungierte er als Vorsitzender in allen Verhandlungen, die nicht im Beisein des Fürstabts geführt wurden[34]. Auch bei der Regelung der außenpolitischen Angelegenheiten des Stifts war er in herausragender Weise beteiligt[35].

Die Führungsposition im Hofrat wurde dem Marschall aber bald vom Kanzler streitig gemacht und ging schließlich auf diesen über. Der Verdrängungsprozeß dürfte mit der Bestellung des ersten bürgerlichen gelehrten Kanzlers seinen Anfang genommen haben. 1512 wird in der Person des vorher als Sekretär und Notar in hessischen Diensten tätigen Antonius Alberti erstmals ein solcher genannt. Seine Vorgänger waren bis auf eine

---

30 In der zweiten Hälfte des 18. Jahrhunderts gab es einen Obermarschall, einen Hofmarschall und einen Reisemarschall.

31 Geraume Zeit vor 1490, nicht erst in diesem Jahr, wie KNOTT (Geschichte, Sp. 229) und v. SCHLITZ (S. 42) annehmen. Im Hochmittelalter hatten die 1450 ausgestorbenen Grafen von Ziegenhain neben der Vogtei auch das Marschallamt inne; als ihre *submarechalli* fungierten Angehörige verschiedener stiftsansässiger Adelsfamilien (vgl. LÜBECK, Hofämter, S. 188–191; unvollständige Liste der Untermarschälle bei SCHANNAT, Historia, I, S. 78 f.; LÜBECK, Hofämter, S. 180 f.).

32 Hierbei handelt es sich um Simon (1489–1505), Eustachius (1560–1575) und dessen Sohn Wilhelm Balthasar (1597–1614) von Schlitz gen. von Görtz.

33 So formuliert im Entlassungsbrief für den Kanzler Kaspar Obenhaug: StAM K 440 (Fuldaer Kopiar XVI), Nr. 109, S. 439.

34 S. dazu vor allem StAM K 433 (Fuldaer Kopiar IX), passim.

35 S. z. B. Verhandlungen mit Hanau: StAM K 433, fol. 102ᵛ (11. August 1498).

Ausnahme gelehrte Geistliche, die zum Teil dem niederen Adel entstammten[36]; gegenüber dem Marschall machten sie keine Vorrechte im Hofrat geltend. Die gelehrten Kanzler bürgerlicher Abkunft aber, die sich ihrer Bedeutung für eine funktionierende Regierung und Verwaltung, für die Konsolidierung der Landesherrschaft sehr wohl bewußt waren, auch zum Teil andernorts beträchtliche Erfahrungen und Ansehen gesammelt hatten, beanspruchten auf ihrem Spezialgebiet den Vorrang gegenüber den Marschällen, die nur in wenigen Fällen mit einer Universität in Berührung gekommen waren. Gleichzeitig mit der oben beschriebenen Verselbständigung des Hofrates von der fürstlichen Spitze, die ein Vordringen der »täglichen Räte« aus dem Bürgertum mit sich brachte, vollzog sich so der Aufstieg des Kanzleramtes und der Abstieg des Hofmarschalls[37].

Der Marschall sank auf die Ebene des normalen täglichen Rates[38]; bevorzugte Verwendung fand er allerdings als Abgesandter und Unterhändler an auswärtigen Höfen. Diese Missionen wurden stets einem adligen und einem bürgerlichen Rat gemeinsam aufgetragen, wobei der eine Sozialprestige und die Kenntnis höfischer Umgangsformen, der andere den Sachverstand einbrachte.

Überblickt man die Entwicklung im 16. und 17. Jahrhundert, so war der Hofmarschall trotz allem nach dem Kanzler das einflußreichste Mitglied des Hofrates. Den Regelfall veranschaulicht ein Vorgang aus dem Jahre 1624. Der in Neuhof weilende Fürstabt Johann Bernhard Schenck zu Schweinsberg schrieb am 15. Oktober dem Kanzler Mag. Lukas Hopf nach Fulda, daß er dem Marschall (Gernandt Philipp von Schwalbach) die ihm bekannte Auffassung des Abtes über ein Ersuchen der Infantin Clara Eugenia zur Verlegung der Armee des Generals Tilly in das Stift Münster vortragen *und darüber sein gutachten, wie auch der andern räthe bedencken, vernehmen* sollte[39]. Deutlich erhellt aus diesem Satz die Bedeutung des Marschalls: Er sollte seine Meinung zunächst, vor allen anderen Räten, abgeben, deren Meinung also beeinflussen können. Über seine

---

36 Johann Cristan (Kirstan), als Kanzler 1452 bis 1468 nachzuweisen, 1431 Pfarrer in Margretenhaun, später in Massenheim und Echzell, 1467 Dechant auf dem Frauenberg; Reinhard Schenck von Stettlingen, als Kanzler 1485 bis 1503 nachzuweisen, seit 1476 Fuldaer Stadtpfarrer und Archidiakon; Herting Schenck von Stettlingen, als Kanzler 1506 bis 1510 nachzuweisen, vorher (seit 1490) Sekretär, (seit 1500) Schultheiß zu Fulda, 1505 hessischer Sekretär, ab 1511 hessischer Kanzler.
37 Möglicherweise steht der Bedeutungsverlust des Marschallamtes im Zusammenhang mit der Tatsache, daß es in der kritischen Phase der Entwicklung des Stifts (1516–1525) von Landfremden (Rudolf von Weiblingen, Ludwig Schwertzel) bekleidet wurde; diese Personen wurden vom Ständeregiment natürlich weitgehend von den Ratsgeschäften ferngehalten. Obgleich ein Bedeutungsverlust unaufhaltsam war, wurde der Marschall im 16. und 17. Jahrhundert in einigen wenigen Fällen doch vor dem Kanzler erwähnt. Am auffälligsten geschieht dies im Bestallungsrevers für Heinz von Merlau über das Stadtschultheißenamt zu Fulda vom 20. April 1559. Dieser wird zugleich zum fürstlichen Rat ernannt, der *uf yezuzeiten Unser, Unsers marschalcks oder cantzlers erforddern* im Schloß oder auf der Kanzlei erscheinen und seinen Rat abgeben soll. StAM K 449a, fol. 28ᵛ (Kop).
38 In der einzig überlieferten Marschallsbestallung aus dem 16. und 17. Jahrhundert – für Eustachius von Schlitz gen. von Görtz (undatiert, doch in das Jahr 1560 zu setzen) – heißt es: *das er sich jezuzeiten, in allen und yden Unsern und Unsers stiffts sachen, obligenden und beschwerden, auch in allen andern zufelligen sachen und handeln uf Unserer cantzley teglich als ein rath seines hochsten vermögens und besten verstandts zu rathen und zu reden getreulichen geprauchen lassen soll.* (StAM K 449a, fol. 6ᵛ [Kop.].)
39 StAM 90b/1142.

Führungsposition am Hof hinaus hatte er ein entscheidendes Wort in der Regierung mitzusprechen. Die Beschlußfindung war allerdings eine gemeinsame Angelegenheit: was den Räten *allerseits vur gut* erschien, sollte verbindlich sein[40]; der Fürstabt selbst wollte in die Meinungsbildung nicht mehr eingreifen.

In den eben skizzierten Rahmen fügt sich die Beobachtung ein, daß Anfang des 17. Jahrhunderts der Hofmarschall – der beileibe nicht immer dem einheimischen Adel entstammte – auf Landtagen als erster Rat und protokollarischer Vertreter des (meist abwesenden) Landesherrn auftrat[41].

3. Der Kanzler als Mitglied des Hofrates

Ursprünglich nur »Chef der Schreibstube«[42], gehörte der Kanzler auch in Fulda, wo 1452 erstmals ein solcher genannt wird, seit dem Aufbau einer Zentralregierung und -verwaltung zum festen Kreis der täglichen Räte. Wie in anderen Territorien des Reiches wurde er durch die Verknüpfung von Rats- und Kanzleivorsteher-Funktionen »zum entscheidenden Promotor der Bürokratisierung von Herrschaft und Verwaltung«[43]; er war »die organisierende und koordinierende Kraft« der Zentralbehörden[44], die auf Dauer eine führende Stellung im Hofrat erringen und behaupten konnte. Wie in anderen Territorien[45] kam dem Kanzler für die Ausgestaltung des frühmodernen Staates entscheidende Bedeutung zu. Seine überragende Stellung im Hofrat, die ein Universitätsstudium und eine gründliche juristische Ausbildung voraussetzte, erwuchs ihm nicht nur aus dieser Ausbildung, sondern vor allem aus dem Informationsvorsprung, den ihm der Kanzleivorstand einbrachte – mit allen anfallenden Sachen kam er als erster in Berührung, zusätzlich konnte er sich als Leiter des Archivs sogleich Hintergrundinformationen verschaffen.

Über die Aufgaben der ersten fuldischen Kanzler als Mitglieder des Hofrates – auf ihre Funktionen als Kanzleivorsteher ist an anderer Stelle einzugehen – informieren leider keine Bestallungen. Man ist gezwungen, die Funktionen einerseits aus den sich in Akten niederschlagenden Handlungen zu erschließen und andererseits, mit aller gebotenen Vorsicht, Festlegungen aus den Bestallungen späterer Jahre in frühere Zeiten zu projizieren.

Nach der verhältnismäßig gut dokumentierten Tätigkeit des Reinhard Schenck von Stettlingen, der zugleich auch Archidiakon und Stadtpfarrer zu Fulda war, seine Karriere als fuldischer Kanzleischreiber begonnen und seine juristische Befähigung als einer der Prokuratoren Abt Reinhards von Weilnau 1470/71 in Rom nachgewiesen hatte, und der in seiner Person am deutlichsten den Übergang dieses Amtes vom geistlichen zum

---

40 Ebd.
41 1619 (30. Juli) beispielsweise übermittelt die Ritterschaft ihre Stellungnahme zur fürstlichen Proposition vom gleichen Tag dem Hofmarschall Gernandt Philipp von Schwalbach (s. StAM 90a/758).
42 WEBER, Wirtschaft, S. 639.
43 SEIDEL, S. 153.
44 So die Feststellung von PRESS (Calvinismus, S. 30) für die Kurpfalz.
45 Z. B. Hessen, Sachsen, Braunschweigische Länder, Osnabrück, Bayern. S. DEMANDT, Amt und Familie; MUTH, Melchior von Osse; ECKHARDT, Balthasar Klammer; DERS., Brüder Furster; DERS., Joachim Moller, SCHUHMANN; ROHDE; METZGER.

weltlichen Stand, vom Niederadel zum Bürgertum verkörperte, stellen sich die Aufgaben eines Kanzlers um die Wende vom 15. zum 16. Jahrhundert folgendermaßen dar: Er fungierte hinter dem Hofmarschall und vor den übrigen adligen Räten und Amtleuten als einflußreichster Rat des Fürstabts[46]. In Abwesenheit des Marschalls nahm er die erste Stelle unter den Räten ein[47]. Die Ratstätigkeiten erstreckten sich vor allem auf den juristischen und politischen Bereich. Als Bevollmächtigter vertrat er mehrfach – gemeinsam mit anderen Räten – die Interessen des Stifts bei schwierigen Verhandlungen mit auswärtigen Herrschaften wie mit eigenen Lehensleuten und Untertanen[48]. Den reichhaltigsten Niederschlag in der Überlieferung aber fand seine Mitwirkung an rechtlichen Entscheidungen.

Im Zuge der oben bereits angesprochenen Juridifizierung des täglichen Lebens, der vermehrten Anwendung des Römischen Rechts mit dem Ziel der Intensivierung landesherrlicher Befugnisse und der Gewährleistung eines umfassenden Rechtsschutzes, der verstärkten Inanspruchnahme der Appellation und der dadurch initiierten Entwicklung von Hofrat und Kanzlei zu Organen der Rechtsprechung in römisch-rechtlichen Formen – zu einem Hofgericht –, oblag den Räten die freiwillige Gerichtsbarkeit (Privatverträge) wie die hohe Gerichtsbarkeit. In den meisten Fällen fungierten sie als zweite Instanz, während die Ämter die erste Instanz bildeten[49]; Angelegenheiten, in die Angehörige der Regierung und des Hofes verwickelt waren, wurden vom Hofrat erstinstanzlich behandelt. Das erste Mittel, mit dem man seitens des Gerichts Streitigkeiten und Irrungen (betr. Erbschaftsfragen, Verbal- und Realinjurien, Schuldeneintreibungen, Nutzungsrechte u. v. a. m.) beizukommen suchte, war die Anordnung eines gütlichen Vergleichs – an diesen Vergleichsverhandlungen war der Kanzler meistens leitend beteiligt[50]. Schwerwiegendere, durchaus nicht seltene, Fälle erforderten dagegen eine intensivere Behandlung und erhöhten Aufwand – auch hier waren die Arbeitskraft und der Sachverstand des Kanzlers gefordert. Genauso überwachte er die Umsetzung von Gerichtsurteilen in die Praxis, etwa die Erfüllung bestimmter Auflagen oder die Stellung von Bürgen[51].

Schließlich war er bei der Vereidigung der Fuldaer Bürgermeister anwesend[52], woraus

---

46 Vgl. StAM K 433 (Fuldaer Kopiar IX), fol. 247ᵛ (1490), fol. 147 (1492), fol. 248ᵛ (1492), fol. 95ᵛ (1492), fol. 63ᵛ (1497), fol. 274 (1501); Ausnahme: fol. 302ᵛ–303ʳ (1489). Für den Kanzler Anthonius Alberti vgl. fol. 4 (1512), fol. 70 (1513).

47 Vgl. ebd., fol. 231 (1488), S. (!) 92 (1500). Für den Kanzler Herting Schenck: fol. 68ᵛ (1508).

48 So war Reinhard Schenck 1486 (29. Juli) zusammen mit dem Marschall Konrad von Mansbach fuldischer Bevollmächtigter bei Verhandlungen mit hessischen Räten wegen der Irrungen in Vacha, das zu zwei Dritteln an Hessen verpfändet war (s. StAM K 436 [Fuldaer Kopiar XII], Nr. 298, S. 675–678). 1499 (18. Dezember) erzielte er, gemeinsam mit dem damaligen Rat und späteren Fürstabt Hartmann Burggraf von Kirchberg, mit sächsischen, kölnischen und hessischen Räten Einigkeit darüber, daß der Kurfürst von Sachsen als Schiedsrichter die zwischen Köln, Hessen und Fulda schwebenden Streitigkeiten beilegen sollte (StAM R Ia, 1499 Dez. 18 [Orig.]). 1501 (30. März) war er einer der fuldischen Vertreter bei einer Tagsatzung mit den Herren von der Tann (StAM K 433, fol. 274ʳ). Die Beispiele ließen sich, auch für andere Kanzler, fast beliebig vermehren.

49 Zuständigkeit und Verfahren werden beschrieben bei der Behandlung von Streitigkeiten zwischen Gerhans und Adam Bock aus Eiterfeld 1505. S. StAM K 433, fol. 41.

50 Vgl. StAM K 433, fol. 247ᵛ (1490), fol. 147ᵛ (1491), fol. 248ᵛ (1492), fol. 63ᵛ (1497), S. (!) 92 (1500).

51 Vgl. StAM K 433, fol. 249ʳ (1492), fol. 95ᵛ (1492).

52 S. StAM K 436, Nr. 234, S. 500f. (1496, 1497, 1501).

man auf den Grad der Abhängigkeit der Stadt vom Landesherrn schließen kann. Auch die Verpflichtung der Regierungsmitglieder und -subalternen fand in seiner Gegenwart statt, da es sich hierbei um ihm zum Teil direkt unterstellte Personen handelte; schon bei ihrer Einstellung dürfte er ein entscheidendes Wort mitgesprochen haben.

Daß der Kanzler zu allen Beratungen innerhalb des Hofrates hinzugezogen wurde, war allein schon wegen der Vorlage von Schriftstücken, der Nieder- und Mitschriften der Verhandlungen und der anschließenden Ausfertigung der Beschlüsse durch die Kanzlei unumgänglich. Seine Stellung war von daher unangreifbar; sie war es – aufgrund seiner gründlichen juristischen Ausbildung – auch von der anderen fachlichen Seite, der Ratstätigkeit, her. Beide Faktoren zusammen versetzten ihn in die Lage, den ursprünglich im Hofrat dominierenden Marschall zurückzudrängen.

Kontinuierlich wuchsen in der Folgezeit die auf den Kanzler zukommenden Aufgaben. Die erhaltenen Kanzlerbestallungen aus der zweiten Hälfte des 16. Jahrhunderts[53] spiegeln davon allerdings nur wenig wider, weil sie auf ein traditionelles Formular der Bestallungen zurückgingen und nur in wenigen Einzelheiten den veränderten Erfordernissen angepaßt wurden.

Ihnen zufolge sollte der Kanzler selbstverständlich im Rat nach bestem Wissen und Vermögen, wie die anderen Räte auch, zum Wohle des Fürstentums argumentieren und über alle Verhandlungen strengstes Stillschweigen bewahren, sie *zu ewigen zeiten niemandt offenbaren noch entdegken.* Auf den von den Landesherren anberaumten gütlichen Zusammenkünften war er für die Schriftlichkeit des Verfahrens verantwortlich; er hatte die Ausführungen der Parteien summarisch festzuhalten und nach getroffener Übereinkunft der Kontrahenten *den oder die gegebene abschiede einer yden sachen in Unserer cantzley receßbuch signiren und schreiben (zu) lassen.* Bei Prozessen, die aufgrund gescheiterter Vergleichsverhandlungen erforderlich wurden oder von vornherein angestrengt waren, kam ihm ausschlaggebende Bedeutung zu: *Beschlossene rechtsachen soll er verlesen, mit iren umbstenden nach notturft erwegen und bedencken, und nach deren selbigen verlesung und gnugsamer erwegunge sein iuditium und bedencken sambt denen urtheilen Uns und andern Unsern rathen in schrifften uberantworten, domit Wir und die andere Unsere räthe Uns darinnen zuersehen und derselbigen, wo von nöthen, zu emendiren, ab- und zuzesehen haben*[54]. Das Urteil des Kanzlers hatte also besonderes Gewicht, durch seine Stellungnahme konnte er Entscheidungen vorprägen, in seiner Person vereinigten sich fachliche und administratorische Autorität.

Seine Bedeutung wird dadurch unterstrichen, daß er sich – guten Gesundheitszustand vorausgesetzt – auch in diplomatischen Missionen gebrauchen lassen sollte. Es verwundert nicht, daß ihm keine Routinegeschäfte anvertraut wurden (dafür gab es andere Personen), sondern die wichtigsten und schwierigsten Angelegenheiten. In der »Außenpolitik« des Stifts sprach er dadurch ein gewichtiges Wort mit.

---

53 Es handelt sich hierbei um die Bestallungsbriefe für Dr. Eusebius Bedrott und Dr. Balthasar Wiegand. Bedrotts abschriftlich überlieferter Bestallungsrevers (StAM K 449a, fol. 1ʳ–3ᵛ) ist zwar undatiert, läßt sich aber eindeutig dem Jahre 1563 zuweisen. Er ist in wesentlichen Teilen identisch mit dem Bestallungsbrief für Wiegand vom 24. August 1598 (StAM 106e/9, fol. 49–51 [Kop.]), hatte also über einen längeren Zeitraum hinweg Gültigkeit und ist als durchaus zentrales Schriftstück zu bewerten. Interne Verschiebungen jedoch werden hierdurch nicht erfaßt. Zu Wiegand s. SCHAFFRATH, Dr. Wiegand.
54 StAM K 449a, fol. 1ᵛ.

Auch im »innenpolitischen« Bereich wuchs ihm neben seiner Rats- und Gerichtstätigkeit besondere Verantwortung zu. Gemeinsam mit anderen Hofräten vertrat er den Landesherrn auf den Landtagen und versuchte hier gegenüber den Landständen die Intentionen des Landesfürsten und seiner Regierung durchzusetzen – auf seine bedeutende, auch formal verankerte Rolle auf diesen Versammlungen ist bei der Behandlung der Landstände bereits hingewiesen worden[55].

Wie die anderen Räte auch, so besaß der Kanzler die Möglichkeit, wichtige *acta, handlungen, schrieften undt anders* mit nach Hause zu nehmen und dort zu bearbeiten[56]. Diese hatte er sehr sorgfältig zu verwahren, *damit nicht seine substituten oder andere dieselbige durchlesen undt förter ahn tag pringen*[57].

Insgesamt gesehen waren also politische und rechtliche Unterstützung des Landesherrn oder seiner Vertreter bei den Bemühungen um Konsolidierung und Intensivierung der Landesherrschaft, Teilhabe an der praktischen Regierungsausübung, an Vorbereitung und Exekution von Regierungshandlungen, aktive Mitwirkung an der Rechtsfindung und Rechtsprechung sowie Leitung und Kontrolle der Kanzleitätigkeiten die drei großen Aufgabengebiete des Kanzlers, wie auch die Biographie des Kanzlers der dreißiger und vierziger Jahre des 16. Jahrhunderts, Dr. Johann von Otthera, verdeutlicht[58]. Aus diesen Aufgaben wuchs dem Kanzler eine Bedeutung zu, die ihn rasch über die anderen Räte erhob. Seine überragende Stellung behielt er – in Verbindung mit weiteren Aufgaben – bis zur Auflösung des geistlichen Fürstentums Fulda.

Zeitweilig bestand in Fulda auch das Amt eines Vizekanzlers; eine dauernde Einrichtung, wie in anderen Territorien, war ihm allerdings nicht beschieden. Im Verlaufe von dreihundert Jahren wurde es insgesamt siebenmal ausgeübt[59]. Im Grunde handelte es sich in diesen Fällen mehr um eine Verwesung als um eine Stellvertretung des Kanzleramtes. Leider hat sich keine einzige Bestallung über das Vizekanzleramt erhalten, die über die Funktion der Amtsinhaber genaue Auskunft geben könnte. Die folgenden Ausführungen stützen sich daher auf die Auswertung personengeschichtlichen Materials.

Stellvertretende Funktionen wurden nur zweimal während eines ganz kurzen Zeitraumes ausgeübt (1607 bis 1610, 1613/14), wobei gesundheitliche Rücksichten eine ausschlaggebende Rolle gespielt haben dürften[60]. In den anderen Fällen haben die jeweiligen Vizekanzler im Grunde Kanzlerfunktionen wahrgenommen – der Titel wurde ihnen allerdings, aus unterschiedlichen Gründen, nicht zugestanden. Mag. Johann

---

55 S. 211.
56 In der Bestallung Dr. Bedrotts wird dies zwar nicht ausdrücklich erwähnt, aber die diesbezüglichen Ausführungen in der Bestallung von Dr. Wiegand lassen sich wohl mit Recht auch auf seine Zeit übertragen. S. StAM 106e/9, fol. 49ʳ.
57 Ebd.
58 Vgl. DREIHELLER, S. 115.
59 Im einzelnen handelte es sich dabei um Mag. Johann Volpracht (1576–1597), Dr. Balthasar Wiegand (1597), Dr. Leonhard Agricola (1607–1610), Jost von Calenberg (1613/14), Mag. Lukas Hopf (1618–1622), Dr. Johann Ludwig Joannis (1674–1678), Gerhard Georg Vogelius (1695–1708). In die gleiche Kategorie einordnen lassen sich die drei Kanzleidirektoren im dritten Viertel des 18. Jahrhunderts: Johann Georg Weitzell (1753–1756), Johann Hermann Peter Papius (1769–1771), Johann Eberhard Kayser (1772–1775).
60 Für die Kanzler Wiegand und Agricola (beide ehedem auch Vizekanzler) liegen aus ihren letzten Lebensjahren nur wenige Nachrichten über Aktivitäten vor.

Volpracht (1576–1597) wurde gleich nach der Absetzung Fürstabt Balthasars von Dernbach vom neuen Landesherrn, Bischof Julius von Würzburg, zum Vizekanzler ernannt. Diesen Titel erhielt er, weil die fuldische Regierung der würzburgischen nachgeordnet sein und einem würzburgischen Statthalter in Fulda unterstehen sollte; mit Rücksichtnahme auf den ehemaligen Kanzler Dr. Johann Beuther (1574 abgelöst, 1575 durch Dr. Mauritius Winckelmann ersetzt und mit einer Ratsbestallung von Haus aus abgefunden), der in den folgenden Jahren als *alt cantzler* gelegentlich zu Regierungshandlungen hinzugezogen wurde[61], dürfte es weniger in Verbindung zu bringen sein. Als nach einem halben Jahr würzburgischer Zwischenregierung eine kaiserliche Administration durch den Deutschordensmeister (für 25 Jahre) eingerichtet wurde und die wichtigsten Entscheidungen in Mergentheim bzw. durch die in Fulda eingesetzten Statthalter getroffen wurden, beließ man es hier wie auch auf anderen Gebieten bei den von Würzburg eingeführten Regelungen[62] – Volpracht blieb Vizekanzler. Nach seinem Tode griff die Administration – nach einer kurzen Übergangsphase (1597) – die alte Tradition wieder auf und verlieh 1598 dem neuen Vorsteher der Kanzlei, Dr. Balthasar Wiegand, den Kanzlertitel.

Bei dem zunächst als Kanzleiverwalter, dann als Vizekanzler bezeichneten Mag. Lukas Hopf und bei Gerhard Georg Vogelius scheint die Ursache ihrer Vizekanzlerschaft, ebenso wie bei den Kanzleidirektoren Mitte des 18. Jahrhunderts, darin zu liegen, daß ihnen eine gewisse Qualifizierungs- bzw. Bewährungsfrist eingeräumt werden sollte; der Titel eines Vizekanzlers bzw. Kanzleidirektors war demnach in diesen Fällen für eine Übergangszeit gedacht. Die Tatsache, daß Hopf und Vogelius schon bald darauf wirklich zu Kanzlern befördert wurden, deutet jedenfalls in diese Richtung.

Dr. Johann Ludwig Joannis hingegen war während seiner Vizekanzlerschaft (1674–1678) in der Person des Reichshofrats Johann Werner von Plittersdorff ein Kanzleipräsident (ein eigens für diesen geschaffenes Amt!) übergeordnet, der formal auch den Titel eines Kanzlers führte. Die Kanzleramtsgeschäfte besorgte aber in der Regel Joannis, weil Plittersdorff häufig in diplomatischen Missionen für Fürstabt Bernhard Gustav unterwegs war und zum anderen als Kanzleipräsident über der täglichen Routinearbeit zu stehen hatte. Nach Plittersdorffs unfreiwilligem Ausscheiden 1678 erlangte Joannis dann umgehend die Kanzlerschaft.

Aus diesen kurzen Ausführungen geht eindeutig hervor, daß es eine Aufgabentrennung zwischen Kanzler und Vizekanzler, etwa in der Form, daß letzterer für juristische Angelegenheiten, ersterer für die Erledigung politischer Geschäfte zuständig war[63], nicht gegeben hat. Beim Vizekanzleramt hat es sich vielmehr um die Vertretung der Aufgaben eines Kanzlers gehandelt.

---

61 Vgl. StAM K 443 (Fuldaer Kopiar XIX), Nr. 226, S. 711; StAM 90a/749 (= Teilnahme am Landtag 1579).
62 Diese waren in personeller – und d. h. auch: religionspolitischer – Hinsicht vielfach den Maßnahmen des abgesetzten Abtes Balthasar zuwidergelaufen (vgl. SCHAFFRATH, Balthasar, S. 143 f.). Gegenreformatorische Gesichtspunkte, die für Bischof Julius in Würzburg so leitend werden sollten (vgl. REUSCHLING, S. 307 f.), waren für ihn bzw. seinen Vertreter, den später ebenso entschieden gegen den Protestantismus Stellung beziehenden Domdechant (und nachmaligen Bamberger Fürstbischof) Neidhard von Thüngen (vgl. SCHAFFRATH, Bamberger Fürstbischof), in Fulda keineswegs handlungsbestimmend.
63 Wie z. B. in Brandenburg.

4. Die Hofräte

Das Kollegium der Hofräte wurde neben dem Marschall und dem Kanzler aus täglichen Räten und Räten von Haus aus gebildet, unter denen jeweils Adlige und Bürgerliche vertreten waren. Dazu kamen in wichtigen Fällen Mitglieder des Stiftskapitels. Die Fluktuation unter den jetzt nach dem Prinzip der »Dienstmiete« angestellten Räten war ausgangs des 15. und zu Beginn des 16. Jahrhunderts, vor allem unter den adligen Räten, sehr stark; Mitte des 16. Jahrhunderts hatte sich die Zahl der nun längerfristig, zum Teil lebenslänglich dienenden Räte einschließlich Kanzler und Hofmarschall auf acht bis zehn, und zwar etwa je zur Hälfte Adlige und Bürgerliche, eingependelt. Diese Zahl wurde bis zum Ausgang des 17. Jahrhunderts nicht gesteigert, vielmehr in Krisenzeiten, vor allem in und nach dem Dreißigjährigen Krieg, verringert.

Die Aufgabenbereiche der Hofräte waren unterschiedlicher Art. Obwohl die Räte von Haus aus die historisch ältere Ratsform darstellen, werden – wegen ihrer fachlichen Wichtigkeit – die täglichen Räte zunächst behandelt. Und, wiederum von der Reihenfolge ihres historischen Auftretens abweichend, sollen – aufgrund der Quellenlage – hier die bürgerlichen gelehrten Räte den Anfang machen.

a. Die gelehrten Hofräte

Das gelehrte Element im Hofrat wurde anfangs ausschließlich vom Kanzler und dem einen oder anderen, in die Ratsposition aufgestiegenen Sekretär (der das Sekretariat daneben meist beibehielt) vertreten. Schon bald aber führten der vermehrte und vor allem qualitativ veränderte Aufgabenbereich und die wachsende Selbstverantwortung zu einer stärkeren Berücksichtigung des akademisch gebildeten Bürgertums. Es wurde bereits dargelegt, daß dieser Prozeß zu Beginn des 16. Jahrhunderts initiiert wurde; hier nun ist auf die Aufgaben und Funktionen der einzelnen gelehrten Räte einzugehen.

Leider liegt für die frühe Zeit einmal mehr keine Ordnung oder Bestallung vor, die über die genauen Verhältnisse Aufschluß geben könnten. Aber zwei Bestallungen aus der Mitte und dem Ende des 16. Jahrhunderts sollten ausschnittweise ein Bild dieser Periode vermitteln können.

In der abschriftlich überlieferten Rats- und Dienerbestallung vom 15. Mai 1562 für Dr. Johann Beuther[64], den jüngeren Bruder des berühmten Gelehrten Dr. Michael Beuther und ehemaligen Professors in Marburg, ist der tägliche Dienst vorgeschrieben. Die praktischen Aufgaben eines Hofrats werden folgendermaßen spezifiziert: Bei den vom Fürstabt auf der Kanzlei *gutlich oder rechtlich angestellten tagsatzungen* (Schieds- bzw. Gerichtsverhandlungen) hatte er die Klagen und Gegenreden der streitenden Parteien anzuhören und seine Meinung darüber kundzutun. Nach Möglichkeit sollte er zur gütlichen Beilegung des Streits raten und zu einem einhelligen Bescheid bzw. Urteil beitragen. Kompliziertere und schwierige Rechtsfragen beanspruchten allerdings mehr als eine Sitzung des Hofrates; sie erforderten Referate einzelner Räte, die ein objektives und gültiges Bild vermitteln sollten. In solchen schwebenden Rechtssachen sollte der

---

64 StAM K 449a, fol. 4ʳ–6ʳ (Kop.).

jeweils zum Referieren angewiesene Rat, der sich anhand der Unterlagen in Archiv und Registratur informiert und mit aller Sorgfalt sein Urteil gebildet haben sollte, seinen Standpunkt, d. h. das, was er für Recht erachtete, im Beisein des Fürstabts[65] im Hofrat vortragen. Leitender Gesichtspunkt sollte neben der gerechten Justiz auch eine schnelle und effiziente Rechtsprechung sein, die vor keiner Mühe zurückscheute. Ein gleiches galt natürlich für die Rechtssachen, in die Abt und Stift verwickelt waren. Besonders aber sollte der Hofrat jederzeit auf Erfordern in den stiftischen Angelegenheiten als Deputierter bzw. Gesandter zur Verfügung stehen und diese Aufgaben selbstredend mit höchstem Einsatz zum Vorteil des Auftraggebers wahrnehmen. Zusätzlich erhielt Beuther – und das galt beileibe nicht für alle Räte – die Erlaubnis, in Einzelfällen auch anderen Herren mit Rat und Hilfe zu dienen, ausgenommen jedoch in Angelegenheiten, die das Stift Fulda berührten und diesem evtl. zum Nachteil gereichen konnten.

Einige Erweiterungen gegenüber den Bestimmungen in Beuthers Bestallung sind in der Annahme des Dr. Leonhard Agricola zum Hofrat und Diener Ende des 16. Jahrhunderts[66] zu erkennen. Die Verpflichtungen zu Rat, Rechtspflege und diplomatischem Dienst sind zwar im wesentlichen gleichlautend geblieben, auch das Anwesenheitsgebot für den Hof und die Kanzlei wird gegenüber früher nur wenig präzisiert: *Teglich vor undt nach mittag zu gewonlicher stundt und zeit* hatten sich die Räte einzufinden. Entsprechend der Praxis späterer Jahre dürften sie dann etwa sieben bis acht Stunden (im Winter wegen der schlechteren Lichtverhältnisse entsprechend weniger) ihrer Arbeit nachgegangen sein.

Neu sind nun vor allem die Ausführungen über die Praxis der Konzipierung und Mundierung (Reinschrift) der wichtigsten Schriftstücke sowie die vorbereitenden Maßnahmen der Registrierung. Hier werden erstmals die seit Jahren üblichen Formen des Geschäftsganges festgeschrieben, die von dem Bemühen um eine effiziente Tätigkeit künden – ohne ein genaues Registrierungssystem mußten die vermehrt anfallenden Akten einer weiteren Benutzung weitgehend entzogen bleiben. Wörtlich heißt es: *Desgleichen soll ihme hiermit angebunden undt auferlegt sein, das er aller undt jeder sachen in augenschein bewilligte, angenommene undt eingegangene receß, verträg undt abschiedt summaris undt mit allem vleiß verzeichne, dieselbe furters der gebühr undt nach erforderung ihrer umbstenden selbsten concipiren undt alsdann in Unser cantzley furter zu verfertigen, auch registriren, dem darzu verordneten registratori (zu)stelle oder aber demselbigen darvon nottwendigen genugsamen satten bericht thue, welchermassen der vertragk oder receß verlauttet undt zu machen sei.* Gleichfalls sollte er, wenn es ihm durch den Fürstabt oder andere Räte (gemeint war hier wohl in erster Linie der Kanzler) aufgetragen wurde, Beratungen und Beschlüsse des Hofratkollegiums protokollieren bzw. in ein Konzept bringen, dies ggf. in der Kanzlei ingrossieren (ausschreiben) und mundieren lassen, Änderungswünsche aus dem Kreis der Beschließenden aber akzeptieren. Das Protokollieren durch Hofräte stellt allerdings nicht den Regelfall dar; normalerweise wurde hierzu ein Sekretär abgestellt.

---

65 Der Fürstabt beanspruchte also den Vorsitz im Hofrat. In der Praxis nahm er ihn allerdings häufig nicht wahr.
66 StAM 90a/222 (Kop.). Undatiert, doch in die Jahre 1597/98 zu setzen.

b. Adlige Räte

Das über die gelehrten Räte Gesagte gilt mit einigen Einschränkungen und Erweiterungen auch für die adligen Vertreter im Hofrat. Auch sie hatten täglich anwesend zu sein und ihren Ratspflichten zu genügen[67], auch sie hatten sich, stärker sogar als ihre bürgerlichen studierten Kollegen, für politische Missionen bereitzuhalten. Im Unterschied zu den gelehrten Räten aber wurde ihnen nicht so viel Schreibarbeit zugemutet. Sie waren angewiesen, sich für die diplomatischen Missionen mit zwei oder mehr reisigen, gut gerüsteten Pferden bereitzuhalten[68].

Keine Frage ist es, daß die adligen Räte im Hofrat in starkem Maße ein ständisches Element verkörperten – man braucht dabei nicht nur an die treibenden Kräfte aus der Ritterschaft bei der Absetzung Fürstabt Balthasars von Dernbach zu denken, die zum Teil als Räte und Amtleute in stiftischen Diensten gestanden hatten[69]. Der Hofrat war von allem Anfang an mehr als ein bloßes Regierungsorgan des Landesherrn, das nur dessen Befehle und Anweisungen zur Ausführung brachte. Der Hofrat repräsentierte den Landesherrn; er vertrat diesem gegenüber aber auch, in bestimmten Grenzen natürlich, die Landstände bzw. einzelne Stände – seine Position war ein Abbild der realen Machtverhältnisse im Territorium[70]. Je mehr er sich gegenüber dem Fürstabt verselbständigte, desto größer wurde auch die Möglichkeit ständisch bestimmter, informeller Einflußnahme.

In der Rechtsprechung verkörperte der Adel die Tradition des alten herkömmlichen Rechts gegenüber den das Römische Recht vertretenden gelehrten Juristen. Doch im Zuge der verstärkten Durchsetzung des römisch-rechtlichen Gedankens paßte sich der Adel an die ihm gefährlich werdende Entwicklung an und machte sich – um mit den bürgerlichen Rivalen im Fürstendienst konkurrieren zu können – durch Universitätsbesuche mit den Prinzipien des Römischen Rechts vertraut. Gefördert wurde diese Entwicklung sicher auch durch die im Ergebnis des Bauernkrieges deutlich manifestierte Unterlegenheit des alten Rechts[71].

Die Anstellung adliger und gelehrter Räte legte die Einrichtung einer Adligen- und einer Gelehrtenbank im Hofrat nahe. Ob es eine solche in Fulda schon in der Frühzeit der Behördenorganisation gegeben hat, entzieht sich der Kenntnis; für das 18. Jahrhundert läßt sie sich leicht nachweisen. Die Tatsache, daß diese Einrichtung in den Territorien des Reiches eine durchgängige Erscheinung war – welche auf die altdeutsche Tradition des Urteilens und Ratgebens »unter Genossen« zurückging –, und daß beide Personengruppen – trotz des allgemein angestrebten sozialen Ausgleichs zwischen der alten, durch Geburt, und der neuen, durch Fachwissen legitimierten Führungsschicht durch Gleichstellung des Doctor iuris mit dem niederen, ritterschaftlichen Adel[72] – ein stark ausgeprägtes Standes- und Selbstwertgefühl entwickelt hatten, läßt es als durchaus

67   Dies geht besonders deutlich aus der Ratsbestallung des Hofmarschalls Eustachius von Schlitz gen. von Görtz hervor. S. oben Anm. 38.
68   Vgl. die Bestallung für Kurt Till von Berlepsch vom 29. Mai 1564: StAM K 449a, fol. 9ʳ (Kop.).
69   Curt Till von Berlepsch war fuldischer Rat, Melchior Anarck von der Tann Amtmann zu Rockenstuhl, Wilhelm Rudolf von Haun Schultheiß zu Hammelburg gewesen.
70   Vgl. auch LIEBERICH, Gelehrte Räte, S. 122; BACHMANN, S. 79; SCHLEIF, S. 103 f.
71   S. dazu FRANZ, Deutscher Bauernkrieg; WUNDER, »Altes Recht«; GÜNTHER.
72   Vgl. WIEACKER, S. 176; DAHM, S. 232.

möglich erscheinen, daß es auch in Fulda in der frühen Zeit eine Trennung innerhalb des Rates in eine adlige und eine Gelehrtenbank gegeben hat. Auch die Abrechnungen, Besoldungs- und Bekleidungslisten der Küchenmeisterei, der zentralen Finanzbehörde dieser Epoche, die die adligen Räte zum Teil von den bürgerlichen Räten getrennt aufführen[73], deuten in diese Richtung.

c. Adlige Räte von Haus aus

Neben den täglichen gelehrten und adligen Räten, sozusagen dem Stammpersonal des Hofrates, standen die Räte (und Diener) von Haus aus. Sie verkörperten die historisch ältere Form des Ratsdienstes, wurden aber im Laufe der Zeit immer mehr in den Hintergrund gedrängt und verschwanden im 17. und 18. Jahrhundert vollständig. Ihre Einrichtung war im 15. und 16. Jahrhundert über das ganze Reichsgebiet verbreitet.

Ihr Ursprung liegt in dem Bestreben der Landesfürsten, unter ihren Lehnsleuten, die im Grunde alle geborene Räte von Haus aus waren, diejenigen, auf deren Dienste besonderer Wert gelegt wurde, hervorzuheben und dadurch »einen besonderen Rechtsanspruch auf ihre Treue, ihren Dienst und vor allem darauf zu haben, daß sie erforderlichen Falls (!) mit einer gewissen Zahl von Pferden und Knechten erscheinen«[74]. Diese Räte – mehrheitlich Angehörige des einheimischen niederen Adels – hielten sich auf ihren Besitzungen auf und erschienen nach Anforderung mit einer bestimmten Zahl von Berittenen zur Hilfe mit Rat, vor allem aber mit Tat. Auf der handfesten Unterstützung im Bedarfsfalle (deren man wohl nicht immer sicher war) lag das Schwergewicht. Mit dem Bedeutungsverlust der Lehensaufgebote im 16. Jahrhundert trat allerdings der militärische Zweck des Ratsdienstes zurück – und die eigentlichen Ratsaufgaben waren im Zuge der gesteigerten Regierungstätigkeit auf die herkömmliche Weise, mit den adligen Räten von Haus aus, nicht mehr zu bewältigen. Diese Räte wurden daher immer entbehrlicher, verschwanden aber nicht ganz, bildeten vielmehr ein jederzeit mobilisierbares Potential, das vor allem durch seine vielfältigen verwandtschaftlichen Beziehungen, und d. h. immer auch politische Einflußnahme, von Wert war. Der Adel konnte vom Bürgertum zurückgedrängt, aber niemals ganz ersetzt werden. Das Netz seiner sozialen Beziehungen war für eine effiziente Regierungsarbeit unentbehrlich.

Die adligen Räte von Haus aus bestimmten noch stark das Bild des Regierungsapparates zu Beginn der Frühen Neuzeit in Fulda; ihre Zahl überwog eindeutig die der ständigen, am Hofe anwesenden Räte. Herangezogen wurden sie neben Beratungen und Missionen in politischen Angelegenheiten auch zur Rechtsprechung. Sie verkörperten hier, wie oben bereits angesprochen, das altrechtliche Element. Daneben waren sie dem Fürstabt und dem Stift vielfach als Amtleute verbunden.

Bestallungen für adlige Räte von Haus aus liegen erst seit der Mitte des 16. Jahrhunderts vor. Zu dieser Zeit waren sie in vielen Territorien des Reiches bereits entbehrlich geworden, in Fulda hingegen bediente man sich ihrer noch immer in starkem Maße.

73 Vgl. StAM Rechnungen II Fulda, 395 (für 1575), fol. 103ʳ, 104ᵛ.
74 SCHMOLLER, Behördenorganisation, S. 51.

Die Ratsbestallungen von Haus aus waren durchaus nicht einheitlich abgefaßt, sondern differierten zum Teil ganz beträchtlich[75]. Bei Heinz von Merlau z. B., der 1559 zusätzlich zur Übertragung des Stadtschultheißenamtes zu Fulda eine Ratsbestallung von Haus aus erhielt, wurde festgelegt, daß er *uf yzuzeiten Unser, Unsers marschalcks oder cantzlers erfordern* im Schloß oder in der Kanzlei erscheinen und seinen Rat abgeben sollte[76]. Adolf Hermann Riedesel zu Eisenbach, hessischer Erbmarschall, sollte sich ebenfalls nur auf Erfordern an den fuldischen Hof begeben, jedoch mit vier reisigen Pferden und drei Dienern – mit der Bereitschaft, zu allen Angelegenheiten des Stifts seinen Rat zu äußern und Gesandtschaften zu übernehmen, ausgenommen gegen seine übrigen Lehnsherren[77].

Diplomatische Missionen waren das bevorzugte Aufgabengebiet der adligen Räte von Haus aus; dazu wurde ihnen meist ein bürgerlicher Vertreter des Hofrates beigegeben[78]. Allerdings gab es auch Fälle, in denen mehrere adlige Räte zusammen eine Mission erledigten[79], wozu sie also die erforderliche Sachkenntnis mitbrachten.

Wie sehr man an einzelnen adligen Räten von Haus aus wegen ihrer intellektuellen Fähigkeiten interessiert war, zeigt das Beispiel des Philipp von Lautter zu Mittelkalbach. Er sollte auf Erfordern *mit rathen und in der nahe zuverschicken* bereit sein. *Und wann wir seiner allhie zu Fulde bedürfftig oder ihnen sonsten an andere nahe gelegene ort verschicken werden, wollen wir ine mit knechten und pferden versehen*[80].

Dagegen waren Ratstätigkeiten im Falle des Neidhard von Thüngen (Bestallungen 1541 und 1550) weniger stark gefragt. Neidhard sollte sich mit zwei tauglichen Pferden von Haus aus für fuldische Dienste bereithalten. Da er auch anderen Herren gegenüber zu Dienstleistungen verpflichtet war, erhielt er für den Fall, daß er nicht persönlich erscheinen konnte, die Erlaubnis, die zwei Pferde und zwei Männer allein zur Verfügung zu stellen. Gegen seine anderen Dienst- und Lehnsherren im fuldischen Interesse aktiv zu werden, wurde ihm nicht abverlangt, ebenso nicht gegen andere Mitglieder der Familie von Thüngen, die mit dem Stift Fulda häufig uneins waren. Sofern er aber von seinen anderen Diensten abkömmlich war, sollte er seinen fuldischen Verpflichtungen in eigener Person nachkommen[81].

Die Aufgabenstellung und das Gewicht der adligen Räte von Haus aus war also sehr unterschiedlich und ist daher in jedem einzelnen Fall neu zu bestimmen.

---

75 Den nachfolgenden Ausführungen liegen folgende Bestallungstexte zugrunde: Heinrich von Merlau, 20. April 1559 (StAM K 449a, fol. 28ʳ–30ʳ), Adolf Hermann Riedesel, undatiert, etwa 1560 (ebd., fol. 16ʳ–17ᵛ), Philipp von Lautter zu Mittelkalbach, undatiert, um 1560/67 (ebd., fol. 30ᵛ–32ʳ) sowie Neidhard von Thüngen, 30. Mai 1541 (StAM 90a/201; StAM 95/1912) und 1550 (StAM (K 449a, fol. 21ʳ–22ᵛ) [Kopien].
76 StAM K 449a, fol. 28ᵛ.
77 Ebd., fol. 16ʳ.
78 S. als Beispiele nur Riedesels Gesandtschaften an den sächsischen Hof 1571/72, bei denen ihn der Rat Mag. Johann Volpracht begleitete: StAM 90b/1558, 1560.
79 Beispielsweise die Deputationen Riedesels an den hennebergischen Hof – 1561 gemeinsam mit Lukas von Trübenbach (StAM 90b/1123), 1562 zusammen mit Georg Schwertzell von Willingshausen (StAM 90b/1122) – und nach Sachsen, 1571/72 in der Begleitung des Curt Till von Berlepsch (StAM 90b/1558, 1560).
80 StAM K 449a, fol. 31ʳ.
81 Vgl. StAM 90a/201, StAM 95/1912 sowie StAM K 449a, fol. 21ᵛ.

d. Bürgerliche Räte von Haus aus

Ratsbestallungen von Haus aus erhielten nicht nur Angehörige der einheimischen Ritterschaft, sondern auch gelehrte Vertreter des Bürgertums. Die Gründe hierfür lagen zum einen in der Art und im Umfang der von akademisch gebildeten Räte zu bewältigenden Aufgaben, die anfangs nicht von allen Räten eine tägliche Anwesenheit erforderte, daneben auch in der Neigung der gelehrten Juristen, sich nicht oder nicht lange auf einen Herrn festlegen und an ihn binden zu lassen, nach vielen Seiten offen und möglichst flexibel zu bleiben. Sie wurzelten drittens in dem Bestreben der Fürsten, besonders qualifizierte Personen, wenn schon nicht fest und beständig, so doch zumindest zeitweilig und für einen begrenzten Aufgabenbereich zu gewinnen. Zuletzt ist noch an das Bemühen zu denken, verdiente ehemalige feste Mitarbeiter auszuzeichnen und sich ihrer Treue zu versichern.

Frühestes Beispiel für einen bürgerlichen gelehrten Rat von Haus aus in fuldischen Diensten ist Dr. iur. utr. Johann Derdinger, ehemals Professor in Ingolstadt. Er wurde im Jahre 1480 von Fürstabt Johann II. von Henneberg mit Wissen und Zustimmung des Kapitels angenommen. Derdinger stand noch bei anderen in Pflichten; einer seiner Dienstherren, Graf Johann von Wertheim, mußte seine Einwilligung zum Eintritt in fuldische Dienste geben. Neben diesem machte Derdinger noch eine Reihe weiterer Herrschaften (u. a. Henneberg-Schleusingen) sowie adlige Personen namhaft, gegen die zu raten er sich nicht verpflichten wollte. Dr. Johann Derdinger war, das geht aus diesen Vorbehalten hervor, der Typ des mietbaren gelehrten Rates (der erste in einer langen Reihe), der sich je nach Gelegenheit in die Dienste derjenigen begab, die seiner bedurften und ihn dafür gut bezahlten. Allerdings war seine Bestallung zum fuldischen Rat und Diener, durchaus untypisch, eine lebenslängliche. Er sollte *als offt als Wir, Unser stieft und nachkomme zu ime schicken nach ratte*, diesen erteilen, *müntlich und schrifftlich, in gericht und sunst* [82].

Erstreckte sich in diesem Fall die Ratstätigkeit von Haus aus auf alle Bereiche der Herrschaft, wenn auch vorwiegend auf Rechtsfragen, so gab es auch eine Personengruppe, derer Fertigkeiten auf einem einzigen Gebiet man sich versichern wollte. Dies waren Advokaten und Prokuratoren am Reichskammergericht [83]. Sie wurden angenommen, um in den an diesem Gericht anhängigen Prozessen die Interessen des Stifts zu vertreten, die ihnen übersandten Schriftstücke durchzusehen und evtl. zu überarbeiten und darauf nach der Ordnung des Kammergerichts zu emendieren. Auch hatten sie dem Fürstabt oder der Regierung, sofern diese von ihnen Rat und Auskunft benötigten, solche in schriftlicher Form sogleich zu erteilen.

Als dritte Gruppe erhielten Ratsbestallungen von Haus aus verdiente ausscheidende Räte, deren Dienste man sich noch weiter versichern wollte, wenn sie in andere Tätigkeitsbereiche und zu anderen Dienstherren übergewechselt waren oder sich nicht

---

82 StAM R Ia, 1480 Mai 1 (Orig.).
83 Für Dr. Kaspar Fichard aus Frankfurt – aus dem berühmten Juristengeschlecht – und Dr. Ludwig Stahl haben sich zwei gleichlautende Bestallungen aus den Jahren 1554 und 1569 als fuldische Räte, Prokuratoren und Diener erhalten: StAM K 449a, fol. 32^r–33^v (1554, Montag nach Agnetis); fol. 33^v–34^v (21. März 1569) [Kopien].

mehr im Vollbesitz ihrer physischen Kräfte befanden[84]. Dankbarkeit gegenüber den ausscheidenden Räten verband sich hier meistens mit handfesten Interessen.

Andererseits bedachte man aber auch Personen, die man aus der ständigen Ratstätigkeit entließ, mit dem Titel eines Rates von Haus aus und verband dies mit einer Gnadenbestallung[85]. Dies geschah, um die Entlassung abzumildern, und verknüpfte sich vielfach mit der Überlegung, die Betroffenen dadurch von Aktionen gegen den alten Dienstherrn aus Rücksicht auf ihre Bestallung abzuhalten.

e. Kapitulare als Räte

Zu der Gruppe der Räte von Haus aus sind die Mitglieder des Stiftskapitels zu zählen, die als geborene Räte in wichtigen Fällen zur Beratung hinzugezogen wurden. Alle Wahlkapitulationen der Fürstäbte schrieben dies fest. So verpflichtete sich beispielsweise Abt Balthasar am 27. Juli 1570 wie schon 1507 der damalige Koadjutor Hartmann Burggraf von Kirchberg: *Item wollen wir auch in des stiffts trefflichen sachen ungeverlich einen oder zwen des Kapitels in unsern rath und uf unsere cantzley bey solche berathschlagung und handlung erfordern*[86]. In der Folgezeit wurde diese Festlegung zwar nicht immer, aber überwiegend beachtet.

Unabhängig von den sonstigen Möglichkeiten der Kapitulare, mit den regierenden Äbten in Verhandlungen über bestimmte Angelegenheiten treten zu können, sicherten sie sich also die direkte Mitsprache im Hofrat. Sie verstärkten dadurch das schon bei den adligen Räten angesprochene ständische Element – wirkten als Bindeglied zwischen Fürstabt und Ständen, vor allem auf der frühen Stufe der Verwaltungsentwicklung, wobei in der Regel dem Dechant das entscheidende Gewicht zufiel.

f. Die Räte des abgesetzten Fürstabts Balthasar von Dernbach (1576–1602)

Die Administration des Stifts durch Würzburg (1576/77) und den Deutschmeister (im Auftrag des Kaisers, 1577–1602) nach der gewaltsamen Absetzung des Fürstabts Balthasar von Dernbach führten, ebenso wie die Besetzung des Stifts durch Hessen-Kassel (1631–1634), auf dem Gebiet der Zentralregierung und -verwaltung in erster Linie zu personellen, weniger zu institutionellen Veränderungen. Der Hofrat als Institution bildete weiterhin das wichtigste Regierungsgremium, war aber in ungleich höherem Maße von den neuen Herren abhängig. Die würzburgische Administration schuf durch einige Umbesetzungen ein ihr weitgehend ergebenes Gremium, das von den Deutschmeistern übernommen wurde. Der abgesetzte Abt Balthasar aber richtete auf dem ihm angewiesenen Amtsschloß in Bieberstein eine Art Nebenregierung ein, die vor allem aus

---

84 Dies war der Fall beim Ausscheiden des Kanzlers Dr. Jost Staud, der sich 1563 nach Frankfurt/Main begab.

85 So verfuhr Fürstabt Balthasar von Dernbach beispielsweise mit dem gewiß verdienten Kanzler Dr. Johann Beuther, aber auch mit anderen, meist adligen, Räten.

86 § 2 der Kapitulation, abgedruckt bei KOMP/RICHTER, Balthasar, Beilage Nr. 1, S. 60 mit Anm. 2. Dagegen war die Mitwirkung der Ritterschaft im Rat keineswegs in gleicher Form festgelegt. Nur im Revers des Koadjutors Johann von Henneberg vom 4. September 1521 – der die besondere Lage der damaligen Zeit exakt widerspiegelt – erscheint als Zusatz zu dem oben Zitierten, daß *desgleichen zu demselbigen in des stiffts notsachen etzlich von der ritterschafft gedacht stiffts in den rath (zu) fordern und (zu) gebrauchen* seien (KOMP/RICHTER, S. 60 Anm. 2).

seinen engsten Vertrauten bestand, die von Würzburg aus der Regierung entfernt worden waren oder aus eigenem Entschluß ihren Abschied genommen hatten[87].

Gegen eine Rückkehr dieser Räte in die Dienste des Stifts, die im Zuge der Installierung der kaiserlichen Administration 1577 zur Debatte stand, sträubten sich Würzburg, das fuldische Stiftskapitel und die Buchische Ritterschaft mit aller Macht. In der Protestation der würzburgischen Abgesandten bei den Verhandlungen über die Anerkennung der kaiserlichen Administratur und die Huldigung für den neuen Administrator in Hammelburg vom 15. März 1577 wurde die Ungültigkeit der würzburgischen Ledigzählung der Untertanen und deren Verweisung an den kaiserlichen Kommissar für den Fall erklärt, daß die exponierten Berater Abt Balthasars, Kanzler Dr. Winckelmann und Dr. Landau, wieder als stiftische Diener angenommen würden[88]. Für diese blieb tatsächlich nur die Tätigkeit als »Privat«-Räte des abgesetzten Abtes – mit Befriedigung vermerkten dessen Gegner innerhalb wie außerhalb des Territoriums die Tatsache, daß die Kanzlei unter der Leitung des ehemaligen Kanzlers Dr. Beuther und des Mag. Volpracht mit Räten und Sekretären besetzt blieb, die von der würzburgischen Administration verordnet worden waren[89].

5. Der Tätigkeitsbereich des Hofrates

Im Anschluß an die Vorstellung der Hofrats-Mitglieder und die dabei ansatzweise geleistete Charakterisierung ihrer Aufgaben sollen die Tätigkeitsbereiche dieses Gremiums im 16. und 17. Jahrhundert kurz zusammenfassend dargestellt werden. Dies erfolgt nicht nur im Rückgriff auf die bisherigen Ausführungen über die Hofräte, sondern auch auf die Darlegungen zu Inhalt, Umfang und Auseinandersetzungen über die Landesherrschaft sowie zu den Landständen. Denn leider hat sich, mit Ausnahme der Justiz-, Kanzlei- und Advokatenverordnung von 1524, keine der Kanzleiordnungen, die die Aufgabenbereiche der Hofräte vor 1674 regelten, erhalten[90].

---

87 Über die Zusammensetzung dieser Nebenregierung informieren die von Balthasars Küchenmeistern in Bieberstein geführten Gewandrechnungen der Jahre 1587 bis 1590 und 1600: StAM Rechnungen II Fulda, 130.
88 Protestation in: StAM 4f Fulda/116.
89 S. den Brief des hessischen Amtmannes auf Hauneck Adam Winther an Landgraf Wilhelm von Hessen-Kassel vom 5. April 1577: StAM 4f Fulda/116. Winther war der Informator des Landgrafen über die Vorgänge im Fuldischen, die er teils aus eigener Anschauung – er war bei den Verhandlungen in Hammelburg als Zaungast anwesend –, teils durch Auskünfte des Ritters Curt Till von Berlepsch und der fuldischen Bürger Georg Murhard und Dr. Hektor von Jossa bestens kannte (vgl. seinen Bericht über die Vorgänge in Hammelburg vom 30. März und 4. April 1577 sowie den Brief Winthers an Landgraf Wilhelm vom 5. April 1577, alle in: StAM 4f Fulda/116).
90 Schon im Oktober 1632 mußte die hessische Regierung in Fulda feststellen: *Bey der Fuldischen cantzelley findet sich keine besondere cantzley ordnungk, außerhalb daß den procuratoribus etzliche leges praescitiret undt ad valens affigiret* (StAM 4f Fulda/365: Memorial des Kanzlers Sixtinus über Regierungseinrichtungen, 12. Oktober 1632); von diesen *leges* heißt es an anderer Stelle, daß sie *auch in keinem rechten schwang gewesen* seien (StAM 4f Fulda/340: Statthalter, Kanzler und Räte zu Fulda an Landgraf Wilhelm, 6. November 1632). Wie der Registrator Paul Schmaltz der neuen Regierung mitteilte, hatten Abt Johann Bernhard Schenck zu Schweinsberg und seine Mitarbeiter bei ihrer Flucht solche Ordnungen mit sich genommen (StAM 4f Fulda/365). Durch die aus St. Gallen übergesiedelten bürgerlichen Benediktinermönche, die Johann Bernhards Intentionen zufolge die innerkirchliche Reform im Stift Fulda vorantreiben sollten, hatte der

Der Hofrat fungierte als allgemeine Verwaltungsbehörde und als Justizbehörde (Hofgericht). Ihm oblag die gesamte zentrale Landesverwaltung, soweit sie nicht in den Zuständigkeitsbereich der Finanzbehörden und der im Hof verbliebenen Jagd- und Forstverwaltung fiel oder rein geistliche Angelegenheiten berührte, die seit dem ausgehenden 16. Jahrhundert einem Geistlichen Rats-Kollegium anvertraut waren[91]. Die Beratungen des Hofrates erstreckten sich auf die großen außen- und innenpolitischen Probleme ebenso wie auf unbedeutende Alltagsfragen. Die Breite der Aufgabenstellung setzte einen hohen Informationsgrad und umfassende Rechtskenntnisse der Hofräte voraus. Im einzelnen lassen sich folgende wichtige Tätigkeitsbereiche feststellen:

Eine erste Aufgabe des Hofrates wird in der oben geschilderten Entwicklung der Landesherrschaft und in den Auseinandersetzungen zwischen Landesherren und Rittern über den Umfang und Geltungsbereich der Landesherrschaft bzw. um die Reichsunmit-

---

Fürstabt *die vornehmste brieff undt documenta auss den fuldischen archiuen nemen und in verschiedene große kisten einpacken undt wegführen (lassen), so, wie verlautet, nach S. Gallen bracht sein sollen.* (StAM 4f Fulda/448: [Bruchstückhaftes!] Memorial des Kanzlers Sixtinus vom 11. Juni 1633, Nr. 26.) Den Ausführungen Komps zufolge sind Kirchenschatz, Archiv und andere Wertsachen nach Köln in Sicherheit gebracht worden (Komp, Johann Bernhard, S. 110: »Die Franziskaner am Oelberg, deren Patres den Frauenberg in Fulda erhalten hatten, nahmen sie in Verwahrung und ein Revers wurde ausgestellt«). Fraglos aber sind Stücke auch nach St. Gallen gelangt – aus der Mitte des 18. Jahrhunderts existiert ein »Verzeichnis der in St. Gallen befindlichen Rechnungen und anderen Archivalien der Stifter Hersfeld und Fulda«, das (nur) drei Seiten allerdings hauptsächlich das hersfeldische Material erfaßt (StAM 4f Fulda/297; das Schriftstück ist leider undatiert). Hessischerseits wollte man sich um die Rückführung dieses Aktenmaterials bemühen; dies gelang allerdings nicht – jedenfalls spricht der geringe heute vorhandene Aktenbestand aus dieser Zeit gegen eine geglückte Remission. So dürfte also ein Großteil des Materials, das genauen Aufschluß über den inneren Ablauf der Regierung und Verwaltung des Stifts zu geben vermöchte, bereits in dieser Zeit verlorengegangen sein – und nicht erst im 19. Jahrhundert. (In die Jahre nach der Auflösung des Hochstifts Fulda – abgesehen von der oranischen Periode, in der sogar Archivalien aus den übrigen Besitzungen des Herrschers in Fulda zusammengezogen wurden – fallen nach Meinung des besten Kenners der fuldischen Überlieferung, Archivdirektor a. D. Dr. Hans Philippi, die schwerwiegendsten Verluste an fuldischem Aktenmaterial. Nach seiner Schätzung beträgt der auf die Nachwelt überkommene Bestand »ein Fünftel dessen, was vor 1802 vorhanden gewesen sein muß.« [Philippi, Schicksal, S. 116]). Weitere Verluste erlitt das fuldische Archiv durch die Hessen selbst. Diese brachten nicht nur Reste der schon in vergangenen Jahrhunderten arg reduzierten Bibliothek nach Kassel (s. dazu Komp, Johann Bernhard, S. 111–122), sondern auch Archivalien, die z. T. 1651/52 im Austausch gegen in Fulda befindliche hersfeldische Archivalien zurückerworben wurden (s. StAM 4f Fulda/785, darin: »Verzeichnis der nach Fulda auszuliefernden Akten«). Fürstabt Johann Adolf von Hoheneck sah sich infolge finanzieller Schwierigkeiten nach dem Abzug der Hessen 1634 sogar genötigt, Teile des Archivs für 6000 fl. zu verpfänden (Komp, Johann Bernhard, S. 120). – Angesichts der oben geschilderten, von den Hessen vorgefundenen Verhältnisse einigten sich die neuen Herren darauf, daß die hessische Kanzleiordnung mutatis mutandis auch in Fulda gelten sollte (StAM 4f Fulda/365, 340), was Landgraf Wilhelm durch sein *fiat* absegnete (Randbemerkung in: StAM 4f Fulda/365). Nachdem man die kasselische Kanzleiordnung in einigen Punkten den Erfordernissen des Stifts entsprechend abgeändert hatte, wurde sie in Fulda eingeführt (*So haben wir solche casselische cantzley ordnung übersehen und darinnen etwas weniges geändert und hinzugesetzet, welches wihr dafür gehalten, sich am besten nach dieses ortts beschaffen- und gewohnheit…*: StAM 4f Fulda/340: Statthalter, Kanzler und Räte zu Fulda an Landgraf Wilhelm, 6. November 1632).
91 Zu den Funktionen des Geistlichen Rates s. Thomas, Gerichtsverfassung, §§ 3–5, S. 3–6. Beispiel für eine territoriale Untersuchung: Heyl, Geistlicher Rat; darauf aufbauend: Hopfenmüller.

telbarkeit der Ritterschaft sichtbar: die Durchsetzung und die Wahrung der Landesherrschaft, um derentwillen viele gelehrte Räte überhaupt nur angestellt wurden und die »den Hofrat zu einem unabdingbaren Instrument fürstlicher Herrschaftsansprüche werden ließen«[92]. Die Brisanz dieser Problematik verdeutlichen zahlreiche Streitigkeiten über die hohen Gerechtsame des Landesherrn wie über die niedere Obrigkeit, die im Rahmen einer die allgemeinen Linien herausarbeitenden Untersuchung in ihrem Umfang nur unzureichend erfaßt werden können[93].

Das Schwergewicht der Auseinandersetzungen mit dem einheimischen Adel, gelegentlich auch mit dem Stiftskapitel, lag vor allem auf der niederen Obrigkeit, der Vogtei, die am Ende sogar eine territorialstaatssprengende Kraft bewies. Daß Ausmaß, Form und Zuständigkeit der Vogtei zwischen Landesherrschaft und Ritterschaft so umstritten waren, hing mit den an Grundbesitz gebundenen, Herrschaft konstituierenden Rechten zusammen, die die Ausbildung eines grundherrschaftlichen Personenverbandes ermöglichten; dies waren weniger die grundherrschaftlichen Gefälle[94] als vielmehr die niedere Ordnungsstrafgewalt der Buße und die mittlere Kriminalgerichtsbarkeit des Frevels, die sich an der Wende zum 16. Jahrhundert aufgrund der kaiserlichen Landfriedensbemühungen zugunsten der Grundherren von der Hals- und Hochgerichtsbarkeit gelöst hatten, und die zivile Gerichtsbarkeit sowie die Steuer- und Wehrhoheit und das Verordnungsrecht von Gebot und Verbot[95].

Mit der Ritterschaft und zum Teil auch dem Kapitel umstritten war daneben der Geltungsbereich der Hochgerichtsbarkeit (Zent), die von den Fürsten und ihren Regierungsorganen überall als Mittel zum Ausbau der Landesherrschaft angesehen wurde, aber nicht immer – auch nicht in Fulda – erfolgreich eingesetzt werden konnte, wobei es wiederum von Bedeutung war, daß der Ewige Landfriede von 1495 die landesfürstliche Hochgerichtsbarkeit auf die vier hohen Rügen (Raub, Brandstiftung, Notzucht und Mord) beschränkt und alle anderen Kriminalfälle der vogteilichen, grundherrschaftlichen Gerichtsbarkeit zugewiesen hatte. Nur in Verbindung mit vogteilicher Gerichtsbarkeit war die hohe Gerichtsbarkeit für die fuldischen Landesherren somit von verfassungspolitischer Bedeutung – dennoch lag in dem Versuch der Instrumentalisierung der Hochgerichtsbarkeit für die Landesherrschaft ein wichtiger Bereich der Tätigkeit des fuldischen Hofrates[96].

Wurde der Großteil der Auseinandersetzungen um die Hochgerichtsbarkeit, ebenso wie um den Wildbann, mit der fuldischen Ritterschaft geführt, so waren die gleichfalls als Regal verliehenen hohen Gerechtsame des Zolls und des Geleits vor allem mit benachbarten Reichsständen umstritten[97].

---

92 FOERSTER, Herrschaftsverständis, S. 197.
93 Die im Ersten Kapitel genannten Beispiele stellen nur einen kurzen Ausschnitt dar.
94 Diese sind für Fulda beschrieben bei THOMAS, Sistem, I, §§ 194–212, S. 333–360.
95 S. dazu THOMAS, Gerichtsverfassung, §§ 23, 24, S. 34–42. Allgemein: WILLOWEIT, Gebot und Verbot.
96 S. dazu S. 120–125.
97 Von den zahlreichen, von Räten verhandelten und beigelegten Auseinandersetzungen mit Hessen, Würzburg, Sachsen, Henneberg und Hanau seien nachstehend nur einige wenige aufgeführt. Verhandlungen mit Hessen: 1559 (StAM 90b/1193), 1564 (StAM 90b/1192), 1598 (90b/1208), 1662/1664 (StAM 90b/1272), 1669 (StAM 90b/1197); Unterhandlungen mit Würzburg: 1484 (StAM R Ia, 1484 Febr. 27), 1536 (StAM K 446a [Kindlingeriana, vol. 144], S. 173–179), 1539

Ein zweites großes Aufgabengebiet der Hofräte lag in den Verhandlungen mit den Landständen, wobei einige adlige Räte ein Bindeglied zwischen Regierung und Ständen darstellten. Ein Teil der Hofräte, an der Spitze der Kanzler, nahm als Vertreter und Interessenwalter der landesherrlichen Seite an den Landtagen selbst teil. Sie arbeiteten, in Abstimmung mit dem Landesherrn, die den Ständen vorgetragenen Propositionen aus, sie verhandelten mit den Ständen über deren Bereitschaft, den Propositionen Rechnung zu tragen und den landesherrlichen Vorstellungen zu entsprechen; dabei hielten sie stets Rücksprache mit dem Landesherrn, in dessen unmittelbarer Nähe die Landtagsverhandlungen meist stattfanden [98].

Zu den Aufgaben des Hofrates gehörte auch – soweit sie sich der Fürst nicht selbst vorbehielt – die Pflege der Beziehungen zu den benachbarten Fürsten, den übrigen Reichsständen sowie dem Reichsoberhaupt und sogar der Kurie [99]. Verbindungsleute waren Agenten und ständige Gesandte an den weiter entfernten wichtigen Höfen, so vor allem in Wien; mit den näher gelegenen Herrscherhäusern und ihren Regierungen stand man in fast ständigem schriftlichen Kontakt, der durch Gesandtschaften von Räten im Bedarfsfalle auch mündlich gepflegt wurde [100].

Des weiteren war der Hofrat ermächtigt, die für die Verwaltung des geistlichen Fürstentums erforderlichen Gesetze vorzubereiten – diese ergingen unter landesherrlicher Titulatur [101].

Auch war der Hofrat – bis zur organisatorischen Verselbständigung des Lehnhofs – für das Lehnswesen zuständig. Er konnte Belehnungen vornehmen, soweit Lehen nicht heimgefallen waren und nur mit Wissen des Landesherrn neu vergeben wurden. Er war daneben berechtigt, anstelle des Fürsten den Lehnseid entgegenzunehmen. Neubelehnungen waren jeweils erforderlich nach dem Tod des Lehnsherrn und des Lehnsmannes. Sie wurden nach dem Bedeutungsverlust des Lehnswesens in der Regel nicht mehr öffentlich in Form eines Lehnstages für die Gesamtheit der Lehnsleute vorgenommen, sondern einzeln, wobei die Lehnsleute die in ihrem Besitz befindlichen Lehnsbriefe zum Beweis der Rechtmäßigkeit ihrer Belehnung vorzulegen hatten [102].

Der Hofrat bzw. ein Teil seiner Mitglieder fungierten zudem seit der Zurückdrängung des Manngerichts, in dem die Lehnsleute bestimmend gewesen waren, auch als Lehengericht und entschieden Buß- und Schlichtungsfälle in Lehnsfragen, auch Streitigkeiten über die Neuausgabe heimgefallener Lehen [103]. Daneben bereiteten die Hofräte bei Belastungen, Verpfändungen und Veräußerungen von Lehen durch die Lehnsmannen die erforderliche Zustimmung des Lehnsherrn vor [104].

(StAM 90b/1784), 1557/1561 (StAM 90b/1170, StAM K 444 [Fuldaer Kopiar XX], fol. 30ʳ–34ᵛ), 1561/1562 (StAM 90b/1738, StAM K 444, fol. 35ʳ–39ᵛ), 1571 (StAM K 444, fol. 84ʳ–90ᵛ), 1619 (StAM 90b/259), 1642 (StAM 90b/1627).
98 S. die Liste der fuldischen Landtage (mit den Tagungsorten) S. 184f.
99 Vgl. hierzu die reichhaltige Überlieferung der auswärtigen Angelegenheiten in: StAM 90b.
100 Beispiele hierzu – die sich beliebig vermehren ließen – in Anm. 79.
101 Vgl. z. B. die im Zweiten Kapitel, Anm. 526 genannten Verordnungen.
102 Zur Belehnungspraxis vgl. S. 125–127; HOFMANN, Schannat. Fuldischer Lehnhof.
103 Vgl. z. B. StAM 95/2291, 42: Streitigkeiten über heimgefallene Lehen der von Merlau zu Steinau.
104 S. z. B. StAM 95/2303: Konsensgesuch der von Mörle gen. Böhm zur Beleihung ihrer Lehen zu Sarrod, 1617. Weitere Beispiele finden sich in großer Zahl.

Über die fürstlichen Beamten in den Ämtern und Gerichten, also über Amtleute, Amtsvögte, Zentgrafen und Rentmeister – die beiden letztgenannten Ämter waren allerdings meist in den Funktionen der Amtleute und Amtsvögte aufgegangen –, sowie über die im 16. und 17. Jahrhundert erst vereinzelt angestellten Amts- und Gerichtsschreiber nahm der Hofrat die Aufsicht wahr. Schon bei der Einstellung der Amtsinhaber und bei der Festlegung ihrer Aufgabenbereiche sprach er ein gewichtiges Wort mit[105]. Geachtet wurde auf eine sorgsame, gewissenhafte Amtsführung in bezug auf Finanzen und Justiz; die Untertanen sollten in ihren Rechten ebenso geschützt werden wie die landesherrlichen Rechte unumschränkt zur Anwendung zu bringen waren. Beschwerden und Supliken der Untertanen sollten daher ernst genommen werden[106].

Das Aufsichtsrecht über die landesfürstlichen Ämter und Gerichte hatte nicht nur strenge Kontrolle zur Folge, sondern auch die Wahrnehmung des Rechts, jede bei einem Untergericht anhängige Rechtssache vor das Hofgericht zu ziehen (Evokationsrecht)[107]. Es beinhaltete daneben die rechtliche Beratung der Richter und Schöffen an den Untergerichten[108] – wichtige Verfahrensfragen, auch inhaltliche Entscheidungen dieser Gerichte wurden von den Hofräten dadurch vorgeprägt.

Da die Städte unmittelbar dem Landesherrn unterstanden, erstreckte sich die Zuständigkeit des Hofrates auch auf die städtischen Angelegenheiten. Als verlängerter Arm des Landesfürsten und des Rates diente dabei in erster Linie der von ihnen eingesetzte oberste städtische Beamte, der (Ober)schultheiß. Die Bestätigung der städtischen Bürgermeister und der Ratsmitglieder oblag dem Hofrat ebenso wie die Aufsicht über die städtischen Gerichte, Finanzen und – bis zur Einführung des Geistlichen Rates – auch über die Religion[109].

Als oberste Justizbehörde (Hofgericht) besaß der Hofrat folgende Zuständigkeiten:
– Er führte die rechtlichen Auseinandersetzungen mit den eigenen Landsassen und Untertanen über Hoheits- und Herrschaftsfragen[110].
– Er war Entscheidungsinstanz für alle Kriminalfälle, die von den Blutgerichten der fürstlichen Ämter oder Gerichte, der kapitularischen Propsteiämter, der Städte und der ritterschaftlichen Patrimonialgerichte verhandelt und dann dem Hofrat vorgelegt wurden. Daneben konnte er Prozesse von den Untergerichten an sich ziehen.

An diesen Untergerichten wurde lange nach altem deutschem Recht von Schöffen geurteilt, während sich die als Vertreter des Landes- oder Gerichtsherrn fungierenden Amtsträger mit dem bloßen Gerichtsvorsitz begnügen mußten und auf die Urteilsfindung keinen direkten Einfluß nehmen konnten. Erst im Lauf des 16. und des beginnen-

---

105 Vgl. die von dem Hofrat Dietrich von Ebersberg gen. von Weyhers und dem Kammerschreiber Bastian Kolhus im Namen des Fürstabts am 19. Oktober 1513 vorgenommene Festlegung des Aufgabenbereichs des neu angestellten Hofmeisters im Altenhof Gerlach Kolhus: StAM K 437 (Fuldaer Kopiar XIII), Nr. 215, fol. 92ᵛ–93ᵛ.
106 Vgl. z. B. den Bestallungsbrief für Lukas von Trübenbach als Rat und Amtmann zu Burghaun: StAM K 449a, fol. 18.
107 Beispiele in: StAM Protokolle II Fulda, B 9 (Gerichtsprotokoll des Hofrates, 1543–1558); StAM Protokolle II Fulda, B 10 (Kladde des Hofrates Dr. Georg Hahn, 1597/98).
108 Ebd.
109 Vgl. MAUERSBERG, S. 53–55; s. auch oben S. 280f. mit Anm. 52.
110 S. Anm. 107 sowie StAM K 443 (Fuldaer Kopiar XIX), passim; StAM K 444 (Fuldaer Kopiar XX), passim.

den 17. Jahrhunderts setzten sich auch hier, parallel, römisch-rechtliche Verfahrensformen und gelehrtes Gerichtspersonal durch. Auf diesen Entwicklungsprozeß nahmen die gelehrten Hofräte im Zuge der an sie gerichteten Appellationen von den Urteilen der erstinstanzlichen Gerichte Einfluß. In die gleiche Richtung wirkte auch die seit dem Beginn des 16. Jahrhunderts sich durchsetzende Schriftlichkeit der Gerichtsverfahren[111].
- Er bildete die Erstinstanz für alle Kriminal-, Real- und Personalsachen der Rats- und Kanzleipersonen, auch der Advokaten und Prokuratoren am Hofgericht, der Lokalbeamten, der Mitarbeiter der Finanzbehörden, der Mitglieder des Fuldaer Stadtrates und teilweise auch der Forstbediensteten[112]. Dazu kamen die Rechtssachen des bis 1656 als landsässig geltenden Adels, nach 1656 nur noch der stiftsässigen Familie von Buttlar, Streitsachen zwischen dem Landesherrn und Untertanen, zwischen dem Abt und den Kapitularen und Pröpsten, auch zwischen jenen und ihren Lehns- und Zinsleuten, sofern diese Streitigkeiten privatrechtlichen Charakter hatten. Grundlage der Strafgerichtsbarkeit war die Peinliche Gerichtsordnung (PGO) Kaiser Karls V. aus dem Jahre 1532[113].
- Er war Appellationsinstanz für die vogteilichen Strafgerichtssachen, für zivile und freiwillige Gerichtsbarkeit. Die Untertanen hatten das Recht, gegen alle Urteile der weltlichen (und auch geistlichen) Gerichte des Stifts an den Landesherrn zu appellieren; weltliche Angelegenheiten gelangten so vor das Hofgericht[114].
- Auf Antrag einer Partei übernahmen die Hofräte die Durchführung von Vergleichsverhandlungen bei zivilen Rechtsstreitigkeiten von Untertanen – Vergleichstermine der Regierung waren eine häufige Erscheinung; bei vornehmen Parteien wurden sie unter Mitwirkung von (jeweils zwei) Deputierten des Adels oder des Kapitels durchgeführt[115].
Detaillierte Ordnungen schrieben das genaue Verfahren bei der Vorbereitung und Durchführung rechtlicher Entscheidungsprozesse vor – sie haben sich häufiger als Kanzleiordnungen erhalten[116].
Die Verantwortung wurde von allen Räten gemeinsam getragen – es herrschte das Kollegialsystem, mit dem unbestreitbaren »Vorteil, daß Beschlüsse nur im Anschluß an Diskussionen gefaßt und daß dabei vielerlei Gesichtspunkte beleuchtet..., willkürliche Entscheidungen erschwert wurden und sichergestellt war, daß alle Amtsgeschäfte unter

---

111 Ebd. Zur Urteilspraxis an den fuldischen Untergerichten und zum Einfluß der Zentralregierung s. STÖLZEL, I, S. 510–514, 559–570, 591–594; II, S. 172f., 191–196. Die Appellation, ursprünglich ein kanonisches Rechtsmittel, hatte sich in Fulda seit der zweiten Hälfte des 15. Jahrhunderts auch in weltlichen Verfahren durchgesetzt (STÖLZEL, I, S. 169–171).
112 Für die höheren Chargen der Forstverwaltung war das Forstamt, für alle Angehörigen des Hofes als Hofmarschallamt als besondere Gerichtsstelle zuständig. S. THOMAS, Gerichtsverfassung, § 49, S. 89–92; § 52, S. 96–104.
113 Vgl. THOMAS, Gerichtsverfassung, § 48, S. 87–89; § 97, S. 187–189.
114 S. Anm. 110.
115 Ebd.
116 S. z. B. die Justizverordnung vom 5. September 1524: StAM 97c/541 (Kop.); StAF XXI, B 1 (1350–1586) [Kop.]. Die Praxis des 18. Jahrhunderts ist von Hofrat Eugen THOMAS ausführlich und systematisch dargestellt worden; DERS. Gerichtsverfassung, §§ 87–143, S. 173–237; DERS., Sistem, III, §§ 593–596, S. 190–194.

scharfer Kontrolle blieben«. Dem standen allerdings auch unübersehbare Nachteile gegenüber: »rasche Entscheidungen waren unmöglich, Nebensächlichkeiten verschlangen unverhältnismäßig viel Zeit, und der einzelne konnte nicht zur Rechenschaft gezogen werden«[117].

Alle Räte besaßen gleiches Stimm- und Vortragsrecht; dennoch hatte der Kanzler als Erstabstimmender die Möglichkeit, Meinungen vorzustrukturieren, obwohl Beeinflussungen und Bestechungen natürlich strikt untersagt waren. Die Entscheidungen selbst sollten möglichst einheitlich, ansonsten aber nach einfacher Mehrheit fallen. In unentschiedenen Fällen gab der Landesherr selbst, dem alle wichtigen Angelegenheiten im Anschluß an die Ratssitzungen vorgetragen werden mußten, den Ausschlag. Gerichtliche Angelegenheiten wurden in der Regel zweimal wöchentlich im Hofrat verhandelt. Die Sitzungsdauer des Hofrates betrug normalerweise fünf Stunden täglich[118].

B. DIE GEHEIME SPHÄRE

1. Das Kammersekretariat

Die Ausformung von festen, regelmäßig tagenden Behörden (wie dem Hofrat) zu Beginn der Frühen Neuzeit wurde dadurch möglich, daß der Herrscher im Zuge der sich häufenden Aufgaben diesem Personenkreis bestimmte Geschäfte nicht nur zur Beratung zuwies, sondern sie im Falle seiner Abwesenheit oder auch ganz ihrer Entscheidung überließ. Doch behielt er sich gewisse Angelegenheiten selbst vor. Nach der Theorie vom »persönlichen Regiment« des Fürsten, entwickelt von Gerhard Oestreich und Werner Ohnesorge[119], führte dies zur strengen Scheidung von »geheimer« und »gemeiner« Sphäre – eine Theorie, die in ihrer zugespitzten Form der Differenzierung bedarf: die Grenzen waren vielmehr fließend.

Neben der Ratsstube stand das Gemach des Fürsten, neben der Kanzlei das fürstliche Spezialbüro, die Kammer, die von der gleichnamigen Finanzbehörde zu unterscheiden ist. Unterstützt von seinem Kammersekretär (oder Kammerschreiber) bildete der Fürst die übergeordnete Instanz für das Gremium der Hofräte.

Auch in Fulda haben sich die Fürstäbte – temporär – ein Kammersekretariat eingerichtet. Die erste Nachricht über diese Kammer bezieht sich auf einen Kammer-

---

117 Albrow, S. 28. Vor- und Nachteile des Kollegialprinzips wurden auch in den zeitgenössischen Fürstenspiegeln hervorgehoben, so z. B. von dem kursächsischen Kanzler Melchior von Osse in seinem »Testament gegen Hertzog Augusto Churfürst zu Sachsen« von 1556 (s. dazu Muth, Melchior von Osse) oder von dem gottorfischen Rat Andreas Cramer im »Politischen Bedenken« von 1660 (s. dazu Polley, Gottorfische Verwaltungserfahrung). Weitere Beispiele aus der preußischen Verwaltungsgeschichte bei Hattenhauer, S. 94, 138, 202.
118 Vgl. StAM Protokolle II Fulda, B 10: Protokoll der Regierung zu Fulda. Kladde des Rates Dr. Georg Hahn, 1597/98.
119 Oestreich, Persönliches Regiment; Ohnesorge, Geheime Kammerkanzlei; Ders., Verwaltungsreform; Ders., Fürst und Verwaltung. Die Ausbildung einer geheimen Sphäre, die allerdings nicht vollständig von der gemeinen Sphäre losgelöst war und weltlichen wie geistlichen Fürsten zur Wahrnehmung eines persönlichen Regimentes mit Hilfe von Kammersekretären, Kammerräten oder auch Geheimen Räten diente, läßt sich für viele Territorien nachweisen.

schreiber, von dem lediglich Name und Position, wenig aber über die damit verbundenen Aufgaben zu ermitteln ist, nur daß er in Vertretung des Fürstabts 1513 an der Festlegung des Aufgabenbereichs eines untergeordneten, primär für wirtschaftliche Belange verantwortlichen Bediensteten beteiligt war[120]. Da die Finanzverwaltung in Fulda in dieser Zeit in den Händen des Küchenmeisters lag, ist unter der Bezeichnung »Kammer«, mit Sicherheit das Gemach des Fürstabts, seine persönliche Sphäre, zu verstehen; der Kammerschreiber ist dann eine Schreibkraft des Fürstabts, die auch zu anderen Aufgaben herangezogen werden konnte.

An die Einrichtung des Kammerschreibers knüpfte das Kammersekretariat an, von dem rund dreißig Jahre später erstmals die Rede ist. Am 22. Februar 1542 ernannte Fürstabt Philipp Schenck zu Schweinsberg Adolarius von Otthera, den Sohn seines Kanzlers Dr. Johann von Otthera, zum *rath und cammersecretarius*[121]. Doch werden in der Bestallung mehr die Aufgaben eines Rates und – im Grunde genommen – Kanzleisekretärs erläutert, als die speziellen Funktionen eines Kammersekretärs, wenn es heißt, daß er auf Erfordern erscheinen, seinen Rat abgeben, seinem Vater *im concipirn aller und jeder handlung, so teglich ereigen und zutragen, unwegerlich behulflich sein, und so vonnotten, derselbigen concepta eins oder mehr, selbst mundiren und abschreiben* soll. Von den normalen Hofrats-Bestallungen jener Zeit unterschied sich die Bestallung Ottheras durch einen kleinen Zusatz: Die Hofräte sollten dem Fürstabt und dem Stift, der Kammersekretär der *herrschaft zu gutem ... rathen*[122]. Damit waren vermutlich in erster Linie Reichs-, Kreis- und auch Finanzsachen gemeint, also diejenigen Angelegenheiten, die später dem Geheimen Rat zur Beratung und Entscheidungshilfe zugeteilt wurden.

Das Kammersekretariat war demnach auch in Fulda ein kleines persönliches Schreibbüro des Fürstabts, angelehnt an die Kanzlei, verbunden mit einer nicht zu unterschätzenden Möglichkeit der Einflußnahme auf den Herrscher – Kern einer kollegialischen Behörde ist es jedoch nicht geworden. Für Adolarius von Otthera, der durch Tod schon frühzeitig aus dem Amt ausschied, ist kein unmittelbarer Nachfolger bekannt. Dies kann auf Überlieferungslücken zurückzuführen sein, möglicherweise aber auch darauf, daß das Kammersekretariat zeitweilig unbesetzt blieb und die Aufgaben von Kanzleisekretären mitversehen wurden, die jeweils abgeordnet wurden. Hier zeigt sich, daß die Grenzen zwischen Hofrat, Kanzlei und Kammer des Fürsten fließend waren.

Erst für die Regierungszeiten Balthasars von Dernbach (1570–1576, 1602–1606) und für sein 26 Jahre währendes Exil auf Schloß Bieberstein sind wieder Kammersekretäre bezeugt[123]. Die Einrichtung oder vielmehr Beibehaltung des Kammersekretariats in der

---

120 1513, Okt. 19, legten der Rat und Amtmann zu Haselstein Dietrich von Ebersberg gen. von Weyhers und der Kammerschreiber Bastian Kolhus im Namen des Fürstabts den Aufgabenbereich des neubestellten Hofmeisters im Altenhof Gerlach Kolhus fest. S. StAM K 437 (Fuldaer Kopiar XIII), Nr. 215, fol. 92ᵛ–93ᵛ.
121 StAM 90a/201 (Kop.).
122 Ebd.
123 Andreas Förster ist als Sekretär und später als Vogt auf dem Petersberg für die Zeit von 1571 bis 1589 nachweisbar. Er wird 1576, Juli 7 als *fürstlicher chamer secretario* angeschrieben (StAM 90b/499, fol. 6ᵛ); auch sonst weisen die von ihm aus der Zeit vor der Absetzung Balthasars überlieferten Handlungen (1571, März 23: Verhör verschiedener Untertanen aus Freiensteinau in Fulda bezüglich der von den Riedesel dort eingenommenen Erbhuldigungen [StAM 91/952], Durchforstung des

»Exilregierung« Balthasars auf Bieberstein ist leicht erklärbar. Balthasar standen zur Rückgewinnung der Herrschaftsausübung über das ganze Territorium nur einige ehemalige Hofräte und eben seine Kammerbediensteten, kein offizieller Regierungsapparat, zur Verfügung.

In Fulda selbst hingegen konnte sich während der würzburgischen Besetzung und der Administration durch den Deutschmeister natürlich keine geheime Sphäre behaupten, weil die fürstliche Spitze fehlte, weil die wichtigsten Entscheidungen in Würzburg bzw. Mergentheim getroffen wurden und die verordnete Regierung in Fulda in Abhängigkeit gehalten werden sollte. Allerdings hatte der Verselbständigungsschub, den der Hofrat in dieser Zeit dennoch erfuhr, unmittelbare Rückwirkungen auf den Ausbau der Kammer.

Als Fürstabt Balthasar durch kaiserlichen Spruch wieder in seine Herrschaft eingesetzt worden war, behielt er das Kammersekretariat bei[124], um mit dessen Hilfe seine Position gegenüber dem Hofrat zu stärken. Aus der zweiten Regierungsperiode Balthasars erfährt man auch, daß dem Kammersekretär, zumindest in Teilbereichen, die Kontrolle der Rechnungsführung des Küchenmeisters, des wichtigsten fürstlichen Finanzbeamten, zufiel[125]. Fürstabt Johann Friedrich von Schwalbach (1606–1622) erhöhte die Bedeutung des Amtes dadurch, daß er einen Adligen berief[126].

Seinen Höhepunkt und Abschluß erreichte das Kammersekretariat Mitte des 17. Jahrhunderts in der Person des Markus Stendorff. Dieser wird zwar in den Quellen meist nur als Kammerschreiber (1640–1656) bezeichnet – eine Funktion, die 1629 bis 1632 auch Johann Ernst Stumpf zugeschrieben wird. Er wie Stendorff – letzterer unbedingt – gehören jedoch in die Reihe der Kammersekretäre. Ihre Tätigkeit blieb nicht auf bloße

---

Fuldaer Archivs nach Unterlagen für verschiedene Verpfändungen [StAM 90b/851, fol. 291, s. auch SCHAFFRATH, Balthasar, S. 114]) auf eine Tätigkeit in der geheimen Sphäre hin – sie betreffen unmittelbar die Wahrnehmung von Herrschaftsrechten. Auch Georg Pfaff wird nur einmal direkt als »Kammersekretär« bezeichnet (1577, Okt. 4 [StAM 90a/215]), doch seine nach 1576 aktenkundig niederschlagende Tätigkeit zeigt ihn eindeutig in dieser Funktion. Er reiste als Balthasars Abgesandter zum Reichstag 1576 nach Regensburg (StAM/90b/499), er war 1579 Balthasars Vertreter bei den von Nuntius Castagna geleiteten Vermittlungsunterhandlungen mit Bischof Julius von Würzburg (KRASENBRINK, S. 232), und er wurde im Jahre 1600 am Kaiserhof in Prag vorstellig (StAM 90b/523). Nicht ungefähr wurde er auch zum Rat befördert.
124 Jetzt fungierte Johann Geyder als Kammersekretär. Als solcher wird er ausdrücklich zweimal bezeichnet (StAM 92/446, fol. 1 f.: Schreiben des Christoph Kelner aus Frankfurt/Main wegen der Pfarrstelle in Dietershausen; StAM 94/153, fol. 4ᵛ: Eingabe von Mitgliedern der Gemeinde Steens mit der Bitte um Umwandlung ihrer Fruchtzinsen in eine Geldabgabe). Mehrfach allerdings wird er nur als »Sekretär« bezeichnet.
125 Vgl. die Anweisung Balthasars für den Küchenmeister vom 9. Juli 1605, über die vom Abt erkauften adligen wie unadligen Güter und deren Einkünfte eine genaue Rechnung zu führen *(ein sonderlich register zu halten)*; diese Einkünfte sollten zusammen mit Judenschutzgeldern zur Aufbringung der Baukosten für die instandzusetzenden Bauten und Häuser aufgewendet werden. Die Rechnungen waren dem Kammersekretär und Gegenschreiber zur Kontrolle vorzulegen! (StAM K 441 [Fuldaer Kopiar XVII], fol. 165ʳ–166ᵛ.)
126 Es handelte sich um Jost von Calenberg, den Angehörigen eines alten Geschlechts im hessisch-westfälischen Grenzgebiet, der das Amt neben seiner Stellung als Rat 1606–1613 bekleidete, im letztgenannten Jahr zum Vizekanzler aufstieg und 1613, Jan. 20 bereits als »Geheimer Rat« bezeichnet wird – 60 Jahre vor der Institutionalisierung des Geheimen Rats-Kollegiums. Später wurde das Kammersekretariat wieder von Bürgerlichen ausgeübt: Ob Mag. Lukas Hopf, den Calenberg als Vizekanzler nachfolgte, anfangs auch Kammersekretär war, entzieht sich der Kenntnis. Auf alle Fälle aber ist Dr. Adam Wiegand 1620–1626, möglicherweise auch schon vor 1620, in dieser Position nachweisbar.

Schreibdienste beschränkt. Stendorff war das Sprachrohr vor allem des Fürstabts Hermann Georg von Neuhoff (1635–1644), der sich häufig nicht in der Residenzstadt, sondern mit einem Teil des in dieser Zeit nicht sehr großen Hofstaates im Schloß Neuhof aufhielt. Hier war Stendorff immer in seiner Nähe, genoß das unbedingte Vertrauen des Fürsten, beriet ihn in allen Angelegenheiten, übermittelte Anschauungen und Anweisungen an den in Fulda weilenden Kanzler[127]. Man kann wohl sagen, daß Kammerschreiber Stendorff der einflußreichste Berater Fürstabt Hermann Georgs gewesen ist, manchmal erscheint es sogar, als ob er diesen gelenkt habe. Jedenfalls ist sein Einfluß signifikanter als der des Kanzlers Johann Georg Schallhart. Daß Stendorff unter Fürstabt Joachim von Gravenegg (1644–1670) diese beherrschende Stellung, zumindest während langer Jahre, behaupten konnte, ist offenkundig, obgleich sich der neue Mann an der Spitze des Territoriums auch mit neuen Beratern umgab. Nach wie vor übte Stendorff wichtige Tätigkeiten aus, die ein nicht geringes Vertrauen des Fürstabts in seine Fähigkeiten verraten[128].

Markus Stendorff war übrigens für alle im Stift Fulda Einfluß ausübenden Gruppen eine wichtige Bezugs- und Mittlerperson. In fürstlichen Diensten stieg er später auf bis zum Kammerrat – nun für Finanzen zuständig. Für das Stiftskapitel arbeitete er als Syndikus und als bestellter Verwalter der Propstei Michaelsberg. Der Stadt Fulda stellte er sich als Ratsherr, Stadtschreiber und Unterschultheiß zur Verfügung; in letzterer Funktion versah er 1671 bis 1673 auch das Amt des Oberschultheißen mit, der die Interessen des Fürstabts im Stadtrat zur Geltung zu bringen hatte. Am auffälligsten verkörperte er die vielfältigen wechselseitigen Beziehungen zwischen dem Fürstabt und den Ständen – eine Persönlichkeit solchen Zuschnitts mußte aus dem Kammersekretariat ein Instrument der Einflußnahme machen. Denn bei keiner anderen Institution hing es so sehr von der Persönlichkeit des einzelnen ab, ob hier bloße Zulieferdienste geleistet wurden oder aber die Möglichkeiten des Amtes zu beherrschender politischer Einflußnahme gesteigert wurden.

Mit dem Ende der Ära Stendorff, mit seinem Wechsel in die Finanzverwaltung und seiner stärkeren Verankerung in städtischen Diensten, endete auch die Institution des Kammersekretärs. Unter Fürstabt Bernhard Gustav von Baden (1671–1677) wurde 1674 der bisher von dem Abt und einer Person ausgefüllte und verkörperte geheime Bereich personell erweitert. In das nun geschaffene Gremium des Geheimen Rates aber wurden nicht Personen aus dem Bereich der Kammer berufen, sondern Mitglieder des Hofrates.

Insgesamt war mit dem Kammersekretariat ein direktes Instrument der Einflußnahme auf die Regierungsgeschäfte neben der Institution des Hofrates gegeben. Vor einer Überschätzung der Kammer ist allerdings zu warnen. Kaum ein Kammersekretär (-schreiber) erreichte auch nur annähernd die Bedeutung eines Markus Stendorff. Fast immer erwiesen sich die Kanzler als so stark, daß sie die geheime Sphäre größtenteils mit

127 S. dazu vor allem StAM 90b/503. Die hier gesammelten Korrespondenzen betreffen in erster Linie die Koadjutorfrage und die Person des dazu postulierten Johann Salentin von Sintzig (vgl. dazu PHILIPPI, Sintzig, der dieses Material für seine Ausführungen auch herangezogen hat; Philippi bezeichnet Stendorff als »Kammersekretär«).
128 So war er z. B. 1652 als Abgesandter in Frankfurt/Main und Würzburg in der Frage der ritterschaftlichen Exemtion tätig (s. StAM Rechnungen II Fulda, 189, S. 69, 72). Allerdings war er an den entscheidenden Verhandlungen des Jahres 1656 in Würzburg nicht beteiligt.

abdecken konnten; das Kammersekretariat mußte unter einflußreichen Kanzlern ver-
kümmern, bot aber auf der anderen Seite fähigen und bzw. oder ehrgeizigen Kammersekretären einen Ausgangspunkt für die Mitgestaltung der Regierungspolitik.

2. Geheimer Rat, Geheime Konferenz und Regierung aus dem Kabinett

Die Frage nach der Genesis der Geheimen Rats-Kollegien hat die behördengeschichtliche Forschung lange beschäftigt und ihr Erkenntnisinteresse allzu ausschließlich
bestimmt – leider auch oft zu nicht haltbaren Verallgemeinerungen geführt. Nach
herrschender Auffassung gibt es zwei Typen der Entstehung des Geheimen Rates: einmal
die Abspaltung aus dem Hofrat, die Teilung der alten Hofratsfunktionen in solche des
Geheimen Rates und solche des diesem nunmehr untergeordneten Hofrates, zum
anderen die Entwicklung aus dem Kammersekretariat, der unmittelbaren persönlichen
Umgebung des Fürsten[129]. Hinter der Installierung eines Geheimen Rates stand
demnach die Absicht eines Herrschers, entweder bestimmte, besonders wichtige
Staatsangelegenheiten aus der Verantwortung des Hofrates herauszulösen und von
einem kleinen Kreis diskret und unter weitestgehender Geheimhaltung behandeln zu
lassen oder den bisherigen engsten Beraterkreis aus seiner Kammer zu kollegialisieren, in

---

[129] Die These von der Entstehung des Geheimen Rates aus dem Hofrat wurde zuerst von
ROSENTHAL (Behördenorganisation, S. 69; für Bayern: Geschichte, I, S. 539), SCHMOLLER (Behördenorganisation) und HINTZE (Hof- und Landesverwaltung; Ratsstube) entwickelt. Nachdem als
erster KÜCH 1904 (Politisches Archiv, I, Einleitung, S. XIX) auf die Bedeutung des Kammersekretariats hingewiesen hatte, gelang es Klinkenborg – in Auseinandersetzung mit Hintze – den Nachweis
zu erbringen, daß die Einrichtung des Geheimen Rates in Brandenburg auf die Kammer des Fürsten
zurückzuführen ist: Der Herrscher zog sich aus Hofrat und Kanzlei mit einigen Vertrauten in seine
Kammer zurück und ließ in diesem Kreis die wichtigsten Staatsgeschäfte vorbereiten und
behandeln. Das Kammersekretariat, das sich von der Hofratskanzlei abspaltete, fungierte dabei als
Mittler zwischen dem Fürsten und den übrigen Behörden (KLINKENBORG, Ratsstube; Kammer).
OESTREICH hat die von Klinkenborg als Besonderheit in Brandenburg herausgestellten Tendenzen
verallgemeinert und erklärt, daß die dortige Entwicklung »die allgemeine in den deutschen
Territorien gewesen ist« (Persönliches Regiment, S. 220; s. auch DERS., Geheimer Rat). Diese
Annahme Oestreichs ist dann durch die Untersuchungen OHNESORGES über die Behördenentwicklung im albertinischen Sachsen und in den braunschweigischen Fürstentümern Celle und Wolfenbüttel gestützt worden (DERS., Kammerkanzlei; Verwaltungsreform; Fürst und Verwaltung).
Doch haben Oestreich und Ohnesorge allzu bedenkenlos generalisiert. DÜLFER hat 1956 in einer
zusammenfassenden Studie über die »Organisation des fürstlichen Regierungssystems in der
obersten Zentralsphäre« des 17. und 18. Jahrhunderts gezeigt, daß der Geheime Rat in den
einzelnen deutschen Territorien auf sehr unterschiedliche Ursachen und Wurzeln zurückgeht.
Mehrere Untersuchungen belegen die Richtigkeit dieser Aussage: Die Entstehung des Geheimen
Rates aus dem Hofrat läßt sich u. a. in Württemberg (KOTHE, S. 64; BERNHARDT, S. 11–13), in der
Kurpfalz (PRESS, Calvinismus, S. 46), in Kursachsen (MUTH, Melchior von Osse, S. 134–175) und in
Würzburg (REUSCHLING, S. 126–133) beobachten. Nachzuweisen ist die Entwicklung aus der
Kammer u. a. auch in Hessen (DÜLFER, Fürst und Verwaltung; BECKER, Geheimer Rat), in
Brandenburg-Ansbach (FOERSTER, Herrschaftsverständnis, S. 206–231) und in Holstein-Gottorp
(KELLENBENZ). Beide Formen der Entstehung des Geheimen Rates zeigen sich auf engstem Raum
im ernestinischen Thüringen, in Coburg, Weimar und in Gotha (HESS, Geheimer Rat). Insgesamt
scheint die Kammer vorwiegend in den norddeutschen Territorien Instrument des persönlichen
Regiments des Fürsten und Vorläufer des Geheimen Rates gewesen zu sein, für den süddeutschen
Raum überwiegt die Kollegialisierung von Hofräten und Hofbeamten zum Geheimen Rat.

einem festen, möglicherweise etwas erweiterten Gremium zu verankern und dessen Beratungen einen formalen Rahmen zu geben. Beide Formen erwuchsen auf dem Hintergrund zweier Tendenzen in der Behördenentwicklung: dem Bestreben der Fürsten, die oberste Leitung der Regierungsgeschäfte in ihren Händen zu behalten und sich bestimmte Arbeitsgebiete zu reservieren, und dem deutlichen Anstieg des Umfangs der Verwaltungsgeschäfte.

Für Fulda ist, wie von Maximilian Lanzinner jüngst auch für Bayern gezeigt, die Vermischung beider Formen anzunehmen. Man wird die Entstehung des Geheimen Rates hier nicht als Ausbruch aus dem Hofrat zu interpretieren haben, sondern eher als »die institutionelle Verfestigung des persönlichen Regiments des Landesherrn«, so verhältnismäßig bescheiden auch die geheime Sphäre ausgeprägt war. Der Geheime Rat »übernahm nicht Aufgaben des Hofrates, sondern versah die Bereiche der fürstlichen ›Kammer-Politik‹«. Allerdings ist nicht die Kammer des Fürsten als »Kristallisationskern des Geheimen Rates« anzusehen, sondern es sind »durch Herkunft und Ausbildung besonders qualifizierte Persönlichkeiten des Rats- und Hofdienstes«, einschließlich der Finanzverwaltung [130].

Einzelne Personen mit dem Titel eines Geheimen Rates gab es in fuldischen Diensten seit dem Anfang des 17. Jahrhunderts. Doch bedeutete es jeweils eine besondere persönliche Auszeichnung und Hervorhebung, wenn Fürstäbte – in Wahrnehmung eines persönlichen Regiments – mit diesen Personen, nicht nur mit ihren Kammersekretären, bestimmte »geheime« Gegenstände berieten; ein Geheimes Rats-Kollegium existierte bis zur Regierungszeit Fürstabt Bernhard Gustavs von Baden nicht. Aus den Funktionen, die die in der ersten Hälfte des 17. Jahrhunderts genannten Geheimen Räte zusätzlich bekleideten, läßt sich für den späteren Geheimen Rat weder eine ausschließliche Entwicklung aus dem Hofrat noch aus dem Kammersekretariat ableiten [131].

Erst in einem Schreiben vom 21. März 1673 an die *Hochfürstlich Fuldische wohlverordnete hern geheime- undt hoffräthe* [132] und vor allem in der Kanzleiordnung vom 10. November 1674 [133] ist die Rede von einem eigenständigen Gremium Geheimer Räte. Dem Staats- oder Geheimen Rat wurden in dieser Ordnung *die jenige geschefften und sachen, so Unsers stiffts estats-, reichs- undt andtere publica betr.*, zugewiesen. Diese Angelegenheiten sollten ohne des Fürstabts ausdrücklichen Befehl auf der Kanzlei – und das bedeutet: im Hofrat – nicht behandelt werden, sondern nur in seiner Gegenwart und in kleinem Kreis. Hierfür wurde ein bestimmter Wochentag angesetzt – in der Ordnung ist an dieser Stelle eine Lücke gelassen –, bei Notwendigkeit konnte dieser Termin durch andere ergänzt werden. Beraten werden sollten die geheimen Sachen durch den Fürstabt,

130 LANZINNER, S. 108–126, Zitat: S. 114.
131 Dr. Gottfried Antonius redet in einem Brief vom 20. Januar 1613 Jost von Calenberg an als *fuldischen geheimen rath und cammersecretarien* (StAM 90b/1332). Hieraus ist noch keineswegs – die Richtigkeit der Anrede einmal unterstellt – auf das Kammersekretariat als Wurzel und Kristallisationskern des Geheimen Rates zu schließen. Die von Fürstabt Johann Friedrich von Schwalbach 1619 als *Unßere geheimen räthe* bezeichneten Personen (StAM 91/930) übten daneben gänzlich andere Funktionen aus: Gernandt Philipp von Schwalbach war zu diesem Zeitpunkt noch Marschall, Oberschultheiß zu Fulda, Amtmann zu Steinau an der Haune, Dr. Adam Wiegand hingegen Syndikus des Kapitels und Kammersekretär. Der seit 1640 als Geheimer Rat bezeichnete Johann Georg Schallhart war hauptberuflich Kanzler.
132 StAM 90b/1948.
133 StAM 97c/541 (Kop.).

den Präsidenten der geistlichen und weltlichen Räte (auch Kanzleipräsident genannt) und den Kanzler, evtl. *auch einen jedesmahl würcklich darzu beruffenen* (Hof- oder Kammerrat oder eine andere Person). Von einem eigens aus der Kanzlei abgeordneten und speziell für diese Aufgaben vereidigten Sekretär sollten die Beratungen *ordentlich annotirt und protocollirt* werden.

Im einzelnen gehörten zur Beratung vor dieses Gremium: die den Fürstabt als Reichsstand und Mitglied des Oberrheinischen Kreises berührenden Angelegenheiten, einschließlich der bei Reichs-, Kreis- und Deputationstagen zu erbringenden Leistungen, auch Entsendungen zu Bündnisverhandlungen und zur Beilegung von Irrungen mit benachbarten Fürsten und Ständen, Friedens- und Kriegsangelegenheiten ganz allgemein sowie die anderen aus der Landeshoheit herfließenden Rechte und zuletzt alles, was der Wahrung und Erhöhung der Kammereinnahmen dienlich war[134].

Standen solche Gegenstände im Hofrat oder in der Kammer zur Beratung an, so sollten der Kanzler (Vizekanzler)[135] bzw. der Kammerverwalter mit dem Präsidenten[136] Einzelheiten über die Weiterleitung an das Geheime Rats-Kollegium besprechen, die notwendigen Unterlagen zusammenstellen und diese dem Fürstabt und den Geheimen Räten unterbreiten. Handelte es sich um Angelegenheiten, die keinen Aufschub duldeten, so sollten diese gleich dem Abt vorgetragen und nach dessen Entscheidung zur Expedition gebracht werden. Ansonsten sollten diese am Tage vor der Behandlung im Geheimen Rat zusammengestellt, am Ratstag selbst aber mündlich oder schriftlich referiert werden.

Für den Fall seiner Abwesenheit wollte der Fürstabt jeweils eine besondere Anordnung erlassen, wie die Staats- und geheimen Sachen behandelt oder an ihn überbracht werden könnten. In diesem »Staatsrat« sollte jedesmal mindestens ein Kapitular, in ganz wichtigen Fällen sogar deren drei vertreten sein, was eine Anbindung des Geheimen Rates an das Kapitel bedeutete.

Deutlich ist, daß es sich bei der Zuständigkeit des Geheimen Rates um Angelegenheiten handelte, die in früheren Zeiten der Fürst größtenteils sich selbst bzw. seiner Kammer vorbehalten hatte. Der Geheime Rat ist aus der Kammersphäre erwachsen. Die Initiative zur Einrichtung ging eindeutig von Fürstabt Bernhard Gustav aus, den dazu neben dem Wunsch der institutionellen Verfestigung des eigenen Einflusses auf die Regierungsgeschäfte mittels besonders vertrauter Personen Prestige-Gesichtspunkte bestimmt haben dürften, die auf dem Hintergrund seiner bedeutenden reichspolitischen

---

134 Über die Aufgaben eines Geheimen Rates informieren die Texte der Eidesleistungen nur in groben Umrissen. Zuständigkeitsbereiche waren ganz allgemein die Belange der Hoheit, der Ehre und der Regalien, das Regiment in geistlichen und weltlichen Angelegenheiten, die Abfassung und Erhaltung *guter policey in allen ständen.* Zu diesen Bereichen sollten die Geheimen Räte ihren Rat mit Anführung ihrer Beweggründe abgeben. Vgl. den Eid der Geheimen Räte General und Oberjägermeister von Buttlar, Oberamtmann von Boyneburg, Obermarschall von Clodh, Kanzler von Schildeck, Oberstallmeister von Hattstein und Kammerpräsident von Langenschwarz vom 17. Februar 1721 (StAM Protokolle II Fulda, B 1, Bd. 1, fol. 3ᵛ–6ʳ).
135 Der Vizekanzler wurde in dieser Ordnung dadurch aufgewertet, daß das Kanzleramt in dieser Zeit unbesetzt war – der Reichshofrat Johann Werner von Plittersdorff fungierte als Kanzleipräsident – und ihm die Aufgaben eines Kanzlers zukamen. S. dazu auch S. 283, 323 f.
136 Das Präsidentenamt war auf Johann Werner von Plittersdorff zugeschnitten und entsprach dessen Bedürfnis nach praktischer Einflußnahme. Spätere Präsidenten aus den Reihen des Kapitels handhabten dieses Amt mit mehr Zurückhaltung. S. dazu auch S. 323 f.

Aktivitäten verständlich werden. Von einer Mitwirkung oder gar einem Drängen des Stiftskapitels, des damals einzigen maßgebenden Vertreters der Landstände, ist keine Rede. Dessen Einfluß in diesem Gremium wurde allerdings für den Fall der Abwesenheit des Fürstabts in bemerkenswerter Weise verankert. Wie im ernestinischen Thüringen ist die Einrichtung des Geheimen Rates weder auf ständische Einflußnahme zurückzuführen noch beabsichtigte sie deren Unterdrückung[137].

Der Geheime Rat in Fulda war, wie alle Behörden der Frühen Neuzeit, als beratendes Gremium konzipiert – er bildete eine Art Staatsrat (so lautete ja auch seine Alternativbezeichnung). Er fällte zunächst keine selbständigen Entscheidungen, sondern bereitete durch die Stellungnahmen seiner Mitglieder die Entschließungen des Fürstabtes vor. Er leistete zwar Entscheidungshilfe innerhalb genau bestimmter Sachbereiche, stand im Grunde aber auf der gleichen Ebene wie der Hofrat (und auch der Kammerrat), war nicht etwa diesen als Entscheidungsinstanz übergeordnet. Als persönliche Beratergruppe des Fürstabts fungierte der Geheime Rat von Fall zu Fall – eine administrative Konstruktion, welche starken Herrscherpersönlichkeiten auf dem Abtsstuhl (wie beispielsweise Bernhard Gustav von Baden, Placidus von Droste oder Konstantin von Buttlar) zur Verstärkung ihres eigenen Einflusses auf die Regierungsgeschäfte diente. Der Geheime Rat war eine lockere Personengruppe, die letztlich nur durch die Zentralfigur des Fürstabts verklammert war – als selbständiges, verantwortliches Kollegialorgan kann er nicht angesehen werden. Der Geheime Rat in Fulda entsprach somit mehr den Maßstäben, die Veit Ludwig von Seckendorff 1656 an die Behördenorganisation kleinerer Fürstentümer angelegt hatte, indem er einen Geheimen Rat – aus finanziellen Erwägungen – für ein Vorrecht größerer Territorien hielt und den Räten überhaupt, auch Hof- und Kammerräten, nur beratende Funktionen zuwies[138], – wobei die Entwicklung in Fulda in bezug auf den Hofrat und den Kammerrat doch von Seckendorffs Vorstellungen abwich, weil beide Institutionen in einem vorgegebenen Rahmen eigene Entscheidungen zu treffen vermochten.

Zeitlich lag die Einrichtung des Geheimen Rates in Fulda im Vergleich zu anderen geistlichen wie weltlichen Fürstentümern sehr spät[139]. Auch konnte er seine größte Wirksamkeit erst geraume Zeit nach seiner Einrichtung entfalten, so daß sich die Geheimen Räte von den Hofräten über weite Strecken mehr durch ihren Titel als durch ihre Funktionen abhoben. »Ein allen anderen Institutionen im Fürstentum hierarchisch übergeordnetes Legislativ-, Exekutiv- und Judikativ-Organ..., das de facto sämtliche Hoheitsrechte« des Fürsten zu verhandeln hatte[140], ist der Geheime Rat in Fulda – im Gegensatz zu vielen anderen Territorien – nicht geworden. Bis zum Ende des geistlichen Fürstentums wurden zwar immer Geheime Räte, sogar in großer Zahl, ernannt und je nach Bedarf von den Herrschern zur Beratung der wichtigsten Angelegenheiten

---

137 HESS, Geheimer Rat, S. 342. Das klassische Gegenbeispiel ist Württemberg, wo die Stände die bestimmende Kraft waren (BERNHARDT, S. 13).
138 v. SECKENDORFF, Teil II, Kap. 6, § 9 = S. 101; KRAEMER, S. 34–37.
139 Bayern: 1514, institutionelle Verfestigung 1582; Kurpfalz: 1557 – als Oberrat behördliche Verfestigung; Brandenburg: 1604; Hessen: 1609; Württemberg: 1628 (vgl. LANZINNER, S. 108–116; PRESS, Calvinismus, S. 34–45; KLINKENBORG, Kammer, S. 481–488; BECKER, Geheimer Rat, S. 8–15; BERNHARDT, S. 11–13).
140 FOERSTER, Herrschaftsverständnis, S. 219.

herangezogen; eine Institutionalisierung als eigenständiges, eigenverantwortlich handelndes Geheimes Rats-Kollegium unterblieb jedoch.

Die Aufgabe der Beratung des Landesfürsten ging zu Beginn des 18. Jahrhunderts auf einen verkleinerten Kreis des Geheimen Rates über. Am 11. Februar 1721 erwählte Fürstabt Konstantin von Buttlar aus dem Kreis der Geheimen Räte drei ihm besonders tüchtig Erscheinende[141] zu *special und perpetuirliche(n) geheime(n) conferential räth(en)*[142].

In der anläßlich ihrer Ernennung verlesenen Proposition[143] führte der Abt als Begründung für diese Maßnahme aus, daß er in den bisherigen sieben Jahren seiner Regierung von seinen Behörden des öfteren angegangen worden sei, bei Angelegenheiten, die sie selbst nicht zu entscheiden wagten, Verhaltensbefehle zu erteilen und ihnen die Entscheidungen abzunehmen. Dadurch sei er über Gebühr beansprucht worden[144]. Irren sei menschlich, und es stehe zudem einem Regenten gut an, *denen seinigen, besonders denen geheimen räthen, nicht vergebens den character der rathgeber tragen zu lassen;* deswegen und angesichts sich ständig häufender in- und ausländischer Geschäfte[145], setzte er ein *geheimes conferential-collegium* unter seinem Präsidium ein.

Da der Fürstabt allen seinen verantwortlichen Aufgaben unmöglich gleichermaßen nachkommen könne, sei er auf *ehrliche, auffrichtige, gewissenhaffte, treue hülffer* angewiesen; diese glaubte er in den drei Räten gefunden zu haben, die *nicht im charakter allein, sondern wahrhaftig meine geheime(n), ja, wie Ich Euch hiermit erkläre, intimeste(n) räthe seyn sollen*[146]. – *Ich will es Euch mit kurtzen (Worten) sagen, wie ich haben mögte, daß Ihr wäret: nemblichen ein alter ego*[147].

Das wöchentlich einmal, erforderlichenfalls auch öfter tagende Kollegium sollte alle Angelegenheiten behandeln, die im Konsistorium, in der Regierung, der Kammer, der Obereinnahme und in den anderen Ämtern nicht zum Abschluß gebracht werden konnten. Jedem Rat wurde daneben aufgetragen, sich über die öffentliche Meinung ausgiebig zu informieren und seine Erkenntnisse in den einzelnen Sitzungen vorzutragen

---

141 Oberamtmann Wolf Daniel von Boyneburg, Kanzler Gerhard Georg von Schildeck und Kammerpräsident Johann Anton von Langenschwarz, letztere nicht dem Geburtsadel angehörend, sondern erst unlängst nobilitiert.
142 StAM Protokolle II Fulda, B 1, Bd. 1, fol. 7ʳ.
143 Vgl. ebd., fol. 7ᵛ–16ʳ.
144 Beschwerden in dieser Richtung hatte Konstantin bereits in einem Schreiben vom 30. Mai 1720 an Präsident, Kanzler, Geheime, Hof- und Regierungsräte formuliert: *Wir haben während Unserer regirung zu Unserer grösten incommodität mit misfallen verspühren müssen, wasmassen die bereits Euch übergebene und ex speciali mandato einigen ex corpore vestro committirte oder an sich selbsten zur regierung, zur kammer, vel ad primam instantiam erwachsene materia jederzeit zu Unß verwiesen werden wollen, wodurch dann debitus ordo zerstöhret, die underthanen hien und wieder gejaget und Unß wegen vielheit allerhand lappalien kaum ein stund zur respiration gegönnet, die zeit aber zu ausmachung deren haupt-sachen abgeschnitten wird.* Er befahl daher, die vor Regierung, Kommissionen, Kammer oder die Gerichtsbehörden *gehörige(n) dinge* auch dort zu behandeln und nicht ihm vorzulegen (StAM 91/967). Natürlich aber kann die mangelnde Entscheidungsfreudigkeit der Behörden nicht diesen allein angelastet werden, sondern muß auch auf dem Hintergrund einer starken Anteilnahme der Fürsten an deren Geschäften, als Verstärkung des persönlichen Regiments, als Ausfluß absolutistischer Herrschaftspraxis, gesehen werden!
145 StAM Protokolle II Fulda, B 1, Bd. 1, fol. 8ʳ.
146 Ebd., fol. 10ʳ.
147 Ebd., fol. 9ᵛ–10ʳ.

bzw. in allzu heiklen Fällen dem Fürsten persönlich zu eröffnen, der sie dann in der Sitzung proponieren wollte, um die Meinung des ganzen Kollegiums zu erfahren. Das Mißtrauen Konstantins von Buttlar richtete sich nicht nur gegen seine Untertanen, sondern auch gegen den nachgeordneten Behördenapparat. Die Konferentialräte hatten daher alle Beamten und Diener, auch alle anderen, mit denen der Fürstabt häufig Umgang zu pflegen gezwungen war, auf ihre *qualitäten und geschicklichkeit, auch eines jeden zuneigung und verhaltung* hin zu beobachten und ihre Erkenntnisse dem Fürstabt zu melden, der sie seinen Entscheidungen über Beförderungen und Aufgabenzuweisungen zugrundelegen wollte. Obgleich der Fürstabt vorgab, Konsistorium, Regierung, Rentkammer, Militär, Hofhaltung, Marschallamt, Jagd- und Forstamt und alle anderen Ämter in Stadt und Land gut besetzt zu wissen, so sollten doch die Konferentialräte Fehlverhalten unverzüglich melden und Verbesserungsvorschläge unterbreiten[148]. Die Verbesserung der Ämterverwaltungen wurde den Konferentialräten besonders ans Herz gelegt[149].

Neben der Überwachung der Behörden im Innern hatten die Konferentialräte für die Pflege der Außenbeziehungen zu sorgen. Von den Höfen auswärtiger Fürsten und Stände sollten sie Kundschaften einziehen, um zu erfahren, *wessen Ich mich von zeiten zu zeiten gegen einen oder den anderen gutes oder böses zu versehen habe*[150]. Daraus abzuleiten war die Aufgabe der Abstimmung der außenpolitischen Handlungen und Maßnahmen.

Über weitere Aufgaben der Konferentialräte unterrichten die Verhandlungs- und Beschlußprotokolle der Geheimen bzw. Engeren Konferenz[151]. Denn selbstverständlich war zu allen Sitzungen ein Sekretär abgeordnet, der das Behandelte förmlich zu protokollieren hatte. Erörtert wurden demnach[152]: Grenzstreitigkeiten und Verträge mit benachbarten Territorien[153], einschließlich Reluitionsangelegenheiten verpfändeter Ämter[154] und Güter[155], sowie versorgungspolitische Maßnahmen[156]. Beraten wurde auch über Anstellungen, Abfindungen und Auszeichnungen von Beamten in der Regierung und Zentralverwaltung, in der Lokalverwaltung wie am Hof[157]. Ebenso

---

148 Ebd., fol. 10ᵛ.
149 Die Konferentialräte sollten Überlegungen anstellen und sie auch verwirklichen, wie auf dem leichtesten Wege das Archivwesen gleich wie in der Zentrale so bei den Lokalbehörden in gute Ordnung gebracht und die Registraturen besser eingerichtet werden könnten. Vom ganzen Land, den einzelnen Rechten und Gerechtigkeiten sollten gültige Beschreibungen angefertigt und alle Unrichtigkeiten, die bisher tradiert wurden, ausgemerzt werden – um den Herrschaftsbereich näherhin bestimmen, die Steuereinkünfte genauer taxieren und die Bodenschätze erfassen zu können. Vgl. ebd., fol. 12ᵛ–13ʳ.
150 Ebd., fol. 12ʳ.
151 StAM Protokolle II Fulda, B 1, Bd. 1 und 2, zu Bd. 1 auch Beilagen.
152 Betrachtet wird im folgenden vornehmlich die Zeit unmittelbar nach Institutionalisierung der Geheimen/Engeren Konferenz.
153 Bebraer Rezeß/Vergleich mit Hessen-Kassel; Neusetzung von Steinen an der Grenze mit den Riedesel: fol. 19ʳ–20ᵛ.
154 Lichtenberg, Salzungen, Gerstungen (an Sachsen verpfändet): fol. 86ʳ u. ö.
155 Reußenberg: fol. 62ʳ u. ö.
156 Aufhebung der bisherigen Fruchtsperre, da eine gute Ernte in Aussicht stand: fol. 38ʳ.
157 Verpflichtungen von Geheimen Räten (von Nordeck: fol. 33ᵛ), Hofräten (Joannis, mit 300 fl. Gehalt: fol. 52ʳ), Hofkavalieren (der älteste Sohn des Geheimen und Konferentialrates von Langenschwarz, Kanonikus zu Wimpfen und Fritzlar: fol. 17ʳ), höheren Chargen in der Regierungskanzlei (Regierungsassessor Bach: fol. 17ʳ), Kabinettssekretären (fol. 33ᵛ – ohne Namensnen-

wurden Organisationsfragen in der Regierung[158] und Neuerungen in der Ämtereinrichtung[159], dienstliche Differenzen unter den Beamten[160] sowie ihre privaten Streitigkeiten[161] behandelt. Die Aufsicht erstreckte sich ebenfalls auf das Finanzgebaren von Beamten in öffentlichen wie in privaten Dingen[162], incl. der Anleihen von Beamten bei der Rentkammer[163]. Dazu trat die Behandlung von Rangfragen am Hof[164].

Die Initiative bei diesen Beratungen ging meist vom Fürstabt aus, der natürlich vom Kanzler und den Hofräten entsprechend instruiert und vorbereitet wurde; die anderen Mitglieder der Geheimen Konferenz fungierten als Ratgeber. Nachdem der Fürstabt die Entscheidungen getroffen hatte, wurde deren Ausführung an Hofrat und Kanzlei delegiert. Wie der Geheime Rat besaß demnach auch die Geheime Konferenz kaum nennenswerte Entscheidungsbefugnis, sondern diente dem Landesherrn als reines Beratungsorgan.

War der Fürstabt wegen Krankheit, Abwesenheit oder aus anderen Gründen an der Teilnahme verhindert, wurden die Beratungen ohne ihn durchgeführt, er selbst bei seiner Wiederkehr anhand des von einem Sekretär geführten Protokolls eingehend über die verhandelten Gegenstände und die evtl. getroffenen vorläufigen Maßnahmen unterrichtet[165].

Die Einrichtung einer Geheimen Konferenz als Ausgliederung aus dem Geheimen Rat, die den Geheimen Staatskonferenzen in Mainz und Würzburg entsprechen sollte[166], unter Fürstabt Konstantin blieb zunächst Episode, verlor unter Adolf von Dalberg (1726–1737) und Amand von Buseck (1738–1756) an Bedeutung. Beide ernannten auch keine Geheimen Konferenzräte, bevorzugten vielmehr die Beratung mit dem größeren

nungen), Kammerdienern (Kaspar Reinhard Agricola: fol. 33ᵛ–34ʳ) und Amtsschreibern (Johann Leonhard Fleck, Amts- und Gegenschreiber zu Fürsteneck: fol. 35ᵛ, Andreas Wilhelm, Stadtamtsschreiber zu Fulda, Franz Christoph Hahn, Zentamtsschreiber zu Fulda, Johann Leonhard Maegerl, Amts- und Gegenschreiber, auch Forstschreiber zu Mackenzell: fol. 37ʳ–38ʳ, Johann Träncker, Amtsschreiber zu Bieberstein: fol. 51).
158 Delegierungen zusätzlicher Aufgaben für Mitglieder der Zentralverwaltung, z. B. Deputation der Räte Röthlein und Blum zum Armenwesen: fol. 42ʳ–43ʳ.
159 Die Amtmannsstelle zu Sannerz wurde aufgelöst, Amtmann Brehler von Adlerstein als Oberamtmann nach Herbstein versetzt und dem Oberamt Herbstein das Amt Salzschlirf zugeschlagen, dagegen das Gericht Hosenfeld ebenso wie Sannerz dem Oberamt Neuhof zugeschlagen. Die Oberämter Neuhof und Bieberstein wurden von den Konferentialräten von Langenschwarz und von Schildeck von Fulda aus mitversehen; der neue Oberamtmann zu Herbstein, Brehler von Adlerstein, durfte weiterhin in seinem alten Wirkungsort Sannerz wohnen: fol. 25ʳ–32ᵛ.
160 Injurienprozeß zwischen dem General von Buttlar und dem Oberst von Hattstein, dessen Ursachen in Kommandostreitigkeiten lagen: fol. 46ʳ–50ʳ; Irrungen wegen der Spitalverwaltung zu Hammelburg zwischen dem dortigen Oberamtmann und dem Spitalverwalter Baymer: fol. 17ᵛ–18ʳ.
161 Johann Keller, ehemaliger Amtsverweser zu Geisa, klagte gegen den Oberstallmeister von Hattstein wegen der Bezahlung eines diesem verkauften Hauses: fol. 18ᵛ–19ʳ.
162 Oberamtmann Schenck zu Schweinsberg zu Hammelburg wurde wegen seiner vielen Schulden verwarnt und ihm die Entlassung (die der Fürstabt bereits aussprechen wollte) angedroht: fol. 32ᵛ–33ʳ.
163 Von Hutten begehrte 500 fl.: fol. 34ᵛ–35ʳ.
164 Obermarschall von Clodh sollte bei der Tafel sitzen bleiben und den ältesten Kavalier (= Oberstallmeister von Hattstein) den Stab führen lassen: fol. 16ᵛ.
165 StAM Protokolle II Fulda, B 1, Bd. 1, fol. 15ᵛ.
166 Vgl. GOLDSCHMIDT, S. 180 f.; WILD, S. 84 f.

Kreis des Geheimen Rates[167], behielten sich dabei aber vor, von Fall zu Fall über bestimmte ausgewählte Angelegenheiten mit einem ausgewählten Kreis von Geheimen Räten (und auch Hofräten) in ihrem Kabinett, der ehemaligen Kammer, zu beraten.

Unter Fürstabt Adolf von Dalberg wurde der Geheime Rat als wichtigstes Instrument zur *beförderung deren publiquen und privat angelegenheiten* retabliert. Nach der Verordnung des Landesfürsten vom 8. Januar 1731[168] sollte das Geheime Rats-Kollegium wieder wöchentlich einmal, nach Erfordernis auch öfter, unter dem Vorsitz des Fürsten zusammentreten; wie die erhaltenen Protokolle und Protokollfragmente der folgenden Jahre ausweisen[169], waren die Fürstäbte/-bischöfe in etwa der Hälfte der Ratssitzungen wirklich persönlich anwesend. Verhandelt wurden in diesen Sessionen, die ein eigens als Sekretär abgeordneter Hofrat protokollierte, nicht allein *processualia, ...reichs-, crayß-, gräntz- und dergleichen haubtmaterien,* wie sie die Proposition der ersten Sitzung des erneuerten Kollegiums am 13. Januar 1731 umschrieb; viele der Entscheidungen, die der Geheime Rat im Auftrag des Fürsten vorbereitete, fielen ursprünglich in die Zuständigkeit des Hofrates und der Kammer, auch des Geistlichen Rates oder der Hofstellen, waren von diesen Gremien aber weitergeleitet worden.

Unter Adalbert von Walderdorff (1757–1759) und Heinrich von Bibra (1759–1788) taucht die Bezeichnung Geheime Konferenz in wenigen Bestallungen wieder auf – nun in Verbindung mit dem Wort »Minister«. Die jetzt als Geheimen Konferenzminister Bezeichneten sind als direkte Nachfolger der Geheimen Konferenzräte anzusehen. Leider sagen die überlieferten Bestallungen[170] über ihre Aufgaben nichts Konkretes aus. Angesprochen werden hier nur summarisch die *konferentialhandlungen.* Doch ist offenkundig, daß sich Heinrich von Bibra die Erörterungen der wichtigsten Herrschaftsangelegenheiten in einem kleinen Kreis ausgewählter Berater vorbehielt[171], andererseits aber auch einen Teil der ehedem der geheimen Sphäre vorbehaltenen Entscheidungen der Regierung überließ.

Als Beratungsorgan büßte so der Geheime Rat an Bedeutung ein[172], wozu auch die Bildung einer Vielzahl von Kommissionen beitrug. Da unter dem letzten Fürstbischof Adalbert von Harstall auch wenig Wert auf den Rat der Geheimen Konferenz gelegt wurde, Adalbert vielmehr mit Hilfe der Geheimen Kanzlei und der Referendare, die dem Bischof über die wichtigsten Beratungsgegenstände der einzelnen Behörden berichteten,

---

167 Vgl. die Fragmente von Protokollen des Geheimen Rates für das Jahr 1733 (StAM 90a/564). Diese zeigen, daß die Geheimen Räte immer in größerer Zahl anwesend waren.

168 StAM Protokolle II Fulda, B 2, Bd. 1, S. 1. Die Verordnung wurde den übrigen subordinierten Behörden, unter Hervorhebung der sie in erster Linie berührenden Auswirkungen, erst am 27. Januar 1731 bekanntgegeben. Ebd., S. 3, 5.

169 StAM Protokolle II Fulda, B 2, Bd. 1–4 (1731–1738); StAM 90a/564 (1733, 1735, 1748, 1759, 1760).

170 1757 bzw. 1770 für Johann Philipp von Münster (StAM 90a/220), 1764 für Christian Adam Ludwig von Stein zum Altenstein (StAM 90a/220; StAM Protokolle II Fulda, B 19/1, S. 31 f.).

171 Dies beweisen die Anwesenheitslisten in den Protokollen (StAM Protokolle II Fulda, B 1, Bd. 1, 2; StAM 90a/564: Protokollfragmente, darunter vom 10. November 1759, 26. März 1760 *Actum in conferentia/Actum in conferentia intima;* StAM 91/1360: Konferenzrats-Akten, 25. Januar 1765).

172 Die Kanzleitabelle vom 13. Dezember 1767, die die Zuständigkeitsbereiche der Weltlichen Landesregierung beschrieb, zeigt den Bedeutungsverlust an (ausführlicher dazu: S. 314 f. Anm. 194).

sowie mit Unterstützung des Kanzlers regierte und an allen Regierungsgeschäften selbsttätig Anteil nahm [173], wurde der Zuständigkeitsbereich der Landesregierung wieder erweitert. Zwar nennt der Staatskalender für 1790/91 drei Mitglieder der Geheimen Konferenz [174], doch verschwand diese nach Enneking bereits 1792/93 wieder [175].

Der schwachen Ausbildung und der nur in Ansätzen durchgeführten Verselbständigung des Geheimen Rates und der aus ihm ausgegliederten Geheimen Konferenz entsprach bei Adalbert wie bei seinen Vorgängern eine Regierung aus dem Kabinett. Dabei bedeuteten, wie z. B. auch in Sachsen-Gotha [176], Kabinett und Geheimer Rat keine Gegensätze, sondern ergänzten sich, ja bedingten einander. Die fuldischen Landesfürsten des ausgehenden 17. und des 18. Jahrhunderts pflegten die persönliche Regierungsausübung und -kontrolle aus ihrer Kammer und dem später so genannten Kabinett – in Verbindung mit der Beratung durch besondere Vertraute, zunächst einzelnen, später mehreren Geheimen Räten, die zeitweise als Kollegium oder als Ausschuß bzw. als Geheime Konferenz, oder als Kabinett organisiert wurden. Wie groß der Kreis der von den Herrschern für sich selbst und ihre engsten Mitarbeiter reservierten Entscheidungen war, zeigen die dauernde Einrichtung der Geheimen Kanzlei, die mit Geheimen bzw. Kabinettssekretären und -kanzlisten besetzt war, und vor allem die erhaltenen Dekretenbücher bzw. Supplikenprotokolle der Geheimen Kanzlei und der Geheimen Konferenz bzw. des Geheimen Kabinetts [177].

Seit der Begründung des Geheimen Rates und der Einrichtung einer Geheimen Konferenz waren die Landesfürsten in beiden Gremien stets präsent – sehr häufig führten sie hier persönlich das Präsidium. Daß unter diesen Umständen beide Organe nur begrenzte Eigenständigkeit zu entwickeln vermochten, ist begreiflich. Andererseits wird man aber den Einfluß der Geheimen Räte, der Geheimen Konferenzräte und Konferenzminister nicht allein schon deshalb unterschätzen dürfen, weil sie so stark an den Landesfürsten gebunden waren, man wird nicht gleich folgern können, daß sie neben dem landesherrlichen Willen keine eigenen Vorstellungen verwirklichen konnten. Denn immerhin wurde in der Praxis der landesherrliche Wille häufig gerade hier in den Beratungen mit den Mitgliedern des Geheimen Rates oder der Geheimen Konferenz gefunden.

173 Vgl. ENNEKING, S. 30, 11.
174 Domkapitular Sigismund von Bibra, Geheimer Rat Franz Leonhard Joseph Brack, Hofrat Eugen Thomas. S. ENNEKING, S. 10.
175 Ebd.
176 HESS, Geheimer Rat, S. 61–77, 343 f. Zur Praxis der Kabinettsregierung in einem großen geistlichen Territorium s. BRAUBACH, Minister.
177 Dekretprotokoll der Geheimen Kanzlei in Sachen der weltlichen Regierung, 1762–1770 (StAM Protokolle II Fulda, B 3, 7 Bände); Dekretenbuch der Geheimen Konferenz (Kabinett), 1788–1800 (StAM Protokolle II Fulda, B 4, 2 Bände); Supplikenprotokoll des Geheimen Kabinetts, 1727–1802 (StAM Protokolle II Fulda, B 7, 21 Bände) – mit Ausnahme der Jahre, in denen der Geheime Rat über die Supliken beschloß (1731/32).

C. DER HOFRAT SEIT 1674 UND DIE WELTLICHE LANDESREGIERUNG

1. Der Hofrat seit 1674

Durch die Einrichtung des Geheimen Rates wurden die Kompetenzen des Hofrates zunächst nur wenig beschnitten. Die Trennung der Ratsgeschäfte in Angelegenheiten des Geheimen Rates, nämlich des *stifts estats-, reichs- undt andtere publica*, und in Angelegenheiten des Hof- und Regierungsrates, welche vornehmlich die Justizsachen und die routinemäßig zu erledigenden Regierungsgeschäfte umfaßten, die im Abschnitt über den Hofrat vor 1674 ausführlicher dargestellt sind, war weniger eine Neuerung, als daß sie bestehenden Zuständen Rechnung trug. Außerdem war nur eine Aufgabentrennung, nicht eine Unterordnung des Hofrates unter den Geheimen Rat beabsichtigt. Auch im 18. Jahrhundert fungierten Geheimer Rat und Geheime Konferenz, die Beratungsgremien der Landesfürsten, nicht als übergeordnete, unmittelbar vorgesetzte und weisungsbefugte Instanz für die normale Regierungsebene.

Besetzt war der Hofrat nach der Ordnung von 1674[178] mit einem Präsidenten, dem Kanzler oder Vizekanzler – die alle auch im Geheimen Rat vertreten waren und eine Klammer zwischen beiden Gremien bildeten –, zwei oder drei adligen und drei gelehrten Räten, deren Zahl in der Folgezeit kontinuierlich gesteigert wurde. Der Hofrat unterlag also nicht der unmittelbaren Kontrolle des Landesfürsten durch dessen Teilnahme an den Sitzungen und besaß dadurch eine stärkere Eigenständigkeit. Allerdings blieben dem Fürstabt natürlich immer Möglichkeiten des direkten Eingriffs.

Zur Beschleunigung der Rechtsprechung des Hofrates wurden der Montag und der Donnerstag einer jeden Woche als ordentliche Ratstage bestimmt, der Sonnabend sollte der Verfertigung und Bearbeitung von Relationen vorbehalten werden (§ II. 2). Präsident und Kanzler konnten allerdings auch *extraordinaire* Ratstage bestimmen (§ II. 3). An diesen Ratstagen sollten sich Präsident, Kanzler und Räte im Sommer um sieben Uhr und im Winter um acht Uhr pünktlich auf der Kanzlei einfinden und mit den Sessionen beginnen, ohne Zeit zu verlieren (§ II. 3)[179].

Dabei sollte der Präsident oder in seiner Abwesenheit der Kanzler bzw. Vizekanzler, und im Falle einer Verhinderung dieser Personen einer der adligen Räte, die anfallenden Geschäfte der (zeitlichen) Ordnung nach vornehmen, in Umfrage bringen, die Urteile darüber einholen und den Beschluß – *den ausgefallenen maioribus gemeß* – abfassen und

---

178   StAM 97c/541.
179   Die Einhaltung der Ratssitzungen zur Beförderung der Justizadministration einzuschärfen, war immer wieder geboten. In einem Befehlsschreiben Fürstabt Konstantins an Kanzler und Räte vom 12. Dezember 1718 (StAM 91/967) heißt es z. B.: *Obwohlen an Ihrem fleiß und eyffer einigen zweiffel nicht tragen, so glauben Wir jedoch, wann solcher auf den gewöhnlichen rathstägen gesambter handt angewendet werde, daß dardurch die justizadministration mercklliche beförderung überkomme.* Daher ordnete der Fürstabt an, daß die Räte sich an den gewöhnlichen Ratstagen zu gehöriger Zeit auf der Ratsstube einfinden, sogleich mit den Erörterungen beginnen und sich dabei von niemandem abhalten lassen sollten, es sei denn Krankheit oder ein fürstlicher Spezialauftrag zwängen dazu. Wenn eine besondere Verrichtung einem Rat aufgetragen wurde, so sollte er diese nach Möglichkeit außerhalb der Ratssitzungen erledigen. Der Kanzler oder, im Falle seiner Abwesenheit, der älteste Rat sollten dem Abt monatlich eine von einem Sekretär geführte und unterschriebene Liste mit den Namen der ausgebliebenen oder zu spät erschienenen Räte einreichen. Bei längerer Abwesenheit infolge dienstlicher Verrichtungen (mehr als 14 Tage) hatten die Räte alle in ihrem Hause befindlichen Unterlagen dem Registrator auszuhändigen.

zu Protokoll bringen lassen (§ II. 3). Ohne den bestellten Hofrats-Sekretär sollten *keine session noch auch einige sachen judicialiter verhandelt werden*; war dieser aus wichtigen Gründen verhindert, hatte der jüngste Hofrat an seiner Stelle das Protokoll zu führen, und zwar in der Form, daß daraus nicht nur die Beschlüsse und die Meinungen/ Beweggründe eines jeden Ratsmitglieds ersichtlich waren, sondern auch etwaige Dekrete, Mandate, Befehle und andere Bescheide danach formuliert werden konnten. Diese Schriftstücke sollten nach Überprüfung durch Präsident, Kanzler oder Vizekanzler und nach der Genehmigung durch den Fürstabt zur Ausfertigung gelangen (§ II. 14).

Der Präsident, in der Praxis vor allem der Kanzler, hatte darauf zu sehen, daß auf der Kanzlei zügig gearbeitet wurde, daß längere Zeit dort schwebende Prozesse der Ordnung nach behandelt und aufgearbeitet wurden (§ II. 5). Kein Rat sollte bei der Verteilung der Akten mehr als andere belastet oder bevorzugt werden; die Praxis bot hier allerdings ein anderes Bild. Zur Durcharbeitung der Akten und Anfertigung der Relationen sollten für die Räte die neben den Ratstagen verbleibenden Wochentage freigehalten werden (§ II. 7). Ihre Arbeitsmoral wurde vom Präsidenten bzw. Kanzler oder Vizekanzler überwacht (§ II. 8). Als Mittel der Kontrolle war ein Register zu führen, in das alle auf der Kanzlei eingegangenen Supplikationen und alle zur Bearbeitung dieser Bittschriften ausgegebenen Aktenstücke samt den Referenten eingetragen wurden (§ II. 9).

Die Räte selbst sollten ihre Relationen zu den vorher festgelegten Terminen fertiggestellt haben und sie cum voto vorlegen bzw. vortragen. Vom Vorsitzenden der Ratsversammlung war darauf zu achten, daß sowohl bei dem Vortrag der Relationen wie bei Partikularumfragen und Abstimmungen *keiner den andern hindern noch darein reden* konnte, sondern alle still dem jeweiligen Referenten zuhörten, dessen Argumente bedachten und keine Störmanöver vornahmen (§ III. 2). Ihr Referendum und Votum sollten die Räte *mit den legibus et iuribus, wie auch authoritatibus et rationibus begleiten undt roboriren*, sich dabei aber kurz fassen, damit auch den anderen Räten genügend Zeit zum Vortrag blieb (§ III. 4). Keiner der Räte sollte sich ohne stichhaltige Gründe den Anschauungen eines anderen versagen, sondern sich in diesen Fällen *confirmiren und submittiren* (§ III. 5). In wichtigen Fällen waren Gründe und Gegengründe für bestimmte Stellungnahmen ausführlich zu diskutieren und im Protokoll die jeweilige Gedankenführung genau festzuhalten (§ III. 7). In ihren Meinungsäußerungen sollten sich die Räte allein von den Interessen des Stifts und der Gerechtigkeit der Sache leiten lassen. Verwandtschaftliche Beziehungen durften nicht ins Gewicht fallen, die Annahme von Geschenken (mit der Intention der Meinungsbeeinflussung) war verboten (§ III. 6).

Die Akten, die den Räten von der Kanzlei, d. h. aus der Registratur, zur Ausarbeitung ihrer Relationen zugestellt wurden[180], hatten sie sorgsam zu verwahren, damit nichts verlorenging oder an die streitenden Parteien weitergeleitet wurde; bei der Möglichkeit, ja teilweise Notwendigkeit, Aktenstücke mit nach Hause zu nehmen und dort zu bearbeiten, war dies eine verständliche Befürchtung.

Präsident, Kanzler bzw. Vizekanzler und Regierungsräte besaßen daneben nach wie vor ein Aufsichts- und Kontrollrecht über die Rechtsprechung der unteren Verwaltungs-

---

180 Die Mitnahme von Akten nach Hause bedurfte der Zustimmung des Präsidenten oder Kanzlers bzw. Vizekanzlers und war an die Ausstellung einer Quittung für den Registrator geknüpft: § III. 8 der Kanzleiordnung.

und Gerichtsbezirke. Sie hatten darauf zu achten, daß die Justiz von den Amtleuten, Vögten, Schultheißen, Bürgermeistern und Richtern gegenüber den Amtsuntertanen, Bürgern und Gemeindemitgliedern unparteiisch ausgeübt wurde, daß niemand widerrechtlich beschwert und dem Armen wie dem Reichen gleiches Recht zuteil wurde – ein Postulat, das sich von der Wirklichkeit doch um einiges unterschied, wie auch die wiederholten diesbezüglichen Einschärfungen aus späteren Jahren zeigen[181].

Wenn Beschwerden über die Administrierung der Justiz auf der unteren Ebene laut wurden, so hatten die Räte diesen unverzüglich nachzugehen und im Falle ihrer Berechtigung für Abstellung zu sorgen, gleichzeitig die Beamten über ihr Fehlverhalten aufzuklären. Wiederholungsfälle waren dem Fürstabt zu melden. Bei erforderlichen Zeugenvernehmungen sollte ein Sekretär Protokoll führen und auch der jüngste Hofrat – der sich dadurch weiter qualifizieren und Erfahrungen sammeln konnte – anwesend sein (§ II. 14).

Als unumgängliche Voraussetzung zur Erlangung einer Hofratsstelle wurde in der Ordnung von 1674 die Praktizierung des katholischen Glaubens betrachtet (§ III. 1), ja von den Räten der Einsatz zur Erhaltung der katholischen Religion in den fuldischen Landen – in enger Zusammenarbeit mit den Geistlichen Räten – erwartet (§ II. 4). Die Befolgung dieser Bestimmungen ist an anderer Stelle genauer zu untersuchen[182]; hier ist allerdings schon darauf aufmerksam zu machen, daß vor allem im 18. Jahrhundert doch viele Protestanten, vereinzelt sogar Calvinisten, den Weg in fürstlich-fuldische Dienste fanden.

Als Qualifikationsnachweis hatten alle Räte, nach dem Muster des Reichskammergerichts und des Reichshofrates, eine Proberelation abzulegen (§ II. 1). Auch durfte kein Rat einem anderen Fürsten dienstlich verbunden sein, viel weniger noch sich dazu bereitfinden, einer Prozeßpartei behilflich zu sein (§ II. 1).

Soweit aus überlieferten Bestallungen und Eidesformeln späterer Jahre Einzelheiten über Funktionen und Arbeitsweise der Hofräte zu entnehmen sind, lassen sich diese durchaus mit den Bestimmungen der Ordnung von 1674 in Einklang bringen. Neben vielem Bekannten enthält allerdings ein *juramentum consiliarii* aus dem Ende des 17. Jahrhunderts[183] eine bemerkenswerte Zusatzbestimmung: die Auflage, über die Ratsgeschäfte Stillschweigen zu bewahren *und davon niemandt, absonderlich der ritterschaft, insgemein, noch ein oder dem andern in privato, das geringste zu offenbahren*[184]. Diese Warnung vor Kontakten mit der Ritterschaft steht einzigartig da[185]. Sie ist

181 S. z. B. Verordnung über das Justizwesen in den Ämtern vom 20. Dezember 1720 (StAM Verordnungen II/C 1, Bd. 1; StAF XXI, B 1 [1720–1724]), Verordnung für Beamte und Advokaten vom 28. Februar 1765 (StAF XXI, B 7 [1784]).
182 In meiner als Ergänzung zur vorliegenden Arbeit geplanten Untersuchung über die Sozialstruktur der fuldischen Behörden.
183 StAM 90a/217: *Juramentum consiliarii* vom 23. Dezember 1698.
184 Die konventionellen Verpflichtungen lauteten: dem Fürstabt *getrew, holdt und gewertig* zu sein, sein *bestes zu werben, böses zu warnen*, in Ratssitzungen die eigene Meinung *dem ublichen landts gewohnheit und rechts gemes* zu vertreten und die aufgetragenen Bedienungen ohne Nebenabsichten zu verrichten, sich in Kommissionen gebrauchen zu lassen, die zugestellten Akten fleißig zu lesen und darauf jederzeit unparteiische Relationen abzustatten, ohne Erlaubnis nicht zu verreisen oder sich aus anderen Gründen den Ratssitzungen fernzuhalten.
185 In den späteren Eidesformeln, die ansonsten inhaltlich völlig mit der hier Angeführten übereinstimmen, fehlt diese Bestimmung. Vgl. z. B. *Ayd vor hoff- und regierungs räthe*, beschworen von dem adligen Hofrat von Brinck am 3. Juni 1720 (StAM 90a/217).

Ausdruck des tiefen Mißtrauens des damaligen Fürstabts Placidus von Droste gegenüber dieser Gruppe, mit der vertragliche Beziehungen einzugehen er gezwungen war[186], die er aber auf vielerlei Arten von der Einflußnahme in seinem Territorium auszuschalten trachtete, unter denen der Aufkauf von Adelsgütern den spektakulären Höhepunkt bildete[187].

2. Die Weltliche Landesregierung

Unter der Weltlichen Landesregierung wurde im 18. Jahrhundert die organisatorische Zusammenfassung von Hofrat und Geheimem Rat verstanden. Da der Geheime Rat und die Geheime Konferenz nur neben- und nicht übergeordnete Instanzen für den Hofrat darstellten und die von dem Fürsten einem kleinen Kreis vorbehaltenen Aufgaben begrenzt waren, wurden die Geheimen Räte auch zur Erledigung anderer Angelegenheiten herangezogen; unterhalb der im Fürsten verkörperten höchsten Entscheidungsgewalt, auf die einige wenige Vertraute (im Geheimen Rat, in der Geheimen Konferenz oder im Kabinett) direkten Einfluß nehmen konnten, beschäftigten sich Geheime, Hof- und Regierungsräte fast unterschiedslos mit den normalen Regierungsgeschäften, so wie es z. B. auch im Hochstift Würzburg und in der Fürstpropstei Ellwangen im 18. Jahrhundert der Fall war[188].

Unter den Mitgliedern der Weltlichen Landesregierung, bei den Geheimen wie den Hof- und Regierungsräten, war eine Trennung in eine adlige und eine gelehrte Bank durchgeführt[189]. Dem Gremium insgesamt stand der Stifts- resp. Domdechant als Regierungspräsident vor. Das wirkliche Direktorium führte allerdings der Hofkanzler, dem auch die meiste praktische Arbeit zufiel. Die Hauptarbeit unter den Räten leisteten offensichtlich die durch ihre Ausbildung meist besser geeigneten gelehrten Räte, während die Adligen hier etwas zurückhaltender waren – Ausnahmen bestätigen allerdings die Regel[190]. Wie die Räte in früheren Zeiten hatten auch die des 18. Jahrhunderts ihre Qualitäten durch die Anfertigung von Proberelationen nachzuweisen.

Gegenüber früheren Regelungen wurde die Zahl der Ratstage erhöht. Jetzt kamen die Regierungs- und vor allem Justizgeschäfte in den jeden Montag, Dienstag, Donnerstag und Freitag stattfindenden Ratssitzungen zur Abwicklung. Die Aufteilung der einzelnen Angelegenheiten geschah derart, daß jeder bedeutendere Fall, gleich ob verwaltungsmäßiger oder juristischer Art, einem der Räte ad referendum zugeteilt wurde; in ganz wichtigen Fällen konnte sogar ein Korreferent bestimmt werden. In den Ratsversammlungen wurden dann die einzelnen Räte ihrer Rangfolge nach – d. h. die adligen Geheimen Räte zuerst, danach die bürgerlichen Geheimen Räte, schließlich die adligen

---

186 Vgl. die Rezesse zwischen dem Stift und der unmittelbaren Reichsritterschaft in Franken, Orts Rhön-Werra, Buchischen Quartiers vom 24. März 1687 (StAM 95/23) und vom 5. Oktober 1700 (StAM 95/26; StAM 90a/769); Druck: MADER, II, S. 288–304).
187 Vgl. Erstes Kapitel Anm. 584 sowie Anhang 2, passim.
188 S. REUSCHLING, S. 133; PFEIFER, S. 79 f.
189 Am Ende des 18. Jahrhunderts gab es drei adlige und drei nichtadlige Geheime Räte, acht adlige und zehn nichtadlige Hofräte.
190 Zu denken ist hierbei z. B. an Christian Adam Ludwig von Stein zum Altenstein, dem im Laufe langer Dienstjahre vielfältige Aufgaben übertragen wurden, die er alle zur Zufriedenheit der Auftraggeber erledigte.

und zuletzt die bürgerlichen Hofräte – vom Direktor (Präsident bzw. Kanzler) aufgefordert, zu den einzelnen Referaten Stellung zu beziehen und darüber abzustimmen. Über den Inhalt der Beschlüsse, die Conclusa, entschied die einfache Stimmenmehrheit. Die in der Sache dann anfallenden Expeditionen hatten die jeweiligen Referenten selbst vorzubereiten, ebenso die Vorarbeiten und Kontrollen eines aussagekräftigen Protokolls zu leisten. Unter Adalbert von Harstall (1788–1802) wurde es üblich, daß die Abfassung der Conclusa vom Regierungsdirektorium vorgenommen wurde, welches dem Regenten zugleich auch die Protokolle vorlegte[191]. Weniger wichtige Fälle wurden ohne größere Beratungen und Vorlage von Referaten im Plenum, ebenfalls mit einfacher Stimmenmehrheit, entschieden.

Die von der Weltlichen Landesregierung zu behandelnden Angelegenheiten waren nach wie vor doppelter Art: Sie gehörten entweder zu den Regierungssachen (Jurisdictionalia) oder zu den Justizsachen (Judicialia), wurden aber alle im Plenum behandelt. Unter den Jurisdiktionalien verstand die in dem fuldischen Hofrat, später Geheimen Rat und domkapitularischen Syndikus Eugen Thomas personifizierte einheimische Staatsrechtslehre des ausgehenden 18. Jahrhunderts »alle politischen Geschäfte, welche kein streitiges Verfahren vonnöthen haben«[192]; zum Judizialwesen zählte man »alle diejenigen, zur streitigen sowohl als freiwilligen Gerichtbarkeit gehörigen Justizhandlungen, wobei Privatparteien interessiret sind«[193]. Eine öffentliche Kanzleitabelle vom 13. Dezember 1767 schlüsselte die Jurisdiktional- und Judizialsachen im einzelnen auf[194], wobei auch

---

191 Verordnung vom 24. November 1792; referiert bei ENNEKING, S. 37f.
192 THOMAS, Gerichtsverfassung, § 88, S. 175.
193 Ebd., § 89, S. 178.
194 Zusammengefaßt ebd., S. 175–179. – Als Jurisdictionalia behandelte man demnach: 1) Fragen der Polizeiordnung, 2) Rechte und Privilegien der Gemeinden, 3) Sachen des allgemeinen Besten, 4) Öffentliche, die Landeshoheit berührende Geschäfte, 5) Zölle, Akzise und alle anderen Kammerrechte, 6) Steuersachen, 7) Ehrenfragen, 8) Genehmigungen für Handwerker, 9) Bestätigungen der Privilegien, die Hoheitsrechte und die fürstliche Rentkammer betrafen, 10) Religionssachen der protestantischen Untertanen, 11) Militaria, 12) Fragen der Lokalverwaltung (Ämter), 13) Schutz und Erhaltung der Hoheitsrechte, 14) Öffentliche Sicherheit auf dem Land und in Städten, 15) Verbesserungen des Straßennetzes, 16) Grenzstreitigkeiten, 17) Invalidensachen (sofern diese nicht in einem bürgerlichen Rechtsstreit behandelt wurden und dann zu den Judicialia gehörten), 18) Judensachen, 19) Lotteriewesen, 20) Armenwesen, 21) Erteilung der Volljährigkeit, 22) Bestimmung adliger Vormünder, 23) Fragen des Zucht- und Arbeitshauses, der Manufaktur und der Kommerzien, 24) Streitigkeiten mit auswärtigen Reichsständen oder der Reichsritterschaft, 25) Kollisionsfälle zwischen den Geistlichen und der Weltlichen Regierung, die aus dem weltlichen Rechte zu entscheiden waren, 26) Erläuterungen über die Frage der Zugehörigkeit bestimmter Sachen zum Jurisdiktional- oder Judizialwesen, 27) Bestätigungen der städtischen Selbstverwaltungsorgane, 28) Reichs- und Kreistagssachen. Der unter 1) genannte Bereich der Polizei war zusätzlich durch ein besonderes Verzeichnis festgelegt; er umfaßte: a) die Leitung der Bürger nach der Verschiedenheit der Klassen, b) Erziehung und Schulwesen, c) Einrichtung und Aufsicht über Maße und Gewichte, d) Gesundheitsfürsorge, e) Sicherheit und Vergnügungen der Bürger, f) Sittenaufsicht, g) Religionsaufsicht, h) Armenanstalten, i) Bestimmungen der Preise, j) Musik und Spiele, k) Feldbau, l) Jagd- und Forstwesen, m) Geldumlauf, n) Juden, o) Berg- und Salzwerke, p) Aufsicht über Wirtshäuser, Getränke und Mühlen, q) Fabriken und Manufakturen, r) Marktwesen, s) Münzsachen, t) Vorsorge wider öffentliche Prostitution. In der Kanzleitabelle nicht genannt, aber in der aktenmäßigen Überlieferung faßbar wird die Mitwirkung der Regierung bei der Anstellung mittlerer und unterer Chargen in der Zentral- und Lokalverwaltung mittels Gutachten für den Regenten sowie bei der Vereidigung der Geheimen Räte, Hofräte und Assessoren, Sekretäre, Archivare, Registratoren, Kanzlisten und Akzessisten, Advokaten, Oberamtleute,

die Verlagerung von ehemals dem Geheimen Rat oder der Geheimen Konferenz anvertrauten Angelegenheiten auf die Weltliche Landesregierung sehr deutlich wird.

Der doppelten Aufgabenstellung für die Regierung hätte eigentlich eine ebensolche Aufgabenteilung und Spezialisierung der Räte entsprechen müssen. Den steigenden Erfordernissen konnte es nicht mehr genügen, daß ohne Unterschied Regierungs- und Justizsachen vor das Plenum der Räte gelangten und hier behandelt wurden; diese Regelung war auf überschaubarere Verhältnisse zugeschnitten, jetzt aber überholt. Die Räte kannten keine oder nur eine unzureichende Spezialisierung[195]; sie mußten zur Bearbeitung und zur Referierung einer jeden Sache bereit sein – was, in den Unterlagen nicht ausgesprochen, der Qualität ihrer Arbeit nicht eben zuträglich war.

Ein Parere über das Regierungs- und Justizwesen aus dem Jahre 1765 von einem ungenannten Verfasser[196] empfahl angesichts dieser Sachlage und unter Hinweis auf die Regelung in anderen Territorien die Einrichtung zweier, einander im Rang völlig gleichgestellter Senate innerhalb des Ratskollegiums. Der Vorteil einer solchen Regelung wurde in der Arbeitsteilung und der dadurch gewährleisteten schnelleren Erledigung der anfallenden Aufgaben gesehen; der Nutzen könne sich verdoppeln, *wann in dieser absicht die verschiedene arten der beschäftigungen in einem regierungs-collegio ihre besondere departments und eigens geordnete arbeiter finden.* Wie in den einleitenden Bemerkungen des Gutachtens ausgeführt wurde, hätte eine solche Änderung leicht an das Vorbild der vor kurzer Zeit in der Registratur erfolgten Trennung in Jurisdiktional- und Judizialsachen[197] anknüpfen können, ja dieser erst einen überzeugenden Sinn verliehen.

Auf dieses Gutachten soll im folgenden etwas ausführlicher eingegangen werden, da sich in ihm nicht nur Vorstellungen von einem veränderten Regierungssystem nieder-

Amtleute und Amtsvögte, Amtsadjunkten und Amtsaktuare, der evangelischen Geistlichen, der Schuldiener, der Bürgermeister, Räte und Syndici der Städte, der Stadt- und Landphysici, des Landchirurgen, des Marschkommissars und des Landvermessers (s. Miscellanea zum Kanzleiwesen: StAM 90a/838). Unter die Judicialia zählte man: 1) Alle Streitfälle nach Art eines ersten Instanzgesuchs, eines Mandats- oder Reskriptenprozesses, 2) Polizei- und öffentliche Sachen, sofern sie einen Privatstreit zum Gegenstand hatten, 3) Streitsachen zwischen Gemeinden oder von Gemeinden mit Privatpersonen, z. B. in Hut- und Triftfragen, 4) Steuersachen, in denen Privatpersonen wegen Konkurrenz untereinander in Streit geraten waren, 5) zwischen Fiskus und Untertanen anfallende Beschwerden, z. B. über Hut, Trift, Holz oder Frohnden, 6) Bestätigungen gerichtlicher Kontrakte und Vergleiche, 7) Testamentseröffnungen, 8) Bewilligungen bei Fideikommissen, 9) Bestätigungen und Auskünfte über Privilegien, die weder von Hoheitsrechten abhingen noch einen Bezug zur fürstlichen Rentkammer hatten, 10) Jurisdiktionsstreitigkeiten zwischen den Untergerichten, 11) Handwerksstreitigkeiten, 12) Korrespondenzen in Justizangelegenheiten mit Auswärtigen und erforderliche Maßnahmen bei den Reichsgerichten, 13) geistliche Sachen wie Ehen, Sponsalien und Fornikationsfälle protestantischer Untertanen, die vor die sog. geistlichen Untergerichte und als Berufungsinstanz/Obergericht vor die Weltliche Landesregierung gehörten. Abweichend von der eben zitierten Kanzleitabelle hatte ein Parere über das Regierungs- und Justizwesen aus dem Jahre 1765 (s. Anm. 196) ebenfalls eine ausführliche Aufstellung der Zuständigkeitsbereiche der Regierung präsentiert.
195 Gewisse Präferenzen lassen sich allerdings bei einigen Räten ausmachen. So gaben Anfang 1791 die Räte Schlereth und Thomas 8 Regierungssachen und 27 Prozesse bzw. 21 Regierungssachen und 15 Prozesse als Aufgabengebiete an (s. ENNEKING, S. 33).
196 StAM 91/941.
197 S. dazu S. 335.

schlagen, sondern – namentlich in den Abschnitten über die Vorgehensweise bei den Regierungsberatungen – auch bestehende Verhältnisse übernommen wurden. Von der praktischen Tagesarbeit der Räte gibt es ein ebenso anschauliches Bild wie von den angestrebten Verbesserungen der Organisationsformen.

Nach den Vorstellungen des Verfassers sollte der Jurisdiktionalsenat ebenso wie der Judizialsenat unter dem Vorsitz des Regierungspräsidenten stehen; diesem war es freigestellt, bald diesem, bald jenem Senat zu präsidieren. Das eigentliche Direktorium aber lag beim Hofkanzler. Dem Jurisdiktionalsenat sollten des weiteren sechs Geheime oder Hofräte angehören, die über die Entscheidungen nach dem Mehrheitsprinzip abzustimmen hatten. Im Falle von Stimmengleichheit sollte es dem Direktor freistehen, noch andere Räte hinzuzuziehen, eine Plenumssitzung anzuberaumen oder aber dem einen oder anderen Rat aus dem Justizsenat die Abfassung eines Gutachtens anzubefehlen.

Für die Abwicklung der Expeditionen war dem Senat ein Sekretär zuzuordnen, *der sich vorzüglich einer ächten und guten schreibart zu beflissigen* hatte. Für die Schreibarbeiten sollten drei Kanzlisten ausreichen – *allein eine reine und orthographische feder wäre diesen um so nothwendiger einzuschärfen, als es vor diesem senat sehr verächtlich und dem hochstift selbsten schimpflich fallen würde, wenn die daraus meist ad exteros fliesende expedita schlecht und fehlerhaft geschrieben seyn solten.* Diesem vorzubeugen, war dem Sekretär aufgetragen. Er hatte schließlich die Expedita zu unterzeichnen; genaue Kontrolle war daher ratsam.

Der Registrator oder Archivar hatte die Jurisdiktionalrepositur zu führen, wobei er gegebenenfalls ältere, gleichgelagerte Vorgänge den neueren beilegen sollte. Keinesfalls durfte er eine Originalurkunde aus dem Archiv extradieren, sondern sie allein dem um Kenntnisnahme ersuchenden Referenten vorlegen und im Bedarfsfall Auszüge daraus anfertigen[198].

Der Judizialsenat sollte an der Spitze ebenfalls mit einem Direktor besetzt sein (Ehrenvorsitz des Präsidenten der Regierung, praktischer Vorsitz des Kanzlers). Weiter sollten ihm sechs Geheime oder Hofräte angehören, wobei allerdings – im Interesse der Untertanen – eine sorgfältige Auswahl getroffen werden müßte. In dem Gutachten wird sogar die Frage aufgeworfen, inwieweit man junge, unerfahrene Räte bei wichtigen Fällen, besonders Kriminalsachen, in denen es um Leben oder Tod ging, von der Abstimmung ausschließen sollte. Dem Justizsenat zur Seite stehen sollten ein Sekretär und drei Kanzlisten[199].

Das Verfahren in den Senaten wurde im Gutachten in allen Einzelheiten ausgebreitet: Zunächst einmal sollte es bei den üblichen Ratstagen bleiben. Der Direktor hatte alle Angelegenheiten, *die nur einiges bedencken mit sich führen, ordentlich zu distribuiren* und hierüber das schon gebräuchliche Tagebuch mit den Namen der Referenten und den Terminen für ihre Vorlagen zu führen. Bei den Sitzungen hatte der *eigens hierzu anzustellende* Sekretär über alle Vorkommenheiten ein kurzes, aber prägnantes Rhapso-

---

198 Zum Bisherigen: StAM 91/941, Abschn. I.2. Für den Fall des Kopierens müßte sich der Registrator – so fand der Gutachter hervorzuheben nötig – der *diplomatique* allen Ernstes befleißigen, *damit ältere urkunden richtig gelesen und ächte transumpta gefertiget werden können.*
199 Ebd., Abschn. II.2.

dium mit genauer Teilnehmerliste zu verfassen, auf dessen Grundlage der Archivar dann sein tägliches *protocollum jurisdictionale* verfertigen sollte[200].

Der Abstimmungsmodus (streng nach der Rangordnung) sollte *in allen nur etwas beträchtlichen sachen* auf das genaueste eingehalten und die Voten der Räte im Rhapsodium notiert werden. Aus diesem Grunde war den Räten geboten, sich allen Einredens außer der Ordnung zu enthalten. Wenn jemand mit dem Referenten nicht übereinstimmte, hatte er seine Meinung in präziser Zusammenfassung in das Rhapsodium zu diktieren, *mit leeren rationibus dubitandi aber zeit und papier zu verschonen.* Für den Fall der Zustimmung zum Vortrag des Referenten sollten die anderen Räte bei ihrem eigenen Votum darauf verzichten, die im Referat angesprochenen Argumente zu wiederholen, sondern höchstens zusätzliche Gründe anführen. Mangelte es an diesen, hatten sie ihre Auffassung durch ein *placet votum N.N. cum voto referentis* Ausdruck zu verleihen.

Waren nach der Abstimmung ein förmlicher Beschluß, ein Dekret oder eine einfache Stellungnahme abzufassen, so wurden diese, falls sie auf dem Votum des Referenten aufbauten, sogleich im Rhapsodium vermerkt; vom Referenten waren sie dementsprechend vorzubereiten. Niemals aber sollten solche Schriftstücke während der Sitzung formuliert und ins Rhapsodium diktiert werden. Der Referent hatte im Fall widersprüchlicher Stellungnahmen der anderen Räte den endgültigen Beschluß zu Hause, unter Zugrundelegung aller im Rhapsodium festgehaltenen Auffassungen, *genau, mit guter vorsicht und einem gerichtlichen stylo gemäs, kurz und nervos* auf einem besonderen Bogen Papier zu entwerfen. In der nächsten Sitzung war dieser Beschlußvorschlag im Plenum zu verlesen und gegebenenfalls abzuändern. Darauf konnten die Conclusa, Dekrete oder Schreiben zur Ausfertigung gelangen. Das Verfahren, so gestand der Gutachter zu, war zwar zeitraubend, wurde aber durch die Trennung in zwei Senate wettgemacht; es bot den Vorteil der Verläßlichkeit und der Genauigkeit.

Dem Fürstbischof vorzulegende Regierungsrelationen in Jurisdictionalia wie in Judicialia waren ebenfalls durch den jeweiligen Referenten abzufassen und nach Billigung durch das Plenum der Senate von ihm zu unterzeichnen. Ausführliche Relationen an den Fürstbischof sollten jedoch nur in außergewöhnlichen Fällen verfaßt werden. In der Regel genügte die Information durch ein besonders mundiertes Protokoll. Der Gutachter regte die Berufung eines eigens dafür verantwortlichen Kanzlisten an, der dieses Protokoll täglich auf der Basis des Rhapsodiums und der beigefügten Beschlüsse führen und es dem Fürstbischof *loco perpetuae relationis* zustellen sollte. Erst nach der Rückgabe, gleichbedeutend mit dem Plazet, sollte die Expedition erfolgen; der Fürstbischof hatte die Möglichkeit, Einsprüche anzumelden und die Beschlüsse nach seinen Vorstellungen umzuformen. Dieses Instrument wurde in der Praxis oft gehandhabt.

Der Landesherr war zudem durch den Hofkanzler immer genau über den Gang und Stand der einzelnen Geschäfte und die Leistungen ihrer Bearbeiter informiert, behielt

---

200 Das Rhapsodium konnte nach folgendem Schema abgefaßt werden:
Legebatur der bericht;
exhibitum oder schreiben in betreff dieser oder jener nur mit wenigen worten bemerckter vorkommenheit;
collectis votum: conclusum
oder: referebatur ex actis per referentem N.N.
  collectis votis: conclusum.

sich auch vor, auf sie direkt Einfluß zu nehmen. Die Beförderung des Jurisdiktions- wie des Justizwesens wurde durch die eben beschriebene Prozedur wohl erschwert; allein der Fürst hatte von sich aus den Wunsch nach schneller Erledigung der Angelegenheiten – er ließ daher die Relationen sobald als möglich zurückgehen bzw. für den Fall seiner Abwesenheit geeignete Maßnahmen treffen. Schon im Interesse einer schnellen Abwicklung sollten deshalb die Relationen und Protokolle knapp und prägnant abgefaßt werden; Direktorium und Räte hatten darauf ein Auge zu richten[201].

Da die Relationsgebühren in Justiz- und Parteisachen weitaus zahlreicher und höher waren als in den Jurisdiktionsangelegenheiten, auch die Regierungssachen weniger Zeit in Anspruch nahmen als die Justizsachen, hätten die Mitglieder des Regierungssenats in ihrem Gehalt einige Einbußen erlitten. Diesem Einnahmeverlust sollte dadurch begegnet werden, daß die in Justizsachen recht häufig anfallenden Revisionen in den Regierungssenat transferiert wurden[202]. Außerdem sollten die Mitglieder dieses Senats bei der Übertragung von Kommissionen bevorzugt werden.

Für die Revisionssachen im Regierungssenat war ein separates Rhapsodium zu führen; dessen Eintragungen konnte der in Justizsachen bestellte Registrator zur Ergänzung des *protocollum judiciale*, das die Revisionssachen enthalten mußte, verwenden. Jedenfalls waren diese Revisionsangelegenheiten von den Jurisdictionalia sofort scharf zu trennen und gesondert in Verwahrung zu geben.

Allerdings warf die vorgeschlagene Neueinteilung der Zuständigkeiten innerhalb der Regierung auch räumliche Probleme auf, da zusätzliche Zimmer benötigt wurden; doch machte der Gutachter auch zu diesen Problemen detaillierte Vorschläge[203].

Den Veränderungsbestrebungen war allerdings keine Umsetzung in die Praxis beschieden, der radikale Einschnitt blieb aus. Der in vielem so rational denkende

201   Zum obigen: StAM 91/941, Abschn. I,3.
202   Falls das Hochstift ein *jus limitatum de non appellando* erlangen sollte, d. h. in bestimmten Fällen den Untertanen die Möglichkeit der Appellation an die höchsten Reichsgerichte untersagt wurde, war ohnehin ein besonderer Revisionsrat aus solchen Mitgliedern zu bilden, die in der vorigen Instanz, gegen welche nun die Revision eingelegt wurde, nicht zugegen gewesen waren und nicht mitentschieden hatten. Aber auch wenn dieses Recht nicht erlangt würde, so sei doch zu bedenken, daß bei der Verhandlungen über die Revisionsanträge nicht die die Richter seien, durch deren Spruch die Revision veranlaßt wurde.
203   Der Regierungssenat könnte am zweckmäßigsten in der bereits eingerichteten ordentlichen Ratsstube tagen, wo die notwendige Verbindung mit der Expeditionsstube, dem Archiv und der Jurisdiktionalregistratur gewährleistet war. Für den Justizsenat böte sich eigentlich die sog. Deputationsstube an, in der auch der Lehnhof zusammentrat, jedoch war diese für die Lehnsachen unentbehrlich, da für mündliche Verhöre und bei Ankunft von Fremden ein besonderes Zimmer vorhanden sein müsse; zudem wäre ein hier tagender Justizsenat von der Judizialexpedition und -registratur ganz abgeschnitten. Eine weitere Möglichkeit böte die – allerdings sehr beengte – geistliche Ratsstube. Würde sich jedoch für die Geistliche Regierung kein anderer geeigneter Raum finden lassen, so wäre dem Jurisdiktionalsenat angesichts der notwendigen Verbindung mit Registratur und Expedition die Deputationsstube, trotz aller Kleinheit, zuzuweisen. Zur Erweiterung des Raumangebots könnte in der sog. Kanzleibotenstube, in der sich die Forstamtsrepositur befand, eine Wand durchbrochen und hier eine Tür eingebaut werden, so daß auch diese Stube vom Regierungssenat zu benutzen wäre. Für den Judizialsenat ergäbe sich so die Möglichkeit, in der seitherigen Ratsstube zu tagen, die notwendige Verbindung mit Registratur und Archiv sei hier ja gegeben. Die Forstamtsrepositur müßte dann in der Nebenkammer der Expeditionsstube verlegt werden. Die Fremden (Lehnsträger) wären in die Expeditionsstube zu verweisen, die Deputationen könnten nachmittags in der Ratsstube behandelt werden. Wahrlich eine komplizierte Angelegenheit!

Fürstbischof Heinrich von Bibra, aber auch die Mehrzahl der Räte lehnten die Vorschläge ab. Heinrich wollte offenkundig zum einen eine breite Diskussionsbasis für die normalen Regierungsgeschäfte; nur die wichtigen Staatssachen mochte er im kleinen Kreis behandelt wissen (wie er es durch die Einberufung der Geheimen Konferenz auch praktizierte). Andererseits festigte er damit natürlich auch seine eigene Stellung über der Regierung. Zwei getrennte Senate mit spezialisierten Räten hätten aufgrund ihrer gesteigerten fachlichen Kompetenzen sicherlich mehr Eigenständigkeit entwickeln und den Entscheidungsspielraum des Fürstbischofs einengen können. Die Interessenlage der die Aufgabentrennung ablehnenden Mehrheit der Räte ist ebenfalls eindeutig. Sie befürchteten finanzielle Einbußen; außerdem wären einige von ihnen bei der Beschränkung der Mitgliederzahl der beiden Senate auf jeweils sechs Räte und bei strengeren Qualifikationsmaßstäben vom Ausscheiden bedroht worden. Durch seine Vorschläge mußte sich der Gutachter bei ihnen besonders unbeliebt machen.

Es verwundert nicht, daß es infolge des Festhaltens am Status quo im Jahre 1791 erneut zu Klagen über die Regierungsverfassung kam[204]. Die Schuld für die damals wieder einmal offen zutage tretenden Verzögerungen bei der Regierungsarbeit sahen die betroffenen Räte nicht bei sich, sondern in der Organisation – und damit hatten sie zweifellos recht. Nach Ausweis der wöchentlichen Arbeitsverzeichnisse waren sie durchaus fleißig und gewissenhaft.

Allerdings fand auch jetzt die radikale Lösung einer Bildung zweier Senate oder gar völliger Gewaltentrennung, durch die Errichtung einer eigenen Gerichtsbehörde, keine Mehrheit. Fürstbischof Adalbert von Harstall wollte alle wichtigeren Gegenstände ungeachtet ihres sachlichen Bezuges vom Plenum der Regierung behandelt wissen. Entsprechend sah seine Verordnung vom 24. November 1792 über die Behandlung wichtiger Landesangelegenheiten vor, daß diese nur im Beisein aller Räte oder wenigstens in Gegenwart von fünf oder sechs Geheimen und Hofräten erfolgen sollte. In schwierigen, aber nicht dringend zu entscheidenden Fällen sollten Abstimmungen sogar erst in der nachfolgenden Sitzung stattfinden[205], die Räte also Zeit haben, die Argumente nochmals genau abzuwägen und sich nach reiflicher Überlegung, frei von in den Sessionen evtl. aufkommenden Emotionen, zu entscheiden. Im Grunde war dies eine von Verantwortungsbewußtsein und Sorgfalt zeugende Verordnung, andererseits jedoch eine die Effektivität hemmende Maßnahme. Vor die Wahl zwischen Gewissenhaftigkeit und Wirksamkeit gestellt, entschied sich Adalbert von Harstall für das erstere.

Der Regierungskanzler und die Mehrheit der Räte befürchteten dagegen – einmal mehr – bei einer Trennung der Regierungsaufgaben finanzielle Einbußen für die Mitglieder des Jurisdiktionalsenats, da die Regierungs- und Polizeisachen, im Gegensatz

---

204 Zum folgenden s. ENNEKING, S. 33–35. Als sich Fürstbischof Adalbert einen Überblick über die bei der Regierung laufenden Sachen in Regierungs- wie in Justizangelegenheiten verschaffen wollte und dabei erhebliche Rückstände bei der Bearbeitung einzelner Vorgänge sichtbar wurden, verwies eine Direktorialrelation vom 28. Januar 1791 auf die Nachteile der Behandlung aller Jurisdictionalia, Judicialia, Politica und Criminalia vor dem Plenum der Regierung. Dies könne nur zu Verzögerungen und Verschleppungen führen, zumal die zu behandelnden Sachen sich in den letzten Jahren sehr stark vermehrt hätten. Hinzu käme, daß außerordentliche und privilegierte Fälle jederzeit ohne Rücksicht auf den eingeführten Turnus behandelt werden könnten und durch ausgiebigen Gebrauch dieser Möglichkeit die laufenden Arbeiten vernachlässigt würden. Zur Durchsetzung des Turnus vgl. auch THOMAS, Gerichtsverfassung, § 90, S. 179.
205 Vgl. ENNEKING, S. 37f.

zu den Justizsachen, größtenteils unentgeltlich behandelt werden mußten[206] – die 1765 vorgeschlagenen Kompensationen blieben ganz außer acht. Deutlich aber wird hier, wie schon 1765, daß ein – in den Relationen und Gutachten nur angedeuteter – Grund für mangelnde Innovationen auf dem Gebiet der inneren Verfassung der Regierung in der unzureichenden Besoldung ihrer Mitglieder lag, die auf die Sporteln angewiesen waren und nicht auf sie verzichten zu können glaubten. Eine Einführung von zwei Senaten hätte deshalb von einer Besoldungserhöhung begleitet sein müssen, und zwar überproportional für die mit den Regierungssachen im engeren Sinn betrauten Räte.

Die von Fürstbischof Adalbert unternommenen Verbesserungsmaßnahmen dagegen kurierten nur an den Symptomen, durchgreifende Besserung brachten sie nicht. Operationsgebiet für Adalbert waren die technischen Regelungen beim Referieren und der Übermittlung von Entscheidungen.

Unter seinem Vorgänger war festgelegt worden, daß die Räte nach Alter und Rang referieren sollten, und zwar ein jeder solange, bis er alle seine ausgearbeiteten Relationen vorgetragen hatte – auch dies eine der den so häufig gelobten Weitblick Heinrichs von Bibra deutlich relativierenden Maßnahmen. Da die Vorträge eines einzelnen Rates oft genug eine ganze Sitzung in Anspruch nahmen, kamen die anderen Räte nur in großen Abständen an die Reihe und beklagten den Verlust der Sportelgebühren. Diese standen ihnen nämlich für jedes Referat – vornehmlich natürlich in Rechtssachen – zu; je häufiger jemand referierte, desto höher war sein Verdienst. Darum drängten alle Räte 1792 auf die Einführung eines neuen Turnus, in dem Räte und Referate möglichst oft wechselten. Für die Abwicklung der Justizsachen ergaben sich hieraus allerdings untragbare Beeinträchtigungen. Hinauszögern der Angelegenheiten durch häufiges Referieren von Zwischenentscheidungen waren gang und gäbe; die die Prozesse beendenden Finalrelationen wurden immer seltener.

Diesem Mißbrauch suchte man dann schnell wieder entgegenzuwirken, indem man den alten Turnus mit gewissen Modifizierungen wieder einführte. Jeder Rat hatte erneut die Reihe seiner Relationen in einem Zug vorzutragen – das Sportelinteresse sollte die Justizbeförderung nicht beeinträchtigen dürfen. Doch die Widerstände gegen diese Regelungen blieben nicht aus. Hofrat Franz Karl Schlereth machte sich im Herbst 1793 zum Sprecher derjenigen, die nach einer Abwechslung der Referate in den Sessionen strebten, eine erneute Erörterung der Turnusfrage erreichten und ihre Vorstellungen auch teilweise durchsetzen konnten[207].

Eine zweite Maßnahme Fürstbischof Adalberts gegen die Verschleppung der Regierungs- und Justizsachen war die Anordnung der Behandlung bestimmter Gegenstände an festgelegten Wochentagen. Bisher hatte man sich der einzelnen Sachen so angenommen, wie sie gerade anfielen, es sei denn, es handelte sich um Extraordinaria, die keinen Aufschub duldeten. Jetzt wurden der Montag für öffentliche Fälle, der Dienstag und Donnerstag für private Streitsachen reserviert, am Freitag sollte keine feste Regel gelten[208].

---

206 Ebd., S. 36: Direktorialrelation vom 28. Januar 1791, Dekret vom 4. Februar 1791.
207 S. dazu ebd., S. 34–37.
208 Hierzu ausführlich (mit weiteren Einschärfungen von Verhaltensregeln) die Kanzleiverordnung vom 1. Mai 1794: StAM 91/967. S. auch ENNEKING, S. 37: Direktorialrelation vom 11. März 1794, Dekret vom 18. März 1794.

Zum dritten griff Adalbert auf ein altes, probates Mittel zurück – die Leistungskontrolle. Jeder Rat hatte zweimal jährlich (zu Beginn der Ernteferien und am Jahresanfang) dem Bischof ein Verzeichnis der ihm zugewiesenen und noch nicht erledigten Sachen, mit Angabe der Verzögerungsursachen, vorzulegen[209]. Diese Maßnahme zeitigte zweifellos einigen Erfolg. Nur: entscheidende Verbesserungen waren auf diesem Wege nicht zu erzielen.

Trotz aller gescheiterten Versuche, getrennte Senate zu institutionalisieren, trotz der Klagen über mangelnde Spezialisierung innerhalb des Ratskollegiums gab es doch Konzentrierungen einzelner Räte auf bestimmte, nur ihnen vorbehaltene Aufgaben, so im Judizialfach (auf die gleich einzugehen ist), bis hin zur Ausbildung von Nebenstellen der Regierung im Lehnhof und Archiv (die im Anschluß an die Behandlung des Präsidentenamtes dargestellt werden sollen).

Einer der gelehrten Räte übte seit der Mitte des 18. Jahrhunderts regelmäßig das Amt eines Advocatus fisci aus, in welchem das seit der Mitte des 16. Jahrhunderts bezeugte Fiskalat[210] aufging. Er sollte die landesherrlichen Rechte vor allen Eingriffen schützen und hatte darauf zu achten, daß schriftliche Verordnungen und Befehle der Behörden befolgt wurden[211]. Gegen Übertritte dieser Bestimmungen hatte er bei der Regierung förmliche Klage zu führen[212].

Zunächst ein, später zwei Räte versahen im 18. Jahrhundert das Amt des Advocatus patriae oder Landesadvokaten. Im Gegensatz zum Advocatus fisci vertraten sie die Person des Landesherrn nicht als Ankläger, sondern fungierten als dessen »Rechtsbeistand und Verteidiger«[213], und zwar in rechtlichen Auseinandersetzungen, die sowohl Landeshoheits- als auch Kameralinteressen berührten, nach innen wie nach außen[214]. Beide Ämter wurden nicht nur juristisch besonders befähigten, sondern auch mit den landesherrlichen Rechten speziell vertrauten Personen – häufig Universitätslehrern – anvertraut[215]. Die bei den Prozessen vor der fuldischen Regierung als Rechtsbeistände der Prozeßparteien zugelassenen Advokaten und Prokuratoren – deren Zahl sich nicht über acht bis zehn bewegen sollte und die sich vor ihrer Zulassung einer Prüfung durch die Weltliche Landesregierung zu unterziehen hatten – gehörten dagegen nicht per se in den Kreis der fürstlichen Räte[216].

209 Als Unterlage für das dem Fürstbischof abzuliefernde Verzeichnis und zur Eigenkontrolle hatten sämtliche Räte über ihre *causas distributas* ein »Hausmanual« zu führen, in dem vor allem die wesentlichen Gründe für Rückstände festzuhalten waren. Kanzleiverordnung vom 1. Mai 1794, Abschn. I, B; vgl. auch ENNEKING, S. 37.
210 S. Küchenmeistereirechnung 1571: StAM Rechnungen II Fulda, 395.
211 S. Bestallung des Professor Digestorum Johann Balthasar Kaufholz zum Advocatus fisci vom 11. Dezember 1747: StAM 90a/220, sub Kaufholz.
212 S. StAM 90a/833: Instruktion für einen weltlichen Regierungsfiskal, 1790.
213 Unterscheidung nach KÖNIG, S. 267.
214 S. Bestallung des Prof. Dr. Franz Leonhard Joseph Brack, 3. Januar 1772: StAM 90a/220, sub Brack.
215 So den Professoren Kaufholz und Brack; vgl. Anm. 211 und 214.
216 Vgl. die Bestallungsdekrete für Advokaten (StAM 90a/808) sowie die praktischen Prüfungen zur Anstellung von Advokaten und Prokuratoren (StAM 90a/809, 810, 811, 812, 813, 815, 816, 817, 819, 820, 822).

a. Der Präsident der Weltlichen Regierung

Das in der Kanzleiordnung von 1674 so häufig angesprochene und in der nachfolgenden Zeit zur formellen Oberleitung der Regierungsbehörden sich entwickelnde Amt eines Präsidenten war eine Neuerung, die der Fürstabt und spätere Kardinal Bernhard Gustav eingeführt und ganz auf die Person seines engsten Beraters, des kaiserlichen Reichshofrates Johann Werner von Plittersdorff, zugeschnitten hatte. Diesen hatte er bereits 1669 gegen erhebliche Widerstände, vor allem seitens des Kanzlers Köpping (welchem seine oppositionelle Haltung schließlich zum Verhängnis wurde), als *consiliarius et vicem tenens Serenissimi* durchgesetzt[217]. Nach Köppings Entlassung machte er ihn zum Kanzler und im März 1671 nach Beratung mit dem Stiftsdechanten Johann Michael von Hochstetten und der Grauen Eminenz unter den Stiftskapitularen, Propst Odo von Riedheim auf dem Petersberg, zum Präsidenten der Geistlichen und Weltlichen Räte, um seine Stellung als ehemaliger Reichshofrat im Bereich der fuldischen Regierung angemessen hervorzuheben. Als Haupt der Weltlichen Regierung wurde von Plittersdorff auch als »Kanzleipräsident« bezeichnet[218].

Johann Werner von Plittersdorff wurde allerdings dem Kapitel, sicherlich auch den Räten, schon bald zu mächtig. Vor allem Odo von Riedheim versuchte über seine guten Beziehungen zum Fürstabt, Plittersdorffs Stellung zu beschneiden, ja ihn sogar *gänzlich zu schupsen*, wie er in seinem Tagebuch in aller Offenheit gesteht, beschied sich allerdings damit, ihn *in engere Schranken* zu weisen[219]. Dabei traf er sich in seinen Intentionen mit einer gewissen Verstimmung Bernhard Gustavs über seine engsten Vertrauten. So erging am 9. September 1675 die Anordnung des Fürstabts, daß in Zukunft den Hofratssitzungen immer ein Kapitular beiwohnen sollte. Zudem wurde von Plittersdorff im Auftrag Bernhard Gustavs durch Odo von Riedheim bedeutet, *er solle den Kapitularen ihren gebührenden Respekt und den ersten Platz auf der Kanzlei überlassen, in Konsistorialangelegenheiten sich nit zu viel einmischen, als ob er auch hier der Praeses sei*[220].

In diesen Bestimmungen bahnt sich die nach dem Abgang Plittersdorffs erfolgende Verlagerung des Präsidentenamtes auf ein Mitglied des Stiftskapitels an. Hier erlangte das Kapitel, mit Unterstützung des regierenden Fürstabts und keineswegs im Kampf gegen ihn, die nominelle Oberleitung der Regierung – mit der Möglichkeit, schon dort seinen Einfluß geltend zu machen und nicht erst bei den vierteljährlichen Kapitelssitzungen oder sporadisch im Geheimen Rat[221]. Die Umfunktionierung des Präsidentenamtes

---

217 Vgl. Rübsam, Bernhard Gustav, S. 47–49. Zur Person Plittersdorffs s. die Skizze von Frhr. v. Blittersdorf.
218 Vgl. Rübsam, Bernhard Gustav, S. 81 f. Aus den Bezeichnungen geht im übrigen klar hervor, daß es zu diesem Zeitpunkt noch kein Geheimes Rats-Kollegium gab.
219 Vgl. ebd., S. 168.
220 Ebd., S. 167.
221 Überraschend ist allerdings, daß in der Anordnung Bernhard Gustavs von 1675 kein Bezug auf den Geheimen Rat genommen wird, wird doch der Präsident von Plittersdorff in der Kanzleiordnung von 1674 als Mitglied dieses Gremiums genannt. Allein daraus den Schluß zu ziehen, daß die Kanzleiordnung nicht in die Praxis umgesetzt wurde, ist nicht statthaft – auch wenn er dadurch gestützt wird, daß unter Bernhard Gustav keiner seiner Mitarbeiter ausdrücklich als Geheimer Rat bezeichnet wird. Daß 1675 der Geheime Rat nicht angesprochen wird, hat seine Ursache wohl darin, daß es um die Verankerung des kapitularischen Einflusses im Hofrat und in der Kanzlei, also auf der gemeinen Regierungsebene, ging.

geschah auf kaltem Wege. Zwar ist nicht sicher, ob gleich nach von Plittersdorffs Entlassung ein Kapitular in seine Stellung einrückte, doch spätestens seit 1683 ist das geistliche Amt des Stiftsdechanten verbunden mit der Würde eines Präsidenten der Weltlichen Regierung, eines Geheimen Rates und Statthalters *(Regiminis aulici Praeses, Consiliarius intimus locum tenens)*[222]. Kapitulare rückten übrigens auch – einem allgemeinen, in anderen geistlichen Fürstentümern ebenfalls zu beobachtenden Trend folgend – an die Spitze der übrigen Behörden[223].

Selbst wenn dieses Amt zeitweise eine reine Ehrenstellung bedeutete, so bot es doch prinzipiell den Ansatzpunkt für erhebliche Einflußnahme auf die alltäglichen Regierungsgeschäfte. Nicht alle Präsidenten haben die Möglichkeiten ihres Amtes genutzt und sich mit der Einwirkung auf anderen Kanälen begnügt; auch wurde ihre Stellung immer wieder durch energische Fürsten und durch einflußreiche Kanzler eingeschränkt. Andere aber nahmen durchaus aktiven Anteil an den Rats- und Kanzleigeschäften[224]. Im ranghöchsten Regierungsamt war so die ständische Mitwirkung an der Landesregierung auch nach dem Rückgang der Ständevertretung institutionalisiert.

b. Nebenstellen der weltlichen Landesregierung

– Lehnhof

An die Regierung und die Kanzlei angegliedert blieb trotz der in der zweiten Hälfte des 18. Jahrhunderts sichtbar werdenden Verselbständigungstendenzen der aus dem Hofrat erwachsene Lehnhof. Bis zum Jahre 1761 bildeten der Hofrat bzw. die Weltliche Landesregierung in ihrer Gesamtheit den Lehnhof; nachdem sich unter den Sekretären bereits seit dem letzten Viertel des 17. Jahrhunderts eine Spezialisierung für Lehensangelegenheiten in der Person des Lehnssekretärs vollzogen hatte[225], bald auch ein Hofrat (als Lehnrat) allein mit Lehensangelegenheiten betraut worden war, wurde die formelle Scheidung zwischen Regierung und Lehnhof durch eine Verordnung Fürstbischof Heinrichs von Bibra vom 7. Juli 1761 vollzogen[226].

An der Spitze des Lehnhofs stand ein Lehnpropst, das Direktorium führte der Hofkanzler. Die Arbeit wurde im wesentlichen von (in der Regel) zwei Lehnräten und -assessoren und vor allem von einem, zeitweilig auch zwei Lehnssekretären (Lehnhofsekretären) bzw. einem Lehnfiskal und einem Lehnssekretär geleistet. Der Lehnhof, in

---

222 RICHTER, Adelige Kapitulare, S. 11 (Bonifatius von Buseck).
223 So wurden 1685 Philipp von Spiegel zum Desenberg Präsident der Hofrentkammer, 1715 Stephan von Clodh zu Hennen Präsident der Landesobereinnahme und Franz von Calenberg Präsident des Konsistoriums, 1732 Placidus von und zu Bastheim Lehnpropst (RICHTER, Adelige Kapitulare, S. 14–16).
224 Vgl. die Protokolle der Weltlichen Landesregierung 1764–1802: StAM Protokolle II Fulda, B 12, 6 Bände.
225 1678 erscheint Johann Hubert Gerlach als Kanzlei- und Lehnssekretär (StAM 90a/347, fol. 2), 1721 wird das Lehnssekretariat erstmals als eigenständiges Amt genannt (Joseph Andreas Gegenbaur wurde am 13. Mai 1721 ernannt: StAM 90a/220, sub Gegenbaur). Ein Lehnrat dagegen findet erst 1757 aus Anlaß einer Bestallungszulage Erwähnung (Christian Friedrich Müller erhält eine Erhöhung seiner Bezüge um 120 fl.: StAM Protokolle II Fulda, B 6/2, S. 3 f.).
226 StAM Protokolle II Fulda, B 13, Bd. 1, S. 3–9 (= in der Mitte des Bandes!) [Cpt. u. Reinschrift]; StAF XXI, B 3 (1761) [Kop.]. Protokoll der ersten Sitzung: StAM Protokolle II Fulda, B 13, Bd. 1, S. 1–3.

einem eigenen Zimmer (Deputationszimmer auf der Regierungskanzlei) samstags oder, wenn der Samstag mit einem Feiertag zusammenfiel, mittwochs zusammentretend – also so terminiert, daß er nicht mit Regierungssitzungen kollidierte –, war selbständig handelnd für alle weniger wichtigen Lehnsfälle zuständig; bedeutendere Angelegenheiten, wie die beim Lehnhof *in contentiosis vorkommende justiz-sachen*, generell *die in causis arduis, wohin dann die justiz-sachen sich eigentlich reservieren, vorkommende handlungen*, wurden vor dem Forum der Hof- und Geheimen Räte in der Weltlichen Landesregierung – unter maßgeblicher Beteiligung der Lehnräte und unter Zugrundelegung ihrer aus diesem Anlaß verfertigten Relationen – verhandelt und entschieden; Urteile ergingen im Namen von *Präsident, Lehnpropst, Kanzler, Geheimen, Hof- und Lehnräten, als solche zum Hochfürstlichen Lehnhof verordnet*[227].

Eigenverantwortlich wurden vom Lehnhof die »minderen« Belehnungen durchgeführt, die – streng auf Mittwoch und Samstag beschränkt – im Deputationszimmer stattfanden. Für gräfliche und andere »vornehmere« Belehnungen, die in der Regel ebenfalls mittwochs und samstags vorgenommen werden sollten, war zusätzlich die Anwesenheit sämtlicher Geheimer und Hofräte erwünscht; die Belehnungen fanden in der Regierungsaudienzstube statt. Sogenannte Thronlehen (für Fürsten und Grafen) wurden vom Fürstbischof selbst ausgegeben[228].

Bei der Wahrnehmung ihrer Aufgaben bauten die Lehnräte auf den Arbeitsleistungen der Sekretäre auf. Schon die ersten Lehnssekretäre waren vor allem mit Ordnungsaufgaben, d. h. mit der Registrierung und Reponierung von Lehnsreversen und der Erstellung von Salbüchern befaßt, um ein problemloses Auffinden der Lehnsvorgänge und damit einen genauen Überblick über die Besitzrechte zu gewährleisten; man wollte sich nicht nur auf die von den Lehnsträgern vorgelegten Reverse verlassen müssen. Daneben fiel den Sekretären die Aufgabe zu, das Protokoll der Belehnungen zu führen – wobei sie besonderen Wert auf die Erfassung von Präzedenzfällen zu legen hatten – und *ad mundum* zu schreiben. Dem Fürsten bzw. der Regierung hatten sie über die Expeditionen, die sie teilweise selbst auszuführen hatten, zu berichten. Weiterhin waren die Sekretäre verantwortlich für die Anlegung eines alphabetischen Verzeichnisses der Vasallen und die Einteilung der Lehnsleute in einzelne Klassen (Fürsten, Grafen, Edle, Städte, Unedle und solche, die keinen wirklichen Eid schworen und einen gewöhnlichen Lehnsbrief erhielten). Hierbei war auch die Qualität der jeweiligen Lehen anzugeben: Mann- oder Kunkellehen bzw. besondere Vereinbarungen, welche einzelne Familien bezüglich des Lehnsbesitzes und Lehnsempfanges getroffen hatten; Abweichungen von der *ursprünglichen natur* sollten nicht hingenommen werden.

Anhand des Verzeichnisses sollten Räte und Sekretäre auf die erforderlichen Investituren und die Behebung von eventuellen Rückständen achten. Zu überprüfen war dabei

---

227 Vgl. Thomas, Sistem, III, § 626, S. 247 f.; Enneking, S. 8; vor allem aber StAM Protokolle II Fulda, B 13, 2 Bände (Verhandlungs- und Beschlußprotokolle des Lehnhofs, 1701–1727, 1731–1736, 1770–1802, die Belehnungen und die Behandlung von Lehnsstreitigkeiten enthaltend), in Bd. 1, S. 6 und S. 9 – bzw. in StAF XXI, B 3 (1761) – auch die angeführten Zitate.
228 Gräflichen Bevollmächtigten wurde zunächst eine Audienz gewährt, zu der sie mit einer Hofkutsche *unter herkömmlicher begleitung* abgeholt wurden. Von dem Lehnssekretär waren sie zur Belehnung zu geleiten, nach der Belehnung wurden sie in den Speisesaal geführt. Zum Abschluß erhielten sie nochmals eine Audienz. S. Verordnung vom 7. Juli 1761, Punkt 12.

auch – anhand der Lehnsbriefe und Urbare –, ob der Lehnsbesitz noch ungeschmälert bestand bzw. wieviel davon veräußert worden war. Lehnsverpfändungen und dazu erteilte lehnsherrliche Bewilligungen waren in einem besonderen Verwilligungsbuch einzutragen und dieses Buch mit einem alphabetischen Index zu versehen. Schließlich führten die Lehnssekretäre ein Verzeichnis über die gebräuchlichen Taxen und die jährliche Rechnung über die Taxeinkünfte[229].

Mit der Auskoppelung des Lehnhofs aus Regierung und Kanzlei verbunden war die Trennung und gesonderte Aufbewahrung der Akten und Protokolle; der vom Hauptarchiv nicht mehr aufzunehmende Umfang des Aktenmaterials führte zugleich dazu, daß ein eigenes Archiv für den Lehnhof eingerichtet und die bisher entstandenen Lehnsakten aus der Regierungsregistratur abgesondert wurden. Die Aufgabe der Einrichtung des Archivs, Repositur und Reponierung, auch die Erarbeitung eines Repertoriums fiel ebenfalls dem Lehnssekretär zu[230].

– *Archiv*

Eine weitere Nebenstelle der weltlichen Landesregierung bzw. der Kanzlei war im 18. Jahrhundert das Archiv, das dem Regierungsdirektor, also dem Kanzler, unmittelbar unterstellt war. Die Einrichtung des Archivs war zwar wesentlich älter, seine Verwaltung wurde aber bis zu Beginn des 18. Jahrhunderts vom Kanzler oder einem Sekretär bzw. dem Registrator mit übernommen. Dann wurde das Archiv immer mehr verselbständigt und seit 1721 (unmittelbar nach der Begründung der Geheimen Konferenz) von eigens damit beauftragten Personen verwaltet[231]. Am Ende des 18. Jahrhunderts schließlich arbeiteten hier unter dem Direktorat des Kanzlers zwei Archivare (eine Archivsadjunktenstelle war 1735 eingerichtet[232], die zweite Archivarstelle endgültig 1763 durch Ernennung eines Oberarchivars geschaffen worden[233]), ein Sekretär, der 1776 erstmals

229 Vgl. Protokolle II Fulda, B 13, Bd. 1, S. 10–13 (= in der Mitte des Bandes!): Instruktion für den Assessor und Lehnhofsekretär Gegenbaur, undatiert.
230 Vgl. die Instruktion für den Lehnhofssekretär Reuber vom 23. April 1763: StAM 90a/353, fol. 346 (Kop.). In der Verordnung vom 7. Juli 1761 war diese Einrichtung eines Lehnhof-Archivs an die Trennung der Regierungs- und Hofgerichtsakten gekoppelt worden, wobei dem Assessor und Lehnhofsekretär Gegenbaur in einer besonderen Instruktion die Repositur und Reponierung nach der Separation anvertraut wurde (vgl. vorige Anm.).
231 Es handelte sich um den bisherigen Kammerschreiber Johann Georg Weitzell, der später bis zum Hofkanzler aufstieg und nobilitiert wurde. Dieser hatte sich wenige Tage zuvor selbst in Vorschlag gebracht. S. StAM 90a/80.
232 1735 (26. November) wurde Georg Christoph Scheer zum Hofrat und Archivsadjunkten bestellt: StAM 90a/80.
233 Diese Maßnahme führte zu Reibereien unter den Archivaren, welche dann auch für die mangelnde Ordnung im Archiv verantwortlich gemacht wurden. Diese Meinung vertrat sehr dezidiert der Archivalsekretär Wilhelm Alexander Hoen in seinem am 27. Mai 1786 der Regierung präsentierten Bericht über die Mängel im Archiv (StAM 90a/195, S. 33–38, hier: S. 34): Durch die Ernennung des Geheimen Rats Johann Joseph Siegler zum Oberarchivar 1767 (als Nachfolger des verstorbenen Archivarius primarius, des Geheimen Rats und Professors Franz Konrad Simon) fühlte sich der seit spätestens 1763 im Archiv tätige bisherige Archivarius secundus Johann Georg Wald übergangen, zumal Siegler angesichts anderer Aufgaben ebensowenig Zeit wie sein Vorgänger für das Archiv fand. Nach Ansicht Sieglers bezog sich Walds Unmut aber nicht auf seine Person, sondern auf die Tatsache, daß ihm bei Hofratsernennungen und bei Assessoraten jüngere Personen vorgezogen worden waren – durch die Ernennung Walds zum *actualen* Hofrat am 28. Juni 1774, in

angestellt wurde und dem – da die Archivare als Geheime bzw. Hofräte noch anderen Beschäftigungen nachgingen und ihre Arbeit im Archiv darüber vernachlässigen mußten – die Hauptarbeit zufiel[234], zwei Kanzlisten, von denen einer seinen Dienst in der Regierungskanzlei beibehielt und im Archiv nur aushalf[235], und ein Pedell, zuletzt sogar noch ein Archivpedelladjunkt; zeitweilig war auch ein unentgeltlich arbeitender Akzessist im Archiv tätig[236].

Bei dem Archiv handelte es sich um ein *Universal-Archiv*[237], für das die Ordnungs-Vorarbeiten in den Registraturen der einzelnen Behörden geleistet wurden. Separierungen und Differenzierungen aber wurden im ausgehenden 18. Jahrhundert – angesichts der Spezialisierungen innerhalb der einzelnen Regierungsorgane – immer unumgänglicher, die Ordnungs-, Registrierungs- und Reponierungsaufgaben immer umfangreicher. Im Zuge der Bestrebungen Heinrichs von Bibra, *das gesamte justiz- und repositurweesen bey Unseren höheren und niederen gerichten in eine der stracken gerechtigkeitspfleege und derselben beförderung sowohl als auch dem besten Unsres Hochstifts angemessenen ordnung herzustellen*[238], wurde daher auch das mit den Registraturen in engem sachlichen und räumlichen Zusammenhang stehende Archivwesen berührt, ja das Archiv lag Heinrich besonders am Herzen, da seine Bedeutung für das Staatswesen nicht hoch genug einzuschätzen sei[239].

Zunächst war im Archiv die in der Regierungsregistratur eingeleitete Separation der Jurisdiktions- von den Judizialakten[240] nachzuvollziehen. 1776 wurden dann weitgehende Trennungen innerhalb der Regierungsregistratur, mit allen Konsequenzen umfangreicher Neuerfassungen, -verzeichnungen und -ablagen, in die Wege geleitet[241].

der Absicht, ihn zu mehr Diensteifer im Archiv anzuspornen, und durch eine Besoldungszulage nach dem Tod des Hofrates Bronns müßte er aber zufriedengestellt, sein Ärger über die Nichtberücksichtigung bei der Bestellung des Archivarius primarius (den Siegler jetzt plötzlich anerkennt!) verflogen sein (vgl. das Parere des Geheimen Rates Siegler auf die Ausführungen des Archivalsekretärs Hoen, Oktober 1786: StAM 90a/ 195, S. 113–120, hier: S. 119f.). Hoen, der seine Meinung zu den im Archiv entstandenen Problemen so dezidiert geäußert hatte, war am Ende der Verlierer – er wurde versetzt; Wald erhielt für seine geleistete Arbeit ausdrücklich Anerkennung in Form finanzieller Zuwendungen, Siegler verzichtete aus Alters- und Gesundheitsgründen auf eine Weiterarbeit im Archiv, erhielt aber weiterhin seine Oberarchivars-Bestallung (Entscheidungen des Fürstbischofs, auf der Grundlage von Regierungsrelationen, am 14. Januar und und 11. Februar 1788: StAM 90a/195, S. 408f., 411).
234 Es handelte sich um Wilhelm Alexander Hoen. Vgl. seine Berichte 1782–1787 über die Ursachen der Mängel im Archiv: StAM 90a/195, S. 35f., 83.
235 Vgl. die Verordnung für den Regierungskanzlisten Wehner als Archivkanzlisten. Kurbrunnen (bei Brückenau), 12. Mai 1785: StAM 90a/195, S. 25f.
236 Es handelte sich um den Lehnssekretär und Hofrat, späteren Geheimen Rat und domkapitulischen Syndikus Eugen Thomas. Vgl. seinen eigenen Rechtfertigungsbericht im Rahmen seiner Stellungnahme zu den Vorwürfen des Archivsekretärs Hoen: StAM 90a/195, S. 125–183, hier: S. 130–132.
237 Vgl. die Bittschrift des Archivars Johann Georg Wald um Ernennung zum wirklichen Hof- und Archivrat cum voto et sessione aus dem Jahre 1767 (in: StAM 90a/80), in der diese Formulierung gebraucht wird.
238 Schreiben des Fürstbischofs an die Regierung. Fasanerie, 11. Mai 1776 (Orig.), Schreiben an den Lehnhof. Fulda, 13. Mai 1776 (Kop.): StAM 90a/195, S. 1–4.
239 1765 wurde deshalb – im Zuge allgemeiner Visitationen – auch das Archiv einer ausführlichen Besichtigung und Prüfung unterzogen. S. StAM 90a/195, S. 345–349; StAM 90a/80.
240 S. dazu S. 335.
241 S. Anm. 238.

Folgende Einteilung innerhalb des Archivs wurde angestrebt (und in den folgenden Jahren verwirklicht):

- Das *eigentliche Archiv* für die wichtigsten Akten, das folgerichtig auch als *geheimes Archiv* bezeichnet wurde,
- sachlich, nicht aber räumlich davon getrennt das *practische Archiv*, nämlich die Jurisdiktionalrepositur,
- ein besonderer Raum für die nicht in das Archiv oder die Jurisdiktionalrepositur gehörenden Lehns-, Zivil-, Kriminal-, Reichs- und Kreisakten.

Für die einzelnen Abteilungen und ihre Untergliederungen sollten Spezial-Repertorien und als Gesamtübersicht ein General-Repertorium erstellt werden. Hierfür war die Erarbeitung einer ausgewogenen, alle Aspekte berücksichtigenden Systematik erforderlich, der sich die Archivare zunächst vorrangig zu widmen hatten[242]. Die Pläne stießen allerdings auf eine Reihe von Widerständen. Die Schwierigkeiten ihrer Verwirklichung waren struktureller und persönlicher Natur: In struktureller Hinsicht ist an die vielfältigen anderweitigen, sogar hauptamtlichen Aufgaben der leitenden Archivare sowie an die schlechten Arbeitsbedingungen und die mangelnde Besoldung der überwiegend im Archiv Tätigen zu denken[243]; persönliche Differenzen unter den Archivaren führten in der Praxis zu Arbeitsverweigerungen, zumindest zu Verzögerungen[244], die sich besonders schmerzlich dahingehend auswirkten, daß lange Zeit keine Systematik der Archivierung ausgearbeitet wurde – denn erst auf der Grundlage eines wirklich

242 Vgl. Archival-Instruktion vom 28. September 1776: StAM 90a/195, S. 5–13; StAM 90a/353, fol. 302ʳ–306ᵛ. Für die Ausarbeitung sollte der mit dem Archiv vertraute Hofrat und Archivar Wald, für die Einhaltung des Planes der Geheime Rat und Archivar Siegler zuständig sein. Die einzelnen Abteilungen sollten nicht mehr wie bisher einfach alphabetisch, sondern nach den fürstlichen und propsteilichen Ämtern sowie benachbarten Reichsständen und ritterschaftlichen Besitzungen und innerhalb deren wieder nach dem Alphabet geordnet werden.

243 Arbeitsbedingungen und Besoldungsverhältnisse im Archiv waren nach Ansicht der hier Arbeitenden unzureichend. Sie hatten in der Tat Widrigkeiten auf sich zu nehmen, die andere fürstliche Bedienstete nicht kannten – den von ihnen geäußerten Klagen ist die Berechtigung wohl nicht abzusprechen. Die Akten wurden nach Aussage des Archivsekretärs Hoen *in einem unfreundlichen modrichten gewölbe* aufbewahrt; sie waren sehr verstaubt – Fürstbischof Heinrich selbst sprach von der Notwendigkeit, *die auf dem boden zerstreut umherliegenden archival akten dem verderbnisse zu entziehen* (Anweisung an die Regierung. Fulda, 14. Januar 1788: StAM 90a/195, S. 409) –, und bei Reinigungs- sowie Einordnungsarbeiten, die nur zum Teil von Tagelöhnern übernommen wurden/werden konnten, mußten die Archivare viel Staub schlucken und *schädliches gift einhauchen*. Darunter litt ihre Gesundheit merklich (vgl. Berichte Hoens: StAM 90a/195, S. 41–100, hier: S. 96f., 84; S. 33–38, hier: S. 37f.). In keinem Verhältnis zur geleisteten Arbeit stand für Hoen, wie übrigens auch für Eugen Thomas, die Besoldung – in der unzureichenden Bestallung (sie entsprach etwa der eines Regierungskanzlisten) und den deswegen erforderlichen Nebenbeschäftigungen der Archivare sahen sie ein wesentliches Übel für die mangelhafte Arbeit (s. Hoens Bericht: StAM 90a/195, S. 84, 95; Stellungnahme von Thomas zum Bericht Hoens vom Januar 1787: ebd., S. 125–177, hier: S. 127). Während Thomas dabei aber auf Einsicht und Abhilfe durch den Fürstbischof in Form von Besoldungserhöhungen vertraute, machte Hoen drei Alternativvorschläge zur Schaffung eines Fonds für die Unterhaltung der Archivbediensteten und die Aufbringung der übrigen Kosten: Einmal könnten Kirchen, Stiftungen, Klöster, Stifter, Städte, Gemeinden und Zünfte mit einer besonderen Archivtaxe belegt und auch die Judenschaft zu Abgaben herangezogen werden. Zum anderen könnte die Ausstattung des Fonds durch einen *import* (Zoll) auf *wohllüstige und entbehrliche sachen* erreicht werden. Drittens schließlich ließe sich der Fonds durch Erhöhung des Stempelpapiers einrichten (vgl. StAM 90a/195, S. 91–94). Natürlich fanden Hoens Vorschläge keinen Widerhall.

244 S. Anm. 233.

durchdachten Systems konnte im Grunde mit den praktischen Arbeiten begonnen werden. Sofern diese vorgenommen wurden, und in einigen Jahren geschah dies tatsächlich, nachdem der Fürstbischof die Archivare von ihren anderen Verpflichtungen weitgehend freigestellt hatte[245], erfolgten sie ohne erkennbares Gesamtsystem. Erst 1784 wurde von dem Archivar und Geheimen Rat Siegler eine Systematik vorgelegt, die allerdings sehr mangelhaft war und sich für die Praxis als ungeeignet erwies[246], so daß man ab 1788 die im Jahre zuvor entwickelten Pläne des Hofrates Thomas zur Einrichtung des Archivs als Richtschnur nahm[247], dann aber mit den Archivierungsarbeiten zügig fortschritt[248].

Für die Archivare galten strenge Verhaltensvorschriften, die denen der Registratoren ähnelten. Schon die Anweisungen Fürstabt Konstantins für den ersten Archivar Weitzell in dessen Bestallung vom 16. Januar 1721 waren sehr umfassend: Der Archivar durfte ohne ausdrücklichen Befehl des Fürsten oder seiner nachgesetzten Regierung kein Dokument aus dem Archiv herausgeben. Lag eine Genehmigung zur Ausleihe vor, sollte der Archivar das Schriftstück nur gegen eine Quittung des Empfängers aushändigen. Immer hatte er anhand der Repertorien zu überprüfen, ob wirklich alle annotierten Aktenstücke noch vorhanden waren. Das noch nicht in Faszikeln zusammengefaßte Material sollte er sowohl unter Sachgesichtspunkten als auch alphabetisch nach Bezugspersonen aufbereiten, verzeichnen und anschließend reponieren. Für jedes Thema war ein eigenes Fach einzurichten[249].

D. DIE SCHREIBBÜROS DER REGIERUNGSBEHÖRDEN

1. Die Kanzlei

Unterstützt wurden die Räte in ihrer Tätigkeit durch ein Schreibbüro – die Kanzlei, die die Stätte der Konzipierung, Mundierung und Expedierung von Schriftstücken, aber auch der Entgegennahme und Aufbereitung der eingehenden, an den Fürstabt und seine nachgeordneten Regierungs- und Verwaltungsgremien gerichteten Schreiben sowie zeitweise Ort der Beratung war. Die Kanzlei war in der Tat »das unentbehrliche Rüstzeug eines wohlinformierten Kollegiums«[250]. Sie blieb das zentrale Schreibbüro bis zum Ende des geistlichen Fürstentums Fulda, wenn auch bestimmte wichtige, zunächst der Kammer des Fürsten, dann dem Geheimen Rat und der Geheimen Konferenz oder

---

245 S. seine Anweisung an die Regierung und seine Androhung der Reduzierung von Bestallungen vom 3. August 1781: StAM 90a/195, S. 17f. In diesem Jahr 1781 waren alle Archivpersonen nach Ausweis des Archivtagebuchs häufig anwesend: StAM 90a/80.
246 S. die Berichte von Hoen und Thomas: StAM 90a/195, S. 36f. bzw. S. 127f. Der Archivar Wald erarbeitete in den folgenden Jahren eine ausführlich begründete Systematik. S. StAM 90a/195, S. 189–343.
247 Vgl. die Regierungssitzung vom 22. Februar 1788, in der die Pläne von Thomas angenommen wurden: StAM 90a/195, S. 419f.
248 Vgl. StAM 90a/81: Einrichtung des Archivs unter Adalbert III.; StAM 90a/193: Archivtagebuch (5 Bände).
249 StAM 90a/195, S. 353–355 (Kop.); StAM 90a/80 (Kop.).
250 ROSENTHAL, Geschichte, II, S. 435.

dem Kabinett vorbehaltene Angelegenheiten ihrem Arbeitsbereich teilweise entzogen waren; hierfür bildete die Kammer des Fürsten ein eigenes Schreibbüro, bis eine Geheime Kanzlei eingerichtet wurde. Hof- bzw. Regierungskanzlei und Geheime Kanzlei standen miteinander allerdings in enger Verbindung[251].

Die Leitung der Kanzlei lag von Anfang an in den Händen des Kanzlers[252]. Unter seiner Aufsicht und seinem Befehl standen alle Kanzleibediensteten. Er überwachte die Einhaltung der in den Kanzleiordnungen und anderen Anweisungen fixierten Dienstvorschriften[253]. Er trug die Verantwortung dafür, daß die bei der Regierung anfallenden Schreibarbeiten ordnungsgemäß durchgeführt wurden. Die Funktionsfähigkeit der Kanzlei war für die Effektivität von Regierung und Verwaltung von entscheidender Bedeutung – die Sorge darum läßt sich aus den Kanzleiordnungen und -verordnungen wie aus den umfassenden Kontrollen ablesen; in der großangelegten Visitation 1765 wurde sie ebenso überprüft wie die anderer Regierungs- und Verwaltungseinrichtungen[254].

Daneben wurde in der Person des Kanzlers die Verbindung zwischen den Ratsgremien und der Kanzlei hergestellt – er kombinierte die Leitung der Kanzlei mit einer führenden Position im Hofrat, teilweise auch im Geheimen Rat und in der Geheimen Konferenz. Dieser überragenden Stellung wurde in den erhaltenen Kanzleiordnungen Rechnung getragen.

Die Arbeit in der Kanzlei selbst erfuhr im Laufe der hier zu betrachtenden drei Jahrhunderte eine immer weitergehende Differenzierung und Rationalisierung und wurde auf immer mehr Schultern verteilt. Einige wenige Angaben mögen dies verdeutlichen: Nachdem um 1500 bereits zwei Sekretäre und zwei Schreiber, noch ohne Funktionstrennung, angestellt waren, wurden um 1600 drei Sekretäre, darunter ein Registrator, und vier Schreiber beschäftigt. Im Gefolge des Dreißigjährigen Krieges und der anschließenden Reorganisation in allen Bereichen des öffentlichen Lebens sanken die Zahlen in der zweiten Hälfte des 17. Jahrhunderts: ein Sekretär, ein Registrator und drei Kanzlisten teilten sich nun die Arbeit in der Kanzlei. Nach 1700 ergaben sich kontinuierliche Steigerungen und unter Fürstabt Adolf von Dalberg 1727 eine entscheidende Differenzierung der Aufgabenbereiche und Spezialisierung der Sekretäre, die nun für Regierungsangelegenheiten, für Malefiz-(Kriminal-)sachen und die Expedition getrennt zuständig waren; dazu kamen ein Registrator, bald auch ein Vizeregistrator, sowie vier Kanzleischreiber (Kanzlisten). Dieser Personalbestand war auch noch am Ende des 18. Jahrhunderts anzutreffen. Neben den besoldeten Schreibern gab es im 18. Jahrhundert auch unentgeltlich arbeitende und sich durch ihre praktische Arbeit für eine feste Anstellung qualifizierende Akzessisten, deren Zahl zwischen eins und fünf schwankte. Zunächst ein, am Ende zwei Pedelle sorgten für die Ordnung in der Kanzlei. Die Expeditierung übernahmen mehrere Boten[255].

---

251 S. S. 337f.
252 Einen Protonotar, der in vielen Territorien die Vorstufe zum Kanzler bildete (so z. B. in der Kurpfalz, vgl. Press, Calvinismus, S. 31), hat es in Fulda nicht gegeben.
253 Vgl. Ordnung von 1674, § II.12 (StAM 97c/541).
254 S. StAM 90a/398: Protokoll über Anstellung, Besoldung und Aufgaben der Regierungssubalternen, 1765.
255 Diese Angaben beruhen auf der Auswertung personengeschichtlichen Materials – die Anführung von Belegstellen verbietet sich aus Platzgründen.

Die meiste Arbeit für die Kanzleiangehörigen fiel von Anfang an im Justizwesen an – dies fand einen ersten Niederschlag in der Justizordnung vom 1. September 1524[256], die das Verfahren der gerichtlichen Prozesse auf der Kanzlei neu regelte bzw. wieder einschärfte und Statthaltern und Hofräten die Leitung des Gerichtswesens anstelle des Landesfürsten übertrug. Ebenso geschah dies in den nachfolgenden Kanzlei- und Advokatenverordnungen[257].

Die Kanzlei selbst wurde in diesen Verordnungen, auch in besonderen Anweisungen an die Advokaten, ausdrücklich vor dem Zutritt Unbefugter geschützt – betreten werden durfte sie nur von den Angehörigen der Kanzlei selbst, um Vertraulichkeit zu gewährleisten[258].

Die Zahl des Kanzleipersonals am Ende des 15. Jahrhunderts (zwei Sekretäre, zwei Schreiber) zeigt den ersten qualitativen Umschlag in der Verwaltung an und ist Indikator der Herrschaftsintensivierung der Fürstäbte. Dennoch darf man an die praktische Verwaltungsarbeit noch keine modernen Vorstellungen herantragen. Sie spielte sich zunächst noch in sehr einfachen Formen ab – die Kopialbücher aus dieser Zeit geben ein beredtes Zeugnis davon. Das Fuldaer Kopiar IX[259] enthält neben Notizen über die Kanzleiausgänge auch die Kanzleieingänge, und zwar der unterschiedlichsten Sachbereiche, vorrangig aus dem Gebiet der Rechtspflege. Ordnungsprinzip war das Alphabet und innerhalb dessen die Chronologie. Die Eintragungen bestanden teilweise aus kurzen Anzeigen, teilweise aus Protokollen. Der Schriftverkehr hielt sich allerdings noch in Grenzen. Für die Jahre 1487 bis 1514 genügte ein einziges Kopiar, in dem die anfallenden Schriftstücke ungeachtet ihres sachlichen Bezugs festgehalten wurden – sachliche und methodische Ordnungsprinzipien wurden erst später erforderlich. Die Eintragungen wurden von den Sekretären ebenso vorgenommen wie von Schreibern; die Sekretäre waren allerdings in erster Linie hierfür verantwortlich.

Einen Eindruck von dem Arbeitsanfall späterer Jahre vermittelt der nachfolgende Abriß über die Funktionen einzelner Kanzleibediensteter, vor allem der Sekretäre – die durch ihr Amt einen nicht geringen Einfluß auf die Regierungs- und Verwaltungsgeschäfte zu nehmen vermochten; die Entwicklung ist auch hier durch eine fortschreitende Differenzierung charakterisiert.

a. Die Sekretäre

Die Sekretäre nahmen eine Mittelstellung zwischen dem Kanzler und dem niederen Kanzleipersonal ein. Im Rat wie in der Kanzlei hatten sie den Kanzler verantwortlich handelnd zu unterstützen.

---

256 StAM 97c/541 (Kop.); StAF XXI, B 1 (1350–1586) [Kop.].
257 Justiz-, Kanzlei- und Advokatenverordnung vom 10. November 1674 (StAM 97c/541), Advokatenordnung vom 1. Juli 1701 (StAM Verordnungen II/C. 4c), Jusitzverordnung vom 27. Juli 1737 (StAM 97c/541), Justizverordnung vom 3. November 1753 (ebd.), Justizverordnung vom 23. Oktober 1765 (ebd.), Verordnung für Advokaten und Prokuratoren vom 21. November 1775 (StAF XXI, B 6), Justizverordnung vom 24. November 1788 (StAM 96/392).
258 Allerdings deutet die häufige Wiederholung dieses Verbotes darauf hin, daß die Praxis doch anders aussah.
259 StAM K 433.

Die älteste überlieferte Bestallung für einen Sekretär aus dem Jahre 1541[260] nimmt bereits Bezug auf regelmäßige Hofratssitzungen. Sie legte fest, daß der Sekretär in erster Linie dem Kanzler zur Hand gehen sollte. Er hatte täglich im Schloß und in der Kanzlei zu erscheinen, beim Konzipieren der verschiedenen Schriftstücke zu helfen[261], die Ratssitzungen zu besuchen und das dort Verhandelte zu protokollieren. In der Führung dieses Protokolls lag eine der Hauptaufgaben des Sekretärs. Die Konzepte der Protokolle sollte er Fürstabt und Räten vorlesen und nach deren Billigung zur Ab- und Reinschrift in die Kanzlei geben, damit die im Rat gefaßten Beschlüsse sofort zur Ausführung gelangen konnten.

Auch war ihm die Führung des *canzley-inventoriums* anvertraut, in dem alle Handlungen *gehörig* verzeichnet werden sollten. Die Schriftstücke selbst waren so zu reponieren, *dhas dieselbigen, so vonnotten, schnell und eilent jederzeit zu finden sein megten.*

Die Arbeit eines Sekretärs beschränkte sich aber nicht auf Protokollführung bei den Hofratssitzungen, auf Registrierung und Repositur des Schriftwechsels, sie umfaßte auch die Mitwirkung an der Rechtspflege. Auf allen vom Fürstabt angesetzten gütlichen Tagen hatte er als *mitassessor* zu fungieren, nicht nur die Ausführungen und Einlassungen der streitenden Parteien summarisch festzuhalten und die getroffenen Entscheidungen in ein Rezeßbuch einzutragen. Er sollte sein eigenes *iudicium* über die verhandelten Fälle Fürstabt und Räten mitteilen und diese in ihrer Meinungsbildung unterstützen. Ebenso hatte er dafür Sorge zu tragen, daß den Räten alle Missiven und Konzepte zur Kenntnis gelangten, daß also aus der Registratur die notwendigen Unterlagen bereitgestellt wurden.

In der Kanzleiordnung vom 10. November 1674[262] wurden Stellung und Aufgaben der Sekretäre, die inzwischen nicht unwesentlich verändert worden waren (wobei in erster Linie an den Wegfall der beratenden Funktion zu denken ist), sehr genau umschrieben. Wichtigste Aufgabe war auch hier das Protokollieren der Sitzungen des Hofrates. In den Protokollen waren im einzelnen festzuhalten: die Propositionen, Voten, Resolutionen und Dekrete. Die Bedeutung des Protokolls erhellt aus nachfolgender Bestimmung: Traten für den Protokollanten Verständnisschwierigkeiten auf, hatte er bei dem Sitzungspräsidenten um genaue Erläuterung nachzusuchen, *damit er nicht allein darauß die decretirte concepta desto bestendiger zuverfassen wisse, sondern daß man auch auf fürfallenden zweifel sich desto cräfftiger auf das protocollum zuverlassen undt darauf zue referiren haben möge.* Vor Beendigung der Ratssitzungen sollte er deshalb das Protokoll auch noch einmal verlesen. Ebenso sollte es gehandhabt werden bei Kommissionen, zu denen ein Sekretär zwecks Protokollführung hinzugezogen wurde[263]. Sobald ein

260 Rats- und Sekretärsbestallung für Andreas Jarmann vom 24. August 1541: StAM 90a/201 (Kop.).
261 Die Aufgabe, dem Kanzler *im concipirn aller und jeder handlung, so sich teglich ereignen und zutragen, unwegerlich behulflich (zu) sein und, so vonnothen, derselbigen concepta eins oder mher selbst (zu) mundiren und ab(zu)schreiben,* wird auch in der Bestallung des Kammersekretärs Adolarius von Otthera vom 22. Februar 1542 hervorgehoben. S. StAM 90a/201 (Kop.).
262 Tit. *Vom ampt und verrichtung eines secretarii.* StAM 97c/541.
263 Dieses *absonderliche protocollum* hatte zu enthalten: die Benennung der Parteien und der Streitsachen, Tag, Monat und Jahr der Verhandlung, die Proposition des Kommissars/der Kommissarien, die Stellungnahme der Parteien und schließlich die Entscheidung.

Ratsprotokollbuch *complirt* und die darin verzeichneten Angelegenheiten *zue gebürlicher expedition* gebracht worden waren, sollte es dem Registrator abgeliefert werden.

Neben der Ausfertigung der Protokolle hatten die Kanzleisekretäre auch eine große Zahl von Konzepten aufzusetzen. Die ihnen aufgetragenen *expeditiones* sollten sie *alsobaldt zue werck richten*, die Konzepte aber nur in der Kanzlei und nicht etwa zu Hause verfassen, noch weniger die zur Abfassung der Konzepte benötigten Akten aus der Kanzlei mitnehmen. Ein Konzept, das nicht dem Präsidenten, Kanzler oder Vizekanzler *ad revidendum* vorgelegen hatte, sollte nicht zur Ingrossatur, also zur Ausfertigung der Reinschrift, gegeben werden; diejenigen Konzepte, die nach dem Beschluß des Fürstabts und seines Geheimen Rates unter der Signatur des Fürsten verfertigt wurden, waren natürlich diesem zuvor zu präsentieren.

Bei der Anfertigung der Reinschrift hatte der Sekretär den Ingrossisten dahingehend zu überwachen, daß die Konzepte von diesem *fleißig, ohne fehler undt rasiren* (d. h. Nachbessern) *mundirt undt außgeschrieben werden*. Als besonders verantwortungsvolle Aufgabe war dem Sekretär schließlich noch die Verwaltung des Kanzleisiegels anvertraut.

Im 18. Jahrhundert wurden die in der Zwischenzeit immer stärker angewachsenen Aufgaben eines Sekretärs nach sachlichen Gesichtspunkten unter verschiedene Personen aufgeteilt. Nun gab es mehrere Regierungssekretäre, die zum Teil gleichzeitig ein Assessorat für den Hofrat bekleideten, darunter einen speziellen Expeditionssekretär und einen Malefizsekretär, in der zweiten Hälfte des 18. Jahrhunderts auch einen für Reichs- und Kreissachen zuständigen Sekretär.

Für den Expeditionssekretär, dessen Existenz erstmals 1727 nachzuweisen ist[264], liegt eine acht Punkte umfassende Instruktion vom 23. April 1763 vor[265], denn 1763 wurde im Zuge verschiedener Reformen Fürstbischof Heinrichs von Bibra eine Neubesetzung dieses Amtes vorgenommen, das schon Ende der 1730er Jahre unbesetzt geblieben, 1740 einem Hofrat nebenamtlich übertragen[266] und nach dessen Tod auch nicht eigens besetzt worden war.

Dem Regierungsexpeditionssekretär war die Protokollführung bei ordentlichen und außerordentlichen Ratssitzungen anvertraut; dabei sollte er *samtliche ergehende decreta und resoluta auf die exhibita und berichte niederschreiben* (§ 1). Daneben hatte er die Referenden der einzelnen Räte zu bestimmten Problemen *ad mundum*, d. h. in Reinschrift zu bringen, die daraufhin dem Fürsten zur Resolutionserteilung, also zur abschließenden Entscheidung, vorgelegt wurden (§ 2). Weiter führte er ein *wochentliches schema ab- und praesentium*, eine Anwesenheits- resp. Abwesenheitsliste der Räte[267], und eine Liste über die gehaltenen Relationen. Für letztere hatte er aus dem Distributionsbuch einen *extractus actorum distributorum* zu machen und jeweils zu vermerken,

---

264 Es handelte sich um Johann Philipp Hebeler.
265 Für Johann Adam Glüer, in zweifacher Ausfertigung erhalten: StAM 90a/401, Nr. 2 (Kop.); StAM 90a/353, fol. 348–351 (Kop.).
266 Johann Ludwig Joannis. Vgl. StAM 90a/220, sub Joannis.
267 Eine solche *Designatio praesentium et absentium in sessionibus regiminis* liegt z. B. vor für die Tage vom 18. bis 22. Januar 1762. Sie wurde allerdings nicht für ausreichend gehalten. Denn ein daraufhin ergangenes Dekret vom 25. Januar 1762 verfügte, daß in Zukunft auch die Gründe für Abwesenheit angegeben werden sollten. S. StAM 90a/967.

ob referiert worden war oder nicht und gegebenenfalls warum solches unterblieben war (§§ 3, 6).

Alles, was im rath vorkommet und zu expediren oder zu insinuiren ist, sollte nach Schluß der Sitzungen in einer Tabelle *(sub rubro protocollum causarum resolutarum et expeditarum)* eingetragen und danach sofort zur Erledigung gebracht werden; hierfür haftete der Sekretär (§§ 5, 6). In einer weiteren Rubrik wurden die Judizialangelegenheiten vermerkt, die den Registratoren zugestellt wurden (§ 5).

Zudem hatte der Expeditionssekretär die Strafrechnung zu führen und darauf zu achten, daß nicht – wie es in der Vergangenheit offenkundig vorgekommen war – angesetzte Strafen unbeglichen blieben (§ 7). Schließlich oblag ihm die Aufsicht über die Anfertigung des Kanzlei-Titulaturbuches, *worinnen die sowohl gebend als auch empfangende titulaturen und courteoisien wörtlichen ausgedrucket* waren [268].

Auch die Einrichtung eines eigenen Malefizsekretariats fiel wahrscheinlich in die Regierungszeit Adolfs von Dalberg; jedenfalls ist unter ihm der erste peinliche oder Malefizsekretär namhaft zu machen [269]. Eine ausführliche Instruktion für einen solchen hat sich leider nicht erhalten; lediglich die Bestallung für Johann Georg Zimmermann vom 29. Oktober 1761 geht kurz auf seine Aufgaben ein [270]. Demnach führte der Malefizsekretär verschiedene für das Gerichtswesen angelegte Reposituren; speziell hatte er die bei der Kanzlei mit den *civilacten* vermischten *inquisitionsprotocolla* in eine besondere Repositur zu bringen und die notwendigen Repertorien anzulegen.

Entsprechende Ordnungsaufgaben nahm auch der für Reichs- und Kreissachen abgeordnete Sekretär für seinen Bereich wahr [271].

b. Registratoren

In der Kanzleiregistratur wurden die für die laufenden Regierungs- und Verwaltungsgeschäfte erforderlichen Akten verwahrt – die Registratur ist vom Archiv, dem Aufbewahrungsort älterer, nicht so häufig benötigter Schriftstücke, zu unterscheiden.

Die Steigerung der Aufgaben und des Einflusses in der Zentralsphäre und die damit verbundene vermehrte Schriftlichkeit in der Verwaltungsführung haben schon bald das Problem der Registrierung und Ablagerung der verschiedenen Schriftstücke aufgeworfen. Anfangs sind diese Aufgaben von den mit der Aktenführung beschäftigten Hofräten und Sekretären mitversehen worden, bald schon aber zeigte sich die Notwendigkeit, für diese Arbeit speziell einen Registrator einzustellen. Erstmals ist von einem eigens *verordneten registratori* in der undatierten Bestallung des Dr. Leonhard Agricola zum Hofrat und Diener, die etwa in das Jahr 1597 zu setzen ist [272], die Rede. Nach dieser Bestallung war den Hofräten aufgetragen, alle Rezesse, Verträge und Abschiede nicht

---

268 Erstellt wurde ein neues Titulaturbuch 1763 von den Kanzlisten in der Zeit, in der sie nicht mit Expeditionsaufgaben beschäftigt waren. Das alte Titulaturbuch diente dabei als Vorlage – gültige Titulaturen wurden aus ihm in das neue Verzeichnis übernommen. Wo keine Klarheit herrschte oder was in Vergessenheit geraten war, sollte durch die Registratoren aus alten Schriftstücken eruiert werden (§ 8).
269 Es handelte sich um Johann Barthel Voit.
270 StAM 90a/401, Nr. 5 (Kop.).
271 Eine Instruktion oder ausführliche Bestallung hat sich für diesen Sekretär leider nicht erhalten.
272 StAM 90a/222 (Cpt.).

nur zu konzipieren und auszufertigen, sondern auch zu registrieren und sie dem Registrator zuzustellen oder ihn genau zu instruieren, damit er diese Arbeiten verrichte.

Aus der Abfassungszeit dieser Bestallung ist noch kein Registrator namentlich bekannt, wenig später aber läßt sich ein solcher namhaft machen [273].

Die Kanzleiordnung vom 10. November 1674 umschrieb dann erstmals exakt die Aufgaben eines Registrators [274]. Ihm waren alle in der Kanzlei eingehenden und die hier entstandenen Schriftstücke anvertraut. Herrschafts- und Staatsgeschäfte, also Kriegs- und Bündnisangelegenheiten, Auseinandersetzungen mit benachbarten Territorien und Landesverteidigung, Polizeisachen und Verwaltung der Ämter, Vogteigerichtsbarkeit und Visitation der Gotteshäuser u. ä. waren dabei von den Privat- und Parteisachen (den späteren Judizialsachen) zu trennen und gesondert zu verwahren, nachdem sie registriert worden waren. Die Parteisachen wiederum wurden unterschieden in *acta secundae instantiae* und in Supplikationsschriften.

Zur Aufschlüsselung des verwahrten Materials hatte der Registrator verschiedene Registrierbücher anzulegen. Ein erstes war für die Herrschafts- und Staatsgeschäfte bestimmt; in ihm sollten die Kriegsakten *summariter den paqueten und püscher nach* verzeichnet werden. Ein zweites Registraturbuch sollte die Abschriften von Mandaten der Fürstäbte samt genauer Datierung ihrer Publikation sowie Verweise auf die Originale und bei den Akten befindliche *consuetationes, relationes, resolutiones* enthalten. Das dritte Buch diente zur Aufnahme der Landtagsabschiede und -handlungen, während ein viertes die Herrschaftsrechte und die diesbezüglichen Differenzen umfassen sollte. Für die Religions- und Supplikationssachen sollte *ein ordentlich bescheidt- und urtheil-buch* gehalten werden, in das alle ergangenen Urteile und auch die Extrajudizial-Bescheide einzutragen waren. Laden und Truhen, in denen die Akten aufbewahrt wurden, waren mit Buchstaben oder Zahlen zu versehen.

Der Registrator hatte sich jederzeit zu den bestimmten Ratstagen und -stunden vor- und nachmittags in der Kanzlei aufzuhalten, damit er auf Erfordern die notwendigen Unterlagen für die Beratungen zusammensuchen und herausgeben konnte – eine Aufgabe, die im 16. Jahrhundert noch dem Sekretär zugefallen war. Kein Rat sollte sich veranlaßt sehen müssen, Akten selbst aus der Registratur zu holen, und Expeditionen sollten keinesfalls durch den Registrator verzögert werden. Diesen Bestimmungen entsprechend wurde dem Registrator eingeschärft, niemandem den Zutritt zur Registratur und das Aufsuchen von Akten aus eigenem Antrieb zu gestatten. Ebenso sollte er darauf achten, daß keine in die Registratur gehörigen Stücke bei Räten, Sekretären oder Schreibern liegenblieben.

Die Ausleihe von Akten und Schriften an Hof- oder Kammerräte durfte nur nach Anweisung durch Präsident, Kanzler oder Vizekanzler erfolgen. *Weder umbs geldt noch umb sonsten* sollte er Akten ausgeben, abschreiben oder lesen lassen. Genehmigte Ausleihen waren durch eingelegte Zettel in die Registraturbücher kenntlich zu machen, ihre Rückgabe zu überprüfen, notfalls anzumahnen und bei vergeblichen Mahnungen die vorgesetzten Stellen zu informieren. Kein Aktenstück und keine Urkunde aber durfte unregistriert aus der Kanzlei gegeben werden.

273 Es war Paul Schmaltz.
274 Eigener Titulus, bei dem die Überschriftzeile versehentlich ausgelassen wurde (zu ergänzen wäre: *Vom ampt und verrichtung eines registratori*). StAM 97c/541.

Die Aufgaben des Registrators waren im 18. Jahrhundert nicht mehr von einer einzigen Person zu bewältigen. Zur Unterstützung wurde deshalb 1735 ein Adjunkt, wenig später (1737) ein zweiter Regierungsregistrator bestellt[275]. Unter Fürstbischof Heinrich von Bibra wurde zur Beförderung des Justizwesens und der Landesregierung 1765 eine Trennung der Räte in ein Justiz- und in ein Regierungs-Kollegium angeregt, letztlich aber nicht durchgeführt. Eine derartige Teilung war vorher in der Registratur verwirklicht worden. Hier kam es zu einer Absonderung des Justiz- vom Regierungsregistraturwesen, zur Einführung von zwei gleichrangigen Registraturen, die in der Instruktion für Johann Georg Wald vom 23. April 1763 ihren Niederschlag fand[276].

Anlaß für die Neuregelung in der Registratur waren die Schwierigkeiten, die man in der Vergangenheit, infolge der Vermischung der Justiz- und Regierungsakten, bei der Aufsuchung bestimmter Aktenstücke gehabt hatte – Schwierigkeiten, die bei einer Registrierung nach Serien nicht ausbleiben konnten. Die Bildung von Sachakten sollte hier einen Ausweg liefern[277].

Die Separation der Justiz- und Regierungsakten war damals bereits in Angriff genommen worden; es war dies aber eine noch mehrere Jahre erfordernde Arbeit[278]. Was bis zur vollständigen Trennung der beiden Registraturen in die zunächst noch bestehende gemeinsame Registratur gelangte, sollte von beiden Registratoren zusammen bearbeitet werden. Die Entscheidung darüber, wo ein bestimmtes Aktenstück abgelegt werden sollte, hatten beide gemeinsam zu treffen (§ 7). Zusätzlich wurde ihnen die Verwaltung der Deposita anvertraut (§ 10), während dem ersten Registrator allein die Besorgung des Paßwesens überlassen wurde (§ 11). Beide Registratoren hatten sich täglich von 9 bis 12 und 14 bis 18 Uhr bei der Kanzlei einzufinden und ihre Aufgaben zu verrichten (§ 8).

Wie diese Bestimmungen zeigen, erforderte die Tätigkeit eines Registrators Gewissenhaftigkeit und Übersicht – sie bildete die Grundlage für einen reibungslosen Geschäftsablauf in der Regierung wie in der Kanzlei.

c. Kanzleischreiber

Kanzleischreiber (Kanzlisten) werden in Fulda bereits zu Beginn des Untersuchungszeitraums genannt. Ihre vordringliche Aufgabe lag in der Übertragung von Konzepten in Reinschriften.

Sie hatten nach der Kanzleiordnung von 1674[279] täglich außer an Sonn- und Feiertagen (an denen sie aber auch ihren Aufenthaltsort für den Notfall angeben mußten) in der

---

275 Es handelte sich in beiden Fällen um den Kanzlisten Johann Georg Stieber. S. StAM 90a/401, Nr. 6, 6c (Kop.).
276 StAM 90a/353, fol. 336–341; StAM 90a/401, Nr. 4 (Kop.). Die Trennung wird auch im Protokoll der Geheimen Konferenz vom 10. November 1759 angesprochen (StAM 90a/564).
277 Zu diesen Registrierungsprinzipien s. PAPRITZ, Archivwissenschaft, II, S. 191–418; vgl. auch DERS., Geschichte.
278 Der zweite Archivar sollte vor allem die Regierungsakten *zum behörenden standt bringen*, während der erste Archivar weiterhin die Justizakten neu verzeichnete und ordnete. Die Tätigkeit sollte bei der ersten gelinden Witterung, *wo sich in den gewölben arbeiten lasset*, begonnen werden: Nach der Aussonderung waren die Akten an der richtigen Stelle zu reponieren und dies sogleich im Repertorium zu vermerken; jenes sollte nach vollendeter Separation *ad mundum* geschrieben und später durch Eintragung der Zuwächse fortgeführt werden (§ 5). Die Akten von Kommissionen sollten Stück für Stück *quadrangulirt, paginirt und in folio geheftet* werden (§ 6).
279 Tit. *Vom ampt und verrichtung der ingrossisten und cantzleyschreiber.* StAM 97c/541.

Kanzlei zu erscheinen und dort im Sommer wie im Winter von 7 bis 11 Uhr vormittags und 13 bis 18 Uhr nachmittags ihrer Arbeit nachzugehen. In Ausnahmesituationen hatten sie mit der Notwendigkeit zu rechnen, auch des Nachts in der Kanzlei Schreibarbeiten verrichten zu müssen [280]. Nebenbeschäftigungen waren ihnen untersagt – von niemandem sollten sie sich zu privaten Schreibarbeiten gebrauchen lassen.

Was ihnen auf Befehl des Präsidenten, des Kanzlers bzw. des Vizekanzlers oder eines Sekretärs zum Ingrossieren vorgelegt wurde, sollten sie *getrewlich, fleißig, leßlich und wohl distinguirt mundiren und ausfertigen.* Ingrossierte Schreiben waren nochmals mit den Konzepten und Originalen zu kollationieren und den Vorgesetzten *ad revidendum,* erst danach zur Unterschrift dem Fürsten vorzulegen. Gleiche Sorgfalt galt auch für die Beilagen.

Nach Fertigstellung der Reinschrift hatten die Kanzlisten auf dem Konzept zu vermerken: am Kopf das Expeditum, auf der Rückseite das Datum der Ausfertigung, den Adressaten und den Betreff. Alsdann waren Konzept und dazugehörige Akten, d. h. zur Abfassung benötigte und ausgeliehene Aktenstücke, in die Registratur einzuliefern, während die Reinschriften zur Expedition gelangten.

Die im Ingrossieren erfahrenen älteren Kanzleischreiber hatten die jüngeren Schreibkräfte ausgiebig zu unterweisen und mit den einzelnen Arbeitsgängen und ihren Techniken vertraut zu machen, die wichtigen Angelegenheiten aber selbst zu bearbeiten und den Jüngeren die geringeren und Partei-Sachen zu überlassen. Das Ingrossieren war auf der Kanzlei zu erledigen; niemand sollte zu diesem Zwecke Konzepte aus der Kanzlei mit nach Hause oder an einen anderen Ort nehmen. Ausnahmen konnten der Präsident oder der Kanzler allerdings gestatten.

Neben ihrer Schreibtätigkeit mußten sich die Schreiber auch zu Botendiensten und anderen Missionen gebrauchen lassen; deshalb sollten sie sich zweimal am Tag beim Präsidenten, Kanzler oder auch einem Rat melden und nach eventuellen Expedieraufträgen nachfragen.

Vornehmlich im 18. Jahrhundert wurden die Kanzleischreiber von Akzessisten unterstützt, unentgeltlich arbeitenden, sich für eine spätere Einstellung zu qualifizieren suchenden Schreibern, die ein oder mehrere Jahre lang nur an den Sporteleinkünften beteiligt waren. Für sie galten die gleichen Bestimmungen wie für die Kanzleischreiber.

d. Botenmeister, Kanzleiboten und Kanzleidiener

Einen Botenmeister sah erstmals die Kanzleiordnung von 1674 vor. Ihn hat es allem Anschein nach nur zeitweise gegeben. Sein Amt ging in dem des Regierungsexpeditionssekretärs auf.

Dem Botenmeister unterstanden laut der Kanzleiordnung von 1674 [281] neben den Hof- und Silberboten auch die Kanzleiboten. Er hatte darüber zu wachen, daß sie sich jederzeit bei Hof oder auf der Kanzlei aufhielten und ohne Erlaubnis nicht abwesend waren, *damit man sie zue jeweilß vorfallenden verschickungen ahn der handt gehaben möge.* Der Botenmeister war für schnelle Übermittlung ausgehender Schreiben verant-

---

280 In diesen Fällen sollten sie sorgsam mit Licht und Feuer umgehen und keine Brandgefahren heraufbeschwören.
281 Tit. *Vom ampt und verichtung eines bottenmeisters.* StAM 97c/541.

wortlich und hatte die Boten genau über die Art der Beförderung zu instruieren. Wenn Mandate, Landtagsbeschlüsse oder andere Patente zu befördern waren, hatte er den Boten ordentliche Register vorzulegen, in denen die Empfänger genau verzeichnet waren und die Boten den Erhalt von Schriftstücken und Instruktionen zu bestätigen hatten.

Nach Rückkehr der Boten wurde alsbald eine Abrechnung ihrer Tätigkeit vorgenommen. Was ein jeder Bote verdienen sollte, wurde vom Botenmeister auf einem Zettel festgehalten und den Vorgesetzten in der Kanzlei zur Genehmigung vorgelegt. Nach erfolgter Abzeichnung zahlte der Botenmeister die Gelder, die er aus der Rentkammer oder von der Landesobereinnahme erhalten hatte, selbst aus, nicht jedoch, ohne die Boten über ihre Verrichtungen zu examinieren und eventuelle Fehler höheren Ortes anzuzeigen. Von den Boten mitgebrachte mündliche oder schriftliche Antworten waren ebenfalls sogleich an die vorgesetzten Stellen weiterzuleiten. Die Botenregister wurden nach erfolgter Verrichtung zusammen mit den Unterlagen vom Botenmeister in die Registratur gegeben.

Die Boten selbst durften während ihrer Zustellungen keine Nebengeschäfte besorgen. Ausnahmen konnte es nur mit Billigung des Botenmeisters geben, doch hatte dieser bei Prüfung der Gesuche zu beachten, daß der ordentliche Ablauf der Kanzleigeschäfte durch die Freistellung eines Boten nicht beeinträchtigt wurde.

Auf der untersten Stufe der in der Kanzlei Beschäftigten standen die Kanzleiknechte oder Kanzleidiener. Sie hatten das Kanzleigebäude sauberzuhalten, im Winter die gewöhnlichen Rats- und Schreibstuben zu heizen und auf ausgewogene Verwendung von Feuer und Licht zu achten sowie *zue nacht undt andern zeiten, da man die cantzley nicht zu besuchen pflegt,* diese *wohlverschlossen* zu halten. Auch sollten sie sich erforderlichenfalls für andere Kanzleigeschäfte bereithalten[282].

2. Kammer und Geheime Kanzlei

Ein bescheidenes Schreibbüro, mit einem Mann besetzt (Kammerschreiber, Kammersekretär), stellte die Kammer des Fürsten dar, in der die geheimen Sachen im 16. und 17. Jahrhundert bis zur Errichtung des Geheimen Rates und einer Geheimen Kanzlei abgewickelt wurden. Die Expedition der Schriftstücke wurde allerdings zu einem großen Teil durch die Hofkanzlei vorgenommen[283].

Der Unterstützung des Geheimen Rates und der Geheimen Konferenz wie der Regierung aus dem Kabinett diente seit dem letzten Viertel des 17. Jahrhunderts die Geheime Kanzlei, die die Elemente der Kammer mit denen der Hofkanzlei verband und die unabhängig von den verschiedenen Organisationsformen der geheimen Sphäre bis zum Ende des geistlichen Fürstentums Fulda unverändert Bestand hatte.

An ihrer Spitze standen der Hofkanzler und ein Geheimer Sekretär, der häufig hauptamtlich als Hofrat fungierte. Im 18. Jahrhundert wurde für ihn auch die Bezeich-

---

282 Tit. *Von der hoff- undt cantzley-botten aydt.* Ebd.
283 Dies ist aus der Verordnung von 1674 noch ablesbar, derzufolge die Kanzleisekretäre – in Sonderheit der für den Geheimen Rat abgeordnete – Schreiben, die nach dem Beschluß des Fürstabts und seines Geheimen Rates unter der Titulatur des Fürstabts verfertigt wurden, diesem zur Kontrolle vorlegen sollten. S. dazu auch S. 332.

nung »Kabinettsekretär« gebraucht[284] – parallel zur Bezeichnung »Kabinett« für das Kollegium der engsten Vertrauten des Landesfürsten.

Die Position eines Geheimen Sekretärs ist spätestens seit 1677 nachweisbar[285]; bei der Begründung des Geheimen Rates 1674 war die Protokollführung der Sitzungen und die Erledigung weiterer schriftlicher Arbeiten einem eigens aus der Hofkanzlei abgeordneten Sekretär übertragen worden[286], wodurch eine Anbindung der Geheimen Kanzlei an die Hofkanzlei gewährleistet wurde und der Kanzler als der eigentliche Leiter der Geheimen Kanzlei gelten konnte[287].

Daneben war die Geheime Kanzlei mit einem Geheimen Kanzlisten, im ausgehenden 18. Jahrhundert mit einem Kanzleiakzessisten sowie mit einem Kanzleidiener besetzt. Als wichtigste Person trat neben den Geheimen Sekretär seit der Mitte des 18. Jahrhunderts ein Geheimer Registrator. Für dessen Aufgaben war zuvor der Geheime Sekretär mitverantwortlich gewesen – wahrscheinlich von Anfang an, sicherlich aber seit der Reorganisation des Geheimen Rates 1731. Er hatte die Protokolle der Reihenfolge nach aufzubewahren, die in der Geheimen Kanzlei eingehenden Memoralia und die Gutachten der nachgeordneten Behörden in ein besonderes Buch einzutragen, die Beschlüsse des Geheimen Rates sofort zur Expedition zu geben und – unter Hilfestellung aus der Rentkammer, wo man mit der Einrichtung einer Repositur vorangegangen war – eine ordentliche Reponierung vornehmen zu lassen; die Eintragungen in das Rezeß- und Lagerbuch waren den Geheimen Kanzlisten vorbehalten[288].

Nach der Auflösung von Geheimem Rat und Geheimer Konferenz gehörten die als engste Vertraute des Fürstbischofs zu betrachtenden Referendare, die neben dem Kanzler bei ihm Vortrag über die anstehenden und die erledigten Regierungsaufgaben hielten, darüber gegebenenfalls mit diesem berieten und über dessen Resolutionen die Konzepte verfaßten, formell zum Personal der Geheimen Kanzlei. Dies entfiel allerdings ab 1795, da der Kanzler seit diesem Zeitpunkt die Referendarstelle mitbekleidete[289].

---

284   Die Bezeichnungen Geheimer Kanzleisekretär und Kabinettssekretär werden unterschiedslos gebraucht für Kaspar Reinhard Agricola (1720), Christian Ignaz Gerlach (1721), Johann Bernhard Freisleben (1727–1729), Johann Georg Weitzell (1731), Johann Baptist Denner (1737–1753) u. a.
285   Als erster Geheimer Sekretär (und Kammerrat) wird genannt Georg Konrad Richter.
286   Tit. 1: *Von dem staat oder geheimen rath.* StAM 97c/541.
287   ENNEKING, S. 10.
288   Beschluß in der ersten Sitzung des Geheimen Rates am 13. Januar 1731: StAM Protokolle II Fulda, B 1, Bd. 1, S. 4–6. Wie beschränkt die Geheime Kanzlei zu diesem Zeitpunkt in ihrer Ausstattung war, zeigt der in dieser Sitzung ebenfalls gefaßte Beschluß, daß die Rentkammer für die Geheime Kanzlei *ein pergamenes 4. finger dickes buch* anfertigen lassen sollte, nachdem der Kanzler darauf hingewiesen hatte, daß *bey wohl eingerichteten cantzeleyen und deren archiven … ordentlich verfertigte pergamenene ingrossirte receß- und lagerbücher befindlich (seien), daran aber dermalen bey hiesiger fürstlicher cantzeley ein mangel erscheinen thäte.* Ebd., S. 4, 6.
289   ENNEKING, S. 11.

III. Die Finanzverwaltung

In der fürstlichen Finanzverwaltung erhielten sich mittelalterliche Verwaltungsstrukturen am längsten – die Verbindung mit der Hofverwaltung blieb immer gewahrt. Die Finanzbedürfnisse des Landesherrn und die Forderungen des Reiches führten in der ersten Häfte des 16. Jahrhunderts zu einer Zweiteilung des Finanzwesens im Stift: Neben der fürstlichen Finanzstelle, der Küchenmeisterei, für die Einnahmen des Landesherrn aus seinen Herrschaftsrechten und aus seinen Besitzungen, Einkünften in Form von Kapitalien und Naturalien aus landesherrlichen wie aus grundherrlichen Befugnissen[290], stand die Landeskasse (Landesobereinnahme) für die außerordentlichen Steuern; auf diese Kasse konnten die Stände, wie oben gezeigt, Einfluß geltend machen[291]. Daß über letztere Kasse ein Großteil der benötigten Gelder aufgebracht wurde, verhinderte lange Zeit eine Verselbständigung der fürstlichen Kasse zu einer eigenen Behörde.

Die fürstlichen Einkünfte wurden bis weit ins 17. Jahrhundert hinein von der Küchenmeisterei verwaltet – 1632 mußte die hessen-kasselische Regierung in Fulda mit einiger Verwunderung feststellen, daß die Fürstäbte keine Einrichtung einer Finanzkammer vorgenommen hatten[292]; erst geraume Zeit nach dem Abzug der Hessen, die natürlich ihre eigenen Verwaltungsstrukturen auf das Stift übertragen hatten, wurde eine Kammer institutionalisiert, wurden Kammerräte angestellt.

A. KÜCHENMEISTEREI

In der Küchenmeisterei als Finanzbehörde (nicht als Hofküche) war nur wenig Personal beschäftigt; bis ins letzte Viertel des 16. Jahrhunderts ist hier allein der Küchenmeister nachweisbar, dem im Laufe der Zeit einige Schreiber zugeordnet wurden[293]. Der Küchenmeister war für die Kontrolle der Einkünfte und Ausgaben des Landesherrn, seiner Regierung und seiner Hofhaltung verantwortlich – soweit die Fürsten und ihre Kammerschreiber sich nicht selbst darum kümmerten, die natürlich gerade auf diesem Gebiete sehr um einen umfassenden Überblick bemüht sein mußten. Obgleich in der fürstlichen Kammer auch Gelder verwahrt und ausgegeben wurden[294], ist sie doch nicht als Finanzstelle zu sehen, ebensowenig wie das Geheime Kabinett des 18. Jahrhunderts, in das auch Gelder flossen und aus dem Ausgaben betritten wurden[295]. Als zentrales landesherrliches Finanzinstitut des 16. und 17. Jahrhunderts ist also trotz des spürbaren Einflusses der fürstlichen Kammer die Küchenmeisterei anzusehen.

290 S. Anm. 297.
291 S. dazu S. 252–256.
292 Vgl. StAM 4f Fulda/365 (Memorial über Regierungseinrichtung, Okt. 1632).
293 In Sonderheit handelte es sich hier um den Fruchtschreiber bzw. Futterschreiber, erstmals nachzuweisen 1592 (Georg Keller).
294 Bestallungsgelder – jeweils 100 Taler – aus der Küchenmeisterei oder Kammer sollten z. B. die Kanzler Dr. Eusebius Bedrott (s. StAM K 449a, fol. 2) und Dr. Balthasar Wiegand (s. StAM 106e/9, fol. 50) erhalten; Lic. Kaspar Obenhaug, am 30. April 1525 als fuldischer Kanzler entlassen, erhielt seine Geldbestallung aus *Unser camern* (StAM K 440 [Fuldaer Kopiar XVI], Nr. 109, S. 438).
295 Diese Feststellung mit Enneking (S. 48) gegen Ried (Wirtschaftspolitik, S. 21).

Der Küchenmeister führte Rechnung über Einnahmen und Ausgaben und legte Rechenschaft darüber ab. Die auf dem Lande die Gelder und Naturalien einziehenden und an ihn weiterleitenden Amtsvögte bzw. Amtskeller unterstanden seiner Weisungsbefugnis und Kontrolle in Finanzfragen (in jurisdiktionellen und sonstigen Angelegenheiten war für diese die Regierung, d. h. der Hofrat, vorgesetzte Behörde). Eine Überwachung größeren Ausmaßes der Verwaltungs- und Rechnungsstellen auf dem Lande war aber angesichts der personellen Besetzung der Küchenmeisterei kaum möglich; dies wurde erst im 18. Jahrhundert praktikabel.

Selbst unterlag der Küchenmeister der Kontrolle des Fürsten und seines Kammersekretärs oder Kammerschreibers. Die Prüfung der über Einnahmen und Ausgaben geführten Rechnungen des Küchenmeisters kam, zumindest partiell und zeitweise, dem Kammersekretär und Gegenschreiber zu, wie sich besonders gut in der zweiten Regierungsperiode Fürstabt Balthasars von Dernbach zeigen läßt[296].

Als Einnahmen der Küchenmeisterei verzeichnen die erhaltenen Rechnungen[297]:
- Erbzinsen, also Beträge, die für Grund und Boden entrichtet wurden,
- Lehengeld, d. h. Lehen-, Fall- und Empfahgelder, die a) bei Verkauf oder Vererbung des Lehnsgutes, b) bei Weiterbewirtschaftung des Gutes durch die Ehefrau nach dem Tod des Mannes, c) beim Tausch gleichwertiger Lehnsgüter fällig wurden,
- Erträge der Domanialgüter, Abgaben von Hintersassen,
- Bußgeld und Ungeld (außerordentliche Steuer auf bestimmte Waren),
- Erträge aus der Vergabe von Regalien und Gerechtigkeiten,
- Zölle,
- zünftische Abgaben,
- Verkaufserlöse für Tiere und Tierprodukte (wie Häute oder Wolle), Holz und Getränke,
- geliehene Gelder.

Erbzinsen, Lehengeld und Einkünfte aus den Ämtern machten etwa 80 % der sich im 16. Jahrhundert in der Größenordnung von jährlich 25 000 bis 30 000 fl. bewegenden Einnahmen aus.

Ausgaben entstanden durch:
- Bestallungen der Regierungs-, Verwaltungs- und Hofangehörigen in Geld und Naturalien wie in Kleidung (für mehr als 100 Personen),
- Aufwandsentschädigungen bei dienstlichen Verrichtungen, Botenlöhne und Reiterzehrungen,
- Hofhaltung (für Nahrungsmittel, Handwerker, Kleidung etc.),
- Güterkäufe, die meist den größten Posten der Rechnung ausmachten,
- Messekäufe in Frankfurt,
- Baugeld,
- Schuldentilgungen und Zinszahlungen.

---

296 S. oben Anm. 125.
297 Küchenmeistereirechnungen 1482–1500 (StAM Kataster I Fulda, A 1), 1532 (StAM 90a/508), 1540 (StAM Rechnungen II Fulda, 443 = als »Kammerregister« bezeichnet), 1542, 1559, 1571, 1575 (StAM Rechnungen II Fulda, 395; für 1575 Auszüge bei SCHAFFRATH, Extrakt).

B. HOF- UND RENTKAMMER

Die Ablösung der Küchenmeisterei als Finanzbehörde durch ein Kollegium von Kammerräten läßt sich nicht genau datieren. Sie ist spätestens in den Anfang der Regierungszeit Fürstabt Bernhard Gustavs von Baden-Durlach (1670–1677) zu setzen und verläuft damit etwa parallel zur Institutionalisierung des Geheimen Rates[298]. Die Hof- und Rentkammer vereinigte personell neben Finanzfachleuten auch Vertreter aus der geheimen Sphäre des Fürsten; für letztere Gruppe mag der Name Markus Stendorff stehen, der lange Zeit im Stift Fulda so etwas wie eine »graue Eminenz« gewesen ist.

Verantwortlich für die institutionellen Änderungen war zu einem großen Teil die nach dem Dreißigjährigen Krieg eingeleitete deutliche Steigerung der herrschaftlichen Aktivitäten auf wirtschaftlichem Gebiet. Eine Finanzverwaltung durch die Küchenmeisterei konnte den neuen Zielsetzungen, die mit einer Rationalisierung auf allen Ebenen einhergingen und vor allem im Bereich des Finanzwesens alle Mittel auszuschöpfen suchten, nicht mehr genügen. Eine Behörde, die eine effektivere, stärkere Kontrolle über nachgeordnete Stellen ausüben konnte, war erforderlich – sie wurde mit dem Kammerrat, mit der Hof- und Rentkammer, geschaffen.

Deren Bedeutung wuchs mit den im Zeichen von Absolutismus, Merkantilismus und Kameralismus von den Landesherren im 18. Jahrhundert initiierten Strukturveränderungen in Wirtschaft und Gesellschaft, die in der Barockisierung der Stadt Fulda auch ihren sinnfälligen äußeren Ausdruck gefunden haben, welche zugleich »eine nachhaltige und äußerst belebende Wirkung insbesondere auf die städtische Wirtschaftskraft« ausübte[299]. Die Anhebung des Verkehrswesens durch Straßen- und Brückenbau, eine weitsichtige Gewerbegesetzgebung und eine aktive Bevölkerungspolitik taten ein übriges. Weitere landesfürstliche Anstrengungen galten der Errichtung von Fabriken und Manufakturen, von denen besonders die Porzellanmanufaktur außerhalb der Landesgrenzen bekannt wurde, sowie dem Ausbau der Salinen (vor allem in Salzschlirf) und der Bergwerke. Daneben erfuhr die Landwirtschaft eine besondere Fürsorge, die in theoretischen Schriften wie der »Bauernphysik« des Hofrates Johann Eberhard Kayser (1772) und dem seit 1768 herausgegebenen »Landeskalender« ihren Ausdruck fand und sich auch in einer Verbesserung der landesfürstlichen Eigenwirtschaft niederschlug[300]. Alle diese Maßnahmen, die zum Teil vom Landesfürsten, zum Teil von den Behörden initiiert waren, wirkten natürlich auf die Organisation der Finanzverwaltung zurück, führten zu immer mehr Aufgaben und Befugnissen, zu immer weiterer Differenzierung innerhalb der Kammer.

An der Spitze dieser Behörde standen im 18. Jahrhundert ein Kapitular als Präsident sowie ein Hofkammerdirektor aus den Reihen der Kammerräte, *denen zu grader*

---

298 Als Kammerräte erscheinen unter Bernhard Gustav: Markus Stendorff (dieser schon seit 1654 so bezeichnet), Johann von Fiebel und Johann Güth.
299 Mauersberg, S. 83.
300 Zur Wirtschaftsentwicklung des Territoriums und zur Rolle der Landesherren in diesem Prozeß vgl. Ried, Wirtschaftspolitik, S. 47–130; Schüler; Wehner; Enneking, S. 96–138; Röll, S. 25–148. Zur Entwicklung in der Stadt Fulda s. v. a. die hervorragende Arbeit von Mauersberg, die auch Ausblicke auf die Entwicklung des Umlandes bietet, sowie Hohmann, Zunftwesen. Für Einzelbereiche vgl. auch: Kramer, Fuldaer Prozellan; Antoni, Wollmanufaktur; Kartels, Beiträge; Höck; Schlitzer, Salinenwesen; Jestaedt, Agrargeschichte; Agricola, Weg; Rieder, Leinweberei.

richthaltung des ganzten wesens, und um solches nicht in anstössige weege austreten zu lassen, das ruder in henden lag[301].

Die Arbeit der Kammerräte läßt sich anhand der Kameralverordnungen Fürstabt Adolfs von Dalberg vom 1. Oktober 1727[302], die neben Mängeln in der Finanzverwaltung auch solchen in der Hofökonomie entgegenwirken wollte, und vom 17. Juli 1737[303] sowie einer Instruktion Fürstbischof Heinrichs von Bibra für die Hof- und Rentkammer aus dem Jahre 1761, die im Zusammenhang seiner allgemeinen Verwaltungsreformen zu sehen ist[304], verfolgen.

Demnach waren tägliche Kammerratssitzungen (im Sommer von 8 bis 11, im Winter von 9 bis 11 Uhr, nachmittags von 14 bis 16 Uhr) unter dem Vorsitz des Präsidenten die gängige Praxis; 1761 wurde allerdings der Mittwoch den Räten zur freien Verfügung zugestanden – an diesem Tag war ihnen gestattet, *sich einheimisch oder sonsten in privat geschäften abwesend zu halten*[305]. Zur Kontrolle der Anwesenheit wurden im Kammerdiarium, welches ein Kammersekretär *de dato ad datum über alle vorkommenheiten mit besonderem fleis zu führen* hatte, die anwesenden Räte auf der linken Randseite namentlich aufgeführt[306]. Der Vormittag war für *wichtige materien* bestimmt, die *in behörende deliberation und umbfrage gestellet* werden sollten; in der anderen Zeit sollten *handwercker und sonstige mit anliegen sich meldende leut vorgelassen, abrechnung gepflogen, accorden gemacht* werden. Über alle Handlungen war ein Protokoll zu führen. Jeweils montags und donnerstags, später einmal wöchentlich, war dem Landesherrn über die geleistete Arbeit zu referieren[307].

Zur Gewährleistung eines umfassenden Meinungsbildes des Landesfürsten hatten die Kammerräte nach einer festgelegten Reihenfolge die Relationen an den Abt bzw. Bischof zu verfassen. Daher waren sie gehalten, täglich die *puncta referenda* aus dem Protokoll zu extrahieren, in wichtigen Fällen kurze Begründungen der Beschlüsse des Kameralkollegiums beizufügen, diese aber erst nach Billigung durch das Plenum an den Fürsten bzw. sein Kabinett weiterzuleiten[308], von wo aus sie wieder – mit entsprechenden Weisungen versehen, zumal bei Anfragen der Kammerräte – zurückgingen, gesammelt und jahrgangsweise zu einem besonderen Band gebunden wurden[309]. Die Fürsten nahmen also auch gegenüber der Kammer ihre übergeordneten Befugnisse wahr, bestanden auf der Erfüllung ihres Informationsbedürfnisses und der Befolgung ihres Weisungsrechts.

Durch die Verordnung vom 1. Oktober 1727 war den Kammerräten in besonderem Maße die Aufstellung von Haushaltsplänen aufgetragen. Dabei war auf der Einnahmenseite (ordentliche und außerordentliche Einkünfte) vom Schnitt der letzten zehn Jahre

---

301 Instruktion für die Hof- und Rentkammer, 1761, § 17: StAM 90a/353, fol. 266.
302 StAM 90a/353, fol. 237ʳ–251ᵛ (Cpt.).
303 StAM 91/652 (Orig.); StAM 90a/353, fol. 254ʳ–257ᵛ (Kop.).
304 Undatiert überliefert: StAM 90a/353, fol. 260ʳ–267ʳ (Kop.).
305 Instruktion 1761, § 1: StAM 90a/353, fol. 260ᵛ.
306 Instruktion 1761, § 2: StAM 90a/353, fol. 260ᵛ–261ʳ. Eine Anwesenheitsliste bei Rentkammersitzungen aus dem Jahre 1730 in: StAM 91/467.
307 Kameralverordnung 1727, § 3: StAM 90a/353, fol. 239ᵛ–240ʳ; Instruktion 1761, § 8: StAM 90a/353, fol. 263ʳ.
308 Kameralverordnung 1727, § 4: StAM 90a/353, fol. 240ʳ.
309 Instruktion 1761, § 8; StAM 90a/353, fol. 263ʳ.

auszugehen. Auf der Ausgabenseite waren *alle bey dermahliger hofs- und regierungsver-fassung jerlich erforderliche kosten und aufgang communi consilio zu specificiren.* Versehen mit Empfehlungen zur Regulierung der Einnahmen- und Ausgabenverhält-nisse waren diese Aufstellungen dem Landesfürsten einzuschicken – ihm sollten sie ebenso als Grundlage seiner Finanzaktionen dienen wie der Kammer selbst[310]. Im Zusammenhang damit sind auch die angeforderten Übersichten der Aktiv- und Passiv-schulden des Landes und die Erörterungen der Möglichkeiten ihrer Abtragung zu sehen[311]. Zwar muß man sich diese Haushaltspläne noch in ganz bescheidenem Rahmen vorstellen, dennoch hob sich die Einstellung der fuldischen Landesherren zu den Finanzen positiv von den Praktiken vieler anderer deutscher Territorialfürsten ab.

Voraussetzung für die Einkommensberechnungen und für vernünftiges Haushalten war die sorgfältige Führung der Rechnungen auf allen Verwaltungsebenen – Rückstände konnten hier nicht geduldet werden, ebensowenig Nachlässigkeiten und Rücksichten bei der Kontrolle der Rechnungen[312]. Über die Einnahmen der Kammer wurde vom Kammerzahlmeister, einem für die allgemeine Rechnungsführung der Einnahmen und Ausgaben wie für die Auszahlungen zuständigen Kammerrat, eine wöchentliche Abrechnung dem Plenum vorgelegt und in der Kammerrepositur hinterlegt[313]. Die rechnungsführenden Beamten auf dem Lande (Amtsvögte), die bei ihrer Einstellung eine Kaution zu erbringen hatten, mußten der Kammer jährlich Rechnung über alle Kameraleinkünfte und die Ausgaben ihrer Amtsbezirke legen[314]. Dazu wurde den Lokalbeamten ein Termin zur Einschickung der Rechnung anberaumt. Die Rechnungs-prüfung wurde von den Kammerräten nach einer vom Kammerpräsidenten festgelegten Ordnung durchgeführt. Die Beanstandungen der einzelnen Räte wurden anschließend im Plenum diskutiert und nach Approbation den Komputanten zugestellt. Diesen wurde zugleich ein Termin zur Rechnungsablage und zur Beantwortung von Kritikpunkten in der Kammer gesetzt. Rechnungsrückstände hatten sie an diesem Tag sofort in bar auszugleichen; andernfalls wurden sie festgehalten[315]. Revisionen unkorrekter Rech-nungen sollten jeweils zwei Kammerräte vornehmen, nachdem im Plenum alle Räte dazu Stellung genommen hatten[316].

Für die Kammerräte gab es neben den eben beschriebenen allgemeinen Tätigkeiten gewisse Spezialisierungen, die ein Fachräte-System begründeten, nach welchem – mehr als bei den Regierungsorganen – jeder Rat für ein bestimmtes Ressort zuständig war.

Ein Kammerrat fungierte, wie in den bisherigen Ausführungen schon deutlich wurde, als Zahlmeister. Er mußte darauf bedacht sein, daß alle fälligen Gelder rechtzeitig

---

310 Kameralverordnung 1727, §6: StAM 90a/353, fol. 241[r].
311 Kameralverordnung 1727, §7: StAM 90a/353, fol. 241[v].
312 Kameralverordnung 1727, §8: StAM 90a/353, fol. 241[v]–242[r].
313 Kameralverordnung 1727, §9: StAM 90a/353, fol. 242[r].
314 Vgl. dazu z. B. die ausführliche, 33 Punkte umfassende gedruckte *Instruction für alle Rechnungs-führende Beamten* vom 16. Juli 1739: StAM Verordnung II/C.1, Bd. 1; StAF XXI, B 2 (1739–1755).
315 Kameralverordnung 1727, §§14–19 (§§17 und 18 wurden in der Verordnung überzählt!): StAM 90a/353, fol. 244[r]–245[v]; Instruktion 1761, § 12: StAM 90a/353, fol. 264[v]. Bei den alljährlichen Revisionen hatten die Prüfer darauf zu achten, ob die Rechnungsführer die im Vorjahr kritisierten Mängel abgestellt hatten (Instruktion 1761, § 10: StAM 90a/353, fol. 263[v]–264[r]).
316 Kameralverordnung 1737, § 10: StAM 91/652 und StAM 90a/353, fol. 256[v]; Instruktion 1761, § 11: StAM 90a/353, fol. 264.

eingetrieben, Rückstände untersucht und eingefordert wurden; er achtete auf die
Abrechnung der Unterbeamten, darauf, daß sie ihre Gelder bei der Rechnungsablage
gleich korrekt abführten, Rückstände beglichen und auch ihre Kautionen bezahlten.
Auszahlungen konnte der Kammerzahlmeister nicht eigenmächtig, sondern nur nach
Anweisung durch den Landesfürsten oder nach Genehmigung des Kollegiums vornehmen, was selbständige Handlungen des Zahlmeisters dennoch nicht ausschloß. Zahlungen an Bauleute und Handwerker sowie Materialkosten für das Bauwesen fielen in die
Zuständigkeit eines Baudirektors. Dem Kammerzahlmeister war es untersagt, Gelder
mit nach Hause zu nehmen; ebensowenig war es ihm gestattet, diese auszugeben[317].
  Ein anderer Kammerrat fungierte als Direktor über das herrschaftliche Bauwesen in
der Stadt und auf dem Lande, wobei ihm ein Fachmann als Bauinspektor und
-kontrolleur beigegeben war[318]. Der Baudirektor war verantwortlich für die Führung
des Bauprotokolls, das alle Kontrakte mit Bau- und Handwerksleuten enthielt und
Auskunft über Bauarbeiten gab. Auch nahm er die Zahlungen an Bauleute und
Handwerker sowie die Begleichung von Materialkosten für das Bauwesen vor. Bezüglich
der Fuhr- und Handfrohnden der Untertanen hatte er auf Gleichheit unter den Ämtern
und Wahrung einer bestimmten Ordnung mittels genauer täglicher Buchführung
(Fronmanual) zu achten. Ohne Wissen und Einwilligung der Kammer sollte er keine
Gebäudereparaturen, noch weniger Neubauten vornehmen lassen. War Derartiges
erforderlich und beabsichtigt, so hatte er einen Kostenvoranschlag zu machen bzw.
machen zu lassen, diesen *zur revision und censur* der Kammer vorzulegen und nach deren
Zustimmung den Bescheid des Fürsten abzuwarten[319].
  Dieser Kammerrat führte auch die Aufsicht über den fürstlichen Wirtschaftshof, den
Altenhof[320]; diese Aufsicht wurde, nachdem der Altenhof 1733 an den Dechanten
übergegangen war, auf die Jurisdictionalia beschränkt und als Aufgabengebiet für einen
einzigen Kammerrat verselbständigt. Ihm unterstanden nach der Ordnung von 1761
zusätzlich die unverpachteten Meiereien und Schweizereien, während dem für das
Bauwesen zuständigen Kammerrat 1761 die Weinbergskultivierungen anvertraut
waren[321].
  Ein weiterer Kammerrat war für Zollwesen und indirekte Steuern (Akzise, Ungeld)
sowie die landwirtschaftlichen Erträge zuständig. 1727 wurde damit Johann Jost Blum
beauftragt, der auch eine neue Zollordnung ausarbeitete. Er hatte über die Getränkeak-
zise die Abrechnung mit den Wirten zu führen und eine genaue Aufsicht über die
Einnahme der Gelder auszuüben; dazu waren die monatlich von den Unterbeamten

---

317 Kameralverordnung 1727, §10: StAM 90a/353, fol. 242; Kameralverordnung 1737, §7:
StAM 91/652 und StAM 90a/353, fol. 255ᵛ–256ʳ.
318 Bei letzterem handelte es sich 1727 um den bekannten Baumeister Friedrich Joachim Stengel.
Ab 1733 war Johann Flachner Bauinspektor, kurze Zeit später bekleidete Andreas Gallasini, der
Fuldas Stadtbild nachhaltig prägte, dieses Amt.
319 Kameralverordnung 1727, §20: StAM 90a/353, fol. 245ᵛ–247ʳ; Kameralverordnung 1737, §4:
StAM 91/652 und StAM 90a/353, fol. 254ᵛ–255ʳ. Eine ausführliche Instruktion für den Oberbaudi-
rektor findet sich in StAM 90a/353, fol. 425ʳ–432ᵛ – sie datiert vom 27. Juli 1764; eine Instruktion für
einen Hof- und Landbauinspektor: ebd., fol. 502ʳ–506ᵛ (vom 19. Januar 1778).
320 Kameralverordnung 1727, §20: StAM 90a/353, fol. 248.
321 Instruktion 1761, §3: StAM 90a/353, fol. 261.

eingehenden Berichte und Abrechnungen zu überprüfen und darüber der Kammer Bericht zu erstatten. Schließlich besorgte er die Aufsicht über die Fruchteinkünfte und regelte deren Verkauf sowie die Anlegung von Vorräten[322]. Vom Fruchtamt wurden über die eingehenden Zinsfrüchte wie über eigene Ernteerträge, die ja einen wesentlichen Teil der Kammerintraden ausmachten, Rechnungen geführt. Nach Prüfung der Rechnung wurde auf dem Fruchtamtsboden im Beisein des zuständigen Kammerrates eine Fruchtstürzung durchgeführt, um den in der Rechnung ausgewiesenen und den tatsächlich vorhandenen Überschuß vergleichen zu können. Das Ergebnis dieser Prüfung war *ad cabinetum* einzuliefern[323]. Diesem Kammerrat wurden angesichts seines breiten Aufgabenbereichs zur Assistenz immer wieder andere Kammerräte bzw. -sekretäre beigeordnet[324].

Ein vierter Kammerrat hatte die Oberaufsicht über die Registratur; er trug Sorge dafür, daß nicht nur alles ordentlich abgelegt, sondern daß auch Repertorien angelegt wurden[325]. Die praktischen Arbeiten führte ein Registrator aus. Neben der Überwachung der Registratur führte dieser Kammerrat die Inventare über alle bei der fürstlichen Hofstatt wie in den *landthäusern* befindlichen Mobilien und Effekten und registrierte deren Ab- und Zugänge; 1727 war hierfür eigens ein Kammerrat eingesetzt worden[326].

Die Kammerräte konnten als Einzelpersonen und in Eigenverantwortung keine Warenkäufe tätigen, sondern benötigten dazu die Genehmigung durch den Fürsten bzw. den Kammerpräsidenten; einseitig bestellte Ware sollte zurückgegeben, die Räte für Eigenmächtigkeiten bestraft werden[327]. In der Ordnung von 1761 allerdings wurden der Warenankauf und die Weitergabe einem Hofkammerrat als eigenes Ressort zugewiesen; ihm waren daneben die Holzflößung und die Aufsicht über die Hammelschnitte, also die Wollieferung, anvertraut[328]. Bezüglich der Warenlieferungen war schon 1727 festgelegt worden, daß die Lieferanten aus Frankfurt, dem wichtigsten Umschlagplatz für die in Fulda benötigten Einfuhrgüter, und anderen Orten ihren Sendungen genaue Preisangaben für die einzelnen Waren beifügen sollten, die dann von dem zuständigen Kammerrat mit den in Frankfurt zur Messezeit üblichen Kursen verglichen werden sollten, um etwaige Preisüberhöhungen – die nicht selten waren – ausfindig zu machen. Von den zur Kammer gelieferten Waren sollte ohne Wissen des Fürsten niemandem etwas verkauft oder ausgeborgt werden[329].

Ebenso durften aus den inventarisierten und durch ein Manual in ihren Zu- und Abgängen erfaßten Beständen der Kammer an Silber, Gold, Leinen und anderen Tüchern einzelne zur Arbeit benötigte Stücke von einem damit beauftragten Kammerrat an Burgvögte, Tapezierer, Hofschneider und andere Handwerker nur auf fürstliche oder

322 Kameralverordnung 1727, §§ 21–24: StAM 90a/353, fol. 247ʳ–248ʳ; Kameralverordnung 1737, § 5: StAM 91/652 und StAM 90a/353, fol. 255ʳ.
323 Instruktion 1761, §§ 13, 14: StAM 90a/353, fol. 264ᵛ–265ʳ.
324 Vgl. Kameralverordnung 1737, § 9: StAM 91/652 und StAM 90a/353, fol. 256ᵛ.
325 Kameralverordnung 1727, § 25: StAM 90a/353, fol. 248ʳ.
326 Kameralverordnung 1727, § 28: StAM 90a/353, fol. 248ᵛ; Kameralverordnung 1737, § 6: StAM 91/652 und StAM 90a/353, fol. 255.
327 Kameralverordnung 1727, § 11: StAM 90a/353, fol. 242ᵛ–243ʳ.
328 Instruktion 1761, § 3: StAM 90a/353, fol. 261ʳ.
329 Kameralverordnung 1727, §§ 12, 13: StAM 90a/353, fol. 243.

Kameral-Anweisung ausgegeben werden; die Arbeiten der Handwerker waren von der Kammer anschließend genau zu kontrollieren[330].

Schließlich war ein Kammerrat als Expeditionssekretär – in Übernahme der vorher von einem Sekretär bzw. dem mit einer bestimmten Angelegenheit besonders vertrauten Fachrat wahrgenommenen Aufgaben – für die Expedierungen zuständig. Dies umfaßte nicht nur die Verantwortung für ausgehende Schreiben, sondern auch für die einkommenden Berichte und Anzeigen. Alle waren in ein jeweils dafür bestimmtes Protokoll einzutragen, mit dessen Hilfe sich zeitweise abwesende Kammerräte nach ihrer Rückkehr ein genaues Bild über die zwischenzeitlich angefallene und erledigte Arbeit machen konnten. In Anwesenheit des Präsidenten durfte der für die Expeditionen verantwortliche Kammerrat alle eingegangenen Schreiben öffnen; anschließend hatte er sie denjenigen Kammerräten, in deren Zuständigkeit sie fielen, zustellen zu lassen. Nur zeitweise kam ihm die Aufgabe der Warenbestellung zu, die – wie oben gezeigt – ab 1761 einem eigens damit betrauten Kammerrat zufiel[331].

Der Schriftverkehr mit den lokalen Verwaltungsstellen (Ämtern), von denen die Kameralgeschäfte mitbesorgt wurden, soweit es keine eigenen Kellereien dafür gab[332], war jeweils von den Räten, in deren Departement die betreffenden Gegenstände fielen, abzuwickeln, jedoch erst nach Beratung und Entschließung im Plenum. Angelegenheiten, die in kein bestimmtes Ressort fielen, wurden dem Präsidenten, oder, in dessen Abwesenheit, dem ältesten Rat zur Übertragung an einen bestimmten Kammerrat anheimgestellt[333].

Einkünfte und Ausgaben der Kammer erfuhren gegenüber denen der Küchenmeisterei des 16. und der ersten Hälfte des 17. Jahrhunderts beträchtliche Erweiterungen, sowohl an Umfang als auch an Höhe. Die Kameraleinkünfte des ausgehenden 17. und 18. Jahrhunderts waren im wesentlichen[334]:

- Erb- und Bodenzinse,
- Lehnsgefälle (Lehns-, Fall- und Empfahgelder),
- Dienst- oder Frongeld, das immer mehr an die Stelle der Privatfrondienste (zum Bau der herrschaftlichen Schlösser und Gebäude, zur Bewirtschaftung der Domänen) trat,
- Zölle (Landesgrenzzoll, Marktzoll in der Stadt Fulda),
- Akzise (indirekte Steuer von Fleisch, Wein, Branntwein und Bier, zum Teil auch noch von Brot und Mehl),
- Einkünfte aus Domänenverpachtungen und -bewirtschaftungen,
- Gefälle aus den herrschaftlichen Forsten,
- Gefälle aus Salinenbetreibung bzw. -verpachtung,

---

330 Kameralverordnung 1727, § 14: StAM 90a/353, fol. 243ᵛ–244ʳ.
331 Kameralverordnung 1737, § 8: StAM 91/652 und StAM 90a/353, fol. 256.
332 Im 18. Jahrhundert war dies nur noch in Hammelburg der Fall. S. dazu HOFEMANN, S. 103, 106.
333 Instruktion 1761, §§ 4–6: StAM 90a/353, fol. 261ᵛ–262ᵛ. Notwendige Reisen auf das Land waren nicht eigenmächtig durchzuführen, sondern bedurften vorher der Beratung und Zustimmung durch das Plenum sowie der Unterzeichnung eines kurz gefaßten Commissoriale durch Präsident und Direktor; dieses Schriftstück war auch bei der Abrechnung der Diäten vorzulegen (§ 7: StAM 90a/353, fol. 262ᵛ–263ʳ).
334 Nach Rentkammerrechnungen 1671–1802 (selektiv benutzt): StAM Rechnungen II Fulda, 240; WITTSTADT, Placidus, S. 71–73; RIED, Wirtschaftspolitik, S. 37–44; ENNEKING, S. 51–62 (hier auch Aufstellungen der einzelnen Beträge).

- Verpachtungen einer Reihe von Regalien (Kupferhandel, Steinbrechen, Tongraben usw.),
- Einnahmen aus dem Kurbrunnen bei Brückenau bzw. Pachtgebühren,
- Ein- und Abzugsgeld,
- Geldanleihen, die buchungstechnisch ebenfalls unter die Einnahmen zu rechnen sind.

Im fürstlichen Kabinett hat sich zwar keine Scheidung in Regierungsbereich und Finanzkammerbereich, demzufolge auch keine eigene Finanzstelle, ausgebildet; dennoch wurden hier bestimmte Einnahmen verrechnet[335]:
- Erträge aus der 1716 erworbenen und durch ihren Weinanbau bekannten Domäne Johannisberg im Rheingau[336], aus dem Tiergarten und dem Fasaneriegarten,
- Judenleibzoll, Judenschutzgelder,
- Strafgelder,
- zeitweise auch die Einkünfte sämtlicher Domänen, Waldungen, Weinberge und der Salzschlirfer Saline.

Die Ausgaben der Kammer setzten sich im gleichen Zeitraum im wesentlichen zusammen aus[337]:
- Bestallungsgeldern (Hofdienerschaft ganz, Geistliche und Weltliche Regierung, Kammer und Forstamt zum Teil, Lokalbeamte aus den Amtsrechnungen),
- Hofhaltung (Nahrungsmittel, Mobilien und Küchengeräte, Kleidung, Marstall, Hofkapelle usw.),
- Betriebskosten der Domänen,
- Schuldentilgungen,
- Zinszahlungen.

Kontrolliert wurde die Rechnungsführung der Hofkammer zunächst durch den Landesfürsten und sein Kabinett mit Hilfe eines Sekretärs, dem der Kammerzahlmeister das vorhandene Bargeld zum Abschluß der Rechnungsprüfung zu übergeben hatte, und der – bei Gegenzeichnung durch den Zahlmeister – in dieser Zeit die Kassengeschäfte führte. Der Sekretär schickte dem Fürsten auch einen Sortenzettel des Bargeldes und einen Rechnungsbefund ein, nahm also durchaus Einfluß auf die Kontrolle[338]. Nach der Verselbständigung der Landesobereinnahme als fürstlicher Behörde (1761) überprüften Hofrentkammer und Landesobereinnahme ihre Rechnungen wechselseitig[339].

Insgesamt war das Finanzwesen also noch stark patriarchalisch bestimmt. Der Landesfürst griff persönlich in die Finanzverwaltung ein, Abgrenzungen zwischen den für Kameraleinkünfte und für Steuereinnahmen zuständigen Kassen sowie der fürstlichen Privatschatulle im Kabinett waren, vor allem bei den Ausgaben, fließend.

335 S. dazu Ried, Wirtschaftspolitik, S. 21–24, 44; Enneking, S. 62 f. sowie StAM Rechnungen II Fulda, 442: Berechnung der zum Hochfürstlichen Kabinett 1777 eingegangenen Gelder.
336 S. dazu Schlereth; Zwenger, Johannisberg; Schneider, Johannisberg; Struck, Aufhebung; Ders., Johannisberg, S. 213–233.
337 Vgl. StAM Rechnungen II Fulda, 240; Wittstadt, Placidus, S. 73–75; Ried, Wirtschaftspolitik, S. 44–46; Enneking, S. 63–68.
338 Vgl. das Dekret Fürstabt Amands von Buseck an beide Zahlmeister Hahn und Blum (letzterer für die Landesobereinnahme) betr. Rechnungslegung vom 30. November 1738 (Cpt., eigenhändig): StAM 91/679.
339 Kommissionen wurden 1773 (5. März) und 1774 (28. März) bestellt und dabei auf eine seit Jahren übliche Praxis hingewiesen: StAM 90a/353, fol. 172. 1773 wurde zugleich eine Kommission gebildet, die die von den beiden Finanzinstituten gegenseitig gestellten Forderungen überprüfen

Für die gerichtlichen Angelegenheiten der Kammer waren seit der Regierungszeit Adolfs von Dalberg nebenamtliche Konsulenten zuständig, die rang- und einflußmäßig auf gleicher Ebene wie die Kammerräte standen[340].

Unterstützt wurden die Kammerräte in ihren Aufgaben durch Sekretäre, die sich die wichtigen Aufgaben der Führung der Protokolle und Lagerbücher und die schnelle Expedition von Schriftstücken teilten[341]. 1727 wurde neben dem *secretarius ordinarius* ein Kammerrat als speziell für Expeditionen zuständiger *cameral-expeditionssecretarius* bestellt. Während die Expedition der wichtigen Angelegenheiten durch die jeweiligen Referenten überwacht wurde, hatte dieser Expeditionssekretär, dem der Kammersekretär zur Hand zu gehen hatte, die Verantwortung für die Durchführung der übrigen Expeditionen. Vor der Reinschrift waren die Konzepte im Plenum zu besprechen und gegebenenfalls zu revidieren; in Angelegenheiten, die keinen Aufschub duldeten, konnte die Revision vom anwesenden ältesten Rat allein vorgenommen werden. Die Konzepte waren mit dem *expediatur*, dem Namen des Revisors und dem Datum zu versehen; anschließend wurden sie ad acta reponiert[342].

Die Schreibarbeiten selbst wurden von Kammerschreibern wahrgenommen. Ein Kammerschreiber hatte auch die Aufsicht über die Schreibmaterialien, die er nicht ohne Anweisung ausgeben konnte[343]. Daneben überwachte er das Kammerinventar[344]. Ein zweiter Kammerschreiber wurde 1737 zum Rechnungsführer über Eisen und andere *im gewölbe* lagernde Waren bestellt[345].

C. DIE LANDESOBEREINNAHME

Über Entstehung, Funktion und Zusammensetzung der Landesobereinnahme als Steuerkasse im 16. und 17. Jahrhundert ist oben das Notwendige bereits ausgeführt worden[346]. Im folgenden geht es um die Organisation dieser anfangs ständisch bestimmten Kasse im 18. Jahrhundert.

Mit dem Niedergang der landständischen Bewegung sank die Landesobereinnahme immer mehr zu einer Zweigstelle der fürstlichen Kasse, der Hof- und Rentkammer, herab. Die Zahl der ständischen Obereinnehmer – ursprünglich jeweils einer pro Landstand, neben einem landesfürstlichen Beauftragten – ging kontinuierlich zurück, bis schließlich allein fürstliche Kammerräte dieses Amt bekleideten[347]; bei der Rechnungsführung assistierte diesen ein Landesobereinnahmssekretär. Die Grenzen zwischen

---

und einen Ausgleich herbeiführen sollte. Die Kommission kam zu dem Ergebnis, daß seit der Regierungszeit Konstantin von Buttlars (1714–1726) die Rentkammer der Obereinnahme 253 585 fl., diese umgekehrt der Rentkammer aber nur 30 630 fl. zugeschossen hatte – ein völlig überraschendes Resultat! S. dazu RIED, Wirtschaftspolitik, S. 35.

340   Erster Konsulent war der einflußreiche Geheime Rat und Syndikus des Kapitels Johann Anton Röthlein, 1748 auch nobilitiert, der Vater des kaiserlichen Residenten in Frankfurt/Main Franz Anton Nepomuk von Röthlein.

341   Kameralverordnung 1737: § 11: StAM 91/652 und StAM 90a/353, fol. 257ʳ.

342   Kameralverordnung 1727, § 5: StAM 90a/353, fol. 240ᵛ–241ʳ.

343   Kameralverordnung 1727, § 26: StAM 90a/353, fol. 248ʳ.

344   Kameralverordnung 1737, § 13: StAM 91/652 und StAM 90a/353, fol. 257ʳ.

345   Kameralverordnung 1737, § 14: StAM 91/652 und StAM 90a/353, fol. 257.

346   S. 252–256.

347   1730 Georg Philipp Seng, 1738 Johann Jost Blum.

Kameralgefällen und Steuereinnahmen verwischten sich dadurch fast völlig; noch weniger bestand eine Trennung auf dem Gebiet der Ausgaben[348]. Gleichwohl wurden Rechnungsprüfungen für die Hof- und Rentkammer und für die Landesobereinnahme getrennt durchgeführt. Oberstes Kontrollorgan war dabei der Landesfürst persönlich; mit der interimistischen Leitung der Landeskasse bis zur Billigung der Rechnungslegung durch den Fürsten wurde 1738 der Landesobereinnahmssekretär betraut[349].

Dieser zu einem Departement der fürstlichen Kasse herabgesunkenen und nur in bescheidensten Ansätzen verselbständigten Landesobereinnahme stand seit 1715 ein Präsident aus den Reihen der Kapitulare vor – das Kapitel wahrte dadurch, neben seiner beratenden und steuerbewilligenden Tätigkeit in den Kapitelssitzungen, also auch in diesem Bereich einen Rest ständischer Einflußnahme und Mitwirkung, wenn auch die faktische Arbeit bei dem Rechnungsführer und dem Obereinnahmssekretär lag.

Durch die Landesobereinnahmsverordnung vom 10. Juni 1761[350] wurde die Landesobereinnahme in eine besondere Behörde (so wie es vor zeiten gewesen) umgewandelt – durch die Bestellung eines Direktors, zweier Assessoren, eines Sekretärs, eines Kanzlisten und eines Pedellen, die weiterhin unter dem Präsidium eines Kapitulars standen[351]. Bis zum Ende des 18. Jahrhunderts erhöhte sich der Personalbestand um je einen Assessor, einen Sekretär und einen Schreiber; zusätzlich wurde ein Konsulent beschäftigt. Da ein Teil der in der Landesobereinnahme Tätigen noch andere Aufgaben in Diensten des Kapitels wahrnahm[352], konnte dieses hier einen starken Einfluß geltend machen, verlorenes Terrain in der Finanzverwaltung sogar zurückgewinnen. Während der Zwischenregierung 1788 und unter der Regierung Adalberts von Harstall vermochte das Kapitel seine Einflußnahme auch äußerlich zu dokumentieren, indem es durchsetzte, daß die Mitglieder der Landesobereinnahme nicht nur dem Fürsten, sondern auch dem Kapitel verpflichtet wurden[353].

Die wichtigste Aufgabe dieser neuen Behörde bestand, wie in der Zeit davor, in der Steuerverwaltung, die jetzt auf den unteren Ebenen einer stärkeren Kontrolle unterliegen sollte.

Steuerausschreibungen und -einziehungen waren für die Untertanen im 18. Jahrhundert eine jährlich wiederkehrende, regelmäßige Erscheinung. Die Höhe dieser Steuern wurde nach dem jeweiligen Bedarf festgelegt. Sie wurde von den fürstlichen Beamten in der Rentkammer, später in der sich als Behörde verselbständigenden Landesobereinnahme durch Vorausberechnung des »Notstandes« bestimmt, ausgeschrieben allerdings

---

348 Vgl. die Anweisung Fürstabt Amands von Buseck für alle rechnungsführenden – also auch steuereinziehenden – Beamten vom 27. Juli 1739, Punkt 4: StAM Verordnungen II/C.1; StAF XXI, B 2 (1739–1755).
349 Vgl. das Dekret Amands von Buseck an beide Zahlmeister und Rechnungsführer Hahn und Blum betr. Rechnungslegung vom 30. November 1738 (Cpt.): StAM 91/679.
350 Reinschrift in: StAM 91/125.
351 Daß es sich bei den Assessorats- und Sekretärsstellen nur um die Wiederbelebung von seit Jahren unbesetzt gebliebenen Positionen gehandelt habe, wie es im Eingang der Ordnung ausgeführt wird, ist allerdings eine krasse Überzeichnung der früheren Zustände.
352 1761 waren z. B. die beiden Assessoren Seng und Kern hauptamtlich auf der kapitularischen Audienz bzw. auf der Domdechanei tätig. S. Spezialinstruktion für die Assessoren der Landesobereinnahme. Anhang zu Obereinnahmsverordnung vom 10. Juni 1761, § 2, in: StAM 91/125.
353 Vgl. Reskript Fürstbischof Adalberts von Harstall vom 22. Dezember 1788: StAM 96/708; ENNEKING, S. 80.

von der Weltlichen Landesregierung[354]. Einfluß auf die Höhe der Anlagen konnte das Kapitel nehmen, das in einer der vierteljährlichen Kapitelsversammlungen mit dem Abt und Landesherrn seine Zustimmung geben mußte, hier auch sein Budgetrecht immer wieder betonte[355], faktisch allerdings nur über einen begrenzten Spielraum verfügte. Das Übergewicht lag zu eindeutig auf der fürstlichen Seite.

Von Kammerräten war 1708 der Steuerfuß aufgestellt, von Kammerräten – in erster Linie von Johann Jost Blum, der auch als Rechnungsführer der Steueranlagen, als Landesobereinnehmer, fungierte – 1740 revidiert worden[356]. Dem Steuerfuß zugrunde lagen die 1708 abgeschlossenen Salbücher, die 1740 überprüft und revidiert wurden. In ihnen waren die rechtlichen Grundlagen und die Besitzverhältnisse in jeder einzelnen Gemeinde des Stifts erfaßt und jedes Bauern-, Hintersiedler- und Hüttnergut[357] getrennt nach Hofraite, Äckern, Wiesen, Wald, Gärten usw. beschrieben und – unter Berücksichtigung der Lage und natürlichen Fruchtbarkeit des Bodens, nicht seiner Größe – auf seinen Ertragswert, das steuerbare Grundvermögen, abgeschätzt worden[358]. Nur die Immobilien, die Gebäude und die Liegenschaften, bei Handwerkern und Gewerbetreibenden auch das Gewerbe, wurden zur Besteuerung herangezogen, vom Kapital wurde keine Abgabe erhoben. Als Steuersimplum mußten von je 100 fl. des taxierten Wertes 13 Pfg. oder von 1000 fl. 32½ Kr. abgegeben werden. Die Simplen der einzelnen Dorf- und Gemeindebewohner ergaben das Dorf- oder Gemeindesimplum, sämtliche Dorfsimplen eines Amtsbezirks das Amtssimplum, die Amtssimplen mit denen der Städte und Propsteien zusammengenommen das Landessimplum.

Das Landessimplum betrug nach den Berechnungen Ennekings 3068 fl. 5 Kr. 3 Pfg. 57 Teile[359]. Gefordert aber wurden von der Landesobereinnahme in der Regel mehrere Simplen, für besondere Ausgaben – wie Zinszahlungen für aufgenommene Kapitalien, Schuldentilgungen und Aufwendungen für Straßenbau – auch außerordentliche Anlagen, die vor allem in Kriegszeiten beträchtliche Höhen erreichten[360]. Die Anlagen

---

354 Vgl. Landesobereinnahme-Verordnung 1761, § 1: StAM 91/125; ENNEKING, S. 73.
355 S. die Belege bei RIED, Wirtschaftspolitik, S. 26, Anm. 3; ENNEKING, S. 76.
356 In der Kameralverordnung 1737 hatte Fürstabt Adolf von Dalberg der Kammer aufgetragen, Beratungen darüber anzustellen, wie *der steuer-fuß pro futuro am bequemsten in behörig- und höchst nöthige richtigkeit zu stellen* sei: StAM 91/652 und StAM 90a/353, fol. 251ʳ.
357 Diese Güter waren Lehns-Erbzins-Güter, die den Bauern erblich überlassen worden waren, an denen das Obereigentum aber der Lehnsherren (Fürstabt, Kapitel, Propsteien, Ritter) zustand. Die Bauern zahlten Grund-, Boden- oder Erbzins, Lehen-, Fall- und Empfahgelder sowie vielfältige andere Abgaben und erbrachten eine Reihe von Dienstleistungen. Ihre Güter waren geschlossen, nur mit Einverständnis der Herrschaft zu verkaufen, zu vertauschen oder zu verleihen. Bauerngüter umfaßten mindestens eine Hube (15–16 ha); Hintersiedlergüter hatten einen geringeren Umfang, während Hüttner neben ihrer Hütte nur über wenig (fahrende Hüttner) oder gar keinen Grund und Boden (vierschwellige Hüttner) verfügten. Dazu und den Dienstverpflichtungen der Bauern im einzelnen s. THOMAS, Sistem, I, §§ 113–217, S. 187–368; JESTAEDT, Agrargeschichte, S. 1–6; auch: BÖHNE, S. 21–48; RICHTER, Lage; WEBER, Kreis Hünfeld, S. 210–237; RÖLL, S. 103–141.
358 Kriterien der Einschätzung mitgeteilt bei THOMAS, Sistem, I, § 149, S. 262–264; JESTAEDT, Agrargeschichte, S. 8; ENNEKING, S. 70f.
359 ENNEKING, S. 72.
360 1760 beispielsweise wurden 36 Simplen als ordentliche und 25 Simplen als außerordentliche Anlage verlangt. Bei diesen 36 ordinairen Simplen blieb es das ganze Jahrzehnt hindurch. In den siebziger Jahren wurden 23 oder 24 Simplen als ordentliche, 5 bis 6 Simplen als außerordentliche

(Ordinaria und Extraordinaria) wurden auf monatliche Forderungen an die Untertanen umgerechnet, in den Ämtern und Propsteibezirken von den Dorfschultheißen erhoben und an die Ämter bzw. Propsteiamtsvögte abgeliefert, die die Gelder verrechneten und an die Landesobereinnahme weiterleiteten. In den Städten wurden besondere Kollektoren bestellt[361].

Die Ausschreibung außerordentlicher Steuern war an einige Vorbedingungen geknüpft: Hielt die Obereinnahme die Erhebung von Extrasimpeln für erforderlich, so hatte sie Bürgermeister und Räte der Städte und die Schultheißen (Gemeindevorsteher) der Dörfer vorzuladen, ihnen die Notwendigkeit einer besonderen Anlage zu erläutern, darüber ein kurzes Protokoll zu verfassen und von den Vorgeladenen unterschreiben zu lassen, dieses sodann der Weltlichen Regierung mit der Bitte um Erlaubnis der außerordentlichen Kontribution weiterzuleiten. Die Regierung bzw. der Landesfürst selbst entschied über den Antrag unter Zuziehung der Landesobereinnahmevertreter, auf die das Kapitel, wie gezeigt, besonderen Einfluß ausübte. In besonderen Notfällen konnte das Verfahren abgekürzt und nur die Zusicherung der Stadt- und Dorfvorsteher eingeholt werden[362].

Diese Prozedur beweist, daß – trotz der regelmäßigen Erhebung ordentlicher Steuern – dem »Finanzstaat« beim Zugriff auf die finanziellen Ressourcen seiner Untertanen Rücksichtnahmen auferlegt waren. Diese sind allerdings nicht so weitgehend gewesen, daß man von einer Verlagerung der durch das Kapitel gewahrten Tradition der mittelbaren Untertanenvertretung auf »Landschaften« als unmittelbare Vertretung der Untertanen[363] sprechen könnte. Die dörflichen und städtischen Vertreter wurden nur über die anstehenden außerordentlichen Forderungen informiert; ihre Zustimmung dazu war Formsache – die einzige wirklich verhandlungsberechtigte und zustimmungspflichtige Instanz blieb das Kapitel.

Die Steuerverfassung selbst wies in der im 18. Jahrhundert praktizierten Form einige grundlegende Mängel auf – die Steuerfreiheit weiter Kreise, die Nichtbesteuerung des Kapitals und die nicht exakt vorgenommenen Einschätzungen der steuerbaren Güter sowie die mangelnde Berücksichtigung veränderter Besitzverhältnisse. Steuerfrei waren neben den fürstlichen Schlössern und Domänen die Liegenschaften des Kapitels, der Propsteien und des Konvents ad S. Salvatorem, die Immobilien der Kirchen, Stifter und Klöster, mehrere von den Landesherren steuerfrei ererbte oder erworbene Privatgüter sowie die Stadtwohnungen der in fürstlichen Regierungs-, Verwaltungs- und Hofdien-

---

Steuern erhoben (RIED, Wirtschaftspolitik, S. 30 f., 36). 1792 wurden 29 ordinaire und 7 extraordinaire Anlagen erhoben, 1801 stiegen sie auf 40 ordentliche und 16 außerordentliche für Zinszahlungen (ENNEKING, S. 74, 86).
361 THOMAS, Sistem, I, § 150, S. 264 f.; JESTAEDT, Agrargeschichte, S. 10; ENNEKING, S. 73; Landesfürstliche Verordnung für die rechnungsführenden Beamten vom 27. Juli 1739 (StAM Verordnungen II/C.1; StAF XXI, B 2 [1739–1755]; Landesobereinnahme-Verordnung 1761, § 2 (StAM 91/125). Nach der Verordnung von 1761 sollten die Erhebungen am 25. eines jeden Monats abgeschlossen und die Lieferung an die Obereinnahme bis zum 10. des darauffolgenden Monats durchgeführt sein. Die Kontribution im Dezember sollte, wegen des Rechnungsabschlusses, bis zum 20. erfolgen. Alle Lieferungen an die Obereinnahme hatten einen Sortenzettel zu enthalten (§§ 2–4).
362 Landesobereinnahme-Verordnung 1761, §§ 10, 11: StAM 91/125.
363 S. dazu die einschlägigen Arbeiten von BLICKLE (Landschaften) und PRESS (Herrschaft; Landschaft).

sten stehenden Personen[364]. Diese und die Handelsleute und Gewerbetreibenden profitierten auch von der Nichtbesteuerung der Kapitalien, was selbst ein führendes Mitglied des Kapitels, der durch die Schriftleitung des »Journals von und für Deutschland« so bekanntgewordene Sigismund Freiherr von Bibra, als *gegen alle Billigkeit* verstoßend erachtete[365], da gerade diese Kreise Steuerzahlungen am ehesten hätten aufbringen können; die fuldischen Finanzbehörden sahen sich aber im Gegenteil nur zu häufig dazu veranlaßt, bei ihnen Gelder aufzunehmen, statt selbst Steuerforderungen anzumelden[366]. Die Errichtung einer Hilfs- und Notdurftkasse 1793, die von allen steuerfreien Gruppen – angesichts der drückenden Lasten im Gefolge der Revolutionskriege, die die steuerpflichtigen Untertanen nicht allein aufzubringen wußten – finanziell getragen werden sollte[367], wog diese Ungleichheiten nicht auf.

Die Taxation der Güter hingegen war zum einen bedenklich, weil sie auf Abschätzungen beruhte und Veränderungen seit dem Zeitpunkt der Schätzungen nur in ungenügendem Maße berücksichtigt wurden, zum anderen, weil Beistücke höher veranschlagt waren als Äcker und Wiesen der geschlossenen Güter. Beistücke unterlagen nicht der grundsätzlichen Unteilbarkeit wie die geschlossenen Güter, sondern durften nach Belieben geteilt werden; als Annex von Gütern wurden mit ihnen häufig nachgeborene Kinder abgefunden, die dann über ein Hüttnerdasein nicht hinauskamen – sie befanden sich also »durchweg in den Händen der ärmeren Bevölkerung«, die am wenigsten über abschöpfbare Geldmittel verfügte[368].

Die an die Landesobercinnahme abgeführten Steuern wurden seit 1761 von den Assessoren und Sekretären entgegengenommen. Die Gelder wurden abgezählt und sortiert sowie vom Sekretär im Kontributionsmanual eingetragen, anschließend solange in Verwahrsam gebracht, bis sie abgefordert wurden. Der Verwahrungsort war mit drei Schlössern gesichert; über je einen dazu passenden Schlüssel verfügten der Direktor und die beiden Assessoren, die nur gemeinsam in den Geldraum gehen konnten, um dort Geld abzuholen oder einzuliefern. War einer der drei aus Krankheits- oder sonstigen Gründen verhindert, sollte ein Sekretär in seiner Vertretung den Schlüssel führen[369].

Die von den stiftischen Beamten über die Steuereinnahmen und ihre Weiterleitungen an die Landesobereinnahme geführten Rechnungen mußten dem fürstlichen Kabinett bis zum 20. Januar des darauffolgenden Jahres eingeschickt werden und wurden dann von den Landesobereinnahme-Assessoren einer eingehenden Prüfung unterzogen, während die Hauptrevision coram pleno in Gegenwart der Rechnungsführer stattfand. Die Rechnungen der Stadtkollektoren waren zuvor auch von Bürgermeister und Räten durchgesehen worden. Über das Ergebnis der Prüfungen war dem Landesherrn Mitteilung zu machen[370].

364 Thomas, Sistem, I, § 148, S. 261; ihm folgend: Ried, Wirtschaftspolitik, S. 28f.; Enneking, S. 74f. Designationen der von Abgaben befreiten Häuser in der Stadt Fulda aus dem Jahre 1714 und aus der Jahrhundertmitte in: StAM 91/125.
365 Zitiert bei Enneking, S. 75.
366 Beispiele bei Ried, Wirtschaftspolitik, S. 29, Anm. 4 sowie – zahlreich – in: StAM Rechnungen II Fulda, 358 und 358 B (Schuldenrechnungen der Landesobereinnahme mit Beilagen).
367 S. dazu Enneking, S. 90–94.
368 Ebd., S. 75.
369 Landesobereinnahme-Verordnung 1761, §§ 5–8: StAM 91/125.
370 Ebd., §§ 12, 15, 16, 17.

Dagegen besaßen Landesobereinnahme und Fürstbischof lange Zeit hindurch keinerlei Einfluß auf die Steuerrechnungen der Propsteien und des domkapitularischen Gerichts Großenlüder – weder die Einsichtnahme noch eine Revision war der Landesobereinnahme möglich. 1793 erreichte Fürstbischof Adalbert, allerdings für den Preis der Einsichtnahme des Kapitels in die Hauptsteuerrechnung der Landesobereinnahme (zur Präliminarberatung über die jährlich zu erhebenden Steuern), daß die Propsteiamtsrechnungen der Obereinnahme vorgelegt wurden. Die Rechnungen des domkapitularischen Gerichts Großenlüder, die vom Domkapitel überprüft wurden, sollten jedoch nur dem Landesherrn persönlich zugänglich gemacht werden; Adalbert leitete diese dennoch direkt an die Landesobereinnahme weiter, die mit jenen Rechnungen in gleicher Weise wie mit den Amtsrechnungen verfuhr[371].

Neben der Aufsicht über die Steuereinnahmen und deren Verwaltung war der Unterhalt des Militärstandes (Oberrheinisches Kreiskontingent) der zweite große Aufgabenbereich der Landesobereinnahme – in Anknüpfung an alte ständische Zuständigkeiten.

Die Obereinnahme hatte anhand der ihr monatlich zuzustellenden Stärkemeldungen des Kontingents zu überprüfen, ob – entgegen ausdrücklicher fürstlicher Reservatrechte[372] – von den Hauptleuten eigenmächtig Annahmen oder Abdankungen von Soldaten vorgenommen worden waren[373]. Von neu eingestellten Musketieren erhob sie eine Kaution, die dem Wert einer Uniform und eines Gewehrs entsprach[374]. Ebenso entschied sie über längerfristige Urlaubsgesuche der Soldaten[375].

Für die von jedem Hauptmann selbst halbjährlich an die einzelnen Soldaten vorzunehmenden Soldauszahlungen hatte die Landesobereinnahme die Gelder bereitzustellen und anhand der Quittungen zu überprüfen, ob alle Gagen an die Mannschaft wirklich ausgezahlt worden waren. Da die Hauptleute oft die für die Invalidenkasse bestimmten Gelder selbst einbehielten, führte die Obereinnahme von jedem Gulden Sold 1 Kr. an die Invalidenkasse ab. Für Medizinalien hielt sie in Friedenszeiten von jedem Soldaten 12 Kr. monatlich ein, während in Kriegszeiten der Mannschaft dafür nichts abgezogen werden sollte, *weilen alsdann die officiers den abzug zu erheben, auch die nöthige medicin zu fourniren pflegen*[376].

Daneben war die Landesobereinnahme vor allem für die Anschaffung von Kleidung und militärischer Ausrüstung der Soldaten verantwortlich und führte eine besondere Warenrechnung sowie Inventare und Manuale[377].

Der dritte Aufgabenbereich der Landesobereinnahme umfaßte das Kreditwesen, und zwar weniger die aktive Kreditgewährung als vielmehr – infolge der Auswirkungen des Siebenjährigen Krieges, der Revolutionskriege und der schlechten Ernten und Hungers-

---

371 Vgl. ENNEKING, S. 76–78.
372 In einer am 27. Juli 1738 ergangenen Ordination und in der Landesobereinnahme-Verordnung 1761 (§ 18) festgeschrieben: StAM 91/125.
373 Landesobereinnahme-Verordnung 1761, §§ 18, 19, 23, 24.
374 Ebd., § 20.
375 Einem Hauptmann war es verwehrt, seinen Untergebenen mehr als acht Tage Urlaub aus eigener Verantwortung zu gewähren; um solche Erlaubnis mußte er vielmehr bei dem Präsidenten der Landesobereinnahme nachsuchen (Verordnung 1761, § 22).
376 Ebd., §§ 25, 26, 29.
377 Ebd., §§ 30, 31, 32, 33.

nöte zu Beginn der 1770er Jahre – Kreditaufnahmen, Zinszahlungen und Schuldentilgungen in erheblichem Umfang. Über den jeweiligen Schuldenstand war der Landesherr vierteljährlich zu unterrichten[378].

Neben den Schuldentilgungen und Zinszahlungen, neben der Finanzierung des Chausseebaus, neben Warenkäufen für das Militär waren Besoldungen ein letzter wesentlicher Ausgabeposten der Landesobereinnahme. Sie übernahm teilweise die Bezahlung der Mitglieder der Weltlichen und der Geistlichen Regierung, von auswärtigen Gesandtschaften und Agenturen, der Professoren der seit 1734 in Fulda bestehenden Universität[379], der Soldaten und natürlich der Mitglieder der Obereinnahme selbst[380].

Die Landesobereinnahme hatte über die ihr gelieferten und die von ihr ausgegebenen Gelder genau Buch zu führen. In der sogenannten Hauptsteuerrechnung waren alle ordentlichen Steuern und Ausgaben verbucht, während die außerordentlichen Steuern in einer Schuldenrechnung aufgeführt wurden, die daneben noch die Geldanleihen, Zinszahlungen und Schulden selbst enthielt. Seitdem unter Heinrich von Bibra im Interesse der Wirtschaftsförderung der Straßenbau vorangetrieben und durch Steuern der Untertanen wesentlich finanziert wurde, war auch eine Chausseerechnung zu führen. Dazu kamen weitere Rechnungen wie die Frucht- und Magazinrechnung über die angekauften und die vorrätigen Früchte. Den drei großen Rechnungen entsprachen auch drei getrennte Kassen. Alle Einnahmen und Ausgaben wurden zunächst in ein besonderes Manual eingetragen, das als Grundlage für die Rechnungsaufstellungen diente. Für die Geldaufnahmen wurde ein spezielles Eintragsbuch geführt, in dem die Höhe der geliehenen Gelder, die Namen der Gläubiger, die Zinsen und das Datum der Geldleihe vermerkt waren[381].

Auszahlungen sollten nach der Verordnung von 1761 nur bei Unterzeichnung der ihnen als Grundlage dienenden Verträge und Vereinbarungen durch den Präsidenten oder den Direktor und auf deren bloße Anweisung hin durchgeführt werden[382]. Da gerade diese häufig abwesend waren, eine sachgerechtere Behandlung aber gewährleistet werden mußte, verfügte Fürstbischof Heinrich von Bibra am 5. Dezember 1763, daß Verträge nur nach Beratung im Plenum abgeschlossen, anstehende Zahlungen hier besprochen und nach Gegenzeichnung durch Präsident und Direktor vorgenommen werden sollten. Konnte man sich in der Landesobereinnahme nicht auf ein bestimmtes Verhalten einigen, so behielt sich der Fürst die endgültige Entscheidung vor – in Auszahlungsangelegenheiten ebenso wie in allen anderen wichtigen Fragen, über deren Behandlung in der Landesobereinnahme unterschiedliche Auffassungen bestanden[383].

---

378 Ebd., §§ 35, 36, 37.
379 Zur Geschichte der von 1734–1805 bestehenden Universität s. LEIMBACH; RICHTER, Inauguration; MÜHL; POLLEY, Adolphsuniversität Fulda.
380 Vgl. zu den einzelnen Ausgabeposten die von der Landesobereinnahme geführten Rechnungen (StAM Rechnungen II Fulda, 358, 358 B [Haupt- und Schuldenrechnungen], 10, 10 B [Chausseerechnungen], 506, 499, 503, 505, 394, 526, 107 [Fruchtmanuale, -rechnungen]; s. auch ENNEKING, S. 63 f., 69 f.
381 S. dazu ENNEKING, S. 69 f.
382 Landesobereinnahme-Verordnung 1761, § 38; Spezialinstruktion für den Sekretär (= Anhang zur Verordnung), § 3: StAM 91/125.
383 Ergänzung der Landesobereinnahme-Verordnung vom 5. Dezember 1763, §§ 1, 3: StAM 91/125.

Um die täglichen Ausgaben bestreiten zu können, wurden von den monatlich eingehenden Kontributionsgeldern jeweils rund 6000 fl. abgezweigt; über diese Ausgaben war dem Landesfürsten monatlich Rechenschaft abzulegen[384].

Die Prüfung der von der Landesobereinnahme selbst geführten Rechnungen wurde – im Zuge wechselseitiger Kontrolle – zeitweise (in den 1770er Jahren) durch die Rentkammer vorgenommen[385], lag dann aber über weite Strecken in den Händen des Direktors, der die revidierten Exemplare dem Fürstbischof zustellte, welcher sie auch an den Domdechanten zur Einsichtnahme weiterleitete. In dessen Gegenwart und im Beisein des domkapitularischen Syndikus sowie der Angehörigen der Obereinnahme fand anschließend eine besondere Revisionssitzung statt. Auf Drängen des Kapitels, das bei dieser Form der Selbstkontrolle doch einen beträchtlichen Einfluß wahrte, wurde das Verfahren 1797 modifiziert und eine besondere Revisionsbehörde eingesetzt[386].

Im einzelnen war die Tätigkeit der Landesobereinnahme folgendermaßen reglementiert: Direktor und Assessoren sollten die Obereinnahme an drei oder vier Tagen der Woche von 9 bis 12 Uhr frequentieren; nach Möglichkeit sollte auch der Präsident anwesend sein und die Arbeit überwachen[387]. Während der übrigen Zeit sollten sie anderen Tätigkeiten, die sie zum Teil in Diensten des Kapitels ausübten, nachgehen. In einer ausführlichen Dienstordnung für die Landesobereinnahme vom 29. Dezember 1797[388] wurden als ordentliche Sitzungstage Montag, Dienstag und Donnerstag festgesetzt. Behandelt werden sollten, in dieser Reihenfolge, Direktiven und Resolutionen des Fürstbischofs, Korrespondenzen mit anderen Behörden und auswärtigen Kreditoren, Steuerrechnungen und ihre Revisionen. Zur Auszahlung von Geldern war der Freitag reserviert, Einzahlungen wurden mittwochs und samstags entgegengenommen[389].

Bei wichtigen Verhandlungsgegenständen wurden Obereinnahmsmitglieder mit Referaten betraut, in denen das Für und Wider einzelner Entscheidungen genau abgewogen werden sollte[390]. Natürlich wurde über die Sitzungen des Kollegiums ein Protokoll (Rhapsodium) geführt; einmal wöchentlich war – wie von der Rentkammer – dem Fürsten über die anstehenden Probleme und die geleistete Arbeit eine Relation zuzustellen[391]. Daneben wurden in einem Notatenbuch alle bedeutsamen Fälle und in Akkordbüchern die abgeschlossenen Verträge festgehalten[392].

Die Assessoren – denen selbständiges Handeln ohne Genehmigung des Präsidenten oder des Direktors nicht gestattet war – hatten am 10. eines jeden Monats die Kontributionsgelder entgegenzunehmen, zu zählen, zu quittieren und nach Abgabe von rund 6000 fl. an den Sekretär, der damit die laufenden Ausgaben bestreiten sollte, zu verwahren. Ebenso hatten sie bei der vom Plenum vorgenommenen Revision der

---

384 Landesobereinnahme-Verordnung 1761, § 9; Spezialinstruktion für den Sekretär, §§ 3, 4.
385 S. oben Anm. 339.
386 Vgl. ENNEKING, S. 79.
387 Spezialinstruktion für den Obereinnahmsdirektor als Anhang zur Landesobereinnahme-Verordnung 1761: StAM 91/125.
388 In: StAM 91/125; Zusammenfassung bei ENNEKING, S. 68–70.
389 Dienstordnung 1797, §§ 7, 9, 10: StAM 91/125.
390 Ebd., § 13.
391 Landesobereinnahme-Verordnung 1761, § 42; Spezialinstruktion für die Assessoren (= Anhang zur Verordnung), §§ 1, 2; Dienstordnung 1797, §§ 6, 7.
392 Dienstordnung 1797, § 8.

Kontributionsrechungen die notwendigen Vorarbeiten zu leisten[393]. Ein Assessor war zudem besonders für das Militär zuständig[394].

Die eigentliche Arbeit auf der Obereinnahme aber war nach der ursprünglichen Intention des Fürstbischofs von dem Sekretär (später den beiden Sekretären) zu leisten. Er hatte sich an drei oder vier Tagen der Woche nicht nur vormittags, sondern auch nachmittags von 14 bis 16 Uhr einzufinden. Bei der Einlieferung der Steuergelder hatte er die Assessoren zu unterstützen und das Kontributions-Manual zu führen. Daneben fungierte er als Zahlmeister der Landesobereinnahme. Über die laufenden Ausgaben hatte er dem Fürsten monatlich eine Abrechnung zuzustellen; aus dieser sollte auch der effektive Geldbestand in der Landesobereinnahme hervorgehen. Der Abrechnung war eine Tabelle beizufügen, aus der die Kontributionslieferungen der einzelnen Ämter bzw. deren Rückstände ersichtlich waren. Vor allem hatte der Sekretär aber die Hauptrechnung über Einnahmen und Ausgaben zu führen und jährlich dem Fürstbischof vorzulegen. Eine zweite Rechnung war über Waren und Materialien zu führen, ebenfalls zwei verschiedene Manuale dafür zu halten. Zusätzlich hatte der Sekretär ein Inventar über alles bei der Landesobereinnahme Befindliche anzufertigen und der Jahresrechnung beizufügen[395].

Die vierteljährlich vorzulegende Übersicht über die Aktiv- und Passiv-Ausstände hatte ebenfalls der Sekretär anzufertigen. Den wöchentlichen Relationen an den Fürsten fügte er *schedulam praesentium et absentium* bei. Weiter hatte er die Steuer- und Lagerbücher durch Auswertung der Amtsregister auf dem neuesten Stand zu halten (was die Kräfte eines einzelnen bei weitem überfordern mußte)[396].

Mit der Installierung der Landesobereinnahme als selbständiger Behörde wurde eine eigene Repositur eingerichtet[397] und hier auch die für das Militär bestimmten Waren gelagert. Diese Arbeit kam ebenfalls dem Sekretär zu[398].

Er wickelte daneben – nach Vortrag und Rückversicherung im Plenum – die Korrespondenzen mit den Agenten und Bankiers ab, war also für Kreditgeschäfte und Warenkäufe wesentlich mitverantwortlich[399]. Schließlich war er für die Einnahmen der Sporteln und ihre Verrechnung zuständig[400].

In seiner umfangreichen Tätigkeit wurde er durch einen täglich vor- und nachmittags anwesenden Kanzlisten (später zwei Kanzlisten) unterstützt[401].

Die Arbeitsüberlastung des Sekretärs angesichts dieser Aufgabenvielfalt wurde aber bald sichtbar. In der schon erwähnten Verordnung vom 5. Dezember 1763 vollzog Heinrich von Bibra – mit der Erhöhung der Assessorate – eine schärfere Trennung der Aufgabenbereiche und eine stärkere Einbeziehung der Assessoren in die praktische Arbeit. So wurde jetzt ein Assessor allein zuständig für die Kontributionseinnahmen,

---

393 Spezialinstruktion für die Assessoren, §§ 3, 4, 5.
394 Vgl. Ergänzung der Landesobereinnahme-Verordnung 1763, § 6.
395 Spezialinstruktion für den Sekretär, §§ 1–7.
396 Ebd., §§ 9, 12, 10.
397 Vgl. Entwurf zur Errichtung der Repositur auf der Landesobereinnahme (15. April 1761), in: StAM 91/125.
398 Landesobereinnahme-Verordnung 1761, § 48.
399 Landesobereinnahme-Verordnung 1761, §§ 34, 35.
400 Spezialinstruktion für den Sekretär, § 13.
401 Spezialinstruktion für den Kanzlisten (= Anhang zur Landesobereinnahme-Verordnung 1761): StAM 91/125.

den die übrigen Mitglieder der Landesobereinnahme zu unterstützen hatten. Ein anderer Assessor wurde für die Überarbeitung der Steuerbücher, die Konzipierung der ausgehenden Schreiben sowie für die Einrichtung und Unterhaltung der Repositur zuständig. Dem dritten wurden nun alle Militaria übertragen; er war zudem noch für die Führung des Protokolls verantwortlich[402]. 1797 wurden diese Spezialisierungen bestätigt[403], die eine effektive Amtsführung gewährleisteten.

IV. Behördenorganisation und Herrschaftsverdichtung

Die Untersuchung der Regierungs- wie der Finanzverwaltungsorganisation zeigt den immer größer werdenden Umfang territorialstaatlicher Herrschaft, die sämtliche Lebensbereiche zu erfassen suchte und dadurch zu immer weiterer Differenzierung innerhalb der Behörden führte. Über das zu den beiden wichtigsten Herrschaftsorganen Gesagte hinaus ist noch zu berücksichtigen, daß ein großes Feld der Einflußnahme in der praktischen Betätigung, das sich der Regierung und den Finanzinstituten im 18. Jahrhundert vor allem auf wirtschaftlichem Gebiet bot, in starkem Maße über das Kommissionswesen erschlossen wurde.

Diese Kommissionen wurden fast behördenmäßig (mit Räten, Sekretären, Schreibern) konstituiert und häufig sowohl mit Regierungsmitgliedern als auch mit Verwaltungsfachleuten besetzt, was verdeutlicht, daß es keine festen Abgrenzungen und keine klaren Zuordnungen zur Regierung oder zur Rentkammer bzw. Landesobereinnahme gab. Besonders ausgeprägt war die Einrichtung von Kommissionen in der zweiten Hälfte des 18. Jahrhunderts, vor allem unter Fürstbischof Heinrich von Bibra, und zwar in erster Linie auf wirtschafts- und sozialpolitischem Gebiet. So gab es unter anderem eine Hofkommission, die vorrangig für Wirtschaftsfragen zuständig war[404], eine Manufaktur-, Zucht- und Arbeitshauskommission[405], eine Armenkommission[406], eine Hospitalskommission[407] und eine Waisenhauskommission[408]. Ziel dieser Einrichtungen war neben der Entlastung der Plena der weltlichen Landesregierung, der Rentkammer und der Landesobereinnahme die Ausdehnung des staatlichen Zugriffs auf alle Lebensbereiche, mit der Bereitschaft, dort auch Verantwortung wahrzunehmen.

Daß der Hof als Herrschafts- und Verwaltungsorgan seit dem ausgehenden 17. Jahrhundert eine Renaissance erfuhr, auf die hier ebenfalls nicht mehr eingegangen werden kann[409], rundet das Bild von der immer stärker werdenden Herrschaftsverdichtung ab. Dieser Prozeß vollzog sich nicht nur unter der Anleitung, sondern auch unter tatkräftiger persönlicher Mitwirkung der Landesfürsten an der praktischen Verwaltungstätigkeit.

---

402 Ergänzung zur Landesobereinnahme-Verordnung 1763, §§ 3–7.
403 Dienstordnung 1797, passim.
404 Errichtet am 20. April 1763. StAM 90a/353, fol. 61–70 (Cpt.), fol. 71–76 (Reinschrift): Errichtungsdekret.
405 Gebildet am 28. Juli 1766. Zu ihrer Arbeit s. Kramer, Armenpflege, S. 49f.; Muth, Armenpflege, S. 23–25. Ausführliche Aktenüberlieferung in: StAM 91/929; 91/465.
406 Begründet 1769. Zu ihrer Arbeit s. Kramer, Armenpflege, S. 50–57; Muth, Armenpflege, S. 25–36; Enneking, S. 140–149; StAM 91/1556.
407 S. dazu Enneking, S. 149–151; Kramer, Milde Stiftungen; Rübsam, Hl. Geist-Hospital.
408 S. dazu Enneking, S. 151f.; StAM 91/710.
409 Neuere Literatur zum Hof als Herrschaftsorgan s. oben Zweites Kapitel Anm. 631.

Zusammenfassung

Drei für die Herrschaftsverhältnisse im frühneuzeitlichen geistlichen Fürstentum Fulda wesentliche Bereiche wurden in ihrer geschichtlichen Entwicklung und in ihrem Verhältnis zueinander untersucht:
- die Landesherrschaft des fuldischen Abtes, Umfang und Wirkkraft der einzelnen Herrschaftsrechte, die in summa erst die Landesherrschaft ergaben, ihre Durchsetzung wie ihre Nichtbehauptung gegenüber den übrigen im Lande gesessenen Herrschaftsträgern aus dem niederen Adel;
- die Mitwirkung der Landstände – Stiftskapitel, Ritterschaft, Städte und zeitweilig Kanonikerstifte – an der Herrschaftsausübung durch die Gewährleistung von Herrschaft bzw. durch die Konfrontation zwischen Ständen und Landesherrn;
- der Auf- und Ausbau von Organen der Landesherrschaft, der Regierungs- und Verwaltungsinstrumente.

Im Zusammen- und Entgegenwirken dieser Kräfte vollzog sich in mehreren Entwicklungsstufen der innere Aufbau des frühneuzeitlichen, in immer festeren Formen gegliederten »Territorialstaats«[1].

Die Landesherrschaft des fuldischen Abtes, die in erster Linie auf der Ausübung der allgemeinen Jurisdiktionsgewalt, auf lokalen hoch- und niedergerichtlichen Befugnissen – die sich aus einer starken grundherrschaftlichen Stellung entwickelten – und auf der Wahrnehmung von Schutzrechten basierte, war zu Beginn der Frühen Neuzeit noch wenig ausgeprägt. Eine Unterwerfung aller im Stiftsgebiet Wohnenden unter den landesfürstlichen Willen war noch nicht erreicht.

Die Ritterschaft, zu großen Teilen aus dem Ministerialenstand, in dem sie eine wichtige Funktion zur Etablierung der Landesherrschaft des Abtes wahrgenommen hatte, herausgewachsen und im Spätmittelalter mit dem sinkenden Einfluß des Lehnswesens zu immer größerer Selbständigkeit gelangt, behauptete auf der Grundlage von Grundherrschaft und Niedergerichtsbarkeit zunächst ihre Vorrechte und Privilegien im Gerichtswesen und in der Besteuerung. Auch das Stiftskapitel behielt aufgrund seiner Funktionen als Wahlkörperschaft des Abtes und Landesherrn, als etabliertes Beratungs- und Zustimmungsgremium des Abtes in wichtigen Angelegenheiten sowie infolge der grundherrlichen und niedergerichtlichen Befugnisse in den propsteilichen Bezirken eine starke Selbständigkeit; nur phasenweise versuchte es, aus dieser Position heraus einen Anspruch auf Mitregentschaft abzuleiten, begnügte sich in der Regel jedoch mit der Rolle als führender Stand des Stifts.

Allerdings lassen sich mit Beginn des 16. Jahrhunderts starke Tendenzen zur Verdichtung der Herrschaftsbeziehungen, zur Schaffung eines einheitlichen, geschlossenen Untertanenverbandes beobachten – mit dem Ziel, alle im Lande Gesessenen zu einer umfassenden Besteuerung heranzuziehen und ihnen ein einheitliches Rechtssystem aufzuerlegen. Dem diente die Erfassung der eigenen, fürstlichen Untertanen und die der

---

1 Das innere Gefüge des Territorialstaates soll im Anschluß an diese Veröffentlichung durch eine sozialgeschichtliche Untersuchung des Behördenapparates weiter erhellt werden.

anderen Herrschaftsträger im Lande ebenso wie der Ausbau des Ämterwesens und die Juridifizierung des öffentlichen Lebens mittels gelehrter bürgerlicher Juristen.

Die angestrebte Verdichtung der Herrschaftsbeziehungen war mit dem alten landes-fürstlichen Herrschaftsorgan, dem Hof – d. h. im Zusammenwirken des Landesfürsten, auf den sich alle Herrschaftsausübung konzentrierte, mit einigen wenigen ad hoc berufenen Vertrauten – nicht zu verwirklichen. Ebensowenig reichten die von den unmittelbaren Untertanen des Landesfürsten aufgebrachten finanziellen Ressourcen, um Verdichtung und Bürokratisierung zu finanzieren.

Regierung und Verwaltung wurden immer mehr einem institutionalisierten, sich aus dem Hofe lösenden, aber an diesen angelehnten Ratsgremium anvertraut, wurden bürokratisiert. Diesen Herrschaftsorganen wohnte zwar auch die Tendenz inne, die Herrschaftsfülle des Landesfürsten einzuschränken, da sie in vielen Angelegenheiten selbständig handeln konnten; es überwog allerdings eindeutig ihre Instrumentalisierung durch den Landesherrn. Eine Beamtenherrschaft (als Auswuchs normaler Verwaltungs-tätigkeit) wurde durch die enge Bindung der Behörden an die Person des Landesherrn, die diesem infolge der Kleinheit des Territoriums und der Überschaubarkeit der Aufgaben mögliche Kontrolltätigkeit und die von ihm sich selbst und seinen eigenen Mitarbeitern vorbehaltenen Angelegenheiten erschwert.

Von den beiden wichtigsten Herrschaftsbereichen, Regierung und Finanzverwaltung – die exemplarisch untersucht wurden –, löste sich der erstere bereits im ausgehenden 15. und zu Beginn des 16. Jahrhunderts aus dem Hof und wurde zu einer eigenständigen Behörde, letztere wurde erst nach der Mitte des 17. Jahrhunderts aus der Hofverwaltung ausgegliedert.

Als erste Zentralbehörde bildete sich – im Zusammenhang mit der Intensivierung landesherrlicher Rechte gegenüber allen im Einflußbereich des Fürstabtes ansässigen, privilegierten wie nicht-privilegierten Bevölkerungsschichten – der Hofrat aus, und zwar durch Erweiterung des Kreises der »geborenen« adligen Räte um bürgerliche gelehrte Juristen. Seine Verfestigung erfuhr dieser Hofrat vor allem während der großen Herrschaftskrisen im Stift zwischen 1516 und 1526, als Fürstabt Hartmann Burggraf von Kirchberg seiner Herrschaft entsetzt wurde und Koadjutor Johann (III.) von Henneberg aufgrund seiner Jugend und Unerfahrenheit, auch häufiger Abwesenheit wegen, seinen Herrscheraufgaben nicht gerecht werden konnte. Ein zweiter Verselbständigungs- und innerbehördlicher Verfestigungsschub setzte in der Zeit der kaiserlichen Administration des Stifts ein.

Der Hofrat war ursprünglich noch stark durch das adlige Element (Vasallen) bestimmt, später von bürgerlichen Juristen (anfangs noch dem geistlichen Stand angehörend, dann bis auf wenige Ausnahmen Laien) dominiert, bis sich seit dem beginnenden 17. Jahrhundert etwa ein Gleichgewicht beider Personengruppen einpen-delte, mit »täglichen« Räten und bis weit in das 16. Jahrhundert hinein auch Räten »von Haus aus«, unter denen sich zeitweise die Vertreter des adligen Stiftskapitels hervortaten. Einflußreichste Mitglieder des Hofrates waren zunächst der Hofmarschall, dann der Kanzler, der seinen aus der Leitung des Schreibbüros (Kanzlei) erwachsenen Informa-tionsvorsprung und überlegene Sachkompetenz ins Feld führen konnte. Bei dem zeitweilig auftretenden Vizekanzleramt handelt es sich um eine Vertretung des Kanzlers, nicht um eine Trennung der Aufgaben.

Der Zuständigkeitsbereich des Hofrates erstreckte sich auf Regierungsangelegenheiten im engeren Sinne, d. h. auf die Durchsetzung und Anwendung landesherrlicher Rechte nach innen, was u. a. die Auseinandersetzungen mit den Rittern und die Vertretung des Landesfürsten gegenüber den Landständen auf den Landtagen einschloß, und auf die Justiz. Auf der Rechtspflege lag dabei über weite Strecken arbeitsmäßig das Schwergewicht.

Neben den vom Hofrat (und in seiner Nachfolge von der Weltlichen Landesregierung) wahrgenommenen Aufgaben gab es eine Reihe von Gegenständen, vor allem im Bereich der Außenpolitik und zum Teil auch auf dem finanziellen Sektor, die sich die Fürstäbte persönlich zur Erledigung vorbehielten und für die sich eine »geheime Sphäre« ausbildete. Die Scheidung der geheimen Sphäre von den Angelegenheiten des Hofrates und auch der Küchenmeisterei (bzw. der Rentkammer) war allerdings nicht streng, die Grenze vielmehr fließend.

Die geheime Sphäre war organisatorisch nur unvollkommen ausgeprägt; dennoch gab es durchgängig Ansätze zum »persönlichen Regiment« der Fürsten, mit Hilfe von Kammersekretären bzw. -schreibern und seit Beginn des 17. Jahrhunderts auch mit als Geheime Räte bezeichneten Personen. Die Institutionalisierung eines Geheimen Ratskollegiums erfolgte jedoch erst 1674.

Zeigten sich schon in bezug auf die Regierungsorgane – neben einem immer weiter anwachsenden Aufgabenbereich, einer immer stärkeren Reglementierung und Lenkung der Untertanen – auch starke patriarchalische Züge der Landesfürsten, so waren letztere in der Finanzverwaltung eher noch lebendiger. Dies kommt vor allem in der bis weit in die zweite Hälfte des 17. Jahrhunderts reichenden Zuständigkeit der Küchenmeisterei für Hof- und Landesfinanzen zum Ausdruck. Daneben bestand für die Steuereinnahmen die Landeskasse; diese, meist Landesobereinnahme genannt, auf die der Fürst zwar keinen unmittelbaren, aber dennoch einen nicht zu unterschätzenden Zugriff hatte, verhinderte in gewisser Weise natürlich eine Weiterentwicklung in der rein fürstlichen Finanzverwaltung.

Die mit Hilfe des neuen Beamtenapparats seit Beginn des 16. Jahrhunderts verwirklichte Herrschaftsintensivierung mußte die Betroffenen – Kapitel, Ritterschaft und Städte – zu Gegenmaßnahmen herausfordern. Andererseits lag es auch im Interesse der Landesherren, sich der Gewährleistung ihrer Herrschaft durch die übrigen Herrschaftsträger im Lande zu versichern. So konnte sich in der ersten Hälfte des 16. Jahrhunderts eine landständische Organisation im Stift Fulda herausbilden.

Die institutionalisierte Ständevertretung wurzelte zum einen im Lehnrecht und in den Hoftagen der Fürsten mit den adligen Vasallen, auf denen die Äbte den Ausgleich mit dem im Lande, im lokalen Bereich, Herrschaft übenden niederen Adel betrieben, zum zweiten in den Einungen vornehmlich der Ritter untereinander, aber auch mit Kapitularen und Städten, zum dritten in der Beschränkung und Kontrolle der Abtsgewalt durch das Stiftskapitel, durchgesetzt in den Alten Statuten des Jahres 1395, die bis zum Ende des Alten Reiches ihre Gültigkeit behielten. Dazu kamen die Bedürfnisse des Landesfürsten, das Land und dessen Vertreter zu Steuern heranzuziehen, weil seine eigenen Einkünfte für die immer vielfältiger werdenden Aufgaben nicht ausreichten, weil Herrschaftsintensivierung und Steigerung des Finanzbedürfnisses Hand in Hand gingen; eine allgemeine Besteuerung aber war ohne das Einverständnis der Vertreter des Landes nicht möglich, weil diese Steuern den Konsens der Betroffenen voraussetzten. Andererseits jedoch waren die Schutzverwandten ihrem Herrn zu Rat und Hilfe, zu letzterer vor allem in materialisierter Form, unter der Voraussetzung der dringenden Erfordernis, verpflichtet. Weitere Faktoren für die Partizipation des politischen Ständetums an der Landesherrschaft waren Herrschaftskrisen zu Beginn des 16. Jahrhunderts, die sogar in ein befristetes ständisches Regiment mündeten, und Anstöße von außen in Gestalt von Reichssteuerforderungen.

Die Ausbildung und Verfestigung der landständischen Organisation im Stift Fulda vollzog sich in drei Etappen. Am Anfang stand die infolge der Einverleibung des Stifts Hersfeld durch Abt Hartmann Burggraf von Kirchberg ausgelöste Herrschaftskrise, die außenpolitisch das Eingreifen Hessens, innenpolitisch aber den Widerstand des Kapitels und des Adels hervorrief; letztere scheuten Kosten und Risiken und wünschten daher eine personelle Veränderung an der Spitze des Stifts. Zwar sollte der Abt nicht abgesetzt werden, faktisch aber ein Koadjutor oder für diesen ein Statthalter aus den Reihen des Kapitels die Regentschaft führen. In langen Kämpfen konnten die Stände diese Position durchsetzen; das Forum, auf dem sie ihre Wünsche anmeldeten, war der Landtag – 1516 erzwangen sie seine Einberufung gegen den Willen des Fürstabtes.

Zehn Jahre später leitete eine erneute Krise der Herrschaft die Verfestigung der landständischen Organisation ein. Die von Landgraf Philipp von Hessen für die Niederwerfung des Bauern- und Bürgeraufstandes im April 1525 geforderten Gelder und die Probleme ihrer Aufbringung, das Bestreben der Landesherrschaft, ihre Position gegenüber Landgraf Philipp zu legitimieren und eine allgemeine Besteuerung durchzusetzen, sicherten den Ständen Mitsprache und Einflußnahme vornehmlich in finanziellen Fragen auf längere Zeit hinaus.

Den letzten Anstoß zur Institutionalisierung einer Ständevertretung gaben dann die Reichssteuerforderungen seit 1542, die sich in der Folgezeit immer wieder mit Landsteuerforderungen abwechselten.

Die Ausbildung von Landtagen – durch Anknüpfung an Hoftage wie an Einungstage, durch Ausweitung des Teilnehmerkreises auf Kapitel und Städte und durch Formalisierung der Zusammenkünfte – verlief parallel zur Ausformung der Zentralbehörden, die ebenfalls aus dem Hof erwuchsen – Landstände und Ratskollegien in ihrer formalisierten Form ersetzten so zu einem großen Teil das elastische System des Hofes. Von Anfang an erfüllten die Landstände vornehmlich drei Funktionen: die Herbeiführung eines Ausgleichs zwischen Fürstäbten und Land, die Gewährleistung der Herrschaft der Äbte durch die Mächtigen im Lande und die finanzielle Sicherstellung dieser Herrschaft[2].

Unter den Ständen bildete das Stiftskapitel die vornehmste Gruppe, die in der Frühzeit wie auch in der Endzeit des politischen Ständetums eindeutig die anderen Stände dominierte. Das Kapitel war älter als das Ständetum und bezog seine Rechte vor allem aus seiner Funktion als Wahlkörperschaft des Abtes und den in dieser Eigenschaft den Äbten abgerungenen Wahlkapitulationen, die ihre reichsrechtlich und in der Benediktinerregel verankerten Mitsprache- und Mitwirkungsbefugnisse in wichtigen Angelegenheiten festschrieben und ihren höchsten Ausdruck in den Alten Statuten des Jahres 1395 gefunden hatten, welche in der Frühen Neuzeit ungeschmälert gültig blieben. Dank seiner Überlegenheit nahm das Stiftskapitel häufig gesamtständische Funktionen wahr (z. B. Mitsprache über die Steuerbewilligung, -einziehung und -verwaltung hinaus) und absorbierte Aktivitäten der anderen Stände.

---

2 In Anlehnung an PRESS, Thesen, (Nr. 10), S. 320.

Neben dem Stiftskapitel war vor allem der Adel der Wortführer der Stände; Kapitel und Ritterschaft waren zum Teil durch verwandtschaftliche Beziehungen miteinander verbunden. Lange Zeit behauptete das Kapitel einen Vorsprung gegenüber der zum großen Teil der Ministerialität, also dem persönlich unfreien, abhängigen Dienstadel, entwachsenen Ritterschaft, deren Stellung auf umfassenden grundherrlichen und niedergerichtlichen Befugnissen beruhte.

Dabei verhielt sich die Ritterschaft lange Zeit durchaus ambivalent: einerseits trug sie als Landstand auf den Landtagen die die Landesherrschaft des Abtes weitgehend absichernde Politik der übrigen Stände, trotz z. T. prinzipieller Widerstände gegen landesherrliche Forderungen, mit und unterstrich damit ihre Landsässigkeit; andererseits aber bestritt sie, beginnend mit den 1540er Jahren und verstärkt seit der ersten Regierungsperiode Fürstabt Balthasars von Dernbach (1570–1576), die Geltung landesherrlicher Rechte über sie und ihre Hintersassen und beanspruchte Reichsunmittelbarkeit.

Städte und später auch Kollegiatstifter bildeten dagegen in Fulda Stände minderen Ranges. Die Städte, namentlich die Residenzstadt Fulda, von Bedeutung durch ihre wirtschaftliche und finanzielle Kraft, auch aufgrund ihrer korporativ wahrgenommenen (beschränkten) Herrschaftsbefugnisse, waren geschwächt durch ihre Abhängigkeit vom Landesherrn, die in ihrer Herkunft aus dem Kammergut begründet war. Und nicht zuletzt deshalb brachten sie unter den privilegierten ständischen Gruppierungen auch die höchsten Steuern auf. Die nur ganz sporadisch auf den Landtagen auftretenden Kollegiatstifter hingegen bildeten einen Anhang des Kapitels.

Innerhalb des Mitgliederkreises der Landstände setzte sich von Anfang an eine Territorialisierung durch. Vasallen, ritterlichen oder auch höheren Ranges, mit Besitzungen außerhalb des Territoriums blieben ausgeschlossen – Versuche fuldischer Landesfürsten, sie zu Landtagen zu beschreiben, sind nicht bekannt. Auswärtige Adlige hielten sich nur als Inhaber von im Stiftsgebiet gelegenen Adelsgütern auf Landtagen auf. Entscheidend für die Landtagsfähigkeit einer Adelsfamilie waren vom Stift Fulda lehnrührige Rittergüter, die Herrschaft über Land und Leute vermittelten, wozu auch kleinere Burglehen, die von landesfürstlichen Burgen herrührten, zählten. Daneben erwuchs, vor allem im 16. Jahrhundert, auch aus den noch zahlreichen Herrschaftsverpfändungen (Ämter, Gerichte, Städte incl. Amtsburgen) die Berechtigung zum Landtagsbesuch.

Bei den Kapitularen, die als Inhaber von Propsteien ebenfalls Herrschaft über Land und Leute ausübten, läßt sich durch das Festhalten am Territorialitätsprinzip bzw. an der Zuordnung zum Hauptkloster in Fulda die Ausbildung von Exklaven des fuldischen Territoriums beobachten. Auf die Zusammensetzung und auf die Mitgliederzahl des Kapitels hatte die Reformation Auswirkungen dergestalt, daß einige dieser Exklaven (Rohr, Zella, Höchst, Solnhofen) von protestantischen Fürsten säkularisiert wurden. Im übrigen war auch das Kapitel selbst in seiner Einstellung gegenüber der Reformation nicht einheitlich ablehnend – ausgangs des 16. Jahrhunderts optierte es allerdings endgültig für die Beibehaltung des alten Glaubens.

Die auf den Landtagen vertretenen Städte blieben von Anfang an auf das Territorium des Stifts Fulda beschränkt, während sich die Territorialisierung der Kollegiatstifter endgültig erst 1650 durch die Transferierung des Stifts Großenburschla nach Fulda ergab.

Mißt man die Landtage im Stift Fulda an der von formalen Gesichtspunkten ausgehenden, gleichwohl in Grenzen aussagekräftigen Typologisierung Otto Hintzes, so handelt es sich auch hier über weite Strecken um einen Drei-Kurien-Landtag – die klassische Form dieser Versammlung, die auf der Voraussetzung eines Lehenshofes, d. h. auf einer fürstlichen Position des höchsten Herrn, beruhte.

Den einzelnen Landständen selbst ging es auf den Landtagen vorrangig um die Behauptung ihrer Privilegien, aus denen ihnen wirtschaftliche, gesellschaftliche und politische Vorteile erwuchsen. Die Beschneidung der Privilegien, um die Wirtschaftskraft der Stände für die Landesherrschaft abzuschöpfen, war das Ziel der Äbte bzw. der Administratoren. In diesem Spannungsfeld bewegte sich ständische Mitwirkung an der Herrschaftsausübung. Diese ständische Partizipation entsprang weniger einem grundsätzlichen Bedürfnis nach Teilhabe an der Landesherrschaft als dem Wunsch nach Aufrechterhaltung der sozialen Strukturen und der lokalen Herrschaftsverhältnisse. Daraus ergab sich dann, vor allem beim Stiftskapitel und bei der Ritterschaft, der Anspruch auf Mitsprache in Landesangelegenheiten.

In der institutionalisierten Herrschaftsteilnahme der Stände (durch Landtage und Landeskasse) dominierte eindeutig der finanzielle Bereich – Reichs-, Land- und Kreissteuern, Modalitäten ihrer Aufbringung und ihrer Verwaltung einschließlich der Kreditsicherung. Diese Verhandlungsgegenstände auf den Landtagen waren durch die Propositionen der Fürstäbte bzw. der Administratoren vorstrukturiert, sie entsprachen aber auch den Bedürfnissen der Stände.

Steuerforderungen des Reiches, legitimiert durch Kaiser und Reichsstände, wurden von den fuldischen Landständen in der Regel ohne weiteres akzeptiert und ihnen durch entsprechende Bewilligungen Rechnung getragen; hierbei spielte das Prestige des Reichsoberhauptes eine Rolle, ebenso der Informationsvorsprung des Landesfürsten aus seiner Doppelrolle als Reichsstand und Herr eigener Stände. Die Berufung auf Kaiser und Reich bot deshalb auch einen Hebel, um die Position der Stände auf Dauer auszuhöhlen. Außerdem bot sich allen Beteiligten (außer den steuerzahlenden Untertanen) auch die Möglichkeit, für sich von den Reichssteuerforderungen zu profitieren: die einziehenden Stände durch überhöhte Forderungen, der die Steuergelder weiterleitende Landesherr durch zweckfremde Verwendung.

Die Berechtigung von Reichssteuern und ihre Höhe waren also unbestritten und wurden von Kapitel, Ritterschaft und Städten, auch von den zeitweilig vertretenen Kollegiatstiftern, nicht diskutiert. Verhandlungsmöglichkeiten bezogen sich allein auf die Modalitäten der Erhebung und für die Ritterschaft auf den mit der Steuerlieferung zum Ausdruck kommenden Rechtsstatus, auf ein eventuelles Entgegenkommen des Landesherrn und auf den Anteil nicht-ständischer privilegierter, aber auch unterprivilegierter Gruppen (Regierung, Abt Balthasar während seines Exils, Jesuiten, Juden) am Steueraufkommen. Reichssteuerbewilligungen wurden von der Ritterschaft jedoch nur vereinzelt, dazu nicht immer überzeugend, mit ihrem Kampf um Reichsunmittelbarkeit verknüpft.

Landsteuern unterschieden sich von den Reichssteuern dadurch, daß über ihre Berechtigung, vor allem über ihre Höhe, diskutiert werden konnte. Landsassen als Schutzverwandte des Landesfürsten hatten diesem im Notfall zwar mit Hilfe beizustehen, der Landesherr mußte sich aber über Ausmaß der Not und über die dagegen zu ergreifenden Maßnahmen mit den Ständen einig werden. Hier konnten die Stände

Bedingungen stellen, Gegenleistungen erzwingen, außerdem erst recht über den mit der Steuerlieferung implizierten Rechtsstatus verhandeln. Diese Chance haben sie nicht immer genutzt; vielfach war ihre Stellung aber auch zu schwach, um eigene Anschauungen entscheidend durchzusetzen. Landsteuerbewilligungen wurden von der Ritterschaft häufig als unvereinbar mit ihrer behaupteten Exemtion abgelehnt, über weite Strecken dem Landesherrn aber erteilt.

Kreissteuerforderungen hingegen, obwohl eng verbunden mit Reichssteuern, wurden weit weniger erfüllt als Landsteuerforderungen.

In der Frage der Steuereinziehung, in ihrer Erledigung durch ständische und landesherrliche Beauftragte, trafen sich die Interessen von Landesherren und Landständen – erstere wollten die Abwälzung einer unangenehmen Aufgabe auf die Stände, besaßen auch nicht die Möglichkeit des direkten Zugriffs auf die ständischen Untertanen, letztere wahrten dadurch Mitbestimmung und Mitkontrolle.

Eine eigenständige Finanzverwaltung konnten die Stände nicht institutionalisieren – der Landesherr behielt Einfluß auf die Landesobereinnahme, die Landeskasse, in der die Steuergelder zusammenflossen. Er war aber an die Mitwirkung der Stände gebunden, die in der Landesobereinnahme personell ein Übergewicht besaßen, die immer wieder auch die Rechnungsführung über die Steuergelder erzwangen. Hatte die Landesobereinnahme die erhobenen Gelder an den Landesfürsten bzw. seine Kasse weitergeleitet, so entfiel die Kontrolle über die Verwendung der Steuern – den Ständen fehlte also die Macht, das Finanzgebaren der Landesfürsten wirklich zu kontrollieren, geschweige denn zu steuern. Dennoch – in der Finanzverwaltung und, verbunden damit, in der Kreditsicherung lag das Verdienst der fuldischen Stände im Prozeß der Ausbildung des Territorialstaates. In der Gewährleistung und finanziellen Sicherstellung der Landesherrschaft durch die Stände bestand deren wichtigste Funktion.

Neben der Steuerproblematik verblassen alle weiteren Verhandlungsgegenstände auf den Landtagen. Religiöse Opposition der Stände, vor allem des Adels und der Städte im 16. Jahrhundert, kam auf den Landtagen wenig zum Tragen. Die Frage der Religion wurde zwar vom Adel geradezu als Gradmesser seiner Autonomie betrachtet und war entsprechend umkämpft, kam aber nach 1541 nicht mehr vor das Forum des Landtags – selbst in ihren Gravamina griffen die Stände die Religionsproblematik nicht mehr auf. In diesen Gravamina hoben sie vor allem auf die Höherbesteuerung der Juden, die Einschränkung der Steuerfreiheit der Jesuiten sowie Beiträge der Landesherrschaft zu den Reichssteuern ab. So muß man, unabhängig von den Intentionen der Landesherrschaft, eine starke Selbstbeschränkung der Stände konstatieren.

Das Wirken der Landstände wird man insgesamt nicht unter dem Gesichtspunkt eines Dualismus (im strengen Wortsinne) zwischen Fürst und Ständen sehen dürfen. Das Verhältnis beider zueinander war vielschichtiger: im Kampf zweier Prinzipien – einer zusammengefaßten »zentralen Staatlichkeit in den Händen des Landesherrn oder einer Aufteilung der Staatsgewalt zwischen dem Landesherrn und den einzelnen Ständen – war die ständische Haltung schwankend. Es gab Opposition gegen den Landesherrn, aber auch Mitarbeit.« In Fulda verkörperten die Stände, wie andernorts, »sowohl Teilhabe am Staat und an seiner Macht als auch Widerstand gegen den Staat und seine Macht«[3]. Sie

---

3 WITTMÜTZ, Stände, S. 681.

trugen durch ihre Beteiligung an der Finanzverwaltung zu einer stärkeren Unabhängigkeit der Landesherrschaft bei und ermöglichten dieser schließlich die Anwendung absolutistischer Herrschaftsformen; sie drangen andererseits aber in die Herrschaftsorgane des Territorialfürstentums ein und wahrten dort einen Teil ständischer Einflußnahme.

Auf der lokalen Ebene konkurrierten weiterhin die Herrschaftsrechte des Fürstabtes mit denen der Stände; Ritterschaft und Kapitel wahrten hier ihren Einfluß. Auf diesem aufbauend betrieb der niedere Adel seit der Mitte, verstärkt seit dem letzten Viertel des 16. Jahrhunderts, Opposition gegen die von den Landesherren forcierte, die Landsässigkeit des Adels betonende Politik und versuchte, sich aus dieser Landsässigkeit zu lösen.

Erste Separierungsbestrebungen unter der Ritterschaft resultierten aus den Türkensteuerbewilligungen der Reichstage 1542 und 1543, die eine Besteuerung nach dem Gemeinen Pfennig bzw. die Verbindung des Systems einer allgemeinen Besteuerung mit der Matrikularerhebung vorsahen und das Steuereinzugsrecht derjenigen bekräftigten, die zuvor schon Landsteuerzahlungen ihrer Untertanen und Landsassen durchgesetzt, zum Teil auch Reichssteuern von diesen erhoben und abgeführt hatten. Steuerverweigerungen unter Hinweis auf die Zugehörigkeit zur Reichsritterschaft kamen unter den Familien auf, die mit ihren Gütern in Franken der sich nun organisierenden Reichsritterschaft angehörten, blieben zunächst allerdings singulär.

Eine Zeit entscheidender Umwälzungen war dann die erste Regierungsperiode Fürstabt Balthasars von Dernbach (1570–1576), der nicht nur die Verweltlichung des Säkular- und Regularklerus, vor allem auch im Stiftskapitel, bekämpfte, sondern mit Hilfe der von ihm berufenen Jesuiten eine aktive Rekatholisierungspolitik betrieb, die den Widerstand des Adels wie der Stadtbevölkerung, vor allem der beiden wichtigsten Städte Fulda und Hammelburg, hervorrief. Die Lehre Luthers hatte in diesen Kreisen sehr stark Fuß gefaßt, eine Vermittlungstheologie und -praxis, die das Stift Mitte des 16. Jahrhunderts unter Fürstabt Philipp Schenck zu Schweinsberg betrieb – grundgelegt durch den bekannten Ireniker Georg Witzel –, war nur von kurzer Dauer und wurde durch den entschiedenen Antiprotestantismus des Balthasar von Dernbach schließlich desavouiert. Das Scheitern dieses Reformkatholizismus und das scharfe Vorgehen Balthasars und der Jesuiten gegen die Abweichungen von der alten Kirche trieben auch die letzten Ritter zur Annahme des Augsburgischen Bekenntnisses und, mittels des Eigenkirchen- und Patronatsrechts, zur Protestantisierung ihrer Hintersassen.

Zur Abwehr der militanten Rekatholisierung des Abtes beriefen sie sich auf die (von den Katholiken niemals akzeptierte) Nebenerklärung König Ferdinands I. im Augsburger Religionsfrieden (Declaratio Ferdinandea), die dem landsässigen Adel in geistlichen Fürstentümern die Ausübung des protestantischen Bekenntnisses, soweit dies seit längerer Zeit praktiziert wurde, zugestanden hatte. Die Ergebnislosigkeit ihrer – auch von den benachbarten protestantischen Fürsten (Landgraf Wilhelm IV. von Hessen-Kassel, der alte Pläne seines Hauses zur Säkularisierung des Stifts Fulda zu verwirklichen trachtete, und Kurfürst August I. von Sachsen) unterstützten – Forderung verwies sie aber bald auf die Chancen, die die Reichsunmittelbarkeit gerade in der Religionsfrage bot: Die Reichsritter waren in den Augsburger Religionsfrieden eingeschlossen und genossen Freiheit in der Wahl ihres Bekenntnisses; eine Berufung auf die Declaratio Ferdinandea war für sie überflüssig. Diese Überlegung, die Ende 1575 erstmals greifbar wird, und neue Verbündete in Gestalt der Mitglieder des reichsritterschaftlichen

Kantons Rhön-Werra (dem einige Buchische Adlige ja aufgrund ihrer fränkischen Besitzungen angehörten) verliehen der Auseinandersetzung mit dem Abt eine neue Brisanz.

Die im Juni 1576 im Verein mit dem Stiftskapitel und den Städten durchgeführte Absetzung des Abtes war eine naheliegende Konsequenz, weil der als Administrator des Stifts gewonnene junge Fürstbischof von Würzburg, Julius Echter von Mespelbrunn, in dessen Umgebung Pläne zu einer Vereinigung des Stifts Fulda mit dem Hochstift Würzburg unter würzburgischer Führung und gewisser Einflußnahme des fuldischen Kapitels auf die Geschicke des Stifts Fulda entwickelt worden waren, den Rittern in den Vorverhandlungen Reichsunmittelbarkeit zugesagt und dem Stift Fulda lediglich die Aufrechterhaltung der Lehenshoheit vorbehalten hatte.

Daneben hatte der Kanton Rhön-Werra 1575 ein Mandat des Reichskammergerichts erreicht, in dem seine Mitglieder (darunter waren auch die Buchischen Ritter aufgeführt) zur Erfüllung ihrer Pflichten gegenüber dem Ritterkanton – Besuch der Rittertage, Erfüllung der Beitragspflicht – angehalten wurden; hieraus entwickelte sich, infolge stiftischer Eingaben, ein jahrzehntelanger, mit wechselnder Intensität geführter, letztlich ergebnisloser Prozeß.

Doch war die würzburgische Herrschaft in Fulda nur von kurzer Dauer. Der von Abt Balthasar sogleich nach seinem in die Form der Freiwilligkeit gekleideten Rücktritt angerufene Kaiser verfügte die Administration des Stifts durch den Deutschordensmeister. Die genau 25 Jahre während Administration war – entgegen der herrschenden Meinung – für die Ritterschaft durch eine Serie von Rückschlägen in ihren Reichsunmittelbarkeitsbestrebungen geprägt. Die kaiserliche Administration wahrte entschieden die landesherrlichen Rechte und wehrte die ritterschaftlichen Ansprüche konsequent ab. Die positive Einstellung des habsburgischen Deutschmeisters und Administrators seit 1586, Erzherzog Maximilians von Tirol, zu einer Verselbständigung des niederen Adels kam in der Praxis nicht zum Tragen – sie wurde weder von seinem Bruder, Kaiser Rudolf II., noch von Maximilians Vertretern in Fulda geteilt.

Die Ritter betrieben seit dieser Zeit eine reine Schaukelpolitik: Gegenüber der Landesherrschaft machten sie zwar immer wieder Reichsunmittelbarkeit geltend; sie wiesen sich aber in Verträgen mit dem Stift, besonders in jenem von 1588 – dessen Zustandekommen dem Druck der Regierungsseite ebenso zu verdanken war wie dem Entgegenkommen kompromißbereiter Vertreter der Ritterschaft –, sowie durch Steuerbewilligungen und Steuerlieferungen, allen dabei gemachten Vorbehalten zum Trotz, faktisch immer wieder als Landsassen aus.

Auch zögerten sie den Beitritt zum Kanton Rhön-Werra der Reichsritterschaft in Franken hinaus; entsprechende Bemühungen der fränkischen Ritter blieben nur allzuoft erfolglos, weil ganz offenkundig die Mehrheit der Buchischen Ritter von den Beitragsforderungen des Kantons abgeschreckt wurde, auch die ritterschaftliche Organisation für zu wenig gefestigt hielt. Angesichts dieser zögernden Haltung sind alle Beteuerungen des fuldischen Adels, sich dem Ritterkanton zugehörig zu fühlen, eindeutig zu relativieren – die fränkischen Ritter hingegen interpretierten, zutreffend, die Verträge der Buchischen Ritterschaft mit dem Stift wie auch die Steuerzahlungen an die Regierung in Fulda und die Beitrittsverweigerungen zum Kanton Rhön-Werra als Ausdruck der Landsässigkeit. Diejenigen Buchischen Adligen, die dennoch schon im ausgehenden 16. und im beginnenden 17. Jahrhundert Mitglieder des Kantons waren, zum Teil in ihm auch führende Ämter bekleideten, waren dies nach wie vor nur aufgrund ihrer Besitzungen in Franken.

Fürstabt Balthasar behielt nach seiner Resitution die von der Administration eingeschlagene Linie bei, vermochte sich aber mit seiner Forderung nach ritterschaftlicher Huldigung nicht vollständig durchzusetzen; die nach langen Verhandlungen gefundene Eidesformel erlaubte es beiden Seiten, sich zur Behauptung ihrer gegensätzlichen Ansprüche darauf zu berufen – dieser Kompromiß, wie viele andere vorhergehende und nachfolgende Verträge, Reverse und Erklärungen, war vom Geist dissimulierender Einigkeit geprägt.

In der Ritterschaft selbst verfestigten sich, ungeachtet von Verträgen mit dem Stift in den Jahren 1604 und 1607, die Verselbständigungstendenzen. Dem Entwurf einer eigenen Ordnung und der Aufstellung einer Matrikel 1610 folgten mehrmals Verweigerungen von Landsteuern, während man sich zu Reichssteuerbewilligungen eher bereitfand – allerdings auch kaiserlicherseits eigens dazu angehalten wurde.

Unter Fürstabt Johann Bernhard Schenck zu Schweinsberg, dem zweiten entschiedenen Restaurator des Katholizismus unter den fuldischen Fürstäbten, und – entgegen anderslautender herrschender Auffassung – unter der hessischen Regierung in Fulda (1631–1634) erlitten die Reichsunmittelbarkeitsbestrebungen der Ritter wiederum schwere Rückschläge. Johann Bernhards Politik gegenüber dem Adel war von dem Bestreben geprägt, die Ritter zur Finanzierung der Beiträge des Stifts zur Katholischen Liga heranzuziehen und die ritterschaftlichen Gebiete zu rekatholisieren. Um die Ritter seinem landesherrlichen Kollektationsrecht und seinem landesherrlichen Kirchenregiment zu unterwerfen, scheute er sich nicht, Einquartierungen kaiserlich-ligistischer Truppen in ritterschaftlichen Gebieten zu befürworten und dadurch die Ritterschaft gefügiger zu machen. Diese sah sich in der Tat 1627 zu einem neuerlichen Vertrag gezwungen, der die landesherrlichen Rechte des Abtes untermauern sollte, allerdings im ganzen nicht über den Inhalt der Verträge von 1604 und 1607 hinausging.

Das Eingreifen der Schweden in den Dreißigjährigen Krieg und ihr siegreiches Vordringen 1630/31 bis nach Franken aber bedeutete das Scheitern der Bestrebungen Johann Bernhards. Für die Ritterschaft selbst brachte dies jedoch keine grundlegende Veränderung. Landgraf Wilhelm V. von Hessen-Kassel, der schwedische Verbündete der ersten Stunde, dem König Gustav Adolf das iure belli in Besitz genommene Stift Fulda schenkte, war keineswegs gewillt, von den landesfürstlichen Rechten auch nur im geringsten abzurücken. Was er in Hessen-Kassel ausübte, beanspruchte er auch für das eroberte Fulda: eine uneingeschränkte Herrschaft und die Unterwerfung des einheimischen Adels. Wie schon während der kaiserlichen Administration 1577 bis 1602, so wurden auch unter der hessischen Besetzung die landesherrlichen Befugnisse gegenüber der Ritterschaft gewahrt; der Herrschaftsanspruch des Landgrafen und seiner Regierung war sogar noch umfassender – und auch theoretisch fundierter.

Erst in der letzten Phase des Dreißigjährigen Krieges löste sich die Ritterschaft innerlich und äußerlich völlig vom Stift – geführt von Männern, die keine Dienstverpflichtungen mehr mit Fulda verbanden; die Ära kompromißbereiter Ritterschaftsvertreter, die aus ihren Rats- und Verwaltungsdiensten heraus Verständnis für die Position der Landesherren entwickelt hatten, war endgültig vorüber. Eine Annäherung zwischen Stift und (jetzt reichsunmittelbarer) Buchischer Ritterschaft ergab sich erst wieder über Dienste am Hof – im 18. Jahrhundert wurden diese Kontakte zum Lehnsherrn in Fulda, dessen Lehnshoheit durch die Reichsunmittelbarkeit der Ritter in keiner Weise berührt wurde, immer stärker.

Mitte des 17. Jahrhunderts aber boten der Westfälische Friedensvertrag, der durch die Festlegung des Normaljahres 1624 für den religiösen Besitzstand das protestantische Bekenntnis der Buchischen Ritter schützte, sowie die offene Befürwortung der ritterschaftlichen Ziele durch eine vom Kaiser eingesetzte Kommission, die die Streitfrage zwischen dem Stift und dem Adel endgültig bereinigen sollte, die Voraussetzung für die Durchsetzung der Ritterschaft im Vertrag von 1656. Angesichts der Entschlossenheit der Buchischen Ritter und ihrer Unterstützung durch Kurfürst Johann Philipp von Schönborn (Erzbischof von Mainz und Bischof von Würzburg) und seinen Hofmarschall Johann Christian von Boyneburg sah sich Fürstabt Joachim von Gravenegg zum Einlenken und zur Anerkennung der ritterschaftlichen Reichsunmittelbarkeit gezwungen.

Trotz des Nachweises der Ausübung vieler einzelner Herrschaftsrechte, die von der zeitgenössischen Territorialstaatsrechtslehre auch als herrschaftsbegründend herausgestellt wurden, und obwohl viele Kriterien der personalen und realen Zugehörigkeit zum Territorialstaat auf die Ritter angewendet werden konnten, gelang es dem Fürstabt nicht, die Ritter in der Landsässigkeit zu halten. Der Vergleich von 1656 war allerdings weniger eine rechtliche als eine politische Entscheidung – im rechten Augenblick hatten die Ritter die einflußreichsten Verbündeten: Johann Philipp von Schönborn ließ sich nicht von einer etwaigen Solidarität der Reichsfürsten leiten, sondern von den Interesen seines Geburtsstandes – die Familie Schönborn war sich trotz des bereits erreichten sozialen Aufstiegs ihrer Ursprünge noch bewußt.

Das Ergebnis des Vertrags von 1656 zeigt auch die große Bedeutung der niedergerichtlichen und grundherrlichen Rechte (Vogtei), deren Besitz die Reichsunmittelbarkeit herbeigeführt hat; Jurisdiktionsgewalt, lokale Hochgerichtsbarkeit, Lehenshoheit und andere Rechte wogen in der Auseinandersetzung zwischen Stift und Adel am Ende wenig.

Durch das Ausscheiden der Ritter aus dem Territorialverband wurde das Stift Fulda zu einem »territorium non clausum«. Innerhalb des Territoriums sowie an seinem Rande gab es ritterschaftliche Gebiete, mit denen das Stift nur durch Wahrnehmung lokaler Hochgerichtsbarkeit (Zent) verbunden war. Von einer Einfügung dieser Gebiete in das Territorium des fuldischen Fürstabtes als ritterschaftliche Ämter kann nur unter diesem Aspekt gesprochen werden.

Die Qualität der Landesherrschaft der Äbte erlitt durch den Vertrag von 1656 keine Beeinträchtigung – lediglich ihr Geltungsbereich wurde eingeschränkt, über den verbliebenen Teil des Stifts brachten die Äbte ihre landesherrliche Gewalt, wie schon zuvor, auch in der Folgezeit voll zur Anwendung.

Die Mitte des 17. Jahrhunderts bildete also im Verhältnis der Landesherrschaft zur eingesessenen Ritterschaft die Phase des entscheidenden Umbruchs; ähnliche Umbruchserscheinungen kamen zur gleichen Zeit bzw. wenig später auch in der landständischen Organisation wie in der Organisation der Herrschaftsverwaltung zum Tragen.

Der Drei-Kurien-Landtag erfuhr Mitte des 17. Jahrhunderts durch den Ausbruch des Adels in die Reichsunmittelbarkeit und das späte Scheitern der landesfürstlichen Bemühungen, die Ritter aus einer gewissermaßen halb-autonomen Stellung in die volle territoriale Integration zu überführen, eine entscheidende Schwächung. Da die in der Folgezeit verstärkt zu den Landtagen geladenen Kollegiatstifter nicht an die Stelle der Ritter treten konnten, sondern nur den Anhang des Kapitels bildeten, kam es zu einer Auskernung des Landtages, schließlich – da das Kapitel seine Standesinteressen am besten in den Kapitelsversammlungen mit den Äbten wahren zu können glaubte – zur völligen Bedeutungslosigkeit und zum Verschwinden der Landtage. Diese Entwicklung war zum einen durch das Ausscheiden der Ritter vorprogrammiert, konnte auch durch die Präsenz des Adels am nun wieder verstärkt Bedeutung erlangenden Hof nicht abgefangen werden (da die Adligen ihren Einfluß nicht zugunsten der Stände geltend machten), sie war zum anderen das Ergebnis der immer mehr in absolutistische Bahnen lenkenden fürstlichen Politik, der die Beschlüsse der Landtage während des Dreißigjährigen Krieges vorgearbeitet hatten, aber auch des Rückgangs der wirtschaftlichen Leistungskraft der Stände durch die Auswirkungen des Dreißigjährigen Krieges, der die Verschärfung einer sich seit der Jahrhundertwende ausbreitenden Abschwächung der Konjunktur gebracht hatte.

Die Fürstäbte konnten sich nämlich vom ständischen Steuerbewilligungsrecht befreien und die regelmäßige Einziehung von Steuern ohne vorherige ständische Bewilligung durchsetzen. Ausgangspunkt hierfür waren die ständigen Steuerforderungen im Verlauf des Dreißigjährigen Krieges, die zur Gewöhnung der Untertanen und ihrer Vertreter an regelmäßige Abgaben, ja sogar zur Bewilligung langfristiger Anlagen geführt hatten – der Weg der Steuern war von der Außergewöhnlichkeit und Unüblichkeit zur Regelmäßigkeit gelangt (im 19. Jahrhundert wurden Steuern dann selbstverständlich). In engem Zusammenhang damit ist auch der Reichstagsbeschluß von 1654 zu sehen, der den Landständen die Unterhaltung von militärischen Anlagen des Reiches und der Kreise auferlegte. Die von Kaiser Leopold I. 1670 verhinderte weitere Einschränkung landständischer Rechte – in Fortsetzung der habsburgischen Schutzpolitik gegenüber dem niederen Adel – wurde in Fulda nicht mehr wirksam.

Hier führte einzig das Bestreben Fürstabt Adalberts von Schleiffras, eine Erhöhung des mittlerweile eingeführten festen Steuerfußes durch Zustimmung der Stände abzusichern, 1702 noch einmal zu einer Einberufung des Landtages. Die von den Ständen dabei im Gegenzug vorgebrachten Forderungen ließen die Äbte dann von weiteren Landtagsverhandlungen Abstand nehmen.

Auch die ständische Teilhabe an der Landesobereinnahme wurde immer weiter zurückgedrängt, die Landesobereinnahme am Ende zu einer landesfürstlichen Behörde.

Die Früchte landständischer Tätigkeit erntete die Landesherrschaft. In eingeschränktem Maße wurde das Kapitel durch seine vierteljährlichen Versammlungen mit den regierenden Äbten Erbe der landständischen Organisation – Teile der gesamtständischen Funktionen wurden durch das Kapitel substituiert.

Auf dem Gebiet der Herrschafts- und Verwaltungsorganisation schließlich wurden (nach einer Phase reduzierter Stellenbesetzungen als Auswirkungen des Dreißigjährigen Krieges) nach der Mitte des 17. Jahrhunderts einschneidende Veränderungen in der Form durchgeführt, daß zum einen die geheime Sphäre verselbständigt und kollegialisiert wurde, zum anderen im Zuge sich immer mehr steigernder Regierungstätigkeit und des Übergangs zu absolutistischen Herrschaftsformen die zentralen Regierungs- und Finanzbehörden eine ständige Differenzierung erfuhren.

Bei der Institutionalisierung eines Geheimen Rats-Kollegiums 1674 vermischten sich

die beiden von der Forschung bisher als einander ausschließend bewerteten Formen der
Entstehung dieser Gremien: die Abspaltung der geheimen Sachen vom Hofrat und die
Erweiterung der fürstlichen Kammer. Wie auch für Bayern nachgewiesen – und
vermutlich noch für andere Territorien erweislich – vollzog sich mit der Einrichtung des
Geheimen Rates personell und in geringem Umfang auch sachlich eine Abspaltung aus
dem Hofrat, von den Aufgabenbereichen her gesehen aber die Institutionalisierung eines
schon vorher geübten, allerdings relativ bescheidenen personellen Geheimen Regiments
der Fürstäbte. Bei der Einführung spielten allerdings auch Prestige-Gesichtspunkte eine
Rolle.

Dem Geheimen Rat kamen nur in begrenztem Maße eigenständige Entscheidungsbe-
fugnisse zu; er diente vielmehr als Beratungsorgan und als Instrument für die persönliche
Anteilnahme des Fürsten an den Regierungsgeschäften, die eine sehr weitgehende war
und für das die Geheime Kanzlei bzw. das Geheime Kabinett den weiteren Rahmen
abgab. Aus dem nur periodisch einberufenen Geheimen Rat, dessen Bedeutung über
weite Strecken im umgekehrten Verhältnis zur immer weiter anwachsenden Zahl der als
Geheime Räte bezeichneten Personen stand, wurde zeitweise ein Ausschuß – als
Geheime Konferenz – ausgegliedert, so erstmals 1721 unter Konstantin von Buttlar und
auch unter Heinrich von Bibra, der gesamte Geheime Rat als Beratungsorgan der Fürsten
aber ebenso periodisch retabliert, so vor allem 1731 unter Adolf von Dalberg. Geheimer
Rat und Geheime Konferenz waren also Mittel zur Praktizierung einer Regierung aus
dem Kabinett.

Insgesamt läßt sich feststellen, daß die Ausbildung einer geheimen Sphäre organisatorisch über weite Strecken zwar nur unvollständig war, daß sich die Fürsten aber
viele wichtige Angelegenheiten, zumal auf dem Feld der Außenpolitik, zur eigenen
Entscheidung vorbehielten und im 18. Jahrhundert durchaus eine starke Politik
und Regierung aus dem Kabinett, mit Hilfe einzelner Geheimer Räte, Geheimer Konferenzräte oder Geheimer Konferenzminister, aber auch »normalen« Hofräten, betrieben.

In der Weltlichen Landesregierung, dem Nachfolgeorgan des Hofrates, hingegen
wurden – von den Fürsten anhand der Arbeitsberichte der Behörde kontrolliert – alle
routinemäßig und ohne Einschaltung des Herrschers zu erledigenden Aufgaben selbständig wahrgenommen, wichtigere Fragen durch Referate und Relationen an den
Landesherrn bzw. das oberste Beratungsgremium (Geheimer Rat, Geheime Konferenz)
zur Entscheidung vorbereitet. Geheime und Hofräte befaßten sich hier unterschiedslos
mit Jurisdictionalia und Judicialia, Spezialisierungen gab es nur in bescheidenem Maße.
Als Nebenstellen der Weltlichen Landesregierung fungierten im 18. Jahrhundert Lehnhof und Archiv.

Auf die Regierungsorgane nahm das Stifts-/Domkapitel durch die Übertragung der
Präsidentenstellen der einzelnen Behörden und ihrer Departements an einzelne Kapitulare seit dem ausgehenden 17. Jahrhundert einen gewissen, allerdings nicht zu hoch zu
veranschlagenden Einfluß, zumal die Präsidenten kein Stimmrecht besaßen. Die Einflußnahme des Kapitels erreichte ihren Höhepunkt vielmehr in den vierteljährlichen
Kapitelsversammlungen mit den Äbten. Die ursprüngliche Einrichtung eines Präsidentenamtes ging allerdings nicht auf Anregung oder Forderung des Kapitels zurück,
sondern war eine besondere Auszeichnung Fürstabt Bernhard Gustavs von Baden-
Durlach für seinen engsten Mitarbeiter, den – wie er selbst – auch reichspolitisch

bedeutsamen Johann Werner von Plittersdorff. Das Kapitel trat hier nur dessen Erbe, allerdings auf breiter Front und für alle behördlichen Einrichtungen, an.

Für den Hofrat bzw. die Weltliche Landesregierung fungierte die Hofkanzlei als Schreibbüro unter der Leitung des Hofkanzlers und verantwortlicher Mithilfe von Sekretären und Registratoren, während die Schreibarbeiten von zwei bis vier Kanzlisten besorgt wurden. Die Kanzlei war im Vergleich zum Hofrat und zur Weltlichen Landesregierung straffer organisiert. Es läßt sich daher auch auf die fuldischen Regierungsbehörden die von Peter Moraw getroffene Feststellung anwenden: »Eine Institution war um so stärker durchgeformt, je mehr sie aus kleinen Leuten bestand und je machtloser sie war (Rat und Kanzlei unterscheiden sich in dieser Hinsicht in charakteristischer Weise)«[4].

Im Zuge gesteigerter wirtschaftlicher Aktivitäten nach dem Ende des Dreißigjährigen Krieges schritt man endlich auch zur Behördenbildung im Finanzwesen in Gestalt der Hof- und Rentkammer, die – mit einem Präsidenten, einem Direktor, Kammerräten, Sekretären, Registratoren und Kammerschreibern besetzt – die fürstlichen Einkünfte aus Grundbesitz und Regalien verwaltete. Ein Teil der Einkünfte floß allerdings auch in die fürstliche Privatschatulle – das Geheime Kabinett entwickelte sich dennoch nicht zu einer Finanzstelle.

Die Landesobereinnahme, die nach dem Niedergang der landständischen Organisation immer mehr zu einer fürstlichen Institution bzw. zum Annex der Hofkammer wurde, erfuhr 1761 eine Verselbständigung als zweite Oberbehörde für das Finanzwesen und wurde mit einem Präsidenten, einem Direktor, zwei Assessoren, Sekretären und Schreibern besetzt. Unter ihrer Aufsicht wurde das Steuerwesen straffer organisiert und die Kontrolltätigkeit gegenüber den Kollektoren verstärkt, ohne daß allerdings grundsätzliche Mängel der Steuerverfassung – wie die Nichtbesteuerung bestimmter Personenkreise und die Höherveranlagung von Besitztümern weniger vermögender Untertanen auf dem Lande – beseitigt worden wären. Daneben war die Landesobereinnahme für das Militär und die Finanzierung des unter Heinrich von Bibra forcierten Straßenbaus verantwortlich. Wie bei der Hofkammer nahm die Schuldenverwaltung einen breiten Raum ein. Und bei beiden Finanzbehörden wird die Kontrolltätigkeit des in absolutistische Bahnen lenkenden geistlichen Herrschers deutlich sichtbar.

Insgesamt zeigt sich in Regierung und Finanzverwaltung des (Hoch-)Stifts im ausgehenden 17. und im 18. Jahrhundert eine bemerkenswerte Differenzierung und Ausweitung der Aufgabenbereiche, die sich auch für die anderen Bereiche herrschaftlicher Verwaltung nachweisen ließe, etwa – da der Hof als Herrschaftsorgan eine Renaissance erfuhr – auch in der Hofverwaltung, und die ebenso in den zahlreichen Unter- oder Nebenbehörden und in den Kommissionen deutlich wird. Die Behörden erweisen sich somit als Mittel, die Behördenorganisation als Indikator von Herrschaftsverdichtung in der Hand des Landesherrn, die den Abschluß eines langen Prozesses bildet.

Am Ende des Untersuchungszeitraums, d. h. am Ende des Alten Reiches, präsentiert sich das geistliche Fürstentum Fulda in bezug auf seine Herrschaftsverhältnisse auf folgender Entwicklungsstufe: Bei weitgehender Zurückdrängung des ständischen Ein-

4 MORAW, Versuch, S. 23.

flusses, der allein noch im Domkapitel verkörpert wurde, regierten aufgeklärt-absolutistisch orientierte Fürstbischöfe mit Hilfe eines zwar differenzierten, aber auf den Herrscher ausgerichteten Regierungs- und Verwaltungsapparates, dessen Eigenspielraum trotz des fortgeschrittenen Bürokratisierungsstandes begrenzt blieb. Die Landesherrschaft, aus vielen Einzelrechten auf- und ausgebaut bis hin zur Landeshoheit, war gefestigt – gefährliche Einflüsse für den Fortbestand des Landesfürstentums konnten (der Preisfrage des Domkapitulars Sigismund von Bibra zum Trotz[5]) nur von außen kommen.

5   Diese vielbeachtete Preisfrage des Jahres 1786 für das von Bibra betreute »Journal von und für Deutschland« lautete: »Da die Staaten der geistlichen Reichsfürsten Wahlstaaten und über dieses größtentheils die gesegnetesten Provinzen von ganz Deutschland sind, so sollten sie von Rechtswegen auch der weisesten und glücklichsten Regierung genießen. Sind sie nun nicht so glücklich, als sie seyn sollten, so liegt die Schuld nicht sowohl an den Regenten, als der inneren Grundverfassung. Welches sind also die eigentliche Mängel? und wie sind solche zu heben?« Zu den Publizisten, die daraufhin sich an einer Beantwortung dieser Frage versuchten, gehörten u. a. Joseph von Sartori (dessen Abhandlung preisgekrönt wurde) und Friedrich Carl Freiherr von Moser, der ehemalige hessen-darmstädtische Minister. S. dazu BRAUBACH, Kirchliche Aufklärung; BREUNIG; WENDE.

Anhang

1. Ritterschaft des Stifts Fulda

Landtage (L) und Rittertage (R) – Teilnehmende (T) bzw. Eingeladene (E) Familien[1]

Familien	1529 R, T	1538 R, T	1541 L, T	1541 R, T	1542 L, E	1547 L, T	1583 L, T	1598 L, E	1599 L, T	1600 L, T	1619 L, E	1621 L, E	1622 L, E
von Boyneburg	×	×	×	×	×	×	×	×			×	×	×
von Ebersberg gen. von Weyhers	×	×	×	×	×	×		×		×	×		×
von Eberstein	×	×					Erben						
von Fischborn	×	×	×	×	×								
von Gelnhausen	×	×	×		×	×		×					
von Haun	×		×	×	×	×	×	×			×		×
von Hutten	×	×	×	×	×	×					×		×
Küchenmeister	×												
von Lautter	×	×			×	×	×				×		
von Mansbach	×	×	×	×	×	×	×	×			×	×	×
von Merlau	×	×	×	×	×	×	×	×	×	×			
von Mörle gen. Böhm	×	×	×	×	×	×		×			×		×
Riedesel zu Eisenbach	×				×								
Schad zu Leibolz	×		×	×	×	×	Erben						
von Schlitz gen. von Görtz	×	×	×	×	×	×	×	×	×	×	×	×	×
von Sterbfritz	×	×	×		×	×							
von der Tann	×	×	×	×	×	×	×	×	×	×	×	×	×
Truchseß von Wetzhausen	×												
von Trümbach	×	×	×	×	×	×	×	×	×		×		×
von Ussigheim	×	×	×	×	×	×							
von Völkershausen	×	×	×	×	×	×		×			×	×	×

1 Quellen: StAM 90a/741 (1529, 1538), 90a/742 (1538), 90a/745 (1541, 1547), 90a/738 (1542), 90a/749 (1583), 90a/532 (1598, 1619), 90a/752 (1599), 90a/753 (1600), 90a/759 (1621, 1622). – Es werden nur Landtage aufgeführt, für die einigermaßen vollständige Verzeichnisse vorliegen.

Familien	1529 R, T	1538 R, T	1541 L, T	1541 R, T	1542 L, E	1547 L, T	1583 L, T	1598 L, E	1599 L, T	1600 L, T	1619 L, E	1621 L, E	1622 L, E
von Wechmar	×												
von Buchenau		×	×		×	×		×			×	×	×
von Erthal		×			×	×		×					×
(von Buttlar) gen. von Neuenburg		×			Erben								
von Romrod		×	×	×	×	×		×			×	×	×
von Thüngen		×	×		×	×		×			×		
von Weiblingen		×		×		×							
von Wildungen		×	×	×	×	×	×	×		×	×		
von Hundelshausen			×										
von Lüder		×			×	×	×				×		×
Windolt		×			×	×		Erben					
von der Hees				×	×	×							
von Creutzberg					×			Erben					
von Liederbach					×								
Rau von Holzhausen					×								
von Weitershausen					×								
von Bastheim								×	×		×		
von Dernbach								×			×		
von Heßberg								×					
Schenck zu Schweinsberg								×	×				
Specht von Bubenheim								×					
Treusch von Buttlar								×					
von Schachten (Erben)								×			×	×	×
von Bibra (Erben)								×					
von Nordeck zu Rabenau (Erben)								×					
von Steinau gen. Steinrück (Erben)								×					
von Dörnberg (Erben)											×	×	×
von Herda													×

2. Landtagsfähige Adelssitze

(in alphabetischer Reihenfolge)

In der Aufstellung werden drei Kategorien erfaßt:
1. Adelssitze, die vom Stift zu Lehen gingen,
2. Burglehen von landesfürstlichen Burgen,
3. verpfändete landesfürstliche Burgen[2].

Die Aufstellung gibt keinen Aufschluß über die Größenordnung der jeweiligen Besitzungen, weil hier nur die primär rechtliche Seite interessiert: Entscheidend war – unter dem Gesichtspunkt der Landtagsfähigkeit – nicht die Größe des um die Burg zentrierten oder auch weit verstreuten Besitzes, sondern die an sie geknüpften Herrschaftsrechte.

Es handelt sich um eine vorläufige Zusammenstellung, die in Einzelfällen der Ergänzung durch weitere Nachforschungen bedarf. Als Grundlage dienten die – unvollständige – Übersicht Schannats über den fuldischen Lehnhof[3], die selektive Auswertung von Lehnsakten und Lehnsurkunden[4] sowie – in Einzelfällen – Familiengeschichten[5].

Kursiv gesetzte Namen kennzeichnen die Familien, die zur Zeit der Ausprägung einer landständischen Organisation Anteil an den betreffenden Adelssitzen hatten.

BORSCH

Die Kemenate in Borsch war ursprünglich im Besitz der Familie von Buttlar[6]. 1511 verkauften die Vormünder des verstorbenen Hans von Buttlar u. a. die Kemenaten zu Borsch und Großentaft an Philipp *von Haun*[7]. Martin von Haun, Philipps Sohn[8], veräußerte die Kemenate zu Borsch jedoch schon 1533 an Hermann *von Boyneburg*, der 1534 damit belehnt wurde. Noch 1624 befand sie sich im Besitze dieser Familie[9], nach der Mitte des 17. Jahrhunderts ging sie an die Familie von Calenberg über[10].

---

2 S. dazu oben S. 195.
3 SCHANNAT, Clientela.
4 StAM Best. 95; StAM Best. R Ib; StAM Best. R IX; StAM Best. K (Kopiare).
5 Familiengeschichten liegen nur für wenige Adelsgeschlechter vor, so für die von Buchenau (v. WILMOWSKY), von Eberstein (v. EBERSTEIN), von Erthal (KNITTEL), von Lüder (SCHLITZER), Riedesel (BECKER, ZSCHAECK) und von Thüngen (v. THÜNGEN).
6 Mit der Kemenate wurde 1429 Konrad von Buttlar belehnt. SCHANNAT, Clientela, S. 64.
7 StAM K 437 (Fuldaer Kopiar XIII), Nr. 229, fol. 114ʳ–116ʳ. SCHANNAT (Clientela, S. 53) setzt die Erwerbung durch die von Haun in das Jahr 1497.
8 Nicht Philipp Martin, wie SCHANNAT (Clientela, S. 53) angibt.
9 Belehnung für Johann Berthold von Boyneburg, sachsen-eisenachischen Geheimen Rat und Hofmarschall (SCHANNAT, Clientela, S. 53), Vater des kurmainzischen Geheimen Rates, Oberhofmarschalls und Statthalters zu Erfurt Johann Christian von Boyneburg.
10 Lehnsreverse 1659 und 1673: StAM R Ib, von Calenberg, 1659 März 6, 1673 Mai 3. Vgl. auch RICHTER, Besitzungen, S. 43.

BRÜCKENAU

Offensichtlich als Appertinenz der Burg Schildeck vergab das Stift Fulda Burglehen in Brückenau, aus denen im 16. und 17. Jahrhundert Landtagsfähigkeit abgeleitet werden konnte.

Ein Burglehen besaß die Familie Sparwasser seit 1420. Nach dem Aussterben des Geschlechts 1480 gab Abt Johann II. von Henneberg das heimgefallene Lehen an seinen Marschall Constantin (Stam) *von Schlitz gen. von Görtz* aus und behielt sich dabei das Öffnungsrecht vor [11]. Am 29. November 1570 verlieh Abt Balthasar den Brüdern Hans und Eustachius von Schlitz gen. von Görtz und den Vormündern der Kinder Simons von Schlitz gen. von Görtz das aus dem Sparwasser-Lehen herrührende Burggut und die Kemenate zu Brückenau mit verschiedenen Höfen und Gütern (sowie das Burggut Steinau) [12]. Eustachius betrieb in der Folgezeit eine gezielte Erwerbspolitik [13], Burg- und sonstige Güter im Amt Brückenau aber verkaufte er im Jahre 1595 dem Stift Fulda für 9000 fl. [14].

Nach Schannat ging das ehemals Sparwasser'sche Burggut durch Kauf an Melchior *von Dernbach* über [15] und war noch zu Beginn des 18. Jahrhunderts im Besitz dieser Familie [16].

Ein weiteres Burggut zu Brückenau (neben dem vierten Teil an Schloß, Stadt, Amt und Gericht Brückenau und Schildeck) erwarb Simon von Schlitz gen. Görtz für 500 fl. von Cuntz von Steinau gen. Steinrück 1489 und 1499 [17], welches er am 10. April 1501 dem Abt zurückgab [18]. Dieser belehnte damit den Philipp *von Haun* [19]. Das Burggut blieb bis in die zweite Hälfte des 16. Jahrhunderts im Besitz der Familie von Haun – Reinhard von Haun zu Brückenau [20] war der letzte Inhaber.

---

11 SCHANNAT, Clientela, S. 161, 159f. Vgl. auch BATTENBERG, Schlitzer Urkunden, Nr. 155, S. 38f.: Schuldbekenntnis der Brüder Simon und Ludwig von Schlitz gen. von Görtz gegenüber Fritz von Langendorf über 170 rhein. fl. betr. ein Lehngut der ausgestorbenen Familie Sparwasser; ebd., Nr. 240, S. 60: Vergleich der Brüder Werner und Friedrich von Schlitz gen. von Görtz über die Burg zu Schlitz und das Burggut zu Brückenau, 1521. Nr. 247, S. 61: Verkauf einer Hälfte des Burgguts zu Brückenau für 400 fl. von Stam an Friedrich von Schlitz gen. von Görtz, 1524.
12 BATTENBERG, Schlitzer Urkunden, Nr. 430, S. 103.
13 S. ebd., Nr. 450, 453, 457, S. 108f.; Nr. 467, S. 111; Nr. 500, S. 119; Nr. 514, S. 122 (Kauf des Burglehens der Familie Stolz für insgesamt 1794 fl.); Nr. 547, 548, S. 129 (Erwerb von Anteilen seiner Verwandten: zwei Drittel am 6. August 1584).
14 StAM R Ia, 1595 Mai 19; RICHTER, Besitzungen, S. 46.
15 SCHANNAT, Clientela, S. 160, 70; Lehnsreverse: StAM R Ib, von Dernbach. 5. Brückenau, 1599 Okt. 7, 1606 Aug. 8, 1623 Aug. 19, 1627 Nov. 9, 1645 Nov. 15, 1670 Juli 28, 1672 März 15.
16 SCHANNAT, Clientela, S. 71. Burggüter für 10 000 fl. erwarb das Stift Fulda von der Familie von Dernbach im Jahre 1680 (RICHTER, Besitzungen, S. 46).
17 StAM K 436 (Fuldaer Kopiar XII), Nr. 241, S. 530–532; StAM K 438 (Fuldaer Kopiar XIV), Nr. 105, S. 272–274; BATTENBERG, Schlitzer Urkunden, Nr. 176, S. 44.
18 StAM K 438, Nr. 108, S. 276.
19 Ihm hatte er auch – als Gegenleistung für erworbene Anteile an der Burg in Burghaun – die Hälfte von Schloß, Stadt, Amt und Gericht als Pfand und amtsweise eingeräumt (StAM R IX, von Haun, 1501 Febr. 22; StAM K 438, Nr. 175, S. 476–480; WEBER, Kreis Hünfeld, S. 32).
20 KITTEL, S. 119.

BUCHENAU

Mit der Burg *(sloss)*, Ende des 14. Jahrhunderts errichtet, ergänzt durch einen Neubau von 1575[21], wurden die *von Buchenau* seit 1397 vom Stift Fulda belehnt[22]. Bei diesem Lehen handelte es sich um ein Weiber- oder Kunkellehen; nach dem Burgfrieden von 1406 aber sollten nur die Söhne erben, Töchter hingegen mit Geld abgefunden werden. Die Gatten Buchenauischer Töchter sollten erst nach Beschwörung des Burgfriedens Anteil an den Besitzungen erhalten[23].

Solche Anteile erlangten z. B. im 16. Jahrhundert Valentin *von der Hees* aus hessischer Ritterfamilie, der 1551 als Provasall seiner Ehefrau Margarethe, Tochter Georgs von Buchenau in Lindheim, belehnt wurde[24] und 1556 weitere Güter in und um Buchenau erwarb[25], sowie im 17. Jahrhundert Adam Herbold *Wolff von Gudensberg*, der 1645 als Provasall seiner Gemahlin Katharina, Tochter des Johann Friedrich von Buchenau, investiert wurde und diese Anteile an seine Kinder weitergab[26]. Dagegen blieben die seit 1571 vorgebrachten Ansprüche der Dorothea, geb. von Buchenau, ∞ 1. Kraft Georg von Boyneburg, ∞ 2. Heinrich Rußwurm, auf die Hälfte der Hinterlassenschaft ihres Vaters Hermann von Buchenau, die mit 200 000 Reichstalern veranschlagt wurde, auch nach mehr als 150 Jahre währenden Prozessen vor dem Hofgericht zu Fulda und vor dem Reichskammergericht in Speyer und Wetzlar unerfüllt[27].

1670 verkauften die Buchenauer drei Achtel ihres Stammsitzes an das Stift[28], welches diesen Anteil 1692 an die Schenck zu Schweinsberg gegen deren Anteil an Burghaun vertauschte[29]. 1702 verkaufte Wolf Daniel von Boyneburg zu Lengsfeld ein Achtel. Später besaßen die von Buchenau die Hälfte, die Schenck zu Schweinsberg ein Viertel, die von Warnsdorf (als Nachfolger der von Boyneburg) und das Stift je ein Achtel[30].

BURGHAUN

Die ursprüngliche Burg der Ritter *von Haun* in Burghaun wurde in Reaktion auf den Abtsmord des Jahres 1271 durch den Abt Bertho IV. 1274 zerstört[31]. An ihrer Stelle errichteten die von Haun eine neue Burganlage mit zwei Kemenaten; diesen wurden im Übergang vom 16. zum 17. Jahrhundert Schloßgebäude zur Seite gestellt[32]. Die von Haun, die im Grenzgebiet der Abteien Fulda und Hersfeld wie der Landgrafschaft

---

21 S. dazu WEBER, Kreis Hünfeld, S. 44; GERLACH.
22 SCHANNAT, Clientela, S. 60; DERS., Clientela, II (= Probatio Clientelae), Nr. 220, S. 279; v. WILMOWSKY, S. 6 f.
23 SCHANNAT, Clientela, II, Nr. 221, S. 280; LANDAU, Ritterburgen, II, S. 129 f.
24 SCHANNAT, Clientela, S. 109.
25 StAM 95/184.
26 SCHANNAT, Clientela, S. 98.
27 Vgl. LANDAU, Ritterburgen, II, S. 157 f.
28 StAM R Ia, 1670 März 3.
29 StAM R Ia, 1692 März 30, 1692 Mai 3.
30 LANDAU, Ritterburgen, II, S. 159 f.; GOESSMANN, S. 372; v. WILMOWSKY, S. 18.
31 WEBER, Kreis Hünfeld, S. 30; ZIEGLER, Vergangenheit, S. 12; SCHÜLER, S. 56.
32 S. dazu SCHÜLER, S. 49–56.

Hessen diese drei Kräfte immer wieder gegeneinander auszuspielen suchten, erkannten 1422 den Abt von Fulda als Lehnsherrn für ihre Burg an und räumten ihm ein Öffnungs- und Vorkaufsrecht ein[33]. 1477 akzeptierten sie die fuldische Lehnshoheit erneut ausdrücklich[34], nachdem sie 1449 ihre Burg und Gericht *Hune* dem hessischen Landgrafen zu Lehen aufgetragen hatten. Erst 1539 verzichtete Landgraf Philipp auf seine Ansprüche als Lehnsherr[35].

Die Fürstäbte von Fulda selbst hatten seit 1422 Anteile an der Burg wie an dem Gericht Haun[36]. Nach dem Erwerb der Anteile Widekinds von Romrod für 600 fl. im Jahre 1490[37] und nach dem Kauf der Anteile des Jörg von Haun und seines Sohnes Philipp im Jahre 1500[38] besaß das Stift sieben Sechzehntel[39]. 1507 erwarben die von Haun jenes Achtel vom Fürstabt zurück, das er von Widekind von Romrod erkauft hatte[40].

Zu Beginn des 17. Jahrhunderts starb die Familie von Haun im Mannesstamme aus, und durch die erbberechtigten Töchter gelangten Anteile an der Burg und dem Gericht Burghaun an verschiedene Familien, wie auch die nachstehende kurze Stammtafel verdeutlicht[41]:

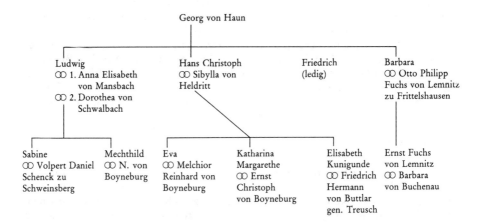

33 SCHANNAT, Clientela, S. 114; DERS., Clientela, II, Nr. 338, S. 305.
34 SCHANNAT, Clientela, S. 114; DERS., Clientela, II, Nr. 339, S. 305 f.
35 StAM R IX von Haun, 1539 Aug. 21; SCHANNAT, Clientela, S. 114; DERS., Clientela, II, Nr. 39, S. 213–215. Fulda überließ dafür die Lehen der von Buttlar gen. Treusch und der von Colmatsch zu Reichelsdorf an Hessen.
36 Diese waren für 1720 fl. von den von Buchenau erworben worden, die sie ihrerseits im Jahre 1400 gekauft hatten (StAM R Ia, 1422 Jan. 14).
37 StAM R Ia, 1490 Febr. 22, 1490 April 20. Widekind von Romrod hatte diese Anteile 1473 von den Erben des Simon von Waldenstein gekauft.
38 StAM R Ia, 1500 Okt. 13; SCHANNAT, Clientela, II, Nr. 342, S. 307.
39 S. zum Bisherigen auch LANDAU, Ritterburgen, II, S. 111; HOFEMANN, S. 65 f.; WEBER, Kreis Hünfeld, S. 31 f., 126, 128; ZIEGLER, Vergangenheit, S. 16.
40 StAM R IX, von Haun, 1507 Mai 10.
41 Stammtafel nach: StAM 95/958; StAM 90a/259, fol. 26ʳ-27ᵛ; v. BUTTLAR-ELBERBERG, Tf. 25; ZIEGLER, Vergangenheit, S. 16.

Den Anteil von Elisabeth Kunigunde, verh. *von Buttlar gen. Treusch*, an Burg Haun erwarb 1622 Melchior Reinhard *von Boyneburg*[42]. Nach Melchior Reinhards und Friedrich Hermanns von Buttlar gen. Treusch Tod übertrugen ihre Witwen diesen Anteil durch Vertrag vom 29. November 1639 an ihren Schwager Ernst Christoph von Boyneburg zu Gerstungen und Kleinensee[43]. Von dessen Erben Wolf Daniel von Boyneburg konnte ihn das Stift 1714 als letzten Teil des haunischen Erbes durch Tausch erwerben[44]. Ernst Christoph von Boyneburg hatte seinen eigenen Anteil vorher an Ernst *von Ilten* verkauft, der dann in der großen Kemenate seine Wohnung nahm, bis er sie 1662 für 15 000 Reichstaler (22 500 fl.) an das Stift Fulda abtrat[45]. Die Schwiegertochter des Otto Philipp *Fuchs von Lemnitz*, Barbara, geb. von Buchenau, verkaufte ihren Anteil dem Stift im Jahre 1660[46]. Die Anteile Ludwigs von Haun, der 1628 als letzter der Familie im Mannesstamme verstarb, gingen trotz fürstäbtlicher Bemühungen um Einziehung der Güter als heimgefallene Lehen und gegen die Ansprüche des Melchior Reinhard von Boyneburg an Ludwigs Schwiegersohn Volpert Daniel *Schenck zu Schweinsberg*, dessen Nachfahren in der kleinen Kemenate wohnten[47]. Diese Besitzungen erwarb das Stift Fulda 1680 und 1692 durch Tausch mit Anteilen in Buchenau bzw. durch Kauf[48].

BUTTLAR

Der Stammsitz der von Buttlar und *von Buttlar gen. Neuenburg* (oder *von der Neuenburg*) war seit Mitte des 15. Jahrhunderts teilweise in Besitz von Heinrich und Johann von Romrod. Deren Anteile erwarb Johann von Buttlar gen. Neuenburg 1456 zurück[49]. 1478 wurde er mit einem anderen Teil der Burg belehnt, den vorher Widekind von Romrod innehatte.

Nach Ernsts von Buttlar gen. Neuenburg Tod ohne männliche Erben wurden mit den 1478 erworbenen Anteilen Ludwig *von Boyneburg* (∞ Margarethe von Buttlar gen. Neuenburg), Johann Wilhelm *von Heßberg* (∞ Anna von Buttlar gen. Neuenburg) und als Vormund der damals noch unvermählten Barbara von Buttlar gen. Neuenburg Eitel Friedrich von Romrod belehnt[50]; Barbara heiratete 1564 den Hans Veit *von Obernitz*[51]. Johann Wilhelm von Heßberg veräußerte 1619 seinen Anteil an Johann Heinrich und Alexander *von der Tann* in Wenigentaft[52]. Durch Johann Heinrichs Tochter Anna Justina gelangte die Hälfte davon an Otto Sebastian *von Herda* zu Brandenburg[53].

42 StAM 95/994.
43 LANDAU, Ritterburgen, I, S. 116.
44 SCHÜLER, Burghaun, S. 63.
45 StAM 95/295; StAM R Ia, 1662 Febr. 22; RICHTER, Besitzungen, S. 47.
46 SCHÜLER, Burghaun, S. 63.
47 StAM 95/1500, 95/986, 95/984, 95/1506, 95/1505.
48 S. StAM R Ia, 1680 Nov. 13, 1680 Nov. 15, 1692 März 30, 1692 Mai 3; StAM 95/2326, 95/1515; LANDAU, Ritterburgen, I, S. 116 f.; HOFEMANN, S. 66 f.; WEBER, Kreis Hünfeld, S. 32.
49 SCHANNAT, Clientela, S. 64, 149; StAM R Ib, von Buttlar. 7b. Buttlar, 1456.
50 SCHANNAT, Clientela, S. 65.
51 BINDER, III, S. 124.
52 SCHANNAT, Clientela, S. 109; vgl. auch StAM 95/1661, 95/1679.
53 SCHANNAT, Clientela, S. 171 f.

Die andere Hälfte des *castrum* Buttlar war bereits 1514 wieder an die *von Romrod* (Georg Hartmann und Johann Georg) zurückgefallen[54]. Von Johann Christoph von Romrod erwarb 1639 Johann *von Sporck* die Burg, die er 1650 an Johann Rudolf *von Kötschau* verkaufte[55]. Dessen Sohn Johann Philipp von Kötschau veräußerte sie schließlich 1716 wieder an die Stammfamilie von Buttlar[56].

DIEDORF

Die Kemenate in Diedorf war im Besitz verschiedener Familien. Mit dem vierten Teil der Kemenate wurde 1461 Heinrich von Kranlucken (Craluck) belehnt[57]. Drei Viertel des Gutes zu Diedorf besaßen seit 1474 die *von Haun* – zuletzt wohnte hier Friedrich von Haun, aus der letzten Generation der Familie im Mannesstamm, der unvermählt zu Beginn des 17. Jahrhunderts starb[58]. Nachfolger der von Haun waren die *von der Tann*; 1616 wurde das Schlößchen von Cuntz von der Tann zu Römershag und Wehrda an Fürstabt Johann Friedrich von Schwalbach für 13 100 fl. verkauft[59].

DIPPERZ

Die Steinkemenate zu Dipperz – ehemals im Besitz der von Steinau gen. Steinrück – wurde 1452 von Conrad von Heßberg an Hermann *von Gelnhausen* verkauft[60]. Kraft *Schade zu Leibolz*, ein Schwiegersohn Valentins von Gelnhausen, erhielt 1571 Anteil an der adligen Behausung in Dipperz, er starb aber schon 1575[61]. Seine Erben waren Sabine geb. Schade zu Leibolz, Ehefrau des Wilhelm *von Boyneburg* zu Borsch – dadurch kam dieser boyneburgische Zweig nach Dipperz (die Linie von Wilhelms Bruder Christoph blieb in Borsch) – und die *von Romrod*[62]. Einen Teil der Gelnhausen'schen Besitzungen hatte auch Alexander *von Hutten-Steckelberg* zu Altengronau durch seine erste Ehefrau

---

54 Belehnungen der von Romrod mit dem Schloß und Zubehör, 1514 (StAM R Ib, von Romrod. 6. Buttlar, 1514 Juni 9), 1536 (StAM R IX, von Romrod, 1536 Aug. 18); Belehnungen Wilhelms von Buttlar gen. von der Neuenburg mit seinem Teil an Schloß Buttlar einschließlich seines Teils an dem vierten Teil an und in dem Schloß zu Wenigentaft (StAM R Ib, von Buttlar. 8. Buttlar, 1511, 1514). SCHANNAT (Clientela, S. 149) nennt 1523 als das Jahr des Übergangs an die von Romrod.
55 SCHANNAT, Clientela, S. 162; StAM R Ia, 1639 Mai 5; StAM 90a/248.
56 SCHANNAT, Clientela, S. 64, 120.
57 Ebd., S. 68; StAM R Ib, von Craluck. 2. Diedorf, 1461 März 22.
58 LANDAU, Ritterburgen, I, S. 115.
59 RICHTER, Besitzungen, S. 47. Die Aufbringung der Kaufsumme bereitete dem Abt offensichtlich große Schwierigkeiten; 1617 einigte er sich mit Cuntz (Conrad) von der Tann zwar über die Bezahlung des Restes der Kaufsumme, im folgenden Jahr aber verpfändete er den Ganerben von der Tann das Haus Diedorf (vgl. StAM R IX, von der Tann, 1617 März 22, 1617 Mai 3, 1618 Juni 7).
60 SCHANNAT, Clientela, S. 93, 109; DERS., Clientela, II, Nr. 295, S. 297. Zur Geschichte dieser Familie liegt nur ein Aufsatz über die Erwähnungen von Familienmitgliedern in der Stadt Fulda während des Mittelalters vor (GRÄSER).
61 SCHANNAT, Clientela, S. 153.
62 Belehnungen der von Romrod mit der Kemenate zu Dipperz und Zubehör: StAM R Ib, von Romrod. 8. Dipperz, 1597 Sept. 18, 1639 März 29, 1645 April 20.

Barbara, Tochter des Reinhard von Gelnhausen, geerbt. Als sein Sohn Florian als Erbe seiner Mutter diese Güteranteile für 8000 fl. seinem Stiefbruder Wolf Ludwig (Sohn Alexanders aus zweiter Ehe) verkaufte, erhob Wilhelm von Boyneburg Einspruch und behauptete ein Näherrecht. Es gelang ihm, den Verkauf rückgängig zu machen und selbst durch Vertrag vom 22. November 1592 die Käuferstelle einzunehmen[63]. Sein Nachfahre Kraft Christoph von Boyneburg zu Dipperz verkaufte 1622 seinen Anteil an Melchior Christoph von Romrod[64], 1661 ging der Romrodische Besitz als heimgefallenes Lehen an das Stift Fulda über[65]. Ein anderer Teil kam durch die Heirat der Anna Kunigunde geb. von Boyneburg zu Dipperz an die *von Calenberg*[66].

Auch die *von Völkershausen* hatten Rechte an der Kemenate zu Dipperz. Ein Teil davon ging als Erbe der Katharina von Buttlar geb. von Völkershausen an ihre Kinder Johann Georg *von Buttlar*[67] und Regina von Buttlar, ⚭ Bernhard Dietrich *von Kranlucken*, über[68]. Mit dem anderen Teil wurde 1609 Veit Ulrich *Truchseß von Henneberg* als Provasall seiner Ehefrau Anna Margaretha geb. von Völkershausen belehnt[69]. Von Wilhelm von Buttlar erwarb Hermann Wolf von Calenberg 1630 dessen Anteil an den Gütern zu Dipperz[70]. 1670 verkauften die von Calenberg ihre Schloßgüter für 9000 fl. an das Stift Fulda[71].

EICHENZELL

Der Burgsitz war fuldisches Lehen der *von Ebersberg gen. von Weyhers*, von denen im Spätmittelalter eine Seitenlinie in Eichenzell ansässig wurde[72], die weiterhin auch Anteile an den Stammgütern um Ebersberg-Weyhers besaß.

In der ersten Hälfte des 16. Jahrhunderts erheirateten Simon (VIII.) *von Schlitz gen. von Görtz* († 1563, ⚭ Sophie von Ebersberg gen. von Weyhers, † 1597)[73] und Philipp

---

63 LANDAU, Ritterburgen, III, S. 331 f.; s. auch StAM R IX, von Boyneburg, 1595 April 3. Schon 1568 hatten Otto Schenck zu Schweinsberg und Hans Georg von Erthal Streit wegen des Heiratsgutes und der Morgengabe sowie eines Hofes nebst Schäferei zwischen Alexander von Hutten zu Gronau und Kraft Schade zu Leibolz schlichten müssen (StAM R IX, von Hutten, 1568 März 29).
64 SCHANNAT, Clientela, S. 53, 149; StAM R IX, von Romrod, 1622 April 22. Belehnungen mit dem alten Ansitz (adlige Behausung) in Dipperz mit Hofreite und Zugehör für die von Romrod 1622–1645: StAM R Ib, von Romrod. 9. Dipperz, 1622 Juni 13, 1627 Juli 30; StAM R IX, von Romrod, 1627 Juli 30, 1639 März 29, 1645 April 20.
65 Notariatsinstrument über die Besitzergreifung der Lehen durch Fulda: StAM R Ib, von Romrod. 9. Dipperz, 1661 Okt. 26.
66 Anna Kunigunde von Calenberg, geb. von Boyneburg zu Dipperz, Witwe, verlieh 1650 zusammen mit ihrem Sohn Otto Wilhelm eine Mühle zu Dipperz (StAM R IX, von Calenberg, 1650 Nov. 1) und wurde 1659 mit dem fuldischen Lehen ihres Vaters belehnt (StAM R Ib, von Calenberg, 1659 März 6), Belehnungen Otto Wilhelms von Calenberg erfolgten 1673 und 1679 (StAM R Ib, von Calenberg, 1673 Mai 3, 1679 Jan. 21; StAM R IX, von Calenberg, 1673 Mai 3, 1679 Jan. 21).
67 SCHANNAT, Clientela, S. 64.
68 Ebd., S. 68.
69 Ebd., S. 174.
70 StAM 95/543.
71 RICHTER, Besitzungen, S. 47.
72 S. dazu LÜBECK, Alte Ortschaften, II, S. 57 f.; SCHAFFRATH, Eichenzell, S. 33 f.
73 BATTENBERG, Schlitzer Urkunden, Nr. 662, S. 155 f.

Specht von Bubenheim († vor 1561, ⚭ Kunigunde von Ebersberg gen. von Weyhers) Anteile an der Burg[74]. Kunigunde war in zweiter Ehe mit Rupert *Schad zu Niederbieber* verheiratet, der 1571 neben den anderen Erben mit Eichenzell belehnt wurde[75]. Neben Sophie und Kunigunde behielten ihre Brüder Hans und Georg, alle Kinder des Dietrich von Ebersberg gen. von Weyhers, ihre Anteile und gründeten eigene, kurzlebige Linien. Die Linie von Hans starb bereits Mitte des 16. Jahrhunderts wieder aus[76]; Georgs Tochter Barbara aus der Ehe mit Brigitta Zollner von der Hallburg heiratete 1569 Kurt Till *von Berlepsch*, wodurch dessen Familie die Hälfte der Besitzungen der Ebersbergischen Seitenlinie, mit Anteilen u. a. an Ebersburg-Weyhers und Uttrichshausen, zufiel[77]. Die Schlitzer Seitenlinie in Eichenzell erlosch 1597[78]; die Specht von Bubenheim, die sich mit den Erben Rupert Schads verglichen hatten, u. a. durch Heirat Philipp Spechts d. J. mit Katharina Schad, der Tochter Christophs und Schwester Ruperts[79], verkauften 1605 und 1615 ihre Anteile dem Stift Fulda für 14 000 fl.[80]. Diese wurden jedoch vom Stift später an die von Berlepsch versetzt. Sittich Herbold Graf von Berlepsch verkaufte die Besitzungen im Jahre 1699 für 71 000 fl. an Fürstabt Placidus von Droste[81]. Nach dem Erwerb von Schloß und Gut durch das Fuldaer Stiftskapitel und anschließender Schenkung an Fürstabt Adalbert von Schleiffras für dessen Bruder Johann Martin Ludwig 1701[82] kamen die Eichenzeller Burggüter 1715/16 von dem nach dem Tode seines Bruders sich aus Fulda nach Mainz zurückziehenden Johann Martin von Schleiffras endgültig an das Stift[83].

EITERFELD

Die Kemenate in Eiterfeld befand sich im Spätmittelalter im Besitz der Familie von Rode[84]. Mit einem Teil der Kemenate, den er von seinem Onkel Apel von Buchenau geerbt hatte, wurde 1483 Ludwig von Baumbach belehnt[85]. 1504 kaufte Johann *von*

---

74 StAM 95/2199 (Erbteilung der Schwestern Sophie ⚭ von Schlitz gen. von Görtz und Kunigunde ⚭ Specht von Bubenheim, 1563).
75 SCHANNAT, Clientela, S. 154; StAM R IX, von Berlepsch, 1571 Juli 23. S. auch GLÖCKNER, S. 87.
76 SCHAFFRATH, Eichenzell, S. 35.
77 SCHANNAT, Clientela, S. 47; StAM R IX, von Berlepsch, 1571 Juli 23; StAM 95/2094, 95/2152, 95/276, 95/254; StAM S/227 (Erbbuch über die erheirateten Güter); WILLMS, Schloß zu Eichenzell; SCHAFFRATH, Eichenzell, S. 35–40; GLÖCKNER, S. 87.
78 BATTENBERG, Schlitzer Urkunden, Nr. 694, S. 163.
79 SCHAFFRATH, Eichenzell, S. 35; s. auch StAM 95/1540, 95/1541.
80 StAM 95/263, 95/249; StAM R Ia, 1615 Okt. 15; RICHTER, Besitzungen, S. 47 (nennt das Jahr 1605).
81 StAM R Ia, 1699 Okt. 12, 1699 Nov. 10, 1699 Nov. 11, 1699 Nov. 16, 1700 Nov. 30; StAM 95/248; StAM 109/5027; RICHTER, Besitzungen, S. 47. Vgl. HOFEMANN, S. 85, 165; SCHAFFRATH, Eichenzell, S. 42.
82 PESSENLEHNER, Griff, S. 156, Anm. 25 (nach StAM Protokolle II Fulda, A 1, Bd. 3 [19. Mai 1701]).
83 Nach StAM 90a/850 (Spezifikation der Ausgaben Fürstabt Konstantins, 1714–1720) wurden dafür 46 480 fl. gezahlt. Nach StAM R Ia, 1716 Jan. 20 und RICHTER, Besitzungen, S. 47 (der 1714 als das Jahr des Besitzwechsels angibt), betrug der Kaufpreis, in den ein Wohnhaus zu Fulda einbegriffen war, 36 000 fl.
84 LÜBECK, Alte Ortschaften, I, S. 43.
85 SCHANNAT, Clientela, S. 43; s. auch StAM 95/244, 95/2151.

Haun diese Anteile, die seiner Familie noch 1570 zustanden[86]. Mit einem (anderen?) Teil der Burgkemenate zu Eiterfeld wurden 1566 bis 1594 auch die *Schad zu Niederbieber* bzw. ihre Erben belehnt[87].

GEISA

Die Burg in Geisa war von den fuldischen Landesfürsten errichtet und Teile davon als Burglehen ausgegeben worden.

Ein Burglehen besaß die Familie *von Geisa*, die zwar zum Teil nach Fulda übergesiedelt war, aber die Güter in Geisa beibehielt[88]. Am 12. März 1589 verkauften die 1572 belehnten Erben des Heinz von Geisa[89], seine Tochter und ihr Ehemann Johann Christoph *von Stiegel*, nach Abfindung der ledigen Schwester Maria von Geisa, ihre Güter zu Geisa – darunter die Burg – für 4900 fl. an Melchior *von Dernbach*, den Bruder Fürstabt Balthasars, der damals Amtmann zu Rockenstuhl/Geisa war[90]. 1680 verkauften die Dernbachischen Erben Burg und Güter für 9000 fl. an das Stift[91].

Ein anderes Burglehen war seit 1450, nach dem Tod des Johann von Ketten, im Besitz der *von Herda*[92]. Deren Erben verkauften es 1669 dem Stift Fulda für 10000 fl.[93]. Ein drittes Burglehen zu Geisa schließlich besaßen die *von Wildungen*. 1570 belehnte Abt Balthasar den Christoph von Wildungen zu Motzlar anstelle seiner Mutter Margarethe u. a. mit dem Burggut zu Geisa, das von den von Schleitsberg vor etwa 100 Jahren an die von Wildungen gekommen war[94].

GROSSENLÜDER

In Großenlüder befanden sich drei Burgen, von denen zwei in der Frühen Neuzeit Landtagsfähigkeit vermittelten.

Das *castrum Lüder dictus Fröschburg* (oder Vorderburg) war im Besitz der Familie *von Lüder*, und zwar aller Zweige gemeinsam – der älteren Linie zu Lüder und der jüngeren

---

86 Belehnungen: R Ib, von Hune. 2. Eiterfeld, 1504 Dez. 19, 1543 Jan. 18, 1562 Febr. 16, 1569 Dez. 7, 1570 Sept. 20, 1570 Okt. 12.
87 StAM R Ib, Schade. 6. 1566 März 13, 1570 Juni 30, 1594 April 21.
88 LÜBECK, Adelsgeschlecht, S. 93. 1462 wurde Heinrich von Geisa von dem als Inhaber des Burglehens zu leistenden Dienst teilweise befreit (SCHANNAT, Clientela, II, Nr. 296, S. 297).
89 StAM 95/2489.
90 StAM K 441 (Fuldaer Kopiar XVIII), Nr. 21, fol. 54ʳ–55ᵛ; StAM R Ib, von Geisa, 1589. Melchior von Dernbach erwarb auch den Burgsitz auf dem Haag von Fritz von Romrod (StAM K 441, Nr. 37, fol. 78ᵛ–81ᵛ) und erhielt am 7. August 1606 einen Lehnsbrief über einen von der Witwe Katharina von Falkenrodt geb. von Romrod gekauften Burgsitz in der Stadt Geisa (StAM K 484c). – Belehnungen mit a) einem Burggut zu Geisa mit dem dazugehörigen Besitz (StAM R Ib, von Dernbach. 2. Geisa, 1592 Okt. 3, 1606 Aug. 7, 1623 Aug. 19, 1627 Nov. 9, 1645 Nov. 15, 1670 Juli 28), b) dem Burgsitz zu Geisa (StAM R Ib, von Dernbach. 3. Geisa, 1606 Aug. 7, 1623 Aug. 19, 1627 Nov. 9, 1645 Nov. 15, 1670 Juli 28, 1672 März 15), c) dem Schleitsberg bei Geisa (StAM R Ib, von Dernbach. 4. Schleizberg, 1606–1672 wie unter b).
91 RICHTER, Besitzungen, S. 47; WITTSTADT, Placidus, Anhang S. X.
92 SCHANNAT, Clientela, S. 167.
93 RICHTER, Besitzungen. S. 47.
94 StAM R IX, von Wildungen, 1570 Juni 28. Weitere Belehnungen: Ebd., 1599 Jan. 21, 1643 Sept. 10, 1671 Dez. 23, 1678 Juli 7, 1680 Mai 20, 1688 Febr. 5.

Linie, die sich in einen Zweig zu Müs und einen zu Loßhausen spaltete[95]. Die Burg wurde 1390 vom Stift Fulda zu Lehen genommen, die Äbte behielten sich das Öffnungsrecht vor[96].

1452 erhielt die Familie *von Boyneburg* über die ältere Lüder-Linie Anteil am *castrum* – Reinhard von Boyneburg wurde als Provasall seiner Gemahlin Anna, Tochter des Karl von Lüder, belehnt[97]. 1494 gingen die Anteile der älteren Lüder-Linie ganz auf die von Boyneburg über[98], die sie 1667 an das Stiftskapitel verkauften[99].

Die Lüder-Linie zu Müs starb 1568 mit Philipp Wiegand von Lüder aus. Ihren Anteil an der Burg in Großenlüder und die Besitzungen zu Müs erwarben die Brüder Reinhard Ludwig, Rudolf Hermann und Wolfgang Lorenz *von Romrod*, 1607 wurden sie damit belehnt[100]. Den Romrodischen Anteil erwarb 1655 Kaspar von Bucholtz[101]. Sein Sohn Franz Kaspar verkaufte diese Besitzungen in Lüder, Müs und Jossa 1684 für 25 000 fl. an das Stift[102]. Der restliche Anteil wie der an der anderen Burg in Großenlüder, der Döringsburg, verblieb bis zum Tode Erhard Georgs von Lüder zu Loßhausen 1760 im Besitz dieses Familienzweigs und fiel dann an das Stift Fulda[103].

Die Burg des Adelsgeschlechts von Döring in Großenlüder wurde als Döringsburg oder als Hinterburg bezeichnet[104]. 1486 starben die von Döring aus. Anteile ihres Besitzes, darunter die Hinterburg, fielen als fuldische Lehensgüter an Elisabeth *Steffen von Orb* geb. von Döring. Diese und ihr Ehemann Henn Steffen verkauften sie an Eberhard von Lüder zu Müs[105]. 1536 wurden Damian und Johann von Lüder zu Loßhausen und Wendelin von Lüder zu Müs (also alles Mitglieder der jüngeren Lüder-Linie) mit dem Burglehen in Großenlüder belehnt, das sie von Philipp von Döring erworben hatten[106]; Johann von Lüder zu Loßhausen war der Schwiegersohn von Henn und Elisabeth Steffen von Orb. Am 14. November 1541 wurde er zusammen mit seiner Frau Maria mit dem Burgsitz der von Döring und allen Lehen, die Philipp Döring besessen hatte, investiert[107]. Nach dem Tod Wendels und Georgs von Lüder zu Müs wurde Johann von Lüder zu Loßhausen 1569 und 1570 mit dem Anteil der Müser Linie bzw. ganz mit der Döringsburg belehnt[108]. Die Lüder zu Loßhausen behielten diesen Besitz bis zum Erlöschen der Familie 1760[109].

Die dritte Burg in Großenlüder, die Niederburg, war dagegen im 16. Jahrhundert zu völliger Bedeutungslosigkeit herabgesunken; schon die Verpfändungs- und Verkaufs-

95 S. dazu SCHLITZER, Herren von Lüder, S. 187f.; DERS., Müs, S. 27.
96 SCHANNAT, Clientela, II, Nr. 378, S. 314.
97 SCHANNAT, Clientela, S. 127, 55.
98 SCHLITZER, Herren von Lüder, S. 187f.; DERS., Müs, S. 27.
99 SCHANNAT, Clientela, S. 56.
100 Ebd., S. 127, 149; StAM R Ib, von Romrod. 13. Lüder, 1607 April 3, 1607 Juni 18, 1615 Dez. 14.
101 SCHANNAT, Clientela, S. 52, 149.
102 StAM R Ia, 1684 Febr. 8.
103 S. dazu SCHLITZER, Herren von Lüder, S. 75–79.
104 LÜBECK, Alte Ortschaften, II, S. 147; JESTAEDT, Großenlüder, S. 97; SCHLITZER, Herren von Lüder, S. 76.
105 SCHLITZER, Herren von Lüder, S. 76; SCHNEIDER, Ritterburgen, S. 114.
106 SCHANNAT, Clientela, S. 73, 127.
107 SCHLITZER, Herren von Lüder, S. 76; StAM R IX, von Lüder, 1541 Nov. 14.
108 SCHLITZER, Herren von Lüder, S. 76; StAM R IX, von Lüder, 1569 Aug. 4, 1570 Aug. 22.
109 SCHLITZER, Herren von Lüder, S. 77–79; SCHANNAT, Clientela, S. 128.

summen des 15. Jahrhunderts hatten den Niedergang dieser ehemals von Lüder'schen Burg signalisiert[110].

GROSSENTAFT

Eine Kemenate in Großentaft hatten die Ritter von Rode, die seit 1430 an die Stelle der Ritter von Tafta getreten waren[111]. 1464 erlangte Johann von Buttlar durch seine Ehefrau Sabina geb. von Rode die Güter der Brüder Georg und Hermann von Rode, darunter die Kemenate in Großentaft; 1508 wurden damit seine Söhne Sebastian, Fabian und Eustachius von Buttlar belehnt[112]. 1511 verkauften die Vormünder der Kinder des verstorbenen Hans von Buttlar u. a. die Kemenaten zu Großentaft und Borsch an Philipp *von Haun*[113]. Um 1550 erscheint die Kemenate in Großentaft dann im Besitz der Familie *von der Tann*, die sie 1687 an den Abt von Fulda abtrat[114].

HERBSTEIN

Die Burg in Herbstein war vom Abt als Landesherrn errichtet worden – zur Sicherung und zur Verwaltung des Amtsbezirks und Gerichts Herbstein. Teile davon waren offensichtlich an Burgmannen verliehen, die mit dazugehörigen Burglehen ausgestattet wurden. Stadt, Amt, Gericht und Burg waren im 14., 15. und 16. Jahrhundert fast ständig verpfändet[115], während die Burglehen von den Verpfändungen meist ausdrücklich ausgenommen wurden[116].

110 Seinen Anteil an der bei dieser Gelegenheit erstmals genannten Niederburg samt Zugehörungen verkaufte am 14. September 1422 Johann von Lüder (aus der älteren Linie der Familie) dem Fürstabt Johann von Merlau für 60 fl. – angesichts des geringen Kaufpreises liegt die Möglichkeit nahe, daß die Burg unbewohnt oder dem Verfall nahe war (vgl. SCHLITZER, Herren von Lüder, S. 74). 1477 hatte Martin von Lutharts (Lütter) Anteile an der Niederburg (LÜBECK, Alte Ortschaften, II, S. 224); 1489 verpfändete er und anderen Besitz in Großenlüder an Fürstabt Johann II. von Henneberg für 85 fl. (ebd., S. 225). Mit dem von seinem *ältervater* (Schwiegervater) Martin von Lutharts ererbten Teil an der Niederburg und den Soden zu Lüder, dem 3. Teil des Dorfes Jossa und anderen Lehen wurde am 12. Dezember 1495 Kaspar Bissigel belehnt (StAM R Ib, Bissigel. 1. Lüder, 1495 Dez. 12). In späteren Belehnungen, Verpfändungen und Verkäufen Bissigels ist von der Niederburg nicht mehr die Rede; hier ging es um die Güter zu Jossa, Oberbimbach, Landenhausen und um ein Stuhllehen zu Niederrode.
111 SCHANNAT, Clientela, S. 148.
112 Ebd., S. 64. Lehnsbrief über Teil an Schloß Buttlar, den von den von Rode ererbten Lehnsgütern und dem Burggut zu Wehrda, 1464: StAM R Ib, von Buttlar. 7. Buttlar, 1464; weitere Belehnungen: Ebd., 1473 Dez. 27, 1478 Juni 7, 1508 Sept. 27.
113 StAM K 437 (Fuldaer Kopiar XIII), Nr. 229, fol. 114–116.
114 StAM 95/1614, 95/1616; RICHTER, Besitzungen, S. 47; WEBER, Kreis Hünfeld, S. 52.
115 S. die Nachweise bei HOFEMANN, S. 114–118. GÖRLICH, Herbstein, beleuchtet die Verpfändungen an die Riedesel und die Rolle dieser Familie in der Stadt. Einzelne Hinweise auch in den verschiedenen Arbeiten von NARZ (Herbsteiner Heft, S. 5f.; Beiträge, S. 26f., 32f.; Neue Erkenntnisse, S. 9).
116 So in der Weiterverpfändung des Gerichts Herbstein durch Hermann von Blankenwald, mit Zustimmung des fuldischen Abtes, 1338 an die von Eisenbach (BECKER, Riedesel, II, Nr. 111, S. 30–32) und in der Verpfändung von Burg und Stadt Herbstein an Hermann Riedesel, der diese von den von Fischborn und von Merlau eingelöst hatte, 1441 (ebd., Nr. 612, S. 172f.).

Landtagsfähigkeit im 16. und 17. Jahrhundert besaßen deshalb sowohl die Pfandinha-ber der Burg, denen gleichzeitig Stadt, Amt und Gericht Herbstein bzw. Teile davon verpfändet waren, als auch die Inhaber von Burglehen. Im 16. Jahrhundert erscheinen vor allem die *von Fischborn* als Pfandinhaber von Stadt, Amt und Gericht Herbstein. Von ihnen löste der Abt 1565 zwei Drittel wieder ein; die beiden anderen Drittel erwarb Kaspar *Schutzpar gen. Milchling*, der sich 1573 auch in den Besitz des letzten Drittels setzte[117]. Sein Versuch, dieses Pfand 1579/80 an die Riedesel weiterzuveräußern, da er kinderlos war, scheiterte am Widerstand des kaiserlichen Administrators in Fulda[118]. Nach Kaspars Tod fiel das Amt 1588 wieder an das Stift Fulda zurück[119] – doch erst 1613 verzichteten die Erben des Kaspar Schutzpar gen. Milchling gegen Zahlung einer Geldsumme von 6000 fl. auf die Rechte an Herbstein[120].

Bei den Inhabern der Burglehen ist an erster Stelle wiederum die Familie von Fischborn zu nennen, deren Güterbesitz sich in und um Herbstein konzentrierte. So erhielt Georg von Fischborn *partem castri Herberstein cum annexis bonis castrensibus*[121]. Nach dem Tode des fuldischen Marschalls und Amtmanns zu Rockenstuhl, Daniel von Fischborn, wurden am 26. Juli 1539 als seine Erben Kaspar *Schaufuß* aus Alsfeld (∞ Katharina von Fischborn, Daniels Schwester), Hartmann *von Schleyer*, Walter *von Hundelshausen* und Heinrich *von Gilsa* (seine Mutter war Elisabeth von Fischborn, eine weitere Schwester Daniels, ∞ Werner I. von Gilsa in Alsfeld) mit seinem Teil an der Burg zu Herbstein und seinen anderen Besitzungen belehnt[122]. Der Anteil der Schaufuß ging später zum Teil auf die von Gilsa über[123]. Am 22. Februar 1584 kaufte das Stift alle ehemals Fischbornischen Anteile auf[124].

Auch die *von Merlau*, die 1325 bereits als Burgmannen und Inhaber eines Burglehens zu Herbstein auftauchen[125], behielten diese Anteile an der Burg bis in das letzte Viertel des 16. Jahrhunderts hinein; am 23. November 1584 erwarb das Stift von ihnen neben Gerichtsrechten, Forst- und Jagdgerechtigkeiten auch den Burgsitz zu Herbstein mit allen Zugehörungen[126]. Die Burg selbst wurde im Dreißigjährigen Krieg 1646 zer-stört[127].

---

117 HOFEMANN, S. 117f. Belehnung mit dem Flecken Herbstein, mit Zent und Landgericht: StAM R Ib, Schutzbar gen. Milchling, 1565 Sept. 4, 1573 Febr. 16.
118 S. StAM 95/2290.
119 GÖRLICH, Herbstein, S. 46.
120 S. RICHTER, Besitzungen, S. 47; HOFEMANN, S. 118.
121 SCHANNAT, Clientela, S. 86.
122 StAM R IX, von Fischborn, 1539 Juni 26. Zu den Verwandtschaftsbeziehungen der von Fischborn mit den Schaufuß und den von Gilsa s. SCHÄFER, Alsfelder Geschlecht, S. 299. Zu den gleichzeitig ererbten Anteilen an der Burg in Oberbimbach s. die Ausführungen dort.
123 S. dazu SCHÄFER, Gilsa, S. 299. Zu den übrigen Erben s. die Ausführungen unter Oberbimbach.
124 HOFEMANN, S. 188.
125 SCHANNAT, Clientela, S. 132; DERS., Clientela, II, Nr. 395, S. 319.
126 HOFEMANN, S. 188.
127 NARZ, Neue Erkenntnisse, S. 5.

KETTEN

Lehen zu Ketten und im Amt Rockenstuhl besaß die Familie *von der Tann* (Christoph-Stamm), die seit 1548 um Anteile der *von Ebersberg gen. von Weyhers* erweitert waren (Heiratsgut der Anna Kunigunde, Tochter des Eitel von Ebersberg gen. von Weyhers zu Ketten, ⚭ Christoph von der Tann)[128]. Christophs Sohn Georg Friedrich von der Tann vergrößerte das Gut in Ketten Ende des 16. Jahrhunderts zu einem festen Burgsitz[129]. Diese Burg mit Zugehörungen erwarb das Stift 1710 für 54 000 fl., die Jagdgerechtigkeit 1718 für 6000 fl.[130].

LANGENSCHWARZ

Das Gericht Langenschwarz wurde 1495 von Fulda an Albrecht *von Trübenbach* versetzt[131]. Wenige Jahre später befand es sich im Besitz der *von Buchenau*, die in Langenschwarz an der Stelle der alten Wasserburg ein Schloß errichteten[132]. Sie erwarben nach 1600 auch Gebietsanteile der von Haun[133]. Von den von Buchenau erhielt Herbold *Wolff von Gudensberg* Anteile am Gericht[134]. Nach 1656 wurde Langenschwarz mit umliegenden Dörfern reichsritterschaftliches Gericht.

1676 und 1684 erwarb der fuldische Kanzler Dr. Johann Ludwig Joannis, ex post von Langenschwarz, jeweils ein Viertel des Gerichts für 10000 fl.; nach seinem Tode wurde 1688 seine Witwe damit belehnt. Die andere Hälfte des Gerichts verkauften die Wolff von Gudensberg im Jahre 1688 dem Stift für 29000 fl.[135]. Die adlige Wohnung mit Zubehör erwarb 1705 Johann Anton von Langenschwarz, der Sohn des Kanzlers Joannis, für 3500 fl. von Fürstabt Adalbert von Schleiffras. Nach dem Aussterben der Familie von Langenschwarz 1793 fielen ihre Lehensanteile an das Stift Fulda zurück[136].

LAUTERBACH

Stadt und Schloß Lauterbach wurden 1427 vom Stift Fulda je zur Hälfte an Hessen und Mainz verschrieben. Beide Teile erlangte 1433 bis 1456 Hermann *Riedesel zu Eisenbach*, von Hessen für 1878 fl., von Mainz für 15000 fl.[137]. Auch an dieses verpfändete Schloß war im 16. und 17. Jahrhundert Landtagsfähigkeit geknüpft.

128 StAM R IX, (von Ebersberg gen.) von Weyhers, 1548 Nov. 8; SCHANNAT, Clientela, S. 171.
129 S. StAM 95/1605.
130 RICHTER, Besitzungen, S. 47.
131 StAM K 436 (Fuldaer Kopiar XII), Nr. 200, S. 417–420.
132 WEBER, Kreis Hünfeld, S. 37f., 130f.; STURM, Bau- und Kunstdenkmale, II, S. 207f.
133 Walburga von Buchenau geb. von Haun hatte in ihrem Testament 1600 ihren Anteil ihrer Enkelin Levina Rußwurm vermacht (StAM R IX, von Haun, 1600 Jan. 20/30); diese gelangte aber nicht in den Besitz, sondern nur die von Buchenau.
134 LANDAU, Ritterburgen, I, S. 162.
135 StAM R Ia, 1688 Juli 9, 1688 Okt. 26; RICHTER, Besitzungen, S. 47.
136 WEBER, Kreis Hünfeld, S. 38, 131.
137 LANDAU, Ritterburgen, IV, S. 13.

1547 kündigte Abt Philipp die Pfandschaft über Lauterbach bei Hessen und Mainz auf, die aber – auf Riedeselische Intervention hin – die Annahme des Pfandschillings verweigerten. Der Abt setzte sich daher 1548 gewaltsam in den Besitz von Lauterbach, mußte aber nach der Besetzung Fuldas durch sächsische Truppen 1552/53 den Riedesel den Pfandbesitz auf 30 Jahre garantieren[138]. 1684 schließlich verzichtete das Stift auf seine Pfandschaftsrechte, gab Stadt und Schloß Lauterbach den Riedesel zu Lehen und erkannte die Reichsunmittelbarkeit ihrer Besitzungen an[139].

Ein von Fulda herrührendes Burglehen in Lauterbach besaßen die *Windolt (Wienold)*, mit dem sie 1410 bis 1570 belehnt wurden[140]. Nach dem Tode Konrad Windolts wurden 1601 die Riedesel zu Eisenbach mit dessen fuldischen Lehen, namentlich dem Burggut zu Lauterbach, investiert[141].

Ein anderes Burggut erwarb 1479 Johann *von Pfeffersack* zu Mahr[142]. Dieses ging 1528 an Georg *von Creutzberg* als Provasall seiner Ehefrau Anna geb. Pfeffersack über. 1624 wurden die Töchter Georgs von Creutzberg, Margarethe (∞ Friedrich von Creutzberg in Berka) und Katharina (Witwe des Johann Jost *von Buttlar gen. Treusch*), belehnt. Johann Jost von Buttlar gen. Treusch hatte die Mitgift seiner Frau in Gestalt des Anteils am *feudum castrense* in Lauterbach 1628 erlangt, noch 1678 wird ein Mitglied seiner Familie damit belehnt[143].

LEIBOLZ

Als Nachfolger des Adelsgeschlechts von Leibolz erscheinen hier im 15. Jahrhundert die *Schade von Leibolz*. Heinrich Schade von Leibolz wurde, zusammen mit Brüdern und Agnaten, im Jahre 1451 mit der Kemenate in Leibolz belehnt[144].

Nach dem Tod des Kraft Schade von Leibolz ohne Nachkommen 1575 gingen seine Lehensgüter in Leibolz auf seine Schwestern bzw. deren Ehemänner aus den Familien *von Mansbach, von Romrod* und *von Boyneburg* zu Borsch über[145]. 1594 wurden auch die Brüder Balthasar und Karl *von Wolff* mit der Kemenate in Leibolz, dem Erbteil ihrer Mutter Anna Maria geb. Schade von Leibolz (∞ Balthasar von Wolff), belehnt, während die von Mansbach als Erben ausgeschieden waren[146]. Ende des 16. Jahrhunderts

---

138 Ebd., S. 61–64; Becker, Riedesel, III, S. 298–310.
139 Landau, Ritterburgen, IV, S. 66f.; Zschaeck, Riedesel, IV, S. 308–317.
140 Schannat, Clientela, S. 189; Knodt, Verschwundene Adelsgeschlechter, S. 23–25; StAM K 437 (Fuldaer Kopiar XIII), Nr. 194, fol. 60ᵛ; StAM 95/2320.
141 Landau, Ritterburgen, IV, S. 53; Zschaeck, Riedesel, IV. S. 73.
142 Schannat, Clientela, S. 139.
143 Ebd., S. 69, 65. Belehnungen der von Creutzburg mit dem Burglehen zu Lauterbach: StAM R Ib, von Creutzburg. 3. Lauterbach, 1528 Okt. 5, 1543 März 30, 1551 Juni 9, 1560 März 1, 1565 Juni 2, 1570 Nov. 6, 1597 Sept. 1, 1600 Febr. 4, 1603 Dez. 19, 1606 Nov. 15, 1607 Aug. 13, 1611 April 13, 1624 Aug. 6, 1634 April 17, 1671 Juni 18, 1678 Dez. 3.
144 Schannat, Clientela, S. 153; weitere Belehnungen: StAM R Ib, Schade. 5. Leibolz, 1508 März 22, 1562 Juli 23, 1569 März 9, 1570 Aug. 23.
145 Als Erben werden 1582–1591 genannt: Wilhelm von Mansbach, Fritz von Romrod (∞ Maria Margarethe Schade) und Wilhelm von Boyneburg zu Borsch (∞ Sabina Schade): StAM 95/1485.
146 StAM R Ib, Schade. 5. Leibolz, 1594 März 8: Belehnung für Balthasar und Karl von Wolff, Brüder, anstatt ihrer Mutter Anna Maria von Wolff geb. Schade zu Leibolz; Eitel Fritz von Romrod

verglichen sich die von Wolff und die von Romrod über ihre Güter zu Leibolz[147], so daß 1608 und 1623 die von Romrod und die von Boyneburg zu Borsch und Dipperz gemeinsam mit dem adligen Gut in Leibolz belehnt wurden[148].

1650 ging die Kemenate dann an Siegmund *von Peterswald* über, der sich schon ein Jahr später (nach dem Tod seiner Frau) nach Schlesien zurückzog und einige Zeit später – wegen finanzieller Schwierigkeiten – Teile des adligen Gutes zu Leibolz seinem Schwager, dem hessischen Rat zu Hersfeld, Johann Hermann Wolff, für 10549 fl. überließ[149]. Durch Erbvergleich zwischen Wolff und den Geschwistern von Peterswald im Jahre 1665 gelangte das Gut an die Brüder Reinhard Ludwig und Hermann Siegmund von Peterswald[150]. Letzterer verkaufte es 1697 für 18000 fl. (davon 15000 fl. in bar) an das Stift Fulda[151].

LENGSFELD

Amt, Stadt und Schloß Lengsfeld, 1235 von dem Stift Fulda von den von Frankenstein erworben, waren seit dem Beginn des 14. Jahrhunderts immer wieder verpfändet[152]. 1446 versetzte Fürstabt Hermann von Buchenau die Hälfte für 1000 fl. an Heinrich von Reckrod; die andere Hälfte wurde 1454 für 500 fl. an Philipp von Herda verschrieben[153]. Das Reckrodische Pfand wurde von Raban von Herda und seinem Schwiegersohn Ludwig von Boyneburg 1498 eingelöst, so daß die *von Herda* und *von Boyneburg* Pfandinhaber des gesamten Amtsbezirks waren[154]. 1523 ging dieser in den Alleinbesitz des Ludwig von Boyneburg und seiner Familie über. Dem Stift gelang die Einlösung des

wegen seiner mit Maria Margarethe geb. Schade zu Leibolz ehelich gezeugten Tochter Anna Sibylle; Wilhelm von Boyneburg zu Borsch und Lukas Wilhelm von Romrod als Ehevögte von Sabina bzw. Sibylle geb. Schade zu Leibolz. Vgl. auch SCHANNAT, Clientela, S. 190; WEBER, Kreis Hünfeld, S. 47; StAM 95/1488 (Klage der Anna Maria von Wolff gegen ihre Brüder Jost und Wilhelm Schade zu Leibolz).
147 S. StAM 95/2450.
148 StAM 95/2302; Belehnungen 1608 und 1623: StAM R Ib, Schade. 5. Leibolz, 1608 Sept. 11, und StAM R Ib, von Romrod. 4. Leibolz, 1623 Nov. 23. Belehnt wurden 1608: Lukas Wilhelm von Romrod, Georg Hartmann, Ernst Ludwig und Kraft Christoph von Boyneburg zu Borsch, Brüder, und Reinhard Ludwig von Romrod anstelle seiner Ehefrau Anna Sibylla.
149 StAM 95/2302. Wolff wurde 1658 namens seiner Frau zusammen mit den noch minderjährigen Kindern Siegmunds von Peterswald belehnt (SCHANNAT, Clientela, S. 190; StAM 95/2302).
150 StAM 95/2302. 1669 wurde Hermann Siegmund von Peterswald für sich und seine Geschwister, seine eigenen wie der Geschwister Kinder mit der Kemenate belehnt (SCHANNAT, Clientela, S. 139).
151 StAM R Ia, 1697 Juni 5. RICHTER (Besitzungen, S. 47) und WITTSTADT (Placidus, Anhang, S. X) nennen eine Kaufsumme von 1500 fl. – offensichtlich Druckfehler für 15000 fl. –, WEBER (Kreis Hünfeld, S. 47) gibt unter Berufung auf die auch von RICHTER ausgewertete Vorlage, nämlich die Kollektaneen des fuldischen Domkapitulars Konstantin Frhr. von Guttenberg aus der Zeit um 1790, 15000 fl. an.
152 Nachweise bei HOFEMANN, S. 129.
153 StAM K 438 (Fuldaer Kopiar XIV), Nr. 79, S. 195–199; SCHANNAT, Clientela, S. 107; DERS., Clientela, II, Nr. 326, S. 293; StAM K 468 (Kindlingeriana, vol.147), Inhaltsverzeichnis – der hier ausführlich regestierte Revers von 1498, der auch über die Regelungen von 1446 und 1454 unterrichtet, ist auf den angegebenen Seiten 135–145 nicht enthalten.
154 StAM K 438, Nr. 80, S. 199–204.

verpfändeten Bezirks nicht mehr; nach mehreren vergeblichen Versuchen verzichtete es auf seine Rechte[155].

Landtagsfähigkeit konnte aber nicht nur aus der Burg als Verwaltungsmittelpunkt abgeleitet werden, sondern auch von Burglehen. Ein *feudum castrense* ging 1450 nach dem Tod des Heinrich von Tafta an den fuldischen Marschall Philipp von Herda über, der 1454 auch den Amtsbezirk pfandweise erwarb; von dessen gleichnamigem Enkel kam es 1523 wie das Amt Lengsfeld an Ludwig von Boyneburg und verblieb im Besitz seiner Familie[156].

MANSBACH

Der Stammsitz der Familie *von Mansbach* – um 1280 zerstört, aber bald wieder aufgebaut – wurde 1454 dem Stift Fulda als Lehen aufgetragen[157]. 1652 erwarben die *von Geyso* durch Kauf von Johann Friedrich von Mansbach einen Teil der Mansbachischen Lehnsgüter[158].

MITTELKALBACH

Zum Burglehen in Neuhof gehörten umfangreiche Besitzungen und ein »Schloß« zu Mittelkalbach sowie Güter zu Ober- und Mittelkalbach[159]. Mit diesen wurden sämtliche männlichen Mitglieder der Familie *von Lautter* (die sich in eine Linie zu Steinau an der Straße und in eine zu Schlüchtern verzweigt hatte) seit 1330 belehnt – meist nahm auch der Stammesälteste seine Wohnung in Mittelkalbach[160].

Zu Beginn des 17. Jahrhunderts verkauften Wolf von Lautter zu Mittelkalbach und Melchior Neidhard d. J. von Lautter zu Schlüchtern (beide aus der Schlüchterner Linie) ihre Anteile an der adligen Behausung und Burg sowie Güter zu Mittelkalbach für 3000 bzw. 5132 fl. an das Stift Fulda[161]. 1616 überließ Hans Barthel Engelbert von Lautter zu Schlüchtern die restlichen Anteile seines Stammes Melchior Neidhard d. Ä. zu Mittelkalbach aus der Steinauer Linie. 1622 wurden mit der Steinauer Lautter-Linie zusammen auch die *von Wechmar* und *von Lehrbach* belehnt[162]. Investituren dieser Familien erfolgten bis 1650[163]; schon 1640 aber hatte das Stift Fulda weitere Anteile an den

---

155 Vgl. HOFEMANN, S. 129f.
156 SCHANNAT, Clientela, S. 107, 55.
157 Ebd., S. 129; WEBER, Kreis Hünfeld, S. 54. Belehnungen: StAM 95/2280; 95/1147.
158 SCHANNAT, Clientela, S. 95, 130; vgl. auch WEBER, Kreis Hünfeld, S. 54f.; Kaufbrief (Kop.): StAM 95/1219.
159 SCHÄFER, Geschichte, S. 296.
160 Ebd.
161 StAM R Ia, 1604 Okt. 25, 1606 Febr. 12. RICHTER (Besitzungen, S. 47) nennt die Summe von 5132 fl. für das Jahr 1605.
162 SCHANNAT, Clientela, S. 124; SCHÄFER, Geschichte, S. 296f., 308f.
163 SCHANNAT, Clientela, S. 124; SCHÄFER, Geschichte, S. 310f.

Burggütern für 8000 fl. gekauft[164], 1699 erwarb es die verbliebenen Lautterischen Besitzungen in Mittelkalbach für 1500 fl. [165].

MOTZLAR

Aus dem Besitz der von Schleitsberg erwarben die *von Wildungen* 1450 die Burg in Motzlar mit Zugehörungen[166]. Diese kaufte Fürstabt Placidus von Droste 1690 für 14 000 fl. für das Stift Fulda[167].

MÜS

Ende des 14. Jahrhunderts wurde eine Seitenlinie der *von Lüder* aus Großenlüder (die jüngere Lüder-Linie) in Müs seßhaft. Sie errichtete hier auch eine Burg. 1568 erlosch diese Müser Linie mit dem Tod Philipp Wiegands von Lüder[168]. Erben in Müs wie in einem Teil der Stammgüter zu Großenlüder wurden die *von Romrod*[169], die sich allerdings erst gegen die Ansprüche der von Boyneburg durchsetzen mußten – letztere hatten die 1484 im Mannesstamm ausgestorbene ältere Linie der von Lüder beerbt[170]. Die von Romrod erbauten zu Beginn des 17. Jahrhunderts ein kleines Schlößchen[171], übernahmen sich jedoch finanziell. 1652 mußte die Witwe Rudolf Wilhelms von Romrod, Margarethe geb. von Dernbach, ihre Güter zu Müs und den Anteil an Großenlüder und Jossa an Kaspar *von Bucholtz* verkaufen, der 1655 damit von Fulda belehnt wurde[172]. Dessen Sohn Franz Kaspar wiederum trat diese Besitzungen 1684 für 25 000 fl. an das Stiftskapitel ab[173], die Burg wurde 1707 vom Konvent erkauft[174].

---

164 RICHTER, Besitzungen, S. 47. Vgl. auch StAM 95/2275.
165 StAM R Ia, 1699 März 20, 1699 Mai 1/11; RICHTER, Besitzungen, S. 47; WITTSTADT, Placidus, Anhang S. X.
166 SCHANNAT, Clientela, S. 159, 188; s. auch StAM 95/2401. Belehnungen der von Wildungen und ihrer Erben, der von Pfusch (seit 1678): StAM 95, von Wildungen, 1570 Juni 28, 1599 Jan. 21, 1643 Sept. 10, 1671 Dez. 23, 1678 Juli 7, 1680 Mai 20, 1688 Febr. 5.
167 RICHTER, Besitzungen, S. 47 f.; WITTSTADT, Placidus, Anhang S. X; vgl. auch SCHANNAT, Clientela, S. 188.
168 LÜBECK, Alte Ortschaften, II, S. 256; SCHLITZER, Herren von Lüder, S. 188, 72; DERS., Müs, S. 27.
169 SCHLITZER, Herren von Lüder, S. 72; DERS., Herren von Bucholtz, S. 144 f.; DERS., Müs, S. 27; StAM R IX, von Romrod, April 3, 1607 Juni 18, 1615 Dez. 14, 1623 Nov. 23.
170 SCHLITZER, Herren von Lüder, S. 72; DERS., Bucholtz, S. 145; DERS., Müs, S. 27 f.
171 WENZEL; LANDAU, Ritterburgen, I, S. 189–191.
172 SCHANNAT, Clientela, S. 52, 149; StAM R IX, von Bucholtz, 1652 April 20, 1652 April 29, 1655 Febr. 2. Neben an im Zessionsvertrag 1652 genannten Schuldforderungen des Hermann Riedesel zu Eisenbach und des Hans Christoph von Schlitz gen. von Görtz, die in den zwanziger Jahren jeweils 2000 fl. geliehen hatten, hatten weitere Verschuldungen gestanden, die schon 1612, 1617 und 1624 zum Einholen der lehnsherrlichen Zustimmung zur Verpfändung Romrodischer Güter an Volprecht und Georg Riedesel zu Eisenbach geführt hatten (vgl. StAM R IX, von Romrod, 1612 Dez. 10, 1617 April 28, 1624 Okt. 10).
173 StAM R Ia, 1684 Febr. 8; SCHLITZER, Herren von Lüder, S. 72 f.; DERS., Herren von Bucholtz, S. 156 f.; DERS., Müs, S. 28.
174 SCHLITZER, Müs, S. 28.

NIEDERBIEBER

Die Nachfolge der hier zuvor begüterten Familien von Bibra, von Haun und von Malkos[175] traten die *Schad* an, die sich auch nach diesem Ort benannten. 1570 wurde Christoph Schad belehnt; ihm folgte sein Sohn Rupert[176] (er erhielt zusätzlich 1571 noch die Anteile seiner Ehefrau Kunigunde von Ebersberg gen. von Weyhers an Eichenzell). Nach dem Tode Hermann Adolfs Schad zu Niederbieber ohne Leibeserben 1594 ging das Lehen durch seine Schwestern an die *von Honfelsch, von Fischborn, von Storndorf* und *Specht von Bubenheim* über[177]. Gleichzeitig erhielten auch die *von Romrod* Anteil an den Schadischen Gütern zu Niederbieber; sie brachten diese zu Beginn des 17. Jahrhunderts in ihren Alleinbesitz und wurden ab 1605 mit der Kemenate belehnt[178]. Im Jahre 1700 verkauften die von Romrod ihre Schloßgüter für 13 000 fl. an das Stift Fulda[179].

NIEDERKALBACH

Das von der Burg Neuhof deservierende Burglehen[180] war ursprünglich im Besitz der von Spala; von diesen erbten es die *von Ebersberg gen. von Weyhers* (Apel von Ebersberg gen. von Weyhers ∞ Elisabeth von Spala). Im 16. Jahrhundert gewannen durch Heirat verschiedene andere Familien Anteil an Niederkalbach: zunächst die *von Kranlucken*, dann die *von Ussigheim*, infolge der beiden Ehen der Margarethe von Ebersberg gen. von Weyhers mit Andreas von Kranlucken bzw. Christoph von Ussigheim[181]. Als Ganerben werden 1550 neben den von Ebersberg gen. von Weyhers und den von Ussigheim auch die *von der Tann* und *von Thüngen* genannt[182]. Da aus beiden Ehen der Margarethe von Ebersberg gen. von Weyhers nur Töchter entsprossen, wurden die Anteile an Niederkalbach noch einmal weitergegeben an Philipp *von Mörle gen. Böhm* (∞ Dorothea von Kranlucken)[183] und an Otto *Schenck zu Schweinsberg* (∞ Barbara von Ussigheim)[184]. Ottos Sohn Hermann Melchior Schenck zu Schweinsberg starb 1609 kinderlos. Unter den *interessenten*, also rechtmäßigen Erbanwärtern, für seine Lehnsgüter in Niederkalbach waren Bernhard Heinrich und Johann Georg Schenck zu Schweinsberg, Hans

---

175 RICHTER, Besitzungen, S. 45.
176 SCHANNAT, Clientela, S. 154. Belehnungen der Schad zu Niederbieber: StAM R Ib, Schade (!). 6. Niederbieber, 1566 März 13, 1570 Juni 30.
177 SCHANNAT, Clientela, S. 86, 167; StAM 95/1496; StAM R Ib, Schade. 6. Niederbieber, 1594 April 21: Belehnung für Andreas von Honfelsch, Hans Christoph von Fischborn, Heinrich und Hermann Adolf von Storndorf, Vettern, anstatt ihrer Ehefrauen Anna, Anna Kunigunde, Caecilia und Agneta, und Philipp Specht von Bubenheim wegen seiner Mutter Katharina, alle geb. Schad zu Niederbieber.
178 StAM 95/1415, 95/1422. Belehnungen der von Romrod: StAM R Ib, von Romrod. 5. Niederbieber, 1594 April 23, 1601 Febr. 6, 1606 Okt. 10, 1634 Febr. 27, 1672 Dez. 3, 1674 Sept. 26, 1679 Jan. 19, 1699 Mai 4. 1672 mußten die Herzöge von Sachsen zugunsten der Belehnung ihres Kammerjunkers Wilhelm Karl von Romrod intervenieren (StAM 90b/1605).
179 RICHTER, Besitzungen, S. 48; WITTSTADT, Placidus, Anhang S. X.
180 SCHANNAT, Clientela, S. 161.
181 SCHAFFRATH, Schenken; StAM 95/1067.
182 StAM R IX, von Ebersberg gen. von Weyhers, 1550 Mai 19.
183 CAUER, Herrn von Mörle gen. Böhm, S. 187; StAM 95/1067.
184 SCHAFFRATH, Schenken; StAM 95/1067.

Heinrich und Alexander von der Tann zu Tann sowie Daniel und Christoph Adolf von der Tann zu Vacha[185]. Die Anteile der von Mörle gen. Böhm gingen nach dem Tod Wolf Dietrichs auf den Ehemann seiner Tochter Katharina, Daniel *von Hutten zu Stolzenburg*[186] und an Jakob Hartmann von Thüngen, den zweiten Ehemann der Anna Agatha geb. von Mörle gen. Böhm[187], über.

1671 wurden vom Stift Schloß und Gut Niederkalbach dem Johann Werner Frhr. von Plittersdorff, der rechten Hand des Fürstabts Bernhard Gustav, überlassen[188]; nachdem Plittersdorff bei Bernhard Gustav in Ungnade gefallen war, wurde ihm von dessen Nachfolger Placidus von Droste der Güterbesitz, der nach der ursprünglichen Vereinbarung erst nach seinem bzw. seiner Witwe Tod an das Stift zurückfallen sollte, streitig gemacht – im Jahre 1682 zahlte Placidus an Plittersdorff als Abfindung für seinen Verzicht auf Niederkalbach 24000 fl.[189].

OBERBIMBACH

Die Burg des Adelsgeschlechts von Bienbach/Bimbach in Oberbimbach wurde 1276 durch den Fuldaer Fürstabt Bertho IV. (einen Angehörigen dieser Familie!) gleichzeitig mit den Burgen zu Burghaun, Mackenzell, Mansbach u. a. zerstört[190], aber an anderer Stelle wiederaufgebaut. Die von Bimbach verkauften diese Burg 1415 und 1419 an das Stift Fulda[191].

Von einer – möglicherweise als Ersatz für den Verkauf errichteten – Burg besaßen die von Bimbach drei Viertel, die von Lüder zu Loßhausen ein Viertel[192]. Als die von Bimbach um 1435 im Mannesstamm ausstarben, erhielten neben den von Fischborn und den von Schenckenwald auch die von Lüder zu Großenlüder ein Viertel, welches mit deren Aussterben die von Boyneburg erbten. Nach dem Aussterben auch der von Schenkenwald zu Beginn des 16. Jahrhunderts wurde eine Dreiteilung fällig unter den *von Lüder zu Loßhausen*, den *von Boyneburg* und den *von Fischborn*. Nach dem Aussterben der von Fischborn wurde deren Anteil nochmals geviertelt, und zwar unter a) den *von Gilsa* zu Gilsa, b) den *von Baumbach, von Hundelshausen* und *von Tastungen*, c) den *von Schleyer gen. Schläger* und *von Löwenstein*, d) den *von Schaufuß*-'schen Erben: *von Rein*, von Gilsa, *von Geismar, von Wienolt* und von Löwenstein[193].

185 Vgl. die Schreiben Fürstabt Johann Friedrichs von Schwalbach an diese *interessenten* vom 10. Februar 1612 (Kop.): StAM 95/1523.
186 SCHAFFRATH, Schenken; StAM 95/1067. Lehnsreverse von Hutten: StAM R Ib, von Hutten. 9. Niederkalbach, 1613 Juni 10, 1637 März 13; Kopie des letzteren auch in: StAF XXI, B 1 (1629–1674). Die Belehnung erstreckte sich auch auf Uttrichshausen, das ebenso wie Niederkalbach ehedem Ebersbergischer Besitz gewesen war (s. unter Uttrichshausen).
187 StAM 95/1939.
188 Schenkung, 14. August 1671 (SCHANNAT, Clientela, S. 161), Belehnung, 16. Juni 1674 (StAM R IX, von Plittersdorff, 1674 Juni 16), Erneuerung der Donation, 25. Februar 1678 (WITTSTADT, Placidus, S. 85).
189 WITTSTADT, Placidus, S. 83–96; StAM 94/3080.
190 BROWER, S. 314.
191 StAM K 432 (Fuldaer Kopiar VIII), Nr. 446, fol. 364ʳ; K 434 (Fuldaer Kopiar X), Nr. 190, fol. 173ᵛ–174ᵛ; StAM R IX, von Bimbach, 1419 April 2.
192 SCHNEIDER, Geschichte, S. 116 f.
193 Ebd., S. 117–119.

Diese ehemals Fischbornischen Anteile konnten Reinhard von Boyneburg und Johann von Lüder zu Loßhausen im Zuge eines Schloßneubaus 1582, 1584 und 1585 zurückkaufen[194]; sie einigten sich auch auf eine gleichmäßige Aufteilung ihrer Erwerbungen. Die Boyneburgische Hälfte an Burg Bimbach ging 1667, die Lüderische erst fast 100 Jahre später in den Besitz des Stiftskapitels über[195].

OBERERTHAL

Burg und Güter in *superiori Erthal* besaßen die *von Erthal* als Mann- und Tochterlehen vom Stift Fulda[196]. Da erst 1552 und 1555 in Familienverträgen Erbteilungen und Aussteuern für weibliche Familienmitglieder in Form von Anteilen an der Burg und den dazugehörigen Gütern ausgeschlossen und in der Folgezeit durch Geldzahlungen abgegolten wurden[197], gingen Ende des 15. und in der ersten Hälfte des 16. Jahrhunderts Teile des Besitzes an andere Familien. Die folgenreichste Erbschaft machten dabei die *Küchenmeister zu Gamberg* (Magdalena von Erthal ∞ 1476 Otto Küchenmeister), deren hier einheiratende Linie zwar 1536 mit Kaspar Küchenmeister im Mannesstamm ausstarb, die zuvor aber die Hälfte ihres Anteils dem Kloster Erthal (und damit dem Stift Fulda) vermacht hatten[198]; erst 1570 gelang den Erthalern deren endgültige Rückerwerbung von Abt Balthasar von Dernbach[199].

1555 nahmen die von Erthal eine Teilung ihrer Güter und Lehen vor; die sogenannte Fuldaer Linie, begründet durch Hans Georg von Erthal, besaß bis zu ihrem Aussterben 1640 den Stammsitz in Erthal, obwohl die Lehensmutung von den beiden Stammesältesten der Fuldischen und Fränkischen Linie gemeinsam wahrgenommen wurde. Nach 1640 ging der Stammsitz an die Fränkische Linie über[200].

POPPENHAUSEN

Die Burg in Poppenhausen wurde zwischen 1361 und 1379 von den *von Steinau gen. Steinrück* errichtet[201], die sich, nachdem ihr Stammsitz Steinau wegen ihrer Teilnahme am Abtsmord 1271 zerstört worden war[202], hier ansässig gemacht hatten und 1327 hier

194 Die Käufe Johanns von Lüder sind dokumentiert in: StAM IX, von Lüder, 1584 Sept. 15, 1584 Okt. 27, 1585 März 3, 1585 Juni 28, 1585 Sept. 18, 1585 Okt. 5. In die gleiche Zeit (1579–1587) fällt auch die Errichtung eines Schlosses in Unterbimbach, das die von Boyneburg zu ihrem festen Sitz machten (vgl. SCHNEIDER, Geschichte, S. 98, 108).
195 Vgl. SCHNEIDER, Geschichte, S. 119f.
196 SCHANNAT, Clientela, S. 81f. Gegen das Zugestehen des Öffnungsrechts an den fuldischen Fürstabt hatte Ditzel von Erthal 1384 das Recht zur Befestigung der Burg erhalten (StAM K 434 [Fuldaer Kopiar X], Nr. 39, fol. 78ʳ–79ᵛ).
197 KITTEL, S. 118, 120.
198 Ebd., S. 113; MEIER, S. 26; StAM K 471, S. 193 (lt. Inhaltsverzeichnis, Text nicht überliefert!).
199 StAM K 444 (Fuldaer Kopiar XX), Nr. 27, fol. 58–59; KITTEL, S. 121f.
200 Vgl. KITTEL, S. 121–126.
201 LÜBECK, Alte Ortschaften, II, S. 500. Zu Lage und Ausmaßen der Burg s. RÜBSAM; WAGNER.
202 S. dazu v. STEINAU-STEINRÜCK, Verschwörung 1271.

erstmalig erwähnt werden[203]. Ganerbenrechte übten seit spätestens 1387 auch die *von Ebersberg* aus[204]. Die eigenmächtig erbaute Burg wurde von Abt Reinhard von Weilnau 1459 – ebenso wie die Ebersburg – eingenommen[205], die Steinauer seit 1470 zur Belehnung der neuen Burg durch Fulda gezwungen[206].

1559 starb in Poppenhausen Christian von Steinau gen. Steinrück kinderlos; sein und seines vor ihm verstorbenen Bruders Balthasar Erbe traten des letzteren Schwiegersöhne Karl und Philipp *von Thüngen* zu Greifenstein an (Karl ∞ Elisabeth, Philipp ∞ Agathe von Steinau gen. Steinrück zu Poppenhausen)[207]. Karl erbte den Steinauischen Burgsitz und die Güter zu Wüstensachsen und gründete eine nach diesem Ort benannte Seitenlinie, Philipp erbte Poppenhausen, mit dem er schon 1546 als Provasall seiner Ehefrau belehnt worden war[208]. Seine Nachfahren verkauften 1619 das Burggut zu Poppenhausen mit Zugehörungen für 33 000 fl.[209], 1624 und am 19. Februar 1656 die restlichen Güter an das Stift Fulda[210].

Ein Drittel an Schloß Poppenhausen erwarben die *von Mansbach*, die seit 1602 damit belehnt wurden – dieses Drittel kaufte das Stift Fulda 1709 für 41 547 fl.[211]. Die Ebersbergischen Anteile gingen im wesentlichen an die Familien *von Berlepsch* und *Specht von Bubenheim*, beide zu Eichenzell ansässig, über: 1571 wurde Curt Till von Berlepsch u. a. mit dem von Hans und Georg von Ebersberg gen. von Weyhers ererbten Viertel an Poppenhausen belehnt[212], 1611 erwarben die von Berlepsch ein weiteres Viertel[213], diesmal vom Stift Fulda, welches es 1605 von den Specht von Bubenheim gekauft hatte[214]. Weitere Spechtische Anteile erlangte das Stift Fulda im Jahre 1615[215], trat sie aber später an die Berlepsch ab. Der Ankauf der gesamten Anteile dieser Familie gelang dem Stift 1699[216].

203 SCHANNAT, Clientela, S. 165, und Clientela, II, Nr. 522 S. 346. Dazu und zum folgenden auch: SCHNEIDER, Ritterburgen, S. 131 f.; v. STEINAU-STEINRÜCK, Beiträge; DERS., Abriß; DERS., Poppenhausen; ALBINGER, Poppenhausen; ABEL, S. 113; MÜLLER, Lehnsverhältnisse, S. 68–73; LUCKHARD, Wasserburg.
204 LANDAU, Ritterburgen, I, S. 213–216; LÜBECK, Alte Ortschaften, II, S. 501; SCHANNAT, Clientela, S. 165, 76.
205 SCHANNAT, Historia, S. 241; DERS., Clientela, II, Nr. 477, S. 335; LANDAU, Ritterburgen, I, S. 221 f.
206 SCHANNAT, Clientela, S. 165, und Clientela, II, Nr. 478, S. 335; LANDAU, Ritterburgen, I, S. 222.
207 v. HATTSTEIN, II, S. 440, 443; vgl. auch v. THÜNGEN, Geschlecht, I, S. 299, 315; STURM, Kaiserlicher Generalfeldmarschall, S. 25, 31; SCHAFFRATH, Bamberger Fürstbischof, S. 114.
208 SCHANNAT, Clientela, S. 175.
209 RICHTER, Besitzungen, S. 48; GLÖCKNER, S. 87.
210 StAM 95/1908; StAM K 445 (Fuldaer Kopiar XXI), Nr. 8, fol. 18; GLÖCKNER, S. 87.
211 RICHTER, Besitzungen, S. 48; s. auch HOFEMANN, S. 165; ALBINGER, Abbruch.
212 StAM R IX, von Berlepsch, 1571 Juli 23.
213 StAM R Ia, 1611 Nov. 6.
214 StAM R Ia, 1605 Febr. 22.
215 StAM R Ia, 1615 Okt. 5.
216 StAM R Ia, 1699 Okt. 12, 1699 Nov. 10, 1699 Nov. 11, 1699 Nov. 16; vgl. auch HOFEMANN, S. 164 f.

RÖMERSHAG

Seit dem 14. Jahrhundert war das Rittergut Römershag fuldisches Lehen der *von Sterbfritz*, die damit letztmals 1555 investiert wurden[217]. 1569 erwarben es die *Spedt von Prillingen*, die es an die Familie *von der Tann* veräußerten[218]. 1586 erhielten Martin und Johann Melchior von der Tann (aus dem Konrad-Stamm, der nach der Erbteilung 1542/43 das Schloß in Tann verlassen mußte, danach in Nordheim und Ostheim vor der Rhön ansässig geworden war)[219], Römershag und das *feudum castrense* in Brückenau[220]. Da der Konrad-Stamm nach dem Aussterben des Eberhard-Stammes 1647 in das Schloß Tann zurückkehrte und infolge von Geldnöten verkaufte Heinrich von der Tann 1692 dem Stift Fulda für 70 000 Reichstaler (105 000 fl.) Römershag mit Geroda, Mitgenfeld und Schildeck[221].

SALMÜNSTER

Zwei Burgen besaß die Familie *von Hutten zu Stolzenberg* in Salmünster[222]; daneben vergaben die fuldischen Äbte Burglehen von einem landesfürstlichen *castrum*.

Neben mehreren anderen Familien wie den Küchenmeister[223] oder den von Nordeck zu Rabenau[224] besaßen solche Burglehen auch die von Hutten: 1541 wurde Lucas von Hutten nach dem Tod Georgs *von Schlüchtern* mit einem *feudum castrense* belehnt[225], das er 1532 erworben hatte[226]; dieses Burglehen blieb in Hutten'schem Besitz[227].

Eine Kemenate »Huttenburg« sowie zusätzliche Güter erwarben 1564 Gobert, Johann, Engelbert und Kaspar *von Breidenbach gen. von Breidenstein* von den von Hutten. Da Konrad von Breidenbach gen. von Breidenstein keine männlichen Nachkommen hatte, folgten ihm mit Bewilligung des fuldischen Abtes Joachim 1642 seine Töchter Sibylla Gertrud, Anna Maria und Anna Elisabeth im Lehen nach. Die erstere heiratete 1651 Johann Georg *von Fechenbach*[228], der damit einen Anteil erhielt. Ein anderer Teil gelangte durch Elisabeth, Tochter des Kaspar von Breidenbach gen. von Breidenstein (den Bruder des Konrad), an Adolf Ernst von Fechenbach, der mit dem Erbe seiner Gemahlin 1656 belehnt wurde[229]. Die Kemenate wurde von Johann Gottfried von Fechenbach 1706 an die von Schleiffras verkauft[230].

---

217 SCHANNAT, Clientela, S. 166.
218 Ebd., S. 162.
219 KÖRNER, Archiv, S. 52.
220 SCHANNAT, Clientela, S. 171; GARTENHOF/WEBER, Übergang, S. 114, Anm. 2.
221 StAM K 485a; StAM 95/1698; RICHTER, Besitzungen, S. 48; GARTENHOF/WEBER, Übergang, S. 114–127.
222 FUCHS, Genealogie, S. 71. Belehnungen: StAM R Ib, von Hutten. 2. Salmünster.
223 Belehnungen 1437–1500: SCHANNAT, Clientela, S. 122.
224 Belehnung 1478: SCHANNAT, Clientela, S. 136.
225 SCHANNAT, Clientela, S. 115.
226 Ebd., S. 161.
227 Ebd., S. 116.
228 Ebd., S. 58, 85.
229 Ebd., S. 58.
230 Ebd., S. 85, 156.

SARROD

1544 erwarb Hektor *von Mörle gen. Böhm* zu Ürzell die Wüstung Sarrod von den Reiprecht zu Büdingen[231], mit der die männlichen Mitglieder der Familie 1570 von Abt Balthasar belehnt wurden[232]. In der Folgezeit errichteten die Mörle hier ein festes Haus[233], welches sie vom Stift zu Lehen nahmen. Mit dem Aussterben der Familie fiel dieses an die Erben aus dem Geschlecht *von Thüngen*.

SCHACKAU (und Eckweisbach)

Die Stammburg der Familie *von Eberstein* auf dem Tannenfels bei Brand wurde 1282 vom Abt von Fulda und vom Bischof von Würzburg in Ausübung des landesherrlichen Burgenrechts gemeinsam zerstört[234]. Die Familie von Eberstein errichtete daraufhin eine neue Burg in Schackau, mit der sie seit 1396 (bis 1539) vom Stift Fulda belehnt wurde[235]. Eine Kemenate der von Eberstein in Eckweisbach wird 1473 erwähnt[236].

Die Ebersteiner teilten sich zu Beginn des 15. Jahrhunderts in vier Linien (von denen heute noch eine blüht), die fuldischen Lehensgüter fielen an die Linie Mangolds von Eberstein und seiner Nachfahren, die seit 1429 auf Schloß Brandenstein bei Elm, einem hanauischen Lehen, ansässig war[237]. Unter Mangolds Nachkommen Philipp d. Ä. und Philipp d. J. wurden die Besitzungen der Ebersteiner konsolidiert[238], nach Philipps d. J. Tod 1539 und dem ein Jahr später erfolgten Tod seines Sohnes Georg d. J. aber gelangten die fuldischen Lehensgüter durch die Schwestern Georgs und seines schon 1528 verstorbenen Bruders Eberhard sowie des letzteren Tochter in die Hände verschiedener Familien, wie nachfolgende Stammtafel verdeutlicht[239]:

231 CAUER, Mörle, S. 184.
232 Ebd., S. 186.
233 Ebd., S. 184 Anm. S. auch StAM 95/2303: Konsensgesuch an den fuldischen Abt als Lehnsherrn um Beleihung des Gutes.
234 S. dazu v. EBERSTEIN, Geschichte, S. 16–18; ABEL, Kreis Gersfeld, S. 107f.; HAAS, Buchische Adelsgeschlechter, II., S. 129; v. EBERSTEIN, Beziehungen, S. 109–111; WENZ, S. 105 f.; v. EBERSTEIN, Ebersteiner; DERS., Bau und Zerstörung. Der Vertrag zu Fuchsstadt vom Januar 1281, in dem sich Fulda und Würzburg über die Zerstörung des Ebersteins verständigten, ist abgedruckt bei SCHANNAT, Historia, II, Nr. 97, S. 208f.
235 SCHANNAT, Clientela, S. 77; v. EBERSTEIN, Geschichte, I, S. 62. Seit 1347 hatten die von Eberstein Grundbesitz zu Schackau und Anteile am Dorf Eckweisbach als fuldisches Lehen (v. EBERSTEIN, Geschichte, I, S. 50).
236 v. EBERSTEIN, Geschichte, I, S. 113, 117.
237 Zur Brandensteiner Linie s. neben v. EBERSTEIN, Geschichte, auch CAUER, Schloß Brandenstein; KIEFER, Ebersteinische Besitzpolitik; SCHMERBACH.
238 Vgl. v. EBERSTEIN, Geschichte, I, S. 225–228, 251f., 435–446.
239 Nach v. EBERSTEIN, Geschichte, I, S. 328, 337f., Stammtafel III; v. EBERSTEIN, Beziehungen, S. 121.

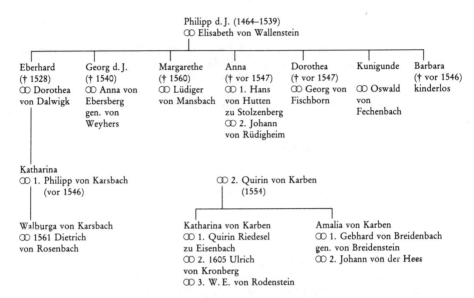

Philipp d. J. (1464–1539)
∞ Elisabeth von Wallenstein

| Eberhard
(† 1528)
∞ Dorothea
von Dalwigk | Georg d. J.
(† 1540)
∞ Anna von
Ebersberg
gen. von
Weyhers | Margarethe
(† 1560)
∞ Lüdiger
von Mansbach | Anna
(† vor 1547)
∞ 1. Hans
von Hutten
zu Stolzenberg
∞ 2. Johann
von Rüdigheim | Dorothea
(† vor 1547)
∞ Georg von
Fischborn | Kunigunde

∞ Oswald
von
Fechenbach | Barbara
(† vor 1546)
kinderlos |

Katharina
∞ 1. Philipp von Karsbach   ∞ 2. Quirin von Karben
    (vor 1546)   (1554)

| Walburga von Karsbach
∞ 1561 Dietrich
von Rosenbach | Katharina von Karben
∞ 1. Quirin Riedesel
zu Eisenbach
∞ 2. 1605 Ulrich
von Kronberg
∞ 3. W. E. von Rodenstein | Amalia von Karben
∞ 1. Gebhard von Breidenbach
gen. von Breidenstein
∞ 2. Johann von der Hees |

1541 empfingen die Ebersteinischen Erben Ludiger *von Mansbach,* Johann *von Rüdigheim,* Georg *von Fischborn* und Oswald *von Fechenbach* die fuldischen Lehen[240]; 1544 gesellte sich zu diesen Erben Philipp *von Karsbach*[241]. Vor 1546 verkauften Anna, verh. von Rüdigheim, ihren Anteil an ihre Schwester Margarethe, verh. von Mansbach, und Dorothea, verh. von Fischborn, den ihren an ihre Nichte Katharina, verh. von Karsbach, so daß 1546 Ludiger von Mansbach mit zwei Fünfteln, Philipp von Karsbach mit zwei Fünfteln und Oswald von Fechenbach mit einem Fünftel belehnt wurden[242]. Von Philipp und Katharina von Karsbach fielen zwei Fünfzehntel an ihren Schwiegersohn Dietrich *von Rosenbach*[243], mit denen 1598 dessen Sohn Adam Hektor von Rosenbach investiert wurde[244]. Daneben aber wurde 1563 Quirin *von Karben* als zweiter Ehemann der Katharina geb. von Eberstein mit einem weiteren Anteil bedacht, den 1598 seine hinterlassenen Töchter Katharina ∞ 1. Quirin *Riedesel zu Eisenbach* und Amalia ∞ 1. Gebhard *von Breidenbach gen. von Breidenstein* erhielten[245]. 1605 bzw. 1600 gingen die Anteile dieser beiden Frauen auf ihre Zweitmänner Ulrich *von Kronberg* bzw. Johann *von der Hees* über[246]. 1608 wurden daher Georg Daniel, Friedrich Geuß und Johann Hermann von Mansbach mit zwei Fünfteln, Ulrich von Kronberg, Johann von der Hees und Johann Konrad, Adam Hektor und Johann Dietrich von Rosenbach mit ebenfalls zwei Fünfteln (jede Familie zwei Fünfzehntel) sowie Hans Reinhard von

240 v. EBERSTEIN, Geschichte, I, S. 338.
241 Vgl. StAM R IX, von Mörle gen. Böhm, 1544 Jan. 6.
242 v. EBERSTEIN, Geschichte, I, S. 338. Die von Fechenbach wurden mit ihrem Anteil nochmals 1563 und 1598, die von Karsbach 1550 belehnt (vgl. SCHANNAT, Clientela, S. 85, 190).
243 v. EBERSTEIN, Geschichte, I, S. 338.
244 SCHANNAT, Clientela, S. 149 f.
245 Ebd., S. 66 f.
246 Ebd., S. 69, 109.

Fechenbach mit einem Fünftel belehnt[247]. Nach 1608 erwarben die von Rosenbach die vier Fünfzehntel der von Kronberg und von der Hees, so daß 1623, 1650 und 1657 die von Mansbach mit zwei Fünfteln, die von Rosenbach mit zwei Fünfteln und die von Fechenbach mit einem Fünftel belehnt wurden[248]. 1662 erlangten die von Rosenbach das Fechenbachische Fünftel[249] und 1668 die restlichen zwei Fünftel der von Mansbach[250], so daß sie in der Folgezeit allein belehnt wurden[251].

SCHILDECK

Schloß, Amt und Gericht Schildeck waren gemeinsam mit Stadt, Amt und Gericht Brückenau eines der bevorzugten Pfandobjekte der fuldischen Äbte im späten Mittelalter und auch in der Frühen Neuzeit – erst 1525 wurde eine Hälfte endgültig wieder stiftisches Besitztum, von der anderen Hälfte wurden die letzten Teile (ein Achtel des Amtes Brückenau und ein Sechzehntel von Schloß und Amt Schildeck) 1657 eingelöst[252]. Eine Hälfte des Schlosses Schildeck war zwar von den Hauptverpfändungen meist ausgenommen, wurde jedoch auch immer wieder versetzt. Ende des 15. und zu Anfang des 16. Jahrhunderts war sie im Besitz der Familien *von Hutten zu Steckelberg* (Ulrich von Hutten, 1490) und *von Steinau gen. Steinrück*. Letzterem gelang es, auch die Huttischen Anteile zu erwerben. Doch schon 1526 erkaufte Fritz *von Thüngen* von Cuntz von Steinau gen. Steinrück diese Hälfte von Schloß Schildeck. Die von Thüngen veräußerten ihre Anteile 1575 an den Würzburger Bischof Julius Echter von Mespelbrunn; 1579 gelang dem Stift der Rückkauf[253].

1707 erhielt der unter dem Namen von Schildeck nobilitierte Kanzler Gerhard Georg Vogelius Lehen und Einkünfte im Orte Schildeck[254].

SCHLITZ

Zwei Burgen, Stadt und Gericht Schlitz waren männliches Erblehen der *von Schlitz gen. von Görtz*, die einen Ganerbenverband bildeten[255].

Von Schlitzischen Tochtermännern wurde Dietrich *von Schachten* (⚭ Elisabeth von Schlitz gen. von Görtz)[256] in Schlitz ansässig und erbaute die Schachtenburg. Ein Teil seiner Rechte ging an seinen Schwiegersohn Karl *von Dörnberg* über[257].

---

247 v. Eberstein, Geschichte, I, S. 345.
248 Ebd., S. 346 f.
249 Ebd., S. 347 f.
250 Ebd., S. 348 f.
251 Ebd., S. 352.
252 Auflistung der Verpfändungen – allerdings unvollständig – bei Hofemann, S. 59–62.
253 Vgl. Hofemann, S. 62; s. auch StAM 95/1964, 95/1814. Richter (Besitzungen, S. 48) gibt eine vom Stift den von Thüngen 1582 gezahlte Kaufsumme von 15 000 fl. an.
254 Helmer, Fuldaer Bürgerwappen (1969), S. 123.
255 Schannat, Clientela, S. 159 f.
256 Lehnsbriefe über Anteile Dietrichs von Schachten und seiner Nachfahren: StAM R Ib, (von Schlitz gen.) von Görtz, 1598 Dez. 18, 1604 Sept. 2, 1607 Jan. 9, 1623 Aug. 17.
257 Lehnsbriefe für Karl von Dörnberg und seine Frau Katharina geb. von Schachten sowie ihre Erben (von Buchenau, Schenck zu Schweinsberg, Riedesel zu Eisenbach): StAM R Ib, (von Schlitz gen.) von Görtz, 1598 Okt. 22, 1606 Sept. 7, 1623 Aug. 17, 1633 Dez. 16.

SODEN

Zwei Burgsitze sind hier zu unterscheiden, einer in den Händen der *von Hutten*, der andere in denen der *Forstmeister von Gelnhausen*.

Der Burgsitz der von Hutten wurde bis ins 16. Jahrhundert hinein vom Stolzenberger Stamm als Lehen empfangen[258]; später wurde eine Belehnung des ganzen Geschlechts – zum finanziellen Vorteil des Lehnsherrn – üblich, das Lehen an den Geschlechtsältesten ausgegeben[259]. In der ersten Hälfte des 17. Jahrhunderts benannte sich eine bereits in der zweiten Generation wieder erloschene Linie der von Hutten zu Stolzenberg nach ihrem Wohnsitz zu Soden (gegründet von Daniel von Hutten, erloschen 1643 mit dem Tod seines Sohnes Johann Friedrich von Hutten). Schloß Soden ging danach an die von Daniels Bruder Johann Hartmut von Hutten zu Salmünster begründete Linie über[260] – von der sich wieder ein Zweig nach dieser Wohnstätte benannte; Angehörige dieses Zweiges sind im 18. Jahrhundert in fuldischen Diensten zu finden[261].

1541 wurde mit dem zweiten Burgsitz in Soden Hektor Forstmeister von Gelnhausen belehnt[262], nach 1626 kam dieses *feudum castrense seu burgense* an die Familie von Hutten[263].

SODENBERG (Kilianstein)

Der Sodenberg war wohl ursprünglich fuldisch, ging dann aber in den Besitz der *von Thüngen* über[264]. Von Bischof Gerhard von Würzburg wurde er in seiner Eigenschaft als fuldischer Stiftspfleger 1395 eingezogen und nach seiner Verwüstung zu Beginn des 15. Jahrhunderts für 150 fl. an Fulda zurückgegeben[265]. Die Herren von Thüngen bauten Sodenberg wieder auf und Fulda gab sich 1431 mit der Lehnsauftragung zufrieden. Ein Ganerbenvertrag (Burgfrieden) im gleichen Jahr schloß die Vertreter der verschiedenen Thüngischen Linien als Besitzer des Sodenberges zusammen – die von Thüngen zu Thüngen, vom Reußenberg, zu Burgsinn, zu Höllrich, zu Windheim, zu Zeitlofs, zu Waizenbach, zu Büchold und zu Wüstensachsen[266]; bis auf Windheim gingen diese

---

258 1440 wurden die drei Brüder Ludwig, Johann und Konrad investiert, 1447 erhielten sie zusammen mit Bernhard von Schwalbach und Georg von Schlüchtern auch die Saline zu Soden als Lehen; 1498 wurde Ludwig von Hutten zu Stolzenberg (Fränkischer Stamm) belehnt (s. SCHANNAT, Clientela, S. 116). Lehnsreverse 1498–1688 in: StAM R Ib, von Hutten. 10. Soden; StAM 95/2260 (1603–1744).
259 1599 beispielsweise erhielt Florian von Hutten zu Steckelberg und Altengronau als Senior des Geschlechts von seinen Brüdern und Vettern die Vollmacht zur Belehnung mit dem Burgsitz in Soden (s. StAM 95/210).
260 LANDAU/v. BOYNEBURG-LENGSFELD, Art. Hutten, S. 222; FUCHS, Genealogie, S. 88.
261 FUCHS, Genealogie, S. 87–92.
262 SCHANNAT, Clientela, S. 87. Belehnungen der Forstmeister von Gelnhausen: StAM R Ib, von Forstmeister. 4. Soden, 1566 April 22, 1569 Aug. 1, 1570 Okt. 17, 1599 Febr. 18, 1601 Juli 5, 1604 Sept. 2, 1606 Dez. 19; StAM R Ib, von Forstmeister. 5. Soden, 1623 Aug. 9, 1626 Nov. 18.
263 SCHANNAT, Clientela, S. 87.
264 RICHTER, Gemünden, S. 66.
265 Ebd., S. 66 f.; SCHANNAT, Historia, S. 233.
266 SCHANNAT, Clientela, S. 176, und Clientela, II, Nr. 104, S. 238; RICHTER, Gemünden, S. 67; DENZINGER, Geschichte, S. 122; MÜLLER, Lehnsverhältnisse, S. 65–68.

Besitzungen nicht von Fulda, sondern von Henneberg, Würzburg, Brandenburg-Ansbach und den Grafen von Rieneck (später Mainz) zu Lehen[267]. Der Ganerbenvertrag wurde 1562 in modifizierter Form erneuert[268]. Es handelte sich bei Sodenberg um ein Mannlehen, welches der jeweils Älteste der Gesamtfamilie empfing. Weibliche Familienmitglieder blieben von der Erbfolge ausgeschlossen, wurden vielmehr durch Geld abgefunden – deshalb blieb Sodenberg im Alleinbesitz der Familie von Thüngen.

STEINAU

Wegen führender Teilnahme des Giso von Steinau am politisch motivierten Abtsmord des Jahres 1271[269] wurde eine Hälfte des Stammsitzes der von Steinau 1287 zerstört, während die andere Hälfte 1287 den von Schlitz übertragen wurde[270]. Die von Steinau machten daraufhin Poppenhausen zu ihrem neuen Stammsitz und nannten sich nun von Steinau gen. Steinrück[271]. Die von Schlitz verkauften ihren Anteil 1369 an die von der Tann und vor 1376 auch an die von Ebersberg. Bis zur Mitte des 15. Jahrhunderts gelangten das Stift Fulda und die *von Merlau* in den Besitz von jeweils der Hälfte der Burg zu Steinau[272]: 1451 erhielt Simon von Merlau für sich und seine Brüder einen Lehnsbrief vom Stift Fulda über das halbe Schloß[273]; 1454 wurde er von Abt Reinhard von Weilnau zum Amtmann zu Steinau bestellt und ihm des Stifts Anteil am Schloß Steinau für 4000 fl. auf Wiederkauf veräußert[274].

Nach dem Tod Valentins von Merlau 1504 wurde sein Schwiegersohn Adolf *Rau von Holzhausen* Lehensnachfolger für einen Teil des Schlosses[275]. Simons von Merlau Sohn Berthold dagegen hatte 1482 sein Viertel an die *von Nordeck zu Rabenau* verkauft, die noch 1591 damit belehnt wurden[276]. Mitte des 16. Jahrhunderts beanspruchte und erhielt – nach längeren Auseinandersetzungen mit dem Stift Fulda und Vergleichen, die Graf Wilhelm von Henneberg 1552 und 1553 vermittelte, – auf der Grundlage der Belehnung

267 Zum reichen Güterbesitz der von Thüngen, Lehnsgütern wie Allod, s. v. THÜNGEN, Geschlecht, passim; RICHTER, Gemünden, S. 62–74, 112–120, 128–133.
268 S. dazu v. THÜNGEN, Geschlecht, I, S. 276–278.
269 S. dazu v. STEINAU-STEINRÜCK, Verschwörung 1271.
270 SCHANNAT, Traditiones, II (= Buchonia vetus), Nr. 145, S. 378f.
271 Ebd., S. 379; LANDAU, Ritterburgen, I, S. 213–215; v. STEINAU-STEINRÜCK, Beiträge; LÜBECK, Alte Ortschaften, II, 499–506.
272 Anteil hatten daneben die von Buchenau; diesen verkaufte der Schwiegersohn Nithards von Buchenau, Karl von Thüngen, 1439 an Abt Hermann für 2000 rhein. fl. 1451 trat auch Heinrich von Ebersberg dem Stift ein Zwölftel des Schlosses ab (LÜBECK, Alte Ortschaften, II, S. 347f.). Das Stift verfügte dadurch kurzfristig über sieben Zwölftel des Schlosses, trat das zuletzt erworbene Zwölftel aber bald wieder an Simon, Berlt, Erasmus und Valentin von Merlau ab (LUCKHARD, Archiv, S. 115, Nr. 11, S. 118, Nr. 4). 1439 hatten Simon, Ebert, Erasmus und Valentin von Merlau einen Teil des Schlosses von Henn von Ebersberg, welchen dieser von seinem Vetter Simon von Steinau gen. Steinrück geerbt hatte, für 400 fl. gekauft (LUCKHARD, Archiv, S. 125, Nr. 101, S. 108, Nr. 1, s. auch S. 158, Nr. 58; vgl. auch JESTAEDT, Beiträge, S. 2).
273 LUCKHARD, Archiv, S. 117, Nr. 43, S. 120, Nr. 12. 1474 wurden Valentin und Simons von Merlau Kinder mit dem halben Schloß belehnt (SCHANNAT, Clientela, S. 132; LUCKHARD, Archiv, S. 125, Nr. 98, S. 158, Nr. 59).
274 LUCKHARD, Archiv, S. 153, Nr. 26.
275 SCHANNAT, Clientela, S. 132.
276 Ebd., S. 132, 136; s. auch StAM 95/2437.

von 1451 Heinrich von Merlau den vierten Teil von Schloß Steinau[277]. Er führte zugleich – erfolglose – Auseinandersetzungen mit den Rau von Holzhausen und den von Nordeck zu Rabenau, um deren Besitzanteile an sich zu bringen[278]. 1570 wurde Wilhelm *von Buseck gen. Münch* mit einem anderen Viertel des Schlosses, dem Erbteil seiner Gemahlin Anna von Nordeck zu Rabenau, belehnt, das sein Sohn Kraft nach 1591 veräußerte[279]. 1615 erwarb das Stift Fulda diesen Anteil[280]. Fürstabt Johann Friedrich von Schwalbach ergriff schließlich 1618 auch Besitz von den Gütern des verstorbenen Jobst von Merlau[281] und verweigerte dessen Erben Georg Friedrich von der Tann anschließend den Lehnsempfang[282]. Die Burg Steinau war damit gänzlich im Besitz des Stifts.

STOLZENBERG

Die Burg Stolzenberg bei Soden war vom fuldischen Abt errichtet und einer Anzahl von Burgmannen zur Bewachung und Verteidigung anvertraut worden[283]. Sie wurde dann aber seit dem 14. Jahrhundert zusammen mit der Feste Soden, Stadt und Gericht Salmünster verpfändet, seit 1373 an die von Hutten zu Stolzenberg[284], die Teile davon an Mainz und Hanau weiterverpfändeten[285]. Erst 1734 bzw. 1742 konnte Fulda diese Pfandbesitzungen für 52 500 fl. von Mainz, das inzwischen vier Fünftel daran besaß, und den von Hutten wieder einlösen und einen eigenen Verwaltungsbezirk Salmünster einrichten[286].

Gleichzeitig wurden die *von Hutten zu Stolzenberg* seit dem 14. Jahrhundert mit der Burg Stolzenberg belehnt[287]. Ansässig war die Frowinsche Linie, während die Konradinische Linie (erloschen 1783) würzburgische Lehen zu Arnstein bzw. Trimberg und Frankenberg, später Birkenfeld erwarb[288]. Die Burg Stolzenberg zerfiel zu Beginn des 16. Jahrhunderts[289], die von Hutten errichteten ein neues Schloß am Fuß des Stolzenberges[290].

277 StAM R Ia, 1552 Okt. 7, 1553 Aug. 21. Ein weiterer Vergleich wurde 1570 geschlossen: StAM R Ia, 1570 Mai 25.
278 Vgl. LUCKHARD, Archiv, S. 116, Nr. 28, 30 u. ö.
279 SCHANNAT, Clientela, S. 62.
280 Vgl. StAM R Ia, 1619 Febr. 13.
281 StAM R Ia, 1618 Juli 1.
282 Vgl. StAM 95/2291, 95/42. Versuche Georg Friedrichs von der Tann, die Belehnung mittels eines Mandatum de restituendo des Reichskammergerichts zu erlangen, blieben ergebnislos (vgl. StAM 95/1738, 3 Fasz.).
283 Zusammenstellung der Burgmannen bei LANDAU, Ritterburgen, III, S. 219, 226.
284 Ebd., S. 220; HOFEMANN, S. 147 f.
285 LANDAU, Ritterburgen, III, S. 220–222, 236, 239–242, 255 f., 259 f., 277 f.; HOFEMANN, S. 148.
286 LANDAU, Ritterburgen, III, S. 224 f.; HOFEMANN, S. 148.
287 SCHANNAT, Clientela, S. 115. Belehnungen der von Hutten mit dem Burgsitz Stolzenberg und Gütern: StAM R Ib, von Hutten. 3. Salmünster, 1459 Sept. 27, 1476 Mai 1, 1496 Dez. 29; StAM R Ib, von Hutten. 8. Stolzenberg, 1560 April 20 – 1702 Aug. 3.
288 LANDAU/v. BOYNEBURG-LENGSFELD, Art. Hutten, S. 219–223; LANDAU, Ritterburgen, III, S. 235–298; HAAS, Adelsgeschlechter, I, S. 116.
289 LANDAU, Ritterburgen, III, S. 223, 225.
290 FUCHS, Genealogie, S. 85.

TANN

Das *castrum* Tann wurde von der Familie *von der Tann* im Jahre 1323 dem Stift Fulda zu Lehen aufgetragen; belehnt wurde das Gesamtgeschlecht (Ganerbenverband), nicht einzelne Familienstämme[291]. Im 16. und 17. Jahrhundert befand sich nur ein Schloß in Tann (Rotes Schloß), später kamen noch zwei Schlösser (Gelbes und Blaues Schloß) hinzu. 1528 wurden die Schwiegersöhne des verstorbenen Simon von der Tann, Rudolf *von Weiblingen* (als Provasall seiner Gemahlin Osanna) und Hermann *von Liederbach* (als Provasall seiner Tochter Dorothea aus der Ehe mit Anna von der Tann), mit einem Teil an Schloß Tann belehnt. Der Weiblingische Anteil fiel 1561 nach der Heirat der Susanna von Weiblingen mit Eberhard von der Tann an das Stammhaus zurück[292]. In der Folgezeit wurden Tannische Töchter bzw. deren Ehemänner bei ihrer Heirat offensichtlich nicht mit Besitzanteilen am Schloß bedacht, sondern mit Geldzahlungen abgefunden.

TRÜMBACH

Trümbach bei Wehrda war das Stammschloß der *von Trübenbach (Trümbach)*, mit dem sie seit 1369 von den Fürstäbten belehnt wurden[293]. Dieses Schloß brannte im Dreißigjährigen Krieg 1637 ab[294]. Es blieb lange in ungeteiltem Besitz der Familie, weil die Töchter üblicherweise mit Geld als Heiratsgut abgefunden wurden und keine Anteile an den Schloßgütern erhielten[295].

Neben ihrem *castrum* Trümbach besaßen die von Trübenbach (Trümbach) ein weiteres Schloß[296] und Burglehen in Wehrda, mit denen Karl von Trübenbach 1547 belehnt wurde und wonach sich die Familie von Trübenbach zu Wehrda nannte[297].

ÜRZELL

1357 wurde das dortige »feste Haus« der ursprünglich aus der Wetterau stammenden Familie *von Mörle gen. Böhm* dem Stift Fulda zu Lehen aufgetragen, mit dem Versprechen der Öffnung der Burg für den Landesherrn[298], das alle Ganerben und Mitbesitzer mit Erreichung ihres 15. Lebensjahrs abzulegen hatten[299]. Anteile an Ürzell besaßen Ende des 16. Jahrhunderts z. B. die Familien *von Ebersberg gen. von Weyhers*

291 SCHANNAT, Clientela, S. 169.
292 Ebd., S. 186, 126. Auch die von Weitershausen, die in dem Ausschreiben zum Landtag 1542 in einem Atemzug mit den von Weiblingen und von Liederbach genannt werden (StAM 90a/738), könnten durch Heirat Anteile am Schloß Tann erlangt haben.
293 SCHANNAT, Clientela, S. 173f., und Clientela, II, Nr. 218, S. 278.
294 WEBER, Kreis Hünfeld, S. 39.
295 Vgl. das Testament des Lukas von Trübenbach vom 4. Juni 1567, in dem den Töchtern jeweils 1000 fl. sowie Kleidung und Schmuck ausgesetzt werden (StAM R IX, von Trümbach, 1567 Juni 4).
296 Es war dies das spätere Rote Schloß. S. dazu STURM, Bau- und Kunstdenkmale, II, S. 438f.
297 SCHANNAT, Clientela, S. 174; s. auch StAM 95/2367 (Belehnungen mit Schloß Trümbach, 1701–1804), StAM 95/1978 (Belehnungen mit dem Burglehen).
298 SCHANNAT, Clientela, S. 133f., und Clientela, II, Nr. 404, S. 321. StAM R Ib, von Mörle gen. Böhm. 1. Ürzell, 1357 Dez. 9.
299 Familienvertrag von 1405: SCHANNAT, Clientela, S. 134, und Clientela, II, Nr. 406, S. 322.

und von Miltz[300]. Die von Mörle gen. Böhm erlangten durch Heirat bzw. Kauf im 16. Jahrhundert Anteile an der Burg zu Niederkalbach und die Wüstung Sarrod, wo sie ebenfalls ein festes Haus errichteten[301]. In Ürzell selbst erbauten sie zur gleichen Zeit eine neue Burg[302].

Das Geschlecht, eine Zeitlang aufgespalten in die drei Linien zu Ürzell, Niederkalbach und Sarrod, die alle Anteil am Stammsitz besaßen[303], starb bereits 1638 mit dem Tod Balthasar Philipps von Mörle zu Ürzell aus. Dieser hatte durch Vergleich vom 2. Juni 1614 die Anteile der erbberechtigten Schwestern Katharina, verh. Diemar, Amalia, verh. von Obernitz, und Margarethe Elisabeth zu Sarrod an der Burg Ürzell für 1280 fl. erworben[304], nachdem er schon im gleichen Jahr den Anteil des Wolf Lorenz von Mörle gen. Böhm aus der gleichen Sarroder Linie an sich gebracht hatte[305]. Der Anteil der Niederkalbacher Linie an Ürzell aber gelangte offensichtlich an den Schwiegersohn des Wolf Dietrich von Mörle gen. Böhm († 1603), Daniel *von Hutten* zu Soden; dieser wurde jedenfalls 1634 von Landgraf Wilhelm V. von Hessen-Kassel, der damals das Stift Fulda besetzt hielt, mit dem Schloß Ürzell belehnt[306]. Der Anteil des Balthasar Philipp von Mörle aber gelangte 1638 durch seine Tochter Anna Agatha (⚭ 1. Daniel von Thüngen, ⚭ 2. Jakob Hartmann von Thüngen) an die Familie *von Thüngen* zu Zeitlofs[307], die hier einen Verwalter einsetzte.

1684 kaufte Fürstabt Placidus von Droste das Schloß mit Zugehörungen für 30 000 fl. von den von Thüngen[308]; weitere Erwerbungen folgten 1686[309] und 1699 für 25 000 fl.[310]. Das Schloß diente in der Folgezeit als fürstlich fuldischer Amtssitz[311].

UFHAUSEN

Die Burg in Ufhausen – auch Schadeburg genannt – war im Besitz der *Schade zu Leibolz*[312]. Sie ging nach dem Aussterben der Familie an die *von Boyneburg* zu Borsch

300 1498 wurde Jakob von Miltz mit einem Teil des *castrum* Ürzell investiert, der früher dem Antonius von Ebersberg gen. von Weyhers zugestanden hatte und von diesem seiner Tochter Elisabeth, der Gemahlin Jakobs, übertragen worden war (SCHANNAT, Clientela, S. 133).
301 CAUER, Mörle, S. 184 mit Anm.
302 Ebd., S. 185, 192.
303 Belehnungen mit Ürzell, Sarrod u. a.: StAM R Ib, von Mörle gen. Böhm. 3. Ürzell, 1566 Mai 22, 1570 Juni 8, 1587 Okt. 19, 1607 Jan. 15, 1623 Aug. 23; StAM R IX, von Mörle gen. Böhm, 1570 Juni 8, 1587 Okt. 19, 1607 Jan. 15, 1623 Aug. 23.
304 StAM R IX, von Mörle gen. Böhm, 1614 Juni 2; s. auch CAUER, Mörle, S. 189.
305 CAUER, Mörle, S. 188.
306 StAM R Ib, von Hutten. 12. Ürzell, 1633; StAM 95/2484. Belehnung 1637 für Friedrich von Hutten: StAM R Ib, von Hutten. 9. Niederkalbach, 1637 März 13; StAF XXI, B 1 (1629–1674).
307 SCHANNAT, Clientela, S. 134; CAUER, Mörle, S. 190 f.; s. auch StAM 95/1924. Belehnungen: StAM R Ib, von Thüngen, 6. Ürzell, 1638 April 27, 1647 Okt. 26, 1671 Sept. 10, 1680 Dez. 16.
308 StAM R Ia, 1684; CAUER, Mörle, S. 192.
309 StAM R Ia, 1686 Juli 10, 1686 Juli 27; StAM 95/1950.
310 StAM R Ia, 1699 April 4; RICHTER, Besitzungen, S. 48; HOFEMANN, S. 156; WITTSTADT, Placidus, Anhang S. X.
311 CAUER, Mörle, S. 192 f.; WILLMS, Schloß.
312 Belehnungen mit der Burg und ihren Zugehörungen: StAM R Ib, Schade. 4. Ufhausen, 1523 Mai 21, 1531 Nov. 23, 1562 Juli 23, 1569 März 9, 1570 Aug. 23.

und die *von Romrod,* dann in den Alleinbesitz der Letztgenannten über[313]. Diese verkauften sie 1610 dem Abt für 13 000 fl.[314]. Die zur Burg gehörenden umfangreichen Besitzungen wurden von Fürstabt Placidus 1685 in zwanzig Parzellen aufgeteilt und an Untertanen vergeben, 1703 auch der wüste Burgsitz verkauft[315].

UNTERESCHENBACH

Die Kemenate in Untereschenbach war ursprünglich im Besitz der Familie *von Thüngen;* seit 1625 wurden die *Wolff von Karsbach* damit belehnt[316].

UTTRICHSHAUSEN

In Uttrichshausen – über das 1556 vom Stift Fulda die Landesherrschaft an die Grafen von Hanau abgetreten wurde, die ihrerseits 1736 von Hessen-Kassel beerbt wurden – waren die *von Ebersberg gen. von Weyhers* nach dem Erwerb ehemals von Hutten'scher Anteile von Karl von Thüngen (1455) mehrheitlich begütert[317]. Sie besaßen einen Hof – 1486 zur Burg ausgebaut[318] –, mit dem sie 1451 bis 1540 von Fulda belehnt wurden[319]. Da die Ebersberger kein Erstgeburtsrecht und keine Abfindung der heiratenden Töchter kannten, erlangten sehr bald, wie am Stammsitz Ebersburg/Weyhers und an den Nebensitzen Eichenzell und Niederkalbach, so auch an Uttrichshausen andere Familien Anteil: Die *von Thüngen* und die *von der Tann*[320] wurden nach der Mitte des 16. Jahrhunderts hier ebenso ansässig wie die *von Berlepsch,* die *von Mörle gen. Böhm* und die *Schenck zu Schweinsberg* sowie die *von Hutten*[321] und die *von Welsberg.*

1674 wurde Johann Werner von Plittersdorff neben Schloß und Dorf Niederkalbach (ehemals im Besitz der von Mörle gen. Böhm) auch mit Schloß und Dorf Uttrichshausen

---

313 1575 wurden belehnt: Wilhelm von Boyneburg zu Borsch anstelle seiner Ehefrau Sabina, Adam von Baumbach und Rupert Schad zu Niederbieber als Vormünder der Schwestern Kraft Schades, Margarethe und Sibylle (StAM R Ib, Schade. 4. Ufhausen, 1575 April 15). Margarethe und Sibylle heirateten später Eitel Fritz bzw. Lukas Wilhelm von Romrod (s. StAM R Ib, Schade. 5. Leibolz, 1594 März 8).
314 RICHTER, Besitzungen, S. 48.
315 ILLGNER, S. 147; WEBER, Kreis Hünfeld, S. 151 f.; STURM, Bau- und Kunstdenkmale, II, S. 420.
316 SCHANNAT, Clientela, S. 118, 190 f. (nennt fälschlicherweise 1615). Verkauf der Kemenate zu Eschenbach durch Julius Albrecht von Thüngen zu Greifenstein an den Amtmann zu Saaleck Hartmann Wolff von Karsbach, 1625 (StAM 95/1875); Belehnungen 1625 – 1661: StAM R Ib, von Karspach. 2. Eschenbach, 1625 März 20 (s. auch StAM 95/1875; BATTENBERG, Schlitzer Urkunden, Nr. 888, S. 208 f.), 1634 März 24, 1637 März 3, 1647 Mai 6, 1661 Jan. 29.
317 MOTT (1984), S. 34.
318 Ebd. (1980), S. 89, (1981) S. 104.
319 GLÖCKNER, S. 87; LUCKHARD, Güterbesitz, S. 179. 1503 z. B. wurde Dietrich von Ebersberg gen. von Weyhers zu Eichenzell u. a. auch mit *Ottrichshausen* belehnt (StAM R IX von Ebersberg gen. von Weyhers, 1503 Aug. 2).
320 Kauf der Thüngenschen Besitzungen in Uttrichshausen und in einigen landesfürstlichen Ämtern für 8000 fl.: MOTT (1984), S. 34 f.
321 Als Erben des Wolf Dietrich von Mörle gen. Böhm. StAM R Ib, von Hutten. 9. Niederkalbach, 1613 Juni 10.

von Fürstabt Bernhard Gustav belehnt[322]. Von Fürstabt Placidus wurden ihm seine Lehen in spektakulärer Weise wieder entzogen, 1682 aber eine Abfindung von 24000 fl. gezahlt[323]. Über die im gleichen Jahr belehnten von Mansbach und die von Schleiffras kamen Schloß und Gut Uttrichshausen 1730 an das Stift Fulda, dem sie – unter der Obhut eines Hausverwalters – als Domäne dienten[324].

VACHA

In dem seit 1406 zu zwei Dritteln an Hessen verpfändeten, 1648 ganz an Hessen-Kassel abgetretenen Vacha befand sich eine landesfürstliche Burg, die mit Burgmannen besetzt war, an die Burggüter zu Lehen ausgegeben wurden[325].

Ein Burggut besaßen seit 1396 die *von Herda* zu Brandenburg, die bis ins 18. Jahrhundert hinein damit belehnt wurden[326]. Ein weiteres Burglehen befand sich im 16. und 17. Jahrhundert in den Händen einer zu Vacha ansässigen Seitenlinie der Familie *von der Tann*. Rudolf *von Weiblingen* erbte mit seiner Frau Osanna von der Tann um 1525/30 die Güter, die Hermann Luglin besessen hatte, und lebte auf diesen Gütern[327]. Diese Kemenate wurde später an die *von Romrod* verpfändet und war zu Beginn des 17. Jahrhunderts im Besitz der *von Berlepsch*[328], sodann ihrer Tochtermänner *von Dörnberg*, *von Bartensleben* zu Wolfsburg und *von Hagen*[329].

VÖLKERSHAUSEN

Die Burg in Völkershausen war wahrscheinlich vom fuldischen Abt als Grenzsicherung gegenüber Thüringen errichtet worden; Anteile daran wurden an verschiedene Familien, u.a. die von Buttlar, von Buchenau, von Romrod, ausgegeben und eine Ganerbschaft begründet[330]. Im Verlauf des 15. Jahrhunderts gelangten die verschiedenen

---

322 StAM R Ib, von Plittersdorff. 2. Niederkalbach, 1671 Aug. 17, 1679 Febr. 25; StAM R IX, von Plittersdorff, 1674 Juni 16.

323 Zum Vorgehen des Abtes gegen Plittersdorff s. WITTSTADT, Placidus, S. 83–96; Wittstadt erwähnt Uttrichshausen nicht.

324 1682 (17. August) belehnte Fürstabt Placidus Daniel Karl und Otto Friedrich von Mansbach mit Uttrichshausen (s. StAM 90b/1210). Von Karl Heinrich und Gotthard von Mansbach erwarb es Johann Martin Ludwig von Schleiffras – der Bruder des Fürstabts Adalbert I. –, der 1713 und 1716 damit belehnt wurde (StAM R IX, von Schleiffras, 1713 Sept. 16, 1716 Aug. 22). Dessen Söhne verkauften Schloß und Gut zu Uttrichshausen 1730 für 24000 fl. an das Stift Fulda; die Agnaten mußten 1768 mit 41000 fl. zusätzlich abgefunden werden (RICHTER, Besitzungen, S. 48; MOTT [1980], S. 89).

325 BÜFF, Fuldische Ämter, S. 231.

326 SCHANNAT, Clientela, S. 106–108.

327 StAM 109/169, von Weiblingen.

328 StAM 95/260.

329 Nach einem Brief des Ludwig von Dörnberg an Ausschuß und Anwesende auf dem Ritterkonvent am 2. Februar 1632 in Fulda, Herzberg 2. Februar 1632 (Orig.), Absage seiner Teilnahme am Konvent betr.

330 BÜFF, Notizen, S. 54–59.

Anteile fast ausschließlich an die Familie *von Völkershausen*[331], die erstmals 1386 – gegen das Versprechen der Leistung des Lehnseides durch alle männlichen Familienmitglieder nach vollendetem 12. Lebensjahr und gegen Zusicherung der Öffnung der Burg für den Abt – mit einem Viertel der Burg belehnt worden war[332]. Anteile an dieser Burg erhielten nach dem kinderlosen Tod des geistesschwachen Johann Philipp von Völkershausen[333] durch seine Schwestern die *von Merlau* und *von Wangenheim*[334], auch die *Truchseß von Henneberg:* 1609 wurden als Provasall der Cordula geb. von Völkershausen Otto Eberhard von Merlau[335] und als Provasall der Anna Margaretha geb. von Völkershausen Veit Ulrich Truchseß von Henneberg investiert[336]. Teile der von Völkershausen'schen Lehnsgüter waren im 15. und 16. Jahrhundert an die von Buchenau verpfändet, die sie 1570 an die von Boyneburg zu Lengsfeld verkauften, von denen sie erst 1701 für 4000 fl. zurückerworben werden konnten[337]. Nach dem Aussterben der Familie von Völkershausen 1706 wurden ihre Besitzungen, mit dem Einverständnis des Fürstabts in Fulda, an Landgraf Karl von Hessen-Kassel für insgesamt 59 350 fl. verkauft; dieser ließ das Schloß 1714 abtragen[338].

Eine Kemenate in Völkershausen (und Teile des Dorfes Wippenrode) waren seit 1425 fuldisches Lehen der *von Eschwege*[339]. 1569 gelangten sie durch Erbschaft an die *von Wehrn*[340]. Die von Eschwege kauften aber die Hälfte zurück, mit der sie seit 1593 belehnt wurden; auch die andere Hälfte erlangten sie später wieder. Beide Teile wurden 1650 von den *von Geyso* aufgekauft, gelangten aber 1711 wieder an die Familie von Eschwege zurück[341].

WEHRDA

Da das fuldische *castrum* in Wehrda, welches als Amtssitz für das Gericht Neukirchen diente, im ausgehenden Mittelalter und in der Frühen Neuzeit wie das Gericht selbst fast immer verpfändet war (entsprechend nach 1656 zunächst auch in reichsritterschaftlichen Besitz überging), war für die Pfandinhaber daraus ein Anrecht auf Landtagsfähigkeit ableitbar. Die wichtigsten Pfandbesitzer waren die 1369 gemeinsam belehnten Familien

---

331 Ebd., S. 59.
332 SCHANNAT, Clientela, S. 106; BÜFF, Notizen, S. 54.
333 StAM 95/2025, 95/2028.
334 SCHANNAT, Clientela, S. 180.
335 Ebd., S. 132.
336 Ebd., S. 174.
337 Vgl. BÜFF, Notizen, S. 69–71.
338 Ebd., S. 71–73; vgl. auch StAM 90b/1183 (Verhandlungen, nachdem 1705 ein Teil auch an die Familie von Dalwigk gelangt war); StAM 95/2026 und StAM K 445 (Fuldaer Kopiar XXI), Nr. 40, fol. 151ʳ–156ᵛ: Vertrag zwischen Fulda und Hessen-Kassel vom 26. Januar 1708.
339 SCHANNAT, Clientela, S. 82; BRUCHMANN, S. 75 f.
340 SCHANNAT, Clientela, S. 106, 82.
341 Ebd.; BRUCHMANN, S. 75 f.; s. auch v. ESCHWEGE, Abriß, S. 77; StAM 95/2205. Belehnungen der von Geyso: StAM R IX, von Geyso, 1651 Sept. 2, 1652 Okt. 15, 1671 Aug. 25, 1679 Jan. 28, 1698 Jan. 25, 1701 Nov. 8.

von Trübenbach (Trümbach) und von Buchenau[342], von denen im 15. Jahrhundert weitere Familien Anteile erwarben[343]. Nachdem Fürstabt Johann 1506 den Buchenauischen Anteil von dieser Familie und den von Hattenbach eingelöst hatte, gab er 1507 das ganze Schloß Wehrda nebst den Gerichten Neukirchen, Rombach und Wegfurt dem Albrecht *von Trübenbach* als Pfand[344]. 1597 wurden durch den Administrator des Stifts, Erzherzog Maximilian, Schloß Wehrda und Gericht Neukirchen an Cuntz *von der Tann* zu Römershag auf 32 Jahre verpfändet[345]. Dieser verweigerte 1629 die Einlösung des Pfandschillings, die Abt Johann Bernhard unter dem Vorwand, daß das Stiftskapitel der Verpfändung und einem Zessionsvertrag von 1608 nicht zugestimmt hätte, vornehmen wollte. Der Fürstabt setzte sich daraufhin gewaltsam in den Besitz von Neukirchen und der Burg Wehrda. Das Stift verblieb darin, bis Friedrich und Martin von der Tann durch ein Patent der Westfälischen Friedens-Exekutionskommission von 1652 reimittiert wurden und in der Folgezeit das volle Eigentum beanspruchten. 1687 verglich sich Fürstabt Placidus mit Martin und Heinrich von der Tann, denen gegen andere Güter das Gericht Neukirchen und die Hälfte an der Burg Wehrda als Mannlehen übergeben wurden[346]. 1710 erwarb das Stift dann das Gericht Neukirchen von Heinrich von der Tann für 47000 fl. zurück[347]; am 20. April 1711 verkaufte dieser dem Stift auch seinen Anteil an Wehrda samt der Zent- oder peinlichen Gerichtsbarkeit für 6465 fl.[348].

WENIGENTAFT

Mit dem *castrum* in Wenigentaft und seinen Zugehörungen wurde 1428 Heinrich *von Romrod* belehnt[349]; seine Familie behielt bis in den Anfang des 17. Jahrhunderts hinein Anteile an der Burg[350]. 1456 wurden Johann und Gawin *von der Tann* mit einem anderen Teil der Burg belehnt – unter dem Vorbehalt der Öffnung für das Stift Fulda[351]. Nach Ausweis von Reichssteuerlisten befanden sich im ersten Viertel des 17. Jahrhunderts

---

342 SCHANNAT, Clientela, S. 173 f., 60, und Clientela, II, Nr. 218, S. 278; StAM R Ia, 1369 Juni 20; StAM K 434 (Fuldaer Kopiar X), Nr. 141, fol. 140ʳ–141ʳ.
343 Zusammengestellt bei HOFEMANN, S. 143 f.; WEBER, Kreis Hünfeld, S. 40.
344 StAM R Ia, 1507 Nov. 30, StAM K 438 (Fuldaer Kopiar XIV), Nr. 377, S. 1107–1115; StAM K 479; s. auch StAM 95/1989, 95/1992, 95/1969; HOFEMANN, S. 144. Pfanderneuerung 1552 für Karl von Trübenbach (BATTENBERG, Schlitzer Urkunden, Nr. 344, 345, S. 83).
345 StAM R IX, von der Tann, 1597 Febr. 22; StAM 94/3290 (Auszug über die Geschichte des Besitzwechsels der Gerichte Neukirchen und Wehrda, 1310–1724); StAM 94/570 (Archivalische Nachrichten über das Gericht Neukirchen und Wehrda); StAM 95/1694; HOFEMANN, S. 144, 185, Anm. 67. Die Mutter des Cuntz von der Tann, Margarethe (∞ Martin von der Tann) war ebenso wie seine Tante Katharina (∞ Martins Bruder Melchior von der Tann, Begründer der Linie zu Hufflar) eine Tochter des Lukas von Trübenbach.
346 StAM R Ia, 1687 Mai 9; StAM 94/3290, 94/570; vgl. auch StAM 95/1780, 95/1614, 95/148.
347 StAM R Ia, 1710 Dez. 12, 1710 Dez. 15, 1710 Dez. 16; StAM 94/570; RICHTER, Besitzungen, S. 48 (gibt 48580 fl. als Kaufpreis an).
348 StAM 95/1781.
349 SCHANNAT, Clientela, S. 148.
350 Belehnungen der von Romrod: StAM R Ib, von Romrod. 2. Wenigentafta, 1507 Dez. 4, 1541 Nov. 24, 1559 Sept. 12, 1601 Jan. 24 (Hälfte!), 1611 Juni 20, 1623 Mai 7; Belehnungen 1570 und 1601: SCHANNAT, Clientela, S. 149; LBF Urkunden, Nr. 116 (WERNEBURG, Urkunden, S. 117).
351 SCHANNAT, Clientela, S. 171.

neben den von Romrod und den von der Tann auch Hans Wilhelm *von Heßberg* bzw. seine Erben kurzfristig unter den Inhabern von Wenigentaft[352]. Dazu kam noch Wilhelm *von Buttlar gen. von der Neuenburg*[353]. 1623 gab Johann Heinrich von der Tann seinen Anteil an Wenigentaft, wie auch den 1619 erworbenen Anteil an Buttlar, an seine Tochter Anna Justina und deren Ehemann Otto Sebastian *von Herda* zu Brandenburg[354]. Letzterer erwarb von der Witwe Anna Barbara von Romrod zu Buttlar, geb. von Reckrod, ein Viertel am Burgsitz Wenigentaft wegen der hinterlassenen Schulden ihres Ehemannes Melchior Hartmann von Romrod für 2000 fl.[355].

WERBERG

Die landesfürstliche Burg Werberg war der ursprüngliche Verwaltungsmittelpunkt des Amtes Motten-Werberg. Schloß und Amt waren im Spätmittelalter und bis in das 16. Jahrhundert hinein verpfändet, vor allem an die Familien *von Hutten zu Stolzenberg* (Fränkischer wie Stolzenberger Stamm) und an die *von Ebersberg gen. von Weyhers*, die sie teilweise weiterverpfändeten[356]. Aus dem Pfandbesitz ließen sich auch Ansprüche auf Landtagsfähigkeit ableiten.

Nachdem das Stift von Ackerhans von Ebersberg gen. von Weyhers 1484 ein Viertel des Amtes Werberg eingelöst hatte, kündigte es 1540 auch den von Hutten ihre Pfandanteile auf. Die von den Ebersbergern wahrscheinlich auf dem Heiratswege weitergegebenen Pfandanteile (ein Achtel an Schloß, Amt und Gericht Werberg) löste Fürstabt Wolfgang 1560 von Philipp *von Mörle gen. Böhm* und Otto *Schenck zu Schweinsberg* ein[357]. Bis zum Ende des 16. Jahrhunderts fiel auch das letzte Viertel der Pfandschaft von den von Ebersberg gen. von Weyhers an das Stift Fulda zurück[358].

WEYHERS (und Ebersburg)

Die Ebersburg, Stammsitz der *von Ebersberg*, wurde nach dem Abtsmord des Jahres 1271, an dem zwei Ebersberger führend beteiligt waren[359], vom Fuldaer Abt geschleift. Um 1300 erhielt das Geschlecht die Erlaubnis zur Anlage einer Burg in Weyhers und benannte sich nun auch nach dieser[360]. 1396 durfte mit Genehmigung des fuldischen Abtes die Ebersburg wiederaufgebaut werden und wurde von diesem zu Lehen

352 S. StAM 90b/407.
353 StAM R Ib, von Buttlar, 8a,b, 1511, 1514.
354 SCHANNAT, Clientela, S. 171 f.
355 StAM 95/1385.
356 Vgl. LANDAU, Ritterburgen, III, S. 232 f., 238 f.; HOFEMANN, S. 134 f.
357 Die Ansicht HOFEMANNS, daß die von Hutten die Pfandanteile weiterveräußerten, dürfte unzutreffend sein. Philipp von Mörle gen. Böhm und Otto Schenck zu Schweinsberg hatten durch ihre Ehefrauen auch andernorts (Eichenzell) Anteile an Eberbergischen Besitzungen erworben.
358 Nachweise bei HOFEMANN, S. 135.
359 S. dazu v. STEINAU-STEINRÜCK, Verschwörung 1271.
360 LUCKHARD, Wasserburg Weyhers, S. 3, 17; DERS., Regesten, Nr. 57, S. 25; ABEL, Kreis Gersfeld, S. 111.

genommen, allerdings 1460 durch Fulda abermals zerstört – seitdem ist sie Ruine[361]. Die Belehnungen durch das Stift Fulda bezogen sich in der Folgezeit sowohl auf die Ebersburg, wo die Ebersberger eine Ganerbengemeinschaft mit den von Steinau gen. Steinrück bildeten, als auch auf das *slos* zu Weyhers und den umfangreichen, weit verstreuten Grundbesitz der Familie[362]; die Familie selbst verlegte ihren Wohnsitz allerdings nach Gersfeld, das sie 1435 von den Herren von Schneeberg erworben hatte. Seit 1438 wurde sie von Würzburg mit Schloß und Gericht Gersfeld belehnt; Fulda besaß hier, auf ehedem fuldischen Besitz, nur noch den Schloßturm[363]. Das Stift erwarb jedoch Anteile am Schloß in Weyhers[364].

Die Ausstattung heiratender Töchter bzw. ihrer Ehegatten mit Anteilen an den Burgen Ebersberg und Weyhers (wie auch an den von Nebenlinien errichteten Burgen zu Eichenzell und Niederkalbach) und den verschiedenen Gütern führte zur Teilhabe einer Vielzahl von anderen Adelsgeschlechtern an Ebersbergischen Besitzrechten. Anteile erwarben zu Beginn des 16. Jahrhunderts die *von Merlau* (1521 bzw. 1528 heirateten Valentin und Heinrich von Merlau Veronika bzw. Barbara von Ebersberg gen. von Weyhers)[365]. Auch Balthasar *von Bastheim*, verheiratet mit Margarethe, einer Schwester der beiden vorgenannten Ebersbergerinnen, kam in den Besitz Ebersbergischer Güter und eines Anteils an Ebersburg und Weyhers. Um die Erbschaften der von Merlau und von Bastheim führten Balthasar und Ulrich von Ebersberg gen. von Weyhers zähe Verhandlungen, mit dem Ziel der Rückgewinnung der entfremdeten Güter. Gegenüber den von Merlau gelang dies 1541 mittels einer Abfindung von 4000 fl. weitgehend[366]. Dennoch blieb Ebersbergisches Stammgut im Besitz der von Merlau – über Hektor und Johann von Merlau kamen Teile an Schloß Weyhers, dem Ebersberg und dem Gericht auf der Hart, Güter zu Schmalnau und Hettenhausen 1607 an des letzteren Tochter Kunigunde[367]; 1614 wurde damit Georg Friedrich von der Tann als Erbe der Kunigunde belehnt[368]. Balthasar von Bastheim dagegen erhielt 1569 die Hälfte des Dorfes Dalherda, das 1652 ganz von den von Mauchenheim gen. Bechtolsheim erworben wurde[369].

361 MÜLLER, Lehnsverhältnisse, S. 58–65; DERS., Rhön, S. 60; GLÖCKNER, S. 83; ABEL, Kreis Gersfeld, S. 113; v. STEINAU-STEINRÜCK, Poppenhausen, S. 131 f.; LUCKHARD, Burg Ebersberg; DERS., Herren von Ebersberg gen. von Weyhers.
362 SCHANNAT, Clientela, S. 75–77; MÜLLER, Rhön, S. 61 f.; LÜBECK, Alte Ortschaften, II, S. 506; v. a. aber LUCKHARD, Regesten, passim.
363 MÜLLER, Lehnsverhältnisse, S. 1–52; GLÖCKNER, S. 82; LÜBECK, Alte Ortschaften, II, S. 451; LUCKHARD, Herren von Schneeberg; DERS., »Oberes Schloß«.
364 GLÖCKNER, S. 83; LUCKHARD, Wasserburg Weyhers, S. 14, 18. 1411 erwarb das Stift ehemals Haunische Anteile (zu den Verbindungen der von Haun mit Weyhers s. LUCKHARD, Wasserburg Weyhers, S. 42–45), 1441 (13. Januar) wurde von Fürstabt Hermann ein Achtel an Weyhers für ein Zwölftel an Steinau eingetauscht (s. LUCKHARD, Regesten, Nr. 334, S. 96, Nr. 469, S. 131, letzteres nach StAM K 435 [Fuldaer Kopiar XI], Nr. 31, fol. 36ʳ–37ʳ).
365 Vgl. SCHANNAT, Clientela, S. 132.
366 Über die Auseinandersetzungen vermitteln die von LUCKHARD, Archiv, S. 156–163, 189, zusammengestellten, leider nicht überlieferten, Schriftstücke einen ersten Eindruck.
367 SCHANNAT, Clientela, S. 132; s. auch GLÖCKNER, S. 86.
368 StAM R IX, von der Tann, 1614 Juli 21.
369 S. dazu SCHANNAT, Clientela, S. 43, 134 f.; MADER, IV, S. 248; GLÖCKNER, S. 86; LÜBECK, Alte Ortschaften, II, S. 238; HOFEMANN, S. 136; v. MAUCHENHEIM GEN. BECHTOLSHEIM, Familie, S. 56, 63.

Anteile an Ebersberg und Weyhers erhielten auch die Erben der Ebersbergischen Seitenlinien zu Eichenzell und Niederkalbach, u. a. also die *von Berlepsch*, die *Specht von Bubenheim*, die *von Mörle gen. Böhm* und die *Schenck zu Schweinsberg*. Hermann Melchior Schenck zu Schweinsberg z. B. verkaufte 1607 den von seinem Vater Otto Schenck ererbten Anteil für 2000 fl. an Otto Heinrich von Ebersberg gen. von Weyhers[370]. Andere Anteile gelangten zu Beginn des 17. Jahrhunderts wiederum an die Familien von Mörle gen. Böhm und an die von Bastheim[371].

WINDHEIM

Von den umfangreichen Besitzungen der Familie *von Thüngen* war neben dem Sodenberg nur noch das *castrum Winden* direkt von Fulda lehnrührig. Belehnt wurde damit seit 1335 die Andreasische, ältere, Linie der Familie[372]. 1660 wurde es mit Billigung des Abtes von Fulda von den Erben des Philipp Kaspar von Thüngen an das Julius-Spital in Würzburg verkauft[373].

3. Fuldische Währungen

1 Reichstaler	= 1½ Gulden (fl.) fränkischer oder rheinischer Währung
1 Gulden	= 15 Batzen
1 Gulden	= 30 Albus
1 Gulden	= 42 (bzw. 44) Böhmisch (bhs.) oder Gnacken
1 Schreckenberger	= 7 Böhmisch/Gnacken
1 Groschen oder Tornos	= 5 Kreuzer (kr.)
1 Batzen	= 4 Kreuzer
1 Böhmisch/Gnacken	= 3 Kreuzer
1 Böhmisch/Gnacken	= 6 Pfennig (d.)
1 Kreuzer	= 2 Pfennig
1 Pfennig	= 2 Heller
1 Pfund Pfennig	= 40 (bzw. 80) Kreuzer
1 Pfund Heller	= 20 (bzw. 40) Kreuzer
1 Schilling Pfennig	= 2 (bzw. 4) Kreuzer
1 Schilling Heller	= 1 (bzw. 2) Kreuzer

---

370 LUCKHARD, Wasserburg Weyhers, S. 28.
371 Die Töchter Otto Heinrichs von Ebersberg gen. von Weyhers, Sibylla und Amalia Margaretha, heirateten Balthasar Philipp von Mörle gen. Böhm bzw. Otto Heinrich von Bastheim (MÜLLER, Rhön, S. 61).
372 SCHANNAT, Clientela, S. 175; v. THÜNGEN, Geschichte, passim.
373 SCHANNAT, Clientela, S. 175; StAM 95/1920, 95/1919.

Quellen und Literatur

I. UNGEDRUCKTE QUELLEN

Hessisches Staatsarchiv Marburg (StAM)

Aktenbestände:
90 (a, b) Reichsabtei Fulda. Fürstäbte, Landeshoheit, Reichs- und Kreissachen. Auswärtige Angelegenheiten.
91 Reichsabtei Fulda. Weltliche Regierung.
92 Reichsabtei Fulda. Geistliche Regierung.
93 Reichsabtei Fulda. Militaria.
94 Reichsabtei Fulda. Ämterrepositur.
95 Reichsabtei Fulda. Adel und Lehnhof.
96 Reichsabtei Fulda. Stiftskapitel.
97 Fulda – Oranien – Nassau, Abt. c: Regierung.
106 Deutscher Orden, Abt. e: Hauptarchiv Mergentheim.
109 Reichsritterschaft Kanton Rhön-Werra.
  4 Politische Akten nach Landgraf Philipp den Großmütigen 1567–1821, Abt. f: Staatenabteilung. Fulda.

Urkundenbestände:
R Ia Urkunden des Fuldaer Stiftsarchivs.
R Ib Fuldaer Lehensurkunden.
R II Urkunden des Kapitular-Archivs.
R IX Urkunden der Adelsarchive.

Amtsbücher:
1 Rechnungen.
2 Protokolle.
3 Kataster.
4 Salbücher.
5 Kopiare.

Sammlungen:
1 Handschriften.
9 Gesetze und Verordnungen.

Stadtarchiv Fulda (StAF)

Urkunden.
Akten:
I   Entstehung, Recht, Verfassung.
XXI Beziehungen zur jeweiligen Landesregierung.

Hessische Landesbibliothek Fulda (LBF)

Handschriften:
B Geschichte
  (darunter: B 62c Thomas, Eugen: Das Domkapitel des fürstlichen Hochstifts Fulda nach seinem Ursprunge, Geschichte und seinen verschiedenen Verhältnissen, 1792).
D Jurisprudenz.

Hessisches Staatsarchiv Darmstadt (StAD)
Urkundenbestände:
B 8 Urkundenarchiv der Familie von Schlitz gen. von Görtz.

Österreichisches Staatsarchiv. Abt. Haus-, Hof- und Staatsarchiv Wien (HHStAW)
Aktenbestände:
Reichshofkanzlei. Kleinere Reichsstände.

II. GEDRUCKTE QUELLEN

Acta Pacis Westphalicae, Serie III, Abt. A: Protokolle, Band 4.1: Die Beratungen der katholischen Stände 1645–1647, bearb. v. Fritz WOLFF, Münster 1970.

Akten zur Geschichte des Bauernkriegs in Mitteldeutschland, 2 Bände in 3 Teilen, hg. von Otto MERX, Walther Peter FUCHS, Günther FRANZ, Leipzig 1923, 1934, Jena 1942 = Aalen 1964.

AMRHEIN, August: Reformationsgeschichtliche Mitteilungen aus dem Bistum Würzburg 1517–1573, Münster 1923 (Reformationsgeschichtl. Studien und Texte, 41/42).

BATTENBERG, Friedrich: Schlitzer Urkunden. Regesten zum Urkundenarchiv der Grafen von Schlitz gen. von Görtz (Abt. B 8) 1285–1939, 2 Bände, Darmstadt 1979 (Repertorien des Hess. Staatsarchivs Darmstadt, 10/1.2).

BÖCKING, Eduard (Hg.): Ulrici Hutteni opera omnia, Band 2, Leipzig 1859.

BÜFF, (Georg Franz): Merkwürdige Actenstücke, Unterdrückung der Reformation im Hochstift Fulda betreffend (aus dem Gesamtarchiv Völkershausen), in: ZHG AF 2/1840, S. 77–106.

BURGERMEISTER, Johann Stephan: Reichsritterschaftliches Corpus Juris oder Codex Diplomaticus, Ulm 1707.

BURGERMEISTER, Johann Stephan: Codex Diplomaticus Equestris oder Reichs-Ritter-Archiv, 4 Bände, Ulm 1721.

Conciliorum Oecomenicorum Decreta, hg. v. J. ALBERIGO, P.-P. JOANNOU u. a., Freiburg – Basel – Wien ³1973.

DERSCH, Wilhelm: Hessisches Klosterbuch. Quellenkunde zur Geschichte der im Regierungs-Bezirk Kassel, der Provinz Oberhessen und dem Fürstentum Waldeck gegründeten Stifter und Klöster, Marburg ²1940 (VHKH, 12).

Deutsche Reichstagsakten unter König Wenzel, 1.–3. Abth. (1376–1400), hg. v. Julius WEIZSÄK-KER, München 1867–1877 = Göttingen 1956.

Deutsche Reichstagsakten unter Maximilian I. Band 5: Reichstag von Worms 1495, bearb. v. Heinz ANGERMEIER, Göttingen 1981.

Deutsche Reichstagsakten. Jüngere Reihe, Band 3: Deutsche Reichstagsakten unter Kaiser Karl V., bearb. v. Adolf WREDE, Gotha 1901 = Göttingen 1962.

DRONKE, Ernst Friedrich Johann: Traditiones et antiquitates Fuldenses, Fulda 1844 = Osnabrück 1966.

DRONKE, Ernst Friedrich Johann: Codex Diplomaticus Fuldensis, Cassel 1850 = Aalen 1962.

FRANZ, Günther (Bearb.): Urkundliche Quellen zur hessischen Reformationsgeschichte, 4. Band: Wiedertäuferakten 1527–1626, Marburg 1951 (VHKH, 11.4).

FRANZ, Günther: Ein Gutachten über Georg Witzel und seine Lehre, in: Festschrift zum 60. Geburtstag von Karl August Eckhardt, hg. v. Otto PERST, Marburg-Witzenhausen 1961 (Beiträge zur Gesch. der Werralandschaft und ihrer Nachbargebiete, 12) S. 155–168.

FRANZ, Günther (Hg.): Quellen zur Geschichte des Bauernkrieges, Darmstadt 1963 (Ausgewählte Quellen zur Gesch. der Neuzeit. Freiherr vom Stein-Gedächtnisausgabe, 2).

GRIMM, Jacob: Weisthümer, Band 3, Göttingen 1842.

GUDENUS, Valentin Ferdinand de: Codex Diplomaticus exhibens anecdotorum res Moguntinas... illustrantium, Band 3, Frankfurt-Leipzig 1751.

HAAS, Theodor (Hg.): Die chronikalischen Aufzeichnungen des Fuldaer Bürgers Gangolf Hartung (1607–1666), Fulda 1910 [Übertragung ins Neuhochdeutsche durch Eduard KRIEG, in: BuBll. 55/1982 – 57/1984].

HANSEN, Josef: Rheinische Akten zur Geschichte des Jesuitenordens 1542–1582, Bonn 1896 (Publikationen der Gesellschaft für Rhein. Geschichtskunde, 18).

HOFMANN, Georg: Johannes Friedrich Schannat, Fuldischer Lehnhof. Über die Art, wie früher und zugleich auch jetzt die fuldischen Vasallen belehnt werden, und über mehrere Gewohnheiten, die dabei beobachtet zu werden pflegten, in: FuGbll. 47/1971, S. 155–158; 49/1973, S. 84–87.

KLUCKHOHN, August (Hg.): Briefe Friedrichs des Frommen, Kurfürsten von der Pfalz mit verwandten Schriftstücken, 2 Bände, Braunschweig 1868, 1872.

KÜCH, Friedrich (Bearb.): Politisches Archiv des Landgrafen Philipp des Großmütigen von Hessen. Inventar der Bestände, 2 Bände, Leipzig 1904, 1910 (Publicationen aus den Kgl. Preuß. Staatsarchiven, 78, 85).

LAUFS, Adolf (Hg.): Die Reichskammergerichtsordnung von 1555, Köln–Wien 1976 (Quellen und Forschungen zur höchsten Gerichtsbarkeit im Alten Reich, 3).

LEHENMANN, Christoph: De pace religionis acta publica, Das ist: Reichshandlungen, Schriften und Protocollen über die Constitution des Religions-Friedens, Frankfurt/M. 1631, ²1702.

LÜNIG, Johann Christian: Das Teutsche Reichsarchiv, Band 12 (Pars spec., cont. 3, 2. Francken), Leipzig 1713.

MADER, Johann (Hg.): Reichsritterschaftliches Magazin, 13 Bände, Frankfurt–Leipzig 1780–1790.

Monumenta Germaniae Historica (MGH), II. Abt.: Leges. Leges in Quart. Legum sectio I: Leges nationum Germanicarum, Band 2, Hannover–Leipzig 1888; Legum sectio IV: Constitutiones et acta publica imperatorum et regum, Band 3, 1893.

MÜLLER, Konrad (Hg.): Instrumenta Pacis Westphalicae. Die Westfälischen Friedensverträge 1648. Vollständiger lateinischer Text mit Übersetzung der wichtigeren Teile und Regesten, Bern 1949, ²1966 (Quellen zur neueren Geschichte, 12/13).

Neue und vollständigere Sammlung der Reichs-Abschiede, welche von den Zeiten Kayser Conrads II. bis jetzo auf den Teutschen Reichs-Tägen abgefasset worden, hg. v. Johann Jakob SCHMAUSS und Heinrich Christian VON SENCKENBERG, 4 Bände, Frankfurt/M. 1747 = Osnabrück 1967.

Nuntiaturberichte aus Deutschland nebst ergänzenden Aktenstücken. 3. Abt. 1572–1585, Band 2: Der Reichstag zu Regensburg 1576. Der Pacificationstag zu Köln 1579. Der Reichstag zu Augsburg 1582, bearb. v. Joseph HANSEN; Bände 3–5: Die süddeutsche Nuntiatur des Grafen Bartholomäus von Portia, bearb. v. Karl SCHELLHASS, Berlin 1894–1909.

Nuntiaturberichte aus Deutschland nebst ergänzenden Aktenstücken. Die Kölner Nuntiatur, Band 1: Bonomi in Köln, Santonio in der Schweiz, die Straßburger Wirren, bearb. v. Stephan EHSES und Aloys MEISTER; Band 2.1: Ottavio Mirto Frangipani in Köln. 1587–1590, bearb. v. Stephan EHSES, Paderborn 1895–1899 (Quellen und Forschungen aus dem Gebiete der Gesch. 4, 7); Band 2.2, 2.3: Nuntius Ottavio Mirto Frangipani (1590–1593), bearb. v. Burkhard ROBERG; Band 4.1, 4.2: Nuntius Atilio Amalteo (1606–1610), bearb. v. Klaus WITTSTADT; Band 5.1: Nuntius Antonio Albergati (1610–1614), bearb. v. Wolfgang REINHARD; Band 6: Nuntius Pietro Francesco Montoro (1621–1624), bearb. v. Klaus JAITNER; Band 7.1: Nuntius Pier Luigi Carafa (1624–1627), bearb. v. Joseph WIJNHOVEN, Paderborn–München–Wien–Zürich 1969–1980.

Nuntiaturberichte aus Deutschland nebst ergänzenden Aktenstücken. 1589–1592. Die Nuntiatur am Kaiserhofe, Band 1: Germanico Malaspina und Filippo Sega, bearb. v. Robert REICHENBERGER, Band 2: Antoneo Puteo in Prag 1587–1589, bearb. v. Josef SCHWEIZER; Band 3: Die

Nuntien in Prag: Alfonso Visconte 1589–1591, Camillo Caetano 1591–1592, bearb. v. Josef SCHWEIZER, Paderborn 1905–1919 (Quellen und Forschungen aus dem Gebiete der Gesch., 10, 14, 18).

PESSENLEHNER, Robert: Die Wahlkapitulation vom 30. 6. 1700, in FuGbll. 44/1968, S. 111–123.

RICHTER, Gregor: Statuta maioris ecclesiae Fuldensis. Ungedruckte Quellen zur kirchlichen Rechts- und Verfassungsgeschichte der Benediktinerabtei Fulda, Fulda 1904 (VFGV, 1).

RICHTER, Gregor: Die Lage der Landbevölkerung in den fürstlich fuldischen Ämtern am Ende des XVIII. Jahrhunderts, in: FuGbll. 3/1904, S. 97–110, 140–143, 172–176, 183–191.

RICHTER, Gregor: Die Feierlichkeiten in Fulda aus Anlaß der Erhebung der Abtei zu einem Bistum (6. Februar 1753), in: FuGbll. 4/1905, S. 57–63.

RICHTER, Gregor: Ein Gesandtschaftsbericht des Fuldaer Fürstabts Hartmann von Kirchberg, in: FuGbll. 8/1909, S. 27–32.

RICHTER, Gregor: Ehemalige Besitzungen adliger Familien im Fuldischen, in: FuGbll. 11/1912, S. 42–48.

RICHTER, Gregor: Die Schriften Georg Witzels, bibliographisch bearbeitet. Nebst einigen bisher ungedruckten Reformationsgutachten und Briefen Witzels, Fulda 1913 (VFGV, 10).

RICHTER, Gregor: Zur Reform der Abtei Fulda unter dem Fürstabte Johann Bernhard Schenk von Schweinsberg. Nebst einem Anhange: Das Proprium Sanctorum Ecclesiae Fuldensis seit dem Anfange des 17. Jahrhunderts, Fulda 1915 (QAAF, 6).

RICHTER, Gregor (Hg.): Isidor Schleicherts Fuldaer Chronik 1633–1833, Fulda 1917 (QAAF, 10). [Übersetzung ins Deutsche durch Eduard KRIEG, in: Bubll. 52/1979 – 53/1980, 57/1984 – 58/1985].

RICHTER, Gregor: Die letzte Huldigung der zur domkapitularischen Audienz gehörigen Ortschaften vor einem fuldischen Domdechanten (1794), in: FuGbll. 16/1922, S. 86–105.

RICHTER, Gregor: Augenzeugenberichte über den Tod des Fürstabtes Johann Bernhard Schenk zu Schweinsberg in der Schlacht bei Lützen (16. Nov. 1632) und seine vorläufige Beisetzung in Regensburg, in: FuGbll. 24/1931, S. 33–44, 86–93.

RÜBSAM, Joseph: Die Chronik des Apollo von Vilbel, in: ZHG NF 14/1889, S. 196–266.

SCHAFFRATH, Otto: Eine Vita Balthasars von Dermbach aus den Jahren 1672/73, in: FuGbll. 43/1967, S. 84–103.

SCHAFFRATH, Otto: Ungedruckte Aktenstücke zur Geschichte der Gegenreformation in Fulda. Breve des Papstes Gregor XIII. vom 13. 2. 1574 an Fürstabt Balthasar von Dermbach, in: FuGbll. 44/1968, S. 164–166.

SCHAFFRATH, Otto: Das Empfehlungsschreiben des Polenkönigs Heinrich für die Fuldaer Jesuiten, in: FuGbll. 46/1970, S. 13–16.

SCHANNAT, Johann Friedrich: Corpus traditionum Fuldensium. Accedit patrimonium Sancti Bonifacii sive Buchonia vetus, Leipzig 1724.

SCHANNAT, Johann Friedrich: Fuldischer Lehn-Hof, sive de clientela Fuldensi beneficiaria nobili et equestri tractatus historico-juridicus. Accedit elenchus vasallorum, Frankfurt/M. 1726.

SCHANNAT, Johann Friedrich: Dioecesis Fuldensis cum annexa sua hierarchia, Frankfurt/M. 1727.

SCHANNAT, Johann Friedrich: Historia Fuldensis libri tres. Accedit codex probationum, Frankfurt/M. 1729.

SCHMELZEISEN, Gustav Klemens (Bearb.): Polizei- und Landesordnungen, 2 Halbbände, Köln-Graz 1968/69 (Quellen zur Neueren Privatrechtsgesch. Deutschlands, 2).

SCHWARZ, Wilhelm Eberhard (Hg.): Zehn Gutachten über die Lage der katholischen Kirche in Deutschland (1573/76) nebst dem Protokolle der deutschen Congregation, Paderborn 1891 (Briefe und Akten zur Gesch. Maximilians II., 2).

SCHWARZ, Wilhelm Eberhard (Hg.): Die Nuntiatur-Korrespondenz Kaspar Groppers nebst verwandten Aktenstücken (1573–1576), Paderborn 1898 (Quellen und Forschungen aus dem Gebiete der Gesch., 5).

STENGEL, Edmund E. (Bearb.): Urkundenbuch des Klosters Fulda, Band 1, Marburg 1958 (VHKH, 10.1).

STUMPF, Andreas Sebastian: Denkwürdigkeiten der teutschen, besonders fränkischen Geschichte, H. 3, Würzburg 1804.

WERNEBURG, Rudolf: Verzeichnis der Urkunden der Landesbibliothek Fulda, in: FuGbll. 35/1959, S. 101–136.

WERNEBURG, Rudolf: Verzeichnis der Urkunden und Briefe des Stadtarchivs Fulda, in: FuGbll. 36/1960, S. 65–96; 37/1961, 43–64, 139–168; 38/1962, 49–63.

WISS, –: Schreiben des Kurfürsten August von Sachsen und der Landgrafen Wilhelm und Ludwig von Hessen an den Kaiser Maximilian II., betreffend die Stadt und das Hochstift Fulda in ihren Bedrängnissen durch den Abt Balthasar von Dernbach wegen des evangelischen Glaubens, in: ZHG NF 2/1869, S. 186–192.

WITTSTADT, Klaus: Fürstabt Adalbert von Schleifras (1700–1714) in Lichte seines Informativprozesses, in: FuGbll. 44/1968, S. 12–33.

WITTSTADT, Klaus: Fürstabt Konstantin von Buttlar im Lichte seines Informativprozesses, in: FuGbll. 44/1968, S. 144–149.

ZEUMER, Karl (Hg.): Quellensammlung zur Geschichte der deutschen Reichsverfassung in Mittelalter und Neuzeit, Tübingen ²1913 (Quellensammlung zum Staats-, Verwaltungs- und Völkerrecht, 2).

III. LITERATUR: BÜCHER, ZEITSCHRIFTENAUFSÄTZE UND BEITRÄGE IN SAMMELWERKEN

ABEL, Adolf: Der Kreis Gersfeld nach seiner erdkundlichen und geschichtlichen Seite, Eisenach 1924.

ABEL, Wilhelm: Geschichte der deutschen Landwirtschaft vom frühen Mittelalter bis zum 19. Jahrhundert, Stuttgart 1962 (Deutsche Agrargesch., 2).

ADLER, Hedwig: Die Behandlung der Religionsfrage in den Westfälischen Friedensverhandlungen, Diss. Wien 1950.

AGETHEN, Manfred: Geheimbund und Utopie. Illuminaten, Freimaurer und deutsche Spätaufklärung, München 1984 (Ancien Régime, Aufklärung und Revolution, 11).

ALBROW, Martin: Bürokratie, München 1972 (List Taschenbücher der Wissenschaft. Politik, 1557).

ALTMANN, ALFRED: Der Regensburger Kurfürstentag von 1630, Teil 1: Vorgeschichte, München 1913.

ALTMANN, Hugo: Die Reichspolitik Maximilians I. von Bayern 1613–1618, München 1978 (Briefe und Akten zur Gesch. des Dreißigjährigen Krieges in den Zeiten des vorwaltenden Einflusses der Wittelsbacher, 12).

ALTMANN, Ruth: Landgraf Wilhelm V. von Hessen-Kassel im Kampf gegen Kaiser und Katholizismus 1633–1637. Ein Beitrag zur Geschichte des Dreißigjährigen Krieges, Marburg 1938.

AMMERICH, Hans: Landesherr und Landesverwaltung. Beiträge zur Regierung und Verwaltung von Pfalz-Zweibrücken am Ende des Alten Reiches, Saarbrücken 1981 (Veröff. der Komm. für Saarländ. Landesgesch. und Volksforschung, 11).

AMRHEIN, August: Geschichte des ehemaligen Benediktinerklosters Holzkirchen, in: AHVUA 38/1896, S. 39–131.

AMRHEIN, August: Das fuldische Propsteikloster Holzkirchen, in: FuGbll. 4/1905, S. 65–69.

ANGERMEIER, Heinz: Begriff und Inhalt der Reichsreform, in: ZSRG. GA 75/1958, S. 181–205.

ANGERMEIER, Heinz: Königtum und Landfriede im deutschen Spätmittelalter, München 1966.

ANTON, Hans Hubert: Studien zu den Klosterprivilegien der Päpste im frühen Mittelalter unter besonderer Berücksichtigung der Privilegierung von St. Maurice d'Agaune, Berlin–New York 1975 (Beiträge zur Gesch. und Quellenkunde des Mittelalters, 4).

ANTONI, (Georg): Fulda im Bauernkrieg, in: FuGbll. 1/1902, S. 33–41, 49–59, 65–72.

ANTONI, G(eorg): Ein Vorschlag zur Schiffbarmachung der Fulda von Fulda bis Hersfeld, in: Hessenland 50/1939, S. 180–182.

ANTONI, Georg: Der fürstlich-fuldische Altenhof. Ein Beitrag zur Wirtschaftsgeschichte des 16., 17. und 18. Jahrhunderts, hg. v. Michael ANTONI, in: FuGbll. 52/1976, S. 81–128; 53/1977; S. 93–140; 54/1978, S. 11–41; 57/1981, S. 135–148.

ARETIN, Karl Otmar Frhr. von (Hg.): Der Aufgeklärte Absolutismus, Köln 1974 (Neue Wissenschaftl. Bibliothek, 67).

ARETIN, Karl Otmar Frhr. von: Bayerns Weg zum souveränen Staat. Landstände und konstitutionelle Monarchie 1714–1818, München 1976.

ARETIN, Karl Otmar Frhr. von (Hg.): Der Kurfürst von Mainz und die Kreisassoziationen 1648–1746. Zur verfassungsmäßigen Stellung der Reichskreise nach dem Westfälischen Frieden. Wiesbaden 1976 (Veröff. des Inst. für Europ. Gesch. Mainz, Abt. Universalgesch. Beiheft 2).

ARND, Karl: Geschichte des Hochstifts Fulda von seiner Gründung bis zur Gegenwart, Fulda 1860.

AUBIN, Hermann: Die Verwaltungsorganisation des Fürstbistums Paderborn im Mittelalter, Berlin–Leipzig 1911 (Abhandlungen zur Mittleren und Neueren Gesch., 26).

AUENER, Wilhelm: Der Entscheidungskampf zwischen der Landgrafschaft Hessen und dem Erzstift Mainz um die territoriale Vorherrschaft in den hessischen Landen (1419–1427), in: ZHG NF 36/1912, S. 91–167.

AULINGER, Rosemarie: Das Bild des Reichstags im 16. Jahrhundert. Beiträge zu einer typologischen Analyse schriftlicher und bildlicher Quellen, Göttingen 1980 (Schriftenreihe der Histor. Komm. bei der Bayer. Akad. der Wiss., 18).

AVEMANN, Heinrich Friedrich: Vollständige Beschreibung des ... Geschlechts der Reichsgrafen und Burggrafen von Kirchberg in Thüringen, Frankfurt/M. 1747.

BACHMANN, Siegfried: Die Landstände des Hochstifts Bamberg. Ein Beitrag zur territorialen Verfassungsgeschichte, in: BHVB 98/1962, S. 1–337.

BADER, Karl Siegfried: Das Schiedsverfahren in Schwaben vom 12. bis zum ausgehenden 16. Jahrhundert, Diss. Freiburg/Br. = Tübingen 1929.

BADER, Karl Siegfried: Die Rechtsprechung des Reichshofrats und die Anfänge des territorialen Beamtenrechts, in: ZSRG. GA 65/1947, S. 363–379.

BADER, Karl Siegfried: Der deutsche Südwesten in seiner territorialstaatlichen Entwicklung, Sigmaringen ²1978.

BADER, Karl Siegfried: Territorialbildung und Landeshoheit, in: Bll. dt. LG 90/1953, S. 109–131.

BADER, Karl Siegfried: Volk, Stamm, Territorium, in: KÄMPF, Hellmut (Hg.): Herrschaft und Staat im Mittelalter, Darmstadt 1956 (Wege der Forschung, 2), S. 243–283.

BÄUMER, Remigius (Hg.): Concilium Tridentinum, Darmstadt 1979 (Wege der Forschung, 313).

BAMBERGER, Elisabeth: Die Finanzverwaltung in den deutschen Territorien des Mittelalters (1200–1500), in: Zs. für die gesamte Staatswiss. 77/1922/23, S. 169–255.

BARUDIO, Günther: Gustav Adolf – der Große. Eine politische Biographie, Frankfurt/M. 1982.

BÁTORI, Ingrid (Hg.): Städtische Gesellschaft und Reformation, Stuttgart 1980 (Spätmittelalter und Frühe Neuzeit. Tübinger Beiträge zur Geschichtsforschung, 12).

BATTENBERG, Friedrich: Zur Rechtsstellung der Juden am Mittelrhein in Spätmittelalter und früher Neuzeit, in: ZHF 6/1979, S. 129–183.

BAUMER, Emil von: Johann von Otthera. Versuch einer Rechtfertigung, Marburg 1943 (hektogr.).

BAUMGART, Peter: Zur Reichs- und Ligapolitik Fürstbischof Julius Echters am Vorabend des Dreißigjährigen Krieges, in: MERZBACHER, Friedrich (Hg.): Julius Echter und seine Zeit, Würzburg 1973, S. 37–62.

BAUMGART, Peter: Der deutsche Hof als politische Institution, in: Europäische Hofkultur im 16. und 17. Jahrhundert, hg. v. August BUCK, Georg KAUFFMANN, Blake Lee SPAHR und Conrad WIEDEMANN, 1: Vorträge, Hamburg 1981 (Wolfenbütteler Arbeiten zur Barockforschung, 8), S. 25–43.

BECKER, Eduard-Erwin: Die Riedesel zu Eisenbach. Geschichte des Geschlechts der Riedesel Freiherrn zu Eisenbach, Erbmarschälle zu Hessen, Band 2, Marburg 1924, Band 3, Offenbach 1927.

BECKER, Hermann: Der Speyerer Reichstag von 1570. Ein Beitrag zur Geschichte des 16. Jahrhunderts, Diss. Mainz 1969.

BECKER, Odo: Der Geheime Rat in Hessen-Cassel, Diss. Darmstadt 1911.

BELOW, Georg von: Die Neuorganisation der Verwaltung in den deutschen Territorien des 16. Jahrhunderts, in: Historisches Taschenbuch 6/1887, S. 305–320 = in: DERS., Territorium und Stadt. Aufsätze zur deutschen Verfassungs-, Verwaltungs- und Wirtschaftsgeschichte, München–Berlin ²1923, S. 194–208.

BELOW, Georg von: Die landständische Verfassung in Jülich und Berg, 3 Teile, Düsseldorf 1885–1891 = Aalen 1965.

BELOW, Georg von: System und Bedeutung der landständischen Verfassung, in (s. o.): DERS.: Territorium und Stadt, S. 53–160.

BERNHARDT, Walter: Die Zentralbehörden des Herzogtums Württemberg und ihre Beamten 1520–1629, 2 Bände, Stuttgart 1972 (Veröff. der Komm. für geschichtl. Landeskunde in Baden-Württemberg, Reihe B, 70).

BERNS, Wolf-Rüdiger: Burgenpolitik und Herrschaft des Erzbischofs Balduin von Trier (1307–1354), Sigmaringen 1980 (VuF. Sonderbände, 27).

BEUDER, Friedrich Philipp: Disputatio juridica de feudis Fuldensibus. Diss. Frankfurt/Oder 1685.

BIBL, Viktor: Zur Frage der religiösen Haltung Maximilians II., in: AÖG 105/1917, S. 289–425.

BIBL, Viktor: Maximilian II. Der rätselhafte Kaiser, Dresden 1929.

BIBRA, Marina von: Heinrich VIII. – Fürstbischof von Fulda, in: Fränkische Lebensbilder, Band 4, hg. v. Gerhard PFEIFFER, Würzburg 1971, S. 213–229.

BIBRA, Wilhelm Frhr. von: Beiträge zur Familiengeschichte der Reichsfreiherrn von Bibra, 3 Bände, München 1888.

BIHL, Michael: Geschichte des Franziskanerklosters Frauenberg zu Fulda 1623–1887. Nach meist ungedruckten Quellen bearbeitet, Fulda 1907 (QAAF, 3).

BINDER, Carl: Das ehemalige Amt Lichtenberg vor der Rhön, in: ZVG Thür. NF 8/1893, S. 233–309; 9/1895, S. 75–294; 10/1897, S. 61–244.

BIRELEY, Robert: Maximilian von Bayern, Adam Contzen S. J. und die Gegenreformation in Deutschland 1624–1635, Göttingen 1975 (Schriftenreihe der Histor. Komm. bei der Bayer. Akad. der Wiss., 13).

BIRELEY, Robert: Religion and politics in the age of counterreformation. Emperor Ferdinand II., William Lamormaini SJ and the formation of imperial policy, Chapel Hill 1981.

BIRTSCH, Günther: Die landständische Verfassung als Gegenstand der Forschung, in (s. u.): DIETRICH, Gerhard (Hg.): Ständische Vertretungen in Europa, S. 32–55.

BITSCH, Horst: Die Verpfändungen der Landgrafen von Hessen während des späten Mittelalters, Göttingen–Frankfurt–Zürich 1974 (Göttinger Bausteine zur Geschichtswiss., 47).

BLASCHKE, Karlheinz: Wechselwirkungen zwischen der Reformation und dem Aufbau des Territorialstaates, in: Der Staat 9/1970, S. 347–364.

BLICKLE, Peter: Landschaften im Alten Reich. Die staatliche Funktion des gemeinen Mannes in Oberdeutschland, München 1973.

BLICKLE, Peter: Strukturprobleme der Landtage in Schwäbisch-Österreich, in: ZWLG 33/1974, S. 258–271.

BLICKLE, Peter: Die Revolution von 1525, München–Wien 1975.

BLICKLE, Peter: Gemeiner Pfennig und Obrigkeit (1495), in: VSWG 63/1976, S. 180–193.

BLICKLE, Peter/BIERBRAUER, Peter/BLICKLE, Renate/ULBRICH, Claudia: Aufruhr und Empörung? Studien zum bäuerlichen Widerstand im Alten Reich, München 1980.

BLICKLE, Peter: Deutsche Untertanen. Ein Widerspruch, München 1981.

BLITTERSDORF, Philipp Frhr. von: Johann Werner Reichsfreiherr von Plittersdorff, in: Jb. Adler NF 7/1897, S. 169–175.

BÖCKENFÖRDE, Ernst-Wolfgang: Der Westfälische Friede und das Bündnisrecht der Reichsstände, in: Der Staat 8/1969, S. 449–478.

BÖCKENFÖRDE, Ernst-Wolfgang (Hg.): Moderne deutsche Verfassungsgeschichte (1815–1918), Königstein/Ts. ²1981 (Neue Wissenschaftl. Bibliothek, 51).

BÖHNE, Winfried: 1200 Jahre Bronnzell, 778–1978. Ein Stadtteil zieht Bilanz. Festschrift zur Zwölfhundertjahrfeier, Fulda 1978.

BORNEWASSER, J(ohann) A(nton): Kirche und Staat in Fulda unter Wilhelm Friedrich von Oranien 1802–1806, Fulda–Utrecht–Nimwegen (QAAF, 19).

BOSL, Karl: Forsthoheit als Grundlage der Landeshoheit in Baiern. Die Diplome Friedrich Barbarossas von 1156 und Heinrichs VI. von 1194 für das Augustinerchorherrenstift Berchtesgaden. Ein Beitrag zur Verfassungs-, Siedlungs-, Wirtschafts- und Sozialgeschichte des bayerischen Alpenlandes, in: Gymnasium und Wissenschaft. Festgabe zur Hundertjahrfeier des Maximiliansgymnasiums in München, hg. v. A. SCHWERD, München o. J. (1949), S. 1–55.

BOSL, Karl: Die Reichsministerialität der Salier und Staufer, 2 Bände, Stuttgart 1950/51 = 1968/69 (Schriften der MGH, 10).

BOSL, Karl: Geschichte der Repräsentation in Bayern. Landständische Bewegung, Landständische Verfassung, Landesausschuß und altständische Gesellschaft, München 1974 (Repräsentation und Parlamentarismus in Bayern vom 13. bis zum 20. Jahrhundert, 1).

BOSL, Karl/MÖCKL, Karl (Hg.): Der moderne Parlamentarismus und seine Grundlagen in der ständischen Repräsentation. Beiträge des Symposiums der Bayerischen Akademie der Wissenschaften und der International Commission for Representative and Parliamentary Institutions auf Schloß Reisensburg vom 20. bis 25. April 1975, Berlin 1977.

BRADY, Thomas A. jr.: Ruling Class, Regime and Reformation at Strasbourg 1520–1555, Leiden 1978 (Studies in Medieval and Reformation Thought, 22).

BRANDENBURG, Erich: Moritz von Sachsen, Band 1: Bis zur Wittenberger Kapitulation (1547), Leipzig 1898.

BRANDLER, Karl: Hammelburg, in: FuGbll. 42/1966, S. 101–113; 43/1967, S. 159–170; 44/1968, S. 187–198.

BRAUBACH, Max: Die kirchliche Aufklärung im katholischen Deutschland im Spiegel des »Journal von und für Deutschland«, in: HJb 54/1934, S. 1–63, 178–220.

BRAUBACH, Max: Minister und Kanzler, Konferenz und Kabinett in Kurköln im 17. und 18. Jahrhundert, in: AHVN 144/145/1946/47, S. 141–209.

BRAUNEDER, Wilhelm: Der soziale und rechtliche Gehalt der österreichischen Polizeiordnungen des 16. Jahrhunderts, in: ZHF 3/1976, S. 205–219.

BRECHT, Martin: Die deutsche Ritterschaft und die Reformation, in: Ebernburg-Hefte 3/1969, S. 27–37.

BRECHT, Martin: Die gemeinsame Politik der Reichsstädte und die Reformation, in: ZSRG. KA 63/1969, S. 27–37.

BRECHT, Martin: Luthertum als politische und soziale Kraft in den Städten, in: (s. u.): PETRI, Franz (Hg.): Kirche und gesellschaftlicher Wandel in deutschen und niederländischen Städten der werdenden Neuzeit, S. 1–23.

BREUNIG, Juliane: Das Journal von und für Deutschland 1784–1792. Eine deutsche Zeitenwende im Spiegel einer deutschen Zeitung, Diss. München 1941 (Teildruck).

BROSS, Siegfried: Untersuchungen zu den Appellationsbestimmungen der Reichskammergerichtsordnung von 1495, Berlin 1973.

BROWER, Christoph: Fuldensium antiquitatum libri IV, Antwerpen 1612.

BRUCH, Rudolf von: Die Rittersitze des Fürstentums Osnabrück, Osnabrück 1930.

BRUCHMANN, Karl G.: Der Kreis Eschwege. Territorialgeschichte der Landschaft an der mittleren Werra, Marburg 1931 (Schriften des Inst. für geschichtl. Landeskunde von Hessen und Nassau, 9).

BRUNNER, Hugo: Die kirchliche Verwaltung der Abtei Fulda zur Zeit der hessen-kasselischen Oberhoheit (1632–1634), in: Beiträge zu hess. Kirchengesch. 1/1903, S. 345–358.

BRUNNER, Otto: Land und Herrschaft. Grundfragen der territorialen Verfassungsgeschichte Österreichs im Mittelalter, Wien ⁶1965.

BUCHINGER, Johann Nepomuk: Julius Echter von Mespelbrunn, Bischof von Würzburg und Herzog zu Franken, Würzburg 1843.

BÜFF (Georg Franz): Geschichtliche Notizen über das Gericht Völkershausen bei Vach und die Familie dieses Namens, in: ZHG AF 2/1840, S. 37–77.

BÜFF, Georg Franz: Die Verbreitung der evangelischen Lehre, ihre Schicksale und Folgen im Stift Fulda und in den angrenzenden Orten der buchonischen Ritterschaft, in: Zs. für die histor. Theologie 16/1846, S. 470–491.

BÜFF (Georg Franz): Die beiden fuldischen Ämter Vacha und Geisa in ihren Beziehungen zu Hessen und der Reformation des 16. Jahrhunderts, in: ZVG Thür. 2/1855, S. 227–246; 321–352.

BÜFF (Georg Franz): Der Bauernaufstand im Jahre 1525 im Werrathale, insbesondere im Gericht Vach und der Umgegend. Nach beigefügten Urkunden, in: ZHG AF 9/1862, S. 327–360.

Burghaun im Wandel der Zeiten, hg. v. der Gemeinde Burghaun, Burghaun 1980.

BUTTLAR-ELBERBERG, Rudolf von: Stammbuch der Althessischen Ritterschaft, Wolfhagen 1888.

CARSTEN, Francis L.: Princes and Parliaments in Germany from the Fifteenth to the Eighteenth Century, London ²1963.

CARSTEN, Francis L.: Die deutschen Landstände und der Aufstieg der Fürsten, in: WaG 20/1960, S. 16–29.

CARSTEN, Francis L.: Die Ursachen des Niedergangs der deutschen Landstände, in: HZ 192/1961, S. 273–281.

CHRIST, Günther: Praesentia regis. Kaiserliche Diplomatie und Reichskirchenpolitik vornehmlich am Beispiel der Entwicklung des Zeremoniells für die kaiserlichen Wahlgesandten in Würzburg und Bamberg, Wiesbaden 1975 (Beiträge zur Gesch. der Reichskirche in der Neuzeit, 4).

CHRIST, Günther: Gesandtenzeremoniell bei geistlichen Wahlen im 18. Jahrhundert, in: ZBLG 41/1978, S. 547–594.

Chronik von Fulda und dessen Umgebungen 1744–1838. Hg. v. einer Gesellschaft von Gelehrten, Vacha 1839 = Fulda 1983.

COING, Helmut: Römisches Recht in Deutschland, Mailand 1964 (Ius Romanum Medii Aevi, V/6).

CRAMER, Claus: Landeshoheit und Wildbann im Spessart, in: Aschaffenburger Jb. 1/1952, S. 51–123.

CROON, Helmut: Stände und Steuern in Jülich-Berg im 17. und vornehmlich im 18. Jahrhundert, Bonn 1929.

CROON, Helmut: Die kurmärkischen Landstände 1571–1616, Berlin 1938 (Brandenburg. Ständeakten, 1 = Veröff. der Histor. Komm. für die Provinz Brandenburg und die Hauptstadt Berlin, 9.1).

DAHM, Georg: Zur Rezeption des römisch-italienischen Rechts, in: HZ 167/1943, S. 229–258 = Darmstadt 1955 (Libelli, 27).

DANZ, Wilhelm August Friedrich: Grundsätze des Reichsgerichts-Prozesses, Stuttgart 1795.

DECOT, Rolf: Religionsfrieden und Kirchenreform. Der Mainzer Kurfürst und Erzbischof Sebastian von Heusenstamm 1545–1555, Wiesbaden 1980 (Veröff. des Inst. für Europ. Gesch. Mainz, 100. Abt. Religionsgesch.).

DEINERT, Christa: Die schwedische Epoche in Franken von 1631/1635, Diss. Würzburg 1966.

DEMANDT, Karl E.: Amt und Familie. Eine soziologisch-genealogische Studie zur hessischen Verwaltungsgeschichte des 16. Jahrhunderts, in: HJL 2/1952, S. 79–133.

DEMANDT, Karl Ernst: Die hessischen Landstände im Zeitalter des Frühabsolutismus, in: HJL 15/1965, S. 38–108.

DEMANDT, Karl Ernst: Die hessischen Landstände nach dem Dreißigjährigen Krieg, in (s. u.): GERHARD, DIETRICH (Hg.): Ständische Vertretungen in Europa, S. 162–182.

DEMANDT, Karl Ernst: Geschichte des Landes Hessen, Kassel–Basel ²1972 = 1980.

DEMANDT, Karl E.: Der Personenstaat der Landgrafschaft Hessen im Mittelalter. Ein »Staatshandbuch« Hessens vom Ende des 12. bis zum Anfang des 16. Jahrhunderts, 2 Teile, Marburg 1981 (VHKH, 42).

DENZINGER, Ignaz: Geschichte des Schlosses und Rittergutes Sodenberg, in: AHVU 9/1847, S. 100–143.

Deutsche Verwaltungsgeschichte, im Auftrag der Freiherr-vom-Stein-Gesellsch. hg. v. Kurt G. A. JESERICH, Hans POHL, Georg-Christoph von UNRUH, Band 1: Vom Spätmittelalter bis zum Ende des Reiches, Stuttgart 1983.

DICK, Bettina: Die Entwicklung des Kameralprozesses nach den Ordnungen von 1495 bis 1555, Köln–Wien 1981 (Quellen und Forschungen zur höchsten Gerichtsbarkeit im Alten Reich, 10).

DICKMANN, Fritz: Der Westfälische Frieden, Münster ⁴1977.

DICKMANN, Fritz: Der Westfälische Friede und die Reichsverfassung, in: Forschungen und Studien zur Geschichte des Westfälischen Friedens, Münster 1965 (Schriftenreihe der Vereinigung zur Erforschung der neueren Gesch., 1), S. 5–32.

DICKMANN, Fritz: Das Problem der Gleichberechtigung der Konfessionen im Reich im 16. und 17. Jahrhundert, in: HZ 201/1965 = in: DERS.: Friedensrecht und Friedenssicherung. Studien zum Friedensproblem in der neueren Geschichte, Göttingen 1971 (Kleine Vandenhoeck-Reihe, 321), S. 7–35.

DIESTELKAMP, Bernhard: Das Lehnrecht der Grafschaft Katzenelnbogen (13. Jahrhundert bis 1479). Ein Beitrag zur Geschichte des spätmittelalterlichen deutschen Lehnrechts, insbesondere zu seiner Auseinandersetzung mit oberitalienischen Rechtsvorstellungen, Aalen 1969 (Untersuchungen zur Staats- und Rechtsgesch., NF 11).

DIESTELKAMP, Bernhard: Lehnrecht und spätmittelalterliche Territorien, in (s. u.): PATZE, Hans (Hg.): Der deutsche Territorialstaat im 14. Jahrhundert, Band 1, S. 65–96.

DIETRICH, Klaus Peter: Territoriale Entwicklung, Verfassung und Gerichtswesen im Gebiet um Bayreuth bis 1603, Diss. Erlangen 1956.

DIETZ, Heinrich Georg: Die Politik des Hochstifts Bamberg am Ende des Dreißigjährigen Krieges unter besonderer Berücksichtigung seiner Bemühungen um den Westfälischen Frieden, Diss. Würzburg 1967.

DÖLL (Philipp Jacob): Geschichtliche und statistische Nachrichten über die Stadt Hammelburg und Schloß Saaleck, in: AHVUA 22/1874, H. 2/3, S. 263–552.

DOLAN, John Patrick: Georg Witzel. Liturgiker und Kirchenreformer, in: Una Sancta 11/1956, S. 196–204.

DOLAN, John Patrick: The Influence of Erasmus, Witzel, and Cassander in the Church Ordinances and Reform Proposals of the United Duchees of Cleve during the Middle Decades of the 16ᵗʰ Century, Münster 1957 (Reformationsgeschichtl. Studien und Texte, 83).

DREHMANN, Lorenz: Der Weihbischof Nikolaus Elgard. Eine Gestalt der Gegenreformation, Leipzig 1958.

DREIHELLER, Fritz: Johann von Otthera. Der Retter der thüringischen Stadt Mühlhausen im Bauernkriege, Hamburg 1970 (Aus mitteldeutschen Forschungen).

DROEGE, Georg: Die finanziellen Grundlagen des Territorialstaats in West- und Ostdeutschland an der Wende vom Mittelalter zur Neuzeit, in: VSWG 53/1966, S. 145–161.

DROEGE, Georg: Die Ausbildung der mittelalterlichen territorialen Finanzverwaltung, in (s. u.): PATZE, Hans (Hg.): Der deutsche Territorialstaat im 14. Jahrhundert, Band 1, S. 325–345.

DROEGE, Georg: Die Territorien am Mittel- und Niederrhein, in (s. o.): Deutsche Verwaltungsgeschichte, Band 1, S. 690–720.

DROEGE, Georg: Die westfälischen Gebiete und Friesland westlich der Weser, in (s. o.): Deutsche Verwaltungsgeschichte, Band 1, S. 720–741.

DRONKE, E(rnst) F(riedrich) J(ohann): Beiträge zur Geschichte Fulda's, in: Jahresbericht über das Kurfürstl. Gymnasium zu Fulda 1846, S. 3–34.

DUCHHARDT, Heinz: Die Aufschwörungsurkunde als sozialgeschichtliche und politische Quelle. Beobachtungen an Mainzer Urkunden aus dem Jahrhundert nach dem Westfälischen Frieden, in: Arch. mrh. KG 26/1974, S. 125–141.

DUCHHARDT, Heinz: Reichsritterschaft und Reichskammergericht, in: ZHF 5/1978, S. 315–337.

DÜLFER, Kurt: Fürst und Verwaltung. Grundzüge der hessischen Verwaltungsgeschichte im 16.–19. Jahrhundert, in: HJL 3/1953, S. 150–223.

DÜLFER, Kurt: Studien zur Organisation des fürstlichen Regierungssystems in der Obersten Zentralsphäre im 17. und 18. Jahrhundert, in: Archivar und Historiker. Studien zur Archiv- und Geschichtswissenschaft. Zum 65. Geburtstag von Heinrich Otto Meisner, Berlin 1956 (Schriftenreihe der staatl. Archivverwaltung, 7), S. 237–253.

DÜLMEN, Richard van: Soziologie und vergleichende Verfassungsgeschichte, in: ZBLG 31/1968, S. 685–696.

DÜLMEN, Richard van: Antijesuitismus und katholische Aufklärung in Deutschland, in: HJb 89/1969, S. 52–80.

DÜRING, Adolf von: Das Rittergut im Herzogtum Bremen, in: Stader Archiv NF 14/1924, S. 50–63.

DUGGAN, Lawrence G.: Bishop and Chapter. The Governance of the Bishopric of Speyer to 1552, New Brunswick, N. J. 1978 (Studies presented to the International Commission for the History of Representative and Parliamentary Institutions, 62).

EBERHARDT, Hans: Die Geschichte der Behördenorganisation in Schwarzburg-Sondershausen, Jena 1943 (ZVG Thür., Beiheft 28).

EBERSTEIN, Eberhard von: Die Beziehungen der Familie von Eberstein zur Rhön in der Frühzeit ihrer Geschichte, in: FuGbll. 39/1963, S. 105–128.

EBERSTEIN, Louis Ferdinand Frhr. von: Urkundliche Geschichte des reichsritterschaftlichen Geschlechts Eberstein vom Eberstein auf der Rhön, 5 Bände, Berlin ²1889.

ECKARDT, Hans-Wilhelm: Herrschaftliche Jagd, bäuerliche Not und bürgerliche Kritik. Zur Geschichte der fürstlichen und adligen Jagdprivilegien, vornehmlich im südwestdeutschen Raum, Göttingen 1976 (Veröff. des Max-Planck-Inst. für Gesch., 48).

ECKHARDT, Albrecht: Der Lüneburger Kanzler Balthasar Klammer und sein Compendium Juris, Hildesheim 1964 (Quellen und Darstellungen zur Gesch. Niedersachsens, 63).

ECKHARDT, Albrecht: Die Brüder Furster und die Entstehung des juristischen Kanzlertums im Fürstentum Lüneburg (1515–1522), in: Niedersächs. Jb. 35/1963, S. 98–108.

ECKHARDT, Albrecht: Joachim Moller aus Hamburg, Jurist, Lüneburgischer Kanzler und holsteinischer Rat (1521–1588), in: Niedersächs. Jb. 37/1965, S. 46–74.

EGELHAAF, Gottlob: Gustav Adolf in Deutschland. 1630–1632, Halle 1901 (Schriften des Vereins für Reformationsgesch., 68).

EGLOFFSTEIN, Hermann Frhr. von: Fürstabt Balthasar von Dernbach und die katholische Restauration im Hochstifte Fulda 1570–1606, München 1890.

EHALT, Hubert Ch.: Ausdrucksformen absolutistischer Herrschaft. Der Wiener Hof im 17. und 18. Jahrhundert, München 1980 (Sozial- und wirtschaftshistor. Studien, 14.).

EIKAM, Helmut Anton: Landstandschaft und Landschaftskommissariat im Fürstentum Pfalz-Neuburg. Ein Beitrag zu den Rechtsformen und Institutionen des neuzeitlichen Ständestaates, Diss. Mainz 1978.

EILER, Klaus: Stadtfreiheit und Landesherrschaft in Koblenz. Untersuchungen zur Verfassungsentwicklung im 15. und 16. Jahrhundert, Wiesbaden 1980 (Geschichtl. Landeskunde, 20).

EISENHARDT, Ulrich: Aufgabenbereich und Bedeutung des kurkölnischen Hofrates in den letzten 20 Jahren des 18. Jahrhunderts. Ein Abriß der Behördenorganisation und des Gerichtswesens im Kurfürstentum Köln, Köln 1965 (Veröff. des Köln. Geschichtsvereins, 27).

EISENHARDT, Ulrich: Die kaiserlichen Privilegia de non appellando, Köln–Wien 1980 (Quellen und Forschungen zur höchsten Gerichtsbarkeit im Alten Reich, 7).

1150 Jahre Großenlüder. Werden und Wachsen einer Gemeinde in Vergangenheit und Gegenwart, hg. v. der Gemeinde Großenlüder, Großenlüder 1973.

ELIAS, Norbert: Die höfische Gesellschaft. Untersuchungen zur Soziologie des Königtums und der höfischen Aristokratie, Neuwied–Berlin 1968 (Soziolog. Texte, 54).

Empfehlungen zur Edition frühneuzeitlicher Texte der »Arbeitsgemeinschaft außeruniversitärer historischer Forschungseinrichtungen«, in: ARG 72/1981, S. 299–315.

ENDRES, Rudolf: Die wirtschaftlichen Grundlagen des niederen Adels in der frühen Neuzeit, in: JffL 36/1976, S. 215–237.

ENDRES, Rudolf: Die deutschen Führungsschichten um 1600, in (s. u.): HOFMANN, Hans Hubert/ FRANZ, Günther (Hg.): Deutsche Führungsschichten in der Neuzeit. Eine Zwischenbilanz. Büdinger Vorträge 1978, S. 79–109.

ENGEL, Wilhelm: Johann Friedrich Schannat, 1. Teil: Leben und Werk, in: Archival. Zs. 44/1936, S. 24–103.

ENGELHARDT, Helmut: Landstände und Finanzwesen in Bayern im 15. und 16. Jahrhundert, Diss. München 1967.

ENNEKING, Nikephorus: Das Hochstift Fulda unter seinem letzten Fürstbischof Adalbert III. von Harstall 1788–1802, Fulda 1935 (QAAF, 14).

ERNSTBERGER, Anton: Ausklang des Westfälischen Friedens am Nürnberger Reichskonvent (1648–1650), in: ZBLG 31/1968, S. 259–285.

ESCHWEGE (G. H.), Baron von: Die freie Reichsritterschaft des Cantons Rhön-Werra (Franken) um das Jahr 1575, in: Literatur- und Intelligenzblatt des deutschen Herold 1/1874, S. 1 f.

ESCHWEGE, G. H., Baron von: Kurzer Abriß einer Geschichte der freiherrlichen Familie von Eschwege in übersichtlicher Zusammenstellung, in: Der deutsche Herold 4/1874, S. 61–64, 76–80, 104–109.

EVANS, Robert J. W.: Rudolf II., and his World. A Study in Intellectual History. 1576–1612, Oxford 1973 – deutsch: Rudolf II. Ohnmacht und Einsamkeit, Graz–Wien–Köln 1980.

FABER, Karl-Georg: Theorie der Geschichtswissenschaft, München 1971 (Beck'sche Schwarze Reihe, 78).

FABIAN, Ekkehard: Die Entstehung des Schmalkaldischen Bundes und seiner Verfassung 1524/ 29–1531/35. Brück, Philipp von Hessen und Jakob Sturm, Tübingen ²1962 (Schriften zur Kirchen- und Rechtsgesch., 1).

FALCKENHEINER, Wilhelm: Philipp der Großmütige im Bauernkriege. Mit urkundlichen Beilagen, Marburg 1887.

FEIGL, Helmut: Entwicklung und Auswirkungen des Patronatsrechtes in Niederösterreich, in: Jb. für Landeskunde von Niederösterreich 43/1977, S. 81–114.

FELLER, Heinz-Rudolf: Die Bedeutung des Reiches und seiner Verfassung für die mittelbaren Untertanen und die Landstände im Jahrhundert nach dem Westfälischen Frieden, Diss. Marburg 1953.

FELLNER, Robert: Die fränkische Ritterschaft von 1495–1524, Berlin 1905 (Histor. Studien, 50).

FICKER, Julius: Vom Reichsfürstenstande. Forschungen zur Geschichte der Reichsverfassung zunächst im XII. und XII. Jahrhundert, 2 Bände in 4 Teilen, Innsbruck 1861, 1911, Graz 1921, 1923 = Aalen 1961.

FICKER, Julius: Über das Eigenthum des Reiches am Reichskirchengut, in: SB der Wiener Akad. der Wiss., phil.-hist. Kl. 72/1872, S. 55–146, 381–450.

FINK, Friedrich: Geschichtliches über die Buchonia und die Stadt Hünfeld. Nebst einem Anhang, Hünfeld 1895.

FLECKENSTEIN, Josef (Hg.): Herrschaft und Stand. Untersuchungen zur Sozialgeschichte des 13. Jahrhunderts, Göttingen 1977 (Veröff. des Max-Planck-Inst. für Gesch., 51).

FLURSCHÜTZ, Hildegunde: Die Verwaltung des Hochstifts Würzburg unter Franz Ludwig von

Erthal (1779–1795), Würzburg 1965 (Veröff. der Gesellsch. für fränk. Geschichtsforschung, Reihe IX, 19).

FOERSTER, Joachim F.: Kurfürst Ferdinand von Köln. Die Politik seiner Stifter in den Jahren 1634–1650, Münster 1966 (Schriftenreihe der Vereinigung zur Erforschung der neueren Gesch. 6).

FOERSTER, Roland-Götz: Herrschaftsverständnis und Regierungsstruktur in Brandenburg-Ansbach 1648–1703. Ein Beitrag zur Geschichte des Terriorialstaates im Zeitalter des Absolutismus, Ansbach 1975 (Mittelfränk. Studien, 2).

FOSCHEPOTH, Josef: Reformation und Bauernkrieg im Geschichtsbild der DDR. Zur Methodologie eines gewandelten Geschichtsverständnisses, Berlin 1974 (Histor. Forschungen, 10).

FRANK, Isnard W.: Kirchengewalt und Kirchenregiment in Spätmittelalter und früher Neuzeit, in: Innsbrucker Histor. Studien 1/1978, S. 33–60.

FRANZ, Günther: Der deutsche Bauernkrieg, Darmstadt ¹¹1977.

FRANZ, Günther: Der Dreißigjährige Krieg und das deutsche Volk. Untersuchungen zur Bevölkerungs- und Agrargeschichte, Stuttgart ⁴1979 (Quellen und Forschungen zur Agrargesch., 7).

FRECKMANN, Karl: Wer ist der Erbauer der Domdechanei zu Fulda?, in: FuGbll. 16/1922, S. 79f.

FRIED, Pankraz: Zur Geschichte der Steuern in Bayern, in: ZBLG 27/1964, S. 570–599.

FRIED, Pankraz: »Modernstaatliche« Entwicklungstendenzen im bayerischen Ständestaat des Spätmittelalters. Ein methodischer Versuch, in (s. u.): PATZE, Hans (Hg.): Der deutsche Territorialstaat im 14. Jahrhundert, Band 2, S. 301–341 = in (s. u.): RAUSCH, Heinz (Hg.): Die geschichtlichen Grundlagen der modernen Volksvertretung, Band 2, S. 341–395.

FRIEDENSBURG, Walter: Landgraf Hermann II. der Gelehrte von Hessen und Erzbischof Adolf I. von Mainz 1373–1390, in: ZHG NF 11/1885, S. 1–311.

FRIEDENSBURG, Walter: Der Reichstag zu Speier 1526 im Zusammenhang der kirchlichen und politischen Entwicklung Deutschlands im Reformationszeitalter, Berlin 1887 (Histor. Untersuchungen, 5).

FUCHS, Damasus: Zur Geschichte der Stadt und Familien Salmünsters, in: Unsere Heimat 29/1937, S. 24–26, 39f., 50–53.

FUCHS, Damasus: Geschichte des Kollegiatstifts und der Pfarrei Salmünster, Fulda 1912 (QAAF, 8).

FUCHS, Damasus: Beiträge zur Geschichte der Stadt, der Pfarrei und des Klosters Salmünster, Frankfurt 1946.

FUCHS, Damasus: Zur Genealogie der von Hutten zu Stolzenberg, in: Unsere Heimat 10/1918, S. 113–117, 138–142 = in (s. o): DERS.: Beiträge, S. 71–92.

FUCHS, Helene: Johann Friedrich Schannat und die Editionen der Fuldaer Urkunden, Diss. Marburg 1921.

FUCHS, Norbert: Die Wahlkapitulationen der Fürstbischöfe von Regensburg (1437–1802), in: VHVO 101/1960/61, S. 5–108.

FÜRNROHR, Walter: Der Immerwährende Reichstag zu Regensburg. Das Parlament des Alten Reiches. Zur 300-Jahrfeier seiner Eröffnung 1663, Regensburg 1963 (VHVO 103/1963).

GARTENHOF, Kaspar/LISIECKI, Josef: Zur Geschichte der Stadt Brückenau, Würzburg o. J. (1950).

GARTENHOF, Kaspar/WEBER, Christoph: Der Übergang der Tannschen Herrschaft Römershag an das Stift Fulda, in: FuGbll. 30/1954, S. 114–127.

GARTENHOF, Kaspar: Bad Brückenau in fuldischer Zeit (1747–1815), Würzburg 1956 (Mainfränk. Hefte, 26) – Zweitauflage in: DERS.: Bad Brückenau, 1747–1862. Bilder aus der Geschichte des Bades, Würzburg 1973 (Mainfränk. Hefte, 58).

GARTENHOF, Kaspar: Studien zur Geschichte der Stadt Brückenau, Würzburg 1973 (Mainfränk. Studien, 7).

GARTENHOF, Kaspar: Studienreihe Alt-Brückenau, 3 Bände, Bad Brückenau 1974–1976.

GASSER, Adolf: Entstehung und Ausbildung der Landeshoheit im Gebiete der Schweizerischen

Eidgenossenschaft. Ein Beitrag zur Verfassungsgeschichte des deutschen Mittelalters, Aarau–Leipzig 1930.

GEGENBAUR, Jakob: Geschichte der religiösen Bewegung im Hochstift Fulda während des 16. Jahrhunderts, in: Programm des Kurfürstl. Gymnasiums zu Fulda 1861, S. 1–40.

GENSICKE, Hellmuth: Der Nachlaß des Johann Conrad Causenius, in: Wetterauer Geschichtsbll. 28/1979, S. 107–113.

GERHARD, Dietrich: Regionalismus und ständisches Wesen als ein Grundthema europäischer Geschichte, in: HZ 174/1952, S. 307–337 = in: KÄMPF, Hellmut (Hg.): Herrschaft und Staat im Mittelalter, Darmstadt 1956 (Wege der Forschung, 2), S. 332–364.

GERHARD, Dietrich (Hg.): Ständische Vertretungen in Europa im 17. und 18. Jahrhundert, Göttingen ²1974 (Veröff. des Max-Planck-Inst. für Gesch., 27).

GERHARD, Dietrich: Probleme ständischer Vertretungen im frühen 18. Jahrhundert und ihre Behandlung in der gegenwärtigen Forschung, in (s.o.): DERS. (Hg.): Ständische Vertretung in Europa, S. 9–31.

GERHARD, Dietrich: Ständische Vertretungen und Land, in: Festschrift für Hermann Heimpel, 1. Band, Göttingen 1971, S. 447–472 = in: DERS.: Gesammelte Aufsätze, Göttingen 1977 (Veröff. des Max-Planck-Inst. für Gesch., 54), S. 13–37.

GEYSO, Franz von: Die schwedenfreundliche Politik Hessens der Jahre 1631–1634. Ein Beitrag zur deutschen Einheitsfrage, Marburg 1923.

GEYSO, Franz von: Beiträge zur Politik und Kriegführung Hessens im Zeitalter des Dreißigjährigen Krieges, in: ZHG NF 44/1924, S. 1–160; 45/1926, S. 1–175.

GIERKE, Otto von: Das deutsche Genossenschaftsrecht, 4 Bände, 1873–1913 = Graz 1954.

GIERKE, Otto von: Majoritätsprinzip, in: Jb. GVV 39/1915, S. 7–29.

GLAGAU, Hans: Eine Vorkämpferin landesherrlicher Macht. Anna von Hessen, die Mutter Philipps des Großmütigen (1485–1525), Marburg 1899.

GLÖCKNER, Karl: Zur Geschichte des Amtes Weyhers und des Ebersberger Besitzes, in: FuGbll. 12/1913, S. 81–90, 109–112.

GOERTZ, Hans-Jürgen (Hg.): Umstrittenes Täufertum 1525–1975. Neue Forschungen, Göttingen ²1977.

GOERTZ, Hans-Jürgen: Die Täufer. Geschichte und Deutung, München 1980.

GÖSSEL, Heinrich: Die kursächsische Landtagsordnung von 1728, Diss. Leipzig 1911 = Weida i. Th. 1911.

GOESSMANN, Joseph: Beiträge zur Geschichte des vormaligen Fürstenthums Fulda nebst einer Beschreibung des alten Buchenlandes nach seiner Gaueinteilung, Fulda 1857.

GOETZE, Siegmund: Die Politik des schwedischen Reichskanzlers Axel Oxenstierna gegenüber Kaiser und Reich, Kiel 1971 (Beiträge zur Sozial- und Wirtschaftsgesch., 3).

GOETZE, Walter: Johann Friedrich Schannat und seine Vindemiae Literariae. Ein kritischer Beitrag zur Editionstechnik des Saeculum Diplomaticum, Diss. Würzburg 1939 = Würzburg–Aumühle 1939 (Berliner Studien zur neueren Gesch., 7).

GOLDSCHMIDT, Hans: Die Zentralbehörden und Beamten im Kurfürstentum Mainz vom 16. bis zum 18. Jahrhundert, Berlin–Leipzig 1908 (Abhandlungen zur mittleren und neueren Gesch., 7).

GOTHEIN, Eberhard: Der Gemeine Pfennig auf dem Reichstag von Worms, Diss. Breslau 1877.

GRAU, Paul/ECKARDT, Max: Chronik der Stadt Vacha, Vacha ³1922.

GRAUEL, Johann Adam: Darstellung der gegründeten Hoheitsansprüche des Fürstenthums Fulda auf die Besitzungen der ehemaligen unmittelbaren Reichsritterschaft des sogenannten Buchischen Quartiers besonders auf die vier ritterschaftlichen Aemter Buchenau, Wehrda, Mansbach und Lengsfeld mit Zubehör, Fulda 1814.

GRAUEL, Johann Adam: Die Abweichungen des besonderen fuldaischen Lehnrechts von den Vorschriften des in Teutschland geltenden gemeinen (langobardischen) Lehnrechts, Fulda 1835.

GRAWERT, Rolf: Staat und Staatsangehörigkeit. Verfassungsgeschichtliche Untersuchung zur Entstehung der Staatsangehörigkeit, Berlin 1973 (Schriften zur Verfassungsgesch., 17).

GREBNER, Christian: Kaspar Gropper (1514–1594) und Nikolaus Elgard (ca. 1538–1587). Biographie und Reformtätigkeit. Ein Beitrag zur Kirchenreform in Franken und im Rheinland in den Jahren 1573–1576, Münster 1982 (Reformationsgeschichtl. Studien und Texte, 121).

GREYERZ, Kaspar von: The Late City Reformation in Germany. The Case of Colmar, 1522–1628, Wiesbaden 1980 (Veröff. des Inst. für Europ. Gesch. Mainz, 98. Abt. Religionsgesch.).

GRIFFITHS, A. Phillips: Auf welche Weise kann eine Person eine andere repräsentieren, in: RAUSCH, Heinz (Hg.): Zur Theorie und Geschichte der Repräsentation und Repräsentativverfassung, Darmstadt 1968 (Wege der Forschung, 184), S. 443–469.

GROSSART, Karl: Die Landstände der Reichsabtei Fulda und ihre Einungen bis zum Jahre 1410, Diss. Marburg 1912 = Fulda 1912.

GRUBE, Walter: Der Stuttgarter Landtag 1457–1957. Von den Landständen zum demokratischen Parlament, Stuttgart 1957.

GSCHLIESSER, Oswald von: Der Reichshofrat. Bedeutung und Verfassung, Schicksal und Besetzung einer obersten Reichsbehörde von 1559 bis 1806, Wien 1942 (Veröff. der Komm. für Neuere Gesch. des ehemaligen Österreich, 33).

GÜDE, Wilhelm: Die rechtliche Stellung der Juden in den Schriften deutscher Juristen des 16. und 17. Jahrhunderts, Diss. Freiburg 1980.

GÜNTHER, Gerhard: Altes Recht, Göttliches Recht und Römisches Recht in der Zeit der Reformation und des Bauernkrieges, Leipzig 1965.

GUNDLACH, Franz: Die hessischen Zentralbehörden von 1274–1604, 3 Bände, Marburg 1930–1933 (VHKH, 16).

HAAS, Theodor: Alte Fuldaer Markbeschreibungen, in: FuGbll. 10/1911–19/1926.

HACK, Friedrich Wilhelm: Untersuchungen über die Standesverhältnisse der Abteien Fulda und Hersfeld bis zum Ausgang des 13. Jahrhunderts, Fulda 1911 (QAAF, 7).

HACK, Hubert: Der Rechtsstreit zwischen dem Fürstbischof von Würzburg und dem Fürstabt von Fulda an der Römischen Kurie um die geistliche Hoheit im Gebiet des Stifts Fulda (1688–1717), Fulda 1956 (QAAF, 18).

HACK, Hubert: Eine authentische Rechtsauslegung unter Papst Klemens XI. und der kirchenrechtliche Status des Stifts Fulda, in: Miscellanea Fuldensia. Beiträge aus Geschichte, Theologie, Seelsorge. Festgabe für Dr. Adolf Bolte, Bischof von Fulda, hg. v. Franz SCHOLZ, Fulda 1966, S. 25–41.

HACK, Johannes (Hg.): Der Petersberg durch 1100 Jahre. Geschichte und Kunst des Petersberges über Fulda mit einem Rückblick in seine Vorgeschichte. Lebensbeschreibung der hl. Lioba, Fulda 1936.

HACK, Johannes: Die Pröpste auf St. Petersberg bei Fulda, in (s. o.): DERS. (Hg.): Der Petersberg, S. 37–41 = BuBll. 14/1933, S. 61 f.

HAHN, Heinrich: Die Abtsburg und das Renaissanceschloß zu Fulda, in: FuGbll. 35/1959, S. 1–17.

HAHN, Heinrich: Im Wandel der Geschichte, in: Der Landkreis Fulda, hg. v. Eduard STIELER, Stuttgart-Aalen 1971 (Heimat und Arbeit), S. 51–76.

HAHN, Heinrich: Kleine Fuldaer Chronik, Fulda 1983 (Sonderdruck aus Adreßbuch Fulda 1983).

HAHN, Peter-Michael: Struktur und Funktion des brandenburgischen Adels im 16. Jahrhundert, Berlin 1979 (Hist. und pädagog. Studien, 9).

HAMMERSTEIN, Notker: Jus und Historie. Ein Beitrag zur Geschichte des historischen Denkens an deutschen Universitäten im späten 17. und im 18. Jahrhundert, Göttingen 1972.

HAMMERSTEIN, Notker: Aufklärung und katholisches Reich. Untersuchungen zur Universitätsreform und Politik katholischer Territorien des Heiligen Römischen Reiches deutscher Nation im 18. Jahrhundert, Berlin 1977 (Histor. Forschungen, 12).

HANNAPPEL, Martin: Hildenburg – Lichtenburg – Lichtenberg. Die Herrschaft Lichtenburg, in: FuGbll. 46/1970, S. 17–25, 100–115, 147–156; 47/1971, S. 142–151; 49/1973, S. 63–84.

HARTMANN, Helmut: Die Domherren der zweiten Hälfte des 15. Jahrhunderts in Mainz, Worms und Speyer, in: Mainzer Zs. 70/1975, S. 148–160.

HARTUNG, Fritz: Die Wahlkapitulationen der deutschen Kaiser und Könige, in: HZ 107/1911, S. 306–344 = in: DERS.: Volk und Staat in der deutschen Geschichte. Gesammelte Abhandlungen, Leipzig 1940, S. 67–93.

HARTUNG, Fritz: Der deutsche Territorialstaat des 16. und 17. Jahrhunderts nach den fürstlichen Testamenten, in: Deutsche Geschichtsblätter 13/1912, S. 265–284 = in (s. o.): DERS.: Volk und Staat, S. 94–111.

HARTUNG, Fritz: Der französisch-burgundische Einfluß auf die Entwicklung der deutschen Behördenorganisation, in: HZ 124/1921, S. 258–264; 167/1943, S. 3–12 = in: DERS.: Staatsbildende Kräfte der Neuzeit. Gesammelte Aufsätze, Berlin 1961, S. 78–92.

HARTUNG, Fritz: Karl V. und die deutschen Reichsstände von 1546–1555, Halle/Saale 1910 (Histor. Studien, 1) = Darmstadt 1971.

HARTUNG, Fritz: Herrschaftsverträge und ständischer Dualismus in deutschen Territorien, in: Schweizer Beiträge zur allgemeinen Geschichte 10/1952, S. 163–177 = in (s. o.): DERS.: Staatsbildende Kräfte, S. 62–77.

HARTUNG, Fritz: Der aufgeklärte Absolutismus, in: HZ 180/1955, S. 15–42 = in (s. o): DERS.: Staatsbildende Kräfte, S. 149–177.

HATTENDORF, Johannes: Geschichte des evangelischen Bekenntnisses in der Stadt Fulda, mit hauptsächlicher Benutzung archivalischen Materials, Hamburg 1903.

HATTENDORF, Johannes: Festschrift zur Feier des 100jährigen Wiedererstehens der evangelischen Gemeinde zu Fulda, Fulda 1903.

HATTENHAUER, Hans: Geschichte des Beamtentums, Köln–Berlin–Bonn–München 1980 (Handbuch des Öffentl. Dienstes, 1).

HATTSTEIN, Damian Hartrad von: Die Hoheit des teutschen Reichs-Adels, 3 Bände, Fulda 1729–1750.

HAUPTMEYER, Carl-Hans: Souveränität, Partizipation und absolutistischer Kleinstaat. Die Grafschaft Schaumburg (-Lippe) als Beispiel, Hildesheim 1980 (Quellen und Darstellungen zur Gesch. Niedersachsens, 91).

HAUSMANN, Franz-Rutger: Reinhard von Weilnau und Johann von Henneberg. Neue Quellen zum Abtwechsel im Kloster Fulda am 17. 3. 1472, in: FuGbll. 44/1968, S. 81–104.

HECKEL, Martin: Autonomia und Pacis Compositio. Der Augsburger Religionsfrieden in der Deutung der Gegenreformation, in: ZSRG. KA 45/1959, S. 141–248.

HECKEL, Martin: Staat und Kirche nach den Lehren der evangelischen Juristen Deutschlands in der ersten Hälfte des 17. Jahrhunderts, München 1968.

HEFELE, Friedrich: Der Würzburger Fürstbischof Julius Echter von Mespelbrunn und die Liga, Würzburg 1912 (Würzburger Studien zur Gesch. des Mittelalters und der Neuzeit, 6).

HEIM, Johann Ludwig: Hennebergische Chronica, Band 2, Meiningen 1755.

HEINEMEYER, Karl: Die Gründung des Klosters Fulda im Rahmen der bonifatianischen Kirchenorganisation, in: HJL 30/1980, S. 1–46 = in: FuGbll. 56/1980, S. 83–132.

HEINEMEYER, Walter: Landgraf Philipp des Großmütigen Weg in die Politik, in: HJL 5/1955, S. 176–192.

HELBIG, Herbert: Der Wettinische Ständestaat. Untersuchungen zur Geschichte des Ständewesens und der landständischen Verfassung in Mitteldeutschland bis 1485, Köln 1955 (Mitteldeutsche Forschungen, 4).

HELBIG, Herbert: Fürsten und Landstände im Westen des Reiches im Übergang vom Mittelalter zur Neuzeit, in: Rhein. Vjbll. 29/1964, S. 32–72 = in (s. u.): RAUSCH, Heinz (Hg.): Die geschichtlichen Grundlagen der modernen Volksvertretung, Band 2, S. 123–180.

HELLER, Dominikus: Aus den Pfarreien des Fürstentums Fulda. 5 Hefte, Fulda 1956–1958.

HELLSTERN, Dieter: Der Ritterkanton Neckar-Schwarzwald 1560–1805. Untersuchungen über die Korporationsverfassung, die Funktion des Ritterkantons und die Mitgliedsfamilien, Tübingen 1971 (Veröff. des Stadtarchivs Tübingen, 5).

HEMMERLE, Josef: Die Benediktinerklöster in Bayern, Augsburg 1970 (Germania Benedictina, 2).

HENGST, Karl: Kirchliche Reformen im Fürstbistum Paderborn unter Dietrich von Fürstenberg (1585–1642). Ein Beitrag zur Geschichte der Gegenreformation und katholischen Reform in Westfalen, Münster–Paderborn–Wien 1974 (Paderborner Theolog. Studien, 2).

HENGST, Karl: Jesuiten an Universitäten und Jesuitenuniversitäten. Zur Geschichte der Universitäten in der Oberdeutschen und Rheinischen Provinz der Gesellschaft Jesu im Zeitalter der konfessionellen Auseinandersetzungen, Paderborn–München–Wien–Zürich 1981 (Quellen und Forschungen aus dem Gebiet der Gesch., NF 2).

HENKEL, Eduard: Reformation im Gau Tullifeld, in: Histor.-polit. Blätter 72/1873, S. 759–765.

HENKEL, Eduard: Die Reformation im Amt Fischberg und Dermbach, in: Histor.-polit. Blätter 72/1873, S. 680–700, 929–941.

HENKEL, Gerhard: Untersuchungen zur Rezeption des Souveränitätsbegriffes durch die deutsche Staatstheorie des 16. Jahrhunderts, Diss. Marburg 1967.

HENNING, Eckart: Die gefürstete Grafschaft Henneberg-Schleusingen im Zeitalter der Reformation, Köln–Wien 1981 (Mitteldeutsche Forschungen, 88). Mainfränk. Jb. 24/1972, S. 1–36.

HENNING, Eckart: Die gefürstete Grafschaft Henneberg-Schleusingen im Zeitalter der Reformation, Köln–Wien 1981 (Mitteldeutsche Forschungen, 88).

HEPPE, Heinrich: Die Restauration des Katholizismus in Fulda, auf dem Eichsfeld und in Würzburg, Marburg 1850.

HEPPE, Heinrich: Entstehung, Kämpfe und Untergang evangelischer Gemeinden in Deutschland, 1: Hammelburg und Fulda, Wiesbaden 1862.

HERTZ, Friedrich: Die Rechtsprechung der höchsten Reichsgerichte im römisch-deutschen Reich und ihre politische Bedeutung, in: MIÖG 69/1961, S. 331–358.

HERWEGEN, Ildephons: Sinn und Geist der Benediktinerregel, Einsiedeln–Köln 1944.

HESS, Ulrich: Geschichte der Behördenorganisation der Thüringischen Staaten und des Landes Thüringen von der Mitte des 16. Jahrhunderts bis zum Jahr 1952, Berlin 1958.

HESS, Ulrich: Geheimer Rat und Kabinett in den ernestinischen Staaten Thüringens. Organisation, Geschäftsgang und Personalgeschichte der obersten Regierungssphäre im Zeitalter des Absolutismus, Weimar 1962 (Veröff. des Thüring. Landeshauptarchivs Weimar, 6).

HEYDENREUTER, Reinhard: Der landesherrliche Hofrat. Studien zum Behördenaufbau und zur Behördenreform unter Herzog bzw. Kurfürst Maximilian (1598–1651), München 1981 (Schriftenreihe zur bayer. Landesgesch., 71).

HEYL, Gerhard: Der Geistliche Rat in Bayern unter Kurfürst Maximilian I. 1598–1651. Mit einem Ausblick auf die Zeit bis 1745, Diss. München 1956.

HEYL, Gerhard: Die Zentralbehörden in Sachsen-Coburg 1572–1633, in: Jb. der Coburger Landesstiftung 1961, S. 33–116.

HILPISCH, Stephan: Entwicklung des Ritus der Abtsweihe in der lateinischen Kirche, in: StMGBO 61/1947/48, S. 53–72.

HILPISCH, Stephan: Die Bischöfe von Fulda, Fulda 1957.

HILPISCH, Stephan: Domkapitular Prof. Dr. Gregor Richter, Schriftleiter der Fuldaer Geschichtsblätter (1904–1938), in: FuGbll. 36/1960, S. 129–135.

HILPISCH, Stephan: Die fuldischen Propsteien, in: FuGbll. 43/1967, S. 109–117.

HILPISCH, Stephan: Der Fuldaer Fürstabt Wolfgang II. von Schutzpar gen. Milchling, in: FuGbll. 45/1969, S. 102–104.

HILPISCH, Stephan: Die Fürstabtei Fulda und die Bursfelder Kongregation, in: FuGbll. 47/1971, S. 151–160.

HINTZE, Otto: Der österreichische und der preußische Beamtenstaat im 17. und 18. Jahrhundert.

Eine vergleichende Betrachtung, in: HZ 86/1901, S. 401–444 = in: DERS.: Staat und Verfassung. Gesammelte Abhandlungen (I) zur allgemeinen Verfassungsgeschichte, Göttingen ³1970, S. 321–358.

HINTZE, Otto: Der Beamtenstand. Vorträge der Gehe-Stiftung zu Dresden, 3. Band, Dresden 1906 = in: DERS.: Soziologie und Geschichte. Gesammelte Abhandlungen (II) zur Soziologie, Politik und Theorie der Geschichte, Göttingen ²1964, S. 66–125.

HINTZE, Otto: Der Commissarius und seine Bedeutung in der allgemeinen Verwaltungsgeschichte. Eine vergleichende Studie, in: Historische Aufsätze. Karl Zeumer zum 60. Geburtstag dargebracht, 1910, S. 493–528 = in (s. o.): DERS.: Staat und Verfassung, S. 242–274.

HINTZE, Otto: Ratsstube und Kammergericht in Brandenburg während des 16. Jahrhunderts, in: FBPG 24/1911, S. 1–84.

HINTZE, Otto: Hof- und Landesverwaltung in der Mark Brandenburg unter Joachim II., in: Hohenzollern-Jb. 10/1906, S. 138–169 = in: DERS.: Regierung und Verwaltung. Gesammelte Abhandlungen (III) zur Staats-, Rechts- und Sozialgeschichte Preußens, Göttingen ²1967, S. 204–254.

HINTZE, Otto: Typologie der ständischen Verfassungen des Abendlandes, in: HZ 141/1930, S. 229–248 = in (s. o.): DERS.: Staat und Verfassung, S. 120–139 = in: DERS.: Feudalismus – Kapitalismus, Göttingen 1970, (Kleine Vandenhoeck-Reihe, 313), S. 48–67.

HINTZE, Otto: Weltgeschichtliche Bedingungen der Repräsentativverfassung, in: HZ 143/1931, S. 1–47 = in (s. o.): DERS.: Staat und Verfassung, S. 140–185 = in: DERS.: Feudalismus – Kapitalismus, Göttingen 1970, S. 68–113.

HIRN, Josef: Erzherzog Maximilian der Deutschmeister, Regent von Tirol, 2 Bände, Innsbruck 1915, 1936. Nachdruck, hg. und mit einem Nachwort versehen v. Heinrich NOFLATSCHER, Bozen 1981.

HITZLBERGER, Hans: Das Steuerbewilligungsrecht der Landstände in Bayern im Zeitalter des Absolutismus und seine Auswirkung auf die Verfassung von 1818, Diss. Erlangen 1949.

HITZLBERGER, Walter: Das Steuerbewilligungsrecht der Landstände in Bayern bis zum Absolutismus, Diss. Erlangen 1949.

HÖCK, Alfred: Beiträge zur hessischen Töpferei, III: Giesel im Kreise Fulda, in: Hess. Blätter für Volkskunde 58/1967, S. 121–134.

HÖFLING, Beate: Der Abt von Fulda als Reichsfürst in der Stauferzeit, in: FuGbll. 51/1975, S. 8–33.

HOFEMANN, Anneliese: Studien zur Entwicklung des Territoriums der Reichsabtei Fulda und seiner Ämter, Marburg 1958 (Schriften des Hess. Landesamtes für geschichtl. Landeskunde, 25).

HOFMANN, Hanns Hubert: Adelige Herrschaft und souveräner Staat. Studien über Staat und Gesellschaft in Franken und Bayern im 18. und 19. Jahrhundert, München 1962 (Studien zur bayer. Verfassungs- und Sozialgesch., 2).

HOFMANN, Hanns Hubert: Der Staat des Deutschmeisters. Studien zu einer Geschichte des Deutschen Ordens im Heiligen Römischen Reich Deutscher Nation, München 1964 (Studien zur bayer. Verfassungs- und Sozialgesch., 3).

HOFMANN, Hanns Hubert: Ständische Vertretungen in Franken. Versuch eines Überblicks, in: JffL 24/1964, S. 111–118.

HOFMANN, Hanns Hubert: Der Adel in Franken, in (s. u.): RÖSSLER, Hellmuth (Hg.): Deutscher Adel 1430–1555, S. 95–126.

HOFMANN, Hanns Hubert/FRANZ, Günther (Hg.): Deutsche Führungsschichten in der Neuzeit. Eine Zwischenbilanz. Büdinger Vorträge 1978, Boppard 1980 (Deutsche Führungsschichten in der Neuzeit, 12).

HOFMANN, Hasso: Repräsentation. Studien zur Wort- und Begriffsgeschichte von der Antike bis ins 19. Jahrhundert, Berlin 1974 (Schriften zur Verfassungsgesch., 22).

HOHMANN, Josef: Das Zunftwesen der Stadt Fulda von seinen Anfängen bis zur Mitte des 17. Jahrhunderts, Fulda 1908 (VFGV, 8).

HOHMANN, Josef/WENZEL, Ernst: Ein Inventar der Fuldaer Rüstkammer aus dem Jahre 1609, in: FuGbll. 8/1909, S. 127f.

HOHMANN, Josef: Fuldaer Luxusgesetze, in: FuGbll. 10/1911, S. 129–134, 157–160.

HOLLE, –: Die Streitigkeiten der Markgrafen von Bayreuth mit der Ritterschaft über die Reichsunmittelbarkeit, in: Archiv für Gesch. und Altertumskunde 8,2/1861, S. 55–95.

HOLLWEG, Walter: Der Augsburger Reichstag von 1566 und seine Bedeutung für die Entstehung der reformierten Kirche und ihres Bekenntnisses, Neunkirchen–Vluyn 1964.

HOPFENMÜLLER, Annelie: Der geistliche Rat unter den Kurfürsten Ferdinand Maria und Max Emanuel von Bayern (1651–1726), München 1979 (Miscellanea Bavarica Monacensia, 85).

HORN, Paul/SONN, Naftali Herbert: Zur Geschichte der Juden in Fulda. Ein Gedenkbuch, Tel Aviv 1969.

HOTZ, Wilhelm: Die Gegenreformation im Schlitzerland während des 30jährigen Krieges, in: Beiträge zur Hess. Kirchengesch. 2/1908, S. 41–66.

HUBATSCH, Walther (Hg.): Absolutismus, Darmstadt 1973 (Wege der Forschung, 314).

HUBATSCH, Walther: Verwaltungsentwicklung von 1713–1803 [in Preußen], in (s. o.): Deutsche Verwaltungsgeschichte, Band 1, S. 892–941.

Hünfeld – 1200 Jahre Campus Unofelt – 10 Jahre Großgemeinde, hg. v. Magistrat der Stadt Hünfeld, (Hünfeld) 1982.

HUGHES, Michael: The Imperial Aulic Council (Reichshofrat) as Guardian of the Rights of Mediate Estates in the Later Holy Roman Empire: Some Suggestions for Further Research, in (s. u.): VIERHAUS, Rudolf (Hg.): Herrschaftsverträge, Wahlkapitulationen, Fundamentalgesetze, S. 192–204.

HUTH, Maria Luise: Fürstbischof Heinrich VIII. von Bibra und die Schulreform im Hochstift Fulda, in: FuGbll. 39/1963, S. 169–185.

IMBODEN, Max: Johannes Bodinus und die Souveränitätslehre. Rektoratsrede, Basel 1963.

ILLGNER, P.: Über Burgen und sonstige ehemalige Befestigungswesen im Kreise Hünfeld, in: FuGbll. 11/1912, S. 91–96, 145–159.

ISENMANN, Eberhard: Reichsfinanzen und Reichssteuern im 15. Jahrhundert, in: ZHF 7/1980, S. 1–76, 129–218.

JACOB, Gudrun: Die Hofkammer des Fürstbistums Münster von ihrer Gründung bis zu ihrer Auflösung (1573–1803), in: Westfäl. Zs. 115/1965, S. 1–100.

JACOBY, Henry: Die Bürokratisierung der Welt. Ein Beitrag zur Problemgeschichte, Neuwied–Berlin 1969 (Soziolog. Texte, 64), Frankfurt/M. [2]1984.

JAHNS, Sigrid: Frankfurt, Reformation und Schmalkaldischer Bund. Die Reformations-, Reichs- und Bündnispolitik der Reichsstadt Frankfurt am Main 1525–1536, Frankfurt/M. 1976 (Studien zur Frankfurter Gesch., 9).

JAHNS, Sigrid: Juristen im Alten Reich. Das richterliche Personal des Reichskammergerichts 1648–1806, in: DIESTELKAMP, Bernhard (Hg.): Forschungen aus Akten des Reichskammergerichts, Köln–Wien 1984, S. 1–40.

JEDIN, Hubert: Katholische Reform oder Gegenreformation? Ein Versuch zur Klärung der Begriffe nebst einer Jubiläumsbetrachtung über das Trienter Konzil, Luzern 1946.

JEDIN, Hubert: Geschichte des Konzils von Trient, 4 Bände, Freiburg/Br. 1949–1975.

JENETZKY, Johannes: System und Entwicklung des materiellen Steuerrechts in der wissenschaftlichen Literatur des Kameralismus von 1680–1840. Dargestellt anhand der gedruckten zeitgenössischen Quellen, Berlin 1978 (Schriften zum Steuerrecht, 17).

JESTAEDT, Aloys: Zur Agrargeschichte des Fuldaer Landes im 18. Jahrhundert, in: FuGbll. 25/1932, S. 1–12, 37–48, 59–77.

JESTAEDT, Aloys: Kataster der Stadt Fulda im XVIII. und XIX. Jahrhundert, Fulda 1937–1948 (VFGV, 23–25).

JESTAEDT, Aloys: Beiträge zur Ortsgeschichte von Steinau, Fulda 1954 (masch.).

JESTAEDT, Aloys: Der Prozeß des Pächters des Wirtshauses »Zur Kalten Herberg«, Martin Fröhlich, gegen den Hofbauer Martin Jahn bzw. das Kolleg S. J. zu St. Peter in Fulda wegen Erstattung der Kriegskosten, in: FuGbll. 38/1962, S. 33–43.

JESTAEDT, Winfried: Der Kulturkampf im Fuldaer Land, Fulda 1960 (VFGV, 36).

JÖRG, Peter Joseph: Würzburg und Fulda. Rechtsverhältnisse zwischen Bistum und Abtei bis zum 11. Jahrhundert, Würzburg 1951 (Quellen und Forschungen zur Gesch. des Bistums und Hochstifts Würzburg, 4).

JÜRGENSMEIER, Friedhelm: Johann Philipp von Schönborn (1605–1673) und die Römische Kurie. Ein Beitrag zur Kirchengeschichte des 17. Jahrhunderts, Mainz 1977 (Quellen und Abhandlungen zur mittelrhein. Kirchengesch., 28).

JÜRGENSMEIER, Friedhelm: Johann Philipp von Schönborn, in: Fränkische Lebensbilder, Band 6, hg. v. Gerhard PFEIFFER und Alfred WENDEHORST, Würzburg 1975, S. 161–184.

KAGENECK, Alfred von: Die Breisgauer Ritterschaft und ihre Mitglieder, in: Archiv für Sippenforschung 33/1967, S. 172–180.

KALKOFF, Paul: Die Reichsabtei Fulda am Vorabend der Reformation, in: ARG 22/1925, S. 210–267.

KALLFELZ, Hatto: Der Streit um das Mainzer Metropolitanrecht nach der Errichtung des Bistums Fulda, in: Beiträge zur Mainzer Kirchengeschichte in der Neuzeit. Festschrift für Philipp Anton Brück, hg. v. Franz Rudolf REICHERT, Mainz 1973 (Quellen und Abhandlungen zur mittelrhein. Kirchengesch., 17), S. 299–318.

KAPPELHOFF, Bernd: Absolutistisches Regiment oder Ständeherrschaft? Landesherr und Landstände in Ostfriesland im ersten Drittel des 18. Jahrhunderts, Hildesheim 1982 (Veröff. der Histor. Komm. für Niedersachsen und Bremen, 24. Untersuchungen zur Ständegesch. Niedersachsens, 4).

KAPPELHOFF, Bernd: Die soziale Reichweite der ostfriesischen Landstände im frühen 18. Jahrhundert und das Problem der ständischen Repräsentation, in: Fragen der Ständeforschung am Beispiel der Ostfriesischen Landschaft, Aurich 1981, S. 15–26.

KARTELS, Joseph: Die Wiedertäuferbewegung im ehemaligen Hochstift Fulda, in: FuGbll. 1/1902, S. 3–20.

KARTELS, Joseph: Einrichtung des evangelischen Gottesdienstes in der Pfarrkirche zu Fulda während der hessischen Occupation 1632–1634, in: FuGbll. 1/1902, S. 156–159, 171–176.

KARTELS, Joseph: Fulda im Siebenjährigen Krieg, in: FuGbll. 2/1903 S. 17–29, 49–58, 65–80.

KARTELS, Joseph: Beiträge zur Geschichte des Handwerks, in: FuGbll. 2/1903, S. 120–128.

KARTELS, Joseph: Bestrafung der Stadt Fulda wegen nicht verhinderter Plünderung der Juden daselbst im Jahre 1591. Ein Beitrag zur Geschichte der Juden im Hochstift Fulda, in: FuGbll. 2/1903, S. 161–176.

KARTELS, Joseph: Rats- und Bürgerlisten der Stadt Fulda, Fulda 1904 (VFGV, 4).

KATHREIN, Werner: Die Bemühungen des Abtes Petrus Lotichius (1501–1567) um die Erneuerung des kirchlichen Lebens und die Erhaltung des Klosters Schlüchtern im Zeitalter der Reformation, Fulda 1984 (QAAF, 24).

KAYSER (Johann Eberhard): Regierungsgeschichte des jetzigen Hern Fürsten und Bischofs Heinrichs VIII. zu Fulda im Grundrisse, in: Patriot. Archiv für Deutschland, Band 2, Frankfurt-Leipzig 1785, S. 1–102.

KEIM, Walther: Landgraf Wilhelm V. von Hessen-Kassel vom Regierungsantritt 1627 bis zum Abschluß des Bündnisses mit Gustav Adolf 1631 unter besonderer Berücksichtigung der Beziehungen zu Schweden, in: HJL 12/1962, S. 130–210; 13/1963, S. 141–210.

KEINEMANN, Friedrich: Das Domkapitel zu Münster im 18. Jahrhundert. Verfassung, persönliche Zusammensetzung, Parteiverhältnisse, Münster 1967 (Veröff. der Histor. Komm. Westfalens, 22).

KELLENBENZ, Hermann: Vom Geheimen Consilium zum Geheimen Ratskollegium. Eine Studie zur Geschichte der gottorfischen Behördenorganisation, in: ZGSH 73/1949, S. 197–231.

KERNER, Johann Georg: Staatsrecht der unmittelbaren freyen Reichsritterschaft in Schwaben, Franken und am Rhein, 3 Bände, Lemgo 1786–1789.

KIESS, Rudolf: Die Rolle der Forsten im Aufbau des württembergischen Territoriums bis in das 16. Jahrhundert, Stuttgart 1958 (Veröff. der Komm. für geschichtl. Landeskunde in Baden-Württemberg, Reihe B, 2).

KIRCHHOFF, Werner: Das Residenzschloß zu Fulda, Fulda ²1982.

KITTEL, A.: Geschichte der freiherrlichen Familie von und zu Erthal, in: AHVUA 17/1865, 2.3, S. 97–255.

KLEBEL, Ernst: Territorialstaat und Lehen, in: Studien zum mittelalterlichen Lehnswesen, Konstanz 1960 (VuF, 5), S. 195–228.

KLEIN, Thomas: Der Kampf um die Zweite Reformation in Kursachsen 1586–1591, Köln–Graz 1962 (Mitteldeutsche Forschungen, 25).

KLEIN, Thomas: Recht und Staat im Urteil mitteldeutscher Juristen des späten 16. Jahrhunderts, in: Festschrift für Walter Schlesinger, hg. v. Helmut BEUMANN, Band 1, Köln–Wien 1973 (Mitteldeutsche Forschungen, 74/1), S. 427–512.

KLEIN, Thomas: Mecklenburg, in (s. o.): Deutsche Verwaltungsgeschichte, Band 1, S. 782–803.

KLEIN, Thomas: Kursachsen, in (s. o.): Deutsche Verwaltungsgeschichte, Band 1, S. 803–843.

KLEIN, Thomas: Die wettinisch-ernestinischen Staaten (Thüringen), in (s. o.): Deutsche Verwaltungsgeschichte, Band 1, S. 843–857.

KLEINHEYER, Gerd: Die kaiserlichen Wahlkapitulationen. Geschichte, Wesen, Funktion, Karlsruhe 1968 (Studien und Quellen zur Gesch. des deutschen Verfassungsrechts, Reihe A, 1).

KLINGELHÖFER, Ernst: Die Reichsgesetze von 1220, 1231/32 und 1235. Ihr Werden und ihre Wirkung im deutschen Staat Friedrichs II., Weimar 1955 (Quellen und Studien zur Verfassungsgesch. des Deutschen Reichs im Mittelalter, VIII, 2).

KLINKENBORG, Melle: Ratsstube und Kanzlei in Brandenburg im 16. Jahrhundert. In: FBPG 26/1913, S. 413–428.

KLINKENBORG, Melle: Die kurfürstliche Kammer und die Begründung des Geheimen Rates in Brandenburg, in: HZ 114/1915, S. 473–488.

KLUETING, Harm: Die Landstände der Herrschaft Rheda, in: Westfäl. Forschungen 27/1975, S. 67–83.

KLUETING, Harm: Ständewesen und Ständevertretung in der westfälischen Grafschaft Limburg im 17. und 18. Jahrhundert. Ein Beitrag zur territorialen Verfassungsgeschichte Deutschlands in der Frühneuzeit, in: Beiträge zur Gesch. Dortmunds und der Grafschaft Mark 70/1976, S. 109–201.

KLUETING, Harm: Entstehung und Vorbilder der Trauerordnung für Rheda und Limburg vom Jahre 1778. Ein Beitrag zur Gesetzgebungspraxis in westfälischen Zwergterritorien des späteren 18. Jahrhunderts, in: Westfäl. Forschungen 29/1978/79, S. 235–246.

KLUGE, Reinhard: Fürst, Kammer und Geheimer Rat in Kursachsen von der Mitte des 16. bis zum Beginn des 18. Jahrhunderts, Diss. Leipzig 1960.

KNAPP, Theodor: Zur Geschichte der Landeshoheit, in: Württemberg. Vierteljahrshefte für LG 38/1932, S. 9–112.

KNAUS, Hermann: Die königlichen Forstprivilegien für die Abtei Fulda, in: FuGbll. 28/1936, S. 97–109, 113–127; 29/1937, S. 11–16, 36–46, 54–64.

KNAUS, Hermann: Die fuldische Mark in der Wetterau, in: Friedberger Gbll. 12/1937, S. 37–41.

KNETSCH, Gustav: Die landständische Verfassung und die reichsritterschaftliche Bewegung im Kurstaate Trier, vornehmlich im XVI. Jahrhundert, Berlin 1909 = Vaduz 1965 (Histor. Studien, 75).

KNIEB, Philipp: Geschichte der Reformation und Gegenreformation auf dem Eichsfelde, Heiligenstadt ²1909.

KNODT, Hermann: Die Reformation im Riedeselischen Gebiet, in: Gbll. für den Kreis Lauterbach 2/1914–1917, S. 160–168.

KNODT, Hermann: Verschwundene Adelsgeschlechter des Kreises Lauterbach, Lauterbach 1960 (Lauterbacher Sammlungen, 27).

KNOTT, Hermann: Beiträge zur Ortsgeschichte. 19. Freiensteinau, in: Gbll. für den Kreis Lauterbach 1/1911–1913, S. 148–151.

KNOTT, Hermann: Zur Geschichte der Herren und Grafen von Schlitz gen. von Görtz, in: Familiengeschichtl. Bll. 14/1916, Sp. 225–230, 257–262.

KNÖPP, Friedrich: Landgraf Philipps weltgeschichtliche Bedeutung, in: AHG NF 28/1963, S. 457–485.

KOCKA, Jürgen: Otto Hintze, Max Weber und das Problem der Bürokratie, in: HZ 233/1981, S. 65–105.

KÖHLE, Klaus: Landesherr und Landstände in der Oberpfalz von 1400 bis 1583. Sozialstruktur und politische Repräsentanz eines Territoriums, München 1969 (Miscellanea Bavarica Monacensia, 16).

KÖHLER, Hans-Joachim: Obrigkeitliche Konfessionsänderung in Kondominaten. Eine Fallstudie über ihre Bedingungen und Methoden am Beispiel der baden-badischen Religionspolitik unter der Regierung Markgraf Wilhelms (1622–1677), Münster 1975 (Reformationsgeschichtl. Studien und Texte, 110).

KÖNIG, Joseph: Verwaltungsgeschichte Ostfrieslands bis zum Aussterben seines Fürstenhauses, Göttingen 1955 (Veröff. der niedersächs. Archivverwaltung, 2).

KÖRNER, Hans: Der Kanton Rhön-Werra der Fränkischen Reichsritterschaft, in: Land der offenen Fernen. Die Rhön im Wandel der Zeiten, hg. v. Josef-Hans SAUER, Fulda 1976, S. 53–113.

KÖRNER, Hans: Das Archiv der Freiherren von und zu der Tann, in: Mitt. für die Archivpflege in Bayern 22/1976, S. 51–60.

KÖRNER, Hans: Eberhard von der Tann († 1574), in: Fränkische Lebensbilder, Band 10, hg. v. der Gesellsch. für fränk. Gesch., Neustadt/Aisch 1982, S. 123–140.

KOHLSTEDT, Georg: Die Benediktinerabtei und das spätere Kollegiatstift Großburschla an der Werra (9. Jahrhundert bis 1650), Leipzig 1965 (Studien zur kathol. Bistums- und Klostergesch., 9).

KOLLMER, Gert: Die schwäbische Reichsritterschaft zwischen Westfälischem Frieden und Reichsdeputationshauptschluß. Untersuchung zur wirtschaftlichen und sozialen Lage der Reichsritterschaft in den Ritterkantonen Neckar-Schwarzwald und Kocher, Stuttgart 1979 (Schriften zur südwestdeutschen Landeskunde, 17).

KOMP, Georg Ignaz: Die zweite Schule Fuldas und das Päpstliche Seminar, Fulda 1877.

KOMP, Georg Ignaz: Fürstabt Johann Bernhard Schenk zu Schweinsberg, der zweite Restaurator des Katholizismus im Hochstifte Fulda (1623–1632), Fulda 1878.

KOMP, Georg Ignaz: Der Fuldaer Fürstabt Balthasar von Dermbach und die Stiftsrebellion von 1576. Nebst einigen bisher ungedruckten Aktenstücken, hg. v. Gregor RICHTER, Fulda 1915.

KOPITZSCH, Franklin (Hg.): Aufklärung, Absolutismus und Bürgertum in Deutschland, München 1976 (Nymphenburger Texte zur Wissenschaft, 24).

KORMANN, Karl: Die Landeshoheit in ihrem Verhältnis zur Reichsgewalt im alten Deutschen Reich seit dem Westfälischen Frieden, in: Zs. für Politik 7/1914, S. 139–170.

KOSSOL, Erika: Die Reichspolitik des Pfalzgrafen Philipp Ludwig von Neuburg (1547–1614), Göttingen 1976 (Schriftenreihe der Histor. Komm. bei der Bayer. Akad. der Wiss., 14).

KOTHE, Irmgard: Der fürstliche Rat in Württemberg im 15. und 16. Jahrhundert, Stuttgart 1938 (Darstellungen aus der württemberg. Gesch., 29).

KRACAUER, Isidor: Geschichte der Juden in Frankfurt a. M. (1150–1824), 2 Bände, Frankfurt/M. 1925, 1927.

KRAEMER, Horst: Der deutsche Kleinstaat des 17. Jahrhunderts im Spiegel von Seckendorffs »Teutschem Fürstenstaat«, in: ZVG Thür. NF 25/1922/24, S. 1–98 = Darmstadt 1974 (Libelli, 336).

KRAMER, Ernst: Fulda, o. O. (München), o. J. (Deutsche Lande, Deutsche Kunst).

KRAMER, Ernst: Fuldaer Porzellan in hessischen Sammlungen, Melsungen 1978.

KRAMER, Hugo: Milde Stiftungen in Fulda, in: FuGbll. 5/1906, S. 97–108, 122–126.

KRAMER, Hugo: Die Armenpflege in Fulda seit dem Ausgange des Mittelalters, in: FuGbll. 6/1907, S. 1–10, 39–44, 49–57, 88–95.

KRASENBRINK, Josef: Die Congregatio Germanica und die katholische Reform in Deutschland nach dem Tridentinum, Münster 1972 (Reformationsgeschichtl. Studien und Texte, 105).

KRATZ, Hermann: Der Fuldaer Bürgeraufstand von 1331 im Lichte der urkundlichen Überlieferung, in: Aus Geschichte und ihren Hilfswissenschaften. Festschrift für Walter Heinemeyer zum 65. Geburtstag, hg. v. Hermann BANNASCH und Hans-Peter LACHMANN, Marburg 1979 (VHKH, 40), S. 571–580.

KRAUS, Thomas R.: Die Entstehung der Landesherrschaft der Grafen von Berg bis zum Jahre 1225, Neustadt/Aisch 1981 (Berg. Forschungen, 16).

KRAUSE, Hans-Georg: Pfandherrschaften als verfassungsgeschichtliches Problem, in: Der Staat 9/1970, S. 387–404, 515–532.

KRAUSE, Hermann: System der landständischen Verfassung Mecklenburgs in der zweiten Hälfte des 16. Jahrhunderts, Rostock 1927.

KRAUSE, Hermann: Die geschichtliche Entwicklung des Schiedsgerichtswesens in Deutschland, Berlin 1930.

KRAUSE, Mathilde: Die Politik des Mainzer Kurfürsten Daniel Brendel von Homburg 1555–1582, Darmstadt 1931.

KRETZSCHMAR, Johannes: Der Heilbronner Bund 1632–1635, 3 Bände, Lübeck 1922.

KRIEGER, Karl-Friedrich: Die Lehnshoheit der deutschen Könige im Spätmittelalter (ca. 1200–1437), Aalen 1979 (Untersuchungen zur deutschen Staats- und Rechtsgesch., NF 23).

KROESCHELL, Karl: Deutsche Rechtsgeschichte, Band 2: 1250–1650, Reinbeck 1973 (rororo Studium, 9).

KROESCHELL, Karl: Die Rezeption der gelehrten Rechte und ihre Bedeutung für die Bildung des Territorialstaates, in (s. o.): Deutsche Verwaltungsgeschichte, Band 1, S. 279–288.

KRUEDENER, Jürgen Frhr. von: Die Rolle des Hofes im Absolutismus, Stuttgart 1973 (Forschungen zur Sozial- und Wirtschaftsgesch., 19).

KRÜGER, Kersten: Finanzstaat Hessen 1500–1567. Staatsbildung im Übergang vom Domänenstaat zum Steuerstaat, Marburg 1980 (VHKH, 24.5).

KRÜGER, Kersten: Gerhard Oestreich und der Finanzstaat. Entstehung und Deutung eines Epochenbegriffs der frühneuzeitlichen Verfassungs- und Sozialgeschichte, in: HJL 33/1983, S. 333–346.

KRÜGER, Kersten: Schleswig-Holstein, in (s. o.): Deutsche Verwaltungsgeschichte, Band 1, S. 763–782.

KÜCH, Friedrich: Beiträge zur Geschichte des Landgrafen Hermann II. von Hessen, V.: Zur Geschichte des Krieges mit Mainz, Braunschweig und Thüringen i. J. 1387, in: ZHG NF 30/1907, S. 214–273.

KÜHN, Bruno: Geschichte des Amtsgerichtsbezirkes Dermbach, in: ZVG Thür. 1/1854, S. 249–296.

KÜRSCHNER, Theodor: Die Landeshoheit der deutschen Länder seit dem Westfälischen Frieden unter dem Gesichtspunkt der Souveränität, Diss. Heidelberg 1938.

KULENKAMPFF, Angelika: Einungen Mindermächtiger Stände zur Handhabung Friedens und Rechtens 1422–1565, Diss. Frankfurt/M. 1967.

KULENKAMPFF, Angelika: Einungen und Reichsstandschaft fränkischer Grafen und Herren 1402–1641, in: Württembergisch-Franken 55/1971, S. 16–41.

LAMPE, Joachim: Aristokratie, Hofadel und Staatspatriziat in Kurhannover, 2 Bände, Göttingen 1963 (Veröff. der Histor. Komm. für Niedersachsen, 24).

LANDAU, Georg: Die hessischen Ritterburgen und ihre Besitzer, 4 Bände, Cassel 1832–1839.

LANDAU, Georg/BOYNEBURG-LENGSFELD, Albert Frhr. von: Hutten, in: Allgemeine Enzyklopädie der Wissenschaften und Künste, 2. Sektion, 12. Teil, Leipzig 1835, S. 218–243.

LANDAU, Georg: Die Rittergesellschaften in Hessen während des 14. und 15. Jahrhunderts, Marburg 1840 (ZHG Suppl. 1).

LANDWEHR, Götz: Die Verpfändung der deutschen Reichsstädte im Mittelalter, Köln–Graz 1967 (Forschungen zur deutschen Rechtsgesch., 5).

LANDWEHR, Götz: Die Bedeutung der Reichs- und Territorialpfandschaften für den Aufbau des kurpfälzischen Territoriums, in: Mitt. des histor. Vereins der Pfalz 66/1968, S. 155–196.

LANG, Peter Thaddäus: Die Ausformung der Konfessionen im 16. und 17. Jahrhundert: Gesichtspunkte und Forschungsmöglichkeiten, in: Gegenreformation und katholische Literatur. Beiträge zur Erforschung der katholischen Reformbewegung, hg. v. Jean-Marie VALENTIN, Amsterdam 1979 (Beihefte zum Daphnis, 3), S. 13–19.

LANG, Peter Thaddäus: Konfessionsbildung als Forschungsstand, in: HJb 100/1980, S. 480–493.

LANGE, Ulrich: Zur politischen Lage des schleswig-holsteinischen Adels um 1600, in: Arte et Marte. Studien zur Adelskultur des Barockzeitalters in Schweden, Dänemark und Schleswig-Holstein, hg. v. Dieter LOHMEIER, Neumünster 1978 (Kieler Studien zur deutschen Literaturgesch., 13), S. 33–47.

LANGE, Ulrich: Verfassungskämpfe in Schleswig-Holstein zu Beginn der Neuzeit, in: ZGSH 104/1979, S. 153–170.

LANGE, Ulrich: Die politischen Privilegien der schleswig-holsteinischen Stände 1588–1675. Veränderung von Normen politischen Handelns, Neumünster 1980 (Quellen und Forschungen zur Gesch. Schleswig-Holsteins, 75).

LANGE, Ulrich: Der ständestaatliche Dualismus – Bemerkungen zu einem Problem der deutschen Verfassungsgeschichte in: Bll. dt. LG 117/1981, S. 311–334.

LANGER, Claudia: Zur Geschichte des ehemaligen Hochstifts Fulda in den Jahren 1806–1816, Diss. München 1981.

LANGER, Heinz: Kulturgeschichte des Dreißigjährigen Krieges, Gütersloh ³1982.

LANZINNER, Maximilian: Fürst, Räte und Landstände. Die Entstehung der Zentralbehörden in Bayern 1511–1598, Göttingen 1980 (Veröff. des Max-Planck-Inst. für Gesch., 61).

LAUBE, Adolf/STEINMETZ, Max/VOGLER, Günter: Illustrierte Geschichte der deutschen frühbürgerlichen Revolution, Berlin 1974.

LAUFNER, Richard: Die Landstände von Kurtrier im 17. und 18. Jahrhundert, in: Rhein.Vjbll. 32/1968, S. 290–317.

LEGATES, Marlene J.: The Knights and the Problems of Political Organizing in Sixteenth Century Germany, in: Central European History 7/1974, S. 99–136.

LEINWEBER, Josef: Das Hochstift Fulda vor der Reformation, Fulda 1972 (QAAF, 22).

LEINWEBER, Josef: Der Fuldaer Stiftskustos Johann Knöttel, in: FuGbll. 48/1972, S. 126–137.

LEINWEBER, Josef: Die Pfarrei Tann bis zur Einführung der Reformation, in: FuGbll. 50/1974, S. 21–46.

LEINWEBER, Josef: Ulrich von Hutten – ein Fuldaer Mönch? Ein Beitrag zur Biographie des jungen Ulrich von Hutten und zur Geschichte des Klosters Fulda im Spätmittelalter, in: WDGbll. 37/38, 1975, S. 541–556.

LEINWEBER, Josef/WOSTRATZKY, Alois: Bistum Fulda. Von den Anfängen bis zur Gegenwart, Fulda 1983.

LEINWEBER, Josef: Das päpstliche Seminar in Fulda, in: POLLEY, Rainer: Die Adolphsuniversität Fulda 1734–1805, Marburg 1984 (Schriften des Hess. Staatsarchivs Marburg, 2), S. 5–18.

LEIMBACH, Karl Alexander: Die ehemalige Fuldaer Universität, Fulda 1897.

LENZ, Max: Moritz der Gelehrte, Landgraf von Hessen, in: ADB 22, Leipzig 1885, S. 268–283.

LIEBERICH, Heinz: Baierische Hofgerichtsprotokolle des 15. Jahrhunderts, in: JffL 36/1976, S. 7–22.

LIEBERICH, Heinz: Die gelehrten Räte. Staat und Juristen in Baiern in der Frühzeit der Rezeption, in: ZBLG 27/1964. S. 120–189.

LIEDERWALD, Hilde: Die Studienjahre des Grafen Johannes von Henneberg, in: Neue Beiträge zur Geschichte deutschen Altertums 33, Meiningen 1928, S. 40–53.

LINK, Christoph: Die habsburgischen Erblande, die böhmischen Länder und Salzburg, in (s. o.): Deutsche Verwaltungsgeschichte, Band 1, S. 468–552.

LÖBEL, Margrit: Die Bedeutung der Fulda für die Stadt Fulda (unter besonderer Berücksichtigung der Fischerei und Schiffahrt), in: FuGbll. 49/1973, S. 89–97; 50/1974, S. 1–21.

LOEBL, Alfred H.: Der Sieg des Fürstenrechts auch auf dem Gebiet der Finanzen – vor dem Dreißigjährigen Krieg, München–Leipzig 1916 (Staats- und Sozialwissenschaftl. Forschungen, H. 187).

LOHMANN, Karl: Das Reichsgesetz vom Jahre 1654 über die Steuerpflichtigkeit der Landstände, Diss. Bonn 1893.

LOOSHORN, Johann: Geschichte des Bistums Bamberg, Band 6: Das Bistum Bamberg von 1623 bis 1729, Bamberg 1906.

LUCKHARD, Fritz: Die Herren von Schneeberg, in: FuGbll. 32/1956, S. 41–76.

LUCKHARD, Fritz: Wasserburg Weyhers, in: FuGbll. 33/1957, S. 1–46.

LUCKHARD, Fritz: Der Ebersberger genannt von Weyhers Güterbesitz, in: FuGbll. 33/1957, S. 161–180.

LUCKHARD, Fritz: Das »Obere Schloß« zu Gersfeld, eine Burg des Ebersberger Rittergeschlechts, in: FuGbll. 36/1960, S. 104–124.

LUCKHARD, Fritz: Regesten der Herren von Ebersberg gen. von Weyhers in der Rhön (1170–1518), Fulda 1963 (VFGV, 40).

LUCKHARD, Fritz: Das Archiv der Ritter von Mörlau(!) zu Steinau an der Haun, in: FuGbll. 40/ 1964, S. 107–126, 151–170, 187–196.

LÜBECK, Konrad: Die erste und zweite Schule Fuldas, in: Festschrift zur Gedenkfeier des 100jährigen Bestehens der Anstalt (Königliches Gymnasium zu Fulda) seit ihrer Neugestaltung, Fulda 1905, S. 7–17.

LÜBECK, Konrad: Die Abtei Fulda als königliches Eigenkloster, in: FuGbll. 26/1933, S. 97–108.

LÜBECK, Konrad: Alte Ortschaften des Fuldaer Landes, 2 Bände, Fulda 1934, 1936.

LÜBECK, Konrad: Vom Reichskriegsdienste des Klosters Fulda, in: FuGbll. 28/1936, S. 1–13, 20–32, 45–48, 55–64.

LÜBECK, Konrad: Vom Frauenberge bei Fulda, in: FuGbll. 29/1937, S. 81–93, 106–112, 126–128.

LÜBECK, Konrad: Die Besitzverhältnisse der Reichsabtei Fulda vom 10. bis 12. Jahrhundert, in: HJb 59/1939, S. 129–141.

LÜBECK, Konrad: Das Fuldische Eigenkloster Hameln, in: Niedersächs. Jb. 16/1939, S. 1–40.

LÜBECK, Konrad: Die Hofämter der Fuldaer Äbte im frühen Mittelalter, in: ZSRG. GA 65/1947, S. 177–207.

LÜBECK, Konrad: Die Ministerialen der Reichsabtei Fulda, in: ZSRG. KA 35/1948, S. 201–233.

LÜBECK, Konrad: Die Fuldaer Abtswahlprivilegien, in: ZSRG. KA 35/1948, S. 340–389.

LÜBECK, Konrad: König Pippin und das Kloster Fulda, in: DERS.: Fuldaer Studien. Geschichtliche Abhandlungen, 1. Band, Fulda 1949 (VFGV, 27), S. 85–100.

LÜBECK, Konrad: Fischerei und Fischbedarf des Klosters Fulda im Frühmittelalter, in (s. o.): DERS.: Fuldaer Studien, 1. Band, S. 127–152.

LÜBECK, Konrad: Kaiser Heinrich II. und die Reichsabtei Fulda, in: DERS.: Fuldaer Studien. Geschichtliche Abhandlungen, 2. Band, Fulda 1950 (VFGV, 28), S. 169–205.

LÜBECK, Konrad: Fuldaer Nebenklöster in Mainfranken [Leichtersbach, Wolfsmünster, Einfirst, Brach, Saal, Holzkirchen, Zellingen, Karsbach, Wenkheim, Thulba], in: Mainfränk. Jb. 2/ 1950, S. 1–52.

LÜBECK, Konrad: Die Fuldaer Mark Lupnitz, in: DERS.: Fuldaer Studien. Geschichtliche Abhandlungen, 3. Band, Fulda 1951 (VFGV, 29), S. 121–158.

LÜBECK, Konrad: Drei Grafschaften des Klosters Fulda, in (s. o.): DERS.: Fuldaer Studien, 3. Band, S. 159–174.

LÜBECK, Konrad: Fuldaer Klostergut in der Wetterau, in (s. o.): DERS.: Fuldaer Studien, 3. Band, S. 186–209.

LÜBECK, Konrad: Die Fuldaer Bürgeraufstände 1331/32, in: ZSRG.GA 68/1951, S. 410–433.

LÜBECK, Konrad: Rechte des Fuldaer Klosterkonvents, in: AKKR 125/1951, S. 73–104.

LÜBECK, Konrad: Vom Vogteiwesen des Klosters Fulda, in: AKKR 125/1951, S. 277–301.

LÜBECK, Konrad: Das Kloster Fulda und seine Kollegiatstifte, in: AKKR 125/1951, S. 301–309.

LÜBECK, Konrad: Die Fuldaer Äbte und Fürstäbte des Mittelalters. Ein geschichtlicher Überblick, Fulda 1952 (VFGV, 31).

LÜBECK, Konrad: Die Äbte von Fulda als Politiker Ottos des Großen, in: HJb 71/1952, S. 273–304.

LÜBECK, Konrad: Die Weihe der Fuldaer Äbte, in: AKKR 128/1957, S. 79–91.

LÜCKE, Justus: Die landständische Verfassung im Hochstift Hildesheim 1643–1802. Ein Beitrag zur territorialen Verfassungsgeschichte, Hildesheim 1968 (Quellen und Darstellungen zur Gesch. Niedersachsens, 73).

LUTZ, Heinrich: Christianitas afficta. Europa, das Reich und die päpstliche Politik im Niedergang der Hegemonie Kaiser Karls V. (1552–1556), Göttingen 1964.

LUTZ, Ulrich: Die Herrschaftsverhältnisse in der Landgrafschaft Baar in der Wende vom 15. zum 16. Jahrhundert. Ein Beitrag zur Entstehung des Territorialstaates und zur Geschichte des Bauernkriegs, Bühl/Baden 1979 (Veröff. des Alemann. Inst. Freiburg i. Br., 46).

MAIER, Hans: Die ältere deutsche Staats- und Verwaltungslehre (Polizeiwissenschaft). Ein Beitrag zur Geschichte der politischen Wissenschaft, Neuwied-Berlin 1966 (Politica 13), München ²1980.

MARON, Gottfried: Geschichtliche Aspekte neuzeitlicher Konfessionalität, in: Konfessionalität. Sinn und Grenzen der Konfession, Göttingen 1973 (Jb. des Evangel. Bundes), S. 48–59.

MARTINI, Walter: Der Lehnshof der Mainzer Erzbischöfe im späten Mittelalter, Diss. Mainz = Düsseldorf 1971.

MAUCHENHEIM GEN. BECHTOLSHEIM, Hartmann Frhr. von: Des Heiligen Römischen Reichs unmittelbar freie Ritterschaft zu Franken Ort Steigerwald im 17. und 18. Jahrhundert. Ein Beitrag zur Verfassungs- und Gesellschaftsgeschichte des reichsunmittelbaren Adels, 2 Teile, Würzburg 1972 (Veröff. der Gesellsch. für fränk. Gesch., Reihe IX, 31).

MAUCHENHEIM GEN. BECHTOLSHEIM, Hermann Frhr. von: Zusammenstellung der über die Familie der Freiherren von Mauchenheim gen. Bechtolsheim bekannten Nachrichten, Rattenkirchen: Selbstverlag 1975 (Vorwort 1977).

MAUERSBERG, Hans: Die Wirtschaft und Gesellschaft Fuldas in neuerer Zeit. Eine städtegeschichtliche Studie, Göttingen 1969.

MAURER, Hans-Martin: Die landesherrliche Burg in Wirtemberg im 15. und 16. Jahrhundert. Studien zu den landesherrlich-eigenen Burgen, Schlössern und Festungen, Stuttgart 1958 (Veröff. der Komm. für geschichtl. Landeskunde in Baden-Württemberg, Reihe B, 1).

MAURER, Karl: 1200 Jahre Fulda, Fulda 1944.

MAYER, Theodor: Die Ausbildung der Grundlagen des modernen deutschen Staates im hohen Mittelalter, in: HZ 159/1939, S. 457–478 = in: KÄMPF, Hellmut (Hg.): Herrschaft und Staat im Mittelalter, Darmstadt 1956 (Wege der Forschung, 2), S. 284–331.

MAYER, Theodor: Fürsten und Staat. Studien zur Verfassungsgeschichte des deutschen Mittelalters, Weimar 1950 = Köln–Graz 1969.

MAYER, Theodor: Analekten zum Problem der Entstehung der Landeshoheit vornehmlich in Süddeutschland, in: Bll. dt. LG 89/1952, S. 87–111.

MAYER, Theodor: Die Verwaltungsorganisation Maximilians I. Ihr Ursprung und ihre Bedeutung, Innsbruck 1912 = Aalen 1973 (Forschungen zu inneren Gesch. Österreichs, 14).

MAYR, Josef Karl: Die Türkenpolitik Wolf Dietrichs von Salzburg, in: MGSL 52/53, 1912/13, S. 181–244, 193–354.

MECENSEFFY, Grete: Maximilian II. in neuer Sicht, in: Jb. der Gesellsch. für die Gesch. des Protestantismus in Österreich 92/1976, S. 42–54.

MEIER, Leo: Der Landkreis Hammelburg in herrschaftsgeschichtlicher, kirchlicher und territorial-staatlicher Entwicklung, Schweinfurt 1961.

MEISNER, Heinrich Otto: Staats- und Regierungsformen in Deutschland seit dem 16. Jahrhundert, in: AÖR 77/1951, S. 225–265.

MEISNER, Heinrich Otto: Verfassung, Verwaltung, Regierung in neuerer Zeit, SB der Deutschen Akad. der Wiss. zu Berlin. Kl. für Philosophie, Geschichte, Staats-, Rechts- und Wirtschafts-wiss., 1962, Nr. 1, Berlin 1962.

MENK, Gerhard: Restitutionen vor dem Restitutionsedikt. Kurtrier, Nassau und das Reich 1626–1629, in: Jb. f. westdt. LG 5/1979, S. 103–130.

MENTZ, Georg: Johann Philipp von Schönborn, Kurfürst von Mainz, Bischof von Würzburg und Worms 1605–1673. Ein Beitrag zur Geschichte des siebzehnten Jahrhunderts, 2 Bände, Jena 1896, 1898.

MERK, Walther: Der Gedanke des gemeinen Besten in der deutschen Staats- und Rechtsentwick-lung, in: Festschrift für Alfred Schulze zum 70. Geburtstag, Weimar 1934 = Darmstadt 1968 (Libelli, 233).

MERKER, Otto: Die Ritterschaft des Erzstifts Bremen im Spätmittelalter. Herrschaft und politische Stellung als Landstand (1300–1500), Stade 1962 (Einzelschriften des Stader Geschichts- und Heimatvereins, 10).

MERX, Otto: Der Bauernkrieg in den Stiften Fulda und Hersfeld und Landgraf Philipp der Großmütige, in: ZHG NF 28/1904, S. 259–333.

MERZBACHER, Friedrich (Hg.): Julius Echter und seine Zeit. Gedenkschrift aus Anlaß des 400. Jahrestages der Wahl des Stifters der Alma Julia zum Fürstbischof von Würzburg am 1. Dezember 1573, Würzburg 1973.

MERZBACHER, Friedrich: Julius Echter von Mespelbrunn, Fürstbischof von Würzburg, in: Bll.dt.LG 110/1974, S. 155–180.

METZ, Wolfgang: Das Eindringen des Bürgertums in die hessische Zentralverwaltung, Diss. Göttingen 1947.

METZ, Wolfgang: Die Fuldaer Bramforsturkunden und die fränkische Forst- und Siedlungspolitik, in: FuGbll. 32/1956, S. 1–7.

METZ, Wolfgang: Bemerkungen zum Karolingischen Güterverzeichnis des Klosters zur Fulda, in: FuGbll. 32/1956, S. 88–101.

METZGER, Edelgard: Leonhard von Eck (1480–1550). Wegbereiter und Gründer des frühabsoluti-stischen Bayern, München 1980.

MEYER, Manfred: Zur Haltung des Adels im Bauernkrieg. Die Politik Wilhelms von Henneberg gegenüber Bauern, Fürsten, Klerus und Städten, in: Jb. für Regionalgesch. 4/1972, S. 200–224.

MEYER, Otto: Hammelburg zwischen Fulda und Würzburg, in: Mainfränk. Jb. für Geschichte und Kunst 18/1966, S. 135–150.

MIELKE, Heinz-Peter: Die Niederadligen von Hattstein, ihre politische Rolle und soziale Stellung. Zur Geschichte einer Familie der Mittelrheinischen Reichsritterschaft von ihren Anfängen bis zum Ende des Dreißigjährigen Krieges mit einem Ausblick bis auf das Jahr 1767, Wiesbaden 1977 (Veröff. der Histor. Komm. für Nassau, 24).

Ministerialitäten im Mittelrheinraum, Wiesbaden 1978 (Geschichtl. Landeskunde, 17).

MITTEIS, Heinrich: Lehnrecht und Staatsgewalt. Untersuchungen zur mittelalterlichen Verfas-sungsgeschichte, Weimar 1933 = Darmstadt 1975.

MITTEIS, Heinrich: Der Staat des Hohen Mittelalters. Grundlinien einer vergleichenden Verfas-sungsgeschichte des Lehnzeitalters, Köln–Wien ^{9}1974.

MITTERAUER, Michael (Hg.): Herrschaftsstruktur und Ständebildung. Beiträge zur Typologie der österreichischen Länder aus ihren mittelalterlichen Grundlagen, 3 Bände, München 1973 (Sozial- und Wirtschaftshistor. Studien).

MITTERAUER, Michael: Grundlagen politischer Berechtigung im mittelalterlichen Ständewesen, in (s. o.): BOSL, Karl / MÖCKL, Karl (Hg.): Der moderne Parlamentarismus und seine Grundlagen, S. 11–41.

MOELLER, Bernd: Reichsstadt und Reformation, Gütersloh 1962 (Schriften des Vereins für Reformationsgesch., 180).

MOELLER, Bernd (Hg.): Stadt und Kirche im 16. Jahrhundert, Gütersloh 1980 (Schriften des Vereins für Reformationsgesch., 190).

MOELLER, Bernd: Deutschland im Zeitalter der Reformation, Göttingen 1977 (Deutsche Geschichte, 4).

MOGGE, Winfried: Balthasar von Hellu, in: Fränkische Lebensbilder, Band 9, hg. v. Gerhard PFEIFFER und Alfred WENDEHORST, Würzburg 1980, S. 124–142.

MOHR, Bernhard: Die äußere Politik des Fuldaer Abtes Heinrich VI. von Hohenberg (1315–1353), Marburg 1928.

MOLITOR, Hansgeorg: Kirchliche Reformversuche der Kurfürsten und Erzbischöfe von Trier im Zeitalter der Gegenreformation, Wiesbaden 1967 (Veröff. des Inst. für Europ. Gesch. Mainz, 43. Abt. Religionsgesch.).

MOMMSEN, Karl: Auf dem Wege zur Staatssouveränität. Staatliche Grundbegriffe in Basler juristischen Doktordisputationen des 17. und 18. Jahrhunderts, Bern 1970.

MOMMSEN, Wolfgang J. (Hg.): Stadtbürgertum und Adel in der Reformation. Studien zur Sozialgeschichte der Reformation in England und Deutschland – The Urban Classes, the Nobility and the Reformation. Studies on the Social History of the Reformation in England and Germany, Stuttgart 1979 (Veröff. des Deutschen Histor. Inst. London, 5).

MORAW, Peter: Das Stift St. Philipp zu Zell in der Pfalz. Ein Beitrag zur mittelalterlichen Kirchengeschichte, Heidelberg 1964 (Heidelberger Veröff. z. Landesgesch. u. Landeskunde, 9).

MORAW, Peter/PRESS, Volker: Probleme der Sozial- und Verfassungsgeschichte des Heiligen Römischen Reiches im späten Mittelalter und in der frühen Neuzeit (13.–18. Jahrhundert), in: ZHF 2/1975, S. 95–108.

MORAW, Peter: Personenforschung und deutsches Königtum, in: ZHF 2/1975, S. 7–18.

MORAW, Peter: Fragen der deutschen Verfassungsgeschichte im späten Mittelalter, in: ZHF 4/1977, S. 59–101.

MORAW, Peter: Landesgeschichte und Reichsgeschichte im 14. Jahrhundert, in: Jb. westdt. LG 3/1977, S. 175–191.

MORAW, Peter: Wesenszüge der »Regierung« und »Verwaltung« des deutschen Königs im Reich (ca. 1350–1450), in (s. u.): PARAVICINI, Werner/WERNER, Karl Ferdinand (Hg.): Histoire comparée de l'administration, S. 149–167.

MORAW, Peter: Versuch über die Entstehung des Reichstags, in (s. u.): WEBER, Hermann (Hg.): Politische Ordnungen und soziale Kräfte im Alten Reich, S. 1–36.

MORAW, Peter: Die Verwaltung des Königtums und des Reiches und ihre Rahmenbedingungen, in (s. o.): Deutsche Verwaltungsgeschichte, Band 1, S. 22–31.

MORAW, Peter: Die königliche Verwaltung im einzelnen, in: Deutsche Verwaltungsgeschichte, Band 1, S. 31–53.

MORITZ, Hugo: Die Wahl Rudolfs II., der Reichstag zu Regensburg und die Freistellungsbewegung, Marburg 1895.

MOSER, Johann Jacob: Grundsätze des Besteuerungsrechts der deutschen Landstände, Frankfurt–Leipzig 1765.

MOSER, Johann Jacob: Einleitung zu dem Reichs-Hof-Raths-Proceß, 1. Teil Frankfurt–Leipzig ²1734, 3. Teil Frankfurt–Leipzig 1734.

MOSER, Johann Jacob: Von dem Reichs-Ständischen Schuldenwesen, 2 Bände, Frankfurt–Leipzig 1774/75.

MOSER, Johann Jacob: Abhandlung von den Receß-widrigen oder doch unbewilligten Land-Steuern, derselbigen gewaltsamen Beytreibung und schuldigen Wieder-Ersetzung, o. O. 1765.

Moser, Johann Jacob: Von der Teutschen Reichs-Stände Landen, deren Landständen, Untertanen, Landes-Freyheiten, Beschwerden, Schulden und Zusammenkünften, Frankfurt–Leipzig 1769 = Osnabrück 1968 (Neues Teutsches Staatsrecht, 13).

Moser, Johann Jacob: Von der Landeshoheit im Weltlichen, 9 Teilbände, Frankfurt–Leipzig 1772/73 = Osnabrück 1967 (Neues Teutsches Staatsrecht, 16).

Moser, Johann Jacob: Von der Landeshoheit derer Teutschen Reichsstände überhaupt, Frankfurt–Leipzig 1773 = Osnabrück 1968 (Neues Teutsches Staatsrecht, 14).

Moser, Johann Jacob: Von der Teutschen Justiz-Verfasung, 2 Teile, Frankfurt–Leipzig 1774 = Osnabrück 1967 (Neues Teutsches Staatsrecht, 8).

Motsch, Karl Eugen: Die Kantianer Schalk und Dickert an der Universität Fulda, in: FuGbll. 23/1930, S. 33–43.

Mühl, Werner August: Die Aufklärung an der Universität Fulda mit besonderer Berücksichtigung der philosophischen und juristischen Fakultät (1734–1805), Fulda 1961 (QAAF, 20).

Müller, Hans: Formen und Rechtsgehalt der Huldigung, Diss. Mainz 1954.

Müller, Johannes: Der Konflikt Kaiser Rudolfs II. mit den deutschen Reichsstädten, in: Westdeutsche Zs. für Gesch. und Kunst 14/1895, S. 257–293.

Müller, Johannes: Das Steuer- und Finanzwesen des H. R. Reiches im XVI. Jahrhundert, in: Neue Jbb. für das klass. Altertum, Geschichte und deutsche Literatur 5/1902, S. 652–678.

Müller, Karl Ludwig: Lehnsverhältnisse der Herrschaft Gersfeld nach ihrer rechtsgeschichtlichen Entstehung und mit Rücksicht auf das Gesetz vom 4. Juni 1848, Würzburg 1892.

Müller, Ludwig: Von der Rhön und ihrer Geschichte. 1. Theil: Kurze Geschichte der Rhön. Frühere und jetzige Verhältnisse des Herrschaftsbezirks Gersfeld a. d. Rh., Gersfeld 1889.

Münch, Theresia: Der Hofrat unter Kurfürst Max Emanuel von Bayern (1679–1726), München 1979 (Miscellanea Bavarica Monacensia, 58).

Muth, Heinrich: Melchior von Osse und die deutsche Verfassungsgeschichte, in: JbGMOD 2/1954, S. 125–175.

Muth, Hermann: Die öffentliche Armenpflege in Fulda bis zum Inkrafttreten des Bundesgesetzes über den Unterstützungswohnsitz vom 6. Mai 1870, Diss. Frankfurt 1921.

Näf, Werner: Herrschaftsverträge und Lehre vom Herrschaftsvertrag, in: Schweizer Beiträge zur allgemeinen Geschichte 7/1949, S. 26–52.

Näf, Werner: Frühformen des »modernen Staats« im Spätmittelalter, in: HZ 171/1951, S. 225–243 = in: Die Entstehung des modernen souveränen Staates, hg. v. Hanns Hubert Hofmann, Köln–Berlin 1967 (Neue Wissenschaftl. Bibliothek, 17), S. 101–114.

Näf, Werner: Die Epochen der neueren Geschichte. Staat und Staatengemeinschaft vom Ausgang des Mittelalters bis zur Gegenwart, 2 Bände, ²1959 = München 1970 (List Taschenbücher 358/59/60, 361/362/363).

Narz, Hermann/Runge, Carola: Herbsteiner Heft. Nachlese zur Festschrift, Lauterbach 1963 (Lauterbacher Sammlungen, 34).

Narz, Hermann: Beiträge zur Geschichte von Herbstein, Lauterbach 1966 (Lauterbacher Sammlungen, 45).

Narz, Hermann: Neue Erkenntnisse zur Geschichte der Stadt Herbstein, Lauterbach 1971 (Lauterbacher Sammlungen, 53).

Neuer-Landfried, Franziska: Die Katholische Liga. Gründung, Neugründung und Organisation eines Sonderbundes 1608–1620, Kallmünz 1968 (Münchener Histor. Studien, Abt. Bayer. Gesch., 9).

Neuhaus, Helmut: Reichstag und Supplikationsausschuß. Ein Beitrag zur Reichsverfassungsgeschichte der ersten Hälfte des 16. Jahrhunderts, Berlin 1976 (Schriften zur Verfassungsgesch., 24).

Neuhaus, Helmut: Supplikationen als landesgeschichtliche Quellen. Das Beispiel der Landgrafschaft Hessen im 16. Jahrhundert, 2. Teil, in: HJL 29/1979, S. 63–97.

NEUKIRCH, Albert: Der niedersächsische Kreis und die Kreisverfassung bis 1542, Halle 1909 (Quellen und Darstellungen aus der Gesch. des Reformationsjahrhunderts, 10).

NEUMAIER, Helmut: Reformation und Gegenreformation im Bauland unter besonderer Berücksichtigung der Ritterschaft, Schwäbisch Hall 1978 (Forschungen aus Württembergisch-Franken, 13).

NIEDERQUELL, Theodor: Im Kampf um die Reichsunmittelbarkeit. Die Geschichte der Deutschordensballei Hessen vornehmlich im 16. Jahrhundert, in: HJL 5/1955, S. 193–232.

NOFLATSCHER, Heinrich: Erzherzog Maximilian, Hoch- und Deutschmeister 1585/90–1618. Das Haus Habsburg, der Deutsche Orden und das Reich im konfessionellen Zeitalter, Diss. Innsbruck 1980.

OESTREICH, Gerhard: Der brandenburg-preußische Geheime Rat vom Regierungsantritt des Großen Kurfürsten bis zur Neuordnung im Jahre 1651. Eine behördengeschichtliche Studie, Diss. Berlin 1936 = Würzburg 1936.

OESTREICH, Gerhard: Das persönliche Regiment der deutschen Fürsten am Beginn der Neuzeit, in: WaG 1/1935, S. 218–237, 300–316 = in: DERS.: Geist und Gestalt des frühmodernen Staates. Ausgewählte Aufsätze, Berlin 1969, S. 201–234.

OESTREICH, Gerhard: Zur Heeresverfassung der deutschen Territorien von 1500 bis 1800. Ein Versuch vergleichender Betrachtung, in: Forschungen zu Staat und Geschichte. Festgabe für Fritz Hartung, hg. v. Richard DIETRICH und Gerhard OESTREICH, Berlin 1958, S. 419–439 = in (s. o.): DERS.: Geist und Gestalt des frühmodernen Staates, S. 290–310.

OESTREICH, Gerhard: Otto Hintze und die Verwaltungsgeschichte, in (s. o.): HINTZE, Otto: Regierung und Verwaltung, S. 7–31.

OESTREICH, Gerhard: Ständetum und Staatsbildung in Deutschland, in: Der Staat 6/1967, S. 61–73 = in (s. o.): DERS.: Geist und Gestalt des frühmodernen Staates, S. 277–289.

OESTREICH, Gerhard: Strukturprobleme des europäischen Absolutismus, in: VSWG 55/1969, S. 329–347 = in (s. o.): DERS.: Geist und Gestalt des frühmodernen Staates, S. 179–197.

OESTREICH, Gerhard: Ständestaat und Ständewesen im Werk Otto Hintzes, in (s. o.): GERHARD, Dietrich (Hg.), Ständische Vertretungen in Europa, S. 56–71 = in: DERS.: Strukturprobleme der frühen Neuzeit. Ausgewählte Aufsätze, Berlin 1980, S. 145–160.

OESTREICH, Gerhard: Zur parlamentarischen Arbeitsweise der deutschen Reichstage unter Karl V. (1519–1556). Kuriensystem und Ausschußbildung, in: MÖStA 25/1972 (Festschrift für Hanns Leo Mikoletzky), S. 217–243 = in (s. o.): DERS.: Strukturprobleme der frühen Neuzeit, S. 201–228.

OESTREICH, Gerhard/AUERBACH, Inge: Ständische Verfassung, in: SDG, Band 6, Freiburg/Br. 1972, Sp. 211–236.

OESTREICH, Gerhard/AUERBACH, Inge: Die ständische Verfassung in der westlichen und in der marxistisch-sowjetischen Geschichtsschreibung, in: Anciens Pays et Assemblees d'Etats 67/1976, S. 5–54 = in (s. o.): OESTREICH: Strukturprobleme der frühen Neuzeit, S. 161–200.

OESTREICH, Gerhard: Vom Herrschaftsvertrag zur Verfassungsurkunde. Die »Regierungsformen« des 17. Jahrhunderts als konstitutionelle Instrumente, in (s. u.): VIERHAUS, Rudolf (Hg.): Herrschaftsverträge, Wahlkapitulationen, Fundamentalgesetze, S. 45–67 = in DERS. (s. o.): Strukturprobleme der frühen Neuzeit, S. 229–252.

OESTREICH, Gerhard: Zur Vorgeschichte des Parlamentarismus: Ständische Verfassung, Landständische Verfassung und Landschaftliche Verfassung, in: ZHF 6/1979, S. 63–80 = in (s. o.): DERS.: Strukturprobleme der frühen Neuzeit, S. 253–271.

OHE, Hans Joachim von der: Die Zentral- und Hofverwaltung des Fürstentums Lüneburg (Celle) und ihre Beamten 1520–1648, Celle 1955.

OHNESORGE, Werner: Zur Entstehung und Geschichte der Geheimen Kammerkanzlei im albertinischen Kursachsen, in: NASG 61/1940, S. 158–215.

OHNESORGE, Werner: Die Verwaltungsreform unter Christian I. Ein Beitrag zur Geschichte der zentralen Behördenbildung Kursachsens im 16. Jahrhundert, in: NASG 63/1942, S. 26–80.

OHNESORGE, Werner: Zum Problem Fürst und Verwaltung um die Wende des 16. Jahrhunderts, in: Bll.dt.LG 88/1951, S. 151–174.

ORTH, Elsbet: Die Fehden der Reichsstadt Frankfurt am Main im Spätmittelalter. Fehderecht und Fehdepraxis im 14. und 15. Jahrhundert, Wiesbaden 1973 (Frankfurter Histor. Abhandlungen, 6).

OTT, Hans Friedel: Die weltliche Rechtsprechung des Bischofs im Hochstift Bamberg von den Anfängen bis in die erste Hälfte des 16. Jahrhunderts, Bamberg 1980 (Histor. Verein Bamberg, Beiheft 11).

OTTE, Albert: Die Mainzer Hofgerichtsordnung von 1516/1521 und die Gesetzgebung auf dem Gebiet der Zivilgerichtsbarkeit im 16. Jahrhundert. Geschichte, Quellen und Wirkung des Gesetzes für die Zentraljustizbehörde eines geistlichen Fürstentums, Diss. Mainz 1964.

OZMENT, Stephen E.: The Reformation in the Cities: The Appeal of Protestantism to Sixteenth Century Germany and Switzerland, New Haven-London 1975.

PALMER, Robert R.: The Age of Democratic Revolution. Political History of Europe and America, 1760–1800, 2 vols., Princeton, N.J. 1959, 1964.

PAPRITZ, Johannes: Die Geschichte der Schriftgutorganisation in den Kanzleien, in: Nederlands Archievenblad 62/1957, S. 2–16.

PAPRITZ, Johannes: Archivwissenschaft, Band 1/2, Teil II: Organisationsformen des Schriftguts in Kanzlei und Registratur, Marburg 1976.

PARAVICINI, Werner/WERNER, Karl Ferdinand (Hg.): Histoire comparée de l'Administration (IVᵉ–XVIIIᵉ siècles), München 1980 (Beihefte der Francia, 9).

PARKER, Geoffrey: Aufstand der Niederlande. Von der Herrschaft der Spanier zur Gründung der Niederländischen Republik. 1549–1609, München 1979.

PATZE, Hans: Die Entstehung der Landesherrschaft in Thüringen, 1. Teil, Köln–Graz 1962 (Mitteldeutsche Forschungen, 22).

PATZE, Hans (Hg.): Die Burgen im deutschen Sprachraum. Ihre rechts- und verfassungsgeschichtliche Bedeutung, 2 Bände, Sigmaringen 1976 (VuF, 19).

PATZE, Hans: Burgen in Verfassung und Recht des deutschen Sprachraumes, in (s. o.): DERS. (Hg.): Die Burgen im deutschen Sprachraum, S. 421–441.

PATZE, Hans (Hg.): Der deutsche Territorialstaat im 14. Jahrhundert, 2 Bände, Sigmaringen 1970 (VuF, 13, 14).

PATZE, Hans: Die Herrschaftspraxis der deutschen Landesherren während des späten Mittelalters, in (s. o.): PARAVICINI, Werner/WERNER, Karl Ferdinand (Hg.): Histoire comparée de l'Administration, S. 363–391.

PENNING, Wolf-Dietrich: Die weltlichen Zentralbehörden im Erzstift Köln von der ersten Hälfte des 15. bis zum Beginn des 17. Jahrhunderts, Bonn 1977 (Veröff. des Histor. Vereins für den Niederrhein, insbesondere das alte Herzogtum Köln, 14).

PESSENLEHNER, Robert: Der Schatz der Fuldaer Fürstäbte. 1. Placidus von Droste (1678–1700), 2. Adalbert von Schleifras (1700–1714), 3. Konstantin von Buttlar (1714–1726), in: FuGbll. 44/1968, S. 105–111.

PESSENLEHNER, Robert: Des Fürstabts Konstantin von Buttlar Griff nach dem Kardinalshut (nebst Bemerkungen zur Abtswahl 1714), in: FuGbll. 44/1968, S. 149–161.

PETERS, Inge-Maren: Der Ripener Vertrag und die Ausbildung der landständischen Verfassung in Schleswig-Holstein, in: Bll. dt. LG 109/1973, S. 305–349; 111/1975, S. 189–208.

PETERSOHN, Jürgen: Personenforschung im Spätmittelalter. Zu Forschungsgeschichte und Methode, in: ZHF 2/1975, S. 1–5.

PETRI, Franz (Hg.): Kirche und gesellschaftlicher Wandel in deutschen und niederländischen Städten der werdenden Neuzeit, Köln–Wien 1980 (Städteforschung. Veröff. des Inst. für vergleichende Städtegesch. in Münster. Reihe A, 10).

PFEIFER, Hans: Verfassungs- und Verwaltungsgeschichte der Fürstpropstei Ellwangen, Stuttgart 1959 (Veröff. der Komm. für geschichtl. Landeskunde in Baden-Württemberg, Reihe B, 7).

PFEIFFER, Gerhard: Studien zur Geschichte der fränkischen Reichsritterschaft, in: JffL 22/1962, S. 173–280.

PFEIFFER, Gerhard: Fürst und Land. Betrachtungen zur Bayreuther Geschichte, in: AGO 57/58/1978, S. 7–20.

PFREUNDSCHUH, Gerhard: Die Ständeordnung als Verfassungstyp der deutschen Rechtsgeschichte. Versuch einer wissenschaftstheoretischen Modellbildung, in: ZBLG 42/1979, S. 631–682.

PHILIPPI, Hans: Das Schicksal des Fuldaer Stiftsarchivs, in: FuGbll. 46/1970, S. 115–117.

PHILIPPI, Hans: Landgraf Karl von Hessen-Kassel. Ein deutscher Fürst der Barockzeit, Marburg 1976 (VHKH, 34).

PHILIPPI, Hans: Johann Salentin Freiherr von Sintzig, ein Fuldaer Koadjutor im 17. Jahrhundert, in: FuGbll. 52/1976, S. 1–23.

PHILIPPI, Hans: Der Oberrheinische Kreis, in (s. o): Deutsche Verwaltungsgeschichte, Band 1, S. 634–658.

PLEUGER, Christiane: Der humanistische Reformkatholizismus am Beispiel der Auseinandersetzung zwischen Martin Luther und Georg Witzel, Hagen 1981 (Sonderdruck: Sekundärliteratur 1 des Georg-Witzel-Archivs Hagen).

PLODECK, Karin: Hofstruktur und Hofzeremoniell in Brandenburg-Ansbach vom 16. bis zum 18. Jahrhundert. Zur Rolle des Herrschaftskultes im absolutistischen Gesellschafts- und Herrschaftssystem, in: Jb. des Histor. Vereins für Mittelfranken 86/1971/72, S. 1–260.

PLODECK, Karin: Zur sozialgeschichtlichen Bedeutung der absolutistischen Polizei- und Landesordnungen, in: ZBLG 39/1976, S. 79–125.

PÖHLMANN, Carl: Das ligische Lehensverhältnis, Heidelberg 1931.

PÖLNITZ, Götz Frhr. von: Julius Echter von Mespelbrunn, Fürstbischof von Würzburg und Herzog von Franken (1573–1617), München 1934 = Aalen 1973 (Schriftenreihe zur Bayer. LG 17).

PÖLNITZ, Sigismund Frhr. von: Stiftsfähigkeit und Ahnenprobe im Bistum Würzburg, in: WDGbll. 14/15/1952/53, S. 349–355.

POLLEY, Rainer: Der gestürzte gottorfische Kammersekretär und Rat Johannes Kuhlmann und sein »Fürstenspiegel«. Ein Beitrag zur Geschichte des persönlichen Fürstenregiments am Ende des 16. Jahrhunderts. Mit einer Beilage: Kuhlmanns »Fürstenspiegel«, in: ZSHG 106/1981, S. 55–87.

POLLEY, Rainer: Gottorfische Verwaltungserfahrung auf dem Wege zum Absolutismus. Mit einer Beilage: Dr. Andreas Cramers »Politisches Bedenken« von 1660, in: ZSHG 108/1983, S. 101–139.

POLLEY, Rainer: Die Adolphsuniversität im Spiegel der deutschen Verfassungsgeschichte, in: DERS.: Die Adolphsuniversität Fulda 1734–1805, Marburg 1984 (Schriften des Hess. Staatsarchivs Marburg, 2), S. 19–32.

PRALLE, Ludwig: Georg Witzel (1501–1573). Seine Stellung in der Geschichte der liturgischen Wissenschaft und der liturgischen Reformbestrebungen, Diss. Freiburg/Br. 1940.

PRALLE, Ludwig: Die handschriftlichen Quellen des Liturgikers Georg Witzel (1501 bis 1573), Teilausgabe der Diss. Freiburg/Br. 1940.

PRALLE, Ludwig: Die volksliturgischen Bestrebungen des Georg Witzel, in: Jb. für das Bistum Mainz 3/1948, S. 224–242.

PRALLE, Ludwig/RICHTER, Georg: Die Fuldaer Stadtpfarrei. I. Pfarrei und Archidiakonat Fulda im Mittelalter, II. Urkunden der Fuldaer Stadtpfarrei, Fulda 1952 (VFGV, 32).

PRALLE, Ludwig: Reformation und Gegenreformation in der Pfarrei Eiterfeld, in: FuGbll. 48/1972, S. 122–125.

PRALLE, Ludwig: Fulda und die deutsche Geistesgeschichte, in: Informationen und Berichte der Künstler-Union in Köln 8/1976, S. 17–27.

PRALLE, Ludwig: Das geistige Zentrum. Die kirchliche Geschichte unseres Raumes, in: Kraft aus tausend Jahren – Landkreis Fulda. Entwicklung eines Wirtschaftsraumes, hg. v. Klaus VON PRÜMMER, Mühlheim/Main 1979, S. 32–43.

PRAUSNITZ, Otto: Feuda extra curtem. Mit besonderer Berücksichtigung der Brandenburgischen Lehen in Österreich, Weimar 1929.

PRESS, Volker: Calvinismus und Territorialstaat. Regierung und Zentralbehörden der Kurpfalz 1559–1619, Stuttgart 1970 (Kieler Histor. Studien, 7).

PRESS, Volker: Die Ritterschaft im Kraichgau zwischen Reich und Territorium, in: ZGO 122/1974, S. 35–98.

PRESS, Volker: Der Bauernkrieg als Problem der deutschen Geschichtsschreibung, in: Nass. Ann. 86/1975, S. 158–177.

PRESS, Volker: Herrschaft, Landschaft und »Gemeiner Mann« in Oberdeutschland vom 15. bis zum frühen 19. Jahrhundert, in: ZGO 123/1975, S. 169–214.

PRESS, Volker: Steuern, Kredit und Repräsentation. Zum Problem der Ständebildung ohne Adel, in: ZHF 2/1975, S. 59–93.

PRESS, Volker: Kaiser Karl V., König Ferdinand und die Entstehung der Reichsritterschaft, Wiesbaden ²1980 (Inst. für Europ. Gesch. Mainz. Vorträge, 60).

PRESS, Volker: Die Landschaft aller Grafen von Solms. Ein ständisches Experiment am Beginn des 17. Jahrhunderts, in: HJL 27/1977, S. 37–106.

PRESS, Volker: Wilhelm von Grumbach und die deutsche Adelskrise der 1560er Jahre, in: Bll. dt. LG 113/1977, S. 396–431.

PRESS, Volker: Französische Volkserhebungen und deutsche Agrarkonflikte zwischen dem 16. und 18. Jahrhundert, in: Beiträge zur histor. Sozialkunde 7/1977, S. 76–81.

PRESS, Volker: Der deutsche Bauernkrieg als Systemkrise, in: Gießener Universitätsbll. 11/1978, H. 2, S. 106–127.

PRESS, Volker: Der hohenzollern-hechingische Landesvergleich von 1798. Reichsrecht und Untertanenvertetung im Zeichen der Französischen Revolution, in: Zs. für Hohenzoller. Gesch. 101/1978, S. 77–108.

PRESS, Volker: Reich und höfischer Absolutismus, in: Ploetz. Deutsche Geschichte. Epochen und Daten, hg. v. Werner CONTZE und Volker HENTSCHEL, Freiburg/Br.–Würzburg 1979, S. 157–168.

PRESS, Volker: Adel, Reich und Reformation, in (s. o.): MOMMSEN, Wolfgang J. (Hg.): Stadtbürgertum und Adel in der Reformation, S. 330–383.

PRESS, Volker: Die Grafen von Erbach und die Anfänge des reformierten Bekenntnisses in Deutschland, in: Aus Geschichte und ihren Hilfswissenschaften. Festschrift für Walter Heinemeyer, hg. v. Hermann BANNASCH und Hans-Peter LACHMANN, Marburg 1979 (VHKH, 40), S. 653–685.

PRESS, Volker: Die aufgeschobene Mediatisierung. Finanzkrise der Kleinstaaten und kaiserliche Stabilisierungspolitik, in: Bericht über die 32. Versammlung deutscher Historiker in Hamburg, 4.–8. 10. 1978 (Beiheft zu GWU), 1979, S. 139–141.

PRESS, Volker: Stadt und territoriale Konfessionsbildung, in (s. o.): PETRI, Franz (Hg.): Kirche und gesellschaftlicher Wandel in deutschen und niederländischen Städten der werdenden Neuzeit, S. 251–296.

PRESS, Volker: Führungsgruppen in der deutschen Gesellschaft im Übergang zur Neuzeit (um 1500), in (s. o.): HOFMANN, Hans Hubert/FRANZ, Günther (Hg.): Deutsche Führungsschichten in der Neuzeit. Eine Zwischenbilanz, S. 29–77.

PRESS, Volker: Landtage im Alten Reich und im Deutschen Bund. Voraussetzungen ständischer und konstitutioneller Entwicklungen 1750–1830, in: ZWLG 39/1980, S. 100–140.

PRESS, Volker: Von den Bauernrevolten des 16. zur konstitutionellen Verfassung des 19. Jahrhunderts. Die Untertanenkonflikte in Hohenzollern-Hechingen und ihre Lösungen, in (s. u.): WEBER, Hermann (Hg.): Politische Ordnungen und soziale Kräfte im Alten Reich, S. 85–112.

PRESS, Volker: Landstände des 18. und Parlamente des 19. Jahrhunderts, in: Deutschland zwischen Revolution und Restauration, hg. v. Helmut BERDING und Hans-Peter ULLMANN, Königstein/Ts. 1981 (Athenäum Droste Taschenbücher, 7240), S. 133–157.

PRESS, Volker: Die Entstehung des Fürstentums Liechtenstein, in: Das Fürstentum Liechtenstein. Ein landeskundliches Portrait, hg. v. Wolfgang MÜLLER, Bühl/Baden 1982 (Veröff. des Alemann. Inst. Freiburg i. Br., 50), S. 63–91.

PRESS, Volker: Landstände und Landschaften im deutschen Südwesten. Vorformen des Parlamentarismus im alten Reich, in: Beiträge zur Landeskunde. Beilage zum Staatsanzeiger Baden-Württemberg 1982, H. 5, S. 1–12.

PRESS, Volker: Soziale Folgen der Reformation in Deutschland, in: Schichtung und Entwicklung der Gesellschaft in Polen und Deutschland im 16. und 17. Jahrhundert. Parallelen, Verknüpfungen, Vergleiche, hg. v. Marian BISKUP und Klaus ZERNACK, Wiesbaden 1983 (VSWG-Beiheft 74), S. 196–243.

PRESS, Volker: Formen des Ständewesens in den deutschen Territorialstaaten des 16. und 17. Jahrhunderts, in: Ständetum und Staatsbildung in Preußen. Ergebnisse einer internationalen Fachtagung, hg. v. Peter BAUMGART, Berlin–New York 1983 (Veröff. der Histor. Komm. zu Berlin, 55), S. 280–318.

PRESS, Volker: Vom »Ständestaat« zum Absolutismus. 50 Thesen zur Entwicklung des Ständewesens in Deutschland, in (s. o.): Ständetum und Staatsbildung in Preußen, S. 319–326.

PRESS, Volker: Landgraf Philipp der Großmütige von Hessen, in: SCHOLDER, Klaus/KLEINMANN, Dieter (Hg.): Protestantische Profile. Lebensbilder aus fünf Jahrhunderten, Königstein/Ts. 1983, S. 60–77.

PRESS, Volker: Die wittelsbachischen Territorien. Die pfälzischen Lande und Bayern, in (s. o.): Deutsche Verwaltungsgeschichte, Band 1, S. 552–599.

PRESS, Volker: Reichsritterschaften, in (s. o.): Deutsche Verwaltungsgeschichte, Band 1, S. 679–689.

PRESS, Volker: Fürst und Stände in den oberrheinischen Territorien in früher Neuzeit (Kurpfalz, Pfalz-Zweibrücken, badische Markgrafschaften). Vortrag vor der Arbeitsgemeinschaft für geschichtliche Landeskunde am Oberrhein am 13. 12. 1974. Protokoll der Arbeitsgemeinschaft.

PRESS, Volker: Landstände zwischen Rhein und Rhön. Vorformen des Parlamentarismus im Gebiet des heutigen Hessen. Rede vor dem Hess. Landtag am 30. 11. 1978.

PUSCH, Hermann: Kloster Rohr. Festschrift zum 100jährigen Jubiläum des Hennebergischen altertumsforschenden Vereins, Meiningen 1932 (Neue Beiträge zur Gesch. deutschen Altertums, 37).

PUTSCHÖGL, Gerhard: Die landständische Behördenorganisation in Österreich ob der Enns vom Anfang des 16. bis zur Mitte des 18. Jahrhunderts. Ein Beitrag zur österreichischen Rechtsgeschichte, Linz 1978 (Forschungen zur Gesch. Oberösterreichs, 14).

QUARITSCH, Helmut: Staat und Souveränität, Band 1: Die Grundlagen, Frankfurt/M. 1970.

QUARTHAL, Franz/WIEGAND, Georg/DÜRR, Birgit: Die Behördenorganisation Vorderösterreichs von 1753 bis 1805 und die Beamten in Verwaltung, Justiz und Unterrichtswesen, Bühl/Baden 1977 (Veröff. des Alemann. Inst. Freiburg i. Br., 43).

QUARTHAL, Franz: Landstände und landständisches Steuerwesen in Schwäbisch-Österreich, Stuttgart 1980 (Schriften zur südwestdeutschen Landeskunde, 16).

QUINT, Wolfgang: Souveränitätsbegriff und Souveränitätspolitik in Bayern. Von der Mitte des 17. bis zur ersten Hälfte des 19. Jahrhunderts, Berlin 1971 (Schriften zur Verfassungsgesch., 15).

RACHFAHL, Felix: Der dualistische Ständestaat in Deutschland, in: Jb. GVV NF 26/1902, S. 1063–1117.

RACHFAHL, Felix: Alte und neue Landesvertretung, in: Jb. GVV NF 33/1909, S. 89–130.

RACHFAHL, Felix: Die niederländische Verwaltung des 15. und 16. Jahrhunderts und ihr Einfluß auf die Verwaltungsreformen Maximilians I. in Österreich und Deutschland, in: HZ 110/1913, S. 1–66.

RACHFAHL, Felix: Waren die Landstände eine Landesvertretung?, in: Jb. GVV NF 40/1916, S. 1141–1180.

RAMACKERS, Johannes: Ein Brief des erwählten Abtes Wolfgang II. an den Kardinaldekan Jean de

Bellay (1558), in: Reformata Reformanda. Festgabe für Hubert Jedin, Band 2, Münster 1965, S. 130–143.

RANDELZHOFER, Albrecht: Völkerrechtliche Aspekte des Heiligen Römischen Reiches nach 1648, Berlin 1967 (Schriften zum Völkerrecht, 1).

RAPP, Francis: Réformes et Réformation à Strasbourg. Eglise et société dans le diocèse de Strasbourg 1450–1525, Paris 1974 (Collection de l'Institut des Hautes Etudes Alsaciennes, 23).

Rasdorf. Beiträge zur Geschichte einer 1200jährigen Gemeinde. Historische Festgabe zur 1200-Jahr-Feier, hg. v. dem Gemeindevorstand, Rasdorf 1980.

RAUCH, Günter: Das Mainzer Domkapitel in der Neuzeit. Zu Verfassung und Selbstverständnis einer adeligen geistlichen Gemeinschaft, in: ZSRG KA 92/1975, S. 161–227; 93/1976, S. 194–278; 94/1977, S. 132–179.

RAUCH, Karl: Stiftsmäßigkeit und Stiftsfähigkeit in ihrer begrifflichen Abgrenzung, in: Festschrift für Heinrich Brunner, Weimar 1910, S. 737–760.

RAUSCH, Heinz (Hg.): Die geschichtlichen Grundlagen der modernen Volksvertretung. Entwicklung von den mittelalterlichen Korporationen zu den modernen Parlamenten, Band 2: Reichsstände und Landstände, Darmstadt 1974 (Wege der Forschung, 469).

RAUSCH, Heinz: Repräsentation. Wort, Begriff, Kategorie, Prozeß, in (s. o.): BOSL, Karl / MÖCKL, Karl (Hg.): Der moderne Parlamentarismus und seine Grundlagen in der ständischen Repräsentation, Berlin 1977, S. 69–98.

REDEN, Armgard von: Landständische Verfassung und fürstliches Regiment in Sachsen-Lauenburg (1543–1689), Göttingen 1974 (Veröff. des Max-Planck-Inst. für Gesch., 41).

REDEN-DOHNA, Armgard von: Landständische Verfassungen, in: HRG, Band 2, Berlin 1978, Sp. 1578–1585.

REIF, Heinz: Westfälischer Adel 1770–1860. Vom Herrschaftsstand zur regionalen Elite, Göttingen 1979 (Krit. Studien zur Geschichtswissenschaft, 35).

REIMANN, Johanna: Die Ministerialen des Hochstifts Würzburg in sozial-, rechts- und verfassungsgeschichtlicher Sicht, in: Mainfr. Jb. 16/1964, S. 1–266.

REIN, Wilhelm: Zella unter Fischberg. Nonnenkloster und Propstei Würzburgischer Diözese, in: AHVUA 15/1861. H. 2/3, S. 332–356.

REINHARD, Wolfgang: Katholische Reform und Gegenreformation in der Kölner Nuntiatur 1584–1621, in: RQS 66/1971, S. 8–65.

REINHARD, Wolfgang: Gegenreformation als Modernisierung? Prolegomena zu einer Theorie des konfessionellen Zeitalters, in: ARG 68–1977, S. 266–252.

REINHARD, Wolfgang: Theorie und Empirie bei der Erforschung frühneuzeitlicher Volksaufstände, in: Historia integra. Festschrift für Erich Hassinger, hg. v. Hans FENSKE, Wolfgang REINHARD und Ernst SCHULIN, Berlin-München 1977, S. 173–200.

REINHARD, Wolfgang: Freunde und Kreaturen. »Verflechtung« als Konzept zur Erforschung historischer Führungsgruppen. Römische Oligarchie um 1600, München 1979 (Schriften der Philosoph. Fachbereiche der Universität Augsburg, 14).

REINHARD, Wolfgang: Konfession und Konfessionalisierung in Europa, in: Bekenntnis und Geschichte. Die Confessio Augustana im historischen Zusammenhang. Ringvorlesung der Universität Augsburg im Jubiläumsjahr 1980, hg. v. Wolfgang REINHARD, München 1981, S. 165–189.

REINHARDT, Rudolf: Kontinuität und Diskontinuität. Zum Problem der Koadjutorie mit dem Recht der Nachfolge in der neuzeitlichen Germania Sacra, in: Der dynastische Fürstenstaat. Zur Bedeutung von Sukzessionsordnungen für die Entstehung des frühmodernen Staates, hg. v. Johannes KUNISCH, Berlin 1982 (Histor. Forschungen, 21), S. 115–155.

REITER, Ernst: Martin von Schaumberg, Fürstbischof von Eichstätt (1560–1590) und die Trienter Reform, Münster 1965 (Reformationsgeschichtl. Studien und Texte, 91/92).

RENGER, Reinhard: Landesherr und Landstände im Hochstift Osnabrück in der Mitte des

18. Jahrhunderts. Untersuchungen zur Institutionsgeschichte des Ständestaates im 17. und 18. Jahrhundert, Göttingen 1968 (Veröff. des Max-Planck-Inst. für Gesch., 19).

Renner, Michael: Fuldaer Einfluß auf die Würzburger Schulreform Franz Ludwigs von Erthal, in: ZBLG 28/1965, S. 368–391.

Reuschling, Heinzjürgen N.: Die Regierung des Hochstifts Würzburg 1495–1642. Zentralbehörden und führende Gruppen eines geistlichen Staates, Diss. Gießen 1977 = Würzburg 1984 (Forschungen zur fränk. Kirchen- und Theologiegesch., 10).

Reuter, Fritz (Hg.): Der Reichstag zu Worms 1521. Reichspolitik und Luthersache, Köln–Wien ²1981.

Reuter, Rudolf: Der Kampf um die Reichsstandschaft der Städte auf dem Augsburger Reichstag 1582, München–Leipzig 1919.

Richter, Gregor: Die adeligen Kapitulare des Stifts Fulda seit der Visitation der Abtei durch den päpstlichen Nuntius Petrus Aloysius Carafa (1627–1802), Fulda 1904.

Richter, Gregor: Der Fuldaer Rechtsgelehrte Eugen Thomas († 1813), in: FuGbll. 4/1905, S. 113–125.

Richter, Gregor: Die Säkularisation des Kollegiatstifts Rasdorf, in: FuGbll. 4/1905, S. 129–141.

Richter, Gregor: Zur Geschichte des Bauernkrieges im Hochstift Fulda, in: FuGbll. 5/1906, S. 113–122.

Richter, Gregor: Die Säkularisation des Fuldaer Domkapitels 1802, in: FuGbll. 7/1908, S. 129–138, 184–192.

Richter, Gregor: Die Verwandtschaft Georg Witzels, in: FuGbll. 8/1909, S. 113–126, 129–144, 155–160 = in: SFGWF 1/1975, S. 48–82.

Richter, Gregor: Die bürgerlichen Benediktiner der Abtei Fulda von 1627 bis 1802. Nebst den Statuten des Konvents ad S. Salvatorem vom 25. Februar 1762, Fulda 1911 (QAAF, 7).

Richter, Gregor: Ein »Fuldaer Plan« zur Wiedervereinigung der christlichen Konfessionen in Deutschland, in: FuGbll. 10/1911, S. 1–8, 17–32, 57–64.

Richter, Gregor: Einführung reformierter Benediktiner in die Propstei Johannesberg am 7. Januar 1631, in: FuGbll. 18/1925, S. 89–96.

Richter, Gregor: Johann Fabri aus Fulda, ein päpstlicher Kurialbeamter der Renaissancezeit († 1518), in: FuGbll. 22/1929, S. 49–56.

Richter, Karl: Gemünden, München 1963 (Historischer Atlas von Bayern, Teil Franken. Reihe 1, 11).

Ried, Ursula: Bemühungen des Fuldaer Fürstbischofs Heinrich VIII. um Erstattung der Fouragekosten nach dem siebenjährigen Kriege, in: FuGbll. 13/1914, S. 129–142.

Ried, Ursula: Die Wirtschaftspolitik Heinrichs VIII. von Bibra, Fürstbischofs von Fulda, Fulda 1916 (VFGV, 14).

Riedenauer, Erwin: Reichsritterschaft und Konfession, in: (s. u.): Rössler, Helmuth (Hg.): Deutscher Adel 1555–1740, S. 1–63.

Riedenauer, Erwin: Die fränkische Reichsritterschaft, in: Nachrichten aus dem Frankenbund, Nr. 58, 1968, S. 16–22.

Riedenauer, Erwin: Probleme des sozialen Aufstiegs bei der fränkischen Reichsritterschaft, in: Nachrichten aus dem Frankenbund, Nr. 58, 1968, S. 24–30.

Riedenauer, Erwin: Kontinuität und Fluktuation im Mitgliederstand der fränkischen Reichsritterschaft, in: Gesellschaft und Herrschaft. Forschungen zu sozial- und landesgeschichtlichen Problemen. Festgabe für Karl Bosl, München 1969, S. 87–152.

Ritter, Moriz: Geschichte der Deutschen Union von den Vorbereitungen des Bundes bis zum Tode Kaiser Rudolfs II. (1598–1612), 2 Bände, Schaffhausen 1867, 1873.

Ritter, Moriz: Deutsche Geschichte im Zeitalter der Gegenreformation und des Dreißigjährigen Krieges (1555–1648), 3 Bände, Stuttgart 1889, 1895, Stuttgart–Berlin 1908 (Bibliothek Deutscher Gesch.) = Darmstadt 1962.

Ritter, Moriz: Der Ursprung des Restitutionsedikts, in: HZ 76/1895, S. 62–102 = in: Der

Dreißigjährige Krieg. Perspektiven und Strukturen, hg. v. Hans Ulrich RUDOLF, Darmstadt 1977 (Wege der Forschung, 451), S. 135–174.

ROBERG, Burkhard: Zur Quellenlage und Historiographie des Jülich-Klevischen Erbfolgestreites, in: AHVN 179/1977, S. 114–135.

ROBERG, Burkhard: Päpstliche Politik am Rhein. Die römische Kurie und der Jülich-Klevische Erbfolgestreit, in: Rhein. Vjbll. 41/1977, S. 63–87.

ROBERTS, Michael: Gustavus Adolphus. A History of Sweden 1611–1632, 2 vols., London 1962, ²1964.

ROBERTS, Michael: The Political Objectives of Gustav Adolf in Germany 1630–1632. Essays in Swedish History, London 1967.

RÖDEL, Ute: Königliche Gerichtsbarkeit und Streitfälle der Fürsten und Grafen im Südwesten des Reiches 1250–1313, Köln–Wien 1979 (Quellen und Forschungen zur höchsten Gerichtsbarkeit im Alten Reich, 5).

RÖDEL, Volker: Reichslehnswesen, Ministerialität, Burgmannschaft und Niedradel. Studien zur Rechts- und Sozialgeschichte des Adels in den Mittel- und Oberrheinlanden während des 13. und 14. Jahrhunderts, Darmstadt–Marburg 1979 (Quellen und Forschungen zur hess. Gesch., 38).

RÖLL, Werner: Die kulturlandschaftliche Entwicklung des Fuldaer Landes seit der Frühneuzeit, Gießen 1966 (Gießener Geograph. Schriften, 9).

RÖSENER, Werner: Die Rolle der Grundherrschaft im Prozeß der Territorialisierung. Die Markgrafschaft Hachberg als Beispiel, in: ZBrGV 98/1979, S. 5–30.

RÖSSLER, Hellmuth (Hg.): Deutscher Adel 1430–1555, Darmstadt 1965 (Schriften zur Problematik der deutschen Führungsschichten in der Neuzeit, 1).

RÖSSLER, Hellmuth (Hg.): Deutscher Adel 1555–1740, Darmstadt 1965 (Schriften zur Problematik der deutschen Führungsschichten in der Neuzeit, 2).

ROGGENDORF, Josef: Die Politik der Pfalzgrafen von Neuburg im Jülich-Klevischen Erbfolgestreit, in: Düsseldorfer Jb. 53/1968, S. 1–211.

ROHDE, Christine: Gotthard Fürstenberg. Jurist, Rat und Kanzler im Hochstift Osnabrück (1586–1617), in: Osnabrücker Mitt. 87/1981, S. 35–58.

ROMMEL, Christoph von: Geschichte von Hessen, Bände 3–10, Cassel 1827–1858.

ROSENTHAL, Eduard: Die Behördenorganisation Kaiser Ferdinands I. Das Vorbild der Verwaltungsorganisation in den deutschen Territorien. Ein Beitrag zur Geschichte des Verwaltungsrechts, in: AÖG 69/1887.2, S. 51–316.

ROSENTHAL, Eduard: Geschichte des Gerichtswesens und der Verwaltungsorganisation Baierns, 2 Bände, Würzburg 1889, 1906 = Aalen 1968.

ROTH VON SCHRECKENSTEIN, Karl Heinrich Frhr.: Geschichte der ehemaligen freien Reichsritterschaft in Schwaben, Franken und am Rheinstrome, 2 Bände, Tübingen 1859, 1871.

ROTHE, Hans: Eine Chronik von Bad Salzschlirf, Fulda 1976.

RUBLACK, Hans-Christoph: Gescheiterte Reformation. Frühreformation und protestantische Bewegungen in den süd- und westdeutschen geistlichen Residenzen, Stuttgart 1978 (Spätmittelalter und Frühe Neuzeit, 4).

RÜBSAM, Augustin: Liobabüchlein. Leben der heiligen Lioba nebst einer Geschichte des Petersberges, Fulda 1910.

RÜBSAM, Augustin: Kardinal Bernhard Gustav, Markgraf von Baden-Durlach, Fürstabt von Fulda 1671–1677, Fulda 1923 (QAAF, 12).

RÜBSAM, Joseph: Die kirchen- und staatsrechtliche Stellung der exemten und reichsunmittelbaren Abtei Fulda, Fulda 1879.

RÜBSAM, Joseph: Heinrich V. von Weilnau, Fürstabt von Fulda (1288–1313) nebst einem Exkurs über die Quellen der Geschichte des Hochstifts, in: ZHG NF 9/1882, S. 1–208.

RÜBSAM, Joseph: Der Abt von Fulda als Erzkanzler der Kaiserin, in: ZGH NF 10/1883, S. 1–48.

RUNGE, Carola/VOLLMÖLLER, Kurt: Lauterbach. Tor zum Vogelsberg, Fulda o. J.

RUPPEL, Aloys: Die Fuldaer Bürgeraufstände 1331/32, in: FuGbll. 6/1907, S. 81–87.

RUPPEL, Aloys: Johann Friedrich Schannats Berufung zum fuldischen Geschichtsschreiber, in: Aus Fuldas Geistesleben. Festschrift zum 150jährigen Jubiläum der Landesbibliothek Fulda, hg. v. Joseph THEELE, Fulda 1928, S. 40–52.

RUPPERT, Karsten: Die Landstände des Erzstifts Köln in der frühen Neuzeit. Verfassung und Geschichte, in: AHVN 174/1972, S. 47–111.

RUPPERT, Karsten: Die kaiserliche Politik auf dem Westfälischen Friedenskongreß, Münster 1979 (Schriftenreihe der Vereinigung zur Erforschung der neueren Gesch., 10).

SABLONIER, Roger: Adel im Wandel. Eine Untersuchung zur sozialen Situation des ostschweizerischen Adels um 1300, Göttingen 1979 (Veröff. des Max-Planck-Inst. für Gesch., 66).

SÄNGER, Margret: Die Burgfrieden der Grafen von Katzenelnbogen, in: Bll. dt. LG 116/1980, S. 189–234.

Salmünster. Aus der Vergangenheit einer alten Stadt im Kinzigtal. Festausgabe anläßlich des 650. Jubiläums der Stadternennung, hg. v. der Stadt Salmünster, Salmünster 1970.

SAMSE, Helmut: Die Zentralverwaltung in den südwelfischen Landen vom 15. bis zum 17. Jahrhundert, Hildesheim–Leipzig 1940 (Quellen und Darstellungen zur Gesch. Niedersachsens, 49).

SAPPER, Nico: Die schwäbisch-österreichischen Landstände und Landtage im 16. Jahrhundert, Stuttgart 1965 (Schriften zur südwestdeutschen Landeskunde, 6).

SARTORI, Joseph von: Statistische Abhandlung über die Mängel der Regierungsverfassung der geistlichen Wahlstaaten und von den Mitteln solchen abzuhelfen, Augsburg 1787.

SAUER, Paul Ludwig: Der Dialog bei Georg Witzel in seiner zeitgeschichtlichen und entwicklungsgeschichtlichen Bedeutung. Dissertation (1956) mit einem neuen Geleitwort, Hagen 1981 (Sonderdruck: Sekundärliteratur Nr. 2 des Georg-Witzel-Archivs Hagen).

SCHAAB, Meinrad: Die Zent in Franken von der Karolingerzeit bis ins 19. Jahrhundert. Kontinuität und Wandel einer aus dem Frühmittelalter stammenden Organisationsform, in (s. o.): PARAVICINI, Werner/WERNER, Karl Ferdinand (Hg.): Histoire comparée de l'Administration, S. 345–362.

SCHÄFER, Friedrich Wilhelm: Adam Krafft, der Reformator Hessens. Bildungsgang und Wirksamkeit bis zum Jahre 1530, Darmstadt 1911.

SCHÄFER, Rudolf: Geschichte der Familie von Lauter. Beitrag zur Forschung über fuldische und hanauische Vasallengeschlechter, in: Vierteljahrsschrift für Wappen-, Siegel- und Familienkunde 28/1900, S. 279–317.

SCHÄFER, Rudolf: Das Alsfelder Geschlecht von Gilsa, in: Mitt. der Hess. Familiengeschichtl. Vereinigung 8/1948–1953, S. 298–301.

SCHÄFER, Walter: Adam Krafft. Landgräfliche Ordnung und bischöfliches Amt, Kassel 1976 (Monographia Hassiae. Schriftenreihe der Evangel. Kirche von Kurhessen-Waldeck, 4).

SCHAFFRATH, Otto: Der Extrakt aus dem Küchenmeistereiregister von 1575 und die Huldigungsanweisung von 1576, in: FuGbll. 35/1959, S. 137–149.

SCHAFFRATH, Otto: Fulda und seine Nachbarn auf den Reichstagen des 16. und 17. Jahrhunderts, in: FuGbll. 42/1966, S. 4–19.

SCHAFFRATH, Otto: Balthasar von Dermbach und seine Zeit. Studien zur Geschichte der Gegenreformation in Fulda, Fulda 1967 (VFGV, 44).

SCHAFFRATH, Otto: Baltzer Schmaltz, ein Opfer der Gegenreformation, in: FuGbll. 44/1968, S. 56–64.

SCHAFFRATH, Otto: Das fuldische Propsteikloster Höchst im Odenwald, in: FuGbll. 46/1970, S. 125–145.

SCHAFFRATH, Otto: Eichenzell und die Herren von Ebersberg (14.–17. Jahrhundert), in: Eichenzell. Gestalt und Wandel einer Gemeinde in Geschichte und Gegenwart, Fulda 1971, S. 28–42.

SCHAFFRATH, Otto: Fulda in den Kriegswirren der Jahre 1545 bis 1554, in: FuGbll. 47/1971, S. 196–214.

SCHAFFRATH, Otto: Vor 400 Jahren: Die Gründung des Jesuitenkollegs in Fulda, in: FuGbll. 48/1972, S. 145 f.

SCHAFFRATH, Otto: Dr. Balthasar Wiegand, der erste Generalvikar von Fulda, in: FuGbll. 50/1974, S. 94–102.

SCHAFFRATH, Otto: Der Judenpogrom 1591 in Fulda, in: FuGbll. 50/1974, S. 131–134.

SCHAFFRATH, Otto: Reformation und Gegenreformation im einstigen Hochstift Fulda, in: Jb. des Landkreises Fulda 1974, S. 211–219.

SCHANNAT, Johann Friedrich: s. o. unter II. Gedruckte Quellen, S. 415.

SCHEEL, Günter: Kurbraunschweig und die übrigen welfischen Lande, in (s. o.): Deutsche Verwaltungsgeschichte, Band 1, S. 741–763.

SCHERER, Carl: Zur Geschichte der Stadt und des Landes Fulda in den Jahren 1631 und 1632, in: FuGbll. 2/1903, S. 81–95, 97–108.

SCHEYHING, Robert: Eide, Amtsgewalt und Bannleihe. Eine Untersuchung zur Bannleihe im hohen und späten Mittelalter, Köln–Graz 1960 (Forschungen zur deutschen Rechtsgesch. 2).

SCHIEFFER, Theodor: Winfried-Bonifatius und die christliche Grundlegung Europas, Freiburg/Br. 1954 = Darmstadt 1972.

SCHILLING, Heinz: Die politische Elite nordwestdeutscher Städte in den religiösen Auseinandersetzungen des 16. Jahrhunderts, in (s. o.): MOMMSEN, Wolfgang J. (Hg.): Stadtbürgertum und Adel in der Reformation, S. 235–308.

SCHILLING, Heinz: Konfessionskonflikt und Staatsbildung. Eine Fallstudie über das Verhältnis von religiösem und sozialem Wandel in der Frühneuzeit am Beispiel der Grafschaft Lippe, Gütersloh 1981 (Quellen und Forschungen zur Reformationsgesch., 48).

SCHILLING, Heinz: Dortmund im 16. und 17. Jahrhundert. Reichsstädtische Gesellschaft, Reformation und Konfessionalisierung, in: Dortmund – 1100 Jahre Stadtgeschichte. Festschrift anläßlich der 1100-Jahr-Feier der Stadt Dortmund, Dortmund 1982, S. 153–201.

SCHILLING, Heinz: Wandlungs- und Differenzierungsprozesse innerhalb der bürgerlichen Oberschichten West- und Norddeutschlands im 16. und 17. Jahrhundert, in: Schichtung und Entwicklung der Gesellschaft in Polen und Deutschland im 16. und 17. Jahrhundert. Parallelen, Verknüpfungen, Vergleiche, hg. v. Marian BISKUP und Klaus ZERNACK, Wiesbaden 1983 (VSWG-Beihefte 74), S. 121–173.

SCHINDLING, Anton: Reichstagsakten und Ständeforschung, in: GWU 24/1973, S. 427–434.

SCHINDLING, Anton: Der Westfälische Frieden und die mittelrheinisch-hessische Landesgeschichte. Einige Gedanken zu der Bonner Edition der »Acta Pacis Westphalicae«, in: Nass. Ann. 89/1978, S. 240–251.

SCHINDLING, Anton: Der Westfälische Frieden und der Reichstag, in (s. u.): WEBER, Hermann (Hg.): Politische Ordnungen und soziale Kräfte im Alten Reich, S. 113–153.

SCHLEIF, Karl Heinz: Regierung und Verwaltung des Erzstiftes Bremen am Beginn der Neuzeit. Eine Studie zum Wesen der modernen Staatlichkeit, Hamburg 1972.

SCHLERETH, F(ranz) B(ernhard): Der Johannesberg im Rheingaue, in: Buchonia 3/1828, H. 2, S. 1–44.

SCHLESINGER, Walter: Die Entstehung der Landesherrschaft. Untersuchungen vorwiegend nach mitteldeutschen Quellen, Darmstadt ³1961 (Sächs. Forschungen zur Gesch., 1).

SCHLESINGER, Walter: Die Landesherrschaft der Herren von Schönburg. Eine Studie zur Geschichte des Staates in Deutschland, Münster–Köln 1954 (Quellen und Forschungen zur Verfassungsgesch. des Deutschen Reiches in Mittelalter und Neuzeit, 9.1).

SCHLITZ GEN. VON GÖRTZ, Elisabeth von: Schlitz und das Schlitzerland, Schlitz 1936.

SCHLITZER, Paul: Die Herren von Lüder, in: FuGbll. 36/1960, S. 178–190; 37/1961, S. 65–83.

SCHLITZER, Paul: Vom Salinenwesen in Großenlüder, in: FuGbll. 38/1962, S. 120–128.

SCHLITZER, Paul: Die Herren von Bucholtz, in: FuGbll. 43/1967, S. 144–169.

SCHLITZER, Paul: Huldigungen in Großenlüder, in: FuGbll. 47/1971, S. 175–183.

SCHLITZER, Paul: Das Hochstift Fulda während der Französischen Revolution, in: FuGbll. 50/1974, S. 102–110.

SCHLITZER, Paul: Die fuldische Landmiliz, in: FuGbll. 55/1979, S. 70–74.

SCHLITZER, Paul: Verwaltungsreform in der Oranierzeit, in: FuGbll. 57/1981, S. 1–13.

SCHMALE, Franz-Josef: Zur Ministerialität der Grafen von Berg und der Grafen von der Mark, in: Beiträge zur Gesch. Dortmunds und der Grafschaft Mark 73/1981, S. 141–167.

SCHMAUSS, Johann Jacob: Compendium iuris publici, Göttingen ³1752.

SCHMERBACH, Karl: Der Steinauer Amtmann Philipp von Eberstein der Jüngere, in: Bergwinkel-Bote 29/1978, S. 43–48.

SCHMIDT, F(ranz): Reformation und Gegenreformation in Stadt und Gericht Schlitz, in: Gbll. für den Kreis Lauterbach 1/1911–1913, S. 83–92.

SCHMIDT, Georg: Landgraf Philipp der Großmütige und das Katzenelnboger Erbe. Voraussetzungen der hessischen Reichspolitik (1500–1547), in: AHG NF 41/1983, S. 9–54.

SCHMIDT, Georg: Der Städtetag in der Reichsverfassung. Eine Untersuchung zur korporativen Politik der freien und Reichsstädte in der ersten Hälfte des 16. Jahrhunderts, Stuttgart 1984 (Veröff. des Inst. für Europ. Gesch. Mainz, 113. Abt. Universalgesch.; Beiträge zur Sozial- und Verfassungsgesch. des Alten Reiches, 5).

SCHMIDT (Gustav Leberecht): Eberhard von der Tann, in: Programm des großherzogl. Realgymnasiums Eisenach 1878, S. 1–25.

SCHMIDT, Hans: Der Einfluß der Winterquartiere auf Strategie und Kriegsführung des Ancien Régime, in: HJb 92/1972, S. 77–91.

SCHMIDT, Hans: Militärverwaltung in Deutschland vom Westfälischen Frieden bis zum 18. Jahrhundert, in: (s. o.): PARAVICINI, Werner/ WERNER, Karl Ferdinand (Hg.): Histoire comparée de l'Administration, S. 570–580.

SCHMIDT, Karl: Johann Conrad Causenius, ein Friedberger Rechtsgelehrter des 17. Jahrhunderts, Friedberg 1934.

SCHMITT, Hans-Jürgen: Die geistliche und weltliche Verwaltung der Diözese und des Hochstifts Bamberg zur Zeit des Bischofs Weigand von Redwitz (1522–1556), in: BHVB 106/1970, S. 33–184.

SCHMITT, Otto M.: Melchior Adam Weikard. Arzt, Philosoph und Aufklärer, Fulda 1970 (VFGV, 47).

SCHMITZ-ECKERT, Hans Georg: Die hochstift-münsterische Regierung von 1574 bis 1803, in: Westfäl. Zs. 116/1966, S. 27–100.

SCHMOLLER, Gustav: Ueber Behördenorganisation, Amtswesen und Beamtentum im Allgemeinen und speciell in Deutschland und Preußen bis zum Jahre 1713, in: Acta Borussica. Denkmäler der Preußischen Staatsverwaltung im 18. Jahrhundert, (Abt. A:) Die Behördenorganisation und die allgemeine Staatsverwaltung Preußens im 18. Jahrhundert, Band 1, Berlin 1894, S. 1–143.

SCHMOLLER, Gustav: Der deutsche Beamtenstaat vom 16. bis 18. Jahrhundert, in: DERS.: Umrisse und Untersuchungen zur Verfassungs-, Verwaltungs- und Wirtschaftsgeschichte, Leipzig 1898, S. 289–313.

SCHMOLLER, Gustav: Historische Betrachtungen über Staatenbildung und Finanzentwicklung, in: Jb. GVV NF 33/1909, S. 1–64.

SCHNEIDER, Joseph: Geschichte des Buchenlandes, in: Buchonia 1/1826, H. 1, S. 1–71, H. 2, S. 1–63; 2/1827, H. 1, S. 1–52, H. 2, S. 1–25.

SCHNEIDER, Joseph: Geschichte und Ortkunde des ehemals domstiftischen Gerichts Lüder, jetzigen Amts Großenlüder, im Kreise Fulda. Von der ältesten bis auf die neueste Zeit, in: Buchonia 4/1829, H. 1, S. 79–142.

SCHNEIDER, Justus: Zwei Regenten Fulda's aus dem Hause Dalberg, in: ZHG NF 8/1880, S. 177–203.

SCHNEIDER, Justus: Die Ritterburgen der vormaligen Abtei Fulda, in: ZHG NF 17/1892, S. 121–175.

SCHNEIDER, Justus: Geschichte des vormals fuldischen Klosters und Schlosses Johannisberg am Rhein, in: Hessenland 13/1899, S. 122–124, 134f., 146–149, 165–167.

SCHÖMBS, Erwin: Das Staatsrecht Johann Jakob Mosers (1701–1785). Zur Entstehung des historischen Positivismus in der deutschen Reichspublizistik des 18. Jahrhunderts, Berlin 1968 (Schriften zur Verfassungsgesch., 8).

SCHÖNBERG, Rüdiger Frhr. von: Das Recht der Reichslehen im 18. Jahrhundert. Zugleich ein Beitrag zu den Grundlagen der bundesstaatlichen Ordnung, Heidelberg–Karlsruhe 1977 (Studien und Quellen zur Gesch. des deutschen Verfassungsrechts, Reihe A, 10).

SCHRÖTER, Adelbert: Land an der Straße. Die Geschichte der katholischen Pfarreien in der thüringischen Rhön, Leipzig 1965.

SCHUBERT, Ernst: Die Landstände des Hochstifts Würzburg, Würzburg 1967 (Veröff. der Gesellsch. für fränk. Gesch., Reihe IX, 23).

SCHUBERT, Ernst: Zur Typologie gegenreformatorischer Universitätsgründungen: Jesuiten in Fulda, Würzburg, Ingolstadt und Dillingen, in: Universität und Gelehrtenstand 1400–1800. Büdinger Vorträge 1966, hg. v. Hellmuth RÖSSLER und Günther FRANZ, Limburg 1970 (Deutsche Führungsschichten in der Neuzeit, 4), S. 85–105.

SCHUBERT, Ernst: Gegenreformationen in Franken, in: JffL 28/1968 = in (s. u.): ZEEDEN, Ernst Walter (Hg.): Gegenreformation, S. 222–269.

SCHUBERT, Ernst: König und Reich. Studien zur spätmittelalterlichen deutschen Verfassungsgeschichte, Göttingen 1979 (Veröff. des Max-Planck-Inst. für Gesch., 63).

SCHUBERT, Friedrich Hermann: Die deutschen Reichstage in der Staatslehre der frühen Neuzeit, Göttingen 1966 (Schriftenreihe der Histor. Komm. bei der Bayer. Akad. der Wiss., 7).

SCHÜLER, Adalbert: Landwirtschaft, Handel und Gewerbewesen im Hochstift Fulda, Diss. Frankfurt/M. 1924.

SCHÜLER, Karl: Burghaun – Vom Mittelalter zur Neuzeit, in (s. o.): Burghaun im Wandel der Zeiten, S. 49–90.

SCHUHMANN, Sabine: Johann Mynsinger von Frundeck (1544–1588). Herzoglicher Kanzler in Wolfenbüttel – Rechtsgelehrter – Humanist. Zur Biographie eines Juristen im 16. Jahrhundert, Wiesbaden 1983 (Wolfenbütteler Forschungen, 23).

SCHULER, Peter-Johannes: Reichssteuer und Landstände. Zum Problem des Steuerbewilligungsrechts der vorderösterreichischen Landstände, in: ZBrGV 97/1978, S. 39–60.

SCHULZ, Senta: Wilhelm IV. Landgraf von Hessen-Kassel (1532–1592), Diss. München 1941 = Borna–Leipzig 1941.

SCHULZE, Reiner: Die Polizeigesetzgebung zur Wirtschafts- und Arbeitsordnung der Mark Brandenburg in der frühen Neuzeit, Aalen 1978 (Untersuchungen zur deutschen Staats- und Rechtsgesch., NF 22).

SCHULZE, Reiner: Policey und Gesetzgebungslehre im 18. Jahrhundert, Berlin 1982 (Schriften zur Rechtsgesch., 25).

SCHULZE, Rudolf: Die Landstände der Grafschaft Mark bis zum Jahre 1510, Heidelberg 1907 (Deutschrechtl. Beiträge, 1. Band, 4. Heft).

SCHULZE, Winfried: Landesdefension und Staatsbildung. Studien zum Kriegswesen des innerösterreichischen Territorialstaates (1564–1619), Wien–Köln–Graz 1973 (Veröff. der Komm. für Neuere Gesch. Österreichs, 60).

SCHULZE, Winfried: Zur politischen Bedeutung des »gemeinen Mannes« in ständischen Versammlungen des 16. Jahrhunderts, in: ZAA 21/1973, S. 48–64.

SCHULZE, Winfried: Reichstage und Reichssteuern im späten 16. Jahrhundert, in: ZHF 2/1975, S. 43–58.

SCHULZE, Winfried: Zur veränderten Bedeutung sozialer Konflikte im 16. und 17. Jahrhundert, in: Der deutsche Bauernkrieg 1524–1526, hg. v. Hans-Ulrich WEHLER, Göttingen 1975 (GG, Sonderheft 1), S. 277–302.

SCHULZE, Winfried: Reich und Türkengefahr im späten 16. Jahrhundert. Studien zu den politischen und gesellschaftlichen Auswirkungen einer äußeren Bedrohung, München 1978.

SCHULZE, Winfried: Die Erträge der Reichssteuern zwischen 1576 und 1606, in: JbGMOD 27/1978, S. 169–185.

SCHULZE, Winfried: Bäuerlicher Widerstand und feudale Herrschaft in der frühen Neuzeit, Stuttgart 1980 (Neuzeit im Aufbau, 6).

SCHUMPETER, Joseph A.: Die Krise des Steuerstaates, in: DERS.: Aufsätze zur Soziologie, Tübingen 1953, S. 1–71. = in: GOLDSCHEID, Rudolf/SCHUMPETER, Joseph: Die Finanzkrise des Steuerstaates. Beiträge zur politischen Ökonomie der Staatsfinanzen, Frankfurt/M. 1976, S. 329–379.

SCHWARZ, Josef: Petersberg. Von den Anfängen bis zur Großgemeinde, Fulda 1980.

SCRIBNER, Robert W.: Civic Unity and the Reformation in Erfurt, in: PP 26/1975, S. 29–60.

SCUPIN, Hans Ulrich: Die Souveränität der Reichsstände und die Lehren des Johannes Althusius, in: Westfalen 40/1962, S. 186–192.

SCUPIN, Hans Ulrich: Der Begriff der Souveränität bei Johannes Althusius und Jean Bodin, in: Der Staat 4/1965, S. 1–26.

650 Jahre Stadt Hünfeld. 1310–1960, Hünfeld 1960.

SECKENDORFF, Veit Ludwig von: Teutscher Fürsten-Staat, Frankfurt/M. 1656, Jena 1737 (verbessert, mit Anmerkungen, Summarien und Register versehen von Andres Simon von Biechling) = Aalen 1972.

SEIDEL, Karl Josef: Das Oberelsaß vor dem Übergang an Frankreich. Landesherrschaft, Landstände und fürstliche Verwaltung in Alt-Vorderösterreich (1602–1638), Bonn 1980 (Bonner Histor. Forschungen, 45).

SEIFERT, Arno: Weltlicher Staat und Kirchenreform. Die Seminarpolitik Bayerns im 16. Jahrhundert, Münster 1978 (Reformationsgeschichtl. Studien und Texte, 115).

SEILER, Gottfried: Der Gemeine Pfennig, eine Vermögensabgabe vor 400 Jahren, in: Frankfurter zeitgemäße Broschüren NF 32/1913, S. 248–268.

SELLERT, Wolfgang: Über die Zuständigkeitsabgrenzung von Reichshofrat und Reichskammergericht insbesondere in Strafsachen und Angelegenheiten der freiwilligen Gerichtsbarkeit, Aalen 1965 (Untersuchungen zur deutschen Staats- und Rechtsgesch., NF 4).

SELLERT, Wolfgang: Prozeßgrundsätze und Stilus Curiae am Reichshofrat im Vergleich mit den gesetzlichen Grundlagen des reichskammergerichtlichen Verfahrens, Aalen 1973 (Untersuchungen zur deutschen Staats- und Rechtsgesch., NF 18).

SEMMLER, Joseph: Episcopi potestas und karolingische Klosterpolitik, in: Mönchtum, Episkopat und Adel zur Gründungszeit des Klosters Reichenau, hg. v. Arno BORST, Sigmaringen 1974 (VuF, 20), S. 305–395.

SEMMLER, Joseph: Die Anfänge Fuldas als Benediktiner- und als Königskloster, in: FuGbll. 56/1980, S. 181–200.

SENDER, Ferdinand W.: Georg Friedrich Greiffenclau von Vollrads Einordnung als Kurerzbischof von Mainz (1626–1629) in die Gegenreformation, in: Arch.mrh. KG 30/1978, S. 107–141.

SIEBECK, Hans: Die landständische Verfassung Hessens im 16. Jahrhundert, Kassel 1914 (ZHG, Suppl. NF 17).

700 Jahre Stadtrecht Herbstein. Geschichte und Entwicklung einer Stadt, Lauterbach 1962.

SIEBURG, Armin: Fuldaer Land blutete im Siebenjährigen Krieg schwer. Fremde Truppen nahmen Bürger aus, in: Jb. des Kreises Fulda 8/1981, S. 170–182.

SIEBURG, Armin: Der Kampf um soziale Gerechtigkeit. »Streik« gab es bereits im 17. Jahrhundert, in: Jb. des Kreises Fulda 12/1985, S. 15–27.

SIMON, Gustav: Die Geschichte der Dynasten und Grafen zu Erbach und ihres Landes, 2 Teile, Frankfurt/M. 1858.

SIMON, Hans Alfons: Die Verfassung des geistlichen Fürstentums Fulda unter besonderer Berücksichtigung der nachgelassenen Manuskripte von Eugen Thomas (1758–1813), Diss. Marburg = Fulda 1912 (VFGV, 12).

SMEND, Rudolf: Das Reichskammergericht. 1. Teil: Geschichte und Verfassung, Weimar 1911 =

Aalen 1965 (Quellen und Studien zur Verfassungsgesch. des Deutschen Reiches in Mittelalter und Neuzeit, Band 4, Heft 3).

SMOLINSKY, Heribert: Reformationsgeschichte als Geschichte der Kirche. Katholische Kontroverstheologie und Kirchenreform, in: HJb 103/1983, S. 372–394.

SODER VON GÜLDENSTUBBE, Erik: Die Restitution unter Fürstbischof Philipp Adolf von Ehrenberg 1623–1631, in: WDGbll. 43/1981, S. 343–396.

SOHM, Walter: Territorium und Reformation in der hessischen Geschichte 1526–1555, Marburg 1915 = 1957 (VHKH, 11.1).

Soisdorf 781–1981. Ein Dorf im Wandel der Jahrhunderte, hg. durch den Festausschuß »1200 Jahre Soisdorf«. Soisdorf 1981.

SONN, Naftali Herbert: Das Wesen der jüdischen Gemeinde in Fulda und ihre Stellung im Gesamtverband der Juden in Deutschland, in: FuGbll. 54/1978, S. 1–11.

SPANGENBERG, Hans: Hof- und Zentralverwaltung der Mark Brandenburg im Mittelalter, Leipzig 1908 (Veröff. des Vereins für Gesch. der Mark Brandenburg, 7).

SPANGENBERG, Hans: Landesherrliche Verwaltung, Feudalismus und Ständetum, in: HZ 103/1909, S. 473–526.

SPANGENBERG, Hans: Vom Lehenstaat zum Ständestaat, München 1912 (Histor. Bibliothek, 29).

SPECKER, Hans Eugen: Die Reformtätigkeit der Würzburger Fürstbischöfe Friedrich von Wirsberg (1558–1573) und Julius Echter von Mespelbrunn (1573–1617), in: WDGbll. 27/1965, S. 29–125.

SPECKER, Hans Eugen: Die Kanzleiordnung Fürstbischof Julius Echters von 1574, in: WDGbll. 35/36/1975, S. 275–317.

SPIEGEL, Hans: Schutzbauten und Wehrbauten. Einführung in die Baugeschichte der Herrensitze, der Burgen, der Schutzbauten und der Wehrbauten. Grundlage einer Typologie, Nürnberg ²1970.

SPIESS, Karl-Heinz: Reichsministerialität und Lehnswesen im späten Mittelalter, in: Geschichtliche Landeskunde. Ministerialitäten im Mittelrheinraum, Wiesbaden 1978 (Geschichtl. Landeskunde, 17), S. 56–78.

SPIESS, Karl-Heinz: Lehnsrecht, Lehnspolitik und Lehnsverwaltung der Pfalzgrafen bei Rhein im Spätmittelalter, Wiesbaden 1978 (Geschichtl. Landeskunde, 18).

SPRANDEL, Rolf: Die Ritterschaft und das Hochstift Würzburg im Spätmittelalter, in: JffL 36/1976, S. 117–143.

STAAB, Franz: Der Grundbesitz der Abtei Fulda bis zur Mitte des 9. Jahrhunderts und seine Stifter, in: Rabanus Maurus und seine Schule. Festschrift der Rabanus-Maurus-Schule, hg. v. Winfried BÖHNE, Fulda 1980, S. 48–63.

STANGLER, Gottfried: Neue Ergebnisse der niederösterreichischen Ständeforschung unter besonderer Berücksichtigung des späten 16. Jahrhunderts, in: Unsere Heimat. Zs. des Vereins für Landeskunde von Niederösterreich 44/1973, S. 172–182.

STASCH, Grzegorz K.: Das barocke Residenzschloß der Fuldaer Fürstäbte. Ein Beitrag zur Baugeschichte, in: FuGbll. 55/1979, S. 45–69.

STASCH, Gregor Karl: Schloß und Orangerie in Fulda, Königstein/Ts. 1980.

STEGLICH, Wolfgang: Die Reichstürkenhilfe in der Zeit Karls V., in: MGM 11/1972, S. 7–56.

STEIDLE, Basilius: Die Regel St. Benedikts, Beuron 1952.

STEINAU-STEINRÜCK, Richard von: Beiträge zur Geschichte Poppenhausens an der Lütter als Sitz der Herren von Steinau gen. Steinrück, in: FuGbll. 2/1903, S. 113–119, 129.

STEINAU-STEINRÜCK, Richard von: Die Verschwörung zu Steinau im Jahre 1271. Eine Studie, in: ZHG NF 27/1903, S. 57–87.

STEINAU-STEINRÜCK, Richard von: Abriß aus der Geschichte des fränkischen Geschlechtes von Steinau gen. Steinrück in bezug auf seine Zugehörigkeit zu dem Hochstifte Würzburg und im besonderen auf seine Besitzungen daselbst, in: AHVU 49/1907, S. 1–134.

STEINAU-STEINRÜCK, Richard von: Poppenhausen unter den Herren von Steinau-Steinrück, in: Poppenhausen und Umgebung, hg. v. F. SCHRÖDER o. O., o. J., S. 18–32.

STEINBERG, Siegfried H.: Zwei Bilder von der Belehnung des Kurfürsten August von Sachsen (1566), in: Bulletin of the International Committee of Historical Sciences 6/1934, S. 259–268.

STENGEL, Edmund E.: Grundherrschaft und Immunität, in: ZSRG. GA 25/1904, S. 286–323.

STENGEL, Edmund E.: Diplomatik der deutschen Immunitätsprivilegien vom 9. bis zum Ende des 11. Jahrhunderts, Innsbruck 1910 (Die Immunität in Deutschland bis zum Ende des 11. Jahrhunderts. Forschungen zur Diplomatik und Verfassungsgeschichte, 1).

STENGEL, Edmund E.: Zur Geschichte der Klostervogtei und Immunität, in: VSWG 10/1912, S. 120–137.

STENGEL, Edmund E.: Die Reichsabtei Fulda in der deutschen Geschichte, Festvortrag bei der 1200-Jahrfeier der Reichsabtei Fulda am 21. März 1944, Weimar 1944 = in: DERS.: Abhandlungen und Untersuchungen zur Geschichte der Reichsabtei Fulda, Fulda 1960 (VFGV, 37), S. 1–26.

STENGEL, Edmund E.: Zur Frühgeschichte der Reichsabtei Fulda. Zugleich ein Literaturbericht, in: DA 9/1952, S. 513–534, 10/1953, S. 203f.; 12/1956, S. 272–274 = in (s. o.): DERS.: Abhandlungen und Untersuchungen zur Geschichte der Reichsabtei Fulda, S. 266–299.

STENGEL, Edmund E.: Primat und Archicancellariat der Abtei Fulda, ein Kapitel bonifatianischer Tradition, in: St. Bonifatius. Gedenkgabe zum 1200jährigen Todestag, Fulda 1954, S. 488–505 = in (s. o.): DERS.: Abhandlungen und Untersuchungen zur Geschichte der Reichsabtei Fulda, S. 312–334.

STIMMING, Manfred: Die Wahlkapitulationen der Erzbischöfe und Kurfürsten von Mainz, Göttingen 1909.

STINTZING, Roderich/LANDSBERG, Ernst: Geschichte der Deutschen Rechtswissenschaft, Abt. 1–3, München–Leipzig 1880–1910.

STÖLZEL, Adolf: Die Entwicklung des gelehrten Richtertums in den deutschen Territorien. Eine rechtsgeschichtliche Untersuchung mit vorzugsweiser Berücksichtigung der Verhältnisse im Gebiet des ehemaligen Kurfürstentums Hessen, 2 Bände, Stuttgart 1872 = Aalen 1964.

STÖRMER, Wilhelm: Territoriale Landesherrschaft und absolutistisches Staatsprogramm, in: Bll. dt. LG 108/1972, S. 90–104.

STOLZ, Otto: Land und Landesfürst in Bayern und Tirol. Ein Beitrag zur Geschichte dieser Bezeichnungen und Begriffe in Deutschland, in: ZBLG 13/1942, S. 161–252.

STOMM, Peter-Christoph: Der Schwäbische Kreis als Feldherr. Untersuchungen zur Wehrverfassung des Schwäbischen Reichskreises in der Zeit von 1648 bis 1732, Berlin 1974 (Schriften zur Verfassungsgesch., 21).

STRUCK, Wolf-Heino: Die Aufhebung der Benediktinerabtei Johannisberg im Rheingau 1563 und der Übergang des Johannisbergs auf die Abtei Fulda 1716, in: HJL 23/1973, S. 259–291.

STRUCK, Wolf-Heino: Der Bauernkrieg am Mittelrhein und in Hessen. Darstellung und Quellen, Wiesbaden 1975 (Veröff. der Histor. Komm. für Nassau, 21).

STRUCK, Wolf-Heino: Johannisberg im Rheingau. Eine Kloster-, Dorf-, Schloß- und Weinchronik, Frankfurt/M. 1977.

STÜCK, Walter: Graf Wilhelm IV. von Henneberg (1485–1559), Schleusingen 1919 (Schriften des Henneberg. Geschichtsvereins, 11).

(STUMPF, Andreas Sebastian:) Die Ritterschaft in Buchen, o. O. (Würzburg) 1805.

STURM, Erwin: Die Bau- und Kunstdenkmale des Fuldaer Landes, 3 Bände, Fulda 1962, 1971, 1984.

STURM, Erwin: Rasdorf – Geschichte und Kunst, in: FuGbll. 47/1971, S. 1–104.

STURM, Erwin: Die Grabdenkmäler in der ehemaligen Propsteikirche zu Fulda-Neuenberg, in: FuGbll. 51/1975, S. 97–114.

STURM, Erwin: Reihe der Pröpste von Neuenberg, in FuGbll. 51/1975, S. 114–128.

STURM, Erwin: Bau- und Kunstdenkmale in der ehemaligen fuldischen Propstei Holzkirchen, in: FuGbll. 53/1977, S. 1–21.

STURM, Erwin: Reihe der Pröpste von Holzkirchen, in: FuGbll. 53/1977, S. 21–44.

STURM, Erwin: Bau- und Kunstdenkmale der ehemaligen fuldischen Propstei Thulba bei Hammelburg, in: FuGbll. 55/1979, S. 1–22.

456 Quellen und Literatur

STURM, Erwin: Reihe der Pröpste von Thulba, in: FuGbll. 55/1979, S. 23–36.

STURM, Erwin: Rasdorf – ein Geschenk an Bonifatius. Aus der 1200jährigen Geschichte des Dorfes an der Zonengrenze, in: Jb. des Kreises Fulda 7/1980, S. 205–211.

STURM, Erwin: Die Grabdenkmäler der ehemaligen Propsteikirche auf dem Michaelsberg in Fulda, in: FuGbll. 57/1981, S. 24–35.

STURM, Erwin: Reihe der Pröpste auf dem Michaelsberg, in: FuGbll. 57/1981, S. 36–54.

STUTZ, Ulrich: Die Eigenkirche als Element des mittelalterlich-germanischen Kirchenrechts, Berlin 1895 = Darmstadt 1955 (Libelli, 28).

SÜSS, Gustav Adolf: Geschichte des oberrheinischen Kreises und der Kreisassoziationen in der Zeit des spanischen Erbfolgekrieges, in: ZGO 103/1955, S. 317–425; 104/1956, S. 145–224.

SUVANTO, Pekka: Die deutsche Politik Oxenstiernas und Wallenstein, Helsinki 1979 (Studia Historica, 9).

TAUSENDPFUND, Alfred: Adelsinteressen im Spannungsfeld von landesherrlicher Politik und landständischer Organisation, in: WDGbll. 42/1980, S. 67–90.

TEUNER, Rüdiger: Die fuldische Ritterschaft 1510–1656, Frankfurt/M.–Bern 1982 (Rechtshistor. Studien, 18).

THEUERKAUF, Gerhard: Land und Lehnswesen vom 14. bis zum 16. Jahrhundert. Ein Beitrag zur Verfassung des Hochstifts Münster und zum nordwestdeutschen Lehnrecht, Köln–Graz 1961 (Neue Münster. Beiträge zur Geschichtsforschung, 7).

THEUERKAUF, Gerhard: Zur Typologie spätmittelalterlicher Territorialverwaltung in Deutschland, in: Annali della Fondazione Italiana per la Storia Amministrativa 2/1965, S. 37–76.

THIES, Gunter: Territorialstaat und Landesverteidigung. Das Landesdefensionswerk in Hessen-Kassel unter Landgraf Moritz (1592–1627). Darmstadt–Marburg 1973 (Quellen und Forschungen zur hess. Geschichte, 7).

THOMAS, Eugen: Entwurf der fuldischen Gerichtsverfassung als ein Beitrag zum teutschen Rechte aus Landesgesetzen und Gerichtsbrauche gesammelt, Frankfurt/M. 1784.

THOMAS, Eugen: Sistem aller fuldischen Privatrechte. Ein Beitrag zur Sammlung teutscher Provinzialrechte und Verfassungen, 3 Bände, Fulda 1788–1790.

THÜNGEN, Rudolf Karl Reinhard Frhr. von: Zur Genealogie der Familie Derer von Thüngen, in: AHVUA 54/1912, S. 1–181.

THÜNGEN, Rudolf Frhr. von: Das Reichsritterschaftliche Geschlecht der Freiherrn von Thüngen. Forschungen zur Familiengeschichte, Lutzische Linie, 2 Bände, Würzburg 1926.

TRUSEN, Winfried: Um die Reform und Einheit der Kirche. Zum Leben und Werk Georg Witzels, Münster 1957 (Kathol. Leben und Kämpfen im Zeitalter der Glaubensspaltung, 14).

TRUSEN, Winfried: Anfänge des gelehrten Rechts in Deutschland. Ein Beitrag zur Geschichte der Frührezeption, Wiesbaden 1962 (Recht und Geschichte, 1).

TRUSEN, Winfried: Georg Witzel (1501–1573). Zur 400. Wiederkehr seines Todestages, in: FuGbll. 50/1974, S. 50–65.

TUPETZ, Theodor: Der Streit um die geistlichen Güter und das Restitutionsedikt 1629, in: SB der Kaiserl. Akad. der Wiss. in Wien, Phil.-hist. Kl. 102, Wien 1883, S. 315–556.

ULLMANN, Hans-Peter: Überlegungen zur Entstehung des öffentlichen Kredits in den Rheinbundstaaten (Bayern, Württemberg und Baden), in: GG 6/1980, S. 500–522.

ULLRICH, Heinrich: Chronik der Stadt Hammelburg, Wildflecken o. J.

UNRUH, Georg-Christoph von: Polizei, Polizeiwissenschaft und Kameralistik, in (s. o.): Deutsche Verwaltungsgeschichte, Band 1, S. 388–427.

Untersuchungen zu Kloster und Stift, hg. v. Max-Planck-Institut für Geschichte, Göttingen 1980 (Veröff. des Max-Planck-Inst. für Gesch., 68; Studien zur Germania Sacra, 14).

VEIT, Andreas Ludwig: Geschichte und Recht der Stiftsmäßigkeit auf die ehemals adeligen Domstifte von Mainz, Würzburg und Bamberg, in: HJb 33/1912, S. 323–358.

VEIT, Andreas Ludwig: Der stiftsmäßige deutsche Adel im Bilde seiner Ahnenproben, Freiburg/Br. 1935 (Freiburger Universitätsreden, 19).

VIERHAUS, Rudolf: Absolutismus, in: SDG, Band 1, Freiburg/Br. 1966, Sp. 17–37.

VIERHAUS, Rudolf: Ständewesen und Staatsverwaltung in Deutschland im 18. Jahrhundert, in: Dauer und Wandel der Geschichte. Aspekte europäischer Vergangenheit. Festgabe für Kurt von Raumer, hg. v. Rudolf VIERHAUS und Manfred BOTZENHART, Münster 1966 (Neue Münster. Beiträge zur Geschichtsforschung, 9), S. 337–360.

VIERHAUS, Rudolf: Probleme vergleichender Institutions- und Sozialgeschichte der frühen Neuzeit, in: Mitt. aus der Max-Planck-Gesellsch. 1972, S. 171–186.

VIERHAUS, Rudolf: Land, Staat und Reich in der politischen Vorstellungswelt deutscher Landstände im 18. Jahrhundert, in: HZ 223/1976, S. 40–60.

VIERHAUS, Rudolf (Hg.): Herrschaftsverträge, Wahlkapitulationen, Fundamentalgesetze, Göttingen 1977 (Veröff. des Max-Planck-Inst. für Gesch., 56; Studies presented to the International Commission for the History of Representative and Parliamentary Studies, 59).

VIERHAUS, Rudolf: Wahlkapitulationen in den geistlichen Staaten des Reiches im 18. Jahrhundert, in (s. o.): DERS. (Hg.): Herrschaftsverträge, Wahlkapitulationen, Fundamentalgesetze, S. 205–219.

VÖLKER, Christoph: Beiträge zur ältesten Geschichte der Propstei Großburschla an der Werra, des späteren Kollegiatstiftes und ihrer Kirche, in: Unser Eichsfeld 28/1933, S. 119–128, 213–216, 273 f.

VOGEL, Werner: Brandenburg-Preußen, in (s. o.): Deutsche Verwaltungsgeschichte, Band 1, S. 858–889.

VOGLER, Günther: Der deutsche Bauernkrieg und die Verhandlungen des Reichstags zu Speyer 1526, in: ZfG 23/1975, S. 1396–1410 = (s. o.) VIERHAUS Rudolf (Hg.): Herrschaftsverträge, Wahlkapitulationen, Fundamentalgesetze, S. 173–191.

VOIGT, Johannes: Geschichte des Deutschen Ritter-Ordens in seinen 12 Balleien in Deutschland, 2 Bände, Berlin 1857, 1859.

VOLLENHOVEN, C. van: The Framework of Grotius' book »de iure belli ac pacis«, Amsterdam 1931.

Von der Ständeversammlung zum demokratischen Parlament. Die Geschichte der Volksvertretungen in Baden-Württemberg, hg. v. der Landeszentrale für polit. Bildung Baden-Württemberg, Stuttgart 1982.

VRIES, Robert de: Die Landtage des Stiftes Essen. Ein Beitrag zur Verfassungsgeschichte der geistlichen Territorien, in: Beiträge zur Gesch. Essens 52/1934, S. 1–168.

WAAS, Adolf: Vogtei und Bede in der deutschen Kaiserzeit, 2 Teile, Berlin 1919, 1923 (Arbeiten zur deutschen Rechts- und Verfassungsgesch., 1,5).

WAAS, Adolf: Die Bauern im Kampf um Gerechtigkeit 1300–1525, München 1964.

WAGNER, Friedrich Ludwig (Hg.): Ministerialität im Pfälzer Raum. Referate und Aussprachen der Arbeitstagung vom 12. bis 14. Oktober 1972 in Kaiserslautern, Speyer 1975.

WAGNER, Gotthold: Die Keller unter dem »Gasthaus zum Stern« in Poppenhausen, in: FuGbll. 33/1957, S. 116–128.

WALDERDORFF, Emanuel Graf von: Geschichte der Familie von Walderdorff, o. O., o. J. (Molsberg 1973).

WALTHER, Andreas: Die Ursprünge der deutschen Behördenorganisation im Zeitalter Maximilians I., Stuttgart 1913.

WALZ, Rainer: Stände und frühmoderner Staat. Die Landstände von Jülich-Berg im 16. und 17. Jahrhundert, Neustadt/Aisch 1982 (Berg. Forschungen, 17).

WARMBRUNN, Paul: Zwei Konfessionen in einer Stadt. Das Zusammenleben von Katholiken und Protestanten in den paritätischen Reichsstädten Augsburg, Biberach, Ravensburg und Dinkelsbühl von 1548 bis 1648, Wiesbaden 1983 (Veröff. des Inst. für Europ. Gesch. Mainz, 111. Abt. für Abendl. Religionsgesch.).

WALTHER, Andreas: Die Ursprünge der deutschen Behördenorganisation im Zeitalter Maximilians I., Stuttgart 1913.

WEBER, August: Die Geschichte der Stadt Hünfeld, Hünfeld 1951.

WEBER, August: Das Kollegiatstift des hl. Johannes des Täufers und der hl. Cäcilie zu Rasdorf, in: Hess. Heimat NF 7/1957–58, H. 1, S. 9f.

WEBER, August: Das Vordringen der Hessen nach Süden in den Fuldaer Raum, in: FuGbll. 35/1959, S. 69–81.

WEBER, August: Die Geschichte des Kreises Hünfeld, Fulda 1960.

WEBER, August: Zwei wertvolle Bestandsbände aus dem 16. Jahrhundert (Viehbede-Liste und Salbuch), in: FuGbll. 36/1960, S. 124–126.

WEBER, Christoph: Die Jesuiten in Fulda, in: FuGbll. 34/1958, S. 8–22.

WEBER, Christoph: Die Jesuiten in Fulda. Regesten, in: FuGbll. 34/1958, S. 22–72.

WEBER, Christoph: Kardinäle und Prälaten in den letzten Jahrzehnten des Kirchenstaates. Elite-Rekrutierung, Karriere-Muster und soziale Zusammensetzung der kurialen Führungsschicht zur Zeit Pius' XI. 1846–1878, 2 Bände, Stuttgart 1978 (Päpste und Papsttum, 13. 1/2).

WEBER, Hermann (Hg.): Politische Ordnungen und soziale Kräfte im Alten Reich, Wiesbaden 1980 (Veröff. des Inst. für Europ. Gesch. Mainz. Abt. Universalgesch., Beiheft 8; Beiträge zur Sozial- und Verfassungsgesch. des Alten Reiches, 2).

WEBER, Max: Wirtschaft und Gesellschaft. Grundriß der verstehenden Soziologie, hg. v. Johannes WINCKELMANN, 2 Halbbände und 1 Erläuterungsband, Tübingen ⁵1976.

WEBER, Reinhard: Würzburg und Bamberg im Dreißigjährigen Krieg. Die Regierungszeit des Bischofs Franz von Hatzfeldt 1631–1642, Würzburg 1979 (Forschungen zur fränk. Kirchen- und Theologiegesch., 5).

WEHLT, Hans Peter: Reichsabtei und König, dargestellt am Beispiel der Abtei Lorsch mit Ausblicken auf Hersfeld, Stablo und Fulda, Göttingen 1970 (Veröff. des Max-Planck-Inst. für Gesch., 28).

WEHNER, Hermann: Merkantilpolitik im Hochstift Fulda, Bottrop 1936.

WEIGEL, Georg: Die Wahlkapitulationen der Bamberger Bischöfe 1328–1693. Eine historische Untersuchung mit drei Beilagen, Aschaffenburg 1909.

WEIS, Eberhard: Der Aufgeklärte Absolutismus in den mittleren und kleineren deutschen Staaten, in: ZBLG 42/1979, S. 31–46.

WEISS, Ulrich: Die Gerichtsverfassung in Oberhessen bis zum Ende des 16. Jahrhunderts, Marburg 1978 (Schriften des Hess. Landesamts für geschichtl. Landeskunde, 37).

WEITZEL, Jürgen: Der Kampf um die Appellation ans Reichskammergericht. Zur politischen Geschichte der Rechtsmittel in Deutschland, Köln–Wien 1976 (Quellen und Forschungen zur höchsten Gerichtsbarkeit im Alten Reich, 4).

WENDE, Peter: Die geistlichen Staaten und ihre Auflösung im Urteil der zeitgenössischen Publizistik, Lübeck–Hamburg 1966 (Histor. Studien, 396).

WENDEHORST, Alfred: Das Bistum Würzburg. Teil 3. Die Bischofsreihe von 1455–1617, Berlin-New York 1978 (Germania Sacra, NF 13).

WENZ, E(rnst): Zur Geschichte der Schlösser Auersberg und Tannenfels im Ulstergrunde, in: FuGbll. 29/1937/38, S. 97–106.

WENZEL, Ernst: Das v. Romrodsche Schlößchen zu Müs (Kr. Fulda), in: FuGbll. 22/1929, S. 1–7.

WERMINGHOFF, Albert: Die deutschen Reichskriegssteuergesetze von 1422 bis 1427 und die deutsche Kirche. Ein Beitrag zur Geschichte des vorreformatorischen Staatskirchenrechts, Weimar 1916.

WERNER-HASSELBACH, Traut: Die älteren Güterverzeichnisse der Reichsabtei Fulda, Marburg 1942 (Marburger Studien zur älteren deutschen Gesch., 2. Reihe, Band 7).

WESTPHAL, Gudrun: Der Kampf um die Freistellung auf den Reichstagen zwischen 1556 und 1576, Diss. Marburg 1975.

WETH, Ludwig: Studien zum Siegelwesen der Reichsabtei Fulda und ihres Territoriums. 1. Darstellung, Diss. Würzburg 1972 = Darmstadt–Marburg 1980 (Quellen und Forschungen zur hess. Gesch., 41).

WIEACKER, Franz: Privatrechtsgeschichte der Neuzeit unter besonderer Berücksichtigung der deutschen Entwicklung, Göttingen ²1967.

WIEMANN, Harm: Probleme der Ständegeschichte in Ostfriesland, in: Jb. der Gesellsch. für bildende Kunst und vaterländ. Altertumskunde zu Emden 49/1969, S. 66–108.

WIEMANN, Harm: Materialien zur Geschichte der Ostfriesischen Landschaft, Aurich–Leer 1982 (Abhandlungen und Vorträge zur Gesch. Ostfrieslands, 58).

WIESE-SCHORN, Luise: Von der autonomen zur beauftragten Selbstverwaltung. Die Integration der deutschen Stadt in den Territorialstaat am Beispiel der Verwaltungsgeschichte von Osnabrück und Göttingen in der frühen Neuzeit, in: Osnabrücker Mitt. 82/1975, S. 29–59.

WILD, Karl: Staat und Wirtschaft in den Bistümern Würzburg und Bamberg. Eine Untersuchung über die organisatorische Tätigkeit des Bischofs Friedrich Karl von Schönborn 1729–1749, Heidelberg 1916 (Heidelberger Abhandlungen, 15).

WILL, Cornelius: Johann Friedrich Schannat. Eine Lebensskizze, in: Hessenland 5/1891, S. 92 f., 102–105.

WILLOWEIT, Dietmar: Die Entstehung exemter Bistümer im deutschen Reichsverband unter vergleichender Berücksichtigung ausländischer Parallelen, in: ZSRG. KA 52/1966, S. 176–298.

WILLOWEIT, Dietmar: Rechtsgrundlagen der Territorialgewalt. Landesobrigkeit, Herrschaftsrechte und Territorium in der Rechtswissenschaft der Neuzeit, Köln–Wien 1975 (Forschungen zur deutschen Rechtsgesch., 11).

WILLOWEIT, Dietmar: Struktur und Funktion intermediärer Gewalten im Ancien Régime, in: Gesellschaftliche Strukturen als Verfassungsproblem. Intermediäre Gewalten, Assoziationen, öffentliche Körperschaften im 18. und 19. Jahrhundert, Berlin 1978 (Beiheft zu »Der Staat«, 2), S. 9–27.

WILLOWEIT, Dietmar: Landsassen, in: HRG, Band 2, Berlin 1978, Sp. 1547–1550.

WILLOWEIT, Dietmar: Gebot und Verbot im Spätmittelalter – vornehmlich nach südhessischen und mainfränkischen Weistümern, in: HJL 30/1980, S. 94–130.

WILLOWEIT, Dietmar: Die Entwicklung und Verwaltung der spätmittelalterlichen Landesherrschaft, in (s.o.): Deutsche Verwaltungsgeschichte, Band 1, S. 66–143.

WILLOWEIT, Dietmar: Allgemeine Merkmale der Verwaltungsorganisation in den Territorien, in (s.o): Deutsche Verwaltungsgeschichte, Band 1, S. 289–346.

WILLOWEIT, Dietmar: Die Entwicklung des öffentlichen Dienstes, in (s.o.): Deutsche Verwaltungsgeschichte, Band 1, S. 346–360.

WILLOWEIT, Dietmar: Das landesherrliche Kirchenregiment, in: (s.o.): Deutsche Verwaltungsgeschichte, Band 1, S. 361–369.

WILMOWSKY, Hubertus von: Die Geschichte der Ritterschaft Buchenau von ihren Anfängen bis zum Wiener Kongreß, in: FuGbll. 40/1964, S. 1–47.

WINCKELMANN, Johannes: Max Webers historische und soziologische Verwaltungsforschung, in: Annali della Fondazione Italiana per la Storia Amministrativa 1/1964, S. 27–67.

WINKELMANN-HOLZAPFEL, Brigitte: Besitzungen und Organisation der Reichsritterschaft im hessischen Raum am Ende des alten Reiches, in: HJL 11/1961, S. 136–226.

WINTERHAGER, Friedrich: Bauernkriegsforschung, Darmstadt 1981 (Erträge der Forschung, 157).

WITT, Reimer: Die Privilegien der Landschaft Norderdithmarschen in gottorfischer Zeit 1559 bis 1773, Neumünster 1975 (Quellen und Forschungen zur Gesch. Schleswig-Holsteins, 67).

WITTMÜTZ, Volker: Die Gravamina der bayerischen Stände im 16. und 17. Jahrhundert als Quelle für die wirtschaftliche Situation und Entwicklung Bayerns, München 1970 (Miscellanea Bavarica Monacensia, 26).

WITTMÜTZ, Volker: Stände und Absolutismus, in: GWU 23/1972, S. 672–681.

WITTSTADT, Klaus: Placidus von Droste. Fürstabt von Fulda (1678–1700). Ein Beitrag zur Geschichte des Hochstifts Fulda, Fulda 1963 (VFGV, 39).

WITTSTADT, Klaus: Wahl und Informativprozeß Placidus' von Droste, Fürstabt von Fulda (1678–1700), in: HJb 86/1966, S. 295–310.

WITTSTADT, Klaus: Kuriale Bemühungen um Johann Friedrich von Schwalbach, Fürstabt von Fulda (1606–1622), in: RQS 64/1969, S. 154–167.

WITTSTADT, Klaus: Bemühungen des Kölner Nuntius Atilio Amalteo und der römischen Kurie zur Rettung des Hochstifts Fulda. Ein Beispiel für »katholische Reform«, in: FuGbll. 47/1971, S. 183–196.

WITTSTADT, Klaus: Atilio Amalteo – Apostolischer Nuntius in Köln 1606–1610. Ein Beitrag zur Geschichte der katholischen Reform und Gegenreformation, Diss. Münster 1971.

WITTSTADT, Klaus: Der Bibliotheksgründer Fürstbischof Heinrich VIII. von Bibra (1759–1788), in: Von der Klosterbibliothek zur Landesbibliothek. Beiträge zum zweihundertjährigen Bestehen der hessischen Landesbibliothek Fulda, hg. v. Artur BRALL, Stuttgart 1978 (Bibliothek des Buchwesens, 6), S. 269–293.

WITZEL, Friedrich-Wilhelm: Die Reichsabtei Fulda und ihre Hochvögte, die Grafen von Ziegenhain, im 12. und 13. Jahrhundert, Fulda 1963 (VFGV, 41).

WOHLFEIL, Rainer: Der Speyerer Reichstag von 1526, in: Bll. für pfälz. Kirchengesch. und religiöse Volkskunde 43/1976, S. 5–20.

WOLF, Gustav: Zur Geschichte der deutschen Protestanten (1550–1559). Nebst einem Anhang von archivalischen Beilagen, Berlin 1888.

WOLF, Jürgen Rainer: Steuerpolitik im schlesischen Ständestaat. Untersuchungen zur Sozial- und Wirtschaftsstruktur Schlesiens im 17. und 18. Jahrhundert, Marburg 1978 (Wissenschaftl. Beiträge zur Gesch. und Landeskunde Ostmitteleuropas, 10).

WORINGER, A(ugust): Beiträge zur Geschichte des Fuldaer Militärs, in: FuGbll. 17/1923, S. 1–12, 17–27, 60–64, 90–96, 105–112.

WUNDER, Bernd: Der Schwäbische Kreis, in (s. o.): Deutsche Verwaltungsgeschichte, Band 1, S. 615–633.

WUNDER, Heide: »Altes Recht« und »göttliches Recht« im deutschen Bauernkrieg, in: ZAA 24/1976, S. 54–66.

ZEEDEN, Ernst Walter: Grundlagen und Wege der Konfessionsbildung in Deutschland im Zeitalter der Glaubenskämpfe, in: HZ 185/1958, S. 249–299.

ZEEDEN, Ernst Walter: Die Entstehung der Konfessionen, München 1965.

ZEEDEN, Ernst Walter/MOLITOR, Hansgeorg (Hg.): Die Visitation im Dienst der kirchlichen Reform. Mit einer Bibliographie gedruckter und einem archivalischen Verzeichnis ungedruckter Visitationsquellen, Münster ²1977.

ZEEDEN, Ernst Walter (Hg.): Gegenreformation, Darmstadt 1973 (Wege der Forschung, 311).

ZENZ, Emil: Die Trierer Universität 1573–1798, Trier 1949.

ZICKGRAF, Eilhard: Die gefürstete Grafschaft Henneberg-Schleusingen. Geschichte des Territoriums und seiner Organisation, Marburg 1944 (Schriften des Inst. für geschichtl. Landeskunde von Hessen und Nassau, 22).

ZIEGLER, Elisabeth: Das Territorium der Reichsabtei Hersfeld von seinen Anfängen bis 1821, Marburg 1939 (Schriften des Inst. für geschichtl. Landeskunde von Hessen und Nassau, 7).

ZIEGLER, Hubert: Aus der Vergangenheit von Burghaun, in (s. o.): Burghaun im Wandel der Zeiten, S. 5–24.

ZIMMERMANN, Ludwig: Der Hessische Territorialstaat im Jahrhundert der Reformation, Marburg 1933 (VHKH, 17.1 = Quellen zur Verwaltungsgesch. hess. Territorien: Der Ökonomische Staat Landgraf Wilhelms IV., 1).

ZIMMERMANN, Ludwig: Die Zentralverwaltung Oberhessens unter dem Hofmeister Hans von Dörnberg, Darmstadt-Marburg 1974 (Quellen und Forschungen zur hess. Gesch., 28).

ZIMMERMANN, Theresia: Die Registratur der kurtrierischen Hofkammer zu Ende des 18. Jahrhunderts, in: Jb. westdt. LG 5/1979, S. 165–178.

ZIMMERMANN, Wilhelm: Allgemeine Geschichte des großen Bauernkrieges, 3 Bände, Stuttgart 1841–1843; 2. Auflage: Geschichte des großen Bauernkrieges nach den Urkunden und Augenzeugen, 2 Bände, Stuttgart 1856.

ZINGERLE, Arnold: Max Webers historische Soziologie. Aspekte und Materialien zur Wirkungsge-
schichte, Darmstadt 1981 (Erträge der Forschung, 163).

ZINN, Heinrich: Zur Reformation und Gegenreformation in Herbstein und den ehemals landgräfli-
chen und ritterschaftlichen Orten des östlichen und südöstlichen Vogelsbergs, Herbstein 1912.

ZOBEL, Karoline: Polizei. Geschichte und Bedeutungswandel des Wortes und seiner Zusammenset-
zungen, Diss. München 1952.

ZSCHAECK, Fritz: Die Riedesel zu Eisenbach. Geschichte des Geschlechts der Riedesel Freiherrn zu
Eisenbach, Erbmarschälle zu Hessen, Band 4, Gießen 1957.

ZWENGER, F(erdinand): Heinrich von Bibra, Fürstbischof von Fulda, in: Hessenland 2/1888,
S. 293–295, 324–326, 340f., 368f.

ZWENGER, F(erdinand): Johannisberg (im Rheingau). Historische Skizze, in: Hessenland 3/1889,
S. 188–192, 200–202, 235–238.

ZWENGER, F(erdinand): Episoden aus der Geschichte des Bauernkrieges in den Stiftslanden von
Fulda und Hersfeld, in: Hessenland 4/1890, S. 79–81, 94–97, 108–111, 123–125.

1200 Jahre Holzkirchen. Festschrift der Gemeinde Holzkirchen zur 1200-Jahr-Feier 1975,
Münsterschwarzach 1975.

IV. BEITRÄGE IN WOCHENBLÄTTERN UND BEILAGEN ZU TAGESZEITUNGEN

AGRICOLA, Alfons: Die ehemalige Propstei Sannerz, in: BuBll. 13/1932, S. 133f., 137f.

AGRICOLA, Alfons: Der Weg des Bauern im Fuldaer Land, in: BuBll. 29/1956, S. 79f.; 30/1957,
S. 36, 39f., 43, 60, 68, 92, 95; 31/1958, S. 35f., 39f., 46f., 58, 63f., 79f., 82f., 87f., 92.

ALBINGER, Josef: Poppenhausen und die Herren von Steinau gen. Steinrück, in: BuBll. 27/1954,
S. 5f.

ALBINGER, Josef: Abbruch des Gasthofs »Zum Engel«, in: BuBll. 53/1980, S. 2f.

ANTONI, G(eorg): Die fürstlich Fuldaische Wollmanufaktur, in: BuBll. 20/1939, S. 29, 34f., 38f.,
43, 47f., 57f., 62f., 67f., 70f.; 21/1940, S. 2f., 10f., 15f.

CAUER (P.): Die Herrn von Mörle gen. Böhm und ihr Wohnsitz Ürzell, in: Unsere Heimat
(Schlüchtern) 1912, S. 180–194.

EBERSTEIN, Eberhard von: Die Ebersteiner auf dem Tannfölsch. Geschichtliches über eine Rhöner
Burgruine, in: BuBll. 50/1977, S. 55.

EBERSTEIN, Eberhard von: Bau und Zerstörung der Burg Eberstein, in: BuBll. 52/1979, S. 61f.

GERLACH, K. A.: Die Schlösser von Buchenau, in: BuBll. 45/1972, S. 13f., 18.

GIESEL, F.: Die Karlmannschenkung an das Kloster Fulda, in: VsprG 21/1968, S. 37f., 44f., 46f.;
22/1969, S. 1–3, 7f., 10–12, 14f., 18f., 23f., 25f.

GÖRLICH, Paul: Das Hochstift Fulda im Bauernkrieg. Landgraf Philipp warf Bauernaufstand nieder
– Versuch einer steten Einflußnahme auf das Stift Fulda, in: VsprG 10/1957, S. 18, 22, 26, 30f. =
in: BuBll. 35/1962, S. 80, 83, 87f., 90f. = in: Hessische Heimat NF 12/1962, Heft 3, S. 17–21.

GÖRLICH, Paul: Die Abtei Hersfeld im deutschen Bauernkrieg, in: VsprG 10/1957, S. 34f., 45f.;
11/1958, S. 2, 8, 10.

GÖRLICH, Paul: Das ehemals fuldische Amt Salzschlirf. Riedeselscher Einfluß und stiftische
Herrlichkeit im Widerstreit, in: BuBll. 32/1959, S. 37f., 47, 58, 62, 65f., 71f., 74f., 82 = in:
Hess. Heimat NF 17/1967, H. 2, S. 60–70.

GÖRLICH, Paul: Das ehemalige Gericht Freiensteinau, in: BuBll. 33/1960, S. 31f., 38f., 46, 59f.,
64, 72, 75, 79f., 87; 34/1961, S. 20, 23, 35, 39, 43f., 55, 60, 63.

GÖRLICH, Paul: Die Huldigung Lauterbachs für Abt Bernhard Gustav, in: VsprG 15/1962, S. 17.

GÖRLICH, Paul: Die Stadt Herbstein und die Riedesel, in: VsprG 16/1963, S. 33, 36 = in: BuBll.
44/1971, S. 45f.

GRÄSER, Franz: Die Familien von Gelnhausen und Ledenther. Zwei bedeutende Fuldaer Sippen des
Mittelalters, in: VsprG 7/1954, S. 21f.

HAAS, Th(eodor): Der »tolle Christian« vor den Toren Fuldas, in: BuBll. 6/1925, S. 95, 99.

HAAS, Th(eodor): Fulda und die Hessen während des 30jährigen Krieges, in: BuBll. 6/1925, S. 135, 139, 147.

HAAS, Th(eodor): Zehnten und Frohnden der Landbevölkerung im Hochstift Fulda, in: BuBll. 10/1929, S. 177f.

HAAS, Th(eodor): Der Fuldaer Ritterorden vom hl. Simplizius, in: BuBll. 10/1929, S. 185.

HAAS, Th(eodor): Vom buchischen Adel, in: BuBll. 11/1930, S. 85f.

HAAS, Th(eodor): Der Bauernaufruhr im Hochstift Fulda (1525), in: BuBll. 11/1930, S. 121f., 129f.

HAAS, Th(eodor): Die religiösen Wirren in der Stadt Fulda (1520–1640), in: BuBll. 11/1930, S. 145f., 153f.

HAAS, Th(eodor): Das Fuldaer Land im Siebenjährigen Krieg, in: BuBll. 11/1930, S. 165, 169f.

HAAS, Th(eodor): Das Fuldaer Land in der Schwedenzeit (1631–1643), in: BuBll. 13/1932, S. 5f., 9f.

HAAS, Th(eodor): Buchische Adelsgeschlechter [von Hutten, von Eberstein, von Schlitz, Riedesel zu Eisenbach], in: BuBll. 13/1932, S. 109f., 116, 118f., 129f., 173f.; 14/1933, S. 49f.

HACK, Johannes: Das Rittertum und seine Beziehungen zu Fürst und Volk, in: BuBll. 9/1928, S. 28.

HAIN, Heinrich: Fuldensien im Staatsarchiv Hannover, in: VsprG 9/1956, S. 25f., 29f., 34, 43; 10/1957, S. 2f., 8, 9f.; 11/1958, S. 7.

HELMER, Wilhelm: Fürstabt Wolfgang Schutzbar gen. Milchling, in: BuBll. 37/1964, S. 89f.

HELMER, Wilhelm: Fuldaer Bürgerwappen (III), in: BuBll. 42/1969, S. 103f., 114f., 118f., 122f., 130f.; 43/1970, S. 2f., 6.

HELMER, Wilhelm: Die Pest im Hochstift Fulda. Wie der schwarze Tod vor 350 Jahren in unserer Heimat umging, in: BuBll. 51/1978, S. 25f., 30.

HENDUS, E.: Die Hungerjahre 1769–71 im Fuldaer Land, in: BuBll. 7/1926, S. 23f.

HENDUS, E.: Die Fuldaischen Städte im 18. Jahrhundert. Stadtrecht und städtische Verwaltung, in: BuBll. 7/1926, S. 159, 163, 167f.

HENKEL, Raimund: Zur Geschichte der Juden in Flieden, in: BuBll. 43/1970, S. 97f., 102f., 111f.; 44/1971, S. 6f.

HILPISCH, Stephan: Fuldaer Fürstäbte seit 1521 [Johann III., 1521 (1529) bis 1541; Philipp, 1541–1550; Wolfgang, 1550–1558; Wolfgang II., Georg, Wilhelm; Balthasar, 1570–1606; Johann Friedrich, 1606–1622; Johann Bernhard, 1623–1632; Adolf, Hermann Georg; Joachim, 1644–1670; Bernhard Gustav, 1671–1677; Placidus, 1678–1700; Adalbert, 1700–1714; Konstantin, 1714–1726; Adolf, 1726–1737], in: Bonifatiusbote. Sonntagsblatt für die Diözese Fulda 70/1959, Nr. 26–41, jeweils S. 2.

HONEGGER, Norbert: Mißernte und Teuerung in den Jahren 1770/71 in Fulda, in: BuBll. 52/1979, S. 42f.

JESTAEDT (Aloys): Großenlüder im 18. Jahrhundert, in: BuBll. 17/1936, S. 97f., 107f., 111f., 115, 121f., 127f., 130f., 150f., 174f., 186f., 192, 196.

JESTAEDT (Aloys): Die Ausweisung der Juden aus der Residenzstadt Fulda im Jahre 1671, in: BuBll. 20/1939, S. 9f., 14f., 18f., 22, 27f., 35f., 39f.

JESTAEDT, Aloys: Besitz- und Lehensverhältnisse der Herrschaft Gersfeld, in: BuBll. 24/1951, S. 21f.

JESTAEDT, Aloys: Der Besitz der Propstei Petersberg im Fürstentum Fulda, in: BuBll. 32/1959, S. 41f., 53.

JESTAEDT, Winfried: Zeugnis aus der Zeit des Fuldaer Absolutismus. Fürstbischof Heinrich von Bibra erließ am 15. Mai 1775 ein Pressezensurgesetz, in: BuBll. 31/1958, S. 51f.

JESTAEDT, Winfried: Das Bischofswahlverfahren gestern und heute, in: BuBll. 31/1958, S. 98f.; 32/1959, S. 4.

KIEFER, Willy: Ebersteinische Besitzpolitik um Brandenstein, in: BuBll. 51/1978, S. 15f.

KÖRNER, Hans: Conrad von der Tann. Kaiserlicher Rat, fuldischer Amtmann zu Brückenau und Schildeck, Ritterhauptmann des Kantons Rhön-Werra, in: BuBll. 42/1969, S. 109f.

KRAMER, Ernst: Familiennamen in Fuldauer Steuerakten des Jahres 1557. Wer Türkensteuer bezahlte und wer sie nicht bezahlte, in: BuBll. 11/1930, S. 105 f.

KRAMER, Ernst: Das fürstäbtliche Schloß zu Fulda, 3 Teile, in: FZ 22., 24., 25./26. 3. 1944.

KRAMER, Ernst: Kavaliershäuser, in: FVZ 12. 4. 1947.

LOEHR, Bernhard: Eugen Thomas – ein Fuldaer Rechtsgelehrter, in: BuBll. 48/1975, S. 73 f.

LUCKHARD, Fritz: Die Burg Ebersberg und ihre Herren, in: BuBll. 26/1953, S. 52, 55 f., 63 f., 67 f.

LUCKHARD, Fritz: Was wissen wir von der Wasserburg Poppenhausen?, in: VsprG 14/1961, S. 12, 15 f., 20, 24.

LUCKHARD, Fritz: Die Herren von Ebersberg gen. von Weyhers, in: VsprG 16/1963, S. 18–21.

LÜBECK, Konrad: Das Adelsgeschlecht von Geisa, in: BuBll. 17/1936, S. 93 f.

MOTT, Michael: Uttrichshausen und seine Bürger, in: BuBll. 53/1980, S. 53 f., 89–91; 54/1981, S. 103 f., 111 f.; 55/1982, S. 3, 11 f., 65 f.; 57/1984, S. 34 f.

PESSENLEHNER, Robert: Kriegsschädenanmeldung in alter Zeit. Eine Eingabe des Fuldaer Fürstbischofs an Kaiserin Maria Theresia, in: BuBll. 30/1957, S. 37 f.

PRALLE, Ludwig: Fuldas Geschicke im Jahre 1632, in: BuBll. 13/1932, S. 101 f.

RAU, M. Carina: Adolph Freiherr von Dalberg, in: BuBll. 56/1983, S. 73 f., 77 f.

REITH, –: Freimaurerähnliche Vereinigungen in Fulda, in: VsprG 8/1955, S. 18.

RIEDER, Hannes (= Josef-Hans Sauer): Leinweberei, die alte heimische Hausindustrie, in: BuBll. 16/1935, S. 1, 13, 22, 27, 35, 38.

RIEDER, Hannes: Die Anfänge der Fuldaer Baumwollindustrie, in: BuBll. 16/1935, S. 54, 58 f., 68.

RÜBSAM (Augustin): Zum 200jährigen Jubiläum des Hl. Geist-Hospitals zu Fulda am 20. Mai 1930, in: BuBll. 11/1930, S. 97–102.

RÜBSAM, Willi: Alte Burgkeller in Poppenhausen, in: BuBll. 33/1957, S. 54 f.

SAUER, Paul Ludwig: Adam Krafft, der hessische Reformator aus Fulda. Ein Beitrag zur Geschichte der Reformation im Hochstift Fulda, in: BuBll. 26/1953, S. 1.

SAUER, Paul Ludwig: Mathias Flacius und die Fuldaer Jesuiten, in: BuBll. 26/1953, S. 19 f., 31 f., 42 f.

SAUER, Paul Ludwig: Die »gehorsamen Fuldaer Unterthanen« und ihre »Bekehrungsmotive«. Aus der Schrift eines Theologen der Gegenreformation vom Jahre 1604, in: BuBll. 26/1953, S. 62 f.; 27/1954, S. 7 f.

SAUER, Paul Ludwig: Die Fuldaer Severikirche im 16. und 17. Jahrhundert. Zur Geschichte der Reformation und des 30jährigen Krieges in Fulda, in: BuBll. 27/1954, S. 10 f., 16.

SAUER, Paul Ludwig: Die Streitschrift des Balthasar Raid wider Georg Witzel. Entschiedenes Luthertum gegen humanistischen Reformkatholizismus, in: BuBll. 27/1954, S. 43 f., 55 f., 67 f. = in: SFGWF 2/1976, S. 4–18.

SAUER, Paul Ludwig: Georg Witzel und die deutsche Predigt, in: BuBll. 28/1955, S. 23 f., 36, 48, 51 f.

SAUER, Paul Ludwig: Georg Witzels Leben und Werk. Ein noch uneingelöstes Vermächtnis, in: BuBll. 53/1980, S. 85–87 = in: SFGWF 6/1980, S. 11–20.

SCHAFFRATH, Otto: Der »Hessenvogt« zu Geisa, in: BuBll. 40/1967, S. 42 f., 46, 51 f.

SCHAFFRATH, Otto: Ein Bamberger Fürstbischof aus Wüstensachsen. Neithard von Thüngen (1591–1598), in: BuBll. 43/1970, S. 114 f.

SCHAFFRATH, Otto: Fliedener Pfarrer der Reformationszeit, in: BubBll. 45/1972, S. 53 f.

SCHAFFRATH, Otto: Der Kampf der Fliedener Pfarrer um die Filiale Niederkalbach, in: BuBll. 46/1973, S. 17 f., 23, 26 f., 30 f.

SCHAFFRATH, Otto: Die Schenken von Schweinsberg zu Niederkalbach, in: BuBll. 47/1974, S. 66.

SCHAFFRATH, Otto: Die Wehrbereitschaft Fuldas 1609, in: BuBll. 48/1975, S. 36.

SCHAFFRATH, Otto: Hünfelder Bürgerwehr 1610, in: BuBll. 48/1975, S. 3 f., 46.

SCHLITZER, Paul: Das Ende des geistlichen Fürstentums Fulda, in: BuBll. 15/1934, S. 21 f.

SCHLITZER, Paul: Die Säkularisation und die buchische Ritterschaft, in: BuBll. 17/1936, S. 101 f., 105 f.

SCHLITZER, Paul: Weistum, Dorfeinung und Dorfordnung. Zur Geschichte der Dorfverfassung von Großenlüder, in: BuBll. 32/1959, S. 85, 94 f., 98 f., 103.

SCHLITZER, Paul: Fronden und Widersetzlichkeiten, in: BuBll. 36/1963, S. 94, 104.

SCHLITZER, Paul: Der Großenlüderer Ortsteil Müs, in: BuBll. 50/1977, S. 27 f.

SCHMERBACH, Karl: Der fuldische Kanzler Dr. Johann von Ottera, in: VsprG 20/1967, S. 10, 12, 15, 19 f., 22.

SIEBERT, Heinz-Martin: Adam Krafft – ein großer Sohn Fuldas, in: BuBll. 49/1976, S. 17 f.

SIPPEL, Heinrich: Die Herren von Schlitz im Mittelalter, in: BuBll. 50/1977, S. 61 f., 67 f.

STURM, Erwin: Kaiserlicher Generalfeldmarschall aus Gersfeld. Das Leben des Grafen Hans Carl von Thüngen aus der Linie Thüngen-Wüstensachsen, in: BuBll. 52/1979, S. 25 f., 29–31.

WEBER, August: Das Kondominium zwischen der Stadt Hünfeld und dem Kollegiatstift zum Heiligen Kreuz, in: BuBll. 33/1960, S. 35 f.

WILLMS, Günther: Das fürstlich fuldische Schloß in Ürzell, in: BuBll. 15/1934, S. 69.

WILLMS, Günther: Das Schloß zu Eichenzell und seine Besitzer, in: BuBll. 30/1957, S. 4.

Orts- und Personenregister

Das Register enthält die Orts-, Landschafts- und Personennamen aus dem Text, den Anmerkungen und dem Anhang. Ausgenommen sind die Stichworte:

Fulda, Geistliches Fürstentum, Reichsabtei, (Hoch-)Stift;
Fulda, Stifts- (Dom-)kapitel;
Reich, Heiliges Römisches, Deutscher Nation, Kaiser/kaiserlich, König/königlich.

Kaiser und Könige sowie Angehörige des Hochadels (Fürsten, Grafen) sind nicht unter ihrem Rufnamen, sondern unter den jeweiligen Herrschaftsgebieten zu finden. Die Namen der Päpste werden unter dem Stichwort »Päpste« zusammengefaßt. Im allgemeinen werden zur amtlichen oder beruflichen Tätigkeit einzelner Personen keine Angaben gemacht, ausgenommen bei Namensgleichheit, wenn im Text keine Vornamen genannt werden und wenn eine bestimmte Personengruppe hervorgehoben werden soll.